BROCKHAUS · DIE BIBLIOTHEK

GRZIMEKS ENZYKLOPÄDIE
SÄUGETIERE · BAND 5

Die Autoren dieses Bandes

Dr. Concepción L. Alados, Almería, Spanien
Prof. Dr. Raimund Apfelbach, Tübingen
Dr. Leonid M. Baskin, Moskau, Russland
Dr. Dipl.-Ing. Anton B. Bubenik, Thornhill, Kanada
Prof. Dr. Christiane Buchholtz, Marburg
Dipl.-Biol. Waldemar Bülow, Hildesheim
Prof. Dr. Wilfried Bützler, Göttingen
Prof. Dr. Lothar Dittrich, Hannover
Prof. Dr. Wolfgang von Engelhardt, Hannover
Prof. Dr. William L. Franklin, Ames, USA
Prof. Dr. Valerius Geist, Calgary, Kanada
Dr. David H. Gray, Ottawa, Kanada
Prof. Dr. Dr. h.c. Bernhard Grzimek †,
   Frankfurt am Main
Dr. Gerhard Haas, Wuppertal
Dipl.-Biol. Knut Hentschel, Elfenbeinküste
Prof. Dr. Dr. h.c. Wolf Herre, Kiel
Dipl.-Zool. Ruedi Hess, Zürich
Prof. Dr. Milan Klima, Frankfurt am Main
Prof. Dr. Hans Klingel, Braunschweig
Prof. Dr. Helmut Kraft, München
Dr. Fred Kurt, Zürich
Prof. Dr. Ernst M. Lang, Mattweid, Schweiz
Dr. Mark MacNamara, Ardley, USA
Prof. Dr. Heinrich Mendelssohn, Tel Aviv, Israel
Priv.-Doz. Dr. Bernhard Nievergelt, Zürich
Dr. Clifford G. Rice, New York, USA
Dr. Klaus Robin, Bern
Prof. Dr. Manfred Röhrs, Hannover
Prof. Dr. Dr. Hans Hinrich Sambraus,
   Weihenstephan, Freising
Dr. Robert Schloeth, Zernez, Schweiz
Dr. Christian Schmidt, Zürich
Prof. Dr. Hiroaki Soma, Tokio, Japan
Prof. Dr. Erich Thenius, Wien
Prof. Dr. Raul Valdez, Las Cruces, USA
Prof. Dr. Fritz Rudolf Walther, Wienau
Dr. Victor Zhiwotschenko, Moskau, Russland
Dr. Waltraut Zimmermann, Köln
Dipl.-Zool. Robert Zingg, Zürich

BROCKHAUS

DIE BIBLIOTHEK

MENSCH · NATUR · TECHNIK

DIE WELTGESCHICHTE

KUNST UND KULTUR

LÄNDER UND STÄDTE

GRZIMEKS ENZYKLOPÄDIE
SÄUGETIERE

GRZIMEKS ENZYKLOPÄDIE SÄUGETIERE

BAND 1
Einführung · Eierlegende Säugetiere
Beuteltiere · Insektenesser · Rüsselspringer
Fledertiere · Riesengleiter

BAND 2
Spitzhörnchen · Herrentiere
Nebengelenktiere · Schuppentiere

BAND 3
Nagetiere · Raubtiere

BAND 4
Raubtiere / Fortsetzung · Hasentiere
Waltiere · Röhrchenzähner · Rüsseltiere
Schliefer · Seekühe · Unpaarhufer

BAND 5
Paarhufer · Haussäugetiere
Säugetiere im Zoo

BAND 6
Zoologische Systematik
Systematische Übersicht der Säugetiere
Zoologisches Wörterbuch
Register der Säugetiere
Sachregister
Personenregister

GRZIMEKS ENZYKLOPÄDIE
SÄUGETIERE · BAND 5

Paarhufer · Haussäugetiere
Säugetiere im Zoo

Herausgegeben von der Brockhaus-Redaktion

F. A. BROCKHAUS
Leipzig · Mannheim

Die Deutsche Bibliothek – CIP-Einheitsaufnahme

Brockhaus – Die Bibliothek /
  hrsg. von der Brockhaus-Redaktion. –
  Leipzig; Mannheim: Brockhaus.
  Grzimeks Enzyklopädie Säugetiere.
ISBN 3-7653-6110-0
NE: Grzimek, Bernhard; F. A. Brockhaus GmbH
  <Leipzig; Mannheim>

Bd. 5. Paarhufer, Haussäugetiere, Säugetiere im Zoo /
  [Autoren des Bd. Concepción L. Alados ...]. – 1997
ISBN 3-7653-6151-8
  NE: Alados, Concepción L.

Das Wort BROCKHAUS ist für den Verlag
Bibliographisches Institut & F. A. Brockhaus AG
als Marke geschützt.

Das Werk einschließlich aller seiner Teile ist urheberrechtlich geschützt.
Jede Verwertung außerhalb der engen Grenzen des Urheberrechtsgesetzes
ist ohne Zustimmung des Verlags unzulässig und strafbar. Das gilt
insbesondere für Vervielfältigungen, Übersetzungen, Mikroverfilmungen
und die Speicherung und Verarbeitung in elektronischen Systemen.

Alle Rechte vorbehalten
Nachdruck, auch auszugsweise, verboten
© Kindler Verlag GmbH, München 1988
  für die Originalausgabe
© F. A. Brockhaus GmbH, Leipzig · Mannheim 1997
  für diese Ausgabe
Papier: 130 g/m² holzfreies, alterungsbeständiges, chlorfrei
gebleichtes Offsetpapier der Papierfabrik Torras Domenech, Spanien
Druck: Appl, Wemding
Bindearbeit: Großbuchbinderei Sigloch, Künzelsau
Printed in Germany

ISBN für das Gesamtwerk: 3-7653-6110-0

ISBN für Band 5: 3-7653-6151-8

INHALT

Paarhufer – Basisinformation	2	
Stammesgeschichte	4	Erich Thenius
Schweine und Pekaris – Basisinformation	18	
Schweine	20	Christian R. Schmidt
Pekaris	48	Christian R. Schmidt
Flußpferde – Basisinformation	58	
Einleitung	60	Hans Klingel
Zwergflußpferde	62	Ernst M. Lang unter Mitarbeit von Knut Hentschel und Waldemar Bülow
Großflußpferde	64	Hans Klingel
Kamele – Basisinformation	82	
Kamele, Einleitung	84	Hans Klingel
Großkamele	85	Hans Klingel
Südamerikanische Schwielensohler	96	William L. Franklin unter Mitarbeit von Wolf Herre
Wiederkäuer, Einleitung	114	Wolfgang von Engelhardt
Hirschferkel – Basisinformation	118	
Hirschferkel	120	Klaus Robin
Hirsche – Basisinformation	126	
Einleitung	128	Robert Schloeth
Geweihbildung	128	Anton B. Bubenik
Riesenhirsch	130	Valerius Geist
Moschushirsche	133	Victor Zhiwotschenko
Muntjakhirsche	137	Fred Kurt
Echthirsche, Einleitung	140	Fred Kurt
Fleckenhirsche	148	Fred Kurt
Damhirsche	151	Robert Schloeth
Davidshirsche	161	Wilfried Bützler
Edelhirsche	164	Fred Kurt
Rothirsche	175	Robert Schloeth, Valerius Geist, Fred Kurt und Victor Zhiwotschenko
Weißlippenhirsche	196	Wilfried Bützler
Wasserhirsche	198	Wilfried Bützler
Trughirsche, Einleitung	200	Valerius Geist
Rehe	201	Fred Kurt
Weiß- und Schwarzwedelhirsch	212	Valerius Geist

Pampas- und Sumpfhirsche	218	Valerius Geist
Andenhirsche, Pudus und Spießhirsche	219	Mark MacNamara
Elchhirsche	229	Valerius Geist
Renhirsche	242	Valerius Geist und Leonid Baskin
Giraffen – Basisinformation	260	
Waldgiraffen	262	Bernhard Grzimek
Langhals- oder Steppengiraffen	266	Raimund Apfelbach
Gabelhorntiere – Basisinformation	280	
Gabelböcke	282	Valerius Geist
Hornträger – Basisinformation	288	
Einleitung	290	Fritz Rudolf Walther
Ducker und Böckchen	325	Fritz Rudolf Walther
Waldböcke	344	Fritz Rudolf Walther
Rinder	360	Christiane Buchholtz und Hans Hinrich Sambraus
Kuhantilopen	418	Fritz Rudolf Walther
Pferdeböcke	437	Fritz Rudolf Walther
Ried- und Wasserböcke sowie Schwarzfersenantilopen	448	Fritz Rudolf Walther
Gazellen und Verwandte	462	Fritz Rudolf Walther
Saigaartige	485	Fritz Rudolf Walther, Bernhard Grzimek und Waldtraut Zimmermann
Gemsen und Verwandte	495	Fritz Rudolf Walther, Valerius Geist, Hiroaki Soma und Victor Zhiwotschenko
Böcke oder Ziegenartige	510	
Steinböcke und Wildziegen	510	Bernhard Nievergelt, Robert Zingg, Heinrich Mendelsohn, Ruedi Hess, Concepción L. Alados, Raul Valdez und Helmut Kraft
Mähnenspringer	538	Gerhard Haas
Blauschafe	540	Gerhard Haas
Tahre	542	Clifford G. Rice
Schafe	544	Raul Valdez, Valerius Geist und Helmut Kraft
Moschusochsen	560	David R. Gray und Bernhard Grzimek
Tiere in menschlicher Obhut	570	
Haussäugetiere	570	Wolf Herre und Manfred Röhrs
Säugetiere im Zoo	602	Lothar Dittrich
Anhang	640	
Literaturhinweise	640	
Die Autoren dieses Bandes	641	
Abbildungsnachweis	642	
Bandregister	643	

PAARHUFER

Kategorie
ORDNUNG

Systematische Einteilung: Ordnung der Säugetiere mit 3 Unterordnungen, die 9 Familien mit 77 Gattungen und über 160 Arten umfassen.

Unterordnung Nichtwiederkäuer (Nonruminantia)
Familie Schweine (Suidae)
Familie Pekaris (Tayassuidae)
Familie Flußpferde (Hippopotamidae)
Unterordnung Schwielensohler (Tylopoda)
Familie Kamele (Camelidae)
Unterordnung Wiederkäuer (Ruminantia)
Familie Hirschferkel (Tragulidae)
Familie Hirsche (Cervidae)
Familie Giraffen (Giraffidae)
Familie Gabelhorntiere (Antilocapridae)
Familie Hornträger (Bovidae)

Kopfrumpflänge: 40–420 cm
Schwanzlänge: 1–110 cm
Standhöhe: 25–330 cm
Gewicht: 2,5–3200 kg

Auffällige Merkmale: Wichtigstes gemeinsames Kennzeichen ist die besondere Form des Fußskeletts: 3. und 4. Finger- und Zehenstrahl tragen das Körpergewicht; 2. und 5. Strahl nur bei Flußpferden gut ausgebildet, bei den meisten Arten deutlich schwächer und mehr oder weniger hinter 3. und 4. Strahl gelegen (Afterklauen), bei Giraffen und Kamelen fehlen sie völlig; 1. Finger und 1. Zehe fehlen allen heutigen Paarhufern; außer bei Schweinen Mittelhand- und Mittelfußknochen zum Kanonenbein verschmolzen, 2. und 5. Strahl verkleinert oder verschwunden, 1. Strahl fehlt; nur Schweine mit vollständigem Gebiß, sonst Vordergebiß rückgebildet; bei Wiederkäuern fehlen obere Schneidezähne völlig, Vorbacken- und Backenzähne der Nichtwiederkäuer stumpfhöckrig (bunodont), sonst mit längsstehenden, halbmondförmigen Schmelzleisten versehen (selenodont); Männchen und vielfach auch Weibchen der meisten Arten mit Kopfwaffen in Gestalt von Geweihen, Hörnern oder hauerartigen Zähnen.

Fortpflanzung: Tragzeit 4–15,5 Monate; 1–12 Junge je Geburt; Geburtsgewicht 0,5–79 kg.

Lebensablauf: Entwöhnung nach 2–12 Monaten; Geschlechtsreife nach 6–60 Monaten; Lebensdauer 8–40 Jahre.

Artiodactyla	WISSENSCHAFTLICH
Even-toed Ungulates	ENGLISCH
Artiodactyles	FRANZÖSISCH

Nahrung: Gräser, Kräuter, Blätter, Zweige, Früchte, Wurzeln, Moose, Flechten, Pilze; vereinzelt auch tierische Beikost.

Lebensweise und Lebensraum: Vor allem kleinere Arten einzelgängerisch, die meisten anderen in Rudeln lebend, Steppentiere auch in großen Herden; neben gemischten Verbänden auch reine Männchen- und Weibchengruppen sowie Haremsrudel; Revierverhalten keineswegs bei allen Arten; wo vorhanden, entweder Einzeltiere bzw. Paare als langfristige Revierinhaber (einzelgängerisch-territorial) oder nur erwachsene Männchen vorübergehend und mehr oder weniger im Zusammenhang mit dem Paarungsgeschehen territorial (gesellig-territorial); in allen Landschaften, vom tropischen Regenwald bis zur Tundra und Wüste, vom Flachland bis zum Hochgebirge.

Kopfwaffen
Die meisten Paarhufer tragen Kopfwaffen in Form von Geweihen, Hörnern oder besonders geformten Zähnen. Diese können bei beiden Geschlechtern oder nur bei den männlichen Tieren vorhanden sein. Auch wenn sie ab und zu als Verteidigungsmittel eingesetzt werden, dienen sie hauptsächlich einem anderen Zweck. Sie haben sich als Werkzeuge für die Auseinandersetzung unter Artgenossen entwickelt. Mit ihnen werden ritualisierte Kämpfe ausgetragen, deren Sinn nicht etwa die Verletzung oder gar Tötung des Gegners ist, sondern eine Festigung der Rangordnung oder Sicherung des Reviers oder des eigenen Harems. Dieses Verhalten bringt offenbar der jeweiligen Art bestimmte Auslesevorteile. Hier die Kopfwaffen folgender Paarhufer: 1. Rentier, 2. Moschustier, 3. Rappenantilope, 4. Moschusochse, 5. Babirusa sowie 6. Giraffe.

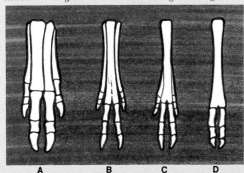

Fußskelett
Im Gliedmaßenskelett der Paarhufer ist entwicklungsgeschichtlich zunächst der erste Fingerstrahl, das heißt, der Daumen bzw. die erste Zehe, zurückgebildet worden. Das Körpergewicht lastet hauptsächlich auf dem dritten und vierten Fingerstrahl. Diese werden zur stärksten Stütze der Gliedmaßen, und ihre Mittelhand- bzw. Mittelfußknochen verschmelzen zu einem kräftigen gemeinsamen Skelettstück, dem sogenannten Kanonenbein. Die Randstrahlen bilden sich nach und nach zurück. Zunächst berühren sie noch den Boden, dann heben sie sich ab, bis sie völlig verschwinden. In der Abbildung ist das Vorderfußskelett von Schwein (A), Kleinkantschil (B), Reh (C) und Lama (D) dargestellt.

Huf
Hufe eines Damhirsches im Schnitt und in der Ansicht von unten. Die großen Haupthufe überziehen das letzte Zehenglied des dritten und vierten Zehenstrahls. Sie bilden vorne eine harte, gebogene Schale mit einem scharfen Tragrand. Unten liegt eine weiche Hufsohle, die hinten mit einem rundlichen elastischen Hufballen endet. Die Nebenhufe sitzen weit oben und berühren den Boden nicht. Sie überziehen das letzte Zehenglied des stark zurückgebildeten zweiten und fünften Zehenstrahls.

PAARHUFER

Stammesgeschichte
von Erich Thenius

Die Paarhufer bilden trotz ihrer Formenfülle eine natürliche Ordnung. Dies bestätigt vor allem der Bau der Gliedmaßen, und da besonders der Fußwurzel. Die Ordnung der Paarhufer steht im Gegensatz zu jener der Unpaarhufer auch gegenwärtig mit etwa 180 Arten noch in voller stammesgeschichtlicher Blüte. Dies hängt zweifellos damit zusammen, daß diese Ordnung das Wiederkäuen entwickelt hat. Im Alttertiär waren die Paarhufer praktisch nur durch Nichtwiederkäuer vertreten, die im Jungtertiär mehr und mehr zurücktraten. Von den Nichtwiederkäuern leben heute nur noch einige wenige Arten (Schweine und Flußpferde). Die Stammesgeschichte der Paarhufer ist mit zahlreichen Problemen verknüpft, die von ihrer Herkunft über die systematische Großgliederung bis zu den verwandtschaftlichen Beziehungen einzelner Arten reichen. Die Abstammung von Stamm-Huftieren (Ordnung Condylarthra) ist zwar gesichert, doch wird die eigentliche Wurzelgruppe unter den Condylarthra noch diskutiert. Wahrscheinlich sind es die Oxyclaeninen unter den Arctocyoniden, die der Gattung *Tricentes* aus dem Paleozän nahestehen. Damit ist auch die Nähe zur Stammgruppe der Wale gegeben, die – wie in Band IV erwähnt – wurzelnahe Beziehungen zu den Paarhufern besitzen. Die ursprünglich als Wurzelgruppe angesehenen Hyopsodontiden unter den Stammhuftieren entsprechen zwar im Gebiß, nicht jedoch im Gliedmaßenbau den Vorläufern von Paarhufern.

Die Großgliederung der Artiodactyla erfolgt keineswegs einheitlich. Während sich für die heutigen Paarhufer zwanglos eine Dreigliederung in Nichtwiederkäuer, Schwielensohler und (echte) Wiederkäuer anbietet, ist diese bei den Fossilformen durch völlig ausgestorbene Gruppen kaum möglich. Zunächst aber zum Begriff Wiederkäuer (Ruminantia) in systematischer Hinsicht. Da das Wiederkäuen bei den Paarhufern anscheinend zweimal unabhängig voneinander entwickelt wurde, ist der Begriff Ruminantia auf die eigentlichen Wiederkäuer (Zwerghirsche und Pecora) zu beschränken und den gleichfalls wiederkäuenden Schwielensohlern (Unterordnung Tylopoda) gegenüberzustellen. Entwicklungen zum Wiederkäuen finden sich übrigens auch bei den heutigen Flußpferden. Auch die aus halbmondförmigen (selenodonten) Höckern bestehenden Backenzähne entstanden nicht nur einmal aus dem ursprünglich höckerförmigen (bunodonten) Gebiß. Somit kennzeichnet auch der früher verwendete Begriff Selenodontia (für Oreodonta, Tylopoda und Ruminantia) keine natürliche Einheit, weshalb S. D. Webb und B. S. Taylor den Begriff Neo-Selenodontia für Tylopoda und Ruminantia vorgeschlagen haben. Bei manchen fossilen Paarhufern kommt es zu einer Kombination von buno- und selenodonten Höckern, die einst im Namen Bunoselenodontia (=»Ancodonta«) ihren Niederschlag fand.

Über die Großgliederung der Nichtwiederkäuer besteht keine Einhelligkeit. Hier sind die Unterordnungen Palaeodonta, Suina (= Suiformes), »Ancodonta« und Oreodonta unterschieden, von denen nur die Suina (schweineartige Paarhufer) überlebten.

Probleme sind auch mit der Zuordnung und Abstammung der Flußpferde, von Gabelbock und Moschustier sowie einer Reihe von Arten unter den Hornträgern (Familie Bovidae) verknüpft. Unter den ausgestorbenen Paarhufern ist die Stellung der Familien Xiphodontiden, Protoceratiden, Palaeomeryciden und »Dromomeryciden« sowie der Unterordnung der Oreodonta umstritten. Von der Lösung dieser Probleme hängen nicht nur Umfang und Bestimmung der Begriffe Giraffoidea, Cervoidea und Bovoidea ab, sondern auch tiergeographische Fragen: Waren Angehörige der Giraffoidea und der Moschushirsche einst auch in Nordamerika und solche der Schwielensohler im Alttertiär Europas heimisch? Es erscheint verständlich, daß auch hier keine endgültige Lösung aller Probleme angeboten werden kann.

Die erdgeschichtlich ältesten Paarhufer (Familie Dichobunidae bzw. Diacodectidae) erscheinen mit den

STAMMESGESCHICHTE

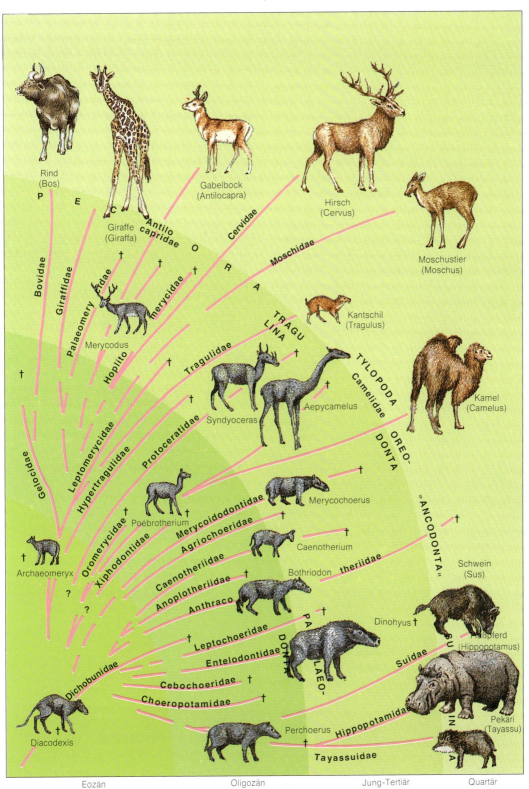

Stammbaum der Paarhufer (Ordnung Artiodactyla). Die stammesgeschichtliche Herkunft der Flußpferde (Familie Hippopotamidae) von altweltlichen Pekaris ist wahrscheinlich.

Gattungen *Diacodexis* und *Protodichobune* im Alteozän Nordamerikas und Europas. Etwas später sind altertümliche Paarhufer auch aus Asien nachgewiesen. Es sind fünffingrige und vierzehige Paarhufer ohne Kanonenbeine (3. und 4. Mittelhand- bzw. Mittelfußknochen sind zum Kanonenbein verwachsen), mit einem vollständigen Gebiß aus niedrigkronigen (bunodonten) Backenzähnen. Sie kommen durchaus als Stammformen der jüngeren Paarhufer in Betracht, doch ist bemerkenswert, daß die Gliedmaßen schlank sind, wie sie von richtigen Laufformen bekannt sind (Gattungen *Dichobune*, *Messelobunodon*). Aus dem Alttertiär der nördlichen Halbkugel sind noch zahlreiche primitive Paarhufer bekannt, die aufgrund ihrer unterschiedlichen Merkmalskombination verschiedenen weiteren, zum Teil etwas an Schweine erinnernden Familien (Entelodontidae, Choeropotamidae, Cebochoeridae) zugeordnet werden. Sie alle werden – zusammen mit den bereits erwähnten Familien – als Palaeodonta zusammengefaßt. Gemeinsam sind ihnen jedoch nur zahlreiche altertümliche Merkmale. Die Entelodontiden überlebten mit einzelnen Gattungen bis ins Altmiozän (z.B. *Dinohyus* in Nordamerika, *Neoentelodon* in Asien). Letztere waren bereits zweizehige Formen, ohne jedoch Kanonenbeine auszubilden.

Als Suina sind hier die schweineartigen Paarhufer innerhalb der Nichtwiederkäuer zusammengefaßt. Es sind dies die Schweine (Familie Suidae), die Pekaris oder Nabelschweine (Familie Tayassuidae = Dicotylidae) und die Flußpferde (Familie Hippopotamidae). Schweine und Pekaris lassen sich auf eine gemeinsame Wurzelgruppe zurückführen, die wohl in Asien beheimatet war, wie der erste Nachweis in Europa *(Doliochoerus, Propalaeochoerus)* und Nordamerika *(Perchoerus)* vermuten läßt. Diese ältesten Suina sind als Angehörige der Tayassuiden einzuordnen, aus denen sich im Alttertiär die Suiden entwickelt haben. Diese haben die Neue Welt nie erreicht. Unter den jungtertiären Schweinen seien neben *Hyotherium* und *Microstonyx* zwei völlig ausgestorbene Gruppen, die Listriodontinen (Unterfamilie Listriodontinae) und die Tetraconodontinen (Unterfamilie Tetraconodontinae), besonders erwähnt. Es sind Großformen, von denen *Listriodon splendens* im Mittelmiozän Eurasiens zweijochige Backenzähne und riesige, an Warzenschweine erinnernde Eckzähne entwickelte. Bei *Kubanochoerus* ist eine Art Stirnhorn ausgebildet. Bei der Gattung *Tetraconodon* aus dem Plio-Pleistozän Asiens sind dagegen einzelne Vorbackenzähne vergrößert, weshalb die Tetraconodontinen verschiedentlich mit knochenessenden Raubtieren (Hyänen) verglichen wurden. Unter den heutigen Schweinen nimmt der Hirscheber *(Babyrousa babyrussa)* von Sulawesi (Celebes) durch eine Kombination altertümlicher und hochspezialisierter Merkmale eine Sonderstellung ein. Die Gattung *Sus* (Wildschwein) erscheint im Pliozän, die Gattung *Phacochoerus* (mit dem afrikanischen Warzenschwein) als spezialisierteste erst zur Eiszeit. Das Warzenschwein *(Phacochoerus aethiopicus)* ist ein Savannenbewohner mit einem Backzahngebiß aus wurzellosen Zahnsäulen und riesigen Eckzähnen. Zahlreiche fossile Phacochoerinen aus dem Plio-Pleistozän Afrikas (Gattungen *Metridiochoerus, Omochoerus, Notochoerus*) belegen die stammesgeschichtliche Entwicklung (Evolution) und die einstige Formenfülle der Warzenschweine. Das afrikanische Riesenwaldschwein *(Hylochoerus meinertzhageni)* ist sicher kein ursprünglicher Urwaldbewohner. Es läßt sich von einer pliozänen *Kolpochoerus*-Art, die offenes Gelände bewohnte, ableiten. Hier liegt eine ähnliche Situation wie bei der Okapi genannten Urwaldgiraffe *(Okapia johnstoni)* vor.

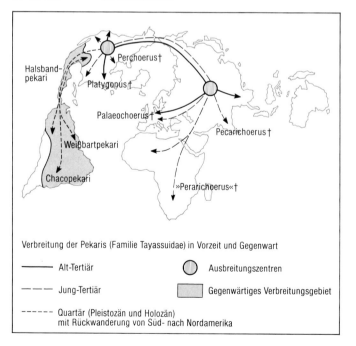

Die Pekaris (Familie Tayassuidae) sind mit den Schweinen auf eine gemeinsame Wurzelgruppe zurückzuführen. Hier ihre Verbreitung in Vorzeit und Gegenwart. Nähere Erklärungen finden sich im Text.

Verbreitung der Pekaris (Familie Tayassuidae) in Vorzeit und Gegenwart
— Alt-Tertiär
-- Jung-Tertiär
--- Quartär (Pleistozän und Holozän) mit Rückwanderung von Süd- nach Nordamerika
● Ausbreitungszentren
▓ Gegenwärtiges Verbreitungsgebiet

Die Geschichte der Pekaris (Familie Tayassuidae) konnte erst durch Fossilfunde entsprechend aufgehellt werden. Pekaris sind gegenwärtig nur in der Neuen Welt verbreitet; eine Entstehung in Asien ist wahrscheinlich. Pekaris waren im Jungtertiär in mehreren Linien nicht nur in Eurasien (Gattungen *Taucanamo, Schizochoerus, Pecarichoerus*) und Nordamerika (Gattungen *Perchoerus, Cynorca, Prosthennops*), sondern vorübergehend auch in Afrika heimisch (Gattung *»Pecarichoerus«*). Während die Pekaris in der Alten Welt verschwanden, entwickelten sie sich im Quartär Nordamerikas weiter (Gattungen *Platygonus, Mylohyus, Tayassu*) und gelangten nach Entstehung des Panama-Isthmus auch nach Südamerika. Von dort wanderten sie vereinzelt wieder nach Zentralamerika zurück. In der neotropischen Region konnte erst vor wenigen Jahren die bis dahin nur aus der Eiszeit Argentiniens bekannte Gattung *Catagonus* auch lebend in Paraguay nachgewiesen werden. Diese Gattung ist eine Verwandte von *Platygonus* aus der Eiszeit Nordamerikas. Bei den modernen Pekaris ist eine Entwicklungsrichtung zu verwachsenen mittleren Mittelfußknochen vorhanden, ohne daß echte Kanonenbeine gebildet werden.

Die stammesgeschichtliche Herkunft der Flußpferde (Familie Hippopotamidae) war bis in die jüngste Zeit problematisch. Sind es Abkömmlinge der Suina, der Palaeodonta oder der Anthracotherien (Familie Anthracotheriidae)? Neue Fossilfunde aus dem Mittelmiozän Ostafrikas (Gattung *Kenyapotamus*) sind nicht nur die erdgeschichtlich ältesten Flußpferdreste, sondern machen auch die Abstammung der Hippopotamiden von altweltlichen Pekaris wahrscheinlich. Damit ist die stammesgeschichtliche Herkunft von Anthracotherien, die lediglich in der Lebensweise den Flußpferden ähnlich sind, ebenso hinfällig wie jene von Palaeodonten. Flußpferde, besonders das Großflußpferd oder Nilpferd *(Hippopotamus amphibius)*, leben amphibisch. Tagsüber halten sie sich überwiegend im Wasser auf, nachts weiden sie hauptsächlich als Grasesser in der Umgebung. Die Gattung *Hippopotamus* selbst erscheint erstmals im Jungmiozän Afrikas vor etwa sieben Millionen Jahren. Nach dem Vordergebiß lassen sich hexa- *(Hexaprotodon)*, tetra- *(Hippopotamus)* und diprotodonte *(Choeropsis)* Formen unterscheiden. Flußpferde waren einst nicht nur in Afrika, sondern auch in Europa und Süd- und Ostasien (Thailand, China) heimisch. Sie gelangten im Pliozän nach Südeuropa *(»Hippopotamus« pantanelli* und *primaevus)* und waren noch zur jüngeren Eiszeit in England *(Hippopotamus incognitus)* und Asien verbreitet. In Vorderasien (Palästina) lebten sie noch zur Jungsteinzeit und zur Eisenzeit. Auch in Nordafrika (Ägypten) waren Flußpferde

Die Ahnenreihe der beiden heute lebenden Flußpferdarten, des Großflußpferds oder Nilpferds und des hier gezeigten Zwergflußpferds, die zusammen eine eigene Familie bilden, ist noch lückenhaft. Mit den Pferden haben sie jedenfalls nichts zu tun; wahrscheinlich ist, daß sie sich von altweltlichen Pekaris herleiten lassen.

noch in (prä-)historischer Zeit heimisch. Die südasiatischen Formen haben das hexaprotodonte Stadium (*Hippopotamus [Hexaprotodon] sivalensis, H. [H.] namadicus*) nicht überwunden. Von den Mittelmeerinseln und auch von Madagaskar sind verschiedene Zwergformen (zum Beispiel *Hippopotamus pentlandi, H. melitensis* und *H. creutzburgi* bzw. *H. lemerlei*) aus eiszeitlichen Ablagerungen beschrieben worden. Sie stammen von normalwüchsigen Flußpferden (*Hippopotamus major* in Europa, *H. imaguncula* in Ostafrika) ab. Die stammesgeschichtliche Herkunft des westafrikanischen Flußpferdes (*Choeropsis liberiensis*) ist noch nicht geklärt. Alle bisherigen Fossilfunde sind fragwürdig. Nähere verwandtschaftliche Beziehungen zu den erwähnten Inselzwergformen bestehen jedoch nicht. Das gegenwärtige Verbreitungsgebiet der Flußpferde ist ein richtiges Schrumpfareal.

Die hier als »Ancodonten« (Unterordnung »Ancodonta«) zusammengefaßten, durchwegs ausgestorbenen Paarhufer sind wohl keine einheitliche Gruppe. Sie unterscheiden sich nicht nur im Schädelbau und Gebiß von den übrigen Nichtwiederkäuern. Es sind einerseits die Überfamilie der Anthracotheroidea (Familie Anthracotheriidae einschließlich Haplobunodontidae), andererseits jene der Anoplotherioidea (Familien Anoplotheriidae und Caenotheriidae), wobei eine Zugehörigkeit letzterer zu den Tylopoden (Schwielensohler) verschiedentlich nicht ausgeschlossen wird. Das Gebiß ist vollständig, die Zahnreihen sind ursprünglich geschlossen. Die Reste der Anthracotherien oder »Kohlentiere« werden meist in Braunkohlen gefunden, was auf eine vorwiegend sumpfbewohnende Lebensweise schließen läßt. Unter den Anthracotherien sind mehrere Stämme zu unterscheiden (Gattungen *Haplobunodon, Bothriodon, Anthracotherium, Merycopotamus*). *Merycopotamus* aus dem Plio-Pleistozän Afrikas und Asiens weist entfernt flußpferdähnliche Züge auf, die seinerzeit Anlaß waren, die Anthracotherien als Ahnen der Flußpferde anzusehen. Die niedrigkronigen Backenzähne sind bunoselenodont, das heißt, die Zahnkrone besteht aus höcker- und halbmondförmigen Elementen. Es waren ausgesprochene Weichpflanzenesser. Bei den Anoplotherioidea ist das Backenzahngebiß entweder bunoselenodont (Anoplotherien) oder selenodont (Caenotherien). Die Anoplotherien (Familie Anoplotheriidae mit den Gattungen *Anoplotherium, Diplobune*) waren mittelgroße, dreizehige Formen, während die erst im Miozän ausgestorbenen Caenotherien (Familie Caenotheriidae mit der Gattung *Caenotherium*) kleine, vierzehige Arten umfassen, die entfernt an Hasentiere oder Antilopen erinnern.

Demgegenüber sind die viel arten- und formenreicheren Oreodonten (Unterordnung Oreodonta mit den Familien Agriochoeridae und Merycoidodontidae: Gattung *Agriochoerus, Protoreodon, Merycoidodon, Leptauchenia* usw.) nur aus Nord- und Zentralamerika bekannt geworden. Es sind meist mittelgroße, fast stets vierzehige Arten, die vor allem im Oligo-Miozän artenreich verbreitet waren. Der Fußbau ist mit dem der Schweine vergleichbar. Das meist vollständige Gebiß besteht aus halbmondförmigen (selenodonten) Backenzähnen, die Zahnreihen sind weitgehend geschlossen. Es waren vermutlich keine Wiederkäuer. Verschiedentlich werden die Oreodonten als Schwestergruppe der Tylopoden angesehen.

Nur unter den Tylopoden (Schwielensohler) und den Ruminantiern entwickelten sich echte Wiederkäuer. Die Entwicklung des Wiederkäuens erfolgte vermutlich ebenso unabhängig voneinander wie die Bildung von Kanonenbeinen oder die Rückbildung der Schneidezähne im Oberkiefer. Die Geschichte der Schwielensohler (Unterordnung Tylopoda) ist zwar durch Fossilfunde recht gut nachgewiesen, dennoch sind verschiedene Fragen offen. Bis vor kurzem wurden sie als weitgehend neuweltliche Paarhufergruppe angesehen, die erst zur späten Tertiärzeit in die Alte Welt gelangte. Durch die Zuordnung der Xiphodontiden (Familie Xiphodontidae als Angehörige der Überfamilie Xiphodontoidea mit den Gattungen *Xi-*

Nur etwa hasengroß war dieser frühe, längst ausgestorbene Paarhufer der Gattung *Caenotherium* aus Europa, der einer eigenen, heute völlig verschwundenen Gruppe angehörte.

phodon, *Dichodon*) aus dem Alttertiär Europas ist ein asiatischer Ursprung nicht auszuschließen. Die Evolution der Cameloidea (Familien Oromerycidae und Camelidae) ist mit den Gattungen *Protylopus* und *Poëbrodon* aus dem Jungeozän Nordamerikas erstmals belegt. Es sind kleinwüchsige Paarhufer mit vollständigem Gebiß, fast geschlossener Zahnreihe und niedrigkronigen, halbmondförmigen (selenodonten) Backenzähnen. Die schlanken Gliedmaßen sind zweizehig, die Mittelfußknochen bilden jedoch kein Kanonenbein, die Endzehenglieder sind hirschähnlich, es waren also noch keine Sohlenpolster ausgebildet. Innerhalb der Kamele (Familie Camelidae) sind mehrere Stammlinien zu unterscheiden, von denen die Gazellenkamele (Gattungsgruppe Stenomylini mit *Stenomylus* und *Rakomylus*) und die Giraffenkamele (Gattungsgruppe Alticamelini mit *Oxydactylus* und *Alticamelus* = *Aepycamelus*) im Jungtertiär wieder verschwanden. Letztere sind als langhalsige und langbeinige Formen ein Gegenstück zu den echten Giraffen, welche die Neue Welt nie erreicht haben. Nur die Gattungsgruppe der Camelini, die sich im Jungmiozän in die Lamas (Gattungen *Palaeolama*, *Lama*) und die eigentlichen Kamele (Gattungen *Procamelus*, *Titanotylopus*, *Camelops*, *Tanupolama*, *Camelus*) aufspalten, erreichen die Gegenwart. Die Tylopodie (Schwielensohligkeit) und der Paßgang wurden erst im Mittelmiozän mit der Besiedlung der offenen Landschaft entwickelt. Wann das Wiederkäuen entwickelt wurde, ist nicht bekannt. Dies gilt auch für die Anpassungen an Wüstengebiete oder an große Höhen (bei den Lamas). Im jüngsten Miozän (Messiniano) gelangten die Großkamele erstmals mit der Gattung *Paracamelus* über die damalige Beringbrücke nach Eurasien und später auch nach Afrika (Gattung *Camelus*).

Die Lamas hingegen breiteten sich zur Eiszeit mit den Gattungen *Palaeolama* und *Lama* über den Panama-Isthmus nach Südamerika aus. Da die Kamele in Nordamerika ausstarben, ist das gegenwärtige Verbreitungsgebiet der Wildformen (Trampeltier [*Camelus bactrianus*] in Zentralasien, Lamas mit Guanako und Vikunja in Südamerika) ein disjunktes, also völlig getrenntes Areal. Die nahen verwandtschaftlichen Beziehungen der Großkamele und Lamas werden auch durch gemeinsame Außenparasiten der Gattung *Microthoracius* bestätigt. Ob die Protoceratiden (Familie Protoceratidae mit den Gattungen *Protoceras* und *Synthetoceras*) aus dem Oligo-Miozän Nordamerikas tatsächlich Angehörige der Tylopoda sind, wie man neuerdings annimmt, sei dahingestellt.

Die artenreichste Paarhufergruppe bilden die (eigentlichen) Wiederkäuer (Unterordnung Ruminantia mit den Teilordnungen Tragulina und Pecora). Unter den Pecora werden neuerdings die Moschina (Familien Gelocidae und Moschidae) und die Eupecora (übrige Pecora) unterschieden. Wie schon erwähnt, erfolgt die systematische Gliederung der fossilen Formen keineswegs einheitlich; wechselnde Zuordnung und Abgrenzung machen dies deutlich. Unter den heutigen Wiederkäuern bilden die Zwerghirsche (Familie Tragulidae) mit dem westafrikanischen Hirschferkel (Gattung *Hyemoschus*) und den süd(ost-)asiatischen Kantschils (Gattung *Tragulus*) die ursprünglichsten Wiederkäuer. Diesen kleinen Paarhufern fehlen Geweihe, die Mittelfußknochen sind nur teilweise verwachsen, die niedrigkronigen Backenzähne sind nicht richtig halbmondförmig (selenodont), die oberen Schneidezähne sind völlig rückgebildet. Im Verhalten der Zwerghirsche und auch serologisch (aufgrund von Blutuntersuchungen) sind mehr Gemeinsamkeiten mit den schweineartigen Huftieren vorhanden. Die bei den männlichen Tieren hauerartig verlängerten Oberkiefer-Eckzähne dienen bei innerartlichen Auseinandersetzungen als Imponierorgane. Die Traguliden erscheinen mit *Cryptomeryx* und *Iberomeryx* im Oligozän Eurasiens und waren mit der Gattung *Dorcatherium* in Eurasien und Afrika im Jungtertiär weit verbreitet. Das westafrikanische Hirschferkel (*Hyemoschus aquaticus*) ist nur wenig von *Dorcatherium* verschieden und gilt deshalb als »lebendes Fossil«.

Fossile Tragulina sind aus dem Alttertiär der nördlichen Halbkugel mit zahlreichen Formen (Familien Leptomerycidae [*Archaemeryx*], Amphimerycidae,

Ein echter Schwielensohler war das riesenhafte Giraffenkamel *Alticamelus* (= *Aepycamelus*) *altus* Nordamerikas, das im Jungtertiär wieder ausstarb. Dieses langhalsige und langbeinige Tier war ein Gegenstück zu den echten Giraffen, welche die Neue Welt nie erreichten.

Hypertragulidae) nachgewiesen. Eine der bekanntesten Arten ist *Archaeomeryx optatus* aus dem Jungeozän Asiens. Ein geweihloser Schädel, ein fast vollständiges Gebiß (Zahnformel $\frac{3\cdot1\cdot3\cdot3}{3\cdot1\cdot4\cdot3}=42$), niedrigkronige, nur schwach halbmondförmige (selenodonte) Backenzähne, normal entwickelte Schneide- und Eckzähne im Oberkiefer, schneidezahnähnliche Unterkiefer-Eckzähne und ein eckzahnartiger vorderster Vorbackenzahn sowie vierzehige Gliedmaßen mit getrennten Mittelfußknochen kennzeichnen diesen Paarhufer. *Simimeryx* ist ein Gegenstück aus dem Jungeozän Nordamerikas. Von derartigen Formen lassen sich die späteren Wiederkäuer ableiten.

Das heutige Moschustier *(Moschus moschiferus)* Asiens ist ein gleichfalls geweihloser und mit verlängerten Oberkiefer-Eckzähnen versehener Wiederkäuer, der meist als Angehöriger der Hirsche (Familie Cervidae), besser als solcher einer eigenen Familie (Moschidae) eingeordnet wird, da das Moschustier mit den Hornträgern (Familie Bovidae) einige gemeinsame Merkmale besitzt. Zu den Moschustieren werden neuerdings die Gattungen *Dromomeryx* und *Blastomeryx* aus dem Miozän Nordamerikas gezählt. Allerdings sind bei letzterer Gattung die seitlichen Mittelhandknochen vollständig ausgebildet, während sie bei *Moschus* bis auf die unteren Enden rückgebildet sind. Die Gelociden (Familie Gelocidae) mit den Gattungen *Gelocus, Prodremotherium, Indomeryx* sind tertiärzeitliche Angehörige der Moschina.

Innerhalb der heutigen Hirsche (Familie Cervidae) lassen sich nämlich nach der Ausbildung der Mittelhandknochen des Vorderfußes zwei Gruppen unterscheiden: Die Plesiometacarpalia und die Telemetacarpalia. Bei ersteren sind auch die oberen Enden der Mittelhandknochen des zweiten und fünften Fingers, bei letzteren nur die unteren Enden dieser Knochen enthalten. Zu den plesiometacarpalen Hirschen zählen die Muntjakhirsche (Unterfamilie Muntiacinae) und die Echthirsche (Unterfamilie Cervinae), zu den Telemetacarpalia die Wasserrehe (Unterfamilie Hydropotinae), Trughirsche (Unterfamilie Odocoileinae), Elche (Unterfamilie Alcinae) und die Renhirsche (Unterfamilie Rangiferinae). Die beiden letztgenannten Unterfamilien werden von Valerius Geist zu den Trughirschen gerechnet. Zu den älte-

sten Hirschen zählen die Muntjakhirsche, die mit verschiedenen Gattungen *(Dicroceros, Euprox, Eostyloceros, Metacervulus)* im Jungtertiär Eurasiens verbreitet waren. Unter ihnen sind die Ahnen der heutigen süd- und ostasiatischen Muntjakhirsche (Gattungen *Muntiacus* und *Elaphodus*). Sie besitzen hauerartige Eckzähne und ein Geweih mit langen Rosenstöcken, das spießartig oder als Gablerstadium ausgebildet ist.

Bei den jungmiozänen »Pliocervinen« (Gattungen *»Procervus«, Cervocerus, Cervavitus*) ist das Gablerstadium endgültig überwunden. Es sind zumindest Sechsender, wie es auch gegenwärtig meist bei den Axishirschen (Untergattung *Axis*) und Sambarhirschen (Untergattung *Rusa*) der Fall ist. Mit der Ausbildung des Geweihes werden die hauerartigen Eckzähne schrittweise rückgebildet. Beim heutigen Rothirsch *(Cervus elaphus)* weisen nur noch die sogenannten »Grandln« als letzte Reste auf die bei den Vorfahren hauerförmigen Eckzähne hin. Diese zeigen übrigens Rothirsche beim Drohen noch dem Gegner,

Rechts: Die systematische Stellung des geweihlosen Moschustiers oder Moschushirschs ist umstritten. Das Tier wird heute oft der Hirschfamilie (Cervidae) zugerechnet, ist aber eher als letzter Überlebender einer eigenen Familie (Moschidae) anzusehen. – Unten: Ein zusätzliches gegabeltes Nasenhorn trugen die Vertreter der im Jungtertiär in Nordamerika heimischen Paarhufergattung *Synthetoceras* aus der Familie Protoceratidae, die als Schwestergruppe der Kamele anzusehen ist.

indem sie die Oberlippe heben. Die eigentlichen Waffen oder Imponierorgane der männlichen Tiere sind nunmehr nicht die Eckzähne, sondern das Geweih. Dieses ist beim Wapiti kein Kronengeweih, ein solches besitzt nur der Rothirsch. Die Edelhirsche (Gattung *Cervus*) kamen mit *Cervus acoronatus* im Altquartär in Europa vor und erreichten als Wapitis auch Nordamerika. Damhirsche (Gattung *Dama*) waren zu den eiszeitlichen Warmzeiten bis nach England *(Dama clactoniana)* verbreitet. Sie verschwanden zur jüngeren Eiszeit mit *Dama dama* aus Mitteleuropa. Eine eigene, einst mit den Damhirschen in Verbindung gebrachte Linie bildeten die eiszeitlichen Riesenhirsche (Gattungen *Praedama*, *Praemegaceros*, *Megaloceros*) der Alten Welt, die mit *Megaloceros giganteus* in der jüngeren Eiszeit eine Endform mit einem Geweih hervorbrachten, dessen Ausladung über vier Meter erreichte.

Unter den telemetacarpalen Hirschen bildet das – allerdings geweihlose – asiatische Wasserreh *(Hydropotes inermis)* das Gegenstück zu den Muntjakhirschen unter den plesiometacarpalen Hirschen. Die hauerförmigen Eckzähne sind kennzeichnend für diese altertümliche Hirschart. Die Trughirsche (Unterfamilie Odocoilinae) haben in der Neuen Welt zahlreiche Gattungen *(Odocoileus, Hippocamelus, Mazama, Pudu)* hervorgebracht, von denen bei letzteren das Geweih wohl nachträglich zu Spießen rückgebildet worden ist. Zur Eiszeit waren Trughirsche in Südamerika artenreich verbreitet (Gattungen »*Pampaeocervus*«, *Morenelaphus*, *Antifer*). Die einzige altweltliche Gattung *(Capreolus)* sind die im nördlichen Eurasien verbreiteten Rehe. Eigene Gruppen unter den Telemetacarpalia bilden die über die ganze Nordhalbkugel verbreiteten Elche (Gattungen *Praealces*, *Cervalces* und *Alces*), von denen bis heute nur der Elch *(Alces alces)* überlebt hat. Die Abstammung ist nicht geklärt. Dies gilt auch für die heute in den polaren Gebieten verbreiteten Rentiere *(Rangifer tarandus)*, die während der Eiszeit vorübergehend auch in Mitteleuropa heimisch waren.

Aus dem Tertiär sind eine Reihe von Paarhufern beschrieben worden (Familien »Dromomerycidae«, Hoplitomerycidae, Palaeomerycidae), deren verwandtschaftliche Beziehungen erörtert werden. Stehen sie den Hirschen oder den Giraffen näher? Diese Frage wird derzeit noch diskutiert. Je nach ihrer Beantwortung waren einst auch giraffenartige Paarhufer (Dromomerycidae) in Nordamerika heimisch. Bei den altweltlichen Palaeomeryciden (Gattungen *Palaeomeryx*, *Triceromeryx*, *Climacoceras*) sind die fossilen Funde noch zu dürftig, um die Zugehörigkeit zu den Giraffenartigen (Giraffoidea) mit Sicherheit angeben zu können.

Ebenfalls zur Diskussion stehen Herkunft und verwandtschaftliche Beziehungen des Gabelbockes *(Antilocapra americana)*, der einzigen »Antilope« Nordamerikas. Meist mit den Hornträgern (Familie Bovidae) zur Gruppe der Bovoidea vereint, haben neuere Untersuchungen gezeigt, daß die Gabelhorntiere (Familie Antilocapridae) Abkömmlinge von hirschartigen Paarhufern sind, die als Präriebewohner vorwiegend Grasesser mit hochkronigen Backenzähnen sind. Im Jungtertiär und zur Eiszeit waren Gabelhorntiere mit zahlreichen Gattungen (*Merycodus*, *Meryceros*, *Ramoceros* als Merycodontinae, *Stockoceras*, *Tetrameryx*, *Capromeryx* als Antilocaprinae) und einer großen Fülle von Arten über ganz Nordamerika verbreitet.

Selten sind die Stirnwaffen gedreht *(Ilingoceros)*, gegabelt *(Sphenophalos)* oder verzweigt *(Hexobelomeryx)*. Das »Gehörn« erinnert eher an Hirsche, zu denen diese fossilen Formen ursprünglich auch gerechnet wurden. Erst durch die Untersuchungen von Ch. Frick stellte sich heraus, daß es keine Hirsche, sondern Angehörige der Gabelhorntiere sind. Die sogenannte »Rose« des verzweigten Merycodontinengehörns ist eine Knochenmasse, die in regelmäßigen zeitlichen Abständen abgelagert wurde. Sie läßt sich mit der Rose des Hirschgeweihes nicht vergleichen, denn sie »verschmilzt« nicht mit der Stange, sondern kann leicht davon abgelöst werden. Das Gehörn war mit Haut bedeckt, die vermutlich regelmäßig abgestoßen und neu gebildet wurde; der Knochenzapfen selbst wurde nicht abgeworfen. Beide Geschlechter des Gabelbocks entwickeln einen unverzweigten Knochenzapfen, der von einer gegabelten, jährlich gewechselten Hornscheide bedeckt ist.

Bei diesem seltsamen Geschöpf der Gattung *Hoplitomeryx* aus dem Spätmiozän Italiens ist unklar, ob es sich um einen Vertreter der Hirsche, der Hornträger oder einer sonst unbekannten Paarhuferfamilie handelt.

Schwierigkeiten bereitete den Systematikern auch die Einordnung der Gabelhorntiere, von denen nur eine einzige Art, nämlich der Gabelbock, bis heute überlebt hat, die aber im Jungtertiär und in der Eiszeit in einer großen Artenfülle über ganz Nordamerika verbreitet waren. Das »Gehörn« dieser frühen Vertreter erinnert an Hirschgeweihe, doch neuere Untersuchungen haben gezeigt, daß es sich dabei nicht um Hirsche, sondern um Gabelhorntiere handelt, die eine eigene Familie bilden. Von links nach rechts: *Meryceros*, *Ramoceros* und *Ilingoceros* aus dem Pliozän.

Der Gabelbock ist somit der letzte Überlebende einer einst sehr formen- und artenreichen Gruppe von Paarhufern, die ausschließlich auf Nordamerika beschränkt gewesen ist.

Auch die Giraffen (Familie Giraffidae) waren, wie Fossilfunde belegen, einst viel artenreicher und überdies auch über weite Teile Eurasiens verbreitet. Giraffen unterscheiden sich durch die mit Haut bedeckten Schädelfortsätze sowohl von den Hirschen als auch von den Hornträgern, denen sie nach F. Leinders näherstehen. Als erdgeschichtlich älteste Gattung gilt *Canthumeryx* (»*Zarafa*«) aus dem Altmiozän Afrikas, wodurch der afrikanische Ursprung der Giraffen wahrscheinlich gemacht ist. In Eurasien kamen die Giraffen mit den Kurzhalsgiraffen vor (Unterfamilie Palaeotraginae, Gattungen *Palaeotragus* und *Giraffokeryx*), als deren letzte Überlebende meist die Urwaldgiraffe *(Okapia johnstoni)* Zentralafrikas angesehen wird. Die jungtertiären Palaeotraginen waren Savannenbewohner. *Okapia*, erstmalig zur Eiszeit in Afrika nachgewiesen, ist zweifellos ein sekundärer Urwaldbewohner, wie etwa das Riesenwaldschwein. Die Langhalsgiraffen (Unterfamilie Giraffinae) erscheinen im Jungmiozän (Gattungen *Honanotherium*, *Decennatherium*, *Giraffa*) und waren damals als Angehörige der Hipparionfauna in Afrika und Eurasien weit verbreitet. Zur Eiszeit waren Giraffen *(Giraffa)* noch in ganz Afrika (außer in den Urwaldgebieten) heimisch. Erst mit der stärkeren Austrocknung vor wenigen Jahrtausenden verschwanden sie aus Nordafrika. Auf den gemeinsamen Innenparasiten, einen Hakenwurm *(Monodontella giraffae)* bei Okapi und Giraffe, sei hier nochmals hingewiesen. Die völlig ausgestorbenen Sivatherien oder Rindergiraffen (Unterfamilie Sivatheriinae) gehören einer weiteren Giraffengruppe an, die im Jungtertiär und noch zur Eiszeit in den Savannen Afrikas und des südlichen Eurasiens heimisch war. Die Knochenzapfen der einzelnen Gattungen *(Helladotherium, Bramatherium* und *Sivatherium*= »*Libytherium*«*)* sind recht verschiedenartig gestaltet.

Die arten- und formenreichste Paarhufergruppe sind zweifellos die Hornträger (Familie Bovidae). Sie erlebt auch gegenwärtig noch eine stammesgeschichtliche Blütezeit. Hornträger haben sich vor allem in der Alten Welt entfaltet, nach Nordamerika sind nur einige Gruppen gelangt, Südamerika haben sie nie erreicht. Die Merkmalskombination zeigt, daß es sich um eine natürliche Einheit handelt, die sich vermutlich aus alttertiären Gelociden (Familie Gelocidae) entwickelt hat.

Das wohl augenfälligste Kennzeichen (zumindest der männlichen Tiere) dieser Paarhuferfamilie sind die von Hornscheiden meist dauernd bedeckten Knochenzapfen des Schädels. Weitere Merkmale sind die völlig rückgebildeten Oberkiefer-Schneidezähne, die schneidezahnartigen Unterkiefer-Eckzähne und die meist hochkronigen, stets jedoch halbmondförmigen (selenodonten) Backenzähne sowie die zweizehigen Gliedmaßen mit Kanonenbeinen. Die Zahnformel schwankt nur geringfügig und lautet: $\frac{0 \cdot 0 \cdot 2 \cdot 3 \cdot 3}{3 \cdot 1 \cdot 2 \cdot 3 \cdot 3}=28\text{-}32$. Die vielfach erst in erdgeschichtlich jüngster Zeit erfolgte Aufspaltung in einzelne Arten und verschiedene Parallelbildungen erschwert die systematische Gliederung und die Beurteilung der verwandtschaftlichen Beziehungen. So wird nicht nur die systematische Stellung einzelner Gattungen (z.B. *Budorcas, Aepyceros, Pelea, Pantholops* und *Saiga*) diskutiert, sondern es gibt auch kein einheitliches System, wie die verschiedenen Gliederungen durch Th. Haltenorth, W. D. Matthew, G. G. Simpson und J. J. Sokolov zeigen. Hier werden mit F. R. Walther folgende Unterfamilien unterschieden: Bovinae, Tragelaphinae, Reduncinae, Cephalophinae, Hippotraginae, Alcelaphinae, Neotraginae, Antilopinae, Aepycerotinae, Saiginae, Rupicaprinae und Caprinae.

Die ältesten Boviden sind mit den Gattungen *Eotragus* und *Walangania* in Eurasien und Afrika aus dem Altmiozän nachgewiesen. Es sind Formen aus der Verwandtschaft der heutigen Nilgauantilopen (Gattung *Boselaphus*). Seither hat sich die gesamte For-

menmannigfaltigkeit und Artenfülle der Boviden entwickelt. Vertreter der Gattungsgruppe Boselaphini waren im Jungtertiär außer in Asien auch in Europa und Afrika verbreitet (Gattungen *Protragocerus, Miotragocerus, Mesembriportax, Selenoportax, Tragocerus*). Gegenwärtig sind die Boselaphinen auf Südasien beschränkt. Aus miozänen Boselaphinen haben sich – vermutlich in Eurasien – über *Parabos* und *Leptobos* des Plio-Pleistozäns die Rinder (Gattungsgruppe Bovini) mit den afrikanischen (Gattungen *Simatherium* und *Pelorovis* [fossil], *Syncerus* [rezent]) und den asiatischen Büffeln (Gattung *Bubalus*) sowie die sonstigen Wildrinder (Gattungen *Bison* und *Bos*) entwickelt, von denen sich letztere auch nach Nordamerika ausbreiteten. Neben der Gattung *Bison* war zur Jungeiszeit auch *Bos* mit *Bos bunnelli* in Alaska heimisch.

Die Waldböcke (Unterfamilie Tragelaphinae) stehen den Rindern nahe und werden manchmal auch als Angehörige der Bovinae klassifiziert. Gegenwärtig nur in Afrika (Gattungen bzw. Untergattungen *Tragelaphus, Taurotragus*) heimisch, waren sie im Jungtertiär vorübergehend auch in Asien (Gattungen *Sivoreas, Sinoreas*) verbreitet. Die manchmal mit den Pferdeböcken vereinten Riedböcke (Unterfamilie Reduncinae) sind heute gleichfalls (mit verschiedenen [Unter-] Gattungen wie etwa *Redunca, Kobus* und *Adenota*) in Afrika heimisch, doch ist ein Ursprung in Asien (Gattungen *Cambayalla, Vishnucobus* und *Sivadenota* aus dem Plio-Pleistozän) nicht auszuschließen. Ob die afrikanische Schwarzfersenantilope *(Aepyceros melampus)* tatsächlich, wie H. Oboussier annimmt, den Riedböcken nahesteht, sei dahingestellt. Eher sind Beziehungen zu den Alcelaphinae anzunehmen.

Von manchen Autoren werden die afrikanischen Duckerantilopen (Unterfamilie Cephalophinae mit den Gattungen *Cephalophus* und *Sylvicapra*) als ursprüngliche Hornträger angesehen. Jedoch zählen sie wahrscheinlich nicht zu den erdgeschichtlich ältesten oder altertümlichsten Formen. Es scheinen eher sekundäre Urwaldbewohner zu sein.

Die gegenwärtig in Afrika und Vorderasien beheimateten Pferdeantilopen (Unterfamilie Hippotraginae mit den Gattungen *Hippotragus, Oryx* und *Addax*) waren noch zur Eiszeit auch in Südasien (Gattungen *Sivatragus, Sivoryx*) verbreitet. Etliche, einst als Hippotraginen eingeordnete Gattungen *(Palaeoryx, Protoryx, Pachytragus)* sind Angehörige der Ziegenartigen.

Die heute afrikanischen Kuhantilopen (Unterfamilie Alcelaphinae mit den Gattungen *Damaliscus, Alcelaphus* und *Connochaetes*) waren noch in historischer Zeit in Nordafrika und Vorderasien heimisch. Vorübergehend haben sie im Jungmiozän auch Südeuro-

Links: Gabelbock oder Gabelhornantilope, der einzige heutige Vertreter der Familie der Gabelhorntiere. – Rechts: Rekonstruktion von *Myotragus*, einer hochspezialisierten, kurzbeinigen jungeiszeitlichen Waldziegenantilope der Balearen.

PAARHUFER

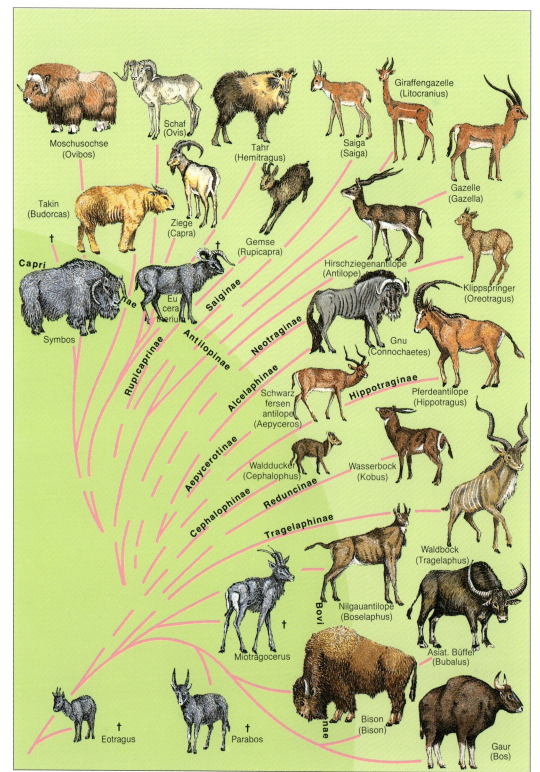

Stammbaum der Hornträger (Bovidae), der erdgeschichtlich jüngsten und artenreichsten Familie der Paarhufer.

STAMMESGESCHICHTE

pa erreicht (Gattung *Maremmia*). Zur Eiszeit waren sie in Afrika viel formen- und artenreicher verbreitet (ausgestorbene Gattungen *Megalotragus*, *Parmularius*, *Rabaticeras*) als gegenwärtig.

Eine nicht unbedingt einheitliche Gruppe sind die Böckchen (Unterfamilie Neotraginae). Sie werden verschiedentlich nur als Untergruppe der Gazellenartigen (Unterfamilie Antilopinae) aufgefaßt. Fossilfunde sind selten (Gattungen *Raphicerus*, *Oreotragus*, *Madoqua* und *Pelea*) und nur aus eiszeitlichen Ablagerungen bekannt.

Die Gazellenartigen (Unterfamilie Antilopinae) bilden gegenwärtig die artenreichste Gruppe unter den Hornträgern. Die indische Hirschziegenantilope *(Antilope cervicapra)* ist die einzige überlebende Art einer zur jüngsten Tertiärzeit und zur ältesten Eiszeit in Eurasien artenreich verbreiteten Antilopengruppe (Gattungen *Protragelaphus*, *Prostrepsiceros*, *Gazellospira*, *Spirocerus*). Die Gazellen bilden eine ziemlich einheitliche, auf Afrika und Asien beschränkte Gruppe, aus der nur der Springbock (Gattung *Antidorcas*) und die Lama- (Gattung *Ammodorcas*) und Giraffengazelle (Gattung *Litocranius*) etwas herausfallen. Gazellen erscheinen mit der Gattung *Gazella* im Jungmiozän Afrikas und Europas. Unter den heutigen Gazellen lassen sich mehrere Linien unterscheiden. Tschiru- (Gattung *Pantholops*) und Saigaantilope (Gattung *Saiga*) werden manchmal als eigene Unterfamilie (Saiginae) angesehen, manchmal den Gazellen (Antilopinae) und manchmal den Ziegenartigen (Caprinae) zugeordnet. Die Saigaantilopen waren zur Eiszeit vorübergehend nicht nur bis Westeuropa, sondern auch bis Alaska verbreitet.

Die restlichen Hornträger lassen sich in die Gemsenartigen (Unterfamilie Rupicaprinae) und die Ziegenartigen (Unterfamilie Caprinae) gliedern. Innerhalb der Rupicaprinae sind die Waldziegenantilopen (Gattungsgruppe Nemorhaedini) und die Gemsen (Gattungsgruppe Rupicaprini) zu unterscheiden.

Die derzeit auf Süd- und Ostasien auf Süd- und Ostasien beschränkten Waldziegenantilopen (Gattungen *Capricornis* und *Nemorhaedus*) waren im Jungtertiär und zur Eiszeit auch in Europa und Nordafrika heimisch (Gattungen *Procamptoceras*, *Gallogoral*, *Numidocapra*, *Nesogoral* und *Myotragus*). *Myotragus* ist eine hochspezialisierte, kurzbeinige Inselform der Balearen, die *Nesogoral* von Sardinien am nächsten steht.

Mit der Schneeziege (Gattung *Oreamnos*) haben die Gemsenartigen (Gattung *Rupicapra* in Europa) auch Nordamerika erreicht. Zu den Ziegenartigen (Caprinae) gehören nicht nur die Ziegen und Schafe (Gattungsgruppe Caprini), sondern auch die Moschus- oder Schafochsen (Gattungsgruppe Ovibovini).

Die Schafochsen waren in der Vorzeit viel arten- und formenreicher verbreitet. Eine erste Aufspaltung erfolgte bereits im Jungmiozän (Gattungen *Urmiatherium*, *Criotherium*, *Tsaidamotherium*). Es waren Steppenformen, aus denen sich dann die heutigen Moschusochsen (Gattung *Ovibos*) als arktische Tundrenbewohner entwickelt haben. *Ovibos* trat erstmals zur Elster-Kaltzeit als nordischer Zuwanderer in Mitteleuropa auf und war noch während der letzten Kaltzeit (Würmglazial) in weiten Teilen Europas heimisch. *Praeovibos* und *Symbos* sind weitere eiszeitliche Schafochsen aus Europa und Nordamerika. Sie waren mit *Makapinia* sogar bis Südafrika verbreitet. Der Takin oder die Rindergemse *(Budorcas taxicolor)* nimmt eine gewisse Sonderstellung ein, doch steht er unter den heute lebenden Hornträgern den Schafochsen am nächsten.

Die wenigen Fossilfunde aus dem Plio-Pleistozän Ostasiens (Gattungen *Lyrocerus*, *Boopsis* und *Budorcas*) belegen den langen stammesgeschichtlichen Eigenweg. Eine eigene, ausgestorbene Gruppe bilden die Euceratherien (Gattungsgruppe Euceratheriini) aus der Eiszeit von Nordamerika und Eurasien (Gattungen *Euceratherium*, *Preptoceras*, *Soergelia*). Es waren ausgesprochene Flachlandbewohner.

Die Böcke (Caprini) waren zwar mit den Gattungen *Pachytragus*, *Tossunnoria*, *Protoryx* und *Sinotragus* bereits im Jungmiozän Eurasiens artenreich vertreten, doch erscheinen die »modernen« Ziegen und Schafe erst zur ältesten bzw. älteren Eiszeit (Gattungen *Sivacapra*, *Hemitragus*, *Capra*, *Ovis*). Der Mähnenspringer *(Ammotragus lervia)* Nordafrikas bildet eine eigene Linie. Mit den Schafen (Gattung *Ovis*) haben die Böcke über die Beringbrücke auch Nordamerika erreicht, doch ist eine Rückwanderung nach Asien nicht auszuschließen. Die Ziegen (Gattung *Capra*) zählen mit der Bezoarziege *(Capra aegagrus)*, der Schraubenziege *(Capra falconeri)* und den Steinböcken (Untergattung *Ibex*) in Eurasien neben den Schafen zu den höchstentwickelten Hornträgern überhaupt.

▷ Nur neun Arten umfaßt die Familie der Schweine, die ausschließlich in der Alten Welt beheimatet ist. Im Bild ein afrikanisches Warzenschwein, das wie seine Verwandten eine besondere Vorliebe für Schlammbäder hat.

SCHWEINE UND PEKARIS

Kategorie
2 FAMILIEN

Systematische Einteilung: Die stammesgeschichtlich nahverwandten Familien der altweltlichen Schweine (Suidae) und der neuweltlichen Pekaris (Tayassuidae), zusammengefaßt in der Überfamilie der Schweineartigen (Suoidea), gehören zur Ordnung Paarhufer (Artiodactyla), Unterordnung Nichtwiederkäuer (Nonruminantia). Sie gliedern sich in 7 Gattungen mit insgesamt 12 Arten und vielen Unterarten.

Überfamilie Schweineartige (Suoidea)
Familie Schweine (Suidae)
Unterfamilie Eigentliche Schweine (Suinae)
Unterfamilie Babirusas (Babyrousinae)
Familie Pekaris (Tayassuidae)

SCHWEINE (5 Gattungen mit 9 Arten)

Kopfrumpflänge: 55–210 cm
Schwanzlänge: 2–50 cm
Standhöhe: 20–110 cm
Gewicht: 6,6–275 kg (Haustiere bis 320 kg)
Auffällige Merkmale: Großer Kopf; kurzer Hals; kurze Beine; weitgehend unspezialisiertes Gebiß mit in der Regel 44 Zähnen; große, nach oben gebogene Eckzähne; lange, bewegliche Schnauze mit praktisch unbehaarter Rüsselscheibe; häufig Gesichtswarzen; Borstenkleid; Voraugen-, Kinn-, Lippen-, Handgelenk-, Fuß- und Vorhautdrüsen.
Fortpflanzung: Tragzeit 100–175 Tage; 1–13 Junge je Geburt (Haustiere bis 14); Geburtsgewicht 133–etwa 1500 g.
Lebensablauf: Entwöhnung mit 2–8 Monaten; Geschlechtsreife mit 7–33 Monaten; Lebensdauer 7–24 Jahre.
Nahrung: Allesesser.
Lebensweise und Lebensraum: Durchweg gesellig, doch Sozialleben von Art zu Art verschieden; in unterschiedlichen Lebensräumen, je nach Art in Laub- und Mischwald, Tropenwald, Savanne, Steppe usw.; Reviergröße 0,2–20 km².

PEKARIS (2 Gattungen mit 3 Arten)
Kopfrumpflänge: 80–120 cm
Schwanzlänge: 2–10 cm

Suidae und Tayassuidae — WISSENSCHAFTLICH
Pigs and Peccaries — ENGLISCH
Porcins et Pécaris — FRANZÖSISCH

Standhöhe: 30–69 cm
Gewicht: 14–43 kg
Auffällige Merkmale: Großer Kopf; kurzer Hals; lange, bewegliche Schnauze mit haarloser Rüsselscheibe; Borstenkleid; 38 Zähne; obere Eckzähne nach oben gerichtet; Rückendrüse (»Nabel« – daher zuweilen auch Nabelschweine genannt) und Voraugendrüsen.

Fortpflanzung: Tragzeit 141–162 Tage; 1–4 Junge je Geburt; Geburtsgewicht 320–1350 g.
Lebensablauf: Entwöhnung mit 2–3 Monaten; Geschlechtsreife mit 8–18 Monaten; Lebensdauer 13–24 Jahre.
Nahrung: Allesesser.

Lebensweise und Lebensraum: Unterschiedliche Gesellungsformen, vom Einzelgänger bis zu großen Herden von 300 Tieren; in verschiedenartigen Lebensräumen, vom Regenwald und Buschland bis zur Halbwüste; Reviergröße 30–1500 ha.

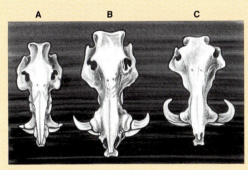

Schädel und Zähne
Die vergrößerten Eckzähne der Schweine bilden besonders bei männlichen Tieren mächtige »Hauer«. Die drei abgebildeten Schädel von Buschschwein (A), Riesenwaldschwein (B) und Warzenschwein (C) standen schon in »Brehms Tierleben« als Beispiel für die steigende Ausbildung des Wühlens mit den Hauern des Oberkiefers. Die Hauer werden jedoch auch als Waffen eingesetzt.

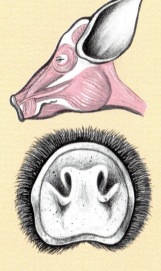

Rüssel
Zum Wühlen im Boden dient den Schweinen ein kurzer, kräftiger Rüssel. Die Schnauze ist mit einer starken vielschichtigen Muskulatur ausgestattet und daher gut beweglich. Sie endet mit einer breiten, rundlichen Rüsselscheibe, die vom Knorpel versteift wird. Ihre haarlose Haut besitzt zahlreiche Tastkörperchen. Hier münden auch die Nasenöffnungen.

Ritualkämpfe
Wie alle Paarhufer tragen auch Schweine untereinander eine Art von Ritualkämpfen aus. Dabei kommt es nur selten zu ernsthaften Verletzungen. Schweine mit langen Eckzähnen, wie die Riesenwaldschweine (oben) oder die Warzenschweine, bevorzugen den Kampf Stirn gegen Stirn. Dabei können die kräftigen Hauer nicht unmittelbar eingesetzt werden. Beim Warzenschwein werden sie außerdem durch die warzenartigen Vorsprünge am Kopf abgehalten. Schweine mit kürzeren Eckzähnen, wie das Wildschwein (unten), kämpfen zwar oft Kopfseite gegen Körperseite, die dicke borstige Haut verhindert jedoch meist schwere Verletzungen. In der Schultergegend, der die Angriffe am häufigsten gelten, wird die Haut zu einem richtigen Abwehrschild verstärkt.

Magen
Schweine sind verhältnismäßig wenig spezialisierte Paarhufer. Sie besitzen ein Allesessergebiß, in dem es noch zu keiner bedeutsamen Zahnreduktion kommt. Auch ihr Magen zeigt typische Allesessermerkmale. Er ist bei den altweltlichen Schweinen (Suiden, unten) ungeteilt, mit einer kleinen Aussackung; lediglich seine Schleimhautauskleidung ist aufgegliedert in funktionell unterschiedliche Abschnitte. Bei den neuweltlichen Pekaris (oben), die in mancher Hinsicht den Wiederkäuern nahestehen, zeigt der Magen auch eine äußerlich sichtbare Aufgliederung in drei größere Abschnitte.

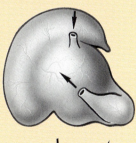
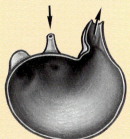

Schweine

von Christian R. Schmidt

Schweine sind die ältesten und primitivsten Vertreter der heute lebenden Nichtwiederkäuer. Sie zeichnen sich aus durch einen großen Kopf, einen kurzen Hals und eher kurze Beine. Die dritte und vierte Zehe werden zum Gehen benützt, die zweite und fünfte Zehe sind kurz und bilden die sogenannten Afterklauen. Als Allesesser haben Schweine ein weitgehend unspezialisiertes Gebiß mit 44 Zähnen: Oben und unten je drei Schneidezähne, einen Eckzahn, vier Vorbackenzähne und drei Backenzähne. Vor allem bei den typischen Grasäsern – Riesenwaldschwein und Warzenschwein – verringert sich die Zahnzahl. Die oberen Eckzähne, von den Jägern Haderer genannt, sind nach oben gekrümmt und vor allem bei den Männchen stark entwickelt. Dank der offenen Zahnhöhle wachsen sie zeitlebens weiter und dienen als Werkzeug, als Kampf- und Imponierorgan. Die unteren Eckzähne werden in der Jägersprache Gewehre genannt. Die bewegliche Schnauze endet in einer knorpeligen, praktisch haarlosen Rüsselscheibe, die durch einen erst später verknöchernden Rüsselknochen mit den Nasenbeinen verbunden ist. Mit Hilfe des hervorragenden Geruchssinnes spüren Schweine die Nahrung im Boden auf und wühlen sie dann mit der Rüsselscheibe hervor. Der Gesichtssinn ist schlecht, aber sie haben ein gutes Gehör. Entsprechend vielfältig sind ihre Lautäußerungen, Schweine grunzen, quieken, kreischen und schnauben. Viele Arten besitzen Gesichtswarzen. Die Haut ist fest, dick und oft mit einem Fettpolster versehen, dagegen arm an Talg- und ohne Schweißdrüsen. Das Borstenkleid ist mehr oder weniger dicht und wird bei nördlichen Formen durch eine derbe Unterwolle ergänzt.

Schweine sind Kontakttiere, die zum Teil soziale Körperpflege betreiben. Mit ihrem kurzen Hals können sie ihren Körper kaum selbst belecken oder beknabbern, weshalb sie sich oft an Gegenständen und, auf den Keulen sitzend, mit dem Hinterteil am Boden scheuern. Die Männchen sind größer als die Weibchen und haben einen spiralförmigen Penis und eine Präputialdrüse. In diesem sogenannten Nabelbeutel sammelt sich stark riechender Harn. Nach der Paarung bildet das Weibchen einen Vaginalpfropf, der die Scheide verschließt und das Eindringen von weiteren Spermazellen verhindert. Wildschweine haben bis zu sechs, Hausschweine bis zu acht Paar Zitzen. Schweine sind die einzigen Huftiere, die regelmäßig mehr als zwei Junge pro Wurf zur Welt bringen. Die Weibchen sind passive Mütter, die ihre Jungen weder säubern noch trockenlecken. Unmittelbar nach der Geburt suchen

Bei der Nahrungssuche verlassen sich die Wildschweine auf ihre gute Nase. Wenn sie grasen, lassen sie sich oft »auf die Knie« - eigentlich die Karpal- oder Handwurzelgelenke - nieder, und in dieser Stellung rutschen sie dann auch mehrere Meter weit über den Futterplatz. Im Gegensatz zu den anderen Schweinearten säugen Warzenschweine meistens stehend.

die Jungen, Frischlinge genannt, an der liegenden Mutter nach den Zitzen, die sie mit Schnauzenstößen massieren. Jedes Junge erkämpft sich seine eigene Zitze. Während der ersten etwa vier Tage sind sie sehr wärmebedürftig und wärmen sich im Bau gegenseitig oder auf der Mutter.

Schweine sind in 5 Gattungen, 9 Arten und 52 Unterarten über Eurasien und Afrika verbreitet. In Europa und Asien sind zwei Arten domestiziert, also zu Haustieren gezüchtet worden.

Das WILDSCHWEIN *(Sus scrofa)* hat das größte Verbreitungsgebiet aller Schweine, in dem sich 16 Unterarten ausgebildet haben. Das südostasiatische BINDENSCHWEIN *(Sus scrofa vittatus)* galt früher als eigene Art. Die Inselformen von Sardinien und den japanischen Riukiu sind die kleinsten, die Wildschweine aus den Karpaten, dem Kaukasus und dem Ussurigebiet die größten Unterarten. Je weiter im Osten das Verbreitungsgebiet liegt und je feuchter es ist, desto größer werden die Wildschweine. In den südlichen und östlichen Vereinigten Staaten, in Mittelamerika und in Argentinien wurden Wildschweine als Jagdwild angesiedelt. Die Chromosomenzahl (Träger der Erbsubstanz) schwankt in verschiedenen Populationen zwischen 36 und 38. Eine Population bezeichnet die Gesamtheit der Einzeltiere einer Art, die zur gleichen Zeit in einem bestimmten Lebensraum lebt und sich miteinander fortpflanzen kann.

Der bevorzugte Lebensraum des Wildschweins in Europa ist Laub- oder Mischwald, der mit Mooren durchsetzt ist und an Felder grenzt. Wildschweine können schwimmend sieben Kilometer entfernte Inseln erreichen. Im Sommer wälzen sie sich jeden Nachmittag mehrmals in schlammigen Wasserlöchern, im Winter durchschnittlich nur einmal pro Woche. Das Suhlen, wie dieses Schlammbad genannt wird, dient also der Kühlung. Anschließend scheuern sich Wildschweine an sogenannten Malbäumen, die ebenso der Reviermarkierung dienen wie Harn- und Kotstellen entlang der Wechsel oder Pfade. Zusätzlich wälzen sie sich auch in Sand, in feuchter Erde und fauligen Substanzen. In Gebieten, in denen sie ungestört sind, haben Wildschweine nachts ihre Hauptruhephase von durchschnittlich elf Stunden und eine kürzere Ruhephase in der Mittagszeit. Durch Wühlen und Scharren heben sie Mulden aus, die sie mit Gras und Zweigen auspolstern. Hier ruhen die Wildschweine in engem Körperkontakt. Die Gruppe benützt das gleiche Lager mehrere Male. In Jagdgebieten sind Wildschweine zur dämmerungs- und nachtaktiven Lebensweise übergegangen.

Der deutsche Zoologe Lutz Briedermann stellte fest, daß das Hauptfutter in den sogenannten Mastjahren zu über der Hälfte aus Eicheln und Bucheckern besteht – im Herbst sogar zu 85%. In schlechten Jahren weichen die Tiere auf Kartoffeln, Mais und Getreide aus. Der Hauptschaden auf den Feldern entsteht weniger durch den Verzehr der Feldfrüchte als vielmehr durch das Aufwühlen des Bodens. Der Schweizer Zoologe Marco Baettig versucht Wildschweine, die seit Mitte des letzten Jahrhunderts in Europa stetig zunehmen, wieder an das ursprüngliche Waldleben

Eine Wildschweinrotte im Ruhuna-Nationalpark in Sri Lanka. Wildschweine gelten zwar als »Charaktertiere« unserer heimischen Wälder, sind aber in Wirklichkeit von allen Schweinearten am weitesten verbreitet – von Westeuropa bis Japan.

zu gewöhnen. Dazu bietet er ihnen im Wald angelegte Äcker an und läßt die Frischlinge auf den Feldern bejagen. Da Wildschweine sehr lernfähig sind, meiden die Leitweibchen Orte, die sie einmal als gefährlich erkannt haben. Wildschweine nützen andererseits aber auch den Wald, indem sie den Boden durch ihr Wühlen lockern und darüber hinaus Maikäferengerlinge und Mäuse verzehren. Wildschweine haben ein breites Futterspektrum, das von Adlerfarn, Bärenklau und anderen Kräutern, Gräsern, Beeren, Wurzeln, Rüben, Abfällen, Regenwürmern, Krebsen, Muscheln, Fischen, Fröschen, Echsen, Schlangen, Eiern und Jungvögeln bis zu Aas und jungen Hasen und Rehen reicht. In Südasien haben sie sogar gelernt, Kokosnüsse aufzuschlagen. Bei Futterknappheit wandern Wildschweine auch über größere Distanzen.

Das Verhalten des MITTELEUROPÄISCHEN WILDSCHWEINS *(Sus scrofa scrofa)* wurde besonders gründlich von dem deutschen Zoologen Heinz Gundlach und dem österreichischen Verhaltensforscher Michael Martys untersucht. Etwa zwei Wochen vor der Geburt verjagt das Weibchen außer seiner Mutter und seinen letztjährigen Jungen alle Gruppenmitglieder. Es baut häufiger als sonst – etwa jeden zweiten Tag – ein neues Schlafnest, das in der Nähe des späteren Geburtsortes liegt. Oft beginnt der Milcheinschuß in das Euter schon vier Tage vor der Geburt, die zwischen Ende Februar und Anfang Mai stattfindet. Die Unterwolle löst sich vom Bauch, so daß die Zitzen frei liegen. Zwölf Stunden vor der Geburt vertreibt das Weibchen auch seine nächsten Verwandten und baut in gut fünfstündiger Arbeit einen Wurfkessel. Dazu scharrt und wühlt es eine Mulde und trägt aus einer Entfernung bis zu 50 Metern im Maul Gras und Zweige von bis zu Unterarmdicke herbei. Diese schichtet es zu einem Wurfkessel auf, der bis zu einem Meter hoch ist. Etwa zwei Stunden nach Fertigstellung beginnt die Geburt in Seitenlage. Die Austreibungsphase kann zwischen einer und fast sechs Stunden dauern. Die Jungen werden ungefähr gleich häufig in Kopf- oder Steißlage geboren. Schon in den Geburtswegen platzen die Eihäute, und die Nabelschnur reißt meistens beim Aufstehen der Mutter. Eihautreste und Mutterkuchen (Plazenta) werden in der Regel eine Stunde später ausgestoßen und oft verzehrt. Ein erstgebärendes Wildschweinweibchen bringt durchschnittlich weniger als vier (1 bis 5), ein älteres Weibchen über sechs (4 bis 10) Junge pro Wurf zur Welt. Jüngere Weibchen haben eine kürzere Tragzeit als ältere.

Nur in Mastjahren wird schon die Hälfte der achtmonatigen Weibchen erfolgreich gedeckt, finden die Geburten früher im Jahr statt und werden pro Wurf

Einfache Hindernisse überwinden Wildschweine mit einem Sprung.

mehr Junge geboren, die außerdem schwerer sind. Auch die ausgewachsenen Tiere sind in Mastjahren schwerer und bringen dann im Juli oder August einen zweiten Wurf zur Welt, vor allem wenn der erste Wurf gemeinsam mit anderen Weibchen aufgezogen wird oder verlorengeht. Der Wurfkessel bietet den Jungen Schutz vor Nässe, Kälte und Wind. Während der ersten Tage können die Frischlinge ihre Körpertemperatur nicht selbständig regeln und wärmen sich durch Körperkontakt mit Geschwistern und Mutter im Kessel. Mit einem pfeifenden Gequieke machen sie auf sich aufmerksam, wenn das Gewicht der Mutter sie zu erdrücken droht. Nach wenigen Tagen nimmt die Mutter ihre Jungen auf kurze Ausflüge mit, und im Alter von zwei Wochen kehren sie nicht mehr in den Wurfkessel zurück. Gleichzeitig beginnen sie selbständig zu wühlen und Erde und Futter aufzunehmen. Junge führende Wildschweinweibchen greifen zur Verteidigung sogar Menschen an. Schon bei der Geburt sind die äußeren Schneide- und Eckzähne der Jungen durchgebrochen, so daß sich die Frischlinge beim Kampf um die mütterlichen Zitzen manchmal gegenseitig verletzen. Nach zwei Wochen hat jedes Junge »seine« Zitze, an der es ausschließlich trinkt. Da ein Wildschwein nur zehn oder zwölf Zitzen hat, kann es selbst nicht mehr Junge aufziehen. Werden mehr geboren, als das Weibchen Zitzen hat, kann es sich mit verwandten, ebenfalls Junge führenden Weibchen zusammenschließen, wobei die Jungen gemeinsam aufgezogen werden.

H. B. Oloff stellte im Kaukasus fest, daß während der ersten beiden Lebensmonate jedes fünfte Junge stirbt. Im siebten Lebensmonat, wenn die Jungen unabhängig werden, stirbt sogar nahezu jeder vierte Frischling, so daß pro Weibchen und Jahr nur zwei Jungtiere aufwachsen. Die Streifenzeichnung der Frischlinge – bekannt unter dem Namen Livree – beginnt mit zwei Monaten zu verblassen und ist mit einem halben Jahr verschwunden. Nach einer rotbraunen Zwischenfärbung tragen Wildschweine mit 12 bis 14 Monaten die Erwachsenenfärbung. Wildschweine bilden im südöstlichen Asien die Hauptbeute der Tiger. Da bei uns der Wolf als Hauptfeind vor allem der Frischlinge und einjährigen Wildschweine ausgerottet wurde, hat der Mensch als Jäger diese Rolle übernommen.

Wenn von November bis Januar die Paarungs- oder Rauschzeit währt, kämpfen die einzelgängerischen Männchen – Keiler in der Jägersprache – miteinander um die Weibchen, in der Jägersprache Bachen genannt. Dabei marschieren die Keiler mit aufgestellten Rückenborsten parallel nebeneinander im Imponiergang. Hierauf stoßen sie sich in Schulterkontakt. Falls dieser nach festen Regeln ablaufende Kommentkampf keine Entscheidung bringt, dreht sich ein Keiler herum und stößt in entgegengerichteter Stellung, wobei die Rivalen einander umkreisen. Schließlich versuchen sie mit offenem Maul und Kopfaufwärts-Bewegungen, dem Gegner die Eckzähne in die Flanke zu stoßen. Zwischen Schulter und letzter Rippe hat der Keiler eine bis sechs Zentimeter verdickte, knorpelige Haut, einen sogenannten Schild. Obwohl der Schild, häufig durch einen zusätzlichen Panzer aus Erde und Baumharz verstärkt, den Keiler schützt, enden die Kämpfe nicht selten mit Verletzungen. Der kanadische Zoologe Cyrille Barrette beobachtete in Sri Lanka ein weiteres Kampfelement: Die Rivalen erheben sich grunzend und mit schäumendem Maul auf ihre Hinterbeine, lehnen sich dabei aneinander und versuchen, sich gegenseitig mit dreschenden Vorderbeinen und Kopfstößen umzuwerfen. Der Sieger verjagt die jungen Männchen aus der Gruppe; diese schließen sich erst zu Junggesellenverbänden zusammen, bevor sie Einzelgänger werden. Der Keiler verfolgt die paarungsbereiten Weibchen oder rauschigen Bachen (wie es in der Jägersprache heißt) im Kreis, massiert sie mit dem Rüssel, harnt und gibt rhythmische Laute von sich, bis die Bache ihre Paarungsbereitschaft durch Stehenbleiben anzeigt. Die Keiler nehmen während der Paa-

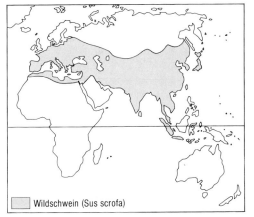
Wildschwein (Sus scrofa)

▷ Ein dichtes Borstenkleid mit Unterwolle schützt das Wildschwein vor den Unbilden der kalten Jahreszeit. Wie wenig den Tieren Kälte und Schnee ausmachen, geht auch daraus hervor, daß sie sogar die Werbung und Paarung in den Spätherbst oder Frühwinter verlegen.

▷▷ Die Frischlinge, wie die Wildschweinkinder genannt werden, tragen in den ersten Lebensmonaten eine auffällige Streifenzeichnung.

rungszeit kaum Nahrung zu sich und verlieren demzufolge bis zu einem Fünftel ihres Körpergewichtes. Außerhalb der Paarungszeit besteht der Verband, die »Rotte«, aus einer alten Bache, wenigen Töchtern und den Frischlingen. Wurfgeschwister und ihre Mutter haben ähnliche Laute. Wildschweinmütter erkennen ihre Jungen auch an ihren Lautäußerungen. Zehn verschiedene Lautäußerungen, nämlich Kontakt-, Warn-, Alarm-, Werbe-, Abwehr-, Kampf-, Such-, Hunger-, Klage- und Angstlaut, können unterschieden werden.

Das Wildschwein – als Gullibursti (goldene Borsten) und Hildisvini (heiliges Schwein) den germanischen Göttern Freyr und Freya als Zug- und Reittiere geweiht – spielt in Europa von altersher eine große Rolle als Jagdwild. So erstaunt es nicht, daß die Jagdsprache ihre eigenen Bezeichnungen hat wie etwa Überläufer für vorjährige Junge, die das erste Lebensjahr vollendet haben, Gebrech für den Rüssel, Schwarte für das Fell, Federn für die Rückenborsten, Pürzel für den Schwanz oder Lichter für die Augen.

Vor rund 9000 Jahren wurden Wildschweine im östlichen Europa und Mittelmeergebiet und im südöstlichen Asien domestiziert, also zu Haustieren gezüchtet, wozu sie sich als Kontakttiere gut eigneten. Neben dem Fleisch liefern Hausschweine auch Borsten und Leder und dienen zudem als Reit- und Zugtiere. In Südfrankreich spüren die sogenannten Trüffelschweine seit Generationen für den Menschen die begehrte Delikatesse auf, und in neuerer Zeit setzt die Polizei mancherorts Hausschweine zum Erschnüffeln von Drogen ein. Die 700 bis 800 Millionen Hausschweine, die heute vor allem in China, Europa und Nordamerika leben, liefern weltweit fast ein Zehntel des tierischen Eiweißbedarfs für den Menschen. In der Haustierzüchtung wurden sowohl das Wachstum wie auch die Fortpflanzungsleistung gesteigert. Ein Hausschwein mit seinen 16 Zitzen kann ohne weiteres einen Wurf von 14 Ferkeln aufziehen. In Dänemark wurde durch Zuchtauswahl innerhalb von vier Jahrzehnten die Körperlänge des Hausschweins um 8% verlängert und die Rippen auf jeder Seite um vier vermehrt, was die Fleischproduktion entsprechend erhöhte. Ein Edelschwein nimmt täglich ein halbes Kilogramm zu und wird im Alter von einem halben Jahr mit einem Gewicht von 100 Kilogramm geschlachtet. Das entspricht etwa dem dreifachen Gewicht eines gleichaltrigen Wildschweines. Infolge der unnatürlichen Haltung in Massenzuchtställen traten immer häufiger Verhaltensstörungen auf, wie Anknabbern von Schwänzen und Ohren. Der Schweizer Verhaltensforscher Alex Stolba entwickelte den erfolgreichen »möblierten Familienstall«. Sobald Hausschweine die Gelegenheit erhalten, verwildern sie sehr schnell, wie dies in Australien, im Sudan und – als sogenannte Razorbacks – im östlichen Nordamerika geschah. Das Schwein hat für den Menschen aber nicht nur eine wirtschaftliche Bedeutung, sondern spielt auch eine große Rolle in der Symbolik: Einerseits wird es in unserer Sprache als »dumme, dreckige, faule Sau« verunglimpft, andererseits gilt es als Symbol für Sparsamkeit und Glück.

Der menschliche Bedarf an Fleisch wuchs immer mehr, weshalb Mitte des vorigen Jahrhunderts die spätreifen, unveredelten Landschweine mit den frühreifen, englischen Yorkshire-Schweinen gekreuzt wurden. Daraus entwickelte sich das Edelschwein mit seinen Stehohren, das zusammen mit dem schlappohrigen Veredelten Landschwein heute die Mehrheit der Hausschweine auf dem Kontinent stellt. Viele der älteren, unwirtschaftlichen Rassen – wie das Unveredelte Bayerische Landschwein oder das Hannoversche Weideschwein – verschwinden langsam. Das schwarz-weiße Angler Sattelschwein wird noch heute in Schleswig-Holstein als Weideschwein gehalten. Es ist das größte und mit 300 bis 350 Kilogramm das schwerste aller Schweine. Das ungarische Mangalizaschwein mit der dichten, lockigen Behaarung verträgt die Kälte gut. Seine wenigen Jungen sind in den ersten Lebenswochen wie Wildschweinfrischlinge längsgestreift, was für Hausschweine ungewöhnlich ist. China ist die Heimat des Maskenschweines. Die fruchtbaren Hängebauchschweine aus Vietnam stammen vom Bindenschwein ab. Neben einfarbig schwarzen Tieren finden sich auch immer wieder gescheckte. Der Bauch schleift oft am Boden nach, und die mopsköpfige Verkürzung der Schnauzenpartie führt zu einer Faltung der Gesichtshaut. In den sechziger Jahren wurde an der Universität Göttingen durch Kreuzung von Hängebauchschweinen mit amerikanischen Minipigs das nur 40 Kilogramm schwere Göttinger Minischwein gezüchtet, das sich besonders für die Laborhaltung eignet.

Dieses Zwergwildschwein ist achtzehn Tage alt.

Gegenüberliegende Seite: Aus dem Wildschwein sind sowohl in Europa als auch in Asien vielerlei Rassen von Hausschweinen herausgezüchtet worden. Die Zeichnungen zeigen nur eine kleine Auswahl (von oben nach unten): Unveredeltes Bayerisches Landschwein, Hannoversches Weideschwein, Veredeltes Landschwein, Weißes Deutsches Edelschwein, Mangalizaschwein aus Ungarn, Maskenschwein aus Nordchina, Hängebauchschwein aus Vietnam und Papuaschwein.

SCHWEINE

Das ZWERGWILDSCHWEIN *(Sus salvanius)* ist mit ungefähr zehn Kilogramm die kleinste aller Schweinearten. Als einzige Art trägt es einen Stummelschwanz. Die Anzahl der Vorbackenzähne ist auf je drei in den oberen Kieferhälften verringert. Das Verbreitungsgebiet des Zwergwildschweins umfaßte ursprünglich den gesamten Elefantengras-Gürtel südlich des Himalaja, vom südwestlichen Nepal bis ins nördliche Zentralassam. Nach 1950 wurden keine Zwergwildschweine mehr beobachtet, und man vermutete, eine weitere Tierart sei vom Menschen ausgerottet worden. Während eines Buschfeuers am 21./22. März 1971 im Barnadi-Waldreservat verließen aber auch Zwergwildschweine ihren unzugänglichen Lebensraum und wurden auf diese Weise wiederentdeckt. Bis 1977 konnten mindestens 38 Zwergwildschweine gefangen werden, die in der Folge vor allem auf den Teefarmen von Attareekhat und Paneery sowie im Zoo von Gauhati gehalten wurden. William L. R. Oliver, wissenschaftlicher Mitarbeiter des Jersey Wildlife Preservation Trust, erforschte 1977, 1981 und 1984 auf drei Expeditionen die Lebensweise des Zwergwildschweines und dessen verbliebene Lebensräume in Nordwest-Assam. 1978 wurde der Bestand auf nur noch 100 bis 150 Tiere geschätzt, und 1984 war einzig noch eine gesicherte Population im Manas-Nationalpark übriggeblieben. Die Internationale Naturschutzorganisation IUCN erklärte das Zwergwildschwein zu einer der zwölf meistbedrohten Tierarten, und Indien schützt die Art nominell total durch das Naturschutzgesetz von 1972. Es gibt drei Gründe für die Bestandsabnahme: Zum einen wird der Lebensraum des Zwergwildschweins durch Landbearbeitung immer mehr eingeengt, zum andern verwendet die einheimische Bevölkerung das Elefantengras zur Bedachung ihrer Hütten. Während der Trockenzeit im Januar und Februar wird das Gras abgebrannt, damit die darin wachsenden Büsche verschwinden und nach der Wachstumsphase das Gras besser geschnitten werden kann. Zwergwildschweine verlieren dadurch zweimal jährlich ihre Deckung, und auch ihr Futter wird während dieser Zeit knapp. Auch ist das zarte Fleisch der Zwergwildschweine beliebt, so daß die Schweinchen gewildert werden.
Der Lebensraum des Zwergwildschweins ist der undurchdringliche, mannshohe Elefantengras-Dschungel, durch den es dank seiner Kleinwüchsigkeit mü-

helos »schlüpfen« kann und der eine direkte Beobachtung der Tiere fast unmöglich macht. William L. R. Oliver konnte mit Hilfe von Radiosendern, die an Halsbändern angebracht wurden, die Größe des Lebensraumes von Einzeltieren feststellen. Die meisten Gruppen umfassen vier bis sechs Mitglieder, wohl meist ein oder zwei Weibchen mit Jungtieren. Nur zur Paarungszeit von Ende Dezember bis Anfang März schließen sich die Eber den Gruppen an, sonst leben sie als Einzelgänger.

Zwergwildschweine benutzen während des ganzen Jahres selbstgebaute Nester. Mit Schnauzenbewegungen und Scharren der Vorderhufe wird erst eine Mulde in den Bodengrund gegraben. Rundherum wird die Erde aufgeschüttet, so daß kein Wasser in die Mulde fließen kann. Hierauf knickt das Zwergwildschwein umliegende Gräser zu Boden. Weitere Gräser werden ausgerissen oder abgebrochen und im Maul zum Nestort transportiert. Bis zu 17 Kilogramm Material werden auf diese Weise zu einem ungefähr 75 mal 110 mal 20 Zentimeter hohen Nest verarbeitet. Die Tiere kriechen hinein und weiten das Innere durch Körperbewegungen zu einer Höhle aus, deren Temperatur durch die Eigenwärme leicht erhöht wird. Zur Ruhe sowie zum Schutz vor Verfolgung, Regen, Kälte und starkem Sonnenschein zieht sich die ganze Gruppe hierhin zurück. Die Zwergwildschweine betreten ihr Nest kopfvoran und drehen sich anschließend herum, so daß ein Tier immer den Kopf zum Eingang richtet. Kot wird nur außerhalb der Höhle abgesetzt. Von Sonnenaufgang bis zwei Stunden nach Sonnenuntergang sind die Tiere aktiv und nur während der Mittagshitze in ihrem Nest.

Täglich sechs bis zehn Stunden lang sind Zwergwildschweine mit der Futtersuche beschäftigt. Dabei wühlen sie auf Elefantenwechseln oder kleinen Lichtungen den Boden mit der Schnauze auf, um Wurzeln, Knollen, Insekten, Regenwürmer und auch etwas Erde aufzunehmen. Darüber hinaus verzehren sie auch Gräser, Blätter, Samen, Früchte, Aas, Eier und verschiedene Kleintiere – im Zürcher Zoo konnten wir beobachten, wie Zwergwildschweine eine Maus töteten und verzehrten. Wasser trinken sie selten, da die Nahrung genug Flüssigkeit enthält. Durch den engen Körperkontakt vor allem im Nest können sich Zecken und Läuse ausbreiten. Eine bestimmte Lausart *(Haematopinus oliveri)* wurde bisher nur auf Zwergwildschweinen gefunden und ist damit vermutlich mit der Wirtsart von der Ausrottung bedroht.

Zwergwildschweine wurden bisher erst in drei zoologischen Gärten außerhalb von Indien gehalten. Der Londoner Zoo erhielt 1882 ein Männchen und drei Weibchen. Vier zwischen 1883 und 1886 geborene Würfe wurden nicht aufgezogen. Zwischen 1909 und 1929 lebten Zwergwildschweine im Berliner Zoo. Allerdings handelte es sich nicht bei allen Tieren um Zwergwildschweine: Ein in vielen Büchern abgebildetes, von 1915 bis 1918 in Berlin lebendes Weibchen ist sicher ein im Wachstum zurückgebliebenes Bart- oder Bindenschwein. Die nach der Wiederentdeckung gefangenen Zwergwildschweine brachten in Assam mindestens 50 Junge zur Welt, wovon ein einziges Paar ausgeführt wurde. Im Rahmen der Bemühungen zur Erhaltung der gefährdeten Art versuchte der Jersey Wildlife Preservation Trust in seinem Zoo eine Zuchtgruppe aufzubauen. Als die damalige indische Premierministerin Indira Gandhi die Ausfuhrerlaubnis gab, erwies sich die Einfuhr auf die Kanalinsel wegen tierärztlicher Beschränkungen als unmöglich. Der hierauf angefragte Zürcher Zoo half aus, und so gelangte das 1973 in der Paneery Teefarm geborene Paar »Cal« und »Cutta« im November 1976 in die speziell hergerichtete, den strengen Einfuhrbestimmungen gerecht werdende Quarantäne (räumliche Absonderung) und 40 Tage später in den Zürcher Zoo. Es handelte sich dabei um ein reines Naturschutzprojekt, und viele Daten – vor allem

Links: Das kleine vietnamesische Hängebauchschwein ist wegen seiner Vermehrungsfreude und seines originellen Aussehens in Europa zu einem beliebten Zoo- und Versuchstier geworden. - Rechts: In ernsten und spielerischen Auseinandersetzungen kämpfen Wildschweine häufig Kopfseite gegen Kopfseite oder Kopfseite gegen Körperseite (Lateralkampf).

über das Fortpflanzungsverhalten – konnten erforscht werden. 18 der bisher in Menschenobhut verzeichneten 20 Zwergwildschweinwürfe erfolgten zwischen Mitte April und Mitte Juni. In Assam fällt diese Zeitspanne mit der beginnenden Regenzeit zusammen. Während dieser Zeit sprießt frisches Grün und sichert der Mutter und ihren Jungen eine optimale Ernährung. Die Jungenzahl schwankt zwischen zwei und sechs; Zwergwildschwein-Weibchen haben nur sechs funktionierende Zitzen, die schon einen Monat vor der Geburt sichtbar vergrößert sind. Am 2. Mai 1977 brachte »Cutta« in ihrem Grasnest winzige Fünflinge zur Welt, die schon am ersten Tag in Begleitung der Mutter das Nest zeitweise verließen. Die ursprünglich uniforme graurosa Färbung wechselte im Alter von elf Tagen zu der für viele Schweinefrischlinge typischen braun und gelblichen Längsstreifung. Am gleichen Tag nahmen die Kleinen auch erstmals festes Futter zu sich. Schon bei der ersten Kontrolle im Alter von vier Tagen waren alle vier Eckzähne und zwei untere Schneidezähne durchgebrochen. Während der ersten 18 Tage saugten die Jungen nur an der im Nest liegenden Mutter, danach konnten sie oft beim Saugen an der stehenden »Cutta« beobachtet werden. Leider starb »Cutta« im August 1977 an einem Wirbelknochenbruch. Alle fünf Nachzuchttiere wuchsen auf und konnten im Freigehege häufig beobachtet werden, wie sie in Einerkolonne – immer angeführt vom einzigen Weibchen – auf ihren Wechseln marschierten. Aus dem Freiland ist bekannt, daß immer erwachsene Zwergwildschweine Spitze und Ende der Einerkolonne bilden, während dazwischen die jüngeren Tiere gehen. In Zürich mußten die Männchen schließlich getrennt werden, da sie sich immer häufiger bekämpften. Dies begann mit einem Breitseiten-Imponieren mit gleichzeitigem Haarsträuben, Kaubewegungen, Zähneknirschen und Gähnen, setzte sich fort in Frontalkämpfen, bei denen sie sich gegenseitig mit der Stirne wegzudrücken versuchten, und mündete schließlich in Beißkämpfe aus. »Cuttas« einzige Tochter starb im September 1978 – außerhalb der normalen Geburtssaison – an einer Schwergeburt. Da inzwischen alle Zwergwildschweine in Menschenobhut in Assam gestorben sind, starben auch die letzten Zürcher Eber 1984 ohne Gelegenheit zur Weiterzucht. Dies ist um so schlimmer, als die Art im Freiland immer weiter vermindert wird, während sie in Menschenobhut ohne weiteres über Generationen erhalten werden könnte.

Von allen Schweinen hat das BARTSCHWEIN *(Sus barbatus)* den schmalsten Rumpf und den längsten Kopf. Das Gesicht »zieren« zwei Warzenpaare, wovon das vordere Paar durch die Barthaare verdeckt ist. Einmalig unter seinen Verwandten ist die zweizeilige Schwanzquaste, wie sie sonst noch bei Elefanten zu finden ist. Die Barthaare des KRAUSBARTSCHWEINS *(Sus barbatus oi)* von Sumatra und Westmalaysia sind wirr und kraus, und zwar auch auf dem Nasenrücken. Das PHILIPPINEN-BARTSCHWEIN *(Sus barbatus philippensis)* galt früher als Unterart des Pustelschweins. Die Zahl der Krausbartschweine und besonders der CEBU-BARTSCHWEINE *(Sus barbatus cebifrons)* ist in den letzten Jahren infolge Zerstörung des Lebensraumes und Bejagung zurückgegangen.

Bartschweine bewohnen Regenwälder, Mangrovendickichte und Sekundärwälder. Letztere entstehen nach der Abholzung oder Rodung oder nach Naturkatastrophen; sie setzen sich aus wenigen, schnellwüchsigen Arten zusammen. Mit ihren langen Schnauzen können die Tiere im lockeren Boden recht tief nach Wurzeln und Regenwürmern graben. Daneben verzehren sie Früchte und Schößlinge von Gummibäumen; manchmal holen sich die Bartschweine auch ihre Nahrung von den Feldern. An der Küste ernähren sie sich zusätzlich von angeschwemmten, toten Fischen. Sie leben mit Straußwachteln in Symbiose, also zu gegenseitigem Nutzen zusammen: Die Bartschweine dulden, daß die Straußwachteln in der aufgebrochenen Erde nach Würmern suchen

Links: Das südostasiatische Zwergwildschwein ist mit einem Gewicht von nur zehn Kilogramm die kleinste Schweineart der Welt und zugleich die seltenste: Offenbar haben nur 100 bis 150 Tiere bis heute überlebt. – Unten: Kämpfende Wildschweinkeiler versuchen einander mit dem hauerbewehrten Kopf zu unterfassen.

– dafür lassen sie sich von den Vögeln Zecken ablesen und reagieren auch auf ihren Warnruf. Oft folgen Bartschweine Gibbonfamilien und Makakenhorden, die angeknabberte, heruntergefallene Früchte hinterlassen. Ein gefundenes Fressen für die Bartschweine, die diese Früchte verzehren.

Während eines Großteils des Jahres leben Bartschweine standorttreu im Familienverband. Als einzige Schweineart unternehmen sie aber auch weite Wanderungen. Dazu rotten sich mehrere hundert Tiere zusammen. Niemals fand man Frischlinge in diesen riesigen Wanderherden. Von alten Ebern angeführt, wandern die Tiere nachts auf breiten Pfaden und ziehen sich tagsüber ins Dickicht zurück. Auf Sumatra leben die Bartschweine von November bis Januar, also während der Regenzeit und zur Reifezeit der Früchte, im Landesinnern. Hier wachsen die Frischlinge auf. Zwischen Februar und April wandern diese dann besonders gut genährten Bartschweine an die Küste. Da die Tiere immer zur gleichen Jahreszeit auf den gleichen Routen ziehen, stellen ihnen hier die Einheimischen nach. Besonders bei der Überquerung von Flüssen sind die Schweine wehrlos und unfähig zur schnellen Flucht. Auch in Westmalaysia wandern Bartschweine zwischen April und Juli von Pahang nach Johore. Im Nordosten von Borneo finden Nord-Süd-Wanderungen statt, wie der französische Zoologe Pierre Pfeffer beobachten konnte. Die Wanderherden umfassen hier aber höchstens 30 Tiere, die auf tief eingetretenen Wechseln wandern, die seit Jahrhunderten benutzt werden. Auf der Wanderung sind die Bartschweine viel weniger scheu als sonst und werden so zur leichten Beute für die Einheimischen.

Vor der Geburt verläßt das trächtige Weibchen die Herde und baut auf einer Anhöhe im Dickicht aus Farnwedeln, Zweigen und trockenen Palmblättern ein Wurfnest mit einem Durchmesser von bis zu zwei Metern und einer Höhe von etwa einem Meter. Hier werden vier bis acht – auf Borneo meist nur zwei bis drei – Frischlinge geboren. Diese kleine Wurfgröße ist um so erstaunlicher, als das Weibchen fünf Zitzenpaare hat. Das Fell der Jungen ist gestreift, mit einem schwarzbraunen Streifen auf der Rückenmitte und je drei gelblichen und dunkelbraunen Längsstreifen auf jeder Flanke. Sie bleiben ungefähr ein Jahr bei der Mutter.

Das letzte außerhalb seiner Heimat lebende Bartschwein wurde wohl Mitte dieses Jahrhunderts im Ruhr-Zoo Gelsenkirchen gehalten. Nachzuchten in Menschenobhut sind bisher keine bekannt geworden, und so erstaunt es nicht, daß man über das Fortpflanzungsverhalten noch kaum etwas weiß. Im letzten Jahrhundert wurden im Zoo Halle zwei weibliche Borneo-Bartschweine mit einem Europäischen Wildschwein gekreuzt, um die Verwandtschaftsverhältnisse festzustellen. Sechs der in zwei Würfen geborenen elf Jungen überlebten und brachten – untereinander verpaart – ihrerseits wieder Junge zur Welt.

Das auffälligste Merkmal des kurzbeinigen CELEBES-

Drei fernöstliche Schweinearten: Celebesschwein (früher als eine Unterart des Pustelschweins angesehen; oben), Bartschwein (Mitte) und Bindenschwein (unten).

Zwergwildschwein (Sus salvanius)
Bartschwein (Sus barbatus)
Celebesschwein (Sus celebensis)

schweins *(Sus celebensis)* sind die drei Paare Gesichtswarzen. Mit vier Jahren ist das Celebesschwein ausgewachsen, doch sind die Voraugenwarzen noch klein. Erst mit acht Jahren haben sie ihre volle Größe erreicht und schützen wohl beim Graben die Augen. Im gleichen Alter wachsen auch die Wangenwarzen so stark, daß sie sich in der Mitte des Unterkiefers berühren und mit den kleinen Unteraugenwarzen verwachsen. Diese Beobachtungen wurden an zwei Jungtieren gemacht, die 1949 in den Rotterdamer Zoo gelangten. Diese beiden Jungtiere waren wahrscheinlich die letzten Celebesschweine, die ausgeführt wurden. Im Freiland fand man bislang nie Eber mit so großen Gesichtswarzen, was vermuten läßt, daß Celebesschweine hier kein so hohes Alter erreichen. Frischlinge tragen fünf schwarzbraune und sechs helle Längsstreifen. Vor allem Männchen entwickeln mit etwa vier Jahren einen ins Gesicht fallenden Haarschopf. Die Färbung ist sehr variabel von schwarz über rotbraun bis zu gelblich, immer aber mit einem schwarzen Rückenstreifen. Je älter ein Celebesschwein wird, desto heller-gelblich wird seine Unterseite.

Über die Fortpflanzung des Celebesschweins ist nichts bekannt, außer der Beobachtung, daß das

Weibchen ein Wurfnest baut. Celebesschweine leben zu weisen oder familienweise in Gebieten mit hohem Gras. Sie bevorzugen Täler, sind aber bis zu einer Höhe von 2300 Metern nachgewiesen. Das Celebesschwein wurde früher als Unterart zum Pustelschwein gestellt. Der Zoologe und Anthropologe Colin P. Groves konnte jedoch anhand von Schädelmerkmalen nachweisen, daß das Celebesschwein eine eigenständige Art ist, die vom Menschen sogar weit verbreitet wurde. Auf Halmaheira, Flores und Timor wurden Celebesschweine angesiedelt und erweitern hier den Speisezettel; auf der kleinen Insel Roti westlich von Timor werden sie als Haustier gezüchtet. Vermutlich Bastarde zwischen dem Bindenschwein und vom Menschen eingeführten Celebesschweinen sind auf verschiedenen Molukkeninseln, den Aruinseln und Neuguinea (hier als Papuaschwein bekannt) nachgewiesen. Papuaferkel werden von den einheimischen Frauen oft an der eigenen Brust aufgezogen. Sie leben halbzahm tagsüber im Wald und kommen abends freiwillig in die Siedlungen, wobei sie die Trommelzeichen der verschiedenen Besitzer unterscheiden können.

Das Pustelschwein *(Sus verrucosus)* bewohnt Wälder, grasbewachsene Täler und Sümpfe. Männchen sind mehr als doppelt so schwer wie Weibchen – ein Hinweis darauf, daß das Männchen einen Harem anführt. Das Weibchen baut im Dickicht ein großes Wurfnest. Trotz der fünf Zitzenpaare bringt es nur vier bis sechs Junge zur Welt. Die Frischlingszeichnung ist undeutlich und besteht häufig aus Punktreihen. Sie macht überdies schon recht früh einer gelbbraunen bis schwarzen Färbung Platz, weshalb früher das Vorhandensein eines Streifenmusters bestritten wurde. Als einzige Schweine haben die weiblichen Pustelschweine geschlossene Eckzahnwurzeln. Bei Gefahr hält das Pustelschwein seinen Schwanz in einer Kurve hoch und stellt die Mähne auf dem Hinterrücken auf. Gleichzeitig stößt es einen schrillen Warnpfiff aus.

Das letzte außerhalb seiner Heimat lebende Pustelschwein war wohl ein Eber, der bis 1958 im Zoo Ber-

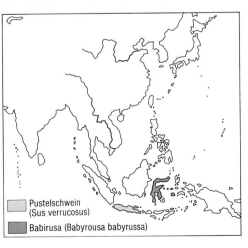

Das sehr anpassungsfähige Buschschwein ist in 13 Unterarten, die sich durch ihre oft stark abweichende Färbung voneinander unterscheiden, über weite Gebiete Afrikas südlich der Sahara verbreitet. Hier ein Nyassa-Buschschwein.

lin gehalten wurde. Seit 1982 pflanzt sich eine Gruppe Pustelschweine erfolgreich im Zoo Surabaja fort. Dies ist um so wichtiger, als die Art auf der nordöstlich von Java gelegenen Insel Madura möglicherweise schon ausgerottet ist. Auch auf Java ist der Bestand an Pustelschweinen durch Jagd, Vergiftung und Waldzerstörung stark vermindert worden. In kleine Einzelpopulationen ohne gegenseitigen Austausch aufgeteilt, droht ihnen überdies die Gefahr von Inzucht.

Unter den 13 Unterarten des BUSCHSCHWEINS *(Potamochoerus porcus)* fallen vor allem die west- und zentralafrikanischen Buschschweine auf: Diese sogenannten PINSELOHRSCHWEINE gehören mit zu den buntesten Säugetieren. Der amerikanische Affenforscher Thomas Th. Struhsaker fand mit einigen Kollegen bei UGANDA-BUSCHSCHWEINEN *(Potamochoerus porcus intermedius)* im Kibalewald verschiedene Farbvarianten: Über 40% der Tiere waren rot wie die westafrikanischen Formen, ein Drittel dunkelbraun bis schwärzlich, je etwa 6% hellbraun oder zweifarbig rot und schwarzbraun; die übrigen waren Frischlinge oder konnten nicht genau beobachtet werden. Die Jungtiere zeigten die gleichen vier Farbvarianten mit helleren Längsstreifen; demnach ist die Färbung in diesem Gebiet nicht altersabhängig. Die Erklärung für diese überraschenden Befunde geht dahin, daß entweder zwei vorher geographisch getrennte Unterarten sich später wieder vermischt haben oder daß zwei geographische Farbabstufungen (Clines) hier aufeinandertreffen. Im allgemeinen sind die Buschschweine um so dunkler, je weiter östlich und südlich sie verbreitet sind. In anderen Gebieten dunkeln sie im Alter nach.

Erstaunlicherweise kommt das Buschschwein auch auf Mayotte (Komoren) und Madagaskar vor und ist damit die einzige Säugetiergattung, die sowohl in Afrika wie auf Madagaskar auftritt. Man nimmt an, daß das Buschschwein Madagaskar auf schwimmenden Inseln erreicht hat. Die Inseln Sansibar, Mafia und jene im Viktoriasee erreichen sie dagegen schwimmend. Die erste Kunde vom Pinselohrschwein stammt seltsamerweise nicht aus Afrika, sondern aus Brasilien: Der deutsche Naturforscher Georg Marcgrav schrieb 1648 von einem zahmen »Porcus guineensis«, das von Guinea nach Brasilien geschickt wurde.

Die bevorzugte Form der Nahrungsbeschaffung bei Buschschweinen: Mit der Schnauze graben sie im Boden nach Wurzeln, Knollen und Insektenlarven.

Die Verringerung der Vorbackenzähne hat dazu geführt, daß das Buschschwein nur 40 bis 42 Zähne aufweist. Buschschweine sind sehr anpassungsfähig und bewohnen nicht nur Primärwälder – vor allem Galeriewälder –, sondern auch Sekundärwälder, Dickichte in Savannen, Sumpflandschaften und Hochgrassteppen. Mit zum Boden gesenktem Kopf brechen sie wie ein Keil durchs Dickicht, wobei der Gruppenzusammenhalt durch Kontaktgrunzen gewährleistet ist. Außerdem schwimmen und tauchen Buschschweine mit hochgestelltem Schwanz und halten den Kopf alle 15 Sekunden zum Atmen über die Wasseroberfläche. Mit den bis zu 16 Zentimeter langen Eckzähnen bringen sie Marken an Baumrinden an; daneben besitzen sie Fußdrüsen, die ihre Spur markieren, sowie Nacken- und Voraugendrüsen. Das Sekret der Unterkieferdrüse streifen sie auf dem Rücken von Artgenossen ab. Gemeinsame Kotplätze werden immer wieder aufgesucht. Da die Anzahl der Leoparden zurückging – neben Mensch und Löwe der Hauptfeind –, konnten sich Buschschweine in vielen Gebieten stark vermehren. Wo sie nicht gejagt

werden, sind sie durchaus auch tagsüber aktiv. Als Kulturfolger sind Buschschweine häufig in Dorfnähe und auf Feldern anzutreffen, wo sie Erdnüsse, Mais, Maniok, Kürbisse und Wassermelonen verzehren und sich durch ihre Grabaktivitäten unbeliebt machen. Normalerweise graben sie mit ihren Schnauzen im Boden, unter Steinen und in faulendem Holz nach Wurzeln, Knollen und Insektenlarven, wobei sie oft auch ihre Eckzähne zu Hilfe nehmen. Manchmal folgen ihnen Perlhühner, die in der aufgebrochenen Erde nach Futter picken. Häufig verzehren sie die Wurzeln nur zum Teil, so daß die Pflanze überlebt. Daneben ernähren sich Buschschweine auch von

Die in West- und Zentralafrika heimischen Buschschweine werden wegen der auffälligen Haarbüschel an den Ohrspitzen als Pinselohrschweine bezeichnet. Ungewöhnlich für ein Mitglied der Schweinefamilie ist auch das kontrastreich gefärbte Haarkleid der Pinselohrschweine, die zu den »buntesten« Säugetieren zählen. Sowohl die Ohrpinsel als auch die schwärzlich-weiße Gesichtsmaske werden in innerartlichen Auseinandersetzungen als »Imponiermittel« eingesetzt.

Kräutern, Gräsern, Pilzen und Früchten. Manchmal folgen sie dabei Meerkatzen und Schimpansen, um herunterfallende Fruchtreste aufzunehmen. Sehr beliebt sind die hartschaligen Samen des Baumes *Balanites wilsoniana*. Die acht Millimeter dicke Wand wird mit den Backenzähnen geknackt, was selbst Elefanten nicht gelingt. Die Elefanten scheiden deshalb die vollständigen Samen aus, die von Buschschweinen in den Elefantenkotballen gesucht, aufgeknackt und gegessen werden. Im Wasser stehend, nehmen sie auch Wasserpflanzen auf. Bevorzugt verzehren sie tierische Nahrung wie Vogeleier, Käfer, Schnecken, Amphibien und Reptilien, aber auch junge oder kranke Ziegen, Schafe und Hausschweinferkel, die von den Buschschweinen gejagt werden. Aus diesen Gründen werden Buschschweine verfolgt und stehen ihrerseits auf dem Speisezettel der Einheimischen. Buschschweine riechen Aas auf viele Kilometer Entfernung, und in der Gruppe verscheuchen sie sogar einen Leoparden von seiner Beute.

Buschschweine – wie auch Riesenwald- und Warzenschweine – können ohne erkennbare Krankheitszeichen Träger der Afrikanischen Schweinepest sein. Dieses Virus wird durch Zecken übertragen und ist tödlich für Hausschweine. Deshalb versuchte der Mensch in vielen Gebieten, die afrikanischen Wildschweine auszurotten. Außerdem tragen sie zur Verbreitung der Nganaseuche, einer fiebrigen Krankheit bei Haustieren, und zur Verbreitung der Schlafkrankheit bei, die beide durch Tsetsefliegen übertragen werden.

In Uganda, Botswana und Südafrika fand man Buschschweine in Gruppen von bis zu elf Tieren. Die durchschnittliche Gruppengröße betrug indes zwei bis drei Tiere. Wahrscheinlich lebt in jeder Gruppe nur ein ausgewachsener Eber. Unbekannt ist, ob die gelegentlich beobachteten Ansammlungen von bis zu 100 Tieren nur kurzfristig bei beliebtem Futter auftreten. Nicht nur Eber, sondern auch Weibchen werden als Einzelgänger angetroffen. Das Weibchen verläßt vermutlich vor der Geburt die Gruppe und baut ein Wurfnest, in dem es ein bis vier, selten bis sechs Junge zur Welt bringt. Berichte über Würfe mit bis zu zehn Jungen treffen wohl kaum zu, da das Weibchen nur drei Zitzenpaare hat. Einzeljunge saugen nur an einer einzigen Zitze. Mit etwa vier Monaten verschwindet die Längsstreifung der Frischlinge. Die Mutter verteidigt ihre Jungen gegenüber Leoparden und Hunden mit Schlagen der Eckzähne. Die Jungen ducken sich und verharren bewegungslos, wenn die Mutter einen Warnlaut von sich gibt. Buschschweine zeigen ein Breitseitenimponieren mit zum Gegner gerichtetem Kopf, so daß die schwärzlich-weiße Gesichtsmaske und die Ohrpinsel zur Geltung kommen. Beim Kampf, der von einschüchterndem Gebrüll begleitet wird, stehen sie sich gegenüber und pressen ihre wie Klingen gekreuzten Kopfvorderseiten aneinander. Auf diese Weise stoßen sie sich gegenseitig und boxen mit kräftigen Schnauzenstößen, wobei der Schwanz, der sonst der Insektenabwehr dient, peitschenartig bewegt wird.

1852 führte der Londoner Zoo die ersten Buschschweine nach Europa ein. Zwischen 1857 und 1902 kamen hier sechs Würfe zur Welt. Als einziger amerikanischer Zuchterfolg wurden 1927 im Bronx Zoo, New York, Zwillinge geboren. Ein 1959 aus dem damaligen Belgischen Kongo eingeführtes weibliches Pinselohrschwein namens »Helene« lebte 20 Jahre im Frankfurter Zoo. Seit 1979 pflanzt sich im Duisburger Zoo ein aus Togo stammendes Paar Guinea-Pinselohrschweine regelmäßig fort. 1983 wurden die ersten Frischlinge in voller zweiter Zoogeneration aufgezogen. Wie der Duisburger Zoodirektor Wolfgang Gewalt mitteilt, übersprang hier ein schwerer Eber die 140 Zentimeter hohe Stallumfriedung.

Das RIESENWALDSCHWEIN (*Hylochoerus meinertzhageni*)

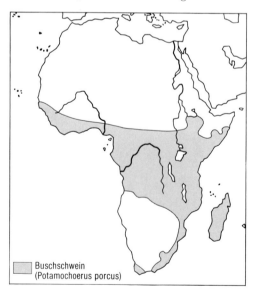

Buschschwein
(*Potamochoerus porcus*)

ist mit einem Gewicht von bis zu 275 Kilogramm die größte aller Schweinearten. Eber werden beträchtlich größer als Weibchen und die östlichen Unterarten größer als die westlichen. Die bis zu 17 Zentimeter lange, im Nacken verlängerte Behaarung ist bei den ostafrikanischen Unterarten schwarz, bei den westlichen Unterarten dagegen dunkelbraun. Vor allem bei ausgewachsenen Ebern fallen die mit Drüsen ausgestatteten Unteraugenwarzen auf: eigentliche Backenwülste, die aus knorpeligem Hautgewebe bestehen, gestützt von Jochbeinfortsätzen. Man nimmt an, daß diese Backenwülste die Augen schützen, wenn die Tiere durch Dorngebüsche brechen.

Das endgültige Gebiß des Riesenwaldschweines ist auf 30 Zähne verringert. Die Verminderung der Zahnzahl nimmt im Verlauf des Alterns zu, so daß ältere Tiere nur noch einen Schneidezahn unten sowie je einen Eck- und Backenzahn besitzen. Die dritten Backenzähne sind stark verlängert und erhöht, außerdem sind sie mit mehr Schmelz bedeckt als bei verwandten Arten. Die unteren Schneidezähne stehen waagrecht nach vorne. Die oberen Eckzähne – der Längenrekord beträgt 35,9 Zentimeter – schleifen an den kürzeren unteren Eckzähnen, die auf diese Weise zur spitzen Waffe werden. Die bis zu 16 Zentimeter breite Rüsselscheibe setzen Riesenwaldschweine kaum zum Wühlen ein, so daß darauf kurze, schwarze Härchen wachsen. Der Rüsselknochen verwächst – anders als bei anderen Schweinearten – mit der verknöcherten Nasenscheidewand. Das Riesenwaldschwein steht morphologisch und systematisch zwischen den eurasiatischen Schweinen und dem Buschschwein einerseits und dem Warzenschwein andererseits, das im Bau von Hirn, Schädel, Zähnen und Schwanz Ähnlichkeiten aufweist.

Das Riesenwaldschwein bewohnt die zentralafrikanischen Wälder und Dickichte sowie die sich anschließenden Savannengebiete. Es lebt in allen Höhenlagen, vom Meeresniveau bis in 3750 Meter Höhe im Ruwenzorigebirge, wo nachts häufig der Gefrierpunkt erreicht wird. In Ostafrika und an der Elfenbeinküste ist das Riesenwaldschwein inselartig in den Bergen verbreitet, wo es in Höhen über 2000 Metern häufiger ist als das Warzenschwein. Der belgische Zoologe Jean-Pierre d'Huart hat die Ökologie der Art im Parc National des Virunga in Zaire erforscht. Bei Sonnenaufgang wird die Gruppe Riesenwaldschweine aktiv und marschiert auf festgetretenen Wechseln – ab und zu Früchte, Insektenlarven, Eier oder Aas verzehrend – zur Salzlecke. Dies ist oft ein Termitenstock, wo sie mit Hilfe der Schneide- und Eckzähne die mineralsalzhaltige Substanz aufnehmen. Etwa um 08.30 Uhr wechselt die Gruppe auf die offene Savanne. Die nächsten dreieinhalb Stunden weiden die Tiere Bambus und andere Gräser, die den Hauptteil ihrer Nahrung ausmachen. Die Gräser werden mit den Lippen abgerissen und mit seitlichen Kaubewegungen des Unterkiefers durch die speziali-

Buschschweine sind gesellig und kontaktfreudig wie alle Schweine, schließen sich aber in der Regel nur zu kleinen Gruppen von zwei bis zwölf Tieren zusammen.

sierten Backenzähne aufgeschlossen. Zur zweistündigen Mittagsruhe suchen die Riesenwaldschweine den Wald auf. Zuvor oder danach begibt sich die Gruppe jeden Tag zur Suhle und verschafft sich darin während der größten Hitze durchschnittlich 40 Minuten lang Kühlung. In der gleichen Reihenfolge, in der die Tiere in Einerkolonne die Wechsel benutzen – an der Spitze ausgewachsene Eber, dann Weibchen, gefolgt von den jungen Ebern und am Schluß die jungen Weibchen –, suchen sie auch die Suhle auf. Außer der Kühlung bietet die Suhle den Riesenwaldschweinen Schutz und dient der Hygiene, denn Außenparasiten, wie Zecken, ersticken in dem Schlammbad. An benachbarten Bäumen und Termitenstöcken kratzen sich die Riesenwildschweine den eingetrockneten Schlamm ab. Kratzen sich die Schweine an Wolfsmilchgewächsen, so verletzen sie dabei deren Rinde. Die austretende Milch erhärtet sich und bildet mit den Borsten einen Panzer, der oft auch als farbliche Tarnung dient. Die Einheimischen verwenden gelegentlich die Haut der Riesenwaldschweine als Schild. In Ostafrika suhlen diese nur alle zwei oder drei Nächte. Sie trinken täglich Wasser, und nachmittags bis etwa 17.00 Uhr weiden sie nochmals auf der Savanne Gras. Nach einem Tagesmarsch von acht bis zwölf Kilometern auf dem dichten Netz von Wechseln erreicht die Gruppe bei Sonnenuntergang den Schlafbau. Dieser ist im Parc National des Virunga in Zaire meist der gleiche, in Ostafrika wählen Riesenwaldschweine häufig einen anderen Schlafbau als den der vorangegangenen Nacht. Rund um den Bau liegt eine Zone mit bis zu 1,1 Meter hohen Kothaufen. Durch tunnelartige Gänge erreicht die Gruppe, streng hierarchisch geordnet – Eber, Weibchen und am Schluß die Jungtiere –, den 2 bis 60 Quadratmeter großen Bau im dichten Dorngebüsch. In einer Höhe von einem Meter über dem Boden sind die Dornenäste zu einem Dach verwoben. Die am Boden liegenden Blätter und Äste werden täglich mit der Schnauze an den Rand geschoben, wo sie dicke Wände bilden. In Ostafrika befindet sich der Schlafbau häufig unter den Wurzeln eines umgestürzten Baumes. Riesenwaldschweine verbringen bis zu 53% ihrer Zeit im Bau. Dieser ist geruchlich leicht zu orten, da die Bewohner darin nach vorangehendem Scharren harnen. Das im gleichen Lebensraum vorkommende Buschschwein zieht beim Bezug von Schlafbauen als unterlegene Art den kürzeren.

Im Baumhotel »Ark« im kenianischen Aberdare National Park wird täglich Salz ausgestreut, um Riesenwaldschweine und andere Tiere anzulocken. Von hier berichtet der britische Zoologe Jonathan Kingdon, daß Riesenwaldschweine wegen der hohen Tagestemperaturen ihre Hauptaktivität zwischen der Abenddämmerung und Mitternacht entfalten. Dasselbe Aktivitätsmuster ist in Gebieten mit starkem Jagddruck zu beobachten.

Gruppen von Riesenwaldschweinen beanspruchen ein Streifgebiet von bis zu 20 Quadratkilometer Größe, das sie gegen Artgenossen nicht verteidigen. So werden Weiden, Suhlen oder Salzlecken von verschiedenen Gruppen meist zu unterschiedlichen Zeiten aufgesucht. In der »Ark« kam es allerdings schon

Beide Fotos entstanden im kenianischen Aberdare-Nationalpark und zeigen Riesenwaldschweine, die größte Schweineart überhaupt, die eine Länge von mehr als zwei Metern und ein Gewicht von 275 Kilogramm erreichen kann. Links ein halbwüchsiger und rechts ein ausgewachsener Eber. Beim älteren Tier fallen die mächtigen Unteraugenwarzen auf, die wie Backenwülste aussehen und vermutlich als Augenschutz dienen, wenn sich der Eber einen Weg durch dichtes Dornengestrüpp bahnt.

vor, daß bis zu 40, in der Savanne gar bis zu 50 Tiere zusammen beobachtet wurden, die jedoch verschiedenen Gruppen angehörten. In guten Biotopen leben 7 bis 31 Riesenwaldschweine pro Quadratkilometer. Eine Gruppe besteht in der Regel aus ein oder zwei, selten bis vier Ebern, ein bis vier, selten bis neun Weibchen und deren Jungen. In Kenia wechselt die Gruppenzusammensetzung häufiger als in Zaire, wo teilweise über Jahre hinweg die gleichen ausgewachsenen Tiere beieinander bleiben. Der Größenunterschied zwischen den Geschlechtern zeigt, daß die Eber einerseits miteinander konkurrieren und andererseits die Gruppe gegen Feinde verteidigen. Bei Erregung und Aggression richten sie ihr Rückenhaar auf und nehmen die Jungen in die Gruppenmitte. Mit ihren scharfen Eckzähnen können sie sogar eine einzelne Tüpfelhyäne von einem Büffelkadaver vertreiben. Riesenwaldschweine kümmern sich um verwundete Artgenossen und greifen selbst Menschen an, wenn ein Gruppenmitglied angeschossen wurde. Im innerartlichen Kampf preschen männliche Riesenwaldschweine 20 bis 30 Meter aufeinander zu und prallen immer wieder mit lautem Knall Stirn gegen Stirn gegeneinander. Ein solcher Kampf kann bis zu einer halben Stunde dauern. Der stärkere Eber verspritzt Harn, speichelt, knirscht mit den Zähnen und beißt schließlich den unterlegenen Eber, der mit aufgestelltem Schwanz flüchtet. Der Sieger kehrt zu seiner Gruppe zurück, wo die Artgenossen an seinen Voraugendrüsen riechen, die ein Sekret absondern. Trotz verstärkter Stirnknochen trifft man immer wieder Riesenwaldeber mit Schädelknochenbrüchen, die zum Tod führen können. Der unterlegene Eber lebt meist als Einzelgänger am Rande in einem schlechteren Biotop, wo seine Ernährung nicht sehr gut und der Feinddruck höher ist. In den Riesenwaldschwein-Gruppen kommen deshalb auf 100 Weibchen nur 40 bis 55 Eber, obwohl das Geschlechterverhältnis bei der Geburt noch 98 Eber auf 100 Weibchen war.

Zur Paarungszeit folgt der Eber seinem Weibchen im Rundmarsch, wobei er Harn und die äußeren Geschlechtsteile beriecht und mit den Zähnen klappert, bis das Weibchen stoppt. Nach einigen Schnauzenstößen in seine Flanken reitet der Eber auf, wobei er heiser grunzt und schreit. Die Paarung kann bis zu zehn Minuten dauern. Nach fünf Monaten, kurz vor der Geburt, trennt sich das Weibchen von der Gruppe. Im sumpfigen Gelände baut es vorwiegend aus Bambusstengeln ein Wurfnest von vier Meter Durchmesser und einer Höhe von 1,5 Metern. Hier kommen vier bis sechs Junge zur Welt. Der in der »Ark« festgestellte Rekordwurf von elf Frischlingen ist sicher eine Ausnahme, da die Mutter nur vier Zitzen hat. Die Jungen sind zuerst strohfarben ohne Streifung, werden dann braun und mit drei Monaten schwarz. Nach spätestens einer Woche schließt sich die Mutter mit ihren Jungen, die ihr folgen oder unter ihrem Bauch marschieren, wieder der Gruppe an. Frischlinge saugen bei allen Weibchen. Bei Gefahr lassen die Weibchen ein Alarmgrunzen hören, worauf die Frischlinge flachliegen. Trotzdem überlebt nur die Hälfte der Frischlinge das erste Jahr, da vor allem Tüpfelhyänen und Leoparden die Jungen während des Sozialspiels erbeuten. Häufig bleibt nur ein einziges Jungtier übrig. Im Parc National des Virunga werden zwar fast das ganze Jahr über Junge geboren, jedoch gehäuft im Januar/Februar und Juli/August, also kurz vor den Regenzeiten. Wenn die Jungen beginnen, selbständig nach Nahrung zu suchen, steht ihnen frisches Gras zur Verfügung, so daß sie nach acht bis zehn Wochen auf die mütterliche Milch verzichten können. Mit 16 bis 18 Monaten sind sie geschlechtsreif – obwohl noch längst nicht ausgewachsen – und verlassen die Gruppe ihrer Geburt.

Das Riesenwaldschwein wurde als letzte Großsäuge-

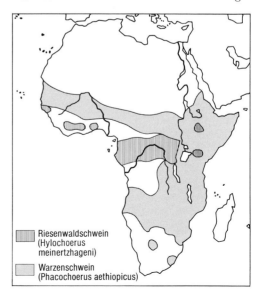

Riesenwaldschwein (Hylochoerus meinertzhageni)

Warzenschwein (Phacochoerus aethiopicus)

tiergattung erst 1904 von R. Meinertzhagen, einem britischen Ostafrika-Offizier, in den Maubergen entdeckt. In diesem Gebiet fing der deutsche Graf Dönhoff 1938 drei männliche und zwei weibliche Tiere, die bis längstens 1940 in Hagenbecks Tierpark in Hamburg lebten. Zwei weitere Paare wurden 1954/55 von Zoodirektor Bernhard Grzimek aus dem damaligen Belgischen Kongo in den Frankfurter Zoo geholt. Hier lebte ein Tier fast drei Jahre lang. Da diese neun Riesenwaldschweine die einzigen Vertreter ihrer Art waren, die bisher lebend aus Afrika ausgeführt werden konnten, wurde die Art auch noch nie in Menschenobhut gezüchtet.

Das WARZENSCHWEIN *(Phacochoerus aethiopicus)* trägt drei Paare Gesichtswarzen: die Unteraugenwarzen, die beim Eber bis zu 15 Zentimeter lang werden, die Voraugenwarzen, die beim Weibchen kaum ausgebildet sind, und die Unterkieferwarzen, die bei beiden Geschlechtern einen weißlichen Borstensaum tragen und bei jüngeren Tieren Hauer vortäuschen. Die Warzen bestehen aus knorpeligem Bindegewebe und sind schon embryonal angelegt. Man vermutet, daß sie bei Kämpfen dem Schutz der Augen und Kiefer dienen. Abgesehen von der schwarzen, braunen, gelblichen oder rötlichen Hals- und Rückenmähne ist die graue, meist faltige Haut der ausgewachsenen Tiere fast nackt. Durch das Suhlen nehmen die Warzenschweine die Farbe des Bodens an und sind dadurch gut getarnt. Der Kopf ist riesig und mißt ein Sechstel der Rumpflänge. Die Weibchen sind 15 bis 20% leichter als die Eber. Innerhalb der Art gibt es große individuelle Unterschiede, die auch in den Wechselbeziehungen zwischen den Tieren und ihrer Umwelt begründet sind. Diese sind häufig ebenso groß wie diejenigen zwischen den sieben beschriebenen Unterarten.

Schon das Milchgebiß des Warzenschweines ist auf 26 Zähne vermindert. Ältere Tiere haben nur noch zwei untere Schneidezähne sowie oben und unten je einen Eck- und Backenzahn. Die Backenzähne sind stark verlängert und erhöht und übernehmen allein die Kauarbeit. Die weit vorne am Kiefer angewachsenen, halbkreisförmigen oberen Eckzähne sind die längsten und stärksten aller Schweine. Sie spielen im Kampf eine Rolle, und mit ihrer Hilfe heben die Warzenschweine Äste oder wälzen Steine. Die unteren Eckzähne werden an den oberen scharf geschliffen und stellen für Feinde eine gefährliche Schlitzwaffe dar. Die Eckzähne sind erst im Alter von zehn Monaten außerhalb der Lippen sichtbar und erreichen mit etwa fünf Jahren ihre volle Größe. Häufig werden sie einseitig eingesetzt und dadurch ungleichmäßig abgenutzt.

Keine andere Schweineart lebt in einem so offenen und trockenen Lebensraum wie das Warzenschwein. Sein Verbreitungsgebiet umfaßt die Steppen und Savannen südlich der Sahara; die südlichste Unterart, das KAP-WARZENSCHWEIN *(Phacochoerus aethiopicus aethiopicus)*, wurde ausgerottet. Am Kilimandscharo kommen Warzenschweine bis in 3000 Meter Höhe vor. Da die Art kein Unterhautfett und kein dichtes Fell hat, können halbwüchsige Tiere bei null Grad Celsius erfrieren. Besonders an kalten Tagen sieht man deshalb Warzenschweine häufig in Körperkontakt liegen, um sich gegenseitig zu wärmen. Wo nicht gejagt wird, sind Warzenschweine ausgesprochene

Ein Ostafrikanisches Warzenschwein fährt aus seiner Höhle. Als Bewohner offener Steppen- und Savannenlandschaften verbringen die Warzenschweine die Nacht und oft auch die Mittagsruhe in einer unterirdischen »Klimakammer«, meist einem ausgedienten Erdferkelbau, in dem es nachts angenehm warm und während der größten Tageshitze kühler ist als auf dem Erdboden.

Tagtiere. Von Sonnenuntergang bis Sonnenaufgang ziehen sie sich in verlassene Erdferkelbauten zurück. In Sambia fand man pro Quadratkilometer 57 solcher Höhlen, die ein bis zwei Meter an Tiefe erreichen. Vom Eingang führt eine etwa 50 Zentimeter breite, 30 Zentimeter hohe und drei bis fünf Meter lange Röhre meist in zwei etwa 80 Zentimeter breite und 40 Zentimeter hohe Höhlen. Die Körperformen von Warzenschwein und Erdferkel stimmen so überein, daß das Warzenschwein den Kessel nicht ausweiten muß. Der Basler Tropenforscher Rudolf Geigy stellte fest, daß in einer bewohnten Höhle eine Luftfeuchtigkeit von 90% und eine Temperatur von 30 Grad Celsius herrschten. Wie in einer Klimakammer ist die Temperatur fast gleichbleibend: während der Mittagshitze bis zu 17 Grad kühler, während der Nachtkälte bis zu 6 Grad wärmer als die Außentemperatur. Zusätzlich heizt die Körpertemperatur der Bewohner die Höhle auf. Von einer Gruppe gehen die Jungen als erste, und zwar mit dem Kopf voran, in die Höhle. Ihnen folgen die Weibchen, die, wie der Eber, sich rückwärts hineinschieben. Auf diese Weise können sie die Umgebung länger beobachten, um nicht von Feinden überrascht zu werden. Wie weit der warzige Kopf des Ebers als Verschluß (Phragmose) der Höhle dient, ist umstritten. Bei niedrigen Temperaturen tragen die Eber als Lagerpolster Gras hinein.

Bei Sonnenaufgang verläßt die Gruppe die Höhle – ist das Wetter regnerisch, ruht sie etwas länger. Zuerst nehmen die Tiere Nahrung auf, und zwar hauptsächlich kurzes Gras und Sämereien. Nur ausnahmsweise verzehren sie auch abgefallene Früchte oder tierische Kost (zum Beispiel tote Nilratten), wobei sie häufig die Nahrung mit einem Vorderhuf auf den Boden drücken. Der Bedarf an Mineralstoffen und Spurenelementen wird durch Erde und Knochen gedeckt. Vor allem Jungtiere, aber auch ausgewachsene Warzenschweine nehmen sowohl eigenen Kot auf als auch solchen von Nashörnern, Kaffernbüffeln, Wasserböcken, ja sogar von Frankolinen (Hühnervögel). Warzenschweine sind hochbeiniger als die meisten anderen Schweine; zum Abweiden des Kurzgrases lassen sie sich deshalb auf die Handgelenke nieder und rutschen auch darauf herum. Schon neuntägige Frischlinge zeigen dieses Verhalten. Zum besseren Schutz tragen die Handgelenke Schwielen, die schon embryonal angelegt sind. Während der Trockenzeit wühlen Warzenschweine nach Erdsprossen und Wurzeln und sind daher keine Konkurrenten der wenigen anderen, nicht wandernden Grasäser. Dank ihrer weit oben und hinten angesetzten Augen können Warzenschweine, selbst wenn sie beim Äsen auf den Handgelenken rutschen, auch hohes Gras noch überblicken, um Feinde wahrzunehmen. Gegen Mittag zieht die Gruppe auf eigenen Pfaden oder auf den

Gegen Mittag ziehen die Warzenschweine auf festen Wegen zu einer Wasserstelle, um ihren Durst zu löschen und um sich ausgiebig zu suhlen.

Wechseln anderer Steppenbewohner, ja sogar auf menschlichen Wegen, zum offenen Wasser, um dort zu trinken. An heißen Tagen wird am Ufer auch ausgiebig gesuhlt und anschließend die Haut an Steinen gescheuert. Über Mittag legen sich die Warzenschweine eine halbe bis zwei Stunden lang unter einem schattigen Busch zur Ruhe, um am späteren Nachmittag nochmals ausgiebig zu grasen. 24 bis 45% der Aktivitätszeit verbringen sie mit der Nahrungsaufnahme. Meistens kotet die ganze Gruppe gemeinsam, täglich zwischen 4 und 14 mal. Eber harnen täglich nur ein- oder zweimal, während die Weibchen bis zu zehnmal harnen und damit den Ebern ihre allfällige Paarungsbereitschaft anzeigen. Eine Gruppe legt pro Tag in Einerkolonne zwischen drei und zehn Kilometer zurück, bis sie abends in der Regel wieder die gleiche Höhle zum elfstündigen Schlaf aufsucht. Nur die Höhle beansprucht eine Gruppe ausschließlich für sich allein, alle anderen Fixpunkte werden mit mehreren, im gleichen Lebensraum lebenden Gruppen friedlich geteilt. Im

Die hauerbewehrten Warzenschweine wissen sich durchaus zu verteidigen, doch bei einem übermächtigen Gegner bleibt ihnen nur die Flucht. Ein im Trab fliehendes Warzenschwein wie dieses Ostafrikanische entwickelt eine erstaunliche Geschwindigkeit und stellt den Schwanz mit der fahnenartigen Endquaste steil empor - ein unübersehbares Warnsignal für die Artgenossen.

Nairobi National Park und im ugandischen Kabalega Falls National Park leben pro Quadratkilometer zwischen 3 und 13 Warzenschweine, darunter doppelt so viele Weibchen wie Eber. Wahrscheinlich werden schon mehr Weibchen als Eber geboren. Eber haben zudem eine höhere Todesrate durch innerartliche Kämpfe und größere Gefährdung durch Feinde.

Zur Sicherung setzen sich Warzenschweine oft hin – eine seltene Stellung bei Paarhufern. Als Bewohner der offenen Steppen haben sie einen besseren Gesichtssinn als ihre Verwandten. Der Löwe, ihr Hauptfeind, soll hin und wieder versuchen, Warzenschweine aus einem Erdbau auszugraben - meist vergeblich. Der Mensch hat Warzenschweine vor allem im Kampf gegen die Nganaseuche abgeschossen. Auf der Flucht – im Trab mit einer Geschwindigkeit von bis zu 55 Kilometern in der Stunde – strecken sie den Schwanz steil empor, wobei die Quaste wie eine Flagge weht. Dies wirkt für die Artgenossen als Warnsignal. Manchmal verteidigen sich Warzenschweine erfolgreich mit ihren scharfen unteren Hauern gegenüber Leoparden, Geparden oder Hyänenhunden. Warzenschweine grasen oft mit anderen Steppenbewohnern zusammen, die die gleiche Nahrung bevorzugen. In der Biologischen Rangordnung stehen Warzenschweine auf der gleichen Stufe wie Kongoni und Weißbartgnu. Schabrackenschakal, Löffelhund, Impala, Grant- und Thomsongazelle sind sie überlegen, während sie Anubispavian und Grantzebra ausweichen. Warzenschweine dulden Gelbschnabel- und Rotschnabel-Madenhacker, die von ihrer Haut Milben, Zecken und Fliegenmaden picken und vertilgen. Die Wirtstiere reagieren jedoch nicht, wenn die Vögel Warnrufe ausstoßen und wegfliegen.

Warzenschweine leben in kleineren Gruppen mit meistens bis 6, selten bis 18 Mitgliedern. Trächtige Weibchen vor der Geburt und ältere Eber leben auch einzeln. Auch Junggesellengruppen mit bis zu fünf Mitgliedern kommen vor. Eine stabile Gruppe besteht aus einem oder zwei Weibchen mit ihren Jungen aus den letzten zwei Würfen. Häufig gesellt sich ein Eber für längere Zeit zu einer solchen Gruppe. Vor allem Eber kämpfen miteinander. Zuerst versuchen die Rivalen, sich gegenseitig zu imponieren: Mit erhobenem Kopf, aufgestellter Nacken- und Rückenmähne und erregt peitschendem Schwanz umkreisen sie sich im Paradeschritt. Plötzlich traben sie mit gesenkten Köpfen aufeinander zu und fangen den hörbaren Stoß mit der verstärkten Stirn ab. Im Kampf, der eine halbe Stunde dauern kann, schieben sich die Gegner Stirn an Stirn hin und her, wobei die oberen Eckzähne gegenseitig Halt geben– wie die Hörner bei kämpfenden Antilopen. Nicht selten lassen sie sich dabei auf die Handgelenke nieder. Kämpfende Weibchen lassen oft ein Knurren hören; sonst sind die Warzenschweine weniger auf stimmliche Äußerungen angewiesen als ihre waldbewohnenden Verwandten. Wenn der Unterlegene quiekt und flieht, läßt ihn der Sieger meist in Ruhe – die gefährlichen unteren Hauer werden kaum eingesetzt. Obwohl es sich also um einen Kommentkampf handelt, der nach festen Regeln abläuft, kommen wegen der starken Schläge Kopfverletzungen und Knochenbrüche vor, und im ruandesischen Akagera-Nationalpark haben sich bei innerartlichen Kämpfen schon Todesfälle ereignet. Zur freundlichen Begrüßung reiben die Warzenschweine ihre Voraugendrüsen aneinander. Häufig folgt hierauf soziale Körperpflege, indem ein Tier durch Rüsselstoßen und Beknabbern Mähne und Bauch des anderen bearbeitet.

Weibchen, die keine Jungen säugen, sind alle sechs Wochen für drei Tage paarungsbereit. Durch vermehrte Harnabgabe in der üblich gekrümmten Stellung lockt das Weibchen sowohl optisch als geruchlich Eber auf Distanz an. Der Eber markiert die Stelle mit stoßweisem Harnspritzen. Er verfolgt das Weibchen, das in großem Kreis herumrennt und seine Erregung durch Koten anzeigt. Der Eber mit aufgerichteter Mähne, knirschenden Zähnen und speichelndem Maul brummt dabei wie ein Motorrad. Das Weibchen wird durch Rüsselstoßen an Flanken und Rücken beruhigt, dann kommt es zur zehnminütigen Paarung. Das Warzenschwein hat mit 170 bis 175 Tagen die längste Tragzeit aller Schweine. Im südlichen Afrika finden die Geburten von September bis Dezember gegen Ende der Trockenzeit statt. Die Höhlen, die teilweise mit Gras ausgepolstert werden, sind daher trocken. Den Jungtieren steht dann zu Beginn der Regenzeit frisches Gras zur Verfügung. Den Mutterkuchen (Plazenta) verzehren die Weibchen nicht. Da das Weibchen nur vier Zitzen hat, wachsen kaum mehr als vier Frischlinge auf; sie sind dicht behaart und ungestreift graurosa. Das Weibchen verbringt nur die Nacht und über Mittag eine halbe Stunde bei den Jungen im Erdbau. Diese Klimakammer ist lebenswichtig, da die Jungen während der ersten Tage ihre Körpertemperatur nicht selbständig regeln können. Trotzdem stirbt die Hälfte aller Jungtiere während der ersten sechs Monate. Im Zoo verzehren die Weibchen, die keinen ruhigen Geburtsort haben, ihre Frischlinge oft. Gegen Ende der ersten Woche verlassen die jungen Warzenschweine erstmals ihren Erdbau und beginnen sofort Gras aufzunehmen. Außerhalb der Höhle säugt das Weibchen seine Jungen immer stehend; je nach Körpergröße lassen sich diese zum Trinken auf die Handgelenke nieder. Zwei Weibchen ziehen manchmal gemeinsam ihre Würfe auf und säugen dann alle Jungen. Im Alter von sechs bis acht Wochen folgen die Frischlinge ihrer Mutter in Einerkolonne; bei Gefahr suchen sie unter ihr Schutz. Schon im Spiel entwickelt sich eine Rangordnung. Die Eber verlassen ihre Mutter erst mit zwei Jahren, die Weibchen mit 18 Monaten, wenn sie geschlechtsreif werden. In Zoos, wo das Warzenschwein das häufigste exotische Wildschwein ist, können Weibchen schon mit einem Jahr die Ge-

Mit sichtlichem Behagen nimmt dieses Warzenschwein am Ufer ein Schlammbad, um sich abzukühlen und von Hautschmarotzern zu befreien.

schlechtsreife erlangen. Erfreulicherweise kennen wir die Lebensweise der Art aus vielen Gebieten des östlichen und südlichen Afrika dank den Feldforschern Robert M. Bradley, G. Clough, D. H. M. Cumming, C. R. Field, Hans Frädrich sowie auch Jean-Pierre d'Huart.

Das BABIRUSA oder der HIRSCHEBER *(Babyrousa babyrussa)* stammt aus Indonesien. Der Name Babirusa (*babi* = Schwein, *rusa* = Hirsch) wurde wortwörtlich übersetzt und in die deutsche, holländische und italienische Sprache übernommen. Die aufstehenden Eckzähne erinnern in der Tat an ein Hirschgeweih, und die äußere Ähnlichkeit mit Schweinen ist offensichtlich. Das Babirusa hat jedoch so viele Eigentümlichkeiten, daß es allgemein in einer eigenen Unterfamilie abgetrennt wird. Neueste Interpretationen von Fossilfunden deuten sogar darauf hin, daß die Art näher mit den Flußpferden als mit den Schweinen verwandt sein könnte.

Das auffallendste Merkmal der Babirusas sind die Eckzähne. Während diese beim Weibchen nur klein sind und im Oberkiefer sogar häufig fehlen, wachsen die oberen Eckzähne der Eber mit 16 Monaten durch die Rüsseldecke und erreichen eine Länge von bis zu 31 Zentimetern. Da die unteren und die oberen Eckzähne nicht aneinander schleifen, wachsen die oberen bogenförmig nach hinten unten und können sogar wieder ins Nasenbein einwachsen.

Die oberen Eckzähne sind in den Knochenmulden der Zahnwurzeln (Alveolen) beweglich. Sie sind recht spröde und brechen leicht ab. Deshalb taugen sie kaum als Angriffswaffen, und auch aufgrund ihrer Form sind sie eher ein Status- und Rangsymbol, wie es teilweise auch ein Hirschgeweih darstellt. Die Anzahl der Zähne ist auf 32 bis 34 vermindert (oben zwei, unten drei Schneidezähne; oben keinen oder einen, unten einen Eckzahn; je zwei Vorbackenzähne und drei Backenzähne).

Das unverwechselbare Merkmal der ausgewachsenen Babirusa-Eber sind die langen, grotesk gestalteten oberen Eckzähne, welche die Rüsseldecke durchbrechen und bogenförmig nach hinten wachsen.

Das CELEBES-BABIRUSA *(Babyrousa babyrussa celebensis)* hat nur wenige kurze und dunkle Borsten, so daß seine runzelige, graue Haut nackt wirkt. Eine Schwanzquaste ist kaum sichtbar. Diese Unterart trägt die längsten und stärksten Eckzähne. Das Verbreitungsgebiet umfaßt die Primär- und Sekundärwälder von Nord-, Zentral- und dem südwestlichen Sulawesi. Das TOGIAN-BABIRUSA *(B. b. togeanensis)* vom kleinen Archipel gleichen Namens zeichnet sich durch eine Schwanzquaste aus und braune bis schwarze Haare, die an der Unterseite deutlich heller sind. Sein Bestand wurde 1978 auf nur noch 500 bis 1000 Tiere geschätzt. Wie im ganzen Verbreitungsgebiet wird die Art trotz bestehender Schutzgesetze vom Menschen gejagt und von wildernden Hunden getötet; infolge von Waldrodung ist außerdem ihr Lebensraum bedroht. Das MOLUKKEN-BABIRUSA *(B. b. babyrussa)* ist die kleinste Unterart und an seinen langen, dichten, goldcremefarbenen und/oder schwarzen Haaren sowie einer Schwanzquaste zu erkennen. Die Form ist wahrscheinlich auf der Insel Buru vom Menschen eingeführt worden.

Leider ist das Babirusa im Freiland noch nicht eingehend studiert worden. Einzig die amerikanische Anthropologin Victoria J. Selmier hat die Art auf der zum Togian-Archipel zählenden, 22 Hektar großen Insel Pangempan beobachtet. Die fünf Babirusas dieser Insel waren sowohl tagsüber als auch nachts aktiv. Babirusas benützen Wechsel, suhlen sich gerne und schwimmen ausgezeichnet – sogar im Meer von Insel zu Insel. Als Futter nehmen sie Mangos und andere Früchte auf, auch Pilze, Nesseln und andere Blätter. Selbst harte Nüsse werden aufgeknackt. Kokosnüsse allerdings, deren Reste sie gerne verzehren, können Babirusas nicht öffnen. Da sie außerdem nicht nach Futter wühlen und auch kein Getreide verzehren, stören sie den Menschen kaum. Gern nehmen sie Insekten, die sie im morschen Holz suchen. Die Nahrung wird oft an einen geschützten Ort getragen und dort in Ruhe verzehrt.

Babirusas sollen einzeln oder in kleinen Familiengruppen leben. Bei Erregung klappern sie mit den Zähnen wie die Pekaris. Die Eber bedrohen sich mit geöffnetem Mund, bevor sie den Kampf mit Schnauzenstoßen beginnen. In der Folge stoßen und pressen sie sich seitlich gegeneinander, um sich schließlich auf die Hinterbeine zu stellen, um mit den Vorderhufen zu schlagen. Manchmal versuchen sie auch, sich gegenseitig zu beißen, wozu vor allem die unteren Eckzähne dienen. Der Unterlegene läßt sich auf alle viere nieder und wird vom Sieger bestiegen.

Nach einer Tragzeit von fünf Monaten bringt das Babirusa-Weibchen – übers ganze Jahr verteilt – ein oder zwei, sehr selten drei, ungestreifte

Den jugendlichen Babirusa-Ebern fehlt, ebenso wie den erwachsenen Weibchen, die bizarre Zahnzier der »alten Herren«. Hier ein Celebes-Babirusa.

SCHWEINE

Schweine (Suidae)

Name deutscher Name wissenschaftlicher Name englischer Name (E) französischer Name (F)	Körpermaße Kopfrumpflänge (KRL) Schwanzlänge (SL) Standhöhe (SH) Gewicht (G)	Auffällige Merkmale	Fortpflanzung Tragzeit (Tz) Zahl der Jungen je Geburt (J) Geburtsgewicht (Gg)
Wildschwein *Sus scrofa* mit 16 Unterarten E: Wild boar F: Sanglier	KRL: 90–200 cm SL: 15–40 cm SH: 55–110 cm G: ♂♂ 54–320 kg, ♀♀ 44–123 kg	Im Sommer ohne, im Winter mit Unterwolle; Voraugen-, Kinn-, Handgelenk- und Präputialdrüse	Tz: 112–130 Tage J: 4–8, selten 1–3 oder 9–13 Gg: 350–1200 g
Zwergwildschwein *Sus salvanius* E: Pygmy hog F: Sanglier nain	KRL: ♂♂ 66–71 cm, ♀♀ 55–62 cm SL: 22–36 mm SH: ♂♂ 23–30 cm, ♀♀ 20–22 cm G: ♂♂ 7,7–11,8 kg, ♀♀ 6,6–7,6 kg	Kleinste Schweineart; kurzer Schwanz	Tz: etwa 100 Tage J: 2–6 Gg: 133–250 g
Bartschwein *Sus barbatus* mit 5 Unterarten E: Bearded pig F: Sanglier à moustache	KRL: 100–165 cm SL: 20–30 cm SH: 72–85 cm G: 150 kg	Heller Backenbart; zweizeilige Schwanzquaste; 2 Warzenpaare im Gesicht	Tz: etwa 4 Monate J: 2–8 Gg: nicht bekannt
Celebesschwein *Sus celebensis* E: Celebes pig F: Sanglier de Célèbes	KRL: 80–130 cm SL: nicht beschrieben SH: 70 cm G: nicht beschrieben	3 Paar Gesichtswarzen; Voraugen- und Wangenwarzen werden im Alter vor allem bei Männchen riesig; Färbung variabel von schwarz, rotbraun, bis gelblich	Tz: etwa 4 Monate J: nicht bekannt Gg: nicht bekannt
Pustelschwein *Sus verrucosus* mit 2 Unterarten E: Javan warty pig F: Sanglier pustule	KRL: ♂♂ 143–190 cm, ♀♀ 90–134 cm SL: nicht beschrieben SH: 70–90 cm G: ♂♂ 80–150 kg, ♀♀ 35–60 kg	3 Paar Gesichtswarzen, wovon Voraugenwarze klein bleibt; langer Kopf mit leicht konvexem Profil	Tz: etwa 4 Monate J: 4–6 Gg: nicht bekannt
Buschschwein, Flußschwein, Pinselohrschwein *Potamochoerus porcus* mit 13 Unterarten E: Bush pig F: Potamochère	KRL: 100–150 cm SL: 30–45 cm SH: 55–80 cm G: 45–120 kg	Schwärzlich-weiße Gesichtsmaske; Männchen mit hornartig vorstehenden Knochenfortsätzen beidseits des Oberkiefers; kleine Voraugenwarzen; Ohren groß, zugespitzt; Hals- und Rückenmähne weiß oder weißlich; lange Behaarung schwärzlich, braun oder rot; Fußdrüsen, mit denen Spur markiert wird; Lippendrüsen	Tz: 120–127 Tage J: 1–4, selten 6 Gg: 650–900 g
Riesenwaldschwein *Hylochoerus meinertzhageni* mit 4 Unterarten E: Giant forest hog F: Hylochère	KRL: 130–210 cm SL: 25–45 cm SH: 75–110 cm G: 100–275 kg	Größte Schweineart; Rüsselscheibe bis 16 cm breit, behaart; Unteraugenwarzen groß und diskusförmig, vor allem bei Männchen; lange schwarze Behaarung; Voraugendrüsen	Tz: 149–154 Tage J: 2–4, selten bis 11 Gg: vermutlich etwa 1–1,5 kg
Warzenschwein *Phacochoerus aethiopicus* mit 7 Unterarten E: Warthog F: Phacochère	KRL: 105–152 cm SL: 35–50 cm SH: 65–84 cm G: 48–143 kg	Großer Kopf mit vor allem beim Eber großen Unteraugen-, Voraugen- und Unterkieferwarzen; Augen liegen hoch; größte Eckzähne aller Schweine, die oberen bei Männchen bis 60 cm; graue, oft faltige Haut, fast nackt; schwarze, braune oder rötliche Rücken- und Halsmähne; weißlicher Borstensaum auf Unterkiefer; Lippen- und Voraugendrüsen	Tz: 170–175 Tage J: 1–4, selten bis 8 Gg: 450–910 g
Babirusa, Hirscheber *Babyrousa babyrussa* mit 3 Unterarten E: Babirusa F: Babiroussa	KRL: 85–110 cm SL: 20–32 cm SH: 65–80 cm G: 43–100 kg	Obere Eckzähne bei Männchen durchbrechen die Rüsseldecke und krümmen sich bogenförmig nach hinten; Schnauze zugespitzt; Rücken gewölbt; Beine lang und dünn	Tz: 150–157 Tage J: 1–2, selten 3 Gg: 380–1050 g

Junge zur Welt. Da das Weibchen nicht, wie früher behauptet, nur zwei, sondern vier Zitzen hat, kann es auch Drillinge gleichzeitig säugen. Beim Säugen liegt das Weibchen. Schon am dritten Tag beginnen die Jungen feste Nahrung zu sich zu nehmen. Im Zoo ist das Babirusa-Weibchen zur Geburtszeit sehr störungsanfällig und so aggressiv, daß es oft Tierpfleger aus dem Stall jagt.

Das erste Paar Babirusas, das lebend ausgeführt wurde, traf 1820 in Paris ein. Schon im darauffolgenden März wurde das erste Jungtier geboren. Die Art war in Zoos indes immer selten. Die größte Zuchtgruppe

DIE ARTEN IM VERGLEICH

Lebensablauf Entwöhnung (Ew) Geschlechtsreife (Gr) Lebensdauer (Ld)	Nahrung	Feinde	Lebensweise und Lebensraum	Häufigkeit
Ew: mit 3–4 Monaten Gr: mit 18 Monaten, selten schon mit 7 Monaten Ld: 21 Jahre	Eicheln, Bucheckern, Adlerfarn, Gräser, Kräuter, Beeren, Wurzeln, Mais, Kartoffeln, Rüben, Aas, Mäuse, junge Hasen und Rehe, Eier, Jungvögel, Engerlinge u.a. Insekten, Echsen, Schlangen, Frösche, Fische, Krebse, Muscheln, Regenwürmer, Abfälle	Mensch, Wolf, Tiger, Löwe, Leopard, Irbis, Luchs	Mutterfamilien von 6–20 Tieren, in Zentralindien bis 170; Junggesellenverbände, alte Eber Einzelgänger; in Laub- und Mischwäldern mit Mooren, Fichtendickichten, Busch- und Grasdschungeln, Trockensteppen, Regenwald bis 4000 m Höhe; Reviergröße 0,5–20 km^2	Kulturfolger, daher meist häufig; ausgerottet in Großbritannien, Skandinavien und 1900 in Ägypten; angesiedelt in Nord- und Mittelamerika und Argentinien
Ew: nicht bekannt Gr: mit 13–33 Monaten Ld: bis 7½ Jahre	Wurzeln, Knollen, Gräser, Blätter, Samen, Früchte, Insekten, Regenwürmer u.a. Kleintiere, Eier, Aas	Mensch, vermutlich auch Rothund und Tigerpython	Gruppen von 4–6 Tieren, Männchen außerhalb der Paarungszeit Einzelgänger; in Elefantengrasdschungeln; Reviergröße 26 ha	1978 noch 100–150 Tiere; gehört zu den 12 meistbedrohten Tieren durch Jagd, Abbrennen und Schneiden der Grasdschungel
Nicht bekannt	Früchte, Wurzeln, Regenwürmer, Aas	Mensch, Tiger, Leopard, Nebelparder, Malaienbär, Python	Saisonale Wanderungen; in Regenwald, Sekundärwald, Mangrovendickicht	Noch ziemlich häufig
Ew: nicht bekannt Gr: vermutlich mit 4 Jahren Ld: mindestens 10 Jahre	Nicht bekannt	Mensch	Zu zweien, dreien oder familienweise im hohen Gras	Nicht bekannt
Ew: nicht bekannt Gr: nicht bekannt Ld: 14 Jahre	Nicht bekannt	Mensch, Tiger, Leopard, Rothund	Kleine Gruppen; Waldbewohner	Kleine Einzelpopulationen; Java-Pustelschwein selten und bedroht, auf Madura möglicherweise ausgerottet
Ew: mit 2–4 Monaten Gr: mit 18–21 Monaten Ld: 20 Jahre	Gräser, Wasserpflanzen, Wurzeln, Knollen, Früchte, Feldfrüchte, Samen, Pilze, Aas, Insekten u.a. Kleintiere	Mensch, Leopard, Löwe, Tüpfelhyäne, Adler, Felsenpython	Gruppen von 2–12 Tieren, selten Ansammlungen bis 100 Tiere, auch einzeln; in Dickicht, Wald, Savanne, Sumpf, bis 4000 m Höhe; Reviergröße 0,2–10 km^2	Verhältnismäßig häufig; zum Teil Kulturfolger
Ew: mit 8–10 Wochen Gr: mit 17–18 Monaten Ld: im Zoo bisher erst knapp 3 Jahre	Gräser, Kräuter, Blätter, Knospen, Früchte, Aas, Eier, Insektenlarven	Mensch, Leopard, Tüpfelhyäne (für Frischlinge)	Gemischte Gruppen mit 1, selten bis 4 Männchen, 1–4, selten bis 9 Weibchen, durchschnittlich 4 Halbwüchsigen und 5 Jungen; Männchen häufig einzeln; in Wäldern, vor allem Gebirgswäldern, und anschließenden Savannen; Reviergröße 10–20 km^2	Durch Rinderpest Bestand reduziert
Ew: mit 3–4 Monaten Gr: mit 17–19 Monaten Ld: bis 18 Jahre 9 Monate	Kurzes Gras, Samen, Rhizome und Wurzeln, selten Früchte und Kleintiere	Mensch, Hyänenhund, Tüpfelhyäne, Löwe, Leopard, Gepard, Kampfadler	1 oder 2 Weibchen mit Jungen aus letzten zwei Würfen; Männchen einzeln oder bei Gruppen; mehrere Gruppen bilden einen Clan; in Steppe, Savanne; Reviergröße 0,6–4 km^2	Verhältnismäßig häufig
Ew: mit 6–8 Monaten Gr: mit 1–2 Jahren Ld: 24 Jahre	Früchte, Pilze, Blätter, Insektenlarven	Mensch, verwilderte Hunde	Einzeln oder in kleinen Gruppen; im Regenwald	Bestand selten und abnehmend wegen Jagd und Zerstörung des Lebensraumes; auf Togian 500–1000 Tiere; auf Buru von Ausrottung bedroht

wird im Zoo von Surabaja gepflegt. Von dort erhielten der Antwerpener Zoo und die Wilhelma in Stuttgart Babirusas und begannen 1975 erfolgreich zu züchten; später gelangte ein weiteres Paar in den Zoo Rotterdam. 1984 konnte der Zoo in Los Angeles nach einem jahrzehntelangen Wildschwein-Einfuhrverbot ein Paar Babirusas aus dem Rotterdamer Zoo einführen. Seit 1986 hat der Stuttgarter Zoodirektor Wilbert Neugebauer die Aufgabe übernommen, die Zuchtbestrebungen innerhalb eines Europäischen Erhaltungszucht-Programms (EEP) aufeinander abzustimmen.

Pekaris

von Christian R. Schmidt

Die drei Arten der neuweltlichen Familie der Pekaris (Tayassuidae) ähneln mit ihrem großen Kopf, dem Rüssel und dem Borstenkleid den Schweinen. Sie sind wie diese Kontakttiere, und die Mütter zeigen bei der Geburt ebenfalls ein passives Verhalten. Die ungestreiften Jungen – meistens Zwillinge – sind weniger ausgeprägte Nesthocker als Schweinefrischlinge. Ihr Gebiß, die Füße und der Magen ähneln andererseits den Wiederkäuern. Alle drei Arten tragen 38 Zähne: Zwei obere und drei untere Schneidezähne, oben und unten je einen Eckzahn, drei Vorbackenzähne und drei Backenzähne. Die oberen Eckzähne weisen nach unten, und deren Vorderseite wird an den unteren Eckzähnen geschliffen, so daß sie gefährliche Bißwaffen sind. An den Vorderbeinen sind der zweite und fünfte Strahl als Afterklauen ausgebildet, an den Hinterbeinen tragen nur Halsband- und Weißbartpekari den zweiten Strahl als Afterklaue. Bei allen drei Arten sind der dritte und vierte Mittelfußknochen im oberen Teil zu Laufknochen verschmolzen, beim Weißbartpekari zusätzlich auch der dritte und vierte Mittelhandknochen. Der Schwanz mit sechs bis neun Wirbeln ist sehr kurz. Der Magen ist vierteilig mit zwei Drüsenmägen und zwei Blindsäcken, in denen Bakterien die pflanzlichen Zellwände (Zellulose) verdauen. Die Gallenblase fehlt den Pekaris im Gegensatz zu den Schweinen. Eine auf der Kuppe liegende Drüse gab der Familie den Namen »Nabelschweine«. Die etwa fünf mal zehn Zentimeter große, ungefähr zwölf Zentimeter über der Schwanzbasis liegende Drüse hat eine nabelartige Öffnung. Als einzige Säugetiere haben Pekaris Haare mit strahlenförmigen Rippen, deren Zwischenräume mit schwammigem Gewebe gefüllt sind. Im Gegensatz zu den Schweinen sind Pekaris widerstandsfähig gegen die Afrikanische Schweinepest, nicht aber gegen die Klassische Schweinepest und das Vesikuläre Exanthem, ein entzündlicher Hautausschlag, der Schweine.

Das CHACOPEKARI *(Catagonus wagneri)* gleicht äußerlich so sehr dem bekannten Halsbandpekari, daß erst 1972 der amerikanische Zoologe Ralph M. Wetzel die Art im nordwestlichen Paraguay entdeckte. Damit wurde seit der Beschreibung des Riesenwaldschweines im Jahre 1904 erstmals wieder eine bisher unbekannte lebende Gattung eines Großsäugetieres gefunden. Bis dahin war das Chacopekari lediglich als zwei Millionen Jahre alter Fossilfund aus dem Pleistozän bekannt gewesen, von dem man annahm, daß es sich um eine längst ausgestorbene Art handelt. Die Indianer des Gran Chaco kannten es allerdings seit langem unter dem Namen Tagua und unterschieden es von den beiden andern Pekariarten. Das Chacopekari ist größer als das Halsbandpekari, außerdem hochbeiniger und daher ein besserer Läufer. Die großen, hochkronigen Zähne und der mächtige Kopf deuten darauf hin, daß es von großwüchsigeren Vorfahren abstammt. In der langen Schnauze findet man große Nasenhöhlen, die in der trockenen Landschaft als Staubfilter dienen und dem Chacopekari zu einem guten Geruchssinn verhelfen. Das Hirn ist bedeu-

Das leider immer seltener werdende Chacopekari ähnelt sehr dem viel bekannteren Halsbandpekari. Es ist jedoch etwas hochbeiniger und trägt ein weniger deutlich ausgeprägtes Halsband.

tend kleiner als dasjenige des Weißbartpekaris, ja teilweise so klein wie dasjenige der kleinsten Pekariart, des Halsbandpekaris. Dies zeigt, daß das Chacopekari auf einer ursprünglichen Entwicklungsstufe stehengeblieben ist.

Das Chacopekari hat ein Restverbreitungsgebiet im Gran Chaco in Nordwestparaguay, in Nordwestargentinien und in Südbolivien. In diesem riesigen, flachen Gebiet herrschen Temperaturen zwischen 13 und 30 Grad Celsius, wobei in Winternächten die Temperatur unter den Gefrierpunkt fallen kann.

Während im Osten, am Paraguayfluß, noch jährlich 140 Zentimeter Regen fällt, ist der Westen mit nur 40 Zentimeter Niederschlag sehr viel trockener; die Vegetation besteht hier aus Dornbusch. Die Haut des Chacopekaris ist dünner als jene der beiden anderen Pekariarten und daher weniger begehrt für den Handel. Dagegen soll das Fleisch wohlschmeckend sein, und da Chacopekaris nicht sehr scheu sind, werden sie oft gejagt – dies geschah vor allem beim Bau der »Ruta Transchaco«. Seit 1970 wird der Dornbusch vermehrt gerodet, um Weiden für die Rinderzucht zu schaffen. Das Chacopekari mit dem verhältnismäßig kleinen Hirn scheint wenig anpassungsfähig zu sein, so daß dieser Verlust an Lebensraum eine Bedrohung darstellt und die Art ins Rotbuch der Internationalen Naturschutzorganisation IUCN aufgenommen wurde. Zum Schutz wurde in Paraguay der

Parque Nacional de Defensores del Chaco geschaffen.

Über das Verhalten des Chacopekaris wissen wir erst wenig von den amerikanischen Zoologen J. J. Mayer und P. N. Brandt. Die bis zehnköpfigen Gruppen – im Durchschnitt beträgt die Gruppengröße vier Tiere – haben einen engen Zusammenhalt. Daneben werden auch Einzeltiere angetroffen. Das Weibchen bringt zwischen September und November ein bis vier Junge zur Welt, die farblich den ausgewachsenen Tieren ähnlich sehen. Im Gegensatz zu den beiden anderen Pekariarten hat das Chacopekari-Weibchen sechs bis acht funktionierende Zitzen. Eine Konkurrenz mit den beiden anderen Pekariarten, die im Gran Chaco gleichfalls vertreten sind, wird durch die unterschiedliche Aktivitätszeit vermieden: Das Chacopekari ist tagaktiv. Vor allem am Vormittag verzehrt es Kakteen, heruntergefallene Blüten von Baumkakteen, Wurzeln und innere Teile von Bodenbromelien sowie Akazien-Fruchtschoten. Auch die salzhaltige Erde bei Blattschneiderameisen-Kolonien wird gerne aufgenommen. Zur Mittagsruhe ziehen sich die Chacopekaris in den Schatten von Bäumen oder Büschen zurück; auch Suhlen und Staubbäder suchen sie gerne auf. Gemeinsame Kotplätze findet man bei Fixpunkten oder neben den regelmäßig benützten Wechseln.

Es wurde beobachtet, wie Pumas den Pekaris nachstellen. Bei Gefahr flüchten Chacopekaris, wobei sie das bis zu 22 Zentimeter lange Rückenhaar aufstellen und Sekret aus ihrer Rückendrüse verspritzen. Der Geruch gewährleistet den Zusammenhalt der Gruppe im dichten Dornbusch und hilft vermutlich auch bei der zwischenartlichen Trennung. Ferner wird das Drüsensekret zur Markierung des Territoriums eingesetzt. Durch gegenseitiges Kopfreiben an der Drüse ergibt sich ein gruppenspezifischer Geruch, an dem die Mitglieder sich erkennen. Das Verhalten gleicht demjenigen des Halsbandpekaris – allerdings klappert das Chacopekari bei aggressiver Erregung nur kurz mit den Zähnen.

Das Chacopekari ist außer im Zoo von Asunción erst einmal, 1977, außerhalb seiner Heimat gehalten wor-

An seiner weißen Unterlippe und Kehle ist das Weißbartpekari oder Bisamschwein leicht zu erkennen, auch wenn es sich sonst von seinen Verwandten kaum unterscheidet. Im Bild ein Vertreter der Unterart Costa-Rica-Weißbartpekari.

den: Von drei Chacopekaris im Zoo Berlin lebte ein Weibchen zwölf Monate lang.

Das WEISSBARTPEKARI *(Tayassu pecari)* ist ein typischer Bewohner des Primärwaldes – im weitaus größten Teil seines Verbreitungsgebietes sind dies tropische Regenwälder, im südlichen Chaco kann es aber auch Trockenbusch sein. Die Art ist bisher kaum längere Zeit im Freiland beobachtet worden, so daß wir über ihre Lebensweise wenig wissen. Der amerikanische Forscher R. A. Kiltie untersuchte Weißbartpekaris im peruanischen Manu-Nationalpark. Als Ausnahme unter den Waldbewohnern bilden Weißbartpekaris große gemischte Herden von 40 bis über 300 Mitgliedern. Da diese Herden einen großen Futterbedarf haben, ziehen sie nomadisch durch ihren großen Lebensraum. Die Ernährungsgewohnheiten sind regional verschieden. Aufgenommen werden ausgegrabene Wurzeln, Feigen und andere Früchte, Palmnüsse, Samen, Gräser, Blätter, Eier von Vögeln und Schildkröten, Aas, Echsen, Frösche, Schnecken und Insekten. Auf der panamaischen Insel Barro Colorado flüchten Hokkos, das sind baumlebende Hühnervö-

Links: Ein im Stehen säugendes Halsbandpekariweibchen. - Rechts: Ein Halsbandpekari zeigt drohend seine Zähne, vor allem seine scharfen Eckzähne, die normalerweise im Mund verborgen sind.

gel, und sogar Weißwedelhirsche vor den Weißbartpekaris. Das Futter ist grundsätzlich das gleiche wie jenes der im gleichen Lebensraum beheimateten Halsbandpekaris. Mit ihren starken Kiefern können allerdings Weißbartpekaris härtere Nüsse knacken, wobei die ineinandergreifenden Eckzähne ein Ausrenken der Kiefer verhindern. Die Kiefer bewegen sich senkrecht und nicht seitlich wie bei den meisten Huftieren. Auf ihren Wanderungen benutzen die Tiere oft von Menschen angelegte Pfade und durchschwimmen auch größere Flüsse. Häufig suchen sie Suhlen auf. Die Hauptaktivitätszeit ist nachts, während über die Mittagszeit meistens auf einer Lichtung in der Sonne geruht wird.

Während aus verschiedenen Gebieten ganzjährig Geburten gemeldet werden, finden diese in Südostbrasilien im Oktober und November statt. Von 23 bekannten Wurfgrößen waren neben je einer Einlings- und Drillingsgeburt alles Zwillingsgeburten. Die Jungen sind zuerst rotbraun mit schwarzbraunem Rückenstreifen ohne Bartzeichnung. Über eine lohfarbene Zwischenstufe findet im zweiten Lebensjahr die Umfärbung ins Erwachsenenkleid statt. Der Zusammenhalt der Gruppe im dunklen Wald ist durch Berührungsreize, geruchliche, optische und akustische Reize gewährleistet: Erstens stoßen die Weißbartpekaris Gruppenmitglieder immer wieder mit der Nase gegen den Körper. Zweitens hilft sicher die helle Unterkieferfärbung dem gegenseitigen Erkennen. Drittens dient der starke Geruch der Rückendrüse – durch gegenseitiges Drüsenreiben zu einem gruppentypischen Geruch vermischt – dem Gruppenzusammenhalt. Viertens ist dauernd ein tiefes Brummen als Kontaktlaut zu hören. Die Lautäuße-

rungen sind ohnehin vielfältiger und lauter als beim Halsbandpekari. Aggressive Weißbartpekaris grunzen sowohl innerhalb der Gruppe als auch gegenüber Feinden und klappern einmal mit den Zähnen. Manchmal jagen sie Artgenossen bis 100 Meter weit aus der Herde. Die einzigen natürlichen Feinde des Weißbartpekaris sind Puma und Jaguar, die in der Regel aber nur Einzelgänger oder das letzte Tier einer Kolonne angreifen. Manchmal flüchtet die Herde, während sich ein jungerwachsenes Weißbartpekari dem Feind stellt. Anderseits fand der amerikanische Präsident Theodore Roosevelt in Brasilien einen von Weißbartpekaris getöteten Jaguar. Haushunde haben in der Regel Angst vor Weißbartpekaris, die in gewissen Gebieten nicht einmal vor dem Menschen flüchten, sondern ihm allenfalls ausweichen oder ihn gar auf der Jagd hoch zu Pferd anspringen. Schon mancher Jäger mußte sich nach dem Abschuß eines Weißbartpekaris vor den Angriffen einer ganzen Gruppe auf einen Baum retten.

Weißbartpekaris waren in Zoos immer selten. Ein Grund dafür ist der starke Geruch der Rückendrüse. Die tropische Art ist zudem recht wärmebedürftig. Die Zucht gelingt selten, vielleicht weil zu kleine Gruppen der sehr sozialen Art gehalten werden. Immerhin wurden im Berliner Zoo, der auch heute wieder züchtet, 1929 erstmals Weißbartpekaris geboren. In den sechziger Jahren bemühte sich der englische Zoo in Dudley einige Zeit erfolgreich um die Zucht von Weißbartpekaris. Aus dem Freiland kennt man keine Kreuzungen (Hybriden) zwischen dem Weißbart- und dem Halsbandpekari, während im Londoner Zoo und in einem Zoologischen Institut im brasilianischen Manaus solche Mischlinge geboren wur-

den. Dies trotz der unterschiedlichen Chromosomenzahlen: 26 beim Weißbart- und 30 beim Halsbandpekari. Das Chacopekari hat demgegenüber nur 20 Chromosomen.

Das Wort Pekari stammt von den brasilianischen Tupi-Indianern und bedeutet »ein Tier, das viele Wege durch den Wald macht«. In den meisten Gebieten Süd- und Zentralamerikas ist das HALSBANDPEKARI *(Tayassu tajacu)* in der Tat ein typischer Bewohner des Waldes, vor allem des tropischen Regenwaldes und im Süden des Trockenbusches. Es kommt von der Meeresküste bis auf eine Höhe von 2400 Metern vor und hat sein Verbreitungsgebiet nordwärts in viele weitere Lebensräume wie Eichenwälder und Saguarowüsten (Kakteenwüsten) ausgedehnt. Verschiedene Anpassungen erleichtern das Überleben in den nördlichen Randgebieten: Während des Winters nehmen die Halsbandpekaris tagsüber Nahrung auf, um die Wärme auszunützen, und übernachten in Körperkontakt in selbstgescharrten Löchern oder in Höhlen. Der Stoffwechsel steigert sich um ein Fünftel, was zu erhöhtem Futterbedarf führt. Während des heißen Sommers essen die Halsbandpekaris dagegen nur frühmorgens und spätabends und ruhen tagsüber bis zu zehn Stunden unter schattenspendenden Büschen. Die Körpertemperatur schwankt je nach Lufttemperatur zwischen 37,5 und 40,9 °C. Die im Winter Wärme speichernden, schwarzen Borstenspitzen brechen ab, so daß das hellere Sommerfell die Sonnenstrahlen besser spiegelt. Trotz dieser Anpassungen sterben in kalten Wintern in Arizona und Texas Halsbandpekaris an Entzündungen der Atemwege; eine wärmende Unterwolle fehlt ihnen.

In Südamerika stimmt die Nahrungswahl von Weißbart- und Halsbandpekari erstaunlicherweise etwa überein – neben Wurzeln, Knollen, Pilzen und Nüssen verzehren sie Früchte vor allem von Palmen, aber auch Eier von Schildkröten und Vögeln, Aas, Agutis, Schlangen, Frösche, Fische und Insekten. Trotz dieser Nahrungskonkurrenz sind beide Arten erfolgreich. Im Norden nehmen sie nur selten tierische Nahrung auf, dafür eher Wurzeln, Knollen, Eicheln, Bohnen, Akazienschoten, Nüsse, Früchte, Beeren, Blätter und Gras. Der Hauptteil des Futters aber – je nach Saison bis über 80% – besteht aus Agaven und Opuntien (Feigenkaktus). Die Opuntien werden mit einem Vorderfuß festgehalten, ihre Haut mit den scharfen Stacheln geschält und das wasserreiche Innere verzehrt, weshalb Halsbandpekaris bis zu zwei Wochen lang auf Wasseraufnahme verzichten können. Sie suchen aber auch Kulturanpflanzungen auf, wo sie Mais, Melonen, Süßkartoffeln, Maniok (Wurzelknollen), Bananen, Zuckerrohr und Sorghum (Kaffernhirse, eine Getreidepflanze) essen. In Venezuela folgen sie Braunen Kapuzineraffen, um die herunterfallenden Fruchtreste zu verzehren. Das Futter kann bis acht Zentimeter tief im Boden gerochen werden und wird mit der Rüsselscheibe herausgewühlt. Der Gesichtssinn ist nicht gut ausgebildet.

Die neuweltlichen Pekaris sind wie ihre altweltlichen Verwandten, die Schweine, ausgesprochene Kontakttiere. Diese beiden Halsbandpekariweibchen im Zürcher Zoo betreiben soziale Fellpflege - ein Ausdruck der »Zuneigung«.

Jaguare und Pumas sind die Hauptfeinde der Halsbandpekaris, während Rotluchse und Kojoten nur Jungtiere erbeuten. Es wurde beobachtet, wie sich ein oder zwei Gruppenmitglieder einem Kojoten stellten, während sich die übrigen mit den Jungtieren in ihrer Mitte in Sicherheit brachten. Auf der Flucht galoppieren Halsbandpekaris mit einer Geschwindigkeit von 35 Kilometern pro Stunde; in der Regel gehen oder traben sie.

Je nach Nahrungsangebot und Gruppengröße bewohnen Halsbandpekaris Lebensräume von 30 bis 1500 Hektar, meist 100 bis 300 Hektar. Dies ergibt eine Dichte von 1 bis 19 Tieren pro Quadratkilometer. Die Lebensräume können sich bis 184 Meter überlappen. In diesem von mehreren Gruppen genutzten Gebiet befinden sich meistens Wasserstelle und Suhle, die nachts aufgesucht werden. Das innere, ausschließlich von einer Gruppe benutzte und verteidigte Territorium wird geruchlich gekennzeichnet: Männchen markieren mit ihrer Rückendrüse Felsen und Baumstämme in der Nähe der zentral gelegenen Ruheplätze. Ebenfalls bei den Ruheplätzen, aber auch an der Territoriumsgrenze, befinden sich bis zu 20 Kotplätze, die von allen Gruppenmitgliedern gemeinsam aufgesucht werden. Im Zürcher Zoo konnte ich in Versuchen nachweisen, daß gruppenfremder von gruppeneigenem Kot unterschieden wird – ersterer wird durch Harnspritzen der Männchen parfümiert. So haben diese Kotplätze auch eine Mitteilungsfunktion. Da der Pekarikot Pflanzensamen enthält, dient er darüber hinaus der Walderneuerung. Die Gruppengröße schwankt zwischen 2 und 22. Für einige Stunden bis zu drei Tagen, selten bis zu zwei Wochen, bilden sich immer wieder Untergruppen innerhalb des Territoriums. So leben alte und behinderte Tiere häufig als Einzelgänger, aber immer noch in Kontakt mit der Hauptgruppe. Die Gruppen sind geschlossen, das heißt fremde Männchen werden vom ranghöchsten Männchen, fremde Weibchen vom Leitweibchen verjagt, wie der amerikanische Zoologe John A. Bissonette in Texas und ich im Zürcher Zoo feststellen konnten. Zwar verläßt jedes zehnte Halsbandpekari seine Geburtsgruppe, aber diese Tiere werden niemals in eine andere Gruppe aufgenommen.

Der alte Spruch von Ernest Thompson Seton »Das glückliche Pekari kümmert sich überhaupt nicht ums Wetter, sondern macht vergnügt das ganze Jahr über Liebe« stimmt nur bedingt: In Mexiko und Kolumbien sind die Geburten tatsächlich gleichmäßig übers Jahr verteilt. Auch im südlichen Nordamerika können Halsbandpekaris zu jeder Jahreszeit geboren werden, doch die Mehrzahl kommt im Juni und Juli zur Welt. Im südöstlichen Brasilien ist die Geburtssaison dagegen auf Oktober und November beschränkt. Das Weibchen ist alle 17 bis 30 Tage für einen bis acht Tage paarungsbereit. Nach einer Tragzeit von 141 bis 151 Tagen trennt es sich von der Gruppe, um in einer Höhle zu gebären. In der Regel werden ein bis drei Junge, sehr selten vier geboren. Bei erlegten Weibchen wurden auch schon fünf und sechs Embryonen gefunden, die aber auf keinen Fall alle überlebt hätten, da von den acht Zitzen der Mut-

Das »Kontaktliegen«, das hier drei weibliche Halsbandpekaris vorführen, drückt ebenfalls den engen Zusammenhalt der Gruppe aus.

Halsbandpekari (Tayassu tajacu)

ter nur die vier hinteren funktionsfähig sind und jedes Jungtier seine Vorzugssitze hat. Einen Tag nach der Geburt schließt sich die Mutter wieder der Gruppe an und wird oft schon nach 3 bis 17 Tagen wieder erfolgreich gedeckt. Bei der Geburt sind die unteren äußeren Schneidezähne und alle vier Eckzähne bereits durchgebrochen. Die Eckzähne wachsen bis zum Alter von vier Jahren. Da der Hinterrand der unteren Eckzähne an den oberen Eckzähnen scharf geschliffen wird, sind die Bisse von Pekaris sehr gefürchtet.

Innerhalb der ersten zwei Tage findet die Prägung der Jungen auf die Mutter statt. Die Jungen sind bei der Geburt beige bis rötlichbraun mit einem schwarzen Aalstrich und der hellen Halsbandzeichnung. Im Alter von einem Monat werden die Haare des Aalstrichs und der anschließenden Rückenregion durch graumelierte Haare ersetzt. Mit zwei Monaten – etwa zu einem Drittel erwachsen und in die Rangordnung einbezogen – ist mit Ausnahme des immer noch beigen Kopfes die Erwachsenenfärbung erreicht, während sich der Kopf erst mit drei bis vier Monaten umfärbt. Nur 45% der Neugeborenen sind Männchen; infolge einer höheren Sterberate bei den Weibchen überwiegt aber später die Zahl der Männchen. In regenreichen Jahren wachsen mehr Junge auf. Nur ein Viertel aller Halsbandpekaris erreicht in Arizona ein Alter von sechs Jahren, während das Höchstalter im Zoo über 24 Jahre beträgt. Die meisten Männchen im Freiland sind mit sieben Jahren nicht mehr fruchtbar. Alle diese und viele weitere Angaben verdanken wir dem amerikanischen Pekariforscher Lyle K. Sowls und seinen Mitarbeitern.

Die Lautäußerungen des Halsbandpekaris wurden genau untersucht. Zur Abwehr von Feinden äußern sie ein stimmloses Schnauben sowie als aggressives Drohverhalten das Zähneklappern mit der schwächeren Variante des schmatzenden Maulklappens. Ein leises, tiefes und oft wiederholtes Brummen dient als Kontaktlaut zwischen Gruppenmitgliedern. Sind Halsbandpekaris von ihrer Gruppe getrennt oder droht den Jungen Erdrückungsgefahr durch Artgenossen, stoßen sie einen oder mehrere laute Schreie aus. Dies geschieht auch, wenn die Jungen den Kontakt zur Mutter verlieren – diese erkennt ihre Jungen am Schreien und rennt herbei. Ein lautes Quäken lassen die Kleinen hören, wenn sie Angst haben, was die Mutter stark erregt. Auch das Wimmern wird meist von Jungtieren in Angstsituationen eingesetzt. Bei Auseinandersetzungen innerhalb der Gruppe ertönt ein tiefes Grollen, das in ein wiederholtes Kekkern übergeht. Ein einmaliges, kurzes Bellen wird als Warnung vor einer Gefahr abgegeben. Während des Spiels hört man oft ein Japsen.

Das Sozialverhalten einer Gruppe Halsbandpekaris habe ich im Zürcher Zoo genauer untersucht. Die Gruppe wurde immer vom ältesten Weibchen als überragendem Leitweibchen angeführt. Je älter ein Tier war, desto ranghöher war es; größere waren den kleineren Tieren, Weibchen den Männchen überlegen. Dadurch kam eine stabile Rangordnung zustande, die ohne Kämpfe erhalten blieb. Entsprechend dem Verhalten im Freiland, wo die Halsbandpekaris größere Distanzen von Fixpunkt zu Fixpunkt in Einerkolonne auf Wechseln zurücklegen, bewegten sie sich auch im Zoo auf 16 bis 20 Zentimeter breiten Wechseln in Einerkolonne, angeführt vom Leitweibchen, streng der Rangordnung nach bis zum rangniedrigsten Tier am Schluß. Das Leitweibchen verjagt nicht nur gruppenfremde Weibchen, sondern schlichtet auch Kämpfe zwischen den Weibchen innerhalb der Gruppe. Zusammen mit den ausgewach-

Eine Halsbandpekarimutter mit ihrem Neugeborenen, das von einer Amme neugierig beschnuppert wird. Diese Amme ist eine ältere Schwester des Kleinen, die ihn mitbetreut und unter Umständen sogar säugt, obwohl sie noch nicht geschlechtsreif ist – eine einmalige Erscheinung unter wildlebenden Säugetieren.

Pekaris (Tayassuidae)

Name deutscher Name wissenschaftlicher Name englischer Name (E) französischer Name (F)	Körpermaße Kopfrumpflänge (KRL) Schwanzlänge (SL) Standhöhe (SH) Gewicht (G)	Auffällige Merkmale	Fortpflanzung Tragzeit (Tz) Zahl der Jungen je Geburt (J) Geburtsgewicht (Gg)
Chacopekari *Catagonus wagneri* E: Chacoan peccary, Tagua F: Pécari du Chaco	KRL: 96–117 cm SL: 3–10 cm SH: 52–69 cm G: 30–43 kg	Gleicht dem bekannten Halsbandpekari (s.u.), Halsband jedoch weniger deutlich, Kopf und Ohren größer, hochbeiniger, Schwanz länger; Afterklauen nur an Vorderläufen; Rückendrüse, mit der Territorium und Artgenossen markiert werden	Tz: vermutlich etwa 5 Monate J: 1–4 Gg: 670–750 g
Weißbartpekari, Bisamschwein *Tayassu pecari* mit 5 Unterarten E: White-lipped peccary F: Pécari aux babines blanches, Pécari à barbe blanche	KRL: 95–120 cm SL: 3–6,5 cm SH: 40–60 cm G: 25–40 kg	Dunkelbraun bis schwarz; Unterkiefer und Kehle weiß; Rückendrüse, mit der vor allem Artgenossen markiert werden	Tz: 156–162 Tage J: 2, selten 1 oder 3 Gg: 1100–1350 g
Halsbandpekari *Tayassu tajacu* mit 14 Unterarten E: Collared peccary, Javelina F: Pécari à collier	KRL: 80–105 cm SL: 2–4,5 cm SH: 30–50 cm G: 14–31 kg	Grau-weiß bis schwarz-grau gesprenkelt; weißliches Halsband; Rückendrüse, mit der Territorium und Artgenossen markiert werden; Voraugendrüsen	Tz: 141–151 Tage J: 1–3, selten 4 Gg: 320–950 g

Alle Pekaris besitzen Rückendrüsen, denen die Tiere den alten volkstümlichen Namen »Nabelschweine« verdanken. Diese Drüsen werden zur geruchlichen Kennzeichnung des Territoriums eingesetzt oder - wie hier zu sehen - zum gegenseitigen Markieren unter Artgenossen, die sich am Duft dadurch sofort als Gruppenmitglieder erkennen.

senen Männchen ist es am aktivsten in bezug auf die soziale Fellpflege. Auch andere Gruppenmitglieder haben verschiedene Rollen: Die beiden rangniedrigsten, jüngsten Weibchen amtieren – sobald sie mit zwei Monaten in die Rangordnung aufgenommen sind – zusammen mit dem ranghöchsten Männchen als Wächter, die nach außen sichern und bei Gefahr bellen. Unter den ausgewachsenen Männchen paart sich in der Zoogruppe nur das ranghöchste; im Freiland konnte beobachtet werden, daß sich zwei oder gar drei Männchen einer Gruppe paarten, was im Zoo nur halberwachsene Männchen spielerisch versuchten.

Von den Weibchen bringen nur zwei oder drei regelmäßig in sechsmonatigen Zeitabständen Junge zur Welt. Mindestens eine Stunde vor der Geburt zog sich die werdende Mutter jeweils in den Stall zurück und verjagte alle Gruppenmitglieder. Falls dies unterblieb, wurden die Neugeborenen von Gruppenmitgliedern getötet und angefressen. Die Jungen werden in Kopfendlage von der stehenden Mutter geboren und zerreißen die Embryonalhüllen schon in den Geburtswegen.

Die Mutter leckt die Jungtiere nicht. Eine Stunde nach der Geburt duldet sie nur die sechsmonatigen Geschwister und die zwölfmonatige Schwester der Neugeborenen in der Nähe. Die beiden Schwestern werden zu Ammen, das heißt, die Jungen folgen nicht nur ihrer Mutter, sondern auch ihren Ammen, von denen sie auch verteidigt werden. Einmalig unter Wildsäugetieren ist, daß diese Ammen – selbst erst knapp zwei Drittel erwachsen und noch nicht geschlechtsreif – die betreuten Jungen auch nachgewiesenermaßen säugen. Die Milchabgabe wird wohl erreicht einerseits durch das Stoßen der Jungen gegen das Euter der Amme, andererseits vor allem dadurch, daß in den beobachteten Fällen immer die späteren Ammen und nie die Mutter die hormonreiche Plazenta (Mutterkuchen) verzehren.

Sechsmonatige Ammen saugen häufig ihrerseits noch an eigenen Ammen. Normalerweise säugen Halsbandpekaris ihre Jungen stehend, wobei sich erfahrene Mütter und Ammen hinten etwas niederkauern, damit die kleinen Jungtiere die Zitzen auch erreichen. Das kleinere Junge saugt von der Seite an den beiden bodennäheren, vorderen Zitzen, wogegen das größere Junge von hinten an den beiden hinteren Zitzen saugt. Die biologische Funktion der Ammen

DIE ARTEN IM VERGLEICH

Lebensablauf Entwöhnung (Ew) Geschlechtsreife (Gr) Lebensdauer (Ld)	Nahrung	Feinde	Lebensweise und Lebensraum	Häufigkeit
Ew: nicht bekannt Gr: nicht bekannt Ld: im Zoo bisher erst 12 Monate	Kakteen und deren Blüten, Wurzeln und innere Teile der Bromelien, Akazien-Fruchtschoten	Mensch, Puma, Jaguar	Vom Einzeltier bis zur zehnköpfigen Gruppe; durchschnittliche Gruppengröße 4 Tiere; in trockenem Dornbusch des Gran Chaco	Gefährdet durch Buschrodung und Jagd
Ew: nicht bekannt Gr: vermutlich mit 18 Monaten Ld: 13 Jahre 3 Monate	Wurzeln, Früchte, Nüsse, Samen, Gräser, Blätter, Eier, Aas, Kleintiere	Mensch, Puma, Jaguar	Herden von 40–300 Tieren; im dichten Primärwald, vor allem tropischen Regenwald	Nicht bekannt
Ew: mit 2–3 Monaten Gr: Männchen mit 11, Weibchen mit 8–14 Monaten Ld: 24 Jahre 8 Monate	Opuntien, Agaven, Früchte, Beeren, Bohnen, Eicheln, Nüsse, Knollen, Wurzeln, Gras, Blätter, Kleinsäuger, Reptilien, Frösche, Insekten	Mensch, Kojote, Puma, Jaguar, Rotluchs	Gruppengröße von 2–22, selten bis 54, durchschnittlich 8 Tiere; sowohl ältere Männchen wie Weibchen können einzeln leben; von Halbwüste bis tropischem Regenwald; Reviergröße 30–1500 ha je nach Biotop und Gruppengröße	Anpassungsfähige Art, die auch von menschlichen Kulturen lebt

ist offensichtlich: Auch bei einem Verlust der Mutter können deren Junge dank der Ammen überleben. Auch ist es durchaus möglich, daß die Ammen sich durch ihre Tätigkeit auf ihre eigene Mutterrolle vorbereiten.

Die Mutter und alle ihre Jungen haben einen sehr engen Kontakt untereinander und bilden einen eigenen Klan (Verband) innerhalb der Gruppe. In verschiedenen Zoogruppen konnte festgestellt werden, daß das Halsbandpekari eine Inzesthemmung hat, das heißt, Männchen paaren sich nicht mit Schwestern und Töchtern. Dadurch sind Ammen in ihrer Geburtsgruppe von der Fortpflanzung ausgeschlossen, verhelfen aber soziobiologisch gesprochen durch ihre Ammentätigkeit dem Erbgut ihrer Mutter zu größerem Erfolg und dadurch zur Hälfte auch ihrem eigenen Erbgut. Noch ungeklärt ist, wie sich neue Gruppen bilden können.

Bei Erregung sträuben Halsbandpekaris ihre bis zu zwanzig Zentimeter langen Nacken- und Rückenhaare, wobei bei gewissen Unterarten ein schwarz gesäumter, weißer Längsstreifen entsteht. Die Rückendrüse wird dann ab und zu durch die willkürlich betätigte Muskulatur eingesetzt. In kritischen Situationen tritt gehäuft auch das gegenseitige Drüsenreiben auf, indem zwei Tiere in entgegengerichteter Stellung die Region zwischen Auge und Nase an der Rückendrüse des Partners reiben.

Dadurch wird einerseits das weiße Sekret der Voraugendrüse weggewischt, das bei Einzelgängern verkrustet; anderseits entsteht ein gruppenspezifischer Geruch, da alle Gruppenmitglieder vom Alter von zwei Monaten an dieses Verhalten zeigen. Selbst der Mensch mit seinem vergleichsweise schlechten Geruchssinn kann auf diese Weise verschiedene Halsbandpekarigruppen geruchlich voneinander unterscheiden.

Die mittel- und südamerikanischen Indianer haben seit Jahrhunderten eine enge Beziehung zu Pekaris. Jungtiere werden gefangen und als Heimtiere gehalten, gelegentlich auch gemästet. Zum Schutz der Felder, besonders aber als wichtigste Fleischlieferanten werden Halsband- und vor allem Weißbartpekaris gejagt, und zwar in Fallgruben, Krals, mit Netzen, Schlingen, Pfeil und Bogen, Lanzen, Speeren, Knüppeln, selten mit dem Blasrohr und in neuerer Zeit auch mit dem Gewehr. Ganze Jagdgruppen ersteigen Bäume, um Weißbartpekaris zu schießen, während Halsbandpekaris mit Hilfe von Hunden gejagt werden.

Die Eckzähne dienen als Messer, Schmuck und Talisman, die Häute werden traditionell zu Taschen und Trommeln verarbeitet. Peru führte jahrzehntelang jährlich 100 000 Halsbandpekarihäute aus und 40 000 der weniger geschätzten Weißbartpekarihäute nach Nordamerika, Europa und Japan zur Verarbeitung als Handschuhe, Gürtel und Schuhe. In Texas werden in jeder Sportjagdsaison über 20 000 Halsbandpekaris geschossen. In bejagten Gebieten nimmt zwar die Gruppengröße ab, die Art überlebt aber dennoch dank ihrer Anpassungsfähigkeit; demgegenüber leidet das Weißbartpekari, das große Lebensräume beansprucht, besonders unter der fortschreitenden Waldzerstörung.

Rückendrüse eines Halsbandpekaris.

▷ Zwei Gattungen mit nur je einer Art umfaßt heute die Familie der Flußpferde: das abgebildete häufigere Großflußpferd und das weit seltenere Zwergflußpferd. Beide sind ausschließlich in Afrika zu Hause.

FLUSSPFERDE

Kategorie
FAMILIE

Systematische Einteilung: Familie der Ordnung Paarhufer (Artiodactyla) und der Unterordnung Nichtwiederkäuer (Nonruminantia) mit nur 2 Gattungen, die jeweils nur 1 Art enthalten.
Gattung Flußpferde oder Großflußpferde *(Hippopotamus)* mit 1 Art
Gattung Zwergflußpferde *(Choeropsis)* mit 1 Art

Kopfrumpflänge: etwa 140–450 cm
Schwanzlänge: etwa 28–35 cm

Standhöhe: 77–165 cm
Gewicht: 180–3200 kg
Auffällige Merkmale: Plumper, walzenförmiger Körper mit kurzen, säulenförmigen Gliedmaßen, kurzem Hals und großem Kopf; Mund sehr tief gespalten und Unterkiefer bis 90 Grad abklappbar; Haut dick, glatt, nackt und schleimdrüsenreich; Haare nur am Mund, an der Nase, an den Ohren und am Schwanz; vollständiges Gebiß; Magen groß und dreiteilig; Eckzähne groß und gebogen; sie und die Schneidezähne mit offenen Wurzeln dauerwachsend; 2 Zitzen; besondere Anpassungen an das Wasserleben sind die hoch angesetzten Augen, die verschließbaren Ohren und Nasenlöcher sowie die kleinen Schwimmhäute zwischen den Zehen.
Fortpflanzung: Tragzeit etwa 6–8 Monate; 1 Junges je Geburt, selten 2; Geburtsgewicht etwa 5–50 kg.

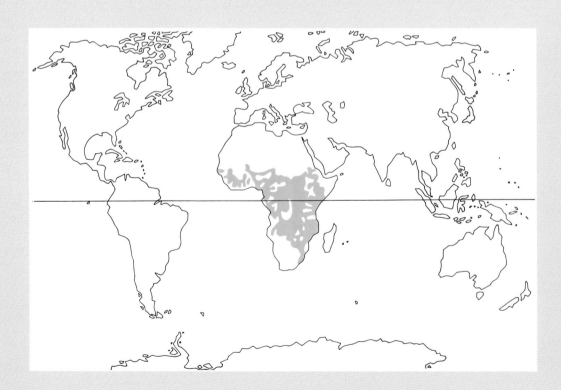

Hippopotamidae	WISSENSCHAFTLICH
Hippopotamuses, Hippos	ENGLISCH
Hippopotames	FRANZÖSISCH

Lebensablauf: Entwöhnung nach 6–8 Monaten; Geschlechtsreife mit etwa 4–6 Jahren; Lebensdauer in freier Wildbahn etwa 40 Jahre.
Nahrung: Beim Großflußpferd vor allem Gras; beim Zwergflußpferd vielseitiger (Wasserpflanzen, frisches Laub von Jungbäumen und Sträuchern, heruntergefallene Früchte sowie Gräser und Kräuter).
Lebensweise und Lebensraum: Großflußpferd gesellig, tagsüber meist im Wasser, nachts auf Weidegang; Zwergflußpferd einzelgängerisch und vorwiegend nachtaktiv; Großflußpferd an und in verhältnismäßig flachen Gewässern (Flüsse und Seen); Zwergflußpferd in gewässer- und sumpfdurchsetzten Gebieten des tropischen Regenwaldes.

Schädel und Gebiß
Der Hirnschädel ist klein, der Gesichtsschädel groß, insbesondere der Kieferapparat mächtig. Der Nasenteil bildet eine lange waagerechte Fläche, aus der sich am hinteren Ende die Augenhöhlen hoch erheben. Im Gebiß dominieren die dolchförmigen Eckzähne des Unterkiefers. Sie wachsen zeitlebens und werden stets nachgeschliffen. Auch die Schneidezähne wachsen dauernd nach. Die unteren Schneidezähne haben sich in lange, rundliche Stäbe umgewandelt, die flach im Mund liegen und weit nach vorn ragen. Mit ihren weiten Abständen bilden sie eine Art »Harke«, mit der die Nahrung vom Boden abgegrast wird.

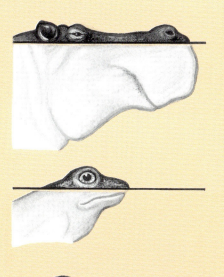

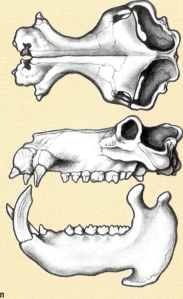

Magen
Der Magen der Flußpferde zeigt Anpassungen an intensive Verarbeitung der Pflanzennahrung, die in mancher Hinsicht an den Magen der Wiederkäuer erinnern. Er ist mehrfach gegliedert. Aus dem Hauptmagen (grün) zweigen geräumige Blindsäcke ab, einer nach rechts (gelb), ein anderer nach links (blau). Der Hauptmagen selbst ist in mehrere Kammern unterteilt und setzt sich fort in einen Hintermagen (violett) mit einer reichlich gefalteten Innenwand.

Kopfprofil
Die Anpassung an das Leben im Wasser führt bei manchen miteinander nicht verwandten Wirbeltieren zu beachtenswerten Parallelerscheinungen. So zeigt das Kopfprofil von Flußpferd, Frosch und Krokodil einige Übereinstimmungen. Die Oberseite des Kieferschädels ist abgeflacht und bildet mit dem Hirnschädel fast eine gerade Linie. Aus dieser erheben sich deutlich die Augen und die Nasenöffnungen, die auch bei eingetauchtem Kopf über die Wasseroberfläche hinausragen. Ohne weiter aufzutauchen, kann das Flußpferd atmen, riechen, sehen und hören.

Fuß
Die kurzen, säulenförmigen Beine ruhen auf breiten Füßen mit vier Zehen. Beim Zwergflußpferd (rechts) sind die Zehen schlanker und mit relativ kleineren Hufen ausgestattet als beim Flußpferd (links). Die Zehen sind kaum spreizbar, verbunden durch eine Hautfalte, die man als Schwimmhaut deuten könnte.

Flußpferde

Einleitung
von Hans Klingel

Diese artenarme Verwandtschaftsgruppe besteht aus lediglich zwei Arten, die wegen deutlicher anatomischer Unterschiede in zwei Gattungen gestellt werden: das FLUSSPFERD oder GROSSFLUSSPFERD *(Hippopotamus amphibius)* und das ZWERGFLUSSPFERD *(Choeropsis liberiensis)*. Trotz ihres gedrungenen Körperbaus mit walzenförmigem Körper und verhältnismäßig kurzen Beinen sind die Flußpferde durchaus beweglich, und sie laufen schneller als ein Mensch. Beide Formen sind ausschließlich Pflanzenesser. Das Großflußpferd ist als Savannenbewohner ein spezialisierter Grasesser. Mit seinem breiten Maul arbeitet es nach dem Rasenmäherprinzip, das heißt, es kann auf einer breiten Fläche das Gras ohne Auswahl bis wenige Zentimeter über dem Boden vollständig abweiden. Sein Verdauungstrakt ist an die Grasnahrung hervorragend angepaßt und auch für die Verarbeitung von trockenem, nährstoffarmem Futter geeignet: Der Magen besteht aus verschiedenen Kammern, in denen die Nahrung chemisch aufgeschlossen wird (s. S. 59). Der Darm des Großflußpferdes ist wesentlich länger als der anderer Grasesser. So ist das Flußpferd ein besonders guter Futterverwerter. Wasserpflanzen werden kaum aufgenommen, aber interessanterweise verzehren Flußpferde gelegentlich den schwimmenden Nilsalat *Pistia stratiotes*.

Das Zwergflußpferd, ein Tier des westafrikanischen Regenwaldes, ist auf Blatt- und Krautnahrung spezialisiert; sein Maul ist weniger breit, so daß es gezielt bestimmte Futterpflanzen oder Pflanzenteile aufnehmen kann.

Flußpferde sind Paarhufer, sie haben also vier Zehen am Fuß, wobei die jeweils hinteren Zehen viel kräftiger als bei anderen Paarhufern ausgebildet sind. Diese sind fast so groß wie die vorderen Hauptzehen. Flußpferde sind sowohl Land- als auch Wassertiere, und sie haben Anpassungen an beide Lebensräume: Nase und Ohren sind verschließbar, so daß beim Untertauchen kein Wasser eindringen kann. Die Haut besteht aus einer mehrere Zentimeter dicken Schwarte, die im Wasser vor Wärmeverlust, an der Sonne vor Erhitzung schützt. Obwohl Flußpferde äußerst rundlich sind, haben sie keine Fettschicht unter der Haut. Auf der Hautoberfläche münden Drüsen, die ein klebriges, salzhaltiges, braun-rotes Sekret absondern. Obwohl dieses kein Schweiß ist, hat es doch eine vergleichbare Funktion: es dient der Wärmeregelung. Ein Haarkleid ist nicht ausgebildet. Lediglich am Maul, an der Nase, an den Ohren und am Schwanz haben Flußpferde Borsten.

Als Anpassung an das Wasser sind auch die Ansätze von Schwimmhäuten zwischen den Zehen zu sehen, die aber keine wesentliche Funktion erfüllen. Flußpferde sind nämlich trotz ihrer amphibischen Lebensweise schlechte Schwimmer. Das Großflußpferd ist zwar im Wasser wie auch an Land durchaus beweglich, aber schwimmen im Sinne von fortbewegen oder schweben an der Wasseroberfläche ohne Bo-

denkontakt kann es trotz gegenteiliger Behauptungen offenbar nicht. In Hunderten von Beobachtungsstunden habe ich bei den Flußpferden im Queen-Elizabeth-Nationalpark in Uganda niemals Anzeichen für richtiges Schwimmen gesehen. An jedem Flußpferdtümpel und auch im Zoo kann man beobachten, daß Flußpferde voll eingeatmet untertauchen können, das heißt, ihr spezifisches Gewicht ist selbst dann noch größer als das des Wassers. Beim Auftauchen wird zuerst aus-, dann wieder eingeatmet. Im flachen Wasser liegen die Flußpferde mehr oder we-

Flußpferde leben amphibisch, wie schon ihr Artname amphibius *besagt, und bringen einen großen Teil ihres Lebens im Wasser zu. Trotzdem sind sie, entgegen der landläufigen Meinung, miserable Schwimmer. Um sich unter Wasser fortzubewegen, brauchen sie Bodenkontakt. Sie können mühelos auf dem Gewässergrund umherwandern und etwa fünf Minuten lang untergetaucht bleiben.*

niger untergetaucht am Boden und heben zum Atmen lediglich den Kopf an, so daß die Nase über die Wasseroberfläche kommt. In tiefem Wasser stehen die Tiere auf allen vieren, in noch tieferem Wasser nur auf den Hinterbeinen. Bei Wassertiefe von sechs Metern und mehr kommt auch ein großes Flußpferd stehend nicht mehr an die Oberfläche. Es kann sich aber trotzdem dort aufhalten, indem es sich zum Atmen vom Boden abstößt, die Oberfläche erreicht und sich wieder absinken läßt. Es kann dann etwa fünf Minuten untergetaucht bleiben. In tiefem Wasser gehen die Flußpferde untergetaucht auf dem Boden, können sich aber auch springend fortbewegen, wobei sie bei jedem Sprung an der Wasseroberfläche einatmen. Diese Angaben beziehen sich auf das Großflußpferd, dürften jedoch auch für das Zwergflußpferd zutreffen. Ob Flußpferde mit dieser »Schwimm«-Methode auch breite, tiefe Gewässer durchqueren können, ist schwer zu beurteilen. Tatsache ist, daß das Großflußpferd mehrfach vom afrikanischen Festland auf die Inseln Sansibar und Mafia gekommen ist, immerhin über 30 Kilometer, und das Zwergflußpferd in den Eiszeiten sogar nach Madagaskar. Allerdings führten diese Wanderungen durch Meerwasser, das ein höheres spezifisches Gewicht hat. Im Meerwasser könnten sich also die Flußpferde vielleicht gerade an der Oberfläche halten, gegebenenfalls mit Unterstützung durch den Vortrieb. Mit anderen Worten: Es ist durchaus möglich, daß Flußpferde im Meer schwimmen können. Theoretisch könnte man dies ausloten, indem man das genaue spezifische Gewicht des Flußpferds feststellt: kein leichtes Unterfangen, und bis jetzt hat es noch niemand versucht. Was die Besiedlung von Madagaskar durch Zwergflußpferde angeht, so war während der Eiszeiten der trennende Meeresarm wesentlich schmaler und flacher, die Überquerung also sicher nicht so problematisch, wie sie heute erscheint.

Eine weitere Anpassung an das Leben im Wasser ist die Anordnung von Nase, Augen und Ohren hoch auf dem Kopf: Wenn das Flußpferd den Kopf gerade an der Wasseroberfläche hat, kann es sehen, hören, riechen und vor allem auch atmen, ohne weiter aufzutauchen. Unter Wasser sind Nase und Ohren verschlossen, die Augen jedoch geöffnet.

Die beiden Flußpferdarten unterscheiden sich deutlich in der Größe, aber auch in den Körperproportionen, besonders die erwachsenen Tiere. Dagegen haben junge Großflußpferde eine bemerkenswerte Ähnlichkeit mit erwachsenen Zwergflußpferden.

Eine Anpassung an das Wasserleben sind die hoch am Kopf sitzenden Augen, Ohren und Nasenöffnungen, die allein aus dem Wasser hervorragen, wenn die Tiere in ihrem nassen Element ruhen. Unter Wasser sind Ohren und Nase geschlossen, die Augen aber bleiben offen.

Zwergflußpferde (Gattung *Choeropsis*)

von Ernst M. Lang unter Mitarbeit von Knut Hentschel und Waldemar Bülow

Wie mehrere andere Großtiere der Regenwälder ist das ZWERGFLUSSPFERD *(Choeropsis liberiensis)* erst spät entdeckt worden. Erst im Jahre 1844 erfolgte eine erste Beschreibung Samuel G. Mortons anhand von Knochenmaterial, und knapp zehn Jahre später hat der Zoologe Leidy entdeckt, daß sich dieses Tier aus Liberia in wesentlichen anatomischen Merkmalen vom seit dem Altertum bekannten großen Flußpferd unterscheidet. Aufgrund einer anderen Zahnformel stellten die Zoologen eine neue Gattung auf: Neben *Hippopotamus* finden wir fortan im zoologischen System das Zwergflußpferd, *Choeropsis*.

Erst in neuester Zeit ist es gelungen, Erkenntnisse über die Lebensweise der Zwergflußpferde im Frei-

Links: Das Zwergflußpferd unterscheidet sich nicht nur durch seine geringere Körpergröße, sondern auch durch anatomische Merkmale und in der Ernährungsweise von seinem großen Vetter. Mit seinem vergleichsweise schmalen Maul kann es gezielt Blätter, Kräuter und andere hochwertige Nahrung aufnehmen. - Rechts: Zwergflußpferd beim Suhlen.

land zu gewinnen. Nach den Schilderungen des schweizerischen Naturforschers Johann Büttikofer (1859–1927) blieb es lange still um diese versteckt lebende Tierart. Verschiedene Forscher, die dem Zwergflußpferd nachspürten, bekamen es auch nach langem Aufenthalt in Liberia und Sierra Leone nie zu Gesicht. Durch einen Zufall gelang 1980 erstmals die Beobachtung eines abgelegten Jungtieres, und erst 1986 konnte durch den Einsatz moderner Methoden an der Elfenbeinküste grundlegendes Wissen gesammelt weren.

Zwergflußpferde haben einen walzenförmigen Körper und kurze Beine. Die Haut ist schwarzbraun, glatt und haarlos und wird durch Absonderung eines glasklaren Schleims feucht gehalten. Das Männchen hat eine buschige und stärker mit Borsten besetzte Schwanzquaste. Vom Flußpferd unterscheidet sich das Zwergflußpferd unter anderem in der Zahnformel. Jung- und Alttiere haben die gleiche Zahnformel: $\frac{2.1.4.3}{1.1.4.3}$, im Unterkiefer also je nur einen Schneidezahn.

Die Nahrungsgrundlage ist vielfältig und setzt sich zusammen aus Wasserpflanzen, frischem Laub von jungen Bäumen und Büschen, heruntergefallenen Früchten, Gräsern, allerlei Kräutern und erstaunlicherweise auch Farnen. Seine Nahrung verzehrt das Zwergflußpferd auf verschiedene Art und Weise: Niedrige Gräser werden abgeweidet, Äste durch Abstreifen des Laubes völlig entblättert, holzige Früchte werden mit dem kräftigen Gebiß zerbrochen, Sumpfpflanzen mit dem Wurzelstock aus dem Boden gezogen und samt der Wurzel verzehrt, und um höhere Äste und Zweige zu erreichen, stellt sich das Zwergflußpferd auf die Hinterbeine und stützt sich dabei mit den Vorderbeinen an Stämmen ab.

Aus Beobachtungen in zoologischen Gärten ist bekannt, daß Zwergflußpferde in der Regel nur ein Junges zur Welt bringen. Das Jungtier wird als Nestflüchter geboren und sucht aktiv nach der mütterlichen Milchquelle. Innerhalb von 24 Stunden trinkt es

nur zwei- bis dreimal. Es gilt als tiergärtnerische Regel, daß die Geburt beim Zwergflußpferd nicht im tiefen Wasser erfolgen darf, da öfter Jungtiere, die im Wasser zur Welt kamen, ertrunken sind. Die empfindliche Haut des Jungtieres ist jedoch auf Wasserkontakt angewiesen, da es sonst zu großflächigen Entzündungen kommt. Bis zu einem Alter von drei Wochen können die Jungtiere keine größeren Strecken zurücklegen, ohne sich erheblich an den Fußsohlen zu verletzen. Neueste Beobachtungen freilebender Zwergflußpferde bestätigen Zoobeobachtungen, wonach neugeborene Junge von ihren Müttern »abgelegt« und zum Säugen regelmäßig aufgesucht werden.

Im Zoo bemerkt man die Paarungsbereitschaft des Zwergflußpferdbullen, der sein Interesse am Weibchen deutlich bekundet. Dann hält sich das Weibchen gern in seiner Nähe auf. Die Paarungsvorspiele und auch die Begattung erfolgen an Land und im Wasser. Durch die Berührungen des Männchens entsteht oft auf dem Rücken des Weibchens weißer Schaum. Die Brunst dauert ein bis zwei Tage, und es finden eine bis vier Begattungen statt.

Der Lebensraum des Zwergflußpferdes findet sich in den tropischen Regenwäldern Westafrikas in den Staaten Liberia, Sierra Leone, Guinea und der Elfenbeinküste. Die Tiere bevorzugen deckungsreiche Wohngebiete und sind sowohl im Primär- als auch im Sekundärwald zu finden. Sekundärwälder entstehen dort, wo der ursprüngliche Wald (Primärwald) durch menschliche Eingriffe oder nach Naturkatastrophen zerstört wurde. Besonders hohe Bestandsdichten treten in Raphiapalmen-Sümpfen auf, besonders in Waldnähe. Zwergflußpferde sind zwar Kulturflüchter, dringen jedoch in vom Menschen angelegte Pflanzungen ein. Offene oder deckungsarme Flächen meiden sie in der Regel, feuchte bis nasse Geländestrukturen scheinen als Ruhe- und Rückzugsraum notwendiger Bestandteil des Streifgebietes zu sein.

Zwergflußpferde sind Einzelgänger. Streifgebiete von Männchen und Weibchen sind vermutlich unterschiedlich groß; die der Weibchen umfassen 40 bis 60 Hektar, wobei benachbarte Weibchenstreifgebiete in hohem Maße überlappen. Für ein Männchen wurde ein 165 Hektar großes Streifgebiet ermittelt, das mehrere von Weibchen genutzte Gebiete einschloß. Verteidigte Flächen gibt es wohl nicht. Trotz der großen Überlappungen der Streifgebiete begegnen sich die Zwergflußpferde äußerst selten. Sie scheinen Begegnungen sogar aktiv zu vermeiden, vermutlich durch Kotmarkierungen. Kommt es jedoch zu einer Begegnung im Gelände, gehen die Tiere (soweit beobachtet), ohne erkennbar Notiz voneinander zu nehmen, aneinander vorbei. Ausnahmen dürften die Mutter-Kind-Beziehung und die Begegnung der Geschlechter in der Brunft sein. Das Männchen erkennt ein paarungsbereites Weibchen vermutlich an Kotmarkierungen. Eine bestimmte Brunft- oder Geburtszeit konnte nicht festgestellt werden. In Zoos kommen in jedem Monat des Jahres Junge zur Welt.

Zwergflußpferde ruhen die überwiegende Zeit des Tages an mehreren, immer wieder genutzten Ruheplätzen im Streifgebiet. Ruhezeiten abseits dieser Schlafstellen sind äußerst selten. Die Ruheplätze befinden sich stets in der Nähe von feuchten bis nassen Stellen, obwohl die Tiere dort häufig auf dem Trockenen schlafen. Als Schlafplätze wurden auch Höhlen an steilen Flußufern mit der Tunnelöffnung gegen das Wasser beschrieben. Ihre Nahrung suchen Zwergflußpferde vorzugsweise auf trockenem Ge-

Zwergflußpferde leben in sumpfigen, deckungsreichen Regenwäldern in Westafrika.

lände. Sie verwenden dafür im Mittel sechs Stunden pro Tag, die Hauptaktivitätszeit liegt zwischen 15 und 24 Uhr, mit einem Maximum um 18 bis 19 Uhr, in der Dämmerungszeit. Meist kehren die Tiere nach der Futtersuche zum alten Schlafplatz zurück. Ein- bis zweimal pro Woche wird dieser gewechselt, so daß das Streifgebiet ziemlich gleichmäßig genutzt wird. Die Tiere bewegen sich überwiegend auf festen Pfaden, die den Lebensraum wie ein Straßennetz durchziehen. Viele dieser Pfade werden von mehreren Tieren genutzt. In dichter Vegetation sind die

Pfade tunnelartig, im Sumpf sind es bis 60 Zentimeter breite wassergefüllte Kanäle. Am Sumpfrand zum Wald wurden bis zu 32 Pfade pro Kilometer gefunden. Verlassen die Zwergflußpferde die Pfade, weichen sie auffällig selbst kleineren Hindernissen aus. Sie schreiten gemächlich voran und halten oft inne, um zu sichern oder einen Happen Nahrung aufzunehmen. Die lauten typischen Freßgeräusche sind bis zu 50 Meter weit hörbar. Auf den Futtergängen markieren die Tiere von Zeit zu Zeit, indem sie mit dem Schwanz ein Gemisch aus Kot und Urin verspritzen. Ein weiteres Merkmal, das wohl die Anwesenheit eines Tieres anzeigt, ist Schaum an der Vegetation, der von Hautabsonderungen stammt.

In schwierigem Gelände – wie im Sumpf – wirkt die langsame Fortbewegung unbeholfen. Bei Gefahr flüchten Zwergflußpferde trabend oft nur eine kurze Strecke, um dann häufig stundenlang sichernd in einer Deckung zu verharren. Hartnäckige Verfolgung kann Angriffe herausfordern, die sich meist jedoch auf ein Umwenden und Drohen mit den enormen Eckzähnen beschränken. In der Regel flüchten Zwergflußpferde jedoch vor dem Menschen: Aus stark von Menschen genutzten Waldgebieten ziehen sie sich zurück.

Die Lebensräume im verhältnismäßig kleinen Verbreitungsgebiet der Zwergflußpferde werden mehr und mehr eingeschränkt. Durch die Landwirtschaft werden immer mehr Flächen urbar gemacht, nachdem der Urwald abgeholzt und die Sümpfe trockengelegt sind. Die Jagd bedroht die Bestände zusätzlich. Zur Fleischgewinnung werden Zwergflußpferde in Fallgruben und Schlingen gefangen und auch geschossen. Auch sind in den Eingeborenendörfern öfter Zwergflußpferdschädel zu finden, die zum Teil zu kultischen Zwecken aufbewahrt werden.

Die Elfenbeinküste hat zwei Nationalparks, in denen Zwergflußpferde einen gewissen Schutz genießen. In Liberia und Sierra Leone gibt es keine Nationalparks, in denen Zwergflußpferde leben. In Guinea leben Zwergflußpferde in der Réserve Naturelle du Mont Nimba. Die besten Aussichten zu überleben hat das Zwergflußpferd in Sierra Leone, da dort noch die großen Regenwälder erhalten sind. Der Bestand in den zoologischen Gärten ist heute dank der Zuchterfolge so groß, daß eine weitere Entnahme aus dem Freiland unnötig ist, es sei denn, man möchte die genetische Vielfalt der Zoobestände vergrößern. Nach dem Zuchtbuch von 1985 (von Kathlin Tobler, Zoo Basel, geführt) leben 125 männliche und 200 weibliche Zwergflußpferde in etwa 126 Tierhaltungen. Seit 1980 wurden keine Zwergflußpferde mehr eingeführt, und jedes Jahr kommen über 20 Jungtiere zur Welt. Der Abgang hält sich in Grenzen, so daß der Bestand stetig zunimmt.

Großflußpferde (Gattung *Hippopotamus*)

von Hans Klingel

Vor 2000 Jahren war das FLUSSPFERD *(Hippopotamus amphibius)*, der einzige Vertreter dieser Gattung, noch über das gesamte Afrika in geeigneten Lebensräumen verbreitet, also überall dort, wo es Wasser als Suhle, Fluß oder See gab und Gras als Nahrung vorhanden war. Bis auf Teile des Regenwaldgürtels war dies vom Nildelta bis zum Kap und in großen Teilen des Sahels und der südlichen Sahara der Fall.

Schon damals wurden Flußpferde als Ernteschädlinge und wegen ihres Fleisches verfolgt, aber erst in den letzten 200 Jahren hat

Zwergflußpferde-Mutter und Kind beim Spiel im Baseler Zoo.

sich die Verfolgung soweit verstärkt, daß die Art im nördlichen Afrika ausgerottet wurde, vor allem auch im Nil bis auf die oberen Abschnitte des Weißen und des Blauen Nils. Auch im südlichen Afrika wurde das Flußpferd vernichtet, im restlichen Verbreitungsgebiet außerhalb der Schutzgebiete stark vermindert, zu Tausenden wurde es auch von europäischen Jägern und Forschungsreisenden zum Vergnügen geschossen. Auch wegen ihrer Zähne wurden und werden Flußpferde gejagt. Die mächtigen Eckzähne der Flußpferdbullen werden als »Elfenbein« hoch geschätzt, da es weicher und daher besser zu bearbeiten ist als das echte Elfenbein der Elefantenstoßzähne und außerdem nicht vergilbt. Die Flußpferdzähne sind von einer harten Schmelzschicht überzogen, die vor der Bearbeitung mit Säure entfernt wird. Flußpferdzahn wurde früher für menschlichen Zahnersatz verwendet, heute wird es ahnungslosen Touristen als Elfenbein verkauft.

Die Bezeichnung »Nilpferd«, wie das Tier auch genannt wird, ist irreführend, da Flußpferde ja über fast das gesamte Afrika verbreitet waren. Sie geht wohl darauf zurück, daß die ersten nach Europa eingeführten Exemplare vom Nil, und zwar von dessen Unterlauf, stammten. Bereits im alten Rom, also vor 2000 Jahren, wurden Flußpferde wie andere afrikanische Wildtiere in den Arenen zur Belustigung des Volkes abgeschlachtet. Dann war es lange still um sie. Erst 1850 gelangte ein Flußpferd in den Londoner Zoo, 1853 ein weiteres in den Zoo von Paris. Heute finden wir Flußpferde in fast allen größeren Zoos, da sie leicht zu halten und zu züchten und weitgehend unanfällig gegen Krankheiten sind.

Im Freiland sind Flußpferde meist in Gruppen von einigen wenigen bis über hundert Mitgliedern anzutreffen, aber auch Einzelgänger kommen vor. Anfang der siebziger Jahre lagen über die soziale Organisation und das Sozialverhalten des Flußpferds nur wenige, widersprüchliche Angaben vor. Im Gegensatz zu vielen anderen afrikanischen Säugetieren war noch keine gezielte, langfristige Untersuchung an individuell bekannten Tieren durchgeführt worden. Das hatte seinen guten Grund, denn Flußpferde verbringen einen großen Teil des Tages mehr oder weniger untergetaucht im Wasser, das heißt, es sind dann höchstens die Ohren zu sehen. Nachts, wenn sie zum Weiden an Land kommen, sind sie gleichfalls schlecht zu sehen. Die wichtigen Ereignisse im Zusammenleben der Flußpferde finden jedoch vor allem im Wasser statt. Trotzdem entschloß ich mich zu einer Untersuchung, die ich von 1974 bis 1979 im Queen-Elizabeth-Nationalpark am Edwardsee in Uganda durchführte.

Wo Flußpferde nicht gejagt, gewildert oder sonstwie gestört werden, kommen sie häufig auch bei Tag an Land und legen sich in Ufernähe stundenlang in die Sonne. Das war auch in meinem Studiengebiet am Edwardsee der Fall, und beim Aussteigen aus dem Wasser und auch beim Einsteigen, aber auch beim Ruhen an Land konnte ich die Tiere fotografieren und dann, zu ihrem individuellen Erkennen, eine Kartei mit Paßbildern anlegen – die wesentliche Voraussetzung für soziologische Untersuchungen. Obwohl Flußpferde alle ziemlich gleich aussehen, haben sie doch mehr oder weniger deutliche Kratzer und Narben auf der Haut, bei manchen sind die Ohren geschlitzt oder anders beschädigt, oder es fehlt ein Stück vom Schwanz. Um das Wiedererkennen vor allem im Wasser und bei Nacht zu erleichtern, markierte ich einige besonders wichtige Tiere künstlich. Dazu wurde ihnen mit einer Armbrust ein Narkosepfeil in die Keule oder Schulter geschossen, der beim Aufprall die lähmende Droge einspritzt. Das Tier schläft ein, Ohrmarken und Halsbänder können angebracht werden. Diese Arbeiten müssen beim Flußpferd nachts durchgeführt werden, wenn die Tiere in

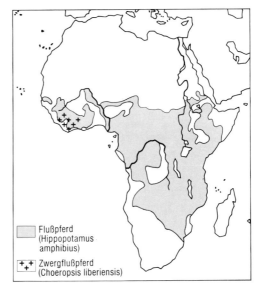

▷ Gruppenleben im Wasser. Flußpferde sind sehr gesellige und durchweg friedfertige Tiere. Tagsüber ruhen sie dichtgedrängt im Flachwasser, nachts gehen sie einzeln auf die Weide.

▷▷ Suhlen im Schlamm.

ihren Weidegebieten möglichst weit vom Wasser entfernt sind, da sie bei Gefahr ins Wasser laufen und in narkotisiertem Zustand unweigerlich ertrinken würden.

Flußpferdgruppen kommen in allen denkbaren Zusammensetzungen vor: Es gibt Gruppen aus Kühen mit oder ohne Kälber und ohne Bullen, daneben Bullengruppen, aber auch gemischte Gruppen, Weibchengruppen mit einem oder mehreren Bullen und Bullengruppen mit einigen wenigen Kühen dabei. Diesem scheinbaren Durcheinander liegt jedoch ein wohlgeordnetes System zugrunde, das auf Paarungsterritorialität beruht. Einige der Bullen – bei einer hohen Bestandsdichte wie am Edwardsee nicht mehr als 10% – sind territorial. Sie sind in ihrem Eigenbezirk allen Artgenossen überlegen und haben hier die Paarungsrechte. Welche Bedeutung die Territorialität hat, wurde erst im Lauf der Untersuchungen klar: Der Besitz eines Territoriums ist unbedingte Voraussetzung für den Besitz von Weibchen und damit für die Fortpflanzung; nichtterritoriale Bullen sind von

Begegnungen zwischen territorialen Nachbarn verlaufen friedlich und nach einem festgelegten Zeremoniell: Die Bullen gehen bis auf wenige Meter aufeinander zu, bleiben dann stehen und starren sich minutenlang an. Anschließend drehen sie sich zur Seite und geben unter schnellen Schwanzschlägen Kot ab, der zusammen mit Urin weit verteilt wird.

der Fortpflanzung ausgeschlossen. Der Besitz irgendeines Territoriums allein garantiert jedoch keineswegs den Fortpflanzungserfolg, denn die Kühe sind wählerisch. Sie bevorzugen flaches, möglichst stehendes Wasser, wo sie ohne besondere Anstrengung die Nase über Wasser halten bzw. bringen können. Außerdem lieben sie flache, sandige Ufer zum Sonnenbaden und gute Ausstiegsmöglichkeiten für den abendlichen Gang zur Weide. Bullen mit Territorien in solch günstigen Gebieten haben optimalen Fortpflanzungserfolg.

Trotzdem findet man territoriale Bullen auch in ungünstigen Gebieten, wo sich keine Weibchen aufhalten. Das ist in afrikanischen Flüssen gar nicht so unsinnig, denn Wasserführung und Flußlauf können sich schnell ändern und ein schlechtes kann ein gutes Territorium werden und umgekehrt, wie ich am Ishashafluß mehrfach beobachten konnte.

Das Territorium liegt zum größten Teil im Wasser, schließt aber einen schmalen Uferstreifen mit ein. Die Größe ist unterschiedlich. Im Arbeitsgebiet Mweya beherrschten nur vier territoriale Bullen 1500 Meter Seeufer, die einzelnen Territorien waren 250 bis 500 Meter lang (Uferlänge). Im Arbeitsgebiet am Ishashafluß maßen die Territorien 50 bis 60 Meter, höchstens 100 Meter, und so kamen auf 500 Meter Flußlauf immerhin sieben Territorien. Flußpferde halten ihre Territorien jahrelang, solange sie die Konkurrenten abwehren können. Einer der von mir beobachteten Bullen war Ende 1986 mindestens zwölf Jahre lang im Besitz seines Territoriums.

Flußpferdbullen sind allen Artgenossen gegenüber verträglich. Sie dulden sogar andere erwachsene Bullen im Territorium, solange diese die Rangstellung und damit die Paarungsrechte des Besitzers anerkennen. Im Extremfall kann das dazu führen, daß ein territorialer Bulle eine ganze Herde von Junggesellen, aber nicht eine einzige Kuh in seinem Territorium hat. Sollte aber eine paarungsbereite Kuh dazukommen, dann kann sich der Territoriumsbesitzer ungestört mit ihr verpaaren.

Territoriale Nachbarn sind ausgesprochen friedlich, wenn sie an der Grenze zusammentreffen. Ihre Begegnungen verlaufen meist nach einem strengen Zeremoniell: Sie gehen bis auf etwa fünf Meter aufeinander zu, bleiben dann stehen und starren sich minutenlang an. Ihre Haltung signalisiert Stärke und Selbstsicherheit; die Ohren sind nach vorn gestellt, die Nase wird deutlich über Wasser gehalten. Dann drehen sie sich so zur Seite, daß sie umgekehrt parallel zueinander stehen, noch immer mit mehreren Meter Abstand, und führen das Markierzeremoniell aus: Unter schnellem Schwanzschlagen (rechts-links, nicht propellerartig, wie üblicherweise gesagt wird) geben die Tiere ihren Kot ab, der mit gleichzeitig abgegebenem Urin vermischt, meterweit in der Umgebung verteilt wird. Damit endet dann allgemein die Begegnung, die Nachbarn gehen auseinander. Ganz ähnlich verlaufen die Begegnungen an Land.

An Land setzen Flußpferdbullen, auch die Junggesellen, ihren Kot in der oben beschriebenen Weise immer wieder an den gleichen Stellen ab, meist an einem Busch oder Baum, einem Termitenhaufen oder Felsbrocken. So entstehen, vor allem in der Nähe der Ausstiege, riesige Kothaufen mit mehreren Quadratmeter Grundfläche. Die Funktion dieser Haufen ist unklar. Sie wirken sicher nicht abschreckend, wie man früher glaubte, sind also keine territorialen Marken, zumal sie auch von nichtterritorialen Bullen benutzt werden. Außerdem findet man sie auch weit entfernt von den Territorien in den Weidegebieten. So dürften sie wahrscheinlich als Marken zur Eigenorientierung der Tiere dienen.

Flußpferde sind mit gefährlichen Waffen ausgestattet, und so haben sie auch eine Vielzahl von Signalen, mit denen sie Artgenossen ihre »Absichten« mitteilen, kritische Situationen klären und harte kämpferische Auseinandersetzungen vermeiden können. Die dolchförmigen unteren Eckzähne können bei den Bullen über einen halben Meter lang werden. Die Eckzähne der Kühe sind zwar kleiner, aber immer noch sehr eindrucksvoll. Sie wachsen zeitlebens, und der obere und der untere Eckzahn sind so gegeneinander angeordnet, daß sie sich gegenseitig ab- und spitzschleifen. Wenn durch Verletzung oder Kieferverformung der Abschliff unterbleibt, können die Zähne spiralförmig weiterwachsen, sind dann aber als Waffen ungeeignet.

Die Eckzähne werden ernsthaft nur bei den wirklich wichtigen Auseinandersetzungen um den Besitz eines Territoriums eingesetzt. Dabei geht es um die Vorbedingung für die Fortpflanzung, und die Bullen kämpfen auf Leben und Tod. Solche Kämpfe sind selten. Ich habe in meiner ganzen Beobachtungszeit nur zwei miterlebt, davon einen bei Nacht. Bei diesen Kämpfen stehen die Partner umgekehrt parallel zueinander bzw. drehen sich umeinander und schlagen sich gegenseitig stundenlang mit den Eckzähnen von unten nach oben in Keule, Seite und Schulter. Obwohl an diesen Stellen die Schwarte mehrere Zentimeter dick ist, dringen die Zähne durch und können tiefe, gefährliche, ja selbst tödliche Verletzungen erzeugen.

Sehr eindrucksvoll, aber weit weniger gefährlich sind Frontalkämpfe, bei denen die Partner, einander gegenüberstehend, die Mäuler aufreißen und unter Gebrüll aufeinander zustürzen. Auch schöpfen sie mit dem Maul Wasser, das hoch in die Luft gespritzt wird. Nur selten kommt es zur Berührung, denn jeder ist auch bereit, schnell ein paar Schritte zurückzuweichen, wenn der Partner angreift.

Ein wichtiges Signal ist das Schwanzschlagen, das als Unterlegenheitsgebärde zu verstehen ist. Der Schwanz wird dabei ruckartig von einer zur anderen Seite geschlagen. Das Hinterende des Tieres ist hoch, das Vorderende tief im Wasser, geradezu das Gegenteil der selbstsicheren Haltung der territorialen Bullen. Gelegentlich wird dabei auch Kot abgegeben, aber er wird nicht in der Umgebung verteilt. Eine ähnliche Bedeutung haben Kaubewegungen ins Leere, die häufig auch mit dem Schwanzschlagen gleichzeitig ausgeführt werden.

Junge Bullen zeigen gegenüber dem Territoriumsbesitzer ein besonders ausgeprägtes Unterlegenheitsverhalten: Sie nähern sich ihm selbst aus Entfernungen von über 100 Metern, zuerst normal gehend, die letzten Schritte aber ganz klein auf dem Boden kriechend. Sie beriechen dann den Bullen, der sich überhaupt nicht darum kümmert, von der Seite oder von

hinten an den Geschlechtsorganen. Selten setzt der Altbulle während dieser Kontaktaufnahme auch Kot ab, der dann über Kopf und Rücken des Jungbullen verteilt wird. Es fällt auf, daß die Jungbullen zum Altbullen ein besonders gutes Verhältnis haben und sich oft in seiner Nähe aufhalten.

Drohen wird durch mäßig weites, lang anhaltendes Maulaufreißen ausgedrückt, auf das ein Scheinangriff oder aber auch ein richtiger Angriff folgen kann. Beim Gähnen, das leicht mit dem Drohen verwechselt werden kann, ist das Maul besonders weit geöffnet.

Flußpferde verfügen über eine Reihe von Lauten. Der Kontaktruf klingt wie ein tiefes, abgehacktes »o-

▷ Selten kommt es zwischen Flußpferdbullen zu solch heftigen Auseinandersetzungen. Dabei geht es stets um den Besitz eines Territoriums als Voraussetzung für den Fortpflanzungserfolg. Im Ringen auf Leben und Tod stehen die Kämpfer umgekehrt parallel zueinander oder drehen sich umeinander und schlagen sich immer wieder mit den Eckzähnen von unten nach oben in Keule, Seite und Schulter.

An Land setzen die Flußpferdbullen ihren Kot immer wieder an denselben Stellen ab. So entstehen oft riesige Haufen, die aber keine Grenzmarken darstellen, sondern wahrscheinlich der eigenen Orientierung im Gelände dienen.

▷▷ Hier sind ein Bulle und eine Kuh aneinandergeraten. Ein solcher Frontalkampf, der mit aufgerissenem Maul und unter Gebrüll und Wasserspritzen ausgetragen wird, wirkt zwar sehr eindrucksvoll, verläuft aber meist harmlos.

o-o-o-o«, das oft mit einem hohen »ü« endet. Auch weit entfernte Tiere antworten darauf; er gehört zu den eindrucksvollsten Rufen der afrikanischen Morgen- und Abenddämmerung. Bei Frontalkämpfen und beim gegenseitigen Androhen stoßen Flußpferde einen für die Größe der Tiere unerwartet hohen Quietschgesang aus, der über mehrere Kilometer hinweg zu hören ist. Daneben gibt es noch Grunz- und Schnauflaute.

Flußpferdgruppen sind veränderliche Zusammenschlüsse, also keine Sozialeinheiten, und ihre Zusammensetzung kann sich schon innerhalb von Stunden ändern. Die einzige feste Sozialeinheit ist die von Mutter und Kind bzw. Kindern. Das wird auch am Abend deutlich, wenn die Flußpferde zum Weiden an Land gehen. Jeder geht seiner eigenen Wege und nach seinem eigenen Rhythmus. Daß die Gruppen an aufeinanderfolgenden Tagen, unter Umständen sogar für längere Zeit, ungefähr gleich zusammengesetzt sind, geht darauf zurück, daß jedes Tier von sich aus am Morgen wieder bevorzugt in das gleiche Gebiet zurückkehrt, von dem es am Abend aufgebrochen ist.

Die nächtlichen Weidegebiete werden in keiner Weise von einzelnen Tieren oder Gruppen von Tieren gegen andere verteidigt. Jedes Tier hat freien Zugang zur Weide, und wenn sich Flußpferde auf der Weide begegnen, nehmen sie entweder gar keine Notiz voneinander, oder sie gehen sich aus dem Weg. In den Trockenzeiten, wenn das Gras in der näheren Umgebung der Flüsse und Seen schon abgeweidet ist, ziehen Flußpferde bis zu fünf Kilometer weit vom Wasser bis zu den Weidegebieten, in anderen Teilen Afrikas vielleicht noch weiter. Hier verbringen sie natürlich die meiste Zeit mit der Nahrungsaufnahme. Dazwischen machen sie auch mal Pause und ruhen, oder sie kehren zum Wasser zurück, ruhen da und gehen nochmal zum Weiden an Land. Über das nächtliche Landleben der Flußpferde ist wegen der Beobachtungsschwierigkeiten bei Dunkelheit noch wenig bekannt.

Flußpferde paaren sich im Wasser; die Paarung dauert etwa bis zu einer halben Stunde. Das Weibchen ist völlig untergetaucht, und nur gelegentlich streckt es seine Nase über den Wasserspiegel; der Bulle reitet in der für Säuger üblichen Weise auf. Nach einer Tragzeit von acht Monaten wird ein einziges Jungtier geboren, während einer Regenzeit, wenn das Nahrungsangebot für die Mutter besonders gut ist. Nach meinen Beobachtungen im Freiland findet die ungestörte Geburt im flachen Wasser statt, und das Junge erblickt das Licht der Welt mit den Hinterbeinen voran. Bei Störung kann die Geburt auch im tieferen Wasser erfolgreich verlaufen. Das Junge muß dann natürlich schnellstens den ersten Atemzug machen: Dazu muß es sich am Boden abstoßen und zur Wasseroberfläche hochkommen. Junge Flußpferde können schon wenige Minuten nach der Geburt richtig gehen, sie können unter Wasser an der Mutter saugen und ihr auch ins tiefere Wasser folgen. Dort sitzen sie dann häufig auf dem mütterlichen Rücken und ersparen sich dadurch die Mühen des Auftauchens.

In den ersten Tagen nach der Geburt halten sich Mutter und Kind deutlich von den Artgenossen getrennt im flachen Wasser in Ufernähe auf. In dieser Zeit ist die Mutter gegenüber allen Artgenossen aggressiv. Sie vertreibt sowohl eigene ältere Kinder als auch den territorialen Bullen, dem sie sonst immer ausweicht. Dieses Verhalten ist mit der Prägungsphase verknüpft und auch von anderen Huftieren, zum Beispiel Pferd und Steppenzebra, bekannt. Das neugeborene Junge hat lediglich ein grobes angeborenes »Schema« für Mutter und läuft allem hinterher,

was groß ist und sich bewegt, sei es Mutter, Mensch oder Auto. In der Prägungsphase lernt es die Mutter individuell kennen, wie auch die Mutter ihr Kind kennenlernen muß. Durch das Fernhalten von Artgenossen durch die Mutter werden Fehlprägungen vermieden. Nach zwei Wochen erkennen sich Kind und Mutter mit Sicherheit; dann schließen sich auch wieder Artgenossen an. Aus zoologischen Gärten

Demütige Annäherung: Ein junger Flußpferdbulle, der sich einem Territoriumsbesitzer nähert, macht sich auf den letzten Metern ganz klein und kriecht förmlich auf dem Boden, um seine Unterlegenheit deutlich zum Ausdruck zu bringen.

wird gelegentlich von Angriffen des Bullen auf neugeborene Kinder berichtet; dergleichen war im Freiland nie zu beobachten.

Die Jungtiere sind noch mehrere Monate lang völlig von der Mutter abhängig. Meist liegen die beiden im flachen Wasser, wo das Junge vor Landraubtieren, vor allem Hyänen, geschützt ist. Auch Krokodile können hier kaum gefährlich werden. Während der ersten Nächte nach der Geburt bleibt die Mutter im Wasser und verzichtet auf den nächtlichen Weidegang. Dafür nimmt sie dann gelegentlich bei Tag am Ufer Nahrung auf, in Sichtweite des Kindes. Später allerdings läßt sie dann ihr Kind auch am Ufer allein zurück, wenn sie nachts zur Weide zieht. Das Kleine wäre den kilometerlangen Fußmärschen auch kaum gewachsen. Alleingelassen ist es zwar besonders gefährdet, aber keineswegs hilflos. Bei Gefahr flüchtet es ins Wasser oder verkriecht sich in undurchdringliches Buschdickicht. Trotzdem werden viele junge Flußpferde erbeutet, und zwar an Land vor allem von Hyänen, aber auch von Löwen und Leoparden, im Wasser von Krokodilen. Auch wenn die Mutter dabei ist, kann sie ihr Kind nicht immer vor den Raubtieren schützen. Ich habe nachts mehrere Angriffe von Hyänen auf Flußpferdkinder beobachtet. Die Mutter verteidigte ihr Kind, indem sie einzelne Hyänen angriff und verfolgte, überließ es dadurch aber schutzlos den übrigen. So waren die Hyänen oft erfolgreich. Der Räuberdruck hat in vielen Gebieten einen erheblichen Einfluß auf die Bestandsdichte. Erwachsene Flußpferde sind wehrhafte Kolosse und zudem noch durch eine fünf Zentimeter dicke Schwarte geschützt. Kein Landraubtier wagt sich an sie heran, und auch Krokodile haben gebührenden Respekt. Der einzige gefährliche Feind ist der Mensch.

Eines der letzten großen Flußpferdvorkommen ist das im Bereich des Edwardsees in Zentralafrika. Auf der ugandischen Seite des Sees lebten in den fünfziger, dann wieder in den siebziger Jahren etwa 12 000 Flußpferde, auf der Zaire-Seite wohl noch wesentlich mehr. Die durchschnittliche Bestandsdichte lag bei acht bis zehn Tieren pro Quadratkilometer. Bei einem Futterbedarf von 25 bis 40 Kilogramm pro Tag und Tier wirkt sich eine hohe Bestandsdichte nachhaltig auf die Vegetation aus. Hier prägen die Flußpferde die Landschaft, indem sie die Grasnarbe so kurz halten, daß keine Grasbrände ausbrechen oder um sich greifen können. Das hat zur Folge, daß sich Büsche ansiedeln und ausbreiten. Die Büsche sind Nahrungsgrundlage, Versteck und Lebensraum für andere Säuger, Reptilien,

Beim Gähnen, das leicht mit einer Drohgebärde zu verwechseln ist, reißt das Flußpferd das Maul besonders weit auf.

Insekten, vor allem aber für eine Vielzahl von Vögeln, die alle sonst hier nicht leben könnten. Die Anwesenheit vieler Flußpferde führt also zu einer Bereicherung der Flora und Fauna eines Gebiets, andererseits werden die Nahrungskonkurrenten wie Warzenschweine und grasessende Antilopen zurückgedrängt.

Der ökologische Einfluß der Flußpferde betrifft nicht nur die Vegetation. Da sie ihren Kot zu einem erheblichen Teil im Wasser absetzen, kommt es zu einer Düngung der Flüsse und Seen. Auf dem Flußpferdkot baut sich ein Nahrungsnetz auf mit Massen von Mikroorganismen an der Basis, die den Fischen als Nahrung dienen, und einer Vielzahl von fischver-

FLUSSPFERDE

Flußpferde (Hippopotamidae)

Name deutscher Name wissenschaftlicher Name englischer Name (E) französischer Name (F)	Körpermaße Kopfrumpflänge (KRL) Schwanzlänge (SL) Standhöhe (SH) Gewicht (G)	Auffällige Merkmale	Fortpflanzung Tragzeit (Tz) Zahl der Jungen je Geburt (J) Geburtsgewicht (Gg)
Flußpferd, Großflußpferd *Hippopotamus amphibius* E: Hippopotamus, Hippo F: Hippopotame	KRL: etwa 450 cm SL: 35 cm SH: 165 cm G: 3200 kg	Massiger, walzenförmiger Körper; großer Kopf; kurzer Hals; Mund sehr tief gespalten; dicke, glatte, haarlose, schleimdrüsenreiche Haut; Ohren und Nasenlöcher zum Untertauchen verschließbar	Tz: 8 Monate J: 1 Gg: 50 kg
Zwergflußpferd *Choeropsis liberiensis* E: Pigmy hippo F: Hippopotame nain	KRL: 142–157 cm SL: etwa 28 cm SH: 77–83 cm G: 180–260 kg	Walzenförmiger Körper auf kurzen Beinen; glatte, haarlose, schwarzbraune Haut, durch Schleim feucht gehalten	Tz: 184–204 Tage J: 1, ausnahmsweise 2 Gg: 4,5–6,2 kg

zehrenden Vögeln und dem Menschen als Endverbraucher.

Ende der fünfziger Jahre hatten sich Ökologen mit dem Problem der Grasland-Überweidung durch Flußpferde befaßt. Sie kamen zu dem Schluß, daß die Flußpferde mehr verzehren als nachwächst und daß sich das Gebiet um den Edwardsee in wenigen Jahren in eine Wüste verwandeln müsse. Aufgrund dieser Beurteilung wurden in den folgenden Jahren etwa 7000 Flußpferde abgeschossen, über die Hälfte des Ausgangsbestandes im Park. Die Wüstenbildung ist dann auch tatsächlich nicht eingetreten. Allerdings ist im benachbarten Virunga-Nationalpark in Zaire, wo nicht geschossen wurde, auch keine Wüste entstanden. Außerdem haben spätere Untersuchungen im Krüger-Nationalpark gezeigt, daß bei hoher Bestandsdichte die Fortpflanzungsrate so stark absinkt, daß die Anzahl der Tiere in diesem Lebensraum nicht weiter zunimmt, sondern mit der Umwelt ins Gleichgewicht kommt. Die ganze Abschußaktion war also wahrscheinlich überflüssig. Für die Bevölkerung hatte der Abschuß, der ja nur aus ökologischen Gründen durchgeführt werden sollte, allerdings einen äußerst angenehmen Nebeneffekt: Das Fleisch wurde nämlich zu einem Spottpreis verkauft. Es mußte auch billig sein, denn Flußpferdfleisch galt zunächst als minderwertig, obwohl es fettarm ist und die Qualität von Rindfleisch hat.

Der Flußpferdbestand wuchs anschließend, zum Teil durch Zuwanderung aus Zaire, wieder auf die frühere Größe an, bis es dann 1979 während des Krieges zwischen Tansania und Uganda zu einem neuen Gemetzel kam, diesmal durch tansanische Soldaten, die sich den Abschuß von ugandischen Händlern bezahlen ließen. Inzwischen war Flußpferdfleisch beliebt geworden, und der Bedarf war groß.

Nach einer Statistik werden in Afrika mehr Menschen durch Flußpferde getötet als durch Löwen und Elefanten und Büffel zusammen. Nun sind Flußpferde durchaus gefährlich, aber viele Todesfälle werden nur indirekt durch sie verursacht, ihnen jedoch voll angelastet. So zum Beispiel wenn die Fischer mit ihren Booten unbekümmert mitten durch eine Flußpferdgruppe hindurchfahren, das Boot durch ein aufgeschrecktes Tier umgeworfen wird und die Fischer ins Wasser fallen und ertrinken, weil sie nicht schwimmen können. Ich habe viele nahe Begegnungen mit Flußpferden gehabt und fand sie im-

Links: Flußpferdkuh mit neugeborenem und einjährigem Kind. – Rechts: Mit seinem breiten Maul kann das Flußpferd wie ein Rasenmäher das Gras kurz abreißen.

DIE ARTEN IM VERGLEICH

Lebensablauf Entwöhnung (Ew) Geschlechtsreife (Gr) Lebensdauer (Ld)	Nahrung	Feinde	Lebensweise und Lebensraum	Häufigkeit
Ew: nach 6–8 Monaten Gr: Weibchen mit 4, Männchen mit 6 Jahren (im Zoo; im Freiland später) Ld: etwa 40 Jahre, im Zoo bis 50 Jahre	Vorwiegend Gras	Außer dem Menschen kaum Feinde; für Jungtiere Hyänen, Löwen, Leoparden	Tagsüber meist im Wasser, nachts Weidegang an Land; kleine bis große Gruppen unterschiedlicher und häufig wechselnder Zusammensetzung, auch Einzelgänger; starke Bullen in Flüssen und Seen paarungsterritorial; nichtterritoriale Bullen von der Fortpflanzung ausgeschlossen; Paarung und Geburt im Wasser	In weiten Teilen seines Verbreitungsgebiets ausgerottet oder selten geworden, aber stellenweise in Schutzgebieten noch häufig
Ew: nach 6–8 Monaten Gr: mit 4–5 Jahren Ld: bis 42 Jahre	Wasserpflanzen, frisches Laub von Jungbäumen und Büschen, heruntergefallene Früchte, Gräser und Kräuter	Vor allem Mensch; für Jungtiere evtl. Leopard	Meistens nachtaktiv; Einzelgänger im tropischen Regenwald; bevorzugt deckungsreichen Lebensraum wie Raphiasümpfe, besonders in Waldnähe; Aktivitätsraum der Weibchen 40–60 ha, der Männchen größer; verteidigte Reviere gibt es wohl nicht	Schon immer selten; durch Einschränkung des kleinen Verbreitungsgebietes Gefahr der Ausrottung; stark bedroht

▷ Die Kamele hat der Mensch seit Jahrtausenden in seine Dienste genommen. Aus drei der vier Arten in der Familie der Kamele sind Haustiere hervorgegangen – Last- und Reittiere, Fleisch-, Fell-, Milch- und Wollieferanten. Das hier gezeigte Dromedar, das legendenumwobene »Schiff der Wüste«, ist als Wildform ausgestorben.

mer berechenbar und ihr Verhalten voraussehbar, auch ihre Scheinangriffe, bei denen sie gelegentlich bis auf wenige Meter heranpreschten.

Ich habe auch keine Hinweise darauf, daß Flußpferde auf dem Weg vom Land zum Wasser einen dazwischenstehenden Menschen blindlings oder gezielt umrennen, wie oft berichtet wurde. Das ist nur in den schmalen, oft metertief eingegrabenen, hohlwegähnlichen Einstiegen der Flußpferde an Steilhängen vorstellbar, und auch nur dann, wenn das Flußpferd, vielleicht angeschossen, in wilder Flucht zum Wasser stürzt.

Auch anderen Tieren gegenüber sind Flußpferde verträglich: Sie dulden Nilgänse, Kormorane, Kuhreiher und andere Vögel, aber auch Schildkröten auf Rücken und Kopf oder unmittelbar um sich herum und legen sich auch friedlich zu Büffeln in den Schlamm. Mit einem Fisch, dem 50 Zentimeter langen *Labeo velifer*, leben Flußpferde in Teilen Afrikas in Putzsymbiose zu gegenseitigem Nutzen.

Bei Nahrungsmangel und wenn ihre Gewässer austrocknen, legen Flußpferde auch größere Wanderungen von 40, 50 Kilometern zurück. Da die Tiere schon geschwächt aufbrechen, sterben viele unterwegs oder werden leichte Beute der Löwen, die dem Zug folgen. Durch seine Langstreckenwanderungen hat ein Flußpferd sogar Berühmtheit erlangt. Es wanderte Anfang der vierziger Jahre von Swaziland Richtung Süden in die Südafrikanische Republik, legte täglich im Schnitt gemütliche 1,5 Kilometer zurück, was sich in zweieinhalb Jahren auf 1600 Kilometer summierte, es wurde als Regengott verehrt. Hubert, wie das Tier fälschlich genannt wurde (richtiger wäre »Huberta« gewesen), war äußerst friedlich, weidete in Friedhöfen, Parks und Gärten sowie an Obstständen und erschien regelmäßig in den Schlagzeilen der Presse. Schließlich wurde er von einem Buren auf offener Straße abgeschossen. Erst dann stellte man fest, daß Hubert ein Weibchen gewesen war.

Ein Bild des Friedens: Wo Flußpferde ungestört sind, ruhen sie tagsüber oft am Ufer ihres Wohngewässers. Gerne dulden sie die weißen Kuhreiher, die Jagd auf Insekten und Zecken machen.

KAMELE

Kategorie
FAMILIE

Systematische Einteilung: Die Kamele im weiteren Sinne bilden die einzige Familie der Unterordnung Schwielensohler (Tylopoda) in der Ordnung Paarhufer (Artiodactyla). Die Familie umfaßt nur 2 Gattungen mit insgesamt 4 Arten und 3 Haustierformen (Hauskamel, Lama und Alpaka)
Gattung Großkamele oder »eigentliche« Kamele *(Camelus)*
Gattung Südamerikanische Schwielensohler oder Lamas *(Lama)*

GROSSKAMELE (2 Arten und 1 Haustierform)

Kopfrumpflänge: etwa 300 cm
Schwanzlänge: etwa 50 cm

Standhöhe: 180–230 cm
Gewicht: 600–1000 kg
Auffällige Merkmale: Schlanker bis leicht gedrungener Körperbau; langbeinig und langhalsig; dichtes und wolliges Haarkleid mit wenig Grannenhaaren; oft Mähnenbildung an verschiedenen Körperteilen; 1 oder 2 Höcker als Energiespeicher; Nasenlöcher verschließbar; Nackendrüse; etwas zurückgebildetes Gebiß; vierteiliger Magen (der Funktion nach ein Wiederkäuermagen, der sich aber vom Magen der »echten« Wiederkäuer unterscheidet); Schwielensohlen.
Fortpflanzung: Tragzeit 12–14 Monate; 1 Junges je Geburt, selten 2; Geburtsgewicht 30–50 kg.
Lebensablauf: Entwöhnung mit 1–2 Jahren; Geschlechtsreife mit 3–6 Jahren; Lebensdauer etwa 40 Jahre.
Nahrung: Vielerlei Pflanzenkost.
Lebensweise und Lebensraum: Gesellig; Dromedar nur als Haustier bekannt; in Wüsten- und Steppengebieten.

SÜDAMERIKANISCHE SCHWIELENSOHLER ODER LAMAS (2 Arten und 2 Haustierformen)

Kopfrumpflänge: etwa 130–200 cm
Schwanzlänge: 22–25 cm
Standhöhe: 80–125 cm

Gewicht: 45–155 kg
Auffällige Merkmale: Schlank und hochbeinig; ohne Höcker; langer, aufrecht getragener Hals;

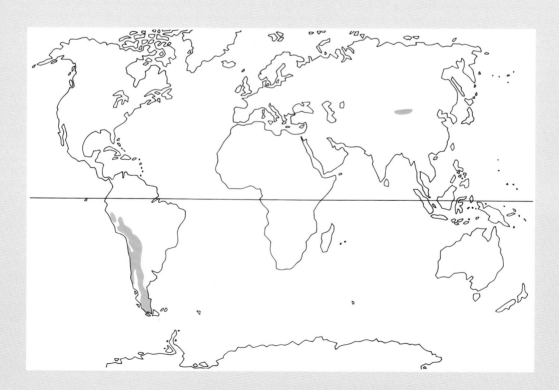

Camelidae — WISSENSCHAFTLICH
Camels — ENGLISCH
Chameaux — FRANZÖSISCH

schmaler Kopf; große Augen; harte Drüsenfelder am Mittelfuß; sonst weitgehend wie Großkamele.
Fortpflanzung: Tragzeit etwa 240–360 Tage; 1 Junges je Geburt, selten 2; Geburtsgewicht 4–16 kg.

Lebensablauf: Entwöhnung mit 5–8 Monaten; Geschlechtsreife mit 12–24 Monaten; Lebensdauer 15–20 Jahre.
Nahrung: Gras, Kräuter und Laub.

Lebensweise und Lebensraum: Gesellig, in Familiengruppen; in Savannen, Steppen, Halbwüsten, Buschland, und zwar von Meereshöhe bis in Höhen von 5000 m.

Schädel und Gebiß
Schwielensohler haben die Fähigkeit des Wiederkauens unabhängig von den echten Wiederkäuern erworben. Neben der Aufteilung ihres Magens in mehrere Kammern (vgl. die Abbildung auf S. 47 in Bd. I) sind das vor allem einige Merkmale des Kieferapparates, die diese Anpassung erkennen lassen. Die Oberkieferspitze ist zahnlos, wie auch bei allen übrigen Wiederkäuern. Es haben sich jedoch nicht alle Schneidezähne zurückgebildet. Der dritte, äußere, ist rückwärts versetzt und in einen spitzen Kampfzahn umgewandelt. Auch alle Eckzähne sind erhalten und dienen als Kampfzähne. Die Unterkieferspitze ist bezahnt, bildet jedoch nicht die vollkommene Zahnschaufel wie bei den Wiederkäuern (Abbildung: Lama).

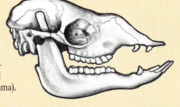

Rückenhöcker
Das Wahrzeichen der Kamele ist ihr Rückenhöcker. Er besteht aus Fettgewebe und flacht sich in der Hungerzeit ab. Er ist kein Wasser-, sondern ein Energiespeicher. Auch bei dem einhöckrigen Dromedar werden zwei Höcker angelegt wie beim zweihöckrigen Trampeltier, aber nur der hintere wird voll entwickelt (grau: Umrisse des Muskelkörpers; gelb: Ausdehnung des Fettgewebes im Höcker eines Dromedars).

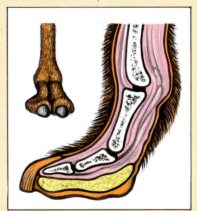

Fortbewegung
Die typische Fortbewegungsart der Kamele ist der Paßgang. Dabei werden jeweils die beiden Beine derselben Körperseite im Gleichschritt bewegt (A), was zu einem etwas eigenartigen Schaukeln führt. Im Gegensatz dazu laufen die meisten Huftiere (in der Abbildung das Pferd; B) im Wechselgang, wobei das linke Vorderbein und das rechte Hinterbein im Gleichschritt bewegt werden und dementsprechend auch das rechte Vorderbein mit dem linken Hinterbein. Dabei werden die Körperbewegungen etwas ausgeglichener. Unten zwei liegende Dromedare (C, D) und ein junges Guanako (E).

Fuß
Die Schwielensohler treten nur mit zwei Zehen auf. Es ist der dritte und der vierte Finger- bzw. Zehenstrahl, die als Fußstütze geblieben sind. Alle seitlichen Strahlen haben sich restlos zurückgebildet. Die Hufe sind klein und nagelartig abgeflacht. Sie überziehen die Zehenglieder nur von vorn. Als Auflagefläche dient eine dicke federnde Schwiele (gelb), die unter den zwei letzten, fast waagerecht liegenden Zehengliedern den Fuß polstert. Alle übrigen Paarhufer treten nur mit den Endgliedern auf, die eine geneigte bis senkrechte Lage haben.

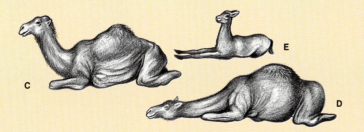

Kamele

Einleitung
von Hans Klingel

Oben: Kamele leben auf großem Fuß. Ihre Sohlen sind besonders großflächig und elastisch, so daß sie auch im weichen Boden nicht zu tief einsinken. - Rechts: Wenn Wasser zur Verfügung steht, trinken Kamele regelmäßig. Bei Knappheit können sie aber auch wochenlang ohne zu trinken auskommen. Wasser speichern können Kamele nicht. Sie trinken wie andere Säugetiere, um Wasserverluste auszugleichen - bis zu 150 Liter in einem Zug.

Im Gegensatz zu den übrigen heute lebenden Paarhufern, die auf den hufumkleideten Zehenspitzen stehen, treten die Schwielensohler mit den Unterseiten des letzten und vorletzten Zehengliedes ihrer beiden Zehen auf. Diese Zehen – am Vorderfuß müßte man von Fingern sprechen – sind die 3. und 4. Zehe des ursprünglich fünfstrahligen Fußes. Die Hufe sind nur an der Vorderkante der gemeinsamen Fußsohle zehennagelartig ausgebildet. Die Lauffläche besteht aus einer elastischen Bindegewebsschicht, der Schwiele, daher die Bezeichnung »Schwielensohler«. Die Sohle ist im Vergleich zu anderen Huftieren größer, was bedeutet, daß Kamele in weichem Boden weniger tief einsinken. Vor allem im Sand ist der breite, große Fuß von Vorteil, dagegen haben zumindest die Dromedare wegen ihrer empfindlichen Sohlenpolster in steinigem, gebirgigem Gelände Schwierigkeiten.

Die Kamele käuen wieder, gehören aber trotzdem nicht zur Verwandtschaftsgruppe der »Wiederkäuer« (Ruminantia). Der Grund dafür sind Unterschiede im Körperbau und auch im Bau des vierteiligen Magens. Zu den heutigen Schwielensohlern (Tylopoda), die alle zur Familie der Kamele (Camelidae) gehören, zählen zwei Gattungen: Großkamele *(Camelus)* und Lamas *(Lama)*.

Die frühesten Fossilfunde von Kamelen stammen aus dem frühen Tertiär von Nordamerika. Die Tiere waren hasengroß und hatten vierzehige Füße und ein noch ursprüngliches Gebiß – mit einem heutigen Kamel hatten sie wenig Ähnlichkeit (siehe auch die Stammesgeschichte der Paarhufer von Erich Thenius). Im späteren Tertiär, im Miozän und Pliozän, nimmt die Körpergröße der Kamelahnen zu, die äußeren Zehen (2. und 5. Strahl) sowie der 1. und 2. Schneidezahn im Oberkiefer werden rückgebildet, zwischen dem 3. Schneidezahn und den Mahlzähnen entsteht durch Verlängerung des Schädels eine Lücke. Das Gebiß der heutigen Kamele weist trotz grundsätzlicher Ähnlichkeiten gegenüber dem anderer Paarhufer Besonderheiten auf: Im Oberkiefer sind der 3. (äußere) Schneidezahn, der Eckzahn und auch der 1. vordere Backenzahn eckzahnähnlich ausgebildet. Es stehen also auseinandergerückt drei Kampfzähne in jeder Kieferhälfte. Im Unterkiefer sind drei

normale Schneidezähne ausgebildet (wie beim Rind), dahinter aber zwei eckzahnähnliche Zähne: der richtige Eckzahn und, wie im Oberkiefer, der 1. vordere Backenzahn. In den letzten 25 Millionen Jahren des Tertiärs sind die Kamele mit zahlreichen Formen vertreten, aber noch immer auf Nordamerika beschränkt; es gibt kleine, gazellenähnliche Tiere wie *Stenomylus* und große, giraffenähnliche Formen wie *Oxydactylus*. Im jüngsten Miozän wanderten erstmals die Großkamele mit der Gattung *Paracamelus* über die damalige Beringbrücke von Nordamerika nach Asien ein und später auch nach Afrika (Gattung *Camelus*). Die Lamas hingegen gelangten zur Eiszeit über die mittelamerikanische Landbrücke nach Südamerika. In Nordamerika waren die Kamele damals schon weitgehend ausgestorben. Bis in die Eiszeiten überlebte jedoch ein großes Kamel *(Camelops)* mit über zwei Meter Schulterhöhe, das dann nach der Einwanderung der ersten Menschen in diesen Kontinent gleichfalls unterging. Die Gründe dafür sind nicht bekannt. Es ist jedoch nicht auszuschließen, daß der frühe Mensch die Kamele in Nordamerika ausgerottet hat.

Die Kamele sind mehrfach zu Haustieren gemacht worden (siehe dazu auch die Beiträge von W. L. Franklin sowie W. Herre und M. Röhrs in diesem Band).

Äußerlich sind die Kamele an einer morphologischen Besonderheit auf den ersten Blick von anderen Huftieren zu unterscheiden: Sie haben im Gegensatz zu diesen zwischen Hinterbein und Bauch keine Spannhaut. Die Höcker sind für die beiden Großkamele Dromedar und Trampeltier typisch, allerdings verschwinden sie bei Nahrungsmangel.

Kamele bewegen sich im Paßgang, das heißt, Vorder- und Hinterfuß einer Körperseite werden gleichzeitig vorgesetzt. Das Gewicht des Körpers lastet dann auf den Füßen der anderen Seite. Dadurch erklärt sich der schaukelige Gang der Tiere, der dem Reiter eines Großkamels zunächst ungewöhnlich erscheint, an den man sich aber schnell gewöhnt und den man dann als angenehm empfindet. Auch im Trab laufen die Kamele im Paß; der Galopp entspricht in der Fußfolge dem anderer Säuger. Das Dromedar legt im Schritt gut 6, im Trab 12, im Galopp 19 Stundenkilometer zurück; ähnliche Werte sind auch für die übrigen Arten anzusetzen.

Beim Niederlegen knickt das Kamel zunächst vorn am Mittelhandgelenk (»Knie«) ein und stützt sich darauf ab, dann hinten am Sprunggelenk, dann vorn am Ellbogengelenk. Es schaukelt also nach vorn, nach hinten und wieder nach vorn, und dann schiebt es noch seine Beine unter dem Körper hin und her, bis es schließlich sitzt. Beim Aufstehen geschieht das gleiche in umgekehrter Reihenfolge. Bei den Großkamelen ist ein Sitzpolster aus Bindegewebe an der Brust ausgebildet, auf dem der Körper ruht.

Weitere Besonderheiten der Kamele: kurzer, einfacher Blinddarm; Gallenblase fehlt; rote Blutkörperchen oval (wie bei keinem anderen Säugetier); Paarung im »Sitzen«.

Großkamele
von Hans Klingel

Zur Gattung der Großkamele *(Camelus)* gehören das einhöckrige DROMEDAR *(Camelus dromedarius)* und das zweihöckrige TRAMPELTIER *(Camelus ferus)*, beide auch einfach als KAMEL bezeichnet. Sie sind sich äußerlich weitgehend ähnlich und auch nahe miteinander verwandt, untereinander kreuzbar, und die Nachkommen, äußerlich auffällig durch einen einzigen, aber langgezogenen Höcker, sind fruchtbar. Das Dromedar ist schlank und langbeinig und hat ein kürzeres Fell, das Trampeltier ist mehr gedrungen und kurzbeinig. Beide Kamele haben einen jahreszeitlichen Haarwechsel. Großkamele sind an die Bedingungen der Wüste hervorragend angepaßt. Sie

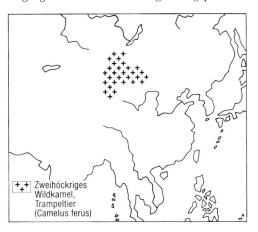

▷ **Dromedare oder Einhöckrige Kamele in der Wüste.**

können in Abhängigkeit vom Wassergehalt der Nahrung und von der Temperatur tage-, ja wochenlang ohne Trinkwasser auskommen. Diese physiologische Leistung, die von keinem anderen großen Säugetier erreicht wird, hat die Kamele als vielseitige Haustiere (Reit- und Lasttiere, Fleisch-, Milch-, Fell- und Wolllieferanten) zu unentbehrlichen Gefährten der Nomaden in den Wüsten Asiens und Afrikas gemacht. Die Milchleistung ist beachtlich: fünf Liter beim Trampeltier, 20 Liter und mehr beim Dromedar, jeweils pro Tag. Die guten Milchkamele liefern nach einer Geburt über mehrere Jahre Milch, werden also nicht zur Fortpflanzung verwendet, während die »schlechten« Kamele jedes Jahr ein Fohlen haben können. So wird also die Zucht ungünstig beeinflußt, und gute Milchkamele sind teuer. Kamelfleisch ist schmackhaft, vergleichbar mit Rindfleisch.

Links: Genügsamkeit zeichnet die Kamele nicht nur im Trinken, sondern auch im Essen aus. Sie nutzen alle verfügbare Pflanzenkost, auch Dorngewächse, wie diese Akazie in Afrika. - Rechts: Familiengruppe von verwilderten Dromedaren in der Simpson-Wüste (Australien), bestehend aus einem Hengst (das einzelne Tier), mehreren Stuten und deren Fohlen. In Australien sind Dromedare wieder zu Wildtieren geworden. An ihnen wird das angestammte, natürliche Sozialverhalten erforscht.

Wegen ihrer hohen Leistungsfähigkeit in Trockengebieten wurden Kamele bei der Erforschung und Erschließung der Wüstengebiete in Afrika, Asien und Australien als Reit-, Zug- und Tragtiere erfolgreich eingesetzt.

Das EINHÖCKRIGE KAMEL oder DROMEDAR *(Camelus dromedarius)* ist uns nur als Haustier bekannt. Seine unmittelbaren Vorfahren waren als Wildtiere in Arabien und Nordafrika verbreitet. Zum Haustier wurde es zwischen 4000 und 2000 vor Christus – die Meinungen der Fachleute gehen hier auseinander – in Zentral- oder Südarabien gezüchtet. Schon bald gab es verschiedene Rassen, vor allem Reittiere, Milchtiere und Tragtiere. Im 11. Jahrhundert vor Christus werden Hauskamele erstmals in der Literatur erwähnt; sie wurden von den Midianitern, einem semitischen Hirtenvolk aus Westarabien, bei ihrem Kriegszug nach Syrien und Palästina verwendet. Um diese Zeit wurden offenbar auch schon gute Reit- und Lastsättel entwickelt, und das Dromedar verbreitete sich in wenigen hundert Jahren über das südwestliche Asien und das nördliche Afrika. Dort ist es bis heute ein wichtiges, gebietsweise sogar das wich-

tigste Haustier geblieben, so zum Beispiel in Somalia, im Sudan und in Mauretanien. In den Trockengebieten des Sahel, Ostafrikas und im arabischen Raum wird das Kamel als Milch- und Fleischlieferant in der Zukunft wohl eine zunehmende Bedeutung haben. In Kenia versucht man gegenwärtig bei einem Nomadenstamm, den Samburu, Rinder durch Kamele zu ersetzen. Die Samburu waren noch vor zehn Jahren ausschließlich Rinder-, Schaf- und Ziegenzüchter, haben ihre Weidegebiete aber durch hemmungslose Vergrößerung der Herden zerstört. Da das Kamel sowohl von Blatt- als auch von Grasnahrung, je nach Angebot, leben kann, ist es für die trockenen Buschlandschaften besser geeignet als das Rind. Inwieweit die Umstellung gelingen wird, bleibt abzuwarten, denn bei den Samburu ist das Rind mehr als nur ein Haustier. Das Ansehen eines Mannes entspricht der Zahl seiner Rinder, und der Brautpreis muß in Rindern bezahlt werden – Kamele sind in diesem Zusammenhang noch nicht gefragt.

Das Dromedar ist an die Bedingungen der Wüste hervorragend angepaßt. Lange wurde darüber gerätselt, wie es das »Wüstenschiff« wohl schafft, nur so selten trinken zu müssen. Die einfache Erklärung, daß das Kamel irgendwo im Körper einen Wasserspeicher haben müsse, so beispielsweise im Magen oder im Höcker, hat sich schon lange als falsch herausgestellt. Erst gezielte physiologische Untersuchungen von Knut Schmidt-Nielsen und seinen Mitarbeitern von der Harvard Universität haben Klarheit geschaffen. Das Kamel kann keinen Wasservorrat für die Zukunft anlegen; wenn es trinkt, dann gleicht es frühere Wasserverluste aus wie jedes andere Säugetier. Wie diese verliert das Kamel Wasser mit der Atemluft, als Schweiß, Urin und im Kot. Der Urin des Kamels ist jedoch wesentlich stärker konzentriert als der von vergleichbaren anderen Säugetieren. Die Stoffwechsel-Endprodukte werden also mit vergleichsweise viel weniger Wasser aus dem Körper gespült. Auch bei der Kotproduktion wird Wasser gespart: Der frische Kot ist so trocken, daß er als Brennmaterial verwendet werden kann. Aber das Kamel kann auch, ohne Schaden zu nehmen, wesentlich mehr Wasser verlieren als vergleichbare Tiere, nämlich bis um die 40% seines normalen Körpergewichts, und es kann den Wasserverlust durch einmaliges Trinken wieder voll ausgleichen.

Der Mensch ist bei einem Wasserverlust von 10 bis 12 % seines Körpergewichts bereits außerstande, sich selbst zu helfen. Er kann sich dann nicht mehr fortbewegen, noch kann er trinken oder sprechen. Er kann nur gerettet werden und sich erholen, wenn ihm Wasser über die Venen oder in den Enddarm verabreicht wird. Bezogen auf das normale Körpergewicht sind 14% Wasserverlust für den Menschen tödlich, er stirbt an Herzversagen. Wie kann nun ein Kamel derartig hohe Wasserverluste überleben, im Gegensatz zu anderen Tieren und zum Menschen? Beim Menschen wird beim Schwitzen das Wasser zu einem erheblichen Teil dem Blut entnommen, das dadurch so stark eindickt, daß es nur noch in den größeren Gefäßen, und auch dort nur bei höchster Herzbelastung, fließt. So kommt es schließlich zum Kreislaufversagen. Beim Kamel wird das Schwitzwasser gleichmäßig aus dem gesamten Körper entnommen, das Blut bleibt also dünnflüssig, der Kreislauf voll funktionsfähig. Das wärmere Blut vom Körperinnern kann weiter zur Kühlung an die Körperoberfläche gepumpt werden. Unabhängig davon verbraucht das Kamel aber auch weniger Wasser zur Kühlung.

Der Mensch und die meisten anderen Säuger halten ihre Körpertemperatur weitgehend konstant bei etwa 37°C. Bei hohen Außentemperaturen muß also gekühlt werden. Das geschieht durch Verdunsten von Wasser mit der Atemluft, vor allem aber durch die Haut, also durch Schweiß. Wenn durch die Wärmeaufnahme von außen (Sonneneinstrahlung, hohe Lufttemperatur, starke reflektierte Strahlung vom Boden) zusammen mit der eigenen Wärmeproduktion des Stoffwechsels die Körpertemperatur über 37° C anzusteigen droht, fängt der Kühlmechanis-

▷ Dieses Porträt eines Dromedars zeigt die hervorragenden Anpassungen an die Wüste: zwei Reihen Wimpern, schlitzartige Nasenlöcher und behaarte Ohröffnungen.

Spielkampf von Junghengsten: die gleichen Verhaltensweisen wie im Ernstkampf, aber entschärft, denn letzterer kann durchaus lebensgefährlich sein.

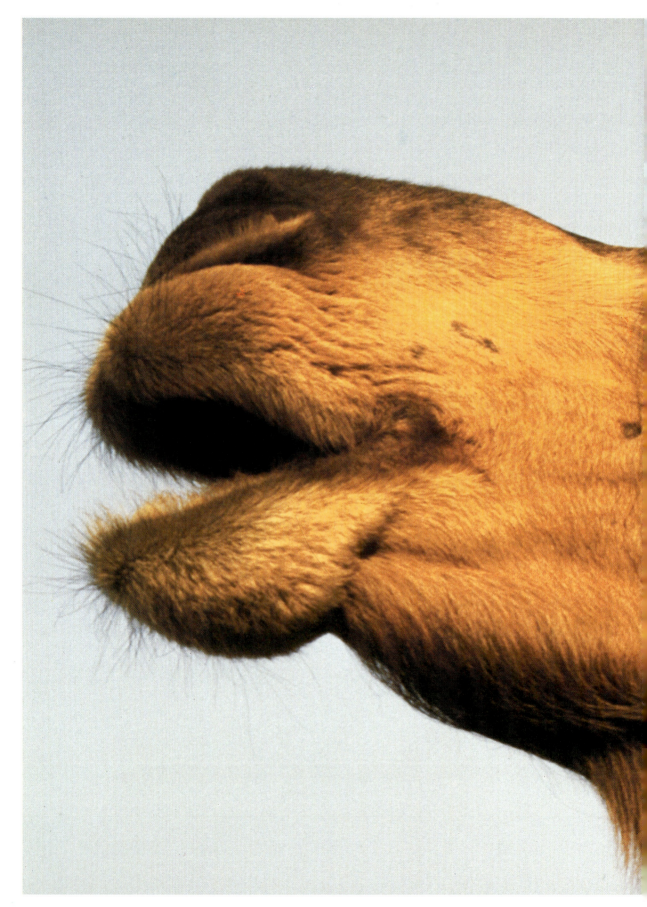

mus an zu arbeiten: An der Körperoberfläche wird Schweiß ausgeschieden, der verdunstet und dadurch kühlt. Das Schwitzen führt jedoch auch zu einer Erhöhung des Stoffwechsels und damit zu verstärkter Atmung. Das gleiche gilt für das Kamel, jedoch mit dem Unterschied, daß der Kühlmechanismus erst bei einer Körpertemperatur von 40 bis 42°C einsetzt; das spart Wasser und Energie (diese Anpassung wurde auch beim Esel und bei einigen Antilopen nachgewiesen).

Noch ein weiterer Trick der Natur hilft dem Kamel: Es kann, wiederum im Gegensatz zu anderen Säugern, seine Körpertemperatur bis auf 34°C absinken lassen, also in den kühleren Nächten gewissermaßen einen Kältevorrat für den nächsten Tag speichern. Auch dadurch wird Energie gespart. Besondere Verhaltensweisen bringen zusätzliche Vorteile. So ruhen

Bei Erregung bläst der Kamelhengst eine sackartige Erweiterung seines weichen Gaumens zu einem roten Ballon auf, der seitlich aus dem Mundwinkel hängt. Dabei erzeugt er aus Speichel Schaum und stößt gurgelnde Laute aus.

Kamele an heißen Tagen sitzend ganz dicht nebeneinander und schützen sich gegenseitig vor der vom Boden reflektierten Infrarot-Wärmestrahlung. Außerdem benässen sie zur Kühlung ihre Hinterbeine mit Urin.

Da der Höcker aus Fett besteht, das beim Stoffwechsel im Körper zu Wasser und Kohlendioxid verbrannt wird, hat man früher hier einen chemischen Wasserspeicher gesehen. Eine einfache Überlegung ergibt jedoch, daß die Rechnung nicht aufgeht. Für die Verbrennung muß nämlich zusätzlich Sauerstoff aufgenommen werden, das heißt, die Atmung wird verstärkt. Dadurch nimmt auch der Wasserverlust mit der Atemluft zu. So wird letztlich mehr Wasser für die Fettverbrennung verbraucht, als dabei entsteht. Der Höcker ist also nicht Wasser-, sondern Energiespeicher. Ein Kamel in schlechtem Futterzustand hat keinen Höcker, es ist flach wie ein Rind.

Nach einigen Wochen guter Fütterung wird der Höcker wieder aufgebaut.

Im letzten Jahrhundert wurden Dromedare über die ganze Welt verbreitet, zum Teil aus Spielerei wie in Spanien, als Reittiere für Polizei und Armee wie in Südwestafrika und den USA, vor allem aber als Last- und Zugtiere in Australien, wo sie bei der Erschließung der zentralen Wüstengebiete eingesetzt wurden. Mit der Entwicklung des motorisierten Straßenverkehrs wurden sie nicht mehr gebraucht und sich selbst überlassen. Sie verwilderten, und heute gibt es dort mindestens 40 000, vielleicht an die 80 000 freilebende Dromedare, die einzigen wildlebenden auf der Erde. Da sie gelegentlich Viehzäune zerstören und außerdem im Verdacht stehen, Viehseuchen zu übertragen, werden sie in den viehwirtschaftlich genutzten Gebieten zu Tausenden abgeschossen, zum Teil auch vom Hubschrauber aus. Die toten Tiere verrotten in der Landschaft, da lokal kein Bedarf an Fleisch oder anderen Produkten besteht. Nur selten werden die Tiere wenigstens zu Hundefutter verarbeitet. In Zukunft könnten sich aber wichtige Nutzungsmöglichkeiten ergeben, und zwar als Zuchttiere zur Verbesserung der einheimischen Zuchtlinien in Nordafrika und im arabischen Raum; Kamelfleisch könnte in Ostasien vermarktet werden. Die hohen Transportkosten verhindern vorläufig noch die wirtschaftliche Nutzung.

Die australischen Kamele sind für die Wissenschaft von besonderer Bedeutung: Nur hier besteht die Möglichkeit, die Tiere in natürlich zusammengesetzten Populationen unbeeinflußt vom Menschen zu beobachten; aus den Ergebnissen kann auf Verhalten und Lebensweise der ausgerotteten wilden Vorfahren rückgeschlossen werden.

Seit 1984 führe ich zusammen mit meinen Mitarbeitern B. Dörges und J. Heucke Untersuchungen zur sozialen Organisation und zur Ökologie der zentralaustralischen Dromedare durch. Nach den bisherigen Ergebnissen leben die Tiere in weitgehend festen Verbänden, die aus einem Hengst, einer Reihe von Stuten und deren Nachkommen bestehen. Überzählige Hengste sind Einzelgänger oder schließen sich zu Junggesellengruppen zusammen. Die größte Stutenzahl in einer Gruppe war acht, der Durchschnitt lag bei vier Stuten; die größte Familiengruppe hatte 21 Mitglieder.

Familien und Hengstgruppen sind nicht territorial. Sie beanspruchen und verteidigen kein bestimmtes Gebiet gegen Artgenossen. Die Gruppen können sich auch zu größeren Herden zusammenschließen, vor allem in Dürrezeiten, wenn sie größere Wanderungen zu entfernten Wasserstellen unternehmen. Von Herden von mehreren hundert Mitgliedern wird berichtet.

Kamelhengste haben monatelange ausgeprägte Fortpflanzungsphasen, die mit gleichfalls längeren Fortpflanzungspausen abwechseln. So kommt es unregelmäßig zur freiwilligen Trennung des Familienhengstes von seiner Gruppe, die dann kampflos von einem neuen Hengst übernommen wird. Während der Fortpflanzungsphase hält der Familienhengst seine Stuten zusammen und vertreibt andere Hengste. Die Auseinandersetzungen führen gelegentlich aber auch zu eindrucksvollen und gefährlichen Kämpfen, die den Tod eines oder beider Partner bedeuten können. Die kämpfenden Hengste stehen sich gegenüber und schnappen oder beißen nach den Beinen oder dem Hals des Gegners. Bei diesem Kampf und auch beim Halskampf, bei dem jeder versucht, den Kopf des Gegners zu Boden zu drücken, kann es passieren, daß der Kopf des einen Hengstes zwischen Körper und Bein des anderen gerät. Der läßt sich dann zu Boden fallen und kann den Gegner ersticken. Es kann sogar vorkommen, daß sich beide Hengste so ineinander verschlingen, daß sich keiner mehr befreien kann, und dann ersticken beide. Die bedeutende Kamelforscherin Hilde Gauthier-Pilters, die viele Jahre in der Sahara Kamele beobachtete, hat einen solchen Kampf miterlebt. Die Tiere wurden allerdings gerade noch im letzten Moment von ihren Besitzern getrennt und überlebten. Ich habe einen Hengstkampf bei verwilderten Kamelen in Australien gesehen, bei dem der eine Hengst im »Sitzen« den Fuß des anderen eingeklemmt hatte. Hier konnte über längere Zeit keiner der Partner weg, bis schließlich der eine wieder aufstand und damit den anderen freigab.

Kamelkämpfe werden in einigen Ländern wie Tunesien, Türkei und Afghanistan zur Volksbelustigung veranstaltet. Da die Tiere ungeheuer wertvoll sind, wird ihnen meist ein Beißkorb umgebunden, und natürlich verhindern die Besitzer, daß ihre Tiere zu Schaden kommen. Wenn Kamele Menschen angreifen, dann kämpfen sie in ähnlicher Weise wie mit ihren Artgenossen. Die Hengste beißen und schlagen dabei fürchterliche Wunden, oder sie drücken den Menschen mit Hals und Körper zu Boden und erdrücken ihn. Einige Unfälle mit tödlichem Ausgang für den Menschen sind bekannt geworden.

Als sozial-lebende Tiere verfügen die Kamele über eine Vielzahl von Signalen zur Verständigung. Während der Paarungszeit zeigen Rivalen folgendes Verhalten: Sie stellen sich breitbeinig und harnen nach hinten gegen den Schwanz, der dabei rhythmisch auf- und abgeschlagen wird. Dadurch wird der Harn auf den Rücken geschleudert und in der Umgebung verteilt. Gleichzeitig blasen die Tiere eine sackartige Erweiterung ihres weichen Gaumens auf, die dann als roter Ballon von bis zu 36 Zentimeter Länge seitlich aus dem Maul heraushängt. Sie speicheln ausgiebig, daß das Maul mit Schaum bedeckt ist, und stoßen »blo-blo-blo«-Rufe aus. Der Familienhengst bleibt dabei zwischen seinen Stuten und dem Rivalen, drängt diesen von der Gruppe weg und kehrt dann wieder zurück. Bei der »Verabschiedung« legt sich der Sieger manchmal nieder und reibt den Kopf am

Links: Nach einer Tragzeit von zwölf bis vierzehn Monaten bringt die Dromedarmutter ihr Kind zur Welt. - Rechts: Kamelkinder sind Nestflüchter. Schon Minuten nach der Geburt macht das Kleine die ersten Aufstehversuche.

KAMELE

Ein Dromedarkind an der mütterlichen Milchquelle. Über ein Jahr lang wird das Junge gesäugt.

Boden und an Büschen. Dabei wird der Schaum und auch das dunkle, klebrige Sekret der Hinterhauptdrüsen abgestreift. Dieses betonte Hinlegen ist etwas ganz Ungewöhnliches: Andere Tiere werfen sich nieder oder machen sich klein, wenn sie Unterlegenheit mitteilen – beim Kamel ist es umgekehrt. Das Sekret der Hinterhauptdrüsen wird während der Paarungszeit auch am eigenen Rücken abgestreift, der Hengst beschmiert sich dadurch auch am Vorderkörper mit eigenen Duftstoffen. Welche Funktion dieses Sekret hat, ist noch unklar; sicher ist, daß Artgenossen auf den Geruch reagieren, und möglicherweise werden Stuten durch ihn sexuell angeregt.

Stuten und Fohlen stoßen ein klagendes Blöken aus, vergleichbar mit dem des Schafs, wenn sie einander suchen, und sie erkennen sich daran offenbar individuell. Die Hengste erzeugen durch Reiben der Zähne gegeneinander ein schrilles Pfeifgeräusch, das wahrscheinlich in erster Linie ein Drohlaut, vielleicht aber auch ein Kontaktlaut ist.

Die Paarung wird durch ein Vorspiel eingeleitet, bei dem der Hengst die Stute treibt, in der Geschlechtsregion beriecht, auch manchmal beißt, und mit dem Hals auf ihren Körper drückt, bis sie sich niederlegt. Dann steigt er über sie und führt die Begattung aus. Nach einer Tragzeit von 12 bis 14 Monaten wird ein einziges Junges geboren. Vor der Geburt sondert sich die Mutter von der Gruppe ab und schließt sich mit anderen Müttern zusammen. Das Fohlen wird über ein Jahr lang gesäugt. Die Kamelstute läßt sich nur in Gegenwart ihres Fohlens melken, sonst hält sie die Milch zurück. Wenn das Fohlen stirbt, stopfen die Nomaden die Haut mit Gras aus und, so unglaublich es klingen mag, täuschen dadurch die Stute.

Die Spiele der Kamele sind vor allem Lauf- und Fangspiele der Jungtiere und Kampfspiele der jungen Hengste. Junge und alte Kamele schlagen mit den Vorderbeinen spielerisch seitlich vorwärts nach ihren Spielkameraden aus, wahrscheinlich eine Aufforderung zum Kampfspiel. Beim Menschen kann solches Spiel allerdings zu bösen Kratzern und zu blauen Flecken führen. Kamele scheuern sich zur Körperpflege an Bäumen und Büschen und wälzen sich im Sand. Gegenseitige Hautpflege scheint nicht vorzukommen.

Kamele können sich von einer Vielzahl von Futterpflanzen ernähren und jedes Nahrungsangebot aus-

Dromedare schleppen im Dienste des Menschen schwere Lasten nicht nur auf dem Rücken, sondern lassen sich sogar vor dessen Karren spannen.

nutzen. Selbst Pflanzen, die für andere Tiere giftig sind und sogar zum Tod führen können oder einen hohen Salzanteil enthalten, werden vom Kamel offenbar ohne Schaden ertragen. Auch in bezug auf die Wasserqualität sind Kamele wenig wählerisch. Sie können sogar Seewasser und noch stärker konzentriertes Salzwasser verwerten – auch das ist eine hervorragende Anpassung an Wüstenbedingungen.

Im Gegensatz zu anderen Haustieren schonen die Kamele ihren Lebensraum. Während der Nahrungsaufnahme wandern sie mehrere Kilometer am Tag, verzehren hier ein wenig, dann woanders. Sie nehmen von einem Busch immer nur ein paar Bissen, dann gehen sie zum nächsten. So wird die Vegetation kaum geschädigt. Auch der Boden wird geschont: Kamele sinken wegen ihrer großen Fußsohlen viel weniger ein als etwa Rinder oder Pferde.

Das ZWEIHÖCKRIGE KAMEL oder TRAMPELTIER *(Camelus ferus)* kommt als Wildtier noch in Restbeständen von wahrscheinlich nur wenigen hundert Tieren im Süden der Wüste Gobi, in der Mongolei und in China im Flachland, aber auch in den Bergen bis 2000 Meter Höhe vor. Neuere Zahlenangaben liegen nicht vor, aber man muß davon ausgehen, daß der Lebens-

Das Trampeltier ist in Asien ein weitverbreitetes Haustier. In der Wüste Gobi und im Tarim-Becken kommt es auch noch in geringen Restbeständen als Wildtier vor.

raum auch dieser Tiere durch land- und viehwirtschaftliche Nutzung mehr und mehr eingeschränkt wird und ihre Zahl zurückgeht. Im Gobi-Nationalpark in der Mongolei sind sie geschützt. Eine Gefahr für die Wildkamele besteht auch darin, daß sie sich mit entlaufenen Hauskamelen (*Camelus ferus* f. bactrianus) vermischen.

Das zweihöckrige Kamel wurde vor mindestens 4500 Jahren zum Haustier gemacht, wahrscheinlich in Baktrien (deswegen der wissenschaftliche Name *Camelus ferus* f. bactrianus), einem Königreich auf dem Gebiet des heutigen Turkmenien und nördlichen Iran. Von dort wurde es in alle Richtungen verbreitet. Die ersten Berichte stammen aus Mesopotamien um 1500 vor Christus. In China waren sie im 2. Jahrhundert vor Christus häufig, und zwar nach künstlerischen Darstellungen als Zugtiere, später auch als Lasttiere. Kamele waren die Transportmittel auf der berühmten Seidenstraße, die China mit den Nachbargebieten im Westen verband. Auch heute noch werden sie in Zentralasien hauptsächlich als Tragtiere verwendet. Bei den Kirgisen und einigen anderen Stämmen ist das zweihöckrige Kamel auch der wichtigste Milch- und Fleischlieferant, vergleichbar mit dem Dromedar bei den nomadischen Stämmen in Afrika und Vorderasien.

Über Verhalten und Biologie des Wildkamels ist nur wenig bekannt, meist durch Zufallsbeobachtungen. Danach leben die Tiere in Familienverbänden, die überzähligen Hengste einzeln oder in Hengstgruppen, wie ihre einhöckrigen Verwandten. Auch bezüglich der Nahrungswahl läßt sich das gleiche wie für das Dromedar aussagen. Die Tiere sind äußerst genügsam und können eine Vielzahl von Futterpflanzen verwerten, die andere Huftiere, vor allem Haustiere nicht nutzen können.

Südamerikanische Schwielensohler

von William L. Franklin
unter Mitarbeit von Wolf Herre

Die südamerikanischen Schwielensohler, die zur Gattung *Lama* gestellt werden, sind mittelgroße, höckerlose Kamele. Sie zeichnen sich durch eine zierlichere Körpergestalt aus. Der lange, schlanke Hals wird aufrecht getragen. Am schmal wirkenden Kopf fallen große Augen auf, deren Oberlider lang bewimpert sind. Der runde, ziemlich dicke, unterseits fast nackte Schwanz wird im allgemeinen bogig nach oben gekrümmt. Am Mittelfuß der schlanken Gliedmaßen befinden sich als Kastanien bezeichnete harte Drüsenfelder. Schmale Sohlenpolster unter den tief eingeschnittenen Zehen befähigen zu einem raschen Paßgang auf festem Gelände und im Gebirge. Die Lamaarten sind die größten Pflanzenesser in den südamerikanischen Trockengebieten; die einzigen wildlebenden Huftiere dieses Kontinents, die bis in Wüsten vordringen und auch hochgelegene Grasflächen und Buschgebiete mit geringer Luftfeuchtigkeit und wenig Bewuchs besiedeln.

Zwei wildlebende Arten werden unterschieden: das kleinere, recht zierlich wirkende Vikunja *(Lama vicugna)* und das größere, kräftigere Guanako *(Lama guanacoë)*. Aus Beständen des Guanako gingen Haustiere hervor, die, wie in neuerer Zeit besonders Wolf Herre herausstellte, eine bemerkenswerte Vielfalt aufweisen. Es sind die als Lama bezeichneten Tragtiere und die Alpakas, die man als Lieferanten feinerer Wollarten schätzt. Diese Formen lassen sich vorwiegend als Landrassen bezeichnen, aus denen Kulturrassen hervorgehen; die Übergänge sind fließend. Die Haustiere haben einen höheren allgemeinen Bekanntheitsgrad als die Wildarten.

Allgemein bekannt ist auch eine Verhaltenseigenart der Lamaartigen: das sogenannte Spucken. Bei stärkeren Erregungen, so auch bei innerartlichen Auseinandersetzungen nehmen sie den Kopf hoch, legen die Ohren zurück und stoßen, meist in Richtung des Gegners, kurz und heftig Luft aus. Dabei werden Feuchtigkeit und unterschiedliche Mengen von Nahrung mit »ausgehustet«. Inwieweit es sich dabei auch um hochgewürgten Mageninhalt handelt, ist noch ungewiß.

Im Fortpflanzungsverhalten stimmen die Lamaartigen mit den Großkamelen überein. Die weiblichen Tiere legen sich mit dem Bauch auf den Boden, die Männchen steigen bei der Begattung über ihre Partnerinnen.

Die Verbreitungsgebiete der wildlebenden Arten der Gattung *Lama*, die recht nah miteinander verwandt sind, überschneiden sich in vielen Bereichen. Dies

Das Guanako ist die größere und häufigere der beiden südamerikanischen Kamelarten. Die schlanken, hochbeinigen und langhalsigen Tiere sind schnelle und ausdauernde Läufer, die auch heute noch in vielen Graslandschaften des Kontinents heimisch sind.

trifft auch für Hausformen des Guanako mit der Stammart und für das Vikunja zu. Vermischungen zwischen Guanako und Vikunja sowie Lama und Alpaka mit Vikunja kommen unter natürlichen Bedingungen nicht vor, was jüngst Hernando de Macedo unterstrichen hat. Die Eigenständigkeit der Arten wird damit eindeutig. Nur unter gewissen Bedingungen lassen sich in menschlicher Obhut Bastarde erzeugen, die fruchtbar sind. Dies unterstreicht die nahe Verwandtschaft, läßt aber keine Aussagen über mehr oder weniger enge Beziehungen zwischen einzelnen Formen zu.

Vikunja und Guanako sind sozial lebende Arten. Sie weisen jedoch in ihren Sozialstrukturen und in ihrer Biologie Unterschiede auf, die ich (W.L.F.) in neuerer Zeit aufzeigen konnte.

Vikunja *(Lama vicugna)*

Mit einer Schulterhöhe von 86 bis 96 Zentimetern und 45 bis 55 Kilogramm Körpergewicht ist das VIKUNJA *(Lama vicugna)* die kleinste Art der heute lebenden Cameliden. Vikunjas wirken durch den schlanken Körper und die verhältnismäßig langen Gliedmaßen »elegant«. Der ziemlich dünne Hals trägt einen kurzschnauzigen, gerundeten Kopf. Die spitzen Ohren sind lang und von geringer Breite. Die Färbung von Kopf und Rumpf ist gelblich- bis rötlichbraun, Bauchseite und Innenflächen der Flanken sind schmutzigweiß. An der Brust zeigt sich eine eigenartige, 20 bis 30 Zentimeter lange Mähne aus seidig-weißen Haaren. Das Fell wirkt sehr einheitlich und weich, da die Unterschiede zwischen Deckhaaren und Unterhaar gering sind und die Zahl der Unterhaare recht groß ist. Die Haare sind in eine sehr dünne Haut gleichmäßig tief eingepflanzt.

Eine gewisse Bandbreite zeigt sich in den Angaben über Körpergröße, Fellfärbung, doch Unterarten lassen sich nicht eindeutig abgrenzen. 1917 hat Oldfield Thomas für Nordperu (Junin) zwar eine Unterart *Lama vicugna mensalis* beschrieben, die sich durch geringere Körpergröße und hellere Färbung auszeichnen soll, doch Nachprüfungen an Tieren des gleichen Gebietes haben seine Angaben nicht allgemein bestätigt. Die von Ingo Krumbiegel 1947 beschriebene Unterart *L. v. elfridae* beruht höchst wahrscheinlich auf einem Bastard.

Vikunjas sind wachsame, scheue Tiere, die sehr schnell flüchten. Auge und Ohr sind besonders ausgeprägte Sinnesorgane. Das relative Hirngewicht liegt höher als beim Guanako. Als Warnruf wird ein heller, pfeifender Laut, der einem hohen Sopran gleicht, ausgestoßen.

Der heutige Lebensraum der Vikunjas liegt in der biologischen Zone der Puna des Altiplano, einer Hochfläche der südamerikanischen Anden mit Steppennatur. Dort halten sie sich in 3700 bis 5500 Meter Höhe, bevorzugt zwischen 3700 und 4900 Metern auf. Um ständig in dieser Höhe leben zu können, haben Vikunjas ein ungewöhnlich großes Herz, dessen relatives Gewicht fast 50% über der Norm gleichgroßer anderer Säugetiere liegt. Auch Besonderheiten

Die eleganten Vikunjas sind die kleinste Kamelart überhaupt. Sie besitzen ein ungewöhnlich großes Herz, das ihnen ein Leben auf den Hochebenen der Anden in Höhen bis zu 5500 Metern möglich macht.

der roten Blutzellen sind als Anpassungen an die Höhenlage zu werten.

Im Wohngebiet der Vikunjas oberhalb der Baumgrenze, aber unterhalb der Schneegrenze ist das Klima trocken und kalt. Die vorwiegend flache, stellenweise leicht hügelige Landschaft ist mit kurzer Vegetation bedeckt. Feuchtigkeit entsteht im wesentlichen durch nächtliche Nebel, die das Gedeihen kurzer, ausdauernder Gräser ermöglichen. Vikunjas ernähren sich ausschließlich von diesem kurzen, oft harten Graswuchs. Das erfordert besondere Schneidezähne: Sie zeigen ein Dauerwachstum, die Wurzeln dieser Zähne schließen sich nicht. Vikunjas benötigen in ihren Revieren ständige Wasserstellen, da sie täglich trinken müssen.

Die südliche Grenze des Verbreitungsgebietes der Vikunjas liegt ungefähr auf einer Linie von Vallenar in Chile nach La Rioja in Argentinien, die Nordgrenze in Peru in der Gegend Junin – Cerro de Pasco. Seit der spanischen Eroberung Südamerikas im 16. Jahrhundert haben Spanier und nachfolgend Nordamerikaner und Europäer durch übermäßige Jagd die Bestände des Vikunja fast vernichtet. Heute leben nach Angaben von Hartmut Jungius Vikunjabestände in Nordchile, vorwiegend in der Provinz Antofagasto, in Nordargentinien in den Provinzen Salta und Jujui nahe der bolivianischen Grenze. In Bolivien lassen sich zwei größere Vorkommen feststellen; diese liegen in Gebieten nordöstlich des Titicacasees, so im Nationalpark Ulla-Ulla und südwestlich des Sees bei Santiago de Machara. Restbestände lassen sich nördlich Cochabamba sowie bei Potosi und Oruro beobachten. In Peru leben die meisten Vikunjas. Allein im Nationalpark Pampa galera wird ihre Zahl auf 5000 geschätzt. Der derzeitige Gesamtbestand der Vikunjas in Südamerika dürfte ungefähr 125 000 Tiere betragen.

Vikunjas sind tagaktiv; nachts ziehen sie sich auf höher gelegene Schlafplätze zurück. Bei der Auswahl ihrer Reviere achten sie auf das Nahrungsangebot der Weide im Jahresverlauf, auf eine günstige Lage von Wasserstellen und auf geeignete Schlafplätze. In günstigen Revieren bilden Vikunjas ortstreue Familiengruppen. Außerdem gibt es nichtterritoriale Verbände männlicher Vikunjas, die sich nicht fortpflanzen, und gelegentlich einzelgängerische, ältere männliche Tiere. 60% der Tiere bilden Familiengruppen mit eigenen Territorien. Die Kopfstärke solcher Gruppen schwankt zwischen 6 und 19; sie hängt mit den Ernährungsbedingungen innerhalb der Reviere zusammen. Meist sind sechs weibliche Tiere mit Jungtieren und ein erwachsenes Männchen in einer Familiengruppe.

Die ortstreuen Familiengruppen werden von einem fortpflanzungsfähigen Männchen angeführt, welches das Revier gegen fremde Artgenossen verteidigt. Dabei ist sehr häufig ein Drohlaufen zu beobachten. Das Reviermännchen hält sein Rudel straff zusammen; auch wenn die Tiere weiden, beträgt der Abstand zwischen den Einzeltieren selten mehr als 50 Meter. Der Abstand zum männlichen Tier ist größer. Mitglieder der Familiengruppe dürfen diese nicht ohne weiteres verlassen, fremden erwachsenen und auch jugendlichen Weibchen wird die Eingliederung verwehrt. Die Familiengruppen der Vikunjas stellen geschlossene Gesellschaften dar.

Die Jungtiere der Gruppe spielen miteinander; dem anführenden Männchen gegenüber verhalten sie sich unterwürfig. Bei den Gesten der Unterwürfigkeit wird im Verhaltensablauf der Hals über den Rücken

Dieses Vikunjakind ist von seiner Mutter vorübergehend in der Steppe »abgelegt« worden.

gelegt. Die Jungen werden im allgemeinen sechs bis acht Monate lang gesäugt. Mit zunehmendem Alter der Jungtiere bahnen sich Auseinandersetzungen mit dem Rudelführer an, in deren weiterem Verlauf die Jungtiere aus dem Rudel vertrieben werden. Jungtiere männlichen Geschlechts müssen im Alter von vier bis neun Monaten das Rudel verlassen, weibliche Jungtiere werden später vertrieben, wenn sie zehn bis elf Monate alt sind. Erst danach werden die Jungtiere des nächsten Jahrganges geboren.

In ungünstigen Randzonen des Verbreitungsgebietes, den Sekundärgebieten, bleiben die territorialen Familiengruppen meist kleiner; sie bestehen dann etwa aus

▷ Vikunjas ziehen in einem geschlossenen Familienverband über einen hochgelegenen Salzsee in den chilenischen Anden.

dem anführenden Männchen und drei weiblichen Tieren sowie einem Jungtier. Nur selten, meist in der Zeit wenn die Jungtiere aus den territorialen Familiengruppen vertrieben werden, lassen sich eine Zeitlang umherziehende Verbände aus weiblichen Jungtieren und noch nicht territorialen männlichen Vikunjas beobachten.

Auffällig sind die ungeordneten, oft großen Verbände männlicher Vikunjas, die aus meist weniger als 30 Einzeltieren bestehen. Die Stärke dieser Verbände kann aber auf bis zu 155 Einzeltiere ansteigen. Die oft schnell wechselnde Gruppengröße weist auf einen geringen Zusammenhalt dieser Verbände hin; es läßt sich kaum eine Rangordnung erkennen. Das Kräftemessen unter den Tieren spielt in diesen Gruppen eine allgemeine Rolle. Erwachsene männliche Vikunjas, die keine Familiengruppe führen, weil sie kein Revier besitzen, können zu Einzelgängern werden.

Vikunjas markieren die Reviergrenzen durch das Absetzen von Kot und Urin. Dabei entstehen Kothaufen, die alle Altersklassen und Geschlechter ausschließlich benutzen. Die Zahl der Kothaufen ist in der Nähe der Schlafplätze größer, und ihre Verteilung ist dort dichter als auf der Weidefläche. Von den territorialen Männchen werden Kothaufen am Rande des Reviers bevorzugt. Sie tragen dazu bei, den Angehörigen der Gruppe Grenzen deutlich zu machen und fremde Artgenossen davon abzuhalten, in das Revier einzudringen.

Vikunjas gebären meist im Februar und März nach einer Tragzeit von durchschnittlich 345 (310–365) Tagen ein Jungtier; Zwillinge sind sehr selten. Meist gebären im gleichen Jahr um 50% der Weibchen eines Vikunjavorkommens. In den Schutzgebieten wächst der Vikunjabestand jährlich um 25%. Die weiblichen Tiere werden bald nach der Geburt wieder begattet. Vikunjas erreichen in freier Wildbahn ein Alter von 15 bis 20 Jahren.

Menschen haben zum Vikunja sehr unterschiedliche Beziehungen, die sich auch in Volksbräuchen wiederfinden. Manche Indianer der Anden – Aymara in abgelegenen Tälern noch heute – glauben, daß das Vikunja eine Tochter der Fruchtbarkeitsgöttin Pachamama sei. Sie verehren die Vikunjas als heilige Tiere. Aus anderen Bereichen liegen prähistorische Dokumente vor, die das Vikunja als wichtige Jagdbeute ausweisen. Zur Zeit der Inkas war die Nutzung der Wolle wildlebender Vikunjabestände von hoher Bedeutung. Alle drei bis fünf Jahre wurden wildlebende Vikunjas mit Hilfe vieler Menschen in Pferche getrieben, geschoren und dann wieder in die Wildbahn entlassen. Aus der Wolle wurden feine Gewebe gefertigt, die in der Inkazeit nur zu Kleidungsstücken für Vornehme verarbeitet werden durften. Diese Art der Nutzung freilebender Vikunjas ist in der Mitte dieses Jahrhunderts im Bereich des Titicacasees auf der Farm Cala-Cala wiederaufgenommen worden. Zur Steigerung des Wollertrages sind nach gemeinsamer Aufzucht Bastarde zwischen Vikunja und Alpaka erzeugt worden, die in die natürlichen Bestände gelangten. Nun muß moderner Naturschutz bestrebt sein, die unkontrollierte Vermehrung der Mischlinge zu verhindern.

Nach der Eroberung Perus begehrten die Eroberer und die ihnen nachfolgenden Siedler Wolle und Felle der Vikunjas in zunehmendem Maße. Es gab Jahre, in denen mehr als 80 000 Vikunjas erlegt wurden. Die Bestände verringerten sich bedrohlich. Der Befreier von spanischer Herrschaft und Staatengründer Simón Bolívar veranlaßte bereits 1825 ein Gesetz zum Schutze der Vikunjas, die in Peru zu einem Symbol wurden. Aber diese ersten Schutzbemühungen hatten nicht den gewünschten Erfolg. Zu stark waren Verlockungen als Folge lebhaft bleibender Nachfrage; für Wilderer blieben Vikunjas eine erstrebenswerte Beute. Erst in den letzten Jahrzehnten fanden die Bemühungen internationaler Organisationen zur Erhaltung der Bestände des Vikunja in seinen Heimatländern Würdigung und entscheidende Förderung. Nationalparks wurden in Peru und Bolivien eingerichtet, in denen Zoologen Forschungen über

Oben: Vikunja auf einer peruanischen Briefmarke. – Rechts: Bereits in der Inkazeit hat man die feine Wolle der wildlebenden Vikunjas genutzt. Die Tiere wurden in Pferche getrieben, geschoren und wieder freigelassen. Das gleiche geschieht neuerdings wieder auf der Farm Cala-Cala in der Nähe des Titicacasees. Zum Eintreiben der scheuen, schnellfüßigen Vikunjas sind viele Helfer nötig.

Als Bewohner offener Landschaften sind die Guanakos ebenso wachsame wie erkundungsfreudige Tiere. Der auf dem langen Hals sitzende Kopf mit den großen Augen und Ohren ermöglicht ihnen eine hervorragende Orientierung im Gelände.

entscheidende Grundlagen der Biologie des Vikunja durchführten. Zur Zeit besteht berechtigte Hoffnung, daß diese bemerkenswerte und schöne Tierart vor dem Aussterben bewahrt werden kann. Außer dem Menschen hat das Vikunja wenig Feinde; nur Puma und Wildhunde der Gattung *Dusicyon* bringen ihnen Verluste bei.

Guanako *(Lama guanacoë)*

Als größtes wildlebendes Säugetier in Südamerika beeindruckt das GUANAKO *(Lama guanacoë)*. Es erreicht Schulterhöhen zwischen 90 und 125 Zentimetern, die Körpergewichte liegen zwischen 80 und 120 Kilogramm. Die recht große Bandbreite dieser Werte hängt mit der weiten Verbreitung des Guanako zusammen, worüber Manfred Röhrs neuere Angaben gemacht hat.

Das Guanako lebt im südlichen Feuerland, in ganz Patagonien und südlich von Buenos Aires in der Sierra Ventana; es fehlt aber in der mittelargentinischen Pampa. In Trockengebieten des Gran Chaco treten Guanakos zeitweise auf. Sie kommen südlich von Mendoza und auf den Ost- und Westhängen der Kordilleren vor. In Nordargentinien leben sie noch heute in abgelegenen Tälern auf der Ostseite des Gebirges, so im Aconquija-Massiv und in den Nevadas de Cachi bis La Quiaca. In der Westkordillere besiedeln Guanakobestände ganz Chile, in Peru erreichen sie die Gegend um Nazca, 100 Kilometer südlich von Lima. Nicht nur die Größe des Verbreitungsgebietes auch die ökologischen Verschiedenheiten der Lebensbereiche sind bemerkenswert. Guanakos leben ebenso in Meereshöhe wie in Gebieten bis 4000 Meter (selten 5000 Meter) Höhe. Zum Höhenleben befähigt wohl auch das ziemlich hohe relative Herzgewicht, das um 15% über dem Normwert gleichgroßer anderer Säugetiere liegt. Eine hohe Anpassungsfähigkeit des Guanako zeigt sich auch darin, daß es nicht nur Grasland, Buschgebiete und baumbestandene Savannen verschiedener Höhenstufen bewohnt, sondern auch in Trockengebiete, in Zonen wechselhaften Wetters, in solche mit Schneefall und extrem trockenen Wintern vordringt. Es verträgt niedere und hohe Temperaturen, starken Wind, höhere Luftfeuchtigkeit und begnügt sich mit sehr kargem Pflanzenwuchs.

Die größten Guanakos leben im südlichen Patagonien. Sie haben eine kräftige rotbraune Färbung mit meist dunklerem Rücken; Kopf, Ohren und Genick sind grau gezeichnet, auch die Gliedmaßen sind heller getönt. Bei den Guanakos in Chile zieht die Graufärbung des Kopfes am Hals weit hinab. Diese Tiere wurden als Unterart *Lama guanacoë huanacos* gekennzeichnet.

Die nordargentinischen Guanakos sind oft von geringerer Größe und haben eine blaß-braungelbliche Färbung; sie werden als Unterart *L. g. voglii* bezeichnet. Durch noch geringere Größe fielen Tiere aus dem nördlichsten Teil des Verbreitungsgebietes auf; für sie wurde die Unterartbezeichnung *L. g. cacsiliensis* gewählt. Zoologen, die in neuerer Zeit Guanakobestände verschiedener Gegenden untersuchten, waren von einer bemerkenswerten Variabilität innerhalb der Art überrascht. Zweifel an der Berechtigung der beschriebenen Unterarten wurden geäußert.

Guanakos tragen ein festes, längeres Haarkleid. Kräftige Deckhaare überragen ein kürzeres, feineres Unterhaar. Diese Haare sind unterschiedlich tief in eine dicke, feste Haut eingepflanzt. Guanakos besitzen keine Brustmähne. Sie sind fluchtbereite, aber erkundungsfreudige Tiere. Augen und Ohren haben für

die Orientierung in der Umwelt besondere Bedeutung. Bei Gefahren warnen Guanakos durch ein helles, hohes Wiehern. Das Guanako hat ein höheres relatives Hirngewicht als das Vikunja.

Auch die Nahrung des Guanako ist vielseitig. Gräser sind zwar die bevorzugte Kost, aber Guanakos äsen auch Blätter und Knospen von Büschen und Bäumen. Noch wichtiger ist, daß Guanakos längere Zeit ohne Trinkwasser auskommen. Sie können sich zeitweise mit dem Wassergehalt von Pflanzen begnügen. Sie trinken auch Brackwasser, sogar Salzwasser. Diese ökologische Vielseitigkeit ermöglicht es den Guanakos, sich auf Wanderungen zu begeben; sie haben eine größere Bewegungsfreiheit als das Vikunja.

Grundsätzlich leben Guanakos in Sozialverbänden. Unter diesen herrschen Familiengruppen vor. Doch die Zahl und der Aufbau in diesen Familiengruppen ist vielseitig, zeitweilig können sie als halboffene Verbände bezeichnet werden. Außer den Familiengruppen gibt es Verbände mit männlichen Tieren. Diese nehmen manchmal auch weibliche Jungtiere auf. Männliche Einzelgänger lassen sich ebenfalls beobachten. In manchen Gebieten herrschen langfristig territoriale Familiengruppen vor, in anderen sind wandernde Familien anzutreffen. Es gibt dann außerdem Verbände erwachsener Weibchen mit Jungtieren, die keine erwachsenen Männchen aufnehmen, und auch gemischte Gruppen.

Territoriale Familiengruppen bestehen aus dem männlichen Leittier, welches einige weibliche Tiere und deren Jungtiere in seine Obhut nimmt. Dieses erwachsene Männchen verteidigt ein Revier, das im Sommer meist größer ist als im Winter. Das Leittier verjagt männliche Eindringlinge; Männchenverbände achten die Grenzen solcher Reviere. Das Leitmännchen setzt Kothaufen zur Markierung, aber die anderen Rudelmitglieder benutzen diese Kotstellen nicht. Das territoriale Männchen nimmt Einfluß auf die Größe der Gruppe, ohne dabei auf die zur Verfügung stehende Nahrungsmenge zu achten. Die weiblichen Tiere bleiben mit ihren Jungtieren meist in der Gruppe, aber es wird ihnen und ihren Jungen ein Wechsel in andere Gruppen nicht ernsthaft verwehrt. Fremden Weibchen ist der Eintritt in die Familiengruppe gestattet. Die Familiengruppen der Guanakos haben also einen viel lockereren Aufbau als jene der Vikunjas. Auch beim Weiden zeigt sich, daß der Zusammenhalt der Einzeltiere in der Gruppe nicht sehr eng ist. Der Abstand zwischen den Rudelmitgliedern kann 200 Meter und mehr betragen.

Eine Guanako-Junggesellenherde vor der Kulisse der Paine-Berge im Süden Chiles.

Die in Familiengruppen aufwachsenden Jungtiere spielen miteinander und verhalten sich gegenüber dem Leittier unterwürfig. Als Unterwürfigkeitsgeste wird dabei der Hals an den Boden gelegt. Die Jungtiere werden sechs bis acht Monate lang gesäugt und verbleiben auch nach ihrer Entwöhnung in der Familiengruppe, im allgemeinen bis nach der Geburt des nächsten Jahrganges. Erst wenn die Jungtiere 11 bis 15 Monate alt sind, vertreibt das anführende Männchen die Jungtiere des Vorjahres. Diese schließen sich dann vorübergehend zu gemischten Verbänden zusammen und vereinigen sich mit den Jungtieren anderer Familiengruppen.

Die Tragzeit beträgt auch beim Guanako 345 bis 360 Tage. Die Lebensdauer wildlebender Guanakos wird mit 15 bis 20 Jahren angegeben. Als natürlicher Feind hat nur der Puma größere Bedeutung.

Der Mensch hat das Vorkommen der Guanakos vielfältig und weitgehend beeinflußt. Zunächst waren Guanakos eine begehrte Jagdbeute, wie prähistorische Dokumente belegen. Entscheidender aber ist, daß sich zwischen Menschen und Guanakobeständen besondere Beziehungen entwickelten, als aus ihnen Haustiere entstanden, die heute in Lama und Alpaka gegliedert werden.

Lama und Alpaka (*Lama guanacoë* f. glama)

Lama und Alpaka sind schon seit vorkolumbischen Zeiten wichtige Haustiere in den Andengebieten des westlichen Südamerika. Sie dienen heute unterschiedlichen Zwecken. Zur Zeit der Inka waren Lamas Opfertiere, ihr Fleisch spielte aber für die Ernährung der Bevölkerung eine geringe Rolle. Das Lama gewann als Tragtier große Bedeutung, vom Alpaka nutzte man schon lange die feine Wolle.

Diese unterschiedlichen Arten der Nutzung von Lama und Alpaka trugen dazu bei, daß diese Haustiere recht verschiedenartig aussehen. Sie wurden daher lange als verschiedene Arten bezeichnet. Haustiere müssen jedoch aus Wildarten hervorgegangen sein, und es begannen Erörterungen über die Stammarten. Als Ausgangsform des Lama war das Guanako bald anerkannt, umstritten blieb lange Zeit die Frage nach der Herkunft des Alpaka. Vor allem die Wollbildung führte zu der Auffassung, daß das Alpaka ein domestiziertes Vikunja sei. Andere Forscher führten das Alpaka auf das Guanako zurück. Erst in den letzten Jahrzehnten gelang eine wohlbegründete Klärung, weil Erkenntnisse vergleichender Domestikationsforschung (siehe den Beitrag von Wolf Herre und Manfred Röhrs »Haussäugetiere« in diesem Band) in diese Stammartenfrage einbezogen wurden.

Im Blick auf die Wollbildung ist die Haut von Interesse. Diese stimmt bei Lama und Alpaka mit jener des Guanako überein, das Vikunja weicht darin ab. Ähnlich wie bei vielen Hausschafen ist jedoch der Ablauf des Haarwachstums und das Verhältnis von Deckhaaren zu Unterhaaren verändert. Gegenüber dem Guanako ist bei beiden Hausformen das Haarwachstum gesteigert, so entsteht ein längeres, verspinnbares Material. Der Wandel geht beim Alpaka weiter als beim Lama, das Alpaka zeigt ein Dauerwachstum des Haarkleides. Außerdem gleicht sich die Dicke von Deckhaar und Unterhaar einander an, indem sich die Mächtigkeit der Deckhaare verringert. Dieser Vorgang schreitet beim Alpaka bis zu einer recht gleichmäßigen, feinen Wolle fort. Es lassen sich alle Übergänge zwischen Lama und Alpaka feststellen.

Bei allen Haustieren stellen sich Änderungen in der Körpergröße ein. Da beim Lama sein Nutzen als Tragtier in den Vordergrund rückte, herrschen bei dieser Haustierform die großen Tiere vor. Tiere mit geringer Körpergröße finden sich unter den Alpakas. Auch die Kopfformen werden bei Haustieren vielfältiger. Beim Lama und Alpaka verbreitet sich vorwiegend der Schädel und der Gesichtsteil verkürzt sich. Das Ausmaß dieser Veränderungen ist unterschiedlich. Im Hausstand vermindert sich das relative Hirngewicht: Lama und Alpaka haben im Verhältnis zum Körpergewicht fast 20% leichtere Gehirne als das Guanako, aber die Werte bleiben meist über jenen des Vikunja. Da bei keinem Haustier gegenüber gesicherten Stammarten Hirngewichtszunahmen zu ermitteln sind, spricht auch dieser Sachverhalt gegen eine Stammvaterschaft des Vikunja. Das relative Herzgewicht von Lama und Alpaka liegt unter jenem der Wildarten, das Ausmaß der Verringerung spricht ebenfalls für das Guanako als Stammart beider Formen. Auch neue biochemische Studien ergaben, daß das Vikunja eine Sonderstellung gegenüber den anderen südamerikanischen Schwielensohlern einnimmt.

Alpakas werden im allgemeinen in größeren Höhen gehalten als Lamas. Es ist denkbar, daß die als Tragtiere genutzten Lamas in der Nähe von Siedlungen blieben und daß deren Nahrungskonkurrenten, die Alpakas, in weiter abgelegene Bereiche gebracht wurden, in Gebiete der Vikunjas. Hier kommt es nicht zu freiwilligen Verpaarungen zwischen Alpaka und Vikunja, was die Artverschiedenheit deutlich macht. Lama und Alpaka hingegen paaren sich freiwillig untereinander, was für ihre gemeinsame Abstammung vom Guanako spricht.

Prähistorische Funde neuerer Zeit im Raum des südlichen andinen Peru und des nördlichen Chile ergaben in 6500 bis 5100 Jahre alten Schichten Hinweise auf die Jagd von Guanakos und Vikunjas. Allmählich deuten sich Übergänge zur Nutzung des Guanakos als Haustier an, während die Jagd auf das Vikunja weitergeht. Seit 4500 Jahren können Bestände der Guanakos als Haustiere gelten. Im Vergleich zu den »klassischen« asiatisch-europäischen Haustieren sind die Abkömmlinge des Guanako als eine jüngere Erwerbung der Menschen zu betrachten.

Das Lama hatte einst eine weite Verbreitung in gebirgigen Gebieten in Höhen zwischen 2300 und 4000 Metern, obgleich einige Herden auch in geringeren Höhen gehalten wurden. Im 16. Jahrhundert waren Lamaherden von Paraguay bis Chile zu finden. Im 17. und 18. Jahrhundert kamen sowohl in Ecuador als auch in Chile große Mengen vor, heute ist die Verbreitung des Lamas auf Südperu, Bolivien (70%) und Nordargentinien begrenzt. In schwer zugänglichen Gebieten ist der Einsatz von Lamas als Tragtiere noch immer üblich, mit dem Straßenbau mindert sich ihre Bedeutung. Der heutige Lamabestand dürfte 3,5 Millionen betragen. Als Tragtiere dienen vorwiegend kastrierte Männchen, die älter als drei Jahre sind, gelegentlich auch weibliche Tiere, die von Jungtieren begleitet werden. Lamas werden mit Lasten von 25 bis 35 Kilogramm Gewicht beladen und können diese täglich durchschnittlich 20 Kilometer weit tragen. Die Lasten werden mit einfachen Verschnürungen auf einer Unterlage von Punagras auf dem

Oben: Zwei Guanako-Junggesellen tragen eine Meinungsverschiedenheit aus. Schläge mit den Vorderläufen und auch gegenseitiges Anspucken gehören zum Kampfritual. Unten: Diese Lamas sind keine Wildtiere mehr, sondern Haustiere, die der Mensch schon vor Jahrtausenden aus freilebenden Guanakos herausgezüchtet hat, um sie als Tragtiere zu nutzen.

▷ Indiofrau mit Kindern inmitten einer großen Alpakaherde. Das Alpaka, die zweite Haustierform des Guanakos, wird ausschließlich wegen seiner wertvollen Wolle gehalten.

KAMELE

Kamele (Camelidae)

Name deutscher Name wissenschaftlicher Name englischer Name (E) französischer Name (F)	Körpermaße Kopfrumpflänge (KRL) Schwanzlänge (SL) Standhöhe (SH) Gewicht (G)	Auffällige Merkmale	Fortpflanzung Tragzeit (Tz) Zahl der Jungen je Geburt (J) Geburtsgewicht (Gg)
Dromedar, Einhöckriges Kamel *Camelus dromedarius* E: Dromedary, One-humped camel F: Dromadaire	KRL: 300 cm SL: 50 cm SH: 180–210 cm G: 600–1000 kg	Schlank und langbeinig; verhältnismäßig kurzes Haarkleid; Oberlippe tief gespalten; schlitzförmige, verschließbare Nasenöffnungen; Höcker als Energiespeicher, in schlechtem Futterzustand rückgebildet	Tz: 12–13 Monate J: 1 Gg: 30–50 kg
Zweihöckriges Kamel, Trampeltier *Camelus ferus* E: Bactrian camel, Two-humped camel F: Chameau à deux bosses, Chameau sauvage	KRL: 300 cm SL: 50 cm SH: 180–230 cm G: 600–1000 kg	Gedrungener, kurzbeiniger und länger behaart als Dromedar; 2 Höcker; sonst wie Dromedar	Tz: 12–14 Monate J: 1, selten 2 Gg: 35 kg
Vikunja *Lama* (= *Vicugna*) *vicugna* mit 2 (?) Unterarten E: Vicuna F: Vigogne	KRL: 138–151 cm SL: 22–24 cm SH: 86–96 cm G: 45–55 kg	Schlank und feingliedrig gebaut; sandfarben; muß täglich trinken	Tz: 330–350 Tage J: 1; Zwillingsgeburten nicht bekannt Gg: 4–6 kg
Guanako *Lama guanicoë* mit 4 Unterarten E: Guanaco F: Guanaco	KRL: 153–200 cm SL: 22–25 cm SH: 90–125 cm G: 80–120 kg	Weitestverbreiteter südamerikanischer Kamelide, hauptsächlicher Großsäuger der Steppen und Graslandschaften des Kontinents; hellbraun; schlank, langhalsig und hochbeinig, ein schneller und ausdauernder Läufer	Tz: 345–360 Tage J: 1; kein Fall einer Zwillingsgeburt bekannt Gg: 8–15 kg
Lama *Lama guanicoë* f. glama E: Llama F: Lama	KRL: 153–200 cm SL: 22–25 cm SH: 100–125 cm G: 130–155 kg	Haustierform des Guanakos, vorwiegend zur Lastenbeförderung, auch grobe Wolle	Tz: 348–368 Tage J: 1, selten 2 Gg: 8–16 kg
Alpaka *Lama guanicoë* f. glama E: Alpaca F: Alpaca, Alpaga	KRL: 128–151 cm SL: 22–24 cm SH: 80–100 cm G: 55–65 cm	Haustierform des Guanakos zur Wollgewinnung; Rasse Huacaya mittelfeine, Rasse Suri feine Wolle	Tz: 242–345 Tage, je nach Rasse J: 1, selten 2 Gg: 8–9 kg

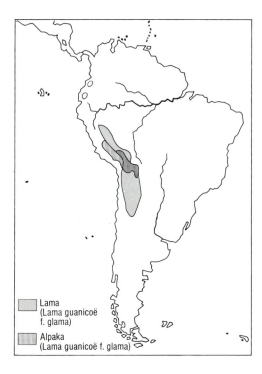

Rücken der Tiere befestigt. Die Schulterhöhe der Lamas beträgt 100 bis 125 Zentimeter, und sie wiegen bis zu 155 Kilogramm. Es ist versucht worden, Lamas in Australien, im Pamir (Innerasien) und in anderen Ländern anzusiedeln. Die Bemühungen waren wenig erfolgreich. Neue Einbürgerungsversuche in Nordamerika lassen noch keine Beurteilung der Lage zu.

In den Körperformen zeigen Lamas eine sehr bemerkenswerte Vielfalt. Es gibt schmale, schlankgliedrige Tiere mit langen Köpfen und solche breiterer Gestalt mit kürzeren Gliedmaßen und gerundet erscheinenden Köpfen. Auch Tiere mit Ramsnasen und recht kurzen, breiten Gesichtsschädeln sind zu finden. Vielfältig ist auch die Färbung: einfarbig weiß, braun, gelblich, blau und schwarz. Diese Färbungen erscheinen gescheckt und gefleckt. Das Haar ist länger als beim Guanako, dessen Haarsorten noch deutlich ausgebildet sind. So ergeben sich unausgeglichene Wollarten. Manche Lamas sind kurzhaariger und grobwollig. Sie werden als Ccara bezeichnet und verschiedentlich alle drei Jahre geschoren. Bei anderen

DIE ARTEN IM VERGLEICH

Lebensablauf Entwöhnung (Ew) Geschlechtsreife (Gr) Lebensdauer (Ld)	Nahrung	Feinde	Lebensweise und Lebensraum	Häufigkeit
Ew: mit 1–2 Jahren Gr: Weibchen mit 3–4, Männchen mit 5–6 Jahren Ld: 40 Jahre	Blätter, Kräuter, Gras	Keine	Verwilderte Dromedare (nur in Australien) in festen Verbänden, bestehend aus 1 Hengst, mehreren Stuten und deren Nachkommen; überzählige Hengste Einzelgänger oder in Junggesellengruppen; manchmal Zusammenschluß zu größeren Herden; in Wüsten und Halbwüsten	Haustiere im nördlichen Afrika und Vorderasien (etwa 15 Millionen Tiere); in Australien verwildert (schätzungsweise 40–80 000)
Wie Dromedar	Wie Dromedar	Nicht bekannt	Wildlebende Tiere in Familienverbänden, wohl ähnlich wie Dromedar; in Wüstengebieten und Steppen	Wildlebender Bestand vermutlich nur noch wenige hundert Tiere; als Hauskamel in Zentralasien häufig (2 Millionen)
Ew: mit 6–8 Monaten Gr: frühestens mit 12, meist mit 24 Monaten Ld: 15–20 Jahre	Gras und Kräuter	Mensch, Puma und Magellanfuchs	Lebt in geschlossenen Familienverbänden, die ein Tagesrevier zur Futtersuche von etwa 18 ha haben und zur Nacht ein 2–3 ha großes Schlafrevier aufsuchen; in Hochandengebieten	Gegenwärtiger Bestand etwa 130 000 Tiere; als »verwundbar« eingestuft
Ew: mit 6–8 Monaten Gr: frühestens mit 12, meist mit 24 Monaten Ld: 15–20 Jahre	Hauptsächlich Gras, aber auch Laub	Mensch, Puma	In offenen Familienverbänden; Reviergröße 20–40 ha; bewohnt Halbwüsten, Savannen und Buschland, gelegentlich auch Wald	Die Art ist in Peru und Chile gefährdet; in Argentinien nimmt der Bestand ab, in Chile zu
Ew: mit 5–8 Monaten Gr: mit 12–24 Monaten Ld: 15–20 Jahre	Gras und Laub	Puma	Meist freiweidend auf Gras- und Buschland in Höhen zwischen 2300 und 4000 m gehalten.	Bestand ging zurück, da vielfach durch moderne, mechanische Transportmittel ersetzt
Ew: mit 6–8 Monaten Gr: mit 12–24 Monaten Ld: 15–20 Jahre	Dicht am Boden wachsende Pflanzen	Puma und Magellanfuchs	In Gras- und lichtem Buschland der Hochanden	Gegenwärtig etwa 3,3 Millionen Tiere, neun Zehntel davon in Peru

Lamas ist die Wolle länger, sie ist als eine grobe Mischwolle zu kennzeichnen. Dieses Tapadalama gibt bei zweijähriger Schur drei bis acht Kilogramm verspinnbares Material.

Lamas kommen nie in einen Stall, nur in Gehege, und suchen ihr Futter selbst. Die Tragzeit beträgt im allgemeinen 335 (310–350) Tage. Geboren wird im allgemeinen ein Jungtier, das acht Monate bei der Mutter verbleibt.

Das Alpaka ist kleiner als das Lama, seine Schulterhöhe liegt bei 80 bis 100 Zentimetern, das Körpergewicht zwischen 55 und 65 Kilogramm. Der Lebensraum umfaßt Gebiete zwischen 4000 und 4700 Meter Höhe, vor allem in Peru. Alpakas leben dort in größeren Herden, die sehr große Kothaufen anlegen. Diese haben als Markierungen wenig Bedeutung, liefern aber den Hirten wichtiges Brennmaterial.

Beim Alpaka ist die Variationsbreite in Körpergröße und Körperform gegenüber dem Lama größer. Es gibt Alpakas, welche von kleineren Lamas kaum zu unterscheiden sind. Von diesen führen Übergänge zu recht kleinen, kurzbeinigen, breitköpfigen, tonnigen Gestalten. Durch ein langes, dichtes Wollvlies wird dieser Eindruck noch verstärkt. In Fellfärbungen und Musterungen stimmen Lama und Alpaka überein. In neuerer Zeit sind Zuchtbemühungen auf eine einheitliche, vor allem weiße Färbung gerichtet. Das Alpaka liefert viel einheitlichere Wollarten, so daß von Feinwollen sehr guter Spinnfähigkeit gesprochen werden kann. Zwei Formen werden innerhalb der Alpakas unterschieden: Eine robustere, grobwolligere, meist bunte Landrasse wird als Huacaya bezeichnet. Sie liefert bei der jährlichen Schur vier bis sechs Pfund Wolle. Eine zartere, weiße Kulturrasse, Suri genannt, trägt eine lang abwachsende, feine Wolle; sie liefert davon jährlich vier bis fünf Kilogramm. Im Aussehen ähneln die Surialpakas sehr den weißen Feinwollschafen.

In den Daten der Tragzeit und der Jungtieraufzucht besteht Übereinstimmung zwischen Lama und Alpaka. Die Zahl der heute lebenden Alpakas wird auf 3,3 Millionen geschätzt. Die exportierte Alpakawolle stellt volkswirtschaftlich für Peru einen bedeutenden Posten dar.

▷ Gnus und Zebras bewohnen denselben Lebensraum und ernähren sich vorwiegend von Gräsern, doch durch die Art und Weise der Futterverwertung unterscheiden sie sich erheblich: Gnus sind Wiederkäuer, welche die stark zellulosehaltige und somit schwer verdauliche Pflanzenkost, nachdem sie im mehrkammerigen Magen durch Bakterien aufgeschlossen worden ist, wieder emporwürgen und nochmals gründlich durchkauen. Die Zebras sind dagegen Dickdarm- oder Blinddarmverdauer; bei ihnen erfolgt der Zellulose-Abbau allein durch Bakterien im sehr großen Blindsack, der gleichsam als Gärkammer ausgebildet ist. Bei unterschiedlicher Ernährungslage ist jeweils die eine oder die andere Strategie im Vorteil.

WIEDERKÄUER

Einleitung
von Wolfgang von Engelhardt

Die Unterordnung der Wiederkäuer hat sich erst verhältnismäßig spät entwickelt. Die sehr große Artenvielfalt reicht von den kleinen, zierlichen kaninchen- oder hasengroßen Kleinstböckchen und den kleinen Hirschferkeln mit nur etwas mehr als einem Kilogramm Körpergewicht bis zu den mächtigen Kaffernbüffeln und Wisenten.

Wiederkäuer haben mehrkammerige Vormägen (Pansen, Netzmagen und Blättermagen), in denen mit Hilfe von vielen Milliarden Bakterien, Einzellern (Protozoen) und Pilzen das aufgenommene Futter anärob, also ohne Sauerstoffverbrauch, abgebaut wird. Hinzu kommt, daß Wiederkäuer, wie es auch der Name besagt, einige Zeit nach der Nahrungsaufnahme das Futter wiederkauen, es also in das Maul zurücktransportieren, noch einmal durchkauen und damit weiter zerkleinern.

Auch einige andere Säugetiere (zum Beispiel Flußpferde, Faultiere, Känguruhs) haben umfangreiche Vormägen, in denen Kleinstlebewesen (Mikroorganismen) die Nahrung aufschließen; diese Vormagenverdauer kauen jedoch nicht wieder. Die entwicklungsgeschichtlich recht alten Schwielensohler kauen ebenfalls wieder; dieses Wiederkauen scheint sich aber unabhängig von dem der echten Wiederkäuer entwickelt zu haben. Im anatomischen Aufbau unterscheiden sich die Vormägen der Schwielensohler sehr entscheidend von denen der Wiederkäuer (siehe Seite 47 in Bd. I dieser Enzyklopädie).

Tiere mit umfangreichen Gärkammern in den Vormägen oder auch im Dickdarm haben den großen Vorteil, daß sie Zellwandbestandteile der Pflanzen (vor allem Zellulose, Pektine und Hemizellulose) und auch anderes sonst nur schwer verdauliches Futter mikrobiell abbauen können. Der Zelluloseabbau ist nur mit Hilfe der Mikroorganismen möglich, da Säugetiere keine körpereigenen zellulosespaltenden Enzyme besitzen. Die wichtigsten Endprodukte dieses mikrobiellen Zellulose- und Kohlenhydratabbaues sind die kurzkettigen Fettsäuren: Essigsäure, Propionsäure und Buttersäure. Diese kurzkettigen Fettsäuren werden schnell resorbiert und sind eine wichtige Energiequelle für den Stoffwechsel der Tiere.

Der Zelluloseabbau mit Hilfe von Mikroorganismen ist ein langsamer Vorgang. Der Umfang der Zelluloseverdauung hängt deshalb vor allem von der Verweildauer des Futters in den jeweiligen Gärkammern ab. Wiederkäuer sind in der Lage, die großen Futterteile in den Vormägen (Pansen und Netzmagen) lange zurückzuhalten; Flüssigkeit und die sehr kleinen Futterteile fließen hingegen schnell in den Blättermagen und Labmagen ab. Bei den Dickdarmverdauern ist dieses gezielte Zurückhalten der großen Futterteile nicht entwickelt, und die Verweilzeiten sind deshalb kürzer. Im Umfang der Zelluloseverdauung sind die Vormagenverdauer deshalb den Dickdarmverdauern überlegen.

Das in den Vormägen gebildete mikrobielle Eiweiß ist hochwertig. Es enthält alle für das Tier essentiellen, also lebensnotwendigen, Aminosäuren, die der Körper nicht selbst herzustellen vermag. Dieses hochwertige mikrobielle Protein fließt aus den Vormägen ab, es wird dann im Dünndarm abgebaut und als Aminosäuren in die Blutbahn aufgenommen. Seine Qualität ist weitestgehend unabhängig von der Qualität der Futtereiweißstoffe, da alle Aminosäuren von den Mikroorganismen in den Vormägen hergestellt werden können. Mangelzustände durch fehlende essentielle Aminosäuren im Futter, wie wir sie bei

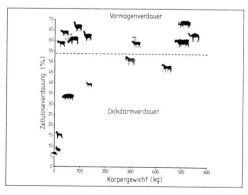

Pflanzenverzehrer können mit Hilfe der Mikroorganismen in den Vormägen oder im Dickdarm die Futterzellulose abbauen. Dabei sind die Vormagenverdauer den Dickdarmverdauern überlegen.

EINLEITUNG

Tieren mit einhöhligem Magen kennen, kommen bei den Vormagenverdauern deshalb fast niemals vor.
Bei Eiweißmangelzuständen können Wiederkäuer erhebliche Mengen des im Körper gebildeten Harnstoffes, der normalerweise über die Niere ausgeschieden wird, wieder in die Vormägen rückführen. Die Mikroorganismen können aus dem Harnstoff-Stickstoff mikrobielles Protein bilden. Wiederkäuer sind dadurch in der Lage, sich an Eiweißmangelbedingungen gut anzupassen.
Die Mikroorganismen in den Vormägen können darüber hinaus die meisten wichtigen wasserlöslichen Vitamine bilden; diese werden später in die Blutbahn aufgenommen. Wiederkäuer sind deshalb weitestgehend unabhängig von der Vitaminzufuhr mit dem Futter. Vitaminmangelerkrankungen sind bei ihnen verhältnismäßig selten.
Bei der Verbesserung der Futterqualität durch die mikrobielle Verdauung in den Vormägen geht jedoch Energie verloren. Dieser Nachteil wird dadurch hervorragend ausgeglichen, daß Wiederkäuer Pflanzen nutzen können, die fleischverzehrende Tiere wie auch solche mit kombinierter Ernährungsweise nicht oder nur in geringem Umfange verdauen können. Der Energieverlust ist bei den Verdauungsvorgängen in den Vormägen vor allem dann ein erheblicher Nachteil, wenn die Tiere überwiegend hochwertige, leicht verdauliche Nahrung erhalten; diese wird durch die Mikroorganismen in den Vormägen unwirtschaftlich ab- und umgebaut. Für hochwertige Nährstoffe, wie Kraftfutter, wäre es ökonomischer, wenn sie unverändert in den Dünndarm gelangten und dort verdaut und aufgenommen würden.
Aus dem vorher Gesagten müßte man annehmen, daß bei artgerechter Fütterung die Wiederkäuer gegenüber Dickdarmverdauern (zum Beispiel Pferden) Vorteile haben. Unter den meisten vorkommenden Fütterungs- und Nahrungsbedingungen scheint dies auch der Fall zu sein. Bei einer extremen Ernährung mit sehr schlecht verdaulichem, rohfaserreichem Futter können Equiden (zum Beispiel Pferde) den Wiederkäuern aber offensichtlich überlegen sein, wenn ausreichende Mengen des Futters verfügbar sind.
Um eine wirksame mikrobielle Verdauung der Zellbestandteile zu ermöglichen, muß das Futter lange genug in den Vormägen bleiben. Diese günstigen, langen Verweilzeiten bewirken aber andererseits, daß Wiederkäuer nicht sehr große Futtermengen aufnehmen können. Es gelingt ihnen deshalb unter Umständen nicht, von sehr schlechtem Futter genügende Mengen aufzunehmen, um damit den Nährstoffbedarf decken zu können. Dickdarmverdauer scheinen demgegenüber diese Begrenzung nicht zu haben; sie nehmen große Mengen des minderwertigen Futters auf, um aus der darin enthaltenen Menge an Nährstoffen noch genügend nutzen zu können.
Die grundlegenden mikrobiologisch-biochemischen Vorgänge sind bei den verschiedenen Wiederkäuern ähnlich. Es sind jedoch große tierartliche Unterschiede in bezug auf den Umfang der Vormagenverdauung vorhanden. Einige Wiederkäuer äsen überwiegend die am Boden wachsenden Gräser. Diese Gräser sind häufig zellulosereich und enthalten wenig Eiweiß. Diese überwiegend grasverzehrenden Wiederkäuer haben große Vormägen, in denen das Futter lange Zeit zurückgehalten wird und viele zellulosespaltende Bakterien vorhanden sind. Zu ihnen gehören Büffel, Wild- und auch Hausrinder, Bisons, viele der Laufantilopen und auch die meisten Schafe. Andere Wiederkäuer sind in der Lage, sehr gezielt leichter verdauliche Futterpflanzenteile wie Blätter, Früchte, Blüten, Kräuter auszuwählen. Diese »Blätter- oder Konzentratauswähler« nehmen Futterpflanzen mit viel Nährstoffen und meistens geringem Zellulosegehalt auf. Sie haben verhältnismäßig kleine Vormägen, die Verweildauer der Futterpflanzen und auch die zellulosespaltende Aktivität der Bakterien sind geringer. Zu dieser Gruppe gehören Rehe, Elche, Giraffen, Gerenuks, die meisten der sehr kleinen Wiederkäuer wie Ducker, Klippspringer, Dikdiks, Muntjaks. Eine dritte Gruppe von Wiederkäuern steht zwischen diesen beiden Extremen; sie können teilweise nährstoffreiche, zellulosearme Nahrung gezielt auswählen und in gewissem Umfang zellulosereiche Nahrung aufnehmen und verwerten.
Die ihre Nahrung auswählenden Wiederkäuer haben den großen Vorteil, daß sie während der Trockenzeiten an den Büschen und Sträuchern häufig noch genügend Pflanzenteile finden, um so überleben zu können. Da auf Gras angewiesene Wiederkäuer kaum auswählen können, finden sie oft nicht mehr genügend Nahrung. Sie sterben deshalb während der Dürreperiode meistens eher als die ihre Nahrung auswählenden Wiederkäuer.

▷ **Als urtümlichste Wiederkäuer der Welt gelten die Hirschferkel, deren vier Arten in einer eigenständigen Familie zusammengefaßt werden. Im Bild ein asiatischer Kleinkantschil. Daß es sich um ein Männchen handelt, erkennt man an dem säbelartig verlängerten oberen Eckzahn.**

HIRSCHFERKEL

Kategorie
FAMILIE

Systematische Einteilung: Familie der Unterordnung Wiederkäuer (Ruminantia) in der Ordnung Paarhufer (Artiodactyla) mit nur 2 Gattungen, die insgesamt nur 4 Arten umfassen.
Gattung Eigentliche Hirschferkel *(Hyemoschus)* mit 1 Art in Afrika
Gattung Kantschile *(Tragulus)* mit 3 Arten in Asien

Kopfrumpflänge: 45–85 cm
Schwanzlänge: etwa 5–15 cm

Standhöhe: 20–40 cm
Gewicht: 1,5–15 kg
Auffällige Merkmale: Urtümlichste Vertreter der Wiederkäuer; nur kaninchen- bis hasengroße Tiere mit gedrungenem, rundrückigem und hinten überbautem Körper; kurzer Hals; kleiner, spitz zulaufender Kopf; nackte Muffel; große Augen; schlitzförmige Nasenlöcher; mittelgroße, abgerundete und schwach behaarte Ohren; Gebiß zurückgebildet; 34 Zähne; obere Eckzähne beim Männchen säbelförmig verlängert und aus dem Mund ragend, beim Weibchen nur als kleine Stifte; keine Stirnwaffen; viergeteilter Wiederkäuermagen, doch Blättermagen stark zurückgebildet; 4 Zitzen; feines, kurzes und dicht anliegendes Haarkleid; braun-weiße Musterung an Hals und Brust, bei 2 Arten auch an den Körperseiten vorhanden.

Tragulidae	WISSENSCHAFTLICH
Chevrotains, Mouse Deer	ENGLISCH
Chevrotains	FRANZÖSISCH

Fortpflanzung: Tragzeit etwa 4–9 Monate; in der Regel 1 Junges je Geburt; Geburtsgewicht, soweit bekannt, 120–375 g.
Lebensablauf: Entwöhnung, soweit bekannt, mit etwa 2–8 Monaten; Geschlechtsreife mit etwa 5–26 Monaten; Lebensdauer etwa 11–14 Jahre.

Nahrung: Blätter, Knospen, Früchte von Bäumen und Sträuchern, Gräser, Kräuter, auch tierische Beikost.
Lebensweise und Lebensraum: Dämmerungs- und nachtaktiv; einzelgängerisch; territorial, in kleinen dauerhaften Wohnräumen; teils wassergebunden und gut schwimmend; vorwiegend in dichter Vegetation (Regenwald, Sekundärwald, Mangrovendschungel, Gebüschhorste), oft in Gewässernähe.

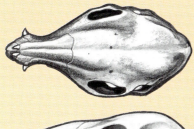

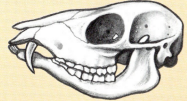

Körperform
Hirschferkel sind kleine, etwa hasengroße Paarhufer auf zierlichen Beinen, mit gedrungenem, hinten etwas überbautem, keilförmigem Körper. Er begünstigt das Durchdringen des Walddickichts. Auch andere Waldbewohner unter den Paarhufern haben eine ähnliche Körperform als »Schlüpfer«, wie der Vergleich in unserer Abbildung zeigt. Von links nach rechts: Afrikanisches Hirschferkel, Zebraducker, Bongo. Außerdem trägt das Fell der Schlüpfer eine kontrastreiche gefleckte oder gestreifte Zeichnung, die offensichtlich eine Anpassung an die Licht-Schatten-Verhältnisse im Wald darstellt und für die Tiere eine Schutzfunktion haben soll.

Schädel und Gebiß
Der Kopf der Hirschferkel ist verhältnismäßig klein mit einem spitz zulaufenden Nasenschädel und einem geräumigen Hirnschädel. Da es sich um vorwiegend nachtaktive Tiere handelt, sind ihre Augen und dementsprechend auch ihre Augenhöhlen auffällig groß. Die Stirn trägt keine Waffen. Statt dessen besitzen die Männchen lange, säbelförmige Eckzähne im Oberkiefer. Die unteren Eckzähne sind abgeflacht. Sie bilden zusammen mit den Schneidezähnen die bezahnte Unterkieferschaufel, die gegen die zahnlose Oberkieferspitze gedrückt wird, wie bei allen Wiederkäuern. Oben ist der Schädel des Kleinkantschils abgebildet, unten der des Fleckenkantschils.

Verdauungstrakt der Wiederkäuer
Der Magen der Hirschferkel ist vierteilig. Für die wirksame Zerlegung der wenig ergiebigen pflanzlichen Nahrung muß der Verdauungstrakt eine geräumige Gärungskammer besitzen. Anders als bei den Unpaarhufern, wo diese Aufgabe dem riesigen Blinddarm zukommt (unten), hat sich zu diesem Zweck bei den Paarhufern ein mehrfach gekammerter Magen gebildet. Ansätze dieser Gliederung kann man schon teilweise bei den Pekaris, den Flußpferden und insbesondere bei den Schwielensohlern beobachten. Erst innerhalb der Verwandtschaft der Hirschferkel, Hirsche, Gabelhorntiere, Giraffen und Hornträger hat sich jedoch ein echter vierteiliger Wiederkäuermagen entwickelt (oben). Unser Schema zeigt folgende Abschnitte des Verdauungstraktes: Speiseröhre (rot); Magen bzw. Pansen, Rumen (grün); Netzmagen, Reticulum (gelb); Blättermagen, Omasum (blau); Labmagen, Abomasum (violett); Darm (braun); Blinddarm (orange).

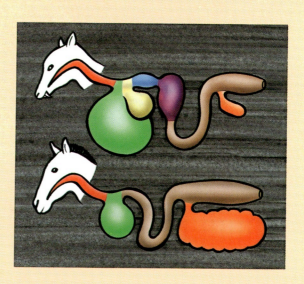

Hirschferkel

von Klaus Robin

Familie Hirschferkel (Tragulidae)

Übergänge zwischen zwei klar erkennbaren Tierformen sind wissenschaftlich von besonderem Interesse. Zu diesen hochinteressanten Übergängen innerhalb der Säugetiere zählt zweifellos die Schwelle von den nichtwiederkäuenden Schweinen (Suoidea) zu den wiederkäuenden Stirnwaffenträgern (Pecora), die von den primitivsten heute lebenden Wiederkäuern (Ruminantia), den Hirschferkeln oder Tragulidae, eingenommen wird.

Äußerlich sehen sich die vier heute lebenden Arten recht ähnlich. Alle sind klein, hinten überbaut, horn- und geweihlos. Der Kopf ist klein und spitz zulaufend, die verhältnismäßig große Nase nackt. Die Nasenlöcher sind schlitzförmig, die Augen groß, die Ohren mittelgroß, abgerundet und schwach behaart. Die Gliedmaßen besitzen vier Zehen, von denen die mittleren kräftig, die seitlichen höher angesetzt und schwächer ausgebildet sind. Das Haarkleid ist kurz und anliegend. 34 Zähne bilden das Gebiß. Die oberen Eckzähne sind bei den Männchen verlängert und säbelartig geformt, bei den Weibchen sind sie zu kleinen Stiftchen zurückgebildet. Die unteren Eckzähne haben, wie bei den Stirnwaffenträgern (Pecora), die Form von Schneidezähnen. Der Magen der Hirschferkel ist vierteilig, doch hat sich der Blättermagen fast vollständig zurückgebildet. Der Blinddarm ist einfach ausgeformt. Die Gallenblase ist vorhanden. Das Gesäuge weist vier Zitzen auf. Der Hodensack ist anliegend, das Penisende spiralig und teilweise mit seitlichen Lappen besetzt.

Die Hirschferkel sind eine geologisch sehr alte Tiergruppe. Bereits im Eozän, vor etwa 50 Millionen Jahren, lebten ganz ähnliche Huftiere, lange bevor Horn- und Geweihträger erstmals in Erscheinung traten. Die heutigen Traguliden werden abgeleitet von den Dorcatherien (Gattung *Dorcatherium*), die sich aber in einigen Merkmalen derart spezialisiert hatten, daß sie als direkte Ahnform der später entstandenen Horn- und Geweihträger nicht in Frage kommen, sondern einem Seitenast im Baum der Entwicklung angehören.

Von den vier heute lebenden Traguliden finden wir eine in Afrika, die drei übrigen in Asien beheimatet. Das AFRIKANISCHE HIRSCHFERKEL *(Hyemoschus aquaticus)* oder WASSERMOSCHUSTIER, wie es manchmal genannt wird, gilt als das den Schweinen am nächsten

Hirschferkel gelten als nächtlich lebende Einzelgänger, die mittels Tönen und Gerüchen miteinander kommunizieren und sich selten treffen. Begegnet ein männliches Tier einem Weibchen, bestreicht der männliche Kleinkantschil das Fell der möglichen Partnerin mit der großen Drüse zwischen seinen Unterkieferästen, um zu prüfen, ob das Weibchen paarungsbereit ist.

stehende oder primitivste. Sein Verhalten hat der Franzose Gérard Dubost in Gabun ausführlich studiert. Afrikanische Hirschferkel sind ausschließlich während der Dunkelheit von sechs Uhr abends bis sechs Uhr morgens unterwegs. Weibliche Hirschferkel sind weit aktiver als männliche. Zum Ruhen setzen sie sich auf die Hinterläufe oder kauern mit untergeschlagenen Vorder- und Hinterläufen. Nur Mütter von kleinen Jungen reinigen ihren Nachwuchs mit der Zunge, ansonsten fehlt gegenseitiges Lecken vollständig.

Treffen zwei Hirschferkel zusammen, muß mit Hilfe von Lauten zuerst die Annäherungsabsicht mitgeteilt und die Antwortäußerung abgewartet werden. Ranganzeigende Verhaltenselemente fehlen. Kämpfe treten zwischen Weibchen selten, zwischen Männchen häufiger auf, sind aber von kurzer Dauer. Dabei wird mit der Schnauze gestoßen und mit den Eckzähnen des Oberkiefers und den Schneidezähnen des Unterkiefers gebissen. Während Weibchen, die einmal ihren Wohnraum gefunden haben, dort verbleiben, ziehen Männchen nach einiger Zeit weiter. In einem gegebenen Gebiet fand man Männchen nie länger als ein Jahr an der gleichen Stelle. Auch wenn die Tiere sich nicht häufig begegnen, sind sie dennoch gut im Raum verteilt. Die Bestandsdichte schwankt zwischen 7,7 und 28 Tieren pro Quadratkilometer. Mütter leben den größten Teil des Tages von ihren Jungen getrennt. Sie treffen sie nur zum Säugen. Die Jungtiere spielen selten und nur für sich allein. Im Lauf ihrer Jugendentwicklung kommen sie nie in Kontakt mit Gleichaltrigen. Afrikanische Hirschferkel werden zur Zeit nirgendwo in Zoos gehalten. Sie gelten als außergewöhnlich schwierige Pfleglinge.

Ausschließlich in nordamerikanischen Zoos findet man den in Asien beheimateten GROSSKANTSCHIL, *(Tragulus napu)*, dessen ganzer Zoobestand auf eine Zucht im Bronx-Zoo von New York zurückgeht. K.Ralls, C.Barasch und K.Minkowski beobachteten dort während einiger Monate mehrere Gruppen. Großkantschile ruhen und bewegen sich in bestimmten Zeitabständen mehrmals pro Tag. Darin unterscheiden sie sich vom Afrikanischen Hirschferkel, stimmen aber mit dem KLEINKANTSCHIL *(Tragulus javanicus)* überein. Ein besonders auffälliges Merkmal von Groß- und Kleinkantschilmännchen ist die große Drüse zwischen den Unterkieferästen. Mit dieser Drüse bestreichen Männchen weibliche Tiere, um deren Fortpflanzungsbereitschaft zu testen. Nicht fortpflanzungswillige Weibchen weichen aus, fortpflanzungsbereite bleiben stehen. Beim Kleinkantschil finden wir die gleichen Verhaltensweisen, wie ich sie im Zoo Zürich beobachten konnte. Während beim Großkantschil die Männchen alle Weibchen auf diese Weise testen, bevorzugt beim kleineren Verwandten das Männchen jenes Weibchen, das sich bereits fortgepflanzt hat. Daraus kann zumindest im Zoo auf eine Paarbindungstendenz beim Kleinkantschil geschlossen werden. Dafür spricht auch die Beobachtung, daß sich aggressive Verhaltensweisen innerhalb einer Gruppe ungleich verteilen.

Kantschile gelten als jene Huftiere, bei denen die Weibchen ihr ganzes Erwachsenenleben lang trächtig sind. Groß- und Kleinkantschilmütter, die eben ihr Junges zur Welt gebracht haben, können 85 beziehungsweise 155 Minuten nach der Geburt bereits wieder begattet werden. Geschieht die Befruchtung zu diesem Zeitpunkt, folgt eine Trächtigkeit der anderen ohne Unterbrechung. Alle Tragulidenmütter säugen ihr Junges auf drei Beinen stehend.

Kantschile hinterlassen in ihrem Wohnraum Duftmarken mittels Harn, Kot und Drüsensekreten, die mit Harn und Kot ausgeschieden werden. Mit Hilfe von Drüsen zwischen den Unterkieferästen markieren Männchen des Afrikanischen Hirschferkels, Männchen und Weibchen des Großkantschils und

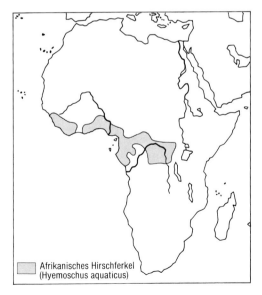

Afrikanisches Hirschferkel (Hyemoschus aquaticus)

HIRSCHFERKEL

Hirschferkel (Tragulidae)

Name deutscher Name wissenschaftlicher Name englischer Name (E) französischer Name (F)	Körpermaße Kopfrumpflänge (KRL) Schwanzlänge (SL) Standhöhe (SH) Gewicht (G)	Auffällige Merkmale	Fortpflanzung Tragzeit (Tz) Zahl der Jungen je Geburt (J) Geburtsgewicht (Gg)
Afrikanisches Hirschferkel *Hyemoschus aquaticus* E: African chevrotain, Water chevrotain F: Chevrotain africain, Chevrotain aquatique	KRL: 75–85 cm SL: 10–15 cm SH: 35–40 cm G: 10–15 kg	Braunweißmusterung an Hals, Brust und Körperseiten; hinten stark überbaut; gedrungen und kurzbeinig; beide Geschlechter geweihlos; Männchen mit verlängerten oberen Eckzähnen; schwach ausgebildete Drüse zwischen den Unterkieferästen	Tz: 6–9 Monate J: 1 Gg: nicht bekannt
Kleinkantschil *Tragulus javanicus* mit vielen Unterarten E: Lesser Malay mouse deer F: Petit chevrotain malais	KRL: 45–55 cm SL: um 5 cm SH: 20–25 cm G: 1,5–2,5 kg	Kleinster Paarhufer der Welt; Weißbraunmuster an Hals und Brust; verlängerte obere Eckzähne sowie großes Drüsenfeld zwischen den Ästen des Unterkiefers bei Männchen; geweihlos; hinten überbaut; Weibchen fast während des ganzen Erwachsenenlebens trächtig	Tz: 139–141 Tage J: 1 Gg: 130–250 g (Zoo Zürich)
Großkantschil *Tragulus napu* mit vielen Unterarten E: Larger Malay mouse deer F: Grand chevrotain malais	KRL: 70–75 cm SL: 8–10 cm SH: 30–35 cm G: um 5–8 kg	Wie Kleinkantschil	Tz: 152–155 Tage J: 1 Gg: 375 g
Fleckenkantschil *Tragulus meminna* E: Indian chevrotain, Spotted mouse deer F: Chevrotain tâcheté indien	KRL: 45–55 cm SL: um 5 cm SH: 25–30 cm G: 2,2–2,7 kg	Weißbraunmusterung an Hals und Brust und zusätzlich an den Körperseiten; Männchen mit verlängerten Eckzähnen im Oberkiefer; kein Geweih; Drüsenfeld zwischen den Unterkieferästen stark reduziert	Tz: vermutlich um 140 Tage J: 1 Gg: nicht bekannt

Fühlt sich ein Kleinkantschil von einem Partner belästigt, wenn er am Kopf oder Hals geleckt wird, zieht er seine Mundwinkel nach hinten-unten, ein einmaliges Verhalten unter den Paarhufern.

DIE ARTEN IM VERGLEICH

Lebensablauf Entwöhnung (Ew) Geschlechtsreife (Gr) Lebensdauer (Ld)	Nahrung	Feinde	Lebensweise und Lebensraum	Häufigkeit
Ew: mit etwa 8 Monaten Gr: mit 9–26 Monaten Ld: 11–13 Jahre	Blätter, Knospen, Früchte von Bäumen und Sträuchern sowie Insekten, Krebse, Fische, Kleinsäuger und Aas	Raubtiere und (für Jungtiere) Tag- und Nachtgreifvögel; Mensch	Im immergrünen Regenwald, von Flüssen und stehenden Gewässern selten weiter entfernt als 250 m, geht aber nur bei Gefahr ins Wasser; streng nachtaktiv und als Erwachsenes einzelgängerisch; erwachsene Weibchen belegen zusammen mit ihrem Jungtier von 1–2 Jahren einen Wohnraum von 13–14 ha, erwachsene Männchen einen solchen von 20–30 ha	Durch Rodungen für die Edelholzgewinnung potentiell gefährdet
Ew: mit 10–13 Wochen Gr: mit 5–6 Monaten Ld: 12 Jahre im Zoo	Blätter, Knospen, Früchte von Bäumen, Sträuchern und Kräutern; im Zoo auch Insekten	Raubtiere, Greifvögel, Eulen und große Reptilien; Mensch	Vermutlich in kleinen, permanenten Wohnräumen, die sie sehr gut kennen und die sie mit Harn, Kot und Drüsensekreten markieren; in dichtbewachsenem Primär- und Sekundärwald und Buschzonen in kultiviertem Gebiet, oftmals in Wassernähe; solitär, aber zumindest im Zoo Paarbindungstendenz	Aufgrund des Rückganges des tropischen Regenwaldes vermutlich in starkem Rückgang begriffen; Status in der Natur aber unbekannt
Ew: vermutlich mit 2–3 Monaten Gr: mit 4½ Monaten Ld: 14 Jahre im Zoo	Knospen, Blätter, Früchte von Kräutern, Sträuchern und Bäumen; vermutlich auch kleine Anteile an tierischer Kost	Raubtiere, Greifvögel und, bei Jungtieren, Eulen und große Reptilien	Vermutlich in kleinen, permanenten Wohnräumen, die sie mit Kot, Harn und mit Drüsensekreten markieren; in dichtbewachsenem Primär- und Sekundärwald sowie Buschzonen in kultiviertem Gebiet, oftmals in Wassernähe; solitär, auch im Zoo keine Paarbindungstendenz	Wie Kleinkantschil
Nicht bekannt	Blätter, Knospen und Früchte von Bäumen, Sträuchern und Kräutern	Raubtiere, Greifvögel, Eulen, Reptilien	Wenig bekannte Art; offenbar streng nachtaktiv und einzelgängerisch in mit dichter Vegetation bewachsenem Lebensraum	Nicht bekannt

Männchen des Kleinkantschils außerdem Gegenstände, indem sie mit dem Kinn über ein Blatt, einen Aststumpf, eine Baumwurzel fahren und dort etwas Sekret abstreifen. Eingewöhnte und ungestörte Männchen des Kleinkantschils markieren in ihrem Gehege zwischen 3 und 20 mal pro Stunde Stellen, die sie ohne Anstrengung erreichen können. Wird ein Kleinkantschilmännchen in ein neues Gehege gebracht, steigt die Häufigkeit des Markierens bis auf das Sechsfache an. Bei solchen aufregenden Ereignissen kann ein weiteres Markierverhalten häufiger beobachtet werden: Markieren mit dem Afterfeld. Dabei setzt sich das Tier auf den After und preßt das Feld gegen den Boden, ein Verhalten, das unter allen Wiederkäuern einmalig ist. Bei all diesen Depots von Geruchsstoffen geht es darum, anderen Traguliden die eigene Anwesenheit mitzuteilen, aber oftmals auch darum, sich in kritischen Situationen selbst zu bestärken. Aufgeregte Groß- und Kleinkantschile trommeln mit ihren Hufen auf den Untergrund. Videoaufnahmen haben gezeigt, daß das Tier zeitweilig nur mehr auf einem Bein steht. Beim Großkantschil schlägt der Trommler 0,4 mal pro Sekunde, beim Kleinkantschil bis zu 7 mal pro Sekunde auf den Boden. Kleinkantschile werden in wenigen asiatischen und mehreren europäischen Zoos erfolgreich gehalten und nachgezüchtet.

Von der vierten Tragulidenart, dem FLECKENKANTSCHIL *(Tragulus meminna)*, ist nur wenig bekannt. Aufgrund seiner anatomisch-morphologischen Unterschiede zu den beiden anderen asiatischen Kantschilen stellt ihn der Systematiker in eine eigene Untergattung *(Moschiola)*.

Der Fleckenkantschil wird heute in asiatischen Zoos ausnahmsweise gehalten und hat sich nach den Angaben des Internationalen Zoojahrbuchs erstmals 1981 in Colombo (Sri Lanka), Hongkong und Kanpur (Indien) fortgepflanzt.

▷ Die Familie der Hirsche ist in vielen Gattungen und Arten fast weltweit verbreitet. Zu den bekanntesten Familienmitgliedern gehören die Damhirsche mit ihrem schaufelartigen Geweih. Dieser auffällige Kopfschmuck ist bei allen Arten mit Ausnahme der Rentiere ein ausschließlich männliches Attribut.

HIRSCHE

Kategorie
FAMILIE

Systematische Einteilung: Familie der Ordnung Paarhufer (Artiodactyla) und der Unterordnung Wiederkäuer (Ruminantia) mit 5 Unterfamilien, die 17 Gattungen mit insgesamt 37 Arten umfassen.
Unterfamilie Moschushirsche (Moschinae) mit 1 Gattung und 1 Art
Unterfamilie Wasserhirsche (Hydropotinae) mit 1 Gattung und 1 Art
Unterfamilie Muntjakhirsche (Muntiacinae) mit 2 Gattungen und 6 Arten
Unterfamilie Echthirsche (Cervinae) mit 4 Gattungen und 14 Arten
Unterfamilie Trughirsche (Odocoilinae) mit 9 Gattungen und 15 Arten (die üblicherweise als eigene Unterfamilien angesehenen Elchhirsche [Alcinae] und Renhirsche [Rangiferinae] werden von Valerius Geist den Trughirschen zugerechnet)

Kopfrumpflänge: 80–310 cm
Schwanzlänge: 1–50 cm
Standhöhe: 30–235 cm
Gewicht: 7–etwa 800 kg
Auffällige Merkmale: Hasen- bis pferdegroß, von klein und zierlich über mittelgroß und schlank oder gedrungen bis groß und schlank oder massig; Kopf kurz bis lang; Muffel nackt bis fast ganz behaart; Beine zierlich bis stämmig, ziemlich kurz bis lang; Haarkleid kurz-glatt bis dicht-lang; hellgrau, braun bis schwarz, einfarbig oder gepunktet; bei manchen Arten Stirnschopf oder Kehlbart oder Halsmähne; maskenartige Gesichtszeichnungen; heller, zum Teil schwarz umrandeter Spiegel mehr oder weniger stark ausgeprägt; bei den meisten Arten auffällige Geschlechtsunterschiede; stets mehrere Hautdrüsen, z.B. Voraugen-, Zwischenklauen-, Fußwurzel- und Stirndrüsen; 4 Zitzen; Gebiß zurückgebildet; vierteiliger Magen; Geweihträger mit Ausnahme von Wasserreh und Moschustier; Geweihbildung nur bei Männchen, ausgenommen Rentier; Steuerung des Geweihwechsels durch die männlichen Geschlechtshormone (außer beim Rentier).

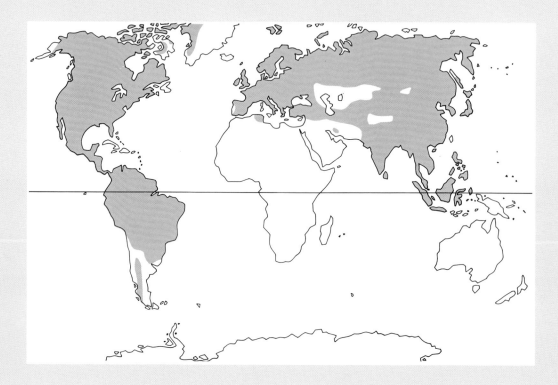

Cervidae	WISSENSCHAFTLICH
Deer	ENGLISCH
Cerfs	FRANZÖSISCH

Fortpflanzung: Tragzeit 5–9 Monate; meist 1–2 Junge je Geburt, selten 3–7; Geburtsgewicht etwa 0,5–16 kg.
Lebensablauf: Entwöhnung mit 2–12 Monaten; Geschlechtsreife mit etwa 0,5–3 Jahren; Lebensdauer 10–30 Jahre.

Nahrung: Gräser, Kräuter, Blätter, Knospen, Triebe, Früchte, Zweige, Pilze, Moose, Flechten; vereinzelt auch Aas, Eier und Kleintiere.
Lebensweise und Lebensraum: Einzelgänger, meist aber in Kleingruppen oder Herden; standorttreu oder regelmäßige Jahreswanderungen; Revierverhalten nur bei wenigen Arten nachgewiesen, die meisten Arten wahrscheinlich nicht territorial; in Wäldern, Grassteppen, Tundren und Sumpfgebieten, und zwar in Höhen von der Ebene bis zum Gebirge.

Geweihentwicklung
Das Geweih der Hirsche besteht aus reinem Knochengewebe. Es wird jedes Jahr abgeworfen und wieder neu gebildet. Im Frühjahr wächst es von den Vorsprüngen des Stirnbeins aus, die man Rosenstöcke nennt. Es wird zunächst durch eine fein behaarte, stark durchblutete Haut (Bast) umhüllt, die das Geweih bis zum Wachstumsabschluß ernährt. Danach fällt der Bast ab. Dieser Vorgang wird durch das Fegen des Geweihs gegen die Bäume oder den Boden beschleunigt (s. auch S.128ff). Während der Fortpflanzungszeit wird das voll ausgewachsene harte Geweih als Waffe gegen die rivalisierenden Männchen eingesetzt. Nach der Brunft fällt das Geweih ab, und nach einer bestimmten Zeit setzt das Wachstum des nächsten Geweihs an. Die Abbildung zeigt die Entwicklungsphasen des Geweihs eines Weißwedelhirsches im Juni, September und Januar (von oben nach unten).

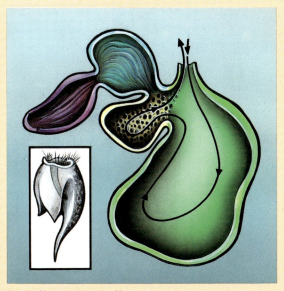

Weg der Nahrung durch den Magen
Wie bei allen Wiederkäuern setzt sich der Magen der Hirsche aus vier Kammern zusammen. Die nur grob zerkleinerte Nahrung wird zunächst im Pansen oder Rumen (grün) aufbewahrt und dann in kleinen Mengen in den Netzmagen oder das Reticulum (gelb) befördert. Sie wird teilweise vorverdaut und dann wieder zurück in den Mund aufgestoßen, wo sie gründlich zerrieben und eingespeichelt wird. Durch eine besondere Schlundrinne wird sie wieder geschluckt und in weiteren Magenabschnitten, dem Blättermagen oder Omasum (blau) und dem Labmagen oder Abomasum (violett), weiter zerlegt und von hier aus zur Resorption in den Dünndarm befördert. Ohne Beteiligung symbiotischer Bakterien und Wimpertierchen (im Bild *Entodinium caudatum*), die zum Mageninhalt der Wiederkäuer gehören, wäre eine wirkungsvolle Verdauung der zellulosehaltigen Pflanzennahrung nicht möglich. Durch ihre Unterstützung wird die Zellulose bis zu etwa 60% verwertet.

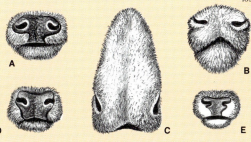

Nasenspiegel
Der Nasenspiegel (Rhinarium) gehört zu den typischen arteigenen Merkmalen der Hirsche. Seine Form und Größe, die Verteilung der behaarten und unbehaarten Haut wie auch die Lage der Nasenöffnungen lassen Zusammenhänge mit der Lebensweise der Tiere erkennen. Außerdem kommt dem Nasenspiegel zusammen mit dem oft auffällig gefärbten Fell der Umgebung eine wichtige Signalwirkung zu. Die Abbildung zeigt Nasenspiegel von Ostwapiti (A), Ren (B), Elch (C), Damhirsch (D) und Davidshirsch (E).

Hirsche

Einleitung
von Robert Schloeth

Unter den Stirnwaffenträgern der paarhufigen Wiederkäuer bilden die Hirsche eine bedeutende Familie. Das Kennzeichen der Hirsche ist ihr Geweih, welches bei den hasen- bis pferdegroßen Tieren mit einer Ausnahme – beim Ren – nur den Männchen vorbehalten bleibt.

Einigen kleineren Vertretern der Familie mit verlängerten Eckzähnen fehlt das Geweih ganz (Moschustier und Wasserreh), während Muntjakhirsche zwar ein kurzes Geweih, gleichzeitig aber auch hauerartige Eckzähne im Oberkiefer aufweisen. Dieser beim Rothirsch »Grandel« genannte, als urgeschichtlicher Rest ebenfalls noch vorhandene Eckzahn machte eine interessante Entwicklung durch. Es gab eine Epoche im Tertiär, da teilte sich die Entwicklung der ursprünglich geweihlosen Vorfahren der Hirsche. Sie bildeten entweder verlängerte Eckzähne als Waffen oder Geweihe zur Stirnbewaffnung aus. Schließlich setzte sich die Geweihbildung auf Kosten verlängerter Eckzähne durch.

Bemerkenswert ist die Tatsache, daß beispielsweise beim Rothirsch nicht nur der Zahnstummel, sondern auch noch Verhalten und Färbung von jener weit zurückliegenden Zeit der Abwandlung zeugen. Rothirsche haben am Mundwinkel des Unterkiefers einen deutlichen schwarzen Fleck, welcher einst als Kontrasthintergrund den hellen Hauer hervorhob. Als Drohgebärde wird noch heute die Oberlippe über jener Stelle gehoben, um einen Zahn aufblitzen zu lassen, der jetzt gar nicht mehr als Waffe taugt.

Außer in Mittel- und Südafrika sind die Hirsche über die ganze Erde verbreitet. Ihr gegenwärtig größter Vertreter ist der mächtige Alaska-Elch mit einem an den eiszeitlichen Riesenhirsch erinnernden Schaufelgeweih von zwei Meter Auslage und einem Körpergewicht von fast einer Tonne. Unter den knapp 40 Hirschartigen fallen kleine Formen auf, wie zum Beispiel der südamerikanische Pudu, als kleinste Art der heutigen Hirsche, dessen Spießchen fast ganz im Stirnschopf verborgen bleiben.

Ihr Geweih hat die Hirsche in vielen Ländern zum begehrtesten Wild gemacht. Einige Arten wurden durch allzu starke Bejagung gefährdet oder ausgerottet, andere dank der Hege erhalten. Der Mensch hat Hirscharten auch in andere Erdteile eingeführt.

Geweihbildung
von Anton B. Bubenik

Das Geweih stellt den jährlich absterbenden und sich neu bildenden Oberteil der Stirnbeinfortsätze, der sogenannten Rosenstöcke, dar. Ausrichtung und Länge sind art- und altersbedingt. Die Rosenstöcke sind Überbleibsel der dauerhaften »Protogeweihe« der Urkolbenträger, deren Entwicklung vor etwa 25 Millionen Jahren begann.

Auf diesem Geweihfundament wachsen die Kolben nur durch Anbau von Knochenmatrix, einer knorpelähnlichen Substanz. Das Geweih bildet sich unter dem Schutz des Bastes, einer mit zahlreichen Nerven versorgten und gut durchbluteten Haut ohne Haarmuskeln, aber mit vielen Talg- und Duftdrüsen. Der Längenzuwachs der Kolben kann während der Aufbauperiode, die etwa 70% der Kolbenzeit (Wachstumsphase) andauert, bis zu 20 Millimeter pro Tag erreichen. Die schnell wachsenden Kolben sind ein sehr poröses, leichtes Gebilde. Die Verstärkung des Geweihs und der Geweihenden erfolgt erst im letz-

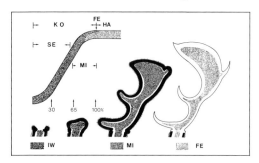

ten Drittel bis Viertel der art- und altersbedingten Wachstumszeit von 60 bis 140 Tagen. Die nun beginnende Mineralisierung verläuft so dynamisch, daß

Unten rechts: Kolbenwachstum (schematisiert - je lichter der Schwammknochen, um so mehr ist er mineralisiert). KO = Kolbenperiode mit sensibler (SE) und Mineralisierungsphase (MI). IW = intensives Wachstum. FE = Zeitpunkt des Fegens und der Vereckung; die Mineralisierung setzt sich gewöhnlich noch einige Tage bis Wochen fort. HA = hartes und totes Geweih.

Seite 129 links: Konstruktionen der Geweihe. Grundsätzlich gibt es drei Varianten: Einseitige oder wechselseitige Sprossenbildung (Monopodium), gleichwertige (dichotome) Stangenspaltung und die Schaufelbildung. Für die Trughirsche (Telemetacarpalia) sowie die Muntjak- und Echthirsche (Plesiometacarpalia) sind nur die reine Dichotomie und das Prinzip der Schaufelbildung morphologisch

GEWEIHBILDUNG

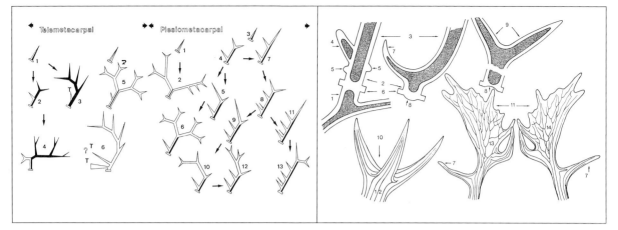

das Endgewicht um etwa 70% erhöht wird. Neuerlich wird vermutet, daß das Baststerben nicht direkt durch die Verengung der Öffnungen der Haversschen Kanäle des Geweihmantels, sondern durch einen fotoperiodisch angeregten Infarkt (Gefäßvestopfung) verursacht wird. Der nun unterernährte Bast stirbt und löst sich vom Geweih ab. Der Vorgang scheint einen Juckreiz auszulösen, der das »Fegen« mit dem Geweih bewirkt. Dadurch beschleunigen die Tiere die Entfernung der Bastfetzen.

Die Mineralisierung erfolgt durch Ablagerung von Hydroxy-Apatit. An dessen Gitter sind geringe Mengen von Fluor, Kalium und Magnesium gebunden. Das Kalzium/Phosphor-Verhältnis des Apatits ist 2,5 : 1, aber beim fertigen Geweih sinkt es auf etwa 2,1 : 1, weil phosphorhaltige Eiweißstoffe die Knochenmatrix bilden. Da erst im letzten Drittel der Kolbenperiode fast zwei Drittel des Geweihgewichtes erreicht werden, ist die Kalzium-Versorgung entscheidend für die Geweihbildung. Kapitale Geweihe können, selbst bei optimaler Futterqualität, nur dadurch entstehen, daß Kalzium aus dem Knochengerüst ins Geweih umgelagert wird. Die genutzten Kalziumvorräte des Skeletts scheinen erst nach der Brunft bis zur nächsten Mineralisierungsphase ersetzt zu werden. Bei kalziumarmer Nahrung kann es vorkommen, daß die Mineralisierung so langsam vor sich geht, daß sich die Geweihkonstruktion nicht selbst tragen kann und in sich zusammensinkt. So entstehen die sogenannten Korkenzieher- oder Wachskerzengeweihe.

Die Mineralisierungsphase erfordert einen steigenden Testosteronspiegel. Deshalb müssen Geweihe schon vor der Brunft gefegt werden. Obwohl das Testosteron (Hormon der männlichen Keimdrüsen) die Hauptrolle im Geweihzyklus spielt, sind an ihm – neben Enzymen – noch Hormone der Gehirnanhangdrüse, Schilddrüse, der Nebennieren, Hoden und der Bauchspeicheldrüse beteiligt. Man vermutet aber, daß das Kolbengewebe selbst einen Teil der nötigen Hormone und des Enzyms alkalische Phosphatase erzeugt.

Das tote Geweih löst sich vom lebendigen Rosenstock mit dem Absinken des Testosteronspiegels nach der Brunft. Je schneller der Testosteronspiegel sinkt, desto früher wird das Geweih abgeworfen. Bleibt das Testosteron aus oder wird zu wenig Testosteron gebildet – sei es durch Verletzung der Hoden oder Kastration –, kommt es zu Geweihmißbildungen. Das Gewebe wuchert dann mehr oder weniger schnell weiter, es entsteht ein sogenanntes Perückengeweih.

Die Rosenstockbasen sind zwar als embryonale Anlagen bei beiden Geschlechtern vorhanden. Damit sie sich jedoch entwickeln können benötigen sie noch vor der ersten Pubertät geringe Testosteronmengen. Deswegen können sie sich nur bei Männchen oder Zwittern entwickeln. Eine Ausnahme ist hier das Rentier, bei dem auch Weibchen Geweihe bilden. Es wird vermutet, daß bei dieser Gattung nicht unbedingt nur das aus den Hoden stammende, sondern auch das durch Umbildung der Hormone der Nebennierenrinde entstandene Testosteron wirkt.

Der hormonale Wachstumsbefehl erreicht die Ro-

identisch. Das Monopodium, eventuell mit der Dichotomie kombiniert, geht bei den telemetacarpalen Hirschen aus der hinteren Stangenhälfte, bei den plesiometacarpalen aus der Vorderseite der Stange hervor. Die Telemetacarpalier haben einen langen Schaft und neigen zur Bildung eines Triebes T (1, 2, 3, 4, 5). Die Triebbildung kann beim Ren die Sprossenbildung ersetzen (6). Die Plesiometacarpalier haben einen kurzen Schaft und bilden oft den Eissproß, der vermutlich spät in der Entwicklungsgeschichte, und zwar als Trieb, entstanden ist, dann aber zum Sproß wurde. Die Reihenfolge der Ziffern deutet nicht unbedingt auf verwandtschaftliche Beziehungen hin. Sie zeigt die Konstruktionsentwicklung in Folgegeweihen. [Fortsetzung auf Seite 130]

Seite 129 rechts: Entwicklung der Geweihenden. Der Rosenstock (1) ist die Fortsetzung des Stirnbeins und seines Knochenmarks. Nach dem Fegen entsteht in der Ebene der Rosen (6), zwischen dem Knochenmark des Geweihs und des Rosenstockes, eine kompakte Brücke. Als Schaft (2) wird der noch ungeteilte Geweihteil bezeichnet. Aus seiner Oberfläche können fingergroße bis sprossenlange Triebe (4) mit eigenem Knochenmark herauswachsen. Perlen (5) nennt man kleine, kompakte Auswüchse des Schafts oder der Stange (3). Sie hat die Tendenz, sich in Sprossen (7) zu verzweigen und am Ende eine Endgabel (9) oder mehrendige Krone (10) zu bilden. Die untere Seite des abgeworfenen Geweihs wird Petschaft (8) genannt. Es kann konvex bis konkav sein. Die Arterien und Venen laufen an der Stange parallel, an den Sprossen zueinander (12). Wenn sie sich aber unregelmäßig verzweigen und das Muster sich überlappt (13, 14), muß eine Schaufel (11) entstehen.

senstockbasen über die darüberliegende »induktive« Knochenhaut. In diesem Hautbereich vermutet man besondere Testosteron-Rezeptoren. Eine Übertragung dieser Knochenhaut ruft an jedem Hirschknochen Geweihbildung hervor, ohne daß dabei die arteigene Form beibehalten wird. Geweihe sind selten spiegelbildlich gebaut. Streß kann die Geweihbildung einseitig verzögern.

Die entwicklungsgeschichtlich älteren Trughirschartigen unterscheiden sich von den jüngeren Hirschartigen in der Grundkonstruktion der Geweihe: Die Trughirschgeweihe haben (mit Ausnahme des Rens) einen langen Schaft, an dem nahe der Rosenstöcke oft ein »Triebsproß« aus dem Geweihmantel herauswächst. Echte Hirsche haben einen viel kürzeren Schaft, und alle Sprosse entstehen nur durch Stangenteilung. Die Teilungsfähigkeit der Stange ist bei den Trughirschartigen auf die hintere, bei den Hirschen auf die vordere Stangenhälfte beschränkt. Die Triebbildung ist entwicklungsgeschichtlich älter als die Stangenspaltung. Beim Ren können sogar alle Sprossen als Triebe gebildet werden; dieses »Relikt« läßt sich manchmal beim Erstlingsgeweih echter Hirsche beobachten.

Die Geweihkonstruktionen lassen sich folgendermaßen beschreiben: einseitige oder wechselseitige Sprossenbildung (Monopodium); gleichwertige (dichotome) Stangenspaltung, die sich gleich oder nach anfänglichem Monopodium entwickelt, und Schaufelbildung. Arterien und Venen an der Oberfläche von Stange und Sprossen verlaufen parallel. Sobald sie sich annähern, hemmen sie das Wachstum – es bildet sich eine Spitze aus. Breiten sich allerdings die Blutgefäße netzförmig aus und überschneiden sie sich an beiden Seiten des Geweihs, so bildet sich eine Schaufel. Verblüffend ist, daß die Möglichkeit besteht, artfremde Geweihkonstruktionen zu bilden. Der Aufbau des Geweihs beginnt normalerweise mit dem Spieß. Erst in den darauffolgenden Jahren bildet sich über eine oder mehrere Zwischenstufen das vollständige Geweih aus. Mit zunehmendem Alter der Tiere wird die Geweihkonstruktion allmählich von oben nach unten, oft bis zu faustgroßen Stümpfen »zurückgesetzt«.

Die Entwicklungsgeschichte der Protogeweihe zeigt, daß sie sich nicht als Kampforgane entwickelt haben. Ihre Ansatzstellen lagen an den Augenbogenrändern, also an sehr weit vorstehenden Knochen. Als dauerhafte Gebilde müssen Protogeweihe zerbrechlich und gegen Berührung sehr empfindlich gewesen sein. Eine Entwicklungslinie, bei der die Ansatzstellen durch Knochenleisten mit den Nasen- und Oberkieferknochen verstärkt waren, so wie es noch heute beim Muntjak der Fall ist, wurde schon zu Beginn des Pliozäns wiederaufgegeben.

Es dauerte einige Millionen Jahre, bis es zur echten Geweihbildung und dann zum Versetzen der Rosenstöcke von den Augenbogenrändern an die äußeren Stirnbeinleisten gekommen ist. Von nun an konnten Geweihe als wirksame Waffe eingesetzt werden. Weil das Geweih mit den Duftstoffen des eigenen Urins oder anderen Duftstoffen »parfümiert« werden kann, konnte auch die geruchliche Signalrolle des verfegten Bastes am toten Geweih erhalten bleiben.

Mit der Zunahme der Geweihgröße mußten nicht nur wichtige statische, sondern auch Verhaltensprobleme gemeistert werden. Das Geweih durfte weder hinderlich noch lebensgefährlich bei der Bewegung und beim Kampf sein. Die Geweihform mußte sich der Umwelt anpassen, und die Ausrichtung von Stangen und Sprossen änderte sich so, daß sich die Tiere beim Kampf nicht lebensgefährlich verletzen konnten. Es entstanden ritualisierte Kampfweisen, bei denen sich die Gegner lediglich zur Schau stellten oder einander zu ermüden versuchten.

Geweihe haben im Vergleich zu Hörnern (von denen sie sich in Gestalt, Bildungsart und Funktion unterscheiden) zwei wichtige Vorteile: Ihre Größe steht in direktem Zusammenhang mit der Körpergröße, der Reifungsklasse und dem Rang eines Tieres. Nicht nur optisch, sondern auch geruchlich durch den Geweihgeruch können Artgenossen die soziale Stellung des Geweihträgers einschätzen.

Riesenhirsch
von Valerius Geist

Der ausgestorbene RIESENHIRSCH *(Megaloceros giganteus)* mit seinem enorm großen, eleganten Geweih hat schon immer die Phantasie der Menschen beschäftigt. Seine Größe und Körperform sind mit der Elenantilope vergleichbar. Dieser Hirsch war ein höchst entwickelter Schnelläufer, der dem raschen, ausdau-

Ein Damhirsch fegt sein Geweih an einem Baumstumpf. Die abgestorbene Haut, der sogenannte Bast, löst sich in Fetzen von der Unterlage - ein blutiger, aber doch schmerzloser Vorgang.

ernden Lauf auf flachem Gelände angepaßt war. Von Höhlenmalereien wissen wir, daß diese ausgestorbene Art ein hellfarbiger Hirsch war, mit dunklen Streifen auf den Körperseiten und im Nacken. Der Riesenhirsch war kurzhaarig. Er war der letzte und größte der eiszeitlichen Riesenhirsche (Gattungen *Praedama, Praemegaceros, Megaloceros*) der Alten Welt.

Trotz allem war der Riesenhirsch nicht der größte Hirsch, der jemals lebte. Diese Ehre gebührt dem Breitstirnelch, der höchstwahrscheinlich eine Tonne wog. Ausmessungen der Knochengerüste deuten darauf hin, daß große, muskulöse Riesenhirsche ungefähr 575 Kilogramm wogen. Eiszeitwapitis waren bestimmt genauso groß, und Alaska-Elche *(Alces alces gigas)* der heutigen Zeit sind sogar schwerer als sie.

Mit seiner Geweihgröße aber übertraf der Riesenhirsch alle anderen Hirsche. Das Geweih erreichte eine Ausladung von über vier Metern. Damit übertraf er sogar den Breitstirnelch, dessen Geweih über drei Meter Ausmaß hatte. Es muß aber erwähnt werden, daß nicht alle Riesenhirsche so große Geweihe hatten. Die japanische Art hatte ein verhältnismäßig kleines Geweih. Eigentlich war der Riesenhirsch ein Ausnahmefall in seiner Verwandtschaft. Sein riesiges Geweih war »bauschig«, mit einer dünnen Rinde und einer dicken, schwammigen Innenschicht. Der Aufbau des Geweihs deutet eher auf seine Funktion als Imponierorgan denn als Stirnwaffe hin. Dies und die enorme Geweihgröße des Riesenhirsches kann man dadurch erklären, daß der Riesenhirsch vom Bewegungstyp ein Schnelläufer war: Bei Schnelläuferarten ist das Junge bei der Geburt schon recht groß. Eine nährstoffreiche Milch ist die Voraussetzung dafür, daß das Junge auch weiterhin rasch heranwächst und schnellfüßigen Raubtieren entkommen kann. Die Hirschkuh muß daher eine beachtliche Menge an Nährstoffen und Energie auf Kosten ihres Körperwachstum dem Jungtier über die Produktion ihrer Milch zukommen lassen. Hirschkühe wählen ihre Geschlechtspartner anhand der Größe ihrer Geweihe aus. Auf einen Blick können sie an der Geweihgröße ablesen, welcher Hirsch der beste Äser ist und somit auch derjenige, der zusätzliche Körperreserven hat. Bei Hirscharten, die ihre Kälber im Verborgenen auf-

Eine Spannweite von mehr als vier Metern hatte das Geweih der vor rund 12000 Jahren ausgestorbenen Riesenhirsche. Das abgebildete Skelett wurde in den Torfmooren von Ballybetagh in Irland gefunden.

ziehen, sind die besonders nährstoffreiche Milch und das damit verbundene rasche Jungtierwachstum nicht unbedingt notwendig. Daher »investieren« solche Hirsche ihre Energie- und Nahrungsreserven in größere Körper. Als Folge davon findet man einen Zusammenhang zwischen Geweihgröße der Hirsche und den Geburtsgewichten und dem Nährstoffgehalt der Milch, die die Weibchen produzieren.

Um überhaupt in der Lage zu sein, in 120 bis 150 Tagen diese riesige Geweihmasse zu bilden, mußte der Riesenhirsch besonders nährstoffreiches Futter aufnehmen. Um die große Geweihmasse zu

schieben, mußten die Hirsche schon einen Monat vor dem Abwurf an Weiden äsen. Die enorme Körpergröße und die lange Tragzeit dieser Art lassen darauf schließen, daß die Brunft schon im August angefangen haben muß und daß die Hirsche ihr Geweihwachstum somit schon Mitte Juli abgeschlossen hatten. Folglich mußten sie schon 120 bis 150 Tage früher, also im Februar oder März, das alte Geweih abgeworfen haben. Zu dieser Zeit sind die Seen noch zugefroren. Schnelläufertypen der Hirsche ziehen es vor, auf schneebedeckten Seen zu ruhen oder dorthin vor Raubtieren zu fliehen. Wenn dann im Frühling das Eis weich und brüchig wurde, ertranken viele Tiere. Im Schlamm der Seen findet man daher gut erhaltene Exemplare. Da Riesenhirschkühe zu dieser Jahreszeit nicht in gleicher Weise wie die männlichen Tiere gezwungen waren, derartig viel Nahrung aufzunehmen, zogen sie sicherere Orte den nahrungsreichen, aber riskanteren Lagen vor. Man nimmt an, daß sich Riesenhirschkühe im Frühjahr zu Herden zusammenschlossen, die sich auf den trockenen Hochebenen aufhielten. Bei anderen Schnelläufertypen, dem nordamerikanischen Bison und Wapiti, hat man ähnliches beobachtet. Aus diesem Grund wird es verständlich, weshalb man nur sehr selten weibliche Riesenhirsch-Überreste in den Ablagerungen der Seen findet.

Der Riesenhirsch war auf das nahrungsreiche Anschwemmungsflachland, das durch die Gletscher entstanden war, und auf die unendlichen Weiten der flachen, ununterbrochenen Ebenen angewiesen. Allmählich jedoch wurden diese Ebenen durch das Vordringen der Wälder immer kleiner. Die Existenz des Riesenhirschs war damit gefährdet. Sein Untergang stimmt mit dem Beginn des Mesolithikum überein, einer Periode, die den damals in Europa lebenden Menschen besonders harte Lebensbedingungen brachte. Die letzten Restherden der Riesenhirsche wurden höchstwahrscheinlich von Jägern erlegt. Der Riesenhirsch war ein häufiges Opfer der Neandertaler und mit großer Wahrscheinlichkeit auch der paläolithischen Jäger. Gegen Ende der Eiszeit bestimmten diese Jäger ganz entscheidend das Bild der europäischen Tierwelt.

Die letzten Exemplare der Riesenhirsche stammen aus Irland und lebten bis etwa 10000 Jahre vor unserer Zeitrechnung.

Moschushirsche

von Victor Zhiwotschenko

Das MOSCHUSTIER oder der MOSCHUSHIRSCH *(Moschus moschiferus)* ist der kleinste Vertreter der Hirsche und die einzige Art der Unterfamilie Moschinae. Moschushirsche tragen kein Geweih, aber die männlichen Tiere haben verlängerte, hauerartige Oberkiefer-Eckzähne. Im Gesamtaussehen unterscheidet sich der Moschushirsch stark von den anderen Hirschen. In manchen Merkmalen erinnert er mehr an Hirschferkel. Wie diese haben Moschushirsche eine Gallenblase und einen fadenförmigen Anhang am Penis. Das hintere Körperteil des Moschushirsches ist viel kräftiger gebaut als der Vorderkörper, und die Hinterbeine sind um fast ein Drittel länger als die Vorderbeine. Fast sieht es so aus, als habe das Tier einen Höcker, weil das Rückgrat so stark gekrümmt ist. Der kleine Kopf sitzt tief am niedrig angesetzten Hals. Das alles verleiht dem Moschustier zusammen mit dem weichen, leicht nach vorn gebeugten Gang das Aussehen eines ständig sprungbereiten Tieres. In der Tat ist der Moschushirsch besser als alle anderen Huftiere, sogar besser als die Arten, die im Gebirge leben, an eine sprungartige Fortbewegung angepaßt. Moschushirsche springen weit, leicht, weich und federnd. Außergewöhnlich groß ist ihre Wendigkeit. Ohne die Geschwindigkeit zu verringern, können sie sich um 90 Grad drehen, sofort stoppen, sich wieder drehen und die vorherige Geschwindigkeit wieder aufnehmen. Die Seitenhufe (Afterzehen) sind nur wenig kleiner als die mittleren Hufe und berühren beim Auftreten den Boden. Dies verleiht dem Tier eine gewisse Standfestigkeit und bietet ihm auf steilen, felsigen Abhängen sowie im Fallholz einen besseren Halt.

Die hauerartigen Oberkiefer-Eckzähne, die bei den männlichen Tieren gut ausgebildet sind, stehen gerade nach unten. Sie sind sehr schmal und spitz und haben an der Seite eine Schneide. Die Eckzähne wachsen ständig nach, ihre Länge beträgt meist sechs bis acht Zentimeter, aber höchstens zehn Zentimeter. Sie sind seitwärts beweglich, wahrscheinlich brechen sie dadurch nicht so leicht ab. Die Oberkiefer-Eckzähne werden wohl als »Turnierwaffen« im Rivalenkampf eingesetzt. Das Tier beschränkt sich größtenteils auf die Demonstration der Zähne. Der Hirsch hebt dabei die Oberlippe, um seine Waffe so weit wie möglich zu »zücken«. Die weiblichen Tiere besitzen ebenfalls hauerartige obere Eckzähne, die jedoch kleiner sind.

Das wohl charakteristischste und namengebende Merkmal des Moschushirsches ist die Moschusdrüse. Nur männliche Moschushirsche besitzen eine Moschusdrüse, die in einem flachen Hautbeutel an der Bauchseite zwischen Nabel und Geschlechtsorganen liegt. Das Gewicht der Drüse beträgt 50 bis 70 Gramm. Die breiige braune Moschusmasse erreicht bei erwachsenen Tieren ein Gewicht von 18 bis 32 Gramm. Bei jungen Moschushirschen beginnt die Ausscheidung des Moschus als hellbraune, ölige Flüssigkeit im Alter von acht bis zehn Monaten.

In der Drüse werden die Geschlechtshormone, wachsartige Substanzen, sowie Cholesterinverbindungen gebildet. Der Moschus aktiviert die Samenzellen während der Paarungszeit, sein Geruch zieht die weiblichen Tiere an. Beim Moschustier sind Duftmarken für die Verständigung der Tiere untereinander von besonderer Bedeutung. Sie werden mit Hilfe der Drüsensekrete, insbesondere des Moschus, aufgetragen. Männliche wie weibliche Tiere haben

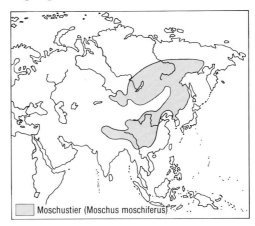

Moschustier (Moschus moschiferus)

HIRSCHE

Moschushirsche (Moschinae)

Name deutscher Name wissenschaftlicher Name englischer Name (E) französischer Name (F)	Körpermaße Kopfrumpflänge (KRL) Schwanzlänge (SL) Standhöhe (SH) Gewicht (G)	Auffällige Merkmale	Fortpflanzung Tragzeit (Tz) Zahl der Jungen je Geburt (J) Geburtsgewicht (Gg)
Moschustier, Moschushirsch *Moschus moschiferus* mit mehreren Unterarten E: Musk deer F: Porte-musc	KRL: 86–100 cm SL: 4–6 cm SH: 53–80 cm G: 13–18 kg	Geweihlos; hinterer Körperteil kräftiger als vorderer; stark gekrümmtes Rückgrat; Hinterbeine länger als Vorderbeine; Männchen mit gut ausgebildeten hauerartigen Eckzähnen im Oberkiefer und mit einer Moschusdrüse zwischen Nabel und Geschlechtsorganen; springende Fortbewegung	Tz: 185–195 Tage J: 2, seltener 1, sehr selten 3 Gg: 470–490 g

darüber hinaus kleinere Drüsen am Oberschenkel sowie am und unter dem Schwanz. Ob diese Drüsensekrete außer als Duftmarken noch eine andere Aufgabe haben, ist noch nicht endgültig geklärt.

Der Moschushirsch ist ein typisches Gebirgs- und Waldtier. In seinem Verbreitungsgebiet besiedelt er felsige, waldbewachsene Hänge. Deshalb ist er nur mosaikartig verbreitet. Im nördlichen Teil des Gebietes lebt er im mittleren Gürtel der Bergtaiga in Höhen bis zu 1600 Metern. Im Winter bevorzugt er steile Nordhänge, die mit Nadelwald bedeckt sind. Hier wachsen gewöhnlich viele Flechten, und es bildet sich kein Harsch. Im südlichen Teil des Gebietes steigt der Moschushirsch bis in 3000 Meter Höhe und lebt dort in Gebirgslaubwäldern und mancherorts auch in Gebieten ohne Baumbestand.

Das Futter des Moschushirsches ist in den einzelnen Siedlungsgebieten recht unterschiedlich und auch nicht für alle Orte gleich gut erforscht. Für den nördlichen Teil seines Verbreitungsgebietes sind 130 Pflanzenarten bekannt, die der Moschushirsch als Futter verzehrt. Ungefähr 20 Pflanzenarten gehören zur Grundnahrung. Gibt es in den Siedlungsgebieten des Moschushirsches genügend Baumflechten, dann können diese im Winter fast 100% des Futters ausmachen. Die Tiere verzehren dabei nicht nur die herunterhängenden Flechten, sondern sie holen sich diese selbst von den Bäumen. Dazu stellen sie sich auf die Hinterbeine, oder sie besteigen Fallholz oder umgefallene Bäume. Sind weniger Flechten vorhanden, dann spielen im Winter Nadelhölzer eine wesentliche Rolle. Im südlichen Teil des Gebietes, wo das Klima nicht so rauh ist und das Nahrungsangebot reichhaltiger und abwechslungsreicher, können Flechten und Nadelhölzer auch ganz in der Nahrung fehlen.

Der Moschushirsch ist ein vorsichtiges und scheues Tier, auf den ersten Blick ein typischer Einzelgänger. Auf der Futtersuche verbringt er fast die Hälfte der Zeit mit Lauschen und Beobachten der Umgebung. Selbst beim Laufen bleibt er nach einigen Sprüngen stehen, um zu horchen. Moschushirsche sieht man nur selten, da sie hauptsächlich in der Dämmerung und in der Nacht aktiv sind. Den größten Teil der hellen Tageszeit ruhen sie zwischen Fallholz, Windbruch oder im dichten Unterholz. Dort, wo der Moschushirsch nicht gejagt wird, gewöhnen die Tiere sich schnell an Menschen. Dem sowjetischen Zoologen W. Saizew gelang es sogar, im Sichote-Alin-Reservat die Moschushirsche derart an seine Anwesenheit zu gewöhnen, daß sie ihn dicht an sich heranließen und stundenlang seine Gesellschaft duldeten. Der Moschushirsch entdeckt eine mögliche Gefahr vor allem mit Hilfe seines Gehörs. Auf verschiedene Laute reagiert er unterschiedlich. So kann ein plötzlich knackender Ast panikartige Flucht auslösen, währenddessen lautstarke Unterhaltung oder Gesang, von dem Tier bereits von weitem aufgenommen, beruhigend wirken können. Dies kann sogar bei der Annäherung hilfreich sein, weil die »gefährlichen« Laute, wie knackende Äste, überdeckt werden. In der Nähe von Fernverkehrsstraßen werden die Tiere oft von Autos überfahren, weil sie den Motorenlärm nicht mit einer Gefahr verknüpfen.

Ein aufgeschreckter Moschushirsch flüchtet im Galopp, seine Sprünge sind fünf bis sechs Meter weit. Dabei wechselt er jäh die Richtung, vollführt große Seitensprünge und ist bemüht, hinter einem Stein oder im Fallholz zu landen, um gleich darauf zu wenden und genau in die eigenen Spuren zu springen. Ist die Flucht aussichtslos, dann springt er auf einen für Raubtiere unzugänglichen Felsvorsprung. Bei weitem nicht jeder Hund schafft es, den Moschushirsch auf so einen Felsvorsprung zu treiben, wo er eine leichte Beute des Jägers ist.

Moschushirsche sind Einzelgänger und ortstreu.

MOSCHUSHIRSCHE

Lebensablauf Entwöhnung (Ew) Geschlechtsreife (Gr) Lebensdauer (Ld)	Nahrung	Feinde	Lebensweise und Lebensraum	Häufigkeit
Ew: mit 3–4 Monaten Gr: mit 18 Monaten Ld: 10–12 Jahre	Vielerlei Pflanzen: Gras, Moos, Flechten, Zweige, Triebe usw.	Buntmarder, Wolf, Fuchs, Luchs; für Jungtiere auch Greifvögel	Scheu; ortstreu; vorwiegend Einzelgänger, in der Fortpflanzungszeit auch kleine Gruppen; hauptsächlich im Waldgürtel der Berge	Im Süden des Verbreitungsgebiets stark dezimiert, im Norden Bestand auf rund 100 000 Tiere geschätzt; Rückgang durch Bejagung und Lebensraumzerstörung

Gruppen von drei bis sieben Tieren gibt es lediglich in der Paarungszeit und solange die Jungtiere noch nicht von der Mutter entwöhnt sind. Jedoch haben Forschungen der letzten Jahre gezeigt, daß die Kontakte unter den Tieren viel enger sind, als angenommen. In der Ussuri-Region kann ein von einem männlichen Moschushirschen kontrolliertes Familienrevier bis 300 Hektar groß sein. In diesem Territorium hält der Hirsch bis zu drei weibliche Tiere, von denen wiederum jedes ein eigenes Revier von rund 50 Hektar besitzt. Der Revierbesitzer kennt seine Weibchen genau. Er macht regelmäßige Kurzbesuche, um zu beobachten, ob alles in Ordnung ist und ob keine Rivalen aufgetaucht sind. Dabei setzt er Duftmarken, mitunter 40 pro Tag. Entdeckt er eine fremde Duftmarke, dann bemüht er sich, diese mit seinem Drüsensekret zu überdecken. Junge Moschushirsche treten den Rückzug an, wenn sie auf eine Duftmarke eines älteren und stärkeren Tieres stoßen. »Grenzkonflikte« brechen meist in der Paarungszeit aus, die im nördlichen Teil des Verbreitungsgebiets im November/Dezember liegt und drei bis vier Wochen andauert.

Der Moschushirsch hat nur wenige Feinde. Je nach Gebiet können der Buntmarder, der Wolf, der Fuchs und der Luchs zu seinen Hauptfeinden gezählt werden. Die Jungtiere werden sogar von großen Raubvögeln angefallen. Jedoch ist ungeachtet dieser Feinde keine wesentliche Verringerung der Bestandsgröße durch Raubtiere zu verzeichnen.

Der Moschushirsch wurde seit jeher wegen des Moschus gejagt. Durch den Moschusgeruch ist das Fleisch jedoch nicht schmackhaft, weshalb es hauptsächlich als Köder benutzt wird. Das Fell mit seinen brüchigen Haaren ist ebenfalls von geringem Wert. Der Moschus war in der Medizin des Ostens hoch geschätzt. Später entdeckte die Parfümindustrie den Moschus als Duftstoff. Inzwischen wurde dafür ein

Die kleinen Moschustiere oder -hirsche tragen kein Geweih, und nur den Böcken wachsen stark verlängerte hauerartige obere Eckzähne aus dem Oberkiefer hervor. Ihren Namen hat diese Art von der Moschusdrüse, die bei den männlichen Tieren zwischen Nabel und Geschlechtsorganen sitzt. Ihr Sekret, der Moschus, ist von jeher als Medizin und Duftstoff sehr begehrt, und dementsprechend wurden und werden die scheuen Wald- und Gebirgstiere vom Menschen bejagt.

HIRSCHE

künstlicher Ersatzstoff entwickelt. Bei der Jagd kamen vorwiegend Schlingen zur Anwendung. Heute ist in der Sowjetunion die Jagd auf Moschushirsche mit Schlingen und Fallen untersagt. Moschushirsche werden mit Genehmigung während der Jagd auf andere Arten mit abgeschossen. Jährlich werden bis zu 5000 Moschustiere erlegt, was weniger als fünf Prozent der Gesamtzahl der Tiere bedeutet.

Um Moschus zu gewinnen, hält man die Tiere in menschlicher Obhut. In der Volksrepublik China begann man im Jahre 1958 mit der Haltung von Moschustieren. Gegenwärtig bestehen einige Farmen für Moschustiere, wobei auf einer Farm mehr als 100 Tiere gehalten werden. Moschus liefern die männlichen Tiere bis zu dreimal im Jahr. Vergleichbare Versuche sind auch aus Nepal bekannt. In der Sowjetunion werden Moschustiere im Moskauer Gebiet in einem Freigehege des Sewerzow-Instituts für Evolutionsmorphologie und Ökologie der Tiere gehalten.

Nur wenige Stunden alt ist dieses Moschustierkind, das in den Bergen Nepals aufgenommen wurde.

Muntjakhirsche

von Fred Kurt

Die Familie der Hirsche kann – abgesehen vom Moschustier – aufgrund der Entwicklung des Mittelhandknochens des Vorderfußes in zwei große Gruppen eingeteilt werden. Bei der einen Gruppe sind vom zweiten und fünften Finger nur die unteren Enden der Mittelhandknochen erhalten (Telemetacarpalia), bei der anderen Gruppe nur die oberen Enden (Plesiometacarpalia). Zu den Plesiometacarpalia zählen die Unterfamilien der Muntjakhirsche (Muntiacinae) und Echthirsche (Cervinae), zu den Telemetacarpalia die der Wasserhirsche (Hydropotinae) und Trughirsche (Odocoileinae) mit Elchhirschen und Renhirschen.

Die urtümlichen MUNTJAKHIRSCHE (Muntiacinae) tragen zwar schon ein Geweih, haben aber auch noch verlängerte, hauerartige Eckzähne im Oberkiefer. Der Tränenkanal mündet in zwei Öffnungen. Gallenblase und Fadenanhang am Penis fehlen. Zwei Gattungen mit insgesamt sechs Arten werden unterschieden. Bei den Arten INDISCHER MUNTJAK *(Muntiacus muntjak)*, CHINESISCHER MUNTJAK *(M. reevesi)*, SCHWARZER MUNTJAK *(M. crinifrons)*, TENASSERIM-MUNTJAK *(M. feae)*, VIETNAMESISCHER MUNTJAK *(M. rooseveltorum)* sind die Rosenstöcke lang, die Geweihe kurz, meist zweiendig, selten mit drei Sprossen. Das Haarkleid ist kurz, bei Formen, die in kühlerem Klima leben dicker und dichter. Bei der sechsten Art der Unterfamilie, dem SCHOPFHIRSCH *(Elaphodus cephalophus)*, sind die Geweihe unscheinbar, nur knopfspießartige kleine Spitzen, die auf kurzen Rosenstöcken wachsen. Sie werden von einem bis zu 17 Zentimer langen Haarschopf fast ganz verdeckt, den die Böcke auf der Stirne und um die Rosenstöcke herum tragen.

Wie dieser Chinesische Muntjakbock besitzen alle männlichen Muntjakhirsche ein kurzes, zweiendiges Geweih und leicht verlängerte obere Eckzähne. Im Kampf um Weibchen und Reviere werden die kleinen Stirnwaffen und vor allem die weit gefährlicheren Hauer eingesetzt.

Muntjakhirsche (Muntiacinae)

Name deutscher Name wissenschaftlicher Name englischer Name (E) französischer Name (F)	Körpermaße Kopfrumpflänge (KRL) Schwanzlänge (SL) Standhöhe (SH) Gewicht (G)	Auffällige Merkmale	Fortpflanzung Tragzeit (Tz) Zahl der Jungen je Geburt (J) Geburtsgewicht (Gg)
Indischer Muntjak *Muntiacus muntjak* mit 15 Unterarten E: Indian muntjac F: Muntjac de l'Inde	KRL: 89–135 cm SL: 13–23 cm SH: 40–65 cm G: 15–35 kg	Obere Eckzähne des Männchens hauerartig bis 2,5 cm lang; kleines Geweih nur bei männlichen Hirschen; bellende Lautäußerungen (»Bellhirsch«)	Tz: etwa 180 Tage J: 1 (2) Gg: 550–650 g
Chinesischer Muntjak *Muntiacus reevesi* mit 2 Unterarten E: Reeve's muntjac, Chinese muntjac F: Muntjac de Chine, Cerf aboyeur	KRL: etwa 90 cm SL: nicht bekannt SH: 41 cm G: 11–16 kg	Ähnlich wie Indischer Muntjak	Tz: etwa 210 Tage J: wie Indischer Muntjak Gg: wie Indischer Muntjak
Schwarzer Muntjak *Muntiacus crinifrons* mit 1 Unterart E: Hairy-fronted muntjac, Black muntjac F: Muntjac noir	KRL: nicht bekannt SL: nicht bekannt SH: 61 cm G: nicht bekannt	Ähnlich wie Indischer Muntjak	Tz: etwa 180 Tage J: wie Indischer Muntjak Gg: wie Indischer Muntjak
Tenasserim-Muntjak *Muntiacus feae* E: Fea's muntjac F: Muntjac du Tenasserim	Wie Indischer Muntjak	Ähnlich wie Indischer Muntjak, doch sehr dunkles Fell mit gelbem Haarschopf bis an Geweihenden	Wie Indischer Muntjak
Vietnamesischer Muntjak *Muntiacus rooseveltorum* mit 1 Unterart E: Roosevelt's muntjac F: Muntjac de Roosevelt	Wie Indischer Muntjak	Ähnlich wie Indischer Muntjak	Wie Indischer Muntjak
Schopfhirsch *Elaphodus cephalophus* mit 3 Unterarten E: Tufted deer F: Elaphode	KRL: 110–160 cm SL: 7–16 cm SH: 50–70 cm G: 17–50 kg	Männchen mit einfachen Geweihspießen, die vom Haarschopf überdeckt werden; obere Eckzähne bis 2,5 cm lang	Tz: etwa 180 Tage J: 1 (2) Gg: nicht bekannt

Die Muntjaks leben als Buschschlüpfer meist im mehr oder weniger dichten Unterwuchs süd und südostasiatischer Wälder. Sie leben praktisch als Allesesser, deren Speiseplan von Bambussprossen über Laub, Rinde und Früchte bis zu Aas reicht. Sie sind sogar geschickte Jäger, die gelegentlich das Nest bodenbrütender Vögel plündern und kleinere Warmblüter selbst erbeuten, indem sie sie mit kräftigen Schlägen der Vorderhufe und mit Bissen ihrer hauerartigen oberen Eckzähne erlegen.

In den Dschungelgebieten an den Grenzen zwischen Indien und Birma, wo heute noch Menschen von der Fallenjagd leben, erzählten mir meine Führer, daß Muntjaks oft schneller bei den gefangenen Fasanen gewesen seien als die Fallensteller selbst und jene dann verschlungen hätten, noch bevor die Jäger die Fasanen aus den Schlingen lösen konnten. Die Jäger sehen in den kleinen Hirschen aber keineswegs nur Konkurrenten, sondern auch wichtige Gefahrenmelder. Nähert sich ein Tiger oder ein anderes Raubtier, so warnen Muntjaks mit einer Reihe von kurzen, harten Tönen, die dem Bellen eines Hundes ähneln, und zwar in einer Lautstärke, die man diesem kleinen Tier gar nicht zutrauen würde. Aus diesem Grund heißen die Muntjaks übrigens auch Bellhirsche.

Die den Dschungel durchdringenden Warnlaute sind eine der wenigen Verhaltensweisen der Muntjaks, die den eigenen Artgenossen nützen. Häufig zieht der kleine Hirsch das Einzelgängertum vor und bekämpft seinesgleichen. Die kurzen Geweihstangen der Böcke können zwar im Kampf um Revier und Weibchen eingesetzt werden. Viel gefährlichere Waffen sind dagegen die verlängerten Eckzähne des Oberkiefers. Kämpfe sind für Muntjaks unausweichlich, denn ihr Lebensraum zwingt sie, in kleinen, gegen Rivalen verteidigten Eigenbezirken zu leben. Und dies aus folgendem Grund: Der Unterwuchs der tropischen Wälder bietet zwar fast überall und während des ganzen Jahres Nahrung, aber nicht sehr viel. Viele Pflanzen sind giftig oder schützen sich mit Dornen, ledrigen Blättern oder klebrigen Haaren vor

Eine Schopfhirschmutter mit ihrem Neugeborenen im Zoo von San Diego.

DIE ARTEN IM VERGLEICH

Lebensablauf Entwöhnung (Ew) Geschlechtsreife (Gr) Lebensdauer (Ld)	Nahrung	Feinde	Lebensweise und Lebensraum	Häufigkeit
Ew: mit etwa 2 Monaten Gr: mit 6–12 Monaten Ld: im Zoo über 17 Jahre	Kräuter, Sprossen, Früchte, Samen, Eier, Kleintiere, Aas	Leopard, Tiger, Rothund, Schakal, Krokodile, Python	Einzelgängerisch oder in Kleingruppen; in Regenwäldern und Monsunwäldern; Reviergröße 0,25–0,5 km^2	Häufig
Wie Indischer Muntjak	Wie Indischer Muntjak	Wie Indischer Muntjak	Einzelgängerisch oder in Kleingruppen; in Laubwäldern	Häufig
Wie Indischer Muntjak	Wie Indischer Muntjak	Wie Indischer Muntjak	Einzelgängerisch oder in Kleingruppen; in Laubwäldern	Unbestimmt
Wie Indischer Muntjak	Wie Indischer Muntjak	Wie Indischer Muntjak	Einzelgängerisch oder in Kleingruppen; im Regenwald	Gefährdet
Wie Indischer Muntjak	Wie Indischer Muntjak	Wie Indischer Muntjak	Einzelgängerisch oder in Kleingruppen; in Regenwald und Monsunwäldern	Häufig
Nicht bekannt	Allesesser	Leopard, Rothund	Einzelgängerisch oder in Kleingruppen; in Bergwäldern bis zur klimatischen Waldgrenze	Nicht bekannt

Verbiß. Muntjaks sind auch vom Bewegungstyp keine Läufer, die große Strecken zurücklegen können. Eine einfache Strategie bringt beste Ausnutzung der zwar immer vorhandenen, aber nicht gerade reichlichen Nahrung: Man lebt, um schwierige Ortsveränderungen zu vermeiden, immer am gleichen Ort, aber in geringer Bestandsdichte. Diese wird durch einzelgängerische Lebensweise erreicht, Artgenossen werden nicht geduldet. Mit Hilfe von Duftmarken aus den Voraugendrüsen zeigen die Tiere dem Rivalen an, ob ein Territorium besetzt ist oder nicht.

Bei den Muntjaks leben erwachsene Männchen und Weibchen einzeln. Lediglich während der Brunft überschneiden sich ihre Eigenbezirke für kurze Zeit. Bei den tropischen Muntjaks ist die Brunft an keine bestimmte Jahreszeit gebunden. Bei den nördlichen Formen dagegen findet sie in den Monaten Januar bis März statt. Selbst die Jungen – sie werden einzeln oder als Zwillinge nach einer Tragzeit von knapp sechs Monaten geboren – haben im Alter von einem halben Jahr den Eigenbezirk der Mutter zu verlassen. Zu diesem Zeitpunkt sind sie bereits erwachsen. Jetzt müssen sie versuchen, sich einen eigenen Eigenbezirk zu erkämpfen. Gelingt ihnen dies nicht, werden sie also dauern besiegt und vertrieben, so sterben sie bald als leichte Beute eines Leoparden oder Tigers.

Doch es gibt Ausnahmen von der Regel: Erwachsene Muntjaks dulden durchaus andere Artgenossen in ihren Eigenbezirken, vorausgesetzt, es handelt sich bei dem Mitbewohner um ein Männchen, das keine gefegten Geweihe trägt. Solche Männchen sind nicht paarungsbereit, und ihnen fehlt daher der Kampftrieb. Kommt dieses Männchen aber in Brunftstimmung und wird angriffslustig, ist möglicherweise die Brunft des bisherigen Revierinhabers beendet, er hat seine Geweihe abgeworfen, und wird nun selbst zum geduldeten Mitbewohner.

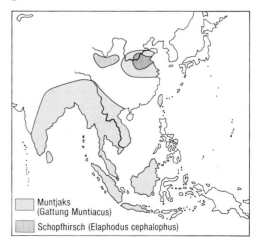

Muntjaks (Gattung Muntiacus)
Schopfhirsch (Elaphodus cephalophus)

Echthirsche

Einleitung

von Fred Kurt

Wie bei den Muntjakhirschen sind auch bei den Echthirschen (Unterfamilie Cervinae) die Vorderfüße »plesiometacarpal« gebaut, das heißt, von den verkümmerten Mittelhandknochen der Seitenfinger sind nur die oberen Enden erhalten. Der Rosenstock des Geweihs ist ziemlich kurz, die Geweihstangen sind lang. Der Tränenkanal mündet in zwei Öffnungen. Der Kopf der Echthirsche ist kurz bis lang, das Profil gerade oder ramsnasig. Der Nasenspiegel ist nackt und feingefeldert. Echthirsche haben mittelgroße Augen, der Hals ist kurz bis mittellang, der Rumpf gedrungen bis gestreckt. Die Beine sind je nach Art ziemlich kurz und gedrungen bis lang und schlank. Der Schwanz kann kurz und glatthaarig bis mittellang und buschig sein (beim Davidshirsch lang mit Endquaste). Echthirsche haben 32 bis 34 Zähne; die Zahnformel lautet $\frac{0 \cdot 0 \cdot 1 \cdot 3 \cdot 3}{3 \cdot 1 \cdot 3 \cdot 3}$.

Zu den Echthirschen zählen vier Gattungen: Flekkenhirsche *(Axis)*, Damhirsche *(Dama)*, Davidshirsche *(Elaphurus)* und Edelhirsche *(Cervus)* mit zusammen 14 Arten und mehr als 60 Unterarten. Von den 14 Arten sind elf ursprünglich ausschließliche Bewohner Asiens (sieht man von zahlreichen Einbürgerungen ab), zwei Arten leben in Europa und eine Art in der Neuen Welt. Asien, ganz besonders Südasien, ist das Ursprungsland der Echthirsche. Ihre Entwicklung läßt sich heute noch in großen Zügen erkennen, weil eine Reihe von Formen ziemlich genau den einzelnen Zwischenformen entsprechen. Die Echthirsche entwickelten sich aus den Muntjakhirschen. Aus diesen »Zweiendern« entstanden nach dem Kanadier Valerius Geist am Ende des Miozäns und zu Beginn des Pliozäns neue Formen. Ihr auffallendstes äußeres Merkmal ist, daß sie nicht mehr nur zwei, sondern drei Enden pro Geweihstange tragen. Es sind also keine »Gabler« mehr, wie die Jäger sagen würden, sondern »Sechsender« oder »Sechser«.

Sie zerfallen in drei große Gruppen, die ausschließlich in Südasien leben:

1. Die Fleckenhirsche der Gattung *Axis* mit folgenden vier Arten: Schweinshirsch *(Axis porcinus)*,

Zu den Echthirschen gehören diese Nordbarasinghas, die in Gras- und Sumpflandschaften Nord- und Nordostindiens beheimatet sind.

ECHTHIRSCHE – EINLEITUNG

Bawean-Schweinshirsch oder Kuhlhirsch *(Axis kuhlii)*, Calamian-Schweinshirsch *(Axis calamianensis)* und Axishirsch oder Chital *(Axis axis)*.

2. Die Sambar- oder Pferdehirsche der Untergattung *Rusa* mit folgenden drei Arten: Indischer Sambar oder Pferdehirsch *(Cervus unicolor)*, Mähnenhirsch *(Cervus timorensis)* und Philippinensambar *(Cervus mariannus)*.

Sowohl die Fleckenhirsche wie auch die Sambarhirsche umfassen Formen, die dichte Regen-, Monsun- und Mangrovenwälder bewohnen, wie etwa der Sambar und der Schweinshirsch, sowie Formen, die Parklandschaften und Grasländer vorziehen wie Mähnenhirsch und Axishirsch.

3. Die Zackenhirsche (Untergattung *Rucervus*) sind hochspezialisierte Graslandbewohner mit zwei Arten,

dem Barasingha *(Cervus duvauceli)* und dem Leierhirsch *(Cervus eldi)*. Die alten Männchen beider Arten tragen in der Regel zehn- bis vierzehnendige Geweihe; es sind sogar schon »Zwanzigender« beobachtet worden. Barasingha heißt übrigens »Zwölfender«. Trotzdem werden die Zackenhirsche zu den ursprünglichen Formen gerechnet, deren Bauplan der Geweihe drei Hauptenden vorsieht. Die zusätzlichen Sprosse sind Seitenäste aus den drei Hauptenden, die jede der beiden Geweihstangen trägt.

Höher entwickelte Arten, »Achtender«, entstanden wahrscheinlich erst in der letzten Epoche des Tertiärs. Damals hatten sich die Hirsche bereits über die Grenzen ihrer südasiatischen Heimat hinaus verbreitet. Und die »Achtender« entstanden im angrenzenden Neuland westlich, nördlich und östlich von Südasien. Dort leben ihre Nachkommen zum Teil heute noch. Der Sikahirsch *(Cervus nippon)*, die einzige Art der Untergattung *Sika*, lebt im Nordosten, der Damhirsch *(Dama dama)* im Nordwesten und der Atlas- oder Berberhirsch *(Cervus elaphus barbarus)* im nördlichen Afrika.

Außerhalb der altweltlichen Tropen entstanden schließlich aus Arten, bei denen beide Geweihstangen acht Enden haben, Arten mit insgesamt zehn Geweihenden. Solche Formen gelten heute als vereinzelte Restbestände der Eis- und Zwischeneiszei-

Oben: Zu den Echthirschen gehören auch die Weißlippenhirsche, die auf den Bergwiesen des tibetischen Hochlandes leben.
- Unten: Axishirsche leben in lichten, laubwerfenden Wäldern von Sri Lanka und Indien.

ECHTHIRSCHE

Echthirsche (Cervinae)

Name deutscher Name wissenschaftlicher Name englischer Name (E) französischer Name (F)	Körpermaße Kopfrumpflänge (KRL) Schwanzlänge (SL) Standhöhe (SH) Gewicht (G)	Auffällige Merkmale	Fortpflanzung Tragzeit (Tz) Zahl der Jungen je Geburt (J) Geburtsgewicht (Gg)
Schweinshirsch *Axis porcinus* mit 2 Unterarten E: Hog deer F: Cerf-cochon	KRL: 105–115 cm SL: etwa 20 cm SH: 60–75 cm G: 36–50 kg	Geweih bis 39 cm Länge; 3 Enden je Stange	Tz: 180 Tage J: 1, selten 2 Gg: nicht bekannt
Axishirsch, Chital *Axis axis* mit 2 Unterarten E: Chital, Axis deer, Spotted deer F: Chital, Chitra	KRL: 110–140 cm SL: 20–30 cm SH: 75–97 cm G: 75–100 kg	Zeitlebens gefleckt; Geweihstangen bis 76 cm, meist 3 Enden je Stange	Tz: 210–225 Tage J: 1, selten 2 Gg: nicht bekannt
Kuhlhirsch, Bawean-Schweinshirsch *Axis kuhlii* mit 2 Unterarten E: Kuhl's deer F: Cerf-cochon de l'île Bawean	KRL: etwa wie Schweinshirsch SL: etwa wie Schweinshirsch SH: etwa 70 cm G: etwa wie Schweinshirsch	Langer buschiger Schwanz; Junge ungefleckt	Tz: wie Schweinshirsch J: 1, selten 2 Gg: nicht bekannt
Calamian-Schweinshirsch *Axis calamianensis* mit 2 Unterarten E: Calamian deer F: Cerf-cochon des îles Calamianes	Etwa wie Schweinshirsch	Weißer Kehlfleck und weiße Lippenzeichnung	Etwa wie Schweinshirsch
Damhirsch *Dama dama* mit 2 Unterarten E: Fallow deer F: Daim	KRL: 130–160 cm SL: 16–19 cm SH: 85–100 cm G: ♂♂ 60–85 kg, ♀♀ 30–50 kg	Männchen mit Schaufelgeweih; Weibchen geweihlos; auffällig vorspringender Kehlkopf; Sommerfell glatt und dünn, Winterfell rauher mit viel Unterwolle; in der Regel mit weißen Flecken; obere Eckzähne (Grandeln) fehlen meist; Voraugendrüse ähnlich wie beim Rothirsch, doch anscheinend ohne bezoartigen Inhalt	Tz: 31–32 Wochen J: 1–2 (3) Gg: 2–4 kg
Davidshirsch *Elaphurus davidianus* E: Père David's deer, Milu F: Cerf du Père David, Milou	KRL: 180–190 cm SL: 50 cm SH: 120 cm G: 135 kg	Männliche Hirsche mit großem, einzigartig geformtem Geweih, dessen Verzweigungen alle nach hinten gerichtet sind; Haarkleid im Sommer ockerfarben, im Winter mattgrau; auffallend langer Schwanz mit Quaste; breite Hufe; lange Afterklauen; während des Schreitens knackendes Geräusch der Hufe	Tz: 270–300 Tage J: 1, selten 2 Gg: 7 kg
Philippinensambar, Philippinenhirsch *Cervus marianus* mit 4 Unterarten E: Philippine sambar F: Sambar des Philippines	KRL: 100–115 cm SL: 8–12 cm SH: 55–70 cm G: 40–60 kg	Zeitlebens geflecktes Fell	Tz: nicht bekannt J: 1, selten 2 Gg: nicht bekannt
Indischer Sambar, Indischer Pferdehirsch *Cervus unicolor* mit, je nach Auffassung, 6–15 Unterarten E: Sambar F: Sambar	KRL: 170–270 cm SL: 22–35 cm SH: 90–150 cm G: 100–350 kg	Geweihstangen 60–100 cm lang, je 3 Enden	Tz: 240 Tage J: 1, selten 2 Gg: nicht bekannt
Mähnenhirsch *Cervus timorensis* mit 6 Unterarten E: Sunda sambar, Rusa deer F: Sambar de la Sonde	KRL: nicht bekannt SL: nicht bekannt SH: 98–110 cm G: etwa 200 kg	Geweihlänge bis 110 cm, meist je 3 Enden, doch gelegentlich kleine Schaufeln	Tz: 240 Tage J: 1, selten 2 Gg: nicht bekannt
Barasingha *Cervus duvauceli* mit 2 Unterarten E: Barasingha, Indian swamp deer F: Barasingha	KRL: etwa 180 cm SL: 12–20 cm SH: 119–124 cm G: 170–280 kg	Geweihstangen 90 cm lang; 10 bis gelegentlich 20 Enden	Tz: etwa 7½ Monate J: 1 Gg: nicht bekannt
Leierhirsch *Cervus eldi* mit 3 Unterarten E: Eld's deer F: Cerf d'Eld	KRL: etwa 180 cm SL: 20 cm SH: 107–115 cm G: 80–150 kg	Geweihlänge bis 1 m; starke Augensprossen und leierförmig geschwungene Stangen	Tz: etwa 7½ Monate J: 1 Gg: nicht bekannt
Sikahirsch *Cervus nippon* mit 13 Unterarten E: Sika deer, Japanese deer F: Sika	KRL: 105–155 cm SL: 10–20 cm SH: 65–110 cm G: 25–110 kg	Geweihstangenlänge 28–81 cm, höchstens je 8 Enden	Tz: 217 Tage J: 1, selten 2 Gg: nicht bekannt
Rothirsch, Edelhirsch *Cervus elaphus* mit etwa 12 Unterarten E: Red deer F: Cerf rouge	KRL: 165–250 cm (180–250) SL: 12–15 cm SH: 120–150 cm G: ♂♂ 100–220 kg, ♀♀ 70–150 kg	Männchen mit starkem Stangengeweih, Weibchen geweihlos; Voraugendrüse bei beiden Geschlechtern und auch beim Kalb aktiv; Laufbürste (metatarsal), Zwischenklauendrüse und Wedelorgan	Tz: 33–34 Wochen J: 1 (2) Gg: 5–8 kg

DIE ARTEN IM VERGLEICH

Lebensablauf Entwöhnung (Ew) Geschlechtsreife (Gr) Lebensdauer (Ld)	Nahrung	Feinde	Lebensweise und Lebensraum	Häufigkeit
Ew: mit etwa 6 Monaten Gr: mit 8–12 Monaten Ld: 12–20 Jahre in Menschenobhut	Laub und Gräser	Mittelgroße bis große Landraubtiere; Python, Krokodile	Kleingruppen; in gewässernahen Wäldern und Graslandern	Ziemlich häufig
Ew: mit 6 Monaten Gr: mit 8–12 Monaten Ld: 15 Jahre in Menschenobhut	Laub, Früchte, Gräser	Tiger, Leopard, Schabrackenschakal, Rothund, Indischer Wolf, Python, Krokodile	Oft Großgruppen in laubwerfenden Monsunwäldern und Parklandschaften; Reviergröße 0,5–2 km²	Häufig
Ew: mit etwa 6 Monaten Gr: mit 8–12 Monaten Ld: nicht bekannt	Laub, Gras	Python	Kleingruppen; in Laubwäldern und kleinen Lichtungen	Selten; nur 200–500 Tiere
Etwa wie Schweinshirsch	Laub	Nicht bekannt	In Laubwäldern und Lichtungen	Gefährdet; nur 900 Tiere
Ew: mit 9–12 Monaten Gr: mit 1½ Jahren Ld: 20–25 Jahre	Gräser, Kräuter, Laub, Nadeln, Knospen, Triebe, Rinde usw.	Wolf, Luchs, Bär	Vorwiegend nacht- und dämmerungsaktiv; rudelweise, nur alte Böcke Einzelgänger; spezieller Paarungsschrei als rasselndes Knören der Böcke und Bellen der Kühe; stellenweise sehr scheu, sonst auch tagaktiv; kein spezielles Revierverhalten; in Mischwäldern in Ebenen und Mittelgebirgen; in Europa eingeführt und verwildert	Mesopotamischer Damhirsch gefährdet
Ew: mit 10–11 Monaten Gr: mit 14 Monaten Ld: 18 Jahre	Überwiegend Gräser, dazu Kräuter	Leopard	Ursprünglich in den sumpfigen Ebenen Nordostchinas; dort bereits in historischer Zeit stark dezimiert und seit 1939 ausgerottet; überlebte zunächst im kaiserlichen Park in Peking; von dort nach Europa überführt; um 1900 nur eine einzige Zuchtgruppe in Woburn Abbey, von dort später verbreitet	In freier Wildbahn ausgerottet; nur in Menschenobhut überlebend
Nicht bekannt	Laub, Gräser	Nicht bekannt	Waldbewohner, in Sumpfdschungeln und Bergwäldern bis 2500 m; neuerdings auch in baumreichem Kulturland	Nicht bekannt
Ew: mit 6–8 Monaten Gr: mit 15–24 Monaten Ld: nicht bekannt	Gras, Laub, Früchte	Wie Axishirsch	Einzeln oder in Kleingruppen; in allen tropischen Wäldern und Graslandern, auch im Bergland; Reviergröße 0,5–1 km²	Ziemlich häufig
Ew: mit 6–8 Monaten Gr: mit 18–24 Monaten Ld: nicht bekannt	Laub, vor allem Gras	Rothund, Python, Krokodile, Komo	Mittlere bis große Gruppen; in laubwerfenden Wäldern und Graslandern	Nicht bekannt
Ew: mit 6–8 Monaten Gr: mit 2–3 Jahren Ld: nicht bekannt	Gräser, selten Laub	Tiger, Leopard	Großgruppen; in Graslandern und Riedlandschaften, meidet Wald; Reviergröße 20 km² und mehr	Gefährdet; etwa 4500–5000 Nordbarasinghas, 500–600 Südbarasinghas
Ew: mit 6–8 Monaten Gr: mit 2–3 Jahren Ld: nicht bekannt	Gräser, selten Laub	Tiger, Krokodile	Lebte in Großgruppen entlang Flüssen (Graslander) und auf schwimmenden Savannen (Manipur), gelegentlich in laubwerfenden Wäldern	Gefährdet
Ew: mit 4–6 Monaten Gr: mit 18–24 Monaten Ld: nicht bekannt	Laub und Gras	Wölfe	Mittelgroße Gruppen; in laubwerfenden Mischwäldern	Gefährdet
Ew: mit 9–12 Monaten Gr: mit etwa 1½ Jahren Ld: 15–20 Jahre	Gräser und Kräuter, Nadeln, Knospen, Triebe, Rinde usw.	In Europa stellenweise Luchs und Wolf	Vorwiegend Dämmerungs- und Nachttier; Tageswanderung zwischen Deckungsraum und Äsungsplätzen; Jahreswanderung zwischen Winter- und Sommereinstand; sehr lauter und reger Brunftbetrieb; keine Reviere, auch nicht in der Brunft; bewohnt Laub- und Mischwald, Bergweiden und Almen (0–2750 m über Meer), Nadelwald, waldloses Heide-Hochland	In der Regel keine Gefährdung; stellenweise Übervölkerung; asiatische und nordafrikanische Rothirsche bedroht

ECHTHIRSCHE

Name deutscher Name wissenschaftlicher Name englischer Name (E) französischer Name (F)	Körpermaße Kopfrumpflänge (KRL) Schwanzlänge (SL) Standhöhe (SH) Gewicht (G)	Auffällige Merkmale	Fortpflanzung Tragzeit (Tz) Zahl der Jungen je Geburt (J) Geburtsgewicht (Gg)
Weißlippenhirsch *Cervus (Przewalskium) albirostris* E: Thorold's deer F: Cerf de Thorold	KRL: 190–200 cm SL: 10–12 cm SH: 120–130 cm G: 130–140 kg	Lippen, Kinn und Nasenrücken oberhalb der Muffel weiß; Haarstrich der hinteren Rumpfhälfte einschließlich Keulen von hinten nach vorne; männliche Hirsche mit langstangigem, kronenlosem Geweih, 10–12 Enden	Tz: 270 Tage J: 1, selten 2 Gg: etwa 8 kg

ten. Sie konnten sich in der Mitte des Pleistozäns entsprechend der jeweiligen Ausdehnung des Eisschildes entweder weiter verbreiten oder mußten in eisfreie Gebjete zurückweichen. Im Himalaja und in Mittelasien leben noch einige Unterarten dieser »Zehnender«. Je weiter sich die Nachkommen der Zehnender von ihrem asiatischen Ursprungsgebiet entfernten, desto größer wurden sie und ihre Geweihe. Der Wapiti ist ein gutes Beispiel dafür. Er lebt in der Mandschurei, der Mongolei und im Nordosten Chinas sowie im Nordwesten Amerikas. Sein Geweih ist nach einem zwölfendigen Plan gebaut, und die Männchen werden nahezu eine halbe Tonne schwer.

Die verschiedenen Lebensräume, welche die Hirsche bei ihrer Ausbreitung eroberten, wirkten sich auch auf ihre Ernährungsweise und ihre sozialen Verhaltensweisen aus. Für ihren Vorfahren, den Muntjak, und einige andere ursprüngliche Formen, die tropische Wälder bewohnen und ein vielseitiges, aber spärlich vorhandenes Nahrungsangebot nutzen, ist Standorttreue in verteidigten und mit Düften markierten Eigenbezirken die vorteilhafteste Lebensweise. Ganz anders verhält es sich auf offenen Grasländern, etwa den Schwemmlandzonen der großen südasiatischen Flüsse, oder in den Tundren, die einst abschmelzende Gletscher in den Zwischeneiszeiten oder am Ende der letzten Eiszeit freigaben. Ähnliche Lebensräume gibt es heute noch, etwa oberhalb der klimatischen Waldgrenze in den Gebirgen. Alle diese Zonen bieten zwar reichlich Kräuter- und vor allem Grasnahrung, diese ist aber nicht ganzjährig verfüg-

Der Rothirsch hat von allen Hirschen das größte Verbreitungsgebiet – als Wapiti bewohnt er sogar Nordamerika –, und innerhalb dieses riesigen Areals mußte er sich an sehr unterschiedliche Lebensräume und -bedingungen anpassen: sogar an den winterlichen Tiefschnee.

DIE ARTEN IM VERGLEICH

Lebensablauf Entwöhnung (Ew) Geschlechtsreife (Gr) Lebensdauer (Ld)	Nahrung	Feinde	Lebensweise und Lebensraum	Häufigkeit
Ew: mit 10 Monaten Gr: mit 15 Monaten Ld: 16–18 Jahre	Gräser, Kräuter	Nicht bekannt	Gesellig, männliche Hirsche in Rudeln getrennt von den Rudeln der Mutter- und Jungtiere; auf Bergwiesen asiatischer Hochgebirge oberhalb der Baumgrenze und in oberen Bergwaldgebieten	Sehr selten, äußerst gefährdet

bar. Flüsse überschwemmen regelmäßig die Talsohlen, Schnee und Eis bedecken im Winter die nordischen und alpinen Tundren.

Um solche zeitweise futterreichen Lebensräume zu bewohnen, müssen die Tiere von einem zum nächsten Futterplatz wandern können, und zwar in großen Gruppen mit verträglichen Mitgliedern, sonst ist die Arterhaltung nicht gesichert.

Nur verhältnismäßig große Huftiere können beachtliche Jahreswanderungen machen. Dies hängt nicht nur mit der körperlichen Leistungsfähigkeit zusammen, sondern auch mit ihrem Fortpflanzungsverhalten. Kleine Arten haben eine kürzere, große Arten eine längere Tragzeit. Beim kleinen Muntjak beträgt sie ungefähr 180 Tage, beim mittelgroßen Axishirsch 210 bis 225 Tage, beim stattlichen Rotwild 230 bis 240 Tage und beim mächtigen Wapiti 249 bis 262 Tage. Muntjak- oder Axisweibchen können innerhalb desselben Jahres zweimal begattet werden. Bei den großen Hirscharten findet alljährlich nur eine, zeitlich meistens noch engbegrenzte Brunft statt. Sie säugen ihre Kälber lange, und während der Säugezeit können sie nicht wie die Mütter der kleinen Arten begattet werden. Je größer eine Hirschart ist, desto länger brauchen die Jungtiere bis sie erwachsen sind. Muntjaks sind mit sechs bis zwölf Monaten und Axishirsche am Ende des ersten Lebensjahres fortpflanzungsfähig, Barasinghas, Rothirsche oder Wapitis erst nach Ablauf des zweiten oder dritten Lebensjahres. Und bis zu diesem Zeitpunkt bleiben die Kälber bei den Müttern. Wie wichtig diese langandauernde Mutter-Kind-Beziehung ist, zeigte der Schweizer Wildbiologe Robert Schloeth an markierten Rothirschen im Schweizer Nationalpark: Von der Mutter wird auf ihre Nachkommen die Wandertradition weitergegeben. Stirbt die Mutter, so sind ihre jüngsten Kälber nicht in der Lage, die jeweiligen Sommer- und Wintereinstände zu finden.

Lange Trag- und Stillzeiten, zwei- und mehrjährige Jugendphasen und der Geweihzyklus der Männchen bedingen eine vielfältige soziale Struktur in der Gesellschaft der großen Hirsche. Die läßt sich aufteilen in säugende Kälber, Halbwüchsige, trächtige und säugende Weibchen, Männchen mit gefegten, ungefegten oder abgeworfenen Geweihstangen.

In der einfachen Gesellschaft der Muntjaks dagegen finden sich nur vier soziale Gruppen: Säuglinge, Weibchen und Männchen mit gefegten oder ungefegten Geweihen. Hier sehen alte, kampferfahrene Böcke praktisch gleich aus wie junge unerfahrene, weil ihre kleinen Geweihe schon im zweiten Lebensjahr die Endgröße erreichen. Die mächtigen Geweihe der großen Hirscharten werden von Jahr zu Jahr mächtiger. An ihnen können Artgenossen ablesen, wer das stärkste und ranghöchste Tier ist und so unnötige Kämpfe vermeiden. Sichtbare Signale sind eine weitere Anpassung an offene Lebensräume. Die großen Arten tragen nicht nur mächtige Geweihstangen, an denen selbst der menschliche Beobachter ungefähr das Alter und den Rang ablesen kann und einzelne Tiere wiedererkennt. Sie zeichnen sich auch mit hellen, dunkel umrandeten Flecken, Spiegel genannt, am hinteren Rumpfende aus und durch lebhaft gezeichnete Gesichtsmasken oder kräftige Halsmähnen.

Gerade die asiatischen Hirscharten haben heute eine ungeheure Bedeutung für den Natur- und Artenschutz. Einige Arten und Unterarten sind vom Aussterben bedroht, von ihnen leben nur noch wenige Einzeltiere, wie etwa der Manipur-Leierhirsch. Bei anderen Arten ist die Rettung praktisch in letzter Minute geglückt, etwa beim Barasingha oder beim Kaschmirhirsch. Ohne Hirsche wie den Axis-, Schweins- und Mähnenhirsch gelänge es auch nicht, bedrohte, jagende Tierarten wie Tiger, Leopard, Krokodile oder Komodowaran so erfolgreich in ihren natürlichen Lebensräumen zu erhalten, wie es zur Zeit in Südasien geschieht.

▷ Die Gattung der Fleckenhirsche wurde nach ihrem größten und häufigsten Vertreter, dem Axishirsch oder Chital, benannt. Sein herrliches rotbraunes Fell ist mit weißen Flecken übersät.

Fleckenhirsche (Gattung *Axis*)

von Fred Kurt

Die Fleckenhirsche wurden nach der häufigsten der vier Arten, dem Axishirsch oder Chital, benannt. Er trägt ein sehr kräftig geflecktes Fell. Die drei anderen Arten dagegen haben kaum sichtbare Flecken. Bei allen Arten ist der Kopf kurz, der Körper wirkt mehr oder weniger gedrungen. Der Schwanz ist mittellang bis lang. Die Geweihe sind mehr oder weniger leierförmig geschwungen und meist breit ausgelegt. In der Regel tragen sie höchstens sechs Enden. Ausnahmen mit acht Enden sind besonders vom Axishirsch bekannt. Die Augsprosse sind bedeutend länger als die Gabelsprosse und entspringen unmittelbar über den Rosenstöcken. Die oberen Eckzähne fehlen meist, und die unteren sind schneidezahnartig.

Neben den beiden sehr häufigen Arten SCHWEINSHIRSCH *(Axis porcinus)* und AXISHIRSCH *(Axis axis)* sind zwei Inselformen bekannt:

Der KUHLHIRSCH oder BAWEAN-SCHWEINSHIRSCH *(Axis kuhli)* lebt ausschließlich auf der indonesischen Insel Bawean (220 Quadratkilometer groß). Die Art wurde nach dem Zweiten Weltkrieg stark bejagt, hat sich inzwischen aber erholt. Ihr Bestand wird auf 200 bis 500 Tiere geschätzt.

Der CALAMIAN-SCHWEINSHIRSCH *(Axis calamianensis)* lebt ausschließlich auf Busanga (900 Quadratkilometer groß), Culion (400 Quadratkilometer groß) und einigen anderen kleinen Inseln der philippinschen Inselgruppe Calamian. Der Gesamtbestand soll rund 900 Tiere umfassen und wegen unkontrollierter Jagd abnehmen. Über die beiden Inselformen ist wenig bekannt. Sie gelten als »Waldrandarten«, die auch kleine Kahlschlagflächen bewohnen und sich von jungen Gräsern und Laub ernähren. Sie leben einzeln (erwachsene Männchen) oder in kleinen Gruppen, die von einem Weibchen und seinen jüngsten Nachkommen gebildet werden.

Vermutlich entspricht ihre Lebensweise derjenigen des Schweinshirsches, dem sie äußerlich sehr ähnlich sehen.

Der SCHWEINSHIRSCH *(Axis porcinus)* trägt seinen Namen zu Recht: Er ist für seine kleine Körpergröße kräftig gebaut und wirkt fast kurzbeinig. Auf der Flucht trägt er den Kopf tief und rennt trippelnd. Sein Körperbau ist der eines Schlüpfers. Solche Schlüpfertypen gibt es unter den Huf- oder Nagetieren, die meist in dichter Vegetation leben und dementsprechend vorne tiefer gebaut sind als hinten. In der Tat leben Schweinshirsche meist in dichter Vegetation. Im Sind am Indus halten sie sich in Buschwäldern auf, in Birma werden sie in Mangrovenwäldern

angetroffen, und in Assam leben sie häufig in doppelt mannshohen Grasdschungeln. In Manipur wagen sich die Schweinshirsche sogar auf die schwimmenden Grasländer auf dem Longtak-See.

In dichten tropischen Wäldern erreicht wenig Sonnenlicht den Boden. Folglich gibt es verhältnismäßig wenig Unterwuchs und damit wenig Nahrung für den kleinen Schweinshirsch. Diese geringe Nahrung ist aber im Lebensraum gleichmäßig verteilt und das ganze Jahr über verfügbar. Der Schweinshirsch paßt sich in seiner Lebensweise dem Nahrungsangebot an und lebt standorttreu in den erwähnten Gebieten

Eine zoologische Kostbarkeit stellen die Calamian-Schweinshirsche dar, von denen nur etwa 900 Tiere auf einigen Inseln der philippinischen Calamian-Gruppe überlebt haben.

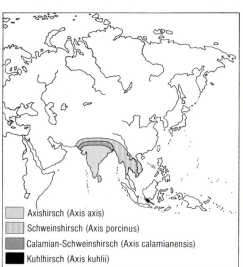

meist einzeln oder in kleinen Familiengruppen, also in geringer Bestandsdichte. Die Böcke gelten als äußerst streitbar, und nach allem, was wir heute über den Schweinshirsch wissen, scheinen sie Eigenbezirke zu verteidigen und mit Drüsensekreten zu markieren. Mir schien, daß die Lebensweise des Schweinshirsches der Lebensweise des Europäischen Rehes sehr ähnlich ist. Doch Schweinshirsche leben nicht nur in dichten Wäldern, nicht nur in kleinen Familiengruppen oder als kämpferische territoriale Männchen.

Dort, wo die großen Flüsse Assams oder Manipurs heute noch ungehindert die Talsohlen überschwemmen können, entstehen die sogenannten Bhils. Das sind feuchte Graslänger, in denen nur Gräser und Kräuter wachsen. Wälder können wegen der regelmäßigen Überflutung nicht entstehen. In diesem Lebensraum beobachtete ich regelmäßig zehn- bis zwanzigköpfige Schweinshirschrudel, die gemeinsam zu den jeweils günstigen Äsungsstellen zogen. In diesen von Überschwemmungen immer wieder veränderten Feuchtsavannen, die zwar viel mehr Nahrung bieten als die Wälder, mußten die Schweinshirsche die einzelgängerische, standorttreue Lebensweise aufgeben. Hier leben sie in Verbänden, die sich den jeweiligen Umweltbedingungen anpassen.

Am Manas-Fluß, der im Norden Assams an den Himalajastaat Bhutan grenzt, überschneidet sich das Verbreitungsgebiet des Schweinshirsches mit demjenigen des Chital. Hier werden sogar Bastarde zwischen den zwar eng verwandten, äußerlich aber sehr verschiedenen Arten beobachtet. Der CHITAL oder AXISHIRSCH *(Axis axis)* gab wegen seines lebhaft gefleckten Fells der ganzen Gattungsgruppe ihren Namen. Er ist auch die größte der vier Arten und die weitaus häufigste Hirschart in den Monsunwäldern, die das Laub abwerfen, in den Dornbuschgebieten und den trockenen Graslänger Indiens und Sri Lankas.

Die Chitalherden umfassen gelegentlich 800 und mehr Mitglieder. Sie sind nach folgendem Prinzip organisiert: Im Zentrum der Verbände steht ein erwachsener männlicher Hirsch oder eine kleine Gruppe von ungewöhnlich starken männlichen Hirschen mit schwarzen Hälsen, schwarz-weißen Gesichtsmasken und prächtigen Geweihen. Um sie herum halten sich Weibchen, Halbwüchsige und Jungtiere auf. Am Rande der Gruppe halten sich andere, weniger starke Männchen auf und solche, die ihre Geweihe gerade abgeworfen haben oder Bastgeweihe tragen. So gelingt es wenigen ranghöchsten Männchen, die von den Weibchen gewählten günstigen Nahrungsplätze von »überzähligen« Männchen freizuhalten, ohne daß die starken Männchen dabei einen räumlich feststehenden Eigenbezirk verteidigen oder markieren.

Der Gruppenaufbau mit den »überzähligen« Männ-

Der stämmige, vergleichsweise kurzbeinige und hinten etwas überbaute Körper weist die Schweinshirsche als Buschschlüpfer aus, die vorwiegend in dichter Vegetation heimisch sind. Die Männchen gelten - auch den Menschen gegenüber - als ausgesprochen rauflustig.

chen im Randbereich hat unter anderem Bedeutung für die Feindabwehr, und zwar in zweifacher Hinsicht: Der Schabrackenschakal erbeutet, wenn überhaupt, nur Neugeborene und säugende Kitze. Ältere Axishirsche sind für ihn zu flink und zu wehrhaft. Um zu seiner Beute zu gelangen, muß er an den wehrhaften Männchen vorbeikommen, was dem kleinen Wildhund höchst selten gelingt. Er wird mit Hufschlägen und Geweihstößen vertrieben. Dagegen greifen Tiger in großen Teilen ihres indischen Verbreitungsgebietes alle Axishirsche an, ob jung oder alt. Das gleiche gilt für Leoparden – ganz besonders auf Sri Lanka. Gegenüber den beiden Großkatzen übernehmen die am Rande der großen Axishirschgruppen stehenden Männchen wiederum eine gewisse Schutzfunktion für den für die Arterhaltung wichtigen Bestand an Jungtieren und Müttern. Sie werden deshalb auch viel häufiger die Beute großer Raubtiere als diese.

Alle herdenbildenden Hirsche Südasiens gleichen dem Axishirsch in folgenden Punkten: Nur die männlichen Tiere tragen ein Geweih, und die Männchen sind größer als die Weibchen. Auch die einzelnen Männchen unterscheiden sich beträchtlich voneinander: Ältere und stärkere Männchen tragen mächtigere Stirnwaffen als junge, kranke oder sehr alte Tiere. Kämpfe zwischen zwei Männchen sind selten, da bei herdenbildenden Hirschen Alter, Stärke und Kampferfahrenheit unter anderem am Geweih ablesbar sind. Zwar zeigen Axismännchen häufig Droh- und Imponierverhalten, wenn sie nahe nebeneinanderstehen. Zu Kämpfen kommt es allerdings nur zwischen gleich starken Tieren.

Auch in der Farbe und im Muster des Fells ähneln die herdenbildenden Hirsche Südasiens dem Axishirsch. Entweder tragen sie ganzjährig wie er ein geflecktes Fell oder ein mehr oder weniger gepunktetes Fell zu der Zeit, wenn sie ihre Jungen zur Welt bringen. Bis heute gibt es keine genauen Untersuchungen über die Bedeutung dieses auffallenden Musters heller Punkte im braunen Fell. Häufig heißt es, dies sei ein ursprüngliches Muster vieler »primitiver« Huftiere. Die nächstliegende Vermutung ist, daß ein solches Fleckenmuster im dichten Unterwuchs eine Tarnwirkung hat. Rehkitze und fast alle Neugeborenen der Altwelthirsche haben ein geflecktes Fell und sind, wenn sie ruhig verborgen zwischen Kräutern, Gräsern, Ästen und trockenem Laub liegen, mit den Augen kaum auszumachen. Zweifellos tarnt dieses Muster auch erwachsene Hirsche – natürlich nur in einer entsprechenden Umwelt, also etwa im dichten Wald. Der gefleckte Axishirsch jedoch lebt in offenen Landschaften und weiten Grasländern, wo sein vermeintlicher »Tarnanzug« ein weithin sichtbares Signal ist. Ähnliches gilt auch für den Leierhirsch, den Timorhirsch oder den Kaschmirhirsch. Bei allen die-

Axishirsche an der Tränke. Vor allem in Trockenzeiten sind die wenigen verbliebenen Wasserlöcher für die Tiere überlebenswichtig. In lang anhaltenden Dürreperioden müssen oft Hunderte oder Tausende dieser schönen Hirsche verdursten.

sen herdenbildenden Arten hat das gepunktete Fell offenbar keine Tarnfunktion, sondern wirkt gewissermaßen als soziales Signal. Das gepunktete Fell sieht wie ein Jugendkleid aus und vermittelt so Schutzbedürfnis und Harmlosigkeit. Damit könnte die Fellmusterung dazu beitragen, daß kämpferische Auseinandersetzungen unterdrückt werden.

Die innerartliche Verträglichkeit der Axishirsche ist so groß, daß sie ihre Bestände während der Trockenzeiten zu Hundert- und Tausendschaften zusammenziehen können, um an einigen wenigen Wasserlöchern zu überleben. Finden Axishirsche in der Bodenvegetation nicht mehr genügend Nahrung, so leben sie von dem, was der Hanumanlangur *(Presbytis entellus)* bei seiner Nahrungssuche wegwirft. Diese knospen- und blätteressenden Schlankaffen verschmähen den größten Teil des abgerissenen Laubes und lassen es einfach zu Boden fallen.

Axishirsche können sich erstaunlich erfolgreich anpassen und sind deshalb nicht von ungefähr die häufigsten Huftiere im Gebiet indischer und ceylonesischer Monsunwälder. Doch Axishirsche vermögen nicht gezielt zu wandern, etwa von einem Wohngebiet während der Trockenzeit in ein anderes Gebiet während der Regenzeit. So kommt es vor, daß bei lang andauernden Trockenzeiten, wie sie beispielsweise auf Sri Lanka alle sieben bis zehn Jahre vorkommen, Hunderte und Tausende von diesen schönen Hirschen verdursten.

Damhirsche (Gattung *Dama*)

von Robert Schloeth

Der DAMHIRSCH *(Dama dama)* unterscheidet sich durch sein schaufelartiges und vielendiges Geweih von allen übrigen Echthirschen. Die oberen Eckzähne (»Grandeln«) fehlen meist. Zwei Unterarten werden unterschieden: der Europäische Damhirsch *(Dama dama dama)* und der Mesopotamische Damhirsch *(Dama dama mesopotamica)*, der früher als eigene Art beschrieben wurde.

Der EUROPÄISCHE DAMHIRSCH *(Dama dama dama)* lebte vor rund 130 000 Jahren in fast ganz Mitteleuropa. Nach der Eiszeit folgte er aus seinem Rückzugsgebiet in Kleinasien dem jetzt wieder vordringenden Wald nicht mehr so weit nach Norden. Im Mittelmeerraum (Vorderasien und Nordafrika) kamen während frühgeschichtlicher Epochen Damhirsche noch häufig vor, doch wurden sie durch starke Verfolgung stetig zurückgedrängt. Später brachten sie die Römer auch in Länder außerhalb ihres damaligen Verbreitungsgebiets, vor allem nach Mitteleuropa und besonders nach Deutschland. Hier sind sie heute noch in freier Wildbahn und in Parks anzutreffen, ganz im Gegensatz zum Mittelmeergebiet. So ist der Damhirsch das bekannteste und verbreitetste »Parkwild« Europas geworden. Da er sehr genügsam und anpassungsfähig ist, wurde er mit Erfolg auch in anderen Erdteilen angesiedelt. Für die Bundesrepublik nimmt man zur Zeit einen Gesamtbestand von 25 000 bis 30 000 Tieren an.

Der Damhirsch trägt zeitlebens ein Jugendkleid (wie Axis und Sika), das heißt eine körperumrißauflösende Tarnfärbung. Vom Menschen seit Jahrhunderten gejagt und gezüchtet tritt der Damhirsch in vielen Farbvarianten auf. Im Sommerkleid herrscht hellbraun mit weißen Flecken vor, im Winter dunkelbraun. Je dunkler die Fellfarbe, desto weniger fallen die Flecken auf. Neben den nicht seltenen Schwärzlingen gibt es auch Rötlinge, Porzellanfarbige und Weißlinge. Letztere, in der Regel kaum mehr als ein Prozent, sind als Kälber isabellfarben (graugelb). Erst das Sommerkleid des nächsten Jahres ist dann rein weiß, ohne jede Tüpfelung. Es bleibt selbst im Winter weiß, ist aber wolliger.

Damhirsche der freien Wildbahn leben scheu und zurückgezogen in den Waldzonen. Sie haben ein gutes Riech- und Hörvermögen und ein sehr gutes Sehvermögen. Die Jagd auf Damhirsche ist daher nicht leicht. Als Parkwild werden Damhirsche aber weniger scheu und zeigen sich bei Tage auf freien Flächen. Im Trab hebt Damwild die Läufe höher als andere Arten, springt auf der Flucht ziegenhaft mit allen vier Läufen in die Luft und trägt den Schwanz erhoben. Der schwarzumsäumte Schwanz ist auch viel mehr in steter Bewegung als beispielsweise beim Rotwild.

Damhirsche tragen ein besonders auffälliges Schaufelgeweih. Im Alter von sieben bis neun Monaten, im ersten Winter, erscheinen beim männlichen Kalb die kleinen Rosenstöcke, auf welchen bald kleine Spieße geschoben werden, die Erstlingsform des Geweihs. Ihre pelzige Basthaut hat ab Mitte August ihre Auf-

▷ Damhirsch im Winter. Das von den alten Römern in Mitteleuropa eingebürgerte kleinasiatische Damwild hat sich erfolgreich an das hier herrschende herbe Klima angepaßt.

▷▷ Porträt eines jugendlichen Damhirschstiers mit Bastgeweih.

▷▷▷ In Europa ist der Damhirsch zu einem beliebten »Parkwild« geworden. Sein Sommerkleid ist normalerweise hellbraun gefärbt und mit weißen Flecken betupft, doch auch Schwärzlinge (ganz rechts) und andere Farbvarianten kommen häufig vor.

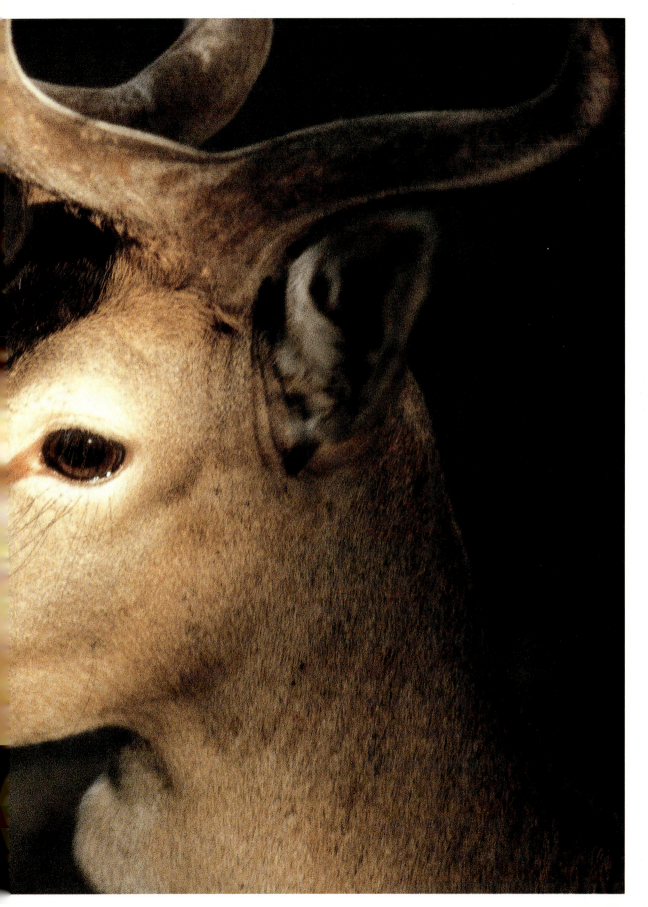

gabe erfüllt und wird weggerieben oder gefegt, wie der Jäger sagt. Mitte April des nächsten Jahres werden die endenlosen Stangen abgeworfen. Gleich anschließend sprießt – wiederum unter schützendem und nährendem Bast – das zweite Geweih, wobei der Hirsch am Anfang des dritten Lebensjahres steht. Das zweite Geweih zeigt bereits Aug- und Mittelsprossen sowie Schaufelbildung mit kleinen Randsprossen. Allerdings sind Sprossen und Schaufel vorerst kurz und schmal. Erwachsene Damhirsche tragen am Ende ihrer Stangen mächtige Schaufeln, welche eigentlich dem dritten Sproß entsprechen. Sie werfen die Geweihe im April ab, schieben neue Stangen bis Ende Juli und fegen diese an kleineren Bäumen in der Zeit von Ende August bis Mitte September. Verglichen mit dem Rotwild liegt der Geweihzyklus somit um drei bis vier Wochen später; die Hochbrunft findet erst ab Mitte Oktober statt. Hinsichtlich Wucht und Eleganz unterscheidet man zwei Grundtypen von Geweihen: Der eine hat schwere und wuchtige Stangen, weist jedoch keine große Schaufelbildung auf (»holsteinisch«). Im Gegensatz dazu zeigt der andere, eleganter wirkende Typus verhältnismäßig dünne Stangen, aber viel großflächigere Schaufeln (z.B. im Kreis Oldenburg).

Der genügsame Damhirsch stellt wenig hohe Ansprüche an seinen Lebensraum, etwa ähnlich wie das Rehwild. Bevorzugt wird Laubwald unterschiedlicher Dichte, vermischt mit freien Flächen. Die meiste Zeit des Jahres lebt das Damwild recht gesellig, doch nach Geschlechtern getrennt: weibliche Tiere mit ihrem Nachwuchs in größeren Verbänden, männliche in kleineren, locker gebildeten Rudeln. Alte Hirsche mit Schaufelgeweih ziehen hin und wieder das Einzelgängertum vor. Die optimale Wilddichte wird mit 20 bis 30 Tieren je hundert Hektar angegeben. Hinsichtlich seiner Lebensweise ähnelt das Damwild in mancher Beziehung dem Edelhirsch.

Von Anfang Oktober an kommt Unruhe über die älteren Hirsche, die Rudel beginnen sich aufzulösen. Schon sind die ersten Brunftschreie zu vernehmen. Diese klingen im Vergleich mit dem volltönenden, bekannten Röhren des Rothirsches so absonderlich, daß die Beschreibung zwischen Rülpsen, Schnarchen, rauhem Husten oder eintönigem Rasseln schwankt. Während des Schreiens hüpft der dicke Kropf auf und nieder. Gegen Mitte des Monats versuchen starke Hirsche mit Schaufelgeweih, auf den freieren Plätzen in ihrem Wohngebiet einen kleinen Harem von Kühen zusammenzuhalten, um die paarungsbereiten Weibchen begatten zu können.

Obgleich Damhirsche in der Paarungszeit oft und heftig miteinander kämpfen, sind Verletzungen selten. Wie bei allen Trägern vielendiger Geweihe sind Kämpfe reine Turniere, die nach festen Regeln ablaufen. Gleichstarke Gegner gehen in einem eigenartigen Parallelmarsch nebeneinander her, bis plötzlich einer nach innen schwenkt und die Schaufeln ineinanderkrachen. Mit aller Kraft schieben sich die zwei wie ein Block wirkenden Kämpfer hin und her. Nach einer Pause folgt ein zweiter Droh- und Parademarsch, alles wiederholt sich und endet erst, wenn einer der beiden sich abwendet.

Bei Auseinandersetzungen zwischen weiblichen Tieren beobachtet man gelegentlich eine Art von Beißen oder Schnappen, öfters auch Stoßen mit geöffnetem Maul. Kühe oder Jungtiere, die mit schnell folgenden Bewegungen sozusagen ins Leere schnappen, sollen mit dieser Verhaltensweise Beschwichtigung oder gar Demut zeigen. In anderen Fällen wird auch mit den Vorderläufen getreten.

Nach etwa 32 Wochen sondern sich hochträchtige Weibchen vom Rudel ab und gebären im Verborgenen – meist Ende Mai oder Anfang Juni – ein Jungtier. Die hübsch gefleckten Jungen werden von der fürsorglichen Mutter im dichten Gebüsch versteckt abgelegt und bis zu drei Wochen vom Rudel ferngehalten. Nicht selten schließen sich später die Kälber zu Spielgruppen zusammen. Nach einem knappen Jahr sind die Jungtiere selbständig.

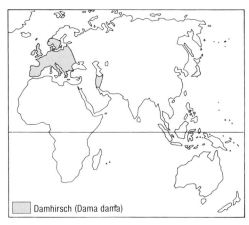

Damhirsch (Dama dama)

DAMHIRSCHE

Damwild läßt sich leicht halten und züchten, es fehlt in keinem größeren Tierpark. Neuerdings wird Damwild auch als Wildbretlieferant und Nutztier auf größeren Magerwiesenflächen gehalten, die großflächig eingezäunt werden. In der Bundesrepublik wurden 1984 insgesamt 11 866 Damhirsche erlegt.

Der MESOPOTAMISCHE DAMHIRSCH *(Dama dama mesopotamica)* hat kräftige Stangen und weniger ausgeprägte Schaufeln. Zudem ist er stärker gefleckt und etwas größer als die europäische Unterart. Während der letzten Eiszeit war dieser Hirsch in Nordafrika und Vorderasien weit verbreitet. Infolge der zunehmenden Austrocknung des Landes und starker Verfolgung durch den Menschen starb er dort aber völlig aus. Heute ist der Mesopotamische Damhirsch in unseren Breitengraden wohl das seltenste und am wenigsten bekannte Säugetier dieser Größe.

1875 wurde das vergessene Tier vom englischen Vizekonsul Robertson in Südwestpersien wiederentdeckt und von Sir Victor Brooke als neue Art beschrieben. Robertson sandte mehrere Tiere an den Londoner Zoo, die dort Junge bekamen. Einige gelangten in den Besitz des Herzogs von Bedford und lebten bis zum Anfang dieses Jahrhunderts im Park von Woburn Abbey. Ab 1951 galt der Mesopotamische Damhirsch als ausgestorben, denn man hatte jahrzehntelang nichts mehr von ihm gehört oder gesehen.

1955 reiste der amerikanische Forscher Lee Merriam Talbot im Auftrage der Internationalen Naturschutzorganisation (IUCN) nach Vorderasien. Als er hörte, daß es im irakisch-iranischen Grenzgebiet Hirsche gebe, meldete er dies den deutschen Zoologen Theodor Haltenorth und Werner Trense, die vermuteten, es könnte sich um den Mesopotamischen Damhirsch handeln. Werner Trense selbst erhielt in Nordpersien Nachricht über ein Hirschvorkommen in der Provinz Chusistan. Beide Zoologen setzten sich nun mit Georg von Opel (Gründer des Opel-Tiergeheges in Kronberg, Taunus) zusammen, um Mittel für eine größere Expedition zu sammeln. 1957 gelang es W. Trense, in einem kleinen Urwaldgebiet am Karchefluß etwa zwei Dutzend Mesopotamische Damhirsche aufzufinden. Dieser angeblich allerletzte

Im Herbst lassen die alten Damböcke ihre Brunftschreie erschallen, die nicht als »Röhren« bezeichnet werden, weil sie sich von den so benannten Lautäußerungen der Rothirsche wenig vorteilhaft unterscheiden.

Restbestand war offenbar durch die Umweltbedingungen und durch tierische und menschliche Feinde äußerst bedroht. W. Trense brachte ein junges Damhirschpärchen nach Kronberg und schuf damit die Voraussetzungen für eine Erhaltung und Weiterzucht dieser Art. Noch heute wird in Kronberg Mesopotamisches Damwild mit Erfolg gezüchtet, 1986 lebten dort 13 Tiere.

Th. Haltenorth berichtete, daß sich die Hirsche in einen dschungelartigen Buschwald zurückgezogen hätten. Er schätzte 1960 einen Bestand von 200 bis höchstens 400 Tieren. Sein Bericht an die persische Regierung führte immerhin zum Erfolg, daß der Iran den Mesopotamischen Damhirsch unter völligen Schutz stellte. Der Bestand ist gefährdet, denn unterdessen wurde dieses Gebiet immer mehr als Kulturland genutzt, und im Grenzgebiet Iran-Irak herrscht seit 1980 der Golfkrieg.

Um die kleine Zuchtgruppe in Persien genetisch aufzufrischen, erbaten und erhielten die Iraner 1970 ein Dutzend Hirsche aus Kronberg. Dies sollten reinrassige Tiere gewesen sein, obwohl in Kronberg zeitweise auch Mischlinge gelebt haben. Neuerdings wird der genetische Zustand der Zuchtgruppe in Iran, in welche bis 1972 30 Tiere wiedereingebürgert worden waren, durch Blutuntersuchungen geprüft. Der Kieler Zoologe Günter Heidemann überprüfte im Oktober 1983 während einer längeren Studienreise die Situation des Mesopotamischen Damhirsches im Iran. Er fand Mesopotamische Damhirsche an vier Stellen: Dez-River, Provinz Khusistan (Freilandbestand); Dasht-e-Nas, Provinz Mazanderan (Gatter); Semeskandeh, Provinz Mazanderan (Gatter), und Askh-Island, Provinz Azbeidschan, eine Insel im Urmia-See (Einbürgerung). Zusammen mit dem iranischen Zoologen Mahmout Karami legte Günter Heidemann der Internationalen Naturschutzorganisation (IUCN) einen Bericht vor. Nach diesem Bericht leben insgesamt etwa noch 150 Tiere im Iran. Der überwiegende Teil (126) lebt in zwei Gattern. Es ist unwahrscheinlich, daß es noch an weiteren Stellen im Lande Freilandvorkommen gibt. Angeblich im Karcheh-Gebiet beobachtete Einzeltiere stehen wahrscheinlich mit dem Dez-Vorkommen in Verbindung. Die Prognose – so der Bericht – ist für die zukünftige Weiterentwicklung eher ungünstig.

G. Heidemann konnte im November 1985 eine weitere Studienreise unternehmen. Seine Berichte wecken keinen neuen Optimismus. Die Aussichten für den Dez-Bestand (Freiland) sollen nach wie vor ungünstig sein. In den Gattern, die teilweise überbesetzt sind, kommt die Bestandsentwicklung zum Stillstand.

Da die Reinheit der Unterart nur in der kleinen Wildpopulation völlig gesichert ist (im Gatter Dashte-Nas mit großer Wahrscheinlichkeit), kommt ihrem Schutz größte Bedeutung zu. Gerade diese höch-

Oben: Damwildkälber werden von der Mutter im dichten Gebüsch versteckt abgelegt und bis zu drei Wochen vom Rudel ferngehalten. - Unten: Rivalisierende Damböcke tragen in der Paarungszeit heftige, aber nach strengen Regeln ablaufende Turnierkämpfe aus. Die Widersacher lassen ihre Schaufelgeweihe gegeneinanderkrachen und schieben sich dann hin und her.

stens noch zwei Dutzend Tiere sind jedoch äußerst bedroht, und ihr Lebensraum ist ungenügend gesichert. Auf Betreiben von G. Heidemann, der sehr um die Erhaltung der Unterart besorgt ist, werden jetzt Maßnahmen geprüft, um Zuchtgruppen auch außerhalb des Landes aufzubauen. Dazu müßten reinrassige Tiere auch nach Europa gebracht werden. Er schlägt vor:

»Ein wichtiges Ziel bei der Haltung in Gefangenschaft ist die Erhaltung eines genetisch stabilen Bestandes unter möglichst naturnahen Verhältnissen. Der Bestand ist für die möglichst baldige Freilassung im ursprünglichen Lebensraum zu mehren und vorzubereiten.«

Im Internationalen Zoo-Jahrbuch (1983) werden für die Zucht 10 männliche und 15 weibliche Tiere erwähnt. Der Direktor des Georg-von-Opel-Freigeheges für Tierforschung, Fritz Jantschke, meldete im Mai 1986, daß aus seinem Kronberger Gehege Mesopotamische Damhirsche nach Iran, Israel, Ost-Berlin, Dülmen, München, Altenberg (Österreich) und Neuseeland verkauft wurden. Er schätzt den Gesamtbestand der in menschlicher Obhut außerhalb des Iran lebenden Tiere auf insgesamt etwa 50.

Vorsichtigen Angaben zufolge kann heute mit einer Anzahl Tiere gerechnet werden (insgesamt 200 bis 250), welche bei strenger Zuchtplanung genügen sollte, die gefährdete Unterart reinrassig zu erhalten. Ob sie sich dereinst im angestammten Lebensraum selbst entwickeln können wird, muß aufgrund des gegenwärtigen Wissensstandes ernsthaft in Frage gestellt werden.

Davidshirsche (Gattung *Elaphurus*)

von Wilfried Bützler

Aus dem lichten Eichenwald im Hirschpark des Herzogs von Bedford in Woburn Abbey, England, zieht eine Herde der mir am urtümlichsten erscheinenden aller lebenden Hirscharten: Es sind DAVIDSHIRSCHE *(Elaphurus davidianus)*. Sie ziehen mit langsamen Bewegungen und beständig hörbarem, knackendem Geräusch ihrer Hufe. Ihr Kopf ist ungewöhnlich lang und schlank mit großen und ausdrucksvollen Augen. Das graue Winterfell lichtet auf nach unten zu den Flanken hin und auf den Innenseiten der Beine bis zu einer hellen, weißlich–gelben Farbe. Ein auffallend langer Schwanz baumelt bis zu den Sprunggelenken herab, die er mit einer schwarzen Quaste berührt.

Das Ungewöhnlichste an diesem Tier ist jedoch das wie eine Riesenwurzel anmutende Geweih der männlichen Hirsche. Während vom Stirnbein an zwei knorrige Geweihstangen senkrecht aufsteigen, geben diese nach hinten, nicht nach vorne wie bei allen übrigen Hirscharten, sehr bizarr geformte Nebenäste ab. Die untersten dieser rückwärts gerichteten Geweihsprossen sind die längsten; sie verzweigen sich selbst noch einige Male in kürzere Nebensprossen. Oft verlaufen sie fast waagerecht zur Rückenlinie der Hirsche. Nach oben zur Geweihspitze hin werden die

Der Davidshirsch, benannt nach seinem »Entdecker«, dem französischen Jesuitenpater Armand David, ist in seiner chinesischen Heimat ausgestorben und hat nur in der Obhut des Menschen überlebt.

Sprossen schließlich kürzer. Um mit diesen Geweihen zu kämpfen, müssen die Davidshirsche ihren vergleichsweise kurzen Hals stark einwinkeln und ihren Kopf tief senken. Dadurch kehren sie die sonst nach hinten gerichteten Geweihsprossen nun vorwärts dem Gegner zu. Die blasse Geweihfarbe paßt gut zu dem schlichten Grau des Winterfells. Die scheinbar schwerfällig schreitenden Hirsche mit ihren bizarren Geweihen lassen das Rudel wie eine Herde urzeitlicher Tiere erscheinen.

Etwas farbenfroher als im Winterhalbjahr sehen die Davidshirsche im Sommer aus, wenn ihr Fell rötlich- bis ockerbraun gefärbt ist. Auf der Rückenlinie wird es von einem dunklen Aalstrich überzogen.

In ihrer chinesischen Heimat bewohnten die Davidshirsche früher in kopfstarken Rudeln die weiten, sumpfigen Ebenen der großen Stromtäler. Dabei verhinderten die breiten Klauen ihrer Hufe und die langen, spreizbaren Afterzehen das Einsinken in den morastigen Boden. Zum Äsen der von ihnen bevorzugten Gräser zogen die Davidshirsche jedoch in etwas höher gelegene, trockenere Graslandschaften. Dort im offenen Gelände konnten sie leichter bejagt werden. Schon früh wurde ihr Bestand verringert. Nur der Sammelleidenschaft eines tierliebenden, großmächtigen Kaisers von China, des »Himmelssohnes«, ist es zu verdanken, daß eine Herde gefangen und im kaiserlichen Park von Nan Hai-tsu südlich von Peking eingesetzt wurde. Dadurch war diese Hirschart zunächst wenigstens in menschlicher Obhut gerettet. In freier Wildbahn aber ging die Ausrottung weiter, bis im Jahre 1939, soweit bekannt, der letzte freilebende Davidshirsch unweit des Gelben Meeres geschossen wurde.

Indessen überlebten die kaiserlichen Davidshirsche zumindest das vergangene Jahrhundert im Schutz der 72 Kilometer langen Mauer, die den Wildpark umgab, streng bewacht von einer eigens dafür aufgestellten Tatarenpatrouille. Jedem Fremden war es verboten, in den Park zu schauen. So vermehrte sich die seltsame Herde ungestört zur Freude ihres Kaisers. Stolz ist dieser auf die einmaligen Tiere, die von den staunenden Chinesen ehrfurchtsvoll »sze pu shiang« genannt werden. Dies soll etwa heißen »keines von Vieren«, womit gemeint ist, daß der Davidshirsch bestimmte Merkmale des Rindes, des Pferdes, des Esels und auch der Ziege aufweist, aber keinem dieser vier Tierarten völlig gleicht.

Nur ein historischer Zufall führt zur Entdeckung und damit letztlich auch zur Rettung der Davidshirsche bis in unsere Tage. Ein tierbegeisterter Jesuitenpater, der von Frankreich nach China gereist war und voll Neugier um den kaiserlichen Tierpark wanderte, verhandelte am 17. Mai 1865 mit den Wachposten, um einmal über die Mauer schauen zu dürfen. Es gelang ihm schließlich, die Tataren zu bestechen und unter ihrer Aufsicht auf die Mauer hinaufzuklettern. Zufällig zog gerade in diesem Augenblick ein Rudel von etwa 120 Davidshirschen an dem staunenden Armand David – so hieß der naturforschende Geistliche – vorbei. Sofort wurde diesem klar, daß er eine sensationelle Entdeckung gemacht hatte. Zunächst hielt er aber die Hirsche für eine unbekannte Art von Rentieren. Er wußte, daß die Wissenschaft noch keine Ahnung von ihrer Existenz hatte, obwohl die Hirsche offensichtlich ganz zahm im kaiserlichen Park weideten.

Mehrere Monate lang sammelte der begeisterte Pater alle nur irgend erhältlichen Nachrichten über die Hirsche des Kaisers. Allerdings waren die Auskünfte, die er erhielt, sehr lückenhaft. Kaum jemand in Peking hatte je etwas von diesen Tieren gehört. Sie schienen seit undenklichen Zeiten im Park Nan Hai-tsu zu leben und anderswo nicht vorzukommen.

Nach langen vergeblichen Bemühungen gelang es Pater David endlich, zwei vollständige Felle der neuen Hirschart zu erwerben. Diese brachte er nach Europa, und so konnte der französische Zoologe Henri Milne-Edwards als Erster den Davidshirsch im Jahre 1866 wissenschaftlich beschreiben.

Nach fortgesetzten diplomatischen Bemühungen schenkte der chinesische Minister Hen Tchi schließlich im Auftrag seines Kaisers dem französischen Gesandten in Peking drei lebende Davidshirsche. Bedauerlicherweise überstanden sie nicht die Strapazen der langen Überführungsfahrt nach Frankreich. Immerhin konnte aber Milne-Edwards die verendeten Hirsche nun eingehender untersuchen. Er stellte fest, daß es sich keineswegs um Rentiere handelte, son-

Rechts: Davidshirsche im weiträumigen Hirschpark des Herzogs von Bedford im englischen Woburn Abbey, wo die letzten überlebenden Vertreter dieser Cervidenart eine neue Heimstatt fanden. Dort haben sich die Tiere so gut vermehrt, daß sie inzwischen auch in andere Wildgehege – auch chinesische – umgesiedelt werden konnten. – Links: Sechs Wochen alt sind diese Davidshirschkälber.

dern um Verwandte der Rothirsche und Wapitis. Unglücklicherweise unterlief ihm bei der Abfassung seiner »Notiz über den *Elaphurus davidianus*, eine neue Art aus der Familie der Hirsche«, eine sprachliche Verwechslung. Auch Pater David hatte schon in Erfahrung gebracht, daß »sein« Hirsch in China den Namen »sze pu shiang« führte. Trotzdem glaubte Milne-Edwards, die Chinesen bezeichneten den Davidshirsch mit dem Namen »Milu«. Folglich gab er ihm den Namen »Milu«; dies war jedoch ein Fehler, denn in Wahrheit ist »Milu« die chinesische Bezeichnung für den Sikahirsch. Dennoch ist der irrtümliche Name »Milu« neben der Bezeichnung »Davidshirsch« bis heute erhalten geblieben.

Nach Milne-Edwards' wissenschaftlicher Veröffentlichung setzte ein Sturm der europäischen Diplomaten in China auf den Minister Hen Tchi ein. Und da der Kaiser den Franzosen ein Hirschgeschenk gemacht hatte, konnte er es den Engländern und den Deutschen nicht gut verweigern. So konnte schon im Jahre 1869 der englische Diplomat Sir Rutherford Alcock zwei lebende Davidshirsche an die Londoner Zoologische Gesellschaft übergeben. Einige Jahre darauf erhielten auch der deutsche Gesandte von Brandt und der Konsul von Möllendorf mehrere Davidshirsche für den Berliner Zoo. Bis zum Jahre 1890 wurden dann noch weitere Tiere nach England und Frankreich verschickt. Dort vermehrten sie sich und bildeten in den Wildparks bald einen recht ansehnlichen Bestand. Man kreuzte sogar die Davidshirsche erfolgreich mit dem Rothirsch. Die Nachkommen aus diesen Kreuzungen glichen stets weit mehr dem chinesischen als dem vertrauten europäischen Hirsch, selbst dann, wenn die Mischlinge nur ein Viertel Davidshirschblut in sich trugen. Die große Herde im kaiserlichen Park von Nan Hai-tsu und die rund zwei Dutzend Davidshirsche in den europäischen Zoos schienen nun zu verbürgen, daß die Erhaltung dieser Tierart gesichert sei.

Aber es sollte anders kommen. Eine jener vielen Flutkatastrophen, denen in China schon so viele Menschen zum Opfer gefallen sind, besiegelte im Jahre 1895 sowohl das Schicksal der Landbevölkerung südlich von Peking als auch das der Davidshirsche im kaiserlichen Park. Der Hun-Ho-Fluß trat über die Ufer, überschwemmte Dörfer und Felder, rief Hunger und Elend unter der Bevölkerung hervor und zerstörte auch einen Teil der alten, inzwischen baufälligen Mauer des Parks Nan Hai-tsu. Tausende von Hirschen, Gazellen und anderen Parktieren wurden von den reißenden Fluten fortgespült. Zwar entkam die Mehrzahl der Davidshirsche durch die Mauerlücken und flüchtete auf festes Land, doch wurde sie dort von den ausgehungerten Chinesen erbeutet und verzehrt. Lediglich 20 bis 30 Hirsche lebten nach der Katastrophe noch im Park. Doch auch deren Ende kam fünf Jahre später: Während der Kriegswirren um den chinesischen Boxeraufstand besetzten die Truppen auch den kaiserlichen Park, schlachteten die Davidshirsche und verzehrten sie alle ohne Ausnahme. Nur im Zoo von Peking überlebte eine einzelne Davidshirschkuh, die 1920 schließlich an Altersschwäche starb.

Als die Vernichtung des gesamten chinesischen Bestandes bekannt geworden war, beschlossen die einsichtigen Direktoren verschiedener zoologischer Gärten um 1900, ihre sämtlichen zuchtfähigen Davidshirsche dem Herzog von Bedford, dem berühmtesten Tierzüchter und Hirschliebhaber seiner Zeit, zu übergeben. Insgesamt kamen auf diese Weise noch 18 Tiere nach Woburn Abbey. Aus dieser vermehrungsfähigen Gruppe züchteten schließlich ein Hirsch und fünf Kühe. Für viele Zooleute bedeutete es ein großes Opfer, dieses seltene Tier aus ihrer Sammlung nach Woburn abzugeben. Aber schließlich siegte ihr Verantwortungsgefühl, denn es war die einzig mögliche Rettungsmaßnahme für den chinesischen Hirsch.

In dem weiträumigen Wildpark von Woburn Abbey sorgte der Herzog von Bedford für eine wohlüberlegte Vermehrungszucht. Sie gelang über alles Erwarten. Die Erhaltung des Davidshirsches gilt bis

Auch diese Aufnahme entstand im Park von Woburn Abbey, und zwar im Winter, wenn die Davidshirsche in schlichtes Grau gekleidet sind. Das Sommerfell ist okkerfarben getönt.

heute als ein vorbildliches Beispiel für einen zoologisch fundierten Tierschutz durch die planmäßige Weiterzucht in menschlicher Obhut.

Der holländische Zoologe Van Bemmel berichtet darüber: »1914 war aus der kleinen Ausgangsgruppe schon eine beachtliche Herde von neunzig Tieren geworden, und auch in diesem Fall (wie in dem des Wisents) drohte der Erste Weltkrieg, den großartigen Rettungsversuch zunichte zu machen. Die ungenügende Futterbeschaffung und der Widerstand der Verwaltungsangestellten gegen die Verschwendung von Futter an so ›unnütze‹ Tiere führten 1918 zu einem Rückgang der Herde auf fünfzig Stück, 1946 war ihre Zahl jedoch wieder auf dreihundert angewachsen, und diese Zahl hätte noch weit höher sein können, wenn nicht durch den Zweiten Weltkrieg wieder Futterschwierigkeiten entstanden wären. Da die Herde auch durch die Bombardierungen des nahen Bedforder Industriezentrums bedroht wurde, erkannte der Herzog, daß das Zuchtmaterial verteilt werden müsse. So konnten nach 1946 eine Anzahl neuer Zuchtzentren entstehen, und viele Zoos übernahmen ebenfalls Zuchttiere. 1956 erhielt der Zoo von Peking trotz politischer Widerstände vier Davidshirsche, deren Art auf diese Weise wieder in die ursprüngliche Heimat zurückkehrte. Im englischen Wildpark Whipsnade wird über den Davidshirsch ein internationales Zuchtbuch geführt, das jetzt (1966) rund vierhundert Tiere verzeichnet.«

In den darauffolgenden Jahren 1967–1970, in denen ich regelmäßig den Woburn Park besuchte, lebten dort ständig wieder 400 bis 500 Davidshirsche. In verschiedenen Tiergärten sind die Bestände dieses Hirsches, den man vor wenigen Jahrzehnten schon ausgerottet glaubte, so gewachsen, daß man einige Davidshirsche versuchsweise auch in größere Wildgehege entlassen hat. So gelangten mehrere dieser Hirsche in die steiermärkischen Wildgatter von Dr. Heinrich III. Prinz Reuß. Andere wurden sogar bis nach Südamerika auf die Besitzungen des aus München stammenden Konsuls Vogel überführt. Die Erhaltung des Davidshirsches zeigt uns also sehr eindringlich, wie in besonderen Fällen vom Aussterben bedrohte Tierarten in zoologischen Gärten und Tierparks gerettet werden können, um so für eine spätere Wiedereinbürgerung in freier Wildbahn zur Verfügung zu stehen.

In diesem Stadium befindet sich die Geschichte des Davidshirsches gegenwärtig. Die einmalige Rettungsaktion kann ihren krönenden Abschluß nur dann finden, wenn es gelingt, den Davidshirsch in der freien Wildbahn seines Ursprungslandes China wieder heimisch zu machen und seine Bestände dort zu sichern. Zwar wurden noch 1986 erneut 22 Davidshirsche von Woburn Abbey nach Peking geflogen, um sie nach längerer Quarantäne in demselben ehemals kaiserlichen Park Nan Hai-tsu auszusetzen, in dem Pater David sie 120 Jahre zuvor entdeckt hatte. Doch der entscheidende Schritt, Davidshirsche wieder in völliger Freiheit in China anzusiedeln, soll erst in diesem Jahre vorgenommen werden. Dazu hat man ein Forstreservat am Gelben Meer ausgewählt, unweit jener Stelle, an der der letzte freilebende Davidshirsch vor fast 50 Jahren erlegt wurde.

Edelhirsche (Gattung *Cervus*)

Sambar- oder Pferdehirsche (Untergattung *Rusa*)

von Fred Kurt

In dieser Gattung sind die größten und geweihstärksten Vertreter der Altwelthirsche vereinigt. Sie umfaßt Arten, die den tropischen Regenwald, den Waldgürtel gemäßigter Zonen, alpine Tundren und Savannen bewohnen.

In der Untergattung der SAMBAR- oder PFERDEHIRSCHE *(Rusa)* werden drei reh- bis pferdegroße, grobhaarige Hirscharten zusammengefaßt, die schwache bis starke Halsmähnen tragen. Ihre Geweihe sind zwar nicht ausgesprochen lang, haben aber dicke Stangen. Diese sind bis in die Endgabeln rauh geperlt. Sambarhirsche tragen kurze bis mittellange Rosenstöcke und kräftige Augsprosse, die meist spitzwinklig von der Geweihachse aufsteigen.

Die kleinste der drei Arten ist der PHILIPPINENSAMBAR *(Cervus mariannus)* mit einem Körpergewicht von 40 bis 60 Kilogramm. Vier Unterarten werden beschrieben, darunter der LUZONSAMBAR *(Cervus mariannus mariannus)* oder der PRINZ-ALFREDS-HIRSCH *(Cervus mariannus alfredi)*. Er trägt zeitlebens wie der Axishirsch ein geflecktes Fell und ist damit eine Ausnahme unter den erwachsenen Sambarhirschen, die sonst hell braungrau bis dunkel schwarzbraun gefärbt sind. Die Philippinenhirsche wurden erstmals fernab ihrer Heimat wissenschaftlich beschrieben, und zwar im Jahre 1822 von dem französischen Zoologen Desmarest auf der Südseeinsel Guam (Marianen). Die Spanier hatten den kleinen Hirsch einst hier eingeführt. Von der Lebensweise der Philippinenhirsche ist heute noch wenig bekannt. Es sind ursprüngliche Urwaldbewohner, die ebenso Sumpfdschungel wie auch Bergwälder in 2500 Meter Höhe bewohnen. Neuerdings leben sie auch in baumreichem Kulturland. Vom Körperbautyp sind sie typische Schlüpfer. Ihr Rückenende ist überhöht, und ihre Geweihe sind kurz und nach hinten gerichtet.

Ihr nächster Verwandter, der INDISCHE SAMBAR oder PFERDEHIRSCH *(Cervus unicolor)*, dagegen wirkt hochbeinig und entspricht eher dem Läufertyp als dem Schlüpfertyp. Trotzdem sind diese Sambare Waldbewohner und über das ganze Festland in Süd- und Südostasien sowie auf den Inseln Borneo und Sumatra beheimatet. Es sind die größten Hirsche Südasiens. Erwachsene Männchen erreichen ein Gewicht von 100 bis 350 Kilogramm, bei einer Schulterhöhe von bis zu 150 Zentimetern und einer Körperlänge von 170 bis 270 Zentimetern. Der Name Pferdehirsch stammt aber nicht von der beachtlichen Größe dieser einst als Jagdwild begehrten Art, sondern vom lang behaarten, bis zu 35 Zentimeter langen, schweifartigen Schwanz.

In Südostasien leben Sambare meist im Regenwald, wo sie sich vor allem von Laub, Früchten und der Rinde der Dschungelbäume ernähren. Im Regenwald enthalten viele Pflanzen als Fraßschutz Giftstoffe. Der Sambar scheint sich an die Giftstoffe seiner Futterpflanzen angepaßt zu haben. In seinem Verdauungssystem leben hochspezialisierte einzellige Organismen, die in kleinen Mengen die Giftstoffe abbauen können. Durch ein ausgeklügeltes Futterwahlverhalten, nach dem der Hirsch möglichst kleine Mengen von möglichst vielen verschiedenen Futtersorten verzehrt, erreicht er, daß er stets nur eine verhältnismäßig geringe Menge einzelner Giftstoffe aufnimmt. Außerdem können große Lebewesen entsprechend ihrer Körpermasse auch größere Giftmengen ertragen als kleinere Arten.

Auch dort, wo der Mensch den Dschungel gerodet hat, passen sich die Sambare an. Auf Sumatra wie in Thailand treten sie auf die Rodungsflächen hinaus und ernähren sich von dem hier schnell wachsenden Alang-alang-Gras. So wie sie in kurzer Zeit neues

Ein Indischer Sambar kontrolliert ein Weibchen. – Links unten: Zwei Unterarten des Philippinensambars, der Luzonsambar (oben) und der Prinz-Alfreds-Hirsch (unten).

Futter annehmen, können sie auch ihre soziale Organisation neuen Gegebenheiten angleichen. Im tropischen Wald lebt der Sambar meist einzeln oder in kleinen Familiengruppen aus Müttern und ihren Jungtieren. Erwachsene männliche Sambare mit gefegten Geweihen besetzen Eigenbezirke, die sie gegen Rivalen verteidigen. Geruchlich kennzeichnen sie diese, wie andere Hirscharten auch, mit Duftstoffen aus Drüsen an der Geweihbasis. Diese gelangen beim Schlagen mit den Geweihstangen an die entsprechenden Äste und Stämme von Büschen und kleinen Bäumen.

Zur Kennzeichnung des Eigenbezirks könnte noch ein anderes Organ dienen, vermuten indische Beobachter. Ungefähr in der Mitte der inneren Halsseite liegt ein haarloser, etwa handgroßer Fleck mit drüsenreicher Haut. Im Yala-Nationalpark von Sri Lanka habe ich allerdings nie einen männlichen Sambarhirsch mit diesem für Indische Sambare so typischen Merkmal gesehen, obwohl ich Dutzende, wenn nicht

▷ Im flachen Uferwasser äsen Indische Sambare Wasserpflanzen. Zwischen den beiden mittleren Tieren ein Silberreiher.

▷▷ Ein Mittel- und ein Paddyreiher, beide nach Schmarotzern suchend, auf dem Rücken eines Indischen Sambars. Nicht wegen ihrer stattlichen Größe und kräftigen Gestalt werden die Sambare als Pferdehirsche bezeichnet, sondern wegen ihres langbehaarten, schweifähnlichen Schwanzes.

Hunderte von Sambaren täglich daraufhin beobachtet hatte. Doch in Yala leben die Sambare auch nicht dermaßen einzelgängerisch wie in indischen oder südostasiatischen Waldgebieten. Im südlichen Teil des bekannten Elefantenschutzgebietes, der eine Anzahl großer Grasländer, sogenannter Villus, einschließt, zählten wir Sambarrudel von 30 und 40 Mitgliedern. Diese Gruppen bestehen aber nicht dauernd, sondern bilden sich vorübergehend am Morgen und kurz vor der Abenddämmerung. Orte der zeitlich begrenzten Gruppenbildung waren immer Villus. Sambarversammlungen gibt es hier offenbar seit vielen Generationen, und sie scheinen immer an denselben Stellen stattzufinden. Dies schließe ich aus der Tatsache, daß der eindrucksvollste Versammlungsplatz auf einer Savanne liegt, die von den Einheimischen »Gona labbe« genannt wird, was soviel heißt wie »Sambarwiese«.

Diese großen Sambargruppen werden vor allem von Weibchen, Halbwüchsigen und Jungtieren gebildet. Halbwüchsige und erwachsene Männchen stehen einzeln oder in kleinen Gruppen am Rande der Großgruppe. Im Zentrum des Verbandes halten sich Weibchen mit ihren Jungtieren auf, aber auch ein erwachsenes Männchen, das die anderen Männchen auf Distanz hält. Soweit entspricht dies der Gruppenordnung des Axishirsches. Doch es gibt Unterschiede: Tagsüber und während der Nacht löst sich der Gruppenverband. Dann leben Sambare einzeln oder in kleinen Gruppen, und Männchen halten sich selten an denselben Orten auf wie Weibchen und ihre Jungtiere. Die Männchen äsen entweder am Waldrand oder sogar in Lagunen, wo sie unter Wasser nach Algen suchen. An der nahen Küste des Indischen Ozeans kühlen sie sich in der Brandung der Wellen ab. Weibchen und Jungtiere dagegen äsen im Wald und ruhen im Schatten von Bäumen und Sträuchern.

Beim Sambar trennt aber nicht nur die Bevorzugung unterschiedlicher Nahrung und Ruheplätze männliche von weiblichen Tieren mit ihren Jungtieren. Auch sein streitbares Verhalten trägt viel dazu bei. Beim Sambar sind nämlich ernsthafte Kämpfe selbst zwischen ungleichen Partnern verhältnismäßig häufig, und sie finden nicht nur zwischen Männchen statt, sondern auch zwischen Weibchen, die sich mit Vorderhufschlägen und Bissen streiten. Kampfhemmende Signale sind bei dieser eher primitiven Hirschart nicht besonders ausgeprägt. Ein ranghoher männlicher Sambar trägt zweifellos ein besonders dunkles Fell und einen nahezu schwarzen Hals. Seine Geweihstangen dagegen sind nicht auffallend länger als die eines jüngeren und schwächeren Widersachers. Kurz: Sambare vermögen zwar – wenn es die Umweltbedingungen zulassen – in dichten Beständen zu leben, sie bilden deswegen aber noch keine dauerhaften Großgruppen oder Herden wie etwa ihr naher Verwandter, der Mähnenhirsch.

Heute werden alle jene Sambarverwandten auf Java, Sulawesi und den Kleinen Sundainseln, die sogenannten »Molukkenhirsche«, »Timorhirsche« oder »Mähnenhirsche« zu einer Art zusammengefaßt, dem MÄHNENHIRSCH *(Cervus timorensis)*. Die verschiedenen Unterarten erreichen nie ganz die Körpergröße der größten Sambarhirsche. Auf den ersten Blick unterscheiden sie sich höchstens durch ein längeres, dichteres und zottigeres Fell von diesen. Ihre Geweihbildung und die Tatsache, daß sie als gesellige Art die Grasländer erobert haben, sprechen allerdings dafür, daß der Mähnenhirsch die modernste Form der Untergattung ist.

Mähnenhirsche auf Java bilden neben je drei Enden pro Geweihstange gelegentlich ein viertes Ende aus,

und es kommen sogar Schaufelbildungen vor, wie sie sonst vor allem vom Damwild bekannt sind. Die Paarungszeit der Mähnenhirsche erreicht auf Java zwischen Juli und September ihren Höhepunkt. Starke männliche Hirsche versuchen, ihr Geweih größer wirken zu lassen, indem sie es mit Gras und Zweigen behängen, die sie beim Schlagen mit den Geweihstangen abreißen. Solche zusätzlichen »Kronen« tragen nach meinen Beobachtungen nur außerordentlich starke Männchen. Sie lenken damit möglicher-

Mähnenhirsche haben ein dichtes, langes und zottiges Fell, und den Männchen wächst zuweilen eine Halsmähne, der die Art ihren Namen verdankt.

weise die Aufmerksamkeit paarungsbereiter Weibchen besonders auf sich. Gleichzeitig versuchen sie röhrend und mit weitgeöffneten, stark duftenden Voraugendrüsen im Herdenverband eine große Anzahl von Weibchen um sich zu scharen.

Die Herden der Mähnenhirsche waren einst in Ostjava das eindrucksvollste Naturerlebnis. So konnte der holländische Forscher F.W.Junghuhn 1844 an einem einzigen Tag 750 verschiedene Herden beobachten, die aus 25 bis 1500 Einzeltieren bestanden. Derartige Beobachtungen waren damals überall in den Bergländern Zentral- und Ostjavas möglich. Dabei galten die Ijang Hochebenen im Osten der Insel, wo mindestens 50000 Mähnenhirsche leben sollten, zweifellos als die wildreichsten. Doch dann wurden die Mähnenhirsche rücksichtslos bejagt und mit ihnen andere Tierformen, wie etwa der Banteng, das Javanashorn oder der Javatiger. Um 1910 lebten in den Hochebenen von Ijang lediglich noch etwa 100 Mähnenhirsche. Strenge Schutzgesetze der holländischen Kolonialregierung ließen die Bestände bis zum Zweiten Weltkrieg wieder anwachsen, und Ende 1944 lebten wiederum 7000 Mähnenhirsche in Ijang. Nach Ende des Krieges und mit Beginn der indonesischen Unabhängigkeit brach der Mähnenhirschbestand wegen Wilderei erneut zusammen. Auf Java le-

ben heute Mähnenhirsche vor allem in den beiden großen Schutzgebieten: Baluran im Osten und Udjung Kulon im Westen.

Selbst auf den fast unzugänglichen Kleinen Sundainseln, wo häufiger Süßwassermangel die Besiedlung durch den Menschen erschwert oder unmöglich macht, stellten rücksichtslose Jäger und Fellhändler dem Mähnenhirsch nach. Bis zum Jahr 1930 wurden hier jährlich an die 200000 Mähnenhirsche erlegt. 130000 Häute und 80000 Kilogramm Geweihe wurden damals nach Java ausgeführt. Restbestände der Mähnenhirsche leben heute immer noch auf einigen der Kleinen Sundainseln und in abgelegenen Gebieten der Molukken und von Sulawesi. Eine Eigenschaft macht es den Mähnenhirschen möglich, selbst solche Lebensräume zu besiedeln, die andere südostasiatische Huftiere meiden: Sie trinken so gut wie nie. Das nötige Wasser entnehmen sie ihrer Nahrung, die hauptsächlich aus Gräsern besteht.

Das gleiche Schicksal, die rücksichtslose Verfolgung durch den Menschen, ereilte auch zwei andere, grasessende und herdenbildende südasiatische Hirscharten: den Barasingha *(Cervus duvauceli)* und den Leierhirsch *(Cervus eldi).*

Zackenhirsche (Untergattung *Rucervus*)
von Fred Kurt

BARASINGHA *(Cervus duvauceli)* und LEIERHIRSCH *(Cervus eldi)* werden mit je drei Unterarten zu den Zakkenhirschen (Untergattung *Rucervus*) zusammengefaßt. Die erwachsenen Männchen dieser beiden Arten tragen die »mächtigsten« Geweihe mit den meisten Enden aller Hirsche des tropischen Asiens. Das Wort »Barasingha« bedeutet in Zentralindien wörtlich »Zwölfender«. Gelegentlich wurden sogar Hirsche mit 18- oder 20endigen Geweihen erlegt. Besonders der einst in den Tiefebenen des südlichen Thailands lebende SCHOMBURGKHIRSCH *(Cervus duvauceli schomburgki),* der sich angeblich durch ein scho-

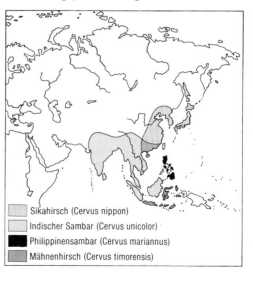

Südbarasinghas in ihrem letzten Rückzugsgebiet, dem zentralindischen Kanha-Nationalpark. Der Gesamtbestand dieser seltenen Unterart wird heute auf nur etwa 500 bis 600 Tiere geschätzt.

koladenbraunes Fell von den beiden anderen Unterarten unterschied, trug ein gewaltig verzweigtes, manchmal sogar »korbartig« aussehendes Geweih. Von ihm gibt es nur wenige Fotos und kaum vollständige Museumsexemplare. Im Jahr 1937 bemühte sich eine amerikanische Expedition der Harvard-Universität, in Thailand noch einige lebende Schomburgkhirsche aufzuspüren – aber ohne den geringsten Erfolg. Die letzten Hirsche dieser Unterart verschwanden kurze Zeit vorher. Sie wurden gewildert und gejagt, doch vor allem wurden sie durch die rasch wachsenden Reisfelder der Menschen in ungünstigere Lebensräume verdrängt. Gleiches widerfuhr auch den beiden indischen Unterarten, dem NORDBARASINGHA *(Cervus duvauceli duvauceli)* und dem SÜDBARASINGHA *(Cervus duvauceli branderi).*

Oben: Kopf eines Nordbarasinghas. – Unten: Eine Familiengruppe des sehr seltenen Manipur-Leierhirsches, der bereits als ausgestorben galt, doch 1951 unverhofft in Indien wiederentdeckt wurde. Trotz sofort eingeleiteter Schutzmaßnahmen ist diese Leierhirsch-Unterart nach wie vor äußerst gefährdet.

Noch vor einem guten Jahrhundert versammelten sich Barasinghas zu Hunderten und zu Tausenden in den Riedlandschaften entlang des Indus, des Ganges, Brahmaputra und anderer großer indischer Flüsse. Heute ist der größte Teil ihres einst weiten Verbreitungsgebietes Feldern gewichen. Die letzten Barasinghas leben heute in kleinen Rückzugsgebieten in Nepal (Sukla Phanta Reservat), Nordindien (Dudhwa Nationalpark), Assam (Kaziranga Reservat) und Zentralindien (Kanha Nationalpark), abgesehen von wenigen noch kleineren Restbeständen. Wie rasch der Barasingha vielerorts verschwand, infolge der Zerstörung seines Lebensraumes und Wilderei und schließlich durch falsche Hegemaßnahmen, zeigt das Beispiel des Kanha Nationalparks von Madhya Pradesh in Zentralindien. Hier lebten um 1938 noch 3000 der seltenen Südbarasinghas; 20 Jahre später zählte man hier lediglich noch 577 Tiere.

Als endlich 1970 die verzweifelten Rettungsversuche begannen, waren es nur noch 66 Tiere. Vom Nordbarasingha dagegen lebten zu dieser Zeit immerhin noch mindestens 3000 Tiere. Daß der Hirschbestand in Kanha immer weiter abnahm, konnte weder auf Krankheiten noch allein auf Wilderer zurückgeführt werden. Denn zur gleichen Zeit, wie der Bestand der Südbarasinghas zusammenbrach, vermehrten sich die Axishirsche von 2800 auf 4000. Der Zürcher Zoologe Claude Martin und der damalige Parkdirektor von Kanha, Hemendra Panwar, fanden heraus, daß das Barasinghasterben verknüpft war mit dem Wanderverhalten dieser großen Hirschart und mit Umweltveränderungen durch den Menschen.

In Kanha fanden die Barasinghas zwar ein sicheres Rückzugsgebiet, doch verließen sie dieses im Sommer, um im September die Jungen zu gebären. Wo die Kinderstuben der Barasinghas tatsächlich lagen, wußten damals nur einige Einheimische. Es waren stark beweidete Gebiete am Rande und außerhalb des Reservates. Kaum hatte man diese Gebiete entdeckt, stellte man auch sie unter strikten Naturschutz. Mehr noch: Überall, wo Barasinghas vorkamen, versuchten die Wildhüter mit allen Mitteln die Graslander vor Feuer und Trockenheit zu schützen. Barasinghas ziehen nämlich feuchte Gebiete vor und leben fast ausschließlich von Wasserpflanzen und von mehrjährig wachsenden Gräsern.

Feuchte Stellen und artenreiche Grasflächen wurden in Kanha aber immer seltener. Jahrzehntelang hatte man nämlich die oft mannshohen Grasflächen in Brand gesteckt und versprach sich davon zwei Vorteile: Bessere Futterqualität für die Pflanzenesser im Reservat und die Möglichkeit, die sonst unkontrollierbaren Waldbrände in der heißen Jahreszeit zu überwachen. Daß durch das regelmäßige Abbrennen der Boden austrocknete und von Wind und Regen allmählich abgetragen wurde, daß während der Trockenzeit kaum mehr Äsung vorhanden war, fiel lange Zeit niemandem auf. Man ließ sich täuschen durch saftiges Grün, welches nach den ersten Monsunregen in den ausgedorrten Savannen wuchs, und durch riesige Ansammlungen von Axishirschen, die davon ästen. Man vergaß, daß die harten Hufe der dicht nebeneinander weidenden Tiere rasch die schon geschädigte Pflanzendecke vernichteten. Das häufige Abbrennen hatte zur Folge, daß die meisten der 70 in

Kanha vorkommenden Grasarten nahezu verschwanden. Und die wenigen, die alle Eingriffe überlebten, waren als Futterpflanzen für die Barasinghas bedeutungslos.

Als man diese Zusammenhänge erkannt hatte, stoppten die Wildhüter die Feuer. Dort, wo unkontrollierte Brände, die durch Blitzschlag oder ein unachtsam weggeworfenes Streichholz entstehen, die Grasländer gefährden könnten, wurden breite Feuerlinien von Hand gemäht. Und schließlich ließ Hemendra Panwar die kleinen Flüßchen in Kanha aufstauen. Somit lag der Grundwasserspiegel auch während der winterlichen Trockenzeit verhältnismäßig hoch. Im gleichen Maße, wie die Lebensbedingungen in Kanha verbessert wurden, vergrößerte sich der Bestand der so seltenen Südbarasinghas. Bereits zehn Jahre nach Beginn der Rettungsaktionen hatte sich der Bestand verfünffacht, und heute dürften bereits wieder über 600 Südbarasinghas in Kanha leben. Mit dem Kanha-Projekt haben indische Naturschützer gezeigt, daß es durchaus möglich ist, eine stark bedrohte Tierart vor dem Aussterben zu bewahren.

Als sich in Kanha die Barasinghabestände erholten, begannen die Bemühungen, eine noch viel seltenere

Hirschart zu erhalten, den MANIPUR-LEIERHIRSCH oder SANGAI *(Cervus eldi eldi)*. Die Geweihstangen dieser großen Art mit den weit nach vorne verlängerten Augensprossen tragen gelegentlich bis zu zwanzig Enden und sind leierförmig geschwungen, was dem Hirsch seinen Namen gab. Berühmt wurde der Manipur-Leierhirsch aber aus einem anderen Grund. Er galt als ausgestorben und wurde 1951 plötzlich wiederentdeckt, und zwar in Keibul Lamjao, einem kleinen Gebiet am südöstlichen Rand des Longtak-Sees. Keibul Lamjao wurde zwar sofort unter Schutz gestellt, trotzdem wurde der Sangaibestand immer kleiner. 1959 schätzte der indische Naturschützer E.P.Gee hier noch 100 Tiere; 1972 waren es noch rund 50. Im März 1975 und im Februar 1978 zählte man die letzten Überlebenden aus der Luft, mit Hilfe von Armeehubschraubern. Es waren noch 14 beziehungsweise 18 Tiere. Somit gehörte damals der Manipur-Leierhirsch zu den seltensten Tierarten überhaupt.

Was besonders erstaunen mag, ist die Tatsache, daß dieser große und verhältnismäßig schwere Hirsch monatelang nicht nur an, sondern auch auf einem See lebt, genaugenommen auf dem Phung oder Phumdi, auf schwimmenden Grasländern.

Vom Bungalow der Naturschutzbehörden aus überblickt man Keibul Lamjao und dort, wo man den Longtak-See vermuten würde, wuchern übermannshohe Gräser. Diese blühten weiß und rotbraun, als ich im November 1978 die Sangais suchte. Mit erfahrenen Führern können auch Menschen den schwimmenden Teppich aus verrotteten Pflanzenteilen und den Wurzeln lebender Gräser betreten. Es ist eine Hydrokultur von riesigem Ausmaß. Auf ihr wachsen Gräser wie Tou *(Phragmites karga)*, Kohimum *(Saccharum munja)*, Ishing Kombong *(S. latifolium)*, Singnang *(S. procerum)* und andere in die Höhe. Für den Leierhirsch, das ergaben die Beobachtungen, ist Ishing Kombong die Hauptnahrung. Das verhältnismäßig seltene Gras, es bedeckt lediglich fünf

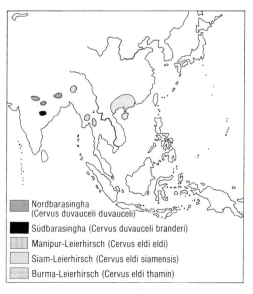

Ein Manipur-Leierhirsch reibt seinen Kopf an einem Baumstamm.

bis zehn Prozent der schwimmenden Grasteppiche, ist aber auch ein gesuchtes Futter für die zahmen Wasserbüffel. Die Bauern fahren mit Einbäumen durch enge Kanäle, die sie in den Pflanzenteppich geschnitten haben, und holen sich das wertvolle Viehfutter. Oder sie mähen die Gräser Ende November großflächig ab. Zu dieser Zeit senkt sich der Seespiegel, denn jetzt bleiben die Regenfälle aus. Die Wurzeln der Gräser verankern sich im Seeboden. Zur gleichen Zeit findet die Brunft der Sangais statt – nahezu kampflose Rituale, deren einzelne Elemente in den berühmten Tänzen der Menschen von Manipur aufgenommen wurden. Wenn die heftigen Frühjahrsregen den flachen See erneut füllen und vorübergehend die festgewachsenen Phumdis überschwemmen, werden am Ufer des Sees die jungen Leierhirsche geboren. Hier werden sie zu wehrlosen Opfern von Wilderern und streunenden Hunden, denn am Ufer des Longtak-Sees gibt es längst keine natürlichen Lebensräume mehr. Die Hirsche sind während ihrer empfindlichsten Phase im Jahresablauf schutzlos, sie können sich nirgendwohin zurückziehen. Gelingt es nicht, ihnen für die Jungenaufzucht geeignetes Festland zurückzugeben, so werden die letzten wildlebenden Manipur-Leierhirsche bald ausgestorben sein.

Über die beiden anderen Unterarten des Leierhirsches ist wenig bekannt. In Burma sollen entlang der großen Ströme noch 2000 oder 3000 BURMA-LEIERHIRSCHE oder THAMINE *(Cervus eldi thamin)* leben. Der SIAM-LEIERHIRSCH *(Cervus eldi siamensis)* gilt in Thailand als ausgestorben, überlebt aber noch in kleinen Restbeständen in Laos, Kambodscha, Vietnam und auf Hainan, wo er kürzlich wissenschaftlich untersucht wurde. Dabei stellte man fest, daß diese Inselform kleiner ist als die Leierhirsche auf dem Festland und sich neben Gräsern auch von Laub ernährt.

Sikahirsche (Untergattung *Sika*)
von Fred Kurt

Der mittelgroße, gedrungene, meist gefleckte SIKAHIRSCH *(Cervus nippon)*, als die einzige Art der Untergattung *Sika*, trägt auf seinem zierlichen Kopf ein Geweih, das an jeder Stange höchstens acht, in seltenen Fällen zehn Enden trägt. Japanische Sikahirsche werden seit Jahrhunderten in mehreren Tempelbezirken Japans zahm gehalten. Sie ließen sich, zumal die nördlichen Unterarten gemäßigtes Klima gut vertragen, in zahlreichen europäischen Wäldern und Wildparks einbürgern. Sie leben heute ebenso auf Madagaskar und Neuseeland. In der Sowjetunion führte man sie 1950 in Aserbeidschan ein, und in Deutschland stehen diese Hirsche aus dem Fernen Osten längst auf der Liste »einheimischen« Jagdwildes.

Doch trotz seiner fast weltweiten Verbreitung hat kaum eine andere Hirschart derartig viele vom Aussterben bedrohte Unterarten wie der Sikahirsch. Von neun Unterarten sind fünf in ihrem Bestand gefährdet, wovon eine Unterart, der FORMOSASIKA *(Cervus nippon taiouanus)*, höchstwahrscheinlich 1969 in seiner Heimat ausstarb. In Taiwan leben aber heute noch Hunderte von Formosasikas in größeren Parks, und es ist zu hoffen, daß von hier aus wiederum Tiere für Ansiedlungsprojekte nach Formosa gelangen werden.

Der Sikahirsch stammt nicht nur aus dicht besiedelten Gegenden des Fernen Ostens, zu seinem Lebensraum gehören gerade jene Gebiete, die sich für Weidewirtschaft und Ackerbau bestens eigneten. Dort wurde er zum Konkurrenten des Menschen und folglich bejagt oder durch Haustiere verdrängt, die ihm die Nahrung streitig machten. So kommt der KERAMASIKA *(Cervus nippon keramae)* heute wildlebend nur noch auf winzigen, vom Menschen nicht bewohnten Inseln der Kerama-Gruppe von Ryukyu

In ihrer fernöstlichen Heimat sind mehrere Unterarten des Sikahirsches vom Aussterben bedroht, aber für die Art selbst besteht vorerst keine Gefahr, da sie in vielen anderen Weltgegenden, auch in Europa, erfolgreich eingebürgert wurde.

vor. Obwohl er völlig unter Schutz gestellt wurde, verschwand er auf allen jenen Inseln, auf denen Menschen leben, und besonders dort, wo Ziegen weiden. Gleiches gilt für die einst in China weitverbreiteten Unterarten. Ihre Erhaltung ist praktisch nur in zoologischen Gärten und Wildparks möglich. Wie wichtig Gefangenschaftszuchten für die Erhaltung seltener Hirscharten sind, zeigt das Beispiel des Davidshirsches (Seite 161 ff.). Der bereits in freier Wildbahn ausgestorbene Formosasika wird weltweit in wenigstens 30 Tiergärten gehalten und erfolgreich gezüchtet. Sikahirsche leben aber nicht nur aus Gründen des Artenschutzes in menschlicher Obhut. In der Sowjetunion oder auf Neuseeland und Madagaskar werden sie als Fleischlieferanten gehalten oder in China wegen ihres Geweihes, dessen Bast das sogenannte Pantocrin, ein angeblich die Zeugungsfähigkeit förderndes Heilmittel, liefert.

Sikas lassen sich in Menschenobhut gut halten. Sie gelten als unempfindlich gegen Wetter, gedeihen auch bei kargem Futter ausgezeichnet, und sie überleben kalte Winter ohne Stallungen. Ihre Brunft findet in der kalten Jahreshälfte statt, meist im November und Dezember. Die Hirsche schreien dann in hohen Tönen, die oft in einen schrillen Laut übergehen. Nach einer Tragzeit von rund siebeneinhalb Monaten werden Ende Juli, Anfang August die Jungen geboren.

Rothirsche (Untergattung *Cervus* i.e.S.)

Europäischer Rothirsch
von Robert Schloeth

Der ROT- oder EDELHIRSCH *(Cervus elaphus)* ist eine überaus imposante Erscheinung. Seit der Ausrottung von Auerochse und Wisent ist er die größte Wildart der mitteleuropäischen Wälder.

Der Rothirsch gehört zu dem Bewegungstyp des schnellen Läufers. Körperbau und Verhaltensstruktur kennzeichnen ihn als ausgesprochenes Fluchttier, das sich nicht nach kurzem Lauf ins dichte Gebüsch drückt, sondern in raschem und ausdauerndem Lauf weit flieht. Alle seine Eigenschaften deuten auf konstante Fluchtbereitschaft sowie auf seine ursprüngliche Heimat hin. Der aus lichten Wäldern stammende Hirsch ist hochbeinig, langhalsig, besitzt ein äußerst gutes Seh-, Riech- und Hörvermögen, gehört zum scheuen Typ des Wiederkäuers und lebt meist in kleinen, der Sicherheit dienenden Gruppen.

Sein gesamtes Wesen ist darauf ausgerichtet, sich in verhältnismäßig futterarmen Lebensräumen bei ständiger Anwesenheit von Feinden zu behaupten und bei günstiger Gelegenheit sofort explosiv auszubreiten. Der Hirsch ist also nicht nur auf starken ökologischen Druck und regelmäßigen Feinddruck eingestellt, er braucht dieselben geradezu für sein Wohlergehen. Da er naturnahe Lebensräume heute kaum mehr vorfindet, tritt häufig Fehlverhalten auf, welches das edle Tier zum verunglimpften und viel diskutierten Problemwesen macht.

Seiner schönen rötlich-braunen Färbung wegen wird der Hirsch Rothirsch genannt. Im frühen Herbst beginnen bereits die längeren, spröderen Winterhaare durchzubrechen, wonach eine mehr grau-braune Grundfarbe überwiegt. Hirschkälber besitzen bis zu diesem Zeitpunkt ein hellbraunes Sommerfell mit dichten Reihen von weißen Flecken, die ein Tarnmuster bilden. Die Umfärbung zum Winterfell ist nach kurzer Zeit abgeschlossen. In seiner äußeren Erscheinung bietet der Rothirsch ein Bild von Harmonie und eleganter Kraft. Dieser Eindruck wird beim männlichen Tier durch Geweih und Brunftmähne noch verstärkt, weshalb man ihm den Namen Edelhirsch und »König der Wälder« verlieh.

Der Rothirsch ist in nahezu allen Lebensräumen Europas heimisch. Von Meereshöhe bis in 2800 Meter Höhe in den Alpen lebt er in dichten Wäldern wie auf den baumlosen Hochlandflächen Schottlands mit Heide und Mooren und ebensogut in den rauhen Gebieten Norwegens wie in den tiefen Flußauen und Niederungen Osteuropas. Seine Robustheit und Anpassungsfähigkeit ermöglichen ihm, schnell neue Lebensräume zu besiedeln. Fehlen seine natürlichen Feinde und ist genügend Nahrung vorhanden, was in vielen Lebensräumen Europas heute der Fall ist, vermehrt er sich ungewöhnlich schnell. Rothirsche halten zäh an den einmal eroberten Gebieten fest, selbst wenn ihre Dichte zu groß ist und sich deshalb ihr Körpergewicht verringert. Trotz großer Dichte verteilen sie sich nicht gleichmäßig in einem Gebiet und

HIRSCHE

schaden wegen der Überzahl ihrer eigenen Lebensgrundlage. Rothirsche brauchen eigentlich weder besondere Schutzgebiete noch übertriebene Hege und Fütterung, sondern möglichst naturnahe Lebensräume, wo sich ihre Bestandsdichte natürlich regelt.

Das früher völlig bewaldete Europa bewohnte der Rothirsch in verhältnismäßig schwacher Bestandsdichte, er kam aber fast überall vor. Durch zahlreiche menschliche Eingriffe in die Landschaft, wie Waldrodung und Umgestaltung von Weiden in stark genutzte Landwirtschaftsflächen, ist aber sein ehemaliges Verbreitungsgebiet auf etwa ein Zehntel zusammengeschrumpft und zudem meist alles andere als naturnah. Die vier größten Vorkommen umfassen gegenwärtig die Alpen, einen Teil Norwegens, das Donaubecken und die Karpaten. Europäisches Rotwild wurde aber auch in Argentinien, Chile, Neuseeland und Australien mit teilweise sehr gutem Erfolg eingebürgert. Kenner schätzen den heute (1985) in Europa lebenden Bestand an Rothirschen auf rund eine Million Tiere.

Ein mächtiges, wohlgeformtes Geweih kennzeichnet das männliche Tier. »Je näher man dieses sonderbare Gebilde in allen seinen Phasen kennenlernt«, schrieb der ehemalige Zürcher Zoodirektor Heini Hediger, »desto wunderbarer muß es einem vorkommen. Das Geweih, so wie es der Jäger an dem von ihm erlegten Hirsch vorfindet, ist ein toter Knochen. Schon das ist im Grunde eine Merkwürdigkeit! Welches andere Tier würde abgestorbene Knochen mit sich herumtragen? Für gewöhnlich wird ein abgestorbener Skeletteil vom Körper ausgeschieden. Nicht so beim Hirsch; ja hier wird das Geweih überhaupt erst funktionstüchtig, hat also erst Sinn, wenn es abgestorben ist. Zu seinen Lebzeiten, also wenn es sich im Wachstum befindet, kann es der Hirsch gar nicht verwenden, weil es dann noch weich und in höchstem Maße schonungsbedürftig ist. Eines Tages aber, nachdem das tote Geweih als Waffe und als bedeutungsvolles Symbol seine Dienste getan hat, wird es nun endlich abgeworfen – aber nur, um kurze Zeit später durch ein neues, womöglich noch größeres ersetzt zu werden.«

Kurz nach dem Abfallen der Geweihstangen im Februar oder März beginnt ein neues Geweih zu wachsen. Unter schützender, dichtpelziger Basthaut sprießen alsbald die grauen Kolben des neuen Geweihs, welches seine endgültige Größe und Form nach rund 100 Tagen erreicht hat. Insgesamt dauert es also fünf

Oben: Der ideale Lebensraum des Rotwilds ist eine Mischung aus deckungsreichem Wald und freien Äsungsplätzen, die erst am Abend aufgesucht werden, und zwar im Verband, was die Sicherheit erhöht. – **Unten:** Rothirsche sind sehr wachsame Tiere, die ständig nach allen Seiten sichern. Selbst ein starker Hirsch ergreift in großen Sätzen die Flucht, sobald er irgendeine Gefahr wittert.

Monate, bis ein Geweih aufgebaut, abgestorben, gefegt und gebrauchstüchtig ist.

Ende Juli beginnt bereits der Vorgang des Fegens der nunmehr erstarrten Geweihe. Der Hirsch reibt dabei seine Stangen an kleineren Bäumen oder vorstehenden Ästen rhythmisch auf und ab, bis sich die samtartige Haut, der sogenannte Bast, in blutigen Fetzen vom Knochen löst. Fehlen die Bäume, reiben die Hirsche ihre Geweihe erst am Rücken, später auf dem Boden oder an Felsen. Eine gewisse Erregung der Tiere ist daran ersichtlich, daß beim Fegen gelegentlich der Penis versteift. Beim Fegen schüttelt der Hirsch wild seinen Kopf mit den herunterhängenden Hautlappen, die Äste seines Fegbaumes brechen unter der Wucht seiner Schläge. Zuweilen verzehrt er auch etwas von der frischen Haut. Es wurde beobachtet, wie ein Hirsch sein mächtiges Geweih in nur eineinhalb Stunden gefegt hatte; meist dauert es aber länger.

Wo ein Rudel Hirsche gefegt hat, bleiben viele zerstörte Bäume zurück. Eigene Untersuchungen zeigen, daß sowohl beim Fegen als auch beim späteren Schlagen – die Bäume werden dabei als Ersatz-Kampfpartner verwendet – stets frische, etwa mannshohe Bäume ausgewählt werden. Ich sah einen Hirsch, der in einer halben Stunde vier junge Kiefern völlig zugrunde richtete. Ein anderer Hirsch rieb seine Stangen sorgfältig an kantigen Felsen; nach fast zwei Stunden war der gesamte Bast weg bis auf ein paar trocknende Reste an den Geweihenden. Im Anschluß an das eigentliche Fegen wird das Geweih später weiter am Boden oder an Baumrinde gerieben, wodurch es mit der Zeit seine schöne, dunkelbraune Färbung erhält.

Der nun voll bewaffnete Rothirsch fängt auch alsbald an, mit Artgenossen zu rangeln. Während der nun folgenden sogenannten »Feistzeit« leben die Hirsche aber weitgehend friedlich untereinander. Sie nehmen jetzt besonders viel Nahrung auf. Zum vollen Einsatz kommen die Geweihe erst mit dem Einsetzen der Brunft im September. Starke Hirsche bedienen sich ihres Geweihs als Drohwaffe. Bei den späteren heftigen Rivalenkämpfen können mitunter Teile des Geweihs abbrechen. Die Stabilität dieses elegant geschwungenen Gebildes ist aber enorm. Nach der Brunft sind die Geweihe von untergeordneter Bedeutung und werden sozusagen nicht mehr »gebraucht«, es sei denn beispielsweise um Äpfel von Bäumen zu schlagen. Bei der im harten Winter ohnehin erschwerten Futtersuche stellen die sperrigen Geweihe eher ein Hindernis dar.

Mit der Verlängerung der Tage im nächsten Frühjahr setzt an der Geweihbasis, an der Grenze zwischen lebendem und totem Gewebe, ein neuer Prozeß ein: Unter dem Einfluß eines besonderen Hormons beginnen Knochenfraßzellen den Kalk allmählich aufzulösen. Ist die Trennschicht zu schwach geworden, fallen die Geweihstangen allein durch ihr eigenes Gewicht. Eine ruckartige Bewegung des Kopfes genügt, und die Stangen fallen herab. Oft werden beide Stangen gleichzeitig oder kurz hintereinander abgeworfen. Es gibt Hirsche, deren Stangen alljährlich in demselben Gebiet gefunden werden.

Mit dem Geweihabwurf ist der Hirschkalender abgeschlossen. In der sozialen Rangordnung steht ein starker Hirsch, der eben abgeworfen hat, unter seinen

Rothirsch »im Bast«. Das Geweih erreicht nach ungefähr hundert Tagen seine volle Größe und muß dann gefegt, also von seinem Hautüberzug, dem Bast, befreit werden.

schwächeren Artgenossen, die noch ein Geweih tragen. Bei Auseinandersetzungen unter geweihlosen Hirschen, auch zwischen den sogenannten Kolbenhirschen, werden, wie bei den weiblichen Hirschen, die Vorderhufe eingesetzt. Meist gehen sich die Tiere aber aus dem Wege.

Den Hauptteil eines 24-Stunden-Tages verbringen Rothirsche mit der Nahrungsaufnahme. Der Tagesablauf ist hauptsächlich in die periodischen Äsungs- und nachfolgenden Wiederkäuensabschnitte aufgeteilt. Gewöhnlich zieht das Rotwild abends zu einem günstigen Äsungsplatz und kehrt morgens zeitig in den Tageseinstand zurück, ein Gebiet, in dem sich die Tiere tagsüber aufhalten. Verteilt auf zwei Hauptäsungsperioden abends und frühmorgens sowie auf mehrere kleine Abschnitte verbringt das Rotwild et-

▷ Dieser Hirsch hat soeben sein Geweih gefegt, an dem noch ein paar blutige Bastfetzen herunterhängen.

wa sieben bis zehn Stunden mit der Nahrungsaufnahme. Die fünf bis sechs Stunden Wiederkäuen, wobei sie meist in der Deckung liegen, sind gleichzeitig auch Ruhezeit. Dabei wird auch etwas gedöst und gelegentlich kurz geschlafen. Veränderte Umweltbedingungen oder außergewöhnliche Bedrohung durch Feinde können den normalen Tagesablauf entscheidend beeinflussen.

Kurz bevor die Rothirsche sich zu ihren Ruheplätzen zurückziehen, kann man oft soziale Körperkontakte beobachten und nicht nur Jungtiere spielen sehen. Intime Kontakte nehmen jedoch nur verschwindend wenig Zeit in Anspruch, so ist gegenseitiges Lecken vom Hirsch praktisch nicht bekannt. Allen anderen Tätigkeiten übergeordnet ist das ständige wachsame Beobachten der Umgebung. Rothirsche sichern nach allen Richtungen, sie prüfen den Wind, blicken umher und lauschen. Das Sichern gehört zur Hauptbeschäftigung aller, vornehmlich der Muttertiere.

Rothirsche äsen besonders in der Grasschicht. Kräuter und Gräser überwiegen unter den weit über 100 Pflanzenarten, die als Hirschnahrung bekannt sind. Im Winter kann aber über die Hälfte des Mageninhalts aus Koniferennadeln bestehen. Die pro Tag benötigte Nahrungsmenge beträgt vier bis fünf Kilogramm. Die jahreszeitlichen Schwankungen in der Nahrungsaufnahme sind beträchtlich.

Je nach Lebensraum unterscheiden sich die vom Rotwild beanspruchten Bewegungsräume stark. Während in ebenen und bewaldeten Gebieten verhältnismäßig geringe Ortswechsel beobachtet werden, finden in gebirgigen Lebensräumen ausgedehnte jahreszeitliche Wanderungen vom Winter- in den Sommereinstand statt. Davon unabhängig kommen ebenfalls weiträumige Ortswechsel zur Erkundung neuer Wohngebiete vor. Dabei können die Tiere Entfernungen von 100 Kilometern und mehr zurücklegen. Gewöhnlich übernehmen vereinzelte jüngere Tiere vom zweiten Lebensjahr an diese Kundschafterrolle. Sie bleiben meist in den neuen Wohngebieten und können so die Keimzelle für neue Bestände bilden. Beim Rothirsch gibt es also Tageswanderungen und die Saisonwanderung. Sowohl die Tageswanderung als auch die Saisonwanderung unternehmen Hirschkühe mit Jungtieren und männliche Hirsche völlig unabhängig voneinander.

In der Gebirgsregion ist die Härte des Winters für die Wanderungen zwischen tiefer gelegenen Winterstandorten und den oft mehrere hundert Meter höher liegenden Sommergebieten verantwortlich. Wie anpassungsfähig Rothirsche bei der Besiedlung dieses Lebensraumes sind, zeigen unsere Untersuchungen über ihr Wanderverhalten im Gebiet des Schweizerischen Nationalparks.

Hunderte von Hirschen wurden mit Halsbändern und durch Kennzeichnen der Ohren individuell mar-

Wenn das Geweih als Turnierwaffe in der Brunftzeit ausgedient hat, dann wird es abgeworfen (rechts). Das ist ein völlig schmerzloser Vorgang, denn an der »Sollbruchstelle« (links) lösen Knochenfraßzellen den Kalk auf, bis die Stangen fast von allein abfallen.

kiert. So konnten über viele Jahre hinweg die lokalen Wandergewohnheiten des großen Hirschbestandes erforscht werden. Die Wintergebiete liegen zwischen 1200 und 1600 Meter Höhe, die Sommereinstände zwischen 1800 und bis zu 2800 Metern. Im Mai beginnt die Abwanderung aus den Talregionen. Meist treffen die ersten Tiere genau dann ein, wenn die unteren Wiesen im Nationalpark schneefrei werden. Dazu mußten sie unter Umständen längere Strecken mit Schneehöhen von über einem Meter überwinden. Die erste Wanderwelle erfolgt in weiblichen Familienverbänden oder Mutterfamilien, männliche Hirsche folgen erst etwa einen Monat später. Der maximale Bestand wird im Juli erreicht.

Unsere langfristigen Beobachtungen lassen erkennen, wie ortstreu die Tiere an konstanten Winter- und Sommereinständen festhalten. Mehrere Hirschkühe wurden über zehn Jahre lang lückenlos an denselben Standorten beobachtet. Keines dieser Tiere hatte im Laufe seines Lebens seine Einstände entscheidend gewechselt oder war gar umhergestreut. Einmal gewählte Einstände werden lebenslänglich beibehalten. Bei den beobachteten weiblichen Tieren ab drei Jahren betrug diese Standorttreue 100%. Die beiden Saisongebiete lagen 10 bis 40 Kilometer auseinander. In den Sommergebieten werden auch immer die Jungtiere geboren, was die ausgeprägte Standorttreue teilweise erklären mag.

Frühere Markierungen in Mitteldeutschland, wie sie der Zoologe Wilfried Bützler erwähnt, brachten ähnliche Ergebnisse in einem etwas engeren Rahmen. So entfernten sich 37% der Hirsche nur einen Kilometer vom Markierungsort, während 80% in einem Umkreis von fünf Kilometern gefunden wurden. Vereinzelte Tiere dagegen waren bis zu 22 und sogar 41 Kilometer abgewandert.

In den Winter- und Sommereinständen beanspruchen die Rothirsche im Schweizerischen Nationalpark ein verhältnismäßig kleines Wohngebiet von jeweils drei bis fünf Quadratkilometern. Je nach Nahrungsangebot sind die Wohngebiete größer oder kleiner. Tageswanderungen finden nur in geringem Maße statt.

Im Wintereinstand versucht das Rotwild, seinen Bewegungsraum so eng wie möglich zu halten, um wenig Energie zu verbrauchen. Zum Teil zehren die Hirsche jetzt von den in der günstigen Jahreszeit angelegten Fettreserven. Unter besten Futterbedingungen können solche Reserven ansehnliche Fettpolster von mehreren Zentimetern ausmachen. Das spärliche Winterfutter besteht aus Flechten, Trieben, Nadeln, Weichhölzern, Rinde und aus Gras, das sie unter der harten Schneedecke hervorscharren. Im Winter ist der Stoffwechsel der Hirsche auf »Sparflamme« geschaltet. In Anpassung daran wird ein Teil des Magens verkleinert und in seiner Oberflächenstruktur umgeformt. Durch falsch angelegte Winterfütterung und durch Störungen des Wildes in den Wintereinständen können diese wichtigen Sparvorgänge empfindlich durcheinander gebracht werden.

Wanderrouten und Wanderziele haben sich erst allmählich herausgebildet; nach einer bestimmten Zeit werden sie zur Tradition. Man darf vermuten, daß vom Wintereinstand aus zuerst nach sämtlichen Richtungen gewandert wird. Fehlleistungen werden dabei unter Umständen mit dem Leben bezahlt – zum Beispiel wenn versucht wurde, den nächsten Winter an ungeeigneter Stelle zu verbringen. Schließlich bürgern sich die von Erfolg – das heißt Überleben – gekrönten günstigen Versuche ein, festigen sich innerhalb einer Mutterfamilie und werden von Generation zu Generation weitergegeben. Ein hervorragendes Ortsgedächtnis des Einzeltiers führt zu der großen Standorttreue. Wir hatten in mehreren Fällen das Glück, Jungtiere von bereits markierten

Rotwild im Tiefschnee. Um den Unbilden der kalten Jahreszeit möglichst zu entgehen, wandern die Tiere zu einem günstig gelegenen Wintereinstand.

Kühen ebenfalls zu kennzeichnen und ihr Wanderverhalten zu beobachten. Daher wissen wir, daß weibliche Kälber die Wanderung zum Sommergebiet zweimal mit ihrer Mutter unternehmen. Somit verbringen sie drei Sommer mit ihr am selben Ort: Als frisch geborenes Kalb, als Einjähriges oder Schmaltier und als Zweijähriges. Oft werden die weiblichen Jungtiere erst im dritten Lebensjahr begattet. Hochträchtig begeben sie sich im nächsten Frühjahr allein und selbständig in das gewohnte Sommergebiet, um dort ihrerseits die Jungen zu gebären. In allen untersuchten Fällen erschienen die markierten weiblichen Jungtiere im Wohngebiet ihrer Mutter, in einem Falle sogar in der dritten Generation. Männliche Nachkommen verbringen nur zwei Sommer im engeren Verband ihrer Mutter, später gesellen sie sich zu ihresgleichen.

Mit diesen Beobachtungen konnte belegt werden, wieso bis zu 90% eines Wintereinstandes alljährlich im Park erscheinen. Ferner aber auch, weshalb Tiere eines engeren Winterverbandes (zum Beispiel Futterstelle) nachträglich in ganz unterschiedlichen Teilen des unbejagten Reservats seßhaft werden. Die Prägung der Einzelstandorte von frühester Kindheit an erklärt die in sämtlichen Fällen erkannte Standorttreue.

Die geschilderte Situation im Schweizerischen Nationalpark und seiner Umgebung, einem Raum von rund 1000 Quadratkilometern, stellt ohne Zweifel einen interessanten Sonderfall dar. Ihre ausführliche Darstellung sollte beleuchten, wie flexibel das Verhaltensmuster des Rothirschs in den verschiedensten Typen von Lebensräumen ist.

Die Mutterfamilie (Gynopädium) wird beim Rothirsch als soziale Grundeinheit bezeichnet. Sie besteht aus der Mutter, dem neugeborenen Kalb, dem einjährigen und eventuell dem vorletztjährigen Jungtier. Für diesen kleinen Verband setzt sich das Muttertier ein und übernimmt die Rolle eines Leittieres. Notfalls setzt sich die Hirschkuh mit Drohen, Stößen und Schlägen durch.

An günstigen Äsungsplätzen oder Lagerstellen schließen sich die einzelnen Familienrudel gerne zu lockeren Verbänden zusammen, die sich aber bald wieder auflösen und sich neu zusammensetzen können. Von allen Beobachtern und Jägern wird bestätigt, daß das Leittier in jedem Falle ein sein Kalb führendes Alttier sei. Das stimmt zwar, nur ist es nicht stets dasselbe Tier. Anhand der markierten Hirsche erkannten wir, daß beispielsweise bei Störungen irgendein erfahrenes Alttier an der Spitze eines Rudels flieht. Seine Jungen folgen ihm als nächste. Innerhalb der großen Gruppe reagiert also nur die Mutterfamilie geschlossen.

Die männlichen Tiere vom dritten Lebensjahr an finden sich regelmäßig zu Rudeln unterschiedlicher Größe, Alterszusammensetzung und Beständigkeit zusammen. Nur ganz alte Hirsche werden ab und zu Einzelgänger. Das Zusammenleben im lockeren Verband wird durch eine Reihe von besonderen Verhaltensweisen und Körpersignalen gesteuert. Bis kurz vor der Brunft bleiben die Hirsche im Verband zusammen. Dabei gibt es keine zahlenmäßige Begrenzung; 50 bis über 100 männliche Hirsche in einem einzigen Verband sind im Schweizerischen Nationalpark keine Seltenheit. Bei Zunahme der Aggressivität setzt im September der Zerfall dieser Hirschrudel ein. Erst wandern die älteren, dann die mittleren Hirsche zu den Brunftplätzen ab. Die jüngeren Hirsche verbleiben in kleinen Gruppen am Rande der Brunft-

Kahlwild am Waldrand. Als »Kahlwild« oder einfach »Tiere« bezeichnet der Jäger die weiblichen Hirsche, die sich an günstigen Plätzen oft zu lockeren Rudeln zusammenschließen. Aber auch in der größeren Gruppe bleibt die Wachsamkeit der Tiere bestehen, die nach allen Seiten sichernd Ausschau halten.

EDELHIRSCHE

Röhrender Rothirsch, dessen Kehle und Hals eine dichte »Brunftmähne« ziert. Mit seinem anhaltenden und weithin vernehmbaren Röhren, einer raschen Folge kräftiger Kehllaute, zeigt der Brunfthirsch seinen jeweiligen Standort an, woraufhin sich die Herausforderer in der Umgebung ebenso lautstark melden und sich die weiblichen Tiere am Brunftplatz einstellen.

HIRSCHE

plätze oder ziehen weit umher. Ältere Hirsche wählen alljährlich denselben Brunftplatz.

Im Hirschrudel treten nach dem Fegen des Geweihs oft Scheinkämpfe auf. Besonders ausgeprägt war dieses Verhalten in der Morgendämmerung, abends vor der Futteraufnahme und auch mittags zwischen zwei ausgedehnten Phasen des Wiederkäuens. Oft konnten mehrere scheinkämpfende Paare gleichzeitig beobachtet werden, auch fanden häufig Partnerwechsel statt. Scheinkämpfe wirken offensichtlich ansteckend. Sie dienen wohl dazu, die Rangordnung zu entwickeln, aber auch zur sozialen Kontaktnahme. Mit der großen Heftigkeit echter Auseinandersetzungen hat das mitunter gemütliche, nur selten etwas lebhaftere Gerangel und Hakeln nur wenig gemein.

Die Brunftzeit der Rothirsche findet in Mitteleuropa im September und Oktober statt. Über die Brunftdaten schreibt Wilfried Bützler: »Je nach Witterungsverhältnissen verschiebt sich der Brunfthöhepunkt in Deutschland von Ende September bis Anfang Oktober. In Europa beginnt die Hirschbrunft im Südosten des Kontinents früher als im Nordwesten. So liegt die Hochbrunft zum Beispiel in den jugoslawischen Donauniederungen bereits in der ersten Septemberhälfte, in Schottland dagegen in der ersten Oktoberhälfte, also einen vollen Monat später. Diese Verschiebung des Brunftbeginns folgt etwa der Richtung abnehmender Körpergewichte und stimmt also auch mit dem Übergang vom kontinentalen zum ozeanischen Klima überein. Sie steht im Zusammenhang mit einem früheren Kältebeginn im mehr kontinentalen Raum.«

In den ersten kühlen Septembernächten vernimmt man gelegentliches Röhren, den Brunftruf der Rothirsche. An der Kehle und am Hals der älteren männlichen Hirsche wallt nun eine dichte Brunftmähne. Ihre Körperfarbe geht jetzt schnell in Grau über; hinzu kommt häufig eine dichte Dreckkruste vom Schlammbaden. Am Brunftgeschehen sind in der Regel nur Hirsche von über fünf Jahren beteiligt. Jüngere Männchen haben nur selten Erfolg, sind aber begattungsfähig, auch schon die Zweijährigen. Die Spermienbildung beginnt im Juli und endet erst im darauffolgenden Februar, umfaßt also die Zeit, in der das fertige Geweih getragen und benutzt wird.

Unter guten Bedingungen wird fast die Hälfte der eineindritteljährigen Weibchen begattet, besonders häufig aber die Weibchen vom folgenden Jahrgang. Später können die weiblichen Hirsche Jahr für Jahr paarungsbereit werden und sich bis ins hohe Alter fortpflanzen. Bei den männlichen Hirschen begrenzt nicht die sexuelle Leistungsfähigkeit die Brunfttätigkeit, sondern die territorialen Auseinandersetzungen und der Rivalenkampf.

Dauerndes und weithin hörbares Röhren kennzeichnet akustisch den jeweiligen Standort des Brunfthirsches. Das Röhren besteht aus einer schnellen Folge lauter Kehllaute. Herausforderer melden sich ebenso heftig schon aus einiger Entfernung. Nur zwischen etwa gleich starken Hirschen kommt es gelegentlich zu ernsthaften Kämpfen, wobei aber schwere Verletzungen selten sind. Bei diesen Rivalenkämpfen setzen die Hirsche ihre Geweihe als Turnierwaffen ein. Die verzweigten mächtigen Geweihe fangen die heftigen Stöße auf. Schlimmer ist es, wenn ein alter Hirsch statt der verästelten Geweihteile nur noch zwei spitze, lange, unverzweigte Stangen trägt. Dieser sogenannte Schadhirsch fährt damit leicht zwischen den Geweihenden seines Gegners hindurch und kann ihn so erstechen. Bei jungen Hirschen, die in ihrem zweiten

Zwischen ungefähr gleichstarken Rivalen kommt es gelegentlich zu heftigen Kämpfen, bei denen die mächtigen Geweihe als Turnierwaffen eingesetzt werden. Ernsthafte Verletzungen sind jedoch durchaus selten.

Lebensjahr erstmals solche Geweihstangen tragen, ist das nicht zu befürchten. Sie nehmen an derartigen Kämpfen noch nicht teil. Ältere Stangenhirsche bilden zwar eine Ausnahme, sind aber als »Mörderhirsche« berüchtigt. Mit dem Geweih verletzt werden aber in der Regel nur alte, schwerfällig gewordene Tiere.

Noch vor dem eigentlichen Kampf haben die Rivalen zahlreiche Gelegenheiten, sich kampflos zurückzuziehen. Gewöhnlich behält der Platzhirsch allein durch das vorhergehende Droh- und Imponierduell die Oberhand. Zieht sich der Herausforderer nach dieser Einleitung nicht zurück, kommen sich die Gegner langsam immer näher. Entschlossen gehen sie gemessenen Schrittes aufeinander zu, schwenken dann aber bei einem Abstand von etwa zehn Metern in einen eigenartig steif geführten Parallelmarsch ein. Dabei kehren sie sich gegenseitig die ganze Mächtigkeit der Breitseite zu. Erst wenn keiner der Rivalen bei diesem ziemlich langen Imponiermarsch, der von hallendem Röhren und wilden Drohgesten begleitet wird, flieht, kommt es zum eigentlichen Kampf. Einige rasche Scheinhiebe mit dem Geweih nach innen – und in einem Sekundenbruchteil reagieren beide Widersacher gleichzeitig und stürzen mit gesenktem Kopf aufeinander los. Laut krachen die Geweihe zusammen. Jetzt schieben die beiden Hirsche einander mit größter Geschwindigkeit hin und her, die Körper aufs äußerste angespannt. Wird schließlich ein Hirsch entscheidend zurückgedrängt und weicht er nach hinten, so muß er versuchen, sein Geweih mit einer einzigen blitzschnellen Drehung aus der Bindung zu lösen, dem jetzt unweigerlich folgenden Siegesstoß des Gegners auszuweichen und zu fliehen. Die Verfolgung ist gewöhnlich nur kurz. Ein dröhnendes Röhren schickt der Sieger dem Flüchtenden nach, dann wendet er sich wieder dem Brunftrudel zu. Dort vertreibt er sogleich die aufgerückten Hirsche und holt sich entfernende Weibchen zurück.

Das Brunftverhalten hängt stark vom Lebensraum der Hirsche ab. Im Wald spielt es sich anders ab als zum Beispiel auf offenen Bergwiesen. Europäische Rothirsche kennzeichnen ihren Brunftplatz akustisch durch regelmäßiges Röhren. Die sich hier einfindenden Weibchen versucht der Hirsch zusammenzutreiben. Ist die Fläche weit und groß, so können mehrere solche Brunftrudel gleichzeitig darauf Platz finden.

Dort, wo sich ein Hirsch mit seinen stetig umkreisten Weibchen aufhält, befindet sich das Zentrum des von ihm verteidigten Raumes, seines Brunftterritoriums. In einem allein von ihm bestimmten Umkreis duldet er keine Rivalen. Rücken sich die Brunftrudel zu nahe, begeben sich die Hirsche zur Grenze und versuchen, durch vermehrtes Röhren und Drohen, aber auch durch Zurücktreiben ihres Rudels, den alten Abstand wieder herzustellen.

Die Größe eines Harems kann von einem einzigen bis zu weit über einem Dutzend Tiere reichen. Kälber und einjährige Jungtiere sind ebenfalls darunter. Das Rudel äst oder ruht innerhalb der vom Hirsch festgelegten Grenzen. Flinken Tieren ist es aber möglich, sich ihrem Bewacher zu entziehen und zum Nach-

Nicht gerade errötend, aber sichtlich erregt folgt er ihren Spuren. Bei diesem sogenannten »Treiben« überprüft der Hirsch die Paarungsbereitschaft des »Tiers«, die jeweils nur wenige Stunden anhält.

barn überzuwechseln. Der Hirsch versucht dann, dem entlaufenen Tier nachzueilen, ihm den Weg abzuschneiden, und stößt den sogenannten Sprenggruf aus, eine schnelle Folge rülpsender Töne. Vornehmlich durch Röhren, aber auch durch ein optisch sehr wirksames Markierungsverhalten, wie Bodentreten, Bodenforkeln, Suhlen, Schlagen von Bäumen usw., werden die Rudel ohne Körperkontakte der Konkurrenten voneinander abgegrenzt. Hirsche, die während der Brunft ein Rudel beherrschen, auch Platzhirsche genannt, sind dauernd derart beschäftigt, daß sie kaum Zeit zum Äsen finden. Nur tagsüber ruhen sie sich etwas aus.

Zwischendurch überprüft der Platzhirsch durch regelmäßiges Beriechen und versuchsweises Treiben seiner Weibchen deren Paarungsbereitschaft. Treiben bedeutet die erste sexuelle Annäherung, obwohl der Hirsch dabei dem Weibchen nur nachläuft. Mit langem Hals und vorgestreckter Zunge versucht er, es am Geschlechtsteil zu belecken. Ist das Weibchen noch nicht bereit, läuft es schnell davon. Eine Begattung findet nur statt, wenn das Weibchen paarungswillig ist, was nur wenige Stunden lang der Fall ist.

Dann flüchtet das Weibchen immer weniger weit, läuft langsamer und bleibt schließlich in einer unterwürfigen Haltung mit gesenktem Kopf stehen. Nun erhebt sich der Hirsch auf den Rücken des Weibchens und führt einen schnellen Begattungssprung aus; der Akt ist ungewöhnlich kurz. Hinterher röhrt der Hirsch, und das Weibchen näßt.

Nicht stets glückt der Begattungssprung beim ersten Mal, dann folgen weitere Versuche. In der Regel wird ein Weibchen von demselben Hirsch nur einmal begattet. Anderslautende Meldungen verwechseln gewöhnlich mißglückte Versuche und erfolgreichen Sprung, bei welchem sich der Hirsch auch mit den Hinterbeinen vom Boden abhebt. Das Weibchen mag jedoch später von weiteren Hirschen begattet werden. Mit fortschreitender Dauer der Brunftzeit zeigt sich der Platzhirsch allmählich geschwächt. Nun kommt mitunter der eine oder andere Hirsch, der sich in der Nähe der Brunftrudel aufgehalten hat, zur Begattung. Dabei kann es so wild zugehen, daß sie sich gegenseitig vom Weibchen herunterstoßen. Im heftigen Durcheinander dieser Brunfthöhepunkte fehlt zuweilen die eben geschilderte Ordnung völlig, bis ein neu auftauchender Platzhirsch eingreift und die Rolle des abtretenden alten Platzhirsches übernimmt.

Ein Alttier säugt sein Kalb. Bis zu zwölf Monate lang werden die Rotwildkinder mit Muttermilch versorgt.

Auf einer von uns während vieler Jahre beobachteten Bergwiese in 2090 Meter Höhe dauerte das hörbare Brunftgeschehen täglich etwa 15 Stunden mit einem ersten akustischen Höhepunkt gegen 20 Uhr, einer sehr ausgeprägten Spitze gegen Mitternacht und einem letzten Anschwellen während der Morgendämmerung. Danach waren nur noch vereinzeltes Röhren oder leise Lautäußerungen zu vernehmen, mit denen sich die Hirsche über ihre Anwesenheit im Gebiet verständigten. Die Zahl der Brunftschreie bei einer Anwesenheit von etwa einem Dutzend Hirschen betrug bis zu 25 000 pro Nacht. In kalten und klaren Nächten röhrten die Hirsche vermehrt; bei Regen oder Nebel blieben sie dagegen fast stumm. Die laute Brunft kann von Jahr zu Jahr unterschiedlich stark sein, was jedoch keinen feststellbaren Einfluß auf die Fortpflanzungsrate hat.

Nach einer solch anstrengenden Nacht legt sich der Hirsch erschöpft nieder. Zum Äsen ist er meist zu müde. Mitunter meldet er durch verhaltene Lautäußerungen seinen gegenwärtigen Standort, damit die Rivalen wissen, daß er noch da ist, und die Hirschkühe, wo er zu finden ist. Es ist nicht zu übersehen, daß er nun an Gewicht verliert. Ende Oktober sind Brunfthirsche oft dermaßen mitgenommen und hager, daß ein früher Winterbeginn ihnen zu wenig Gelegenheit läßt, wieder zu Kräften zu kommen. Nicht selten sterben dann gerade die starken Hirsche nach langen und harten Bergwintern frühzeitig.

Das Wachstum der Embryos verläuft stetig und ohne Keimruhe. Ende Januar haben die Keimlinge bereits ein Gewicht von etwa 200 Gramm erreicht. Das weitere Wachstum ist von der Witterung und den Futterbedingungen des Frühjahrs abhängig. Bei sehr ungünstigen Verhältnissen kann die Frucht frühzeitig absterben. Die Jungtiere werden Ende Mai oder Anfang Juni geboren, in der für ihre Entwicklung günstigsten Jahreszeit. Im Mittel sind die Kälber bei der Geburt zwischen fünf und acht Kilogramm schwer. Bereits einige Tage vor der Geburt vertreiben die Alttiere ihre vorjährigen Kälber aus ihrer Nähe. Sie ziehen sich auch aus der übrigen Gesellschaft zurück und leben als Einzelgänger. Es wird angenommen, daß sie von Jahr zu Jahr gerne dieselbe abgelegene

Stelle aufsuchen, um dort ihre Jungen zur Welt zu bringen. Schon während, vor allem aber nach der Geburt wird das Kalb ausgiebig geleckt. Das Muttertier verschlingt rasch die Fruchthüllen und nimmt auch alle Ausscheidungen ihres Jungen auf, wodurch nur wenig Geruchsspuren entstehen. Nach erstaunlich kurzer Zeit kann das Neugeborene gehen und sucht dann ganz selbständig ein Versteck auf, welches es in den ersten Tagen nur zum Saugen verläßt.

Noch eine geraume Zeit bleiben Mutter und Kind allein. Andere Tiere werden auf keinen Fall in der Nähe geduldet, stets ist die wachsame Mutter zur

Verteidigung ihres Jungen bereit. Nach und nach schwindet aber die Angriffslust, und Muttertier und Kalb gesellen sich zu anderen Gruppen. Auch das letztjährige Jungtier schließt sich dem Familienverband an. Zieht der Familienverband weiter, geht stets das neugeborene Kalb hinter der Mutter. Gelegentlich sieht man nun sogar das Kalb und das einjährige Jungtier gleichzeitig an der Mutter saugen. Die munteren, äußerst beweglichen und lauffreudigen Jungtiere tun sich häufig mit ihresgleichen zusammen und veranstalten Lauf- und Fangspiele rund um das Mutterrudel. Sie beginnen nun ihre Umwelt zu erkunden und erste Beziehungen zu anderen Erwachsenen aufzunehmen.

Langzeitbeobachtungen im Engadin ergaben bei individuell erkennbaren Tieren folgende Geburtenzahlen: Von 37 Hirschkühen wären in fünf aufeinanderfolgenden Jahren maximal 185 Kälber zu erwarten gewesen. Es wurden 129 Junge geboren, das entspricht einer durchschnittlichen Fortpflanzungsrate von 70% während dieser Zeit. In elf Jahren hatten zehn der Kühe je acht Kälber, eine Kuh hatte sogar zehn Jungtiere und eine andere, als große Ausnahme, nicht ein einziges Kalb. Wir sahen sie aber im Brunftrudel.

Das von uns beobachtete älteste Tier erreichte ein Lebensalter von fast genau 21 Jahren, in freier Wildbahn wohl ein seltenes Ereignis. Eine im Alter von vier bis fünf Jahren (geschätzt) gekennzeichnete Hirschkuh wurde Jahr für Jahr 14 Sommer lang im selben Gebiet beobachtet. Ferner wurde ein als Kalb markierter Hirsch im Alter von 18 Jahren erlegt. Obwohl Zwillingsgeburten höchst selten vorkommen, ist die Fortpflanzungsrate des Rotwildes hoch. Explosives Wachstum des Rotwildbestandes kann zu Bestandsdichten führen, die der Tierart und ihrem Lebensraum abträglich sind. Hier muß der Mensch eingreifen, denn welche natürlichen Feinde wären in der Lage, den hohen Hirschbestand zu regeln? Und wie waren die Verhältnisse früher?

Der Münchener Wildbiologe Ulrich Wotschikowsky faßte die ehemalige Situation des Rotwildes in Europa folgendermaßen zusammen: »Über die natürliche Regulation von Huftieren unter ursprünglichen Bedingungen bestehen heute zwei Annahmen:

a) Die Population wird durch die verfügbare pflanzliche Nahrung begrenzt. Das Ergebnis ist eine Population mit geringem Zuwachs und geringen Abgängen. Die Wirkung von Raubtieren ist untergeordnet.

b) Die Population wird durch Raubtiere reguliert, bevor sie die Vegetation auslastet. Ihr Nachwuchs ist hoch, weil die Einzeltiere besser ernährt und daher produktiver sind. Auch die Abgänge sind hoch. Der Fall tritt nur ein, wenn auf ein Raubtier nicht zu viele

Das Kalb ist ein »Nestflüchter«, der schon sehr bald nach der Geburt auf eigenen Beinen stehen und gehen kann. Das Neugeborene sucht ganz selbständig ein Versteck im Gebüsch auf, das es in den ersten Lebenstagen nur zum Saugen verläßt. Sein geflecktes Tarnkleid und sein »Stillhaltevermögen« sind ein guter Schutz vor Feinden.

HIRSCHE

Rothirsche kommen, sonst reißen Räuber nicht genug, um die Population begrenzen zu können.

In den meisten Naturwäldern unserer Breiten ist wegen des geschlossenen Kronendachs (Lichtmangel für Bodenvegetation) der Anteil an verfügbarer Nahrung gering gewesen. Unter ursprünglichen Verhältnissen wurden also die europäischen Rotwildbestände höchstwahrscheinlich durch das knappe Nahrungsangebot begrenzt. Darüber hinaus wurden sie zusätzlich von Raubtieren – vor allem Wolf – gedrückt, wobei aber beträchtliche Schwankungen in beiderlei Populationen die Regel waren.«

Eine Population bezeichnet die Gesamtheit der Einzeltiere einer Art, die zur gleichen Zeit in einem bestimmten Lebensraum leben und sich miteinander fortpflanzen können.

Über die gegenwärtige Lage der europäischen Rothirsche schreibt Wotschikowsky: »Eine Umfrage zur Rothirschsituation in Europa ergab, wo Wölfe im heutigen Verbreitungsgebiet des Rothirsches noch vorkommen: In Teilen von Polen, Bulgarien und der Sowjetunion, möglicherweise auch in Rumänien, Griechenland und Süd-Jugoslawien haben sie noch einen spürbaren Einfluß auf die Entwicklung der Hirschpopulation. Dort sind deren Bestandsdichten auch gering. In den übrigen Ländern fehlt der Wolf und mit ihm ein wesentlicher Faktor aus dem ursprünglichen Umfeld der Hirsche.« Aber ohne seine Feinde ist der Hirsch eigentlich gar kein echter Hirsch mehr. Viele begreifen zwar diesen Satz, aber nur wenige haben den echten Willen, etwas zu unternehmen.

In Deutschland, Österreich und der Schweiz leben zur Zeit (1985) etwa 250 000 Rothirsche, in England allein 270 000. Was sind das für Hirsche, die durch Winterfütterung und intensive Hege in teilweise viel zu hohen Bestandsdichten gehalten werden, in Industrieländern mit intensiver Forstwirtschaft leben und dabei enorme Flur- und Waldschäden anrichten? Dazu der Münchener Wildbiologe Ulrich Wotschikowsky: »Der Mensch hat ein ausgeprägtes, irrationales Verhältnis zum Rothirsch. Kein anderes Tier wurde so verfolgt, gejagt, geschützt, gehegt, gefüttert, gezüchtet, gegattert, gekreuzt, eingebürgert und wiedereingebürgert. Das Interesse an der Art sichert die Bereitschaft zu seiner Erhaltung, die irrationale Einstellung jedoch erschwert den sachlichen Umgang.«

Eine Suhle ist ein fester Bestandteil des Brunftplatzes. Die Benutzung des Schlammbades verschafft nicht nur Kühlung, sondern gehört zum ganzen Imponiergehabe eines Platzhirsches.

Jedes Jahr werden in Europa gegenwärtig rund 230 000 Rothirsche geschossen. Mancherorts sind diese Abschußzahlen jedoch ungenügend. Allmählich aber beginnt sich in Mitteleuropa die Meinung durchzusetzen, daß Hirschjagd weder einfach Sport noch Hobby sein sollte, sondern eine Aufgabe ist mit dem Ziel, biologisch und wirtschaftlich tragbare Wilddichten zu erreichen. Die heutige jagdliche Hege hat in den letzten hundert Jahren zu einer Verzehnfachung des Rotwildbestandes in Mitteleuropa geführt. Doch sind über 85 000 Stück Rotwild, 1 700 000 Rehe und 30 000 Damhirsche beispielsweise für die durch moderne Forstwirtschaft zwar deckungsreichen, aber verarmten Wälder der Bundes-

republik zu viel, und so muß die Nahrungslücke ausgeglichen werden. Deshalb ist in ihren Jagdgesetzen die Fütterungspflicht fest verankert.

Zahlreiche alte Höhlenmalereien und Felszeichnungen bilden den Rothirsch ab. Seine Jagd muß für die frühen Menschen unserer Breiten von entscheidender Bedeutung gewesen sein, diente der Hirsch doch als Lieferant von Nahrung, Kleidung und Werkzeug (Geweih, Knochen, Haut usw.). Mit dem Aufkommen besserer Waffen änderte sich die Art seiner Bejagung, aber zugleich auch seine Bedeutung als Beute.

Im mittelalterlichen Europa sorgten die Herrscherhäuser und der Adel dafür, daß ein Teil der Hirsche für das »vornehme« Vergnügen der Jagd erhalten wurde. Sie allein behielten sich das Recht vor, das Wild in ihren Wäldern zu jagen. Andere Jagdarten wurden als Wilderei gebrandmarkt und entsprechend bestraft. Als Zugtiere wurden Hirsche sozusagen nur aus reinem Übermut verwendet. Prachtliebende Fürsten haben immer wieder versucht, Hirsche vor den Wagen zu spannen.

EDELHIRSCHE

Weil Hirsche schon seit alten Zeiten ein fürstliches Wild waren, machten die Fürstenhäuser und die Angehörigen des hohen Adels sie sich oft gegenseitig zum Geschenk. Schon 1661 und 1662 wurden 159 Rothirsche aus der Neumark mit dem Schiff nach London gebracht. Viele Gutsbesitzer in Übersee, vor allem Europäer, haben in vielen ausländischen Wäldern Rothirsche angesiedelt. Leider verdrängen zum Beispiel in Argentinien die eingebürgerten Rothirsche immer mehr die einheimischen Wildarten. Den Jägern in Argentinien scheint aber mehr an den Edelhirschen aus Europa gelegen zu sein, die stärkere Geweihe tragen, als an den viel kleinwüchsigeren, meist nur mit kleinen Stirnwaffen ausgestatteten Hirscharten der Andenländer und der Pampas. So gibt es etwa im Nahuel-Huapi-Nationalpark in den argentinischen Anden wohl große Vorkommen stattlicher Rothirsche, welche dort vielfach ein größeres Geweih schieben als bei uns in Mitteleuropa; die dort ursprünglich heimischen Hirscharten aber – die Andenhirsche und Pudus – sind aus diesem Naturparadies gänzlich verschwunden.

Allein in den letzten zwanzig Jahren sind außerordentlich zahlreiche Forschungsarbeiten am Rothirsch durchgeführt worden. Neben der rein zoologisch bedeutsamen Erforschung des Rothirschlebens gibt es heute auch allgemeine Projekte mit dem Ziel, die gegenwärtige Rotwildsituation systematisch zu untersuchen und zu verbessern. Neuerdings versammeln sich Jäger, Forstleute, Landwirte, Wissenschaftler, Politiker, Naturschützer, Jagdorgane und Verkehrsvereine an einem Tisch, um Lösungen auszuarbeiten, die für alle Interessenten annehmbar sind. Dabei soll der Hirsch aber keineswegs vergessen werden. So geht es nicht mehr nur um rein wirtschaftliches Nutzdenken, sondern man versucht verstärkt, den natürlichen Bedürfnissen der Tierart Rothirsch Rechnung zu tragen. Dabei können zwei Wege beschritten werden. Entweder man nimmt weiterhin die gegenwärtigen gestörten Verhältnisse hin und regelt die Hirschbestände mit künstlichen Mitteln. Oder man geht vermehrt zur Pflege des Hirschbestandes über in Anpassung an den verbliebenen Lebensraum. Letzteres bedeutet, daß der knappe Lebensraum lokal verbessert werden muß; ferner aber auch eine strenge Herabsetzung der Wilddichte, bis sie als biologisch tragbar erscheint.

Im Handbuch des Deutschen Jagdschutz-Verbandes (1986) werden ganz offen Fakten aufgeführt, die zu denken geben. Sie dürften sicher auch für die übrigen mitteleuropäischen Länder Gültigkeit haben. Einige davon sollen hier übernommen werden:

»Von 1953 bis 1983 sind etwa eine Million Hektar land- und forstwirtschaftlich nutzbare Flächen als Lebensraum verlorengegangen an Siedlungen, Straßen, Gewerbegebiete, technische Großanlagen wie Kraftwerke, Müllverbrennungsanlagen usw. Dieser Landschaftsverlust von mehr als 100 Hektar täglich dauert an. In der Bundesrepublik gibt es nur noch 370 von Siedlungen und Straßen nicht völlig zerschnittene verkehrsarme Räume von einer Größe von mindestens 100 Quadratkilometern. Das sind nur noch 15% der Bundesfläche.

Die Zahl der Waldbesucher hat in der Zeit von 1950 bis 1980 im Durchschnitt um 500%, stellenweise im Gebirge, in Mittelgebirgen und in Naherholungsgebieten um die Ballungszentren herum weit mehr als 1000% zugenommen. Die Zahl der Bergbahnen, Skilifte, Skiabfahrten und Skilanglauf-Loipen hat sich ebenfalls vervielfacht. Allein im Schwarzwald wurden in den letzten Jahren über 2000 Kilometer Langlaufloipen angelegt, auf denen sich jährlich über zwei Millionen Menschen bewegen.

Der deutsche Alpenverein hat durch Erschließung des Alpenraumes mit Wanderwegen (40 000 Kilometer) und Hütten (253) ebenso wie der organisierte Fremdenverkehr mit dazu beigetragen, daß der Massentourismus auch in die entlegensten Berggebiete

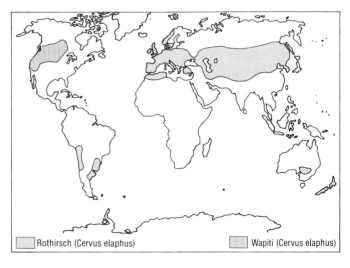

und damit in die letzten ruhigen Wohngebiete des Rothirsches vorgedrungen ist. Dazu kommt, daß sich die Mobilität der Menschen unendlich vergrößert hat. Heute besitzt fast jeder zweite Bundesbürger ein Kraftfahrzeug.«

Der Rothirsch wird sich zu behaupten wissen, darüber besteht kein Zweifel. Es fragt sich nur, zu welchem Preis. Wenn auch der größte Teil der Lebensraumverluste nie mehr rückgängig gemacht werden kann, muß der verbleibende Rest nach bestem Wissen und Können belassen oder artgerecht gestaltet werden. Hirschzuchtbetriebe auf sonst wenig gewinnbringenden Grundstücken, welche jetzt da und dort entstehen, rücken den Rothirsch, das europäische Edelwild, noch mehr in das Abhängigkeitsverhältnis vom Menschen. Bleibt die natürliche Zuchtwahl aus, so läuft der Rothirsch Gefahr, sich genetisch zu verändern. Der Schritt zur Teil-Domestikation, zum Teil-Haustier, ist nicht mehr weit.

Wapiti
von Valerius Geist

Der WAPITI *(Cervus elaphus)* ist das größte, am meisten spezialisierte und das entwicklungsgeschichtlich jüngste Mitglied der Rothirsche. Außerdem ist er der einzige unter den Altwelthirschen, der auch Nordamerika besiedelte. Ein ausgewachsener männlicher Hirsch aus den Rocky Mountains wiegt durchschnittlich etwa 330 Kilogramm (ohne Fett) und ein Weibchen 260 Kilogramm. Manche Wapitis Kanadas und Alaskas wiegen mehr; außergewöhnlich große Hirsche wiegen bis zu 480 Kilogramm (ohne Fett) und 550 Kilogramm (mit Fett). Jedoch sind diese klein, wenn man sie mit den Wapitis des Spätpleistozäns vergleicht. Fossilien deuten an, daß diese sogar die Größe eines Riesenhirsches erreichten.

In seiner Biologie unterscheidet sich der Wapiti von europäischen Rothirschen dadurch, daß er mehr Gräser äst und auf offenen Ebenen lebt. Der Wapiti hat auch größere Zähne, und bei ausgesprochenen Grasäsern, wie dem kalifornischen Wapiti, ist die Zahnform sogar recht kompliziert geworden.

Wie viele Huftiere der offenen Ebenen haben sich auch die Geschlechter der Wapitis in äußerlichen Merkmalen und in der Körpergröße in dieselbe Richtung entwickelt; sie sind einander ähnlicher geworden. Genau wie der männliche Hirsch trägt auch das weibliche Tier eine große Nackenmähne.

Typisch für hochentwickelte Arten, die das offene Flachland bewohnen, besitzt auch der Wapiti auffälligere Körpermerkmale als der Rothirsch. Der Wapiti hat einen großen, leuchtenden Spiegel (heller Fleck auf dem Hinterteil) und einen kurzen Schwanz. Sein Körper ist gelbgrau gefärbt; mit dunkelbraunem Bauch, Beinen und Nackenmähne. Der Wapitihirsch ist heller und kontrastreicher als das Weibchen. Das Wort »Wapiti« bezieht sich auf sein leuchtendes Haarkleid und stammt aus der Schawaneesprache eines Indianerstammes der Prärien. Das Wort bedeutet »weißer Hirsch«. Im Verhältnis zu den hellen Gesichtern der Rothirsche sind die der Wapitis dunkel. Das Wapitigeweih entspricht dem Sechs-Sprossen-Plan und das des Rothirsches dem primitiveren Fünf-Sprossen-Plan. Die Geweihstangen der Wapitis sind absolut und im Verhältnis zur Körpergröße länger als die der Rothirsche. Sie sind bis zu 164 Zentimeter lang, aber im Verhältnis zur Körpermasse leichter im Gewicht als die der Rothirsche. Wapitis tragen Geweihe, die nur 12 bis 14 Kilogramm, selten bis 17 Kilogramm wiegen. Daß Wapitis keine schwereren Geweihe bilden, ist wohl darauf zurückzuführen, daß sie Gräser und Seggen äsen, also Pflanzen mit einem

niedrigen Gehalt an Kalzium und Phosphaten. Diese Stoffe sind aber für das Knochenwachstum nicht zu entbehren.

Während der Brunft verhalten sich die männlichen Wapitis ähnlich wie die Rothirsche, nur der Ruf klingt anders als das Röhren der Rothirsche. Der Brunftruf des Wapitihirsches ist ein hohes, melodisches Pfeifen, welches in der Tonhöhe steigt und dann plötzlich fällt und in einem sehr tiefen Gebrüll

Die nordamerikanischen Wapitis sind die entwicklungsgeschichtlich jüngsten, am stärksten spezialisierten und größten Vertreter des Rothirsches. Unter ihnen gibt es auch kleinere Formen wie etwa diese kalifornischen Wapitis, die als Grasäser solche Nahrungsspezialisten sind.

endet. Im Gegensatz zum Rothirsch formt der Wapitihirsch keinen mitschwingenden Klangkörper (Resonanzkammer) mit dem Mund. Die Signale im Sozialverhalten sind bei den beiden Gruppen ähnlich, obwohl der Wapiti ein wenig ausdrucksstärker ist, und männliche brünftige Wapiti- und Rothirsche riechen auch unterschiedlich.

Die Tragzeit des Wapitis ist ungefähr 256 Tage, etwa 22 Tage länger als beim Rothirsch. Dieser Unterschied macht sich sogar in Neuseeland bemerkbar, wo beide Tierarten dicht zusammenleben und miteinander gekreuzt werden. Wapitihirsche tragen ihre Geweihe 180 Tage lang im Vergleich zu den Rothirschen, die sie bereits nach 150 Tagen abwerfen. Anscheinend ist die längere Geweihtragzeit eine Anpassung an kalte Winter, die auch bei den an Kälte angepaßten Rothirschen auf der tibetanischen Hochebene beobachtet wurde.

Obwohl der Wapiti schon vor ungefähr einer Million Jahren zum ersten Mal in Alaska erschien, so wurde er doch erst während des Spätpleistozäns zu einer bedeutenden Tiergruppe. Der Wapiti vermehrte und verbreitete sich in Nordamerika erst, nachdem die einheimische Tierwelt der riesigen Pflanzenesser und Raubtiere (Elefanten, Mastodonten, Pferde, Kamele, Guanakos, Faultiere, Säbelzahnkatzen, Löwen, Bull-

doggenbären und Riesenwölfe) vor 14 000 bis 8000 Jahren ausstarb. Danach verbreiteten sich die Wapitis südwärts und beeinflußten damit die Zusammensetzung der heutigen Tierwelt Amerikas, die aus einem Gemisch von Sibiriern und Uramerikanern besteht. Je nach Gebiet entwickelten sich die Wapitis verschiedenartig, und man hat bis zu sechs Unterarten vorgeschlagen, die alle fragwürdig sind. Wapitis erreichen in Kanada die größte Körpergröße, besonders dort, wo sie von Wölfen gejagt werden, wie zum Beispiel in Manitoba. Die kleinsten Wapitis kommen in Südkalifornien vor. Dort wiegen die männlichen Wapitis ungefähr 250 Kilogramm, die Weibchen 190 Kilogramm. Im Aussehen und in der Stimme gleichen diese kleinen Wapitis allen anderen Wapitis, sie haben aber ein kleines, dünnes Geweih.

Höher entwickelte Wapitis verbreiteten sich ebenfalls vom beringianischen Eiszeitrefugium (eisfreies Rückzugsgebiet) nach Sibirien, wo sie die höheren Hochebenen des Altais und des Tienshan-Gebirges bewohnen. Diese Wapitis sind mit den amerikanischen Wapitis im Aussehen und in der Stimme fast vergleichbar, jedoch sind sie ein wenig kleiner. Die männlichen Wapitis wiegen ungefähr 300 Kilogramm. In den Tiefebenen Zentralsibiriens, der Mandschurei und Nordchinas findet man den ursprünglichen Wapiti, den IZUBR-HIRSCH. In der Mandschurei ist der Wapiti klein, mit männlichen Hirschen, die ungefähr 250 Kilogramm wiegen, also etwa soviel wie die kleinen kalifornischen Wapitis oder die aufgrund von Umwelteinflüssen kleinwüchsigen Wapitis, die nach Neuseeland eingeführt wurden. Nördlich von Yakutien sind die Izubr-Hirsche genauso groß wie die amerikanischen Wapitis. Izubr-Hirsche haben kleine enge Geweihe mit sechs Sprossen, eine helle Nackenmähne und ein weniger kontrastreiches Fell. In der Stimme unterscheiden sie sich auch von den nordamerikanischen Wapitis: Sie betonen das Endgebrüll viel stärker. Was die Unterschiede zwischen den Geschlechtern und die Zahngröße betrifft, so liegen sie zwischen dem Rothirsch und dem höher entwickelten Wapiti.

Wie wir von Fossilien wissen, verbreitete sich der Wapiti während der Kaltzeiten mehrmals nach Europa. Während der gegenwärtigen Warmzeit zogen sich die Wapitis in die Gebirge zurück oder auf höhere Breitengrade, und die Rothirsche besiedelten die Täler und niedrigen Breitengrade.

Oftmals hat man Wapitis in europäische Rothirschbestände eingeführt, um deren Geweihgröße zu »verbessern«. Diese Experimente sind allerdings fruchtlos geblieben, zum Teil deshalb, weil der Wapiti sehr anfällig für die Krankheiten des Rothirsches ist. In Neuseeland aber entwickelten sich Bestände aus Rothirsch- und Wapitikreuzungen. Man hatte dort beide Formen eingeführt. Im Verhältnis zum Rot-

Im Fortpflanzungsverhalten unterscheiden sich die Wapitis nur wenig von ihren altweltlichen Artgenossen. Auch der männliche Wapiti »treibt« seine Partnerin und beleckt ihr Hinterteil, um ihre Paarungswilligkeit zu testen. Ungewöhnlich ist nur, daß das Paarungsvorspiel mitten im Wasser stattfindet.

▷ Wapitis im National Elk Refuge in Wyoming. »Elk« (Elch) ist ein für uns zwar irreführender, aber in Nordamerika allgemein üblicher Name für den Wapiti. Der dort ebenfalls vorkommende Elch wird dafür als »Moose« bezeichnet.

hirsch hält sich der Wapiti in Neuseeland nur schlecht.

In Gehegen, wo Hirsche wegen ihrer Bastgeweihe gehalten werden, sind Wapitis beliebt. Das Geweih wird abgesägt und in einem geheimen Verfahren vorbereitet und dann als Volksmedizin in den fernen Osten verkauft. Es wird behauptet, daß Wapitis, denen in primitiver Weise wiederholt das Bastgeweih abgeschnitten wurde, sehr gefährlich werden können. Die nordamerikanischen Indianer schätzten das Fell, aber nicht das Fleisch der Wapitis.

Lebensfähige Wapitibestände kommen in Nordamerika und Asien vor. Der kleine Wapiti in Kalifornien lebt in nur wenigen kleinen, geschützten Rudeln. Der großwüchsige Wapiti, der einst von Mexiko bis Arizona verbreitet war, ist ausgestorben. Jedoch wurde der Wapiti, der in Arizona eingeführt wurde, sehr groß. Manche Wapitibestände werden sehr gehegt und sogar gefüttert, wie zum Beispiel der Wapiti in Jackson Hole, Wyoming. In den östlichen Vereinigten Staaten wurden einheimische Wapitis während des 19. Jahrhunderts ausgerottet, und Wiedereinbürgerungsversuche waren allgemein nicht besonders erfolgreich.

In den westlichen Vereinigten Staaten und Kanada haben sich die Wapitis von den verheerenden Folgen der unkontrollierten Jagd erholt. In dieser Angelegenheit spielte die Kavallerie der Vereinigten Staaten eine entscheidende Rolle. Sie beschützte 32 Jahre lang das Wild im Yellowstone-Nationalpark vor Wilderern, bis in den Jahren 1913 bis 1921 Gesetze erlassen wurden, die den Verkauf von Wild untersagten. Später wurden Wapitis aus dem Yellowstone-Park sehr oft für Wiedereinbürgerungen in ganz Nordamerika gebraucht. Heutzutage ist der Wapiti ein sehr geschätztes und bekanntes Wildtier, und im Herbst kann man wieder seinen Brunftruf in den Rocky Mountains hören.

Asiatische und nordafrikanische Rothirsche
von Fred Kurt und
Victor Zhiwotschenko

Der ROTHIRSCH *(Cervus elaphus)* ist in Zentralasien und im Himalaja durch verhältnismäßig kleinwüchsige Unterarten vertreten, deren Geweihe eher einfach gebaut sind und gewöhnlich pro Stange nur fünf Sprosse tragen. Die beiden Endsprosse gabeln sich, und Schaufeln kommen selten vor. Die meisten dieser Unterarten leben in kleinen, zum Teil sehr geringen Beständen, die fast alle, von wenigen Ausnahmen abgesehen, vom Aussterben bedroht sind.

Dazu gehören: Der SZETSCHUANHIRSCH *(C. e. macneilli)*. Er soll noch in geringer Zahl im Rhododendrongürtel hoher Bergmassive von Sinkiang, im chinesischen Turkestan, in den benachbarten Grenzgebieten und im Tibet überleben. Der YARKANDHIRSCH *(C. e. yarkandensis)*, der einst die Auwälder des Tarimflußbeckens von Sinkiang bewohnte, gilt als verschollen, wenn nicht gar als ausgestorben.

Der SHOU oder SIKKIMHIRSCH *(C. e. wallichi)* aus den Mischwäldern von Südostchina und den angrenzenden Königreichen von Bhutan und Sikkim verschwand ebenso. Überlebt haben bisher in größerer Zahl lediglich der HANGUL oder KASCHMIRHIRSCH *(C. e. hanglu)* aus Kaschmir und der BUCHARAHIRSCH *(C. e. bactrianus)*. Beide wurden in den letzten Jahren wissenschaftlich untersucht und nach besten Möglichkeiten geschützt.

Der BUCHARAHIRSCH *(C. e. bactrianus)* lebt als einziger Vertreter des Rotwildes in der Wüstenzone. Dort besiedelte er besonders die dichten Auwälder und Schilfgürtel entlang der Flüsse Amu-Darya und Syr-Darya an der russisch-afghanischen Grenze. Das Abholzen der Wälder und die direkte Verfolgung durch den Menschen verursachten den starken Rückgang der Bucharahirsche. Mitte der sechziger Jahre wurden nicht mehr als 400 bis 500 Tiere gezählt. Nach 1970 begannen russische Fachleute entlang des Amu-Darya Schutzzonen zu schaffen. Die letzten

Wapitis auf der Wanderschaft. Wie die europäischen Rothirsche unternehmen auch die Wapitis jahreszeitlich bedingte Wanderungen: Im Sommer ziehen sie in die Berge hinauf, und im Winter kehren sie wieder in die Täler zurück.

EDELHIRSCHE

Bucharahirsche wurden zum Teil eingefangen und umgesiedelt. Heute leben in sieben Reservaten rund 900 Tiere, die Hälfte davon im Reservat von Tigrovaya Balka an der Grenze zu Afghanistan.

Der HANGUL oder KASCHMIRHIRSCH *(C. e. hanglu)* lebte noch am Anfang dieses Jahrhunderts in großen Teilen der Mischwaldzone am Südrand des Himalajas. Sein Verbreitungsgebiet erstreckte sich über Kaschmir, das Drass-Tal im Süden Ladakhs und Himachal Pradesh. Heute leben die Kaschmirhirsche wahrscheinlich nur noch im Dachigam-Reservat im Norden von Srinagar. Bis 1946 war das 141 Quadratkilometer große Schutzgebiet auch Jagdrevier des letzten Maharadschas von Kaschmir und Jammu. Der Herrscher hegte die Hirsche, und der Bestand betrug in Dachigam allein 4000 Tiere. Bereits ein Jahr nachdem Indien die Unabhängigkeit erreicht hatte und Wilderer ungehindert in Dachigam jagen konnten, war der Bestand nur noch halb so groß. Um 1970 lebten noch 140 bis 180 Hangule im Reservat. Nun waren es nicht mehr nur Wilderer, die die Unterart gefährdeten, sondern Viehherden, die das Gebiet überweideten. Nachdem man das Wildern unterbunden und den Nomaden andere Weideplätze überlassen hatte, erholte sich der Hangulbestand. Heute umfaßt er etwa 400 Tiere.

Bevor wir auf einige weitere, höher entwickelte Unterarten des Rotwildes in Asien zu sprechen kommen, möchten wir kurz erwähnen, daß auch außerhalb von Asien Unterarten des Rothirsches mit einfach gebauten Geweihen überlebten. Dazu gehört der ATLASHIRSCH *(C. e. barbarus)*, der heute noch in den Korkeichen- und Nadelwäldern an der Grenze zwischen Algerien und Tunesien vorkommt. Sein Bestand umfaßt etwa 500 Tiere.

Zwei asiatische Unterarten, der ISUBRA *(C. e. xanthopygus)* aus der Mandschurei und dem Amurgebiet und der MARAL oder KAUKASUSHIRSCH *(C. e. maral)* aus dem Kaukasus, Kleinasien und Nordpersien, gelten zwar ebenfalls als kleinwüchsige Rotwildvertreter, ihre Geweihe jedoch tragen pro Stange bereits sechs Enden (Isubra) oder Kronen (Maral). Folglich gelten sie als Übergangsformen zwischen den ursprünglichen Rothirschen Asiens und den mächtigen Formen Nordostasiens, wie dem ALTAIMARAL *(C. e. sibiricus)* beziehungsweise den europäischen Unterarten. Isubra und Altaimaral sind in der Sowjetunion begehrtes Jagdwild – nicht nur wegen ihres Fleisches, sondern auch wegen ihrer Kolbengeweihe. Basthaut und lebende, noch wachsende Geweihknochen sind eine begehrte Volksmedizin (Pantocrin). Die große Nachfrage nach Kolbengeweihen ließ bereits im vergangenen Jahrhundert Hirschfarmen entstehen. Heute werden große Hirschrudel in menschlicher Obhut gehalten, um Pantocrin zu gewinnen, ein Mittel, das angeblich die Zeugungsfähigkeit erhöht. Solche Hirschfarmen gibt es nicht nur im Altai sondern auch im europäischen Teil der Sowjetunion. In einigen Farmen werden die Hirsche nicht nur in 30 Quadratkilometer großen Gehegen gehalten, sondern wie Schafe von berittenen Hirten gehütet. Derartige Hirschfarmen trugen wesentlich zur Erhaltung der Art bei, da die Tiere nicht mehr getötet werden müssen, um das Kolbengeweih zu gewinnen.

Die Fotos auf dieser Seite zeigen zwei asiatische Unterarten des Rothirsches: einen vollerwachsenen Hangul oder Kaschmirhirsch (oben) und ein etwa zwei Wochen altes Kalb derselben Unterart (Mitte) sowie einen Altaimaral (unten).

Weißlippenhirsche
(Untergattung *Przewalskium*)

von Wilfried Bützler

Eine der größten und eindrucksvollsten Hirscharten lebt in den unzugänglichen Hochlagen des Tibet-Plateaus: der WEISSLIPPENHIRSCH *(Cervus [Przewalskium] albirostris)*. Nur wenige Reisende und Jäger wissen von diesen scheuen und seltenen Tieren zu berichten. Diese Beobachter zeigen sich ausnahmslos beeindruckt von der wunderbaren Anpassung der Hirsche an die rauhen Lebensbedingungen in den höchsten Gebirgen der Welt. Sie berichten von der erstaunlichen Klettertüchtigkeit der Hirsche, von ihrer Fähigkeit, steile Berghänge in rasendem Lauf zielsicher zu überqueren, um sich vor dem Jäger oft über weite Fluchtstrecken hinweg in unerreichbaren Gebirgsschlupfwinkeln in Sicherheit zu bringen. Jahrhundertelange unerbittliche Verfolgung durch den Menschen hat die Scheu der Weißlippenhirsche gesteigert, dabei gleichzeitig ihre Sinne geschärft und ihr Orientierungsvermögen beständig verbessert. In ihrer Größe stehen die Weißlippenhirsche kaum hinter dem Rothirsch zurück. Die starkstangigen Geweihe der männlichen Hirsche erreichen eine Zahl von zehn bis zwölf Enden bei einer imposanten Länge von bis zu 1,30 Meter und einem Gewicht von über sieben Kilogramm. Die Geweihfarbe ist weißlich, seltener hellbraun, Kronen und Eissprossen werden nicht ausgebildet. Typisch sind die überlangen Mittelsprossen, die die Augsprossen bei weitem überragen. Zusammen mit den spitzenwärts folgenden, ebenfalls sehr langen und etwas abgeflachten Enden geben sie dem Geweih das Aussehen eines großen doppelten Fächers. Eine solche Geweihform konnte sich nur in der offenen Landschaft ohne behindernden Pflanzenwuchs entwickeln, wie sie für Hochgebirgslagen typisch ist.

Im Sommer ist das Fell kräftig braun gefärbt, das im Winter durch ein helleres graubraunes Fell ersetzt wird. Der Name des Weißlippenhirsches stammt von den in der Tat mit rein weißen Haaren bedeckten Lippen. Weiß sind auch seine Kehle und die Unterseite seiner Kinnbacken, ferner ein Streifen des Nasenrückens oberhalb der dunklen Nase, die dadurch hell eingerahmt erscheint.

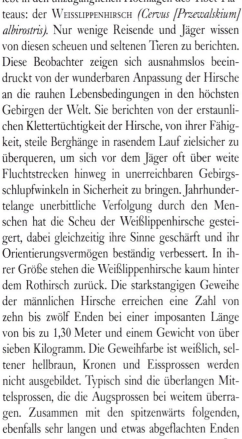

Die weißen Lippen als namengebendes Kennzeichen der in der asiatischen Hochgebirgswelt lebenden Weißlippenhirsche.

Eine Eigentümlichkeit des Weißlippenhirsches ist die Umkehr seines Haarstrichs auf der hinteren Rumpfpartie. Dort wechselt die Richtung des Haarstrichs in Höhe der Flanken um und geht dann von hinten nach vorne. Dadurch laufen die Haare etwa in der Körpermitte über dem Widerrist zusammen, so daß man von weitem den Eindruck hat, als trügen die Hirsche eine Art Sattel. Möglicherweise schützen die so angeordneten Deckhaare den Körper besser bei wechselnden Windrichtungen oder bei Kreiselwinden, wie sie in zerklüfteten Gebirgstälern oder in rauhen Hochlagen häufig vorkommen. Im übrigen fehlt nämlich dem Fell die Unterwolle, doch sind dafür die einzelnen Haare dick und grob, im Winter dazu doppelt so lang wie im Sommer.

Weitere Kennzeichen des Weißlippenhirsches sind seine schmalen, lanzenförmigen Ohren, ferner bei den geweihlosen weiblichen Tieren ein zwischen den Ohren aufragender Haarschopf. Die Schalen der Hufe sind breit, ähnlich denen der Rinder, dazu vorne abgestumpft, die Afterklauen sind lang und kräftig. Beides ist eine Hilfe beim Klettern und Springen im steilen Hochgebirge.

Seine erste wissenschaftliche Beschreibung verdankt der Weißlippenhirsch dem berühmten Asienforscher Nikolai Michailowitsch Przewalski, der vor allem durch seine Entdeckung der asiatischen Urwildpferde bekannt wurde. 1884 berichtete er zum ersten Male vom Weißlippenhirsch als einer neuen Hirschart in einer neuen Untergattung, die ihm zu Ehren als *Przewalskium* benannt wurde.

Das ursprüngliche Verbreitungsgebiet des Weißlippenhirsches reicht vom östlichen Himalaja in Tibet nordostwärts über die Quellgebiete der großen chinesischen Ströme bis zum Süd-Kuku-Nor-Gebirge und schließt den Oberlauf des Jangtsekiang sowie die ehemaligen chinesischen Provinzen Kansu und Szetchuan mit ein. Die Bevorzugung der höchsten Bergwaldregionen und der darüberliegenden Matten führt den Weißlippenhirsch regelmäßig in Höhenlagen von 3000 bis 5000 Metern. Selbst bis zu den Gipfeln der höchsten Berge steigt er im Sommer hinauf. Wegen seiner Scheu und Seltenheit weiß man aber kaum etwas von seiner Lebensweise. Der Weißlippenhirsch ist damit eine der am wenigsten bekannten Hirscharten der Erde.

Als Bewohner der offenen Landschaft ernährt er sich

vor allem von den Gräsern und Kräutern des asiatischen Hochlandes. Die deckungsfreien Bergwiesen kommen seiner geselligen Lebensweise entgegen, da sie den Zusammenhalt des Rudels durch Sichtkontakt erleichtern. Die meisten Beobachter berichten von 5 bis 20 Tieren als durchschnittliche Rudelgröße, doch hat man auch schon bis zu 40 Tiere in einem Rudel gezählt. Ich bin überzeugt davon, daß sich bei einem wirksamen Schutz noch größere Rudel zusammenziehen könnten.

Die Zusammensetzung der Rudel entspricht dem geläufigen Rothirsch-Typ, das heißt, wir finden einerseits männliche Hirsche aus vorwiegend jüngeren Jahrgängen in kleineren Gruppen, getrennt davon die weiblichen Tiere mit ihren Kälbern. Die weiblichen Kälber bleiben später noch viele Jahre, oft auch lebenslang, in der Rudelgemeinschaft ihrer Mütter, auch wenn sie selbst längst erwachsen sind und eigene Junge führen. Die männlichen Hirsche dagegen sondern sich als Halberwachsene von ihren Müttern ab. Alte Hirsche leben schließlich gerne als Einzelgänger und suchen nur zur Brunftzeit die Familien der Muttertiere auf.

Durch die starke Bejagung ist das Vorkommen des Weißlippenhirsches heute auf nur wenige inselartig verteilte Restflächen seines ursprünglich sehr weiträumigen Verbreitungsgebietes zusammengeschrumpft. Bis vor kurzem galt er sogar als akut vom Aussterben bedroht. Neueren Beobachtungen zufolge (Oswald 1988, briefliche Mitteilung) soll sich sein Bestand durch effektive Schutzmaßnahmen wieder erholt haben. Auch gibt es nach Christian Oswald Weißlippenhirsche in den zoologischen Gärten mehrerer chinesischer Provinzhauptstädte, auch im Zoo von Peking und im ehemaligen Kaiserlichen Jagdpark Nan Haizi. Etwa 1000 Hirsche werden nach Oswald in Farmen des Tibet-Hochplateaus gehalten. Somit ist die Hoffnung berechtigt, daß uns diese wunderbare Hirschart in menschlicher Obhut und in kontrollierbaren Schutz- und Jagdreservaten erhalten bleibt.

Oben: Wenn das Geweih nicht wäre, könnte man meinen, ein Rind vor sich zu haben. Das liegt vor allem an den breiten Hufschalen, die beim Klettern und Springen im steilen Gebirge eine große Hilfe sind. – Mitte: Ein Weißlippenhirsch im Bast. Auffällig ist bei dieser Art das starkstangige Geweih. – Unten: Ein höchst wachsames Weibchenrudel.

Wasserhirsche

von Wilfried Bützler

Männliches Chinesisches Wasserreh. Bei dieser ungewöhnlichen Hirschart tragen die Männchen kein Geweih, dafür aber bis acht Zentimeter lange Eckzähne im Oberkiefer.

Als ich an einem sonnigen Apriltag einen verwilderten Park in Mittelengland durchstreifte, sprang wenige Meter vor mir ein fremdartiges Tier aus einem Gebüsch. Auf den ersten Blick erschien es mir wie ein etwas groß ausgefallener Hase. Dann wieder sah es aus wie ein Reh, war aber etwas kleiner und hinten merkwürdig abgerundet. Auch war die Farbe anders, mattbraun am ganzen Körper und auf dem Hinterteil ohne den für Rehe so charakteristischen weißen Spiegel. Ich hätte wohl noch lange über dieses von mir nie zuvor in der freien Wildbahn Europas beobachtete Tier nachgegrübelt, wenn ich nicht bei meinen Studien an Hirschen in dem nicht allzu weit entfernt liegenden Park des Herzogs von Bedford in Woburn Abbey schon öfter mit dem CHINESISCHEN WASSERREH *(Hydropotes inermis)* zusammengetroffen wäre. Ein solches war es nämlich, wie mir jetzt klar wurde, nur wußte ich bis zu jenem Tag nicht, daß bereits viele Wasserrehe aus dem Woburn-Park entwichen waren und inzwischen die benachbarten Feldgehölze bewohnten.

Rund zehntausend Kilometer von England entfernt liegt die Heimat des Chinesischen Wasserrehs. Es stammt von den Ufern des Jangtsekiang-Stromes und aus den Sumpfwiesen und dem Dickicht feuchter Niederungen im fernsten, nordöstlichen Teil von China und ist der einzige Vertreter der Unterfamilie Wasserhirsche (Hydropotinae). Ähnliche Landschaften besiedelt seine Unterart, das Korea-Wasserreh, in Korea. Die stille, unauffällige Lebensweise im Versteck dichter Vegetation, meist einzeln oder zu zweit, seltener in größeren Gruppen, ist sein bester Schutz vor Feinden. Um dieses Alleinsein zu sichern, dulden die Wasserrehböcke nicht die Nähe von ihresgleichen, sondern verteidigen ihr Territorium gegen alle Rivalen. Nur die Gesellschaft einer oder weniger weiblicher Wasserrehe (Geißen) wird vom Bock geduldet. Sie dürfen ihn bei der Nahrungssuche begleiten und in seiner Nähe ruhen.

Regelmäßig markieren Wasserrehe ihr Territorium, indem die Böcke ihre Stirn an Baumstämmchen reiben. Zwar sind bisher keine Stirndrüsen beim Wasserreh nachgewiesen, doch werden die Markierstellen eifrig berochen. Daraus ist zu schließen, daß beim Stirnreiben der Bockgeruch auf die Baumrinde übertragen wird. Möglicherweise streifen die Tiere auch das Sekret der Voraugendrüse beim Markieren ab, doch wurde eine solche Beobachtung bisher noch nicht beschrieben. Andere Duftmarken können vom Wasserreh auch mit Hilfe der Zwischenzehendrüsen beim Scharren abgesetzt werden. Auch seine Kotplätze scheinen der geruchlichen Markierung zu dienen.

Auffälligstes Merkmal der stets geweihlosen Böcke sind ihre langen, säbelartig gebogenen, oberen Eckzähne. Bis zu acht Zentimeter ragen diese aus dem Oberkiefer hervor und stellen scharfe, gefährliche Waffen dar. Kämpfende Böcke stehen umgekehrt parallel zueinander, mit ihrem Kopf jeweils etwa in Höhe der Schulterpartie des Rivalen. Durch Kopfhiebe von oben nach unten versuchen die Böcke, den Gegner mit den Eckzähnen am Nacken oder an den Schultern zu verletzen. Dies gelingt ihnen oft und führt zu schmerzhaften, gefährlichen Wunden. Fell- und Hautstreifen werden durch die Eckzähne des Gegners herausgerissen. Dort, wo nur die Haare her-

Wasserhirsche (Hydropotinae)

Name deutscher Name wissenschaftlicher Name englischer Name (E) französischer Name (F)	Körpermaße Kopfrumpflänge (KRL) Schwanzlänge (SL) Standhöhe (SH) Gewicht (G)	Auffällige Merkmale	Fortpflanzung Tragzeit (Tz) Zahl der Jungen je Geburt (J) Geburtsgewicht (Gg)
Chinesisches Wasserreh *Hydropotes inermis* mit 2 Unterarten E: Chinese water deer F: Hydropote	KRL: 75–100 cm SL: 6–7,5 cm SH: 45–55 cm G: ♂♂ 11–14 kg, ♀♀ 9–12 kg	Beide Geschlechter geweihlos; Böcke mit stark verlängertem oberem Eckzahn (bis 8 cm lang); rundrückig; Sommerhaar sandfarben, Winterhaar dunkel-graubraun; einzige Hirschart mit Inguinaldrüsen	Tz: 180–210 Tage J: 1–2, gelegentlich 3–4 Gg: nicht bekannt

ausgerissen wurden, leuchten weißliche Narben auf der nackten Haut. In schlimmeren Fällen entstehen tiefe, blutende Wunden. Die allgemein starke Aggressivität der Böcke untereinander steigert sich noch zur Paarungszeit. Ist der Gegner besiegt, wird er von dem überlegenen Bock hartnäckig verfolgt und aus dem Territorium verjagt. Vermutlich würden überlegene Böcke die unterlegenen sogar töten, könnten diese den Sieger nicht durch eine Demutsgebärde beschwichtigen. Dabei legen sie Kopf und Hals flach auf den Boden, worauf der Stärkere den Kampf abbricht.

Die oberen Eckzähne wirken nicht nur als Waffen, sondern auch als Imponierorgane. Um sie besser sichtbar zu machen, ist auf der Unterlippe hinter den oberen Eckzähnen beiderseits ein dunkler Fleck ausgebildet, der im Kontrast den weißlichen Eckzahn optisch besonders hervorhebt. Auch andere Hirscharten, zum Beispiel der Rothirsch, haben noch diesen Unterlippenfleck, doch sind ihre Eckzähne schon seit Tausenden von Jahren zu funktionslosen Organen zurückgebildet, denn diese Hirsche kämpfen ja mit ihrem Geweih. Trotzdem kennen auch Rothirsche noch das einst wohl mit den Eckzahnkämpfen verbundene Drohen mit erhobenem Kopf, das »Eckzahndrohen«. Merkwürdigerweise ist das Vorzeigen der Eckzähne als Drohgebärde bisher beim Chinesischen Wasserreh noch nicht beobachtet worden, wohl aber das drohende Zurücklegen der Ohren.

Bei den Geißen sind die oberen Eckzähne sehr kurz und eignen sich nicht zum Kampf. Sie besitzen aber ebenfalls den Unterlippenfleck und darüber ein weißes Haarbüschel, das möglicherweise den Eckzahn vortäuschen soll. Selbstverständlich tragen auch die Geißen keinerlei Stirnwaffen.

Trotz ihrer ungeselligen Lebensweise verständigen sich die Wasserrehe über eine herannahende Gefahr durch ein kurzes Bellen als Warnlaut. Der Schreckruf ist schrill und erinnert an das Klagen eines verletzten Feldhasen. In der Paarungszeit stoßen die Böcke pfeifende Laute aus.

Die Paarungszeit ist jahreszeitlich festgelegt. In den zoologischen Gärten Europas fällt sie in den Monat Mai. Der Paarung folgt eine Tragzeit von gut sechs Monaten. Obwohl häufig von vier bis sieben Keimlingen berichtet wird, werden in der Regel nur ein bis zwei Jungtiere von einem Muttertier geboren, selten mehr. Wie bei vielen Hirscharten haben die Jungtiere ein Tarnkleid mit hellen Flecken in parallelen Längslinien, die mit dem Alter verschwinden. Die Geißen werden schon mit etwa sechs Monaten geschlechtsreif.

Über den Status des Chinesischen Wasserrehs in seiner ursprünglichen Heimat ist wenig bekannt. Während es im unteren Jangtsekiang-Gebiet nach wie vor häufig sein soll, wird von seinem Vorkommen in Korea kaum berichtet. Im Gegensatz dazu verlief seine Einbürgerung in Europa, vor allem in England, sehr erfolgreich. Dort ist es inzwischen weit außerhalb der Parks von Woburn und Whipsnade verwildert und besiedelt bereits große Flächen von Bedfordshire und den angrenzenden Grafschaften. Von England aus wurde es auch nach Frankreich ausgeführt und lebt hier inzwischen ebenfalls in Freiheit in der Normandie bei Clères und bei Limoges.

Chinesisches Wasserreh (Hydropotes inermis)

Lebensablauf Entwöhnung (Ew) Geschlechtsreife (Gr) Lebensdauer (Ld)	Nahrung	Feinde	Lebensweise und Lebensraum	Häufigkeit
Ew: nicht bekannt Gr: mit 6 Monaten Ld: 10–12 Jahre	Gräser, Gemüse, Rüben	Nicht bekannt	Bewohnt Sumpfgebiete und offenes Grasland; größte Aktivität in den Morgen- und Abendstunden; solitär, Ansätze zur Paarbildung; Böcke markieren und verteidigen feste Territorien; sie kämpfen untereinander mit den hauerartigen oberen Eckzähnen	Chinesische Unterart im Bestand gesichert, Status des Korea-Wasserrehs unbekannt; eingeführt und verwildert in England und Frankreich

Trughirsche

Einleitung

von Valerius Geist

Die Neuwelt-, Trug- oder telemetacarpalen Hirsche, die Odocoileinae, schließen acht sehr verschiedene Gattungen ein: den Elch *(Alces)*, das Ren *(Rangifer)*, das Rehwild *(Capreolus)*, den Weißwedel- und Schwarzwedelhirsch aus Amerika *(Odocoileus)*, die tropischen, südamerikanischen Zwerggattungen *Mazama* und *Pudu*, den kleinen Pampashirsch *(Blastocerus)*, den großen Sumpfhirsch *(Ozotoceros)* und den Andenhirsch *(Hippocamelus)*. Das asiatische Wasserreh *(Hydropotes)* wird gewöhnlich als eigene Unterfamilie, angesehen, obwohl es ein geweihloser telemetacarpaler Hirsch ist. (Auch Elch- und Renhirsche werden von vielen Autoren als eigene Unterfamilie bewertet, so auch von E. Thenius in diesem Band.)

Der größte Hirsch, der jemals gelebt hat, war der Breitstirnelch *(Alces latifrons)* im Mittelpleistozän. Er war etwa zweimal so groß wie der Riesenhirsch von Irland *(Megaceros giganteus)*. Die heutigen größten und die kleinsten Hirsche sind ebenfalls Neuwelthirsche: der Alaska-Elch *(Alces alces gigas)*, der winzige südamerikanische Pudu *(Pudu pudu)*.

Das Rentier *(Rangifer tarandus)* ist am besten an Kälte angepaßt, sowie der schnellste und ausdauerndste Läufer unter den Hirschen. Das Rentier trägt im Verhältnis zum Körpergewicht die größte Geweihmasse und ist die einzige Art, in der die Weibchen Geweihe tragen. Er ist der geselligste und einzige Hirsch, der ein echtes Haussäugetier wurde.

Die südamerikanischen Huemuls oder Andenhirsche *(Hippocamelus antisiensis, H. bisulcus)* sind spezialisierte Klippenspringer. Der einzige Hirsch, der noch stärker an das Hochgebirge angepaßt war als der Huemul, war der ausgestorbene *Navahoceros* der Rocky Mountains. Diese beiden Gattungen waren höher spezialisiert als der tibetanische Weißlippenhirsch *(Cervus [Przewalskium] albirostris)*, der am höchsten spezialisierte Berghirsch der Alten Welt.

Der Elch ist als Traber spezialisiert, das ist einmalig unter Huftieren; ebenso wie auch die verspätete Einnistung des Embryos in der Gebärmutter beim Reh *(Capreolus capreolus)* und die dadurch verlängerte Tragzeit.

Die südamerikanischen, winzigen, schlüpferähnlichen, territorialen Spießhirsche der Gattung *Mazama* sind in Gestalt und Geweihform extremer und spezialisierter angepaßt als die Muntjakhirsche der Alten Welt: *Mazama* hat ein mehr dolchartig entwickeltes Geweih, die kleineren Kitze bei der Geburt und eine längere Tragzeit. Kein Altwelthirsch hat die Vermehrungsrate des Elches, des Rehwildes oder Weißwedelhirsches *(Odocoileus virginianus)*. Kein Altwelthirsch hat kleinere, sich versteckende Junge als *Mazama* oder echte Nachfolgertypen wie die Kälber des Rens.

Der erdgeschichtlich älteste Hirsch der Welt ist der Weißwedelhirsch, der schon seit über 3,5 Millionen Jahren vorkommt und bis ins Pliozän zurückgeht. Der erdgeschichtlich jüngste Hirsch ist der Maultier-

Der nordamerikanische Maultierhirsch gilt als der erdgeschichtlich jüngste Hirsch der Welt. Er entstand erst vor etwa 10 000 Jahren.

hirsch *(Odocoileus hemionus hemionus)*, der sich vor ungefähr 10 000 Jahren oder weniger in Nordamerika entwickelte.

Und welcher Hirsch ist über die meisten Breitengrade verbreitet? Das ist der Weißwedelhirsch, der von südlich des Äquators in Peru bis zum Polarkreis in Kanada vorkommt. Diese Art fühlt sich in den feuchten tropischen Gebieten ebenso zu Hause wie in den subarktischen Gebieten. Der Weißwedelhirsch kann auch als gedrungene Zwergform auf Inseln vorkommen, so wie auf den Florida Keys. Über die meisten Längengrade verbreitet ist das Rentier, welches nur zwischen dem 140. Grad West und dem 50. Grad Ost nicht vertreten ist. In anderen Worten, die Art kommt fast rund um die polaren Gebiete vor. In Spitzbergen ist das Ren als kleine, gedrungene, kurzbeinige Zwerginselform vertreten.

Neuwelthirsche haben einen pendelnden Penis und werfen gewöhnlich bald nach der Brunft das Geweih ab. Sie haben einen verhältnismäßig kleinen Pansen, eine große Speicheldrüse und kleine, niedrigkronige Backenzähne. Die meisten Altwelthirsche haben kleinere obere Eckzähne, die meisten Neuwelthirsche haben diese nicht. Nur der Andenhirsch hat kurze, funktionsfähige obere Eckzähne. Die meisten Neuwelthirsche sind an dichte Vegetation gebunden, in der sie sich verstecken können. Sogar das Ren, das sich oft in Herden an offenen Flächen sammelt, kann bei niederer Bestandsdichte in der Deckung leben.

In Vergleich zu anderen Hirschen, sind Neuwelthirsche recht erfolgreich. Nur wenige Arten sind dem großen Aussterben im Spätglazial zum Opfer gefallen. Nach der letzten Eiszeit haben sie sich zahlreich vermehrt. Als Neueinwanderer in Nordamerika waren sie erfolgreich. Nach dem Zusammenbruch der nordamerikanischen Großfauna am Ende der letzten Eiszeit, verbreiteten sich Elch und Ren sowie die *Odocoileus*-Hirsche und sind bis heute zahlreich geblieben. In Eurasien sind Trughirsche ebenfalls die erfolgreichsten Hirsche der Neuzeit. Leider sind heute einige der hochspezialisierten südamerikanischen Hirsche gefährdet. Die Fähigkeit, selbst ökologisch geschädigte Landschaften zu nutzen, erlaubte es manchen Neuwelthirschen, bis in menschliche Wohngebiete vorzudringen. Hier können sie allerdings nur überleben, wenn sie vor übermäßiger Bejagung geschützt werden.

Rehe (Gattung *Capreolus*)

von Fred Kurt

Das REH *(Capreolus capreolus)*, einzige Art seiner Gattung, ist nicht nur die häufigste Hirschart Europas, sondern auch das bedeutendste Jagdwild. Längst wurde es zum »Kulturfolger«, der sich der vom Menschen stark geprägten Landschaft besser anpaßte als sein großer Vetter, der Rothirsch. Das Reh erreicht trotz starker Bejagung Bestandsgrößen, die um ein Vielfaches höher liegen, als sie einst in den natürlichen, vom Menschen wenig beeinflußten Waldlandschaften waren.

Von den Küsten bis an die klimatische Waldgrenze in den Alpen leben heute Rehe in fast allen mitteleuropäischen Landschaften. Sie eroberten sich sogar – meist unerkannt – Grünanlagen und Gärten am Rande unserer Siedlungen. Dies gilt allerdings nur für das EUROPÄISCHE REH *(Capreolus capreolus capreolus)*. Das größere SIBIRISCHE REH *(Capreolus capreolus pygargus)* – mit 50 Kilogramm Körpergewicht übertrifft es die stärksten Europäischen Rehe um das Doppelte – gilt nach wie vor als von Natur aus seltener Bewohner von Waldrändern und Lichtungen. Vom CHINESISCHEN REH *(C. c. bedfordi)* muß angenommen werden, daß es vielerorts in seinem einstigen Verbreitungsgebiet bereits ausgerottet ist.

Die Rehe, die aus zoologischer Sicht zur Unterfamilie der Trughirsche gehören, sind die häufigste Hirschart Europas. Sie kommen allerdings nicht nur in Europa vor, sondern auch in weiten Gebieten Asiens.

▷ Flüchtender Rehbock.

HIRSCHE

Europäische Rehe erreichen die Geschlechtsreife mit etwa 14 Monaten, sieht man von wenigen »Frühreifen«, die mit sieben Monaten geschlechtsreif sind, ab. Unter besonders harten Lebensbedingungen, wie sie etwa im Gebirge herrschen, tritt die Geschlechtsreife – jedenfalls bei den Weibchen – meist erst ein Jahr später ein.

Die Geburtszeit der Rehe erstreckt sich über zwölf Wochen von Mitte April bis Mitte Juli. Weitaus die meisten Kitze werden aber zwischen Mitte Mai und Mitte Juni geboren. Meist sind es Zwillinge, gelegentlich nur ein Jungtier oder drei Jungtiere. Unter 573 Ricken, deren Nachkommenzahl ich in der Schweiz ermitteln konnte, brachten zwei sogar Vierlinge zur Welt. Genaue Beobachtungen über den Geburtsverlauf stellte neben anderen auch Anton B. Bubenik an. Das Erscheinen der Fruchtblase machte ihn auf das bevorstehende Ereignis aufmerksam. Das weibliche Reh, in der Jägersprache Ricke genannt, preßte abwechselnd im Stehen und im Liegen, scharrte gelegentlich mit einem Vorderlauf, gab klagende Laute von sich und leckte wiederholt die austretende Fruchthülle. 22 Minuten nach dem Erscheinen der Fruchtblase konnte man die Vorderfüße des Kitzes sehen. Eine Stunde und 12 Minuten später kam der Kopf und weitere 21 Minuten später hatte die Ricke die Fruchtblase durchgekaut. Vier Minuten danach war das Junge geboren.

Unmittelbar nach der Geburt biß die Mutter die Nabelschnur durch und sog das Fruchtwasser vom Boden auf. Dann begann sie ihr Kind gegen dessen Haarstrich von hinten nach vorne zu lecken. Danach verzehrte sie die Fruchthülle. Auch die Nachgeburt, sie erschien fast drei Stunden nach der Geburt, wurde gegessen. Im Alter von sechs Minuten versuchte das Kitz erstmals aufzustehen. Eine Stunde später probierte es zum ersten Mal auf wackligen Beinchen das Gleichgewicht zu halten. Anderthalb Stunden nach der Geburt machte es die ersten Kriechbewegungen, und im Alter von zwei Stunden unternahm es die ersten unbeholfenen Schritte. Schon eine halbe Stunde vorher suchte es nach dem Euter der Mutter, das es nach einer guten Viertelstunde fand.

Neugeborene Rehe müssen lernen, wo das Euter liegt. Eine Reihe angeborener Verhaltenselemente hilft ihnen dabei: Sie »wissen« von Geburt an, daß sie mit der Schnauzenspitze entlang der Bauchlinie ihrer Mutter suchen müssen. Stoßen sie dabei an, so drücken sie und saugen vorerst an allen hervorstehenden weichen Teilen. Die Ricke sieht den ersten unbeholfenen Versuchen der Kitze nicht tatenlos zu. Sie grätschen die Hinterläufe, senken und zeigen so das Euter vor, während sie sich vorne aufrichten. Rehmütter legen sich gelegentlich sogar auf die Seite, um ihre Jungen zu säugen – ein Verhalten, das bei wiederkäuenden Paarhufern eher selten ist.

Da neugeborene Rehe ihre Mutter in den ersten Lebenswochen noch nicht begleiten, bezeichnet man sie

Durch sein getüpfeltes Fell gut getarnt, duckt sich das Rehkitz bei einer Gefahr flach auf den Boden.

Reh (Capreolus capreolus)

als Liegetypen. Sie werden den Folgetypen, den Neugeborenen der Gemsen, Ziegen oder einiger großer Huftierarten gegenübergestellt. Bei den Folgetypen kennen sich Mutter und Kind einige Minuten nach der Geburt »persönlich«. Keiner der Partner kann durch einen andern ersetzt werden. Bei Rehen ist das anders: Innerhalb der ersten drei bis vier Wochen nach der Geburt versuchen Kitze bei jeder Ricke zu trinken und ihr zu folgen. Ebenso verhalten sich die Weibchen. Im ersten Monat nach der Geburt säugen sie jedes Junge. Sie merken auch nicht, wenn man ihre Nachkommen mit fremden Kitzen vertauscht, wie Versuche zeigten. Trotzdem kommt es im Freileben höchst selten zu Verwechslungen, da Rehmütter ihre Jungen abgesondert von anderen Familien gebären und während der ersten Wochen allein aufziehen.

Die Geburts- und Aufzuchtplätze liegen meist auf Waldlichtungen oder – typisch für die mitteleuropäische Kulturlandschaft – auf sonnigen und trockenen Wiesen. Dabei ist auffallend, daß Südhänge bevorzugt werden. Bei hohen Bestandsdichten kann es aber vorkommen, daß auch weniger geeignete Orte bezogen werden müssen. Stellen, die feucht und wenig sonnig sind, eignen sich nicht als Kinderstube; hier überleben wenige Kitze die ersten drei oder vier Lebenswochen. Dies ist die kritische Phase im Leben der Kitze, denn die Mütter suchen die Jungen vorerst nur auf, um sie zu säugen und zu putzen. Sonst liegen die Kitze – jedes für sich allein – in eingerollter Bauchlage am Boden. Ricke und Kitze haben verschiedene Feinde, und sie reagieren auf diese auch ganz unterschiedlich. Während erwachsene Rehe bei Gefahr »schrecken«, das heißt einen tiefen bellenden Ton in rascher Folge von sich geben, und flüchten, ducken sich die Kitze und verharren lautlos am Boden. Dieses Verhalten schützt sie vor ihren natürlichen Feinden, wie vor Greifen oder Füchsen, weil die Kitze in den ersten Lebenswochen durch ihr weiß und hellbraun und dunkelbraun gemustertes Fell bestens getarnt sind. Außerdem haben sie zu dieser Zeit noch keine fertig ausgebildeten Hautdrüsen und tragen noch nicht den typischen Rehduft. Gelingt es aber einem Feind sich an ein verborgen im Gras oder Unterwuchs liegendes Kitz heranzuschleichen und es zu fassen, dann klagt das Kitz mit einem hellen, markdurchdringenden, lauten Schrei. Durch den Hilfeschrei des Jungtiers alarmiert, prescht die Mutter herbei und verteidigt ihren Nachwuchs mutig mit Vorderlaufschlägen und scharfkantigen Hufen gegen Hunde, Katzen und Füchse, ja gelegentlich sogar gegen Menschen.

Die Alarmbereitschaft der Ricken ist in den ersten Wochen nach der Geburt derart stark ausgeprägt, daß sie sich sogar von »künstlichen« Kitzschreien täuschen lassen. Geübte Wildhüter und Jäger können den Laut mit einem breiten Grasblatt nachahmen, das sie zwischen die beiden Daumen und Daumenballen spannen und heftig durch die so entstandene Saite blasen. So können sie herausfinden, wo Ricken ihre Kitze haben. Ungefähr einen Monat nach der Geburt läßt sich die Mutter nicht mehr durch solche Tricks täuschen. Sie eilt jetzt nur noch ihrem eigenen Nachwuchs zu Hilfe, weil sie dessen Stimmen kennt. Umgekehrt kennen jetzt auch die Kitze die Stimme ihrer Mutter, die sie durch leise hohe Kontaktlaute zu sich rufen kann.

Zu diesem Zeitpunkt ist die Prägungsphase im Leben der Jungen abgeschlossen. Sie folgen jetzt ihrer

Im Frühling und Sommer ist der Tisch für die Rehe mit frischer Pflanzenkost reich gedeckt (links). Im Winter wird jedoch oft die Nahrung knapp. Dann stehen vor allem Knospen, Zweige sowie Brombeerblätter und -triebe auf dem Speisezettel (rechts).

Mutter. Ihr gemustertes Fell wird abgelöst vom rostbraunen Sommerfell. Die Haare des Sommerfells sind länger, stehen allerdings weniger dicht als die des graubraunen Winterfells. Zwar werden die Kitze gesäugt, bis sie etwa drei Monate alt sind, doch unterbricht die Mutter sie dabei immer häufiger. Immer mehr nehmen die Kitze jetzt pflanzliche Nahrung auf. Der reichhaltige Speisezettel des Rehs umfaßt Laub- und Nadelhölzer, Sträucher, Stauden, Gräser und zahlreiche Kräuter. Auf der Schwäbischen Alb – so fand W. Esser – gehören von 160 vorkommenden Pflanzenarten 100 (das sind 63%) zur Nahrung der Rehe. Rehe leben sogar zum Teil von Pflanzen, die für Menschen giftig sind, wie Eibe, Gemeiner Schneeball, Weißwurz oder Eisenhut. Im Sommerhalbjahr stehen Laubtriebe auf dem Speiseplan, ferner Hülsenfrüchtler, Himbeer- und Brombeerlaub, grünes Getreide, Wiesengras, Kartoffelkraut, Raps, Kohlarten und Pilze. Im Spätherbst verzehren Rehe wildes Obst, Bucheckern, Eicheln, Roßkastanien. Vielfalt und Menge der Äsung nehmen nun rasch ab, und besonders in großen, unterwuchsarmen Nadelwäldern wird die Nahrung im Winter knapp. In dieser Zeit essen Rehe vor allem Knospen, Laubholz- und Nadelholzreisig, Brombeertriebe und -blätter sowie Wintersaaten.

Im Hochsommer, wenn die Kitze von der Muttermilch zu pflanzlicher Nahrung übergehen, ist »der Tisch reichlich gedeckt«. Die Jungen verzehren aber nicht wahllos alle Pflanzenarten, sondern nehmen nur jenes Futter auf, das auch ihre Mutter verzehrt. Von ihr lernen sie die geeignete Nahrung kennen, wie die Aargauer Wildbiologin Helen Müri in Futterwahlversuchen nachgewiesen hat. Die eßbaren Pflanzen lernen die Kitze von den nicht eßbaren zu unterscheiden, indem sie durch häufige Mund-zu-Mund-Kontakte mit der Mutter riechen, was diese aufgenommen hat. Der Kontakt zur Mutter ist für heranwachsende Rehe also auch dann noch wichtig, wenn sie längst entwöhnt sind. Von ihrer Mutter lernen sie rasch das bestmögliche Futter und ihren Lebensraum kennen. Kitze, die ihre Mütter verloren haben, entwickeln sich schlechter als jene, die bis ins nächste Frühjahr geführt werden.

Zwischen März und Mai trennen sich die Rehmütter von ihren Jungtieren. Weibliche Kitze kehren nach der Brunft trächtig zu ihren wiederum Jungtiere führenden Müttern zurück. Die Brunft findet im Juli und August statt. Für männliche Jungtiere ist die Trennung von Müttern und Schwestern dagegen ziemlich endgültig. Bereits im Alter von drei bis vier Monaten beginnen ihre ersten Geweihanlagen auf dem Stirnbein zu wachsen. Die Stellen sind als zwei kleine, kaum abstehende Höcker zu erkennen und durch zwei dunkel gefärbte Haarbüschel gekennzeichnet. Im November oder Dezember ist ihr Wachstum abgeschlossen. Die Haut, die das Erstlingsgehörn, auch Knöpfe genannt, umgibt, stirbt ab und wird abgefegt. Nur wenige Tage oder Wochen sitzen die ersten Geweihe auf der Stirn des heranwachsenden Bockes. Dann werden sie abgeworfen, und das erste Folgegeweih beginnt zu wachsen. Übrigens schieben nur starke männliche Jungtiere das Erstlingsgeweih; schwachen Kitzböcken wächst das erste Geweih erst am Ende des Winters.

Nach der Zahl ihrer Geweihenden werden Rehböcke als Spießer, Gabler, Sechser oder Achter unterschieden. Ein Spießer trägt zwei ausgewachsene Geweihstangen. Beim Gabler ist wenigstens eine Stange mit

Ein Rehbock im Bast: Das Knochengewebe unter der samtartigen Basthaut stirbt im frühen Frühling ab.

zwei Enden, beim Sechser jede Stange mit drei und beim Achtender mit vier Enden versehen; ganz selten werden sogar Zehnender gemeldet. Die Endenzahl des Geweihs sagt nichts aus über das Alter seines Trägers. Ein einjähriger Rehbock kann durchaus ein Sechsergeweih schieben und im darauffolgenden Sommer lediglich zwei Spieße tragen. Auch in ihrer Wuchsform unterscheiden sich Geweihe beträchtlich. Beide Stangen können entweder gerade und parallel zueinander oder ausladend wachsen, sie können auch nach außen geschwungen sein und dabei Eier- oder Korbform annehmen. Weichen die Stangen erst in der oberen Geweihhälfte auseinander, so spricht mit von Lyraformen. Als geschnürte Geweihe bezeichnen die Jäger Geweihe, bei denen die beiden Stangen zwar weite Abstände zwischen den Mittelsprossen zeigen, an ihren Basen aber eng beieinander stehen. Verlaufen die Stangen von der Seite gesehen in verschobenen Richtungen, so handelt es sich um sogenannte schreitende Geweihe. Bei Kreuzgeweihen weichen alle Sprossen vom gleichen Punkt aus ab. Solche und ähnliche Geweihfolgen werden wahrscheinlich vererbt. Sie treten aber selten sehr eindeutig auf, denn das Rehgeweih wächst in der futterknappen und klimatisch harten Winterzeit. Folglich überdecken die von Umwelteinflüssen verursachten Störungen des Geweihwachstums, wie Nährstoffmangel oder Kälte, die vererbten Geweihmerkmale. Gelegentlich wachsen Rehböcken sogenannte »Perücken« oder »Bischofsmützen«. Das sind Geweihe, die oft jahrelang unter einer Basthaut wachsen, nie erhärten und nie absterben. Schließlich überdecken sie fast das ganze Haupt. Böcke mit derartig außergewöhnlichem Geweihwachstum haben verletzte oder schwer erkrankte Hoden. Im Hoden wird das männliche Geschlechtshormon, Testosteron, gebildet. Fehlt dieses Hormon, dann fallen Verkalkungs- und Verknöcherungsprozesse weg. Das Geweih hört nicht mehr auf zu wachsen. Das bewiesen auch eine Reihe von Versuchen (zur Geweihbildung siehe auch den Beitrag von A.B.Bubenik in diesem Band.)

Das männliche Geschlechtshormon regt auch das Kampfverhalten der Rehböcke an und die Ausbildung eines großen Drüsenfeldes in der Haut zwischen den Geweihen und an den Schläfen. Das Sekret dieser Talg- und Duftdrüsen dient, wie später noch aufgezeigt wird, zur Markierung der Eigenbezirke.

Zunächst soll hier das Kampfverhalten zwischen den Böcken beschrieben werden. Kaum ist im Frühjahr der Bast von den Geweihen gefegt, sind Böcke in Auseinandersetzungen verwickelt. Doch bevor der eigentliche Kampf beginnt, mustern sich die beiden Rivalen aus der Entfernung. Sie sichern mit erhobenen Köpfen, weit geöffneten Nüstern und nach vorne gedrehten Ohren und senken häufig die Nase zum Boden. Plötzlich traben beide aufeinander los. Fünf bis zehn Schritte auseinander, stoppen sie und mustern sich wiederum. Dem eigentlichen Kampf gehen jetzt noch Drohen und Imponieren voraus. Beim Imponieren zeigt der eine dem anderen seine ganze Größe und versucht dabei noch zu übertreiben. Er richtet sich mit gestrecktem Hals bockbeinig zur vollen Größe auf, dreht das Haupt seitlich ab, kneift die Augenlider zusammen, dreht die Ohren nach hinten, so daß sie lang und spitz erscheinen, und präsentiert sich so seitlich dem Rivalen.

Beeindruckt derartiges Imponiergehabe keinen der beiden, wird es ernster: Sie grätschen plötzlich die Vorderbeine, senken das Haupt, scharren gelegentlich und stoßen mit den Geweihen Richtung des Gegners, kurz: Sie drohen. Der eigentliche Kampf wird durch gegenseitiges Mustern mit den Nasen eröffnet. Dann senken die beiden Rivalen blitzschnell ihre Köpfe und stoßen Stirne gegen Stirne. Wie Ringer stemmen sie sich mit gegrätschten Beinen gegen den Boden. Gelegentlich geben sie den sicheren Stand auf und umkreisen einander mit gesenkten Geweihstangen. Ist schließlich der Stärkere ermittelt, wird der Kampf abgebrochen. Der Sieger zeigt Imponierverhalten, und der Verlierer verharrt in Demutsstellung und flieht später.

Während der Brunft folgt der Rehbock der auserwählten Ricke auf ihrer Geruchsfährte. Nachdem sie zunächst vor ihm flieht, bleibt sie plötzlich stehen und läßt sich von ihm gemächlich treiben (oben). Nach mehreren Umgängen im Kreis oder in Achterschlingen findet schließlich die Paarung statt (unten).

HIRSCHE

An künstliche Hindernisse in unserer Kulturlandschaft haben sich die Rehe längst gewöhnen müssen. Ein nicht zu hohes Gatter überwinden sie mühelos mit einem Sprung.

Wenn Rehböcke mit ihren Stangen gegen Rinde schlagen oder Kopf und Wangen dran reiben, gelangen Duftstoffe aus dem im Sommer aktiven Hautdrüsenfeld an die Pflanzen. Es sind Duftmarken, die bei jedem Bock verschieden riechen und der Verständigung zwischen den Männchen dienen. Vor allem markieren die Männchen damit ihren Eigenbezirk. Die Größe der Territorien, die Böcke im Sommerhalbjahr gegenüber bestimmten anderen Böcken verteidigen, beträgt 4 bis 30 Hektar. Leben viele Anwärter auf ein solches Revier im gleichen Gebiet, dann sind die Eigenbezirke kleiner. Die Bewerberzahl hat auch Einfluß darauf, wann die Böcke erstmals erfolgreiche Eigenbezirksbesitzer werden. Bei einer Bockdichte von zwei bis vier Tieren können bereits starke einjährige Böcke einen Eigenbezirk erringen. Bei einer wenigstens doppelt so hohen Bestandsdichte von Böcken, das fand der Däne Helmut Strandgaard, sind es erst die starken Zweijährigen. Leben bei hohem Rehbestand 20 Böcke auf einem Quadratkilometer, so können nach den Angaben von Hermann Ellenberg und Paul S. Bramley erst vierjährige Böcke mit Sicherheit auf einen Eigenbezirk rechnen.

Durch das ausgeprägte Revierverhalten verteilt sich der Bockbestand ziemlich gleichmäßig über das gesamte Verbreitungsgebiet. Unnötige Kämpfe, aber auch Konkurrenz um Nahrung und Ruheplätze werden so vermieden. Der Besitz eines Eigenbezirkes, der oft jahrelang beibehalten wird, sichert aber noch lange nicht den Fortpflanzungserfolg. Weibliche Rehe beziehen nämlich oft im Frühjahr ganz andere Orte für die Geburt und Jungenaufzucht als im Vorjahr. So kann es vorkommen, daß sich im Revier eines Bockes in einem Jahr ein halbes Dutzend weibliche Rehe einfinden und im darauffolgenden Jahr keins. Die Rehe, die ich im Oberengadin beobachtet habe, ziehen im Frühjahr mit der fortschreitenden Schneeschmelze von den Talsohlen in die Seitentäler und schließlich zwischen Juni und Juli an die Berghänge. Die revierbesitzenden Böcke dagegen bleiben von April oder Mai im Revier. Ende Juli und Anfang August, während der Paarungszeit, verlassen sie ihr Revier, um nach Ricken zu suchen, die fernab der Reviere stehen.

Der Bock findet die paarungsbereite Ricke auf deren Geruchsfährte. Er folgt ihrer Spur mit tiefgehaltenem Kopf selbst dann noch, wenn er sich in ihrer unmittelbaren Nähe befindet. Bemerkt die Ricke den Bock, so flieht sie zunächst. Der Bock jagt ihr nach und treibt sie über mehrere hundert Meter. Schließlich bleibt die Ricke plötzlich stehen, der Bock schließt auf, mustert sie, imponiert und beginnt erneut zu treiben. Dieses Mal aber treibt er nicht heftig, sondern langsam, und die Ricke »flieht« in Kreisbahnen oder Achterschlingen. Dabei gibt sie Kontaktlaute von sich. Zwei bis zehn Minuten lang laufen beide wiederholt dieselbe Spur, wodurch sichtbare Wege in den Boden getreten werden, die man auch als »Hexenringe« bezeichnet.

Die Tragzeit des Rehes beträgt 39 bis 42 Wochen und dauert somit länger als bei den drei größeren europäischen wildlebenden Wiederkäuern, der Gemse, dem Steinbock und dem Rothirsch. Sie dauert sogar etwas länger als die Schwangerschaft beim Menschen. Bei den Rehen verläuft die Schwangerschaft anders als bei den meisten anderen Säugetieren. Nachdem Ende Juli oder Anfang August das Ei von der männlichen Samenzelle befruchtet worden ist, teilt es sich und wächst bis zum sogenannten Bläschenstadium (Blastula). Zwischen August und Ende Dezember wächst der Keim sehr langsam und vergrößert sich von einem Zehntelmillimeter auf zwei Millimeter Durchmesser. Schließlich beginnt er zu wachsen. Hat er eine Länge von ungefähr zwei Zentimetern erreicht, so nistet er sich in die Wand der Gebärmutter ein. Von nun an entwickelt er sich normal weiter zum Jungtier, das rund 144 Tage später geboren wird. Diese sogenannte verlängerte Tragzeit oder, anders ausgedrückt, verspätete Einnistung bringt den Rehen zwei Vorteile: Die energiezehrende Brunft findet während der nahrungsreichsten Zeit statt, zu deren Beginn auch die Kitze geboren werden. Bei einer »normalen« Tragzeit müßten entweder die Geburten oder die Brunft während der nahrungsarmen Winterzeit stattfinden.

Der Fortpflanzungserfolg der Rehe ist dermaßen hoch, daß sich ein unbejagter Bestand jedes Jahr um wenigstens ein Drittel vergrößert, und dies nicht nur in wenig gestörten Waldgebieten, sondern auch inmitten von Kulturlandschaften. Hier wurde aus dem einzelgängerisch oder in Kleingruppen lebenden Reh das sogenannte Feldreh. Besonders im Winter versammeln sich diese zu Großgruppen von 10 bis

▷ Rehe sind von Hause aus scheue Waldtiere, die einzelgängerisch oder in Kleingruppen leben. Wo sie aber in unseren Breiten unter dem Einfluß der Landwirtschaft zu »Feldrehen« geworden sind, schließen sie sich vor allem im Winter zu größeren Verbänden zusammen.

100 Tieren. Auch im Sommer verhalten sie sich anders als die »Waldrehe«: Sie ernähren sich – wenn auch gezwungenermaßen – von wenigen Pflanzenarten und markieren und verteidigen kaum noch Eigenbezirke.

Weiß- und Schwarzwedelhirsch (Gattung *Odocoileus*)

von Valerius Geist

Die Gattung *Odocoileus* ist eine sehr alte Gattung, die vor fast vier Millionen Jahren im südwestlichen Nordamerika ihren Ursprung hatte. Binnen einer Million Jahren hatte sich die Gattung vom Osten bis zum Westen des Kontinents verbreitet und drang zu Beginn des Pleistozäns auch nach Südamerika vor. Hier verzweigte sich die Gattung in eine Anzahl spezialisierter tropischer Arten, von denen viele bis heute überlebt haben.

Die Gattung *Odocoileus* ist heute durch zwei nahverwandte Arten vertreten: den Virginia- oder Weisswedelhirsch *(Odocoileus virginianus)* sowie den Schwarzwedelhirsch und Maultierhirsch *(Odocoileus hemionus)*. Der Weißwedelhirsch ist eine ursprüngliche Art, die noch aus dem Pliozän stammt.

Seit die Gattung besteht, entwickelten sich in Nordamerika nur wenige Arten. *Odocoileus* überlebte mehrmals Zeiten im Pleistozän, zu denen eine große Zahl von Arten ausstarb, einschließlich das letzte Großsäugersterben, welches die Artenzahl der großen Pflanzenesser in der südlichen Hälfte Nordamerikas von 45 auf 6 verringerte. Diese säugetierleeren Gebiete wurden dann durch sibirische Arten aus Alaska sowie von den wenigen überlebenden amerikanischen Arten, Weißwedel- und Schwarzwedelhirsch eingeschlossen, bevölkert. Der Schwarzwedelhirsch hat sich besonders an das Leben in Steilhängen angepaßt. Höchstwahrscheinlich trennte sich diese Art noch vor einer Million Jahren von dem Weißwedelhirschstamm.

Als sich die beiden Arten nach der Eiszeit wieder ausbreiteten, überlappten sich ihre Verbreitungsgebiete, und sie vermischten sich. Erst vor kurzem entdeckte man, daß der Maultierhirsch (wie die meisten Unterarten genannt werden) Mitochondrien-DNS besitzt, die in der Bausteinfolge derjenigen des Weißwedelhirsches stark ähnelt, und daß beide fast gleich weit vom Schwarzwedelhirsch entfernt sind. Mitochondrien sind Zellbestandteile, die dem Stoffwechsel der Zelle dienen. Im Innern der Mitochondrien befindet sich eigene Mitochondrien-DNS (Desoxyribonukleinsäure). Das DNS-Molekül ist Träger

Zu den besonderen Kennzeichen der eleganten amerikanischen Weißwedel- oder Virginiahirsche gehören die nach außen und vorn wachsenden Geweihstangen.

der genetischen Information. Mitochondrien-DNS ist also genaugenommen ein Erbgutträger außerhalb des Zellkerns.

Diese Mitochondrien-DNS ist nur mütterlicherseits vererbbar, was darauf hinweist, daß alle Maultierhirsche von Weißwedelhirschmüttern abstammen. Jedoch in Merkmalen körpereigener Proteine (Enzymmerkmale), die vom Zellkern bestimmt werden, gleichen Maultierhirsche den Schwarzwedelhirschen.

Heutzutage sind die Linien der Maultier- und Weißwedelhirsche klar getrennt. Jede Art hat ihr arteigenes, grundverschiedenes Werbeverhalten und völlig unterschiedliche Gesichtszeichnungen der Hirsche während der Brunft, obwohl ihre anderen sozialen Signale fast gleich sind. Auch unterscheiden sich die Arten in ihrem Feindschutzverhalten, nicht aber in der Nahrungswahl. Trotzdem werden in freier Wildbahn manchmal Mischlinge geboren, was allerdings in menschlicher Obhut recht leicht zu erreichen ist. Mischlingshirsche sind unfruchtbar, Weibchen allerdings nicht. In Gehegen gehalten, sind sie erstklassige Mütter.

In Zuchtversuchen ist es leicht möglich, Mischlinge in beiden Richtungen zu erhalten. In freier Wildbahn aber kommen nur Kreuzungen von männlichen Weißwedelhirschen und weiblichem Maultierwild vor. Erstaunlicherweise findet man in freier Wildbahn keine älteren Mischlinge. Es scheint fast, als ob sie nicht überlebensfähig sind. Verhaltensbeobachtungen deuteten darauf hin, daß das Fluchtverhalten der Mischlinge gestört ist.

Nun ist der Weißwedelhirsch ein Meister im Verstecken und Sichdavonstehlen. Wenn er allerdings entdeckt wird, so rennt er mit hoher Geschwindigkeit und Ausdauer davon. Dabei benutzt er gut »ausgebaute« Pfade, ganz gleich, ob diese durch hohes Gras, Dickicht oder tiefen Schnee führen. Diese Hirschart wählt als Fluchtweg freie, unversperrte und trittsichere Pfade. Der Maultierhirsch hingegen flüchtet mit langen, hohen, unvorhersehbaren Sprüngen. Diese Art wählt Fluchtwege mit Hindernissen, die dem Raubtier die Verfolgung erheblich erschweren. In anderen Fällen, wo ein Weißwedelhirsch es vorzieht, schnell zu flüchten, wird der Maultierhirsch mit großer Wahrscheinlichkeit den Feind angreifen. Dies kann ein Maultierhirsch durchaus tun, da er ein wendiger, unberechenbarer und starker Springer ist, der leicht den feindlichen Angriffen ausweichen kann.

In Gehegeversuchen mit beiden Arten und ihren Mischlingen waren es die Maultierhirsche, die die Hunde scharf angriffen, Weißwedelhirsche flüchteten, während die Mischlinge einfach dastanden und

Der Maultierhirsch ist ein wendiger, kraftvoller Springer, der seinen Fluchtweg so wählt, daß er für den Verfolger zu einem »Hindernislauf« wird.

weder wegliefen noch angriffen. Als wir die Versuchstiere über einen Pfad mit Hindernissen jagten, sprangen die Maultierhirsche über die Hindernisse, die Weißwedelhirsche liefen schnell um sie herum, aber die Mischlinge zögerten. Ganz offensichtlich waren die gegensätzlichen Fluchtstrategien der Eltern nicht miteinander vereinbar, und die Artenkreuzung führte zu einer Auslese gegen die Mischlinge – ein klassisches Beispiel der Arttrennung.

In freier Wildbahn kann es zur Artkreuzung kommen, wenn es keine großen Maultierhirsche im Revier gibt und die Weibchen im Dickicht stehen. Normalerweise können Maultierhirsche die weiblichen Weißwedelhirsche nicht begatten, da diese schnell vor einem werbenden Hirsch flüchten. Weibliche Maultierhirsche aber flüchten nicht vor einem werbenden Hirsch, und folglich kann sich ein Weißwedelhirsch dem Weibchen nähern. Meistens jedoch wird er von einem großen Maultierhirsch vertrieben, da in freier Wildbahn die Maultierhirsche den Weißwedelhirschen überlegen sind. In offenen Graslandschaften mit tiefen, steilen Schluchten können Weibchen der Maultierhirsche den Weißwedelhirschen leicht entkommen, indem sie einfach die steilen Hänge in großen Sätzen hinaufspringen. Dazu sind Weißwedelhirsche nicht fähig. Ferner würden sie mit so einer Verfolgungsjagd die Aufmerksamkeit von Maultierhirschen auf sich lenken. Hoher Jagddruck verringert die Zahl starker Maultierhirsche, und das Drängen der weiblichen Maultierhirsche ins Dickicht fördert die Artenkreuzung auf Kosten des Maultierhirsches. Im westlichen Nordamerika verringert sich der Bestand dieser Art.

Als Schwarzwedelhirsche in das Verbreitungsgebiet der östlichen Weißwedelhirsche eingeführt wurden, litt diese Art nicht nur unter der Arteneinkreuzung, sondern auch unter dem Gehirnwurm des Weißwedelhirsches. Im Weißwedelhirsch ist dies lediglich ein harmloser Parasit, aber für alle anderen Hirscharten ist er tödlich. Zum Glück ist dieser Parasit in den westlichen Weißwedelhirschbeständen nicht vertreten, denn sonst wäre diese »Krankheit des Nervensystems« der Untergang aller Elche, Wapitis, Waldrentiere und Maultierhirsche. Zusammen mit dem Gehirnwurm sind die Winterzecke des Weißwedelhirsches und der Riesenleberegel die Ursache dafür, daß der Elch und das Ren bis jetzt noch nicht in das Verbreitungsgebiet des Weißwedelhirsches im östlichen Nordamerika vorgedrungen sind. Aus dem gleichen Grund ist auch dort die Einführung von Wapiti und Rentier mißlungen. Alle drei Parasiten dieser sehr alten Art verursachen Krankheiten bei den erdgeschichtlich jüngeren, mehr an kaltes Klima angepaßten, verwandten Arten.

Weißwedelhirsch und Schwarzwedelhirsch unterscheiden sich in ihrem Feindschutzverhalten, aber nicht in ihrer Nahrungswahl. Beide Arten sind nicht besonders wählerisch, vorausgesetzt die Nahrung ist energiereich. Sie haben eine hohe Geburtsrate, eine weite Verbreitung der Jungtiere und ertragen sehr gut hohe wie niedrige Temperaturen. Deshalb sind auch beide Arten von den heißen Wüsten bis zum Polarkreis verbreitet. Der Weißwedelhirsch drang sogar bis nach Südamerika vor, über den Äquator hinaus bis zum 18. südlichen Breitengrad. Im ganzen werden 37 Unterarten des Weißwedelhirsches anerkannt und 10 für den Schwarzwedel- und Maultierhirsch.

Die meisten Unterarten des Weißwedelhirsches sind klein und leben in Zentralamerika. Hier erwartet man, bei der hohen Bestandsdichte und der sich daraus ergebenden Nahrungsknappheit eine Umbildung

Ein Weißwedelhirsch hat sich eine Geiß auserkoren und nähert sich ihr in Streckhaltung, wobei er aggressive Laute ausstößt.

des Erbgutes. Es gibt einen Zusammenhang zwischen dem langen Bewohnen eines Gebietes und dem Trend zu kleiner Körpergröße und vergrößerten Backenzähnen. Damit einher geht eine örtlich scharf abgegrenzte Veränderung des Erbguts. Bis jetzt haben sich diese Voraussagen als richtig erwiesen. Die Bildung von Unterarten ist ganz deutlich eine Folge dieser Entwicklung.

Der genetische Unterschied zwischen dem Weißwedelhirsch von Nord- und dem von Südamerika ist größer als zwischen dem Weißwedelhirsch und dem Schwarzwedelhirsch in Nordamerika. Trotzdem ähneln sich Weißwedelhirsche in ihrem äußeren Erscheinungsbild, wo immer sie sich auch aufhalten. Schwarzwedelhirsch-Unterarten ähneln sich nicht in dem Maße.

Je nach Verbreitungsgebiet unterscheiden sich die beiden Arten in der Körpergröße. Die größeren Hirsche findet man in den nördlichen Breitengraden oder auf fruchtbarem Ackerland. Wenn beide Arten in einem Gebiet gemeinsam vorkommen, so sind sie fast gleich groß. Der Weißwedelhirsch wird kleiner, je näher sein Verbreitungsgebiet in Richtung Zentralamerika liegt, in Südamerika kommen wieder größere Weißwedelhirsche vor. Das Lebendgewicht eines Hirsches in Zentralamerika beträgt selten mehr als 50 Kilogramm und das eines Weibchens etwa 35 Kilogramm. Etwa diese Größe erreichen auch Bergweißwedelhirsche in Mexiko, Arizona und Texas. Inselformen, wie in Florida, wiegen 36 Kilogramm (Männchen) und 29 Kilogramm (Weibchen). Nördliche Weißwedelhirsche wiegen selten mehr als 120 Kilogramm und Weibchen ungefähr 65 Kilogramm.

Odocoileus-Hirsche nutzen leere, gestörte Ökosysteme. Dort vermehren sie sich gut, solange reichlich hochwertige Nahrung vorhanden ist. Die Gruppe entwickelt sich prächtig mit der landwirtschaftlichen Bodennutzung und der Entfernung sämtlicher Raubtiere. Die Ausbreitung und Zunahme der *Odocoileus*-Arten geschah, nachdem die zahlreichen spezialisierten Pflanzenesser in Amerika ausgestorben waren. Als man in Neuseeland den Schwarzwedelhirsch aussetzte, starb er aus. Selbst der Weißwedelhirsch entwickelte sich dort schlecht. Er wuchs nie zu seiner vollen Körpergröße heran, schob schlechte Geweihe und verbreitete sich nicht, was aber dem Rothirsch keine Schwierigkeiten machte. Die wiederholten Einbürgerungen von Weißwedelhirschen in Europa blieben ohne Erfolg, mit der Ausnahme von streng gehegten lokalen Beständen. Nur in Finnland gab es da eine Ausnahme. Hier vermehrten und verbreiteten sich die Weißwedelhirsche in landwirtschaftlich genutzten Gebieten und in Abwesenheit sämtlicher Raubtiere. Heutzutage ist man dort zu der Erkenntnis gekommen, daß die Landwirtschaft ein notwendiger Bestandteil ihrer erfolgreichen Verbreitung ist. Augenblicklich vergrößert das Rehwild sein Verbreitungsgebiet von Rußland nach Südfinnland. Es wird interessant sein zu sehen, ob der Weißwedelhirsch die Einwanderung dieser Konkurrenten überleben wird. Es ist zu bedenken, daß Weißwedelhirsche in kalten Klimalagen Finnlands überlebten, wo Damwild- und Rotwildeinbürgerungen erfolglos waren.

Es muß erwähnt werden, daß die eingeführten Weißwedelhirsche und Wapitis in Europa den Riesenleberegel einschleppten und dadurch der Viehzucht in der Tschechoslowakei ein großes Problem bereiten. Glücklicherweise wurden durch diese Einführungen nicht der gefürchtete Gehirnwurm und die Winterzecke, ein vernichtender Elchparasit, in Europa eingeschleppt.

Recht stürmisch verläuft das als »Rennwerbung« bezeichnete Treiben bei diesen beiden Schwarzwedelhirschen.

HIRSCHE

Im Sozialverhalten erinnern die Weißwedelhirsche und Schwarzwedelhirsche an das Rehwild. Die Geißen bilden Mutterfamilien. Schwarzwedelgeißfamilien können zusammen mit Hirschen ihr Revier gegen andere Familienverbände verteidigen. Maultierhirsche bilden während des Herbstes und Winters Verbände, die dann besondere Gebiete in Besitz nehmen. Im Frühjahr vereinigen sich diese Verbände als Einheit, die dann wiederum Mitglieder einer anderen Einheit bekämpfen können. Eine Weißwedelgeiß wird ihre Tochter, die zum erstenmal gebiert, in ihrem Revier dulden. Nachdem sie dann ihr Kalb hochgezogen hat, verläßt die Tochter das mütterliche Revier und besetzt ein eigenes. Beim Rehwild bleiben die Töchter im mütterlichen Revier. Die Geißen aller *Odocoileus*-Hirscharten sondern sich vor der Geburt von ihrer Gruppe ab und ziehen sich in besondere Gebiete zurück, nachdem sie vorher die Jährlinge vertrieben haben.

Die Kälber halten sich arttypisch versteckt. Sie sind hübsch gefleckt, so wie Walt Disneys »Bambi«. Die Kälbchen wachsen schnell heran und werden früh geschlechtsreif, oft schon als Jährlinge und manchmal sogar noch als Kälber. Die Weißwedelhirsche erreichen ihren Entwicklungshöhepunkt im Alter von vier bis fünf Jahren und die Maultierhirsche im Alter von sechs bis acht Jahren.

Das Brunftverhalten der *Odocoileus*-Hirsche unterscheidet sich vom Rehwild, weil das Rehwildverhalten durch die verlängerte Tragzeit beeinflußt wird. Folglich kann das Rehwild schon im Sommer paarungsbereit sein und sein Nahrungs- und Brunftrevier verteidigen. Die *Odocoileus*-Hirsche, die im Frühwinter paarungsbereit werden, verteidigen keine Reviere. Ähnlich wie das Rehwild scharren Weißwedelhirsche Vertiefungen in ihrem Revier. Während der Weißwedelhirsch seine Vertiefungen nur mit Urin bespritzt und so geruchlich markiert, benutzt der Rehbock dazu auch seine Zwischenzehendrüsen. Der Elch wälzt sogar seinen ganzen Körper in der harndurchtränkten Vertiefung, auch Brunftkuhle genannt. Maultierhirsche kratzen keine Brunftgruben, dafür aber bespritzen sie ihre Tarsaldrüsen reichlich mit Harn und stinken daher weit mehr als die Weißwedelhirsche. Die Geißen werden von dem Geruch der brunftigen Böcke angezogen. Die erregten Weibchen harnen in die Brunftgruben, untersuchen und besuchen diese wiederholt. Maultierhirschweibchen sind beobachtet worden, wie sie sich auf dem Bauch kriechend einem fremden Bock näherten, um seine Tarsaldrüsen zu untersuchen.

Ein Weißwedelhirsch nähert sich seiner Geiß in einer überstreckten Haltung, ähnlich der Haltung eines Kälbchens, das saugen möchte. Dabei stößt der Hirsch aggressive Laute aus, je näher er an das

Weibchen kommt. Dann schlägt er zwei- oder dreimal hart mit den Hufen auf und läuft hinter der flüchtenden Geiß her. Das Verfolgungsrennen verläuft häufig in einem weiten Kreis von etwa einem Kilometer Durchmesser. Dies wiederum erinnert an das kreisförmige Treiben der Rehböcke und an die so entstehenden »Hexenringe«. Paarungsbereite Weibchen werden sehr aktiv, was natürlich viele Böcke anzieht. Auf diese Weise scheinen sie den Wettbewerb unter den Böcken zu verstärken, damit der fähigste Läufer und Kämpfer sie begattet. Schnell laufen zu können ist schließlich lebenswichtig für den Weißwedelhirsch.

Eine der bemerkenswertesten Verhaltensweisen zwischen Hirschen, innerhalb einer bestehenden Rangordnung, sind die »Trainingskämpfe« oder Kampfspiele. Dies sind sportliche Kämpfe mit ganz klaren

Rechts: Eine Schwarzwedelhirschmutter säugt ihr Kind. Diese hübsch gefleckten Hirschkälbchen dienten Walt Disney als Vorbild für sein »Bambi«. - Unten: Die beiden ungleichen Maultierhirsche sind »Kameraden«, die nur zum Scherz ein kleines Kampfspiel austragen.

WEISS- UND SCHWARZWEDELHIRSCH

Verhaltensregeln, wobei jeder Teilnehmer seinen Rang beibehält. Trainingskämpfe unterscheiden sich von ernsten Kämpfen in ihrem Ablauf, in der Dauer und in den Folgen des Kampfes. Oft fordert ein ranghoher Hirsch zum Kampfspiel auf, aber der rangniedere Hirsch eröffnet den Kampf; solche Kampfspiele können sich bei Maultierhirschen vielfach über Stunden hinziehen. Bei den Weißwedelhirschen kriecht der rangniedere Hirsch oft auf dem Bauch um den ranghöheren Bock herum, welcher in steifer Imponierhaltung stehenbleibt. Der rangniedere Hirsch beschnüffelt die Tarsaldrüsen des ranghöheren Hirsches und kriecht dann wieder zum Vorderende, richtet sich langsam auf und leckt in gebeugter Haltung die Stirn des ranghöheren Hirsches. Dann streckt sich der Rangniedere völlig, dreht sein Geweih vorwärts in das des Ranghöheren. Die Geweihe greifen ineinander, und nun beginnt ein spielerischer Ring- und Schiebekampf. Es ist immer der unterle-

gene Hirsch, der zuerst aufhört und zurückspringt. Beide Hirsche wenden die Augen voneinander ab, machen eine Pause und fangen wieder an zu schieben und zu ringen. Hirsche, die auf diese Weise miteinander kämpfen, kann man als gute »Kameraden« bezeichnen.

Die Frage nach der Funktion der Trainingskämpfe ist noch nicht endgültig gelöst. Es wird angenommen, daß ein starker Hirsch auf diese Art rangniedere Hirsche um sich schart, um später, während der Brunft, sich mit Hilfe dieser »Kameraden« eine Vielzahl etwa gleichrangiger Rivalen vom Hals zu halten. Um kleinere Rivalen braucht er sich dann selbst gar nicht mehr zu kümmern. Die »Kameraden« haben auch einen Vorteil, denn sie dürfen im Brunftgebiet des starken Hirsches bleiben und auch Geißen begatten, wenn dieser beschäftigt ist.

Aus der Frühgeschichte Amerikas ist uns bekannt, daß *Odocoileus*-Hirsche zahlreich waren und für die Eingeborenen immer eine wichtige Nahrungsquelle. Es ist gut möglich, daß diese die Landschaft in der Vergangenheit gezielt gestaltet haben, um die Bestände der Hirsche zu vergrößern.

Heutzutage sind *Odocoileus*-Hirsche in Amerika zahlreich verbreitet und das wichtigste Jagdwild. Weißwedelhirsche haben sich an Kulturlandschaften gewöhnt und leben sogar in großen Städten. Diese Hirsche sind beliebt, nicht nur bei den Jägern, sondern auch bei den Naturfreunden. *Odocoileus*-Hirsche sind schöne, anmutige Tiere, ihr Wildbret ausgezeichnet, und die jagdlichen Anforderungen sind hoch. Die Helden vergangener Tage Nordamerikas waren oft in hirschlederne Jacken gekleidet. Beim Jagen gebrauchten die Waldläufer entweder die kleinkalibrigen Kentucky- oder Pennsylvania-Büchsen. Noch heute läßt man jährlich das historische Ereignis der Hirschjagd mit Schwarzpulverwaffen und mit Mokassins (lederne Halbschuhe) und Hirschlederjacken bekleideten Jägern neu aufleben.

In Nordamerika ist nur eine Unterart des Weißwedelhirsches gefährdet. Dies ist der kolumbianische

Ein Weidenblätter äsender Maultierhirsch. Weiche, gut verdaubare Pflanzenkost steht auf dem Speiseplan dieser Hirsche obenan.

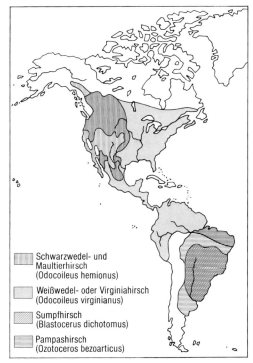

Schwarzwedel- und Maultierhirsch (Odocoileus hemionus)
Weißwedel- oder Virginiahirsch (Odocoileus virginianus)
Sumpfhirsch (Blastocerus dichotomus)
Pampashirsch (Ozotocerus bezoarticus)

Weißwedelhirsch der pazifischen Küste. Über den Status der Weißwedelhirsche in Südamerika ist wenig bekannt. Wo Raubwild kurzgehalten wird, und wo Abholzung und Waldbrände junge Vegetationsfolgen schaffen, vermehren sich Weißwedelhirsche schnell.

Pampas- und Sumpfhirsche (Gattungen *Ozotoceros* und *Blastocerus*)

von Valerius Geist

Der PAMPASHIRSCH *(Ozotoceros bezoarticus)* ist ein kleiner, geselliger tropischer Graslandspezialist mit geringen Geschlechtsunterschieden und mit ziemlich hochkronigen (subhypsodonten) Backenzähnen. Die männlichen Tiere tragen ein dreiendiges Geweih, das dem des Rehbocks, nicht aber dem der Gattung *Odocoileus* ähnelt. Obere Eckzähne sind selten. Der Wedel ist kurz und buschig, der Spiegel groß und mit abspreizbaren Haaren besetzt. Das Fell ist einheitlich hellbraun, jedoch weißlich am Bauch und an den Innenseiten der Beine. Das Tier hat Haarwirbel auf dem Kopf, die wie Knopfspieße aussehen. Die Gesichtsmaske ist wenig entwickelt, mit schwachen Augenringen und weißen, verschwommenen Flecken auf der Unterlippe. Auch der Kehlfleck ist weiß. Der Pampashirsch hat kleine Voraugen- und Fußwurzeldrüsen, große Zwischenzehen- und innere Nasendrüsen. Die Mittelfußdrüsen fehlen. Der unverwechselbare strenge Geruch, der einen schon von weitem auf die Anwesenheit dieser Art aufmerksam macht, stammt von den Zwischenzehendrüsen.

Die Weibchen haben eine ausgedehnte Tragzeit und gebären verhältnismäßig kleine gefleckte Kitze, die sich verstecken. Schon 48 Stunden nach der Geburt wird das Muttertier wieder brünftig, ähnlich wie beim Sumpfhirsch. Mit diesem hat der Pampashirsch auch den Karyotyp (Chromosomenbestand) gemeinsam, in dem die zwei gleichen autosomen Chromosomen verschmolzen sind – eine Besonderheit, die bei den Neuwelthirschen einmalig ist.

Im Sozialverhalten ähnelt der Pampashirsch den *Odocoileus*-Arten. Ein Revier oder ein Harem wird nicht verteidigt. Spielkämpfe zwischen Böcken sind häufig und werden vom unterlegenen Bock eingeleitet. Rangordnungskämpfe kommen dagegen selten vor. Beim Äsen oder Ausschauhalten über hohe Hindernisse kann sich der Pampashirsch auf seine Hinterläufe stellen. Die Geschlechter leben nicht getrennt. Sie bilden kleine Gruppen von zwei bis sechs Tieren. Größere Herden schließen sich aber auf abgebrannten Flächen mit sprießendem Gras zusammen. Böcke wandern von Gruppe zu Gruppe. Die Brunft fällt in Argentinien in die Monate von Dezember bis Februar, in Uruguay von Februar bis April. Kitze sind

Der Pampashirsch ist, wie schon der Name sagt, ein Bewohner südamerikanischer Graslandschaften. Die männlichen Tiere tragen ein dreiendiges Geweih und verhalten sich untereinander recht friedfertig. Spielkämpfe kommen zwar häufig vor, aber Rangordnungskämpfe sind selten.

jedoch zu jeder Jahreszeit zu sehen. Einzelgeburten sind die Regel. Die Geweihentwicklung folgt einem jährlichen Kreislauf.

Wie andere Huftiere der offenen Ebenen reagieren auch Pampashirsche neugierig auf alles Ungewöhnliche, etwa ein flatterndes Taschentuch. Wilderer können sie auf diese Weise leicht anlocken. Tiere mit Jungen gebrauchen manchmal Ablenkungsmanöver, wie zum Beispiel Hinken, oder sie greifen Raubtiere, auch Menschen, an. Pampashirsche sind keine ausdauernden Läufer. Bei der Flucht bleiben sie alle 100 bis 200 Meter stehen und schauen in Richtung der Störung. Das Verhalten der aufgestörten Pampashirsche ist eindrucksvoll: Stechschritt, Stampfen mit den Vorderläufen, Warnpfiffe und Verbreitung der scharfriechenden Duftstoffe. Wie auch andere südamerikanische Hirsche entwickelte sich der Pampashirsch in seiner neueren Evolutionsgeschichte in einer Umwelt, in der große, schnelle Raubtiere fehlen. Deshalb ist er durch Haushunde, die größer und schneller sind als die einheimischen Füchse *(Dusicyon)*, sehr gefährdet. Einst war dieser Hirsch im östlichen Südamerika zwischen dem 5. und 40. südlichen Breitengrad weit verbreitet. Heute sind die kleinen Restbestände durch Landwirtschaft, Wilderei und Haustierseuchen vom Aussterben bedroht (s. Verbreitungskarte auf S. 217).

Der SUMPFHIRSCH *(Blastocerus dichotomus)* ist der größte einheimische Hirsch Südamerikas mit ausgeprägtem Geschlechtsdimorphismus. Das dunkelgelbe Geweih ist vergleichsweise schwer (1,65–2,5 kg), unregelmäßig geformt, vierendig und fächerförmig verzweigt. Es kann bis zu 21 Monaten beibehalten werden. Eckzähne sind nicht vorhanden. Die Backenzähne sind *Odocoileus* ähnlich. Die Voraugendrüsen sind groß. Fußwurzel- und Zwischenzehendrüsen sind vorhanden, aber die Mittelfußdrüsen fehlen. Ähnlich wie der Pampashirsch hat auch der Sumpfhirsch eine innere Nasendrüse. Die Kitze sind ungefleckt und von vergleichsweise geringem Geburtsgewicht. Nach der Geburt wird das Weibchen gleich wieder brünftig.

Der Sumpfhirsch hat eine Körperform, die auf Springen spezialisiert ist, mit gut entwickelten Oberschenkeln und langen, dünnen Beinen und einer hohen Kruppe. Der Kopf ist schmal, die Ohren sind lang und rund und die dunklen Lippen ohne weiße Flecken. Die helle Augenumrandung ist schwach. Hirsche haben dunkle Stirnstreifen zwischen den Augen. Der Schwanz ist kurz und buschig, und seine schwarze Unterseite geht in einen dunklen Spiegelfleck über. Das Fell ist langhaarig, zottig und rötlich, an den Beinen jedoch schwarz. Die Hufe sind dem weichen Boden angepaßt. Sie sind sehr lang (7–8 cm) und weit spreizbar. Die Afterklauen sind ebenfalls sehr lang. Obwohl der Pampashirsch und der Sumpfhirsch sich äußerlich sehr unterscheiden, haben sie viele Merkmale gemeinsam, unter anderem die Ungenießbarkeit ihres Fleisches.

Andenhirsche, Pudus und Spießhirsche (Gattungen *Hippocamelus*, *Pudu* und *Mazama*)

von Mark MacNamara

Andenhirsche oder Huemuls

NÖRDLICHER ANDENHIRSCH oder HUEMUL *(Hippocamelus antisiensis)* und SÜDLICHER ANDENHIRSCH oder HUEMUL *(Hippocamelus bisulcus)* ähneln sich in Größe und Aussehen, obwohl diese Hirsche in unterschiedlichen Lebensräumen vorkommen. Der Nördliche Andenhirsch lebt in höheren Lagen und bewohnt die trockneren, felsigen Hänge und Berge Nordchiles, Boliviens, Perus und Ekuadors. Der Südliche Andenhirsch bewohnt die dichten, feuchten, gemäßigten Regenwälder Südchiles und Argentiniens. Man findet die Tiere am häufigsten in Höhenlagen von 1450 bis 1700 Metern an Nord- und Südhängen mit einer Neigung von 30 bis 40 Grad sowie in zerklüftetem und abwechslungsreichem Gelände. Sie ziehen Buschland dem Wald und Gebieten mit Niederwuchs vor.

Im allgemeinen gelten Andenhirsche als einzelgängerische Tiere, oder sie leben in kleinen Gruppen von zwei oder drei Tieren. Diese Gruppen bestehen fast ausschließlich aus Paaren von erwachsenen Männchen und Weibchen mit oder ohne Jungtier oder aus Weibchen und Jungtier. Männchen und einjährige Jungtiere sieht man meistens allein, während Weibchen wahrscheinlicher in Begleitung eines Männchens, eines Jungtieres oder beider zu sehen sind. Die

▷ **Der Südliche Andenhirsch oder Huemul, zu erkennen an seinem schlichten Gabelgeweih und den langen »Eselsohren«, bewohnt vornehmlich steile, zerklüftete Hanglagen in Südchile und Argentinien.**

ungesellige Lebensweise des Andenhirschs steht wahrscheinlich im Zusammenhang mit seinen Anforderungen an einen dicht bewachsenen Lebensraum. Wie bei den meisten Huftieren stehen auch bei ihm die Dichte des Pflanzenwuchses im Lebensraum und die Gruppengröße im umgekehrten Verhältnis zueinander.

Das Fell des Andenhirschs besteht aus groben und spröden Deckhaaren und dichter, weicher Unterwolle. Der Schaft jedes Haares ist hohl und im Zickzack gestaucht; dies sorgt für gute Wärmeisolierung und wirkt wasserabstoßend. Die gesprenkelte, gelblichgraubraune Färbung des Nördlichen Andenhirschs ist meist bei beiden Geschlechtern und zu jeder Jahreszeit gleich. Diese Art hat einen dunkelbraunen Schwanz mit weißer Unterseite; das Gesicht trägt einen schwarzen, Y-förmigen Streifen. Der Südliche

Der Nördliche Andenhirsch oder Huemul, der seinem südlichen Vetter sehr ähnlich sieht, besiedelt trockenere felsige Hänge und Berge in Nordchile, Bolivien, Peru und Ekuador.

Andenhirsch ist ähnlich gefärbt, doch viel dunkler, und der Farbunterschied von Rücken und Bauch ist auffälliger. Ein brauner Fleck auf dem Hinterteil und die Braunfärbung der Schwanzunterseite kennzeichnen diese Art. Die Männchen beider Arten tragen ein kleines, einfaches Geweih mit meist nur einer Gabelung. Beide Geschlechter haben Eckzähne, die denen des Muntjak ähneln; doch ragen die Hauer des Andenhirschs nicht über die Lippen hinaus.

Diese Hirsche findet man in zwei höchst unterschiedlichen Gebieten der Kordilleren. Ursprünglich war der Nördliche Andenhirsch von Südekuador oder Nordperu südwärts auf dem Hochland des Altiplano und entlang der angrenzenden buschigen Hänge möglicherweise bis zum 27. oder gar 29. Breitengrad in Chile und Argentinien verbreitet. Das heutige Verbreitungsgebiet des Nördlichen Andenhirschs erstreckt sich zwar ebenso weit, doch haben nur kleine, inselartige Bestände, hauptsächlich in Peru, überlebt. Wir müssen wohl annehmen, daß die einst so zahlreichen Andenhirsche Boliviens ganz ausgerottet sind.

Selbst zur Zeit der Ureinwohner zählte der Nördliche Andenhirsch in Chile, in dem südlichsten Zipfel seines Verbreitungsgebiets, wahrscheinlich nur wenige tausend Tiere. Bis 1944 wußte man noch nicht einmal, daß in dieser entlegenen Gegend überhaupt Andenhirsche vorkamen. Heute überleben hier mehrere hundert Andenhirsche. Ihr Lebensraum besteht aus steilen, buschbedeckten Berghängen. Der Rückgang ihrer Bestände ist größtenteils den Köhlern anzulasten, die sie abschießen und ihre Deckung zerstören; der in die Flußtäler vordringende Ackerbau und der Nahrungswettbewerb von Hausschafen, Weidevieh und verwilderten Hauseseln besorgen den Rest. Der Nördliche Andenhirsch soll überall in seinem Verbreitungsgebiet gefährdet sein. Vielleicht darf man hoffen, daß Schutzmaßnahmen zugunsten der Tierwelt des Andenhochlandes, insbesondere des Vikunja, bis zu einem gewissen Grad auch dem peruanischen Andenhirsch zugute kommen.

Den Südlichen Andenhirsch fand man ursprünglich in Chile und einigen angrenzenden Gebieten Argentiniens, etwa von der Höhe Santiagos südwärts bis zur Magellanstraße. Im Norden war die Art auf die Anden beschränkt; südlich von Puerto Montt jedoch breitete sie sich westwärts bis zur Küste und sogar auf manche Küsteninseln sowie in den östlichen Vorbergen der Anden aus. Ihr Lebensraum in dieser Region läßt sich am besten als karger, gemäßigter Regenwald beschreiben, in dem verhältnismäßig wenige Pflanzen- und Tierarten leben. Dennoch machen ihn seine flechten- und moosbedeckten Bäume (größtenteils Buchen der Art *Fagus betuloides*), seine saftiggrünen Farne und der Moosteppich am Boden fast zu einem verzauberten Märchenwald.

Die Tier- und Pflanzenwelt ist artenarm und hat sich nicht hoch entwickelt, da sie über lange Zeiträume vor eindringenden und durchziehenden Arten abgeschirmt war. Südchile ist im wesentlichen durch die Atacamawüste im Norden und die Eisfelder der Anden im Osten vom übrigen Südamerika abgeschnitten. Hier leben nur wenige Pflanzenesser, und von diesen ist der Andenhirsch der größte. Es gibt nur wenige Raubtiere, darunter Fuchs, Puma, mehrere Kleinkatzen und zwei Fischotterarten. Das Land ist größtenteils von Urwald bedeckt. Aber selbst hier findet man die Spur des Menschen in Form von verkohlten und verrotteten Baumstümpfen, die vor 30 bis 40 Jahren nach Holzfällerarbeiten zurückgeblieben sind.

Über den Südlichen Andenhirsch, der in großer Gefahr ist auszusterben, weiß man wenig. Als erster beschrieb ihn 1782 der Jesuitenpater Juan Ignácio Molina. Ihm zufolge haben die Araucania-Indianer das Tier vielleicht Huemul genannt, weil das Zeitwort »huemin« (einander folgen) die Gewohnheit dieses Hirsches beschrieb, im »Gänsemarsch« hintereinander umherzuziehen. Die Indianer jagten den Andenhirsch, um ihn zu essen, und benutzten seine dicke Haut als Kleidung. Das volle, dichte, ölige Fell des Tieres bot zweifellos guten Kälte- und Regenschutz.

Zu Beginn des 19. Jahrhunderts galt der Andenhirsch als recht häufig. Erst gegen Ende des Jahrhunderts, als die Nordprovinzen Chiles immer dichter von Menschen besiedelt wurden, sah man das Tier hier allmählich selten. Europäische Beobachter hoben die bemerkenswerte Vertrautheit des Andenhirschs hervor, und wie leicht man ihn deshalb jagen konnte; das Tier lasse Menschen bis auf wenige Meter herankommen. Während seine Bestände schrumpften, wurde der sanfte Hirsch Teil der Legende der Anden, und 1883 nahm man ihn zusammen mit dem Andenkondor in das Wappen Chiles auf.

Das eigenartige Fehlen von Scheu, das der Andenhirsch zeigt, konnte ich selbst erleben, als ich mich 1979 in Südchile aufhielt, um Andenhirsche zu fangen. Man fing die Tiere mit der Hand und brauchte weder Betäubungsspritzen noch Stricke. Ein Weibchen, dem wir uns im Freien näherten, konnten wir mit der Hand fangen und festhalten. Ich habe es dann auf meinen Armen bis zur Feldstation zurückgetragen. Wie kann man diese überraschende Zahmheit erklären? Vielleicht liegt es daran, daß die Gegend so abgeschieden ist und Raubtiere fehlen. Dem sonst allgegenwärtigen Puma, dem einzigen bedeutenden Raubtier Südchiles, verwehren die Gletscher und weiter landeinwärts große Schneefelder den Zugang.

Pudus

Es gibt zwei Arten von Zwerghirschen: den Nördlichen Pudu *(Pudu mephistopheles)* aus Peru, Ekuador und Kolumbien, und die südliche Form, den Pudu *(Pudu pudu)*, die nur in den Regenwäldern der gemäßigten Zone Chiles und Argentiniens vorkommt. Wie bei den meisten südamerikanischen Hirschen ist das Freileben dieser Tiere kaum erforscht, und wegen ihrer Kleinheit und ihrer verborgenen Lebensweise und dem schwer zugänglichen Lebensraum hat kaum jemand Pudus beobachtet.

Der Lebensraum des südlichen Pudu ist durch milde, nasse Winter und kurze, trockene Sommer gekennzeichnet. Die jährliche Regenmenge beträgt 185 bis 375 Zentimeter, und der Pudu scheint dabei prächtig zu gedeihen. In den zum Teil immergrünen Laubwäldern vom Meeresspiegel bis zu etwa 3000 Meter Höhe verzehrt er vom Baum herabgefallene Früchte, Kräuter und saftige Sprosse.

Die männlichen Pudus tragen ein kurzes Spießgeweih, das sie wie alle Hirsche alljährlich abstoßen und wieder neu schieben. An meinem Beobachtungsort in der Nähe von Osorno, Chile, werfen sie das Geweih Mitte Juli ab; bis Mitte November ist es wieder ge-

HIRSCHE

wachsen, und der Bast ist gefegt. Die äußerst erregte Brunft, welche die Fortpflanzungszeit einleitet, findet im April, Mai und Juni statt. Die Tragzeit beträgt etwa sechs Monate, und die Weibchen gebären in der Regel ein Junges.

Man sichtet meist nur Einzeltiere oder ihre Spuren. Gelegentlich kreuzen sich die Spuren von mehreren Tieren. Dies bedeutet jedoch nicht, daß sich die Tiere gleichzeitig an dem betreffenden Ort aufhielten. Einst waren Pudus im hügeligen Vorland, in den Tälern und im Tiefland der Anden weit verbreitet. Sie bevorzugen das dunkle, tropfnasse Unterholz des Regenwaldes, besonders Bambusdickichte. Das üppige Blattwerk bietet ihnen nicht nur Schutz und die Möglichkeit, sich vor Raubtieren wie dem Puma zu verstecken, sondern auch Nahrung. In den letzten Jahren haben jedoch die Zerstörung ihres Lebensraums sowie die Konkurrenz des aus Europa eingeführten Rot- und Damwildes und die Beutezüge verwilderter Haushunde die Verbreitung und Zahl der Pudus wesentlich vermindert. Wie viele Pudus es in ihrer Heimat noch gibt, weiß niemand. Sie sind von der Internationalen Naturschutzorganisation (IUCN) als gefährdet eingestuft.

Um mehr über das Verhalten der Pudus zu erfahren, fingen wir einige freilebende Tiere und legten ihnen Halsbänder mit einem Radiosender an, damit wir ihr Wanderverhalten beobachten und ihre Streifgebiete und ihren Tätigkeitsrhythmus feststellen konnten. Fast zwei Jahre lang sammelten wir Beobachtungen über diese verborgen lebenden Geschöpfe. Ein Männchen konnten wir 19 Monate lang ununterbrochen verfolgen. Wir haben herausgefunden, daß die Reviergröße zwischen 16 und 24 Hektar schwankt. Die bevorzugte Nahrung scheint aus Farnen, Schlingpflanzen, Sträuchern und dem Laub kleiner Bäume zu bestehen. Pudus wählen vor allem Bambushaine als Deckung; ein Tier verbrachte mehr als 80 % seiner Zeit in diesen Dickichten.

Pudus suchen meist ihre Nahrung, indem sie langsam dahinziehen, mal hier an einem Blatt knabbern, dort an einer Frucht, dann wieder an einem zarten Trieb und mal am Boden weiden. Dabei halten sie immer wieder inne, um eine Weile zu sichern. Pudus stellen sich oft aufrecht auf die Hinterbeine oder springen auf umgestürzte Baumstämme, um höher wachsende Pflanzen zu erreichen. Mit einer anderen »Technik« können Pudus manche Pflanzenarten abweiden, die bis zu zwei Meter hoch sind. Sie drücken mit den Vorderbeinen Schößlinge oder hohe Farne herab und biegen diese, bis sie brechen. Man hat auch berichtet, daß Pudus Schößlinge und Bambus »erklettern«, indem sie die Pflanzen umbiegen und dann auf dem ungefähr waagerecht liegenden Stämmchen entlanglaufen und die Blätter und die jungen Triebe verzehren. Wir haben beobachtet, wie Pudus die Rinde junger Bäume mit ihren Zähnen schälten und dabei gelegentlich die Pflanze beschädigten und vernichteten. Männchen schälen auch die Rinde mit ihrem Geweih ab und lecken sie dann; sie können Rinde in einer Höhe zwischen 15 und 30 Zentimetern vom Boden abschälen.

Pudus können längere Zeit überleben, ohne Wasser zu trinken. Die beobachteten Spuren deuten darauf hin, daß sie nur selten Wasserstellen aufsuchen. Möglicherweise decken sie ihren Wasserbedarf hauptsächlich aus ihrer feuchten Pflanzennahrung. Jahrelange Beobachtungen an einer Gruppe Pudus, die in Chile in menschlicher Obhut leben, zeigten, daß die Tiere dort nur selten zur Tränke gingen.

Pudus legen ein für uns deutlich erkennbares Netz von Wechseln an; dieses Wegenetz führt unter einem dichten Gewirr von Pflanzenwuchs zu Orten, an denen sie Nahrung aufnehmen und ruhen. Neben den ausgetretenen Wechseln findet man zahlreiche Kothaufen, oft dicht neben einem Schlafplatz. In einem sehr großen Gehege in Argentinien legten die Pudus Kothaufen an, die einen Durchmesser von bis zu

Mit einer Schulterhöhe von nur 85 Zentimetern zählt der Pudu aus den Regenwäldern der gemäßigten Breiten Südamerikas zu den kleinsten Hirscharten.

75 Zentimetern hatten und fünf bis zehn Zentimeter hoch waren. Obwohl man auch im Freiland in Chile einige große Pudu-Kothaufen gefunden hat, scheinen die Tiere häufig ihren Kot weit gestreut im Gelände abzugeben.

Zu den bekannten und möglichen Feinden des Pudu zählen der Puma *(Profelis concolor)*, der Fuchs Patagoniens *(Dusicyon griseus)*, der Andenfuchs *(D. culpaeus)*, die Pampaskatze *(Lynchailurus pajeros)*, die chilenische Waldkatze *(Leopardus guigna)* sowie Haushunde. Pumas sind die größten Feinde des Pudu; ein einzelner Puma kann einem Pudubestand, der in einem abgeschiedenen Gebiet lebt, erheblichen Schaden zufügen. Einmal haben wir zwei Waldkatzen beobachtet, die von einem einjährigen Puduweibchen aßen. Da das Tier ein Radiohalsband trug und uns als gesund bekannt war, nahmen wir an, daß die Waldkatzen es getötet hatten. Es gibt aber sonst keine bestätigten Beobachtungen, daß Kleinkatzen oder Hundeartige Pudus erbeutet hätten, Haushunde ausgenommen. Da die Pudus sich fast immer in Deckung aufhalten und die meisten Greifvögel der Gegend verhältnismäßig klein sind, dürften letztere nur selten Pudus schlagen, höchstens ihre neugeborenen Jungen.

Pudus scheinen ziemlich anfällig für bestimmte Parasiten zu sein. Der chilenische Wissenschaftler Rioseco berichtete, daß er *Cysticercus taeniocollis*, den sogenannten »Blasenwurm«, der aber das Larvenstadium eines Bandwurms ist, in großer Zahl in jedem von acht untersuchten Pudus fand. Auch wir haben den Parasiten in drei weiteren Pudus gefunden. Weil der Haushund ein unbeaufsichtigter und weitverbreiteter Zwischenwirt dieses Parasiten ist, bedeutet dies eine ernste unmittelbare Bedrohung für Pudus, die in die Nähe menschlicher Siedlungen kommen. Weitere Parasiten sind Lungenwürmer *(Dictyocaulus*-Arten), die eine Lungenentzündung verursachen und bei Haustieren häufig vorkommen, sowie Rundwürmer (beispielsweise *Ostertagia*-Arten, *Trichostrongylus axei*, *Oesophagostomum venulosum* und *Strongylus*).

Obwohl der Pudu als verwundbare Art aufgeführt ist, sind sich die meisten Biologen, die die Situation des Pudu kennen, einig, daß der Pudu überleben wird, solange sein Lebensraum bestehen bleibt. Jürgen Rottmann, der Wildschutzdirektor der Nationalen Forstverwaltung Chiles, berichtet, daß in Chile die Zerstörung der Landschaft in den letzten Jahren all-

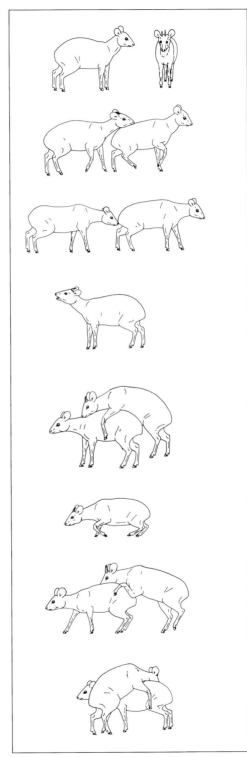

Die Pudus gebieten in der Brunftzeit über eine große Vielfalt von eigentümlichen Verhaltensweisen, wie diese Zeichnungen bezeugen. Von oben nach unten: Breitseitimponieren des Männchens, das an seinem kleinen Spießgeweih zu erkennen ist; Auflegen des Kinns auf den Rücken des Weibchens; Beriechen des Hinterteils; Flehmen; Auflegen der Brust auf den Rücken; Kauerstellung; Auflegen der Vorderläufe; Übereinanderklettern.

HIRSCHE

gemein nachgelassen habe und daß sich besonders der Lebensraum des Pudu gefestigt habe. Dagegen schätzt der Wildbiologe Eldridge, daß neun Zehntel der Tieflandwälder Chiles gestört oder zerstört sind, und sie sind der Lebensraum des Pudu. Die Wälder hat man abgeholzt zugunsten von Landwirtschaft und Viehhaltung. Hausrinder weiden auf den Steilhängen der Anden und tragen zur Bodenzerstörung bei. In manchen Gegenden hat die chilenische Regierung außerdem Teile der staatlichen Wälder an Entwicklungsunternehmen verkauft. Diese verwandeln das Gelände in Bauernhöfe oder Nutzholzpflanzungen, in denen Nadelbäume für den Export gezüchtet werden.

Doch sind die Aussichten des Pudu in Chile immer noch besser als in Argentinien. Die Zahl der Pudus, die trotz einer vom World Wildlife Fund eingeleiteten Untersuchung noch immer unbekannt ist, war in Chile immer schon höher, weil dort das feuchtere Klima den dichteren Unterwuchs begünstigt, den die Pudus als Nahrung und als Deckung brauchen. Außerdem hat man in Chile weniger Rot- und Damhirsche eingeführt, welche den Pudus Nahrung und Deckung streitig machen. Alles in allem ist der Pudu zur Zeit nicht unmittelbar von der Ausrottung bedroht. Seine Zukunft bleibt jedoch unsicher. Sollten sich gegenwärtige Entwicklungen fortsetzen, so kann es geschehen, daß der Pudu auf ein paar Nationalparks zurückgedrängt wird und dann als ernsthaft gefährdet angesehen werden muß.

In den schwer zugänglichen Wäldern ihrer südamerikanischen Heimat bekommt man die unscheinbaren und sehr versteckt lebenden Pudus kaum zu Gesicht. Nur im Zoo lassen sie sich aus der Nähe beobachten.

Spießhirsche

Die Spießhirsche sind den Pudus ähnlich, doch sehen sie hirschartiger aus, mit schlanken Beinen, schlankem Körper und gewölbtem Rücken. Es gibt vier engverwandte Arten: den GROSSEN ROTEN SPIESSHIRSCH *(Mazama americana)*, den GROSSEN GRAUEN SPIESSHIRSCH *(M. gouazoubira)*, den KLEINEN ROTEN SPIESSHIRSCH *(M. rufina)*, und den KLEINEN GRAUEN SPIESSHIRSCH *(M. chunyi)*. Das Fell der erwachsenen Tiere ist meist einheitlich gefärbt, je nach Art von hell- bis dunkelbraun. Meist ist der Rücken leuchtend rotbraun und der Bauch heller; die Unterseite des Schwanzes ist weiß. Manche Arten sind besonders hellfarbig. Den Großen Roten Spießhirsch findet man in jedem Land Süd- und Mittelamerikas mit Ausnahme Chiles. Folglich ist er die bekannteste Art der Gattung, und die folgenden Angaben beziehen sich größtenteils auf ihn. Spießhirsche pflanzen sich das ganze Jahr über fort, also zu keiner bestimmten Jahreszeit. Jungtiere kommen daher auch das ganze Jahr über zur Welt, am häufigsten jedoch im Juli, August und September, in den Monaten der Wintertrockenzeit. Ein Wissenschaftler berichtet, daß in Surinam Jungtiere am häufigsten in den Monaten Januar bis April und Oktober bis Dezember geboren werden.

Das Geweih kann zwar unterschiedlich groß sein, besteht aber bei allen Arten meist aus einfachen Spießen; eine Augsprosse fehlt immer. Spießhirsche können ihr Geweih über ein Jahr lang tragen und zu jeder beliebigen Jahreszeit abwerfen. Wachstum und Abwurf der Geweihstangen wird durch den Hormonspiegel des männlichen Geschlechtshormons im Blut gesteuert. In den gemäßigten Zonen steigt und fällt dieser je nach Jahreszeit, in Abhängigkeit von der Tageslichtdauer. In den Tropen dagegen, wo die Tageslänge im Jahresverlauf nur wenig schwankt, werfen manche Hirscharten ihr Geweih in unregel-

mäßigen Abständen ab. Zwischen dem 10. und dem 18. Breitengrad kann eine Übergangszone zwischen den beiden Formen vorkommen. Spießhirsche stoßen ihr Geweih unregelmäßig ab. Sie paaren sich auch schon, wenn das Geweih noch die Basthaut trägt.

Es ist interessant festzustellen, daß zumindest bei einer Art die Einzeltiere Wohngebiete mit einem Umfang von nur wenigen hundert Metern zu haben scheinen. Diese Tiere sieht man sehr selten, da sie scheu sind und eine Fellfärbung haben, die sie gut tarnt. Bei jeder Störung erstarren sie in ihren Bewegungen und verharren regungslos. Es ist daher schwierig, diese Hirsche zu beobachten. Rote Spießhirsche kommen von Meereshöhe bis in 3900 Meter Höhe vor und werden meist als Waldbewohner betrachtet. Nachts aber durchziehen sie häufig die Felder. Ein Freilandforscher berichtet, daß sie in kleinen Einzelrevieren leben und, wenn gejagt, sich in einem Umkreis von einem Kilometer bewegen.

Spießhirsche gelten allgemein als tagaktiv. Hauptsächlich ziehen sie am frühen Vormittag und in der Dämmerung umher und suchen die vielen, verschiedenartigen Pflanzen, hauptsächlich Gräser, Schlingpflanzen, zarte grüne Sprossen und auf den Boden gefallene Früchte, von denen sie leben.

Spießhirsche hat man meist einzeln beobachtet, und man hält sie für ungesellig. Geschlechtliche Fortpflanzung und die Notwendigkeit für die Neugeborenen zu sorgen, erfordern jedoch – wie bei allen Säugetieren – ein Mindestmaß an Geselligkeit. Spießhirsche nutzen die natürlichen Gegebenheiten ihrer Umgebung, um ihren Artgenossen ihre Anwesenheit kundzutun und sich mit ihnen zu verständigen. Duftmarken signalisieren nicht nur die Anwesenheit eines Tieres, sondern auch sein Geschlecht, seine Fortpflanzungsstimmung und seinen sozialen Rang. Bei vielen Hirscharten gehört zu diesem Markierungsverhalten das Schlammbaden, Kot und Urin an bestimmten Stellen gehäuft abzusetzen, Gegenstände mit Drüsensekret zu markieren, den Boden, Pflanzen oder Steine mit den Hufen, den Zähnen oder dem Geweih zu bearbeiten sowie in besonderer Weise zu harnen.

Ein weitverbreitetes Verhalten bei Paarhufern, auch bei den Hirschartigen, ist, den Boden zu stampfen. Gewöhnlich stampfen und scharren Hirschartige, ehe sie sich suhlen oder wenn sie am Urin oder Kot eines Artgenossen riechen. Spießhirsche suhlen sich nicht, scharren aber am Boden, meist wenn sie auf einen unbekannten Artgenossen treffen oder in eine neue Umgebung gelangen. Oft sieht man es auch, wenn sie Gegenstände (als »Ersatzobjekte«) bekämpfen oder den Boden mit dem Sekret der Klauendrüsen markieren. Spießhirsche besitzen außer den Klauendrüsen gut entwickelte Schweißdrüsenfelder in der Stirnhaut. Männchen und Weibchen reiben die Stirn an Gegenständen und aneinander. Außer der Stirn reiben Männchen auch ihre Geweihstangen an Gegenständen.

Das Präsentieren des Geweihs ist eine allen geweihtragenden Hirscharten gemeinsame Drohgebärde. Auch der Spießhirsch mit seinem nur kleinen Spießgeweih droht auf diese Weise. Das Geweih auf den Gegner zu richten bedeutet eine sehr ernste Warnung. Dabei senkt das Tier den Kopf tief nach unten,

Der Große Rote Spießhirsch ist der bekannteste und am weitesten verbreitete Vertreter seiner Gattung. Der Hirsch kann seine kurzen Spieße über ein Jahr lang tragen und zu jeder beliebigen Jahreszeit abwerfen.

HIRSCHE

zieht das Kinn an und richtet seine Spieße fast waagerecht nach vorn. Spießhirsche drohen so am häufigsten erwachsenen Männchen, aber auch Weibchen. Unterlegene Männchen und Weibchen ziehen sich dann meist zurück. Bei Begegnungen zweier etwa gleichstarker oder gleichrangiger Männchen kann es zum offenen Kampf kommen. Ein hochgereckter Kopf ist meist mit sehr aufrechter Körperhaltung verbunden. Dieses Kopf-Hochhalten zeigt wohl die Bereitschaft des Tieres an, sich auf den Hinterbeinen aufzurichten. Diese angedeutete Bewegung beobachtet man häufig bei Spießhirschen, ehe sie den Gegner anspringen und mit den Vorderbeinen schlagen.

Breitseit-Stellen oder -Imponieren sieht man bei männlichen und weiblichen Spießhirschen, wie auch bei anderen Hirschartigen. Die Tiere stellen sich parallel oder umgekehrt parallel und beginnen dann, einander zu umkreisen, wobei sie die Flanken einander ständig zugewandt halten. Manchmal bleiben die Tiere vor oder nach dem gegenseitigen Breitseit-Imponieren nebeneinander stehen oder führen Parallelsprünge aus. Dabei berühren sie sich nicht: Sie versuchen sich nur gegenseitig einzuschüchtern, ohne miteinander kämpfen zu müssen. Zieht sich aber

Verhaltensweisen des Großen Roten Spießhirsches. Von oben nach unten: Auflegen eines Vorderhufs auf den Rücken des Männchens; Breitseitimponieren; Tiefhalten des Kopfes in Parallelstellung; Hochtragen des Kopfes; drei Phasen aus einem Kampf zwischen Männchen.

Großer Roter Spießhirsch (Mazama americana)
Kleiner Roter Spießhirsch (Mazama rufina)
Kleiner Grauer Spießhirsch (Mazama chunyi)

keiner der beiden Gegner zurück, so umkreisen sie sich immer schneller und springen immer häufiger; eine solche Begegnung endet meist in einem äußerst heftigen Kampf.

Wie bei vielen anderen Hirschartigen folgt der Spießhirsch einem Weibchen, bis dieses näßt. Der Hirsch beriecht und beleckt den Urin und stellt dabei fest, ob das Weibchen paarungsbereit ist. Ist das Weibchen nicht paarungsbereit, so bricht er die Begegnung ab, oder das Weibchen nimmt die Zudringlichkeit des Hirsches übel und greift ihn an. Ist das Weibchen jedoch bereit, so erfolgt alsbald die Begattung.

Männliche Spießhirsche nähern sich dem Weibchen schnell mit leicht gesenktem Kopf (etwa in Rumpfhöhe des Weibchens). Der Hirsch wirbt mit einer Anzahl von Verhaltensweisen, die wahrscheinlich dazu dienen, die Bereitschaft des Weibchens zu prüfen: Er beschnuppert den Rumpf des Weibchens, beleckt die Geschlechtsteile und flehmt (Hochziehen der Oberlippe). Alle diese Verhaltensweisen sind zwar kennzeichnend für das Paarungsverhalten, doch zeigt der Hirsch diese auch bei der Untersuchung fremder Tiere oder einer neuen Umgebung. Scheint das Weibchen paarungsbereit, so weicht das Männchen meist nicht weit von ihrer Seite; als Paarungsvorbereitung legt er ihr den Kopf auf den Rumpf, fährt einmal schnell mit der Zunge über ihr Fell und versucht schließlich aufzureiten. Wenn das Männchen den Kopf auf den Rumpf des Weibchens legt oder versucht aufzureiten, kann das Weibchen die Begegnung immer noch abbrechen, indem es einfach davongeht. Andernfalls bleibt es stehen und läßt sich begatten.

Elchhirsche (Gattung *Alces*)

von Valerius Geist

Die größte Hirschart der Welt und der einzige Überlebende dieser Gattung ist der ELCH *(Alces alces)*. Die größten Tiere dieser Art kommen in Alaska und Ostsibirien vor. Große Elchhirsche können mehr als 600 Kilogramm wiegen, während weibliche Elche ein Durchschnittsgewicht von 450 Kilogramm erreichen. Die heutigen Elche wirken jedoch klein, wenn man sie mit dem Breitstirnelch *(Alces [Cervalces] latifrons)* der mittleren europäischen Eiszeit vergleicht. Dieser Elch war etwa zweimal so schwer wie der Alaska-Elch, und sein Geweih hatte eine Auslage von drei Metern.

Nach der Eiszeit verbreiteten sich die Elche und kamen häufig vor. Sie drangen nach Nordamerika vor, zusammen mit dem Wapiti, dem Grizzlybären, dem Timberwolf und dem Menschen; sie wanderten mit dem Aussterben der einheimischen amerikanischen Großtierfauna ein. In Amerika ersetzte der Elch den sogenannten »Hirschelch« *(Cervalces scotti)*, eine Elchart, die etwa gleich groß wie der Alaska-Elch war, jedoch primitiver im Schädelaufbau, höher entwickelt als Läufertyp und durch ein riesiges, dreischaufliges Geweih gekennzeichnet. Die heutigen beachtlichen regionalen Unterschiede amerikanischer Elche sind also nur 10000 Jahre alt und wahrscheinlich mehr Umweltanpassungen als erblich bedingt.

In Eurasien und Nordamerika verringert sich die Körpergröße des Elches von Norden nach Süden. Die südlichsten Elche wiegen ungefähr halb so viel wie die nördlichen. Der kleinste Elch ist der ZWERG-ELCH- oder USSURI-ELCH *(Alces alces cameloides)* aus der Mandschurei. Die Elchhirsche wiegen ungefähr 200 Kilogramm, ausnahmsweise 300 Kilogramm. Die weiblichen sind etwa genau so groß wie die Hirsche. Sie können jedoch vor der Brunft 30 bis 40% schwerer sein. Im Dezember beträgt der Gewichtsunterschied nur noch 10%.

Es gibt zwei Elchtypen, die in sieben Unterarten unterteilt sind. Die zwei Typen sind der EUROPÄISCH-WESTSIBIRISCHE ELCH und der AMERIKANISCH-OSTSIBIRISCHE ELCH. Der europäische Elch hat nur die Hälfte der Geweihmasse des amerikanischen Elches. Europäische Schaufelgeweihe wiegen 10 bis 15 Kilogramm, das vom ALASKA-ELCH *(Alces alces gigas)* 20 bis 25 Kilogramm. Das bisher größte Alaska-Elchgeweih wog 35,8 Kilogramm. Die Geweihstangen des europäischen Elches sind kürzer, und die Schaufeln haben weniger, aber stärkere Enden. Europäische Elche sind dunkelbraun mit weißen Beinen, amerikanische Elche schwarz mit einem hellen Rückensattel, hellbraunen Beinen und unterschiedlicher Gesichtszeichnung bei den Geschlechtern. Beim Weibchen sind Gesicht und Nase rötlich-braun, und der Hirsch hat eine schwarze Nase. Auch ist der Kehlsack des

▷ Der Elch, der in sieben Unterarten sowohl in der Alten als auch in der Neuen Welt verbreitet ist, ist ein Riese unter den heute lebenden Hirscharten. Durch seine massige, pferdeähnliche Gestalt, das ausladende Schaufelgeweih, die große, stark überhängende und sehr bewegliche Oberlippe und die Halswamme unterscheidet er sich deutlich von allen Mitgliedern der Hirschfamilie.

amerikanischen Elches größer, und er hat längere, dünnere Zwischenkieferknochen und einfachere Zähne. Der amerikanische Elch hat 70 Chromosomen (Träger des Erbgutes), der europäische Elch 69 Chromosomen.

Der kleine mandschurische Zwerg- oder Ussuri-Elch ist ein amerikanischer Elchtyp mit einem meist vierendigen Stangengeweih. Das Verbreitungsgebiet der kleingeweihigen Elche deckt sich mit dem einstigen Verbreitungsgebiet des großgeweihigen Riesenhirsches *(Megaceros)*. Der großgeweihige amerikanische Elchtyp kommt jenseits des früheren Verbreitungsgebietes des Riesenhirsches vor.

Die äußeren körperlichen Merkmale des Elches sind seine merkwürdige Nase, das Schaufelgeweih, sein kurzhalsiger Körper und die sehr langen Beine. Der Nasenspiegel der Elche ist mit zahlreichen Tasthärchen besetzt. Mit ihrer Hilfe kann der Elch sehr schnell im Winter Zweige und im Sommer Blätter auswählen und sogar Pflanzen unter Wasser äsen. Die früheren Elche, die vor etwa 2,6 Millionen Jahren lebten, hatten diese Art von Nasenspiegel noch nicht. Beim Breitstirnelch war dieser Nasenbereich weniger hoch entwickelt und ähnelte der Nase des ausgestorbenen amerikanischen Elches *(Cervalces)*. Man nimmt an, daß diese Arten weniger Wasserpflanzen ästen als die heutigen Elche.

Elche sind ausdauernde Läufer. Auf der Flucht vor Feinden können sie dank ihres großen Körpers und der langen Beine etwa meterhohe Hindernisse überqueren, ohne springen zu müssen. Ein Wolf oder ein Bär auf der Fährte eines Elches muß jedoch springen, um solch ein Hindernis zu überwinden. Ein Tier benötigt aber dreizehnmal soviel Energie, wenn es seinen Körper vom Boden heben muß, als wenn es über die gleiche Entfernung auf horizontaler Ebene läuft, ohne springen zu müssen. Kleinere, den Elch verfolgende Raubtiere ermüden daher viel schneller als der Elch. Auf unebener Fläche kann ein trabender Elch mit Leichtigkeit ein Pferd überholen.

Im Spätwinter jedoch ist es für den Elch oft gar nicht möglich zu laufen, da der tiefe, verkrustete Schnee ihn arg behindert. Zu dieser Zeit muß er sich vor allem gegen Wolfsrudel zur Wehr setzen. Anders als andere Hirscharten schlagen Elche nicht nur gezielt mit den Vorderbeinen, sondern auch hart und genau mit den Hinterbeinen aus, ähnlich wie Pferde. Außerdem können sie ihre lange Nackenmähne hochstellen, die Ohren scharf anlegen, mit dem Gebiß knirschen und in seltenen Fällen laut losbrüllen, ähnlich wie ein verwundeter Bär. Sie verteidigen sich also »raubtierähnlich«.

Der Elch ist ein beachtlicher Gegner, der Wölfe töten kann und selbst so manchen Grizzlybären verjagt. Trotzdem werden die meisten Elchkälber das Opfer von Schwarz- und Grizzlybären und von Wölfen, was neueste Beobachtungen aus Alaska und Kanada belegen. Gesunde, vollausgewachsene Elche fallen Raubtieren selten zum Opfer, aber nach sechs bis acht Lebensjahren sind Raubtiere für sie wieder eine stärkere Bedrohung.

Der Elch hat verschiedene Strategien, Raubtieren zu entkommen. Unter anderem kann er sich im Dickicht verstecken, frühzeitig Raubtiere ausmachen und sich aus der Nähe eines Wolfsrudels entfernen oder auch,

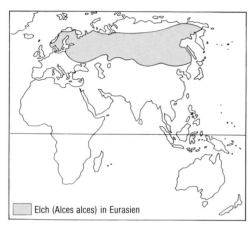

Elch (Alces alces) in Eurasien

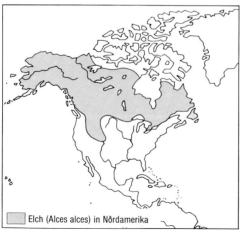

Elch (Alces alces) in Nordamerika

vorsichtshalber, die Verteidigungsstellung einnehmen. Zu diesem Zweck wählt der Elch eine ebene freie Fläche mit möglichst wenig Schnee und festem Grund, so daß er sich schnell wenden und zielgenau mit Vorder- und Hinterbeinen ausschlagen kann. Wird ein Elch im tiefen Schnee angegriffen, so schiebt er sich gerne rückwärts in die Äste einer dichten Fichte, um seine leicht verwundbaren Schenkel und Weichen zu schützen. Oder er wuchtet sich aus dem tiefen Schnee und versucht eine Stelle mit hartem, weniger tiefem Schnee zu erreichen, wie man sie auf gefrorenen Seen oder vom Wind gefegten Hängen findet. Hier erwartet er den Feind. Im Sommer läuft er gern ins seichte Wasser hinein, um sich dann blitzartig umzudrehen und das Raubtier abzuwehren.

Weibliche Elche mit Kälbern sind besonders angriffslustig und stellen sich der Gefahr. Sogar tieffliegende Hubschrauber versuchen sie anzugreifen, indem sie, auf den Hinterbeinen aufgerichtet, nach diesen mit den Hufen ausschlagen. Weibchen mit Jungtieren halten sich viel häufiger in der Deckung auf als andere Elche. Nicht selten suchen sie die Nähe der Menschen auf, da sie gelernt haben, daß es in der Umgebung von Zeltplätzen und Siedlungen in den Nationalparks keine Wölfe gibt.

Der Elch ist ein Blatt- und Zweigäser. Besonders häufig findet man ihn in Fluß- und Deltagebieten, auf Schwemmland aus der jüngsten Zeit des Quartärs, aber auch in Gebieten, wo Waldbrände und Lawinen die Entwicklung eines Altwaldes verhinderten und damit das Wachsen von Sträuchern und Kräutern förderten. Der Elch verzehrt auch gerne Wasserpflanzen aus seichten Seen, wobei er die Natriumsalze, die auf den Pflanzen abgelagert sind, mit aufnimmt. Ähnlich wie andere Wiederkäuer suchen Elche im Sommer Salzlecken auf. Erst ganz vor kurzem hat man entdeckt, daß Wiederkäuer anorganischen Schwefel, der häufig in Salzlecken vorkommt, mit Hilfe der Pansenflora in Cystein und Methionin, zwei seltene Aminosäuren, umbauen. Diese Aminosäuren sind unentbehrlich für das Wachstum von Bindegewebe, Haar und Horn. Früher bekannt war allerdings schon, daß die Zeit der Salzleckenbesuche mit den Zeitabschnitten hoher Milcherzeugung, des Haarwuchses und der Geweihentwicklung übereinstimmte.

Der Elch äst sehr viel im Sommer, während der Zeit des Pflanzenwachstums. Er speichert Nährstoffe für die kommenden schlechten Monate. Im Spätaugust ist der Elchhirsch voller Fett. Zu dieser Zeit versucht er, die Basthaut des Geweihs durch Reiben und Schlagen an Sträuchern und kleinen Bäumen abzustreifen. Das frisch entblößte Geweih ist zunächst weiß mit blutroten Flecken und Streifen, wird aber bald braun.

Nun treffen die Hirsche öfter zusammen. Sie imponieren einander an und kämpfen spielerisch. Kampfspiele sind nicht mit Rangkämpfen zu verwechseln; sie laufen nach verschiedenen Regeln ab. Kampfspiele finden oft zwischen ganz ungleich großen Elchhirschen statt. Ernste Kämpfe sind selten, sie kommen aber zwischen gleichrangigen Hirschen vor. Bei diesen Kämpfen können sich die Elche schwere Verletzungen zufügen. Die Wunden können länger als 50 Zentimeter sein. Nähere Untersuchungen an gegerbten Häuten haben gezeigt, daß Hirsche im besten Alter 30 bis 50 Geweihwunden pro Jahr davontragen. Ungefähr 3% der Hirsche sterben pro Jahr an diesen Kampfverletzungen. Grizzlybären in Alaska suchen nach den in der Paarungszeit verletzten Hirschen.

Zur Einleitung eines Kampfes gehen die Hirsche mit langsamen, steifen Schritten scharfwinklig auf den

Gegner zu und senken bei jedem Schritt das Geweih einmal links, einmal rechts. Dieses Imponieren unterbrechen sie manchmal durch heftiges Schlagen an kleineren Sträuchern. Dann umkreisen sie einander im steifen Imponiergang. Im blitzschnellen Angriff stoßen die Schaufler mit einem gewaltigen Knall zusammen und schieben einander bei größter Kraftanstrengung hin und her, bis einer aufgibt. Der Verlierer versucht, sich vom Gegner zu lösen und nach

▷ Ein kapitaler Schaufler verliert seinen Bast in langen blutigen Streifen. Die Fegezeit beginnt Ende Juni und dauert oft bis in den August hinein.

▷▷ Elche leben in wasserreichen Gebieten. Dieser im Bast stehende Bulle ist offensichtlich erst wenige Jahre alt, denn er trägt noch ein Stangengeweih mit angedeuteter Schaufelbildung. Vom achten Lebensjahr an sind die Schaufeln am stärksten entwickelt.

Eine Elchkuh trabt eilig mit ihren Jungen durch eine lichte Waldregion. Zwillinge sind bei Elchen häufig.

schnellem Wenden zu fliehen. Es kann dann vorkommen, daß er vom nachstoßenden Sieger verletzt wird. Wohl zum Schutz vor derartigen Verletzungen haben brünftige Elchhirsche eine sehr dicke Haut, die am Hals eine regelrechte Schwarte bildet. Hier kann die Haut bis zu 20 Millimeter dick werden.

Der werbende Elchhirsch nähert sich vorsichtig dem weiblichen Elch, auch Elin genannt, in überstreckter Körperhaltung. Er riecht und leckt dann an den Geschlechtsteilen. In den meisten Elchgebieten bilden sich Brunftpaare. Jedoch auf den großen, offenen Zwergbirken- und Weidenflächen im bergigen Alaska entwickeln sich richtige Haremsgruppen. Teilweise bilden sich diese größeren Gruppen dadurch, daß Elinnen von Hirschgruppen angezogen werden. Harems bilden sich jedes Jahr an den gleichen Orten, so daß man fast von Paarungsstationen sprechen kann. Der Harn, den die großen Hirsche in ihre gegrabenen Brunftgruben spritzen, wirkt sehr anregend auf die Elinnen. Eine Elin scharrt und wälzt sich in der frischen Brunftgrube ihres Hirsches. Sie zwängt sich sogar zur gleichen Zeit wie der Hirsch in die Grube und greift andere Elinnen, die sich nähern, an. Wo besonders viele starke Hirsche vorkommen, wird sie auch jüngere Elchhirsche ohne Schaufelgeweih verjagen. Sollte ihr Hirsch davonziehen, wird die Elin ihm höchstwahrscheinlich folgen.

Brünftige weibliche Elche geben zu dieser Zeit typische langgezogene Laute von sich und lassen einen leisen, rhythmischen Ruf ertönen, wobei sie den Kiefer auf und ab bewegen, wenn sich ihnen ein werbender Hirsch nähert. Wenn der Hirsch einen Rivalen wahrnimmt, kann es sein, daß er einen lauten, abgehackten Ruf ausstößt, ehe er direkt auf ihn losgeht. Werbende Hirsche oder jene, die auf der Suche nach Elinnen sind, können wiederholt weich und rhythmisch rufen. Die Brunft beginnt Anfang September, erreicht aber ihren Höhepunkt erst in der letzten Septemberwoche. Ungefähr 80% der Paarungen finden zu dieser Zeit statt, 10% etwa 30 Tage später und die restlichen Paarungen entweder früher oder erst im November. Brünftige Elche kann man daher von September bis Ende November beobachten.

Bei großen Elchvorkommen bilden sich nach der Brunft kleine Hirschgruppen. Bei besonders großen Beständen teilen sich die Hirsche sogar nach Altersgruppen auf. Bis zu 18 Hirsche wurden in solchen Gruppen gezählt. Leichtes Imponieren und spielerisches Kämpfen kommen häufig vor. Nach einigen Wochen, Anfang Dezember, werden die Geweihe ab-

Zwei amerikanische Elchbullen fechten einen Rangstreit aus. Mit gewaltigem Getöse lassen sie ihre Schaufeln aufeinanderkrachen und schieben einander hin und her, bis einer aufgibt.

geworfen; dann werden die Elche feindselig, und es kann zu Kämpfen zwischen Hirschen mit und solchen ohne Geweih kommen. Bei diesen Auseinandersetzungen richten sich die Gegner auf den Hinterbeinen auf und schlagen mit den Vorderhufen aufeinander ein. Meist siegen die geweihtragenden Hirsche. Manchmal kann es aber vorkommen, daß ein geweihloser Hirsch einen Geweihträger davonjagt. Zu Jahresanfang haben die meisten starken Schaufler (Hirsche mit Schaufelgeweih) ihre Geweihe abgestoßen, und die Hirschrudel haben sich aufgelöst. Es scheint, als ob das Abwerfen der Geweihe das Signal für die Auflösung der Rudel ist.

Bei niedriger und weicher Schneedecke kann man die Hirsche noch auf den offenen Flächen beobachten. Wenn der Schnee jedoch hart und tief wird, ziehen sich die Elche in die Nadelwälder zurück, da hier der Schnee noch weicher und niedriger ist. Im Wald ist der Schnee weniger der Sonne und dem Wind ausgesetzt, und überhängende Zweige fangen einen großen Teil des Schnees auf.

Die Elche äsen nun weniger wählerisch. Sie brechen dickere Weidenzweige um und müssen immer mehr von ihren Reserven (Fett, Salze in den Knochen und Vitamine in Leber und Fett) zehren. Wenn heftige Winterstürme toben, liegen die Elche stundenlang im Dickicht. Im tiefen und harten Schnee benutzen sie häufiger schon ausgetretene Pfade oder weniger anstrengende Wegstrecken, wie eine ausgepflügte Straße oder eine Eisenbahnlinie, wo allerdings sie oft in großer Zahl umkommen. Im späten April oder im Mai kann der Schnee zu einer dicken, harten, sonnenverkrusteten Schicht werden. Zu dieser Zeit suchen die Elche kleine, schneefreie Flächen, wie man sie an südlichen Grashängen findet. Sie verteidigen solche Flächen gegen Menschen und Wölfe.

Elche meiden Gebiete, die eine ungewöhnlich dicke Schneedecke haben. Es scheint, daß sie den weichen Schnee von 60 bis 80 Zentimeter Höhe vorziehen, und zwar aus zwei Gründen: Zum einen haben Wölfe, nicht jedoch Elche, Schwierigkeiten darin zu laufen, zum anderen isoliert weicher Schnee, und daher bevorzugen Elche diesen als Lager. Die Dicke der Schneedecke kann das Abwandern der Elche in die Täler bestimmen. Im Frühjahr, wenn der Schnee schmilzt, ziehen die Elche dann wieder bergaufwärts. Man kann dann größere Elchgruppen beobachten, besonders entlang der Gletscherflüsse, wo üppige Weiden wachsen.

Ende Mai beginnen die Elinnen ihre einjährigen Kälber zu vertreiben. Die Jungtiere streifen weit umher. Manchmal schließen sie sich Elchhirschen an oder bilden Gruppen mit ihresgleichen. Hirsche und Jungelche, aber auch weibliche Elche ohne Junge, scharen sich nun zu Rudeln zusammen. Soziales Spielen kommt wieder vor, oft als Rennen, durch seichte Tümpel in überschwemmten Wiesen. Manchmal kann man beobachten, wie ein spielender Elch eine seichte Pfütze »angreift«, die er mit Schlägen der Vorderhufe bearbeitet, sich dann schnell herumdreht und mit den Hinterbeinen ins Wasser auskeilt.

Einjährige Jungtiere versuchen auch manchmal, mit einem älteren Hirsch Kopf an Kopf zu schieben. Jedoch hält dieses Kräftemessen nicht lange an, denn die eifrigen Jährlinge scheinen durch das Schieben den noch zarten Geweihwuchs schmerzlich zu treffen. Jedenfalls kann ein alter Hirsch das Spiel durch einen Schlag mit dem Vorderbein jäh unterbrechen. Bald verlassen Hirsche und Jährlinge die Gebiete, wo die Elinnen ihre Kälber zur Welt bringen, da diese jetzt unverträglich sind. Die Aggression der Elinnen hat einen guten Grund, denn neugeborene Elchkälber würden selbst etliche Tage nach der Geburt jedem größeren Elch folgen. Sie müssen erst ihre Mutter kennenlernen. Sie könnten sonst einem vorüberziehenden Hirsch folgen und würden verloren sein. Dies aber verhindert die Mutter.

Nach einer Tragzeit von 224 bis 243 Tagen bringt die Elin ein oder zwei Kälber zur Welt, ganz selten drei. Die Häufigkeit von Zwillingen wird durch das Vorkommen hochwertigen Futters bestimmt. Kälber bleiben eng bei der Mutter. Anders wie beim Rehwild werden die Jungen nicht abgelegt, sondern sie folgen der Mutter. In ganz seltenen Fällen kann es vorkommen, daß gejagte Kälber erschöpft zusammenbrechen und sich ganz wie Rehkitze ducken. Die Elin bekämpft Wölfe und Bären, die in ihr Gebiet eindringen, sie kann aber auch das Geburtsgebiet verlassen, und das Kalb muß ihr folgen. Kälber überqueren sehr ungern Gewässer. Sie scheuen sich, ins Wasser zu gehen, und klagen dann ganz erbärmlich hinter der schwimmenden Mutter her. Altbekannte Geburtsstätten der Elche scheinen Schwarz- und Grizzlybären anzuziehen.

Elchmilch ist sehr nährstoffreich, und die Kälber wachsen schnell heran. Bei der Geburt wiegt ein Kalb 10 bis 14 Kilogramm, aber sechs Monate später sind es schon bis zu 200 Kilogramm. Das ist eine durchschnittliche Gewichtszunahme von einem Kilogramm pro Tag. Im Gegensatz zu den Erwachsenen sind die Kälber gelb-braun, und die Nase ist kurz und sieht noch »normal« aus. Kalb und Mutter sind engstens miteinander verbunden, da das Kalb ganz auf die Mutter angewiesen ist, wenn Raubtiere es angreifen. Wenn das Jungtier im Frühjahr vertrieben wird, streift es zunächst unentschlossen in der Gegend umher. Das alleinstehende Jungtier ist zu diesem Zeitpunkt sehr zahm, und oft sind es die Jungtiere, die Jahr für Jahr in der Nähe der Städte erscheinen. Dort fristen sie vorübergehend ein karges Dasein und ziehen umher, bis sie häufig Opfer eines Verkehrsunfalls werden.

Auf internationaler Ebene ist die Elchhege sehr erfolgreich. In der letzten Hälfte des Jahrhunderts hat sich der Elch in Kanada, in den Vereinigten Staaten Amerikas, in Europa und in Asien verbreitet. In Amerika verursachten dies zum Teil Abforstungen und riesige Waldbrände, die neue Lebensräume für den Elch schufen, aber auch Hegemaßnahmen, die die Elchbestände wieder anwachsen ließen. Weitläufiger Schutz in der Sowjetunion mehrte die Elchbestände und ließ sie sich weiter ausbreiten. In Schweden leben hohe Bestände von Elchen, die trotz starker Bejagung immer noch großen Schaden in den Wäldern anrichten.

Im letzten Jahrhundert wurden die Elche in Ostpreußen fast vernichtet. Im Jahr 1849, nach einer kurzen allgemeinen Jagdfreiheit, waren nur noch elf Elche übrig. Obwohl dieser kleine Bestand dem sicheren Untergang geweiht war, sorgten außerordentliche Schutzmaßnahmen für eine ständige und bemerkenswerte Vermehrung. Die lange Schutzzeit endete damit, daß die ostpreußischen Elche völlig zahm wurden. Man konnte sich bis auf zwanzig Schritte einem ruhenden Elch nähern. Ein Pferdegespann konnte noch näher herankommen, ohne daß der Elch flüchtete. Da viele Elche durch plötzliche Überflutungen umkamen, legte man als Zufluchtsorte »Elchhügel« in den Überschwemmungsgebieten an und baute bessere Dämme. Der Zweite Weltkrieg unterbrach viele dieser Pionierarbeiten, jedoch kommen heute Elche in diesen Gebieten, die jetzt unter polnischer und russischer Verwaltung sind, wieder häufig vor. Von hier hat sich der Elch bis in die Randgebiete der Deutschen Demokratischen Republik verbreitet.

Im Gegensatz zum Rothirsch und zum Reh werden mit der Flasche aufgezogene Elche ihren menschlichen Betreuern gegenüber nicht oder nur höchst selten aggressiv. Sie brauchen jedoch gut verdauliches, eiweißreiches, abwechslungsreiches natürliches Futter, welches nicht leicht zu beschaffen ist. Elche sind erstaunlich intelligente und anpassungsfähige Zöglinge, und man kommt in Versuchung, sie mit einem riesigen, freundlichen, treuen Hund zu vergleichen. Bereitwillig durchqueren sie auch schwierigstes Gelände.

In der Vergangenheit haben diese Fähigkeiten zur Domestizierung des Elchs beigetragen, und wenn man nach den Felszeichnungen geht, fing dieser Prozeß schon im Neolithikum (Jungsteinzeit) an. Im Mittelalter wurden Elche als Zieh-, Pack- und Reittiere benutzt. Ein ausgewachsener Elch kann bis zu

Eine Elchmutter führt ihre Zwillinge zum Baden. Ungefähr ein Jahr lang dauert die enge Beziehung der Jungelche zu ihrer Mutter, dann trennen sie sich von ihr.

ELCHHIRSCHE

125 Kilogramm auf seinem Rücken tragen oder eine Schlittenladung mit einem Gewicht von bis zu 900 Kilogramm ziehen, jedoch waren 300 bis 400 Kilogramm mehr als das übliche Arbeitsgewicht. Das Schrittempo liegt bei vier bis acht Stundenkilometern, und ein normales Tagesmaß sind ungefähr 20 Kilometer Wegstrecke bei einer Arbeitsdauer von vier bis sechs Stunden. Größere Leistungen sind aber durchaus möglich. Zur Zeit König Karls XI. wurden in Schweden Elche vor leichte Schlitten gespannt und im Winter im Kurierdienst verwendet.

Gelegentlich wurden Elche in Europa und in Kanada auch als Zugtiere benutzt, aber erst in den letzten Jahrzehnten untersuchten sowjetische Wissenschaftler in Westsibirien die Möglichkeiten, Elche als Haustiere zu halten. Die Studien zeigen ganz eindeutig, daß eine Elchdomestizierung durchaus möglich ist. Die Tiere sind willig und verläßlich, jedoch ist ihre Nützlichkeit beschränkt, da ihre Arbeitsfähigkeit begrenzt und ihr Nahrungsbedürfnis zu spezialisiert ist. Unter guten Bedingungen kann man Elche 60% des Jahres arbeiten lassen. An heißen Sommertagen können sie nicht arbeiten. Im Spätwinter werden sie schwach, und Futter, welches man mit Gerste, Hafer oder Weizenkleie ergänzt hatte, führte zu Verdauungsstörungen. Ein Kraftfutter aus Kartoffeln hat sich allerdings in begrenztem Maße bewährt. Kastrierte Hirsche sind am zuverlässigsten, da nicht kastrierte Hirsche weniger fügsam und in der Brunft gefährlicher sind. Jedoch die Fähigkeit der Elche, mit Hindernissen und Sümpfen zurecht zu kommen, kann weder vom Menschen noch von Pferden übertroffen werden. Für jemand, der jemals mit Packpferden gearbeitet hat, ist die Geschicklichkeit des Elches erstaunlich, wie er mit seiner Ladung um die Bäume herumgeht und umgestürzte Bäume über- oder unterquert, ohne daß die Ladung verrutscht.

Elche können auch als Milchtiere gebraucht werden. Russische Wissenschaftler fanden heraus, daß man die Zeit, in der Elinnen Milch geben, verlängern und die Milcherzeugung von 150 Liter bis in einem Fall auf 429 Liter steigern kann. Die Milch hat einen hohen Eiweiß- und Fettgehalt und ist reich an Vitaminen. Aus diesem Grund ist sie leicht dickflüssig. Elchwildbret ist ausgezeichnet, besonders von Jungelchen. Die jährliche Jagdstrecke beträgt weltweit etwa 300 000 Tiere.

In Gebieten, wo der saure Regen ein Problem ist, werden in den Lebern und Nieren von Elchen hohe Konzentrationen von Schwermetallen gefunden, und

Oben: Die im Frühling geborenen Elchkinder wechseln nach einigen Monaten ihr Fell, so wie dieses Jungtier, das Ende August in Schweden aufgenommen wurde. – Links: Selbst das Säugen findet oft im Wasser statt. Dank der sehr nahrhaften Muttermilch wachsen die Kleinen rasch heran, und schon nach etwa fünf Monaten sind sie entwöhnt.

aus diesem Grund ist der Genuß dieser Elchorgane für den Menschen gefährlich geworden. In Nordamerika leiden die Elche sehr unter Krankheiten und Parasiten eines ihrer nahen Verwandten, des Weißwedelhirsches. Im Osten Amerikas ist daher die Elchverbreitung lokal sehr begrenzt.

Renhirsche (Gattung *Rangifer*)

von Valerius Geist und Leonid Baskin

Das WILDREN, RENTIER oder KARIBU *(Rangifer tarandus)*, einzige Art dieser Gattung, ist ein größerer Vertreter der Neuwelthirsche, ein Tier der kalten, nördlichen Gebiete. Die ersten Nachweise von Rentieren stammen aus Alaska und sind ungefähr eine Million Jahre alt. Fossilfunde sind selten, werden aber im Laufe der Eiszeiten häufiger und sind während der letzten Eiszeit (Würm) am häufigsten. Heutzutage sind Rentiere auf der nördlichen Erdhalbkugel verbreitet und können weit über den nördlichen Polarkreis hinaus vorkommen, wo während des Winters ständige Dunkelheit herrscht. Von Nordgrönland bis zum 48. Breitengrad in Nordamerika und Asien unterscheidet man acht Unterarten des Rens.

Unter allen heute lebenden Hirscharten ist das Ren die Art, die am meisten läuft. Rentiere versuchen Raubtieren zu entgehen, indem sie sich zu großen Herden zusammenschließen oder indem sie Feinde durch schnelles und ausdauerndes Laufen auf ausgedehnten, ebenen, hindernisfreien Flächen abschütteln. Wie bei so vielen Huftieren der Steppe, sehen sich Weibchen und Männchen der Rentiere äußerlich sehr ähnlich. Rentierweibchen sind in ihrem Aussehen mit jungen Renhirschen vergleichbar. Das Wildren ist die einzige Hirschart, in der die Weibchen Geweihe tragen. Allerdings, nicht alle Weibchen der großen Waldrentiere tragen Geweihe.

Es gibt drei Formen von Wildrentieren: das große, südliche Waldrentier oder Taigaren, das Tundraren und die kleinen, nördlichen Inselformen. Die letzteren sind am besten durch das Spitzbergenren vertreten. Wie andere Huftiere, die während der Eiszeit auf Inseln landeten, so sind auch diese Inselformen kleinwüchsig. Auf Inseln, auf denen ihre Feinde fehlen, haben sie kurze Beine entwickelt.

Das Waldren kommt in kleinen Gruppen in den nördlichen Wäldern (Taiga) von Amerika, Sibirien und Europa vor. Die Waldform ist etwa zweimal so groß wie die Festland-Tundraform oder dreimal so groß wie die Rentiere auf den arktischen Inseln Ka-

Rentiere sind gesellige Nomaden, die keinen festen Wohnsitz kennen, sondern fast ständig auf der Wanderschaft sind. Beinahe blindlings folgt die Herde ihrem Leittier, das männlich oder weiblich sein kann. Die Geschlechter lassen sich aus größerer Entfernung kaum unterscheiden, da auch die Renkühe ein Geweih tragen - eine Ausnahmeerscheinung in der Hirschfamilie.

nadas. Gewöhnlich wiegen Waldrenhirsche 180 bis 275 Kilogramm, die Weibchen 90 bis 140 Kilogramm; Tundrarene wiegen 125 bis 170 Kilogramm beziehungsweise 90 Kilogramm. Das Waldren hat meistens ein kürzeres Geweih mit einer großen Vorderschaufel und Eissprossen aber kleinerer Endschaufelbildung und Verzweigung. Die Geweihstangen sind flach bis oval geformt und nicht rund wie beim Tundraren. Die Fellzeichnung und -färbung schwankt in den verschiedenen geographischen Lagen. So ist es gut möglich, daß die Waldrentiere je nach Verbreitungsgebiet verschieden aussehen.

Die größten Wildrentiere findet man in den kühlen Bergwäldern im nordwestlichen Britisch-Kolumbien, in der Nähe von großen Schneefeldern und Gletschern. Wildrene können auch sehr groß werden, wenn sie einen neuen, freien Lebensraum besiedeln, wie beispielsweise die eingebürgerten Rentiere im südlichen Neufundland. Die großen Hirsche können

ein Gewicht von 340 Kilogramm erreichen mit einem Geweihgewicht von 10 bis 15 Kilogramm. Im Vergleich zur Körpergröße tragen Wildrentiere die größte Geweihmasse aller lebenden Hirscharten.

Die kleinsten Wildrentiere, außer den Zwergformen Spitzbergens, sind die Inselrentiere der kanadischen Arktis. Von Süden nach Norden nimmt die Körpergröße stetig ab. Aber auch an den südlichen Grenzen ihres Verbreitungsgebietes kommen verhältnismäßig kleine Wildrentiere vor, besonders in dichten Beständen in Gebieten, wo die Tiere nicht von Raubtieren bedroht werden.

Rentiere verzehren ein vielfältiges Angebot von weichen, gut verdaulichen und oft giftigen Pflanzen. Sie nehmen Blätter, Kräuter, aber auch Seggen, sowie die Wurzeln von Sumpfpflanzen, Pilze und besonders Baum- und Erdflechten auf. Flechten haben einen hohen Kohlenhydratgehalt (82 bis 93% Trockengewicht), der sie als besonders energiereiches Futter auszeichnet. In strengen Wintern benötigt ein Rentier eine bis anderthalb Stunden, um so viel Flechten zu äsen, daß es für drei bis vier Stunden gesättigt ist. Rentiere haben kleine, einfache Zähne, die an die Flechtennahrung und weiche Pflanzenäsung angepaßt sind. Im Magen zersetzt ein spezielles Enzym die Flechten. Der Pansen ist verhältnismäßig klein, während die Gedärme lang sind, mit dünnen Wänden. Die Hufe der Vorderbeine sind auffallend größer und breiter als die der Hinterbeine. Die Vorderhufe erlauben es dem Ren, durch dicke Schneedecken nach Flechten zu graben. Flechten sind über riesige Flächen in Nordeuropa, Asien und Nordamerika verbreitet, was die weite Verbreitung des Rens begünstigte.

Flechten decken zwar den Energiebedarf des Rens völlig, sie haben jedoch einen geringen Eiweiß- (nur 1,5% des Gewichtes), Fett-, Mineralien- (1,5 bis 2% des Gewichtes) und Vitamingehalt. Obwohl die Rentiere unter dem Schnee noch nach grünen und trok-

Das altweltliche Rentier (links) und das nordamerikanische Karibu (rechts) gehören einer einzigen Art an, die allerdings in ihrem riesigen Vorkommensgebiet mehrere Formen von unterschiedlicher Größe und Gestalt hervorgebracht hat.

kenen Kräutern graben, ist dies nicht ausreichend, um den Energiebedarf im Winter zu decken, so daß sie bis zu 20% ihres Herbstgewichtes verlieren. Nur an Stellen, wo genügend grüne Kräuter und Gräser wachsen, behalten die Rentiere ein hohes Körpergewicht und Fettreserven bis zum Frühjahr.

Im Frühsommer, wenn die ersten Seggen und Wollgräser wachsen und die Weiden- und Birkenblätter sich öffnen, verzehren die Rentiere heißhungrig das frische Grün. Sie ziehen junge Triebe vor, die besonders nährstoffreich sind. Dazu folgen die Rentiere dem Frühling nach Norden oder bis an das Meer, oder sie ziehen in die hohen Berge, wo Schneeschmelze und Pflanzenwachstum später beginnen. Im Frühherbst äsen sie eifrig an Pilzen, die zu dieser Jahreszeit reichlich vorhanden sind. Pilze enthalten zu 25 bis 45% Eiweiße. Interessant ist, daß Rentiere während des Sommers und Frühherbstes Muskel- und Knochenmasse anlegen, aber erst Mitte Herbst fett werden, wenn sie Flechten äsen.

Im Frühjahr sammeln sich die Weibchen der Tundrarene in offenen Gebieten, wo kein Gesträuch die Sicht verwehrt, wo gute Äsungsmöglichkeiten bestehen, wo der Schnee nicht tief ist und wo frühzeitig aufgetaute Stellen vorhanden sind. Hier werden die Kälber geboren, obwohl die Klimaverhältnisse noch ziemlich streng sind. Der Zeitpunkt der Geburt schwankt je nach der geographischen Lage und kann von Ende April bis Mai sein. In allen Fällen jedoch bringen die Weibchen ihre Jungen ungefähr einen Monat vor dem normalen Beginn der Schneeschmelze und dem neuen Pflanzenwachstum zur Welt. Ein Renkalb braucht genau einen Monat, bis es junge Pflanzennahrung aufnehmen kann.

Das Wildren gebiert ein gut entwickeltes Kalb, das verhältnismäßig groß ist (5 bis 12 Kilogramm). Wildrenkühe haben die reichhaltigste Milch aller Huftiere. Die meisten Milchproben, die während der Mitte der Säugezeit genommen wurden, hatten mindestens 30% Trockenmasse. Das Kalb erreicht sehr schnell eine Größe, bei der es die Ausdauer besitzt, Wölfen zu entkommen. Innerhalb einer Stunde nach der Geburt sind die Renkälber schon ziemlich sicher auf den Beinen, allerdings bei weitem nicht so gut wie die Gnukälber, die schon fünf Minuten nach der Geburt vor den Hyänen um ihr Leben laufen müssen.

Im Gebirge verteilen sich die Renkühe und gebären ihre Kälber auf hohen, baumlosen Bergrücken. Einige Tage nach der Geburt schließen sich die Kühe und ihre Kälber zu kleinen Rudeln zusammen, die dann weit über die Gebirgsketten ziehen.

Während des Sommers wandern die Wildrene ständig von einer reichhaltigen Weide zu anderen, wo sie frische, grüne Pflanzen finden können. In manchen Gegenden, wie zum Beispiel im Tajmyr, ziehen sie Tausende von Kilometern in die gleiche Richtung. Sobald der Schnee schmilzt, wandern sie langsam in kältere Gebiete, besonders dorthin, wo heftige Winde blasen. Sie machen diese weiten Wanderungen nicht nur, um Nahrung zu suchen, sondern auch um stechenden Insekten zu entkommen, wie Mücken, Dasselfliegen, Gnitzen, Kriebelmücken und Bremsen. Diese Insekten quälen die Wildrene dermaßen und saugen so viel Blut ab, daß sich die Tiere erst nach den ersten Frösten im August wieder erholen können, wenn sich die Insektenzahl verringert hat.

Die Brunft des sibirischen Wildrens beginnt im September und dauert bis zur ersten Oktoberhälfte an; in Kanada liegt die Brunftzeit einen Monat später. Sofort nach der Brunft werfen die Renhirsche ihr Geweih ab, so daß sie während des Winters geweihlos sind. Erst im April wächst das Geweih wieder. Renkühe tragen im Winter noch ihr Geweih, was ihnen wohl im Wettbewerb um die Schneelöcher zugute kommt, die in den Schnee geschart werden, um an

Karibu (Rangifer tarandus)

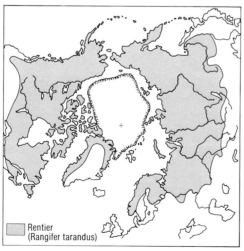
Rentier (Rangifer tarandus)

die Nahrung zu gelangen. Drei Tage nach der Geburt der Kälber, im April bis Mai, werfen die Renkühe ihre Geweihe ab. Ein- bis zweijährige Hirsche tun dies im März.

Im September scheuern die Hirsche und etwas später die Kühe ihren Bast vom Geweih. Zu dieser Jahreszeit sind die Hirsche am fettesten, und auf ihren Rücken und rund um die inneren Organe liegen dicke Talgschichten. Ihre weißen, rotfleckigen Geweihe werden bald braun, nachdem sie wiederholt an Sträuchern und kleinwüchsigen Bäumen gefegt worden sind. Während der Brunftzeit nehmen die Hirsche keine Nahrung mehr auf und leben dann von ihren Fettreserven. In der Brunft verbringen sie viel Zeit damit, hinter den Kühen herzujagen. Dabei geben sie stöhnende Laute von sich. Die Renhirsche scharren Brunftgruben, in die sie auch abharnen. Dieses Verhalten erregt die Renkühe und fördert die Eireifung. Auf diese Weise kommt es wohl zur zeitgleichen Paarungsbereitschaft, so daß die Geburten in eine ziemlich enge Zeitspanne fallen.

Bei den Waldrenen hält ein großer Hirsch einen Harem von Kühen, die er verteidigt. Wo allerdings dichter Pflanzenwuchs die Sicht behindert und den Zusammenhalt der Tiere erschwert, hütet der Hirsch nur eine brünftige Kuh, bis er sie begattet hat. In den großen Ansammlungen brünftiger Tundrarentiere bewacht jeder Hirsch eine Kuh und folgt ihr. Kämpfe zwischen Hirschen sind unter diesen Verhältnissen nur ganz kurze Zusammenstöße, da jeder Hirsch wieder schnell versucht, mit seiner Kuh Kontakt zu halten. Auseinandersetzungen bestehen meistens in Imponierverhalten. Zu schweren, ernsten Kämpfen kommt es meist nur unter harembesitzenden Renhirschen, und es ist nicht selten, daß sich die Gegner dabei schwer verletzen oder sogar töten. Der Unterschied im Kampfverhalten spiegelt sich in der Geweihstruktur wider. Die Tundrarene haben Geweihe, deren Krone stark verzweigt ist und den gegnerischen Stoß auffängt. Die Waldrene haben kurzständige Geweihe mit wenig entwickelten Kronen, und bei Auseinandersetzungen kämpfen sie mit Vorderschaufel und Eissprossen.

Fast das ganze Leben verbringen Wildrene in kleinen oder großen Herden, und aus diesem Grund spielt das Sozialverhalten eine sehr große Rolle. Die Kühe sondern sich einige Stunden vor der Geburt ihres Kalbes ab, aber nur für ein oder zwei Tage. Vom ersten Augenblick seines Lebens an, versucht das Kalb seiner Mutter zu folgen. Es ist nie mehr als drei Meter von ihr entfernt. Experimentell konnte nachgewiesen werden, daß die Herzschlagrate des Kalbes sich erhöht, sobald die Mutter sich von ihm entfernt, und daß es versucht, so schnell wie möglich wieder in die Nähe der Mutter zu gelangen. Während der ersten Stunden seines Lebens kann es vorkommen, daß das Kalb nicht nur seiner Mutter, sondern auch einem Menschen oder einem Hund folgt. Es kann also die Arten noch nicht unterscheiden und kennt auch seine Mutter noch nicht »persönlich«. Später passieren aber solche Fehler nicht mehr. Das Kalb folgt seiner Mutter und sieht immer den kennzeichnenden »Spiegel« eines flüchtenden Rens vor sich. Der Spiegel ist das helle Fell auf dem Hinterteil des Rens. Auf der Flucht oder bei der Überquerung eines Flusses richten Rentiere ihren kurzen Schwanz auf, wobei verbreiterte weiße Bänder sichtbar werden.

Eine Mutter kann ihr Kalb von anderen mit Hilfe ihres Geruchssinns unterscheiden. Sie beschnuppert den Afterbereich und den Kopf des Kalbes. Von weitem schon kann das Kalb seine Mutter an der Stimme erkennen. Wenn die Mutter das erbärmliche Geschrei ihres oder eines fremden Kalbes hört, das wie »av-av-av« klingt, antwortet sie mit einem gedämpften »khor-khor-khor«. Dieser Ruf wird aber nur von ihrem eigenen Kalb erwidert, indem es auf sie zuläuft. Eine Kuh säugt nie fremde Kälber und kann diese sogar mit ihrem Geweih wegstoßen.

Bis zum Alter von drei Monaten bleiben Muttertier und Kalb eng verbunden. Im Verhältnis zur Herde sind die beiden eine selbständige Einheit. Wenn die Fütterungszeit gekommen ist, hat sich viel Milch im Euter angesammelt, und das Kalb ist hungrig geworden. Muttertier und Kalb sondern sich dann von der Herde ab und treffen sich an dem Ort, wo das Kalb auch bei der letzten Fütterung gesäugt wurde. Dies ist auch die Stelle, wohin sich das Junge zurückzieht, wenn es die Mutter in der Herde verloren hat. Obwohl Wildrene zu den Huftieren gehören, bei denen die Jungen ihren Müttern folgen, kann es vorkommen, daß das Kalb sich manchmal versteckt, während die Mutter äst.

Wenn das Kalb drei Monate alt ist, kann es in der Herde überleben, auch wenn es seine Mutter verlo-

Rentierhufe sind breit und weit spreizbar, die Nebenhufe so kräftig und lang, daß sie beim Gehen den Boden berühren. Dadurch wird die Fortbewegung auf Schnee und Morast erleichtert.

▷ Eine aus Kühen und Jungtieren bestehende Herde der sogenannten Barren-Ground-Karibus, der nördlichsten amerikanischen Rentierunterart, zieht durch eine Tundralandschaft in Alaska.

▷▷ Karibus im Winter auf der Suche nach Flechten und anderer karger Pflanzenkost.

▷▷▷ Ein Rivalenkampf zwischen zwei starken Karibuhirschen.

ren hat. Die Mutter säugt das Kalb bis zum sechsten Monat, aber es folgt ihr den ganzen Winter hindurch und äst aus den Löchern, welche die Mutter in den Schnee scharrt. Im Frühjahr sammeln sich die Jungen in den Herden der Hirsche und Kühe, die keine Jungen führen. Mit ihnen ziehen sie nach Norden und zur Seeküste. In der Zwischenzeit sondern sich die trächtigen Muttertiere in die Geburtsgebiete ab.

Von den ersten Lebenstagen an gewöhnt sich das Wildren an das Leben in der Herde, welches für das Tier von Vorteil ist. Die erwachsenen und mehr erfahrenen Tiere brauchen weniger Zeit, um die nahrungsreichen und zugänglichen Gebiete ausfindig zu machen. Auch erinnern sich diese Tiere besser an frühere gefährliche Situationen. Unmittelbare Beobachtungen haben gezeigt, daß Wölfe eine Wildrenherde nicht sehr lange verfolgen. Wenn nicht nach einer kurzen Flucht ein krankes oder schwaches Tier zurückbleibt, geben die Wölfe ihre Verfolgungsjagd auf.

Während des heißen Sommers, wenn die blutsaugenden Insekten in Schwärmen über die Wildrene herfallen, scharen sie sich eng zusammen und bilden eine kompakte Gruppe. Die Insekten, die durch ihren Geruchssinn gelenkt werden, greifen nur die Tiere am Rande dieser Gruppe an. Die Wildrene in der Mitte werden von den Insekten überhaupt nicht angefallen. Die kleinste Gruppe, in der sich wenigstens einige Rene in der Mitte vor Insekten schützen können, umfaßt 35 Tiere. Die Durchschnittsgröße einer Renherde ist allerdings beträchtlicher: Die meisten Gruppen bestehen aus 40 bis 400 Tieren.

Wildrengruppen können sich leicht bilden, aber auch leicht wieder auflösen. Ein inniges Verhältnis besteht nur zwischen dem Muttertier und seinem Jungen. Die anderen Tiere erkennen einander nicht, mit anderen Worten, die Herden sind anonym. Das Verhältnis der Herdenmitglieder untereinander folgt einer Rangordnung, die hauptsächlich auf der Größe und dem Gewicht des Geweihs beruht. Meist streiten die Tiere um ein Loch im Schnee, also um das Recht, an einer Stelle zu äsen, die schneefrei ist. Da die Hirsche während des ganzen Winters kein Geweih tragen, können die Kühe (die ja noch ihr Geweih haben) sie sehr leicht von den Scharrstellen vertreiben. Kühe im Alter von vier bis sieben Jahren haben das größte Geweih und können sich daher an den freigescharrten Stellen am besten behaupten. Kämpfe zwischen Kühen kommen häufig vor, sind aber nur von kurzer Dauer. Die Kuh, die entweder weniger hungrig oder weniger angriffslustig ist, gibt nach.

Leittiere spielen im Leben der Herde eine große Rolle. Wenn Wildrene verängstigt sind, folgen sie dem ersten Tier, das sich von der Herde löst. Die Angst ist stärker als andere Antriebe und ist eine notwendige Bedingung, wenn die Herde einem Leittier folgt. Wenn die Tiere entspannt sind, kümmern sie sich nicht um einen Artgenossen, der aus irgendeinem Grund die Herde verlassen hat. Während der Wanderung folgen sie dem Leittier automatisch. Einmal auf Wanderung, können die Wildrene nicht gestoppt werden, weder durch Menschen noch durch Wölfe. Die Leittiere sind erwachsene Kühe oder Hirsche. Manchmal kann es auch ein Kalb sein, das als

Eine norwegische Rentierherde wandert über Schneefelder oberhalb der Baumgrenze.

Ein Barren-Ground-Karibu vor dem Mount McKinley in Alaska, dem höchsten Berg Nordamerikas.

TRUGHIRSCHE

Trughirsche (Odocoileinae)

Name deutscher Name wissenschaftlicher Name englischer Name (E) französischer Name (F)	Körpermaße Kopfrumpflänge (KRL) Schwanzlänge (SL) Standhöhe (SH) Gewicht (G)	Auffällige Merkmale	Fortpflanzung Tragzeit (Tz) Zahl der Jungen je Geburt (J) Geburtsgewicht (Gg)
Reh *Capreolus capreolus* mit 3 Unterarten E: Roe deer F: Chevreuil	KRL: 100–140 cm SL: 1–2 cm SH: 60–90 cm G: 15–50 kg	Geweih meist mit 6 Enden, gelegentlich mit 10; verlängerte Tragzeit	Tz: 273–294 Tage (einschließlich 150 Tage verspätete Einnistung des Keims) J: 1–4, meist 2–3 Gg: 500–1500 g
Weißwedelhirsch, Virginiahirsch *Odocoileus virginianus* mit 37 Unterarten E: White-tailed deer F: Cerf de Virginie, Cerf à queue blanche	KRL: ♂♂ bia 195 cm, ♀♀ bis 170 cm SL: 27 cm SH: ♂♂ 100 cm, ♀♀ 90 cm G: ♂♂ selten über 90 kg, ♀♀ selten über 65 kg	Hellfarben, lebhaft und elegant; Schwanz (»Wedel«) groß, oberseits braun, unterseits und am Rand weiß, wird beim Laufen aufgestellt und gespreizt; Geweih mit nach außen gebogener und nach vorne wachsender Stange	Tz: etwa 205 Tage J: 1, oft 2 Gg: etwa 2,6 kg (bei Zwillingsgeburten)
Schwarzwedelhirsch, Maultierhirsch *Odocoileus hemionus* mit 9 oder 10 Unterarten E: Mule deer, Black-tailed deer F: Cerf-mulet	KRL: ♂♂ bis 195 cm, ♀♀ bis 160 cm SL: 18 cm SH: ♂♂ 106 cm, ♀♀ 95 cm G: ♂♂ selten über 100 kg, ♀♀ selten über 65 kg	Gedrungen; überwiegend grau; große Ohren; großer Spiegel; größeres Geweih als Weißwedelhirsch; auf Hochsprung spezialisiert	Tz: 205 Tage Gg: 3,6 kg (bei Zwillingsgeburten)
Pampashirsch *Ozotoceros bezoarticus* mit 3 Unterarten E: Pampas deer F: Cerf des pampas, Goazou	KRL: 110–130 cm SL: 10–15 cm SH: 65–75 cm G: ♂♂ 40 kg, ♀♀ 33 kg	Klein und zierlich; dreiendiges Geweih; Haarwirbel auf dem Kopf; großer weißer Spiegel mit abspreizbaren Haaren; kleine Voraugen- und Fußwurzeldrüsen, innere Nasen- und Zwischenzehendrüsen groß, letztere mit starker Duftabsonderung	Tz: 208–235 Tage Gg: 1,25–2,2 kg
Sumpfhirsch *Blastocerus dichotomus* E: Swamp deer F: Cerf de marécages	KRL: 180–195 cm SL: 10–15 cm SH: 110–120 cm G: ♂♂ 110 kg, ♀♀ 70 kg	Größte südamerikanische Hirschart; langes, zottiges Haarkleid, rötlich, mit schwarzen Beinen und schwarzem Spiegel; Geweih in der Regel vierendig, hell gefärbt, unregelmäßig und mittelgroß; lange, weit spreizbare Hufe	Tz: 255–271 Tage J: 1 Gg: 4,2 kg
Nördlicher Andenhirsch, Nördlicher Huemul *Hippocamelus antisiensis* E: Taruca, North Andean huemul, Peruvian huemul F: Huemul du Pérou	KRL: 150–170 cm SL: 11,5–13 cm SH: 78–91 cm G: 45–65 kg	Bauch und Schwanzunterseite leuchtend weiß; einfaches Gabelgeweih	Tz: 7 Monate J: 1 Gg: nicht bekannt
Südlicher Andenhirsch, Südlicher Huemul *Hippocamelus bisulcus* E: South Andean huemul, Chilean huemul F: Huemul du Chili	KRL: 150–170 cm SL: 11,5–13 cm SH: 91 cm G: 45–65 kg	Gabelgeweih; lange »Eselohren«; dunkelbraun gefärbt; Kitze ungefleckt; große Voraugendrüsen; Fell rauh und fettig; geschickte Kletterer, keine schnellen Läufer	Tz: 7 Monate J: 1 Gg: nicht bekannt
Pudu, Südlicher Pudu *Pudu pudu* E: Southern pudu F: Poudou du Sud	KRL: 85 cm SL: 8 cm SH: 35–38 cm G: 9–15 kg	Einfaches Spießgeweih von 7–10 cm Länge; sehr große Voraugendrüsen	Tz: 210 Tage J: 1 Gg: 1–1,5 kg
Nördlicher Pudu *Pudu mephistopheles* mit 2 Unterarten E: Northern pudu F: Poudou du Nord	KRL: 60–74 cm SL: 3–4,5 cm SH: 32–36 cm G: 7–10 kg	Kleinster Vertreter der Echten Hirsche; Voraugendrüse klein; Junge sind nicht wie beim (Südlichen) Pudu gefleckt	Tz: 210 Tage J: 1 Gg: 1–1,5 kg
Großer Roter Spießhirsch *Mazama americana* mit 14 Unterarten E: Red brocket F: Daguet rouge	KRL: 70–130 cm SL: 8–15 cm SH: 69–71 cm G: 16–25 kg	Geweih einfache Spieße, 10–13 cm lang, bei sehr alten Tieren manchmal gegabelt; Abwurf zu jeder Jahreszeit, oft in mehr als Jahresabstand; keine feste Jahreszeit für Brunst, nicht an Geweihzyklus gebunden	Tz: 200 Tage J: 1 Gg: 0,9–1,5 kg
Kleiner Roter Spießhirsch *Mazama rufina* mit 2 Unterarten E: Little red brocket F: Daguet nain rouge	KRL: nicht bekannt SL: nicht bekannt SH: 35 cm G: 9–11,5 kg	Sehr große Voraugendrüsen; Spieße kurz (7 cm)	Tz: nicht bekannt J: 1 Gg: nicht bekannt

DIE ARTEN IM VERGLEICH

Lebensablauf Entwöhnung (Ew) Geschlechtsreife (Gr) Lebensdauer (Ld)	Nahrung	Feinde	Lebensweise und Lebensraum	Häufigkeit
Ew: mit etwa 3 Monaten Gr: mit etwa 1 Jahr Ld: bis 15 Jahre	Laub, Knospen, Gras, Früchte, Samen	Wolf, Luchs, Adler, Fuchs	Einzelgängerisch und in Kleingruppen; in Nadel- und Laubwaldgebieten; als großgruppenbildende »Feldrehe« in großräumigen Agrarlandschaften Mitteleuropas; Reviergröße 4–80 ha	Häufigste Wildart Mitteleuropas
Ew: mit etwa 4 Monaten Gr: mit 18, manchmal schon mit 6 Monaten Ld: 8–10 Jahre, in Menschenobhut bis 16 Jahre	Weiche, gut verdaubare Pflanzenkost	Große Raubtiere	Vorzugsweise versteckt in Dickichten, aber auch in größeren Gruppen im offenen Gelände; Mutterfamilien; »Trainingskämpfe« oder Kampfspiele zwischen Hirschen; an sehr unterschiedliche Lebensräume angepaßt	Art nicht gefährdet, wohl aber einige Unterarten
Wie Weißwedelhirsch	Wie Weißwedelhirsch	Wie Weißwedelhirsch	Etwas geselliger als Weißwedelhirsch, doch im Sozialverhalten deutlich von ihm unterschieden; bewohnt kalte Regenwälder bis Hochgebirge, bevorzugt in steilen Gebieten	Wie Weißwedelhirsch
Ew: mit etwa 5–6 Monaten Gr: mit 1 Jahr Ld: nicht bekannt	Gräser, Kräuter und Blätter	Anden- und Pampasfuchs, Haushunde	Gesellig, in kleinen Gruppen von 2–6 Tieren, gelegentlich auch in größeren Herden; nicht territorial; in offenem Grasland	Gefährdet durch Lebensraumverlust, Haustierkrankheiten und Wilderei; besonders gefährdet die argentinische Unterart O. b. celer
Ew: wahrscheinlich mit 5 Monaten Gr: wahrscheinlich mit 1 Jahr Ld: nicht bekannt	Sumpfpflanzen	Jaguar, Anakonda, Haushunde	Gesellig, in Überschwemmungsgebieten, stets in Wassernähe, auch im flachen, feuchten Wald- und Buschland an den Flüssen Paraná und Paraguaya	Gefährdet durch Lebensraumzerstörung, Haustierkrankheiten, Wilderei und Haushunde
Nicht bekannt	Flechten, Moose, Kräuter und Gräser	Mensch, Puma, Magellanfuchs	Revierverhalten unbekannt; in hügeligem Grasland; verstreute Kleinpopulationen	Anscheinend nicht selten und ungefährdet
Nicht bekannt	Gras und Laub	Mensch; Puma, wo sich beider Verbreitung überschneidet	Revierverhalten unbekannt; auf hochalpinen Gras- und Buschflächen, steigt im Winter bis zur Waldgrenze herab	Selten; Überweidung der Flächen durch Haustiere führte zum Niedergang, ebenso die Ansteckung mit Haustierparasiten und -krankheiten
Ew: mit 2 Monaten Gr: Weibchen mit 6, Männchen mit 8–12 Monaten Ld: 8–10 Jahre	Hauptsächlich Blätter, aber auch Zweige, Rinde, Blüten, Früchte und Farne	Puma, Magellanfuchs, Andenfuchs, Kleinkatzen (?), verwilderte Haushunde, Adlereule	Einzeln in Revieren von 1–5 km²; in Regenwäldern und Bambusdickungen vom Flachland bis zur Schneegrenze	Gefährdet; 90% des ursprünglich bewohnten Tieflandwaldes sind gerodet und von Menschen besiedelt
Ew: mit 60 Tagen Gr: mit 6 Monaten Ld: 8–10 Jahre	Weidet auf Lichtungen und Feldern in der Dämmerung	Wie bei Pudu	Einzeln oder paarweise; Reviergröße unbekannt; in Südkolumbien und Nordekuador in Höhen zwischen 2700 und 4000 m	Gefährdet durch Jagd und Umweltzerstörung
Ew: mit 6 Monaten Gr: mit 12 Moanten Ld: 7–12 Jahre	Hauptsächlich Blätter, aber auch gefallene Früchte und etwas Gras	Mensch, Jaguar, Puma, Tayra, verwilderte Hunde, Adler, Riesenschlangen	Einzeln oder paarweise; Revierverhalten unbekannt; nirgends sehr häufig, vielleicht infolge geringer Dichtetoleranz; bevorzugt Dickicht und Wald in Wassernähe, oft in Flußauen	Nicht gefährdet; gedeiht offenbar gut in der Nachbarschaft primitiven Ackerbaus
Ew: 6 Monate Gr: nicht bekannt Ld: nicht bekannt	Laub	Mensch, Puma, Tayra, Adler	Sozialverhalten unbekannt; in Savanne und auf freien Berghängen, auch in buschigen, kleinen Schluchten am Rande der Wälder	Nicht bekannt

TRUGHIRSCHE

Name deutscher Name wissenschaftlicher Name englischer Name (E) französischer Name (F)	Körpermaße Kopfrumpflänge (KRL) Schwanzlänge (SL) Standhöhe (SH) Gewicht (G)	Auffällige Merkmale	Fortpflanzung Tragzeit (Tz) Zahl der Jungen je Geburt (J) Geburtsgewicht (Gg)
Großer Grauer Spießhirsch *Mazama gouazoubira* mit 10 Unterarten E: Brown brocket F: Daguet gris	KRL: nicht bekannt SL: nicht bekannt SH: 35–61 cm G: 17 kg	Weißer Überaugenstreifen; weißer Bauch; Spieße 10–13 cm lang; Junge weiß gefleckt	Tz: 206 Tage J: 1 Gg: 1,4 kg
Kleiner Grauer Spießhirsch *Mazama chunyi* E: Dwarf brocket F: Daguet nain gris	KRL: nicht bekannt SL: nicht bekannt SH: 35 cm G: 16–21 kg	Kleiner und dunkler als der Große Graue Spießhirsch	Tz: nicht bekannt J: 1 Gg: nicht bekannt
Elch *Alces alces* mit 7 Unterarten E: Elk (in Europa), Moose (in Nordamerika) F: Elan	KRL: 240–310 cm SL: 5–12 cm SH: 140–235 cm G: 200–825 kg	Großer, pferdeähnlicher Hirsch mit stämmigem, kurzhalsigem und hochbeinigem Körper; langer Kopf mit sehr langer Nasengegend und sehr breiter Muffel; stark überhängende, breite und sehr bewegliche Oberlippe; buckelartig erhöhter Widerrist; Schaufelgeweih, selten auch mehrfach gegabeltes Stangengeweih	Tz: 224–243 Tage J: 1, oft zwei Gg: 11–16 kg
Rentier, Wildren, Karibu *Rangifer tarandus* mit 7 Unterarten E: Reindeer (in Europa), Caribou (in Nordamerika) F: Renne	KRL: 120–220 cm SL: 7–21 cm SH: 87–140 cm G: 60–318 kg	Kontrastreich gefärbtes dichtes Haarkleid mit Unterwolle; großes Geweih bei beiden Geschlechtern, bei weiblichen Tieren kleiner oder manchmal fehlend; sehr große Hufe; Knackgeräusch beim Gehen; ausdauernder und schneller Läufer	Tz: etwa 228 Tage J: 1 Gg: 5–12 kg

erstes von der Herde stürmt, auf der Suche nach seiner verlorenen Mutter an der Stelle, wo es zuletzt gesäugt wurde. Dann kann es vorkommen, daß diesem Kalb die ganze Herde folgt.

Die Herde als solches gibt den Tieren ein Gefühl des Schutzes. Dasjenige Tier, dessen Angstgefühl vor Raubtieren stärker ist als das Sicherheitsgefühl, in der Herde zu sein, wird das Leittier, dem alle anderen folgen. Das Tier, das diese Rolle übernimmt, ist oft ein erfahrenes Tier, beispielsweise eine ältere Kuh. Untersuchungen haben gezeigt, daß ein Drittel aller erwachsenen Kühe und Hirsche Leittiere werden können. Auf der Wanderung schlagen alle – Leittiere und nachfolgende Rene – eine bestimmte Richtung ein. Hierbei laufen die Rene hauptsächlich gegen den Wind. Dies zeigt, wie wichtig der Geruchssinn für die Richtungsorientierung ist, da ja Geruchsstoffe durch den Wind verbreitet werden. Außerdem bläst der Wind im Sommer die blutsaugenden Insekten weg. In hügeligem Gelände laufen aufgescheuchte Wildrene eher bergaufwärts. Sie ziehen es ebenfalls vor, an Flußläufen oder am Rand einer Felsschlucht entlang zu fliehen. Wildrene haben ein gutes Ortsgedächtnis. Sie erkennen Plätze wieder, wo sie die Nacht verbracht haben, und sie neigen dazu, zu diesen Plätzen zurückzukehren. Der Mensch hat dieses ortstreue Verhalten bei der Jagd auf Wildrene ausgenutzt, besonders um Fanggehege anlegen zu können.

Während der Wanderung ziehen Wildrene große Flußtäler vor. Sie erinnern sich gut an die Wanderrouten vergangener Jahre. Jeder Rentierbestand hat seine bestimmten, überlieferten Routen. So kann es gut möglich sein, daß Wildrene, die den Winter gemeinsam verbracht haben, sich nachher trennen. Die einen wandern an die Küste und die anderen ins Gebirge. Die Inselformen wandern oft von den Inseln über die Meeresengen zum Festland. Da auf einigen Inseln der Wildrenbestand stark gesunken war, blieben nur wenige Tiere übrig, um diese Wandertradition weiterzugeben, und die Wanderungen auf das Festland blieben aus. Heutzutage gibt es wieder viele Wildrene auf den Inseln, aber die früheren, traditionellen Wanderrouten wurden nicht wieder benutzt.

Der Mensch stellte das Ren schon früh in seine Dienste. Er hält es in frei weidenden Herden oder neuerdings auch in Einzäunungen und züchtet gezielt nach. Hausrene sind kleiner als ihre wildlebenden Artgenossen und verlieren weitgehend ihre Scheu vor den menschlichen Betreuern, von denen sie sich sogar vor einen Schlitten spannen lassen.

DIE ARTEN IM VERGLEICH

Lebensablauf Entwöhnung (Ew) Geschlechtsreife (Gr) Lebensdauer (Ld)	Nahrung	Feinde	Lebensweise und Lebensraum	Häufigkeit
Ew: mit 6 Monaten Gr: mit 12 Monaten Ld: 6–12 Jahre	Laub und Krautgewächse, auch einige Früchte und Samen	Jaguar, Puma, Tayra, Adler, Riesenschlangen	Sozialverhalten unbekannt, doch geringe Dichte; im Übergangsbereich zwischen Wald und Savanne, liebt offenes, sumpfiges Gelände zur Nahrungssuche, sucht zur Ruhe Dickungen auf	Nicht bekannt
Nicht bekannt	Laub, äst jedoch auch auf abgeernteten Feldern und Kartoffeläckern	Puma, Tayra, Adler	Einzeln oder paarweise; meist nachtaktiv	Nicht bekannt
Ew: mit 5 Moanten Gr: mit 1,5–2,5 Jahren Ld: im Schnitt 8–10, selten mehr als 16 Jahre	Blätter, Zweige, Kräuter, Wasserpflanzen	Große Raubtiere	Vorwiegend Einzelgänger, doch manchmal größere Gruppen nach der Brunftzeit und im Frühjahr; Kampfspiele und ernsthafte Rivalenkämpfe zwischen Hirschen; bevorzugt in bewaldeten, feuchten Gebieten	Nicht gefährdet
Ew: mit etwa 6 Monaten Gr: meist mit etwa 2,5 Jahren Ld: Hirsche etwa 6–8, Kühe über 10 Jahre	Vielerlei Pflanzenkost: Blätter, Kräuter, Seggen, Pilze, Flechten	Große Raubtiere	Gesellig und große Herden bildend; weite Wanderungen; in Tundra, Taiga und subalpinen Gebieten, aber auch in dichten, feuchten Nadelwäldern, sowohl im Tief- als auch im Bergland; niedrige Populationsdichte (weniger als 1 Tier/ 250 ha, ausnahmsweise mehr)	Nicht gefährdet

Wenn Wildrene auf ihrer Wanderung auf ein unerwartetes Hindernis treffen, wie etwa eine neugelegte Gasleitung oder einen zufrierenden Fluß, kann es bis zu einem Monat dauern, bis sie eine andere Wanderroute gefunden haben. Unter solchen Umständen kommt es zu einer Mischung von verschiedenen Wildrenbeständen.

Wildrene leben nomadisch und haben in diesem Sinn kein bestimmtes Territorium. Das Wildren hat nur ein gewisses Verbreitungsgebiet, in dem aber die Wanderungen der Tiere nicht voraussagbar sind. Heutzutage sind die Wildrenbestände hoch, jedoch sind sie fortgesetzten Schwankungen unterworfen. Schätzungsweise gibt es 2 Millionen Wildrentiere; 950 000 von ihnen leben in der Sowjetunion, hauptsächlich im Tajmyr-Gebiet (600 000); in Yakutia 250 000 Tiere. In den nordöstlichen Provinzen Kanadas leben ungefähr 900 000 Wildrene. In Alaska sind es 300 000 und in Skandinavien 45 000.

Der natürliche Hauptfeind des Wildrens ist der Wolf. Wölfe reißen hauptsächlich kranke oder geschwächte Rentiere, ohne den Bestand zu sehr zu gefährden. Neugeborene Kälber, die noch unsicher auf den Beinen sind, fallen Rotfüchsen, Polarfüchsen, Krähen, Seeadlern, Schwarz- und Braunbären zum Opfer. Ältere Kälber und manchmal auch erwachsene Rene werden von Luchsen und Vielfraßen angegriffen. In Nordamerika zeigen die neuesten Studien, daß Schwarzbären höchst erfolgreich Rentiere aller Altersklassen jagen, wobei Bestände solcher Raubbären, wie in Neufundland etwa, sich durch große Körpergröße auszeichnen. Wildrene leiden unter den Dasselfliegen und Bremsen, die unter ihrer Haut und in der Nasenhöhle ihre Larven ablegen. Die gefährlichsten Krankheiten des Rens sind Milzbrand und Maul- und Klauenseuche. Die letztere Erkrankung breitet sich im Sommer aus. Der Krankheitserreger dringt durch den Haarbalg (Wurzelscheide) in der Nähe des Hufs und ruft Vereiterungen und Entzündungen hervor.

Das Wildren spielte in der Vergangenheit und spielt auch heute noch eine wichtige Rolle im Leben der Menschen der Arktis. Die Menschen der Altsteinzeit lebten hauptsächlich vom Wildren, obwohl sie sehr viele Tiere jagten. Das Ren lieferte ihnen Fleisch, Felle für ihre Kleidung, Knochen für ihre Werkzeuge, Sehnen als Garn und mehr. Schon früh in der Geschichte Eurasiens wurden Wildrene domestiziert, jedoch nie in der Neuen Welt. Kulturen, die Rentiere züchteten, entstanden im Spätglazial, als der Untergang der Tierwelt des Pleistozäns (ältere Zeitstufe des Quartärs) begann. Erst seit verhältnismäßig kurzer Zeit werden Hausrene in Einzäunungen gehalten. In den meisten Gebieten werden Hausrene als Herde getrieben. Die Renzucht berücksichtigt das natürliche Verhalten der Tiere. Heute gibt es 2 Millionen Hausrene in der Sowjetunion, 800 000 in Skandinavien und 50 000 in Alaska. Hausrene sind kleiner als ihre wilden Artgenossen, haben ein dunkleres Fell und sind nicht so scheu.

▷ Nur zwei Arten umfaßt die Familie der Giraffen: die waldlebenden Okapis und die allbekannten Steppengiraffen, die zu den Charaktertieren der Savannen- und Buschlandschaften Afrikas zählen.

GIRAFFEN

Kategorie
FAMILIE

Systematische Einteilung: Familie der Paarhufer (Artiodactyla), Unterordnung Wiederkäuer (Ruminantia), mit 2 Unterfamilien, die jeweils nur 1 Gattung mit 1 Art umfassen.

Unterfamilie Langhals- oder Steppengiraffen (Giraffinae)
Gattung Giraffen *(Giraffa)*
Unterfamilie Waldgiraffen (Okapiinae)
Gattung Okapis *(Okapia)*

Kopfrumpflänge: 200–470 cm
Schwanzlänge: 30–100 cm
Standhöhe: 150–330 cm (Scheitelhöhe bei männlichen Giraffen bis 580 cm)
Gewicht: 210–1900 kg
Auffällige Merkmale: Verhältnismäßig kurzer Rumpf; lange Gliedmaßen; langer bis sehr langer Hals; abfallender Rücken; Muffel vollständig oder fast vollständig behaart; zurückgebildetes Gebiß; lange, bewegliche Zunge; Stirnscheitelfläche mit 2–5 kurzen Hörnern in Form von abgerundeten, hautüberzogenen Knochenzapfen, die nicht gewechselt werden; weibliches Okapi ohne Hörner; Haarkleid kurz und dicht, bei Giraffe kurze stehende Nackenmähne; Giraffe mit stark veränderlichem Fleckenmuster, Okapi vorwiegend dunkel kastanienbraun mit charakteristischen weißen Querstreifen an den Oberarmen und an den Keulen.

Giraffidae	WISSENSCHAFTLICH
Giraffes	ENGLISCH
Girafes	FRANZÖSISCH

Fortpflanzung: Tragzeit 14–15,5 Monate; in der Regel 1 Junges je Geburt; Geburtsgewicht etwa 20–100 kg.

Lebensablauf: Entwöhnung mit etwa 6–17 Monaten; Geschlechtsreife mit 2–5 Jahren; Lebensdauer etwa 25 Jahre, im Zoo bis über 30 Jahre.

Nahrung: Ausschließlich pflanzlich; bei Giraffe hauptsächlich Blätter und frische Triebe, bei Okapi auch Gräser, Farne, Früchte und Pilze.

Lebensweise und Lebensraum: Giraffe gesellig, in kleinen Gruppen, manchmal auch in großen Herden; Okapi einzelgängerisch, nur während der Fortpflanzungszeit in Paaren; nicht territorial; Giraffe in Buschland und Savanne; Okapi im tropischen Regenwald.

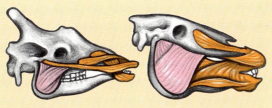

Kopfmuskulatur
Die Wiederkäuer (Giraffe, links) brauchen zum Abbeißen der Nahrung beim Grasen nur wenig Kraft. Ihre Kaumuskulatur wird eher auf Ausdauer beansprucht durch das ständige Wiederkauen. Ihr »Zubeißer«, der Kaumuskel Musculus masseter (rot), ist dementsprechend verhältnismäßig klein. Auch die übrige Gesichtsmuskulatur (braun) ist nur schwach entwickelt, wodurch das Gesicht einen etwas starren Ausdruck bekommt. Der Unterkiefer der nichtwiederkäuenden Unpaarhufer (Pferd, rechts) ist sehr hoch und mit einem mächtigen Kaumuskel (rot) ausgestattet. Die harte pflanzliche Nahrung wird nämlich gleich nach dem Abbeißen mit den Zähnen verarbeitet und nicht zunächst im Magen aufgeweicht und vorverdaut, wie das bei den Wiederkäuern der Fall ist. Da sich daran die Lippen und die Wangen aktiv beteiligen, ist auch die ganze übrige Gesichtsmuskulatur (braun) gut entwickelt. Dadurch wird auch eine abwechslungsreiche Mimik des Gesichts als Kommunikationsmittel ermöglicht.

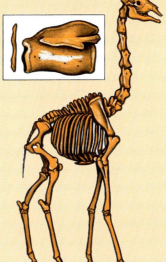

Skelett
Der lange Hals der Giraffen kommt nicht etwa durch eine Vermehrung der Wirbel zustande, sondern durch ihre Verlängerung. Die Zahl von sieben Halswirbeln ist offensichtlich in der Erbsubstanz aller Säugetiere fest verankert (Ausnahme: Seekühe, Faultiere). Es sind stets sieben Halswirbel vorhanden, gleichgültig, ob es sich um langhalsige Formen wie die Giraffe oder um »halslose« Formen wie die Wale handelt: Delphin (links) und Giraffe (rechts).

Körpergröße
Die unterschiedliche Körpergröße ermöglicht vielen Huftieren eine konkurrenzlose Verwertung des Pflanzenangebots in unterschiedlichen Höhenstufen. Die Giraffen erreichen dabei die höchsten Schichten. Ihre Reichweite wird zusätzlich noch durch die weit ausstreckbare, kräftige Zunge vergrößert. Eine ähnliche Zunge besitzen auch die Okapis (oben rechts). Das Schema zeigt einige Savannentiere: Dikdik, Giraffengazelle, Giraffe (von links nach rechts).

Waldgiraffen

von Bernhard Grzimek

Über die Lebensweise freilebender Okapis oder Waldgiraffen ist sehr wenig bekannt. Das OKAPI *(Okapia johnstoni)* als die einzige Art der Unterfamilie Okapiinae lebt zurückgezogen in den unzugänglichen Regenwäldern in Zaire und wurde daher erst um 1900 entdeckt. Die erste und bisher einzige Untersuchung an freilebenden Okapis wurde von dem amerikanischen Ehepaar Terese und John Hart im Ituri-Wald durchgeführt. Diese Zoologen lebten seit 1986 in diesem Regenwaldgebiet, wo sie mehrere Okapis fangen und mit Radiosendern versehen konnten; im tropischen Regenwald ist im Gegensatz zur Steppe eine fortlaufende Beobachtung von Tieren kaum möglich, so daß man auf dieses Hilfsmittel zurückgreifen muß. Das meiste Leben spielt sich hoch über dem Boden im Blätterdach der Baumriesen ab. Die wenigen größeren Säugetiere, wie Pinselschwein, Bongo oder Okapi, bekommt man fast nie zu Gesicht. Die braune Färbung und die Streifenzeichnung tarnen das Okapi so, daß es schon in einer Entfernung von 25 Metern mit seiner Umgebung verschmilzt. Der Boden ist mit bräunlichen modernden Blättern bedeckt. Nur dort, wo durch den Fall eines Baums eine Lichtung entstand, kann ein unwegsames Gebüsch heranwachsen. Größere Lichtungen und die Buschgebiete in der Nähe von Bächen und Flüssen sind der eigentliche Lebensraum des Okapis. Im Bereich des geschlossenen grünen Laubdaches ist nur wenig niederer Pflanzenwuchs möglich, mitten im Wald fehlt dem Okapi die Nahrung.

Okapis sind tagsüber munter und benutzen feste, ausgetretene Pfade. Entlang dieser Pfade wurden die Verbißstellen und der Kot der Okapis untersucht. So

Die unzugänglichen Regenwälder Zaires sind die Heimat des scheuen Okapis, das wegen seiner verborgenen und einzelgängerischen Lebensweise erst spät für die Wissenschaft entdeckt wurde. Die auffällige Streifenzeichnung auf dem samtigen braunen Fell ist eine hervorragende Tarnung, welche die Umrisse des Tiers im flirrenden Helldunkel des Waldes »auflöst«, so daß sie schon auf kurze Entfernung mit dem Hintergrund verschmelzen.

konnten wir bei der Erforschung ihrer Lebensweise noch am meisten über die Nahrungsgewohnheiten der Okapis erfahren. Das Okapi verzehrt vorwiegend Blätter, Knospen und zarte Triebe der Urwaldbüsche. Die lange Zunge erfaßt die Zweige und zieht sie heran, dann werden die Blätter abgestreift. J. de Medina ließ alle Futterpflanzen des Okapis sammeln. Etwa 30 Arten aus 13 Pflanzenfamilien wurden bestimmt. Erstaunlich ist, daß unter den Futterpflanzen sehr viele Wolfsmilchgewächse sind, auch solche, die für Menschen giftig sind. Okapis verzehren auch Waldgräser, Farne, Früchte und Pilze. Durch Kotuntersuchungen wurde nachgewiesen, daß das Okapi auch Holzkohle von Bäumen aufnimmt, die durch Blitzschlag verbrannten. Seinen Mineralsalzgehalt deckt es durch einen schwefelhaltigen, leicht salzigen, rötlichen Ton, der meist in der Nähe von Gewässern zu finden ist.

Okapis sind Einzelgänger. Nur zur Paarungszeit treffen sich Männchen und Weibchen. Die Paare finden sich wahrscheinlich mit Hilfe ihres gut entwickelten Geruchssinns. Das Okapiweibchen wird vermutlich von ihrem Vorjahreskalb begleitet. Im Zoo hört man bisweilen während der Brunftzeit, vorwiegend vom Weibchen, ein leises Hüsteln.

Das Paarungsvorspiel und die Paarung, im Frankfurter Zoo von F. Walther eingehend beobachtet, erinnert sehr stark an die Verhaltensweise von vielen Antilopenarten. Die beiden Partner kreisen umeinander, beriechen und belecken sich. Etwas später zeigt der Bulle seine Überlegenheit durch Hochrecken des Halses, er wirft den Kopf hoch und schnellt einen Vorderlauf nach vorne. Schließlich treibt der Bulle von hinten, um dann aufzureiten. Bald nach der Paarung trennen sich die Partner wieder. Bei freilebenden Tieren sollen die werdenden Mütter sich, wie J. de Medina ausführte, in den dichten Wald zurückziehen, um dort zu gebären. Das Jungtier bleibt einige Tage versteckt im Wald liegen und wird von der Mutter nur auf sein Rufen hin aufgesucht. Daß die Neugeborenen alles andere als stumm sind, wissen wir von Zoobeobachtungen. Sie können bereits wie die Weibchen hüsteln, darüber hinaus auch blöken wie ein Rinderkalb und schließlich einen pfeifenden Laut ausstoßen. Bei der Trennung von Mutter und Kind werden die Lautäußerungen häufiger. Auch das Muttertier ruft in den ersten Tagen oft.

Das Blöken eines Jungtieres alarmiert die Mutter; sie stürmt sofort herbei und verteidigt das Jungtier lebhaft. Das Okapiweibchen droht durch knallendes Schlagen beider Vorderbeine auf den Boden. In einem Gehege in der Eingewöhnungsstation in Epulu (Zaire) konnte ich beobachten, daß sich Okapimütter auf den Hilferuf eines Jungtieres hin auch gegenseitig angreifen. Der Kopf wird unter den Hals des Gegners gesenkt und dann nach oben geschlagen. Dabei weicht der Angreifer aber kurz vor dem Hals seitwärts aus, so daß die Tiere sich nicht wirklich berühren. Die Demutsgebärde der Okapis ist das Niederlegen. Eine Prägung des Jungtieres auf seine Mutter scheint nicht zu bestehen. In Epulu beobachtete ich, wie ein Junges bei zwei Weibchen saugte, ohne abgewehrt zu werden. Ältere Okapikühe sollen sogar Jungtiere anderer adoptieren.

Offiziell »entdeckt« wurde das Okapi erst im Jahr 1901. Als 1890 Henry Stanley in die unerforschten Kongo-Urwälder vordrang, traf er zum erstenmal auf Pygmäen. In seinem berühmten Bericht erwähnt er, daß diese einheimischen Waldbewohner über seine Pferde nicht erstaunt waren, sondern behaupteten, daß sie ähnliche Tiere in ihren Fallgruben fangen, die sie Okhapi nennen. Die Gerüchte über ein pferdeähnliches Tier, das in den Wäldern Britisch-Kongos leben sollte, erweckten das Interesse von Sir Harry Johnston, Gouverneur von Uganda. Nur wenige Jahre später unternahm er eine Kongoexpedition. Im

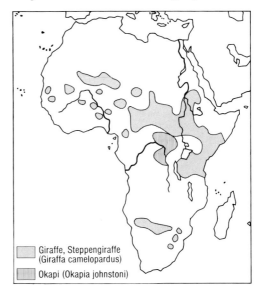

GIRAFFEN

Giraffen (Giraffidae)

Name deutscher Name wissenschaftlicher Name englischer Name (E) französischer Name (F)	Körpermaße Kopfrumpflänge (KRL) Schwanzlänge (SL) Standhöhe (SH) Gewicht (G)	Auffällige Merkmale	Fortpflanzung Tragzeit (Tz) Zahl der Jungen je Geburt (J) Geburtsgewicht (Gg)
Giraffe, Steppengiraffe *Giraffa camelopardalis* mit 8 Unterarten E: Giraffe F: Girafe	KRL: 3,80–4,70 m SL: 1080–100 cm SH: ♂♂ 4,50–5,80 m, ♀♀ 3,90–4,50 m G: ♂♂ 800–1900 kg, ♀♀ 550–1180 kg	Lange Gliedmaßen, Vorderbeine länger als Hinterbeine; besonders langer Hals; gefleckte Musterung; 2–5 Hörner als hautbedeckte Knochenzapfen bei beiden Geschlechtern	Tz: 450–465 Tage J: 1, (sehr selten 2) Gg: ♂♂ 100 kg, ♀♀ 95 kg
Okapi *Okapia johnstoni* E: Okapi F: Okapi	KRL: 200–210 cm SL: 30– 42 cm SH: 150–170 cm G: 210–250 kg	Kurzes, samtiges, dunkel kastanienbraunes Haarkleid; auffällige weiße Querstreifen an Oberarmen und Keulen; sehr große Ohren; große, dunkle Augen; lange, runde Zunge; Männchen mit 2 kleinen hautbedeckten Hörnern	Tz: 14–15 Monate J: 1 Gg: etwa 20 kg

Ein spielerischer Kampf zwischen Okapivater und -sohn (von oben links nach unten rechts): Der junge Bulle stößt den Vater mit der Nase gegen den Ellenbogen und trägt ihm so ein Kampfspiel an. Er nimmt eine etwas übertriebene Imponierhaltung ein. Im Halskampf »besiegt« er den viel stärkeren Alten. Beide legen sich hin, wobei der Jungbulle weiterhin den Hals des Alten niederhält. Der Junge erhebt sich in Imponierhaltung, während der Alte in Demutshaltung liegenbleibt. Beide stehen, und der Alte »verbeugt« sich vor seinem Sohn.

belgischen Fort Beni erhielt er Stücke von Okapifellen, die er im Jahr 1900 an die Zoologische Gesellschaft in London schickte. Diese Fellstücke gaben Anlaß eine neue Art bekanntzugeben mit dem wissenschaftlichen Namen »*Equus johnstoni*« (Pferd des Johnston). Aber schon ein halbes Jahr später konnte anhand eines vollständigen Fells und zweier Schädel geklärt werden, daß es sich nicht um ein Pferd, sondern um eine Waldgiraffe handelt. Eine neue Gattung wurde eingeführt: *Okapia*.

Okapis sind unverwechselbar. Sie haben einen kurzen, gedrungenen Körper mit einem leicht abschüssigen Rücken – ähnlich wie bei Giraffen, aber der Hals der Okapis ist viel kürzer. Ihre Beine sind verhältnismäßig lang. Auffallend sind die breiten, großen Ohren und die lange, schwarzblaue Zunge, mit der sie fast alle Körperstellen, einschließlich Augen und Hufen, erreichen können. Anders als bei Giraffen tragen nur die Männchen hautbedeckte Hörner.

Gleich nach ihrer Entdeckung versuchte man lange Jahre Okapis lebend aus Afrika auszuführen. Die Bemühungen waren zunächst entmutigend. Man hat die Tiere zwar schonend und vorsichtig gefangen, aber sie erlagen in den ersten Jahrzehnten unseres Jahrhunderts meist den Anstrengungen der Reise. Vom Fang- und Eingewöhnungsort mußten sie in ihren Transportkisten Hunderte von Kilometern bis an den Kongostrom fahren, dann gegen drei Wochen auf Flußdampfern reisen, in der Hauptstadt Léopoldville, heute Kinshasa, auf die Eisenbahn umgeladen werden und schließlich in der Hafenstadt Matadi wieder oft viele Tage warten, bis ein Dampfer sie übernahm und in wochenlanger Reise nach Europa oder Amerika brachte. Von zehn Okapis, die 1949 aus dem Fanggebiet abtransportiert wurden, kamen nur fünf lebend in Léopoldville an. Von den vier Verladenen starben zwei auf dem Ozeanschiff und ein drittes in Basel zwei Wochen nach der Ankunft. Erst als man Okapis mit dem Flugzeug beförderte, wurden die Transportverluste geringer. Das erste Okapi als Fluggast reiste 1948 nach Kopenhagen. Das erste Okapi für einen deutschen Zoo, das 1954 nach Frankfurt kam, beförderte ich in einer eigens für den Flugtransport gebauten Kiste.

Während die Okapis der psychologischen und physiologischen Belastung durch die Reise, der Umgewöhnung an die neue Umgebung und das andersartige Futter ausgesetzt sind, kommt eine weitere Gefahr auf sie zu. Die Schmarotzer nehmen überhand. Auf der Reise können sie sich mit Trypanosomen, gefähr-

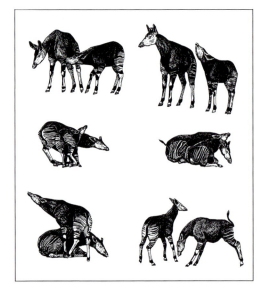

DIE ARTEN IM VERGLEICH

Lebensablauf Entwöhnung (Ew) Geschlechtsreife (Gr) Lebensdauer (Ld)	Nahrung	Feinde	Lebensweise und Lebensraum	Häufigkeit
Ew: 15–17 Monate Gr: Männchen mit 42, Weibchen mit 48–60 Monaten Ld: 25 Jahre (im Zoo bis 28 Jahre)	Blätter, frische Triebe (Akazien)	Großraubkatzen	Gesellig und durchweg friedlich; in kleinen Gruppen, manchmal auch in größeren Herden; große Streifgebiete; in Buschland und Savanne Afrikas südlich der Sahara	In Ostafrika noch häufig, in Westafrika durch Wilderer stark bedroht
Ew: nach 6 Monaten Gr: Weibchen mit etwa 2 Jahren, Männchen später Ld: in Menschenobhut über 30 Jahre	Vielerlei Pflanzenkost: Blätter, Knospen, Triebe, Gräser, Farne, Pilze, Früchte	Leopard; für Jungtiere auch Serval und Goldkatze	Einzelgänger, paarweise nur in der Fortpflanzungszeit; sehr scheu und wachsam; im dichten, feuchten Urwald, bevorzugt in der Nähe von Lichtungen und Wasserläufen; Wohngebiete mit festen Wechseln	Gilt als selten, doch keine genauen Bestandszahlen bekannt; seit 1933 in Zaire geschützt

lichen Blutschmarotzern, angesteckt haben. Viel schlimmer aber noch ist der Befall mit Darm- und Leberwürmern. Die Mehrzahl der Okapis, die die Reise oder das erste Jahr im Zoo nicht überlebten, starben an Verwurmung. Alle Eingeweidewürmer legen täglich eine sehr große Zahl Eier ab. Die Wahrscheinlichkeit, daß ein Wurmei von dem freilebenden Okapi wieder aufgenommen wird, um sich in ihm zu einem fortpflanzungsfähigen Parasiten zu entwickeln, ist sehr gering. In der Transportkiste dagegen kommt das Tier ständig mit seinem Kot in Berührung, und auch im Zoo später ist kaum zu vermeiden, daß es verhältnismäßig oft durch die Wurmeier gefährdet wird. Aus den Eiern entwickeln sich neue Schmarotzer, die nun ebenfalls Eier legen; es kommt zu einer Anreicherung, zur Verseuchung des Wirtes. Bei frisch eingeführten Okapis wurden in einem Gramm Kot oft über 4000 Eier von verschiedenen Wurmarten gezählt. Das bedeutet, daß das Tier am Tag über fünf Millionen Wurmeier mit dem Kot ausscheidet. Über 30 Wurmarten sind vom Okapi bekannt. Viele, aber leider nicht alle, lassen sich im Zoo durch Medikamente bekämpfen. Besonders gefährlich und durch Wurmmittel kaum zu beeinflussen ist der Hakenwurm *(Monodontella giraffae)*. Er kommt bei Okapi und Giraffe vor, was für die Abstammung beider Arten von einer gemeinsamen Stammform spricht.

Peinlichste Sauberkeit ist in der Zootierhaltung eines der wichtigsten Gebote, damit sich die Tiere nicht ständig über ihren Kot neu infizieren.

Nach der Eingewöhnung von Okapis in den zoologischen Gärten war das nächste Ziel ihre Zucht. Erst 1956 kam in Paris das erste Okapi zur Welt, das in einem Zoo gezeugt, geboren und aufgezogen wurde. Das erste in Deutschland geborene Okapi wurde das Bullkalb »Kiwu« am 9. September 1960 im Frankfurter Zoo. Die Geburt begann um zwei Uhr nachts und war nach 70 Minuten beendet. Die Mutter war sofort um ihr Kind besorgt. Es wird mit einer schmalen schwarzen Stehmähne vom Nacken bis zum Rücken geboren, die später verschwindet. Außerdem sind die weißen Haare anfangs viel länger und weicher als die dunklen, sie bilden Fransen über dem schwarzbraunen Fell. Das Frankfurter Okapijunge trank zwei Stunden nach der Geburt bei seiner Mutter zum erstenmal und lief dann fast zwei Stunden unermüdlich umher. In Basel benötigte das Muttertier für die Geburt knapp zwei Stunden. Dabei bestand ständig eine Rufverbindung zwischen ihr und dem Bullen im Nebengehege. Das Kälbchen wurde von der Mutter im Stehen geboren und fiel ins Stroh. Nach weniger als einer halben Stunde stand es auf den Beinen. Die erste Mahlzeit erstreckte sich über 30 Minuten. Im Alter von kaum sechs Wochen beginnen die Okapijungtiere bereits am Heu und anderem Futter herumzulutschen, und nach höchstens neun Monaten können sie sich selbständig ernähren. Die Hörner wachsen den Männchen mit ein bis drei Jahren.

Seit 1933 sind Okapis in Zaire gesetzlich geschützt. Wie viele Tiere insgesamt hier leben mögen, weiß niemand genau. Sie dürften vielleicht häufiger sein, als man vor einigen Jahrzehnten befürchtete. Die Zahl der Spuren und der Felle, die bei den Eingeborenen auftauchen, lassen darauf schließen. Ein Jagdbeamter im Inituriurwald nannte eine Bestandsdichte von einem Paar Okapis pro Quadratkilometer. Das würde immerhin einige Zehntausende ergeben.

Langhals- oder Steppengiraffen

von Raimund Apfelbach

Die zweite heute lebende Unterfamilie der Giraffen sind die Langhals- oder Steppengiraffen (Giraffinae), ebenfalls mit nur einer Art: GIRAFFE *(Giraffa camelopardalis)*. Insgesamt sind acht Unterarten beschrieben. Die einzelnen Unterarten sah man eine Zeitlang als selbständige Arten an. Doch stellt man heute alle Formen, ob sie »Netz«- oder »Masai«-Giraffen sind, ob sie zwei, drei oder fünf Hörner haben, zu der einen Art *Giraffa camelopardalis,* da sie sich alle ohne weiteres paaren und fruchtbare Nachkommen zeugen können. Charakteristisch für Giraffen ist der sehr lange Hals, der wie bei allen Säugerarten auch aus nur sieben Halswirbeln besteht, die allerdings stark verlängert sind. Die Giraffen erreichen mit fast sechs Metern die größte Körperhöhe von allen Säugetieren. Auffallend ist weiterhin, daß die Vorderbeine deutlich länger sind als die Hinterbeine, der Rücken wirkt daher abschüssig. Beide Geschlechter tragen zwei bis fünf Hörner. Es sind Schädelfortsätze, die aus Knochenmaterial bestehen; die Hornspitzen sind abgerundet und mit Haut überzogen. Der Schädel eines ausgewachsenen Giraffenbullen kann bis zu 15 Kilogramm wiegen, der eines Weibchens lediglich 4,5 Kilogramm. Die Ohren sind schmal, spitz, ziemlich kurz, die Augen sehr groß. Der optische Sinn der Giraffen ist sehr gut und offensichtlich besser als der Gehör- und Geruchssinn entwickelt. Es liegen zwar noch keine systematischen Untersuchungen über ihre Sehschärfe vor, Beobachtungen zeigen jedoch, daß sie aus einer Entfernung von über einem Kilometer Rudelgenossen erkennen. Auch scheinen sie Rot, Orange, Gelbgrün, Grün, Blau und Violett sicher als Farbe zu unterscheiden.

Giraffen sind Bewohner des afrikanischen Kontinents. Früher waren sie in ganz Afrika heimisch, soweit sie ihren Lebensraum, die baumbestandene Savanne, vorfanden. Ihr heutiges Verbreitungsgebiet erstreckt sich auf das Busch- und Grasland südlich der Sahara bis fast nach Kapstadt, nicht jedoch auf den zentralafrikanischen Regenwald. Ihre Verbreitung scheint eng mit dem Vorkommen bestimmter Futterpflanzen, besonders mit dem von Akazien, verbunden zu sein (s. Verbreitungskarte S. 263).

Jede einzelne Giraffe hat ihre ganz charakteristische Fellzeichnung, durch die sie sich von allen anderen Giraffen unterscheidet. Das Fleckenmuster ist unverwechselbar, wie ein Fingerabdruck. In ein und derselben Giraffenherde kommen ganz dunkle Tiere und ganz helle vor; echte Albinoformen (»Weißlinge«, mit fehlender Farbstoffbildung) sind jedoch nicht bekannt, wenn auch Goodwin 1938 in Kenia einen Bullen filmen konnte, der beinahe rein weiß war. Dieses Tier hatte aber dunkle Augen, war also kein Albino. Auch später hat man weiße Giraffenbullen beobachten können.

Wenn Giraffen auf der freien Steppe stehen, in kleinen Gruppen, manchmal aber auch in Herden von über 50 Tieren, dann sind sie kaum zu übersehen. Zwischen Bäumen jedoch entdeckt man sie nicht so leicht, denn ihre gefleckte Zeichnung ähnelt den Borken der Baumstämme und dem Schattenspiel der Äste darauf. Giraffen leben wie die meisten Steppentiere in Gesellschaft mit anderen Arten. Sie weiden gemeinsam mit Straußen, Zebras und Antilopen. Das mag die allseitige Sicherheit einer solchen Tiergruppe erhöhen, indem »mehr Augen« nach Raubtieren Ausschau halten.

Giraffen bevorzugen als Nahrung junge Blätter und Triebe, nehmen in menschlicher Obhut aber auch Gras und andere pflanzliche Kost an. Sie sind darauf spezialisiert, Laub und junge Triebe von Bäumen abzureißen, wozu sie mit ihrer langen Zunge, die sie fast 50 Zentimeter weit herausstrecken können, Zweige heranholen und selbst die letzten Blätter aus den dornigsten Akazienkronen zupfen.

Giraffenkühe sollen nach verschiedenen Angaben im

LANGHALS- ODER STEPPENGIRAFFEN

Das auffälligste Kennzeichen der Giraffen ist der überlange Hals, der jedoch, wie bei allen anderen Säugetieren, nur aus sieben - allerdings stark verlängerten - Halswirbeln besteht. Der lange Hals ermöglicht es den Tieren, an vom Boden weit entfernte Nahrung heranzukommen, die für andere pflanzenessende Säuger unerreichbar ist; außerdem dient er als wirkungsvolle Schlagwaffe im Halskampf, den diese beiden Bullen vermutlich sogleich eröffnen werden.

▷ Eine Gruppe von Masai-Giraffen, die früher als eigene Art galten, heute aber nur noch als Unterart der einen Giraffenart aufgefaßt werden. Die Fellzeichnung weicht bei den acht Unterarten voneinander ab, jedoch auch innerhalb der jeweiligen Unterart trägt jedes Einzeltier, wie man sieht, ein individuelles Fleckenmuster - ein ebenso unverwechselbares Merkmal wie ein Fingerabdruck.

GIRAFFEN

Eine besonders schöne Fellzeichnung zeigt die Netzgiraffe *(G. c. reticulata),* eine andere Unterart, deren rötlichbraune Grundfarbe von einem scharf abgesetzten weißen Netzmuster überzogen ist. Man beachte auch die Hörner, die als hautbedeckte Knochenzapfen ausgebildet sind und von beiden Geschlechtern getragen werden. Ihre Zahl schwankt zwischen zwei und fünf.

Freiland 55% der Zeit eines 24-Stunden-Tages mit der Nahrungsaufnahme verbringen, nach eigenen Messungen sogar bis zu 62%; Giraffenbullen dagegen nur etwa 43%. Ihre Hauptaktivitätsphase erstreckt sich auf etwa drei Stunden nach Sonnenaufgang beziehungsweise Sonnenuntergang. Ausgewachsene Bullen nehmen dabei ungefähr 85 Kilogramm Nahrung auf, was etwa 1,6% ihres Körpergewichts entspricht; Weibchen nehmen während dieser Zeit 74 Kilogramm auf, was ungefähr 2,1% ihres Körpergewichts ausmacht. Während der heißen Mittagszeit käuen sie bevorzugt ihre Nahrung wieder. Ihre Nachtaktivität hängt von der Mondphase beziehungsweise von der Helligkeit ab, wobei sie in hellen Nächten aktiver sind als in dunklen.

Obwohl Giraffen mehrere Tage ohne Wasser auskommen können, sind sie auf Wasser angewiesen. Zum Trinken müssen sie die Vorderbeine ganz weit auseinandergrätschen oder gar niederknien, da diese ja viel länger sind als die Hinterbeine und sie daher mit dem Kopf den Boden nur schwer erreichen können. In dieser Stellung sind sie unbeholfen und vergleichsweise leicht angreifbar, auch wenn sie sonst kaum einen Feind zu fürchten haben. Denn selbst gegen Löwen kann sich eine Giraffe mit den furchtbaren Schlägen ihrer Vorderhufe gut verteidigen. Sie soll imstande sein, einer großen Raubkatze, die etwa ein Giraffenjunges angreift, mit einem Hufschlag den Schädel zu zertrümmern. Trotz dieser Verteidigungsmöglichkeiten greifen Löwen gelegentlich Giraffen an, wobei sich der Löwe eher an ein einzeln stehendes Tier heranwagt. Ein Wildwart in der Etoscha-Pfanne in Namibia beobachtete einen Löwen, der sich an eine einzelne Giraffe heranpirschte. Als die Giraffe ihn sah, stürmte sie davon. Aber der Löwe hatte sie nach wenigen Sätzen eingeholt, sprang ihr in den Nacken, krallte sich dort fest und durchbiß ihr wohl die Halswirbelsäule. Jedenfalls brach das Riesentier alsbald taumelnd zusammen. In einem zweiten Fall war der angreifende Löwe nicht nahe genug an die Giraffe herangekommen, bevor diese ihn bemerkte. Deswegen mußte er sie länger verfolgen, bis er sie eingeholt hatte. Da Löwen keine ausdauernden Läufer sind, war er wohl schon etwas entkräftet, als er zum Sprung auf ihren Rücken ansetzte. Er landete auf dem Hinterteil der Giraffe, rutschte ab und bekam von dem auskeilenden Bullen beide Hinterbeine voll in die Körperseite geschlagen. Als der getroffene Löwe sich nach Stunden noch nicht wieder erholt hatte, wurde er von einem Wildwart erschossen. Der Brustkorb des Löwen war eingedrückt und fast alle Rippen gebrochen.

Giraffen können Geschwindigkeiten von 50 bis 60 Stundenkilometern erreichen. Wenn Giraffen davoneilen, erkennt man gut den Paßgang. Selten und nur für kurze Strecken verfallen sie in Galopp, was sehr eigenartig aussieht. Eine Giraffe kann nämlich ihre beiden Vorderfüße nur dann bequem gleichzeitig anheben, wenn sie den langen Hals zurückwirft, um das Körpergewicht nach hinten zu verlagern. Wie aber überwinden Giraffen Hindernisse wie Drahtzäune? In Transvaal sind die Giraffen zuerst einfach hindurchmarschiert und haben die Drähte hinter sich hergeschleppt. Nach einigen Jahren Erfahrung mit diesen Begrenzungen ihrer Bewegungsfreiheit lernten sie, zum Erstaunen der Farmer, darüberzuspringen. Stacheldrahtzäune bis zu einer Höhe von 1,85 Metern machen ihnen heute keine großen Schwierigkeiten mehr. Sie werfen Kopf und Hals zurück, bringen erst die Vorderfüße darüber, und es scheint wenig auszumachen, wenn die Hinterbeine dann die obersten Drähte beim Springen berühren. Schwierige Hindernisse für Giraffen sind Gewässer, obwohl einmal zwei Giraffen in der Serengeti beobachtet wurden, als sie am hellichten Tag durch einen kleinen See marschierten. Das Wasser schien etwa 1,5 Meter tief zu sein. Im Südsudan wechselten drei Giraffen sogar durch einen größeren Nilarm, wobei sie nach Angaben von Eingeborenen schwimmen mußten. Eigentümlich war vor allem, daß sie den Hals weit nach vorn streckten. Nur das obere Halsdrittel und der Kopf ragten aus dem Wasser.

Giraffen sind Nahrungsspezialisten, die hauptsächlich von Baumblättern und -trieben leben. Mit der langen beweglichen Zunge, die fast 50 Zentimeter vorgestreckt werden kann, holen sie die Zweige heran und rupfen das Laub ab. Wie die Masai-Giraffe auf dem Foto zeigt, haben sie eine besondere Vorliebe für die Blätter der dornigen Akazien.

Giraffen sind nicht territorial, sondern bewohnen große Streifgebiete. Die Streifgebiete der Giraffenkühe sind bis etwa 120 Quadratkilometer groß, die der geschlechtsreifen Bullen sind etwas kleiner, während die der jüngeren Männchen größer zu sein scheinen, da sie weite Gebiete durchwandern. Weil sich die Streifgebiete einzelner Giraffen beträchtlich überlappen, kommt es zu lockeren Ansammlungen mehrerer Tiere, vor allem von Weibchen. Allerdings sind diese Ansammlungen nicht über längere Zeit stabil; einzelne Tiere können die Herde verlassen, andere dazustoßen. Giraffen scheinen sich »persönlich« zu kennen und auch über größere Entfernungen in Sichtkontakt miteinander zu stehen.

Wie die Untersuchungen von dem deutschen Zoologen Dieter Backhaus im Garamba-Park (Kongo) zeigten, haben Giraffen eine Rangordnung, die, ist sie einmal ausgefochten, lediglich durch gelegentliches Imponieren gefestigt wird. Meist leben Giraffen aber untereinander so friedlich, daß für den Beobachter kaum zu erkennen ist, wer der Höherstehende und wer der Rangtiefere ist.

Die Giraffen haben ihrem ungewöhnlichen Körperbau entsprechende Kampfmethoden entwickelt. Nebeneinander oder sich gegenüber stehend holen sie mit dem Kopf weit aus und schlagen gegen Körper und Beine des Gegners. Der dumpfe Schlag ist deutlich hörbar. Es gibt jedoch selten ernstliche Verletzungen oder gar Todesfälle bei diesen Prügeleien. Die Rangordnungs-Zweikämpfe können eine Viertelstunde und länger dauern. Oft stehen andere Bullen und Weibchen dabei, es gibt aber auch Prügeleien ohne weibliche Zuschauer. Mitunter kann ein kämpfender Bulle den Gegner an den Baum drücken, oder beide bewegen sich um einen Baumstamm herum. Fühlt sich endlich einer von den beiden unterlegen, dann entfernt er sich ein paar Schritte. Der Sieger folgt ihm mit erhobenem Kopf, aber nicht weit. Während Hirsche, Antilopen und viele Raubkatzen den besiegten Nebenbuhler aus ihrem eigenen Gebiet vertreiben und nicht mehr hereinlassen, sind die Giraffenbullen im allgemeinen wieder zueinander friedlich, wenn sie erst ausgefochten haben, wer der Stärkere ist. Mitunter reiben sie gleich nach dem Kampf die Hälse aneinander oder weiden friedlich nebeneinander weiter.

Will eine Giraffe eine andere ernstlich vertreiben, dann geht sie geradewegs auf sie zu, biegt den Hals etwas nach vorn und neigt den Kopf. Sie droht also mit den kurzen Hörnern. Die nördlichen Unterarten haben unterhalb der zwei Stirnhörner noch ein drittes Horn in der Kopfmitte, das mehr buckelartig ist. Manche Giraffen tragen sogar noch zwei weitere Hornzapfen. Bei allen diesen Hörnern geht das Fell bis fast an die Spitze, bei den Bullen sind die Haare hier abgeschabt. Zusammen mit dem großen, schweren Kopf sind seine kahlen, stumpfen Hornspitzen die Hauptwaffen bei Auseinandersetzungen zwischen Bullen. Nie werden bei diesen Kämpfen Fußtritte ausgeteilt. Ein solcher Rivalenkampf von Giraffenbullen ist ein aufregendes Schauspiel, obwohl sich alles im Zeitlupentempo abzuspielen scheint.

Kein junger Giraffenbulle darf in Gegenwart eines ranghöheren Bullen »flehmen«. Dieses Verhalten ist vor allem von Pferden bekannt: Der Kopf wird leicht angehoben, der Mund etwas geöffnet und die Oberlippe aufgestülpt. Durch das Flehmen wird dem Jacobsonschen Organ, einem Hohlraum, der von Riechschleimhaut ausgekleidet ist und mit Mund- und Nasenhöhle in Verbindung steht, Luft zugeführt. Ein flehmender Giraffenbulle erkennt wohl durch diese Geruchsprüfung die Paarungsbereitschaft eines Weibchens.

Giraffen können sich das ganze Jahr über fortpflanzen. Giraffenbullen werden im Alter von 42 Monaten geschlechtsreif. Doch erst wenn sie völlig ausgewachsen sind, im Alter von acht Jahren oder noch später, können sie sich erfolgreich paaren. Innerhalb seines Streifgebietes darf sich nur das ranghöchste Männchen mit den Weibchen paaren. Daher kommt nur ein vergleichsweise kleiner Anteil der Männchen zur Fortpflanzung.

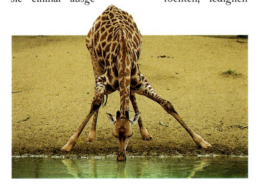

Wenn eine Giraffe trinken oder zwischendurch Gras äsen will, muß sie die hohen Vorderläufe weit spreizen, um den Wasserspiegel oder Boden zu erreichen.

Eine Giraffenkuh wird nach 48 bis 60 Monaten erstmals paarungsbereit; bei schlechter Ernährungslage kann sich die Fortpflanzungsfähigkeit um mehr als ein weiteres Jahr verzögern. Nach einer Tragzeit von 15 Monaten wird ein Junges geboren, Zwillingsgeburten sind äußerst selten. Etwa alle 20 Monate könnte ein Junges geboren werden, so daß bei einer Lebenserwartung von 25 Jahren ein Weibchen rein rechnerisch 12 Junge gebären könnte. Durchschnittlich dürften es jedoch nicht mehr als sechs bis acht Geburten sein. In Cincinnati brachte eine Giraffenkuh bis zu ihrem 25. Lebensjahr neun Junge zur Welt, und im Berliner Zoo lebte von 1932 bis 1941 ein Giraffenpaar, das sieben Junge hatte.

Giraffen gebären im Stehen, so daß die Jungen aus über zwei Meter Höhe zu Boden fallen. Die neugeborene männliche Giraffe wiegt durchschnittlich 102 Kilogramm und ist dabei etwa 1,9 Meter hoch. Pro Monat wachsen die Jungtiere um ungefähr acht Zentimeter, so daß sie innerhalb von zwei Jahren ihre Höhe verdoppeln. Weibliche Jungtiere, die bei der Geburt etwa 95 Kilogramm wiegen, benötigen dazu etwa 30 Monate.

Obwohl seit den Anfängen der Giraffenhaltung in zoologischen Gärten im Jahr 1836 viele Giraffenjunge geboren wurden, ist eine Giraffengeburt für Zooleute auch heute noch ein besonderes Ereignis. So beschreibt Bernhard Grzimek eine Giraffengeburt, die er 1957 im Frankfurter Zoo beobachten konnte: »Alle zehn oder fünfzehn Minuten kamen die Wehen. Wir rätselten, wie verpackt und verschachtelt wohl die langen Stelzenbeine und der Hals des Giraffenkindes in diesem kurzen Mutterleib steckten, der doch gar nicht umfangreicher geworden war. Um 11.45 Uhr trat ein Vorderfuß hervor; weich und gequollen der spitze Huf, damit er nichts verletzen konnte. Dann folgte, ein wenig dahinter, der zweite. Fünf Minuten vor 12 Uhr kam mit einem leichten Ruck das Köpfchen heraus, die kurzen Hörner nach vorn und nach unten geklappt. Unruhig ging die Mutter hin und her. Kurz vor der Wand warf sie immer ihren riesigen Kopf in über fünf Meter Höhe mit einem Ruck nach oben und rückwärts, ohne jemals die Mauer wirklich zu berühren. Dann rückte der lange Hals des Jungen immer mehr in die Welt hinein, mal zog er sich wieder ein Stück zurück, mal wurde er weiter herausgedrückt. Das Tierkind atmete noch nicht. Aber es lebte! Die lange schwarzbläuliche Zunge bewegte sich, sie leckte bereits über Nase und Mund. Wieder ein lautloser Ruck, den man trotzdem zu hören glaubte: Die Schultern kamen hervor, dann glitt der ganze Hinterleib heraus. Beim Fallen drehte es sich. Die Schwerkraft bewirkte, daß es seitwärts auf den Rücken zu liegen kam. Ein wenig zitternd begann der Brustkorb um 12.14 Uhr zu arbeiten. Zum erstenmal strömte die Luft in die Lungen, die noch klein und zusammengefaltet waren. Bald richtete das nasse, struppige Tierchen auf der Erde den Hals auf, wackelnd und unsicher. Er pendelte hin und her und berührte immer wieder die Erde. Die Mähne stand aufrecht, aber die Haarbüschel waren

zusammengeklebt wie Streichhölzchen. Aus über fünf Meter Höhe senkte die Mutter ihren Kopf herab und leckte ihren Sprößling an Kopf und Körper. Bald machte er seine ersten Stehversuche. Die meterlangen Beine wollten aber nicht gehorchen, sie glitten aus, und das Giraffenbaby fiel immer wieder zurück. Endlich, gegen 16 Uhr, gab der Tierpfleger Hilfestellung. Er setzte seinen Fuß an das Hinterbein des Kindes, so daß es Halt faßte, und dann stand der kleine Kerl schwankend und wackelig auf seinen vier langen Beinen. Ungeschickt ging das Giraffenkind auf seine Mutter zu und drängte sich zwischen ihre Beine. Immer wieder trat die Mutter beunruhigt beiseite. Aber schließlich gelang es dem Kleinen, Kopf und Hals zwischen den Vorderbeinen der Mutter unter ihren Bauch zu schieben und an das Euter zu gelangen. Um 20.45 Uhr trank es das erste Mal mit lau-

▷ Giraffenmutter mit ihrem Neugeborenen in der weiten Steppenlandschaft des kenianischen Masai-Mara-Gebiets. Das »Baby«, das immerhin rund 100 Kilogramm wiegt und fast zwei Meter hoch ist, kann schon bald nach der Geburt auf seinen zunächst noch wackligen Beinen stehen und umherlaufen.

Rechts: Ruhepause in der ostafrikanischen Steppe: Doch auch beim Dösen bleiben Giraffen in dieser Haltung äußerst wachsam mit bald geschlossenen, bald offenen Augen, und ihre Ohren spielen. - Links unten: Im Tiefschlaf, der stets nur wenige Minuten dauert, krümmt die Giraffe ihren Hals zu einem Kreisbogen nach hinten und stützt den Kopf auf.

tem Schmatzen, und die Mutter duldete das drei Minuten lang. Sie leckte ihm dabei den Rücken. Die Nachzucht war geglückt. Das Kind war gesund, es stand, es lief, die Mutter hatte es angenommen.«

Über die Geburt von freilebenden Giraffen ist noch wenig bekannt. Vielleicht findet sie inmitten des schützenden Rudels statt, wie eine Beobachtung aus dem Krüger-Nationalpark in Südafrika zeigt. Neun Giraffen umstanden im Kreis das Muttertier während der Geburt. Das Giraffenbaby konnte schon nach 25 Minuten aufstehen und um seine Mutter herumlaufen. Die bei der Mutter stehenden Rudelmitglieder berührten alle das Kind mit der Nase. – Andere Beobachtungen sprechen allerdings dafür, daß die Kälber außerhalb der Gruppe an bestimmten Plätzen geboren werden, die traditionsgemäß von den Weibchen immer wieder aufgesucht werden. Die Stillzeit beträgt zwischen 15 und 17 Monate; Festnahrung wird aber schon nach der dritten Woche aufgenommen. In der Serengeti liegt die Sterblichkeitsrate der jungen Giraffen während der ersten sechs Lebensmonate bei knapp über 50 %, davon im ersten Lebensmonat allein bei 22 %, und fällt im zweiten und dritten Lebensmonat auf 8 % ab. Als Raubfeinde der Jungtiere treten neben Löwen noch Hyänen, Leoparden und auch der Afrikanische Wildhund auf. Die Sterblichkeitsrate erwachsener Giraffen beträgt etwa 3 %. Das Lebensalter freilebender Giraffen wird auf 20 bis 25 Jahre geschätzt. In menschlicher Obhut wurden Giraffen bis zu 28 Jahre alt.

Bei vielen großen Landsäugetieren ist die nächtliche Schlafdauer sehr gering, was wegen der Schutzlosigkeit schlafender Tiere biologisch sinnvoll erscheint. Lange wurde darüber gestritten, ob Giraffen sich in der Nacht zum Schlafen hinlegen, weil sie doch im Augenblick der Gefahr viel zu viel Zeit zum Aufstehen benötigen würden. Die deutschen Zoologen Klaus Immelmann und Herbert Gebbing haben die Schlafgewohnheiten der Giraffen im Frankfurter Zoo untersucht. Erwachsene Zoogiraffen legen sich tagsüber nur selten nieder, während Jungtiere, vor allem in der Mittagszeit, sich mehrfach hinlegen, allerdings jeweils nur für etwa zehn Minuten, ohne dabei zu schlafen. Die Alttiere haben ebenfalls in den Mittagsstunden eine Ruhepause, stehen träge dicht beieinander und käuen wieder. Erst abends, nach Einbruch der Dämmerung, wenn alles ruhig ist, legen sie sich zum ersten Mal nieder. Dabei werden die Vorderbeine und ein Hinterbein unter den Körper gezogen, während das zweite Hinterbein zur Seite gestreckt wird. Der Hals bleibt aufgerichtet. Die Tiere dösen bald mit offenen, bald mit geschlossenen Augen. Sie bleiben wachsam, ihre Ohren spielen. Gelegentlich halten sie diesen Halbschlaf auch im Stehen. Die liegenden Giraffen erheben sich etwa alle zwei Stunden, setzen Kot und Harn ab und nehmen zumeist auch ein wenig Nahrung auf. Erst eine Stunde später legen sie sich erneut nieder. Von mehreren Pausen unterbrochen, kommt eine Giraffe auf eine Gesamtliegedauer von sieben bis neun Stunden. Innerhalb dieser Zeit fällt sie aber stets nur für wenige Minuten in einen echten Tiefschlaf. Der vorher aufgerichtete Hals wird dabei henkelförmig nach hinten gebogen. Das Kinn berührt hinter dem Laufgelenk des abgespreizten Hinterbeins den Boden, während der Unterkiefer auf den Unterschenkel gestützt wird. Als längste Tiefschlafdauer mit aufgelegtem Kopf bei einer erwachsenen Giraffe wurden zwölf Minuten ermittelt, die kürzeste Schlafdauer, nach der ein Tier ungestört erwachte, war eine Minute. Die Gesamtdauer des Tiefschlafes ist erstaunlich gering, sie beträgt bei erwachsenen Tieren selten mehr als 20 Mi-

Links: Netzgiraffen in der Baumsavanne. Das vordere Tier zeigt, daß man beim Grasäsen nicht unbedingt die Vorderbeine auseinanderspreizen muß; es genügt manchmal auch, sie kräftig einzuknikken. – Rechts: Im Galopp flüchten Giraffen vor einem Sandsturm in der südwestafrikanischen Etoscha-Pfanne.

nuten. Wie eigene Messungen in der Serengeti ergaben, liegen Giraffen pro Nacht fünf bis sechs Stunden. Dabei betrug die längste ununterbrochene Tiefschlafphase lediglich zwei Minuten und 40 Sekunden, die kürzeste sogar nur zehn Sekunden. Insgesamt wurden bei einem Tier während einer Nacht nur fünf Minuten Tiefschlaf gemessen; freilebende Giraffen schlafen damit deutlich weniger als Zoogiraffen. Die einzelnen Tiefschlafschübe folgen nie dicht aufeinander, sondern verteilen sich in ziemlicher Gleichmäßigkeit über die Nacht.

Eine andere Frage gibt den Physiologen seit langer Zeit Rätsel auf, die bis heute noch nicht abschließend geklärt sind. Das Gehirn einer mit erhobenem Kopf stehenden Giraffe befindet sich etwa sechs Meter über dem Boden und 1,6 Meter über dem Herzen. Wenn die Giraffe ihren Kopf zum Erdboden senkt und sich dann wieder aufrichtet, müßte es einen starken Druckunterschied im Gehirn geben. Nach menschlichen Begriffen müßte das Tier davon ohnmächtig werden. Auch das Blut, das in den Halsvenen zurückfließt, sollte mit sehr großer Geschwindigkeit ins Herz hinabschießen. Wie wird der Giraffenkörper damit fertig? Früher hatte man vermutet, daß Giraffenblut besonders dickflüssig sei. Es unterscheidet sich aber darin kaum von menschlichem Blut. Dagegen soll es – ähnlich wie Kamel- oder Lamablut – doppelt soviel Blutkörperchen wie das unsere haben. Das Giraffenherz, das über elf Kilo schwer ist, befördert etwa 60 Liter Blut in der Minute. Soll bei einer aufgerichteten Giraffe der arterielle Druck des das Gehirn durchströmenden Blutes bei ungefähr 100 Millimeter Quecksilbersäule gehalten werden, muß der Blutdruck in der Hauptschlagader (Aorta) dicht beim Herzen zwischen 200 und 300 Millimeter Quecksilbersäule liegen. Im erhobenen Kopf einer betäubten Giraffe wurden in der Aorta tatsächlich Drücke von über 200 Millimeter Quecksilbersäule gemessen. Senkt die Giraffe ihren Kopf bis etwa auf Herzhöhe, muß der Druck in den Blutgefäßen, die vom Herzen wegführen (Arterien) beträchtlich verringert werden, um die Durchblutung des Gehirns konstant zu halten. Die wahrscheinlichste Kontrollmethode dürfte in einer Erweiterung und Verengung von sehr kleinen Arterien sein, die das Blut in Haargefäßnetze (Kapillaren) leiten, die nicht im Kopf liegen. Hebt die Giraffe ihren Kopf, wird vermutlich eine große Anzahl am Rande liegender Gefäße verengt. Die Giraffe muß folglich Regulationsmechanismen besitzen, die den Strömungswiderstand in den verschiedenen Kapillarnetzen so steuern, daß die Versorgung des Gehirns auch dann gewährleistet ist, wenn sie ihren Kopf vom Boden bis in sechs Meter Höhe hebt. Darüber hinaus scheinen die sehr großen, elastischen Venen der Halsregion, in denen das Blut zum Herzen zurückfließt, sogenannte Venenklappen zu besitzen, die als Blutauffangstationen ebenfalls zur Blutdruckregulation beitragen.

▷ Die kleinste Paarhuferfamilie, die Gabelhorntiere, besteht aus nur einer einzigen Art, dem amerikanischen Gabelbock. Seinen Namen verdankt er dem jährlich gewechselten, gegabelten Gehörn, das ihn von den eigentlichen Hornträgern abhebt.

Junge Giraffenbullen tragen im Nairobi-Nationalpark einen Rangkampf aus. Sie stehen, wie in einem solchen Duell üblich, nebeneinander und schlagen ihre Schädel gegen Kopf und Hals, manchmal auch gegen Vorderbrust oder Nackenseite des Gegners.

GABELHORNTIERE

Kategorie
FAMILIE

Systematische Einteilung: Diese »kleinste« Familie der Ordnung Paarhufer (Artiodactyla), Unterordnung Wiederkäuer (Ruminantia), besteht aus nur 1 Gattung *(Antilocapra)* mit 1 Art: Gabelbock oder Gabelhornantilope *(A. americana)*.

Kopfrumpflänge: 100–150 cm
Schwanzlänge: 7,5–10 cm
Standhöhe: 81–102 cm
Gewicht: 36–70 kg, im Durchschnitt 38–41 kg

Auffällige Merkmale: Damhirschgroße Tiere mit schlanken Beinen, langem Rücken und Stummelschwanz; nackte Muffel nur um Nasenlöcher; weit auseinanderstehendes gegabeltes Hörnerpaar auf massiven Knochenzapfen, das alljährlich gewechselt wird; Hörner der Weibchen klein, verkümmert oder ganz fehlend; Haarkleid aus dichtstehenden Grannen mit nur spärlicher feiner Unterwolle; Grundfärbung hellbraun; Unterseite, rechteckige Fläche zwischen Schultern und Hüfte sowie Abzeichen am Hals weiß; großer weißer Spiegel mit aufrichtbaren langen Haaren; Männchen mit Nackenmähne; mehrere Hautdrüsen, beim Männchen besonders auffallend die Unterohrendrüsen; Gebiß zurückgebildet; alle Beine ohne Afterhufe; 4 Zitzen.
Fortpflanzung: Tragzeit etwa 250 Tage; 1–2 Junge je Geburt; Geburtsgewicht 2,3–3,2 kg.

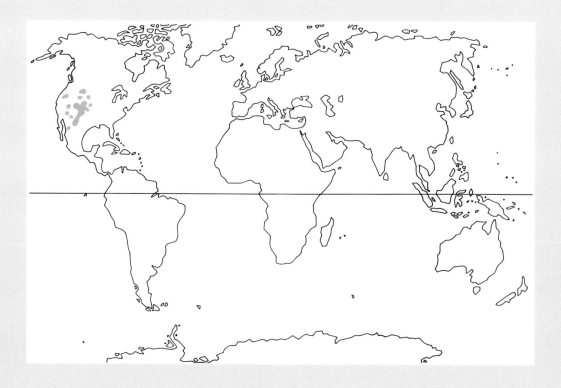

Antilocapridae	WISSENSCHAFTLICH
Pronghorns	ENGLISCH
Pronghorns	FRANZÖSISCH

Lebensablauf: Entwöhnung mit etwa 4–5 Monaten; Geschlechtsreife mit 15–16 Monaten; Lebensdauer 7–10 Jahre.
Nahrung: Ausschließlich pflanzlich; Gräser, Kräuter, Blätter, Kakteen usw.

Lebensweise und Lebensraum: Tag- und nachtaktiv; schnelle und ausdauernde Läufer; gesellig, neugierig und leicht zähmbar; im Winter in größeren gemischten Herden zu einigen Hunderten; im Sommer kleine Geißenherden und noch kleinere Bockrudel; einige Altböcke jahreszeitlich territorial; bevorzugt in offenem Gelände; in Hoch- und Kurzgrasprärien und Wüstenlandschaften, in Ebenen und flachwelligem Hügelland.

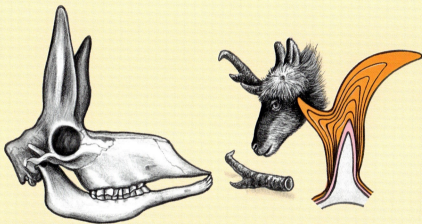

Schädel und Hörner
Der Schädel ist lang und hat eine geräumige Nasenhöhle und große, weit nach oben versetzte Augenhöhlen. Das Stirnbein trägt schmale, zugespitzte und auf den Seiten kantige Knochenzapfen als Grundlage der Hörner. Von der Zapfenspitze geht das Wachstum der Hornhülle aus. Dabei gabelt sich die Hornmasse auf, nicht aber der Knochen. Die Hornscheide wird jedes Jahr nach der Brunft abgeworfen und wieder neu gebildet. Die Wachstumszunahme der Hornsubstanz ist in der Abbildung durch fortschreitende Linien dargestellt (braun: Oberhaut bzw. Hornsubstanz; rot: tiefe Hautschichten und Knochenhaut; grau: Knochen).

Duftdrüsen
Die Duftdrüsen der Paarhufer stellen eine Sonderform der Hautdrüsen dar. Sie sitzen an den verschiedensten Körperstellen, die bei jeder Art in einem charakteristischen Muster auftreten. Sie sind meist so angebracht, daß ihr Sekret durch Bewegung, Berührung oder Reibung leicht abgegeben wird. Die freigesetzten Duftstoffe werden von dem leistungsfähigen Geruchsinn wahrgenommen und dienen der Kommunikation. Bestimmte Gegenstände – Steine, Zweige oder Baumstämme – werden immer wieder aufgesucht und mit Duftstoffen markiert. Die Abbildung zeigt von oben nach unten eine Voraugendrüse des Axishirsches, eine Zwischenzehendrüse der Kropfgazelle und eine Laufdrüse der Vierhornantilope.

Geruchliche und optische Signale
Die meisten Paarhufer besitzen mehrere Duftdrüsenarten. Die Abbildung rechts zeigt schematisch die Lage der Hautdrüsen beim Weißwedelhirsch. Auch die Gabelhorntiere verfügen über mehrere Duftdrüsen: Unterohrdrüse, Kreuzdrüse, Schwanzdrüse, Laufdrüse und Zwischenzehendrüsen an allen vier Füßen. Die Drüsen vermitteln ein ganzes Spektrum an Informationen. Am auffälligsten sind die Warnsignale. Ihr scharfer Geruch wird sogar vom Menschen auf große Entfernung wahrgenommen. Diese »Duftbenachrichtigung« wird kombiniert mit einem optischen Signal. Am Hinterrücken befindet sich ein »Spiegel« aus langen weißen Haaren, die aufgerichtet und gespreizt werden können. Das Aufblinken dieses Spiegels ist als Warnsignal kilometerweit sichtbar. Die kombinierte Wirkung dieses Blink- und Geruchsignalverfahrens wurde auf eindrucksvolle Weise von Ernest Thompson Seton dargestellt (Zeichnung links).

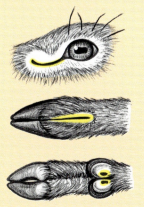

Gabelhorntiere

Gabelböcke

von Valerius Geist

Früher wurden alle Wiederkäuer, die hornüberzogene Stirnwaffen trugen, aber weder zu den Schafen und Ziegen noch zu den Ochsen gehörten, als »Antilopen« eingeordnet. Aus diesem Grund wurden die fremdartigen Gabelböcke zu dieser Großgruppe gezählt, und noch heutzutage heißen sie im amerikanischen Volksmund »Gabelhornantilopen«.

Der Ursprung der Gabelböcke ist immer schon umstritten gewesen. Die heutige Ansicht ist, daß der GABELBOCK *(Antilocapra americana)* der letzte Überlebende einer einst sehr formenreichen Wiederkäuergruppe ist, die mit einer großen Artenfülle ausschließlich auf Nordamerika beschränkt war. Viele Fossilien wurden hier gefunden, die zu den nahen Verwandten der Gabelböcke gehörten, hauptsächlich zu den Merycodontinae (Gattung *Merycodus*), welche sogar verzweigte Hörner (wie Hirschgeweihe), aber hochkronige Backenzähne hatten. Erst spätere Untersuchungen, besonders die von Matthew, Furlong und Ch.Frick im Jahr 1937, zeigten, daß die Merycodonten zu den Gabelböcken gehörten (siehe Stammesgeschichte der Paarhufer von Erich Thenius).

Gabelböcke unterscheiden sich von den Hornträgern (Familie Bovidae) dadurch, daß die Hornscheide abwärts und aufwärts von der Spitze des Knochenzapfens wächst und jedes Jahr nach der Brunft abgeworfen wird. Dann sieht man den hautüberzogenen, haarigen Knochenzapfen, auf dessen Spitzen schon die Hornspitzen für das kommende Wachstumsjahr zu sehen sind. Diese wachsen langsam während des Winters und erreichen ihre volle Größe im Frühling, wenn die Böcke territorial werden.

Der Gabelbock hat die Größe eines sibirischen Rehbockes, mit schlanken Beinen ohne Afterklauen, einem kurzen Schwanz und einem großen, weißen Fleck auf dem Hinterteil, dem Spiegel. Er ist von leichtem Körperbau und an schnelles, ausdauerndes

Bei den Gabelböcken tragen auch die Weibchen Hörner, die jedoch, wie hier zu sehen, klein bleiben oder weitgehend bis völlig verkümmert sind.

Laufen angepaßt. Der lange Kopf hat kleine Nüstern, sehr große Augen (ungefähr so groß wie die Augen eines Pferdes) und mittellange Ohren mit schmalen Spitzen. Auf der Stirn tragen Gabelböcke ein Paar gegabelte, oft ausladende Hörner. Die Knochenzapfen sind klein, flach, spitz, ohne Höhlen und nicht wie die Hornscheiden verzweigt. Die gegabelten Hornscheiden werden jedes Jahr erneuert. Die Hörner der weiblichen Gabelböcke sind klein, oft mißgebildet, oder sie fehlen ganz. Das Fell besteht aus ziemlich langen, dichten, steifen, brüchigen Grannenhaaren und spärlicher Unterwolle. Die weißen, 7 bis 10 Zentimeter langen Haare des Spiegels können aufgerichtet und als ein »Signal« zur Schau gestellt werden. Gabelböcke haben gutentwickelte Duftdrüsen: die Wangendrüse (5 Zentimeter unter dem Ohr), die Kruppendrüse (ungeradzahlig, über dem Ende des Kreuzbeins), die Schwanzdrüse (auf beiden Seiten der Schwanzbasis), die Sprunggelenkdrüse (auf der Außenseite des Sprunggelenks) und die Zwischenzehendrüse (an allen vier Füßen). Die Weibchen haben vier Zitzen. Das Herz und der Brustkorb sind sehr groß und das Knochengerüst leicht, wie man es von einem schnellen, ausdauernden Läufer erwartet. Gabelböcke haben eine Galle und 32 Zähne: $\frac{0\cdot 0\cdot 3\cdot 3}{3\cdot 1\cdot 3\cdot 3}$, die oberen Eckzähne, die die Merycodonten noch hatten, sind bei den Gabelböcken verschwunden. Die Backenzähne haben hohe Kronen mit offenen Wurzeln, eine Anpassung an die staubbedeckte Vegetation, die wie Sandpapier wirkt. Der Gabelbock äst Laub und Kräuter, keine Gräser.

Drei wichtige Faktoren beeinflußten die Biologie der Gabelböcke: die strengen Winter in der Grasebene (Prärie) mit den nicht vorhersagbaren Schneestürmen und heftigen, lokalen Schneefällen; die Präriebrände, die besonders in der Hochgrasprärie ein vernichtender Faktor waren, aber auch ermöglichten, daß sehr nahrhafte, eiweißreiche Kräuter und Gräser keimen konnten. Auch heute noch ziehen die Gabelböcke es vor, auf abgebrannten Grasebenen zu äsen. Der dritte Faktor waren die hochentwickelten Raubtiere, die in Nordamerika lebten, insbesondere der »amerikanische Gepard« *(Felix trumani),* der am Ende der Eiszeit ausstarb. Der Gabelbock entwickelte sich zu einem der schnellsten Säugetiere; Maximalgeschwindigkeit 95 Stundenkilometer über eine Entfernung von ungefähr 1,5 Kilometer. Die Laufgeschwindigkeit liegt ungefähr bei 40 Stundenkilometern. Das bedeutet, daß weder Wölfe, Kojoten noch selbst Windhunde den Gabelbock einzuholen vermögen.

Schneestürme, Schneeverwehungen, Dürren und Grasbrände haben oft unvorhersehbare und hohe Verluste unter den Tieren verursacht. Daher entwickelten sich die Gabelböcke wohl zu kurzlebigen, frühzeitig geschlechtsreifen und gebärfreudigen Wiederkäuern, die rasch über weite Strecken wandern können. Der Gabelbock kann sich schnell an neue Gegebenheiten anpassen und hat ein großes Gehirnvolumen. Er lernt schnell von erlebten Erfahrungen, ist leicht zu zähmen und zieht in strengen Wintern an die Stadtränder, um an Hecken und in Gärten zu äsen. Harmlose Reize wie Verkehrsgeräusche, Landungen und Abflüge von großen Flugzeugen und sogar das Übungsschießen von Panzern und Soldaten auf Militärübungsplätzen werden in kürzester Zeit von den Tieren nicht mehr beachtet.

Im Mai finden die Geburten statt. Normalerweise werden zwei verhältnismäßig große Jungtiere geboren (jedes wiegt 2,3 bis 3,2 Kilogramm). Sie werden mit sehr gehaltvoller Milch ernährt und wachsen in nur sechs Monaten bis zur Erwachsenengröße heran. Im zweiten Lebensjahr sind sie schon geschlechtsreif. Die Jungen werden in der ersten Zeit versteckt, und jedes liegt einzeln, ungefähr 80 bis 100 Meter voneinander entfernt. Sie sind fast geruchlos. Im Falle, daß ein Raubtier ein Junges findet, bleibt das andere meistens unentdeckt. Das Muttertier greift Präriewölfe, Füchse, Adler und sogar Menschen mit seinen Vorderbeinen an und verjagt den Feind meistens erfolgreich. Erwachsene Gabelböcke haben eine kurze Lebenserwartung und werden selten älter als neun Jahre. In diesen und anderen Merkmalen, erinnert der Gabelbock an die Saigaantilope von Asien.

Obwohl zwei Junge geboren werden, nisten sich vier bis sechs Embryos in die Gebärmutter ein. Hier kämpfen die Embryos sozusagen bis zum Tod um den begrenzten Platz. Professor Bart O'Gara von der Universität von Montana entdeckte, daß lange Vorsprünge aus den Embryonalhüllen wachsen, die andere Embryos durchstechen und deren Tod verursachen. Alle außer zwei Embryos werden vom Körper des Muttertieres wieder aufgenommen.

Wenn ein Gabelbock einen Kojoten oder etwas Ungewöhnliches in seiner Nähe wittert, spreizt er die

GABELHORNTIERE

Gabelhorntiere (Antilocapridae)

Name deutscher Name wissenschaftlicher Name englischer Name (E) französischer Name (F)	Körpermaße Kopfrumpflänge (KRL) Schwanzlänge (SL) Standhöhe (SH) Gewicht (G)	Auffällige Merkmale	Fortpflanzung Tragzeit (Tz) Zahl der Jungen je Geburt (J) Geburtsgewicht (Gg)
Gabelbock, Gabelhornantilope *Antilocapra americana* mit 5 Unterarten E: Pronghorn, Pronghorn buck, Pronghorn antelope F: Pronghorn, Antilope-chèvre américaine	KRL: bis 150 cm SL: 7,5–10 cm SH: bis 102 cm G: im Schnitt 38–41 kg	Oberseite hellbraun; Unterseite, rechteckige Fläche zwischen Schultern und Hüfte sowie Abzeichen am Hals weiß; großer weißer Spiegel mit aufrichtbaren langen Haaren; gegabelte, oft ausladende Hörner, bei Weibchen klein oder ganz fehlend; Spezialist im »Entgiften« von Giftpflanzen	Tz: etwa 250 Tage J: 1–2 Gg: 2,3–3,2 kg

langen weißen Haare des Spiegels, so daß sie wie zwei riesige strahlenförmige Blüten leuchten. Dieses Signal können andere Gabelböcke über eine Entfernung von mehreren Kilometern sehen und dann auch ihre Spiegel zur Schau stellen. Gleichzeitig wird ein Geruchsstoff von der Haarbasis abgesondert, den auch Menschen über eine Entfernung von über 100 Metern wahrnehmen können.

Im Spätfrühling, wenn die neuen Hörner gewachsen sind, bilden die Gabelböcke ihre Reviere. So ein Gabelbockrevier ist sehr groß und wird mit viel taktischem Geschick verteidigt. Die Böcke markieren ihre Reviere, indem sie die Absonderung der hinteren Unterkieferdrüsen an einzelne Pflanzen reiben. Das Sekret ist unsichtbar, hat aber einen strengen Moschusgeruch. Der Bock scharrt abwechselnd den Erdboden, harnt und kotet an verschiedenen Orten, ähnlich wie es die Gazellen tun. Auch diese Aktivitäten mögen dazu dienen, das Gebiet zu markieren. Jedoch setzt der männliche Gabelbock keine großen Kothaufen, wie es bei manchen Gazellen üblich ist. Der Bock bildet sein Revier dort, wo höchstwahrscheinlich die Weibchen äsen werden. Nicht alle Gabelbockbestände haben territoriale Männchen. In trockenen, kargen Gebieten verteidigen die Böcke herumziehende Brunfttrudel.

Ein weiterer verzwickter Faktor, der bis jetzt bei keinem anderen Wiederkäuer festgestellt wurde, ist, daß sich Revierverhalten und Verhaltensweisen gemäß einer Rangordnung überschneiden. Große Böcke besiegen zwar benachbarte territoriale Böcke, aber gewähren den Besiegten doch den Besitz ihres Reviers. Folglich haben einige Böcke Zutritt zu allen Revieren, einige nur zu manchen und andere nur zu einem oder zwei zusätzlichen Revieren. Einige territoriale Böcke sind auf ihr Revier beschränkt, aus dem sie nur Jungböcke oder sehr alte Böcke vertreiben. Mit Beginn der Brunft, Mitte September, bricht das Territorialsystem zusammen, wenn die territorialen Böcke verschwinden und junge Böcke zu den Weibchenherden ziehen. Zu dieser Zeit halten sich die Territorialböcke versteckt, jeder mit einem paarungsbereiten Weibchen. Die Verstecke sind tiefe Einschnitte in Schluchten, wo sich die Gabelböcke gewöhnlich nicht aufhalten. Hier findet ohne die Anwesenheit eines Rivalen die Paarung statt. Die Funktion eines Revieres scheint somit die Geheimhaltung der Verstecke zu sein, wo sich Altbock und brünftige Geiß

Um in strengen Wintern zu überleben, müssen sich Gabelböcke schnell an neue Gegebenheiten anpassen können. Dennoch führen heftige Schneefälle und Schneeverwehungen immer wieder zu hohen Verlusten unter den Tieren.

GABELBÖCKE

Lebensablauf Entwöhnung (Ew) Geschlechtsreife (Gr) Lebensdauer (Ld)	Nahrung	Feinde	Lebensweise und Lebensraum	Häufigkeit
Ew: mit etwa 4–5 Monaten Gr: mit 15–16 Monaten Ld: 7–10 Jahre	Kräuter, Blätter, Kakteen, Gräser usw.	Raubtiere (für Jungtiere)	Gesellig, neugierig und leicht zähmbar; sehr schneller und ausdauernder Läufer; bevorzugt in offenem Gelände; in Hoch- und Kurzgrasprärien und Wüstenlandschaften	Bestände nach übermäßiger Bejagung wieder gut erholt; derzeit rund 600 000 Tiere

paaren. Je überlegener ein Bock ist, je mehr Paarungsverstecke hat er.

Während der Paarungszeremonie kreist der Bock um die Geiß mit betonten Schritten und zeigt dabei abwechselnd den schwarzen Wangenfleck auf der rechten und der linken Wange vor. Die Paarung ist der der Gazellen ähnlich.

Nach der Brunft werfen die Böcke ihre Hornscheiden ab und gesellen sich zu den Weibchenherden. Die pelzartigen Knochenzapfen haben die gleiche Farbe und Länge wie die Ohren und verschmelzen farblich mit diesen. Die Böcke sind dann nicht mehr leicht als Männchen erkennbar, und Raubtiere können sie daher kaum von den Geißen unterscheiden. Total erschöpft von der Brunft, würden die Böcke eine leichte Beute für ein hartnäckiges Raubtier sein. Um der Sicherheit wegen »tarnen« sich zu dieser Zeit die Böcke als Geißen. Eine Anzahl anderer Wiederkäuer bilden auch große »eingeschlechtliche Rudel« nach der Brunft, wobei die Männchen alle deutlichen äußeren Anzeichen ihrer »Männlichkeit« ablegen. Dies können Geweihe (Reh, Rentier, Schwarzwedel- und Weißwedelhirsch) oder auch Haare sein wie Mähnen (Rentier), Bärte, Stirnhaarbüschel oder Beinkleider (Bison) sein. Der Schwarzwedelhirsch nimmt zu dieser Zeit sogar die weibliche Duckstellung beim Abharnen an.

Als europäische Siedler in ihren langen Trecks mit den Planwagen in die westlichen Gebiete der Vereinigten Staaten eindrangen, fanden sie eine große Anzahl von Gabelböcken zwischen dem Missouri-Fluß und den Rocky Mountains vor. Diese Tiere waren genauso zahlreich wie die berühmten Bisonherden, welche zu der Zeit wegen ihrer Häute, Zungen und ihrem Fleisch oder auch nur so zum Spaß abgeschlachtet wurden. Während des Winters im Jahre 1868/69 wurden Gabelböcke waggonweise auf der Strecke zwischen Denver und Cheyenne in die verschiedenen Städte geliefert. Man konnte damals für 25 Cents drei bis vier Tiere kaufen.

Die Gabelböcke waren leicht zu töten wegen ihrer großen Neugierde. Die alten Siedler erzählten Geschichten über Zeiten, wo jemand nur mit einem roten Tuch oder Stock zu winken brauchte, um die Tiere anzulocken und dann zu erlegen. Es kam vor, daß die Gabelböcke einem Wagentreck in nur 100 Meter Entfernung folgten oder nachts durch das Lager rasten.

Gabelböcke haben gewöhnlich keine Schwierigkeiten mit Stacheldrahtzäunen. Sie springen nicht über die Zäune, sondern kriechen darunter durch und laufen zwischen Drähten, die nur 35 Zentimeter auseinander sind, entlang. In manchen Staaten Amerikas, wo Gabelbockbestände vorkommen, sind die Rancher angewiesen, den untersten Strang im Zaun in einer gewissen Höhe anzulegen, so daß die Tiere bei ihren Wanderungen nicht behindert werden.

In einer Zeitspanne von nur 100 Jahren sank die Zahl der Gabelböcke von mehreren Millionen bis auf 19 000 Tiere. Es sah fast aus, als ob sie der totalen Vernichtung nahe wären. Jedoch Anfang des Jahrhunderts begann die amerikanische Öffentlichkeit Naturschutzbemühungen ernst zu nehmen. In den Jahren 1913 bis 1915 wurde der Verkauf von Wildfleisch verboten. Man bemühte sich, die gefährdeten Arten nachhaltig zu schützen, entweder in Naturschutzgebieten, durch Wiedereinbürgerungen, durch strenge Bewachung und geregelte Jagdzeiten und Abschußzahlen. Die Zahl der Gabelböcke nahm allmählich zu. Im Jahr 1924 gab es schon über 30 000 Tiere, und heute ist ihre Zahl auf etwa 600 000 angestiegen. Der Gabelbock stellt ein Stück Erfolgsgeschichte nordamerikanischer Wildhege dar. Es ist nicht bekannt, warum der Gabelbock sich so selten in zoologischen Gärten fortpflanzt und dort oft nicht länger als ein Jahr am Leben bleibt.

▷ Die mehr oder weniger kunstvoll geformten Hörner, die nicht wie bei den Hirschen abgeworfen werden, sondern zeitlebens erhalten bleiben, sind das Hauptkennzeichen der artenreichen Hornträgerfamilie. Im Bild indische Hirschziegenantilopen.

HORNTRÄGER

Kategorie
FAMILIE

Systematische Einteilung: Familie der Ordnung Paarhufer (Artiodactyla), Unterordnung Wiederkäuer (Ruminantia), mit 12 Unterfamilien (nach F.R.Walther), die 44 Gattungen mit insgesamt über 100 Arten umfassen.
Unterfamilie Ducker (Cephalophinae)
Unterfamilie Böckchen (Neotraginae)
Unterfamilie Waldböcke (Tragelaphinae)
Unterfamilie Rinder (Bovinae)
Unterfamilie Kuhantilopen (Alcelaphinae)
Unterfamilie Pferdeböcke (Hippotraginae)
Unterfamilie Ried- und Wasserböcke (Reduncinae)
Unterfamilie Schwarzfersenantilopen (Aepycerotinae)
Unterfamilie Gazellenartige (Antilopinae)
Unterfamilie Saigaartige (Saiginae)
Unterfamilie Gemsenartige (Rupicaprinae)
Unterfamilie Böcke oder Ziegenartige (Caprinae)

Kopfrumpflänge: 40–350 cm
Schwanzlänge: 3–100 cm
Standhöhe: 25–210 cm
Gewicht: 2–1000 kg
Auffällige Merkmale: Von hasengroß und zierlich bis pferdegroß und massig; Kopf kurz- bis langschnauzig; Muffel mit kleinem oder großem Nasenspiegel oder ganz behaart; Hals kurz bis sehr lang; Rücken gerade oder zur Kruppe oder zum Widerrist hin überhöht; Beine bleistiftdünn bis stämmig, kurz bis sehr lang; Haarkleid kurz und glatt bis lang und wollig, oft jahreszeitlich wechselnd, vielfach mit Sonderbildungen (Bart, Schopf, Hals-, Nacken-, Rücken- oder Bauchmähne u.a.); Geschlechter gleich- oder verschiedenfarben; stets mehrere Hautdrüsen; 2–4 Zitzen; Gebiß zurückgebildet; Vorderzähne im Unterkiefer durch Lücke von Vorbacken- und Backenzähnen abgesetzt; außer Vierhornantilope stets mit 2 Hörnern, teils nur bei Männchen, sehr kurz bis lang (2–180 cm), von artlich sehr verschiedener Form.

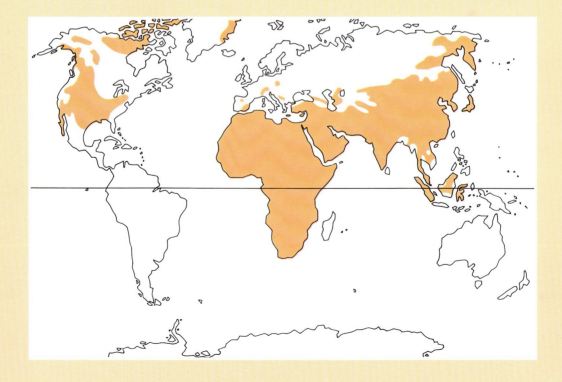

Bovidae	WISSENSCHAFTLICH
Bovids	ENGLISCH
Bovidés	FRANZÖSISCH

Fortpflanzung: Tragzeit 5–10 Monate; 1–2 Junge je Geburt; Geburtsgewicht 0,5–42 kg.
Lebensablauf: Entwöhnung nach 2–12 Monaten; Geschlechtsreife mit 6–42 Monaten; Lebensdauer 10–30 Jahre.
Nahrung: Pflanzen; vereinzelt tierische Beikost.
Lebensweise und Lebensraum: Vielfach gesellig; einzelgängerisch-territoriale und gesellig-territoriale Arten, bei letzteren nur erwachsene Männchen zeitweilig territorial, daneben auch nichtterritoriale Arten; in nahezu allen Landschaften, einschließlich tropischer Wälder, Tundra, Wüsten und Hochgebirge; in Afrika, Asien, Europa und Nordamerika, eingeführt in Südamerika, Neuseeland und Hawaii; als Haustiere weltweit verbreitet.

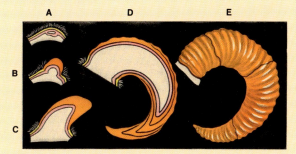

Hornentwicklung
Hörner bestehen aus einem inneren Knochenzapfen und einer äußeren Hornscheide. Zunächst (A) bildet sich in den tiefen Hautschichten der Stirn ein selbständiger Hornknochen (Os cornu), der in der Regel kurz nach der Geburt mit dem Stirnbein (Os frontale) verschmilzt (B) und rasch in die Länge und Breite wächst (C). Die Oberhaut, die ihn überzieht, verhornt von der Basis aus in immer dicker werdende Schichten und bildet einen widerstandsfähigen äußeren Hohlkegel (D). Hörner sind Dauereinrichtungen, die meist bei beiden Geschlechtern vorkommen und mit fortschreitendem Alter weiterwachsen. Bei einigen Arten (E: Horn eines vierjährigen Muffelwidders) läßt sich der Jahreszuwachs nach den Ringen auf der Hornoberfläche ablesen. Der älteste Hornabschnitt befindet sich an der Spitze und wird am stärksten abgenutzt. (Hellbraun: Knochen; rot: tiefe Hautschichten und Knochenhaut; gelb: Oberhaut; braun: Hornsubstanz)

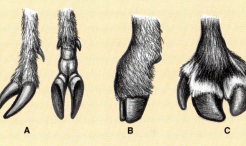

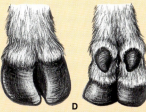

Hufform
Einige Beispiele der Hufform von Hornträgern und Hirschen. Bei der Sitatunga (A) sind die Hufe sehr lang und schmal. Die Nebenhufe sitzen weit oben am Bein. Durch starkes Abspreizen der Hufe wird diese Sumpfantilope sicher über den morastigen Boden getragen. Der Klippspringer (B) tritt als ein ausgesprochener Zehenspitzengänger nur mit den Spitzen seiner Haupthufe auf, wodurch ein sicheres Klettern im felsigen Gelände gewährleistet wird. Beim Rentier (C) sind die Haupthufe breit und flach. Die langen abspreizbaren Nebenhufe berühren ebenfalls den Boden. Dadurch wird die Fortbewegung im Sumpf wie auf Schnee erleichtert. Beim Rind (D) wird die Last des schweren Körpers von breiten säulenförmigen Haupthufen getragen, die Nebenhufe berühren den Boden nicht.

Schädel und Zähne
Der Hirnschädel der Hornträger ist wie der aller Wiederkäuer verhältnismäßig klein, der Gesichtsschädel dagegen etwas überproportioniert. Besonders die Nasenteile und der Kieferapparat sind groß. Im Oberkiefer fehlen die Schneidezähne, bei den Horntieren auch die Eckzähne. Die knöcherne Spitze des Oberkiefers ist nur mit einer derben Schleimhaut überzogen. Beim Abbeißen der Nahrung wird sie gegen die Zunge oder gegen den bezahnten Unterkiefer gedrückt. Im Unterkiefer bilden die Schneidezähne zusammen mit den abgeflachten Eckzähnen eine breite »Schaufel«, die beim Abgrasen große Mengen der Nahrung auf einmal abreißen kann. Im Bild der Schädel eines weiblichen Schafs (links) wie auch die Zahnschaufel des Unterkiefers der Elenantilope (Mitte) und der Giraffe (rechts), die nicht zur Familie der Hornträger gehört.

Hornträger

Einleitung
von Fritz Rudolf Walther

Zu den Hornträgern (Bovidae, früher Cavicornia) gehören alle wiederkauenden Paarhufer, die mindestens im männlichen Geschlecht Hörner besitzen. Wenn man von ihrer Dezimierung durch den Menschen absieht, sind sie als eine Tiergruppe zu bezeichnen, die gegenwärtig in voller Blüte steht und sich noch in einer rasch fortschreitenden Entwicklung befindet.
Wahrscheinlich dadurch ergeben sich Schwierigkeiten für die Systematik, also die Einteilung dieser Familie in Unterfamilien, Gattungen, Arten usw. So ist es in manchen Fällen zweifelhaft, ob man von Arten oder Unterarten sprechen soll. Folglich unterscheiden einige Wissenschaftler »bloß« etwa 100 heute lebende Hornträgerarten, während andere 130 oder noch mehr aufzählen.
Noch größer sind die Probleme bei den Unterfamilien. Bis zur Mitte des vorigen Jahrhunderts waren die Hornträger in deren vier aufgeteilt: Rinder, Ziegen, Schafe und Antilopen. Abgesehen davon, daß man die Ziegen und Schafe später zu einer gemeinsamen Unterfamilie zusammengefaßt hat, lag die Schwierigkeit bei den Antilopen. Man rechnete dazu alles, was Hörner trug, aber nicht Rind, Schaf oder Ziege war. Solange die Wissenschaft geringe Kenntnisse von der tropischen und subtropischen Tierwelt hatte, waren es nur verhältnismäßig wenige Arten, die man hier vereinte. Im Zuge der Erforschung des Innern von Afrika und Asien im 19. Jahrhundert aber kamen die Arten nur so gepurzelt, und man erkannte, daß unter der Bezeichnung »Antilopen« viel zu vieles und vor allem viel zu Verschiedenartiges zusammengekommen war. Man löste daher die »Antilopen« in mehrere Unterfamilien auf, die gleichwertig neben den Rindern sowie den Schafen und Ziegen standen. Manche Fachleute waren jedoch mit dieser Einteilung nicht zufrieden. Besonders der amerikanische Zoologe G.G. Simpson meinte, man habe nunmehr zu viele Unterfamilien aufgestellt und dadurch manches voneinander getrennt, was enger zusammengehöre. Um dem abzuhelfen, führte er zwischen den Unterfamilien und den Gattungen eine neue Einheit ein, die Gattungsgruppe (Tribus). Er ließ also nur einige der vorherigen Unterfamilien gelten und erklärte die anderen zu Gattungsgruppen, die er den unangefochtenen Unterfamilien zu- und unterordnete. Aber auch dagegen erhoben sich wieder Einwände.
Kurzum, eine allseits befriedigende Einteilung der Hornträger ist nicht gelungen, und es bestehen mehrere »Angebote«, deren jedes seine Vorzüge und Nachteile hat. Selbstverständlich können wir in diesem Buch nur *eine* Einteilung bringen. Der Leser möge sich daher nicht wundern, wenn er in anderen Werken Übersichten findet, die von der unseren hie und da abweichen.
Die Hörner, die das entscheidende Kennzeichen aller Hornträger darstellen, sind paarige Stirnaufsätze, die im Gegensatz zu den Geweihen der Hirsche nicht alljährlich abgeworfen werden, sondern zeitlebens bleiben. Ein Horn besteht aus einem Knochenzapfen (Hornknochen, Os cornu), der von einer Hornscheide überzogen ist. Im Laufe der Entwicklung des Einzeltieres entstehen die Hornknochen als selbständige Knochen in den tieferen Hautschichten (Mesoderm) der Stirn. Erst kurz nach der Geburt gewinnen sie Verbindung mit dem Stirnbein, indem dieses in sie hineinwächst. So ergibt sich die Zapfenform. Die Haut darüber (Ektoderm) verhornt von der Basis her und lagert sich als Hohlkegel über den knöchernen Kern. Entsprechend der späteren Längenzunahme der Hornknochen wachsen die Hornscheiden von unten nach.
Bei manchen Arten sind die Hornanlagen schon bei der Geburt vorhanden, bei anderen treten sie erst Monate danach hervor. Die Hörner erwachsener Tiere weisen bei vielen Arten Wülste, Leisten oder Ringe auf, die jedoch nichts über das Alter aussagen. Dagegen gibt es an manchen Hörnern »Jahresringe«, also Einkerbungen, an denen man das Alter ganz gut ablesen kann. Sie gehen auf unterschiedlichen Zuwachs infolge von Veränderungen im Stoffwechsel

und/oder Futter zurück, wie sie in Gebieten mit gut ausgeprägten Jahreszeiten gegeben sind.

Recht übereinstimmend sind die Paläontologen der Ansicht, daß die Hornträger von hornlosen Vorfahren abstammen. Die ersten wirklichen Hornträger waren dann *Eotragus*-Arten, etwa rehgroße Tiere mit kleinen, ein wenig einwärts gekrümmten Hörnern. Sie lebten im Miozän, vor ungefähr 25 Millionen Jahren. Damals hat also die Ausbildung der Gehörne begonnen.

Nachdem die Hörner einmal da waren, haben sie es in erdgeschichtlich verhältnismäßig kurzer Zeit zu einer verschwenderischen Vielfalt und Formenfülle gebracht: von den oft nur drei Zentimeter langen Stiftchen eines Blauböckchens bis zu den meterlangen Lanzen einer Oryxantilope, von der sanften Welle eines Gazellenhorns bis zu den Prachtwindungen eines Kudugehörns, von der reißhakenähnlichen Gamskrucke bis zu den mächtigen »Schnecken« eines Wildschafwidders. Manche Hörner stehen senkrecht auf dem Schädel, viele sind nach hinten gebogen, einige krümmen sich nach vorn, und wieder andere laden zur Seite aus. Dann können die basalen (untersten) Teile der Hörner gewaltig verbreitert sein und – wie zum Beispiel beim Kaffernbüffel – einen massiven Schild über dem Schädel bilden. Wenn die Hörner gewunden sind, geht bei manchen Arten die Drehung des rechten Horns von der Spitze zur Basis um die Längsachse nach rechts und des linken nach links (homonyme Windung), bei anderen Arten aber ist das rechte Horn nach links und das linke nach rechts gewunden (heteronyme Windung).

Bei manchen Arten sind Männchen und Weibchen gehörnt, und ihre Hörner gleichen einander weitgehend. Bei anderen Arten tragen gleichfalls beide Geschlechter Hörner, jedoch sind die der Weibchen wesentlich kleiner, dünner und von einfacherer Form als die der Männer. Bei wieder anderen Arten haben die Weibchen überhaupt keine Hörner.

Zumindest die Hornformen der erwachsenen Männchen sind so kennzeichnend, daß ein Fachmann danach die Gattung, meist aber auch die Art und oftmals sogar noch die Unterart auf Anhieb nennen kann. Fragt man nun, wie es stammesgeschichtlich zu einer derartigen Vielfalt gekommen ist, so kann selbst ein so bedeutender Säugetiersystematiker und Evolutionstheoretiker wie G. G. Simpson dazu nur sagen, daß die Entwicklung halt mitunter »opportunistisch« verläuft. Eine befriedigende Erklärung ist das sicher nicht, und die meisten Entwicklungsfachleute haben sich vorsichtshalber zu diesem Thema überhaupt nicht geäußert.

Auch über den Sinn und Zweck der Hörner hat man gestritten. Einige Wissenschaftler hielten sie für reine Luxusgebilde, andere für Stoffwechselventile, und wieder andere meinten, sie dienten der Temperaturregulation. Ein Körnchen Wahrheit mag in jeder dieser Ansichten stecken, den Kern der Sache treffen sie sicher nicht. Da muß man vielmehr der ältesten und verbreitetsten Auffassung beipflichten, wonach die Hörner in erster Linie zum Kämpfen da sind. Leider war diese an und für sich richtige Deutung von Anfang an mit einem Irrtum gekoppelt, der anscheinend nicht auszurotten ist. Man nahm – oder nimmt – nämlich als selbstverständlich an, daß die Hörner in erster Linie zur Verteidigung gegen Raubfeinde dienten. Gerade das trifft für die Mehrzahl der Arten und Fälle nicht zu. Wenn ein Raubtier sie anfällt, werden bei schätzungsweise 75% der Hornträgerarten selbst die »wehrhaften« Männchen gerissen, ohne auch nur einen Versuch zur Verteidigung zu machen. Weitere etwa 24%, zum Beispiel Büffel oder einige große »Antilopen« wie Spießbock, Rappenantilope usw., stellen sich gelegentlich – durchaus nicht im-

▷ **Ein besonders eindrucksvolles Gehörn besitzen die nordamerikanischen Dallschafwidder. Die Einkerbungen am Gehörn sind so etwas wie »Jahresringe«, an denen man das Alter recht gut ablesen kann. Sie gehen auf unterschiedliche Zuwächse infolge von Veränderungen im Stoffwechsel und/oder Nahrungsangebot zurück, wie sie in Gebieten mit sehr ausgeprägten Jahreszeiten gegeben sind.**

In der Regel werden Hornträger von Raubtieren gejagt, doch hier ist es umgekehrt: Zur Verteidigung ihres Kitzes verjagt eine Thomsongazelle einen Schakal.

mer und oft auch erst nach Flucht – einem Raubtier zum Kampf. Ihre Erfolgsaussichten sind dann jedoch sehr gering, nicht zuletzt, weil gegen Raubtiere offenbar die gleichen Kampftechniken angewendet werden wie gegen artgleiche Rivalen, wofür sie aber meist weit weniger geeignet sind. Jedenfalls wüßte ich nicht eine einzige Form des Hörnerkampfes zu nennen, die ausschließlich bei der Abwehr von Raubtieren vorkäme oder sich als spezielle Anpassung daran verstehen ließe.

Nur von einer Art ist bekannt, daß sie sich einigermaßen regelmäßig und mit recht guten Erfolgsaussichten gegen Raubtiere zur Wehr setzt. Das ist der arktische Moschusochse – allerdings kann auch hier ein gesunder, erwachsener Bulle von einem einzelnen Wolf gerissen werden, wenn auch nach Kampf, wie der Kanadier David R. Gray einwandfrei beobachtet hat. Die Abwehr funktioniert also durchaus nicht immer, aber offenbar doch so oft, daß der Moschusochse in dieser Hinsicht eine Sonderstellung unter den Hornträgern einnimmt. Zu dieser gehört auch, daß von Raubtieren angegriffene Moschusochsen meist eine »Phalanx« bilden und sich als Gruppe verteidigen. Sonst ist Gruppenverteidigung, die natürlich die Abwehrchancen besonders gegen im Rudel jagende Raubfeinde erheblich vergrößert, unter Hornträgern noch seltener als die Selbstverteidigung einzelner Tiere. Sie ist gelegentlich bei einigen Rindern, zum Beispiel beim Bison und Kaffernbüffel, beobachtet worden.

Gerade wenn man weiß, wie schwach im allgemeinen die Selbstverteidigung der meisten Hornträger gegen Raubfeinde ist, muß man es um so mehr bewundern, daß bei verhältnismäßig vielen Arten die Mütter ihre Jungen verteidigen, wenn auch vielfach erfolglos und nicht gegen Raubtiere, denen sie hoffnungslos unterlegen sind. So verteidigt zum Beispiel eine Gazellengeiß ihr Kitz gewiß nicht gegen Löwen, sehr wohl aber gegen Schakale.

Nun haben aber die Weibchen vieler Hornträgerarten überhaupt keine oder deutlich kleinere und schwächere Hörner als die Männer, und insgesamt läßt sich diese »Benachteiligung« der Weibchen unter der Annahme, daß die Hörner in erster Linie der Abwehr von Raubfeinden dienten, in gar keiner Weise verstehen, da ja beide Geschlechter deren Angriffen ausgesetzt sind. Das war nun sogar den Theoretikern aufgefallen, die die Hörner in Verbindung mit der Feindabwehr bringen wollten. Sie hatten aber sofort eine Patentlösung parat: Die Weibchen brauchen gar keine oder wenigstens keine großen Hörner, da die wohlbewehrten Männer die Verteidigung übernehmen. Nun leben jedoch bei vielen Hornträgern die Geschlechter große Teile des Jahres getrennt. Es ist also oftmals überhaupt kein Mann zur Stelle, wenn ein Raubfeind ein Weibchen oder ein Jungtier anfällt. Setzt aber ein Raubtier zur Jagd auf einen gemischten Verband an, so ist jeder Bock oder Bulle »heilfroh«, wenn der Raubfeind nicht gerade hinter ihm her ist, und macht, daß er so schnell wie möglich davonkommt. Objektiver gesprochen, die Verteidigung der Weibchen und Jungtiere ist bei den meisten Hornträgerarten im Verhaltensrepertoire der Männchen nicht enthalten.

Auch die Hörner selbst widersprechen der These von der Feindabwehr. Die beste Waffe dafür wäre ein kräftiger, nicht zu kurzer, aber auch nicht zu langer Spieß oder Dolch. Nur sehr von ferne kommen einige Hörner diesem »Ideal« nahe, und gerade die offensichtlich höherentwickelten Gehörnformen weichen ganz erheblich davon ab. Wären die Hörner in erster Linie Waffen für den Feindabwehrkampf, so kämen wir notwendigerweise zu der Schlußfolgerung, die Weiter- und Höherentwicklung hätte sie für ihren Zweck untauglicher gemacht. Auch ihre »Zusatzbildungen«, die Ringe, Wülste und Kiele, bleiben dann unverständlich.

Alle diese Ungereimtheiten klären sich jedoch beträchtlich auf, wenn wir die Hörner nicht als Waffen gegen Raubtiere, sondern als Organe für die Auseinandersetzung unter Artgleichen betrachten. Da ist es gar nicht mehr so verwunderlich, daß die Männchen oft besser bewehrt sind als die Weibchen, denn sie sind es ja, die bei vielen Arten Reviere besetzen und gegen Rivalen behaupten oder zur Paarungszeit die Nebenbuhler von dem oder den Weibchen fernhalten müssen. Auch sind ganz allgemein die Böcke und Bullen rauflustiger als die Kühe oder Geißen.

In einem »Fechtkampf« schlagen die Ostafrikanischen Spießböcke die Langseiten ihrer Hörner heftig gegeneinander.

Zum großen Teil sind ferner die Kämpfe der Hornträger Ritualkämpfe, in denen es nicht darum geht, den Gegner umzubringen, sondern festzustellen, wer wem überlegen ist, und dann den Unterlegenen zum Nachgeben oder Weichen zu bringen. Nur wenige Arten stechen daher mit den Spitzen der Hörner, und auch diese durchaus nicht immer. Die meisten Arten schlagen mit den Langseiten der Hörner oder rammen mit den Hornbasen oder – am häufigsten – überkreuzen und verhaken die Hörner ineinander, so daß die Gegner gleichsam ineinander verankert sind und nun in schwerem Stoßen, Schieben und Drängen gegeneinander ihre Körperkräfte voll einsetzen und aneinander messen können. In all diesen Kampfformen haben die Verbreiterungen der Hornbasen, die Krümmungen und Windungen der Hörner, die Wülste, Leisten und besonders auch die Ringe ihren guten Sinn und Zweck.

Natürlich lassen sich die Hörner auch noch zu einigen anderen Zwecken verwenden. So können sich die Tiere zum Beispiel damit kratzen – und im Verzweiflungsfall halt auch einmal gegen Raubtiere zu verteidigen suchen.

Das natürliche Verbreitungsgebiet der Hornträger umfaßt Afrika, Asien, Europa und Nordamerika und erstreckt sich bis in die Arktis. Der größe Artenreichtum findet sich heute in Afrika. Das war nicht immer so. Nach den Funden aus den Shiwalik-Hügeln und von Pikermi sind eine gute Zahl von gleichen oder nahverwandten Arten einst auch im südlichen Asien und in Europa heimisch gewesen. Vermutlich ist das »Entstehungszentrum« in Zentralasien zu suchen, und die Hornträger sind von dorther in ihre heutigen Verbreitungsgebiete eingewandert. Selbstverständlich haben sie sich später auch in den neuen Heimatgebieten weiterentwickelt und neue Arten gebildet.

Dabei haben sie so ziemlich sämtliche Biotope besetzt. Sie finden sich im Wald in allen seinen – besonders tropischen und subtropischen – Formen, einige haben sich auch an ein Leben in sumpfigem Gelände, ja im Wasser angepaßt, im Hochgebirge fehlen sie nicht, sehr zahlreich sind die Steppenformen, einige werden selbst mit den extremen Bedingungen der Wüste fertig, und wenigstens eine Art ist in der Tundra zu Hause. Verschiedene Anzeichen sprechen dafür, daß die Hornträger ursprünglich Waldbewohner waren. Mit zunehmender Versteppung weiter Gebiete, zum Beispiel gerade in Afrika, haben sich dann viele von ihnen diesem Lebensraum mehr oder minder angepaßt. Einige Arten könnten sogar später wieder von der Steppe zum Wald zurückgekehrt sein. Die meisten Bergtiere sind vermutlich aus Steppenformen hervorgegangen.

Die meisten Hornträger bewohnen heute Flachlandgebiete in tropischen und subtropischen Breiten, vor allem in Afrika. Doch verschiedene Arten haben auch Gebirgsregionen mit strengem Winter erobert, so etwa unser Gamswild.

Die Grundformen der Gangarten sind Schritt, Trab (Troll) und Galopp. Im Schritt gibt es den Kreuzgang oder Wechselschritt, bei dem – grob gesagt – Vorder- und Hinterbein derselben Körperseite sich abwechselnd nach vorn bewegen, und den Paßgang, bei dem Vorder- und Hinterlauf derselben Körperseite fast gleichzeitig nach vorn greifen. Grundsätzlich können wohl alle Hornträger beide Schreitweisen gebrauchen, jedoch bevorzugen die meisten Arten eine davon. Als Faustregel gilt, daß ausgesprochene Bergtiere (wie die Gemse) und Waldtiere (wie der Kudu) im Wechselschritt gehen, Steppen- und Wüstentiere dagegen im Paßgang. Wahrscheinlich ist der Wechselschritt die ursprünglichere und vielseitigere Form des Gehens. Jedoch muß auch der Paßgang seine Vorteile haben, denn zu den Paßgängern zählen die laufgewaltigsten unter den insgesamt sehr beweglichen Hornträgerarten.

Obgleich es auch Kreuz- und Paßtrab gibt, scheint bei freilebenden Hornträgern nur der Kreuztrab vorzukommen – selbst bei denen, die im Schritt den Paßgang bevorzugen. Im allgemeinen traben diese Tiere nicht allzu oft, am häufigsten noch beim Übergang vom Schritt zum Galopp oder umgekehrt. Nur sehr wenige Arten traben über längere Strecken oder benutzen den Trab bei Gelegenheiten, zum Beispiel auf der Flucht, wo die meisten anderen Arten galoppieren. Solch ein »Dauertraber« ist die große Elenantilope, wobei man vermuten könnte, daß ihr wegen ihrer Massigkeit der Trab leichter falle als der Galopp. Jedoch geht auch der sehr schlanke Dibatag nach einigen Galoppsprüngen recht regelmäßig zum Trab über.

Beim Schwimmen bewegen die Hornträger ihre Gliedmaßen mehr oder weniger nach Art des Trabes. Wahrscheinlich deshalb können die meisten (alle?) Hornträger angeborenermaßen schwimmen, doch nicht alle gleich gut. Es gibt da eine ganze Skala von Arten, wie die Sitatunga, die vorzüglich schwimmen und einen großen Teil ihrer Zeit im Wasser zubringen, über Arten wie die Gnus, die meist nur dann schwimmen, wenn sie auf ihren Wanderungen Flüsse oder Seen zu durchqueren haben, bis zu Arten wie die Pferdeantilope, die nur in Not- oder Katastrophenfällen schwimmen und schon nach verhältnismäßig kurzen Strecken in Gefahr sind zu ertrinken.

Bekanntlich besteht der Galopp aus aneinandergereihten Sprüngen, und es kommt dabei zu einer Schwebephase in dem Augenblick, da die Hinterläufe nach vorn greifen, der Rücken sich krümmt und der Körper erscheinungsbildlich »kurz wird«. Zu dieser Schwebephase stößt sich das Tier mit einem Vorderlauf vom Boden ab, macht in der Luft mit dem Körper eine »Schaukelbewegung« und setzt dadurch zuerst mit den Hinterläufen, kurz nacheinander, wieder auf. Vornehmlich bei kleinen und mittelgroßen Arten wird der scharfe Galopp oft zum »Sprunggalopp«, in dem eine zweite Schwebephase auftritt, zu der sich das Tier von den Hinterbeinen abstößt und dann zuerst mit den – nacheinander – weit nach vorn greifenden Vorderläufen aufkommt. Der Körper »wird lang« dabei. Nur diese Schwebephase entspricht dem Sprung über ein Hindernis. Der Galopp dient natürlich zur Flucht, tritt aber auch im Spiel und bei einigen weiteren Anlässen auf. Die Geschwindigkeiten sind artlich sehr verschieden. So bringen es die schweren Büffel meist »nur« auf etwa 35 Stundenkilometer, während die schlanken Gazellen leicht 60, auf kurzen Strecken wahrscheinlich sogar 80 Stundenkilometer erreichen. Jedoch sind nur wenige Ar-

Möglicherweise können alle Hornträger schwimmen. Dabei »traben« sie gleichsam unter Wasser.

ten, wie zum Beispiel die Kuhantilopen, ausdauernd im Galopp. Für die meisten sind zwei Kilometer in vollem Galopp bereits eine lange Strecke, nach der sich Anzeichen von Erschöpfung bemerkbar machen.

Bei den Sprüngen der Hornträger gibt es den Sprung über ein Hindernis, den Sprung auf etwas hinauf und den Sprung auf freier Fläche. Der Sprung über ein Hindernis entspricht weitgehend dem, was uns von Pferden geläufig ist, jedoch springen manche Hornträgerarten auch sehr gut und hoch aus dem Stand. Dieses »Überfallen« eines Hindernisses ist besonders typisch für Wald- und Bergtiere. Die Höhe der Hindernisse, die genommen werden, ist artlich recht verschieden. Manche Arten haben bereits Mühe, ein Hindernis zu bewältigen, das kaum höher ist als ihre Beine. Andere springen mit Leichtigkeit das Doppelte und Dreifache der eigenen Körperhöhe.

Beim Sprung auf etwas hinauf, der vor allem den Bergtieren eigen ist, springt das Tier nicht über ein Hindernis hinweg, sondern auf dieses (zum Beispiel einen Felsblock) hinauf, mitunter auch dann, wenn es darüber hinwegsetzen will. Beispielsweise können Markhorziegen einen Drahtzaun wie ein Pferd überspringen, setzen aber mindestens ebenso oft erst einmal auf dem obersten Draht (!) auf und springen dann auf der anderen Seite hinunter.

Sprünge auf freier Fläche kommen bei vielen Arten gelegentlich vor. Häufiger sind sie bei vergleichsweise wenigen, zum Beispiel Elenantilope und Impala. Eine Sonderform davon ist der Prellsprung, der einigen Steppenformen, besonders Gazellen, eigen ist. Das Tier schnellt sich dabei aus den Fesselgelenken heraus mehr oder weniger mit allen vieren gleichzeitig hoch. In der Schwebephase hält es beide Vorderläufe und beide Hinterläufe nebeneinander ziemlich gerade nach unten. Dann setzt es mit allen vieren gleichzeitig oder mit den Hinterläufen kurz vor den Vorderbeinen auf. Prellsprünge werden häufig mehrfach hintereinander wiederholt. Oft sind die Hufe nicht viel mehr als einen halben Meter vom Boden entfernt. Prellsprünge können dem Raumgewinn dienen, jedoch »tanzt« das Tier mitunter auch fast auf der Stelle. Mit dem Überwinden senkrechter Hindernisse haben sie nichts zu tun. Typische Steppentiere überspringen solche Hindernisse nicht oder nur ausnahmsweise. Wenn möglich, laufen sie darum herum oder kriechen darunter durch. Prellsprünge treten zu Beginn einer Flucht auf, wenn der Verfolger (noch) nicht zu nahe heran ist, und dann wieder am Ende, wenn der Feind die Verfolgung aufgegeben hat. Sie kommen jedoch auch in Situationen vor, die mit Flucht nichts zu tun haben, wie in Lauf- und Sprungspielen. Insgesamt sind sie bei jugendlichen Tieren häufiger als bei Erwachsenen. Manchmal wirken sie ansteckend auf Herdenmitglieder, in anderen Fällen kümmert sich keiner darum. Über die Funktion der Prellsprünge ist viel geschrieben worden. Man hat gemeint, daß das Tier dadurch einen weiteren Überblick gewinne oder daß die Artgenossen durch die Prellsprünge alarmiert würden oder daß sie auf Raubtiere verwirrend wirkten oder daß sie ein altruistisches Verhalten seien, wodurch das Einzeltier seine Aussichten aufs Entkommen vermindere und zum Wohl der anderen beziehungsweise seiner Gene die Verfolgung des Raubfeindes auf sich ziehe usw. Einige dieser Spekulationen sind völlig aus der Luft gegriffen, andere mögen in bestimmten Situationen annähernd zutreffen. Eine Deutung, welche die Prellsprünge in der ganzen Breite ihres Auftretens erfaßt, ist bisher nicht gelungen.

Wenn Tiere so rege auf den Beinen sind wie die Hornträger, müssen sie sich andererseits entsprechend ausruhen. Sie liegen etwa acht bis zwölf Stunden pro Tag, wenn auch nicht auf einmal. Natürlich gibt es auch hier wieder artliche und zudem jahreszeitliche Unterschiede sowie auch Schwankungen von Tag zu Tag, die mit dem Wetter, der Temperatur oder den Lichtverhältnissen zusammenhängen. Die meisten Arten sind weder rein tagaktiv noch rein nachtaktiv. Sie haben mehrere Aktivitäts- und Ruhephasen im Laufe eines 24-Stunden-Tages. Während der Ruhephasen wiederkauen oder dösen sie oft. Mit Ausnahme der Jungtiere und einiger weniger Arten (zum Beispiel Rinder) schlafen sie jedoch nur kurz und in unregelmäßigen Abständen. Eine Viertelstunde ununterbrochenen Schlafes ist schon eine ausneh-

Die schnellste Gangart der Hornträger ist der Galopp. Hier die Phase des »Kurzwerdens« beim Steinbock.

mend lange Zeit. Meist sind es jeweils nur ein paar Minuten. Zählt man alle Perioden solchen »Minutenschlafens« innerhalb eines 24-Stunden-Tages zusammen, so dürften bei den meisten Arten für einen gesunden Erwachsenen höchstens ein bis zwei Stunden herauskommen.

Geäst wird allgemein im Stehen oder langsamen Gehen. Einige Arten, zum Beispiel Ziegen und Schafe, lassen sich dazu gelegentlich auf die »Knie« (Handwurzelgelenke) nieder. Laubäsende Tiere richten sich mitunter auf den Hinterläufen auf. Die Neigung oder Fähigkeit dazu ist artlich sehr verschieden. Besonders berühmt dafür sind Gerenuk und Dibatag.

Während des Äsens halten die Mitglieder eines Verbandes durchschnittlich größere Abstände ein als bei den meisten anderen »Alltagsaktivitäten«, und die Männer untereinander größere als die Weibchen. Ferner spielt die Orientierung zum anderen eine Rolle. Wenn sich zwei äsende Tiere auf kurze Entfernung frontal begegnen, ist eine Auseinandersetzung fast unvermeidlich. Kurzum, im Freileben hängen die Zwistigkeiten unter äsenden Tieren fast immer mit den Abständen und Orientierungen zueinander zusammen. Eindeutig auf Futterneid und -konkurrenz lassen sie sich dagegen nur bei extremer Nahrungsknappheit zurückführen, manchmal allerdings auch schon bei Knappheit eines bestimmten, sehr begehrten Futters. Anders ist es im Zoo, wenn eine ganze Gruppe aus einem verhältnismäßig kleinen Trog oder einer Raufe gefüttert wird. Entgegen ihrer natürlichen Neigung, gerade beim Äsen die Abstände zu vergrößern, sind die Tiere hier gezwungen, dicht zusammenzukommen. Dann sind Futterneid und -konkurrenz mitunter sehr ausgeprägt. Darüber hinaus kann das Erlangen von Futter zur »Prestigefrage« werden, was besonders hervorzutreten pflegt, wenn Besucher die Tiere füttern. Der Dominanteste (Ranghöchste) verjagt dann die anderen und stopft alles in sich hinein. Schwerste Magenverstimmungen sind die Folge, an denen schon mehr als ein guter Bock oder Bulle gestorben ist. Das ist einer der Gründe, warum heute in vielen Zoos den Besuchern das Füttern untersagt ist. Wenn man also meint, daß diese Tiere nicht mehr essen, als sie vertragen können, so stimmt das unter natürlichen Bedingungen, in Gefangenschaft jedoch nicht immer.

Selbst im verschneiten und vereisten Fels können sich die Gemsen auf ihre angeborene Sprung- und Trittsicherheit verlassen.

EINLEITUNG

Für das Trinken (Schöpfen) ergibt sich innerhalb der Hornträger eine ganze Skala, beginnend mit Arten, die recht stark vom Wasser abhängig sind (zum Beispiel Rinder), über Arten, denen zeitweise – in subtropischen Ländern während der Regenzeiten – die mit den Pflanzen aufgenommene Feuchtigkeit genügt, die aber Wasser brauchen, wenn die Gräser austrocknen (viele Steppentiere), bis zu Arten, die nur ausnahmsweise trinken und dennoch bei bester Gesundheit bleiben (zum Beispiel Gerenuk). Namentlich die afrikanischen Busch- und Steppentiere brauchen oft bedeutend weniger Wasser als Hausrinder, -schafe und -ziegen und gedeihen daher in wasserarmen Gebieten, in denen letztere verdursten oder nur höchst kümmerlich überleben. Es wäre daher viel vernünftiger, in solchen Gegenden einen guten Wildbestand zu erhalten und angemessen zu bejagen, als um jeden Preis Hausvieh einzuführen. Andererseits ist die Zahl der Hornträger, die überhaupt kein Wasser brauchen, kleiner, als oft angenommen wird.

Zum Komfortverhalten der Hornträger zählen die Pflege der eigenen Haut und des Felles sowie die soziale Körperpflege. Bei der Pflege des eigenen Körpers kann man unterscheiden zwischen der Pflege mit eigenen Organen (hauptsächlich Sich-Putzen mit Zunge, Zähnen oder Lippen und Sich-Kratzen mit einem Hinterhuf) und der umweltabhängigen Körperpflege. Letztere umfaßt das Sich-Reiben an Gegenständen wie Bäumen, Felsen und ähnlichem und das Sich-Wälzen im Schlamm, Sand oder Staub sowie einige diesen nahestehende Verhaltensweisen.

Zur Insektenabwehr gehören vor allem Kopfschütteln und -werfen, Schlackern mit den Ohren, Stampfen mit den Beinen, Zucken mit der Haut der Flanken, Rumpfschütteln sowie wedelnde, klappende oder peitschende Bewegungen des Schwanzes. Diese Putz-, Kratz- und Insektenabwehrbewegungen treten gelegentlich auch als »Übersprungbewegungen« auf in Situationen, in denen das Tier etwas erregt ist und (noch) »nicht genau weiß, was es tun soll«. Das kann mitunter bei einem Kampf vorkommen oder beim Anblick eines Raubfeindes, vor dem Durchqueren schwierigen Geländes, im Zoo auch beim Warten aufs Futter usw.

Bei der sozialen Körperpflege beleckt, beknabbert oder benibbelt ein Tier das andere. Das kann, muß aber nicht, gegenseitig sein. Bei einigen Arten ist es häufiger als bei anderen. So belecken erwachsene Rinder einander ziemlich oft, Ziegen oder Schafe selten und Hirschziegenantilopen fast nie. Der aktive Partner bearbeitet vorwiegend Kopf, Hals und Schul-

Auch Hausrinder zeigen noch die zum Komfortverhalten der Rinder gehörige soziale Körperpflege.

tern des anderen, seltener dessen Rücken oder Flanke und – außer in sexuellen Beziehungen und der mütterlichen Pflege der Jungtiere – so gut wie nie andere, besonders hintere Körperpartien. Der passive Partner nimmt das meist ruhig und oftmals mit halb geschlossenen Augen (»Wonneblinzeln«) hin, ja er kann dem anderen bestimmte Körperpartien präsentieren und ihn so zu deren Bearbeitung einladen. Offenbar genießen die Tiere die Berührung des anderen, und vielfach scheint der Austausch von Zärtlichkeiten wichtiger zu sein als die Reinigung des Felles.

Meist geben die Hornträger Harn und Kot zeitlich getrennt voneinander ab. Nur die Männer der Böckchen (Neotraginen) sowie der Gazellen und ihrer Verwandten harnen und koten regelmäßig nacheinander und in auffallenden Stellungen. Sonst unterscheiden sich nur bei wenigen Arten die Geschlechter in den Stellungen der Kotabgabe. Diese reichen vom tiefen Niederkauern über ein leichtes Einknicken auf der Hinterhand bis zur Normalhaltung. Dagegen sind die Harnstellungen der Männchen und

Prellsprung einer (jugendlichen) Thomsongazelle, bei dem sich das Tier mit allen vieren zugleich hochfedert.

Weibchen verschieden. Die Weibchen kauern sich hinten nieder, während die Männchen eine sägebockartige Haltung einnehmen oder in Normalstellung verbleiben. Eine ganze Reihe von Arten, zum Beispiel Rinder, Ziegen und Schafe, harnen und koten verstreut. Andere setzen zumindest den Kot an bestimmten Stellen ab. Auch innerhalb einer Art können die Weibchen verstreut und die Männchen plaziert koten. Im Laufe der Zeit entstehen dann mitunter ganz beachtliche Kothaufen. Diese liegen oft in der Nähe von Ruheplätzen, da sich die Tiere nach längerem Liegen entleeren, sowie an Örtlichkeiten, wo die Tiere aus irgendwelchen Gründen mehr oder weniger regelmäßig in Erregung geraten, so zum Beispiel an den Grenzen eines Reviers, wo Auseinandersetzungen mit den Nachbarn stattfinden. Obwohl Kotplätze auch bei nichtterritorialen Arten vorkommen, sind sie für Revierinhaber oft besonders typisch. Andererseits führt Revierbesitz nicht bei allen Arten zum Errichten von Kothaufen, so nicht bei den territorialen Männern der Wasserböcke und ihrer Verwandten.

Besonders wenn sich eine Kette von Kothaufen an einer Reviergrenze entlangzieht, könnte man annehmen, daß sie Fremde vom Betreten des Reviers abhalten. Ab und zu kommen tatsächlich Situationen vor, die an diese Möglichkeit denken lassen. Weitaus häufiger aber betreten Fremde – auch und gerade mögliche Rivalen – die Territorien, ohne sich auch nur im geringsten um die Kothaufen zu kümmern. Es sieht also ganz so aus, als dienten die Kothaufen in einem Revier weniger der Abschreckung anderer als der besseren Orientierung des Inhabers.

Markieren mit Drüsensekreten ist unter Hornträgern weit verbreitet, und wenigstens das eine oder andere entsprechende Hautdrüsenorgan ist bei der Mehrzahl der Arten vorhanden, meist sogar mehrere davon. Ziemlich häufig sind Voraugendrüsen, Stirndrüsen, Drüsen hinter den Hörnern, Zwischenklauendrüsen, Drüsen am Handwurzelgelenk (»Kniebürstchen«) und in der Leistengegend (Inguinalorgane). Weitere weniger auffällige und/oder verbreitete Drüsenorgane kommen vor.

Manche Hautdrüsen sind dauernd offen, wie die Inguinaldrüsen, oder sie öffnen sich automatisch bei bestimmten Alltagsbetätigungen, wie die Zwischenklauendrüsen beim Galoppieren und Springen. Die Düfte solcher Sekrete gehören dann als ständiges Merkmal zum lebenden Tier. Bei reichlicher Sekretion können sie auch auf Gras und Boden gelangen. Das ist dann ein rein passives Markieren, welches das Tier nicht verhaltensmäßig beeinflussen kann. Andere Drüsen, wie manche Voraugendrüsen, sind geschlossen, und das Tier kann sie bei kämpferischer oder sexueller Erregung öffnen und somit die Duftstoffe zu bestimmten Zeitpunkten aussenden. Endlich kann das Sekret in einer offenen oder geschlossenen Drüse erzeugt und durch ganz bestimmte Bewegungen an Halmen, Stengeln, Zweigen und ähnlichem abgesetzt werden. Dann ist das Markieren ein aktiver und sehr gezielter Vorgang.

Markierende und nichtmarkierende Arten können in derselben Unterfamilie, ja in derselben Gattung auftreten. Bei manchen Arten markieren nur die Männchen, obgleich die Weibchen – geringer entwickelte – Voraugendrüsen haben, bei anderen markieren beide Geschlechter. Wie die Kothaufen kann das Gegenstandsmarkieren im Revierverhalten eine Rolle spielen. Jedoch gibt es Arten, wie den Uganda-Kob, wo die Böcke territorial werden, aber nicht markieren, wie umgekehrt Arten, wie die Schneeziege, die ganz emsig markieren – in diesem Fall mit Drüsen hinter den Hörnern –, obgleich sie kein Revierverhalten zeigen. Bei wieder anderen Arten, wie der Thomsongazelle, markieren sowohl die territorialen wie die nichtterritorialen Böcke mit ihren Voraugendrüsen. Weder die Handlung noch die Marken an sich machen hier die Reviermarkierung aus, wohl

Tiefgekauerte Kotstellung eines Thomsongazellenbockes.

EINLEITUNG

aber die Häufung von Marken desselben Einzeltieres auf begrenztem Raum und deren Anordnung. Wie die Kothaufen haben auch die Sekretmarken meist keine abschreckende Wirkung auf Eindringlinge, sondern scheinen in erster Linie der besseren Orientierung des Revierinhabers selbst zu dienen.

Zwischen Markierungs- und Kampfverhalten steht das Forkeln von Gegenständen wie Baumstämmen, Büschen, Gras, dem Boden, im Zoo auch von Gittern, Futtertrögen usw. In ihren Funktionen sind diese »Objektaggressionen« etwas schillernd. Mitunter wird der Gegenstand anstelle eines Rivalen bekämpft. Zum Beispiel wenn ein Revierinhaber einen möglichen Gegner sieht, dieser aber noch so weit entfernt ist, daß er sein Revier verlassen müßte, um ihn zu bekämpfen, dann mag er sich eine Staude innerhalb seines Reviers vornehmen, was in Wirkung und Bedeutung einer Drohung nahekommen dürfte. Andererseits treten Angriffe gegen unbelebte Gegenstände oft auf, wenn weit und breit kein Gegner vorhanden ist. Dann scheint es sich lediglich um ein Abreagieren aufgestauter kämpferischer Erregung zu handeln. Auch kämpferische Spiele mit unbelebten Gegenständen kommen vor. Da aber alle diese Objektaggressionen geeignet sind, Spuren in der Umgebung zurückzulassen, besteht auch eine Verbindung zum Markieren, um so mehr, als sie nicht eben selten anderen Markierungshandlungen vorausgehen oder darauf folgen und sich dann gegen denselben Gegenstand richten wie diese.

Dem Gegenstandsforkeln steht die von Bernhard Grzimek beschriebene »Radfahrerreaktion« nahe, bei der man einen schwächeren »unschuldigen Beistander« anstelle des »bösen Gegners« verprügelt.

Unter innerartlicher Aggression wird hier jede Einwirkung auf einen Artgenossen verstanden, die ge-

eignet ist, eine bestimmte Reaktion des anderen zu erzwingen. Die auffallendsten und häufigsten dieser Reaktionen sind Gegendrohen oder -angriff, Verteidigung, Demutstellungen, Ausweichen und Flucht. Formen der kämpferischen Auseinandersetzung sind Kampf, einseitiger Angriff, Verjagen sowie Droh- und Imponiergebaren.

Nachdem man jahrhundertelang angenommen hatte, es gehe bei den Kämpfen im Tierreich stets darum, den Gegner zu töten, war es eine wichtige Entdeckung der Verhaltensforschung, daß die innerartlichen Auseinandersetzungen häufig »ritualisiert« sind, und zwar nicht nur das Droh- und Imponiergebaren, sondern auch die Kampfesweisen selbst. Nun ist in den letzten Jahren und auch im Hinblick auf die Hornträger der Vorwurf erhoben worden, die Verhaltensforscher hätten das Bild der innerartlichen Kämpfe ver-

niedlicht. Zum Teil ist dieser Einspruch berechtigt, zum größeren Teil aber nicht. Gewiß ist es keine Kleinigkeit, wenn Tiere von der Größe und Kraft der Hornträger mit aller Macht zusammenstoßen. Wenn man solche Kämpfe als »völlig harmlos« oder als »Bluff«, »Scherzen« oder »Scheinkämpfe« bezeichnet, so ist das sicher unangemessen. Auch ist bei einigen wenigen Arten, wie Gemse und Schneeziege, das Kampfverhalten nicht ritualisiert, sondern durchaus geeignet, den Gegner zu beschädigen. Endlich kommt es wohl bei allen Arten gelegentlich einmal vor, daß Blut fließt und auch einer der Kämpfer getötet wird. Angesichts der großen Häufigkeit der Kämpfe vieler Hornträgerarten sind jedoch die blutigen Auseinandersetzungen eher als Ausnahme denn als Regel zu bewerten, und insgesamt kann man die These von der weitgehenden Ritualisierung nur be-

Rechts: Ein Hörnerkampf zwischen Hirschziegenantilopen. – Links: Das Markieren von Gegenständen mit den verschiedenen Drüsensekreten ist unter den Hornträgern weit verbreitet. Der Hirschziegenantilopenbock markiert, indem er das Sekret der Voraugendrüse an einem Ästchen absetzt.

stätigen. So habe ich allein bei den Gazellen des Serengeti-Gebietes ziemlich genau 1000 Kämpfe aufgezeichnet, unter denen nur einer war, bei dem ein Kämpfer ernstlich verletzt wurde. Ähnliches ergibt sich für die Mehrheit der bisher untersuchten Arten und auch aus den Berichten anderer Beobachter. Abgesehen davon, daß Formen und Zusatzbildungen vieler Gehörne diese wenig geeignet zum Töten des Gegners machen, tragen bestimmte Verhaltenseigentümlichkeiten zur Ritualisierung des Kampfverhaltens, also zum Kampf ohne Blutvergießen, bei.

Zunächst gibt es Kampfesweisen ohne Hörnergebrauch, die kaum zu ernstlichen Beschädigungen führen. Besonders die hornlosen Weibchen einiger Arten können beißen oder schnappen. Da sie jedoch keine Schneidezähne im Oberkiefer haben und auch die Eckzähne fehlen oder nur schwach entwickelt sind, setzt es dabei höchstens »blaue Flecken«. Das gilt erst recht vom Stoßen mit geschlossenem Mund. Einige Arten drücken auch den Gegner mit dem Hals nieder oder unterfahren ihn und versuchen, ihn so auszuheben. Parallel oder umgekehrt-parallel stehend, rempeln manche Kämpfer einander mit den Schultern an. Häufiger ist der kämpferische Ansprung, bei dem das Tier sein Körpergewicht gegen Brust, Schulter und Flanke oder auf den Rücken des anderen wirft. Ausschlagen mit den Hinterläufen im innerartlichen Kampf ist nur von einigen Arten bekannt und nirgends häufig. Noch seltener ist Schlagen mit den Vorderläufen. Es kommt nur bei Schafen vor, und da ist es mehr ein Imponier- als ein Kampfverhalten. Jedoch findet sich ein Schnellen mit einem Vorderlauf als männliche Werbegeste in den Paarungszeremoniellen vieler Hornträger, und auch beim Milchfordern halbwüchsiger Jungtiere tritt es gelegentlich auf. Wahrscheinlich sind diese »Laufschläge« vom kämpferischen Schlagen abzuleiten.

Die hornlosen Weibchen und Jungtiere vieler Arten stoßen mit den unbewehrten Stirnen. Grundsätzlich entspricht dieses Stirnboxen den Bewegungen im Hörnerkampf. Jedoch trifft im Hörnerkampf – mit wenigen, eng umschriebenen Ausnahmen – Horn gegen Horn. Im Gegensatz dazu richten sich die Stirnstöße der Weibchen und Jungtiere oft gegen Schulter, Flanke oder Leib des anderen, können jedoch kaum ernstlichen Schaden anrichten.

Für den Einsatz der Hörner im Kampf sind die Bewegungen des Kopfes und Halses von größter Bedeutung. Hinzu kommen Bewegungen des Rumpfes, und auch die »Beinarbeit« wie Spreizen der Vorderläufe sowie Schreit- und Stemmbewegungen der Hinterläufe ist oft erheblich. Manche Arten lassen sich beim Kampf auf die »Knie« nieder, so die Gnus, Kuhantilopen und andere. Viele Ziegen- und Schaf-

arten richten sich auf den Hinterläufen auf. Wieder andere, zum Beispiel Moschusochsen, prallen ziemlich regelmäßig aus einem Anlauf im Galopp aufeinander.

Nur auf eine der verbreitetsten Kampfformen, das Stirndrängen, sei hier etwas näher eingegangen. Obgleich kurzhornige Arten, ja sogar hornlose Weibchen mitunter versuchen, gemäß dieser Kampfform zu streiten, ist eine perfekte Ausführung erst von einer gewissen Hornlänge an möglich, und auch Windungen, Wellen und Drehungen der Hörner sind vorteilhaft. Diese Voraussetzungen treffen jedoch für viele Arten zu. Beim Stirndrängen überkreuzen sich die Hörner in Basisnähe und verankern die Gegner aneinander. Ihre Stirnen berühren sich fast oder tatsächlich. Der Kopf jedes Kämpfers steht in Bodennähe zwischen den Hörnern des anderen wie ein Pferd zwischen den Stangen einer Gabeldeichsel. Unter Aufbietung aller Körperkräfte versucht nun jeder, den anderen zurückzuschieben. Jedem Angriffsmanöver entspricht dabei eine bestimmte Verteidigungstechnik. Beispielsweise kann ein Kämpfer im

Rechts: Kämpfende Topibullen. Die Topis sind eine Unterart der Leier- oder Halbmondantilope. - Unten: Ein Grantgazellenbock schlägt mit den Hörnern abwechselnd nach links und rechts (»Weben«). Solches Gegenstandsforkeln kann - je nach den Umständen - eine Markierungs- oder Drohhandlung sein.

Angriff den Rücken zum Buckel krümmen und, sich mit den Hinterläufen kräftig abstoßend, Gewicht und Massenmittelpunkt seines Körpers nach vorn »rollen« und in den Stoß des Kopfes nach vorn-unten hineinlegen. Zur Abwehr dieses »Vorwärts-Wuchtens« kann der Verteidiger den Kopf nach vorn-unten strecken und in den weit gespreizten Vorderläufen so tief niederfedern, daß seine Brust fast den Boden berührt. Er fängt so den Angriff mit den im Nacken liegenden Hörnern ab, läßt ihn auslaufen und befindet sich gleichzeitig in der bestmöglichen Ausgangsstellung, um seinerseits in gleicher Weise »zurückzukommen«. Das ist natürlich keineswegs im Sinne des Angreifers. Dieser mag daher an das »Vorwärts-Wuchten« einen »Vorwärts-Ausfall« anschließen, indem er den zuvor stark gekrümmten Rücken streckt und mit den Hinterläufen in weiten Stemmschritten vorwärts tritt. Um nicht »überrollt« zu werden, muß der Gegner daraufhin augenblicklich zurückspringen.

Am Ende eines Kampfes kann der Besiegte fliehen und der Sieger hinterdrein hetzen. Das ist bei einigen Arten, so der Gemse, recht obligatorisch. Bei den meisten Arten aber läßt der Sieger mindestens ebenso oft den Besiegten einfach laufen. Übrigens nimmt ein dominantes Tier gegenüber einem stark unterlegenen die Hetzjagd oft »vorweg«. Der Starke rennt dann – ohne vorherigen Kampf – auf den anderen los und hinter ihm her, als ob er ihn zuvor besiegt hätte. Flucht ist jedoch nur eine Möglichkeit des Kampfendes und nicht einmal die häufigste. Vielfach zieht sich der Schwächere im Schritt zurück. Der Sieger kann ihn dann unter Droh- und Imponiergebärden vor sich her treiben oder ihn einfach wieder laufen lassen. Daß der Unterlegene am Platz bleibt und eine Demuthaltung einnimmt, ist im Freileben nicht so häufig wie im Zoo, wo der Ausweichraum stark begrenzt ist. Ein guter Teil der Kämpfe endet auch ohne eine eindeutige Entscheidung. Einer der Gegner wendet sich ab, läßt den anderen stehen und nimmt unvermittelt eine andere Tätigkeit auf. Gar nicht selten gehen auch beide gleichzeitig zu einer anderen Tätigkeit über, besonders häufig zum Äsen, woraus sich bei manchen Arten ein kampfbeendendes Äsungsritual entwickelt hat.

Den Kämpfen gehen gewöhnlich Droh- und/oder Imponiergebärden voraus. Sie können aber auch ei-

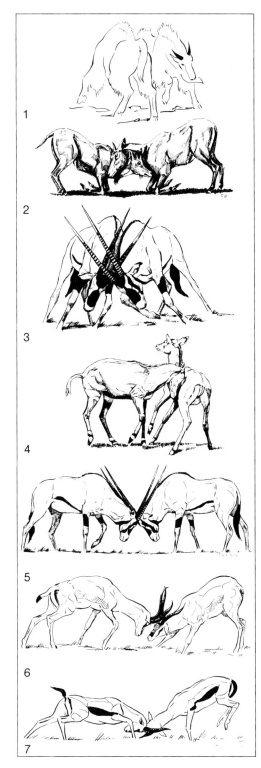

Einige Kampfformen bei verschiedenen Hornträgerarten. Von oben nach unten: 1. Schneeziegenböcke stoßen in umgekehrt-paralleler Stellung mit den Hörnern nach Schenkel, Schulter und Flanke des Gegners und können so einander schwer verletzen. 2. Nilgaubullen beim Halskampf. 3. Ostafrikanische Spießböcke rempeln einander im Parallelkampf mit der Schulter an. 4. Eine Nilgaukuh rammt einer Kumpanin die unbewehrte Stirn in die Flanke. 5. Stirndrängen bei Ostafrikanischen Spießböcken. 6. Das Vorwärts-Wuchten des linken Grantgazellenbocks wird vom rechten Bock durch Tiefhalten des Kopfes und Niederdukken aufgefangen. 7. Der linke Thomsongazellenbock macht durch maximale Streckung des Rückens einen Vorwärtsausfall, bei dem sich der Gegner nur durch sofortiges Rückwärtsspringen »rettet«.

HORNTRÄGER

Halsbrecherisch wirken die Kämpfe der Steinböcke. Jeder der beiden Böcke versucht über den Gegner zu kommen, indem er sich auf einen höheren Felsblock stellt oder den anderen am Hang nach oben umläuft.

nen Kampf ersetzen. Oft droht dann nur einer der beiden, woraufhin der andere eine Demuthaltung einnimmt, sich zurückzieht, manchmal auch in vollem Galopp flieht. Hier wirken also diese Gebärden deutlich einschüchternd und ersparen leibhaftiges Kämpfen. Auch bei beidseitigem Drohen oder Imponieren kann einer schließlich aufgeben und weichen. Viel öfter aber steigert sich die Aggressivität beider Gegner im beiderseitigen Drohen bis zum Angriff. In solchen Fällen wirkt das Droh- und Imponiergebaren herausfordernd, und der Kampf bleibt nicht aus. Jedoch hat nunmehr jeder die feindlichen Absichten des anderen voll erkannt und ist bereit zu kämpfen. Ein Überraschungsangriff, die gefährlichste Form der Aggression, ist damit ausgeschaltet.

Bei geselligen Arten kommt dem Drohen und Imponieren ganz besondere Bedeutung zu im Antreiben und Zusammentreiben der Herden sowie bei Aktivitätswechsel, was auch für den Zusammenhalt der Gruppen sehr wesentlich ist. Wenn zum Beispiel nach einer längeren Rast einige Herdenmitglieder wieder auf den Läufen und in Aufbruchstimmung sind, andere aber noch liegen, so nehmen fast regelmäßig einige der Stehenden am Liegen der Kumpane »Anstoß« und drohen sie an, bis sie aufstehen.

Innerhalb der kämpferischen Ausdrucksgesten lassen sich grundsätzlich unterscheiden: 1. Drohverhalten im echten Sinne, das unmittelbare Kampfbereitschaft ausdrückt, wobei es aber einen Unterschied machen kann, ob das Tier anzugreifen oder sich nur – im Falle des Angriffs des anderen – zu verteidigen beabsichtigt. Bei Hornträgern sind das vor allem verschiedene Formen (hoch, mittel, tief) des frontalen Gehörnpräsentierens, das Anwinkeln der Hörner zum seitlich stehenden Rivalen, das Kopf-Tiefhalten sowie symbolische, oft stark verlangsamte Stoß- oder Schlagbewegungen in Richtung des Gegners. 2. Imponierverhalten, das einen Überlegenheitsanspruch ohne unmittelbare Kampfabsicht ausdrückt. Das Tier weist dabei dem Gegner nicht die Waffen, sondern sucht ihn zum Beispiel durch seine Größe und Massigkeit zu beeindrucken. Vorwiegend recken sich die Tiere hoch und/oder nehmen Breitseitstellung zum Gegner ein, wobei es eine Fülle artlicher Variationen in den Einzelheiten gibt. 3. Raumanspruchshandlungen, durch die das Tier betont, daß es diesen Platz eingenommen hat. Das sind vor allem Markierungshandlungen, Objektaggressionen, Äsen, Sich-Wälzen und besonders auch Scharren – alles unmittelbar vorm Gegner.

Wie gesagt, kann ein unterlegener Gegner auf das Drohen oder Imponieren des anderen hin eine Demutstellung einnehmen, die die Aggression meist abstoppt oder wenigstens wesentlich mildert. Häufig wendet der Demütige dabei die Waffen weg, dreht dem anderen die Kehrseite zu und/oder senkt den Kopf und macht sich so klein wie möglich, was bis zum Hinlegen mit vorgestrecktem Hals führen kann. Kurzum, Demutstellungen sind oft (aber nicht immer) das gerade Gegenteil des Imponierens und des offensiven Drohens. Dagegen bestehen Verbindungen zum defensiven Drohen. Wenn ein Tier das Angriffsdrohen des Gegners mit einer defensiven Gebärde erwidert, gibt es damit zu erkennen, daß es seinerseits nicht angreifen wird, sondern nur bereit ist, den Angriff des anderen abzufangen. Das ist kein gleichwertiges Verhalten, und es liegt darin eine Schwäche, von der ein gerader Weg zur Aufgabe aller Kampfabsichten und damit zur reinen Demutstellung führt. Obgleich auch ein fliehendes Tier Demuthaltungen zeigen kann, bleibt der Demütige sehr oft am Platz, und darin scheint gerade die besondere Funktion dieser Gebärden zu liegen: Sie ermöglichen es einem stark unterlegenen Tier, am Ort und selbst im Verband zu bleiben trotz der Anwesenheit eines sehr aggressiven und überlegenen Artgenossen.

Drohformen. Mittleres und hohes Gehörnpräsentieren bei der Thomsongazelle; tiefes Gehörnpräsentieren (links) und Kopf-Tiefhalten (rechts) bei Frau Grays Wasserbock.

Das Paarungszeremoniell der Hornträger dient dazu, die Paarungsbereitschaft des Weibchens festzustellen, ihre Flucht- und Abwehrtendenzen gegenüber dem werbenden Bock oder Bullen abzubauen, das Weibchen auf seine »unterlegene« Rolle im Deckakt vorzubereiten, die zur Begattung (Beschlag) nötige Orientierung der Partner zueinander herbeizuführen und wahrscheinlich auch ihre geschlechtliche Erregung aufeinander abzustimmen.

Wenn ein Bock oder Bulle sich für eine Geiß oder Kuh »interessiert«, so setzt sie über kurz oder lang Harn ab. Er schnuppert am Harn, manchmal leckt er auch daran, erhebt das Haupt und steht mehrere Sekunden lang regungslos mit geöffnetem Mund. Er flehmt, wie man dieses Verhalten genannt hat. Bei einigen Arten stülpt er die Oberlippe empor, und oftmals wendet er wie in Trance den Kopf zur Seite. Anschließend leckt er sich über die Oberlippe. Bei diesem Flehmen spielt das Jakobsonsche Organ, ein mit Riechschleimhaut ausgekleideter, schmaler Gang im Oberkiefer zwischen Mund- und Nasenhöhle, eine besondere Rolle. Offenbar findet der Mann durch Flehmen heraus, ob das betreffende Weibchen in Hitze ist oder nicht. Entweder verliert er danach jegliches Interesse an ihr, oder er beginnt nunmehr, ernstlich um sie zu werben.

Wenn ein Weibchen den Höhepunkt der Paarungsbereitschaft erreicht hat, hebt es den Schwanz je nach Art mehr oder weniger hoch an. Eine ganze Reihe von werbenden Männern zeigen gleichfalls besondere Schwanzhaltungen, über die bei der Besprechung der einzelnen Arten Näheres zu sagen sein wird. Wahrscheinlich stellen aber diese männlichen Schwanzhaltungen keine wichtigen Signale für die Geiß oder Kuh dar, da diese zumeist in Tandemstellung vor dem Mann steht oder läuft und somit nicht viel von seinem Schwanz sehen kann.

Das wichtigste Werbegebaren der Böcke und Bullen sind Bewegungen oder Haltungen des Kopfes, des Halses und der Läufe. Vor allem zu nennen sind hier das waagerechte Vorstrecken von Hals und Kopf, die hochgereckte Haltung mit steil erhobenem Hals, wozu je nach Art noch ein Anheben des Kopfes bis zur Senkrechten kommen kann, das Drehen des vorgestreckten Kopfes um seine Längsachse (Twist) und der Laufschlag, das heißt ein Vorstrecken des Vorderlaufs. Manche Arten zeigen nur eine der genannten Gebärden, manche zwei oder drei, manche alle. Auch gibt es arttypische Kombinationen. So ist zum Beispiel bei Schafen und Ziegen das Kopf-Hals-Vorstrecken oft mit dem Twist und dem Laufschlag vereint.

Alle diese männlichen Werbegesten stehen dem Droh- und Imponiergebaren nahe, und es sieht ganz so aus, als hätten sie sich aus kämpferischen Verhaltensweisen ohne Hörnergebrauch entwickelt. So fährt zum Beispiel beim Großen Kudu der Bulle gelegentlich aus dem »Überstrecken«, der arteigenen Form des Kopf-Hals-Vorstreckens, heraus mit seinem Hals über den der Kuh und drückt ihn ein wenig nieder. Das ist eine abgeschwächte Form des Halskampfes, wie er bei einigen hornlosen Paarhufern wie Lamas und Kamelen, aber auch bei den hornlosen Weibchen einiger Hornträger vorkommt.

Von einem werbenden Bock oder Bullen angegangen, kann eine Geiß oder Kuh abspringen oder sogar in vollem Galopp fliehen. Nur bei sehr wenigen Hornträgern gehört eine ritualisierte Flucht zum Paarungszeremoniell. Meist ist es echte Flucht. Entweder ist dann der Mann zu forsch aufgetreten, oder das Weibchen ist ganz und gar nicht paarungsbereit. In anderen Fällen mag sich ein Weib dem werbenden Mann widersetzen, ihn offensiv androhen, animponieren oder sogar tätlich angreifen. Bei manchen Arten geschieht das so gut wie nie, und bei keiner ist es obligatorisch, bei einigen allerdings nicht ganz selten. Junge Männchen können dadurch abgeschlagen werden. Altböcke und -bullen aber setzen sich regelmäßig durch, oft fahren sie einfach in ihrer Werbung fort, als sei nichts geschehen. Weit häufiger beantwortet eine Geiß oder Kuh das Werben des Männchens

Unterwürfigkeitsverhalten bei Hornträgern: Bei voller »Demut« legt sich der Unterlegene vor dem Überlegenen flach auf den Boden. Hier ein Weißschwanzgnu.

EINLEITUNG

durch defensives Drohen oder mit einer Demutstellung. Am häufigsten aber geht sie im Schritt ab. Der Mann setzt sich dann hinter sie und treibt sie im Schritt vor sich her. Daraus ergibt sich der Paarungsmarsch, der wahrscheinlich bei keiner Hornträgerart völlig fehlt. Wenigstens ein paar Schritte in Tandemstellung kommen so ziemlich überall vor. Es können jedoch so lange Stehpausen eingeschaltet sein, daß sie weit auffälliger und für das Paarungszeremoniell kennzeichnender sind als das bißchen Laufen dazwischen, wie zum Beispiel bei Rindern, bei denen Bulle und Kuh oft parallel oder umgekehrt-parallel nebeneinander stehen (Hüten). Die Kopf-zu-Schwanz-Stellung der Partner ist auch bei anderen Arten zu sehen, nur stehen diese Arten dabei nicht, sondern treten an Ort umeinander herum (Paarungskreisen). Als Intermezzo im Paarungsmarsch kommt das gelegentlich fast überall einmal vor – bei manchen Arten sogar verhältnismäßig oft. Ein fester Bestandteil des Paarungszeremoniells ist das Paarungskreisen nur bei den Pferdeböcken.

Nach kürzerem oder längerem Paarungsmarsch, Paarungskreisen oder Hüten beginnt der Mann, das Weib anzuspringen und bei ihm aufzureiten. Im Augenblick der Ejakulation reißt es bei vielen (allen?) Arten den Körper des Männchens hoch und zurück. Dagegen sind die Aufreit- oder Ansprungshaltungen der Männer recht verschieden. Ziegen, Schafe, Wasser- und Pferdeböcke sowie die Gazellen tragen den Hals aufgerichtet und den Kopf erhoben. Rinder und Waldböcke strecken Hals und Kopf nach vorn und legen sie mehr oder weniger auf dem Rücken der Kuh auf. Vor allem bei den Gnus, Kuh- und Leierantilopen, aber auch bei Schneeziege, Bison und Moschusochse setzt der Mann seine Schnauze senkrecht von oben auf den Rücken des Weibchens. Die Kopulation dauert nur wenige Sekunden, oft kaum eine Sekunde. Danach ist das Paarungsgeschehen in der Mehrzahl der Fälle und Arten schlagartig zu Ende, und die Partner gehen – jeder für sich – zu Alltagsaktivitäten über.

Den Weibchen der Hornträger fehlt ein dem männlichen Werbegebaren entsprechendes Verhalten. Die Ausdrucksgesten, die sie im Verlauf eines Paarungszeremoniells mitunter zeigen, sind Droh- und Demutgebärden wie in kämpferischen Auseinanderset-

Links: Werbungsverhalten. Von oben nach unten: 1. Bei ungehörnten Huftieren ist der Schlag mit dem Vorderlauf ein Kampfverhalten. Bei vielen Hornträgerarten wird er in ritualisierter Form als männliche Werbegeste gebraucht, so wie hier beim Gerenuk. 2. Laufschlag, kombiniert mit Kopf-Hals-Vorstrecken, Zungenflickern und aufgeklapptem Schwanz, beim werbenden Steinbock. Die Geiß antwortet darauf mit leichtem Gehörnpräsentieren (Abwehrdrohen). 3. Laufschlag mit Kopf-Hals-Vorstrecken und »Twist« (Drehen des Kopfes um die Längsachse) beim Seitwärts-Aufholen des treibenden Kreishornwidders (Unterart der Orientalischen Kleinschafe). 4. Ritualisierter Halskampf im Paarungszeremoniell des Großen Kudu. – Rechts: Gemsenhochzeit.

zungen zwischen gleichgeschlechtlichen Gegnern. Einige weitere weibliche Gesten stehen in unmittelbarem Zusammenhang mit der Kopulation, wie das Abstrecken oder Anheben des Schwanzes, das Buckeln oder Durchbiegen des Rückens in Erwartung des männlichen Ansprungs und das Sich-Hineinlehnen in den Ansprung. Im übrigen »beantwortet« eine paarungswillige Geiß oder Kuh das Werben des Mannes damit, daß sie weder flieht noch abwehrt, sondern ruhig vor ihm steht oder zieht. Sie zeigt dadurch an, daß sie nunmehr bereit ist, auch den Ansprung zu empfangen. Im allgemeinen ist also die Rolle der weiblichen Hornträger bei der Paarung verhältnismäßig passiv. In einzelnen Fällen – zum Beispiel wenn ein Männchen etwas träge und begattungsunlustig ist – kann aber eine Geiß oder Kuh recht aktiv werden. Sie umspringt den Mann, rempelt ihn mit der Schulter an, boxt ihn mit Stirn oder Hörnern in die Flanke oder reitet bei ihm auf. Nur ausnahmsweise verhält sich bei freilebenden Hornträgern einmal ein Weibchen gegenüber einem anderen Weibchen wie ein Männchen, indem es die Partnerin umwirbt, vor sich her treibt und bei ihr aufreitet. Auch daß ein Mann einen anderen wie ein Weibchen umwirbt und treibt, ist bei nicht domestizierten Hornträgern selten und kommt eigentlich nur im Zoo vor, wohl stets infolge eines Mangels an weiblichen Partnern. Dagegen reitet des öfteren ein Mann auf einem anderen auf. Die Häufigkeit ist wieder artlich verschieden. Beispielsweise tun es Gazellenböcke verhältnismäßig selten, Dickhornwidder aber oft. Wenn man jedoch hier von homosexuellem Verhalten spricht, so ist das recht anfechtbar. Zunächst handelt es sich häufig eindeutig um ein Dominanz- oder sogar ein regelrechtes Kampfverhalten (Niederdrükken des Gegners durch das Körpergewicht). Ferner erigieren die Böcke und Bullen dabei vielfach nicht. Wenn doch, kommt es nur in den seltensten Fällen zur Ejakulation ins Leere. Eine Einführung des Penis in den After des anderen habe ich während 25 Jahren des Studiums an 40 Hornträgerarten nicht ein einziges Mal gesehen.

Oftmals mit dem Paarungsgeschehen verwechselt worden ist ein Verhalten, das im Englischen als *herding* (abgeleitet von dem Tätigkeitswort *to herd*) bezeichnet wird. Man versteht darunter das Antreiben, das Abstoppen und das Dirigieren eines oder mehrerer Tiere in eine bestimmte Richtung sowie das Zusammentreiben und -halten einer Gruppe durch einen dominanten Artgenossen. Es gibt im Deutschen kein Wort, welches das alles umfaßt. Es erscheint daher angezeigt, das englische *to herd* mit »herden« und *herding* mit »das Herden« einzudeutschen.

Dieses »Herden« hat verschiedene Formen. In der einfachsten und dem Paarungsverhalten am nächsten stehenden Form, die vielfach »Hüten« genannt wird, begleitet der Mann ein in Hitze befindliches Weib auf Schritt und Tritt, Seite an Seite, manchmal auch hinter ihm. Wenn sie sich in eine Richtung bewegt, die ihm nicht paßt, tritt er vor sie und blockiert ihren Weg in Breitseitstellung. Dieses Hüten ist bei Rindern besonders ausgeprägt, kommt aber auch zum Beispiel bei Wildschafen zeitweilig vor.

Eine zweite Form ist das territoriale »Herden«, das bei den zahlreichen Arten auftritt, deren Männer in Eigenbezirken stehen, in die dann Weibchengruppen zeitweilig hineinkommen. Hierbei geht es darum, die Weibchen von der Reviergrenze zum Zentrum zu bringen und sie so lange wie möglich am Verlassen des Territoriums zu hindern. Gewöhnlich »herdet« der Bock oder Bulle jeweils nur eine Geiß oder Kuh – diejenige, die der Grenze am nächsten ist. Dieses territoriale »Herden« erstreckt sich auf alle Weibchen im Revier, ganz gleichgültig, ob sie in Hitze sind oder nicht, und es setzt erst ein, wenn sich ein Weibchen der Grenze nähert. Dabei kann der Mann die Weibchen ohne besondere Ausdrucksgesten, nur durch seine jeweilige Orientierung zu ihnen und seine Stellung zwischen ihnen und der Grenze dirigieren (»stilles Herden«). Vielfach zeigt er aber im territorialen »Herden« die gleichen »Werbegesten« wie im Paarungszeremoniell oder regelrechtes Drohen oder Imponieren. Wenn ein Weibchen drauf und dran ist, die Reviergrenze zu überschreiten, kann er schließlich hinter ihr herjagen und versuchen, sie zu überholen, um ihr den Weg abzuschneiden. Bei Gazellen und ihren Verwandten dient das territoriale »Herden« nicht dazu, die Weibchen auf einen Haufen zusammenzutreiben, vielmehr können sie sich innerhalb des Reviers so weit verstreuen, wie sie wollen, solange sie nur der Grenze fernbleiben. Zum Beispiel bei der Impala aber treibt und hält der Bock die Weibchen in einer dichtgeschlossenen Gruppe beisammen.

Aufreithaltungen: Vorstrecken des Kopfes und Halses und Auflegen auf dem Rücken der Kuh beim Großen Kudu (oben). Senkrechter »Schnauzenstütz« auf dem Rücken der Kuh beim Weißschwanzgnu (Mitte). Frei erhobener Kopf und Hals beim Ostafrikanischen Spießbock (unten).

EINLEITUNG

Dieser letzte Fall leitet über zum sozialen »Herden«, das nicht mehr an Territorialität gebunden ist und sich auf gleichgeschlechtliche Artgenossen erstrecken kann. Hierher gehört das bereits erwähnte »Anstoßnehmen« am abweichenden Verhalten eines Kumpanen, woraus sich eine gewisse Synchronisierung der Gruppenaktivitäten ergibt. Die höchste Stufe erreicht dieses soziale »Herden« beispielsweise in gemischten Wanderverbänden von Oryxantilopen, wo unter gewissen Umständen ein sehr dominanter Altbulle nicht nur Aktivitätswechsel veranlaßt, die anderen auf dem Marsch antreibt oder abstoppt und die Marschrichtung bestimmt, sondern sie auch zusammenhält und kein Ausscheren oder Zurückbleiben eines Gruppenmitglieds duldet.

Die Neigung hochtragender Weibchen, sich vor der Geburt abzusondern, ist bei geselligen Hornträgern artlich verschieden. So bringen die Kühe der Weißbartgnus ihre Jungen inmitten der großen Herden zur Welt, während beispielsweise Gams- und Steinbockgeißen dazu recht regelmäßig aus den Rudeln austreten. Unter Feldbedingungen fällt der Beginn einer Geburt gewöhnlich zuerst durch das Austreten der Fruchtblase als »weißer Ball« aus der Scheide auf. Nach dem Blasensprung erscheinen dann bei den allermeisten Arten als erstes die vorgestreckten Vorderläufe des Jungen, und sein Kopf liegt auf diesen wie auf zwei Schienen. Der schwerste Teil der Geburt scheint das Austreiben der Schulterregion zu sein. Alles Weitere geht glatt und schnell vonstatten. Die Dauer einer normalen Geburt – vom Erscheinen der Fruchtblase bis zur vollständigen Austreibung – reicht von fünf Minuten bis zu zwei Stunden. Die gebärenden Weibchen liegen die meiste Zeit, stehen aber zwischendurch immer wieder auf. Im Liegen auf der Seite begleiten Streckbewegungen der Läufe und mitunter auch ein Aufsteilen des Halses die Wehen und das Pressen. Die endgültige Austreibung wird oft liegend eingeleitet und stehend vollendet.

Das Belecken der Jungen durch die Mütter setzt bei allen Hornträgern sofort nach, manchmal auch schon während der Geburt ein. Heftiges Belecken kann die ersten Aufstehversuche des Kleinen vereiteln. Andererseits regt offenbar gerade die mütterliche Zungenmassage das Neugeborene zum Aufstehen an. Der Zeitpunkt des ersten Stehens kann recht erheblich schwanken – zwischen drei Minuten und mehr als ei-

Springbockgeburt in der Etoscha-Pfanne. Von oben nach unten: Die Mutter beschnuppert ihr Neugeborenes zum erstenmal und säubert es dann durch Belekken. Später verzehrt sie die Nachgeburt. Beim ersten Aufstehversuch des Babys schaut die Mutter interessiert zu. Sobald das Kind steht, weist sie ihm den Weg zur Milchquelle und läßt es dann saugen.

ner Stunde nach der Geburt. Unmittelbar danach fängt das Kleine an zu laufen. Der Zeitpunkt des ersten Säugens hängt wieder von mehreren Umständen ab und reicht von zwei Minuten bis über eine Stunde nach dem ersten Stehen. Die Nachgeburt wird manchmal unmittelbar nach der Geburt, manchmal aber auch erst Stunden später ausgestoßen. Sie wird wohl bei allen Hornträgern von den Müttern ganz oder teilweise verzehrt.

Für die Orientierung der Saugversuche scheint »etwas Senkrechtes« und »etwas Waagrechtes« maßgebend zu sein, und am stärksten wirkt die Vereinigung beider, wenn also eine »Senkrechte« und eine »Waagrechte« annähernd rechtwinklig zusammenstoßen, wie es bei den Beinen und dem Leib der Mutter der Fall ist. Daraus folgen einige »Fehler«. So kann das Junge manchmal an den Vorderbeinen der Mutter suchen oder, von hinten kommend, an ihrer Analregion. Offenbar lernt es aber sehr bald den »richtigen« Winkel zwischen Hinterbeinen und Leib der Mutter kennen. Diese kann ihm dabei erheblich helfen, indem sie es mit der Nase am Hinterteil anstupst oder beleckt und in die »klassische«, umgekehrt-parallele Säugestellung schiebt.

Das Belecken des Kleinen am Analpol durch die Mutter kann anscheinend das Saugen fördern. Vor allem aber regt es die Abgabe von Kot und/oder Urin an. Ist das Kleine ein Männchen, so langt die Mutter außerdem noch zwischen den Hinterbeinen hindurch mit der Schnauze nach dem Penis. Häufig sind Säugen und Analpflege miteinander verbunden. Im übrigen bestehen hier wesentliche Unterschiede, je nachdem, ob das Junge ein »Ablieger« oder ein »Folger« ist. Bei den Folgern belecken die Mütter – außer unmittelbar nach der Geburt – ihre Jungen überhaupt nicht oder nur kurz. Die Mütter der Ablieger treiben dagegen eine ausgiebige Analpflege. In den ersten drei bis fünf Tagen nimmt hier die Mutter sogar den Kot des Jungen auf und trinkt seinen Urin ab. Auch später setzt das Kleine, angeregt durch die mütterliche Zungenmassage, seine Exkremente ab, während es mit der Alten zusammen ist, also an einem anderen Ort als dem, wo es danach abliegt. Weiterhin entfernt die Mutter bei diesem Belecken Harn- und Kotpartikel vom Fell des Jungen, die später Geruch verbreiten könnten. All dies dürfte dazu beitragen, daß das abliegende Jungtier für Raubfeinde nicht nur optisch, sondern auch geruchlich schwer auszumachen ist.

Dauer und Häufigkeit des Säugens hängen stark vom Alter des Jungtieres ab. An den ersten ein bis zwei Tagen kann das Kleine sehr oft gesäugt werden. Später spielt sich das auf ein »Normalmaß« – mindestens zweimaliges, meist aber fünfmaliges Säugen innerhalb von 24 Stunden – ein, was bis in den zweiten Lebensmonat hinein anhält und danach abnimmt. Die Jungen mancher Arten, zum Beispiel Rinder und Waldböcke, saugen durchgehend und mit Leichtigkeit acht bis zehn Minuten, manchmal bis zu zwanzig Minuten. Dagegen sind die Jungen anderer Arten, etwa Gazellen, »Kurztrinker«, die höchstens bis zu fünf Minuten, oft aber weniger als eine Minute saugen. Dafür trinken sie mehrfach in kurzen Zeitabständen.

Junge Hornträger neigen von Geburt an dazu, einem Objekt zu folgen, das sich bewegt, dicht bei ihnen und größer ist als sie. Es können noch weitere begünstigende Faktoren – wie Schnelligkeit und Richtung der Bewegung, Laute, die das Objekt von sich gibt, usw. – hinzukommen. Jedes einzelne Merkmal kann Annäherung und Nachfolge bewirken, meist

aber kommen mehrere zusammen. Normalerweise ist das »Objekt«, auf das diese Merkmale zutreffen, die Mutter. Jedoch kommt es gelegentlich sogar in der Natur vor, daß ein Jungtier auf ein »falsches« Objekt, einen fremden Artgenossen, ein Tier einer anderen Art, einen Menschen oder ein Fahrzeug anspricht und diesem folgt. Solche »Fehler« sind um so eher möglich, je jünger das Kleine ist.

Die Nachfolgereaktion ist bei den verschiedenen Hornträgerarten unterschiedlich ausgeprägt. Sie fehlt nirgends vollständig, dominiert aber im Leben eini-

Genau 50 Minuten alt ist dieses »abliegende« Thomsongazellenkind. So ein kleiner Ablieger verbringt in den ersten Lebenswochen die meiste Zeit getrennt von seiner Mutter, die ihn freilich in Abständen von einigen Stunden regelmäßig aufsucht, um ihn zu säugen und zu belecken.

EINLEITUNG

ger Arten, die man daher »Folger« oder »Nachfolger« genannt hat, während bei anderen Arten, den »Abliegern«, mindestens gleichstarke gegenläufige Tendenzen auftreten. Diese Bezeichnungen sind als Abkürzungen gemeint und manchmal nicht ganz richtig verstanden worden. Da Kleinkitze und -kälber noch nicht weiden, dafür aber häufiger und länger ruhen als Erwachsene, kann auch bei ausgeprägten Folgern ein Jungtier manchmal liegen, während die Mutter auf den Läufen bleibt und sich dann äsend mehr oder weniger weit entfernt. Das hat jedoch nichts mit Abliegen zu tun. Wenn sich später die Alte gleichfalls zur Ruhe niederlegt, so kehrt sie meist zu ihrem Jungtier zurück und tut sich in dessen unmittelbarer Nähe nieder. Gerade das kommt bei Abliegern gleichen Alters nicht vor. Kurzum, die Mütter der Folger liegen und fliehen gemeinsam mit ihren Jungen, und diese folgen den größten Teil der Zeit hinter oder neben ihren Müttern. Folger im angegebenen Sinne sind vor allem die Gnus, Leierantilopen, Schneeziege, Gemse, Wildschafe und -ziegen sowie die (meisten?) Rinderarten.

Dagegen verbringen die kleinen Ablieger den größten Teil des Tages getrennt von ihren Müttern und entfernen sich aktiv von ihnen. Beim Zusammensein mit der Mutter, das von einer Viertelstunde bis zu anderthalb Stunden währen kann, wird das Junge gesäugt und intensiv am After beleckt, worauf es harnt und kotet. Es folgt der Alten ein Weilchen und vollführt oft Laufspiele um sie herum. Schließlich aber läuft es 10 bis 50 Meter von der Mutter weg und legt sich nieder. Die Alte beobachtet es dabei und entfernt sich dann gewöhnlich 50 bis 500 Meter weit, manchmal aber auch bis zu drei Kilometern. Weilt eine Gruppe von Artgenossen in der Umgegend, so schließt sie sich diesen an. Legt sie sich später nieder, so ruht sie weit von dem Jungen entfernt. Bei waldbewohnenden Arten ist die Fühlung zwischen der Mutter und dem abliegenden Kitz oder Kalb oft vollständig unterbrochen. Bei Steppenformen behält die Alte den Abliegeplatz meist im Auge und ist auf dem Plan, wenn das Kleine aufsteht oder ein Raubfeind sich ihm nähert. Wenn alles ruhig bleibt, kehrt sie erst nach mehreren Stunden zu dem Platz zurück und ruft aus einer Entfernung von 10 bis 30 Metern das Junge zu sich heran zu neuem Säugen und Belecken.

Grundsätzlich können junge Hornträger »überall« abliegen, somit manchmal auch völlig frei auf offener Fläche. Abliegen ist also nicht immer und nicht notwendigerweise gleichbedeutend mit Sich-Verbergen. Verhältnismäßig oft zeigen jedoch die Abliegeplätze bestimmte Merkmale, die zum optischen Verschwinden des Kleinen beitragen: »etwas Senkrechtes«, »etwas Muldenförmiges« und vielleicht noch »etwas Überdachendes«. Ist also ein Baum vorhanden mit nicht allzu hohen Ästen und oberirdischen Wurzelansätzen, zwischen denen sich eine »Mulde« befindet, so ist das ein idealer Abliegeplatz. Jedoch ist jedes einzelne dieser Merkmale auch für sich allein ausreichend. Die »Mulde« kann winzig sein; für ein Gazellenkitz reicht der Boden zwischen zwei Grasbüscheln aus. Die »Senkrechte« kann ein Baum sein, ein Strauch, ein Fels, ein Stein, ein Termitenhaufen, hohes Gras, im Zoo auch die Stallwand, das Gitter, ein Pfosten. Sind mehrere »Senkrechte« dicht beieinander, wie Schilf- oder hohe Grashalme, so legen sich die Jungen mitten zwischen die »Senkrechten«.

Das Abliegen ist mindestens in den ersten zwei bis drei Wochen überall deutlich ausgeprägt. Literaturangaben über wesentlich kürzere Zeiten sind in den meisten Fällen wahrscheinlich Verwechslungen mit gelegentlich allein liegenden kleinen Folgern.

Das genaue Ende der Abliegeperiode anzugeben ist oft nicht ganz leicht, weil sie nicht plötzlich aufhört, sondern die Zeit, die das Junge mit der Mutter verbringt, gleitend länger und die Abliegezeit entsprechend kürzer wird. Der allmähliche Abbau des Abliegens dürfte bei den meisten Arten in der dritten Lebenswoche beginnen und am Ende des zweiten Lebensmonats abgeschlossen sein. Ablieger sind unter den Hornträgern vor allem die Gazellen und ihre Verwandten, die Waldböcke, Pferdeböcke, Ried- und Wasserböcke, die Kuhantilopen, die Ducker und die Böckchen.

Das Schreckliegen ist nicht ohne Beziehung zum Abliegen, grundsätzlich aber ein gesondertes Verhalten, das auch bei Folgern auftreten kann. Auslösend wirkt der Anblick eines (möglicherweise) gefährlichen Objekts in großer Nähe, manchmal auch ein plötzliches, lautes Geräusch. Namentlich in den ersten Lebenstagen können sich Jungtiere aus dem Gehen oder Stehen, ja sogar aus vollem Galopp flach zu Boden werfen, wobei mitunter recht ungewöhnliche »Bauchla-

▷ Impalas oder Schwarzfersenantilopen bilden zur Brunftzeit Haremsgruppen. Hier hat ein Altbock, der in der Mitte des Bildes auf erhöhtem Platz steht, in seinem Territorium eine ansehnliche Weibchenschar um sich versammelt.

gen« vorkommen. Beim Abliegen können die Jungen Kopf und Hals nach vorn legen, ebensogut aber auch zum Hinterschenkel zurückbiegen oder aufgerichtet tragen. Im Schrecklliegen strecken sie Kopf und Hals stets nach vorn oder nach vorn-seitwärts. Oft werden dabei Kopf und Hals dicht über dem Boden »krampfartig« in der Luft gehalten. Offenbar befindet sich das Kleine in einer Art Starre, in die es um so fester »einklinkt«, je näher die Gefahr kommt. Abliegende Jungtiere gehen, wenn sich ihnen eine Gefahr nähert, vom normalen Liegen zum Schrecklliegen über. Das wirkt sich auf die Liegefestigkeit aus. Neugeborenen Kitzen und Kälbern kann man sich dann bis zur Berührung nähern, sie auch anfassen und hochheben. Wenn sie etwas älter sind, springen sie spätestens ab, wenn man auf zwei bis drei Meter heran ist. Der Zeitpunkt dieses Verhaltensumschlags hängt also einmal vom Alter ab, scheint aber außerdem auch artlich verschieden zu sein.

Anscheinend schlagen nur bei wenigen Hornträgern, zum Beispiel Gemse, die Mütter ihre heranwachsenden Jungen aktiv ab. Wenn die Milch der Alten spärlich wird, können die Saugstöße gegen das Euter der Mutter brutale Heftigkeit erreichen, und die Jungen können beim Milchfordern geradezu aggressiv werden (Stirnboxen, Aufreiten, Laufschläge usw.). All das ist der Bindung zwischen Mutter und Kind nicht gerade förderlich. Trotzdem dauert sie bei vielen Arten deutlich über die Entwöhnung hinaus an.

Stärker als vom Entwöhnen wird die Mutter-Kind-Bindung bei geselligen Arten von den Beziehungen der Jungtiere untereinander beeinflußt. Die Jungen mancher Arten, wie Dickhornschaf, Impala, Topi, Elenantilope und andere, bilden dann »Kindergruppen« innerhalb der Herden. Sie sind also die meiste Zeit mit ihresgleichen zusammen und suchen die Mütter mehr und mehr nur noch zum Säugen auf. Bei Arten, die geschlossene Verbände bilden (z.B. Dickhornschaf), wächst das Junge dann zwar in die Gruppe hinein, der die Mutter angehört, hat jedoch zu ihr keine auffallend stärkeren Beziehungen mehr. Beispielsweise bei Grant- oder Thomsongazellen aber bilden die heranwachsenden Kitze keine vergleichbaren »Kindergruppen«, wenn sie auch gelegentlich miteinander spielen. Hier kann man häufig Halbwüchsige und noch ältere Jungtiere sehen, die sich deutlich zu einer bestimmten Altgeiß – sehr wahrscheinlich der Mutter – halten. Möglicherweise bestehen sogar noch engere Bindungen zwischen Mutter und vollerwachsener Tochter, die zum Beispiel bei der gemeinsamen Verteidigung eines Kitzes durch zwei Weibchen gegen Raubfeinde eine Rolle spielen könnten. Überhaupt bleiben junge Weibchen oft länger mit ihren Müttern zusammen als junge Männchen.

Es gibt bei Hornträgern hauptsächlich zwei Spielformen, die Lauf- und Sprungspiele und die Spielkämp-

Abholen zum Säugen bei Hirschziegenantilopen: Das Kitz liegt ruhig an einem Baumstamm ab, doch sobald sich die Mutter nähert und aus einiger Entfernung ruft, steht es auf und wendet sich ihr zu. Es eilt der Mutter entgegen, die es geruchlich überprüft, dann säugt.

fe. Letztere können auch zum Spiel mit Gegenständen wie Ästen, Büschen und dergleichen führen. Solche Spiele kommen auch bei Erwachsenen vor, überwiegen jedoch ganz entschieden bei Jungtieren. Gelegentlich können die Tiere im Laufspiel unter Drohbewegungen mit gespreizten Vorderbeinen auf den Partner zuspringen und ihn so zum Mittun auffordern. Auch kommen zum Beispiel bei Gemse und Topi spielerische Jagden vor, bei denen Verfolger und Verfolgter spontan die Rollen wechseln. In der Mehrzahl der Fälle und Arten aber »trainiert« jedes Tier im Laufspiel für sich, was allerdings oft ansteckend wirkt. Kampfspiele beginnen oft ganz plötzlich und hören ebenso abrupt wieder auf oder schlagen in Laufspiele um. Sie sind hochgradig ansteckend, so daß in einem Bock- oder Bullenrudel leicht zwei oder drei, manchmal aber auch zehn oder noch mehr Paare gleichzeitig raufen. Vorwiegend finden sie zwischen gleichstarken oder -altrigen Partnern statt, jedoch sind Spielkämpfe zwischen ungleichen Gegnern nicht so selten wie ernstliche Kämpfe. Namentlich in Spielen unter Halbwüchsigen erklimmt ein Tier mitunter einen erhöhten Platz, einen Hügel oder einen Felsblock, den es dann gegen mehrere andere verteidigt.

Von sozialen Gruppen sprechen wir dann, wenn eine Anziehung der Mitglieder untereinander besteht. Es handelt sich dabei also nicht um ein bloßes Zusammentreffen, bei dem mehrere Tiere lediglich auf den gleichen Umgebungsfaktor, eine Wasserstelle, eine Salzlecke, einen schattenspendenden Baum und ähnliches, ansprechen.

Ganz grob lassen sich die Hornträger in gesellige und einzelgängerische Arten einteilen. Im strengen Sinne würde »Einzelgänger« bedeuten, daß jedes einzelne Tier für sich allein lebt. Dies trifft, wenn überhaupt, nur für sehr wenige Arten zu. Üblicherweise rechnet man aber zu den Einzelgängern auch die Arten, die in Paaren zusammenleben, zeitweilig mit ein oder zwei Jungen. Abgesehen von abliegenden Jungtieren, sind die Sozialeinheiten solcher Einzelgänger also: der einzelne Mann, das einzelne Weib, das Paar (Männchen und Weibchen), die Mutterfamilie (Mutter und Kind) und die Vollfamilie (Vater, Mutter, Kind). Wenn hier ausnahmsweise einmal sechs oder sieben Tiere der selben Art beisammen sind, handelt es sich wohl stets um ein kurzfristiges und mehr oder weniger zufälliges Zusammentreffen. Einzelgänger in diesem Sinne sind vor allem die Ducker und Böckchen sowie der Buschbock.

Stellt man die Einzelgänger und die in kleinen Rudeln lebenden Hornträger denen gegenüber, die größere oder sehr große Herden bilden, so fällt auf, daß die einzelgängerischen Formen Waldtiere und die hochgeselligen Arten Steppentiere sind. Selbst wenn eine Art, die in der Steppe in großen Herden lebt, stellenweise auch im Wald vorkommt oder diesen auf Wanderungen betritt, sind die Verbände im offenen Land größer als im Wald, wo offenbar der dichte Pflanzenwuchs den Zusammenhalt erschwert. Darüber hinaus hat man den Gegensatz zwischen einzelgängerischer und geselliger Lebensweise aus verschiedenen »Strategien« der Nahrungssuche und der Feindvermeidung zu erklären versucht. Jedoch haben solche ökologische Faktoren nur zusätzliche Wirkung, und wir kommen nicht um die Annahme herum, daß bei den Herdentieren von Natur aus eine Neigung zum Anschluß aneinander (»Herdentrieb«) schlicht und einfach da ist, die bei den Einzelgängern fehlt oder nur schwach ausgeprägt ist.

Bei allen geselligen Arten treten zahlenmäßig größere, vor allem auch qualitativ anders zusammengesetzte Verbände auf. Jedoch finden sich stets auch bei hochgeselligen Arten einzelstehende Männer und Weiber, Mutterfamilien und mitunter Paare. Die – gegenüber den Einzelgängern – »neuen« Sozialeinheiten sind zunächst Haremsgruppen, Weibchenrudel und Bockrudel sowie Altersgruppen – letztere allerdings meist nur als Untergruppen oder Spezialfälle.

In einer »Haremsgruppe« ist ein Altbock oder -bulle mit mehreren Weibchen vereint, wobei man zwischen »echtem« Harem und »Pseudoharem« unterscheiden mag. Im echten Harem bleiben die Weibchen mindestens so lange mit dem Mann zusammen, daß für ihn die Möglichkeit besteht, mehrere oder alle zu begatten. Anscheinend treten solche echte Harems bei den Hornträgern nur unter bestimmten Umständen und bei Arten auf, für die ansonsten Pseudoharems typisch sind. Beim Pseudoharem sind die Gruppe der Weibchen und der einzelne territoriale Mann zwei selbständige Sozialeinheiten, und die Weibchen sind jeweils nur so kurzfristig bei ihm, daß er bestenfalls eine oder zwei von ihnen decken kann. Neben der

Anziehung zwischen den Geschlechtern trägt das »Herden« des Bockes oder Bullen erheblich zur Bildung eines Harems oder Pseudoharems bei.

Die Weibchengruppen setzen sich aus Kühen oder Geißen aller Altersstufen mit oder ohne Jungtiere zusammen. Halb- bis dreiviertelwüchsige Jungböcke oder -bullen können noch mit dabeisein. Ein Sonderfall der Weibchengruppen sind die Mutterrudel, in denen jedes Weibchen ein – meist recht junges – Kitz oder Kalb führt.

In den Bock- oder Bullengruppen, den »Junggesellenvereinen«, stehen Männchen vom halbwüchsigen Jüngling bis zum Greis, aber keine Weibchen. Bei manchen Arten, so nach C.A. Spinage beim Defassa-Wasserbock, sollen sich die Männergruppen ausschließlich aus jugendlichen Männchen zusammensetzen. Bei Wildschafen, Spießböcken, Gazellen und anderen finden sich aber auch viele Männer »im besten Alter« darin. Bei wieder anderen Arten, zum

vorzugsweise die Tiere zusammen, die in ihrer Lebensführung etwas gemeinsam haben, was sie aber gleichzeitig von anderen Artgenossen unterscheidet. Beispielsweise ist die Neigung zu Raufereien und Dominanzauftritten bei den Männern vieler Hornträgerarten stark ausgeprägt, während sie sich um Kitze oder Kälber wenig bis gar nicht kümmern. Folglich sind für einen Mann die anderen Männer die angemessenen Partner, an die er sich anschließt, während er mit den weniger zu ritualisierten Auseinandersetzungen neigenden, dafür aber oft sehr um ihre Jungen bemühten Weibchen außerhalb der Paarungszeit nicht viel anfangen kann. Umgekehrt sind die Aktivitäten einer führenden Geiß oder Kuh erheblich durch Fürsorge für und Rücksichten auf ihr Junges bestimmt. Die Anwesenheit von Artgenossen mit wesentlich anderen »Interessen« ist dabei nur störend. Daher wird sich solch eine Mutter am leichtesten mit Weibchen zusammentun, die sich in der gleichen

Eine Weibchengruppe der seltenen indischen Nilgiritahre mit ihren Jungtieren.

Beispiel dem Kaffernbüffel, gibt es auch ausgesprochene »Altherren-Klubs«, also – meist kleine – Gruppen, die nur aus sehr alten Bullen bestehen.

Für die Trennung der Geschlechter in Männchen- und Weibchengruppen haben ökologische Faktoren wie verschiedene »Strategien« in der Nahrungssuche oder -bevorzugung wieder nur zusätzliche begünstigende oder benachteiligende Auswirkungen. Viel entscheidender erscheint ein innerartlicher Bindungsfaktor, der sich am einfachsten mit dem Sprichwort »Gleich und gleich gesellt sich gern« umschreiben läßt. Sofern innerhalb einer Art Gesellungstendenzen bestehen und keine gegenläufigen Tendenzen, wie Raumeifersucht oder der Geschlechtstrieb, ins Spiel kommen, schließen sich

Lage befinden. Natürlich gilt Entsprechendes auch für die Bildung von »Jugendgruppen«, »Altherren-Klubs« und so weiter.

Neben einzeln stehenden Tieren, die, wie gesagt, überall vorkommen, bestimmen die Harems-, Männchen- und Weibchenverbände das Bild der sozialen Gruppierung der Arten, die verhältnismäßig kleine Rudel mit selten mehr als zehn, meist aber nur drei bis fünf Mitgliedern bilden, wie zum Beispiel Kleiner Kudu und Nyala. Gemischte Verbände, das heißt Gruppen, die sich aus der Vereinigung mehrerer – auch und gerade erwachsener – Männchen mit mehreren – auch und gerade erwachsenen – Weibchen ergeben, sind hier selten, und dann handelt es sich wohl stets nur um ein zufälliges und kurzfristiges

EINLEITUNG

Zusammentreffen. Bei Arten, die des öfteren große Rudel von 10 bis 50 Köpfen bilden, wie Großer Kudu, Wasserbock und Wildschafe, treten gemischte Verbände schon eher auf und bleiben auch mindestens für mehrere Stunden oder Tage zusammen. Sehr charakteristisch sind gemischte Gruppen dann für Arten wie Springbock, Thomsongazelle und Gnu, die oft Herden von Hunderten oder gar Tausenden formen.

Gemischte Gruppen kommen bei den verschiedenen Hornträgerarten auf zwei Wegen zustande. Bei den Schaf- und Ziegenartigen treten zur Brunftzeit die Bockrudel zu den Geißenrudeln. Hier führt also die sexuelle Anziehung zur Bildung gemischter Gruppen. Dagegen sind die gemischten Herden der meisten anderen Arten besonders häufig und kennzeichnend für Wanderzeiten, in denen die Paarungsaktivität gering ist oder vollständig ruht. Dann handelt es sich um die allgemeinste Form der sozialen Anziehung: Der Artgenosse an sich ist attraktiv – ohne Rücksicht auf Geschlecht, Alter oder Verwandtschaftsverhältnis. Diese soziale Anziehung läßt sich bei Tieren der freien Steppe oft direkt beobachten, wenn zum Beispiel eine Herde von ihrem bisherigen Kurs abweicht und auf eine andere Herde loszieht, die in ihr Gesichtsfeld gekommen ist, oder sich zwei Herden aufeinander zubewegen und sich vereinen. In solchen Fällen sind stehende oder äsende Gruppen attraktiver als ruhende, ziehende attraktiver als äsende, und große Verbände anziehender als kleine. So fließen die Gruppen zusammen und bilden jene Riesenherden und »Konzentrationen«, die für hochgesellige Arten gerade zu den Wanderzeiten so bezeichnend sind.

In den Klein- und Großrudeln besteht oft eine individuelle Rangordnung. Jedoch scheint sie unter natürlichen Bedingungen im Leben der meisten Arten keine einschneidende Rolle zu spielen. Die relativ größte Bedeutung hat sie dort, wo Männchen und Weibchen auch oder gerade zur Paarungszeit gemischte Gruppen bilden, da dann die hochrangigen Männer bessere Paarungsaussichten haben. Ferner ist das Drohen und Imponieren eines hochrangigen Tieres oft wirkungsvoller als das eines Kumpans von niederem Rang. Es kann daher die Gruppenaktivitäten leichter und stärker beeinflussen. In den großen Herden steht anstelle der individuellen Rangordnung eine anonyme Alters- und Geschlechtshierarchie. In dieser Hierarchie ist jeder Altbock jedem Jungbock, jede Altgeiß jeder Junggeiß und jedes Männchen einem Weibchen der gleichen Altersklasse überlegen.

Wandernde Gnuherde am Mara-Fluß. In Ostafrika ziehen die Weißbartgnus auf der Suche nach neuem Weideland in riesigen Verbänden den Regenfällen nach.

Die großen Herden der Hornträger sind offene Verbände, in denen die Mitglieder kommen und gehen, wie sie wollen. Bei hochgeselligen Arten geht das so weit, daß man nur sagen kann, daß sie »in Herden leben«, oft aber kaum von einer bestimmten Herde sprechen kann, da fortgesetzt neue Tiere hinzukommen und andere ausscheren. Kleinere Gruppen können schon eher geschlossenen Verbänden nahekommen, obwohl auch sie bei manchen Arten offen sind. Bei den geschlossenen Gruppen haben Fremde es nicht leicht, sich ihnen anzuschließen beziehungsweise in die Rangreihe einzuordnen, wie zum Beispiel bei Wildschafen und -ziegen, und/oder die Mitglieder stoßen auf Schwierigkeiten, wenn sie die Gruppe verlassen wollen, wie Weibchen in einer Haremsgruppe.

Wenn sie einige Zeit in einem bestimmten Gebiet bleiben, entwickeln die Rudel und Herden – gegebenenfalls auch Einzeltiere – ein Raum-Zeit-System. Sie führen also bestimmte Tätigkeiten (Äsen, Ruhen, Sich-Wälzen usw.) zu bestimmten Zeiten an bestimmten Orten aus, die sie in täglichen Rundgängen immer wieder aufsuchen. Natürlich hört solch ein Aufenthaltsgebiet irgendwo auf, hat aber keine eigentliche Grenze. So können die Aufenthaltsgebiete benachbarter Gruppen einander überlappen, und es können – falls es sich um offene Verbände handelt – Tiere aus dem einen Verband in dem einen Aufenthaltsgebiet ohne weiteres zu einem anderen Verband in einem anderen Aufenthaltsgebiet überwechseln.

Nach Wochen oder Monaten verlassen die Tiere gewöhnlich ihr bisheriges Aufenthaltsgebiet und errichten nach Wanderung ein neues Raum-Zeit-System in einer anderen Gegend. Manche Arten richten sich dann dort ein, wo sie gerade günstige Bedingungen antreffen, bei anderen Arten kehren die (geschlossenen) Gruppen zu denselben Aufenthaltsgebieten im Kreislauf der Jahreszeiten immer wieder zurück. Sie sind also im Sommer, im Winter und vielleicht auch noch im Herbst, Frühling, Vorfrühling usw. in jeweils anderen, aber alljährlich denselben Aufenthaltsgebieten anzutreffen. Wenn dann die Jungtiere die Gewohnheiten der Alten übernehmen, kann solch ein System traditioneller Aufenthaltsgebiete über Generationen beibehalten werden, wie zum Beispiel bei Dickhornschafen. Wenn einige erwachsene Männchen territorial werden und die Weibchen nur »besuchsweise« zu ihnen kommen, können die Weibchenherden wie die Rudel der nichtterritorialen Männer Aufenthaltsgebiete haben. Da die Reviere oft wesentlich kleiner sind, liegen dann mehrere von ihnen innerhalb des Aufenthaltsgebietes einer Weibchengruppe.

Im Unterschied zum Aufenthaltsgebiet ist ein Revier (Territorium, Eigenbezirk) ein Platz, an dem ein Tier über kürzere oder längere Zeit weilt und dabei von sich aus eine (subjektive) Grenze schafft. Selbst wenn Paare oder Gruppen in einem Revier stehen, hat sich bei Hornträgern meist gezeigt, daß nur ein Tier – ein erwachsener Bock oder Bulle – wirklich territorial ist, während die anderen (im Falle weiterer Männchen) von ihm nur zeitweilig dort geduldet oder (im Falle von Weibchen) »gehertet« werden oder (bei Weibchen der in Paaren lebenden Arten) aufgrund einer individuellen Bindung an ihn oder den Platz dableiben.

Die subjektive Grenze wird bei Hornträgern durch eine ganze Reihe von Verhaltenseigentümlichkeiten des Revierinhabers deutlich: Dominanz über gleichgeschlechtliche Artgenossen innerhalb des Reviers, vielfach zu absoluter Unduldsamkeit gesteigert (»Revierverteidigung«); Verlust dieser Dominanz und eine Verminderung der Aggressivität außerhalb der Reviergrenzen; geringere Fluchtdistanzen gegenüber Raubtieren, Menschen und Wagen innerhalb des Reviers; Versuche, Geschlechtspartner am Verlassen des Reviers zu hindern; plötzliches Anhalten des Revierinhabers auch aus vollem Lauf heraus, wenn er an der Grenze angekommen ist; Anordnung von Sekret- und Kotmarken gemäß der Struktur des Reviers (Zentrum und/oder Grenze).

Bei den Hornträgerarten, die territorial sind, lassen

Die kleinen afrikanischen Dikdiks besetzen feste Reviere, die sie energisch verteidigen. Hier verjagt ein Kirkdikdikmännchen einen Nebenbuhler.

sich zwei Grundtypen unterscheiden, für die Richard D. Estes die Bezeichnungen »einzelgängerisch/territorial« und »gesellig/territorial« geprägt hat. Bei den einzelgängerisch/territorialen Arten steht ein einzelnes Tier oder – häufiger – ein Paar über lange Zeit in seinem Revier, in dem sich der größte Teil des Lebens abspielt. Das trifft wahrscheinlich auf die meisten Böckchen und Ducker zu. Bei den gesellig/territorialen Arten ist die Territorialität nur eine von mehreren Formen der Beziehungen zum Raum. Daneben gibt es Aufenthaltsgebiete, und manche dieser Arten führen auch Wanderungen aus. Die Tiere verbringen somit einen guten Teil ihres Lebens außerhalb der Reviere. Nur erwachsene Männchen werden hier territorial, jedoch nicht alle gleichzeitig. Gewöhnlich steht jeder nur für einige Wochen oder Monate in einem Revier. Somit wechseln territoriale und nichtterritoriale Perioden im Leben eines Bockes oder Bullen miteinander ab. Diese Form des Revierverhaltens kann mit der Bildung von Haremsgruppen verbunden sein. Meist aber kommen die Weibchen nur für Stunden in die Territorien (Pseudoharems). Die biologische Hauptfunktion dieser Form der Territorialität ist offenbar, bestmögliche Voraussetzungen für erfolgreiches Paarungsverhalten zu schaffen. Zu den gesellig/territorialen Tieren zählen die Gazellen und ihre Verwandten, Impala, die Gnus, Kuh- und Leierantilopen, zumindest manche Ried- und Wasserböcke und andere.

Alle, auch die größten und »wehrhaftesten« Hornträger fallen Raubfeinden zur Beute, und unter natürlichen Bedingungen ist das Ende durch Raubtiere für sie eine ganz normale Todesart. Das gilt auch und gerade für die Jungen. In raubtierreichen Gegenden, wie den afrikanischen Steppen, werden oft mehr als 50% aller Jungtiere gerissen.

Wenn Hornträger einen Raubfeind in der Entfernung sehen, stoßen sie Laute aus, die man üblicherweise als »Alarmrufe« bezeichnet. Genauer gesagt, drücken sie hohe Erregung aus. Sie können daher auch bei anderen Gelegenheiten vorkommen. Außer mitunter in den Mutter-Kind-Beziehungen stellen sie keine gezielten Warnungen dar und erklingen auch dann, wenn weit und breit kein möglicher Partner vorhanden ist. Sind Kumpane anwesend, erregen diese Rufe natürlich deren Aufmerksamkeit – wie übrigens bereits auch das angespannte Sichern eines Tie-

res. Ähnlich in der Wirkung und gleichfalls hoher Erregung zugeordnet sind die »Angst- und Notschreie«. Während die Alarmrufe aber artlich sehr verschieden sind und vornehmlich beim Beobachten eines verdächtigen Gegenstandes oder zu Beginn der Flucht erklingen, sind die Angst- und Notschreie bei allen Arten ähnlich – ein langes, röhrendes »äää« oder »äää« aus offenem Munde –, und das Tier stößt sie aus, wenn der Verfolger es gepackt hat oder – häufiger – wenn er ganz dicht dran ist. Das gilt auch, wenn das Tier von einem sehr überlegenen und gefürchteten Artgenossen gejagt oder sonstwie ernstlich bedroht wird. Wenn ferner ein krankes Tier im Sterben liegt, kann es unmittelbar vor Eintritt des Todes den Angst- oder Notschrei hören lassen.

Besonders in offenem Gelände, wo die Tiere einen Feind oft schon aus größerer Entfernung ausmachen

Flucht ist für die meisten Hornträgerarten die beste Verteidigung: Eine Kongonimutter flieht mit ihrem Kind vor einem Raubfeind.

können, fliehen sie keineswegs, sobald sie ihn erblicken, sondern erst, wenn er sich bis auf Fluchtdistanz, wie H. Hediger es nannte, genähert hat. Gegenüber natürlichen Feinden sind in offenem Gelände die Fluchtdistanzen oft überraschend gering.

Bei vielen (allen?) Hornträgerarten lösen bestimmte Eigenschaften und Verhaltensweisen der »Feindobjekte« die Flucht aus, wie plötzliches Auftauchen des »Gegenstandes«, geradlinige Annäherung, Geschwindigkeit (je schneller, desto gefährlicher), Größe und Menge der Feinde, Fremdheit des »Objektes« usw. Nicht nur Raubfeinde, sondern jedes Ding – zum Beispiel auch ein völlig harmloses Tier –, das sich gemäß einem oder mehreren dieser Faktoren verhält, kann Flucht auslösen. »Blinder Alarm« und »Fliehen für nichts« kommen also durchaus vor – bei manchen Arten häufiger als bei anderen. Gerade solche »Fehler« legen es nahe, daß die Tiere hier instinktiv auf recht allgemeine Signalreize ansprechen.

Dagegen scheinen sie die Raubfeinde nicht angeborenermaßen zu kennen, lernen sie aber im Lauf des Lebens kennen und reagieren dann auf sie auch unabhängig von den genannten fluchtauslösenden Faktoren.

Viele Hornträger wechseln nach kürzerer oder längerer Flucht plötzlich die Richtung und flitzen dann manchmal dicht vorm Verfolger quer vor dessen Nase vorüber. Wenn er sie bereits passiert hat, können sie ihn zu diesem Zweck überholen. Das tun sie auch mit Autos, was bei unkundigen Fahrern leicht zu Unfällen führt. Jagen die Raubfeinde in Kettenformation mit verhältnismäßig weiten Abständen, was beispielsweise bei Hyänen vorkommt, so kann das Tier auf sie zulaufen und versuchen, zwischen ihnen durchzubrechen. Wird ein Tier nach solchen Abschüttelungsmanövern nicht weiter verfolgt, so stellt es die Flucht ein. Überhaupt fliehen die meisten Hornträger – sofern ihnen die Verfolger nicht dicht auf den Fersen sind – nicht sehr weit, bleiben vielmehr nach 100 bis 500 Metern stehen und sichern zurück. Gegebenenfalls werden sie danach erneut flüchtig. Außerdem werfen sich manche Arten nach anfänglicher Flucht plötzlich nieder. Dieses «Sich-Drücken» ist bei kleinen, einzelgängerischen Waldtieren, zum Beispiel Duckern, gang und gäbe, kommt jedoch auch bei größeren und/oder geselligen oder sogar steppenbewohnenden Arten, zum Beispiel von Hyänenhunden verfolgten Gazellen, gelegentlich vor.

Wie gesagt, ist die Verteidigung der Hornträger gegen Raubtiere im allgemeinen recht schwach, und insgesamt finden sich in ihrem Verhalten nur wenige Sonderanpassungen an Raubfeinde. Auch bringen sie ihr Leben nicht in ständiger Wachsamkeit und Fluchtbereitschaft zu, wenigstens nicht in Gegenden, die noch nicht von Menschen derart übervölkert sind, daß das Wild kaum noch ein ungestörtes Plätzchen findet. In offenen, raubtierreichen Steppengebieten merken die Tiere natürlich auf, wenn ein Raubfeind in Sicht kommt, und sie fliehen, wenn er ihre Fluchtdistanz unterschreitet oder gar zur Jagd ansetzt. Das sind aber nur kurze Episoden, und man kann stunden- und tagelang bei den Herden sein, ohne eine einzige Flucht zu sehen. Selbst wenn ein Tier gerissen wurde, nehmen die anderen ihre normalen Tätigkeiten gewöhnlich spätestens nach einer halben Stunde wieder auf. Sie leben fast so, als seien sie »allein auf der Welt«. Wenn gewisse Theoretiker behaupten, die Anpassungen an die Erfordernisse der Feindvermeidung seien von ausschlaggebender Bedeutung für das Sozialverhalten der Hornträger, so ist das alles andere als eine gut fundierte und naheliegende Annahme.

Wie gerade gesagt, verhält sich bei Hornträgern jede Art oft so, als sei sie »allein auf der Welt«. Unter natürlichen Bedingungen gilt das auch weitgehend für die Beziehungen der Arten untereinander. Selbstverständlich fliehen sie einander nicht, und wenn ein Platz gute Futter- oder sonstige Bedingungen bietet, können Vertreter mehrerer Arten ohne weiteres zusammenkommen. Sie sind dann aber füreinander nicht viel mehr als unbelebte Gegenstände, um die man herumgeht. Eine gegenseitige Anziehung besteht nur in ganz wenigen Fällen. Verhältnismäßig am häufigsten ist sie unter verschiedenartigen territorialen Männern. In Freiheit erstreckt sich die territoriale Unduldsamkeit für gewöhnlich nur auf artgleiche Rivalen. So können sich beispielsweise die Reviere eines Topi-, eines Kongoni- und vielleicht noch eines Gnubullen ganz oder teilweise überlappen. Haben dann die verschiedenartigen Revierinhaber zeitweilig nicht viele Begegnungen mit Vertretern ihrer eigenen Art, so äsen, ziehen, ruhen und stehen sie oft Seite an Seite.

Im Zoo sind stärkere Bezugnahmen unter Vertretern verschiedener Arten viel häufiger als in freier Wildbahn, weil die Tiere dauernd auf enger Fläche beisammen sind und dadurch miteinander viel vertrauter werden als in Freiheit, weil ferner Situationen, die (auch) zu zwischenartlichen Auseinandersetzungen führen können, häufiger sind (z.B. gemeinsame Fütterung aus einem Trog) und weil im Zoo von einer Art meist nur eine kleine Gruppe gehalten wird, somit ein Tier oftmals bestimmte Handlungen nicht oder nicht häufig genug mit artgleichen Partnern ausführen kann. Dann wird die Bereitschaft zu solchen Handlungen aufgestaut und schließlich an Angehörigen anderer Arten abreagiert. Da die innerartliche, kämpferische Auseinandersetzung eine große Rolle im Leben der männlichen Hornträger spielt, kommt besonders das Kämpfen im Zoo oft zu kurz. Da ist dann jeder »Gegner« recht ohne Rücksicht auf dessen Größe oder »Bewaffnung«. Wenn Gegner mit sehr ungleichen Hörnern und Kampftechniken – wie

EINLEITUNG

Ein Gepard hat eine junge Impala erbeutet. In raubtierreichen Gebieten, insbesondere in den afrikanischen Steppen, werden oft mehr als die Hälfte aller Hornträger-Jungtiere gerissen.

zum Beispiel Steinbock und Gemse – aneinandergeraten, sind solche Kämpfe viel gefährlicher als unter Artgenossen, weil jeder Kämpfer seine Waffen nach artgemäßer Weise einsetzt, wogegen der Andersartige oft keine rechte Abwehr hat. Bei entsprechender Vertrautheit werden auch Menschen zu »Handlungspartnern« gemacht. Namentlich Böcke oder Bullen, die mit der Flasche großgezogen worden sind, werden später fast stets »bösartig«, das heißt, sie tragen ihren Pflegern und anderen Menschen Kämpfe an, wie sie das normalerweise mit ihresgleichen tun. Kurzum, ein Tier behandelt einen andersartigen Partner stets wie einen Gleichartigen und reagiert auch auf dessen Verhalten wie auf das eines Artgenossen. Hediger hat hier von einer »Angleichungstendenz« (Zoomorphismus) gesprochen.

Ganz entsprechend behandelt auch der Mensch namentlich höhere Tiere so ähnlich wie einen Menschen. Man spricht dann verächtlich von einer Vermenschlichung der Tiere (Anthropomorphismus). Die Angleichungstendenz ist jedoch die natürliche Grundlage der zwischenartlichen Verständigung. Da es sich dabei sozusagen um einen »beiderseitigen Irrtum« handelt – jeder behandelt den anderen, als wäre er ein Artgenosse, was er nicht ist –, kann es selbstverständlich zu Fehlern und Mißverständnissen kommen. Verhältnismäßig oft ist jedoch trotzdem eine gewisse Verständigung möglich. Insbesondere wäre das »großartigste biologische Experiment des Menschen«, die Domestizierung (Verwandlung in Haustiere) verhältnismäßig großer und kräftiger Tiere – wie Rind, Schaf, Ziege – nie möglich gewesen, wenn der Mensch diese Tiere nicht vermenschlicht und sie ihn nicht »vertierlicht« hätten.

Offenbar konnte der Mensch nur solche Hornträger erfolgreich domestizieren, die nicht wählerisch im Futter, nicht allzu empfindlich gegen Parasitenbefall und vor allem gesellig, nichtterritorial und keine Ablieger waren. Abliegende Jungtiere können leicht der Aufmerksamkeit eines Hirten entgehen. Werden die Tiere im Verlauf der Haltung mit dem Menschen vertraut und »vertierlichen« sie ihn entsprechend, so greifen ihn die territorialen Böcke oder Bullen wie einen artgleichen Rivalen an, sobald er das »Revier« betritt. Hinzu kommen Haltungsschwierigkeiten infolge der Raumeifersucht untereinander. All das erschwert die Domestikation.

Nichtterritoriale, gesellige Arten »vertierlichen« einen ihnen vertrauten Menschen genauso, aber das ist dann von Vorteil. Das Zusammentreiben und -halten der Gruppe, das Dirigieren eines ziehenden Verbandes in eine bestimmte Richtung, das Antreiben oder Abstoppen durch dominante Herdenmitglieder spielen im Leben geselliger Hornträger eine große Rolle. Wenn nun der von den Tieren zum »Alpha-Bullen« vertierlichte Mensch Entsprechendes tut, so ist das für sie ganz verständlich und natürlich. Sie folgen ihm dann genauso oder setzen ihm wenigstens nicht

Wehrhafte Hornträger wie beispielsweise die Kaffernbüffel können selbst großen Raubtieren erfolgreich Widerstand leisten: Die angreifende Löwin hat bei ihnen keine Chance. Sie wird von einem Büffel regelrecht in die Luft geschleudert.

EINLEITUNG

mehr Widerstand entgegen als einem sehr dominanten Artgenossen.

Die Rolle der Hornträger im Leben des Menschen ist ein Abriß unserer Wirtschaftsgeschichte. Das beginnt beim Steinzeitjäger, der dem Wild seiner Zeit nachstellte, und geht bis zur technisierten Viehhaltung unserer Tage. Jahrtausendelang haben ganze Völkerschaften in Afrika, Asien und Nordamerika als Jäger oder Hirten von Hornträgern gelebt. Auch heute noch hängt die Wirtschaft ganzer Erdteile – zum Beispiel Australiens und Südamerikas – erheblich von den Schafen und Rindern ab, die der Mensch dort eingeführt hat, und für einige junge afrikanische Staaten erscheint es wesentlich, ob sie es verstehen werden, den stellenweise noch vorhandenen Reichtum an Wild mit Vernunft zu nutzen.

Auch im kulturellen Leben der Menschheit haben die Hornträger ihre Bedeutung gehabt. In manchen Teilen Indiens gelten die Zebukühe nach wie vor als heilig. Im alten Ägypten wurde der Apisstier als Gottheit verehrt, Ziegenböcke zogen Donars Wagen, die Kinder Israels tanzten um das Goldene Kalb, und die christliche Religion wußte kein besseres Symbol für das unschuldige Leiden des Heilands zu finden als das Lamm. Auch in der Kunst haben die Hornträger immer wieder »Modell gestanden« – von den Höhlenzeichnungen des Steinzeitmenschen bis heute.

Andererseits gibt es kaum eine Grausamkeit, Gemeinheit und Perversität, die nicht an Hornträgern verübt worden wäre. Die Kulturschande des Stierkampfs hält unverändert an, und auch auf Schlachthöfen, beim Schächten und nicht zuletzt bei der »sportlichen« Jagd spielen sich mitunter widerwärtige Szenen ab. Noch heute verwenden Wilddiebe in Afrika Giftpfeile, Fallen und Schlitzbäume. Wasserstellen werden zur Trockenzeit vergiftet, Büffel und große Antilopen in Drahtschlingen gefangen und zu Tode gesteinigt, Gazellen und Ducker in Netze getrieben und mit Knüppeln erschlagen. Aber auch die Erzeugnisse moderner Technik werden eingesetzt, zum Beispiel indem man die Tiere mit geländegängigen Wagen verfolgt und willentlich überfährt – um Fleisch zu haben oder auch nur aus Vergnügen an der Hetze. Nicht verschwiegen sei auch die »unbeabsichtigte« qualvolle Tötung durch chemische Insek-

Eine Löwin hat sich im Schatten eines Baumes nahe einem Thomsongazellen-Revier niedergelegt. Der Revierinhaber kommt näher heran, um sie besser im Auge behalten zu können.

tenbekämpfungsmittel, die zwar in den Herstellungsländern selbst wegen ihrer Schädlichkeit mittlerweile verboten sind, aber mit gutem Gewinn an Länder der »Dritten Welt« verhökert werden. Gegen eine Nutzung des Wildes durch den Menschen läßt sich nicht viel einwenden, und vielleicht gehört sogar ein »Jagdtrieb« zur Natur des Menschen. Wenn heute jedoch fast alle Hornträgerarten in Bestand und Verbreitung erschreckend zurückgegangen sind und ziemlich genau ein Drittel von ihnen mehr oder weniger dicht vor der Ausrottung steht, so hat das mit »vernünftiger Nutzung« nichts mehr zu tun.

Einsichtige Männer und Regierungen sind nun schließlich bestrebt gewesen, wenigstens stellenweise das Wild in Nationalparks zu erhalten. Geschaffen wurden diese »Inseln des Friedens« vielfach noch von den Kolonialmächten. Erfreulicherweise haben sich dann manche junge afrikanische Staaten vorbildlich um die Erhaltung ihrer Nationalparks bemüht.

Liest man die Berichte an Tieren interessierter Reisender aus dem Beginn dieses Jahrhunderts, wird vielfach offenkundig, daß sie mit der völligen Vernichtung des Wildes namentlich in Afrika und Indien innerhalb der nächsten 10 bis 20 Jahre rechneten. Wenigstens stellenweise ist das bis heute nicht eingetreten. Dennoch kann man angesichts der »hohen Technologie« und der »globalen Wirtschaftspolitik« nur mit größter Sorge in die Zukunft schauen. Die Erhaltung einiger Wildbestände wird nur möglich sein, wenn es gelingt, wenigstens ein paar Gebiete unserer Erde in annähernd natürlichem Zustand zu bewahren. Gerade das aber wird von Tag zu Tag fragwürdiger durch die gewaltig angewachsene und noch dauernd anwachsende Zahl der Menschen mit ihrem Streben nach Wohlstand, Bequemlichkeit, Arbeitsplätzen, Absatzgebieten, Rohstoffquellen und dergleichen. Die Naturschützer in aller Welt können sich nicht verhehlen, dabei in einem dauernden Rückzugsgefecht zu sein. Namentlich, wenn der allmächtige Dollar (Rubel, D-Mark, Schilling, Pfund usw.) ins Spiel kommt, rücken alle Erhaltungsbestrebungen in den fernsten Hintergrund. So ist wohl jeder der Beteiligten schon mehr als einmal versucht gewesen, aufzugeben und den Karren in den Abgrund laufen zu lassen. Wenn man aber dann wieder einmal Gelegenheit hatte, das sprühende Tierleben in noch unentweihter Landschaft zu sehen, fühlt man doch stets aufs neue die Verpflichtung, sich dafür einzusetzen und dafür empfänglichen Menschen die Möglichkeit zu solch großartigem Erleben zu erhalten – wie gering auch immer die Erfolgsaussichten sein mögen. Trotzdem!

Im Leben geselliger Hornträger spielen dominante (ranghohe) Artgenossen, welche die Herde zusammenhalten und dirigieren, eine wichtige Rolle. Bei domestizierten Arten, etwa bei den Hausschafen, übernimmt der Mensch diese Führungsrolle. Er wird für sie zum »Alpha-Tier«.

Ducker und Böckchen

von Fritz Rudolf Walther

Ducker

Nur drei der vielen Arten der Unterfamilie der Dukker (Cephalophinae) erreichen etwa die Größe eines Rehes. Die anderen sind wesentlich kleiner – bis herab zur Hasengröße. Während bei den Hornträgern sonst die Männchen oft größer sind als die Weibchen, ist das bei den Duckern umgekehrt. Die meisten Arten haben einen Haarschopf auf der Stirn, in dem die kleinen, stiftartigen Hörner fast verschwinden. Alle besitzen Wangendrüsen (Maxillardrüsen), die sich auf jeder Backe wie ein langer, tiefer Messerschnitt entlangziehen, im Gegensatz zu den Voraugendrüsen jedoch deutlich vom Augenwinkel abgesetzt sind.

Ihren Namen haben die Ducker nach ihrer Gewohnheit, bei plötzlich auftretender Gefahr nicht oder nicht weit zu flüchten, sondern in Deckung zu gehen, sich niederzuducken und hinzulegen. Infolge ihrer Kleinheit und ihrer versteckten Lebensweise sind ausführliche Freilandstudien selten. Selbst Gefangenenschaftsbeobachtungen sind bei vielen Arten spärlich, da Ducker nicht häufig in zoologischen Gärten gezeigt werden. Infolgedessen stehen hier noch viele Fragen offen. So treten alle Ducker meist einzeln oder paarweise auf, und man vermutet, daß dieses Einzelgängertum mit Revierverhalten zu tun hat. Wirklich nachgewiesen ist das jedoch bisher nur bei wenigen Arten. Als »Indizienbeweis« wird angesehen, daß die Männchen im Zoo unverträglich untereinander sind und daß erlegte Tiere oft Narben am Kopf haben, die wahrscheinlich von Kämpfen herrühren. Nebenbei bemerkt, stoßen Ducker nicht nur mit den Hörnern, sondern können im Streit untereinander auch beißen oder schnappen.

Die Fortpflanzung ist meist an keine bestimmte Jahreszeit gebunden. Zumindest bei einigen Arten – so Blau-, Schwarzstirn- und Kronenducker – wirbt der Bock im Paarungszeremoniell mit Laufschlägen. Während früher Tragzeiten von vier bis fünf Mona-

Der Busch- oder Kronenducker mit seinem Stirnschopf und den vergleichsweise langen, schlanken Hörnern, die fast ausschließlich dem männlichen Geschlecht vorbehalten sind, ist der einzige Vertreter seiner Gattung. Von den vielen anderen Dukkerarten, die allesamt der zweiten Gattung angehören, unterscheidet er sich vor allem durch seine Lebensweise: Im Gegensatz zu ihnen meidet er den dichten Wald und bewohnt statt dessen aufgelockerte Wald- und Buschsteppengebiete.

ten angegeben wurden, werden neuerdings sieben bis acht, ja sogar neun Monate genannt. Es wird nur ein Junges gesetzt, das in den ersten Wochen seines Lebens abliegt und bereits im Alter von sechs bis neun Monaten fast die Größe eines Erwachsenen erreicht hat.

Ob und inwieweit heute bestimmte Duckerarten im Bestand bedroht sind, ist nicht leicht zu sagen, da ihre versteckte Lebensweise Bestandsaufnahmen sehr schwierig macht. Anpassungsfähige Arten mit weitem Verbreitungsgebiet, wie der Kronenducker, dürften kaum gefährdet sein. Ist das Verbreitungsgebiet klein – was für viele Arten zutrifft –, kann der Bestand sozusagen von heute auf morgen gefährdet werden, sobald ein solches Gebiet wirtschaftlich ausgebeutet und der Wald abgeholzt wird.

Der BUSCH- oder KRONENDUCKER *(Sylvicapra grimmia)* ist der einzige Vertreter seiner Gattung und meidet auch als einzige Duckerart den dichten Wald. Einzeln oder paarweise findet er sich in aufgelockertem Wald, Gehölzen und Buschsteppengebieten. Kronenducker sind ortstreu und wahrscheinlich territorial. In geeignetem Gelände kommen etwa zwei Tiere auf einen Quadratkilometer. Sie sind hauptsächlich während der Morgen- und Abenddämmerung rege, zum Teil auch nachts. Zur Regenzeit genügt ihnen die mit Laub von Büschen und Bäumen aufgenommene Feuchtigkeit. Auch zur Trockenzeit sind sie offenbar nicht so stark vom Wasser abhängig wie manche anderen Buschbewohner. Insgesamt ist der Kronenducker recht anpassungsfähig und kommt auch in von Menschen besiedelten Gebieten vor. Dort macht er sich mitunter unliebsam bemerkbar, weil er den Blumen in den Gärten und dem Gemüse auf den Feldern zuleibe rückt.

Eine ganze Reihe der WALD- oder SCHOPFDUCKER (Gattung *Cephalophus*) haben kleine Verbreitungsgebiete. Sie folgen dem Gürtel der großen afrikanischen Regenwälder. Wie deren Umfang nimmt auch die Zahl der Duckerarten von Westen nach Osten und Süden hin ab. Der Körper eines Schopfduckers zeigt denn auch die typische »Stromlinienform« (hinten überbaut) eines Schlüpfers durch dichten Urwald.

Nicht immer ist man sich einig, was als Art und was als Unterart anzusprechen sei. So halten manche Autoren den ABBOTTDUCKER *(Cephalophus spadix)* für eine Unterart des Gelbrückenduckers, den HARVEYDUCKER *(C. callipygus)* für eine Unterart des Rotduckers und den OGILBYDUCKER *(C. ogilbyi)* für eine Unterart des Schwarzrückenduckers. Daß der früher als eigene Art angesehene MAXWELLDUCKER *(C. maxwelli)* nur eine Unterart des Blauduckers ist, wird heute allgemein anerkannt.

Der Zwerg unter den Duckerarten ist der Blauducker, auch Blauböckchen genannt. Seinen Namen verdankt er dem bläulichen Schimmer seines grauen Fells. Im Bild ein Weibchen der wohl bekanntesten Unterart, des Maxwellduckers, der früher als eigene Art galt.

Drei Arten – Jentink-, Gelbrücken- und Abbottdukker – sind »Riesen« innerhalb der Gattung. Der JENTINKDUCKER *(Cephalophus jentinki)*, dessen Fellzeichnung bei Erwachsenen ein wenig an die des Schabrackentapirs erinnert, ist offenbar von Natur aus die seltenste Duckerart. Seit seiner Entdeckung im Jahre 1892 sind nur einige wenige Felle und Skelette erlegter Tiere bekannt geworden, und erst in den allerletzten Jahren gelangte ein Paar zum ersten und bisher einzigen Male lebend in einen Zoo (Brownsville in Texas).

Häufiger ist der GELBRÜCKENDUCKER *(Cephalophus sylvicultor)*, den man bereits in mehreren Zoos nachgezüchtet hat. Die erwachsenen, in der Grundfarbe

schwärzlichen Tiere haben auf dem hinteren Teil des Rückens einen weißgelben bis orangefarbenen Keilfleck, dessen Spitze schulterwärts gerichtet ist. Hier sind die Haare länger als sonst am Körper und können bei Erregung aufgerichtet werden. Eine Zeitlang glaubte man, daß sich in dieser Keilfleckregion Duftdrüsen befänden, deren Sekret auf den tunnelartigen Wechseln im Urwald an überhängenden Zweigen und Blättern abgestreift werde. Karl Kranz und Susan Lumpkin, die das Verhalten von Gelbrückenduckern im Zoo zu Washington studierten, haben jedoch davon nichts gesehen. Hingegen markieren die Gelbrückenducker – wie wohl alle Ducker – mit dem Sekret ihrer Wangendrüsen.

Insgesamt sind von den meisten Waldduckerarten nur Streiflichter aus Ökologie und Verhalten bekannt. Manche Arten sollen mehr Früchte äsen als andere, manche mehr tag-, andere mehr nachtaktiv sein. Der ROTDUCKER *(Cephalophus natalensis)* soll zuweilen nach Ziegenart auf schräge Baumstämme klettern – und so weiter. Einige Beobachtungen sind bisher nur an einer Art gemacht worden, dürfen aber wahrscheinlich für mehrere gelten. So sah Hans Frädrich bei den ZEBRADUCKERN *(Cephalophus zebra)* im Frankfurter Zoo, wie Mütter ihre Jungen mit dem Sekret ihrer Wangendrüsen markierten, was das Un-

Auffallende Fellfarben und -muster sind bei den Duckern nicht selten: Der Jentinkducker (oben), eine stark gefährdete Art, erinnert fast an einen Schabrackentapir, und die gewisse Ähnlichkeit mit einem Zebra ist beim Zebraducker (unten) auffallend.

terscheiden und Wiedererkennen des eigenen Kindes erleichtern mag.

Verschiedene Gewährsleute haben berichtet, daß freilebende Ducker neben der Pflanzenkost Insekten und Termiten aufnehmen, und haben vermutet, daß sie gelegentlich auch Vögel töten und verspeisen. Fred Kurt hat das an einem SCHWARZRÜCKENDUCKER *(Cephalophus dorsalis)* im Züricher Zoo genauer untersucht. Wenn man lebende Küken oder Tauben ins Gehege dieses Duckers setzte, witterte er mit vorgestrecktem Kopf, weitgeöffneten Nüstern und angelegten Ohren in die Richtung des Vogels und näherte sich ihm mit gesenktem Kopf. Sobald der Vogel zu fliehen versuchte, setzte der Ducker zum Angriff an. Kleine Küken tötete er durch einen Biß in die Brust oder den Bauch. Auffliegende oder noch am Boden sitzende Tauben betäubte er durch Schläge mit den Vorderläufen. Dann packte er das Opfer mit dem Mund und trug es zu seinem Strohlager. Die Küken aß er ganz; den Tauben biß er den Kopf ab und verspeiste ihn. Danach beschnupperte er den Körper und biß Flügel und Beine ab, die er liegen ließ. Er faßte den kopflosen Rumpf mit dem Mund, saugte Blut und Eingeweide heraus und aß ihn ganz oder zum Teil, indem er von vorn nach hinten mit den Backenzähnen Stücke abbiß.

Vor allem durch die Gefangenschaftsbeobachtungen des Schweizers André Aeschlimann und der Amerikanerin Katherine Ralls sowie durch die Freilandstudien des französischen Forschers Gerald Dubost sind wir heute verhältnismäßig am besten über das Verhalten des BLAUDUCKERS *(Cephalophus monticola)* bzw. eine seiner Unterarten, des MAXWELLDUCKERS *(C. m. maxwelli)*, unterrichtet. Bei dieser kleinsten Duckerart lebt ein Paar langfristig in einem Revier – zeitweilig mit einem Jungen, welches das elterliche Territorium im zweiten Lebensjahr verläßt. Das Revier wird von beiden Partnern gegen artgleiche Eindringlinge verteidigt. Auseinandersetzungen zwischen benach-

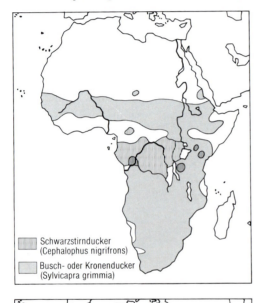

Der Gelbrückenducker mit dem namengebenden gelblichen Keilfleck auf dem hinteren Rücken wird auch als Riesenducker bezeichnet: Mit einer Schulterhöhe von 65 bis 85 Zentimetern ist er tatsächlich ein »Riese« in der Unterfamilie der Ducker.

barten Paaren sind im Freileben selten. Setzt man im Zoo zwei erwachsene Böcke zusammen ins selbe Gehege, so bekämpfen sie einander aufs heftigste. Ein eigentliches Drohgebaren wurde nicht beobachtet, jedoch pressen die Böcke vor Beginn des Kampfes ihre Wangendrüsen – Backe an Backe – gegeneinander und markieren einander anscheinend wechselseitig. Danach prallen sie mehrfach frontal zusammen, wobei einer oder beide Gegner die Balance verlieren, hinfallen oder hoch in die Luft geworfen werden können. Manchmal überspringt auch einer den anderen. Schließlich flieht einer, und der Sieger hetzt hinterdrein. Böcke lassen sich im Zoo also nicht zusammen halten, wohl aber mehrere Geißen. Männchen und Weibchen markieren Zweige, Stengel und ähnliches mit dem Sekret ihrer Wangendrüsen. Die Markierungstätigkeit steigt an, wenn die Tiere in eine neue Umgebung – in einen anderen Stall – gebracht werden oder wenn sie einem fremden Artgenossen gleichen Geschlechts begegnen. Außerdem markieren Bock und Geiß einander, indem sie aufeinander zugehen und – erst links, dann rechts oder umgekehrt – eine Wangendrüse an die des Partners pressen.

Böckchen

Die Unterfamilie der Böckchen (Neotraginae) hat mit den Duckern gemeinsam die Kleinheit (hasen- bis rehgroß), die einzelgängerische Lebensweise, und daß die Weibchen meist etwas größer sind als die Männchen. Im Gegensatz zu den Duckern ist der Kopf nicht ramsnasig, die Voraugendrüsen sind wirklich Voraugendrüsen und keine Maxillarorgane, die Weibchen sind meist ungehörnt, und mit Ausnahme der Gattung der KLEINSTBÖCKCHEN *(Neotragus)* bewohnen die Böckchen überwiegend Trockengebiete. Im übrigen sind sie untereinander recht uneinheitlich, so daß es über ihre Einteilung verschiedene Auffassungen gibt. Wir haben sie hier als Unterfamilie mit sechs Gattungen dargestellt. Man kann letztere auf fünf Gattungsgruppen verteilen, wobei die STEINBÖCKCHEN (Gattung *Raphicerus*) und die ORIBIS (Gattung *Ourebia*) zu einer Gattungsgruppe (Raphicerini) zusammengelegt sind. Da alle übrigen Gattungsgruppen jeweils nur eine einzige Gattung umfassen, erscheint der Unterschied zwischen Gattungen und Gattungsgruppen praktisch unerheblich. Ein Vorteil der Gliederung in Gattungsgruppen besteht nur darin, daß dadurch berechtigterweise die Trennung der Gattungen voneinander stärker betont wird.

Von anderen Einteilungen sei hier nur erwähnt, daß unter der Führung von G.G. Simpson manche Systematiker die gesamte Unterfamilie der Böckchen zu einer Gattungsgruppe (Neotragini) erklärten und mit den Gazellenartigen als zweiter Gattungsgruppe (Antilopini) zu einer – unter diesem Gesichtspunkt

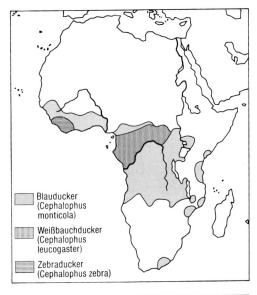

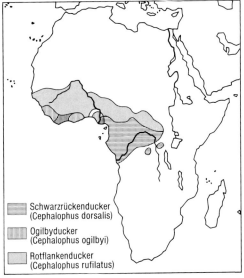

neuen – Unterfamilie (Antilopinae) vereint haben. Damit werden die Unterschiede der Gattungen innerhalb der Böckchen eingeebnet und engere Beziehungen zu den Gazellen behauptet. Eine wirklich überzeugende Begründung für diese Auffassung konnte ich nirgends finden.

Mit nur 25 Zentimeter Körperhöhe ist das KLEINSTBÖCKCHEN *(Neotragus pygmaeus)* der kleinste aller lebenden Hornträger. Diese Zwerge finden sich meist einzeln oder paarweise vornehmlich in (feuchten) Wäldern, Galeriewäldern und Gehölzen mit dichtem Unterwuchs. Wahrscheinlich leben sie in kleinen Revieren und in Einehe.

Etwas größer sind das BATESBÖCKCHEN *(Neotragus batesi)* und das SUNI oder MOSCHUSBÖCKCHEN *(Neotragus moschatus)*. Der Name »Moschusböckchen« rührt von dem Moschusgeruch her, der den Voraugendrüsen dieser Tiere entströmt. Nebst dem allgemeinen »Kleinstböckchenbiotop« kommen Moschusböckchen auch im Trockenbusch vor. Sie sind etwas stärker tagaktiv als Kleinst- und Batesböckchen. Werden sie aufgeschreckt, so springen sie ab, umkurven Bäume und Büsche und sind bald verschwunden. An Lauten sind ein schwaches Bellen und ein scharfes Pfeifen bekannt.

Trotz ihrer Kleinheit sind die DIKDIKS oder WINDSPIELANTILOPEN (Gattung *Madoqua*) vielerorts stark der Verfolgung durch Menschen ausgesetzt. Da sie diesen gegenüber einen recht geringen Fluchtabstand haben, sind sie mit einer Wurfkeule leicht zu erlegen. Die Fellchen kommen als »Gazellenleder« in den Handel und werden vor allem zu Handschuhen verarbeitet. Da man für ein Paar Handschuhe mindestens zwei Felle braucht, kann man sich ungefähr vorstellen, wie groß die Nachfrage ist.

Die teilweise kleinen Verbreitungsgebiete der fünf Dikdikarten ballen sich um das – sehr trockene – östliche »Horn« von Afrika. Nur der Güntherdikdik und noch mehr der Kirkdikdik dehnen sich weiter nach Ostafrika aus, und eine Unterart *(Madoqua kirki damarensis)* des letzteren kommt außerdem noch ganz abgesprengt in Südwestafrika vor.

Nebst einem Haarschopf auf der Stirn, der bei Erregung wie ein Krönchen aufgestellt werden kann, ist für alle Dikdikarten eine behaarte, etwas verlängerte

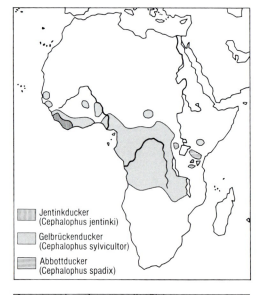

Jentinkducker (Cephalophus jentinki)
Gelbrückenducker (Cephalophus sylvicultor)
Abbottducker (Cephalophus spadix)

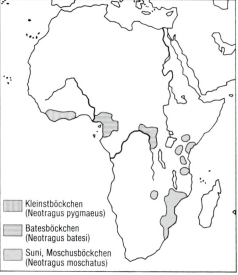

Kleinstböckchen (Neotragus pygmaeus)
Batesböckchen (Neotragus batesi)
Suni, Moschusböckchen (Neotragus moschatus)

Das Suni heißt auch Moschusböckchen, weil seine Voraugendrüsen – im Foto gut zu erkennen – einen starken Moschusduft verströmen.

Nasenpartie kennzeichnend. Bei der Untergattung der TAPIRBÖCKCHEN *(Rhynchotragus)* – dem Günther- und dem Kirkdikdik – ist sie zu einem kleinen Rüssel verlängert, der nach allen Seiten geschwenkt werden kann. Die Nasenlöcher sitzen dabei vorn an der Endfläche.

Am besten sind wir heute über den KIRKDIKDIK *(Madoqua kirki)* unterrichtet. Nach den Feststellungen von H. und U. Hendrichs in Ostafrika leben diese Dikdiks in Dauerpaaren. Ihre Reviere sind 5 bis 30 Hektar groß. Falls keine außergewöhnlich ungünstigen Umstände oder Störungen auftreten, behält ein Paar sein Territorium jahrelang oder sogar zeitlebens bei. An den Reviergrenzen, aber auch an anderen für die Tiere wichtigen Stellen, legen sie Kothau-

fen von etwa 30 Zentimeter Durchmesser an. Beide Geschlechter setzen Voraugendrüsensekret an geeigneten Objekten ab, die Böcke allerdings wesentlich häufiger als die Geißen. Scharren, Harnen, Koten und Absetzen von Voraugendrüsensekret sind beim Bock geradezu zu einer Handlungskette geworden, so daß sich neben einem Kothaufen meist auch ein stark markierter Halm oder Stengel findet. Die Geiß benutzt diese Kothaufen gleichfalls. Manchmal wird sie vom Männchen dazu mehr oder weniger aufgefordert, und es ergibt sich ein regelrechtes »Kotzeremoniell«: Vom Bock gefolgt, zieht die Geiß zum Kotplatz, hockt sich leicht nieder und harnt, kauert sich tiefer und kotet. Der Bock steht derweil wartend hinter ihr. Wenn sie fertig ist, schnuppert er an ihrer Losung (Kot) und ihrem Harn, wobei er manchmal flehmt, scharrt in ihrem Kot mit den Vorderläufen und setzt seinen Harn und – tief gekauert – seinen Kot darüber, wobei er sich mehrfach um sich selbst dreht. Abschließend mag er noch an einem Halm mit Sekret markieren.

Nur der Bock verteidigt das Revier. Im Freileben verjagt er auch fremde Weibchen. Wie Hendrichs festgestellt hat, sind Auseinandersetzungen zwischen Reviernachbarn nicht häufig und verlaufen stark ritualisiert. Die Böcke preschen mit aufgestelltem Stirnschopf aufeinander los, bremsen aber kurz voreinander ab und vollführen mit dem Kopf einen heftigen Nickschlag nach unten, ohne einander zu berühren. Dann drehen sie um, gehen zwei bis zehn Meter auseinander und preschen erneut aufeinander los. Nach mehreren solchen »Gängen« kann einer

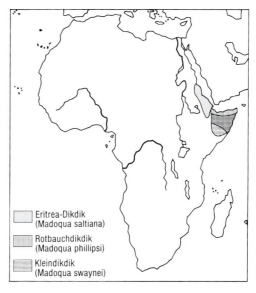

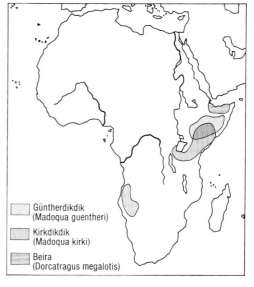

Ein Kirkdikdik in der trockenen Steppenlandschaft des kenianischen Amboseli-Nationalparks. Diese kleinste Dikdikart wird höchstens einen halben Meter lang und hat eine Schulterhöhe von nur etwa 30 Zentimetern.

aufgeben und fliehen, oder beide ziehen vor jedem Anlauf weiter und weiter auseinander, bis schließlich der Angriff ausbleibt, beide zu äsen beginnen und jeder die Auseinandersetzung durch Scharren, Harnen, Koten und Markieren abschließt.

Nach den Beobachtungen von K. Tinley in Südwestafrika läuft der werbende Bock die Geiß mit vorgestrecktem Hals und Kopf, aufgestelltem »Krönchen« und vorgestrecktem Rüsselchen von hinten an. Bei der Paarung steht er auf den Hinterbeinen hinter ihr und winkelt – über ihrem Rücken, in der Luft – seine Vorderläufe scharf zum eigenen Leib.

Vermutlich setzt eine Geiß zweimal im Jahr ein Kitz. Wie L. Dittrich und M. Böer im Zoo festgestellt haben, erscheint bei der Austreibung zuerst der Kopf des Jungen, während seine Vorderbeine nach hinten an den Leib gelegt sind. Das ist auffällig anders als – mit Ausnahme der Kantschils – sonst bei Wiederkäuergeburten. In den ersten Lebenswochen liegen die Kitze ab. Sie wachsen schnell heran und haben bereits mit sieben Monaten die Größe eines Erwachsenen erreicht.

Ein junges Männchen wird schließlich vom Vater aus dem elterlichen Revier vertrieben. Bei weiblichen Jungtieren kann das auch die Mutter tun. Gemessen an ihrer frühen Geschlechtsreife – Geißen mit sechs, Böcke mit zwölf Monaten –, können die Jungen jedoch verhältnismäßig lange bei den Eltern bleiben. Natürlich betrachtet ein Altbock den heranwachsenden Sohn eines Tages als mögliche Rivalen. Wenn sich der Jungbock – vermutlich noch in »kindlicher Absicht« – der Mutter nähert, prescht ihm der Alte mit gesträubtem »Krönchen« entgegen. Daraufhin senkt der Junge den Kopf, knickt in den Läufen ein oder wirft sich mit vorgestrecktem Hals zu Boden. Diese Demutstellungen stoppen den Angriff des Alten. Er betrachtet den unterwürfigen Jungen, sein »Krönchen« legt sich nieder, und er wendet sich ab. Der Junge steht auf – und nähert sich über kurz oder lang wieder der Geiß, worauf sich das Ganze wiederholt. In einem Dikdikrevier rund um meinen Bungalow im Serengeti-Nationalpark habe ich in einer einzigen mondhellen Nacht einmal über 50 solcher Auftritte gezählt. Obgleich diese Auseinandersetzungen für den Jungbock sicher nicht sehr gemütlich sind, kann er so doch noch einige Tage oder Wochen länger im vertrauten elterlichen Revier bleiben. Eines Tages aber wird es ihm zuviel, und er zieht aus, oder

er wird vom Altbock ernstlich vertrieben. In einem verhältnismäßig dünn besiedelten Gebiet kann er sich dann oft im »Niemandsland« zwischen dem Revier seiner Eltern und deren Nachbarn ansässig machen. In dichtbesiedelten Gegenden muß er sich weiter entfernen.

Anscheinend verhalten sich junge Weibchen ähnlich. Einzelne Dikdiks sind meist solche vertriebene Jungtiere. Sie mögen sich dann zu Paaren zusammenfinden oder sich in einem Revier festsetzen, wo ein ihrem Geschlecht entsprechender Partner fehlt. Darin liegt wahrscheinlich die Erklärung für die Erfahrung mancher Jäger, wonach beim Dikdik anstelle eines

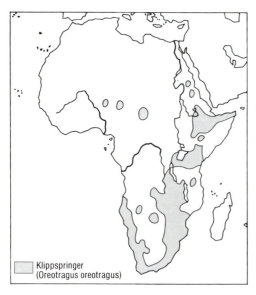

Der flinke Klippspringer (rechts) ist in weiten Teilen Afrikas südlich der Sahara auf Felsen aller Art anzutreffen, wo ihm Buschwerk genügend Deckung bietet. Mit seiner grauen Pfeffer-und-Salz-Färbung und seiner Hufform – er bewegt sich gleichsam nur auf den Spitzen der Zehennägel – hat er sich seinem steinigen Lebensraum hervorragend angepaßt. Seine Voraugendrüse (oben), mit der er Zweige und Stengel markiert, sieht wie eine kleine Pfanne aus.

Klippspringer (Oreotragus oreotragus)

abgeschossenen Partners »gleich am nächsten Tag« wieder ein neuer da ist. Geht der »Nachschub« einmal nicht so schnell, so kann ein Bock durchaus allein ein Revier gründen oder halten. Eine Geiß allein kann das nicht. Besonders in dichtbesiedeltem Gebiet wird ihr Raum von den Nachbarn mehr und mehr eingeengt, bis er schließlich zu klein ist, um ihr genügend Deckung und Äsung zu bieten. Daraus – wie auch aus einigen anderen Umständen – läßt sich folgern, daß bei den Dikdikpaaren nur der Bock im eigentlichen Sinn territorial ist, während sich die Geiß wahrscheinlich nur sekundär (nachträglich) an ihn und das Revier bindet.

Dikdiks sind überwiegend in den Morgen- und Abendstunden tätig. In hellen Mondnächten bleiben sie oft ununterbrochen bis gegen drei Uhr morgens auf den Läufen. Dann ruhen sie bis kurz vor Tagesanbruch. In dunklen Nächten haben sie anscheinend einzelne »Lebhaftigkeitsschübe« zwischen längeren Ruhepausen. Sie geben Alarm, indem sie bei herabgebogenem Rüsselchen ziemlich laut durch die Nase pfeifen.

In zoologischen Gärten werden Dikdiks nicht allzu häufig gezeigt, wohl weil man annimmt, daß sie zu wenig »Schauwert« haben. Daß dies durchaus nicht so sein muß, hat sich im Hannoverschen Zoo gezeigt, wo sich eine Dikdikgruppe beim Publikum großer Beliebtheit erfreut. Freilich kann nur ein erwachsener Bock dabei sein. Jedoch lassen sich mehrere Weibchen zusammen halten. Wie der Zoodirektor L. Dittrich mitteilt, bildet sich dann eine stabile Rangordnung unter ihnen aus, innerhalb deren Dominanz- bzw. Beschwichtigungsauftritte nicht selten sind, ernstliche Streitigkeiten aber nur ausnahmsweise vorkommen. In dieser unnatürlich geselligen Situation werden neugeborene Kitze von den Weibchen – natürlich mit Ausnahme der Mutter – zunächst gemieden, später geduldet und noch später manchmal neben dem eigenen Jungen mitgesäugt.

Mit ihren großen Lauschern (Ohren) sieht die BEIRA *(Dorcatragus megalotis)* sozusagen wie ein (weiblicher) »Kudu im Kleinformat« aus. Sie bewohnt trockenes, buschbestandenes Hügel- und Bergland, tritt paarweise oder in kleinen Trupps bis zu zwölf Tieren auf, ist standorttreu, zieht morgens und nachmittags auf Äsung und ruht während der Mittagsstunden. Durch einige körperliche Besonderheiten – keine Voraugendrüsen, zwei statt vier Zitzen, Flankenband, buschiger und verhältnismäßig langer Schwanz – fällt die Beira etwas aus dem Rahmen des sonst bei Böckchen Üblichen heraus. In ihrem geographisch eng umschriebenen Verbreitungsgebiet ist sie nirgends häufig und vermutlich im Bestand bedroht. Auch im Zoo wird sie selten gezeigt.

Die meisten Paarhufer sind bekanntlich »Zehenspitzengänger«. Als einzige Art aber tritt der KLIPPSPRINGER *(Oreotragus oreotragus)* nur mit den Spitzen der senkrecht stehenden Hufe auf, auf menschliche Verhältnisse übertragen also mit den Spitzen der Zehennägel. Die Hufspitzen sind unten abgeplattet und am

Ein weibliches Steinböckchen, das im Gegensatz zum Männchen keine Hörner trägt, im südafrikanischen De-Hoop-Reservat. Steinböckchen besiedeln nicht nur Südafrika, sondern auch den mittleren Osten des schwarzen Kontinents.

▷ Ein Klippspringer steht Wache auf einem Felsblock im Tsavo-Nationalpark in Kenia. Bei Gefahr stößt er schrille Pfiffe durch die Nase aus und flüchtet auf einem festgelegten Weg.

Ducker und Böckchen (Cephalophinae und Neotraginae)

Name deutscher Name wissenschaftlicher Name englischer Name (E) französischer Name (F)	Körpermaße Kopfrumpflänge (KRL) Schwanzlänge (SL) Standhöhe (SH) Gewicht (G)	Auffällige Merkmale	Fortpflanzung Tragzeit (Tz) Zahl der Jungen je Geburt (J) Geburtsgewicht (Gg)
Buschducker, Kronenducker *Sylvicapra grimmia* mit 19 Unterarten E: Grey duiker, Bush duiker, Common duiker, Grimm's duiker F: Céphalophe de Grimm, Céphalophe couronné	KRL: 80–115 cm SL: 10–20 cm SH: 45–60 cm G: 10–20 kg	Hörner beim Männchen 8–18 cm lang, gerade, schlank, spitz, an der Wurzel gerippelt; Weibchen meist ohne Hörner, gelegentlich mit kurzen, dünnen Hörnchen; dunkler Streif von der Nase zur unteren Stirn; langer Stirnschopf	Tz: 7–7½ Monate (?) J: 1 Gg: 1,35–2,1 kg
Blauducker, Blauböckchen *Cephalophus monticola* mit 19 Unterarten E: Blue duiker F: Céphalophe bleu	KRL: 55–90 cm SL: 7–13 cm SH: 30–40 cm G: 4–10 kg	Kleinste Duckerart; Hörner beim Männchen 2–10 cm lang, kegelförmig, Wurzel stark gerippelt; beim Weibchen bis zu 4 cm lang oder fehlend; Stirnschopf klein oder fehlend; Nasenspiegel nackt; Haupthufe spitzendig, Nebenhufe klein; Wangendrüsen (Maxillardrüsen) und Zwischenklauendrüsen; 4 Zitzen; Kitz rötlichbraun, mit 2,5 Monaten umfärbend zur grauen Farbe der Erwachsenen	Tz: 7–8 Monate (?) J: 1, selten Zwillinge Gg: 0,8 kg
Rotducker *Cephalophus natalensis* mit 5 Unterarten E: Red duiker F: Céphalophe de Natal, Céphalophe rouge	KRL: 70–100 cm SL: 9–14 cm SH: 35–45 cm G: 11–13 kg	Hornlänge 3–10,5 cm; beide Geschlechter gehörnt; Hörner kurz und dick, an der Wurzel stark gerippelt; Stirnschopf gut ausgebildet; Kitz sehr dunkel; sonst wie Blauducker	Tz: wie Blauducker J: wie Blauducker Gg: etwa 1 kg
Zebraducker *Cephalophus zebra* E: Banded duiker, Zebra antelope F: Céphalophe zèbre	KRL: 85–90 cm SL: um 15 cm SH: 40–50 cm G: 15–20 kg	Hornlänge beim Männchen 4–5 cm, beim Weibchen 2–2,5 cm; Stirnschopf kurz oder fehlend; 12–15 schwarze senkrechte Körperstreifen; sonst wie Blauducker	Tz: wie Blauducker J: wie Blauducker Gg: etwa 1 kg
Schwarzrückenducker *Cephalophus dorsalis* mit 2 Unterarten E: Bay duiker, Black-striped duiker F: Céphalophe à bande dorsale noire, Céphalophe bai	KRL: 70–100 cm SL: 8–15 cm SH: 40–55 cm G: 15–20 kg	Hornlänge 5,5–10,5 cm; beide Geschlechter gehörnt; schwarzer Aalstrich von Nasenrücken bis Schwanzwurzel; Stirnschopf gut entwickelt; sonst wie Blauducker; Kitz dunkel, Aalstrich nur auf Kuppe deutlich; Umfärben nach 3 Monaten	Tz: 8½–9 Monate (?) J: wie Blauducker Gg: etwa 1 kg
Rotflankenducker, Blaurückenducker *Cephalophus rufilatus* mit 2 Unterarten E: Red-flanked duiker F: Céphalophe à flancs roux	KRL: 60–70 cm SL: 7–10 cm SH: 30–40 cm G: 9–12 kg	Hornlänge beim Männchen 6–9,5 cm, beim Weibchen 3–4 cm; Hörner schlank und gerade, im Stirnschopf verborgen; 1 Streifen von Nase bis Stirn; Aalstrich und Beine blau- oder braungrau; sonst wie Blauducker	Tz: wie Blauducker J: wie Blauducker Gg: etwa 1 kg
Ogilbyducker, Fernando-Póo-Ducker *Cephalophus ogilbyi* mit 2 Unterarten (von manchen Autoren als Unterart des Schwarzrückenduckers angesehen) E: Ogilby's duiker F: Céphalophe d'Ogilby, Céphalophe de Fernando Póo	KRL: 85–115 cm SL: 12–15 cm SH: etwa 55 cm G: 14–18 kg	Hornlänge beim Männchen 8–12 cm, beim Weibchen bis zu 4 cm; Hörner leicht konkav gebogen, Wurzel stark gerippelt; Stirnschopf schwach oder fehlend; Aalstrich ab Schultern bis Schwanzwurzel; Fesseln mit weißlichem Ring; sonst wie Blauducker	Tz: wie Blauducker J: wie Blauducker Gg: etwa 1 kg
Petersducker, Harveyducker, Schönsteißducker *Cephalophus callipygus* mit 9 Unterarten (wahrscheinlich nur eine Unterart des Rotduckers) E: Peters's duiker, Harvey's duiker, Zanzibar duiker F: Céphalophe de Peters	KRL: 80–115 cm SL: 10–16 cm SH: 45–60 cm G: 12–23 kg	Hornlänge 5,5–14 cm; beide Geschlechter gehörnt; Hinterkörper dunkler als Vorderkörper; sonst wie Blauducker; Kitze dunkler als Erwachsene	Tz: wie Blauducker J: wie Blauducker Gg: etwa 1 kg
Weißbauchducker, Gabunducker *Cephalophus leucogaster* E: Gaboon duiker, White-bellied duiker F: Céphalophe à ventre blanc, Céphalophe du Gabon	KRL: 90–100 cm SL: 12–15 cm SH: 42–45 cm G: 15–20 kg	Hornlänge 5–12,5 cm; beide Geschlechter gehörnt; Hörner kurz und dick, Wurzel stark gerippelt; Aalstrich vom Nacken bis zur Schwanzwurzel, läuft auf roter Schwanzoberseite aus; Stirnschopf gut entwickelt; Kinn, Kehle, Brust, Bauch, Beininnen- und Keulenrückseite weiß; sonst wie Blauducker	Tz: wie Blauducker J: wie Blauducker Gg: etwa 1 kg
Schwarzstirnducker *Cephalophus nigrifrons* mit 5 Unterarten E: Black-fronted duiker F: Céphalophe à front noir	KRL: 85–107 cm SL: 10–15 cm SH: 45–55 cm G: etwa 15 kg	Hörner beim Männchen 8–12 cm, beim Weibchen 4–8 cm lang; Nasenstreifen und Stirnschopf braun bis schwarz; sonst wie Blauducker	Tz: wie Blauducker J: wie Blauducker Gg: etwa 1 kg
Schwarzducker *Cephalophus niger* E: Black duiker F: Céphalophe noir	KRL: 80–90 cm SL: 12–14 cm SH: 45–50 cm G: 15–20 kg	Hörner beim Männchen 7,5–17,5 cm, beim Weibchen 2,5–3 cm lang; Körperfarbe braunschwarz bis schwarz; Nasenrücken und Stirnschopf rotbraun; sonst wie Blauducker	Tz: wie Blauducker J: wie Blauducker Gg: etwa 1 kg
Gelbrückenducker, Riesenducker *Cephalophus sylvicultor* mit 2 Unterarten E: Yellow-backed duiker F: Céphalophe à dos jaune	KRL: 115–145 cm SL: 11–20 cm SH: 65–85 cm G: 45–80 kg	Hornlänge 8,5–21 cm; beide Geschlechter gehörnt; Hornwurzel schwach gerippelt; Körperfarbe dunkelbraun bis schwarz; auf hinterem Rücken ein weißgelber bis orangefarbener Keilfleck; sonst wie Blauducker; Kitze braunschwarz, ohne Keilfleck; dieser wird zwischen dem 5. und 8. Monat ausgebildet	Tz: wie Blauducker J: wie Blauducker Gg: 1–1,5 kg

DIE ARTEN IM VERGLEICH

Lebensablauf Entwöhnung (Ew) Geschlechtsreife (Gr) Lebensdauer (Ld)	Nahrung	Feinde	Lebensweise und Lebensraum	Häufigkeit
Ew: nicht bekannt Gr: Weibchen mit 8–10, Männchen mit 12 Monaten Ld: im Zoo 12 Jahre	Baum- und Strauchlaub, Früchte und Samen, gelegentlich tierische Beikost (Vögel)	Raubtiere, Paviane, Pythons, Krokodile, Adler; für Kitze auch große Eulen, Warane und größere Schleichkatzen	In aufgelockerten Wald- und Buschsteppengebieten, nicht in Wüsten und dichtem Regenwald; einzeln oder in Paaren; im mittleren Afrika keine bestimmten Setzzeiten, im Süden zur Mitte der Regen- und/oder Trockenzeit	In entsprechender Landschaft nicht selten
Ew: spätestens mit 5 Monaten Gr: Weibchen wahrscheinlich mit 9–12, Männchen mit 12–18 Monaten Ld: 10–12 Jahre	Blätter, Knospen, junge Triebe, Gräser, Kräuter, Beeren, Früchte, Termiten, Ameisen, Schnecken, Eier, wahrscheinlich auch Vögel	Leopard, Goldkatze, Falbkatze, Serval, Zibetkatze, Adler, große Eulen, Krokodile, Warane, Pythons	In großen und kleinen Wäldern, Busch- und Galeriewald, Feldgehölzen; standorttreu; einzeln oder paarweise, letzteres vielleicht ganzjährig; Fortpflanzung an keine bestimmte Jahreszeit gebunden; Kitz liegt 2–3 Monate ab; Dämmerungs- und Nachttier; Reviergröße etwa 0,1 ha	In entsprechender Landschaft nicht selten, aber sehr versteckt lebend
Wie Blauducker	Wie Blauducker	Wie Blauducker	In Wald, Buschwald mit dichtem Unterwuchs, in Ebene, Hügel und Bergland; im übrigen wie Blauducker	Nicht selten
Wie Blauducker	Wie Blauducker	Wie Blauducker	In dichtem Hügel- und Gebirgswald; im übrigen wie Blauducker	Bedroht
Wie Blauducker	Wie Blauducker; gelegentlicher Fleischgenuß und Jagd auf Vögel nachgewiesen	Wie Blauducker	In dichtem Wald und dichtem Dschungel; etwas mehr tagtätig als andere Duckerarten; im übrigen wie Blauducker; Reviergröße höchstens 0,06–0,12 ha	Nicht bekannt
Wie Blauducker	Wie Blauducker	Wie Blauducker	An Waldaußenrändern und in Lichtungen, Galeriewald, Feldgehölzen, nicht im Inneren großer Wälder; im übrigen wie Blauducker	Nicht bekannt
Wie Blauducker	Wie Blauducker	Wie Blauducker	Wie Schwarzrückenducker	Nicht bekannt
Wie Blauducker	Wie Blauducker	Wie Blauducker	In allen Waldarten, auch in Buschhorsten und Grasdschungeln, an Bergen bis 3000 m Höhe; im übrigen wie Blauducker	Potentiell gefährdet (besonders auf Sansibar)
Wie Blauducker	Wie Blauducker	Wie Blauducker	Mehr im Sekundär- als Primärwald, an Waldrändern, im Galeriewald und in Gebüschhorsten im Savannenland; im übrigen wie Blauducker	Nicht bekannt
Wie Blauducker	Wie Blauducker	Wie Blauducker	In sumpfigem Waldland mit dichtem Unterholz; im übrigen wie Blauducker	Nicht selten
Wie Blauducker	Wie Blauducker	Wie Blauducker	An Waldrändern, in Gebüschhorsten und Dickichten; im übrigen wie Blauducker	Nicht bekannt
Wie Blauducker	Wie Blauducker	Im allgemeinen wie Blauducker, jedoch werden die kleineren Raubfeinde wohl nur den Kitzen gefährlich	In feuchtem, unterwuchsreichem Waldland, einschließlich Galeriewäldern und manchmal kleiner Savannenwälder; im übrigen wie Blauducker	Nicht selten

DUCKER UND BÖCKCHEN

Name deutscher Name wissenschaftlicher Name englischer Name (E) französischer Name (F)	Körpermaße Kopfrumpflänge (KRL) Schwanzlänge (SL) Standhöhe (SH) Gewicht (G)	Auffällige Merkmale	Fortpflanzung Tragzeit (Tz) Zahl der Jungen je Geburt (J) Geburtsgewicht (Gg)
Abbottducker *Cephalophus spadix* (nach manchen Autoren eine Unterart des Gelbrückenduckers) E: Abbott's duiker F: Céphalophe d'Abbott	KRL: 100–120 cm SL: 8–12 cm SH: 50–65 cm G: etwa 50 kg	Hornlänge 10–12 cm; beide Geschlechter gehörnt; Stirnschopf gut entwickelt, rotbraun; Körperfarbe graubraun; sonst wie Blauducker	Tz: wie Blauducker J: wie Blauducker Gg: wahrscheinlich wie Gelbrückenducker
Jentinkducker *Cephalophus jentinki* E: Jentink's duiker F: Céphalophe de Jentink	KRL: um 135 cm SL: um 15 cm SH: 75–85 cm G: bis 70 kg	Hornlänge 15,5–17,5 cm; beide Geschlechter gehörnt; Stirnschopf schwach; schabrackentapirähnliche Färbung des Körpers; sonst wie Blauducker; Kitz dunkelbraun, färbt etwa im Alter von 1 Jahr zum Erwachsenenkleid um	Tz: wahrscheinlich wie Blauducker J: wie Blauducker Gg: wahrscheinlich wie Gelbrückenducker
Kleinstböckchen *Neotragus (Nesotragus) pygmaeus* E: Royal antelope F: Antilope royale, Antilope pygmée	KRL: 40–50 cm SL: 5–8 cm SH: etwa 25 cm G: 1,8–2,5 kg	Kleinste Hornträgerart; Hörner des Männchens bis 3,5 cm lang; weit auseinanderstehend, schräg nach hinten gerichtet; kein Stirnschopf; Nasenspiegel nackt; Voraugendrüsen; 4 Zitzen	Tz: nicht bekannt J: 1 Gg: 0,8–1 kg
Suni, Moschusböckchen *Neotragus (Nesotragus) moschatus* mit 5 Unterarten E: Suni, Pygmy antelope F: Suni, Antilope musquée	KRL: 57–62 cm SL: 8–13 cm SH: 33–38 cm G: 4–6 kg	Hörner des Männchens 6,5–13,3 cm lang, bis ¾ Höhe gerippelt; Voraugendrüsen strömen starken Moschusduft aus (Name!); Schwanz verhältnismäßig buschig; sonst wie Kleinstböckchen	Tz: nicht bekannt J: 1 Gg: wahrscheinlich etwa wie Kleinstböckchen
Batesböckchen *Neotragus (Nesotragus) batesi* mit 2 Unterarten E: Bates's pygmy antelope F: Antilope de Bates	KRL: 50–55 cm SL: 5–8 cm SH: etwa 30 cm G: 4–5 kg	Hörner des Männchens 3–5 cm lang; etwas größer und in Färbung dunkler als Kleinstböckchen, sonst diesem sehr ähnlich	Tz: nicht bekannt J: 1 Gg: wahrscheinlich wie Kleinstböckchen
Kirkdikdik *Madoqua (Rhynchotragus) kirki* mit 7 Unterarten E: Kirk's (long-snouted) dik-dik F: Dik-dik de Kirk, Madoqua de Kirk	KRL: 55–77 cm SL: 4–6 cm SH: 35–45 cm G: 2,7–6,5 kg	Hörner des Männchens bis zu 11,4 cm lang; Körperfarbe etwa wie Güntherdikdik (s.u.); Rüsselchen gut entwickelt, aber nicht ganz so lang wie beim Güntherdikdik; Schwanz sehr kurz; Voraugendrüsen; aufrichtbarer Stirnschopf	Tz: 5–6 Monate J: 1 Gg: 0,5–0,8 kg
Güntherdikdik *Madoqua (Rhynchotragus) guentheri* mit 4 Unterarten E: Guenther's (long-snouted) dik-dik F: Dik-dik de Guenther, Madoqua de Guenther	KRL: 55–65 cm SL: 3–5 cm SH: 35–40 cm G: 3,7–5,5 kg	Hörner des Männchens bis zu 9,8 cm lang; größter Teil des Körpers pfeffer-und-salzfarben; Nase tapirartig zu Rüsselchen verlängert; sonst wie Kirkdikdik	Tz: wahrscheinlich wie Kirkdikdik J: 1 Gg: wahrscheinlich wie Kirkdikdik
Eritrea-Dikdik *Madoqua (Madoqua) saltiana* mit 2 Unterarten E: Salt's dik-dik F: Dik-dik de Salt	KRL: 55–60 cm SL: 3–5 cm SH: 33–40 cm G: 2,5–4 kg	Hörner des Männchens bis 9 cm lang; Nasenrücken und Stirnschopf rostrot; Rücken rotbraun; Flanken – bis auf weiße Mittellinie – rötlichgrau bis grau; Nase nur ganz wenig verlängert; sonst wie Kirkdikdik	Tz: wahrscheinlich wie Kirkdikdik J: 1 Gg: wahrscheinlich wie Kirkdikdik
Rotbauchdikdik *Madoqua (Madoqua) phillipsi* mit 4 Unterarten E: Red-belly dik-dik, Phillips's dik-dik F: Dik-dik de Phillips, Madoqua de Phillips	KRL: 55–60 cm SL: 3–5 cm SH: 33–38 cm G: 2,5–3,6 kg	Hörner des Männchens bis 8,3 cm lang; Nase nur wenig verlängert; Körperoberseite grau, untere Körperteile rötlich gefärbt; sonst wie Eritrea-Dikdik	Tz: 5–6 Monate J: 1 Gg: wahrscheinlich wie Kirkdikdik
Kleindikdik *Madoqua (Madoqua) swaynei* mit 4 Unterarten E: Swayne's dik-dik F: Dik-dik de Swayne	KRL: 45–50 cm SL: 3–5 cm SH: 30–33 cm G: 2–2,5 kg	Kleinste Dikdikart; Hörner des Männchens bis 7,3 cm lang; Nase nur wenig verlängert; Körper je nach Unterart mehr oder weniger vollständig grau; sonst wie Eritrea-Dikdik	Tz: wahrscheinlich wie Rotbauchdikdik J: 1 Gg: wahrscheinlich wie Kirkdikdik

DIE ARTEN IM VERGLEICH

Lebensablauf Entwöhnung (Ew) Geschlechtsreife (Gr) Lebensdauer (Ld)	Nahrung	Feinde	Lebensweise und Lebensraum	Häufigkeit
Wie Blauducker	Wie Blauducker	Wie Gelbrük-kenducker	In dichtem Waldgelände bis 4000 m Höhe; im übrigen wie Blauducker	Vermutlich bedroht
Wahrscheinlich wie Blauducker	Wie Blauducker	Wie Gelbrük-kenducker	In dichtem Wald und großen Dickichten; im übrigen wie Blauducker	Sehr selten und gefährdet
Ew: mit etwa 2 Monaten Gr: wahrscheinlich mit etwa 1–1½ Jahren Ld: in Menschenobhut 6 Jahre	Blätter, Knospen, Triebe, Pilze, Früchte, weniger Gräser und Kräuter	Sämtliche Raubtiere und Greifvögel von der Größe des Kleinstböckchens an, Riesenschlangen	In Wald (Feucht-, Galeriewald), Gehölzen mit dichtem Unterwuchs, Gebüschhorsten, Gras- und Buschdschungeln in Ebene und Gebirge bis 2000 m; vorwiegend dämmerungs- und nachtaktiv; einzeln oder meist paarweise; lebenslängliche Einehe wahrscheinlich; Setzzeit angeblich im November/Dezember; Reviergröße kaum mehr als 0,01 ha	Nicht selten
Ew: wie Kleinstböckchen Gr: wie Kleinstböckchen Ld: im Zoo 9 Jahre	Wie Kleinstböckchen	Wie Kleinstböckchen	Im allgemeinen wie Kleinstböckchen, jedoch nicht in ausgesprochenen Feuchtwaldgebieten, dafür aber auch im Trockenbusch; Reviergröße wie Kleinstböckchen	Sansibarsuni *(Neotragus moschatus moschatus)* gefährdet; Art noch nicht bedroht
Ew: wie Kleinstböckchen Gr: wie Kleinstböckchen Ld: wahrscheinlich wie Kleinst- oder Moschusböckchen	Wie Kleinstböckchen	Wie Kleinstböckchen	Wie Kleinstböckchen	Nicht selten
Ew: nach 3–4 Monaten Gr: Weibchen mit 6–8, Männchen mit 8–9 Monaten Ld: im Zoo bis zu 10 Jahren	Busch- und Strauchblätter, Knospen, Triebe, Früchte, Gräser, Kräuter; großer Salzbedarf, geringer Wasserbedarf	Löwe, Leopard, Gepard, Serval, Karakal, Hyänen, Hyänenhund, Schakale, Zibetkatze, Honigdachs, Krokodil, Python und zumindest für Jungtiere auch Genetten, Ichneumons, Paviane, Adler	In verhältnismäßig trockenem, aber geschlossenem Gelände mit ziemlich hohem, dichtem Busch, auch und gerade in Gebüschhorsten um einzelne Felsblöcke; einzeln oder – meist – in Paaren; lebenslängliche Einehe wahrscheinlich; Kitze liegen etwa 2–3 Wochen lang ab; Reviergröße 5–30 ha	In den Nationalparks innerhalb des Verbreitungsgebietes nicht selten
Wahrscheinlich wie Kirkdikdik	Wie Kirkdikdik	Wie Kirkdikdik	Lebensraum Mischung aus dem für Eritrea-Dikdik (s.u.) und für Kirkdikdik typischen Gelände; Lebensweise wie Kirkdikdik	Nicht selten
Wahrscheinlich wie Kirkdikdik	Wie Kirkdikdik	Leopard, Karakal, Serval, Falbkatze, Adler, Riesenschlangen, Warane; für Kitze auch kleinere Raubtiere	Auf trockenem, steinigem oder sandigem Boden, in Strauchsteppe und sträuchertragender Halbwüste; Lebensweise wie Kirkdikdik	Nicht bekannt
Wahrscheinlich wie Kirkdikdik	Wie Kirkdikdik	Wie Eritrea-Dikdik	Wie Eritrea-Dikdik	Nicht bekannt
Wahrscheinlich wie Kirkdikdik	Wie Kirkdikdik	Wie Eritrea-Dikdik	Wie Eritrea-Dikdik	Nicht bekannt

Name deutscher Name wissenschaftlicher Name englischer Name (E) französischer Name (F)	Körpermaße Kopfrumpflänge (KRL) Schwanzlänge (SL) Standhöhe (SH) Gewicht (G)	Auffällige Merkmale	Fortpflanzung Tragzeit (Tz) Zahl der Jungen je Geburt (J) Geburtsgewicht (Gg)
Beira *Dorcatragus megalotis* E: Beira F: Beira, Dorcatrague	KRL: 80–86 cm SL: 6–7,5 cm SH: 50–60 cm G: 9–11,5 kg	Hörner des Männchens 9–13 cm lang, senkrecht und weit auseinanderstehend, an der Basis gerippelt; kein Stirnschopf; Muffel behaart; keine Voraugendrüsen; 2 Zitzen; große Ohren; buschiger Schwanz; dunkleres Flankenband	Tz: nicht bekannt J: 1 Gg: nicht bekannt
Klippspringer *Oreotragus oreotragus* mit 11 Unterarten E: Klipspringer F: Oréotrague	KRL: 75–115 cm SL: 7–13 cm SH: 47–60 cm G: 10–18 kg	Hörner des Männchens bis 16 cm lang, gerade, am Grunde geringelt, weit auseinander und steil stehend; nur bei Unterart *O. o. schillingsi* auch die Weibchen gehörnt; Nasenspiegel nackt; Haupthufe lang, stehen auf Spitze; Nebenhufe groß; Voraugendrüsen vorhanden, Zwischenzehen- und Leistendrüsen fehlen	Tz: etwa 7 Monate J: 1 Gg: etwa 1 kg
Steinböckchen *Raphicerus (Raphicerus) campestris* mit 8 Unterarten E: Steenbuck, Steenbok F: Steenbok, Raphicère champêtre	KRL: 70–90 cm SL: 5–10 cm SH: 45–60 cm G: 10–16 kg	Hörner des Männchens 7–19 cm lang, steil hochstehend; schwarzer Keilfleck auf Nase; Nasenspiegel nackt; Voraugendrüse vorhanden; Leistendrüsen fehlen; 4 Zitzen	Tz: 5½–6 Monate J: 1 Gg: etwa 0,9 kg
Greisböckchen *Raphicerus (Nototragus) melanotis* mit 2 Unterarten E: Grysbok F: Grysbok, Raphicère	KRL: 65–75 cm SL: 5–8 cm SH: 45–55 cm G: 8–13 kg	Hörner des Männchens 4–13 cm lang; braunes Haarkleid an Hals, Rumpf und Schenkeln mit einzelstehenden weißen Haaren durchsetzt; sonst ähnlich Steinböckchen	Tz: vermutlich wie Steinböckchen J: 1 Gg: vermutlich wie Steinböckchen
Bleichböckchen, Oribi *Ourebia ourebi* mit 13 Unterarten E: Oribi F: Ourébi, Scophophore à queue noire	KRL: 92–110 cm SL: 6–10,5 cm SH: 50–67 cm G: 12–22 kg	Hörner des Männchens 8–19 cm lang, steil stehend, im unteren Drittel gerippelt; Voraugendrüsenöffnung als senkrechte Falte vorm Augenwinkel; unterhalb des Ohres eine groschengroße nackte, schwarze Hautfläche; sonst wie Steinböckchen; Kitze bis zu 2 oder sogar 5 Wochen dunkler als Erwachsene gefärbt	Tz: 6½–7 Monate J: 1 Gg: ♂♂ 2–2,5 kg, ♀♀ 1,6–1,8 kg

Rand härter als innen. Dadurch nutzen sie sich innen stärker ab, und der scharfe Schalenrand überragt schließlich etwas die innere Hufmasse. Dieser Hufbau sichert gegen Ausgleiten und hat wahrscheinlich auch eine saugende Haftwirkung. Im Gegensatz zu den meisten anderen Bergtieren ist den Klippspringern so ziemlich jede Gesteinsart als Untergrund recht. Sie sind in ihrem Vorkommen keineswegs an größere, zusammenhängende Gebirge gebunden, sondern oft auf einzelnen Felsen oder Felsgruppen außerhalb des Berglandes anzutreffen.

Das Haar des Klippspringers hat eine eigenartig gesprenkelte, manchmal fast ins Grünliche spielende »Pfeffer-und-Salz«-Farbe und ist so derb und brüchig wie bei keiner anderen Antilope. Wenn die Tiere sich schütteln, entsteht ein Geräusch, das wie entferntes Stachelschweingerassel klingt. Beim Einfangen eines Klippspringers im Zoo muß man zugleich fest und behutsam zupacken, sonst hat man statt des Tieres nur Haare in den Händen. Auch wenn Weibchen sich untereinander beißen, reißen sie sich büschelweise die Haare aus.

Die Voraugendrüsen sind kleine, kreisrunde, offene Pfannen. Beide Geschlechter setzen Sekret an Zweigen, Ästen, Stengeln usw. ab, jedoch tun es die Böcke wesentlich häufiger. Bei der gegenseitigen Körperpflege knabbern die Partner gern einander das eingetrocknete Sekret an den Rändern der Voraugendrüsen ab. Im Zoo setzen Klippspringer mitunter Voraugendrüsensekret an den Horn- und Ohrenspitzen von (liegenden) Artgenossen ab. Dieses Verhalten, das auch von einigen Gazellenarten beschrieben ist, dürfte eine Gefangenschaftserscheinung sein – wahrscheinlich bedingt durch ungenügende Anzahl von geeigneten Markierungsobjekten. Außer den Sekretmarken finden sich auch Kothaufen in einem Klippspringerrevier.

In seinem weiten Verbreitungsgebiet bildet der

DIE ARTEN IM VERGLEICH

Lebensablauf Entwöhnung (Ew) Geschlechtsreife (Gr) Lebensdauer (Ld)	Nahrung	Feinde	Lebensweise und Lebensraum	Häufigkeit
Nicht bekannt	Hauptsächlich Strauchlaub, daneben Gräser und Kräuter; Wasserbedarf gering	Löwe, Leopard (beide im Verbreitungsgebiet der Beira fast ausgerottet), Karakal und zumindest für Kitze auch Hyäne, Schakal und Falbkatze	In trockenem bis wüstenartigem, buschbestandenem Berg- und Hügelland; paarweise und in kleinen Trupps – höchstens bis zu 12 Tieren – standorttreu; Bestandsdichte gering	Vermutlich bedroht
Ew: nicht bekannt Gr: mit ungefähr 1 Jahr Ld: im Zoo bis 15 Jahre	Gräser, Kräuter, Busch- und Baumlaub, Blüten, Früchte, Bartflechten; zumindest während Regenzeit Trinkbedürfnis gering	Leopard, Karakal, Serval, Hyänen, Schakale, Riesenschlangen; für Kitze auch Falbkatze, Paviane, Adler, Warane	Auf Fels jeder Art vom Einzelblock bis zum Gebirgsstock (bis 4000 m Höhe), wo Buschwerk als »Rückendeckung« vorhanden; einzeln und – meistens – paarweise; Dauerehe wahrscheinlich; Kitz liegt in den ersten Lebenswochen ab; Reviergröße nicht über 7,5–9,5 ha	In den Nationalparks innerhalb des Verbreitungsgebietes nicht selten; im Sudan und in Südafrika außerhalb der Parks weitgehend ausgerottet
Ew: mit 3 Monaten Gr: beim Weibchen nach 6–7, beim Männchen nach 9 Monaten Ld: vermutlich 10–12 Jahre	Hauptsächlich Strauch- und Baumlaub, daneben auch Gräser und Kräuter; Wasserbedürfnis verhältnismäßig gering	Viele Raubtiere von Leopard bis Karakal, Python, für Kitze auch Schakale, Falbkatze, Honigdachs, Paviane, Adler und Warane	In offenem, buschdurchsetztem Flachland, auch Grasland, Baumsteppe und – in der Kalahari – Dünen; Einzelgänger, nur zur Paarungszeit paarweise; standorttreu; Setzzeit ganzjährig mit Gipfel im November und Dezember; Kitze liegen ab; vielfach tagaktiv	In den Nationalparks innerhalb des Verbreitungsgebietes nicht selten
Vermutlich wie Steinböckchen	Wie Steinböckchen	Wie Steinböckchen	In Busch- und Baumsavanne, am Fuße niedriger Hügel, in Schilfgürteln an Gewässern, aber auch in Buschhorsten des Flachlandes; Lebensweise wie Steinböckchen; keine bestimmte Paarungszeit	Nicht bekannt
Ew: nach 2 Monaten Gr: Männchen mit rund 14, Weibchen mit rund 12 Monaten Ld: im Zoo bis 14 Jahre	Gräser und Kräuter, daneben auch Blätter von Sträuchern	Wie Steinböckchen	Auf großen Grasflächen – auch Hochgras – mit einigen Büschen und Bäumen, aber auch in dichterem Busch; im Hügel- und Bergland bis 3000 m Höhe; einzeln, paarweise und in kleinen Trupps bis zu 6 Tieren; standorttreu; tagaktiv	Nicht selten

Beim Oribi gleicht die Öffnung seiner Voraugendrüse einem senkrechten Spalt.

Klippspringer mehrere Unterarten. Im Gegensatz zu allen übrigen sind bei den KLIPPSPRINGERN DES MASAILANDES *(Oreotragus oreotragus schillingsi)* auch die Weibchen gehörnt. In einem gut besiedelten Gebiet steht alle 50 bis 100 Meter ein Paar. Namentlich in den Morgenstunden, wenn sie sich von der Sonne aufwärmen lassen, kann man solch ein Paar recht regelmäßig auf einem bestimmten Felsen antreffen. Mitunter sieht man auch einzelne Klippspringer. Mehr als drei sind selten beisammen, und nur ein einziges Mal habe ich in Freiheit sechs Tiere zusammen gesehen.

Als Warnsignal pfeifen Klippspringer kräftig durch die Nase. Auf der Flucht verlassen sie den »Auslug« auf ihrem Felsen und begeben sich abwärts in Deckung, wobei sie recht regelmäßig einen bestimmten Pfad einhalten. Bei einiger Kenntnis der Örtlichkeit läßt sich also der Fluchtweg voraussagen, und die Tiere sind daher leicht in Schlingen zu fangen. So sind ganze Landstriche leergewildert worden. In Angst und Not stoßen Klippspringer röhrende Laute aus offenem Munde aus.

Beim STEINBÖCKCHEN *(Raphicerus campestris)* geht der Name auf die Unsitte früher Siedler zurück, für sie neue Tierarten mit Namen ihnen aus Europa geläufiger Tiere zu belegen. Natürlich hat der »Steenbok« der Buren nichts mit dem Steinbock der Alpen zu tun; außerdem kommt er nicht im Gebirge, sondern in flachen oder hügeligen Buschgebieten und Steppen mit verhältnismäßig hohem Gras vor.

Ein aufgeschrecktes Steinböckchen geht – wie es viele Kleinantilopen tun – zunächst in rascher Fahrt ab, wirft sich aber schon nach kurzer Flucht flach in einer Mulde, in hohem Gras oder im Gebüsch nieder und ist dann »wie vom Erdboden verschwunden«. Gelegentlich sollen Steinböckchen sogar in Erdferkelhöhlen oder anderen tiefen Löchern im Boden Zuflucht suchen.

Die Steinböckchen besitzen (Dauer-)Reviere, in denen sie Kothaufen anlegen und die sie mit dem Sekret ihrer Voraugendrüsen markieren. In strengerem Sinn als andere Kleinantilopen scheinen sie »einzelgängerisch/territorial« zu sein, da hier jeder Bock und jede Geiß ein Revier für sich allein hat und die Geschlechter nur zur Paarung zusammenkommen. Auch das »Kotzeremoniell« sieht beim Steinböckchen etwas anders aus als bei anderen Hornträgerarten. Männchen wie Weibchen scharren hier vor, manchmal auch während und ganz besonders nach der Kotabgabe, so daß die Dunghaufen meist mehr oder weniger mit Erde bedeckt sind.

Ähnlich wie beim Kirkdikdik ist das Verbreitungsgebiet des Steinböckchens in Ostafrika durch einen breiten »leeren« Streifen von dem in Südafrika getrennt. Jedoch wird dieser gewissermaßen überbrückt, da gerade in diesem Raum das Hauptvorkommen einer nahestehenden Art, des Greisböckchens, liegt. Beim GREISBÖCKCHEN *(Raphicerus melanotis)*, das manche Autoren einer eigenen Gattung *(Nototragus)* zurechnen, sind »greisenhafte« einzelne weiße Haare über sein sonst braunes Fell verstreut. Es lebt mindestens so einzelgängerisch wie das Steinböckchen, und die Geschlechter finden sich nur zur Paarung zusammen. Selbst dann aber liegen die Partner noch in getrennten Verstecken. Die Siedlungsdichte ist gering – nur etwa ein Tier pro Quadratkilometer. Das kleine und heimliche Greisböckchen hat sich stellenweise ganz gut mit einer intensiveren Landwirtschaft abgefunden und kommt zum Beispiel in südafrikanischen Weingärten vor. Es gibt zwei Unterarten, das NÖRDLICHE und das SÜDLICHE GREISBÖCKCHEN *(R. m. sharpei* und *R. m. melanotis)*, die manche Autoren als eigene Arten ansehen.

In seinem weiten Verbreitungsgebiet bildet das ORIBI *(Ourebia ourebi)* eine ganze Reihe von Unterarten. Nur für wenige davon trifft der deutsche Name BLEICHBÖCKCHEN wegen ihrer hellen Isabellfärbung wirklich zu. Die meisten sind gelbbraun oder sogar kräftig rotbraun gefärbt. Oribis können einzeln oder paarweise auftreten. Verhältnismäßig oft aber sieht man etwas größere Trupps bis zu sechs Köpfen. Sie leben nicht in so trockenen Gebieten wie die Steinböckchen und gehen tiefer in den Buschwald hinein. Die Böcke markieren mit ihren stark entwickelten Voraugendrüsen und legen oft Ketten von Kothaufen an, womit sie wahrscheinlich die Grenzen ihrer Reviere bezeichnen. In Hochgrasgebieten beißen sie mitunter einen langen Halm mittendurch, bringen ihn so auf Körperhöhe und setzen am verkürzten Ende Voraugendrüsensekret ab, wie der englische Ethoökologe Morris Gosling beobachtet hat. Beide Geschlechter haben unterhalb des Ohres einen runden, nackten Hautfleck, der heute meist als Duftdrüse angesehen wird. Das Alarmsignal der Oribis ist ein Pfiff. Auf der Flucht machen sie oft Sprünge, die manchmal an Prellsprünge erinnern.

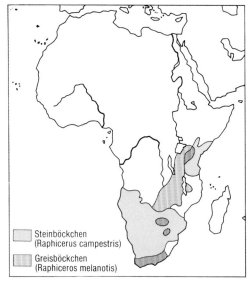

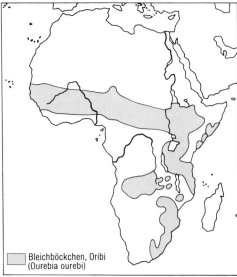

Weite Graslandschaften, auch Hochgrasflächen, sind der bevorzugte Lebensraum der Oribis, deren Männchen fast 20 Zentimeter lang werdende und steil aufragende Hörner tragen. Der im Deutschen gebräuchliche Name Bleichböckchen ist ziemlich irreführend, wie man sieht: Die meisten der 13 Unterarten sind gelbbraun oder kräftig rotbraun gefärbt.

Waldböcke

von Fritz Rudolf Walther

Die Waldböcke haben lange als eigene Unterfamilie gegolten. Dann hat G.G. Simpson sie zur Gattungsgruppe (Tragelaphini) erklärt und der Unterfamilie der Rinder (Bovinae) zugeordnet. Das ist jedoch gerade bei guten Kennern dieser Tiere von Anfang an auf Ablehnung gestoßen, und inzwischen sind auch einige Systematiker zur alten Auffassung zurückgekehrt. Auch wir wollen hier die Waldböcke als eigene Unterfamilie (Tragelaphinae) behandeln. Innerhalb dieser kann man dann drei Gattungsgruppen unterscheiden, von denen freilich jede (nach moderner Einteilung) nur eine Gattung umfaßt. Das sind die afrikanischen Waldböcke (Tragelaphini mit der Gattung *Tragelaphus*) sowie die indischen Nilgauantilopen (Boselaphini mit der Gattung *Boselaphus*) und die Vierhornantilopen (Tetracerini mit der Gattung *Tetracerus*).

Zur Gattung der afrikanischen WALDBÖCKE *(Tragelaphus)* zählen acht Arten. Zwei davon, Elenantilope und Bongo, bei denen beide Geschlechter gehörnt sind, werden zu den Elenartigen (Untergattung, früher Gattung *Taurotragus*) gerechnet. Buschbock, Sitatunga, Nyala, Bergnyala sowie Großer und Kleiner Kudu gehören dann zu den Buschbockverwandten (Untergattung, früher Gattung *Tragelaphus*), bei denen nur die Männchen schraubig gewundene Gehörne besitzen. Alle diese Tiere haben weiße Abzeichen im Gesicht (einen unterbrochenen oder durchgehenden Zwischenaugenstreifen sowie Wangenflecken), oft auch weiße Binden am Hals und weiße, senkrechte Flankenstreifen, die nach Art, Unterart oder Geschlecht verschieden stark ausgeprägt sind.

Die kleinste afrikanische Waldbockart ist der BUSCHBOCK *(Tragelaphus scriptus)*. Die geschirrähnliche weiße Flankenzeichnung hat den am lebhaftesten gestreiften Unterarten, wie SENEGAL-BUSCHBOCK *(T. s. scriptus)* und KAMERUN-BUSCHBOCK *(T. s. knutsoni)*, den Namen »Schirrantilopen« eingetragen. Grob gesprochen, nimmt sie von West nach Ost und Süd hin ab, so daß z.B. beim MASAI-BUSCHBOCK *(T. s. massaicus)*,

Männlicher Buschbock im südafrikanischen Krüger-Nationalpark. Die Art wird vielfach Schirrantilope genannt, doch die namengebende geschirrähnliche weiße Flankenzeichnung ist bei dieser südlichen Unterart nur schwach ausgeprägt.

und hier besonders bei den dunkleren Männchen, nur noch ein paar weißliche Tupfen auf den Keulen vorhanden sind. Als gute Schwimmer haben die Buschböcke auch Inseln besiedelt, wie im Viktoriasee. Oft finden sie sich sogar in unmittelbarer Nähe menschlicher Siedlungen, wo sie Zäune von über zwei Meter Höhe noch überspringen sollen.

Ganz überwiegend treten männliche wie weibliche Buschböcke einzeln auf; doch auch Zweiergruppen kommen vor. Dreiergruppen sind bereits recht selten, und wenn ausnahmsweise einmal mehr als drei Buschböcke beisammen sind, handelt es sich wohl

Buschbock (Tragelaphus scriptus)

stets nur um ein kurzfristiges, zufälliges Zusammentreffen, zum Beispiel an einer Salzlecke.

Zweifellos sind die Buschböcke innerhalb der Gattung die ausgeprägtesten Einzelgänger, was man früher mit dem Territorialverhalten in Zusammenhang gebracht hat. Wahrscheinlich trifft das aber nicht zu. Zum Beispiel fand Peter M. Waser im Ruwenzori-Nationalpark (Uganda) keine Hinweise auf Revierverhalten. Vielmehr haben hier die einzelnen Tiere, auch die Männer, Aufenthaltsgebiete (englisch: *home ranges*), die einander beträchtlich überlappen. Es ist daher keineswegs selten, daß Buschböcke einander begegnen – nur bleiben sie nicht beisammen und bilden keine größeren Gruppen. Unter Geißen verlaufen die Begegnungen meist völlig friedlich. Unter Altböcken können sie zu Imponierauftritten führen, während Kämpfe nicht häufig zu sein scheinen. Selbst in solchen Fällen konnte Waser jedoch keine Verteidigung eines bestimmten Raumes (Territorium) feststellen.

Beim Imponieren stellt ein männlicher Buschbock Rückenmähne und Wedel (Schwanz) auf, bietet dem Gegner die Breitseite und bewegt sich in langsamem, steifem Gang. Im Kampf sollen Buschböcke gelegentlich vorn auf die »Knie« niedergehen. Bodenforkeln scheint recht häufig zu sein.

Im Paarungszeremoniell läuft der Bock die Geiß mit tief vorgestrecktem Hals und Haupt an, worauf sie abgeht, oft zunächst in einer eigentümlich gekauerten Haltung. Nach Riechen am weiblichen Harn und nach Flehmen folgt der Bock einer Geiß in Hitze in überstreckter Haltung und mit zwitschernden Treiblauten. In der gleichen Haltung holt er seitwärts auf und/oder reibt Wange und Halsseite an ihren Hinterkeulen. Häufig beleckt er sie auch. Seine Rückenmähne richtet er bei der Werbung nicht auf.

Die Sitatunga oder Sumpfantilope *(Tragelaphus spekei)* ist hinten stark überbaut, und ihre langen, weit spreizbaren Hufe tragen sie sicher über morastigen Grund. Auf hartem Boden bewegt sie sich geradezu mühselig. Sitatungas schwimmen ausgezeichnet, ruhen tagsüber im Sumpf oder Wasser, äsen hauptsächlich Schilfsprossen und Wasserpflanzen, flüchten auch stets ins Wasser und sollen mitunter so wegtauchen, daß nur noch die Nasenöffnungen herausragen. Wegen dieser starken Bindung ans Wasser kommt die Sitatunga bei geographisch weiter Verbreitung nur dort vor, wo es entsprechend »feucht zugeht«. Wie der Buschbock tritt sie gleichfalls überwiegend einzeln oder paarweise auf. In Tiergärten lassen sich Weibchen ohne weiteres in größeren Gruppen halten, und auch heranwachsende Jungböcke werden vom Vater oft verhältnismäßig lange geduldet.

Buschbock und Kaffernbüffel in der Serengeti. Sowohl die männlichen als auch die weiblichen Buschböcke sind ausgesprochene Einzelgänger, die nur selten zu zweit oder gar zu dritt auftreten.

Obgleich die Sitatunga heute noch nicht auf der Liste der bedrohten Arten steht, wäre es Zeit, an Schutzmaßnahmen zu denken. Sie ist nirgends häufig und leider sehr leicht zu bejagen. Die Eingeborenen hetzen die Tiere mit Hunden aus den Schilfdickichten ins offene Wasser, wo sie mit einfachsten Mitteln vom Boot aus getötet werden können. So sind im Viktoriasee die Populationen auf mehreren Inseln innerhalb kürzester Frist ausgerottet worden. In ihrem weiten Verbreitungsgebiet bildet die Sitatunga fünf Unterarten, die sich hauptsächlich nach der Fellfarbe – hellgrau, gelbbraun, rotbraun bis fast schwarz – unterscheiden.

Wegen der versteckten Lebensweise der Sitatunga sind intimere Verhaltensweisen bis heute meist an Zootieren beobachtet worden. Im Kampf ducken sich Böcke wie Geißen manchmal mit gespreizten Vorderläufen bis fast auf die Ellbogen nieder und prellen dann nach vorn-oben stoßend vor. Gelegentlich sollen sie sich auch auf die Knie niederlassen. Weibchen schnappen mit dem Mund, boxen mit der Stirn und führen alle Formen des Halskampfes aus. Im Paarungszeremoniell schiebt der treibende Bock Hals und Kopf von hinten auf den Rücken der Geiß und kann sie dabei etwas niederdrücken. Eine temperamentvolle Geiß antwortet darauf mit einer Flut von Halskampf-, Box- und Schnappbewegungen, die aber rein symbolisch bleiben, das heißt nach vorn, »ins Leere« gehen. Wie die Jungtiere aller Buschbockverwandten liegen die Sitatungakitze ab, jedoch oft auf erhöhten Unterlagen – wahrscheinlich eine Anpassung an den feuchten Lebensraum.

Die NYALA *(Tragelaphus angasi)* kommt nur in einigen verhältnismäßig kleinen Gebieten des südlichen Afrika, stets in Wassernähe vor. Ein besonderes Verhältnis scheint dabei zu den Krokodilen zu bestehen. Wenn man einmal gesehen hat, wie unbekümmert Nyalas zwischen den am Ufer liegenden Panzerechsen hindurch zum Fluß ziehen und dann auch noch an Stellen ruhig trinken, wo Krokodile im Wasser liegen, muß man sich wundern, daß Todesfälle durch Krokodile anscheinend selten sind.

Unter allen Waldböcken zeigt die Nyala den stärksten Unterschied der Geschlechter. Nebst recht stattlichem Gehörn haben die fast schwarzen Bullen starke Mähnen an Nacken, Rücken, Hals, Bauch und Oberschenkel. Die beträchtlich kleineren, hornlosen Weibchen aber sind rotbraun gefärbt und mähnenlos.

Lebensweise und Verhalten der Nyala haben Dieter Burckhardt im Bronx-Zoo in New York und später Jeremy L. Anderson in Wildreservaten des Zululandes näher untersucht. Danach bewohnen Männchen und Weibchen Aufenthaltsgebiete, die reichlich einen Quadratkilometer groß sind und einander überschneiden. Nach dem Setzen steht eine Mutter zunächst einige Zeit allein in der Nähe des abliegenden Kitzes. Später kommt nicht selten noch ein älteres Jungtier hinzu, sehr wahrscheinlich ihr früheres Kitz. Mehrere solcher »Mutterfamilien« können sich dann in Rudeln bis zu 20, meist aber nur von vier bis sechs Köpfen zusammenfinden. Erwachsene Töchter bleiben in oder nahe den Wohngebieten der Mütter. Junge Männchen verlassen Weibchenrudel im Alter von etwa anderthalb Jahren und schließen sich mit zwei oder drei, höchstens zehn, vorzugsweise ungefähr gleichaltrigen Männern zusammen. In diesen Bullenrudeln ist ein fortwährendes Kommen und Gehen der Mitglieder, so daß die Zusammensetzung

Oben: Die hinten stark überbaute Sitatunga, auch zutreffend Sumpfantilope oder Wasserkudu genannt, bewohnt Sumpfwälder und sonstige Feuchtgebiete, in denen ihr die langen, weit spreizbaren Hufe und das wasserabstoßende ölige Fell sehr zustatten kommen. – Unten: Nyalapaar. Auffällig ist bei dieser Art der starke Geschlechtsdimorphismus, also der Unterschied von Größe, Färbung, Behaarung und Gehörn zwischen Männchen und Weibchen.

höchstens einen Tag lang gleich bleibt. Mit zunehmendem Alter werden die Bullen mehr und mehr zu Einzelgängern, sind aber nicht territorial.

In Gegenwart eines brunftigen Weibchens hängt das »Recht auf Paarung« von der augenblicklichen Dominanz eines Bullen über andere ab, die durch die unter den Männern üblichen Imponierauftritte festgelegt wird. Zunächst stellt ein imponierender Nyalabulle seine Rückenmähne nur halb auf, ohne das Ziehen oder Äsen zu unterbrechen. Das bedeutet lediglich, daß er einen anderen Mann im näheren Umkreis als möglichen Rivalen ansieht. Der andere reagiert darauf oft noch nicht. Bei Intensivierung richtet der Bulle die Rückenmähne voll auf, hebt den Wedel (Schwanz) an und nähert sich dem anderen langsam und unter betontem Hochheben der orangegelben Läufe. Das Haupt trägt er zunächst erhoben und senkt es dann zur Haltung des mittleren Gehörnpräsentierens. Diese zweite Phase des Drohimponierens wird von den »Gemeinten« stets beachtet, und manche von ihnen zeigen daraufhin Konflikt- oder Demutverhalten und/oder gehen ab. Hält die Auseinandersetzung an, so steht der Herausforderer schließlich in Breitseitstellung zum Gegner, senkt den Kopf zu Boden, so daß die Hörner nach vorn weisen, und klappt den Wedel über den Rücken, wobei die weißen Haare der Unterseite fächerförmig ausgebreitet werden. Nur ein völlig gleichwertiger Gegner drohimponiert in gleicher Form. Schwächere Partner erwidern höchstens mit der zweiten Imponierphase und weichen dann aus. Gekämpft wird unter Nyalabullen frontal.

Werbend folgt der Nyalabulle dem Weibchen mit vorgestrecktem Hals und Haupt, richtet aber die Rückenmähne nicht auf. Nach Anderson hält die Hitze eines Weibchens zwei Tage lang an, und diese Anfangsphase des Paarungszeremoniells nimmt davon mindestens einen Tag in Anspruch. Manchmal »übernimmt« im Laufe dieser Zeit ein anderer, stärkerer Bulle die Dame. Später hält der Bulle die Auserwählte mehr am Ort, indem er, Schulter an Schulter neben ihr stehend, mit seitlich vorgestrecktem Hals ihren Weg blockiert. In der gleichen Stellung legt er seinen Hals über den ihren und drückt sie zu der tiefen Kopf-Hals-Haltung nieder, die bei der Begattung für Weibchen dieser Tiere typisch ist. Schließlich reitet er auf.

Der Name der BERGNYALA *(Tragelaphus buxtoni)* ist etwas unglücklich gewählt, weil diese Art mehr dem Großen Kudu als der Nyala ähnelt. Sie kommt nur in einem Gebiet von rund 150 Quadratkilometern im Hochland von Abessinien vor. Der Gesamtbestand wird auf 4000 bis allerhöchstens 12 000 Tiere geschätzt, deren Lebensraum durch Holzeinschläge, Feuer, Acker- und Weidewirtschaft sowie Straßenbau zunehmend zerstört wird. In Tiergärten gelangen Bergnyalas nur selten.

Der KLEINE KUDU *(Tragelaphus imberbis)* bewohnt trockene Dornbuschgebiete im nördlichen Ostafrika mit einer Bevölkerungsdichte von etwa einem Tier auf den Quadratkilometer. Der Färbungsunterschied der Geschlechter – dunkel graubraune bis graublaue Altbullen, hellbraune Weibchen – ist etwas stärker als bei seinem »großen Vetter«, von dem er sonst eine »verkleinerte Ausgabe« ist, allerdings ohne Halsmähne.

Der Schweizer Walter Leuthold hat im Tsavo-Nationalpark in Kenia die Ökologie dieser Tiere jahrelang studiert. Dabei konnte er 150 verschiedene Futterpflanzen feststellen, überwiegend Blätter und Triebe verschiedener Bäume und Büsche. Trinkwasser scheint eine untergeordnete Rolle zu spielen. Im Tsavo-Nationalpark, dessen Pflanzenwuchs durch eine Übervölkerung an Elefanten in den letzten Jahrzehnten erheblich verändert wurde, ist der Lebensraum für Kleine Kudus stark zurückgegangen.

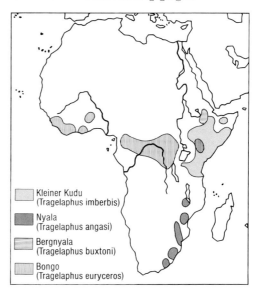

Jedes Weibchen hat seinen eigenen Hitzrhythmus und kann wenige Wochen nach einer Geburt wieder gedeckt werden. Die Hornentwicklung beginnt beim Männchen im Alter von neun Monaten. Mit anderthalb Jahren sind die Hörner ungefähr so lang wie die großen Ohren. Erst nach dem dritten Lebensjahr erreichen sie ihre volle Größe. Wahrscheinlich werden Männchen wie Weibchen mit etwa anderthalb Jahren geschlechtsreif, jedoch kommen die Männer im Freileben erst mit Erlangen der »sozialen Reife« im Alter von vier bis fünf Jahren »zum Zuge«. Schätzungsweise rund 50% aller Neugeborenen sterben innerhalb der ersten sechs Monate durch Raubtiere und Krankheiten, und nur etwa 25% von ihnen werden mehr als drei Jahre alt.

Einzelnstehende Tiere sind beim Kleinen Kudu häufig. Weibchen schließen sich des öfteren zu zweien oder dreien zusammen, wozu dann noch Nachwuchs kommen kann. Diese Weibchengruppen bleiben meist über längere Zeit in ihrer Zusammensetzung gleich. In den (kleinen) Gruppen der Jungmänner wechselt diese oft. Vollerwachsene Bullen leben vorwiegend einzeln und treten nur zeitweise zu einem Weibchenrudel. Die Einzeltiere haben Aufenthaltsgebiete von etwa zwei bis vier Quadratkilometern, die einander überlappen und in denen jahreszeitliche Bewegungen stattfinden. Bei den erwachsenen Bullen gibt es keine Hinweise auf Revierverhalten oder Rangordnung. Wenn stark erregt, wie beim Anblick eines Raubfeindes, geben Kleine Kudus – und übrigens auch Große Kudus, Buschböcke und Nyalas – bellende Schrecklaute von sich.

Angaben über intimere Verhaltensweisen sind aus dem Freileben spärlich, jedoch liegt aus Zoobeobachtungen einiges vor. Vor Kämpfen von nicht allzu großer Heftigkeit stehen sich die Gegner mit tief nach vorn-unten gehaltenen Köpfen gegenüber und berühren einander zunächst mit den Nasen. Dann rollen die Stirnen aneinander ab, bis die Hörner einander berühren. Jeder versucht nun, gegen den Widerstand des anderen, seine Hörner über die Senkrechte nach vorn zu bringen und damit das Gehörn des Rivalen gegen dessen Nacken zurückzuzwingen. Schließlich geht dieses Hörnerpressen in Stirndrängen mit eingekreuzten und ineinander verankerten Hörnern über.

Zwischen Männchen und Weibchen kommt es gelegentlich zu einer aufreizenden »Überlegenheitsdemonstration«. Der Bulle steht breitseits zum Weibchen und reckt sich hoch auf, worauf »sie« sich gleichfalls hochreckt. Beide versuchen nun, einander zu übertrumpfen, wobei er »Sieger« bleibt – einfach weil er größer ist. Schließlich richtet sie die Nase senkrecht gen Himmel, und er benibbelt sie be-

Bei den Kleinen Kudus sind Gruppen von drei bis vier Männchen oder Weibchen die Regel. Das Foto zeigt eine solche weibliche Kleingruppe.

schwichtigend am Kinn. Zumindest im Zoo wird ein Weibchen mitunter auch aggressiv gegen einen Mann und greift ihn stirnstoßend an. Unerschütterlich läßt er dann in höchster Imponierhaltung die Stöße gegen Flanke und Schulter über sich ergehen. Offenbar geht hier bei den Männern die Angriffshemmung gegenüber dem »zarten Geschlecht« recht weit. Ein ritualisierter, leibhaftiger Halskampf ist aus dem Paarungszeremoniell bisher nicht bekannt. Jedoch ist auch hier das Kopf-Hals-Vorstrecken des treibenden Mannes mimisch übertrieben wie bei allen afrikanischen Waldböcken. Der Bulle streckt den Hals nicht nur nach vorn, sondern biegt ihn unter Anspannung aller Muskeln flach U-förmig nach unten durch. Dieses »Überstrecken« ist sehr wahrscheinlich eine ritualisierte Intentionsbewegung zum Halskampf. In dieser Haltung »klebt« ein Bulle des Kleinen Kudu während des Treibens am Hinterschenkel des Weibchens oder seitwärts aufholend an ihrer Schulter, wobei er mitunter schnappende Bewegungen mit dem Munde macht. Beim Aufreiten legt er – wie alle Waldböcke – Hals und Kopf mehr oder weniger auf dem Rücken des Weibchens auf.

Mit dem gewaltigen Windungsgehörn der Altbullen ist der GROSSE KUDU *(Tragelaphus strepsiceros)* der stattlichste Vertreter der Waldböcke. Seit der schlimmen Rinderpest in Ostafrika am Ende des vorigen Jahrhunderts ist er dort verhältnismäßig selten. Im südlichen Afrika aber gibt es noch ganz gute Bestände, wobei Südwestafrika am kudureichsten sein dürfte. Die künstlichen Brunnen der Farmen haben dort den Kudu geradezu zum »Kulturfolger« gemacht. Da er noch Hindernisse von zweieinhalb Meter Höhe überspringt, können die »kudusicheren« Zäune gar nicht hoch genug sein.

Gewöhnlich setzen sich Kudurudel aus 5 bis 20, gelegentlich auch bis zu 40 Tieren zusammen. Viele bestehen aus Kühen mit Kälbern und jüngeren Bullen. Außerdem bilden Bullen aller Altersstufen auch eigene Rudel, die sich dann wieder zeitweilig an Weibchenrudel anhängen können. Altbullen stehen allein oder in den »Männerbünden«. Zur Brunftzeit tritt jeweils ein starker Bulle zu einem Weibchenrudel. Jüngere Männchen werden von ihm geduldet, solange sie ihm ausweichen. Der Große Kudu ist nicht territorial. Nach Norman Owen-Smiths Untersuchungen im Krüger-Nationalpark (Südafrika) haben die Rudel stark überlappende Aufenthaltsgebiete von vier bis zwölf Quadratkilometern. Trotz dieses Überlappens sind die Hauptbullen bei den Weibchenrudeln räumlich voneinander getrennt, da die Wohngebietszentren der Gruppen verhältnismäßig weit voneinander entfernt liegen. Wie Owen-Smith herausfand, kommen bei den Tieren von mehr als zwei Jahren zwei Weibchen auf ein Männchen. Betrachtet man aber das Verhältnis der wirklich züchtenden, sechs und mehr Jahre alten Bullen zu den fortpflanzungsfähigen, mindestens anderthalbjährigen Kühen, kommen auf einen Altbullen zwölf Weibchen.

Je nach Umständen »drücken« sich Kudus vor ihren Verfolgern oder gehen in mächtigen Fluchten ab. Wie auch Buschbock und Kleiner Kudu richten sie dabei den Wedel auf und rollen ihn nach vorn über, so daß die Spitze die Schwanzwurzel von oben berührt und die weiße Schwanzunterseite sichtbar wird.

Das stattlichste Gehörn aller Waldböcke besitzt der Große Kudu. Es erreicht eine Länge von rund 180 Zentimetern und eignet sich wegen seiner ausladenden, gewundenen Form hervorragend für die Stirnwaffenkämpfe, welche die kraftvollen Bullen im Spiel oder Ernst miteinander ausfechten.

Ein spezifisches Fluchtsignal ist das jedoch nicht, da Kudus den Schwanz bei jeder Art von Galopp aufrichten und umrollen.

Das große, weite und gewundene Gehörn der Bullen ist für das »Ringen« mit ineinandergeschobenen Waffen besonders geeignet. Häufiger als bei anderen Hornträgerarten kommt es jedoch beim Großen Kudu vor, daß sich die Gehörne derartig ineinander verwringen, daß die Gegner nicht mehr voneinander loskommen und beide zugrunde gehen. Angeblich sind ernste Kämpfe unter Kudubullen selten. In einem guten Kudugebiet ist es aber nicht schwierig, Kämpfe zu sehen – seien sie nun ernst oder spielerisch gemeint. Das Forkeln von Büschen und Bäu-

▷ Bei diesem Anblick versteht man, warum die Großen Kudus als »Könige der Antilopen« bezeichnet werden.

men und besonders im schlammigen Boden ist bei Bullen gang und gäbe. Kotplätze legen sie nicht an. Auch sonst sind keine auffälligen Markierungshandlungen bekannt. Allerdings streichen Bullen manchmal mit der Wangengegend, wo sich verstreut kleine Hautdrüsen befinden und die oftmals und besonders zur Brunftzeit dunkel, fast schwarz gefärbt erscheint, an Bäumen oder treibend am Körper eines Weibchens entlang. In kämpferischen Auseinandersetzungen unter Kühen beißen diese, stoßen mit geschlossenem Mund und boxen mit den unbewehrten Stirnen, oftmals mitten auf die Flanke des anderen. Ist ein Weibchen (noch) nicht paarungswillig, kann es auch einen Mann auf diese Weise abwehren. Junge Bullen werden von einer Altkuh mitunter regelrecht »vermöbelt«. Einem »alten Recken« gegenüber wagt sie das nicht, sondern beschränkt sich auf symbolische Schnauzenstöße.

Neben den üblichen Drohgesten wie mittlerem Gehörnpräsentieren und Kopf-Tiefhalten verfügen Kudubullen über ein ausgeprägtes Imponierverhalten. Solch ein Bulle pflanzt sich breitseits zum »Gemeinten« auf, trägt das Haupt etwas tiefer als gewöhnlich und tritt mit den Hinterläufen nach vorn unter den Leib, so daß sich sein Rücken wölbt. Der »gemeinte« Schwächere läuft dann im Bogen hinten um den Imponierenden herum, der sich zunächst – ständig die Breitseite bietend – entsprechend mitdreht, und geht schließlich hinten an dem Starken vorbei ab.

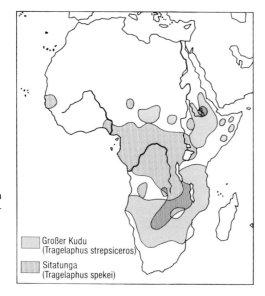

Breitseitimponieren eines Großen Kudubullen gegenüber einem unterlegenen Kumpan, der hinten an ihm vorbeizukommen versucht.

Das »Herden« einer ganzen Gruppe durch einen Bullen gibt es beim Großen Kudu kaum, wohl aber das »Hüten« einzelner Kühe im Hitzezustand. Im Treiben holt der Bulle in überstreckter Haltung seitwärts auf und kann dann mit seinem Hals über den der Kuh fahren. Das gleiche tut er auch manchmal im – frontalen oder rechtwinkligen – Stehen. Jedoch drückt er in allen Fällen den Hals der Kuh nur sehr wenig nieder. Der ritualisierte Halskampf tritt also auch hier auf, ist aber stärker abgeschwächt als bei der Nyala. Schließlich schiebt der Bulle von hinten her Kopf und Hals auf den Rücken der Kuh und reitet auch in dieser Haltung auf.

Die Kleinkälber sind geradezu »klassische« Ableger und werden von den Müttern abgeholt und gesäugt. Etwas ältere Jungtiere können die Mutter recht lebhaft zum Säugen auffordern. Sie folgen ihr eilfertig, holen seitwärts auf und umfahren sie dicht vor den Vorderläufen. Will die Mutter ihr Kind nicht geradezu über den Haufen rennen, muß sie einen Augenblick lang stehenbleiben – und schon ist das Kleine, auf der anderen Seite von vorn kommend, ihr ans Gesäuge gefahren und trinkt. Meist saugen die Kälber fünf bis zehn Minuten lang, wobei sie an After und Geschlechtsgegend ausgiebig beleckt werden. Sie klappen dazu den Wedel hoch und rollen ihn nach vorn über – wie Erwachsene im Galopp oder bei der Kot- und der weiblichen Harnabgabe.

Für den BONGO *(Tragelaphus euryceros)* hatte man einmal eine eigene Gattung *(Boocercus)* aufgestellt. Später hat man ihn mit der Elenantilope zusammengetan (Gattung oder neuerdings Untergattung *Taurotragus)*, wofür sich aber eigentlich nur anführen läßt, daß diese beiden unter den Waldböcken die einzigen Arten sind, bei denen auch die Weibchen Hörner tragen.

Bis zu den sechziger Jahren hatten nur wenige Weiße einen Bongo in Freiheit gesehen, und auch dann nur für kurze Augenblicke. Heute werden Bongos ein wenig öfter gesichtet, zumal an den künstlichen Salzlecken des Treetops-Hotels in Kenia. In zoologischen Gärten ist vor dem Zweiten Weltkrieg nur in Rom

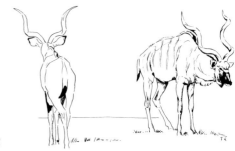

und New York je ein Exemplar gewesen. Auch danach gelangten Bongos zunächst nur vereinzelt und so selten in Tiergärten, daß man im Zoo von Antwerpen den einzigen Bullen dort schließlich mit Sitatungageißen verpaarte. Interessanterweise waren bei den Bastarden – »Bongsis« genannt – die Weibchen gehörnt. Es schlug also das »Bongoerbe« durch. Erst um 1970 gelangten Bongos etwas häufiger und zum Teil auch in Gruppen in einige europäische und amerikanische Tiergärten. Dadurch wurden Studien zum Verhalten möglich, unter denen die Arbeit von Ute Hamann an der Gruppe im Frankfurter Zoo am umfassendsten ist.

Die Bongos stellen einige Anforderungen an die Haltung und nicht zuletzt an Anlage und Einrichtung des Geheges. Zäune von anderthalb Meter Höhe überspringen sie aus dem Stand. Bei Beunruhigung legen sie »größten Wert« auf Sichtschutz, so daß sie sich verstecken können, bis die »Gefahr« vorüber ist. Bei stärkerem, plötzlichem Erschrecken geraten sie leicht in Panik und versuchen manchmal, in voller Fahrt zwischen den Gitterstäben durchzubrechen, wie sie das im Freileben auf der Flucht durch dichtes Buschwerk tun mögen. Sie scheinen die Gehege-

grenzen vor allem dann nicht erkennen zu können, wenn hinter dem Zaun Büsche stehen. Endlich kann ein Bulle bei der Zusammengewöhnung mit Weibchen wie auch beim sexuellen Treiben, besonders wenn die Kuh (noch) nicht völlig paarungsbereit ist, recht aggressiv werden und sie jagen.

Nach Ute Hamanns Beobachtungen fällt beim Äsen von Blättern, die in der Natur den Hauptteil der Nahrung ausmachen, die Tätigkeit der sehr beweglichen Zunge als Greiforgan besonders auf. Im Zoo haben die Tiere mehrere Harn- und Kotplätze, die gleichzeitig bevorzugte Ruhestätten sind. Wechselseitiges Belecken, besonders am Kopf, ist unter Gruppenmitgliedern häufig. Stirndrängend kämpfen Männchen wie Weibchen mit an der Basis überkreuzten Hörnern. Zum Schlagwechsel prellt der Bongo im Sprung gegen den Gegner vor. Halskämpfe treten nur bei Jungtieren auf. Beide Geschlechter forkeln den Boden. Die Kühe reiben dabei oft auch eine Wange am Boden, wozu sie vorn »niederknien« können. Sonst scheint Niedergehen auf die Handwurzelgelenke eher ein Ansatz zu Unterlegenheitsverhalten zu sein. Bei voller »Demut« legen sich die Tiere flach hin. Häufige Drohformen sind mittleres und tiefes Gehörnpräsentieren. Bei Kühen sieht man auch Kopf-Tiefhalten, symbolisches Stirnboxen, Kopfschütteln und -werfen. Als »Schnicken« bezeichnet Ute Hamann ein ruckartiges Hochwerfen der Oberlippe, das Jungtiere in (friedlichen) Begegnungen mit Erwachsenen zeigen.

An weiteren Ausdrucksgebärden ist beim werbenden Bullen eine hochgereckte und überstreckte Haltung zu nennen, in der er die Kuh treibt, wobei er seitwärts aufholt, mit der Zunge »ins Leere« leckt und schnalzende Laute von sich gibt. Die Kuh kann daraufhin den Mund weit öffnen (»Paarungsgesicht«), manchmal auch symbolisch den Hals winden. Die hochgereckte Haltung mit seitwärts gewandtem Haupt nimmt der Bulle meist ein, wenn er vorm Aufreiten hinter der Kuh steht. Das Aufreiten geht nach dem »Waldbockschema« vor sich. Das gleiche gilt für das

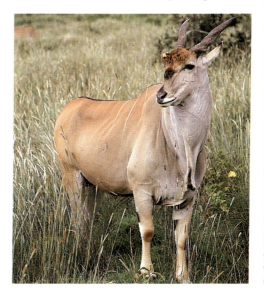

Links: Der junge Bongo zeigt zwar schon die Fellfärbung der Alttiere, besitzt aber noch keine Hörner, die bei dieser Art bei den Geschlechtern wachsen. - Rechts: Die deutlich sichtbare Halswamme ist ein besonderes Merkmal der Elenantilopen. Im Bild ist ein männliches Tier aus Ostafrika zu sehen. Das Gehörn kann nur von einem Fachmann zur eindeutigen Geschlechtsbestimmung herangezogen werden, denn auch die Weibchen tragen gleichgeformte, allerdings dünnere Hörner.

WALDBÖCKE

Waldböcke (Tragelaphinae)

Name deutscher Name wissenschaftlicher Name englischer Name (E) französischer Name (F)	Körpermaße Kopfrumpflänge (KRL) Schwanzlänge (SL) Standhöhe (SH) Gewicht (G)	Auffällige Merkmale	Fortpflanzung Tragzeit (Tz) Zahl der Jungen je Geburt (J) Geburtsgewicht (Gg)
Buschbock *Tragelaphus (Tragelaphus) scriptus* mit 8 Unterarten E: Bushbuck F: Antilope harnaché, Guib	KRL: ♂♂ 115–150, ♀♀ 105–130 cm SL: 30–35 cm SH: ♂♂ 70–100, ♀♀ 65–85 cm G: ♂♂ 40–80, ♀♀ 25–60 kg	Hörner des Männchens bis 57 cm lang, an Basis fein gerieft, vorn gekielt, in 1 Längsdrehung gewunden; Männchen oft dunkler als Weibchen, mit kurzer Rückenmähne; kleine weiße Streifen an Augenwinkeln (nicht zusammenstoßend), 1–2 weiße Wangenflecken; weiße Kehle; weißer Querstreifen am Halsansatz; mehrere weiße Streifen senkrecht auf Flanke; bei manchen Unterarten gekreuzt von 1–2 schmalen, weißen Längsstreifen; punktförmige, weiße Flecken auf Keulen	Tz: etwa 6 Monate J: 1 Gg: ♂♂ 3,5–4,2 kg, ♀♀ 3,2–3,7 kg
Sitatunga, Sumpfantilope, Wasserkudu *Tragelaphus (Tragelaphus) spekei* mit 5 Unterarten E: Sitatunga F: Sitatunga, Limnotrague, Guib d'eau	KRL: ♂♂ 125–170 cm, ♀♀ 115–150 cm SL: 18–30 cm SH: ♂♂ 85–125 cm, ♀♀ 75–105 cm G: ♂♂ 70–120 kg, ♀♀ 40–105 kg	Hörner des Männchens bis 92 cm lang, ähnlich Buschbock, jedoch wesentlich stärker und länger, bis 1½ Längswindungen, 2 Längskiele; Haupthufe schmal und sehr lang (bis 10 cm), Nebenhufe 2–3 cm; Fell ziemlich lang, leicht ölig und wasserabstoßend, am Hals bei Männchen mähnenartig verlängert; weiße Gesichts- und Körperzeichnung ähnlich Buschbock; letztere bei Altböcken, die oft wesentlich dunkler sind als die Weibchen, meist mehr oder weniger verschwunden; innerhalb einer Population oft erhebliche Färbungsunterschiede besonders bei Weibchen	Tz: 7½–8½ Monate J: meist 1, selten 2 Gg: um 4 kg
Nyala *Tragelaphus (Tragelaphus) angasi* E: Nyala F: Nyala	KRL: ♂♂ 150–195 cm, ♀♀ 135–145 cm SL: 40–55 cm SH: ♂♂ 100–121 cm, ♀♀ 80–105 cm G: ♂♂ 100–140 kg, ♀♀ 55–90 kg	Hörner des Männchens bis 83 cm lang, ähnlich wie Sitatunga; weiße Gesichts- und Körperzeichnung ähnlich wie Buschbock, jedoch Zwischenaugenbinden größer und fast zusammenstoßend und keine Längsstreifen an Flanke; breiter, langer Schwanz; starke Geschlechsunterschiede in Größe, Farbe und Behaarung: Männchen schwarzbraun mit bläulichem Schimmer, mit starker Nacken-, Rücken-, Hals- und Bauchmähne; Weibchen rotbraun und mähnenlos	Tz: 7–8½ Monate J: 1 Gg: 4,5–5,5 kg
Bergnyala, Mittelkudu *Tragelaphus (Tragelaphus) buxtoni* E: Mountain nyala F: Nyala des montagnes	KRL: ♂♂ 240–260 cm, ♀♀ 190–200 cm SL: 20–25 cm SH: ♂♂ 120–135 cm, ♀♀ 90–110 cm G: ♂♂ 180–300 kg, ♀♀ 150–200 kg	Hörner des Männchens bis 118 cm lang, in Form und Stärke Mitte zwischen Nyala und Großem Kudu, 1½ bis 2 Längswindungen, 2 Längskiele; Männchen und Weibchen ungefähr gleich dunkel braungrau gefärbt; weiße Zwischenaugenbinden fast oder tatsächlich zusammenstoßend; weiße Gesichts- und Körperzeichnung sonst ähnlich Buschbock, letztere jedoch reduziert; Bullen mit langem Haarkamm von Nackenansatz bis Schwanzwurzel und leichter Halsmähne	Tz: vermutlich 7–9 Monate J: 1 Gg: nicht bekannt
Kleiner Kudu *Tragelaphus (Tragelaphus) imberbis* mit 2 (?) Unterarten E: Lesser kudu F: Petit koudou	KRL: ♂♂ 120–140 cm, ♀♀ 110–130 cm SL: 25–40 cm SH: ♂♂ 95–112 cm, ♀♀ 90–100 cm G: ♂♂ 95–105 kg, ♀♀ 80–95 kg	Hörner des Männchens bis 91 cm lang, 2 Längskiele und 2½ Längswindungen; Ohren groß und trichterförmig; Altbullen blaugrau, Weibchen rötlichbraun gefärbt; weiße Gesichts- und Körperzeichnung sehr gut ausgeprägt, ähnlich wie Buschbock, jedoch ohne Längsstreifen auf Flanke und ohne Fleckung auf Keulen; kurze Mähne auf Nacken (nur Männchen) und Rücken	Tz: 7½–8 Monate J: 1 Gg: 7–7,5 kg
Großer Kudu *Tragelaphus (Tragelaphus) strepsiceros* mit 4 Unterarten E: Greater kudu F: Grand koudou	KRL: ♂♂ 215–245 cm, ♀♀ 185–235 cm SL: 30–55 cm SH: ♂♂ 130–150 cm, ♀♀ 120–140 cm G: ♂♂ 225–315 kg, ♀♀ 180–235 kg	Hörner des Männchens bis 181 cm lang, mit 2 Längskielen und 2½ Windungen um Längsachse; kurze Mähne (Haarkamm) an Nacken und Rücken; Fellfarbe bei beiden Geschlechtern ungefähr gleich (braungrau), bei Weibchen und Jungtieren mit mehr bräunlich, bei Altbullen mehr blaugrau; Bullen mit starker Halsmähne; weiße Zwischenaugenstreifen breit und zusammenstoßend; weiße Gesichts- und Körperzeichnung sonst ähnlich Buschbock, jedoch ohne Längsstreifen an Flanken und ohne Flecken auf Keulen	Tz: 7–9 Monate J: 1 Gg: rund 15 kg
Bongo *Tragelaphus (Taurotragus) eurycerus* E: Bongo F: Bongo	KRL: 170–250 cm SL: 45–65 cm SH: 110–130 cm G: ♂♂ rund 270 kg ♀♀ rund 240 kg	Hörner bei beiden Geschlechtern, gleichgeformt, jedoch bei Weibchen schwächer, bis 100 cm lang, leierartig, mit 2 Längskielen und 1½ Windungen; weiße Gesichtszeichnung wie Buschbock, jedoch weiße Zwischenaugenbinden meist zusammenstoßend; Kehlfleck fehlt; senkrechte weiße Flankenstreifen sehr gut ausgeprägt; Fellfarbe rotbraun, wird bei alten Bullen dunkler bis fast schwarz; Haarkamm auf Nacken und Rücken	Tz: 9½ Monate J: 1 Gg: um 20 kg
Elenantilope *Tragelaphus (Taurotragus) oryx* mit 5 Unterarten E: Eland antelope F: Eland	KRL: ♂♂ 240–345 cm, ♀♀ 210–270 cm SL: ♂♂ 60–90 cm, ♀♀ 50–80 cm SH: ♂♂ 140–180 cm, ♀♀ 130–160 cm G: ♂♂ 400–1000, ♀♀ 300–600 kg	Hörner bei beiden Geschlechtern, beim Männchen bis 123 cm, beim Weibchen bis 66 cm lang, Windungen korkzieherartig auf untere Hälfte zusammengedrängt, 2 Längskiele, 1–1½ Längswindungen; Stirnschopf; Halswamme, die sich bei Riesenelen mit einem Zipfel nach oben bis unter den Unterkiefer fortsetzt; Fellfarbe graubraun bis orangebraun; senkrechte weiße Flankenstreifung je nach Unterart kräftig bis abgeblaßt; weiße Abzeichen am Kopf wie Buschbock; bei Riesenelen Hals dunkelbraun mit weißer Querbinde am Ansatz; Haarkamm auf Nacken und Widerrist	Tz: 8½–9½ Monate J: 1 Gg: ♂♂ 28–35 kg, ♀♀ 23–31 kg

DIE ARTEN IM VERGLEICH

Lebensablauf Entwöhnung (Ew) Geschlechtsreife (Gr) Lebensdauer (Ld)	Nahrung	Feinde	Lebensweise und Lebensraum	Häufigkeit
Ew: nach rund 6 Monaten Gr: mit 11–12 Monaten Ld: um 12 Jahre	Vorwiegend Blätter, Knospen, Triebe, Früchte, daneben auch Kräuter und Gräser; salzhaltige Erde	Hauptfeind Leopard, manchmal auch Löwe, Krokodil, Riesenschlangen, für Kitze auch Falb- und Goldkatze, Zibetkatze, Paviane, Schimpanse	In unterwuchs- und dickungsreichem Gelände in Flach-, Hügel- und Bergland (bis 4000 m), meist in Wassernähe, in Galeriewäldern, Gebüschhorsten, Hochgrasdschungeln; einzelgängerisch und sehr ortstreu; Kitze liegen ab; in Siedlungsnähe nachtaktiv; guter Schwimmer; überspringt 2 m hohe Zäune	Als Einzelgänger nirgends in Mengen, doch in weitem Verbreitungsgebiet nicht selten; Bestand nicht gefährdet
Ew: nach 6 Monaten Gr: mit 2–2½ Jahren Ld: bis 19 Jahre nachgewiesen	Wasser- und Sumpfpflanzen, frisches Gras	Krokodil, Leopard, Riesenschlange, gelegentlich auch Löwe	In Sumpfwald, Schilf- und Papyrussümpfen, sumpfigen Flußbuchten und Altwasser, waldigen Inseln in Seen und Flüssen; standorttreu; einzelgängerisch und in kleinen Trupps; durch Überflutungen manchmal zwangsweise an höheren Plätzen vergesellschaftet; Jungtiere liegen ab, oft auf erhöhten und damit trockenen Plätzen; guter Schwimmer; oft im Wasser, mitunter bis auf Nasenspitze untertauchend	An Westküste Afrikas fast oder völlig ausgerottet, desgleichen in Moçambique, Malawi und Simbabwe; durch Wilderei und Trockenlegung der Sümpfe vielerorts bedroht; überall selten und scheu
Ew: vermutlich wie Buschbock Gr: Weibchen mit 11–12, Männchen mit rund 18 Monaten Ld: bis 16 Jahre nachgewiesen	Baum- und Strauchlaub, -triebe, -früchte, daneben auch Gras und Kräuter	Leopard, Löwe; für Kitze auch kleinere Raubtiere, Raubvögel und Paviane	In lockeren bis dichten Busch- und Waldgebieten in Wassernähe, in Ebene und Hügelland, nicht im Gebirge; Männchen-, Weibchen- und gemischte Trupps von gewöhnlich 2–10, selten mehr als 20 Köpfen; Altbullen oft einzelgängerisch; Jungtiere liegen ab; standorttreu, doch nicht territorial; Brunft- und Setzzeiten teils jahreszeitlich begrenzt, teils nicht	In Moçambique nach Bürgerkrieg stark dezimiert; in Südafrika in mehreren Nationalparks und Wildschutzgebieten geschützt; Bestand der Art derzeit nicht gefährdet
Ew: nicht bekannt Gr: mit rund 2 Jahren oder etwas später Ld: nicht bekannt	Laub, Knospen und Triebe von Büschen und Bäumen, Kräuter und Gräser	Leopard	In Baumheiden, Dickichten, Lichtungen und Morästen zwischen rund 3000 und 3700 m Höhe im Bergland; standorttreu, aber wahrscheinlich nicht territorial; in kleinen Trupps ähnlich Nyala; jahreszeitlich begrenzte Brunft- und Setzzeiten; Lebensweise sonst weitgehend unbekannt	Gesamtbestand auf mindestens 4000, höchstens 12 000 Stück geschätzt; in sehr kleinem Vorkommensgebiet durch Lebensraumzerstörung stark beeinträchtigt
Ew: wahrscheinlich wie Buschbock Gr: etwa mit 1½ Jahren Ld: über 15 Jahre nachgewiesen	Baum- und Strauchlaub, daneben Kräuter, Gräser, Früchte	Leopard, Hyänenhund, Löwe, Riesenschlangen, für Kälber auch Serval, Karakal, Pavian, Adler	In trockenem Dornbuschgelände, Galeriewald in Ebene und Hügelland; standorttreu, aber nicht territorial; höchstens bis zu 25 Tieren zusammen, meist in Männchen- und Weibchengruppen von 3–4 Köpfen; Altbullen oft einzeln, treten vorübergehend zu Weibchengruppen; Jungtiere liegen ab; keine festen Brunft- und Setzzeiten	Nirgends sehr häufig, aber auch nicht ausgesprochen selten; mehrere Nationalparks innerhalb des Verbreitungsgebietes, besonders in Kenia; Bestand der Art zur Zeit nicht gefährdet
Ew: nach ungefähr 6 Monaten Gr: Weibchen mit 15–21, Männchen mit 21–24 Monaten Ld: im Zoo bis 23 Jahre	Baum- und Strauchlaub, daneben Gräser und Kräuter	Löwe, Hyänenhund, Leopard, Gepard, für Kälber auch Serval, Karakal, Riesenschlangen	In oft steinigem, locker bis dicht bewaldetem Flach-, Hügel- und Bergland; unter günstigen Umständen standorttreu, sonst jahreszeitliche Standortwechsel; nicht territorial; Männchen- und Weibchentrupps von meist 2–15 Tieren, seltener 20–30; ausnahmsweise größere gemischte Verbände bis zu 100 Köpfen kommen vor; Altbullen auch einzeln, treten vorübergehend zu Weibchenrudeln; Kälber liegen ab	Besonders im Süden des weiten Verbreitungsgebietes noch in recht guten Beständen, auch in mehreren Nationalparks
Ew: nicht bekannt Gr: wahrscheinlich mit etwa 20 Monaten Ld: bis 19 Jahre nachgewiesen	Baum- und Strauchlaub, Gräser und Kräuter, Wurzeln, Früchte; Salz sehr begehrt; Wasser muß vorhanden sein	Leopard, für Kälber auch Goldkatze und Riesenschlangen	Im dichtesten tropischen Urwald, Busch- und Bambusdschungel in Ebene und Gebirge bis 4000 m; einzeln, paarweise und in kleinen Trupps bis etwa 20 Stück; Kälber liegen ab; ziemlich standorttreu, jahreszeitliche weitere Streifzüge nach bestimmten Futterpflanzen jedoch möglich	Nirgends zahlreich, als Tier des dichten Urwalds jedoch derzeit noch nicht gefährdet
Ew: nach reichlich ½ Jahr Gr: mit 15–24 Monaten Ld: bis zu 25 Jahren	Sowohl Gräser und Kräuter wie Baum- und Strauchlaub; Wasser, auch Brackwasser (Salz!), wird gern angenommen, kann aber längere Zeit entbehrt werden	Löwe und Hyänenhund, für Kälber auch Leopard, Gepard, Hyänen	In verhältnismäßig lichtem Wald und Busch, auch in offenem Gelände bis zur Halbwüste, im Gebirge bis 4500 m; gesellig in Trupps von 5–50 Tieren, auch mit Herden von Hunderten; oft gemischte Verbände, doch auch Männchen- und Weibchengruppen; alte Bullen manchmal allein; jahreszeitlicher Wechsel der Aufenthaltsgebiete	Westsudanesische Riesenelen (*T. o. derbianus*) gefährdet; Art in vielen Gebieten stark zurückgegangen durch Rinderpest, Bejagung und Zerstörung des Lebensraums, jedoch im Gesamtbestand nicht bedroht

WALDBÖCKE

Name deutscher Name wissenschaftlicher Name englischer Name (E) französischer Name (F)	Körpermaße Kopfrumpflänge (KRL) Schwanzlänge (SL) Standhöhe (SH) Gewicht (G)	Auffällige Merkmale	Fortpflanzung Tragzeit (Tz) Zahl der Jungen je Geburt (J) Geburtsgewicht (Gg)
Nilgauantilope *Boselaphus tragocamelus* E: Nilgai, Blue bull F: Nilgaut	KRL: 180–200 cm SL: 40–55 cm SH: 120–150 cm G: ♂♂ um 240 kg, ♀♀ um 120 kg	Hörner des Männchens 15–30 cm lang, steil, leicht bogig nach vorn gekrümmt; Fellfarbe des Männchens graublau, des Weibchens gelbbraun; bis auf Wangenflecken, Lippenrand, Kinn, Kehllatz, Fesselringe und Spiegel keine weißen Zeichnungen; »Haarfahne« an Halsmitte; kleine Voraugendrüsen; Zwischenzehen- und Leistendrüsen fehlen; großer nackter Nasenspiegel; kurze Mähne auf Nacken und Widerrist; Rückenlinie stark abfallend	Tz: rund 8 Monate J: meist 2, manchmal 1 Gg: um 15 kg
Vierhornantilope *Tetracerus quadricornis* E: Four-horned antelope F: Tetracère	KRL: 90–110 cm SL: 10–15 cm SH: 55–65 cm G: 15–25 kg	Hörner des Männchens 5–12 cm lang, ziemlich steil, leicht bogig, weit auseinanderstehend; oft, aber nicht immer davor ein 2. Paar, 2–4 cm lang, dicht beieinanderstehend; Leisten- und Voraugendrüsen vorhanden; Fellfarbe gelbbraun bis dunkelbraun; Unterseite weißlich; breiter nackter Nasenspiegel; öfters 2 Wangenflecken, sonst keine weißen Abzeichen oder Streifen; großes Drüsenpolster zwischen Nebenhufen der Hinterbeine	Tz: 7½–8 Monate J: 1–3 Gg: nicht bekannt

Abliegen der Kälber und die sonstigen Mutter-Kind-Beziehungen.

Die Hörner der ELENANTILOPE *(Tragelaphus oryx,* früher *Taurotragus oryx)* sind in beiden Geschlechtern annähernd gerade, jedoch sind in der unteren Hälfte jeder Stange gewissermaßen »zusammengedrückte« Windungen deutlich erkennbar. Der Name des Tieres stammt wieder einmal von den Buren, deren »Eland« selbstverständlich nichts mit dem nordischen Elen (Elch) zu tun hat. Unter den fünf Unterarten weichen die WEST- und die OSTSUDANESISCHE RIESENELENANTILOPE *(T. o. derbianus* und *T. o. gigas)* am stärksten von den anderen ab. Abgesehen von der bedeutenderen Horn- und Körpergröße beginnt die allen Elenantilopen eigentümliche Halswamme bei der Riesenelen am Unterkiefer, bei den anderen dagegen erst unterhalb des Kehlkopfs. Auch ist die weiße Flankenstreifung der Riesenelens enger, und die untere Hälfte des Halses ist bei Altbullen schwarz und durch ein weißes Band von der Brust abgesetzt. Ihr Verbreitungsgebiet ist in den letzten Jahrzehnten arg zusammengeschrumpft.

Die »gewöhnlichen« Elens sind in manchen Gegenden noch verhältnismäßig häufig. Sie sind geselliger als alle anderen Waldbockarten. Neben kleinen Trupps kommen auch Herden von 200 und mehr Tieren vor. Im Serengeti-Gebiet ziehen sie während der Regenzeit ins Steppenland, zur Trockenzeit in die Waldgebiete. Erwachsenen Elenantilopen werden vor allem Löwen gefährlich. Kleinere Raubtiere, die Kälber schlagen können, werden von Elenkühen mitunter verjagt. Auch geschlossene Angriffe von mehreren Weibchen auf Geparde und Leoparden sind beobachtet worden.

Wie alle Waldböcke ziehen die Elenantilopen im Wechselschritt. In der Nähe ist dabei ein knackend-knisterndes Geräusch zu hören, wahrscheinlich weil bei jedem Schritt der schweren Tiere die beiden Hufschalen beim Aufsetzen gespreizt werden und dann beim Anheben des Beines zurückschnellen und zusammenschlagen. Obgleich Elens durchaus galoppieren können, bevorzugen sie selbst auf der Flucht den Trab und behalten ihn über lange Strecken bei. Im Hoch- und Weitsprung, der auch in völlig offenem

Elenantilopen sind gesellige Tiere, die oft große Herden bilden, so wie hier in der offenen Halbwüstenlandschaft der Kalahari.

DIE ARTEN IM VERGLEICH

Lebensablauf Entwöhnung (Ew) Geschlechtsreife (Gr) Lebensdauer (Ld)	Nahrung	Feinde	Lebensweise und Lebensraum	Häufigkeit
Ew: nicht bekannt Gr: vermutlich mit 18 Monaten Ld: in Menschenobhut bis 21 Jahre	Blätter und Knospen von Büschen und Bäumen, aber auch Gräser, Kräuter, Früchte	Tiger, Leopard, Wolf, Rothund	In verhältnismäßig lichterem Wald, Buschgelände, Grassteppen mit eingestreuten Busch- oder Waldgebieten in Ebene und Hügelland; Wassernähe nicht unbedingt erforderlich; gesellig in Trupps von 4–20, Altbullen auch einzeln; standorttreu; Revierverhalten von manchen Autoren vermutet, bisher jedoch nicht eindeutig nachgewiesen; Jungtiere liegen ab; Paarungszeiten scheinen umgrenzt, aber gebietsweise verschieden zu sein	In Indien stark zurückgegangen, jedoch in Texas (USA) auf zahlreichen Wildfarmen eingeführt; gute Vermehrung im Zoo; Bestand der Art erscheint daher zur Zeit nicht gefährdet
Ew: nicht bekannt Gr: nicht bekannt Ld: bis 10 Jahre	Blätter, Knospen, Triebe, Gräser und Kräuter, Früchte; stark wasserabhängig	Wahrscheinlich sämtliche im Lebensraum auftretende Raubtiere von Katzengröße an aufwärts	In Parklandschaften, Wald- und Dschungelrändern, teilweise auch in felsigem Gelände; Wassernähe notwendig; standorttreu; wahrscheinlich territorial; lebenslängliche Einehe möglich	Nirgends häufig; wegen versteckter Lebensweise Bestand schwer schätzbar

Gelände auftritt, kann ein Tier über ein anderes hinwegsetzen.

Weil die Elenantilope nach Meinung mancher Leute den Rindern ähnlich ist, hat man mehrfach versucht, sie zum Haustier zu machen. Jedoch sind alle diese Projekte bis auf eins im Sande verlaufen. Der Ausnahmefall spielte sich in der Ukraine ab. Hier hatte der Gutsbesitzer Friedrich Falz-Fein im Jahre 1896 zusammen mit anderen Wildarten einige Elenantilopen auf seinem Steppengut Askania Nova ausgesetzt. Die Nachkommen dieser Tiere sind im Laufe der Zeit zu einer kleinen Herde angewachsen. Sie werden von berittenen Hirten betreut und wirtschaftlich genutzt. Die Kühe können sogar gemolken werden. Sie geben im Durchschnitt zwei Liter fettreicher Milch, die dort Kranken im Hospital zugute kommt.

Auf der Stirn haben erwachsene Elenbullen einen starken Haarschopf, den sie beim Bodenforkeln in feuchter Erde, im Schlamm, manchmal auch im eigenen Urin reiben. Die Schmiere streichen sie dann an Baumstämme, Büsche oder im Zoo an die Stallwände. Wahrscheinlich handelt es sich dabei um ein Markieren wichtiger Geländepunkte, jedoch nicht um Reviermarkieren, da Elens nicht territorial sind. Angreifende Bullen nähern sich dem Gegner oft langsam und »tasten« sich mit dem Gehörn an ihn heran. Erst wenn sie feste »Hörnerfühlung« haben, drängen und stoßen sie unter Einsatz aller Körperkräfte nach. Außer zum Kämpfen benutzen Elenantilopen ihre Hörner auch, um Zweige von Bäumen abzuknicken, deren Laub und Früchte sie verspeisen. Halskampf tritt nur bei Kälbern auf.

Ein treibender Bulle bummelt mit vielen Stehpausen hinter der Kuh her. Manchmal holt er in überstreckter Haltung seitwärts auf, öfter aber steht er in verhältnismäßig hochgereckter Haltung mit seitwärts

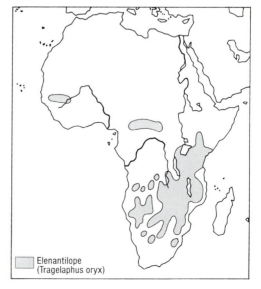

Elenantilope (Tragelaphus oryx)

Ein Nilgauantilopenbulle nimmt Witterung bei einer Kuh auf. Dieses Foto entstand in Indien, wo die Nilgaus zu Hause sind – also nicht etwa am Nil, wie der Name vermuten lassen könnte. »Nil« bedeutet im Indischen blau (eine Anspielung auf die blaugraue Färbung der männlichen Tiere), und »gau« ist angeblich eine Verballhornung des englischen Wortes »cow« (Kuh).

gewandtem Kopf hinter ihr. Beim Aufreiten legt er Hals und Kopf auf ihren Rücken. Kleine Kälber liegen ab, jedoch scheint die Abliegerperiode bei ihnen kürzer als bei anderen Waldbockarten zu sein. Jedenfalls kann man schon recht junge Kälber in den Rudeln sehen. Mit Gleichaltrigen liegen sie dann oft in einer Gruppe zusammen, während die Mütter stehen oder äsen. Im Zoo säugen Elenkühe mitunter auch fremde Kälber oder lassen ihre älteren Jungen mittrinken, manchmal noch, wenn diese voll ausgewachsen sind.

Die indische NILGAUANTILOPE *(Boselaphus tragocamelus)* wurde bisher üblicherweise zu den Waldböcken gerechnet, obgleich sie in vielerlei Hinsicht von den Afrikanern abweicht. Schon äußerlich fällt auf, daß die Hörner der Nilgaubullen nicht schraubig gewunden und viel kürzer als selbst die des wesentlich kleineren Buschbocks sind, daß von dem weißen Flankenmuster der afrikanischen Waldböcke beim Nilgau nichts zu sehen ist, usw. Aufgrund fossiler Funde möchte E. Thenius die Nilgauantilopen zu den ursprünglichsten Rindern zählen und damit auch bei diesen (Unterfamilie Bovinae) einordnen.

Nilgaus halten sich im Zoo gut und vermehren sich dort rasch, da mehr als 60% der Geburten Zwillinge bringen. Durch Abschuß und Umweltzerstörung sind sie in ihrem Heimatland erheblich zurückgegangen. Ähnlich wie Hirschziegenantilopen sind jedoch Nilgaus aus Zoonachwuchs auf mehreren großen Vieh- und Wildfarmen in Texas ausgesetzt worden. Obgleich sie dort mitunter durch außergewöhnlich harte Winter dezimiert werden, sind die Bestände beträchtlich angewachsen, und sie werden heute auf 15 000 Stück geschätzt. Demgegenüber dürften in Indien kaum mehr als 10 000 übriggeblieben sein.

Äsende Nilgaus lassen sich manchmal auf die »Knie« nieder, und beim Laubäsen können sie sich kurzfristig auf den Hinterläufen aufrichten. Im Gegensatz zu den afrikanischen Waldböcken legen sie auch in Freiheit Kothaufen an. Nach den Untersuchungen von Bruce A. Fall in Texas befinden sich diese meist an grasfreien Stellen, und jeder von ihnen wird von mehreren Tieren in unregelmäßigen Abständen »beschickt«, vorzugsweise von Bullen, nicht selten aber auch von Kühen und manchmal sogar von Kälbern.

Meist treten Nilgaus in kleinen Rudeln von 3 bis 15, gelegentlich auch bis zu 25 Köpfen auf. Altbullen halten sich oft allein. Den größten Teil des Jahres leben die Geschlechter getrennt; nur in den Brunftperioden bilden sich Rudel von einem Altbullen mit mehreren Kühen und deren Nachwuchs. Manche Autoren sagen, daß Nilgaubullen territorial seien. Stichhaltige Beweise sind dafür bisher nicht erbracht. Ich kenne die Nilgaus nur von den Texas Ranches her. Die zeitweise räumliche Trennung der Altbullen

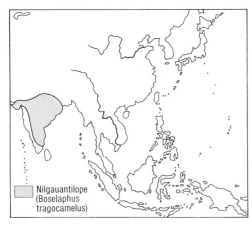

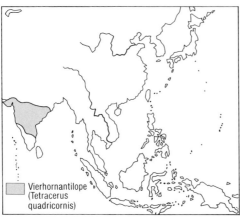

Eine Nilgaukuh fängt den Ansprung der Gegnerin durch Steilhaltung ihres Halses und ihres Kopfes auf.

voneinander, die man dort beobachten kann, entspricht gewiß nicht dem klaren Bild der Territorialität, wie wir es von vielen anderen Antilopen gewohnt sind.

Neben dem für viele hornlose Weibchen typischen Schnauzenstoßen und Stirnboxen richten sich streitende Nilgaukühe mitunter auf den Hinterläufen auf, werfen den Körper auf die Gegnerin und können dabei sogar mit den Vorderläufen schlagen, was Hornträger in innerartlichen Auseinandersetzungen sonst nicht tun. Ferner gehen Bullen wie Kühe im Streit auf die »Knie« nieder, meist in Verbindung mit Halskampf. Zwischen Kühen, Kälbern und auch zwischen kräftemäßig sehr ungleichen Männern bleibt es beim reinen Halskampf. Die Gegner knien frontal voreinander oder rechtwinklig zueinander, und der eine versucht, mit seinem Hals den des anderen niederzudrücken, während der andere von unten dagegen stemmt. In ernstlichen Kämpfen knien gleichwertige Bullen genauso nieder und »umschlingen« einander mit den Hälsen. Gleichzeitig bearbeiten sie aber Hals, Schulter, Brust und Flanke des Gegners mit den kurzen, spitzen Hörnern, was zu recht üblen Verletzungen führen kann.

Ein drohimponierender Bulle nähert sich dem Gegner im Zeitlupentempo und bietet ihm die Breitseite mit waagrecht vorgestrecktem Hals und Haupt und zebuähnlich hinabweisenden Ohren. Der Rücken buckelt sich verstärkt, wenn der Bulle schließlich mit ziemlich weit vorgesetzten Hinterläufen stehenbleibt und den Kopf senkt. Bei höchster Intensität des Breitseitimponierens aber streckt er Hals und Kopf steif nach vorn-oben. Im Paarungszeremoniell folgt der Bulle der Kuh mit verhältnismäßig locker vorgestrecktem Hals, und er drückt die Ohren nicht herab. Den langen Schwanz hält er fast ständig senkrecht aufgerichtet, was im Rivalenimponieren nur selten, und dann nur kurz geschieht. Er beleckt die Kuh ausgiebig in der Geschlechtsgegend, an Keulen und Flanken und, besonders vorm Ansprung, an Kruppe und Rücken.

Traditionsgemäß zählt auch die indische VIERHORNANTILOPE *(Tetracerus quadricornis)* zu den Waldböcken. Möglicherweise ist das nur ein Überlieferungsschlendrian. Wie der Name sagt, können hier die Böcke vier Hörner besitzen. Vor den ziemlich steilen und weit auseinanderstehenden Haupthörnern befinden sich auf der Vorderstirn noch zwei kleine Hörner, die eng beisammenstehen. Nicht alle Böcke haben vier Hörner, und bei manchen fällt das zweite Paar später wieder ab. Die Voraugendrüsen öffnen sich nach außen mit waagrechten Schlitzen. Vierhornantilopen treten einzeln oder paarweise in Wassernähe auf und dürften in ihrer Lebensweise den Duckern recht ähnlich sein. Vermutlich sind sie territorial und behalten ihre Reviere langfristig bei. Auch Einehe erscheint möglich. Während der Paarungszeit von Juni bis August sollen die Böcke recht angriffslustig sein.

Oben: Indien ist auch die Heimat der Vierhornantilope. Wie der Name sagt, besitzen die männlichen Tiere vielfach vier Hörner. Vor den beiden etwa zehn Zentimeter langen Haupthörnern wächst dann noch ein zweites, kürzeres Hörnerpaar. - Unten: Halskampf mit Hörnergebrauch bei zwei Nilgaubullen.

Rinder

von Christiane Buchholtz

Einleitung

Stammesgeschichte und Verbreitung. Fossile Funde der stammesgeschichtlich jungen Säugetiergruppe der Rinder stammen aus dem Tertiär, also der zweitjüngsten erdgeschichtlichen Formation. Sie traten erstmals vor rund 10 Millionen Jahren in Europa und Nordamerika auf. Zu dieser Zeit entstanden die Blütenpflanzen und Nacktsamer. Später, im Quartär, also der jüngsten erdgeschichtlichen Formation, vor einer Million Jahren, erlebten die Rinder ihre stärkste Ausbildung. Entscheidend hierfür waren die warmen Zwischeneiszeiten. Im jungen Quartär bildeten sich durch das Abschmelzen der Gletscher die heutigen Landschaftsformen und damit die Pflanzen- und Tierwelt der Gegenwart aus. Gleichzeitig fand die Domestikation, also die Haustierwerdung statt. Archäologische Forschungen geben uns heute eine Vorstellung von dem Geschehen zwischen der eiszeitlichen Tierwelt und dem Beginn ackerbaulichen Umgestaltens der Natur. Dabei geht es um einen Zeitraum von etwa vier Jahrtausenden. In der Nacheiszeit blieb das Großraumklima im wesentlichen gleich. Jedoch veränderte sich die Pflanzen- und Tierwelt, indem sie im Lauf der Jahrtausende verarmte. Wahrscheinlich waren die Ebenen meist mit Savannen bedeckt und die Bergzüge bewaldet. Dschungelwälder begleiteten die großen Ströme. Aber das trockene Klima beeinträchtigte das Verhältnis zwischen Pflanzendecke, Regenmenge und Grundwasserstand. Weidende Säugetiere verzehrten mehr, als in den Gebieten mit geringem Regenfall nachwachsen konnte. Hinzu kam, daß der Mensch die vorherrschende Tendenz zur Austrocknung unterstützte, indem er die Pflanzenwelt zerstörte. Die Vernichtung betraf jedoch in noch größerem Maße die Tierwelt. Es darf angenommen werden, daß hierbei reine Jägervölker, die mit den Wildtieren gemeinsam einen Lebensraum bewohnten, weniger beteiligt waren. Es haben vielmehr der Ackerbau und die Viehzucht zu einer zunehmenden Verdrängung der Wildtiere durch das Einengen von deren Lebensraum beigetragen.

Die ersten Tiere, die der Mensch zu Haustieren machte, waren die Ziege und das Schaf. Nach diesen Erfahrungen wurden noch im 6. Jahrtausend vor unserer Zeitrechnung Rinder in menschliche Obhut genommen und gezüchtet (s. auch den Beitrag von

Bisonmutter mit neugeborenem Kalb. Rinder bringen in der Regel jeweils nur ein Kind zur Welt, das schon bald nach der Geburt der Mutter zu folgen vermag, also zum Nestflüchtertyp gehört.

W. Herre und M. Röhrs in diesem Band). Sie dienten den Ackerbauern bei der Bewirtschaftung ihrer Böden und außerdem als Nahrung. Hinzu kam die Verwertung von Fellen und Hörnern.

Zahlreiche noch heute lebende Wildrinder sind vom Aussterben bedroht. Reste versucht man durch Schutzmaßnahmen am Leben zu erhalten. Außergewöhnlich erfolgreich vermehrte man den Bisonbestand in Nordamerika, indem es gelang, diesen in 25 Jahren auf etwa 50 000 Tiere zu verdoppeln. In Südamerika und Australien gibt es keine Wildrinder. Allerdings leben in allen Erdteilen Nachfahren domestizierter Formen, die teilweise verwildert sind.

Lebensraum und Nahrung. Wildrinder sind ausschließlich auf pflanzliche Nahrung angewiesen. Hiernach richtet sich ihr Lebensraum aus. Sie ernähren sich von sehr unterschiedlichen Pflanzenteilen, von Gräsern und Blattpflanzen, von Baumrinden, ja sogar von Flechten und Moosen. Infolgedessen kommen sie in den verschiedensten Biotopen vor. Rinder bewohnen Grassteppen und Wälder, aber auch das Gebirge bis zu Höhen von 5000 bis 6000 Metern.

Entwicklung und Mutter-Kind-Beziehung. Rinder sind bald nach der Geburt imstande, der Mutter zu folgen. Sie gehören also zu denjenigen Säugetierjungen, die im Gegensatz zu Nesthockern (z.B. Kaninchen, Mäuse, Eichhörnchen) auch als Nestflüchter bezeichnet werden. Heute wird allerdings eine solche Gegenüberstellung kritisch betrachtet, da sich manche Säuger keiner dieser beiden Formen zuordnen lassen.

Die Nahrungsaufnahme beim Kalb wird nach Linde Schuller zunächst bis gegen Ende des zweiten Lebensmonats durch Lautäußerungen der Mutter in Gang gesetzt. Ausgelöst wird hierdurch ein angeborenes Suchverhalten (Appetenzverhalten), welches auf »dunkle Winkel« am Körper, vor allem an den Beinen des stehenden Muttertieres, hin ausgerichtet ist. Dabei sind an den ersten drei Lebenstagen die Einstellbewegungen ausschließlich nach oben hin orientiert. Untersuchungen haben gezeigt, daß bei Wegnahme des Muttertieres der Mensch als Ersatzobjekt für dieses Suchverhalten dient. Bei sitzenden Personen wird in den Achselhöhlen und den Winkeln zwischen Kopf und Schultern gesucht. Durch dieses Suchverhalten am Muttertier lernen die Kälber auffallend schnell den Ort des Gesäuges, des vierzitigen Euters. Man muß also annehmen, daß für diesen raschen Lernvorgang ein bestimmtes ererbtes Programm verantwortlich ist, in dem ein Verhaltensmuster, das man mit »Versuch und Irrtum« beschreiben könnte, angelegt ist. Zu einem späteren Zeitpunkt werden optische Merkmale hinzugelernt.

Die erste Milch, die Kälber trinken, enthält hochwirksame Stoffe zur Abwehr von Infektionskrankheiten. Diese werden von der Darmwand des Jungtieres aufgenommen, gelangen dann ins Blut und bilden dort die erste Immunstoff-Ausstattung.

Säugende Gaurkuh. Das Kalb entdeckt das Gesäuge sehr schnell, weil sein angeborenes Suchverhalten nach oben auf die »dunklen Winkel« des stehenden Muttertiers, vor allem an den Beinen, ausgerichtet ist.

Während der Saugzeit hängt die Menge der mütterlichen Milchproduktion zunehmend davon ab, wieviel Milch abgenommen wird. Einen zusätzlichen Einfluß hierauf hat ein bestimmtes Verhaltensmuster der Kälber. Durch ruckartige Kopfbewegungen, die das Gesäuge des Muttertieres »massieren«, wird die Abgabe der Milchmenge erhöht.

Betrachtet man die gesamte Verhaltensentwicklung des Nahrungserwerbs bei Kälbern, so überrascht das wiederholt auftretende Kauen an Halmen oder Gräsern, obgleich sie zunächst noch ausschließlich auf Milch angewiesen sind. Dies tritt bereits bei wenige Tage alten Kälbern auf. Hierbei handelt es sich um eine frühzeitige Reifung einer Verhaltensweise, die erst zu einem späteren Zeitpunkt, nämlich bei der Umstellung der Nahrungsaufnahme, biologisch bedeutungsvoll wird. Frühzeitige Reifungen von Verhaltensweisen sind uns von Tieren mannigfalt bekannt. Wahrscheinlich werden hierdurch Lernvorgänge ermöglicht und »vorzeitig« eine zunehmende Geschicklichkeit durch Übung erreicht.

Eine andersartige Situation ergibt sich, wenn Tiere über bestimmte Verhaltensweisen verfügen, ihnen jedoch diejenigen Objekte fehlen, auf die sie normalerweise orientiert sein sollten. Das trifft für Kälber zu, die aus Eimern getränkt werden. Zunächst beobachtet man, daß sie zu schnell trinken. Außerdem zeigen sie, da ihnen kein Gesäuge zur Verfügung steht, Saugverhalten an Ersatzobjekten. Hierbei kann es sich um Ohren oder andere Körperteile sowie um Bäume oder andere Gegenstände handeln. Dann tritt bei Kälbern zusätzlich »Zungenschlagen« auf, was als eine Saugstereotypie »im Leerlauf« gilt.

Innerhalb von 24 Stunden säugt die Mutter ihr Junges etwa sechsmal. Durchschnittlich beträgt die Saugdauer zehn Minuten. Dabei werden in der Regel die vier Zitzen in einer rotierenden Reihenfolge besaugt – jede wenige Sekunden lang. Die Mutter leckt während des Saugvorgangs das Kalb selten im After- und Geschlechtsbereich, lediglich kurz nach der Geburt wird das Kalb intensiv geleckt. Eine Zeitlang nach der Geburt nimmt das Kalb beim Trinken einen sehr spitzen Winkel zur Körperachse der Mutter ein. Später weicht es zunehmend öfter von dieser Einstellung ab. Unterbricht die Mutter das Säugen, folgt das Junge und versucht, zwischen den Hinterbeinen hindurch an die Zitzen zu gelangen.

Während die Mutter sich in den ersten Lebenstagen des Kindes stets in seiner Nähe aufhält, treffen sich später gleichaltrige Kälber, um die meiste Zeit miteinander zu ruhen. In regelmäßigen Abständen beginnt das Junge nach der Mutter zu suchen; es ruft auch dabei. Die Lautäußerungen bestehen aus Blöken und Grunzen. Ruft im anderen Fall die Mutter ihr Kalb, hört man bei größeren Entfernungen Muhen, in der Nähe grunzt auch die Mutter. Nicht immer erkennt das Kalb gleich seine Mutter, sondern läuft auch zu fremden Kühen. Diese weisen es durch Drohbewegungen und Drohlaute ab. Sind die Kälber etwas älter, erkennen sie zunehmend sicherer ihre Mutter. Ob allein das Ausbleiben der Drohgeste der Mutter hierfür verantwortlich ist, wissen wir nicht. Wahrscheinlich werden sowohl optische als auch geruchliche Kennzeichen der Mutter gelernt.

Jungtiere von Rindern sind während ihrer ersten Lebenszeit sehr verspielt, nämlich zu der Zeit, in der sie noch nicht einen großen Teil des Tages mit Nahrungsaufnahme und Wiederkauen verbringen müs-

Die Aufnahme und »Weiterverarbeitung« der Nahrung bestimmen den Tagesablauf der Rinder. Auf dem Foto ist ein Wasserbüffel noch eifrig mit Grasen beschäftigt, während seine Genossen bereits wiederkauend im kühlen Wasser ruhen.

sen. Halberwachsene spielen auch, aber seltener Meist wird ihr Spiel durch Stimmungsübertragung von Jüngeren in Gang gesetzt. Sozialspiel zeigen auch noch Erwachsene, was durch Spielaufforderungen von Jungtieren ausgelöst werden kann. Auch gibt es spielerische Interaktionen (Wechselbeziehungen) zwischen Erwachsenen. Robert Schloeth, der dreieinhalb Jahre lang halbwilde französische Kampfrinder in der Camargue im Rhonedelta beobachtete, sah in einem der Untersuchungsgebiete, in dem sich zahlreiche Neugeborene mit ihren Müttern aufhielten, Kälber nach der Nachmittagsruhe regelmäßig auf einen »Spielplatz« ziehen, eine kleine erhöhte Rasenfläche. Die Kälber begaben sich einzeln oder in kleinen Gruppen dorthin, auch wenn der Weg der Herde weiter entfernt lag. Eindrucksvoll war, daß die Jungtiere unmittelbar nach dem Eintreffen sofort zu spielen begannen. Hierbei konnte es sich dann um Objektspiel oder um Sozialspiel handeln. Beim Objektspiel, das auf Pflanzen oder kleine Bodenhügel gerichtet sein kann, treten Verhaltensmuster auf, die an das Bodenhornen (Wühlen mit den Hörnern im Boden) und an das Kopf-Hals-Reiben bei Erwachsenen erinnern. Objektspiel mit beweglichen Gegenständen, wie Ästchen oder Steinen, sieht man kaum. Im Vergleich zum Objektspiel ist das Sozialspiel auf Artgenossen ausgerichtet. Am häufigsten kommen Lauf- und Fluchtspiele vor, also »Verfolgen und Verfolgtwerden«. Diese Spielform wird oftmals durch gegenseitiges Boxen und Stoßen unterbrochen. Auch beschreibt Schloeth Sexualspiele bei Jungtieren und Halberwachsenen und zwischen Kälbern und ihren Müttern.

Für das Sozialspiel ist der Rollenwechsel kennzeichnend. Manchmal kommt auch selbstbezogenes Spielverhalten vor, bei dem die Tiere ihrem eigenen Schwanz nachjagen. Insgesamt erkennt man, daß sowohl beim Objektspiel als auch beim Sozialspiel Verhaltenselemente auftreten, die im Erwachsenenstadium im Hinblick auf »ernsthafte« Funktionen Bedeutung erlangen. Neuere Untersuchungen der Verhaltensforschung sprechen dafür, daß Bewegungsmuster des Spiels für notwendige Lernvorgänge unerläßlich sind.

Tagesablauf. Europäische Hausrinder zeigen ein bestimmtes zeitliches Aktivitätsmuster im Tagesverlauf. In der Regel ist jeder Aktivitätsschub mit Nahrungsaufnahme verbunden. Nach der Nahrungsaufnahme erfolgt das Wiederkauen, und danach wird geruht. Am Abend, nach Sonnenuntergang, ist das Wiederkauen besonders ausgeprägt, anschließend ruhen die Tiere meist bis zum Sonnenaufgang. Beim Wiederkauen wird nach C.C.Balch eine typische Liegehaltung eingenommen, wofür Funktionen des gefüllten Pansens verantwortlich gemacht werden.

Bei einheimischen Rinderrassen wurden aufgrund verschiedener Untersuchungen innerhalb eines Tages 7 Schübe bei der Nahrungsaufnahme und 10 bis 15 Wiederkauperioden ermittelt. Die Dauer einer Wiederkauperiode beträgt etwa 30 Minuten. Sie ist abhängig von der Art des Futters und von der aufgenommenen Futtermenge. Außerdem besteht ein zeitlicher Zusammenhang zwischen der mit der Futteraufnahme verbrachten Zeit und der Wiederkauzeit. Je länger nämlich die Futteraufnahme dauert, um so länger dauert das Wiederkauen. Es beginnt etwa 30 bis 60 Minuten nach dem Ende der Futteraufnahme. Dauert allerdings die Nahrungsaufnahme einmal

Alle Rinder müssen regelmäßig trinken. Die afrikanischen Kaffernbüffel benötigen täglich etwa 30 bis 40 Liter Trinkwasser. Am Morgen und am Abend finden sie sich an den Wasserlöchern ein, um ihren Durst zu löschen.

sehr lange, kann unmittelbar danach wiedergekaut werden. Die Wiederkauperiode nach Sonnenuntergang macht etwa zwei Drittel der insgesamt zum Wiederkauen benötigten Zeit aus.

Bei genauerer Analyse der tagesperiodischen, also der im Tagesverlauf regelmäßig auftretenden Aktivitätsschübe kann man bei Rindern zusätzliche Verhaltensänderungen beobachten. Zu Beginn wird die Nahrungsaufnahme häufiger unterbrochen. Offenbar werden dabei zunächst bestimmte Grashalme oder Blätterpflanzen ausgewählt. Anschließend weiden die Rinder gleichmäßiger und sind nicht mehr so wählerisch. Gegen Ende der Nahrungsaufnahme häufen sich wiederum die Unterbrechungen. Insgesamt kann die Dauer der Nahrungsaufnahme sehr unterschiedlich sein. Wahrscheinlich wird sie weitgehend durch das Futterangebot bestimmt. So können bei freilebenden Rindern ökologische Bedingungen hierauf einen Einfluß ausüben.

Betrachtet man die genannten Befunde, könnte man zunächst annehmen, daß die tagesperiodische Nahrungsaufnahme im wesentlichen durch den Hungerzustand der Tiere bestimmt wird. Obgleich man weiß, daß nach einer langen Pause die Dauer der Nahrungsaufnahme auffallend verlängert ist, ist dies nicht der ausschließlich bestimmende Einfluß. Nach Ergebnissen des Forschungsgebietes der Biorhythmik oder Chronobiologie sind wir heute sicher, daß die tagesperiodische Aktivitätsverteilung grundsätzlich durch den Einfluß einer »inneren Uhr« gesteuert wird. Es gibt also Instanzen im Zentralnervensystem, die für derartige periodisch auftretende Verhaltensmuster grundsätzlich verantwortlich zu machen sind. Umwelteinflüssen kommt lediglich eine untergeordnete Bedeutung zu.

Lernfähigkeiten. Schon lange vor dem Beginn unserer Zeitrechnung bildete der Mensch eine besondere Beziehung zu den Rindern aus. Hierfür sprechen nicht allein die Standorte fossiler Funde, sondern auch die Vielfalt der erhaltenen Darstellungen aus der bildenden Kunst. Hierzu gehören Abbildungen von Stierkämpfen aus dem alten Ägypten und von Kreta sowie des waffenlosen Stierkampfes der alten Griechen. Es wird heute nicht ausgeschlossen, daß der herkömmliche spanische Stierkampf auf die altkretische Kultur zurückzuführen ist.

Außerdem gibt es mannigfaltige Berichte, in denen Dressuren von Rindern geschildert werden. Im Zirkus sieht man heute noch abgerichtete Büffel; bekannt wurde zu Anfang dieses Jahrhunderts Carmencita, die auf einem Stier Hohe Schule ritt. Eindrucksvolle Lernerfolge erzählt die Engländerin Barbara Woodhouse, die viele Jahre lang mit Hausrindern lebte, auf ihnen ritt und sie zum Springen abrichtete. Auch empfiehlt sie für die erste Kontaktaufnahme mit einem Rind folgendes Verhalten: Man solle sich allein und sehr langsam mit auf den Rücken gelegten Armen dem Tier nähern und dann still stehen. In der Regel kommt ein Rind dann auf den Menschen zu und nimmt dessen Atem auf. Durch gegenseitiges Anblasen und Vermeidung jeglicher hastiger Bewegungen wird die Vertraulichkeit gesteigert. Schließlich kann man dann die Flanken und den Nacken streicheln, Kühe schätzen besonders das Kraulen hinter den Hörnern. Durch Wiederholungen lernen Rinder rasch einen bestimmten menschlichen Partner kennen. Hierbei spielen sicherlich optische und geruchliche Reize eine besondere Rolle.

In bezug auf den Geruchssinn weiß man, daß besonders Wildrinderherden im Freiland durch Aufnahme

Rinder sind durchweg »Herdentiere«, so wie diese Amerikanischen Bisons in einem Schutzgebiet im Bundesstaat Montana. In früheren Jahrhunderten, als das Land noch allein den Indianern gehörte, waren die Herden der »Indianerbüffel« auf den Prärien Nordamerikas sehr viel größer als heute.

der Witterung im Fernbereich Einheimische und Touristen voneinander unterscheiden können. Bernhard Grzimek und seine Mitarbeiter prüften im Frankfurter Zoo bei Rindern das Sehvermögen im Nahbereich. Sie stellten fest, daß unbewegte Gegenstände nur aus nächster Nähe erkannt werden. Auch wurde im Nahbereich das Farbsehvermögen untersucht. Die Befunde machen deutlich, daß die Tiere die Farben Blau, Rot, Grün und Gelb wahrnehmen können, da sie diese untereinander und gegenüber dargebotenen Graustufen bei Lernversuchen zu unterscheiden vermochten. Zweifellos hat schließlich auch das Gehör eine wichtige Bedeutung für die Ausbildung von Lernprozessen. Inwieweit Lautäußerungen, die bei sozialen Interaktionen auftreten, auch individuell gelernt werden, wissen wir nicht. Die ersten ausführlichen Lautmusteranalysen stammen von Marthe Kiley. Systematische Untersuchungen zur Hörschwellenbestimmung bei Rindern liegen nicht vor. Entsprechende Kenntnisse wären für Lernvorgänge im Rahmen der Rinderhaltung äußerst wertvoll.

Auch gibt es wiederholt Berichte über einen sogenannten Werkzeuggebrauch bei Rindern, der auf einem Lernvorgang aufbaut. So berichtet Wolfgang Grummt von einem Wasserbüffel aus dem Tierpark Berlin: »Der erwachsene achtjährige Bulle hatte von der Umzäunung einen obersten Balken auf einer Seite, vermutlich mit den Hörnern, abgerissen. Auf der Gegenseite hing der Balken noch an einem großen Nagel, an dem er sich wie um ein Scharnier bewegen ließ. Der Wasserbüffel hatte den Balken zwischen den Hörnern liegen und kratzte sich durch entsprechende Bewegungen des Schädels mit dem freien Ende des Balkens auf dem Rücken. Ich versuchte, den Bullen vom Zaun abzudrängen, was mir auch ziemlich rasch gelang. Dabei glitt der Balken vom Rücken des Tieres und hing nun fast senkrecht herab. Kaum hatte ich mich einige Schritte entfernt, näherte sich der Bulle wieder, senkte sein Haupt, hakte mit dem geschwungenen Horn hinter den Balken und hob diesen geschickt hoch und scheuerte sich Schulter und Körperseiten mit dem Balkenende. Die Aufnahme des Balkens geschah dabei mit solcher Fertigkeit, daß man annehmen darf, daß der Büffel schon öfters einen solchen Balken als Werkzeug zur Körperpflege benutzt hatte, zumal an diesem Gehege auch vor dieser Beobachtung schon mehrmals Balken einseitig abgerissen waren.«

Sozialverhalten. Rinder sind im allgemeinen soziallebende Tiere, das heißt, sie leben in Vergesellschaftung mit Artgenossen. Einzeltiere kommen also nicht nur zum Zweck der Fortpflanzung oder der Jungenaufzucht zusammen. Unabhängig von der Aktivierung bestimmter Funktionen gibt es ein eigenmotiviertes Zusammensein, das zu besonderen Sozialansprüchen führt. Dieses gilt nicht nur für Wildrinder, sondern grundsätzlich auch für alle domestizierten Formen.

Bei der Betrachtung einer Sozietät (Gemeinschaft) stehen drei Aspekte im Vordergrund des Interesses; nämlich die Sozialstruktur, also die Zusammensetzung und der Aufbau einer Gruppe, die soziale Dynamik und schließlich die Interaktionen zwischen den Gruppenmitgliedern. Alle drei Aspekte stehen in enger Beziehung zueinander.

Eine Vielzahl von Faktoren beeinflußt das gesamte Sozialsystem. Hierzu gehören Geburten, Sterblichkeit, die Anzahl der Gruppenmitglieder, bezogen auf den zur Verfügung stehenden Lebensraum, das Ein- und Ausgliedern von Einzeltieren, individuelle Raum- und Sozialbeziehungen, die das Ausmaß der sozialen Sicherheit und des Sozialstresses bedingen. Insgesamt gesehen, werden die Möglichkeiten der individuellen Anpassung, die die Voraussetzung für das Leben in einer Gemeinschaft darstellt, durch das genetische Programm für das jeweils eigene Sozialverhalten bestimmt.

In diesem Zusammenhang stellte man bei eineiigen Rinderzwillingen fest, daß sie keine statistisch gesicherten Verhaltensunterschiede innerhalb desselben Lebensraumes aufwiesen. Spricht ein solcher Befund auch für eine verhältnismäßig strenge erbliche Festlegung des Verhaltens, muß andererseits auf die Bedeutung von Umwelteinflüssen hingewiesen werden. Unterschiedliche Umweltbedingungen bewirken auch jeweils angepaßte Verhaltensänderungen. Das geht vor allem aus Beobachtungen verwilderter Rinderherden hervor. Hausrinder verwildern rasch. Sie zeigen, sobald sie aus solchen für die Domestikation kennzeichnenden Haltungsbedingungen entlassen werden, wieder ursprünglichere Verhaltensweisen. Besonders auffallend sind hierbei Erhöhungen aggressiven Verhaltens.

Ein Amerikanischer Bisonbulle wirbt um eine Kuh. Er folgt ihr und bleibt bei ihr, um so zur Paarung zu gelangen.

Bei Rindern umfaßt eine typische Kleinherde 10 bis 30 Tiere. Mehrere Kleinherden können sich zu einer Großherde zusammenschließen. Feste Wohngebiete, die markiert und verteidigt werden, gibt es bei Rindern wohl nicht. Im Verlaufe des Jahres wechselt die Zusammensetzung einer Herde; vor allem im Zusammenhang mit der Fortpflanzungszeit, der Setzzeit und den Witterungsbedingungen, wie Trocken- und Kälteperioden. Gibt es doch im Wechsel neben gemischten Gruppen auch solche, die ausschließlich von Weibchen und Jungtieren gebildet werden, oder aber reine »Bullenverbände«. Oftmals verlassen auch erwachsene Männchen den Verband und leben dann als Einzelgänger. Zur Fortpflanzungszeit können sie sich wieder ihrer Stammgruppe oder aber einer fremden Gruppe anschließen. Dabei erfolgt die Wiederaufnahme sozialer Kontakte allmählich. Sie werden zunehmend häufiger bis zum endgültigen Anschluß an die Herde.

Die Rangstellung innerhalb einer Gruppe wird bei Rindern vorzugsweise von Körpermerkmalen bestimmt. Hierzu gehören nach G.C.Brantas die Körpermasse, die Körperlänge und die Widerristhöhe. Das gilt jedenfalls für stabile Rinderherden, in denen die Tiere über längere Zeit vergesellschaftet sind.

Gerade gemischte Gruppen können infolge der großen Bedeutung von Körpermerkmalen eine hohe Stabilität erreichen. Anders verhält es sich bei der Bildung von Gruppen gleichen Geschlechts, etwa gleichen Alters und ähnlicher Gewichtsklasse, wie es häufig für Bullenverbände zutrifft. Dann gewinnen für die Ausbildung von Rangbeziehungen aggressive Verhaltensweisen an Bedeutung. Außer körperlichen Merkmalen gibt es aber auch Persönlichkeitsmerkmale des Verhaltens, die für die Gruppenstruktur wichtig sind. Jedenfalls haben Forscher, die sich längere Zeit bei Rinderherden aufhielten, hierauf wiederholt hingewiesen.

Die räumliche Verteilung der Einzeltiere innerhalb einer Gruppe ergibt sich aus den Rangbeziehungen zwischen ihnen. Rinder, die einen niederen sozialen Status einnehmen, weichen Ranghöheren aus. Innerhalb einer größeren Herde muß man davon ausgehen, daß ein Einzeltier nicht alle anderen Mitglieder »persönlich« kennt.

Oftmals wurde die räumliche Verteilung bei der Wanderung von Rinderherden beschrieben. Bei solchen Formationen gehen nach R. Kilgour und T.Scott Tiere mit mittlerer Rangstellung meist vorn, während Rangniedere am Ende zu finden sind. Hochrangige Tiere wandern oftmals in der Mitte. Sind Mütter mit Kälbern dabei, wird zwischen diesen ein besonders enger Kontakt aufrechterhalten.

Außerdem wird die räumliche Verteilung der Tiere innerhalb einer Gruppe durch Merkmale des Biotops, also der Beschaffenheit des Lebensraumes, bestimmt. Sind Weideflächen eng begrenzt, häufen sich infolge der Konkurrenz aggressive Verhaltensweisen, die zu einer Veränderung sozialer Strukturen führen können.

Innerhalb des Lebensraumes einer Herde gibt es verschiedene Ortsbevorzugungen, an denen vorwiegend ganz bestimmte Verhaltensweisen auftreten. Die jeweiligen Plätze werden auf ausgebildeten gewundenen Wanderwegen (»Wechsel«, »Kuhwege«) regelmäßig aufgesucht. Es gibt Weideplätze, Plätze zum Trinken, Suhlen und Baden, Spielplätze und Stellen, an denen vorwiegend Körperpflege erfolgt.

Außerdem gibt es Gebiete, in denen besonders oft soziales Ausdrucksverhalten auftritt. Hierzu gehört das Scharren mit den Vorderfüßen, das Reiben von Kopf und Hals an einer Unterlage sowie das Bodenhornen. Oft stehen an solchen Orten auch Bäume und Sträucher, an denen die Hörner entlanggerieben oder aber Zweige nach oben geschlagen werden (»Zerhornen«). Bullen zeigen dieses Verhalten besonders intensiv. Die Bewegungsmuster können eine bestimmte Bedeutung für Artgenossen haben. Scharren, Kopfreiben und Bodenhornen bedeuten »Selbstsicherheit«, oder aber sie sind gleichfalls Ausdruck des Imponierens und Drohens gegenüber einem Rivalen.

Zu den optischen Ausdrucksmustern gehören insgesamt sehr unterschiedliche Stellungs- und Bewegungsmuster, die jeweils eine bestimmte Signalwirkung für den Artgenossen haben. Innerhalb der Vielfalt solcher Verhaltensweisen ist die Stellung des Kopfes zur Halsachse und die Stellung des Halses zur Körperachse von großer Bedeutung. Die Stellung des Kopfes als entscheidendes Merkmal ist Ausdruck unterschiedlich intensiver Drohgesten und spielt ebenfalls eine entscheidende Rolle bei friedlicher Annäherung und beim Sichern. Demgegenüber sind die Ausdrucksmöglichkeiten der Mimik gering, da die Gesichtsmuskulatur bei Rindern wenig differenziert ausgebildet ist.

Die Bedeutung der Kopfstellung für den Artgenossen kommt bei Rindern besonders deutlich bei aggressiveren Interaktionen zum Ausdruck. In bestimmten Situationen nämlich bieten Rinder einander die Breitseite dar. Dabei wird der Kopf in Abhängigkeit von der Stärke der Aggressivität unterschiedlich weit gesenkt, und zwar in der Form, daß die Hörner etwa waagerecht über dem Boden stehen. Wird der Kopf in dieser Stellung abgewendet, kann es sich möglicherweise um eine Beschwichtigungsgeste handeln. Das Ausmaß des Kopfsenkens und Kopfabwendens wird als Verhaltensweise zur Beurteilung der Rangstellung herangezogen.

Auseinandersetzungen führen natürlich auch zu Berührungen der Partner. Es können Stirn oder Hörner gegeneinander gerieben oder gestoßen werden (»Hornen«). Bei hoher Aggression fallen die Kämpfe sehr heftig aus und dauern lange. Abgebrochen werden sie durch die Flucht des Unterlegenen, der danach nur kurzfristig verfolgt wird. Eine Wiederholung der Kämpfe zwischen den beiden Tieren ist möglich. In der Regel sind ältere Rinder jüngeren überlegen.

Neben den mannigfaltigen optischen Ausdrucksmitteln haben im Rahmen der sozialen Beziehungen geruchliche Reize eine offenbar nicht unerhebliche Bedeutung. Geruchliche Kontrollen finden durch Beschnuppern am Kopf und im After- und Geschlechtsbereich statt. Der Geruch von Kot ist offenbar bei allen Rindern bedeutungslos. Das Beschnuppern erfolgt vor allem von Bullen an Kühen, seltener umgekehrt. Aber Bullen beschnuppern sich auch untereinander.

Zu den Möglichkeiten der Ausbildung und Aufrechterhaltung sozialer Beziehungen gehören auch Lautmuster. Eine neuere umfangreiche Untersuchung hierzu stammt von Marthe Kiley, wobei auf der Grundlage von Sonogrammen Amplituden und Frequenzen bestimmter Lautmuster gekennzeichnet wurden. Es gibt verschiedene Kontaktlaute zwischen Müttern und Kälbern, jedoch auch zwischen anderen Tieren. Außerdem gibt es Spiellaute, Warnlaute, Notlaute, Droh- und Kampflaute, Hetzlaute und Brunftlaute. Unmittelbar vor der Begattung hört man

Rinder legen großen Wert auf Körperpflege. Für den Kaffernbüffel ist das Schlammbad in der Suhle eine Notwendigkeit. Es dient nicht nur der Abkühlung, sondern auch der Insektenabwehr, denn der am Körper trocknende Schlamm bildet eine wirksame Schutzschicht.

rhythmische Lautfolgen geringer Lautstärke. Der Rhythmus entspricht etwa den Kopulationsbewegungen. Inwieweit dieses Lautmuster eine Signalwirkung für den Geschlechtspartner hat, wissen wir nicht.

Die während der Fortpflanzungszeit sich entwickelnde persönliche Beziehung zwischen einem Bullen und einer Kuh kann wenige Stunden bis zu mehreren Tagen dauern. Der Beginn der Fortpflanzungszeit ist durch Unruhe und Brüllen gekennzeichnet. Bullen steigern ihre Aufmerksamkeit untereinander und gegenüber dem Verhalten der Kühe. Auch geschlechtsreife Jungtiere und Neuankömmlinge versuchen sich zu behaupten. Das hat vermehrte Auseinandersetzungen zur Folge, die meist von Ranghöheren ausgelöst werden. Der ranghöchste Bulle bekräftigt seinen Anspruch auf die im Brunftzyklus am weitesten fortgeschrittene Kuh. Er bleibt bei ihr, bis seine Begattungsversuche erfolgreich sind. Von Kühen ist bekannt, daß sie sich auch gegenseitig bespringen, sowohl brünftige als auch nichtbrünftige Weibchen. Von brünftigen Weibchen wird dieses Verhalten geduldet. Verhaltensforscher nehmen an, daß solche Interaktionen Bullen anregen, sich zu den Weibchen hin zu orientieren.

Schließlich tragen Verhaltensweisen des Putzens zur Ausbildung und Aufrechterhaltung sozialer Beziehungen bei. Hier kommt vor allem dem Fremdputzen, also dem sozialen Putzverhalten, eine große Bedeutung zu. Außerdem gibt es körpereigenes Putzen. Es sollte auch darauf hingewiesen werden, daß Putzverhalten insgesamt ein empfindlicher Indikator ist, wenn es um die Beurteilung des Gesamtzustandes bzw. Gesundheitszustandes der Tiere geht. Soziales Putzen ist ein Ausdruck für die »Stimmungslage« (motivationale Situation) eines Rindes im Sozialverband. Das auf einen anderen Artgenossen orientierte Verhaltensmuster kann grundsätzlich einseitig oder wechselseitig ausgerichtet sein. Charakteristisch für Rinder ist, daß es einseitig erfolgt. Im Gegensatz dazu kennen wir soziales Putzen in Form von Beknabbern bei Pferden, wo es wechselseitig ausgeführt wird.

Zum sozialen Putzen gehört bei Rindern vor allem das Belecken von Kopf, Hals und Schultern. Es ist vorzugsweise auf solche Körperteile hin gerichtet, die das Rind selbst nicht oder schlecht erreichen kann. Nach H.H. Sambraus werden nie Flotzmaul (Nasenspiegel), Schwanzende, Innenseiten der Beine oder deren Außenseiten vom Hand- bzw. Fußwurzelgelenk abwärts geleckt. Das Tier, das geleckt werden will, stellt sich in auffordernder Haltung vor den Partner. Ist dieser leckwillig, beginnt er meist an der Kopf-Hals-Region. Im anderen Fall wendet sich der Partner ab oder wird durch Drohen des Auffordernden vertrieben.

Systematische Gliederung. Die Unterfamilie der Rinder (Bovinae) umfaßt vier Gattungen: Asiatische Büffel *(Bubalus)*, Afrikanische Büffel oder Kaffernbüffel *(Syncerus)*, Eigentliche Rinder *(Bos)* und Bisons oder Wisente *(Bison)*.

Die ursprünglichsten Formen der Rinder findet man unter den Büffeln, die in Asien und Afrika leben. Die Gattung der Asiatischen Büffel enthält zwei Untergattungen *(Anoa* und *Bubalus)*, deren Vertreter sich allein schon durch die Größe stark unterscheiden. Dabei handelt es sich um den kleinen Anoa oder Gemsbüffel und den Wasserbüffel, der häufig auch Indischer Büffel genannt wird. Formen des Afrikanischen Büffels werden in einer einheitlichen Gattung mit nur einer Art zusammengefaßt.

Die heute auf Südasien *(Bubalus)* und Mittel- und Südafrika *(Syncerus)* beschränkten Wildbüffel kamen noch gegen Ende des dritten Jahrtausends im Südirak, bis zum frühen dritten Jahrtausend im Nildelta und im ersten Jahrtausend vor Beginn unserer Zeitrechnung im algerischen Bergland und in Marokko vor. Theodor Haltenorth ist der Auffassung, daß es sich bei den in Tunesien in unserem Jahrhundert ausgestorbenen Büffeln nicht um verwilderte, sondern

Auch der Amerikanische Bison wälzt sich wie alle Rinder gern in Schlamm oder Erde.

noch um echte Wildbüffel gehandelt hat. Zweifellos ähnelten sie der *Bubalus*-Form. Strittig ist allerdings, ob die in Nordafrika viel früher ausgestorbenen Büffel mit dieser Form identisch waren. Fossile Funde von Vorfahren Afrikanischer Büffel kennen wir aus Palästina.

Asiatische Büffel (Gattung *Bubalus*)

Der ANOA oder GEMSBÜFFEL (Untergattung *Anoa*) umfaßt die kleinsten und ursprünglichsten Vertreter der heute noch lebenden Wildrinder. Sie kommen auf der Insel Celebes in zwei Arten vor. Der TIEFLANDANOA *(Bubalus [Anoa] depressicornis)* lebt im nördlichen Sulawesi auf Celebes, der BERGANOA *(Bubalus [Anoa] quarlesi)* in den Bergwäldern von Sulawesi. Diese Bergform wurde erst 1905 von R. Lydekker beschrieben. Nach Erna Mohr gibt es möglicherweise noch eine Unterart des Tieflandanoas auf Celebes *(Bubalus [Anoa] depressicornis quarlesi)*.

Der Anoa ist für die vergleichende Säugetierforschung in vielerlei Hinsicht von besonderem Interesse. Die kleinen antilopenähnlichen Rinder haben sich auf Celebes als eigenständige Form entwickelt. Fossile Funde auf dem Festland, die diesem ähneln, sind uns nicht bekannt. Jedenfalls ist der Anoa die kleinste rezente (heute lebende) Wildform der Rinder. Nur einzelne Rassen des Hausrindes weisen die Größe dieses wilden Zwergbüffels auf. Auch stellt der Anoa in seinem äußeren und inneren Körperbau ein Verbindungsglied zu anderen Unterfamilien der Hornträger dar.

Im Gegensatz zu allen anderen Wildrindern ist der Anoa selten in Gruppen gesehen worden, häufig hingegen einzeln oder paarweise. Er bevorzugt als Biotop feuchte, dichte Waldungen, wo er sich gern von Sumpf- und Wasserpflanzen, jedoch auch von Blättern und Früchten der Sträucher und Bäume sowie von Kräutern und Gräsern ernährt. Insgesamt ist sein Bewegungsbedürfnis gering. Seine bevorzugte Gangart ist der Schritt. Bei Gefahr flüchtet er in Sprüngen. Wird seine kritische Distanz durch den Menschen unterschritten, unterbleibt die Flucht, und es erfolgen heftige Angriffe. Der Anoa gilt als leicht reizbar und als für seinen Gegner sehr gefährlich, da seine spitzen Hörner wie Dolche wirken können. Als besonders gefährlich gelten Einzelgänger, junge Bullen während der Fortpflanzungszeit und Mütter mit Jungtieren. Allerdings ist nicht sicher, ob es im Freiland eine jahreszeitlich abhängige Fortpflanzung gibt. Man kennt sie nur von bestimmten Haltungsbedingungen aus zoologischen Gärten, wo Anoas allerdings selten anzutreffen sind. Entsprechend ihrer offenbar weniger sozialen Lebensweise werden Bullen von Kühen und Jungtieren dort getrennt gehalten. Nur zur Fortpflanzungszeit vergesellschaftet man sie. Die Zucht bereitet bis heute Schwierigkeiten. Auch sind die Tiere sehr anfällig gegenüber Fütterungsfehlern, Infektionskrankheiten und Endoparasiten (Innenschmarotzer). Parasitäre Erkrankungen mögen auch ein Grund für Bestandsbegrenzungen und -rückgänge im Freiland sein. Auf Celebes meiden Anoas besiedelte und vom Menschen darüber hinaus genutzte Bereiche. Infolgedessen ist der Schaden durch sie gering. Wegen ihres Fleisches werden sie wohl selten getötet, eher wegen der Hörner und Häute. Der Grund für ihre Verfolgung ist ein »jagdsportliches« Interesse.

Der Anoa ist bis heute vom Aussterben bedroht, so daß man sich in einzelnen zoologischen Gärten, wie in San Diego (Kalifornien), um möglichst weitreichende züchterische Erfolge bemüht.

Zu der zweiten Untergattung *(Bubalus)* gehört der WASSERBÜFFEL *(Bubalus [Bubalus] arnee)*. Im Vergleich zu dem kleinen Anoa handelt es sich hierbei um sehr massige und kräftige Tiere. Allein der Tamarau auf der Philippineninsel Mindoro ähnelt dem Anoa. Die breiten und langschaligen Hufe sowie die vergleichsweise wenig zurückgebildete Afterklaue sind für das

Die kleinsten und urtümlichsten Wildrinder sind die Anoas, die ausschließlich auf der Insel Celebes (heute Sulawesi) vorkommen; doch auch hier ist ihr Bestand stark gefährdet. Im Bild ein männlicher Tieflandanoa.

Betreten von Sumpfgebieten, in denen die Wasserbüffel leben, sehr vorteilhaft.

Das ursprüngliche Verbreitungsgebiet wilder Wasserbüffel waren Süd- und Südostasien. Ostwärts erstreckte es sich bis nach China, westwärts gelangten sie in der späten Eiszeit wahrscheinlich über Mesopotamien bis nach Nordafrika. Auch gibt es Hinweise darauf, daß sie zu dieser Zeit noch in Europa vorkamen. Heute sind wilde Wasserbüffel auf Südostasien beschränkt. Domestizierte Formen, die auch teilweise verwildert sind, haben eine weite Verbreitung gefunden. Sie leben in Asien, Südamerika, Europa und Nordafrika.

Der ARNI oder VORDERINDIEN-WASSERBÜFFEL *(Bubalus [Bubalus] arnee arnee)* ist die Stammform der Hausbüffel. Er kommt in kleinen Beständen noch in Sumpfgebieten Vorderindiens vor. Anzunehmen ist, daß auf Borneo, Celebes, Sumatra und Java keine echten Arnis mehr leben. Verwildert findet man sie auch in Hinterindien. Dem Arni stellt man als zweite Unterart den ASSAM-WASSERBÜFFEL *(Bubalus [Bubalus] arnee fulvus)* gegenüber, der nur noch in Schutzgebieten lebt. Ebenfalls kommt der CEYLON-WASSERBÜFFEL *(Bubalus [Bubalus] arnee migona)* als reine Unterart lediglich im Yala-Schutzgebiet vor. Der BORNEO-WASSERBÜFFEL *(Bubalus [Bubalus] arnee hosei)* lebt nur noch im Norden von Borneo. Innerhalb der Asiatischen Büffel wird heute der TAMARAU *(Bubalus [Bubalus] mindorensis)* als eigene Art geführt. Er ist von den Wildbüffeln am stärksten vom Aussterben bedroht und kommt lediglich noch in kleinen Restbeständen auf der Philippineninsel Mindoro (»Mindorobüffel«) vor.

Wolfgang Ullrich, der wiederholt Forschungsreisen nach Assam durchführte, befaßte sich 1963 mit Arnis innerhalb des Reservats Kaziranga. Seine Beobachtungen führte er mit Hilfe eines Reitelefanten durch. Die hierfür täglich aufgesuchte Herde bestand aus einem alten Bullen, einem erwachsenen Jungbullen, sieben erwachsenen Kühen, zwei Jungkühen, vier Kälbern unter einem Jahr und zwei Kälbern, die etwa eineinhalb Jahre alt waren. Durchschnittlich gehören einer Arniherde in diesem Schutzgebiet 20 Tiere an; jedoch gibt es auch solche mit 30 bis 35 Mitgliedern.

Ullrich beschreibt, daß die Arnis bereits am frühen Morgen in der Suhle liegen und dort bis zum späten Nachmittag bleiben. Zwischendurch wird gebadet. Auf dem Bauch liegende Tiere spritzen sich wiederholt frischen Schlamm über den Körper. Hierfür benutzen sie die Hörner als Schlammschaufeln, indem sie diese durch seitliche Kopfbewegungen eintauchen und sich den Schlamm über den Rücken werfen.

Außerdem wälzen sie sich im schlammigen Grund, wie es für viele Rinder kennzeichnend ist. Der Schlamm auf dem Körper dient der Abwehr von Insektenstichen. Auch flüchten die Arnis vor Insekten ganz ins Wasser und strecken nur noch den Kopf oder die Nase heraus. Da sie ständig von Insekten und anderen Kleintieren begleitet werden, gesellen sich Madenhacker und Kuhreiher zu ihnen.

Wanderungen zu Weideplätzen beginnen nach dem Suhlen und Baden ab dem späten Nachmittag und dauern bis in die Nacht. Manche Tiere der von Ullrich beobachteten Herde blieben bis zum Sonnen-

Die Berganoas - zu sehen ist eine Kuh mit ihrem Kalb - bleiben mit einer Kopfrumpflänge von ungefähr 150 Zentimetern noch etwas kleiner als ihre Vettern aus dem Tiefland von Celebes.

Asiatischer Büffel, Wasserbüffel (Bubalus arnee; Wildform)
Tamarau (Bubalus mindorensis)
Tieflandanoa (Bubalus depressicornis)
Berganoa (Bubalus quarlesi)

untergang an der Suhle. Der untersuchten Arniherde standen zwei unterschiedliche Weideplätze zur Verfügung, die 2500 Meter voneinander entfernt lagen. Der eine Weideplatz an einem See bot gleichzeitig Gelegenheit zum Baden, an dem anderen konnte lediglich gesuhlt werden. Die Herde wechselte nicht ständig zwischen beiden Weideplätzen hin und her, sondern sie hielt sich einige Tage entweder an dem einen oder an dem anderen auf. Bevorzugt wurde allerdings der Weideplatz mit Badegelegenheit, denn dort blieben sie vergleichsweise länger.

Die beiden Weideplätze der Herde kennzeichneten zugleich die Länge ihres Wohngebietes, das 400 Meter breit war. Andere Forscher berichten, daß Arnis auch sehr viel weitere Wanderungen durchführen, vor allem wenn der Boden feucht genug ist. Während besonders trockener Zeiten bleiben sie in Wassernähe. So haben die wechselnden Witterungsverhältnisse im Jahresverlauf einen Einfluß auf das Wandern der Herden. Im Mai, mit den Regenfällen des Monsuns, breiten sich die Herden weit über das Reservat aus. Ab Oktober, wenn die Trockenzeit beginnt, sammeln sie sich zunehmend an den zur Verfügung stehenden Suhlen und Gewässern. Das gilt vor allem für den Februar, die Zeit in der die größte Trockenheit herrscht. Einsetzende Regenfälle im April lösen dann Tageswanderungen zu Lichtungen in den Elefantendschungel aus. Dort wachsen zuerst frisches Gras und junge Kräuter.

Ullrich berichtet aus dem Kaziranga-Reservat, daß die Wanderungen der Arnis auf Wechseln der Panzernashörner, die etwa 40 bis 50 Zentimeter breit sind, erfolgen. Dabei gehen sie im »Gänsemarsch«. Die Kälber laufen in der Mitte der Formation. Im Gegensatz dazu achten sie auf der Flucht kaum auf die Wechsel und rennen in einem dichtgedrängten Haufen davon. Aber auch dabei werden die Kälber in die Mitte genommen. Die Tiere laufen bei Gefahr zunächst nur wenige Meter geradeaus, beschreiben danach etwa einen Halbkreis, bleiben stehen und blicken zurück.

Als Fluchtdistanz für Arnis nennt Ullrich 80 Meter. Dies gilt für ein offenes, übersichtliches Gelände, wenn die Tiere einem Menschen auf einem Reitelefanten begegnen und keine Möglichkeit haben, Witterung aufzunehmen. An Ullrich gewöhnten sich die Arnis im Laufe von vier Wochen derart, daß die Fluchtdistanz schließlich auf 25 Meter im offenen Gelände verringert war. Im gedeckten Gelände, im Elefantengras, war die Fluchtdistanz weitaus größer, nämlich etwa 150 Meter. In dieser Situation gewöhnten sich die Arnis in der kurzen Zeit nicht an den Menschen. Außerdem gibt es beim Flüchten individuelle Unterschiede. Ruhende Tiere einer Herde stehen nicht gleichzeitig auf. Häufig sind es erfahrene Weibchen, die durch Boxen mit den Hörnern andere dazu auffordern. Auch haben Einzelgänger, wie alte Bullen, eine geringere Fluchtdistanz; für das offene Gelände gibt Ullrich 50 Meter an.

Außerdem beschreibt er Scheinangriffe der Arnis, die er auch provozieren konnte, indem er sich der Herde sehr schnell näherte. Dabei liefen einzelne Tiere bis auf zehn Meter heran und blieben dann stehen. Währenddessen verharrten die anderen Herdenmitglieder im Hintergrund. Derartige Scheinangriffe konnten sich wiederholen.

Die Art und Weise des Fluchtverhaltens wird, wie es die Situationen im offenen und gedeckten Gelände deutlich machen, durch ökologische Faktoren mitbestimmt. Es kann auch vorkommen, daß Flüchten im offenen Gelände bei Gefahr gehemmt wird – offenbar dann, wenn sich die Tiere an eine ganz bestimmte Störung etwa gewöhnt haben. Arnis können dann eine »Igelstellung« einnehmen, indem ein enger Zusammenschluß erfolgt. Kälber werden dabei in die Mitte genommen. Außerdem berichtet Ullrich, daß ruhende Arnis am See bei Störungen eher aufstanden als beim Liegen in der Suhle oder auf feuchter Wiese. Die Fluchtrichtung war nie das Wasser, sondern unabhängig von der Entfernung immer der Elefantengrasdschungel.

Im Jahre 1980 von H. K. Direkar, K. K. Mohaptra und P. B. Shekar durchgeführte Untersuchungen im Kaziranga-Reservat, dessen heutigen Gesamtbestand man auf etwa 600 Tiere schätzt, machen auf die großen Unterschiede der Fluchtdistanz bei verschiedenen Herden aufmerksam. Es gibt schwarze und schwarzbraun gezeichnete Gruppen, von denen die letzteren bei Annäherung geradezu in Panik geraten. Auch wurde bei Einzelbullen eine Fluchtdistanz von 800 bis 1000 Metern festgestellt.

Eine deutliche Rangordnung in der Arniherde konnte Ullrich im Reservat Kaziranga nicht erkennen. Jedoch wichen dem alten Bullen alle anderen Tiere der

▷ Der Asiatische Büffel macht seinem gängigen Namen Wasserbüffel alle Ehre. Er liebt das Wasser und ist ein guter Schwimmer. Das Foto zeigt einen Ceylon-Wasserbüffel, der als reine, unvermischte Unterart nur noch im Yala-Schutzgebiet von Sri Lanka vertreten ist.

Gruppe aus. Durch seitliches Schwingen der Hörner trieb er auch Artgenossen zurück, die sich von der Herde entfernten. Wenn die Gruppe weidete oder ruhte, hielt sich der alte Bulle oft abseits auf, manchmal etwa 300 Meter von dieser entfernt. Auch wurden von anderen Forschern wiederholt Einzelgänger beobachtet, die von Elefanten sehr gefürchtet sind. Es handelt sich dabei um alte Bullen, die durch Jungbullen aus ihrer Herde verdrängt wurden, ihre hohe Rangstellung also verloren haben. Manchmal suchen solche Einzelgänger dann Hausbüffelherden auf, um dort die Führung zu übernehmen und die Kühe zu begatten. Schließlich können auch kranke Tiere zu Einzelgängern werden.

Ullrich stellte bei seiner Arniherde fest, daß sich in der Regel der alte Bulle bei Wanderungen seiner Herde anschloß. Angeführt wurde der »Gänsemarsch« jeweils von verschiedenen Weibchen, danach folgten die Kälber. Am Ende der Formation gingen wieder Weibchen und der alte Bulle. Auffallend war in diesem Fall, daß drei Tiere der Herde eine besonders enge Gemeinschaft bildeten, die bei den Wanderungen in einem Abstand folgte. Diese Gruppe bestand aus einem Jungbullen, einem jungerwachsenen und einem alten Weibchen. Innerhalb dieser Dreiergruppe nahm das alte Weibchen die höchste Rangstellung ein. Das wurde besonders deutlich beim Suhlen, und zwar dann, wenn die räumlichen Möglichkeiten hierfür begrenzt waren. Das ranghohe Weibchen verdrängte dann ihre beiden Begleiter.

Die Zeit der Fortpflanzung im Jahresverlauf scheint bei Arnis verschieden zu liegen. Sie ist in Abhängigkeit von den klimatischen Verhältnissen und damit von den ökologischen Bedingungen mehr oder weniger an Jahreszeiten gebunden. Manchmal fallen die Geburten vorzugsweise in das Frühjahr, manchmal sieht man innerhalb der Gruppen Kälber jeden Alters. Gibt es eine bestimmte Fortpflanzungszeit, kann es auch zur Ausbildung von »Harems« kommen, die von Bullen angeführt werden. Die Geburten erfolgen immer in der Nachbarschaft der Gruppe.

Im Reservat Kaziranga haben Arnis und Panzernashörner dasselbe Wohngebiet; nur wandern Panzernashörner kaum. Beide Arten leben friedlich nebeneinander. Kommt ein Nashorn beim Weiden oder Suhlen einem Arni zu nahe, weicht er gelassen aus.

Wildlebende Wasserbüffelgruppe, bestehend aus zwei Kühen und deren Nachkommen. Die weiblichen Wasserbüffel bleiben zwar im allgemeinen etwas kleiner als die Bullen, tragen aber wie sie riesige Hörner, die eine Spannweite bis zu zwei Metern erreichen können.

Die im selben Biotop vorkommenden Barasingha-, Sambar- und Schweinshirsche, Muntjaks und Kammschweine versuchen die Nähe der Arnis zu meiden. Feindschaft herrscht dagegen zwischen Wasserbüffel und Tiger.

Den TAMARAU, TAMARAO oder MINDOROBÜFFEL *(Bubalus [Bubalus] mindorensis)* betrachtet die zoologische Systematik heute als eigene Art. Früher wurde er als Wasserbüffel-Unterart *(Bubalus arnee mindorensis)* geführt. Der Tamarau hat sich, wie der Anoa, als eigenständige typische Inselform herausgebildet. Wie es für viele Inselbewohner charakteristisch ist, fällt auch er kleinwüchsig aus. Er ist nur wenig größer als der Anoa und verfügt über kräftigere Hörner. Seine Grundfärbung ähnelt hingegen derjenigen der Wasserbüffel auf dem asiatischen Festland; er erscheint meist grauschwarz, manchmal auch dunkelbraun. Allerdings verfügt er über ein dichteres Fell. Auch die Schädelmaße sind mit denjenigen von Wasserbüffeln des Festlandes vergleichbar. Andererseits ähneln die hellen Abzeichen an Kopf, Hals und Beinen wiederum dem Anoa. In seinem gesamten Erscheinungsbild wirkt er eigentlich wie eine Mischform zwischen dem Anoa und der Festlandform des Wasserbüffels *(Bubalus [Bubalus] arnee)*. Infolgedessen gab es erheblichen Streit um die systematische Stellung. Während einige Wissenschaftler den Tamarau neben den Anoa stellen, betrachteten ihn andere als eine ursprüngliche Unterart des Wasserbüffels, bis man ihn zur eigenen Art erklärte.

Aus einem Vergleich der Inselformen geht hervor, daß der Tamarau in vorgeschichtlicher Zeit sehr viel später von den Wasserbüffeln des Festlandes getrennt wurde als der Anoa. Denn zwischen der Philippineninsel Mindoro und dem Festland bestand noch eine Verbindung in der Eiszeit, während die In-

sel Celebes schon früher (unteres Pliozän) vom Festland getrennt wurde. Anhand fossiler Funde weiß man, daß der Tamarau einst auch Luzon, die Hauptinsel der Philippinen, bewohnte. Betrachtet man heute den Büffelbestand der Philippinen insgesamt, so fallen graduelle Unterschiede auf, die für eine Vermischung sprechen. Auf den Inseln Luzon, Busuanga und Mindanao leben im Freiland Abkömmlinge verwilderter Hausbüffel, die durch mehr oder weniger auffallende Merkmale des Tamaraus gekennzeichnet sind. Anzunehmen ist, daß es sich hierbei um eine unterschiedlich starke Vermischung zwischen verwildertem Hauswasserbüffel und Tamarau handelt.

Die Biologie des Tamarau ist weitgehend unbekannt. Denn im Freiland wurde er bis heute nur vereinzelt und kurzfristig beobachtet. Lee und Martha Talbot, die 1961 den Süden der Insel Mindoro bereisten und auch in das Schutzgebiet des 1000 Meter hohen Mount Iglit kamen, sahen bei ihrem mehrtägigen Aufenthalt lediglich ein Tier. Allerdings gab es in einem Bachbett eine Reihe von Schlammsuhlen. Nach Ernest P. Walker soll der Tamarau gerne und häufig suhlen. Diese Angaben stehen in Widerspruch zu denjenigen von C.G. Manuel, der angibt, daß diese Büffel nicht suhlen, ja sogar wasserscheu sind. Dies würde mit einer Beobachtung von Heini Hediger übereinstimmen, der im Zoologischen Garten von Manila eine Tamaraukuh sah, die dort trockenen Sand bevorzugte und niemals das im Gehege zur Verfügung gestellte Wasserbecken aufsuchte.

Der Tamarau lebt, ähnlich wie der Anoa, vorwiegend einzeln oder in kleinen Gruppen. Die Beobachtungen werden erschwert, da der Tamarau heute auf der Insel Mindoro in dichten Wäldern lebt und dabei sehr scheu und angriffslustig ist. Auch hat sich der Büffel mit zunehmender Vernichtung der Wälder vom tagaktiven zum nachtaktiven Tier entwickelt. Denn Einheimische berichten, daß der Tamarau zur Zeit der Urbarmachung des Landes noch am Tage im offenen Gelände weidete. Ebenso soll er im Vergleich zu heute mit Menschen vertrauter gewesen sein. Der Tamaraubestand wurde durch bewaffnete Farmer und Viehzüchter, aber auch von Einheimischen, die die Tiere mit Speeren und Fallgruben verfolgten, stark gelichtet. Um 1930 fielen zahlreiche Tiere der Rinderpest zum Opfer.

Der HAUSBÜFFEL oder HAUSWASSERBÜFFEL, der früher in der zoologischen Systematik als eine eigene Unterart *(Bubalus arnee bubalis)* geführt wurde, stammt unmittelbar vom Vorderindien-Wasserbüffel oder Arni *(Bubalus [Bubalus] arnee arnee)* ab. In Indien wird er KERABAU genannt. Er ist kleiner als der Arni und seine gekerbten Hörner laden nicht so weit aus.

Die Domestikation des Arnis erfolgte bereits Jahrtausende vor dem Beginn unserer Zeitrechnung. Damals war die Wildform wahrscheinlich von Nordafrika bis zu den Philippinen und von Mittelchina bis nach Ceylon verbreitet. Heute leben Hausbüffel weltweit, da man überall auf seine Nutzung großen Wert legte. Schon in vorgeschichtlicher Zeit wurde er in Nordafrika und Vorderasien als Haustier gehalten.

Die Hausbüffel oder Hauswasserbüffel stammen vom wilden Vorderindien-Wasserbüffel oder Arni ab, von dem sie sich nicht nur durch ihre Zahmheit, sondern auch durch die geringere Körpergröße und die weniger ausladenden Hörner unterscheiden. Im Gegensatz zu ihrer auf Südostasien beschränkten Stammform sind die Haustiere in vielen Ländern der Erde verbreitet.

Strittig ist, ob es sich bei dem im Sumpfgebiet bei Bizerta in Tunesien inzwischen ausgestorbenen Bestand um eine echte Wildform handelte oder nicht. Infolge der Verschleppung durch den Menschen kamen die Hausbüffel später sogar nach Australien, Brasilien und Mittelamerika, wo sie auch verwilderten. Denn auf diesen Kontinenten gab es den Büffel mit Sicherheit nie. Auch auf Madagaskar, den Andamanen und Philippinen handelt es sich um verwilderte Formen. Das trifft ebenso für Südosteuropa und die Mittelmeerländer zu. Überall dort, wo heute noch die Wildform und die Haustierform des Wasserbüffels im selben Gebiet nebeneinander vorkommen, vermischen sie sich oft.

Bullen der Wildform, die sich von ihrer Herde abgesondert haben, wandern zu Hausbüffelherden, um dort brünftige Kühe zu decken. Auch werden manchmal Hausbüffel in Wildherden aufgenommen. Ferner fangen Viehzüchter in Vorder- und Hinterindien oftmals Wildbüffel ein, um sie in ihre Bestände einzukreuzen. Die Folge sind vielfältige Unübersichtlichkeiten, wenn es um die Beurteilung und Zuordnung lokaler Bestände geht.

▷ Ein Bild urtümlicher Kraft und Wehrhaftigkeit: der Kaffernbüffel. Genauer gesagt, handelt es sich um die allgemein bekannte Unterart des Afrikanischen Büffels oder Kaffernbüffels, die man als Eigentlicher Kaffern-, Schwarz- oder Steppenbüffel bezeichnet. Bei ihm sind die Ansätze der mächtigen Hörner zu einem massiven Stirnhelm verschmolzen.

Mit der Verdrängung des Asiatischen Wildbüffels ging eine zunehmende Verbreitung des Hausbüffels einher. Infolge züchterischer Einflüsse bildeten sich zwei verschiedene Domestikationsformen heraus: der Sumpfbüffel und der Milchbüffel.

Der etwas größere SUMPFBÜFFEL wird in tropischen und subtropischen Gebieten vor allem als Arbeitstier auf Reisfeldern verwendet. Er ist das einzige Tier, das in sumpfigem Gelände einen Pflug durch den nassen Boden zu ziehen vermag. Außerdem dienen Sumpfbüffel als Zug-, Reit- und Tragtiere. Sie werden von morgens bis abends für Arbeiten eingesetzt und suchen in Pausen bei großer Hitze nahe Gewässer auf, wo sie baden und ruhen. Auch tauchen sie wie ihre Stammform, der Arni, so tief in das Wasser ein, daß nur noch die Nasenlöcher und Hörner zu sehen sind.

Der Sumpfbüffel wird kaum wegen seines Fleisches oder gar wegen seiner Milch gehalten. Das Euter ist schwach ausgebildet, und der Fettgehalt der Milch liegt bei 6 bis 7%. Eine Kuh kann im Jahr 500 bis 600 Liter Milch liefern, was während der Aufzucht gerade für die Kälber ausreicht.

Der im Vergleich zum Sumpfbüffel etwas kleinere MILCHBÜFFEL erreicht ein Gewicht von höchstens 500 Kilogramm. Er wird als Nutztier wegen seiner Milch und des Fleisches geschätzt. Eine Kuh kann im Jahr 1850 Liter Milch liefern mit einem Fettgehalt von etwa 7%. Im Vergleich zum Hausrind enthält die Milch außerdem mehr Trockenmasse und mehr Eiweiß. Nebenbei werden Milchbüffel außerdem als Zugtiere bei den Feldarbeiten eingesetzt. In Indien und Pakistan kommen etwa zwölf Rassen von Milchbüffeln vor.

Dieser Domestikationsform werden auch türkische, griechische, rumänische, bulgarische, jugoslawische, ungarische und italienische Büffel zugeordnet. Man nimmt an, daß die Hausform in diese Gebiete vor 800 bis 1000 Jahren eingeführt wurde. In zoologischen Gärten werden europäische Rassen bevorzugt, die infolge ihrer stärkeren Behaarung gegenüber der kalten Witterung widerstandsfähiger sind. Neben dem Sumpf- und dem Milchbüffel gibt es eine Vielfalt von Rassen, vor allem in außerasiatischen Verbreitungsgebieten, die in ihren Körpermaßen, im Gewicht, der Färbung und Hornform beträchtliche Unterschiede aufweisen. Es kommen auch hornlose Tiere vor.

Während der heißen Jahreszeit sind alle Wasserbüffel auf Feuchtigkeit angewiesen, sie brauchen Gelegenheit zum Suhlen und Baden. In zoologischen Gärten werden sie häufig abgespritzt. Ihre Nahrungsansprüche sind gering, da sie zellulosehaltiges Futter gut verwerten können; notfalls leben sie von Stroh. Außerdem ist ihre Anfälligkeit gegenüber Infektionskrankheiten gering.

Vertrauten Personen gegenüber sind alle Hausbüffel äußerst friedfertig. Fremde, wie Touristen oder Zoobesucher, können allerdings angegriffen werden. Hediger vertritt die Auffassung, daß bei dieser guten Unterscheidungsfähigkeit geruchliche Reize eine große Rolle spielen.

Afrikanische Büffel (Gattung *Syncerus*)

Südlich der Sahara ist der AFRIKANISCHE BÜFFEL oder KAFFERNBÜFFEL *(Syncerus caffer)* einer der verbreitetsten Paarhufer. Der Asiatische Wildbüffel der Gattung *Bubalus* kommt in Afrika nicht vor. Wie gesagt, ist es unsicher, ob es sich bei den in diesem Jahrhundert ausgestorbenen Wasserbüffeln Tunesiens um eine echte Wildform gehandelt hat. Als domestizierte Form allerdings wurde der Asiatische Büffel auch in manchen Gegenden Afrikas eingeführt.

In der zoologischen Systematik werden die Afrikanischen Büffel zu einer Art zusammengefaßt. Eine Festlegung hinsichtlich der Bildung von Unterarten ist bis heute strittig. Sinnvoll erscheint die Bildung zweier Unterarten, die in dem riesigen Verbreitungsgebiet südlich der Sahara zwei Extremformen kennzeichnen. Die eine Unterart bildet der EIGENTLICHE KAFFERNBÜFFEL *(Syncerus caffer caffer)*, der auch SCHWARZBÜFFEL oder STEPPENBÜFFEL genannt wird. Hiervon unterscheidet sich deutlich die Form des ROT- oder WALDBÜFFELS *(Syncerus caffer nanus)*. Allerdings gibt es hinsichtlich der Abgrenzung der beiden Unterarten widersprüchliche wissenschaftliche Meinungen. Der Grund hierfür ist, daß zwischen den beiden Extremformen, dem Kaffernbüffel und dem Rotbüffel, fließende Übergänge vorkommen. Eine Mittelstellung nimmt die früher als eigene Unterart *(Syncerus caffer brachyceros)* aufgefaßte Form des sogenannten GRAS- oder SUDANBÜFFELS ein. Zusätzliche Schwierigkeiten ergeben sich für die systematische Zuordnung insofern, als sich alle Afrikanischen Büffel miteinander kreuzen lassen. Demgegenüber sind Kreuzungen zwischen dem Afrikanischen Büffel und anderen Wildrindern nicht möglich. Im Gegensatz zum Asiatischen Büffel gelang es bis heute nicht, den Afrikanischen Büffel zu domestizieren.

Der besonders stämmige und kräftige Kaffernbüffel verliert mit zunehmendem Alter seine Behaarung, jedenfalls wird sie spärlicher, und teilweise fehlt sie völlig. Kälber tragen noch ein dichtes Fell, das dunkelrot bis schwarzbraun aussehen kann. Erwachsene Tiere werden braunschwarz, Bullen sind meist dunkler als Kühe. Im Vergleich zu der typischen Extremform des Kaffernbüffels ist der Rot- oder Waldbüffel kleiner. Dessen Kälber haben ein hellrotes Fell, was mit dem Erwachsenwerden meist rotbraun wird, manchmal auch leuchtend rot. Ein deutlicher weiterer Unterschied ergibt sich bei einem Vergleich der Horngröße und Hornform. Die zunächst abwärts und nach außen gerichteten mächtigen Hörner des Kaffernbüffels biegen nach oben und innen um, so daß die Hörnerspitzen nach innen weisen. Bei alten Bullen kann die Spannweite der Hörner mehr als einen Meter betragen. Die kürzeren Hörner des Rotbüffels sind nach hinten aufwärts gerichtet und wei-

sen nach außen. Auch zeigen die beiden Unterarten einen unterschiedlichen Hornansatz. Beim Kaffernbüffel verschmelzen die Hornansätze zu einem auffallenden massiven Stirnhelm. Der Rotbüffel hat keinen Stirnhelm, die Hornansätze liegen weit auseinander. Außerdem stehen die Ohren bei diesem waagerecht vom Kopf ab und tragen im Inneren und am Rand lange blaßgelbe Fransen. Die Mischformen zwischen dem Kaffernbüffel und dem Rotbüffel zeigen rotbraune bis schwarze Fellfärbungen, die sehr variieren können. Entsprechendes gilt für die Ausbildung der Hörner, die Merkmale beider Unterarten aufweisen. Bemerkenswert ist, daß solche Mischformen im nördlichsten Verbreitungsgebiet der Afrikanischen Büffel vorkommen und hier im westlichsten Teil ihre Hörner abgeflachter und die Vorderseite mit Querrillen versehen sind. Dieses Merkmal erinnert an den Asiatischen Büffel.

Den Kaffernbüffel gibt es heute in Ostafrika sowie in Zentral- und Südafrika, während der Rotbüffel in Zentral- und Westafrika vorkommt. Auch bevorzugen die beiden Unterarten verschiedene Biotope. Der Kaffernbüffel lebt in der Savanne und im Waldland, der Rotbüffel im sumpfigen Urwald. Innerhalb der Urwaldlandschaft gibt es natürliche Isolationsschranken, die zur Folge hatten, daß der Rotbüffel verschiedene lokale Rassen ausbildete. Über das Sozial-

Links: Der Rot- oder Waldbüffel ist die zweite, weniger bekannte Unterart des Afrikanischen oder Kaffernbüffels. Man erkennt ihn an seiner kleineren Gestalt, der rötlichen Fellfarbe und dem kürzeren und völlig anders geformten Gehörn. - Rechts: Kaffernbüffelherde an der Wasserstelle.

verhalten des Rotbüffels ist derzeit wenig bekannt, da die Beobachtung in den dichten Urwaldgebieten sehr schwierig ist. Besser unterrichtet sind wir über die Sozialstruktur und das Sozialverhalten beim Kaffernbüffel, der im offenen Gelände lebt und mit dem sich eine Reihe von Forschern befaßten.

Die tagesperiodischen Aktivitäten sind in den verschiedenen Untersuchungsgebieten offenbar nicht gleich. Die Ursachen hierfür kennen wir nicht. Wiederholt wird berichtet, daß Kaffernbüffel am Tage bei großer Hitze den Schatten von Bäumen und Sträuchern aufsuchen. Abends und morgens sind sie an Gewässern zu finden, wo sie ausgiebig trinken und suhlen. In manchen Gebieten erfolgt die Nahrungsaufnahme vorzugsweise zu Beginn der Nacht. Andere Herden weiden während der Morgendämmerung

HORNTRÄGER

Ein Rotschnabel-Madenhacker tanzt einem ausgewachsenen Kaffernbüffel auf der Nase herum. Der sonst so reizbare Büffel läßt sich das gern gefallen, denn der Vogel befreit ihn von lästigen Zecken und anderen Außenparasiten.

und suchen anschließend zum Wiederkauen und Ruhen das Dickicht auf. Alle Kaffernbüffel ernähren sich von Gräsern und Kräutern, nehmen aber auch Laub von Sträuchern und Bäumen auf. Sie sind insgesamt anspruchslos und sehr gute Futterverwerter. Das für alle Büffel notwendige Suhlen dient nicht allein der Abkühlung. Der am Körper antrocknende Schlamm bildet eine Kruste und somit einen Schutz gegen Insekten.

Als Insektenabwehr wird auch das Scheuern an Baumstämmen und Termitenhügeln angesehen. Außerdem gibt es gegen derart lästige Kleintiere eine zusätzliche Hilfe durch bestimmte Vogelarten und wahrscheinlich auch durch Fische. Hierzu gehören Madenhacker, die die Büffel von stechend-saugenden Insekten, wie Zecken, befreien. Bernhard Grzimek berichtet über die vielen weißen Kuhreiher, die er immer wieder bei Kaffernbüffel antraf. Sie standen um sie herum und saßen auf ihrem Rücken. Manchmal waren die Büffel ganz »bekleckert« von ihnen. Es gibt heute einige Hinweise darauf, daß es sich dabei um ein echtes partnerschaftliches Verhältnis zwischen Büffeln und Vögeln handelt. Bei der Ablese der Plagegeister durch Reiher halten die Büffel still und »genießen« die Insektenvertilgung. Vergleichbares wird von Rinderherden in Georgia (USA) berichtet. Wenn Kuhreiher in der Nähe oder gar auf dem Rücken der Rinder standen, unterdrückten diese die üblichen Abwehrbewegungen gegenüber Insekten, die sie mit Schwanz und Beinen durchführen.

Auch wurde der Mageninhalt der Vögel untersucht. Es stellte sich heraus, daß er zu 59% aus Bremsen, zu 0,5% aus Hornfliegen und Wadenstechern und zu 0,1% aus Zecken bestand. Den übrigen Teil der Vogelnahrung bildeten Heuschrecken und Grillen, die zusammen 28% der Beute ausmachten; schließlich fand man auch vertilgte Spinnen und Frösche. Es ist anzunehmen, daß die Tierpartnerschaft zwischen Rindern und Kuhreihern dadurch verstärkt wird, daß die Rinder diese Insekten im Sinne von »Leckerbissen« aufstöbern und so die Kuhreiher mit zusätzlicher Nahrung versorgen. Bernhard Grzimek versuchte, eine solche Tierpartnerschaft zwischen Kaffernbüffel und Kuhreiher im Frankfurter Zoo aufzubauen. Doch es gelang nicht. Er vermutete, daß dieses an den wenigen Insekten lag und die Kuhreiher selbst zu gut gefüttert wurden.

Eine ausführliche Studie über die soziale Organisation beim Kaffernbüffel stammt von A. R. E. Sinclair, der Anfang der siebziger Jahre vor allem Untersuchungen im Serengeti-Nationalpark in Tansania durchführte. Die Kaffernbüffel haben dort eine große Auswahl, was ihren Lebensraum angeht. Es stehen ihnen Steppe und Savanne, trockenes und feuchtes Waldland sowie Flach- und Bergland zur Verfügung. Alle Kühe und Jungtiere, die noch nicht zwei Jahre alt sind, leben zusammen in einer Herde. Diese Mutterherden umfassen im Serengetiraum mehr als 50 Tiere. Manche Herden halten ihren Umfang mehr oder weniger gleich, andere schwanken stark. Es gibt Herden bis zu etwa 2000 Tieren. Im Nationalpark wird die Anzahl der Mutterherden auf etwa 150 geschätzt. Zweifellos haben ökologische Bedingungen einen Einfluß auf die Herdengröße: In trockenen Gebieten sind die Herden kleiner als in feuchten.

Außerdem gibt es reine Bullenherden, in denen sich abseits von der Mutterherde bis zu 15% der erwachsenen männlichen Büffel vergesellschaften. Diese Gruppen umfassen selten mehr als 20 Tiere. Sie bestehen aus jungen erwachsenen Männchen und drei bis vier alten Bullen, die älter als etwa zehn Jahre sind. Alte Bullen können auch Einzelgänger sein. Männergruppen leben im gleichen günstigen Biotop

wie die Mutterherde, sie werden also von dieser nicht verdrängt. Hierzu gehören sowohl Grasflächen als auch Wälder.

Die Zusammensetzung der Herden hängt von den klimatischen Bedingungen ab, sie unterliegt also einem Wechsel im Verlaufe der Jahreszeiten. Jungbullen leben am Rande der Mutterherde und vergesellschaften sich zunehmend zu Beginn und während der Trockenzeit. Sie bilden dann ihre eigene Männer-

Auch Kuhreiher gehören zu den ständigen Begleitern der Büffel. Sie fangen die von den großen Tieren aufgescheuchten Insekten und betätigen sich oft, wie die Madenhacker, als Hautpfleger auf dem Rücken ihrer »Partner«. Tatsächlich deutet einiges darauf hin, daß sich zwischen Büffeln und diesen Vögeln ein echtes Partnerschaftsverhältnis entwickelt hat.

▷ Abwartende Spannung in der ostafrikanischen Steppe: Der Löwe wird es schwerlich wagen, die wehrhafte Phalanx der Kaffernbüffel anzugreifen.

gruppe, zusammen mit wenigen alten Bullen. Diese Aufsplitterung der Herde führt möglicherweise während der Trockenzeit zu einer vorteilhaften Nahrungsverteilung. Die Bullen kehren zur Fortpflanzungszeit zu ihrer Mutterherde zurück, wo sie eine Rangordnung ausbilden.

Um in einer Mutterherde die Beziehungen der Tiere untereinander sowie ihre Verwandtschaftsbeziehungen beurteilen zu können, bestimmte Sinclair während des Wiederkauens die Position aller Tiere. Es wurden in der Liegestellung die absoluten Abstände zwischen den Kaffernbüffeln unter Berücksichtigung des Alters und Geschlechts erfaßt. Es wurde also gefragt, mit wem liegt jedes Herdenmitglied mehr oder weniger benachbart.

Die Befunde ergaben, daß alle Kälber unter einem Jahr sowie auch ein bis zwei Jahre alte Tiere sich eng bei ihren Müttern aufhalten. Die nächsten Nachbarn von zweijährigen Weibchen sind ebenfalls erwachsene Weibchen, wobei es sich möglicherweise auch noch um ihre eigenen Mütter handelt. Entsprechendes, wenn auch etwas weniger häufig, gilt für zwei Jahre alte Männchen. Aufgrund der statistischen Behandlung der Beobachtungsdaten darf man annehmen, daß die zweijährigen Männchen zu dieser Zeit bereits eine Neigung haben, sich von den Müttern zu entfernen. Das wird bei ihnen im dritten und vierten Lebensjahr sehr deutlich. Dann liegen die Männchen gern miteinander zusammen, seltener mit erwachsenen Männchen oder erwachsenen Weibchen. Außerdem besteht eine enge Nachbarschaft zwischen Bullen und Kühen, aber auch zwischen erwachsenen Männchen untereinander. Insgesamt ergibt sich also eine Bindung der Jungtiere an die Mütter bis zum Alter von drei Jahren. Manches spricht dafür, daß einige familiäre Beziehungen, was besonders für Weibchen zutrifft, lebenslänglich dauern. Junge Männchen bilden im vierten und fünften Lebensjahr eigene Untergruppen, die sich von der Mutterherde absondern. Bullen im Alter von acht bis zehn Jahren bleiben oftmals nicht mehr in dieser Gruppe, sie gliedern sich wieder in eine Mutterherde ein, wo sie Beziehungen zu den Kühen aufnehmen. Während eine Mutterherde nach Sinclair am Tage mehr als 30 Kilometer wandern kann, sind die reinen Männergruppen mehr oder weniger örtlich gebunden. In keinem Fall wurde jedoch Territorialverhalten festgestellt.

Zur Klärung der bei den männlichen Kaffernbüffeln bestehenden Rangordnung tragen weitgehend ritualisierte Interaktionen bei. Das heißt, es finden Scheinkämpfe bzw. Scheinauseinandersetzungen statt. Beide, erwachsene und junge Männchen (fast immer älter als drei Jahre), nehmen dabei gegenüber dem Rivalen eine Reihe von Stellungen ein, in denen sie sich seitlich zur Schau stellen. Hierbei spielt die Haltung des Kopfes und Halses in bezug auf den Körper eine entscheidende Rolle. Ist ein Partner aggressiv hoch motiviert, senkt er dabei den Kopf. Sind neben Intentionen zum Angriff gleichzeitig solche zur Flucht vorhanden oder überwiegen diese, wird der Kopf mit gestrecktem Hals nach vorn und oben geschoben, und als Ausdruck der Beschwichtigung streckt der Rangniedere seinen Kopf so vor, daß er tiefer als der Rücken liegt. Unmittelbar vor oder nach Auseinandersetzungen werden oftmals Gesicht und Hörner an Bodenerhebungen entlanggerieben. Auch wird dabei häufig Erde in die Luft geschleudert. Ferner können sich dominante Männchen zwischen dem Erdschleudern im Schlamm wälzen.

Zur Fortpflanzungszeit finden Auseinandersetzungen der Bullen um die brünftigen Kühe statt. Hierbei kommt es häufig zu heftig erscheinenden Kämpfen, die durch Schieben und Stoßen sowie das krachende Aufeinanderprallen der Hörner gekennzeichnet sind. Üblicherweise wird jeder Kampf durch eine blitzschnelle Kehrtwendung und Flucht des Unterlege-

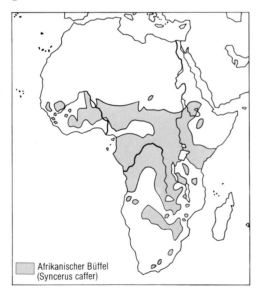

Afrikanischer Büffel (Syncerus caffer)

nen beendet. Auch kann dieser seine Herde daraufhin verlassen. Der während der Fortpflanzungszeit ranghöchste Bulle hat in jedem Fall Vorrang bei der Wahl brünftiger Kühe.

Tödliche Verletzungen kommen selten vor und sind höchstwahrscheinlich als Unglücksfälle anzusehen. A. Wünschmann sah im Ruwenzori-Nationalpark in Uganda einen Bullen, dem bei einem Kampf ein ganzes Horn mitsamt der breiten Hornbasis und einem Teil der Schädeldecke abgerissen worden war. Verwundete Bullen sondern sich von ihrer Herde ab. Je nach dem Grad ihrer Verletzung leben sie eine Weile allein. Auch können sie zu Einzelgängern werden. Angeschossene oder verwundete Büffel greifen im Unterschied zu den meisten Großsäugern leicht an.

Bernhard Grzimek betont die Zutraulichkeit verwaister Büffelkälber. Sie lassen sich mit angerührter Trockenmilch oder von einer Hauskuh großziehen. Mit eineinhalb bis zwei Jahren werden sie zunehmend angriffslustiger und können bald gefährlich werden. In zoologischen Gärten verzichtet man oft auf ihre Haltung, da der Kaffernbüffel bei Störungen außerordentlich aggressiv reagiert. Auch kann er erheblichen Sachschaden anrichten. Dennoch lassen sich sowohl der Kaffernbüffel als auch der Rotbüffel sehr gut züchten.

Neugeborene Kälber des Kaffernbüffels sind noch nicht imstande, mit der Herde zu laufen. Infolgedessen bleiben sie oft mit ihrer Mutter hinter der Herde zurück. Dennoch werden nach Sinclair alte Büffel, die sich außerhalb der Herde befinden, häufiger von Löwen getötet als Neugeborene. Ist eine Mutter mit ihrem Neugeborenen in Gefahr, reagiert die Herde sofort und greift an.

Bei Kaffernbüffeln wurde wiederholt »altruistisches« (uneigennütziges) Verhalten beschrieben, wie es durch Studien der Verhaltensforschung in den letzten Jahren auch von anderen Säugetieren bekannt ist. Derartige Verhaltenserscheinungen gehen über den Schutz, den die Art und Weise der Gruppeninformation beim Weiden oder auf der Wanderung bilden, hinaus. In Gefahrensituationen verteidigen sich selbst Bullen gegenseitig. R. Verheyen berichtet, daß ein Bulle einen schwerverletzten Artgenossen aufzurichten versuchte, indem er seine Hörner unter dessen Körper stieß. Bernhard Grzimek beschrieb, daß selbst Jäger immer wieder gerührt werden, wenn Büffel sich bemühen, einem angeschossenen Partner zu

Auf donnernden Hufen flieht eine Kaffernbüffelherde in einer Wolke von Staub. Obwohl die mächtigen Büffel außer dem Menschen kaum Feinde zu fürchten haben, sind sie sehr wachsam und bei einer Beunruhigung sofort fluchtbereit, vor allem wenn Jungtiere in der Herde sind.

helfen: »Sie stoßen ihn mit der Nase in die Flanken, unter den Bauch, versuchen ihn von hinten vorwärts zu schieben. Bricht er zusammen, so bleiben sie bei ihm stehen, und es ist dem Jäger gar nicht möglich, sich dem geschossenen Tier zu nähern.«

Friedliche Kontakte von Kaffernbüffeln zu anderen Säugetieren gibt es wohl selten. John Owen erzählt von einer Partnerschaft zwischen einem Bullen und einer Nashornkuh mit Kalb im Mara-Wildschutzgebiet in Kenia. Auch bemerkt Bernhard Grzimek, daß Kaffernbüffel und Flußpferde am Edwardsee fast vergesellschaftet leben.

Außerhalb der Nationalparks werden Kaffernbüffel in Afrika bejagt, teils von Sportjägern, weil die Jagd besonders gefährlich ist, teils von Eingeborenen, die das Fleisch, die Hörner und das Fell schätzen. Außerdem werden Kaffernbüffel getötet, weil sie großen Schaden in Pflanzungen anrichten können.

Die größte Gefahr allerdings stellt die Rinderpest dar. Unter hohem Fieber und starkem Durst gehen die Tiere kläglich zugrunde. Die furchterregende Seuche, die Ende des 19. Jahrhunderts über Südafrika nach Ostafrika gelangte, rottete von Ende 1890 bis Anfang 1891 90% der Kaffernbüffel aus. Eine bald darauf folgende Seuchenwelle erfaßte 1896/97 nahezu den Rest des Bestandes. Gleichzeitig wurden Millionen von Hausrindern vernichtet. Die Kaffernbüffel erholten sich in zwei bis drei Jahrzehnten wieder, aber nichtsdestoweniger besteht die Gefahr der Rinderpest in Afrika fort.

Brunftige Kaffernbüffelbullen, die in Rivalenkämpfe verstrickt sind, wälzen sich oft auf dem Boden und schleudern Erde hoch in die Luft.

Eigentliche Rinder (Gattung *Bos*)

Die weitaus formenreichste Gattung der Unterfamilie Bovinae bilden die Eigentlichen Rinder. Es gibt zahlreiche Hinweise darauf, daß die Büffel und die Eigentlichen Rinder die gleichen Vorfahren hatten, die in der frühen Erdneuzeit, also in der Braunkohlezeit, lebten.

Die Gattung *Bos* umfaßt vier Untergattungen: *Bos* mit dem Ur oder Auerochsen *(Bos [Bos] primigenius)*, die Stirnrinder *(Bibos)* mit Gaur *(Bos [Bibos] gaurus)* und Banteng *(Bos [Bibos] javanicus)*, *Novibos* mit dem Kouprey *(Bos [Novibos] sauveli)* und *Poephagus* mit dem Yak *(Bos [Poephagus] mutus)*. Alle ursprünglichen Vertreter dieser Untergattungen stellen die Vorfahren von Hausrindern dar. Allerdings gibt es Zweifel unter den Wissenschaftlern, ob es sich beim Kouprey nicht bereits um eine verwilderte Haustierform handelt. Hinzu kommt, daß der Ur als Wildart bereits 1627 in Europa ausgerottet wurde. Seine Nachfahren sind heute in Form zahlreicher Hausrindrassen vertreten. Die Domestikation des Urs begann mindestens 6500 Jahre vor unserer Zeitrechnung. Die Verbreitung seiner verschiedenen Unterarten reichte von Vorderindien über Vorderasien bis zu Teilen Nordafrikas und von Irland bis zum südlichen ostchinesischen Meer. In verschiedenen Gebieten Eurasiens wurde der Ur unabhängig voneinander als Haustier gezüchtet. Verwilderte Hausrindrassen, de-

ren Stammvater der Ur ist, leben heute selbst in Australien, Neuseeland und Südamerika. Ebenfalls domestiziert wurden die Vertreter der Untergattung *Bibos*, der Stirnrinder, nämlich der Gaur und der Banteng. Sie zeichnen sich infolge verlängerter Dornfortsätze durch einen erhöhten Muskelkamm auf dem Vorderrücken aus (Buckel). Insgesamt ist bei den Stirnrindern der dunkle Oberteil des Körpers scharf vom helleren Unterteil abgesetzt. Hinzu kommt meist eine Spiegelbildung in der Schwanzregion. Der Untergattung Rinder mit Ur oder Auerochs und seinen Haustierformen ist ein eigenes Kapitel im Anschluß an diesen Beitrag gewidmet (s. S. 409 ff.).

Der GAUR *(Bos [Bibos] gaurus)*, dessen Bullen eine Standhöhe von zwei Metern erreichen können, ist der gewaltigste Vertreter der Wildrinder. Heute leben nur noch einzelne verstreute Herden in südostasiatischen Gebieten, deren Bestand außerordentlich bedroht ist.

Die Gegenüberstellung dreier Unterarten wird in der zoologischen Systematik nicht mehr aufrechterhalten. Früher trennte man drei Formen: VORDERINDIEN-GAUR *(Bos gaurus gaurus)*, HINTERINDIEN-GAUR *(Bos gaurus readei)* und MALAYA-GAUR oder SELADANG *(Bos gaurus hubbacki)*.

Die geographische Verbreitung der heute noch lebenden Gaure entspricht in etwa den noch bestehenden größeren Waldgebieten. Da Bergwälder weitreichend noch nicht zerstört sind, zogen sich die Restbestände in diese zurück. Sie benötigen besonders ausgedehnte Wohnflächen, die ihnen heute kaum noch zur Verfügung stehen. In Vorderindien gibt es jetzt im Süden mehr Gaure als im Norden.

Als bester letzter Aufenthalt gelten das Mudumalai-Schutzgebiet und benachbarte Regionen in Tamil Nadu. Hier führten vor allem Verhaltensforscher wie G. Schaller und M. Krishnan längerfristige Untersuchungen durch. Während Gaure gegenüber Fußgängern außerordentlich scheu und mißtrauisch sind, lassen sie sich von Reitelefanten aus gut beobachten. Auf diese Weise kann man selbst wandernde Herden verfolgen.

Nach Berichten der letzten 50 Jahre erkennt man, wie sich beim Gaur im Laufe der Zeit die tagesperiodische Aktivitätsverteilung infolge der Beeinträchtigungen seines Lebensraumes verändert hat. M. Krishnan beobachtete, daß in manchen Biotopen, in denen Herden noch ungestört leben können, die Tiere vorzugsweise am Tag aktiv sind. Dies entspricht den Berichten von Ursula und Wolfgang Ullrich, die sich früher in der südindischen Provinz Madras mit Gaurherden befaßten. In weitgehend ungestörten Wohngebieten ruhen die Tiere bis spät in den Morgen. Langsam verlassen sie ihre nächtlichen Ruheplätze, um im lichten Wald zu weiden. Dabei nehmen sie sowohl trockenes Gras als auch junge Triebe und Früchte von Sträuchern und Bäumen, die sie mit ihrer langen Zunge pflücken. Suchen sie den Bambusdschungel auf, wo sie an hohe Pflanzen nicht heranreichen, nutzen sie das durch Elefanten niedergetretene Futter. Die Nahrungsaufnahme wird nach einer Mittagspause, in der auch wiedergekaut wird, am Nachmittag fortgesetzt. Auch auf ihrem Weg zum Nachtlager am Abend nehmen sie noch einmal Nahrung zu sich und ruhen und schlafen ab Mitternacht.

In gestörten Gebieten hingegen verhalten sich Gaure nachtaktiv. Im Extremfall können dann sämtliche Betätigungen, einschließlich Nahrungsaufnahme und Wiederkauen, in die Nacht fallen.

Bei heißem Wetter halten sich die Tiere in Niederungen auf, wo ihnen frühmorgens und abends auch Wasser zum Trinken zur Verfügung steht. Hierfür müssen sie oftmals weite Strecken zurücklegen, obgleich sie keine großen Wasserstellen benötigen. Manchmal stehen sie in knietiefem Wasser, wobei es den Anschein hat, als ob ihnen dies etwas mißfällt. Sie baden und suhlen nicht. In der Mittagshitze wird an schattigen Plätzen geruht, die zu dauerhaften Tagesschlafplätzen ausgebildet und Jahr für Jahr aufgesucht werden können. In der kalten Jahreszeit und bei Regen wandern die Tiere in die Berge; ist es trocken, suchen sie höhere Lagen auf.

In der Jahreszeit mit reichlichem Nahrungsangebot leben Gaure in kleinen Herden. Im südlichen Vor-

Die südostasiatischen Gaure - im Bild ein Alt- und ein Jungtier - gelten als die gewaltigsten Wildrinder der Welt. Ausgewachsene Bullen erreichen eine Schulterhöhe von etwa zwei Metern.

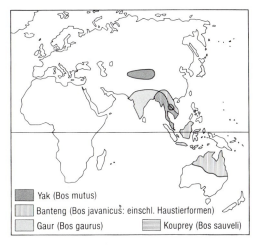

derindien gilt dies vor allem für die Monate September und Oktober, in denen die Vegetation in voller Blüte steht. Kleinere Herden bestehen aus sechs bis zehn Tieren, selten sind es mehr als 20. In diesen leben wenige Altbullen, erwachsene Kühe mit Kälbern und Jungtiere vergesellschaftet. Außerdem kommen reine Männergruppen vor, zu denen alte und jüngere erwachsene Bullen gehören. Auch werden Bullen in höherem Alter zu Einzelgängern. Hinsichtlich der Nahrungsaufnahme und des Trinkens haben sie jedoch alle die gleichen Gewohnheiten. Während der Trockenzeit bei knappem Nahrungsangebot kommt es hingegen zur Bildung von Großherden. Die Bullen der reinen Männergruppen sowie auch Einzelgänger schließen sich an ihre Mutterherde an.

Besonders das Sozialgefüge kleinerer Herden erscheint sehr stabil. Bei allen Verhaltensweisen, die zur Herstellung von Rangbeziehungen führen, ist das Hochwerfen der Hörner wohl eine der wesentlichen Ausdrucksmöglichkeiten. Die Art und Weise dieses Bewegungsmusters kann innerhalb unterschiedlicher Situationen sehr variieren.

M. Krishnan berichtet über das Verhalten von Bullen, wobei es sich sowohl um Einzelgänger als auch um vergesellschaftete Männchen handelte, bei Annäherung seines Reitelefanten. Entweder kamen die Gaure mit gesenktem Kopf und schnellen seitlichen Bewegungen auf ihn zu, wobei sie mit den Hörnern Blattlaub hoch in die Luft warfen, oder aber es zeigte sich ein durch hohe Aggression gekennzeichnetes Verhalten. Dann näherten sie sich schnell mit nicht gesenktem Kopf und hochgeworfenen, seitlich ausschlagenden Kopfbewegungen. Diesen Ausdruck verstanden die Elefanten gut, denn sie fürchteten sich offenbar vor ihm.

Ähnliche Bewegungsmuster treten bei Interaktionen zwischen Artgenossen auf, die zur Klärung der Rangbeziehungen beitragen. Hierbei läuft der Gaur breitseitig auf den Partner zu. Die verschiedenen Möglichkeiten des Senkens und Hochwerfens des Kopfes sind dabei Ausdruck unterschiedlicher Aggressivität. Üblich ist allerdings, daß in der Breitseitstellung der Kopf gesenkt wird – ein Ausdruck geringerer Aggressivität. Die dabei auftretenden, zum Boden gerichteten seitlichen Kopfbewegungen können zu einer einseitigen Abnutzung der Hörner führen. Dieses breitseitige Angriffsverhalten gegenüber Artgenossen ist demnach offenbar weitgehend ritualisiert. Das Zurschaustellen der Breitseite mit den dazu gehörenden Kopfbewegungen reicht in der Regel aus, um die Rangbeziehung untereinander zu klären, so daß Verletzungen weitgehend vermieden werden können.

Sowohl bei Bullen als auch bei Kühen untereinander treten solche Formen des Drohverhaltens auf. Das geschieht vor allem in zwei Situationen. Entweder geht es hierbei um die Vertreibung eines Niederrangigen, oder aber die Auseinandersetzung zielt auf die Übernahme der Führungsrolle in der Herde. Im ersten Fall handelt es sich stets um Interaktionen zwischen Bullen oder zwischen Kühen. Kühe zeigen Drohgesten niemals gegenüber Bullen und in der Regel Bullen nicht gegenüber Kühen. Schwierigkeiten bereitet die Beurteilung einer Führungsrolle innerhalb einer Herde. Wenn sich Tiere einer Herde in Waldgebieten verstreut aufhalten, erkennt man ein höchstrangiges Tier nicht. Das bedeutet auch, daß jedes Mitglied bei Gefahr die Herdenangehörigen alarmieren kann. Gut zu erkennen sind Verhaltensweisen, die einer Führungsrolle zukommen, wenn es sich um eine kleine Gruppe mit sechs bis zehn Tieren handelt. Gewöhnlich ist es eine erwachsene Kuh, manchmal auch ein schwerer Bulle. Erfahrene Bullen halten sich beim Wandern der Herde am Ende der Formation auf und übernehmen den Schutz der Herde bei einem Rückzug. Bei unmittelbarer Gefahr gehen alte Bullen sofort zum Angriff über. Angeführt werden Wanderungen meist von älteren Kühen, Kälber und Jungtiere laufen in der Mitte. Außerdem befinden sich ältere Kühe am Schluß der Gruppe. Bei

Trotz ihrer Größe und recht auffälligen Erscheinung lassen sich die Gaure nur schwer beobachten, denn es handelt sich um scheue, versteckt lebende Waldbewohner. Außerdem sind sie in Gegenden, wo sie sich nicht mehr ungestört fühlen, zur nächtlichen Lebensweise übergegangen.

der Führung von Wanderungen können sich erfahrene Kühe abwechseln. Die Mütter von mitziehenden Kälbern und andere erwachsene Kühe sind diejenigen, die bei Gefahr als erste warnen. Dies geschieht durch Hochwerfen des Kopfes mit gleichzeitig geöffnetem Mund. Lautäußerungen dieses Aufmerkens sind helles Schnauben und brummendes Muhen. Alte Bullen bleiben in entsprechenden Situationen zunächst scheinbar »unberührt«.

Auch während der Ruhezeit besteht eine geordnete Kommunikation, um sich gegenüber Gefahren zu schützen. Einige Tiere stehen und halten Wache. Legen sie sich hin, stehen andere dafür auf und übernehmen die schützende Aufgabe.

Hinsichtlich der Lautäußerungen unterscheidet M. Krishnan bei Bullen zwei Formen, die für die soziale Verständigung bedeutungsvoll sind. Einmal gibt es den Herdenruf, der die Wanderung der Gruppe zum Verharren bringt. Darüber hinaus dient er dem Zusammenhalt der Gruppe, zumal dann, wenn Artgenossen sich verhältnismäßig weit voneinander entfernen. Während der Kopf beim Herdenruf gesenkt wird, wird er beim Werbungsruf leicht angehoben. Kennzeichnend für die Fortpflanzungszeit, die in Indien von November bis März dauert, ist ein stundenlanges Brüllen der Bullen, wodurch zunehmend Werbeverhalten gegenüber Kühen und Auseinandersetzungen mit Bullen ausgelöst werden. Denn zu dieser Zeit vergesellschaften sich die Männchen der reinen Männergruppen mit ihrer Mutterherde. Akustische Antworten auf Lautäußerungen von Bullen gibt es bei Kühen nicht. Demgegenüber gibt es Lautäußerungen unterlegener Bullen gegenüber stärkeren, wobei mit gesenktem Kopf geschnauft wird.

Zur Geburt, in Vorderindien meist im August und September, sondern sich die Mütter von ihrer Herde ab und kehren danach wieder zurück. Die Zeit ihrer Abwesenheit ist durch höchste Aufmerksamkeit und Erregbarkeit gekennzeichnet. Innerhalb der Mutter-Kind-Beziehung kommt dem sozialen Lecken eine besondere Bedeutung zu. Neugeborene werden mit der langen Zunge wiederholt und lange geleckt, so daß es wahrscheinlich die Funktion einer Massage erfüllt. Ferner werden Kälber in Gefahrensituationen heftig und ausgiebig geleckt. Aber auch im Rahmen andersartiger sozialer Situationen hat das Lecken eine besondere Mitteilungsfunktion. Niederrangige Bullen lecken höherrangige. Auch Bullen und Kühe kommen während der Fortpflanzungszeit zusammen und lecken sich gegenseitig.

M. Krishnan betrachtet den Menschen als den größten Feind des Gaur; dann folgt der Tiger und zuletzt der Leopard. Bei der Wahrnehmung eines zu Fuß gehenden Menschen läßt der Gaur die heftigsten Warnsignale hören. An berittene Elefanten kann sich eine Herde gewöhnen. Allerdings gibt es Hinweise darauf, daß sie den Reiter persönlich erkennen, und zwar besser in der Ferne als in der Nähe. Auch nehmen sie bei günstigen Windverhältnissen Menschen in sehr großer Entfernung wahr, selbst inmitten von Wäldern. Gegenüber Fußgängern ergreifen sie, falls eine kritische Distanz nicht unterschritten wird, die Flucht. Nähert sich ein Raubtier, bildet die Herde eine geschlossene Formation. Erwachsene Kühe und Bullen halten sich am Rand auf, Jungtiere und Kälber nehmen sie in die Mitte. G. Schaller schätzt, daß in manchen Gegenden fast die Hälfte der Kälber durch Tiger erbeutet wird.

Eine ernste Gefahr stellt heute noch der sportliche Ehrgeiz von Jägern dar. Alte Bullen gelten als besonders begehrenswert; oftmals sind sie jahrelang im selben Wohngebiet anzutreffen. Weitaus bedrohlicher jedoch wirkt sich für die Restbestände die zunehmende Vernichtung der Wälder aus. Hinzu kommt die wiederholte Gefahr durch Seuchen, sowohl die Maul- und Klauenseuche als auch die Rinderpest. Beide Infektionskrankheiten werden durch Hausrinder, die zum Weiden in Waldgebiete getrieben werden, übertragen. Wie verheerend die entsprechenden Auswirkungen in den letzten Jahren waren, beschreibt M. Krishnan. Er weist darauf hin, daß kein Wildsäugetier gegenüber Infektionen durch Haustierbestände derart anfällig ist wie der Gaur.

Die domestizierte Form des Gaurs stellt der GAYAL *(Bos [Bibos] gaurus frontalis)* dar, dessen Erscheinungsbild vergleichsweise viel kleiner und plumper

Kleiner und plumper als der wildlebende Gaur ist dessen Haustierform, der Gayal (links). Der ziemlich ähnlich aussehende Kouprey (rechts) ist dagegen ein echtes Wildtier, über dessen Lebensweise man allerdings kaum etwas weiß. Die Art wurde erst 1936 entdeckt und steht heute vermutlich bereits kurz vor der Ausrottung.

ist. Die Hausform ist außerdem durch einen verkürzten Schädel und eine meist stark entwickelte Doppelwamme an Kinn und Hals gekennzeichnet. Auch sind die Hörner weniger geschwungen und die Spitzen nie nach innen gerichtet. Die Fellfärbung variiert, es treten auch weiße Tiere und Schecken auf. Otto Antonius, der im Schönbrunner Tiergarten, Wien, Gayale hielt, berichtet außerdem von dem Auftreten einer weißen Blässe an der Stirn, die sich zur »Laterne« mit hellem Flotzmaul (Nasenspiegel) vergrößern kann. Der Größenrückgang, sowie die Variation der Fellfärbung gelten als ausgesprochen typische Domestikationsmerkmale. Auch ist hierfür die offenere Form der Hörner charakteristisch. Meist geht hiermit im Verlaufe der Domestikation außerdem eine Abschwächung der Hörner einher. Dies ist jedoch beim Gayal, im Gegensatz zu der Hausform des Bantengs, nicht der Fall.

Als soziales Ausdrucksmittel verfügen sowohl der Gaur als auch der Gayal über eine Lautäußerung, die wir von anderen Rinderformen nicht kennen. Sie besteht aus einem seltsam hohen fistelnden »iii …« Otto Antonius hörte diese akustische Interaktion vor allem zwischen einem Bullen und einer Kuh.

Betrachtet man allerdings das Gesamtverhalten, wirkt die Wildform im Vergleich zur Hausform sehr viel lebhafter und zeigt eine größere Behendigkeit. Hinzu kommt, daß der Gaur sehr viel scheuer ist als die domestizierte Form. Trotz der genannten Übereinstimmung und die für die Domestikation charakteristischen Unterschiede ist die systematische Stellung des Gayals unter Zoologen bis heute nicht unumstritten. Von einigen Wissenschaftlern wird der Gayal als Mischform zwischen Gaur und Banteng angesehen. Wieder andere betrachten die Form als eigenständige Entwicklung eines Wildrinds, das unvollkommen domestiziert worden ist.

Demgegenüber gilt als weitverbreitete Auffassung, daß die Haustierwerdung des Gaurs vor 4000 Jahren begann, auf dessen Grundlage sich der Gayal herausbildete. Als Haustier wird er vor allem in Ostbengalen und im Bergland zwischen Brahmaputra und Tibet gehalten. Außerdem kommt er in Vorderindien verwildert vor.

Als Haustiere leben Gayale selten in Stallungen, sondern meist draußen vor den Siedlungen. Eine Zähmung wird mit Hilfe von Salzködern erreicht, die die Einheimischen den Tieren regelmäßig täglich anbieten. Als Nutztiere finden sie sehr unterschiedliche Verwendung. In Nordostindien und Burma dienen sie als Opfertiere. In anderen Gegenden wird ihr Fleisch geschätzt. Der Milchertrag ist ziemlich gering. Außerdem setzt man Gayale bei Feldarbeiten ein. Die in zoologischen Gärten vielfach gehaltenen Gayale benötigen im Winter nachts Stallungen, da sie frostempfindlich sind. Wiederholt kommt es vor, daß Ohren und Schwanzspitzen Frostschäden aufweisen.

Der BANTENG *(Bos [Bibos] javanicus)* ist im Vergleich zu dem mächtigen Gaur wesentlich kleiner und zierlicher. Er gilt als eines der schönsten Wildrinder überhaupt und gehört zu den vom Aussterben am stärksten bedrohten Arten. Seine unterschiedlichen Ausbildungen in Körpergröße und Färbung haben ihn zu einem beliebten Zootier gemacht, das sich gut halten und züchten läßt.

Früher stellte man drei Unterarten einander gegenüber, die sich wahrscheinlich infolge eigenständiger Entwicklungen, teilweise infolge der Inselverbreitung, herausgebildet haben: JAVA-BANTENG *(Bos [Bibos] javanicus javanicus)*, BORNEO-BANTENG *(Bos [Bibos] javanicus lowi)* und BURMA-BANTENG *(Bos [Bibos] javanicus birmanicus)*. Heute verzichtet die Systematik auf die Trennung dieser Lokalformen im Sinne echter Unterarten. Grund hierfür ist die zunehmende

Einst war der Banteng in Südostasien weit verbreitet, heute leben nur noch isolierte Restbestände in Indochina, auf Borneo und Java sowie in Nordaustralien, wo man die Art oder ihre Haustierform eingeführt hat. Das Foto zeigt einen männlichen Java-Banteng. Die Verhornungen zwischen den Hörnern sind ein Merkmal der Bullen.

Vermischung des Bantengs mit Hausrindern bzw. verwilderten domestizierten Rindern, die mit einer Abnahme der Bestände einherging.

Das Verbreitungsgebiet des Bantengs reichte früher von Nordburma bis zum Nordrand der Malaiischen Halbinsel, Thailand, Kambodscha, Laos und Java. Überall zog sich der Banteng infolge von Urwaldrodungen und zunehmender Besiedlung zurück bzw. wurde ganz ausgerottet. Die heute noch im Freiland lebenden scheuen Bantengs wohnen in entlegenen Sumpfwäldern und im Bambusdschungel. In manchen Lebensräumen kommen sie bis zu Höhen von 2000 Metern vor. Isolierte Bestände gibt es noch in Indochina und auf Borneo und Java. Außerdem sollen in Nordaustralien eingeführte Bantengs leben. Allerdings bestehen Zweifel darüber, ob es sich hierbei nicht bereits um verwilderte Hausbantengs handelt.

Der Banteng wurde sehr wahrscheinlich lange vor unserer Zeitrechnung in verschiedenen Gebieten unabhängig voneinander domestiziert. Weltweit bekannt ist das auf Java und Bali sowie auf anderen Sundainseln gezüchtete und heute noch zahlreich ge-

haltene Balirind (s.u.). Gebietsweise ist es außerhalb häufig in verwilderter Form anzutreffen.

Neben der Vernichtung der Bantengbestände infolge von Urwaldrodungen und Besiedlung stellten Infektionskrankheiten, wie Rinderpest und Maul- und Klauenseuche, eine wiederholte verheerende Gefahr dar. Hinzu kommt, daß trotz der Einrichtung von Schutzgebieten der Banteng auf Borneo bis heute von Einheimischen noch gejagt wird. Bekannt sind die Dayaks, die nach dem Verbot der Kopfjagd als Ersatz im Rahmen ihrer Tradition Bantengs töten.

Über die Lebensweise und das Sozialverhalten des Bantengs im Freiland wissen wir nur wenig. Hinsicht-lich der Bevorzugung seines Lebensraumes sowie der Wahl seiner Nahrung weist er Ähnlichkeiten mit dem Gaur auf. Nach Kurzberichten gilt Entsprechendes für seine tagesperiodische Aktivitätsverteilung, die wie beim Gaur in Abhängigkeit von den Lebensbedingungen offenbar auch sehr unterschiedlich ausfällt. Einzelne Forscher berichten sowohl von vorwiegend tagaktiven Herden als auch von solchen, die ihre Aktivitäten in die Nacht gelegt haben. Vermutlich ist diese Umstellung, wie bei den entsprechenden Herden der Gaure, auf Störungen zurückzuführen.

Auch die Sozialstruktur ist mit derjenigen beim Gaur vergleichbar. Es gibt Mutterherden mit erwachsenen Kühen, Jungtieren und Kälbern und getrennt hiervon reine Männergruppen. Zur Fortpflanzungszeit werden die Bullenverbände aufgelöst, indem sich die erwachsenen Bullen mit den erwachsenen Kühen und Jungtieren der Aufzuchtgruppe vergesellschaften.

In zoologischen Gärten läßt sich der Banteng heute ohne Schwierigkeiten halten und züchten. Im Vergleich zum Gaur zeichnet er sich durch eine geringere Aggressivität aus und ist damit auch leichter zähmbar. Dies gilt jedenfalls für Jungtiere.

Die Domestikationsform des Bantengs stellt das BALI(HAUS)RIND dar. Im Vergleich zu seiner wilden Stammform weist es charakteristische Haustiermerkmale auf. Es ist kleiner und hat einen weniger entwickelten Widerrist. Der Schädel fällt schmaler und leichter aus und ähnelt dadurch dem jugendlichen Stadium des Bantengs. Häufig ist die Fellfärbung bei Männchen dunkel kastanienfarbig und bei den Kühen rotbraun, so daß sie an den Banteng erinnert. Darüber hinaus jedoch gibt es gelbe, weiße, graue und auch gescheckte Tiere, wie bei den europäischen Hausrindrassen. Die Scheckung kann groß- und kleinflächig ausfallen, scharf umrandet oder verschwommen sein. Auf der Hinterseite der Oberschenkel trägt das Balirind einen weißen Flecken (»Spiegel«). Die weißen Unterbeine, die weißen Lippenränder und die weißen Haare in den Ohrmuscheln sind Kennzeichen der Wildfärbung. Ein anderes Domestikationsmerkmal betrifft den Geschlechtsdimorphismus: Der Größenunterschied zwischen erwachsenem Männchen und Weibchen ist nicht mehr so ausgeprägt wie beim Banteng. Insgesamt sind die Unterschiede im Körperbau bei den

Wegen der unterschiedlich langen Dornfortsätze der Brustwirbel weisen alle Bantengs einen deutlichen Knick in der Rückenlinie auf. Wie dieser Bulle aus Java haben die stattlichen Tiere meist weiße Beine und einen ebensolchen Spiegel, nur die Fellfärbung ist verschieden.

Bullen sehr viel variabler als bei den Kühen. Auch wurden beim Balirind im Vergleich zum Banteng infolge der Domestikation die Hörner verkleinert. Hinzu kommt der Unterschied der Hornform zwischen den Geschlechtern. Das Horn der Bullen bildet einen Halbmond mit nach oben gerichteten Spitzen. Die Hornform bei Kühen zeigt eine größere Veränderlichkeit. Grundsätzlich sind die Hörner nach rückwärts und im weiteren Verlauf etwas abwärts nach innen gerichtet.

Einen weiteren Unterschied zeigt das Balirind gegenüber seiner wilden Stammform in der Entwicklung der Einzeltiere. Besonders auffallend ist das für Hausrinder kennzeichnende schnellere Wachstum, was eine viel früher auftretende Geschlechtsreife zur Folge hat. Bullen können sich bereits im Alter von eindreiviertel Jahren paaren, und Balikühe kommen in diesem Alter mindestens schon in die erste Brunft. Da sich außerdem die Tragzeit verkürzt, kann eine Kuh innerhalb eines Jahres zweimal gebären.

Vermutlich fand die Haustierwerdung des Bantengs lange vor unserer Zeitrechnung auf Java und Bali unabhängig voneinander statt. Nach W.Ch.P. Meijer wiederholte sich der Domestikationsvorgang bis weit ins Mittelalter. Danach gab es nur noch wenige Wildbestände, so daß es den Einheimischen zu mühsam wurde, Bantengs zu fangen, zu halten und zu zähmen. Auf Bali hat sich eine Hausform erhalten, die vergleichsweise geringe Abweichungen vom Banteng zeigt. Ursache hierfür ist, daß die Balinesen seit jeher ein geringes Interesse an einer gezielten Zuchtwahl hatten, um besondere Eigenschaften für die Nutzung der Tiere zu erreichen. Dennoch wirkten die Bindung an den Menschen und die damit einhergehende Zähmung domestizierend. Denn eine natürliche Zuchtwahl wird dadurch unterbunden. Manche Wissenschaftler führen das Verhalten der Balinesen – wie das der alten Ägypter und Römer – teilweise auf eine jahrhundertealte Vorstellung zurück, daß die Befruchtung bei Tieren und Menschen nichts mit der Begattung zu tun habe. Vielmehr wurden hierfür Geister und bestimmte Winde verantwortlich gemacht. Wiederholt wird berichtet, daß Balinesen sich schon zufriedengaben, wenn eine Kuh überhaupt schwanger wurde, und zwar infolge der Begattung durch einen zufällig in der Nähe sich aufhaltenden brünftigen Bullen. Schließlich ist für Balirinder typisch, daß sie sehr schnell verwildern, was durch die ausbleibende künstliche Züchtung durch den Menschen gut verständlich erscheint. In den letzten Jahren ist man allerdings zunehmend bemüht, Schlachttiere, Arbeitstiere oder aber Milchkühe zu züchten. Mit kastrierten Bullen haben Balinesen schon früher die Erfahrung gemacht, daß sie besser als andere als Nutztiere geeignet sind. Bei dem Eingriff wurden die Samenstränge zwischen zwei hölzernen Plättchen gequetscht. Ochsen lieferten einen erhöhten Fleischertrag und ließen sich im Ackerbau besser als Pflug- und Zugtiere einsetzen.

Ein in seiner systematischen Stellung bis heute sehr umstrittenes Wildrind ist der riesige KOUPREY *(Bos [Novibos] sauveli)*. Er wurde erst 1936 als Jagdtrophäe im Haus des französischen Tierarztes Sauvel entdeckt und nach diesem benannt. Bald danach sah man den Kouprey erstmals im Pariser Zoo. 1940 schätzte man den Bestand auf etwa 1000 Tiere. Infolge der Kriege in Indochina ist zu befürchten, daß er heute fast ganz ausgerottet ist.

Viele Wissenschaftler haben Zweifel, daß es sich beim Kouprey tatsächlich um eine eigenständige Wildform handelt. Manche sehen in ihm eine Mi-

schung zwischen verwilderten Hausrindern und Banteng, Gaur oder Zebu. Dies ist insofern nicht ausgeschlossen, als sich alle Eigentlichen Rinder mühelos miteinander kreuzen lassen. H. Bohlken hält den Kouprey für eine Mischform der Untergattungen *Bibos* und *Bos*, da einzelne Schädelmerkmale an den Banteng, andere an das Zebu erinnern. Th. Haltenorth empfiehlt, den Kouprey in der Systematik so lange als eigene Untergattung zu führen, bis möglicherweise sein Ursprung durch Vermischung nachgewiesen wird.

Eine typische Banteng-Mutterherde besteht aus erwachsenen Kühen, ihren Jungtieren und Kälbern.

Für eine nicht eigenständige Wildform spricht möglicherweise auch, daß beim Kouprey die Reste der Jugendhornscheide, die vom darunter nachwachsenden Dauerhorn durchstoßen wird, nicht wie bei allen anderen horntragenden Huftieren abgewetzt wird. Durch die besondere Form der Hornbiegung ist es diesem Rind nicht möglich, die Hornspitzen gegen den Erdboden zu stoßen und sie somit von den Resten des Hornfaserkranzes zu befreien. Auch bleibt dieser Kranz nach Erna Mohr an der Horninnenseite besonders auffällig erhalten. Insofern spricht die Hornform des Koupreys eigentlich nicht für eine langfristige stammesgeschichtliche Entwicklung einer Art, die in der Regel eine weiterreichende Anpassung bewirkt.

Der einzige heute noch lebende Vertreter der Untergattung *Poephagus* ist der riesige YAK *(Bos [Poephagus] mutus).* Läßt man den Kouprey infolge seiner besonderen zoologisch-systematischen Problematik unberücksichtigt, so handelt es sich beim Yak um die am wenigsten bekannte Art der heute lebenden Wildrinder.

Anhand von fossilen Funden wissen wir, daß der Yak in der Eiszeit bis Nordsibirien vorkam. Noch gegen Ende des vorigen Jahrhunderts lebte er südlich bis hin zum Quellgebiet des Hwangho- und Yalung-Flusses in der chinesischen Provinz Tsinghai. Sein Verbreitungsgebiet reichte also früher weit über die nördliche tibetanische Tiefebene hinaus. Vom Süden her wurde der Yak durch tibetanische Nomaden, von Norden her durch mongolische Hirtenvölker zurückgedrängt. Noch um die Jahrhundertwende gab es neben den großen Karawanenstraßen umfangreiche Wildbestände. Bald danach wurden sie durch zunehmenden Abschuß in verheerender Weise vernichtet. Obgleich die Einheimischen gerade Yakbullen außerordentlich fürchteten, und zwar infolge unheimlicher Geschichten, die über den Yak umgingen, wurde er dennoch gejagt. Zu Beginn des Winters, wenn der Yak im besten Ernährungszustand war und die zugefrorenen Moore begehbar waren, unternahm man Jagdexpeditionen mit einer Teilnehmerzahl bis zu 50 Männern.

Geschätzt wurden das Fleisch, das Fell und die langen Haare. Das wohlschmeckende Fleisch alter Tiere kann, in Streifen geschnitten, getrocknet oder geräuchert werden. Auch war der Schwanz eine Jagdtrophäe und diente als Fliegenwedel. Ernst Schäfer fand Mitte der dreißiger Jahre Hunderte von verblichenen Yakschädeln auf den tibetanischen Hochsteppen. Er mußte bis zu den Quellflüssen des Jangtse vordringen, um lebende Tiere in genügend großer Anzahl zu finden. Sie bewohnten die höchsten Wüstensteppen in einer Höhe von 4700 Metern.

▷ Aus den wildlebenden Yaks gingen die erheblich kleineren Hausyaks hervor, die den Bewohnern des Himalajas und der angrenzenden Bergregionen als trittsichere Trag- und Reittiere sowie als Lieferanten von Fleisch, Milch und Wolle unschätzbare Dienste leisten.

In den Eiswüsten und Bergtundren des tibetischen Hochlandes lebt der mächtige, zottig behaarte Yak, der zu den seltensten und am wenigsten erforschten Wildrindern der Erde zählt. Diese Aufnahme eines Wildyaks entstand am pakistanischen Kunjerab-Paß in einer Höhe von 4700 Metern.

Das meiste, was wir über das Freilandleben des Wildyaks wissen, verdanken wir Ernst Schäfer, der in Tibet drei Expeditionen durchführte und dem es gelang, vergleichsweise größere Bestände der heute kaum noch vorkommenden Art zu beobachten.

Die Herden bewohnen sehr umfangreiche Areale mit Sümpfen und Mooren sowie Tonschieferberge mit Wüstensteppen. Da die Vegetation in diesen Gebieten außerordentlich arm ist, müssen sie von einem Weideplatz zum anderen weite Strecken wandern. Das Ziel ihrer Wanderungen hängt von der jeweiligen Jahreszeit ab. Im Juli ziehen sie, von den winterlichen Hochebenen kommend, zu den tieferen Ebenen, dann nämlich, wenn das Moosgras und die Sumpfvegetation in vollem Wachstum stehen. Sie bleiben dort bis zum August, wenn die Regenfälle beginnen und es zunehmend wärmer wird. Als wärmeempfindliche Tiere wandern die Yaks in die Hochebenen und ziehen sich schließlich bis in die höchsten Schneeregionen zurück. Dort können sie Temperaturen bis zu − 40 Grad Celsius gut vertragen. Auch baden sie bei großer Kälte in Seen und Flüssen.

Yaks können sich bei den regelmäßig auftretenden heftigen Schneestürmen, die im Hochland bis zum Juli vorkommen, viele Stunden lang in den Wind stellen. Sobald dann die Wärme in den tieferen Ebenen nachläßt, kehren sie wieder zu diesen zurück.

Der besonders spärlichen Vegetation in den Hochlandgegenden entspricht die Genügsamkeit der Yaks. Dort leben sie fast ausschließlich von Moosen und Flechten. Ihre rauhe Zunge scheint sehr geeignet, um diese von den Felsen aufzunehmen. In der Tiefebene besteht ihre Nahrung aus Moosgräsern und Kräutern. Im Tagesverlauf weiden die Tiere meist morgens und abends.

Yakherden können aus 20 bis 200 Tieren bestehen. Zu diesen Aufzuchtherden gehören Mütter mit Kälbern, Jungbullen und Jungkühe. Getrennt von diesen vergesellschaften sich zehn bis zwölf Jungbullen mit ein bis zwei alten Bullen. Außerdem gibt es alte Einzelgänger. Zur Fortpflanzungszeit vom September bis zum Oktober lösen sich die reinen Männergruppen auf und suchen Anschluß an die Mutterherde. Dann finden unter den Bullen heftige Auseinandersetzungen statt, die durch häufiges Grunzen gekennzeichnet sind. Die dabei eventuell auftretenden Verletzungen heilen in der keimfreien Luft rasch. Die Geburten erfolgen im Juni, also zu der Zeit des besten Nahrungsangebotes. Allerdings kalbt die Yakkuh nur in jedem zweiten Jahr, da die Saugzeit ein ganzes Jahr lang dauert.

Das Gesamtverhalten des Yak erscheint – vermenschlicht gesehen – mißtrauisch. Fühlt sich eine Herde durch den Menschen gestört, flüchtet sie eine Strecke weit im Galopp mit hochgestellten Schwänzen. Beim unerwarteten Unterschreiten der Fluchtdistanz erfolgt ein rasend schneller Angriff mit erhobenem Kopf und aufgestelltem Schwanz, der auf dem Rücken hin- und hergeschlagen wird. Sprünge können von lautem Blasen begleitet sein. Kurz vor dem Gegner, etwa in einer Entfernung von zehn bis zwanzig Metern, wird der Angriff meist gestoppt.

In den Gebieten, in denen sich Wildyak und die domestizierte Form des Hausyaks begegnen, besteht eine Abneigung von seiten der Wildform. Wildyakbullen können den Hausyak überfallen und töten. Die Ursache hierfür kennen wir nicht.

Eine Gefahr für den Wildyak stellt außer dem Menschen der Tibetanische Wolf dar. Wolfsrudel jagen abgesprengte Kälber und fallen Einzelgänger an.

Eine Hoffnung auf Rettung heute noch lebender Restbestände des Yaks besteht kaum, zumal die Organisation von Schutzmaßnahmen in den unwegsamen Gebirgsgegenden Tibets unlösbare Probleme bereitet. Hinzu kommt, daß die Wildform in zoologischen Gärten kaum gehalten wird, so daß man von hier aus keine Hilfestellung für eine Erhaltung erwarten kann.

Bedeutend kleiner als der Wildyak ist seine domestizierte Form, der HAUSYAK *(Bos [Poephagus] mutus grunniens)*. Das Gewicht der Bullen liegt bei 350 bis 580, das der Kühe bei 225 bis 255 Kilogramm. Ne-

Unweit des Mount Everest, in einer Höhe von fast 5000 Metern, durchquert eine Yakherde einen eisigen Gebirgsstrom.

ben diesem kennzeichnenden Domestikationsmerkmal einer Größenverringerung weichen das Fell und die Hörner von der Wildform ab. Das Haarkleid zeigt beträchtliche Abwandlungen von Samtschwarz über Braun, Gelblich-Rötlich bis zu Grau. Außerdem gibt es gescheckte und weiße Tiere. Im Vergleich zur Wildform wirken die Rückenlinie leicht abfallend, die Beine kurz und die Klauen breit. Die Fellhaare sind dicht und lang, sie können am Bauch bis auf den Boden reichen. Gegenüber dem Wildyak sind ebenfalls die Hörner bedeutend kleiner und schwingen oftmals, vom Hornansatz ausgehend, nach hinten aus. Manchmal fehlen die Hörner sogar. Ernst Schäfer schätzte aufgrund seiner Beobachtungen des tibetanischen Hausyaks, daß etwa einer vom Hundert hornlos ist. Außerdem ist der beim Wildyak auftretende sehr starke Geschlechtsdimorphismus, in dem die Kühe weitaus kleiner sind als die Bullen, im Verlaufe der Haustierwerdung stark reduziert.

Die Geburten erfolgen meist jährlich. Jedoch ist die Brunft nicht an bestimmte Jahreszeiten gebunden. Die beim Wildyak während der Fortpflanzungszeit zu hörenden Grunztöne der Bullen treten bei der domestizierten Form häufiger und verstärkt auf. Dies führte auch zu dem Namen »Grunzochse«. Ernst Schäfer weist darauf hin, daß die Hausyaks in den tibetanischen Wald- und Ackerbaugebieten im Vergleich zu der Form im Hochland insgesamt stärkere Domestikationsmerkmale zeigen.

Das Leben der Bewohner im Himalajagebiet und den angrenzenden Regionen von mehr als 2000 Meter Höhe wäre ohne diese Haustierform undenkbar. Sie ist zwar nicht wie die Stammform derart extrem kälteunempfindlich, doch gegenüber dem Nahrungsangebot ebenfalls genügsam. Infolge seiner breiten Klauen erweist sich der Hausyak als trittsicheres Trag- und Reittier, wenn es darum geht, schwere Lasten im tiefen Schnee über die Gebirgspässe zu befördern. Außerdem werden das wohlschmeckende Fleisch und die Milch der Tiere genutzt. Eine Kuh liefert täglich etwa drei Liter Milch mit einem Fettgehalt von 6 bis 8%. Bemerkenswert ist, daß sich Kühe nur in Anwesenheit der Kälber melken lassen sollen. In den tibetanischen Wald- und Ackerbaugebieten ist die Milchproduktion höher, und die Geburten liegen zwei bis drei Monate früher im Vergleich zum Hochsteppen-Hausyak. Außerdem erfolgen sie regelmäßiger. In Nepal zwischen Höhen von 3800 und 5000 Metern werden aus der Milch für den Export in großem Umfang Butter und Käse hergestellt. Außerdem nutzt man in vielfältiger Weise die besonders langen Haare der Hausform. Während aus dem feinen Wollhaar der Jungtiere Kleidungsstücke hergestellt werden, dient das lange Haar der Erwachsenen für die Herstellung von Decken, Säcken und Zelten. In holzarmen Gegenden wird selbst der Kot als Brennmaterial benutzt.

Häufig wurde der Hausyak mit anderen Hausrindern gekreuzt, wie mit chinesischen Rindern und mit dem Gayal. Während die weiblichen Nachkommen fruchtbar sind, gilt dies nicht für männliche Mischlinge. Die Mischlinge fallen im allgemeinen größer aus, auch sind sie als Tragtiere leistungsfähiger. Hinzu kommt, daß weibliche Mischlinge im Vergleich zu der Hausyakkuh mehr Milch erzeugen.

Bisons oder Wisente (Gattung *Bison*)

Der amerikanische Bison *(Bison bison)* und der europäische Wisent *(Bison bonasus)* stellen die heutigen Vertreter einer ursprünglicheren Großgruppe der Wildrinder dar. Aufgrund von Schädeluntersuchungen stelle C.P. Groves 1983 fest, daß Wisente mit dem Yak *(Bos [Poephagus] mutus)* näher verwandt sind als beide mit dem Ur *(Bos primigenius).* Dem zufolge bereitet die zoologisch-systematische Einordnung Schwierigkeiten. Denn wenn Ur und Yak der Gattung *Bos* zugeordnet werden, gehört der Wisent eigentlich ebenfalls in diese Gattung. Insofern sind es wohl eher überlieferte Gründe, die für die Aufrechterhaltung einer eigenen Gattung *Bison* sprechen. Hinzu kommt, daß manche Wissenschaftler in den letzten Jahren den Bison und den Wisent zu einer Art zusammenfassen. Der Grund hierfür ist ihre fruchtbare Kreuzbarkeit. Das gilt jedenfalls für Haltungsbedingungen in Menschenobhut. Anzunehmen ist, daß, wenn beide Formen im Freiland nebeneinander vorkämen, ebenfalls eine Vermischung stattfände. Andererseits unterscheiden sie sich in einer Reihe von Körpermerkmalen deutlich und leben seit langer Zeit geographisch voneinander getrennt. Vertreter der Gruppe dieser großen Wildrinder waren noch am Ende der Eiszeit in Europa, in Asien und in Nordamerika von Alaska bis Mexiko verbreitet.

HORNTRÄGER

Der Bison *(Bison bison)* ist eines der mächtigsten Säugetiere des amerikanischen Kontinents. Im Vergleich zum europäischen Wisent wirkt sein gesamtes Erscheinungsbild gedrungener und kurzbeiniger und der Vorderkörper wuchtiger. Die Betonung des Vorderkörpers wird durch die besonders starke Behaarung und den im Vergleich zum Wisent kleineren Hinterkörper unterstrichen. Die Behaarung kann etwa 50 Zentimeter lang sein. Gelegentlich ist das Fell auch grau, gefleckt oder weißlich. Außerdem zeigen Bisons einen starken Geschlechtsdimorphismus; die Kühe sind um ein Drittel bis ein Viertel leichter als die Bullen.

Noch im 17. Jahrhundert, zur Zeit der europäischen Einwanderung in Nordamerika, war der Bison in Nord-Süd-Richtung von Alaska entlang dem Osthang des Felsengebirges bis in den Nordteil von Mexiko verbreitet. Außerdem kam er fast bis zum Atlantik vor. Von den zu der Zeit geschätzten 60 Millionen Bisons lebten die meisten Bestände in den Prärien und einige in Waldgebieten. Es wird über Wanderungen von Riesenherden berichtet, die auf überlieferten Wegen im Frühjahr nach Norden zogen und im Herbst den Süden aufsuchten, wo ihnen im Winter günstigere Weideflächen zur Verfügung standen. Für Indianer stellten Bisons die entscheidende Lebensgrundlage dar, indem sie Fleisch, Häute, Wolle und Hörner der Tiere nutzten. Infolge ihrer ursprünglichen Jagdweise beeinträchtigten sie die Bestände kaum. Hinzu kam, daß der Bison innerhalb des kultischen Lebens der Indianer (»Indianerbüffel«) von hervorragender Bedeutung war. Die im Rahmen ihrer Tradition ausgebildeten mystischen Vorstellungen vom Bison, wovon es mannigfaltige Darstellungen gibt, werden nur verständlich durch die völlige Einbeziehung dieses Wildrindes in ihr Leben. Beispielsweise wurden die Felle selten vorkommender weißer Bisons wie Fetische verehrt.

Die vom Bison geprägte, hochentwickelte Indianerkultur wurde mit dem Einzug der Europäer in Nordamerika auf erschreckende Weise zerstört. Zunächst drängten europäische Einwanderer infolge des weitflächigen Getreideanbaus die Herden zurück. Dann begann die Jagd auf Bisons wegen ihres geschätzten Fleisches. Als hilfreiche Orientierung standen den Europäern hierbei die »Büffelpfade« zur Verfügung, die den Bisonherden über Generationen hinweg für ihre weiten Wanderungen gedient hatten. Die zunehmende Vernichtung erreichte zur Jahrhundertwende hin ihren Höhepunkt, nämlich mit dem Bau der Eisenbahnlinien vom Atlantik zum Pazifik. Zwischen den Jahren 1870 und 1975 wurden jährlich 2,5 Millionen Bisons getötet. Der regelrechten Verfolgungsjagd lagen verschiedene Motivationen zugrunde. Einmal war es das jagdsportliche Fieber, und zweitens diente das Fleisch der Versorgung Tausender

Oben: Amerikanischer Bison im verschneiten Yellowstone-Nationalpark. – Rechts: Der tief getragene breite Schädel und der langbehaarte massige Vorderkörper prägen das unverwechselbare Erscheinungsbild der Bisons. Das Foto zeigt einen männlichen Prärie- oder Flachlandbison, die bekanntere und häufigere der beiden Unterarten.

von Bahnarbeitern. Darüber hinaus entwickelte sich ein grausamer Ehrgeiz, den auf die Bisons angewiesenen Indianern die Lebensgrundlage zu entziehen und diese mit zu verdrängen und auszurotten.

Im Zuge des Bahnlinienbaus und der damit einhergehenden Vernichtung des Wildrindes starben die dem Bau benachbarten Bestände vollständig aus. Zugleich erfolgte eine Teilung des Bisonvorkommens in ein nördliches und ein südliches Verbreitungsgebiet. Bereits Ende der siebziger Jahre waren die südlichen Herden gänzlich ausgerottet. 1889 lebten in den Vereinigten Staaten von Nordamerika noch 835 Tiere. Nach der entsprechenden Bestandsaufnahme von W. T. Hornaday mit einbezogen war die im Yellowstone-Nationalpark lebende Herde. Insgesamt ist die Vernichtung des Bisons und der Indianer das erschütterndste Kapitel in der Geschichte der Besiedlung eines fremden Erdteils durch Europäer.

Nach der Jahrhundertwende machte man sich dieses schreckliche Geschehen bewußt und suchte zu retten, was zu retten war. Dank der Initiative von W. T. Hornaday wurde im Jahre 1905 im New Yorker Zoo die Amerikanische Bison-Gesellschaft gegründet, die es sich zur Aufgabe machte, den Restbestand zu schützen und eine erneute Vermehrung des Bisons in zoologischen Gärten und Schutzgebieten zu fördern. Aufbauend auf Zuchten in Tiergärten, wurde der Bison in zunehmendem Maße in geschützten Gebieten ausgesetzt. Bekannt sind die Schutzgebiete in Oklahoma, Montana, Nebraska und Dakota. Im Yellowstone-Nationalpark vergrößerte man nach und nach den Bestand. In Kanada richtete man einen Bisonpark bei Wainwrigh, Alberta, ein und besetzte ihn mit erworbenen 709 Tieren. Der Bestand hatte sich im Jahre 1920 bereits auf 5000 Tiere erhöht.

Auch wurde 1915 versucht, zwischen dem Großen Sklavensee und dem Athabasca-See die Waldform des Bisons zu züchten, die dem Wisent mehr ähnelt als der Prärieform des Bisons. Später allerdings setzte man zu diesem Bestand tausende Tiere der Flachlandform aus dem Bisonpark bei Wainwrigh hinzu, die Tuberkulose einschleppten. Natürlich führte dies außerdem zu einer Vermischung beider Formen. Die Hoffnung, den Waldbison dennoch erhalten zu können, besteht glücklicherweise fort. Vor allem durch die Entdeckung eines Restbestandes im Jahre 1960 in den Wood Buffalo Parks in Kanada. Nach Schätzungen beträgt die Gesamtzahl der Bisons in Nordamerika etwa 50 000 Tiere. Somit scheint der Fortbestand dieser Art gesichert zu sein.

Der Flachlandbison bevorzugt im Sommer Gräser und Kräuter der Prärie, während er sich im Winter vor allem von Moos, Flechten und trockenem Gras ernährt. Bei Schnee wird die Nahrung mit Kopf- und Beinbewegungen freigescharrt. Im Vergleich zu der Flachlandform lebt der Waldbison vorzugsweise von

Die Bestände der bereits vom Aussterben bedrohten »Indianerbüffel« sind durch energische Schutzmaßnahmen inzwischen wieder auf insgesamt 50 000 Köpfe angewachsen.

HORNTRÄGER

Blättern, Trieben und Rinden von Bäumen und Sträuchern. Alle Bisons brauchen Trinkwasser. Im Winter nehmen sie notfalls auch Schnee zu sich.

Die Verteilung der tagesperiodischen Aktivitäten ist bei verschiedenen Herden unterschiedlich. Oftmals wird vorzugsweise am Morgen und in der Abenddämmerung Nahrung aufgenommen, manchmal aber auch am Tage oder in der Nacht. Anzunehmen ist, daß eine Verschiebung der Aktivitäten in die Nacht durch Störungen innerhalb ihres Lebensraumes bedingt ist. Auf den Wanderungen steigern die Tiere oft bei Gefahr ihr Tempo vom Schritt über den Trab bis zum Galopp und erreichen Höchstgeschwindigkeiten von etwa 50 Stundenkilometern.

Neben der Nahrungsaufnahme, dem Wiederkauen und Ruhen verbringen sie einen großen Teil des Tages mit Körperpflege. An bestimmten Plätzen werden Kopf, Hals und Körperseiten gescheuert, Bäume dadurch entrindet und blankpoliert. Hinzu kommt das Wälzen auf lockerem Boden, das in der Regel seitlich erfolgt, da der Buckel beim Überrollen ein Hindernis darstellt.

Bisons vergesellschaften sich zu Muttergruppen, zu denen erwachsene Weibchen, höchstens drei Jahre alte Jungbullen, Jungkühe und Kälber gehören. Erwachsene Männchen halten sich am Rande der Gruppe auf.

Die Rangstruktur in kleineren Gruppen (16–25 Tiere) in begrenzten Wohngebieten erweist sich nach I. McHugh und P. J. Egerton als recht stabil. Auch kann es nach D. F. Lott zur Bildung sehr großer Herden kommen, in denen die Rangstruktur verschwimmt. Neben den Muttergruppen gibt es reine Bullenverbände, die zwei bis zwölf Tiere umfassen. Weibchen werden mit zwei, Männchen mit drei Jahren geschlechtsreif. Ausgewachsen sind diese jedoch erst mit sechs Lebensjahren. Vor ihrem fünften Lebensjahr können sie mit älteren Bullen selten konkurrieren.

Zur Fortpflanzungszeit im August schließen sich die Tiere zu Großherden zusammen. Lott beobachtete in Montana und Kalifornien Herden von 350 bis 400 Tieren. Geschlechtsreife Bullen schließen sich diesen Großherden an und nehmen auch an den Wanderungen teil. Zwischendurch verlassen sie diese manchmal für ein bis zwei Tage und kehren dann wieder zu ihnen zurück. Auch außerhalb der Fortpflanzungszeit suchen Bullen manchmal kurzfristig Muttergruppen auf.

Beim Beginn des Paarungsverhaltens, der Werbung, steht der Bulle breitseits parallel neben der Kuh, wobei die Gesichter in dieselbe Richtung weisen. Dabei kontrolliert er die Partnerin ständig. Bewegt sie sich fort, versucht er sie daran zu hindern, indem er quer zu ihrer Bewegungsrichtung pendelnde Kopfbewegungen ausführt oder sich gar breitseits vor sie stellt. Wenn ein höherrangiges Männchen hinzukommt, kann die Werbung gestört oder abgebrochen werden. Die Gesamtzeit, in der eine Kuh attraktiv ist,

Die Muttergruppe bildet die Grundeinheit der Bisongesellschaft. Die erwachsenen Bullen halten sich am Rande der Gruppe auf.

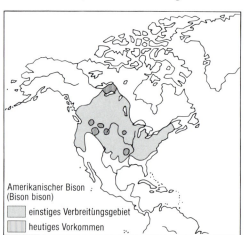

währt häufig einen Tag, selten länger als zehn Tage. Manchmal auch kann eine Kuh einen bestimmten Bullen von niederem Rang einem höherrangigen Bewerber vorziehen. Die um Kühe werbenden Bullen sind in der Regel gegenüber ihren Partnerinnen wenig aggressiv gestimmt. Die Zurechtweisungen mit Kopf und Hörnern fallen sanft aus. Im Verlauf der Werbung riecht und leckt der Bulle an der Geschlechtsgegend oder am Urin der Kuh, oftmals wäh-

Ausdrucksvolles Kopfporträt eines Präriebisons.

▷ Wenn ein männlicher Bison um seine Auserwählte wirbt, geht es recht ruhig und friedlich zu. Zu Beginn des Paarungszeremoniells stehen beide Tiere parallel nebeneinander und blicken in dieselbe Richtung. Will sich die Kuh weiterbewegen, versucht der Bulle sie daran zu hindern, indem er den mächtigen Kopf hin und her pendeln läßt oder sich breitseits vor ihr aufbaut.

rend seiner ersten Annäherung. Nach solchen Kontrollen kann Flehmen in jedem Alter und bei beiden Geschlechtern auftreten. Die meisten Begattungsversuche des Bullen führen nicht zum Erfolg, da die Kuh im Augenblick des Aufreitens schnell zur Seite tritt.

Zu einer bestimmten Zeit während der Fortpflanzungsperiode gibt es nur jeweils wenige Weibchen in der Herde, die brünftig sind, meist weniger als brünftige Männer. Das führt zu Auseinandersetzungen zwischen den Bullen. Dazu gehören Kämpfe, Meideverhalten, Drohen und Gesten der Unterwürfigkeit. Nach Lott traten in einer Herde erwachsener Männchen mit 35 Bullen an vielen Tagen während kurzfristiger Perioden acht bis zehn Kämpfe auf.

Bei ernstlichen Kämpfen kommen zwei Strategien vor. Der Rivale wird entweder langsam mit gesenktem Kopf oder aber im vollen Galopp frontal angegriffen, wobei die Gegner heftig aufeinanderprallen. Die zweite Möglichkeit ist der Flankenangriff, wobei der Rivale vom Boden abgehoben werden kann. Solche Attacken können vermieden werden, wenn der Nebenbuhler dem Herausforderer frühzeitig aus dem Wege geht. Denn vorzeitig deutet sich die Gefahr meist durch Drohen an, wie das laute Brüllen brünftiger Bullen, welches geradezu dem Löwengebrüll ähnelt. Manche Wissenschaftler nehmen an, daß beim Bison die Lautstärke des Brüllens in Beziehung zur Kraft des Männchens steht. Manchmal können mehrere Bullen gemeinsam brüllen, selbst ohne Sichtkontakt. Oder aber es brüllen zwei, wovon der eine allein ist und der andere bei einer brünftigen Kuh. Auch schnaufen und stampfen angriffslustige Bullen in der Brunftzeit, scharren, daß die Fetzen fliegen, und wälzen sich auf dem Boden in mächtigen Staubwolken. Außerdem beduften sich die Tiere nach Lott mit frischem Urin. Neben Brüllen, Stampfen, Schnaufen und Wälzen gibt es noch weitere Drohgesten, wie das Sichnähern mit gesenktem Kopf und plötzlichem Stehenbleiben vor dem Partner, wobei gleichzeitig der Kopf wieder angehoben wird. Oder aber Rivalen nähern sich frontal, nicken und schwingen dabei seitlich mit den Köpfen. In dem Augenblick, in dem die Köpfe nach unten schwingen, kann es zum Kampf kommen.

Drohauftritte zwischen ungleichen Partnern werden im allgemeinen friedlich gelöst, wenn der Schwächere Unterwürfigkeit zeigt oder sich von seinem Gegner abwendet und andere Tätigkeiten aufnimmt. Unterlegene können auch zu weiden beginnen, allerdings in dieser Situation nur kurzfristig mit Unterbrechungen. Ein solches Verhalten entsteht dann aus einem Konflikt heraus (Übersprungverhalten). Andererseits kommt es auch vor, daß nach Abbruch eines Breitseitdrohens der überlegene Bulle beim anderen aufzureiten versucht.

Der Wisent wird auch Europäischer Bison genannt, denn er gehört derselben Gattung an wie der Amerikanische Bison. Im Vergleich zu ihren Vettern in der Neuen Welt wirken die Wisente schlanker und hochbeiniger. Auch sie waren einstmals zahlreich und weitverbreitet, doch heute leben nur noch kleine Restbestände, die aus Zoo- und Gehegezuchten hervorgegangen sind und in geeigneten Gegenden Osteuropas »ausgewildert« wurden. Diese »Gruppenaufnahme« entstand im russischen Schutzgebiet von Priokso Terrasni.

Bison und Hausrind sind miteinander kreuzbar, die Nachkommen aber unfruchtbar. Züchtungen des Bisons in Zoos sind heute allgemein erfolgreich.

Der WISENT *(Bison bonasus)* ist das schwerste landlebende Säugetier Europas. Im Vergleich zum amerikanischen Bison wirkt der Vorderkörper nicht so gedrungen, und die stämmigen Beine sind verhältnismäßig hoch. Dies gilt jedenfalls bei einer Gegenüberstellung mit der Flachlandform des Bisons, während die Waldform im Erscheinungsbild dem Wisent ähnlicher sieht als seinem Verwandten der Prärie.

Aufgrund fossiler Funde weiß man, daß Vertreter der Gattung *Bison* im späten Pliozän, also zum Ausgang der Eiszeit, in Südasien vorkamen. Von dort aus drangen sie in die gemäßigten Zonen Eurasiens vor. In historischer Zeit umfaßte das Verbreitungsgebiet des Wisents West-, Mittel- und Südosteuropa. Im Osten kam er bis zur Wolga und bis zum Kaukasus vor. Hier soll er bis zu einer Höhe von 2100 Metern gelebt haben. Auch gibt es Hinweise darauf, daß Wisente wahrscheinlich bis zum 5. und 6. oder gar 12. Jahrhundert Südengland bewohnten. Zu Beginn unserer Zeitrechnung sollen sie in Südschweden vorgekommen sein. Vermutlich gab es in den Ardennen und Vogesen Bestände zwischen dem 7. und 14. Jahrhundert. In Brandenburg erhielt sich das Wildrind bis ins 15., in Pommern bis ins 14. Jahrhundert, und in Ostpreußen wurde es im 18. Jahrhundert ausgerottet. Zu dieser Zeit auch lebten in Sachsen Wiedereingebürgerte. In Siebenbürgen und Rumänien gab es sie ebenfalls bis ins 18. Jahrhundert. Hingegen starben sie in Ungarn schon im 16. Jahrhundert aus. Entsprechendes gilt wahrscheinlich auch für den mittleren Teil Polens. Der letzte polnische Bestand im Urwald von Bialowieska erlag der Jagd Anfang dieses Jahrhunderts. Danach lebten Wisente noch in Rußland, wo ihre nördliche Verbreitung durch Schnee begrenzt war. Seit 1980 gibt es wieder 24 Herden, von denen fünf in Polen und 19 in Rußland neu angesiedelt wurden. Die beiden größten Herden mit über 400 Tieren leben in Bialowieska. Man schätzt, daß fast 50% der heutigen Wisente freilebend in Schutzgebieten vorkommen.

Früher stellte man dem Flachlandwisent den Berg- oder Kaukasuswisent gegenüber. Die heute noch lebenden Wisente sind Mischlinge beider Formen bzw. gehören zur Flachlandform.

Die Bevorzugung bestimmter Lebensräume durch die Wisente hängt vom Nahrungsangebot ab. Dabei kann es sich um Laub- oder Mischwälder mit feuchten Lichtungen handeln. Zu Beginn des Sommers suchen Wisente Mischwälder auf, deren Kräuter dann in voller Blüte stehen. Aber auch im Herbst werden solche Biotope aufgesucht. Untersuchungen über die Nahrungsaufnahme zeigen, daß manche Pflanzenarten, selbst wenn sie zahlreich auftreten, gemieden werden, andere hingegen bevorzugt, selbst wenn sie selten sind. Aufgenommen werden Gräser, Kräuter, Laub und Triebe von Sträuchern und Bäumen sowie auch Rinden und Flechten. Im Frühjahr und im Sommer bilden Grünpflanzen den größten Teil der Nahrung, im Herbst junge Triebe und Rinden von Bäumen, während im Winter vor allem Rinden und Flechten gesucht werden. Auch können Wisente Nahrung mit den Klauen bis zu 30 Zentimeter tief ausgraben. Nach Beobachtungen im Freiland und Futterwahlversuchen wird deutlich, daß der Wisent über eine besonders weitreichende Anpassung bei der Nahrungsaufnahme verfügt. In jedem Fall notwendig ist, daß es in seinem Lebensraum Wasser zum Trinken gibt. Ist es im Winter gefroren, schlagen die Tiere mit den Hufen Löcher ins Eis, oder sie buddeln mit der Schnauze kleine Gruben in den Schnee, in denen sich Wasser sammelt. Manchmal nehmen sie auch direkt Schnee auf.

Nach Z. Pucek wird die tagesperiodische Aktivitätsverteilung im Jahresverlauf durch das jeweilige Nahrungsangebot beeinflußt. Im Sommer wird vorzugsweise morgens und abends Nahrung aufgenommen, selten in der Nacht. Im Winter sind Nahrungsschü-

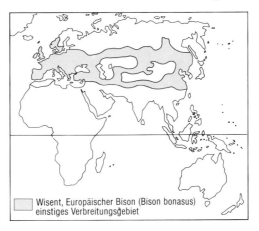

Wisent, Europäischer Bison (Bison bonasus) einstiges Verbreitungsgebiet

Rinder (Bovinae)

Name deutscher Name wissenschaftlicher Name englischer Name (E) französischer Name (F)	Körpermaße Kopfrumpflänge (KRL) Schwanzlänge (SL) Standhöhe (SH) Gewicht (G)	Auffällige Merkmale	Fortpflanzung Tragzeit (Tz) Zahl der Jungen je Geburt (J) Geburtsgewicht (Gg)
Tieflandanoa *Bubalus (Anoa) depressicornis* E: Lowland anoa F: Anoa de plaine	KRL: etwa 180 cm SL: etwa 40 cm SH: etwa 86 cm G: bis 300 kg	Runder Körper mit schlanken Beinen; kleine schmale Ohren; schwarze Haut mit kurzem dunkelbraunem bis schwarzem Haar; Männchen im allgemeinen dunkler und etwas größer als Weibchen; weiße oder hellere Abzeichen an Kopf, Unterhals und Beinen; Hörner am Rande der Stirnleiste aufgesetzt, einfach gebaut und kurz, bei Männchen 30 cm, bei Weibchen 25 cm lang, stehen weit auseinander; die an der Basis geringelten Hörner schräg nach hinten gerichtet, dabei flach, fast dreieckig zusammengedrückt, der Querschnitt etwa elliptisch	Tz: 9–10 Monate J: in der Regel 1 Gg: nicht bekannt
Berganoa *Bubalus (Anoa) quarlesi* E: Mountain anoa F: Anoa de montagne	KRL: etwa 150 cm SL: etwa 24 cm SH: etwa 70 cm G: um 150 kg	Runder Körper mit schlanken Beinen; kleine schmale Ohren; erwachsene Tiere ähneln jungen Tieflandanoas; Körper braunschwarz, ebenso Beine; Hörner 15–20 cm lang, glatt und gewunden	Nicht bekannt
Asiatischer Büffel, Wasserbüffel *Bubalus (Bubalus) arnee* mit 6 Unterarten E: Wild water buffalo F: Buffle de l'Inde	KRL: 240–280 cm SL: 60–85 cm SH: 160–190 cm G: ♂♂ 1200 kg, ♀♀ 800 kg	Meist massige, kräftige Tiere; Weibchen kleiner als Männchen; Fell bei den 6 Unterarten verschieden lang, meist kurz und spärlich, schieferfarbig-schwarz; Beine ab Sprunggelenk und Knie schmutzig weiß; weiße Abzeichen unterhalb des Kinns; riesige Hörner können ein Ausmaß von etwa 2 m erreichen; sind breit, flach und kerbig, erheben sich wenig über den Kopf, sondern legen sich, kaum oder gar nicht aus der waagerechten Ebene heraustretend, bogenförmig nach außen und mit den Spitzen wieder nach innen über Hals und Rücken hinweg; Hornwurzel überwuchert nicht die Stirnleiste; breite, langschlige Hufe verhältnismäßig stark spreizbar	Tz: 310–330 Tage J: in der Regel 1, selten 2 Gg: nicht bekannt
Tamarau, Tamarao, Mindorobüffel *Bubalus (Bubalus) mindorensis* E: Tamaraw, Tamarao, Tamarau F: Tamarao	KRL: kleiner als Asiatischer Büffel SL: nicht bekannt SH: 100 cm G: nicht bekannt	Dunkelbraun bis grau-schwarz; Hörner kräftig, etwa 35–50 cm lang; helle Abzeichen an Kopf, Unterhals und Beinen	Tz: 276–315 Tage J: 1 Gg: nicht bekannt
Afrikanischer Büffel, Kaffernbüffel *Syncerus caffer* mit 2 Unterarten E: African buffalo F: Buffle d'Afrique	KRL: 220–340 cm SL: 70–110 cm SH: 100–170 cm G: 265–680 kg	Fellfärbung braunschwarz (Eigentlicher Kaffernbüffel) bis rotbraun und leuchtend rot (Rot- oder Waldbüffel); Hörner unterschiedlich groß und verschieden geformt; Hornansätze können zu einem massiven Stirnhelm zusammengewachsen sein, oder aber sie stehen auseinander; Ohren können im Innern und am Rand Fransen tragen; Männchen größer als Weibchen	Tz: etwa 340 Tage J: meist 1, selten 2 Gg: 55–60 kg (Eigentlicher Kaffernbüffel)
Gaur *Bos (Bibos) gaurus* E: Gaur F: Gaur	KRL: 250–300 cm SL: 70–100 cm SH: 170–200 cm G: ♂♂ 940 kg, ♀♀ 700 kg	Erwachsene Männchen schwarzglänzendes Fell mit weißen Flecken und grauer Erhebung zwischen den Hörnern; junge Männchen und Weibchen dunkelbraun mit weißen Flecken; riesiger Kopf mit tiefem, massivem Körper und kräftigen Beinen; Buckel, schmale Wamme unter dem Kinn und zwischen den Vorderbeinen; Hornlänge bei Männchen 80 cm; Hörner zur Seite und aufwärts gebogen, am Grund abgeflacht	Tz: 270–280 Tage J: 1, selten 2 Gg: nicht bekannt
Banteng *Bos (Bibos) javanicus* E: Banteng F: Banteng	KRL: 190–225 cm SL: 65–70 cm SH: 160 cm G: 600–800 kg	Jungtiere rotbraun oder rötlich-gelb; erwachsene Männchen dunkel kastanienfarbig; starke Variationen in der Färbung; weißes Band um das Maul; weiße Flecken über den Augenlidern; Beine und Spiegel meist weiß; Männchen mit unbehaarten Verhornungen auf der Haut zwischen den Hörnern (»Helm«), auf dem Rücken mit Kamm und Buckel; Männchen bedeutend stärker als Weibchen; Hörner der Männchen flach oder halbkreisförmig nach oben gebogen, Spitzen weisen nach innen; infolge unterschiedlich langer Dornfortsätze der Brustwirbel ein deutlicher Knick in der Rückenlinie	Tz: 285 Tage J: nicht bekannt Gg: etwa 30 kg
Kouprey *Bos (Novibos) sauveli* E: Kouprey F: Kouprey	KRL: 210–220 cm SL: 100–110 cm SH: 170–190 cm G: 700–900 kg	Jungtiere grau mit weißen Flecken, untere Partien und Vorderbeine dunkler; alte Männchen schwarz oder sehr dunkelbraun, mit langen Wammen (über 40 cm), die vom Nacken hängen; Hörner bei Weibchen wenig geformt, bei Männchen nach vorn und oben gebogen; Hornbasis im Querschnitt oval, bei älteren Tieren Ringwülste; Hornlänge bei Männchen 80 cm, bei Weibchen etwa 40 cm	Nicht bekannt
Yak *Bos (Poephagus) mutus* E: Yak F: Yack	KRL: ♂♂ bis 325 cm SL: nicht bekannt SH: ♂♂ 203 cm, ♀♀ 156 cm G: ♂♂ 821 kg, ♀♀ 306 kg	Schulter-, Bauch- und Schwanzhaare schwarz; sonst dichtes, verfilztes dunkelbraunes Wollfell; Ohren tiefschwarz; Schwanz mit Endquaste; meist weiße Zeichnung um das Maul; massiv gebaut mit herunterhängendem breitem Kopf, hohen buckeligen Schultern und kurzen Beinen; breite Klauen mit Afterklaue (günstig zum Klettern im Gebirge); durch Verlängerung der Dornfortsätze der Wirbel hoher Widerrist; Hörner bei Männchen 3–4fach stärker als bei Weibchen; Basisumfang bis 50 cm; Hornlänge bei Männchen 90 cm, bei Weibchen 51 cm	Tz: 258 Tage J: 1, in jedem 2. Jahr Gg: nicht bekannt

DIE ARTEN IM VERGLEICH

Lebensablauf Entwöhnung (Ew) Geschlechtsreife (Gr) Lebensdauer (Ld)	Nahrung	Feinde	Lebensweise und Lebensraum	Häufigkeit
Ew: nicht bekannt Gr: wahrscheinlich im 2. Jahr oder zu Beginn des 3. Ld: bis 30 Jahre	Pflanzennahrung	Nicht bekannt	Im feuchten, dichten Untergehölz; wurden selten in Gruppen gesehen, meist einzeln oder paarweise	Gefährdet
Nicht bekannt	Pflanzennahrung	Nicht bekannt	Biologie weitgehend unbekannt; in den Bergwäldern von Sulawesi (Celebes)	Gefährdet
Ew: nicht bekannt Gr: nicht bekannt Ld: 18 und 20–25 Jahre werden genannt	Pflanzen, Kräuter, Sumpf- und Wasserpflanzen	Manchmal Tiger; für Jungtiere auch Leopard	In sumpfigen Flußniederungen und auf schlammigen See- und Meeresufern; guter Schwimmer	Möglicherweise gefährdet; kleine Bestände in Vorderindien, Assam-Schutzgebiet (Nordostindien), Yala-Schutzgebiet, Nordborneo
Ew: nicht bekannt Gr: nicht bekannt Ld: etwa 20–25 Jahre	Pflanzennahrung	Nicht bekannt	Biologie weitgehend unbekannt; nur in den Wäldern der Insel Mindoro (Philippinen)	Gefährdet
Ew: nach 6 Monaten (Eigentlicher Kaffernbüffel) Gr: mit 5 Jahren (Eigentlicher Kaffernbüffel) Ld: 16 Jahre, im Zoo 20–26 Jahre (Eigentlicher Kaffernbüffel)	Gräser, Kräuter, Blätter von Bäumen und Sträuchern	Löwe, Krokodil (hauptsächlich für Jungtiere und alte Einzelgänger)	Kühe und Jungtiere in Herden; daneben reine Bullenherden; alte Bullen oft Einzelgänger; in Savannen und Waldland südlich der Sahara in ganz Afrika	Gute Bestände in Nationalparks
Ew: in 7–9 Monaten Gr: im 2. und 3. Lebensjahr Ld: etwa 30 Jahre	Gras, Kräuter, Triebe und Früchte von Sträuchern und Bäumen	Mensch; Tiger, Leopard	Bewohnt tropische Wälder mit Lichtungen; verstreute Herden in Indien, einige überlebende Bestände in Burma, Westmalaysia und Indochina	Bedroht durch Jagd und Lebensraumzerstörung
Ew: mit 6–9 Monaten Gr: mit 2–3 Jahren Ld: etwa 20 Jahre	Gras, bevorzugt Blätter, Triebe von Sträuchern und Bäumen	Rotwölfe	Lebensweise und Sozialverhalten kaum erforscht; in dichten Wäldern mit Lichtungen, Bambusdschungeln und lichtem Hochwald bis 2000 m Höhe	Gefährdet; isolierter Bestand in Indochina und auf Borneo, Java; eingeführt in Nordaustralien
Nicht bekannt	Nicht bekannt	Nicht bekannt	Erst 1936 entdeckt; Biologie weitgehend unbekannt; in Waldlichtungen und bewaldeten Savannen	Vermutlich von der Ausrottung bedroht
Ew: nicht bekannt Gr: nicht bekannt Ld: 22–25 Jahre	Kräuter, Moosgräser, Flechten	Tibetanischer Wolf	Biologie weitgehend unbekannt; verstreute Verbreitungsgebiete in der Bergtundra und Eiswüste des Hochlands von Tibet, 4000–6000 m hoch	Gefährdet

Name deutscher Name wissenschaftlicher Name englischer Name (E) französischer Name (F)	Körpermaße Kopfrumpflänge (KRL) Schwanzlänge (SL) Standhöhe (SH) Gewicht (G)	Auffällige Merkmale	Fortpflanzung Tragzeit (Tz) Zahl der Jungen je Geburt (J) Geburtsgewicht (Gg)
Amerikanischer Bison *Bison bison* mit 2 Unterarten E: American bison, American buffalo F: Bison américain	KRL: 380 cm SL: 90 cm SH: ♂♂ 195 cm G: ♂♂ 818 kg, ♀♀ 545 kg	Vorderkörper besonders kräftig; Brustkorb größer, Hinterteil kleiner als beim Wisent; breiter Schädel, wird im Vergleich zum Körper tiefer getragen als beim Wisent; Hörner weisen im Bogen nach hinten und schräg nach oben, die stumpfen Hornspitzen etwas einwärts	Tz: 270–300 Tage J: 1, selten 2 Gg: 30 kg
Wisent, Europäischer Bison *Bison bonasus* E: European bison, Wisent F: Bison d'Europe	KRL: 290 cm SL: 80 cm SH: 180–195 cm G: ♂♂ 800–1000 kg, ♀♀ leichter	Dunkelbrauner massiger Vorderkörper; Brustkorb etwas kleiner, Hinterteil etwas größer als beim Amerikanischen Bison; breiter, kurzer Schädel, im Vergleich zu diesem höher getragen; Hörner verhältnismäßig klein, seitlich etwas abwärts gerichtet und nach innen gebogen	Tz: 254–272 Tage J: 1, selten 2 Gg: 27 kg

be zwei- bis fünfmal zu beobachten, vor allem morgens, abends und vor Mitternacht. Auch dauern diese infolge des geringeren Nahrungsangebots jeweils länger als im Sommer. Betrachtet man das Gesamtverhalten innerhalb von 24 Stunden bei Tieren, die gefüttert werden, verbringen sie 30% der Zeit mit Nahrungsaufnahme, 60% mit Ruhen und etwa 10% mit Fortbewegung und Spiel. Die Fortbewegung erfolgt meist langsam, selten sieht man einen kurzen Galopp. Allerdings können Wisente aus dem Stand drei Meter breite Bäche und zwei Meter hohe Zäune überspringen. Während der Fortpflanzungszeit steigern Bullen ihre Aktivitäten, ruhen seltener und nehmen weniger Nahrung zu sich.

Wisente sind an ihr Wohngebiet besonders stark gebunden. Das Ausmaß der Wanderung richtet sich nach der zur Verfügung stehenden Nahrung. Wohngebiete verschiedener Herden können sich überschneiden. Nach N. Korčkina haben erwachsene Bullen größere Areale als Muttergruppen. Im Kaukasus wandern die Wisente im Frühjahr in die Berge und im Herbst in tiefere Lagen.

Wisente vergesellschaften sich in Muttergruppen, die aus erwachsenen Kühen, zwei- bis dreijährigen Jungtieren und Kälbern bestehen. Meist hat ein acht- bis fünfzehnjähriges Weibchen die höchste Rangstellung. Bindungen der Jungtiere an die Mütter erkennt man bis zum dritten Lebensjahr. Die meisten Muttergruppen umfassen nicht mehr als 20 Tiere; selten wurden 40 gesehen. Außerdem gibt es reine Männergruppen mit zwei bis sieben erwachsenen Bullen. Oder aber erwachsene Bullen leben als Einzelgänger. Darüber hinaus enthält etwa die Hälfte aller beobachteten Muttergruppen ebenfalls erwachsene Männchen. Nach M. Krasińska kann es, wenn sich zwei Muttergruppen begegnen, zu einem Austausch der Tiere kommen. Sie bilden dann zunächst eine instabile Großherde, die sich nach wenigen Tagen in zwei neue Gruppen aufspaltet.

Zur Fortpflanzungszeit im August und September gesellen sich Bullen der reinen Männergruppen sowie auch Einzelgänger zu den Mutterherden, so daß sich die Anzahl der Tiere in diesen etwa verdoppelt. Selbst während der Fortpflanzungszeit bleiben Wisente verhältnismäßig ruhig. Ältere werbende Bullen vertreiben jüngere, wenn diese sich ihnen nähern. Dann senken sie den Kopf und schlagen mit dem Schwanz. Auch richten alte Bullen ihr aggressives Verhalten oftmals auf Äste oder auf dem Boden liegende Stämme. Begleiten werbende Bullen brünftige Kühe, beriechen sie den Geschlechtsbereich, flehmen und legen meist ihr Kinn auf den Rücken der Partnerin. Nach Brunftbeginn findet die Paarung in der Regel drei Tage später statt. Sie wird am selben Tag bis zu viermal wiederholt. Nach der Begattung verbleibt die Kuh einige Stunden lang in der Paarungsstellung, wobei ihr Hinterteil etwas angehoben ist und der Schwanz seitlich liegt. Der Bulle verläßt sogleich die Partnerin.

Insgesamt wirken die sozialen Beziehungen friedlich. Jungtiere spielen viel. Sie verfolgen andere und werden verfolgt, reiten einander auf und schieben sich gegenseitig mit den Köpfen. Im Gegensatz zu aggressiven Auseinandersetzungen wird der Kopf hierbei nicht gesenkt. Jungtiere sind besonders scheu. Sie orientieren sich am Verhalten der Älteren und ahmen vieles nach.

Auseinandersetzungen beobachtet man vorwiegend an Futterstellen. Dabei wird der Kopf gesenkt, der Schwanz waagerecht gehalten und mit den Hörnern

DIE ARTEN IM VERGLEICH

Lebensablauf Entwöhnung (Ew) Geschlechtsreife (Gr) Lebensdauer (Ld)	Nahrung	Feinde	Lebensweise und Lebensraum	Häufigkeit
Ew: mit 5–6, manchmal wohl auch mit 12 Monaten Gr: mit 2–3 Jahren Ld: 15–20, manchmal 25 Jahre	Im Sommer Steppenkräuter und Gräser, im Winter auch Moos und Flechten	Keine; früher Mensch	Muttergruppen; erwachsene Männchen an Gruppenrand; in Grasland (Prärien), Espen-Parkland und Nadelwäldern; Waldbison im Norden Nordamerikas (Schutzgebiete in Kanada); in den USA vor allem Bestände des Flachlandbisons (Schutzgebiete)	Durch Überjagung fast ausgerottet; Bestände durch Schutzmaßnahmen wieder erholt, heute auf etwa 50 000 Tiere geschätzt
Ew: mit 6–8 Monaten Gr: Männchen mit 8, Weibchen mit 2 Jahren Ld: bis 27 Jahre	Gräser, Kräuter, Blätter und Rinden von Sträuchern und Bäumen, auch Flechten und Moose	Wolf und Luchs (für Jungtiere)	Muttergruppen; Männchen in Gruppen oder Einzelgänger; in Misch- und Laubwäldern mit feuchten Lichtungen und gut ausgebildetem Unterholz; in Bialowieza (Polen) und in Westkaukasien	Nur kleine, geschützte Bestände

gestoßen und gescharrt. Hochrangige Kühe sind aggressiver als niederrangige.

Die Fluchtdistanz gegenüber dem Menschen ist im Sommer mit etwa 150 bis 200 Metern größer als im Winter. Bei Kontaktaufnahme zwischen den Tieren hört man einsilbiges Grunzen, bei Erregung ein scharfes Prusten. Allerdings sollen Lautäußerungen beim Wisent insgesamt selten sein.

Im heutigen Verbreitungsgebiet des Wisents können Wolf und Luchs den Kälbern gefährlich werden. Immer wiederkehrende bedrohliche Todesursachen sind ansteckende Krankheiten, wie die Maul- und Klauenseuche und die Pasteurellose, eine durch bestimmte Bakterien (Pasteurellen) hervorgerufene Infektionskrankheit. Außerdem gilt in den polnischen Reservaten als gefährlichster Parasit der Große Leberegel, der bei Jungtieren häufig zum Tode führt.

Hausrind
von Hans Hinrich Sambraus

Alle taurinen, d.h. »europäischen« Hausrinder und die Zebus stammen vom Ur oder Auerochsen *(Bos primigenius)* ab, auch wenn die unterschiedlichen lateinischen Namen für die beiden domestizierten Typen – *Bos taurus* und *Bos indicus* – etwas anderes vortäuschen mögen. Der Auerochse war ein eindrucksvolles Tier: Bullen erreichten vermutlich ein Gewicht von mehr als 1000 Kilo bei einer Widerristhöhe von 180 Zentimetern. Zwischen den Geschlechtern bestand im Aussehen ein erheblicher Unterschied. Die Stiere hatten ein schwarzes Fell mit hellem Aalstrich. Kühe waren deutlich kleiner und von rötlichbrauner Farbe. Beide Geschlechter besaßen kräftige, lange und weitausladende Hörner. Ursprünglich war diese Wildform über Europa (abgesehen von Skandinavien und dem nördlichen Rußland), Nordafrika und große Teile Asiens verbreitet. Da der Auerochs Nahrungskonkurrent des Hausrindes war und gelegentliche Fehlbegattungen einem erwünschten Zuchtfortschritt der domestizierten Form entgegenstanden, wurde er energisch bejagt. Dadurch rottete man ihn von Westen nach Osten allmählich aus. In Frankreich gab es den Auerochsen bis zum 13. Jahrhundert; in Bayern wurde er noch Ende des 15. Jahrhunderts erwähnt. Der letzte Auerochse wurde 1627 in Polen erlegt.

Ausgrabungsfunde haben ergeben, daß der Auerochse zuerst im Vorderen Orient domestiziert wurde, und zwar bereits 7000–6000 Jahre vor Beginn unserer Zeitrechnung. Es ist ungeklärt, ob die späteren Domestikationszentren in Nordgriechenland und Indien gleichfalls vom Auerochsen ausgingen oder ob die in anderen Gegenden bereits in den Hausstand übernommenen Rinder hier weiter verändert wurden.

Die Domestikation führte zu Veränderungen im Körperbau, in den Lebensabläufen und im Verhalten. Be-

Das Schwarzbunte Rind gilt als die Rinderrasse mit der höchsten Milchleistung. Es stammt, wie alle »europäischen« Hausrinder und die Zebus, vom längst ausgestorbenen Ur oder Auerochsen ab. In Aussehen und Verhalten haben sich die heutigen Rassen freilich sehr weit von ihrer wildlebenden Stammform entfernt.

reits im alten Ägypten kamen im zweiten Jahrtausend vor Beginn unserer Zeitrechnung Tiere mit sehr unterschiedlicher Färbung nebeneinander vor, wie man sie auch jetzt noch außerhalb Europas antreffen kann. Auf unterschiedliche Rassen kann daraus jedoch nicht geschlossen werden. Die traten erst bei den Römern auf, die geschickte Tierzüchter waren und Rinder für unterschiedliche Zwecke hielten.

Schon früh lassen sich zwei Gruppen von Hausrindern nachweisen, die sich durch Besitz oder Abwesenheit eines Buckels auf dem Rücken unterscheiden. Die Zebus (»Buckelrinder«) sind in Asien seit rund 6500 Jahren nachweisbar (s. den Beitrag von W. Herre und M. Röhrs in diesem Band). Sie sind gut an hohe Temperaturen angepaßt, weshalb sie vor allem in den tropischen und subtropischen Ländern Asiens und Afrikas verbreitet sind. Seit ungefähr 100 Jahren kommen sie auch vermehrt in den heißen Regionen Amerikas vor. Der Buckel wird im wesentlichen aus zwei übermäßig entwickelten Muskeln so-

Ochsen) für die Arbeit haben. Erst in der zweiten Hälfte des 18. Jahrhunderts begann man, zunächst in Großbritannien, auf Einheitlichkeit zu züchten.

Es gibt im wesentlichen drei Nutzungsformen: Milch, Fleisch und Arbeit. Bestimmte Rassen werden extrem auf Milchleistung gezüchtet (Milchrassen). Zu ihnen zählen die britischen Rassen Jersey und Guernsey sowie das in Nordamerika umgezüchtete ehemalige schwarzbunte Niederungsrind »Holstein-Friesian«. Bei den einseitig auf gute Fleischleistung und hohe tägliche Zunahmen gezüchteten Fleischrassen unterscheidet man nach dem Ursprung britische (Shorthorn, Hereford, Aberdeen-Angus), französische (Charolais, Limousin, Blonde d'Aquitaine) und italienische (Piemontese, Romagnola, Chianina). Die meisten Hochzuchtrassen sind Zweinutzungsrinder mit annähernd gleicher Betonung von Milch- und Fleischleistung. In den deutschsprachigen Ländern wurden ausschließlich Zweinutzungsrassen gezüchtet. Die zur Zeit hier vorkommenden Einnut-

Das Jersey-Rind (links) ist eine Milchrasse, während die Piemonteser Rasse (rechts) extrem auf Fleischleistung gezüchtet wurde.

wie Fettgewebe gebildet und stellt vermutlich eine Energiereserve für Notzeiten dar. Andererseits gibt es die buckellosen Rinderrassen, die auch zu den »europäischen Rinderrassen« zusammengefaßt werden. Dieser Ausdruck ist nicht besonders gut gewählt, da es eigenständige buckellose Rassen durchaus auch außerhalb Europas gibt.

Früher sprach man von »Racen«, meinte damit aber etwas anderes als heute. Als Race wurden Tiere einer Gegend bezeichnet, die sich in Typ, Größe oder Färbung trotz aller Vielfalt von Rindern anderer Gegenden unterschieden. Die Bauern legten auf Einheitlichkeit keinen Wert. Im Gegenteil: Sie wollten sowohl gute Milchkühe als auch frohwüchsige Mastkälber für die Schlachtung und kräftige Tiere (Kühe,

zungsrassen kamen ursprünglich aus anderen Ländern, vor allem aus Großbritannien und Frankreich. Bei Zweinutzungsrassen wird meist eine Jahresmilchmenge angestrebt, die dem zehnfachen Körpergewicht der Kuh entspricht. Bei einer 600 Kilogramm schweren Kuh wären das also 6000 Kilogramm Milch.

Dreinutzungsrassen, die nicht nur wegen der Milch und des Fleisches, sondern auch wegen der Arbeit in der Landwirtschaft gehalten werden, gibt es in Mitteleuropa nicht mehr. In weniger motorisierten Ländern besitzen sie jedoch noch beträchtliche Bedeutung. Bei uns sind frühere Dreinutzungsrassen entweder auf Fleischrassen umgezüchtet worden, oder sie starben aus.

Weltweit gibt es ungefähr 800 Rinderrassen, die sich meist schon in der Fellfärbung erheblich voneinander unterscheiden. Es kommen schwarze, weiße, graue, gelbe, braune, rote und andersfarbige vor. Während einzelne Rassen einfarbig sind, besitzen andere weiße Abzeichen oder sind gescheckt. Die Widerristhöhe schwankt allein in Mitteleuropa von 115 Zentimeter (»Hinterwälder« im Schwarzwald) bis 170 Zentimeter (»Chianina« in der Toskana). Zwergformen kommen vor allem im Gebirge, in Mangelgebieten, sowie Regionen mit schlechter Futtergrundlage oder periodisch auftretenden Dürrezeiten vor. Riesenwuchs trifft man dagegen in Gebieten mit guter Futtergrundlage und nahen Absatzmärkten an.

Die nach den gegenwärtig im Vordergrund stehenden Zuchtzielen Milch und Fleisch weniger bedeutenden Rassen werden meist unter dem Begriff »Landrassen« zusammengefaßt. Sie leben oft in abgelegenen, kargen Gegenden und sind anspruchslos, widerstandsfähig und wenig anfällig für Krankheiten, UdSSR, USA, Brasilien und die VR China. In Indien werden Hausrinder (nicht Wasserbüffel) allerdings kaum genutzt. Bei den Hindus ist das Rind ein heiliges Geschöpf. Der Legende nach rettete einst eine Kuh mit ihrer Milch das Leben des verfolgten Krischna, der volkstümlichsten und menschlichsten Inkarnation des universalen Gottes und Welterhalters Wischnu. Die Kuh Krischnas wurde zur lebenspendenden »Mutter« eines jeden gläubigen Hindus. Deshalb darf ihr Fleisch nicht gegessen werden. Wer einer Kuh etwas antut oder gar schuld ist an ihrem Tod, begeht nach der orthodox-religiösen Moralvorstellung der Hindus eine Todsünde, die schwerer wiegt als etwa die Ermordung eines Mitglieds der obersten Kaste.

Die meisten männlichen Hausrinder werden als Bullen oder nach Kastration als Ochsen gemästet. Das Geburtsgewicht dieser Tiere beträgt etwa 40 Kilo. Sie erreichen ihr Schlachtgewicht von 550 Kilo in durchschnittlich 15 Monaten. Daraus ergeben sich

Die Pinzgauer Rinder liefern sowohl viel Milch als auch viel Fleisch. Damit ist diese Rasse ein typisches Zweinutzungsrind.

weshalb sie häufig in andere Länder, insbesondere der Dritten Welt, exportiert werden. Seit einigen Jahren gibt es Bestrebungen, diese meist gefährdeten Rassen als »Genreserve« und wegen ihrer Bedeutung als Kulturgut sowie für die Landschaftspflege zu erhalten. In den letzten Jahren haben vor allem britische Landrassen (Highlands, Galloway) auf dem europäischen Festland keine geringe Verbreitung gefunden.

Auf der Erde gibt es rund 1,2 Milliarden Hausrinder. Sie werden zumeist in Savannen, den Subtropen und Zonen mit gemäßigtem Klima gehalten, während in den feuchten Tropen, Steppengebieten und in polarnahen Gebieten andere Haustiere überwiegen. Die Länder mit den meisten Hausrindern sind Indien, die tägliche Zunahmen von mehr als 1000 Gramm. Ein solches Wachstum läßt sich allerdings nur durch Intensivmast mit erheblichen Kraftfuttermengen erreichen.

Nur die Kühe der Fleischrassen ziehen ihre Kälber selbst auf. Wenn die Kuh gemolken werden soll, nimmt man ihr das Kalb unmittelbar nach der Geburt weg. Es bekommt nur in den ersten Tagen Kuhmilch, und zwar die sogenannte Biestmilch (Kolostrum), die für den Handel ungeeignet ist. Sie ist besonders reich an Antikörpern und sichert dem Kalb einen unentbehrlichen Infektionsschutz. Später wird das Kalb statt mit Kuhmilch in der Regel mit Milchaustauschern aufgezogen. Der zugrundeliegenden Trockenmilch werden tierische und pflanzliche Fette (z.B.

Schweineschmalz) beigefügt, deren Verdaulichkeit und biologische Wertigkeit jedoch zufriedenstellend sind. Die spätere Ernährung des Rindes wird hauptsächlich von Aufzuchtintensität und Nutzungsrichtung bestimmt. Rinder können sich grundsätzlich von »Rauhfutter« (Gras, Heu, Silage usw.) ernähren, wobei Panseninfusorien (einzellige Lebewesen im Pansen) die Verdauung von Zellulose ermöglichen. In großen Teilen der Erde, insbesondere in den Entwicklungsländern, ist ein solches Futter die ausschließliche Ernährungsgrundlage. Auf diese Weise werden die Hausrinder nicht zu Nahrungskonkurrenten des Menschen. In den Industriestaaten werden in beträchtlichen Mengen Getreideprodukte und sonstige energiereiche Pflanzenteile, die auch für die menschliche Ernährung geeignet wären, an Rinder verfüttert.

In Ländern mit entsprechend warmem Klima hält man Hausrinder meist das ganze Jahr über im Freien. Vor allzu großer Sonneneinstrahlung können sie durch Schutzdächer oder schattenspendende Bäume bewahrt werden. Die in den Tropen und Subtropen heimischen Rinderrassen sind vor allem durch ein kurzes Haarkleid und eine große Körperoberfläche gegen Überhitzung geschützt. So besitzen Zebus im allgemeinen am Hals eine lang herabhängende Wamme, sie haben außerdem große Ohren und eine lange Vorhaut, die der Wärmeabgabe dienen. Europäische Rinderrassen leiden bei entsprechendem Klima nicht nur stärker unter der Hitze; bei ihnen treten durch Sonneneinstrahlung auch verstärkt bestimmte Formen von Hautkrebs auf.

In Regionen mit gemäßigtem Klima werden Milchkühe und häufig auch Mastrinder im Sommerhalbjahr auf die Weide gelassen. In manchen Gegenden ist jedoch ganzjährige Stallhaltung üblich. Milchkühe werden in Europa im Stall zumeist angebunden. In Nordamerika und zunehmend auch in Europa geht man jedoch zu Laufställen über, in denen die Tiere sich frei bewegen können. In den schon vor Jahrzehnten eingeführten Tieflaufställen wird auf die vorhandene »Mistmatratze« von Zeit zu Zeit erneut Stroh gestreut. In solchen Ställen wird die meterdicke Mistschicht nur ein- oder zweimal im Jahr entfernt. Laufställe neueren Typs gehen mehr auf die Bedürfnisse der Tiere ein. Liegeboxenställe bieten ihnen die Möglichkeit, sich in Einzelboxen zu legen. In solchen Ställen herrscht mehr Ruhe unter den Tieren – eine wesentliche Voraussetzung für optimale Milchbildung.

Bei freier Herdenhaltung des Stieres mit den Kühen lassen sich im Fortpflanzungsverhalten des Stieres drei Phasen unterscheiden: die Suche nach brünstigen Kühen, das Prüfen ihrer Deckbereitschaft und schließlich die Begattung.

Im Verlaufe eines Tages macht der Stier unter Umständen Hunderte von Genitalkontrollen: Er beriecht Scheide und After der Kühe. Wenn eine Kuh harnt, läuft er aus Entfernungen von bis zu 30 Metern herbei und beriecht den Harnstrahl oder die Harnpfütze am Boden. Auf diese Harnkontrollen hin flehmt der Stier: Er hebt den Kopf, öffnet den Mund und stülpt die Oberlippe (Flotzmaul) auf. In dieser Stellung verharrt er wie sinnend bis zu 20 Sekunden. Flehmen kann zwar auch nach Beriechen von körperfremden Substanzen auftreten und kommt auch bei Kühen und Kälbern vor, jedoch ist es im allgemeinen stark an das Sexualverhalten gebunden. Es wird in Zusammenhang gebracht mit einem Organ im Gaumen (Organon vomero-nasale), das mit Riechschleimhaut ausgekleidet ist. Hier soll insbesondere die Identifizierung von Sexualgerüchen stattfinden.

Links: Zäh und wetterhart ist das Schottische Hochlandrind. – Rechts: Das Hinterwälder Rind aus dem Schwarzwald ist die kleinste Rasse Mitteleuropas.

Genital- und insbesondere Harnkontrollen dienen dem Erkennen brünstiger Kühe. Offenbar kann der Stier aber nur prüfen, ob eine Kuh sich außerhalb der Brunst oder in irgendeiner Phase der Gesamtbrunst befindet. Er kann nicht feststellen, ob sie in der Hochbrunst ist, dem einzigen Abschnitt, in dem sie deckbereit ist, oder ob sie sich erst in der Vor- oder schon in der Nachbrunst befindet. Um dies festzustellen, ist eine weitere Verhaltensweise erforderlich: die Aufsprungintention. Dabei bedrängt der Stier die Kuh, führt mit einem plötzlichen Schwung den Kopf zu ihr hinüber und äußert einen Stöhnlaut. Die Kuh reagiert auf diese Verhaltensweise ihrem Zustand entsprechend. Ist sie nicht in der Hochbrunst, weicht sie aus. Ist sie aber hochbrünstig und somit begattungsbereit, bleibt sie stehen.

Die Aufsprungintention erspart dem Stier energieaufwendige vergebliche Versuche. Die Duldung vonseiten der Kuh ist für ihn ein Signal. Aus der Parallelstellung geht er jetzt an das Schwanzende der Kuh, verlagert sein Gewicht auf die Hinterbeine und beginnt mit dem Aufsprung. Er umklammert die Kuh mit den Vorderbeinen zwischen Sitzbein- und Hüfthöckern. Daraufhin wird der Penis »ausgeschachtet« (er erscheint außerhalb der Vorhaut), und unter raschen Vor- und Rückbewegungen der Penisspitze sucht der Stier nach der Scheide der Kuh. Ist die Spitze in die Scheidenöffnung eingedrungen, wird die S-förmige Schleife des Penis gestreckt und weit in die Scheide eingeführt. Gleichzeitig macht der Stier einen Sprung nach vorn. Bei diesem »Nachstoß« erfolgt die Ejakulation (Samenausstoßung). Unmittelbar darauf gleitet der Stier von der Kuh herab. Der gesamte Vorgang dauert nur ungefähr zehn Sekunden. Stiere können im Verlaufe eines Tages 20 bis 30 Mal decken.

Das Fortpflanzungsgeschehen von Hausrindern unterliegt keinem Jahresrhythmus; Kühe werden während des gesamten Jahres brünstig. Die Geschlechtsreife tritt bei weiblichen Rindern mit 8–10 Monaten ein. Ein Brunstzyklus dauert im Mittel 21 Tage. Die Brunst kündigt sich durch Unruhe, häufiges Brüllen, verkürzte Liegeperioden, Kontaktbedürfnis und erhöhte Aggressivität gegenüber Rangtieferen an. Auffallend ist vor allem das gegenseitige Bespringen der Kühe. Brünstige Kühe bespringen Herdengenossen und werden von nichtbrünstigen besprungen. Allein an der Aufsprungaktivität ist die Brunst einer Kuh also nicht erkennbar. Im Gegensatz zur nichtbrünstigen duldet die Kuh in der Hochbrunst den Aufsprung von Artgenossen. Die Duldung des Aufsprunges ist das verbindlichste Brunstmerkmal im Verhalten der Kuh.

Die Bedeutung dieser pseudomännlichen Verhaltensweise ist nicht bekannt. Immerhin fällt auf, daß der Stier herbeieilt, wenn er sieht, daß Kühe einander bespringen. Das gegenseitige Bespringen hat für ihn Signalwirkung. Im allgemeinen ist der Stier häufigster passiver Aufsprungpartner einer brünstigen Kuh. Es kommt hier somit zur vollständigen Umkehrung eines biologisch sinnvollen Verhaltens. Bei freier Herdenhaltung dauert die Hochbrunst nur wenige Stunden. Die Kuh läßt sich während dieser Zeit im Durchschnitt fünfmal decken.

Der freie Herdensprung ist nur noch bei extensiver Rinderhaltung sowie bei Fleischrindern üblich. Auch der »Sprung aus der Hand« – so bezeichnet man das Deckverfahren, bei dem die Kuh in einem Deckstand angebunden ist und der Stier an sie herangeführt wird – gehört in den Industriestaaten weitgehend der Vergangenheit an. Gegenwärtig werden hier die meisten Kühe künstlich besamt (1985 in der Bundesre-

▷ Das Zebu, wegen seines aus Fettgewebe und übermäßig entwickelten Muskeln gebildeten Widerrists auch Buckelrind genannt, wurde schon vor Jahrtausenden in Asien aus dem Auerochsen herausgezüchtet. Diese Haustierform ist besonders gut an hohe Temperaturen angepaßt und deshalb vor allem in den tropischen und subtropischen Breiten Asiens und Afrikas verbreitet.

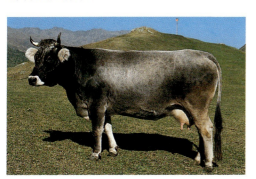

Links: Das Tiroler Grauvieh ist eine genügsame Rinderrasse der Hochalpen. - Rechts: Malteser Rind. Dieses Tier ist der letzte Stier einer aussterbenden Rasse.

publik 93,9%). Die Hochbrunst dauert unter diesen Umständen einen Tag. Die Verlängerung gegenüber dem freien Herdensprung ist offenbar darauf zurückzuführen, daß die künstliche Besamung oder eine einmalige Begattung nicht ausreichen, um physiologisch eine Beendigung der Brunst herbeizuführen.

Die Gewinnung des Spermas für die Besamung geschieht gewöhnlich an einem anderen Stier als dem Aufsprungpartner. Es werden auch Attrappen (Phantome) verwendet, die im allgemeinen vom Zuchtbullen akzeptiert werden. Bullen lassen sich aufgrund eines angeborenen Auslösemechanismus durch bestimmte Eigenschaften erregen, und zwar insbesondere durch optische Qualitäten (Größe, Form, Bewegung). Wenn der Deckstier den passiven Partner besprungen hat und Suchbewegungen macht, wird der Penis von einer Person gegen die Öffnung einer künstlichen Scheide gelenkt. Der Stier vollführt daraufhin den Nachstoß und ejakuliert. Ein Ejakulat hat bei Altbullen im Mittel ein Volumen von 5 Millilitern. Einwandfreies Sperma enthält pro 1 Kubikmillimeter mindestens 1 Million Spermien. Das ganze Ejakulat umfaßt also mindestens 5 Milliarden Spermien.

Das Sperma wird zunächst mit verschiedenen Substanzen verdünnt und dann unterteilt. Um eine sichere Befruchtung herbeiführen zu können, muß eine Samenprobe ungefähr 15 Millionen Spermien enthalten. Das bedeutet, daß ein Ejakulat in mehrere hundert Samenproben unterteilt werden kann. Von Stieren in Besamungsstationen wird in der Regel zweimal wöchentlich Sperma gewonnen (oft jeweils zwei Ejakulate). So ist es zu erklären, daß einzelne ältere Besamungsstiere mehrere hunderttausend Nachkommen haben.

Eine neuere Fortpflanzungsmethode führt auch bei einzelnen züchterisch besonders wertvollen Kühen zu einer höheren Zahl von Nachkommen als bei der natürlichen Paarung. Durch Hormongaben werden Spendertiere dazu angeregt, zahlreiche Eier gleichzeitig aus den Eierstöcken abzugeben. Diese werden in die Gebärmutter geleitet, von wo sie nach erfolgter Befruchtung ausgespült und einzeln in die Gebärmutter anderer, züchterisch weniger wertvoller Kühe übertragen werden.

Die Trächtigkeit von Kühen beträgt je nach Rasse 280–290 Tage. Vor der Geburt sondert die Kuh sich nach Möglichkeit vom Herdenverband ab. Sie äußert bereits jetzt das Lockbrummen, mit dem später das Kalb gerufen wird. Die Geburt erfolgt im Liegen. Unmittelbar nach der Geburt steht die Kuh auf und beginnt, das Kalb zu belecken. Das Kalb kann meist innerhalb von 30 Minuten nach der Geburt stehen. Es begibt sich dann sofort auf Eutersuche, und zwar sucht es bevorzugt in Winkeln, die von einer Waagerechten und einer Senkrechten gebildet werden. Kälber trinken in der ersten Zeit nach der Geburt, sofern sie bei der Mutter bleiben dürfen, täglich im Durchschnitt sechsmal. Jeder Saugakt dauert ungefähr zehn Minuten. Insgesamt verbringt ein Kalb also täglich 60 Minuten saugend. Künstlich aufgezogene Kälber bekommen täglich zweimal Milch(austauscher). Sie trinken die angebotene Menge in jeweils zwei bis drei Minuten aus und verbringen folglich höchstens sechs Minuten pro Tag saugend. Sie sind zwar satt, haben aber ein Saugdefizit, das sie befriedigen, indem sie sich gegenseitig ausgiebig besaugen und viel an Gegenständen lutschen.

Innerhalb frei gehaltener Herden von Hausrindern besteht eine soziale Rangordnung, in die sich Neuankömmlinge und Jungtiere nach Erreichen der Geschlechtsreife einordnen müssen. Einzeltiere, die dem Aussehen nach eindeutig schwächer sind, ordnen sich oft kampflos unter. Beim Kampf legen Hausrinder die Stirn aneinander und versuchen, den Gegner zurückzudrängen. Bei den meisten Rassen ist der Kampf nach wenigen Sekunden entschieden. Sobald einer der Partner merkt, daß der andere stärker ist,

Dieses Braune Japanische Rind, das im Gebirge weidet, trägt auf dem Rücken deutlich sichtbar den Namen seines Besitzers.

löst er sich aus dem Stirnkontakt und flieht. Der Sieger verfolgt ihn meist nur wenige Meter. In der Regel ist damit das Rangverhältnis dieser beiden Tiere für lange Zeit geklärt. Sollte es dennoch zu einem weiteren Kampf kommen, dann kämpft das rangtiefere Rind meist mit geringem Selbstbewußtsein. Erkennbar setzt es sich nicht mit aller Kraft ein und ist rasch fluchtbereit. Auf diese Weise ändert sich die soziale Rangordnung in Rinderherden kaum; sie ist über Jahre hinweg recht stabil. Anders ist es bei Primitiv- und Kampfrindern. Diese haben untereinander eine ausgeprägtere Aggressivität. Kämpfe ziehen sich oft bis zur völligen Erschöpfung eines Partners hin und können bis zu 20 Minuten dauern. Auch später kommt es immer wieder zu Kämpfen, so daß die Rangordnung in der Herde dem tatsächlichen Kräfteverhältnis der Tiere entspricht.

Kampfentscheidend sind Körpergewicht und der Besitz von Hörnern. Daneben wirken sich psychische Faktoren (Aggressivität, Temperament, Kampferfahrung, Selbstvertrauen) aus. Daß auch eine Beziehung zwischen Rangplatz und Alter besteht, hängt mit den schon genannten Vorgängen zusammen: Jungrinder haben gegen ältere im Kampf keine Chance. Da es später kaum noch zu Kämpfen kommt, bleiben die jeweils Älteren immer die Ranghöheren. Die Jüngeren haben die Möglichkeit, in der Rangordnung aufzusteigen, indem sie mit zunehmendem Alter stärker werden und deshalb hinzukommenden Jungrindern überlegen sind. Ihre soziale Potenz teilen Hausrinder durch das Ausdrucksverhalten mit. Dieses bekräftigt die bestehenden Dominanzverhältnisse innerhalb der Herde. Mimisches Ausdrucksverhalten, also Veränderungen im Gesicht, haben wegen der nur wenig ausgeprägten Gesichtsmuskulatur des Rindes nur untergeordnete Bedeutung. Ausdrucksverhalten äußert sich bei ihnen durch Gesten, also durch Stellungsänderung einzelner Körperteile: Scharren, Bodenhornen sowie die Breitseitstellung gegenüber Artgenossen oder Menschen.

Rangtiefere halten gegenüber Ranghöheren eine Ausweichdistanz ein, die 0,5–2 Meter beträgt. Sie ist keine »Individualdistanz«, es gilt also nicht für das Einzeltier gegenüber allen Herdengenossen der gleiche Abstand. Vielmehr richtet sich die Ausweichdistanz nach dem Rangunterschied zwischen den beiden beteiligten Tieren.

Wenn ein rangtieferes Rind überraschend auf ein ranghöheres trifft oder diesem nicht ausweichen kann, nimmt es die Unterlegenheitshaltung ein: Der Kopf wird gesenkt und das Maul vorgestreckt. Auf diese Weise wird das wesentliche Kampfmittel, die Hörner, vom Artgenossen abgewendet. Dagegen hat die entgegengesetzte Situation – gesenkter Kopf, Maul an den Rumpf gezogen – drohenden Charakter. Hier sind die Hörner gegen den Gegner gerichtet.

In einer Situation des Sozialverhaltens ist es unvermeidlich, daß die Ausweichdistanz unterschritten wird: bei der sozialen Hautpflege. Die Annäherung an den vorgesehenen Partner gelingt nur, wenn die Unterlegenheitshaltung eingenommen wird. Der passive Partner muß diese Haltung während der Körperpflege beibehalten. Die soziale Körperpflege besteht beim Rind im Belecken. Es werden bevorzugt jene Körperteile beleckt, die das Tier mit der Zunge nicht oder nur schwer selbst erreichen kann: Kopf, Hals, Schulter und Beckengegend. Zu Leckkontakten kommt es vor allem zwischen rangnahen Tieren, besonders wenn zwischen diesen eine Art Freundschaftsverhältnis besteht.

Soziales Lecken hat nicht nur eine die Freundschaft bekräftigende, sondern auch beschwichtigende Wirkung. Es tritt vor allem nach der Fütterung oder auf der Weide nach der Nahrungsaufnahme auf. Damit unterliegt es gleichzeitig einem deutlichen Tagesrhythmus.

Die Zahmheit gegenüber Menschen ist Rindern teils angeboren, teils ist sie auf den ständigen Kontakt mit Menschen zurückzuführen. Extensiv gehaltene Hausrinder sind scheu und halten gegenüber Menschen eine Fluchtdistanz bis zu 100 Metern ein. Rinder verwildern leicht. Schon nach wenigen Wochen in freier Natur verhalten sie sich fast wie Wildtiere: Sie sind mißtrauisch, ziehen sich möglichst in unwegsame Gegenden zurück und werden dämmerungsaktiv. In vielen Gegenden der Erde gibt es Bestände von verwilderten Rindern, die dort auch mit extremen Situationen gut zurechtkommen. Wenn natürliche Feinde nicht vorhanden sind und die verwilderten Rinder nicht bejagt werden, vergrößern sich ihre Bestände rasch. Dadurch kann es zu Überweidung und sogar Versteppung großer Landstriche kommen.

Kuhantilopen

von Fritz Rudolf Walther

Bei der Unterfamilie der Kuhantilopen (Alcelaphinae) sind Bullen und Kühe in Gehörnform und Körperfarbe einander sehr ähnlich; jedoch sind die Jungtiere vielfach anders gefärbt als die Erwachsenen. Wir unterscheiden zwei Gattungsgruppen: die Kuhantilopen (Alcelaphini) mit der Gattung der »eigentlichen« Kuhantilopen *(Alcelaphus)* sowie der Gattung der Leierantilopen *(Damaliscus)* und die Gnus (Connochaetini) mit nur einer Gattung *(Connochaetes)*.

In ihrem weiten Verbreitungsgebiet bildet die KUHANTILOPE oder das HARTEBEEST *(Alcelaphus buselaphus)* zahlreiche Unterarten, wie die WESTAFRIKANISCHE KUHANTILOPE *(A. b. major)*, die TOGO-KUHANTILOPE *(A. b. matschiei)*, die LELWEL-KUHANTILOPE *(A. b. lelwel)* aus dem nordöstlichen Kongogebiet, das JACKSON-HARTEBEEST *(A. b. jacksoni)* Ugandas, die abessinische TORA *(A. b. tora)* und andere. Zumindest zwei Unterarten, das südafrikanische KAAMA *(A. b. caama)* und das LICHTENSTEIN-HARTEBEEST *(A. b. lichtensteini)* aus dem mittleren Tansania, werden von manchen Autoren als eigene Arten angesehen. Die Unterschiede liegen jedoch hauptsächlich nur in verhältnismäßig geringfügigen Abweichungen der Körpergröße und allgemeinen Fellfärbung sowie der Länge, Basisbreite und des Knickungswinkels der Hörner.

Der Name »Hartebeest« kommt aus dem Afrikaans und soll soviel wie »zähes Rind« bedeuten. Die Buren hatten nämlich in alten Tagen festgestellt, daß die Hartebeeste recht ausdauernde Läufer und nicht – wie die meisten anderen Antilopen – mit einem guten Pferd niederzuhetzen waren. Außerdem sollen sie ziemlich viel Blei vertragen haben. Jedoch hat diese »Zähigkeit« den Tieren nicht allzuviel genützt. Die nordafrikanische Unterart *(A. b. buselaphus)* ist seit etwa 40 Jahren endgültig ausgerottet. Von den anderen Unterarten sind heute mindestens zwei ernstlich im Bestand gefährdet, am stärksten wohl die SOMALI-KUHANTILOPE *(A. b. swaynei)*. Beim südafrikanischen KAAMA *(A. b. caama)* gelang es sozusagen in letzter Minute, ein paar Tiere in einigen Farmen und Wildparks in Sicherheit zu bringen. Aus diesen Zuchten sind Kaamas später an mehreren Orten ausgesetzt worden. Wirklich zahlreich ist heute nur noch mancherorts das ostafrikanische KONGONI *(A. b. cokei)*.

Mit ihrem langen, schmalen Kopf und der stark abfallenden Rückenlinie (vorn überbaut) wirkt eine Kuhantilope manchmal weniger elegant als andere Antilopen. Dieser Eindruck verschwindet jedoch, wenn man sie in Bewegung sieht, besonders wenn sie in federndem Trab den Kopf zum Hals hin anzieht wie ein beigezäumtes Pferd. Im Ruhestehen postieren sich Kuhantilopen gern auf Termitenhaufen oder sonst einem »erhöhten Sockel«. Sie wälzen sich nicht, knien aber oft vorn nieder und reiben Gehörn und Stirn mit feuchter Erde ein, die sie dann auf den Flanken verschmieren – möglicherweise zusammen mit Sekret aus ihren Voraugendrüsen.

Beim Imponieren steht ein Bulle meist frontal zum Gegner, reckt sich hoch auf und wendet oftmals das Haupt um etwa 90 Grad zur Seite. Die Demuthaltung gleicht ganz auffallend dem mittleren Gehörnpräsentieren, und mitunter vollführt denn auch ein unterlegenes Tier Stoßbewegungen aus dieser Hal-

tung heraus. Außerdem gehört Gehörnpräsentieren jedoch auch hier zum Drohverhalten, in dem ferner Scharren eine ziemliche Rolle spielt. Vor dem Kampf beknabbern die Gegner einander oft am Hals, bevor sie die Hörner ineinander verhaken und auf die »Knie« (Handwurzelgelenke) niedergehen. Neben dem Hörnerkampf kommt manchmal auch der Halskampf vor. Öfter als bei den meisten anderen Hornträgern führen die Streitigkeiten hier zu erheblichen

Die Buren in Südafrika nannten die eigentliche Kuhantilope wegen ihrer Zähigkeit und Ausdauer »Hartebeest« (zähes Rind) - ein Name, der auch in andere Sprachen übernommen wurde. Das Foto zeigt eine Gruppe der südafrikanischen Unterart der Kuhantilope, sogenannte Kaamas, die sich auch mit den kargen Lebensbedingungen der Kalahari abfinden.

Die ungefähr rothirschgroße Kuhantilope hat einen auffallend langen, schmalen Kopf mit doppelt gebogenen und kräftig gewulsteten Hörnern, die bei beiden Geschlechtern eine Länge von 70 Zentimetern erreichen können.

Verletzungen an Hals, Brust und Schultern, auch bearbeiten verfolgende Bullen den fliehenden Gegner manchmal mit Hornstößen in den Leib.

Merkwürdigerweise flehmen die Kuhantilopen nicht. Werbend läuft der Bulle die Kühe mit angehobenem Schwanz, vorgestrecktem Hals und Haupt und seitwärts gehaltenen, mehr oder weniger herabgedrückten Ohren an. Beim Aufreiten weist seine Schnauze zum Widerrist der Kuh oder setzt senkrecht von oben auf ihrem Rücken auf.

Das Verhalten dieser Tiere haben vor allem Morris L. Gosling am Kongoni im Nairobi-Nationalpark und Ordino B. Kok am Kaama im Willem-Pretorius-Wildschutzgebiet näher untersucht. Bullen- und Weibchenrudel sind meist 5 bis 30 Tiere stark. Größere Herden kommen gelegentlich vor. Altbullen werden territorial. Von Gelände und Bestandsdichte hängt es ab, ob die Reviere kleiner oder größer sind, ob sie einander unmittelbar benachbart oder weiter voneinander entfernt sind und ob ein Weibchenrudel bei einem Bullen bleibt oder ihn nur kurzfristig besucht. In jedem Revier finden sich mehrere Kothaufen. Kaamabullen tun sich oft auf einem Kothaufen nieder. Scharren sowie das Forkeln von Sträuchern, Gras und Boden kommen zwar bei nichtterritorialen Bullen und Kühen vor, mögen aber auch der Reviermarkierung dienen. Manche Auseinandersetzungen zwischen territorialen Nachbarn werden durch Kämpfe, andere nur durch beiderseitige Kotabgaben oder durch ein Äsungsritual ähnlich dem der Thomsongazellen ausgetragen. Ungleich diesen kratzen und putzen sich Hartebeestbullen während solcher Begegnungen häufig am (eigenen) Kopf, Hals und Schulterblatt.

Eine Kongonikuh tritt vor dem Gebären aus der Herde aus, manchmal begleitet von ihrem letzten, nunmehr einjährigen Kalb. Mindestens in den ersten zwei Wochen liegen die Kälber ab. Das ist hier besonders bemerkenswert, da es für die anderen Arten der Unterfamilie nicht zutrifft. Später folgen die Kälber ihren Müttern und bleiben bei ihnen in den Weibchengruppen. Wenn diese in die Reviere der territorialen Bullen kommen, können letztere die über zehn Monate alten Bullkälber verjagen. Fast immer folgen ihnen dann ihre Mütter, und man vereint sich wieder mit der Gruppe, wenn diese das Gebiet der territorialen Bullen verlassen hat. Mit zunehmendem Alter werden aber die Bullkälber immer häufiger verjagt, was spätestens im Alter von zweieinhalb Jahren schließlich zum Ausscheiden aus den Weibchengruppen führt. Die vertriebenen Jungbullen versuchen, sich an Bullenrudel anzuschließen, was ihnen

Die Leier- oder Halbmondantilopen stehen oft stundenlang fast unbeweglich auf einem Termitenhügel. Das kann unterschiedliche Gründe haben: Wachestehen, Besitzanzeige eines territorialen Bullen, dösendes Ausruhen oder Abkühlung durch den vorbeistreichenden Wind.

Kuhantilope (Alcelaphus buselaphus)

nach anfänglichen Verjagungen früher oder später gelingt. In solch einem Bullenrudel ist eine lineare Rangordnung durch zahlreiche – teils spielerische, teils ernstliche – Auseinandersetzungen festgelegt. Ein jugendlicher Neuankömmling rangiert zunächst ganz unten in der Rangfolge, »arbeitet« sich aber mit zunehmendem Alter immer höher hinauf. Mit etwa vier Jahren gehört er zur »Spitzenklasse«. Von da an mag er versuchen, ein Territorium zu gründen. Andererseits gibt es beim Kongoni sehr hochrangige Bullen, die nicht territorial sind.

KUHANTILOPEN

Zur Gattung der LEIERANTILOPEN *(Damaliscus)* zählen zwei Arten: die »eigentliche« Leierantilope sowie der Bunt- und Bleßbock.

Von den neun Unterarten der LEIERANTILOPE *(Damaliscus lunatus)* weicht die HIROLA oder HUNTERS LEIERANTILOPE *(D. l. hunteri)* am stärksten von den anderen ab und wird von manchen Autoren als eigene Art angesehen. Im Gehörn ähnelt sie ein wenig der Impala und im allgemeinen Aussehen mehr einer Kuh- als einer Leierantilope. In ihrer Verbreitung ist die Hirola auf einen ziemlich schmalen Streifen vom Tanafluß in Kenia bis zum südlichen Somaliland beschränkt. Sie ist recht selten und galt bereits als im Bestand bedroht. In den sechziger Jahren aber wurde eine größere Anzahl von Tieren eingefangen und in verhältnismäßig sichere Gebiete umgesetzt.

Über Lebensweise und Verhalten sind wir heute am besten unterrichtet beim ostafrikanischen TOPI *(D. l. topi)* und – hauptsächlich durch die Forschungen von Salomon C. J. Joubert vom Krüger-Nationalpark – beim südafrikanischen SASSABY oder TSESSEBY *(D. l. lunatus)*. Diese Tiere haben viel mit den Hartebeesten gemein. So fehlt auch ihnen das Flehmen, und sie wühlen in gleicher Weise oft und ausgiebig mit den Hörnern in feuchter Erde. Ferner gibt es auch bei den Leierantilopen neben dem mittleren Gehörnpräsentieren als Drohgebärde eine diesem ähnliche Demutstellung.

Schließlich können auch Leierantilopen stundenlang auf Termitenhaufen stehen. Manchmal mag das ein »Wachehalten« sein. Andererseits dösen Topis oft auf ihrem »erhöhten Sockel«. Territoriale Bullen scheinen auf diese Weise die Besitznahme eines Reviers anzuzeigen. Jedoch tun es auch nichtterritoriale Tiere, die so wahrscheinlich ihre Beine vom Wind kühlen lassen.

Weiterhin werfen Leierantilopen – wie auch Hartebeeste und Bunt- und Bleßböcke – im Laufen und ganz besonders zu Beginn eines Marsches heftig nickend den Kopf auf und nieder. Das leitet sich vermutlich von einer Drohgeste her, bedeutet hier aber nur soviel wie »Auf geht's!«. Ein ähnliches Nicken, oft mit noch tiefer gesenktem Haupt, tritt auch beim Dösen im Stehen auf und ist dann wohl am besten dem »Einnicken« eines schläfrigen Menschen zu vergleichen.

Zur Brunftzeit (in der Serengeti von Dezember bis März) erkennt man einen territorialen Topibullen schon von weitem an dem ständig erhobenen Haupt, während Kühe und nichtterritoriale Männer die Köpfe etwa in Körperhöhe tragen. Beide Geschlechter markieren mit den Voraugendrüsen. Jeder Revierinhaber legt in seinem Territorium Kotplätze an. Die Kühe bleiben manchmal ein paar Tage bei einem Bullen, oft ziehen sie aber schon nach ein paar Stunden weiter. Dann versucht er, sie am Verlassen seines Reviers zu hindern, und »herdet« sie, mitunter in vollem Galopp. Wenn sie ernstlich weiterziehen wollen, gehen sie ihm trotzdem durch. Als »letztes Mittel« eilt dann solch ein Bulle manchmal zur Spitze des im »Gänsemarsch« abziehenden Weibchenrudels und pflanzt sich hochgereckt und breitseits vor der vordersten Kuh auf. Die Kühe bleiben daraufhin zunächst einmal stehen, ziehen aber schließlich regelmäßig hinten an ihm vorbei. Währenddessen steht der Bulle wie ein Standbild in höchster Imponierhaltung da, macht aber sonst keine weiteren Anstrengungen.

Manche Topibullen scheinen ganzjährig in ihren Revieren zu stehen. Wenn sie dann einige Zeit allein sind, kommt es fast täglich zu Grenzbegegnungen zwischen den Nachbarn. Durchaus nicht alle führen zum Kampf. In wechselnden Positionen zueinander mögen die beiden nur gleichzeitig oder abwechselnd scharren, Kot abgeben, äsen und/oder sich auf die »Knie« niederlassen und den Boden forkeln, sich an

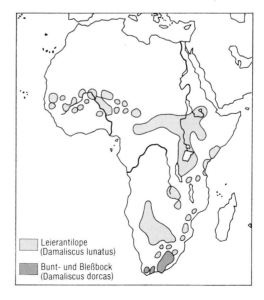

der Schulter putzen oder am Kopf kratzen. Meist beendet längeres Äsen Seite an Seite solch eine Grenzbegegnung. Wird es ernster, so stehen beide Bullen mit höchstens zwei bis drei Meter Abstand einander hochaufgereckt frontal gegenüber und wenden die Köpfe um 90 Grad oder mehr zur Seite – manchmal in die gleiche, manchmal in entgegengesetzte Richtung. Urplötzlich werfen sich dann beide vorn auf die »Knie« nieder und schlagen die Hörner heftig zusammen – falls es nicht beim »Luftkissenkampf« bleibt. Anschließend springen beide auf und zurück. Nur nach beiderseitigem seitlichem »Wegsehen«, mit dem sie auf die kurze Entfernung Schwung holen, werfen sich beide zum nächsten Zusammenprall nieder, springen wieder auf, und so geht es fort. Zum Schluß wenden sich beide ab, koten und/oder äsen.

Wenn Kühe zur Brunftzeit in ein Revier hineinkommen, geht der Bulle mit angehobenem Schwanz, nach vorn-oben gestrecktem Haupt und herabgeklappten Ohren im Zeitlupentempo auf sie zu. Die Vorderläufe stark anwinkelnd und hochhebend, steigt er um die Auserwählte herum und versucht schließlich, sie mit vorgestreckter Nase zu berühren, und zwar äußerst vorsichtig, da sie sehr leicht abspringt. Bleibt die Kuh stehen, so zieht er den Kopf ein wenig an, schlägt mit dem Vorderlauf in Richtung ihrer Hinterbeine, knickt auf der Hinterhand ein, erigiert und reitet auf, wobei sich seine Schnauze ihrem Widerrist von oben nähert oder darauf aufsetzt.

Die Kälber, die in ihrer Färbung nicht erwachsenen Topis, sondern eher Kuhantilopen gleichen, sind Folger, liegen aber weit öfter und länger als Erwachsene. Wenn sich mehrere Mütter mit ungefähr gleichaltrigen Jungen zusammenschließen, ruhen die Kleinen »im Kindergarten« beieinander. Manchmal steht dann eine Kuh als »Gouvernante« bei ihnen, während sich die anderen Mütter äsend weiter entfernen. Bei Beunruhigung kehren die Mütter sofort zu den Jungen zurück. Jede nimmt ihr Kalb »ins Schlepptau« und zieht mit ihm ab, meist nachdem sie es zuvor kurz gesäugt hat (»Störungssäugen«).

Bis auf das schwächere Gehörn gleicht das südafrikanische Tsesseby im Aussehen

Oben: Das schöne leierförmige Gehörn hat den Leierantilopen den Namen gegeben. - Unten: Wenn benachbarte Territorialbesitzer einen Grenzstreit ausfechten, werfen sie sich plötzlich »auf die Knie« und schlagen heftig die Hörner zusammen.

dem ostafrikanischen Topi weitgehend. Auch das Verhalten ist ähnlich; jedoch gibt es einige Unterschiede. Zum Beispiel fand Joubert ein Imponiergebaren, wie es in so »ausgebauter« Form beim Topi nicht vorkommt: Ein Tsesseby-Revierbulle stellt des öfteren einen durchziehenden Junggesellen, indem er sich hochgereckt breitseits vor ihm aufbaut, ihm die angehobene Nase zuwendet und mit beiden Vorderläufen einen Sprung »ins Leere« macht.

Im Gegensatz zu Hartebeesten und Topis, die nicht allzu häufig in Tiergärten gelangen, wird von den beiden Unterarten des BUNTBOCKS *(Damaliscus dorcas)*, dem eigentlichen BUNTBOCK *(D. d. dorcas)* und dem BLESSBOCK *(D. d. phillipsi)*, wenigstens die letztere oft in Zoos gezeigt. In Freiheit waren beide Formen bereits einmal der Ausrottung nahe. Durch Zuchten in Gefangenschaft war es aber möglich, sie »über die Runden« zu bringen, zu vermehren und schließlich auf einigen Farmen und in Wildschutzgebieten wieder auszusetzen – den Buntbock in geringerem, den Bleßbock in größerem Umfang.

J. H. M. David hat den Buntbock und C. D. Lynch den Bleßbock in Lebensweise und Verhalten näher untersucht. Wie bei allen geselligen Hornträgern gibt es hier Weibchen- und Junggesellenrudel sowie gemischte Verbände. Einzelne Altbullen werden territorial. Die Bullen – und zumindest beim Bleßbock auch die Kühe – markieren mit ihren Voraugendrüsen vorzugsweise an einzelnen, langen und harten Stengeln. Ein Revierinhaber steht ganzjährig in seinem Territorium und legt mehrere sehr ansehnliche Kotplätze darin an, auf denen er sich zum Ruhen niederlegt. Grenzbegegnungen zwischen Nachbarn verlaufen ähnlich wie beim Topi, nur fallen hier gegenseitiges Beschnüffeln am Analpol in umgekehrt-paralleler Stellung sowie kapriolenartige Sprünge der Gegner besonders auf. Während Lynch beim Bleßbock über ganz handfeste Kämpfe zwischen Reviernachbarn berichtet, sind diese nach David beim Buntbock selten. Im Gegensatz zu vielen anderen Antilopenarten verfügen die Männchen des Bunt- und des Bleßbocks nur über eine einzige, allerdings sehr ausgeprägte Werbehaltung. Zur Brunftzeit – beim Buntbock Januar bis März, beim Bleßbock März und April – das Weibchen anlaufend, streckt solch ein Bulle Hals und Haupt tief nach vorn und hebt den Schwanz über die Waagrechte hinaus an.

Von der strahlend weißen Stirn- und Nasenzeichnung, die den sonst kräftig rotbraun gefärbten Bleßböcken ihren Namen gegeben hat, ist bei den gelbbraunen Kälbern nichts zu sehen. Im Gegenteil ist ihre Stirn- und Nasenpartie dunkler gefärbt als der übrige Körper. Nach einem Kalb, das ich vor Jahren im Züricher Zoo aufzog, zu schließen, sind die Bleßbockkälber ganz extreme Nachfolger. Ich konnte das Kleine wörtlich nicht eine Minute allein lassen, da es dann unter lauten Rufen »des Verlassenseins« in selbstmörderischer Weise gegen Wände, Türen und Gitter sprang.

Zur Gattung der GNUS *(Connochaetes)* zählen zwei Arten: das Streifengnu und das Weißschwanzgnu. Obgleich das STREIFENGNU oder BLAUE GNU *(Connochaetes taurinus)* nicht näher mit den Rindern verwandt ist, kommt es in Gestalt und Hornform auf einen »ins Antilopenhafte übertragenen« Büffel hinaus, und auch im Verhalten haben die Gnus etwas mit den (meisten) Rindern gemein, was sonst unter Hornträgern selten ist: Sie wälzen sich – allerdings nicht im Schlamm, sondern in Sand und Staub. Nach vorausgehendem Scharren und oft auch Bodenforkeln lassen sie sich zunächst wie zum Ruhen nieder, legen sich dann auf die Seite und reiben Flanke, Hals und Wange unter strampelnden Bewegungen der Hinterläufe auf dem Boden. Danach »setzen« sie sich »auf« zur gewöhnlichen Liegestellung, kippen auf die andere Seite um und bearbeiten diese in der gleichen Weise.

Lebensweise und Verhalten des WEISSBARTGNUS *(C. t. albojubatus)*, einer Unterart des Streifengnus, sind in den letzten 25 Jahren recht ausgiebig untersucht worden, vor allem von dem Amerikaner Richard D. Estes. Im Serengeti-Nationalpark haben sich die Weißbartgnus in den letzten 30 Jahren geradezu explosionsartig vermehrt. Als Michael und Bernhard Grzimek zu Ende der fünfziger Jahre in diesem Gebiet die erste genaue Wildzählung durchführten, stellten sie rund 100 000 Gnus fest. Schon Mitte der sechziger Jahre zählte M. Watson über 300 000. Mit Beginn der siebziger Jahre näherte sich die Zahl der Millionengrenze, und seit 1977 hält sich die Population auf fast anderthalb Millionen.

Vermutlich hat Verschiedenes zu dieser »Bevölkerungsexplosion« beigetragen, nicht zuletzt eine den Gnus eigentümliche »Vermehrungsstrategie«, die R.

▷ **Weißbartgnus, eine Unterart des Streifengnus mit weißer Halsmähne, ziehen am Fuße des Kilimandscharos durch die ostafrikanische Steppe.**

▷▷ **Ebenso gesellig wie wanderfreudig sind die Weißbartgnus, die hier im Gänsemarsch einen flachen See in der Serengeti durchwaten.**

▷▷▷ **Wenn eine Wanderherde der Gnus einen Fluß überqueren muß, wie hier den ostafrikanischen Mara River, kommt es oft zu dramatischen Szenen und nicht selten zu tödlichen Unfällen.**

▷▷▷▷ **Gnus können zwar ganz gut schwimmen, aber ihr ureigenstes Element ist das Wasser sicher nicht.**

Kuhantilopen (Alcelaphinae)

Name deutscher Name wissenschaftlicher Name englischer Name (E) französischer Name (F)	Körpermaße Kopfrumpflänge (KRL) Schwanzlänge (SL) Standhöhe (SH) Gewicht (G)	Auffällige Merkmale	Fortpflanzung Tragzeit (Tz) Zahl der Jungen je Geburt (J) Geburtsgewicht (Gg)
Kuhantilope, Hartebeest *Alcelaphus buselaphus* mit 13 Unterarten E: Hartebeest F: Bubale	KRL: 175–245 cm SL: 45–70 cm SH: 120–145 cm G: ♂♂ 135–200 kg, ♀♀ 120–180 kg	Langer, schmaler Kopf; Hörner bei Männchen und Weibchen bis 70 cm lang, zweifach nach oben-hinten gebogen, oberste Biegung als Knick, mit Querwülsten, Basis zum Teil verbreitert; Fellfarbe meist ockergelb bis gelbbraun, bei einigen Unterarten, so Kaama, rotbraun; bei Kaama und Somali-Hartebeest auch schwarze Abzeichen an Kopf, Vorder- und Hinterbeinen; Jungtiere meist etwas heller als Erwachsene, sonst kein wesentlicher Unterschied in der Körperfarbe; Basis des Hirnschädels um 30–45° gegenüber Gesichtsschädel abgewinkelt; nackter Nasenspiegel; Voraugen- und Zwischenzehendrüsen; 2 Zitzen	Tz: 8 Monate J: 1 Gg: 13–15 kg
Leierantilope, Halbmondantilope *Damaliscus lunatus* mit 9 Unterarten E: Topi, Tsessebe F: Damalisque	KRL: 150–205 cm SL: 40–60 cm SH: 100–130 cm G: 75–160 kg	Hörner bis zu 72 cm lang, leierförmig, quergewulstet, bei beiden Geschlechtern; Männchen etwas größer und schwerer als Weibchen, sonst jedoch keine auffälligen Unterschiede; Körperfarbe – außer Hirola (*D. l. hunteri*) – tief rotbraun; Gesichtsfront, Schwanzende, Oberarm und -schenkel sowie Unterarm und -schenkel schwarz; Läufe braungelb; Kälber fahlgelb ohne schwarze Abzeichen; Hirola gelbbraun, ohne schwarze Zeichnung, mit schmalem, weißem Zwischenaugenband; sonst wie Kuhantilope	Tz: 7½–8 Monate J: 1 Gg: 10–12 kg
Buntbock und Bleßbock *Damaliscus dorcas dorcas* und *D. d. phillipsi* E: Bontebok and Blesbok F: Bontebok et Blesbok	KRL: 140–160 cm SL: 30–45 cm SH: 85–100 cm G: ♂♂ 65–80 kg, ♀♀ 55–70 kg	Hornlänge bis 50 cm; sonst Hörner, Hautdrüsen und Gestalt wie Leierantilope; Körperfarbe rotbraun (Bleßbock) bis fast schwarz (Buntbock); Gesichtsfront weiß (Blesse!), desgleichen Bauch, Innenseite der Läufe und Spiegel; letzterer bei Bleßbock sehr klein, beim Buntbock größer; auch Außenseite der Läufe beim Buntbock vom Hand- bzw. Fußwurzelgelenk an abwärts weiß; Kälber ockergelb mit braunschwarzem Nasenrücken; Beginn der Umfärbung nach 6 Monaten	Tz: 7½ Monate J: 1 Gg: etwa 7 kg
Streifengnu, Blaues Gnu *Connochaetes taurinus* mit 5 Unterarten E: Brindled wildebeest, Blue wildebeest, Blue gnu F: Gnou bleu	KRL: ♂♂ 180–240 cm, ♀♀ 170–230 cm SL: 60–100 cm SH: ♂♂ 125–145 cm, ♀♀ 115–142 cm G: ♂♂ 165–290 kg, ♀♀ 140–260 kg	Hörner beim Männchen bis zu 83, beim Weibchen 30–40 cm lang, glatt, seitwärts geschwungen, an Basis verbreitert und gewölbt; Kopf groß; Schnauze breit; Nasenspiegel groß; Hals kurz; kurzes, schwarzbraunes Haarpolster auf Stirn und Nasenrücken; schwarze, meist fallende Mähne auf Nacken und Widerrist; Halsunterseitenmähne dunkel, bei Weißbartgnu weiß; bei Weißbindengnu weiße Querbinde auf Stirn- und Nasenrücken; Körperfarbe blaugrau bis braungrau; dunkle, senkrechte Körperstreifen; Kälber braungelb; Umfärbung beginnt mit etwa 2 Monaten	Tz: 8–8½ Monate J: 1 Gg: ♂♂ rund 18 kg, ♀♀ rund 14 kg
Weißschwanzgnu *Connochaetes gnou* E: Black wildebeest, White-tailed wildebeest, White-tailed gnu F: Gnou à queue blanche	KRL: ♂♂ 185–220 cm, ♀♀ 170–205 cm SL: ♂♂ 90–100 cm, ♀♀ 80–95 cm SH: ♂♂ 100–120 cm, ♀♀ 90–105 cm G: ♂♂ um 180 kg, ♀♀ um 160 kg	Hörner beim Männchen bis zu 78 cm, beim Weibchen etwa 45–60 cm lang, glatt, im Bogen nach vorn-unten, dann oben geschwungen, Basis verbreitert; Gestalt ungefähr wie Streifengnu; Fellfarbe braunschwarz, Jungtiere heller; Nasenrücken, Nacken und Widerrist mit Stehmähne; auf Nacken und Widerrist weiß mit dunklem Kamm; Kinn und Kehle mit kurzer, Brust mit langer, dunkler Mähne; Schwanz weiß; sonst wie Streifengnu	Tz: 8–8½ Monate J: 1 Gg: etwas leichter als Streifengnu

D. Estes herausfand. Einer der Faktoren, die der Zunahme einer Huftierpopulation in den ostafrikanischen Steppen entgegenwirken, sind die Verluste an Jungtieren durch die dort recht zahlreichen Tüpfelhyänen, die ganz besonders den Neugeborenen gefährlich werden. Im Gegensatz zu anderen ostafrikanischen Wildarten setzen nun die Gnus ihre Kälber innerhalb der Herden, auf verhältnismäßig engem Raum und innerhalb von zwei bis drei Wochen (Januar/Februar). Bei den Serengeti-Gnus kommt es also kurzfristig zu einer wahren »Kälberschwemme«. Dann sind zunächst während eines guten Teils der Zeit schon etwas ältere Kälber da, die den später geborenen in den besonders kritischen ersten beiden Tagen als »Sichtschutz« dienen, so daß es für die Hyänen etwas schwieriger wird, ihre bevorzugten Jagdobjekte in der Menge auszumachen. Ferner werden viel mehr Kälber geboren, als die ortsansässigen Hyänen in der kurzen Zeit bewältigen können. Wie leicht einzusehen, muß sich dieses »System« der Gnus bei zunehmender Bevölkerung immer nachhaltiger auswirken.

DIE ARTEN IM VERGLEICH

Lebensablauf Entwöhnung (Ew) Geschlechtsreife (Gr) Lebensdauer (Ld)	Nahrung	Feinde	Lebensweise und Lebensraum	Häufigkeit
Ew: nach etwa 4 Monaten Gr: meist mit 1½–2½ Jahren Ld: im Zoo bis 19 Jahre	Gräser und Kräuter, lehmige und salzige Erde, selten Laub; Wasser kann längere Zeit entbehrt werden, wird aber, wenn verfügbar, meist täglich angenommen	Löwe, Leopard, Gepard, Tüpfelhyäne, Hyänenhund, für Kälber auch Schakale, Serval, Karakal, Python und Adler	In freien Steppen bis Trockensavannen sowie Buschgebieten in Ebene und Hügelland; gesellig, Männchen-, Weibchen- und gemischte Verbände, oft zu 5–20, jedoch auch zu Hunderten; Altbullen werden territorial; Kälber liegen zumindest 2 Wochen lang ab; Erwachsene stehen häufig auf Termitenhaufen; Markierung durch Kothaufen und Voraugendrüsensekret; Reviergröße 30–300 ha	Da einzelne Unterarten, z.B. Kongoni, noch recht häufig, der Bestand der Art noch nicht bedroht; jedoch ist bereits eine Unterart, die Nordafrikanische Kuhantilope (A. b. buselaphus), vollständig ausgerottet, und weitere stehen dicht vor der Ausrottung
Ew: wahrscheinlich ähnlich wie Kuhantilope Gr: Weibchen mit 1½–2, Männchen mit 3–4 Jahren Ld: wahrscheinlich 12–15 Jahre	Gräser und Kräuter, kaum Laub; trinkt, wenn möglich, täglich, kann aber auch längere Zeit ohne Wasser auskommen	Wie Kuhantilope	In offener Steppe, lichter bis dichter Savanne, Überschwemmungsgebieten wie auch Halbwüsten in Ebene und Hügelland; gesellig, Männchen- und Weibchenrudel wie auch gemischte Verbände, meist 5–30 Tiere, gelegentlich aber auch Hunderte oder gar Tausende; Altbullen werden territorial; häufiges Stehen auf Termitenhaufen; Markieren durch Kothaufen, Bodenforkeln und Voraugendrüsensekret; umgrenzte Brunft- und Setzzeiten, die jedoch in den einzelnen Gebieten sehr verschieden liegen; Reviergröße 70–400 ha	Art noch nicht im Bestand bedroht; Hirola selten
Ew: nach etwa 4 Monaten Gr: mit 2¼ Jahren; Männchen kommt erst nach Reviereinrichtung mit 4–6 Jahren zum Decken Ld: im Zoo bis 17 Jahre	Gräser und Kräuter; Trinken täglich, wenn möglich 2–3mal	Wie Kuhantilope, heute jedoch bis auf Schakale im Verbreitungsgebiet ausgerottet	In offenem Grasland mit wenigen Büschen und Bäumen; gesellig, Formationen wie Leierantilope, infolge geringer Zahl der Tiere Gruppengröße heute jedoch kaum je über 40–70 hinausgehend; Altbullen werden territorial; Markieren durch Kothaufen, Bodenforkeln und Voraugendrüsensekret; Revierinhaber liegen oft auf Kothaufen; Reviergröße 10–40 ha (Buntbock), 1–2,5 ha (Bleßbock)	Buntbock potentiell gefährdet, war bis auf 17 Tiere in freier Wildbahn ausgerottet; durch Hege in Schutzgebieten und Wildfarmen heute wieder über 1000 Tiere in Südafrika; auch Bleßbock war in Freiheit ausgerottet; bei Vorhandensein zahlreicher Zootiere waren aber Aussetzen und Vermehrung auf Wildfarmen in Südafrika möglich
Ew: nach etwa 4 Monaten, gelegentliches Saugen bis 1 Jahr Gr: Weibchen mit 1¼–2¼ Jahren; Männchen kommt erst nach Territorialwerden mit 4 Jahren zum Decken Ld: im Zoo bis 20 Jahre	Gräser; Trinken meist zweimal täglich, jedoch kann Wasser auch mehrere Tage entbehrt werden	Löwe, Tüpfelhyäne, Hyänenhund, Leopard, Gepard, Krokodil; für Kleinkälber auch Schakale	In Gras- und Buschsteppe sowie lichtem Wald in Ebene und Hügelland; sehr gesellig, Männchen- und Weibchenherden von 30–500, gemischte Verbände von Hunderten und Tausenden; Altbullen werden territorial. Markieren durch Kothaufen, Bodenforkeln und Verreiben von Voraugendrüsensekret; Sich-Wälzen; Kalb folgt Mutter; Reviergröße 1–16 ha	Ausgerottet in Malawi; sonst nicht selten, im Serengeti-Gebiet über 1 Million; Bestand der Art nicht gefährdet
Ew: ungefähr wie Streifengnu Gr: Weibchen mit 1½–2¼; Männchen mit 3 Jahren; Männchen kommt gewöhnlich erst mit 4–5 Jahren zum Decken Ld: im Zoo bis 20 Jahre	Wie Streifengnu	Wie Streifengnu, heute jedoch bis auf Schakale im Verbreitungsgebiet ausgerottet	In offener Gras- und Buschsteppe in Ebene und Hügelland; gesellig, Formationen wie Streifengnu, infolge geringer Zahl der Tiere Herdengrößen heute meist nicht über 30–50 Tiere; Altbullen werden territorial; Markierungsverhalten wie Streifengnu; Sich-Wälzen; Kalb folgt Mutter; Brunftzeit Februar–März, Setzzeit November–Dezember; schmetternder Ruf der Revierbullen; Reviergröße 150–500 ha	War in Freiheit bereits ausgerottet; durch Zucht im Zoo Wiederbesetzung einiger Schutzgebiete und Wildfarmen in Südafrika ermöglicht; Gesamtbestand heute um 4000

Im Ngorongoro-Krater, wo die Weißbartgnus nur verhältnismäßig kleine Ortsveränderungen ausführen, stehen – wie Estes nachweisen konnte – territoriale Bullen über Wochen, Monate und sogar Jahre in ihren Revieren. Die Auseinandersetzungen zwischen Reviernachbarn sind denen der Topis ähnlich, nur kommt dazu der eine Bulle äsend oft weit ins Revier des anderen hinein. Jeder Bulle hat einen Kot- und Wälzplatz in seinem Revier und wischt das Sekret seiner Voraugendrüsen diffus ins Gras. Das Werbeverhalten der Bullen besteht nur aus einem wenig ritualisierten Vorstrecken von Hals und Kopf bei herunterhängenden Ohren. Im Gegensatz zu Kuh- und Leierantilopen flehmen die Gnus.

Während also die Bullen der Krater-Gnus ihre Territorien langfristig beibehalten, besetzen die Weißbartgnus in der benachbarten Serengeti-Steppe nur zur Brunftzeit Reviere. Aus den ziehenden Herden heraus werden die Bullen für ein paar Stunden, höchstens ein paar Tage territorial, handeln in aller Eile die Grenzen untereinander aus und versuchen, ein paar Kühe bei sich zu halten. Danach werden sie vom

▷ Zu solchen unübersehbaren Konzentrationen können sich Gnus gelegentlich zusammenfinden.

Strom der weiterziehenden Herden wieder aufgenommen und fortgeschwemmt, die hier mit geringer Übertreibung ganzjährig auf dem Marsch sind. Wie Bernhard und Michael Grzimek herausfanden, richten sich die Wanderungen der Serengeti-Gnus nach dem Vorkommen von Kurzgräsern und bestimmten anderen Futterpflanzen. In alljährlichem »Rundgang« durchqueren die Riesenherden so den ganzen Nationalpark, wobei sie während der Regenzeit im Südosten, während der Trockenzeit im Nordwesten die Parkgrenzen erheblich überschreiten. Im Südosten hat das wenigstens bisher nicht viel ausgemacht, da dort Masai wohnen und dieses Hirtenvolk von altersher friedlich mit den Gnus zusammengelebt hat. Im Nordwesten aber erreichen die Herden dichter besiedeltes Ackerbaugebiet, wo dann »jede Hand gegen sie« ist. Gemildert wurde die Situation in der Mitte der siebziger Jahre dadurch, daß die Regierung von Tansania dort einen Landstreifen zum Nationalpark dazugeschlagen hat.

Aufgrund ihrer Kapriolen und ihrer mitunter etwas »überspannt« wirkenden Bewegungen, die oftmals in Zusammenhang mit Auseinandersetzungen unter territorialen Bullen stehen, sind die Gnus mitunter als »Clowns der Steppe« bezeichnet worden. Immer noch eine Vermenschlichung, aber einigermaßen begründet ist der »Vorwurf« einer gewissen »Kopflosigkeit«.

Obgleich die Kälber ganz ausgesprochene Folger sind, passiert es doch immer wieder, daß eine Mutter ihr Kind im Getümmel der Herden verliert und nicht wiederfindet. Da bei den Gnus nur die eigene Mutter das Kalb säugt, ist das Kleine dann verloren. Meist bereiten ihm die zahlreichen Raubtiere ein schnelles Ende. Auch hat man im Serengeti-Nationalpark mehrfach Anzeichen dafür gefunden, daß Gnuherden beim Durchqueren einer Furt in wilde Panik geraten sind, wobei viele von ihnen niedergetrampelt wurden und ertranken. Es ist ein atemberaubender Anblick, wenn die Riesenherden, eingehüllt in die »Wolke« ihrer brummend-stöhnenden Stimmfühlungslaute, in endlosem Marsch hintereinander heranziehen oder sich äsend von Horizont zu Horizont über die Steppe verstreuen.

Das WEISSSCHWANZGNU *(Connochaetes gnou)* war bereits in freier Wildbahn ausgerottet. Auf einigen Farmen gab es jedoch ein paar Restbestände, die sich gut vermehrten, so daß später Tiere in mehreren Schutzgebieten ausgesetzt werden konnten. So gibt es heute in Südafrika wieder etwa 3000 bis 4000 Weißschwanzgnus.

Wohl jeder Zoobesucher hat schon einmal den gel-

lend-schmetternden »Hö-itt«-Ruf eines Weißschwanzgnubullen gehört, mit dem er seine Position und seinen territorialen Status anzeigt. Nach W. von Richters Angaben, der die Art in Südafrika studierte, ist sie nur in wenigen Einzelheiten des Verhaltens – zum Beispiel dem gerade erwähnten »Bullenruf« – vom Streifengnu verschieden.

Im Äußeren unterscheidet sich das Weißschwanzgnu mit seiner schwarzbraunen Farbe, dem weißen Schwanz, den »Stehmähnen« auf Nacken und Nasenrücken, an Kehle und Brust sowie durch die nach vorn geschwungenen Hörner recht deutlich vom Streifengnu.

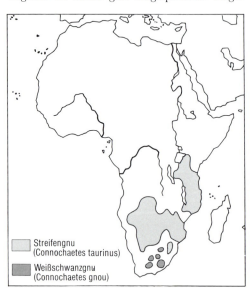

Weißbartgnu-Mütter mit ihren Kindern. Die Neugeborenen stehen schon nach wenigen Minuten auf eigenen Beinen und folgen der Mutter.

Pferdeböcke

von Fritz Rudolf Walther

Pferdeböcke, Kuhantilopen sowie Ried- und Wasserböcke hatte G. G. Simpson 1945 als Gattungsgruppen aufgefaßt und zur Unterfamilie der Roßantilopen (Hippotraginae) vereint. Da sie jedoch in Erscheinung und Lebensweise erheblich voneinander abweichen, neigt man heute wieder dazu, sie wie früher als drei selbständige Unterfamilien anzusehen, wie auch wir es hier tun. Die Unterfamilie der Pferdeböcke (Hippotraginae) in diesem Sinne umfaßt drei Gattungen: Pferdeantilopen *(Hippotragus)*, Spießböcke *(Oryx)* und Mendesantilopen *(Addax)*.

Bei allen Pferdeböcken gleichen die Geschlechter einander. Alle Arten besitzen mehr oder minder ausgeprägte Gesichtszeichnungen, manche haben auch schwarze Abzeichen an Vorder- und/oder Hinterbeinen sowie ein dunkles Flankenband. Bei den neugeborenen, meist hellbraunen Kälbern sind die Kopfzeichnungen nur ansatz- und andeutungsweise vorhanden, die Bein- und Körperzeichnungen fehlen völlig.

Zur Gattung der Pferdeantilopen *(Hippotragus)* gehören drei Arten: Pferdeantilope, Rappenantilope und Blaubock. Davon ist der Blaubock *(Hippotragus leucophaeus)* des Kaplandes seit 1800 von den weißen Siedlern ausgerottet. Er wird von manchen Systematikern nicht als Art, sondern als – kleinste – Unterart der Pferdeantilope angesehen.

Für die Pferdeantilope oder Roan *(Hippotragus equinus)* sind Jungbullenrudel von zwei bis zehn Mitgliedern und vor allem recht stabile Haremsrudel von drei bis fünfzehn Tieren typisch. Letztere bestehen aus einem Altbullen mit Kühen und ihren Kälbern. Weite Wanderungen führen die Gruppen nicht aus, wechseln jedoch ihre Aufenthaltsgebiete zur Regen- und Trockenzeit. Abgesehen von einem Gang zur Tränke um die Mittagszeit, sind die Tiere hauptsächlich am Morgen und – vom Spätnachmittag an – am Abend rege. Den Rest des Tages ruhen sie in einem eng umschriebenen Einstand. Auch wenn Büsche und Bäume reichlich vorhanden sind, äsen sie fast ausschließlich Bodenpflanzen.

Das Verhalten der Pferdeantilope hat besonders Salomon C. Joubert im Krüger-Nationalpark erforscht. Die erwähnten Haremsrudel sind geschlossene Verbände mit ausgeprägter Rangordnung. Die Kuh an der Spitze der (weiblichen) Rangleiter führt auf dem Marsch zur Tränke, zu den Weidegründen usw. und auch auf der Flucht. Dabei ist nur die Position des ersten Tieres in der Marschreihe rangabhängig – die anderen folgen ohne Rücksicht auf ihren Rang. Der Altbulle ist zwar auch über die Leitkuh dominant, überläßt ihr aber die Führung des Rudels und spielt mehr die Rolle eines Schäferhundes. Er duldet keinen gleichwertigen Bullen in einem Umkreis von 300 bis 500 Metern. Diese Intoleranzzone bewegt sich mit der Gruppe, ist also kein räumlich festgelegtes Territorium. Heranwachsende Männchen duldet der Altbulle bis zum Alter von etwa drei Jahren. Danach vertreibt er sie, und sie schließen sich für die näch-

Pferdeantilope oder Roan im Krüger-Nationalpark, wo das Verhalten der Art gründlich erforscht wurde.

sten drei bis vier Jahre an Junggesellenrudel an, in denen gleichfalls eine Rangordnung besteht. Die ältesten und höchsten Junggesellen verlassen schließlich die Männerbünde und werden unduldsam gegen ihre Geschlechtsgenossen. Bei passender Gelegenheit versucht dann solch ein Bulle einen Harem zu erobern, indem er mit dessen Altbullen kämpft und ihn – falls er ihm überlegen ist – vertreibt. Die vertriebenen, ehemaligen Haremsbullen bleiben Einzelgänger für den Rest ihres Lebens.

In den Kämpfen – stets Horn gegen Horn – gehen die Gegner vorn auf die »Knie« nieder. Namentlich unter ungleichen Partnern werden die Auseinandersetzungen meist durch Droh- und Imponierauftritte ausgetragen. Der Stärkere reckt sich aus der Schulter hoch und hebt den Schwanz etwas ab. In mehr oder weniger frontaler Stellung weist er dem anderen die Hörner (hohes Gehörnpräsentieren). Breitseits zum anderen stehend, winkelt er die Hörner zu diesem hin an, wobei er gleichzeitig ein Ohr waagerecht in die Richtung des »Gemeinten« abstreckt. Der Unterlegene senkt daraufhin Hals und Haupt, klemmt den Schwanz ein, läuft auf den Dominanten zu und hinten an ihm vorbei.

Die gleichen Haltungen erscheinen auch im Paarungszeremoniell – hochgerecktes Imponieren beim Bullen, Kopf-Tiefhalten bei der Kuh. Dabei stehen die Partner umgekehrt-parallel und zirkeln so umeinander (Paarungskreisen). Nach Laufschlägen – teils während des Kreisens, teils nachdem der Bulle hinter die Kuh getreten ist – reitet er auf, wobei er mit der Brust auf ihrer Kruppe aufsetzt, Kopf und Hals aber erhoben trägt.

Vor dem Gebären sondert sich eine Kuh von der Herde ab und bleibt auch danach noch etwa fünf Tage mit ihrem Jungen allein. Dann kehrt sie wieder zur Gruppe zurück. Das Kalb liegt während der ersten sechs Wochen ab. Innerhalb des Rudels schließt es sich später an andere Jungtiere an und verbringt mit ihnen mehr Zeit als mit der Mutter.

Pferdeantilopen treten nirgends in Massen auf, was jedoch im Gesamtbestand durch das weite Verbreitungsgebiet wettgemacht wird. So erscheint die Art derzeit noch nicht bedroht. Andererseits ist sie hochempfindlich gegen Milzbrand. Sobald diese Krankheit nur irgendwo aufflackert, sterben die Pferdeantilopen als erste und herdenweise.

Die RAPPENANTILOPE *(Hippotragus niger)* ist etwas kleiner als die Pferdeantilope und wirkt leichter und eleganter. Im Englischen heißt sie »Sable antelope«, was von schlechten Übersetzern häufig mit »Säbelantilope« wiedergegeben wird. Die Säbelantilope ist aber ein ganz anderes Tier, und das englische Wort *sable* hat nichts mit einem »Säbel« zu tun, sondern heißt »düster« oder »schwarz«. Wirklich pechschwarz sind übrigens nur die erwachsenen Bullen (oberseits). Die Kälber sind hellbraun, die Kühe und Jungbullen der am weitesten verbreiteten Unterart (H. n. niger) schwarzbraun, bei der nördlichen Unterart *(H. n. roosevelti)* rotbraun gefärbt.

Rappenantilopen sind vor allem von Hans-Hermann Huth im Zoo und von Richard D. Estes im Freiland eingehender beobachtet worden. Danach sind Lebensweise und Verhalten im allgemeinen denen der Pferdeantilope recht ähnlich. Natürlich gibt es Unterschiede in Einzelheiten. So sind die Rudel oft etwas größer. Auch sieht Estes die Altbullen der Rappenantilope – im Gegensatz zur Pferdeantilope – als territorial an. Stärker als die Roan neigt die Rappenantilope dazu, das Kinn zum Hals hin anzuziehen. Das fällt bereits im Trab auf, und auch die Formen des Gehörnpräsentierens (hoch, mittel, tief) wirken bei der Rappenantilope oft auffälliger. Die Kämpfe gleichen weitgehend denen der Roan. Wie bei der

Rappenantilopen im Chobe-Nationalpark, der im Norden Botswanas liegt. Bei dieser südlichen Unterart sind die Kühe und Jungbullen schwarzbraun gefärbt.

Pferdeantilope kreisen Bulle und Kuh im Paarungszeremoniell in Kopf-zu-Schwanz-Stellung umeinander. Wegen der starken Nackenmähne fällt hier allerdings das hochgereckte Imponieren des Bullen viel stärker auf. Vorm Aufreiten steht er mit angehobenem Kopf wie ein Standbild hinter ihr.

Von Raubfeinden gestellt, können sich Rappenantilopen zur Wehr setzen – mitunter sogar erfolgreich. Werden Rappenantilopen im Zoo so gehalten, daß die Besucher dicht an sie herankommen, prellen sie leicht zum Angriff gegen diese vor und schlagen mit den Hörnern gegen die Gitterstäbe. Der »kritische Abstand«, wie H. Hediger es genannt hat, also die Entfernung zum Feind, von der an ein Tier nicht mehr flieht, sondern sich wehrt, scheint bei der Rappenantilope niedriger zu sein als bei vergleichbaren Arten.

Außerhalb geschützter Gebiete ist die Rappenantilope bereits selten geworden. In ihrem großen Verbreitungsraum liegen jedoch mehrere Nationalparks, in denen es zum Teil ganz gute Bestände gibt. Böse sieht es allerdings für die RIESENRAPPENANTILOPE *(H. n. variani)* in Angola aus. Die Restbestände dieser prachtvollen Tiere waren in zwei kleinen Reservaten geschützt. Da sich innerhalb dieser aber Plantagen

und Siedlungen mit einer ständig wachsenden menschlichen Bevölkerung befanden, waren die Zukunftsaussichten von vornherein nicht rosig. Während der politischen Unruhen der letzten Jahre in Angola sind dann diese Tiere wahrscheinlich ausgerottet worden, zumindest sind sie in ihrem Bestand gefährdet.

Manche Systematiker betrachten alle Vertreter der Gattung der SPIESSBÖCKE *(Oryx)* als Unterarten einer einzigen Art *(Oryx gazella).* Jedoch stehen dann Formen, die sich untereinander nur geringfügig unterscheiden, gleichwertig neben solchen, die erheblich verschieden sind. Daher ist das sicher keine besonders gute Einteilung. Wir wollen hier vier Oryxformen als Arten ansehen: den Ostafrikanischen und den Südafrikanischen Spießbock, die Säbelantilope Nordafrikas und die Arabische oder Weiße Oryx.

Alle Spießböcke haben schwarz-weiße Gesichtsmasken (bei der Säbelantilope etwas reduziert und abgeblaßt), die an die Kopfzeichnungen der Gazellen erinnern, und auch im Verhalten haben sie manches mit diesen gemeinsam. Zum Beispiel geben dominante Oryxbullen ihren Kot nach vorausgehendem Scharren in der gleichen tiefgekauerten Haltung ab wie Gazellenböcke. Allerdings sind bei ihnen Harn- und Kotabgabe nicht miteinander gekoppelt. Gelegentlich kann bei so ziemlich allen Hornträgerarten ein noch nicht voll paarungswilliges Weibchen einen treibenden Mann dadurch abschütteln, daß sie sich ihm in umgekehrt-paralleler Stellung kreisend entzieht. Bei den Gazellen ist dieses Kreisen zwar auch nicht die Regel, aber häufiger als bei anderen Arten, und ein Gazellenbock gibt dabei nicht so schnell auf. Bei den Spießböcken ist dann das »Paarungskreisen« zum festen Bestandteil des Paarungszeremoniells geworden.

Die Haltung des Weibchens – Kopf tief – im Paarungskreisen entspricht völlig der eines unterlegenen Bullen in einem Auftritt mit einem überlegenen,

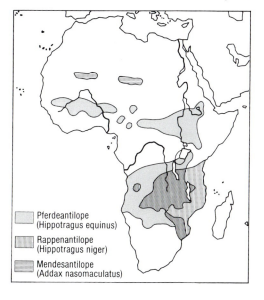

Die Rappenantilopen bilden Haremsgruppen, die aus einem »rappenschwarzen« Altbullen sowie mehreren Kühen und deren Nachkommen bestehen. An der kastanienbraunen Färbung der Weibchen erkennt man, daß die Tiere der ostafrikanischen Unterart angehören – das Foto entstand in den kenianischen Shimba-Bergen.

drohimponierenden Herausforderer. Unter gleichwertigen Gegnern geht auch ein entsprechendes Kreisen (Drohkreisen) oft dem Kampf voraus. Im Kampf selbst geht zwar keine Gazelle auf die »Knie« nieder, was Oryxantilopen nicht regelmäßig, aber doch recht häufig tun, ansonsten aber sind die Techniken des Hörnergebrauchs weitgehend gleich, und aus dem gerade für viele Gazellen so typischen Schlagwechselkampf ist offenbar das bei den Spießböcken nicht seltene »Fechten« hervorgegangen. Dabei wird der Angriffshieb mit der Langseite der Hörner von oben schräg nach unten geführt und vom Verteidiger mit der Langseite seiner Hörner pariert.

Ein anderes auffälliges Kampfverhalten der Spießböcke ist der zuerst von H.-H. Huth beschriebene Stoß über die (eigene) Schulter, den der Angreifer in mehr oder weniger paralleler Stellung zum Gegner von ganz tief-unten heraufholt, um dann durch eine Drehbewegung des Kopfes mit den Hornspitzen von

Heute ungebräuchlich ist die noch von Alfred Brehm verwendete Bezeichnung Passan. Am schönsten ist sicher der klangvolle Herero-Name Onduno.

Bisher nur vom Südafrikanischen Spießbock bekannt ist eine Abwandlung des obengenannten Stoßes über die Schulter zu einem eindrucksvollen Drohimponieren. Dabei steht der Bulle wie ein Standbild hochgereckt und breitseits, mit angehobenem und vom Gegner abgewandtem Haupt, so daß die Hörner über die eigene Schulter zum Angedrohten weisen. Wenn dieser daraufhin nicht sofort weicht, winkelt der Bulle die Hörner seitwärts zum Gegner und – falls dieser auch das noch aushält – wendet sich ihm schließlich mit präsentierten Hörnern frontal zu, wonach nur noch der Angriff folgen kann. Ein gleichwertiger Rivale erwidert das Drohimponieren in gleicher Form und Folge. Ein schwächerer Partner streckt Hals und Kopf waagrecht nach vorn oder vorn-unten und geht seitlich von oder hinter dem Dominanten vorbei ab.

Spießböcke ist der angemessene Name für die Gattung der Oryxantilopen, die ihre schlanken Hörner wie lange, spitze Spieße auf der Stirn tragen. Die Geschlechter lassen sich aus der Ferne schwer unterscheiden, weil beide gleich prachtvoll gefärbt und gehörnt sind – die Hörner der Weibchen sind oft sogar noch etwas länger als die der Männchen. Im Bild ein Südafrikanischer Spießbock, aufgenommen im Kalahari-Gemsbok-Nationalpark (den sehr irreführenden Namen »Gemsbok« haben einst die Buren den Oryxantilopen gegeben).

oben, seit- und abwärts nach dem Widersacher zu stechen. Gleichzeitig rempelt er den anderen oftmals mit der Schulter an und/oder wirft sich auf die »Knie« nieder. Der Verteidiger kann daraufhin mit flach nach vorn gestrecktem Hals und Haupt »abducken«, so daß der Stoß über seinen Nacken hinweg in die Luft geht, oder er fängt ihn mit senkrecht gestellten Hörnern auf.

Der Südafrikanische Spiessbock *(Oryx gazella)* ist die im Körper massigste Oryxart mit breiten Ohren und lebhafter schwarzer Zeichnung an Kopf, Kruppe, Vorderläufen und Hinterschenkeln. Im Afrikaans heißt er »Gemsbok«, obgleich das Tier natürlich nicht das Geringste mit unserem Bergwild zu tun hat.

Spießböcke sind rauflustige Burschen; jedoch verläuft die Mehrzahl der Kämpfe unblutig. Daß gerade bei der Oryx mit ihren lanzenartigen Hörnern gelegentlich einmal eine Verwundung vorkommt, ist nicht erstaunlich. Gehäuft haben die Amerikaner W. J. Hamilton und R. Buskirk schwere Verletzungen in der Namibwüste in den Jahren 1972 und 1973 festgestellt. Das müssen selbst für südwestafrikanische Verhältnisse ganz außergewöhnlich trockene Jahre gewesen sein. Es sollen damals in der Namib fast alle Spießbockkälber sowie zahlreiche Erwachsene umgekommen sein, und von den Überlebenden waren viele in schlechter Verfassung. Wasser gab es nur noch in wenigen, kleinen und tiefen Löchern, aus denen immer nur eins oder höchstens zwei oder drei Tiere zugleich trinken konnten. Unter diesen Bedingungen griffen Wartende die Trinkenden von der Flanke an, und es kam zu üblen Verletzungen. Nun ist das gewiß auf die extremen Bedingungen in diesen Jahren zurückzuführen. Andererseits sind gerade bei der Südafrikanischen Oryx Kämpfe an Wasserstellen zu allen Zeiten so häufig, daß sie in Touristenprospekten erwähnt werden. Ich habe mir daraufhin das Verhalten der Ondunos an Wasserstellen im Etoscha-Nationalpark zu einer durchschnittlichen Trockenzeit einmal näher angesehen. Streitigkeiten ums Wasser treten hier nur ganz ausnahmsweise auf. Trotzdem kommt es an einer gut besuchten Wasserstelle zu zahlreichen Auseinandersetzungen, da die heran- und hinwegziehenden Rudel oftmals frontal aufeinandertreffen. Dann muß offenbar zunächst einmal festgestellt werden, wer wem überlegen ist – zumindest durch Imponierauftritte, nicht selten aber auch durch recht handfeste Kämpfe, die jedoch für gewöhnlich Horn gegen Horn und damit unblutig verlaufen. Natürlich gibt es Begegnungskämpfe auch andernorts. Aus der beschriebenen Situation heraus sind sie aber an Wasserstellen besonders häufig. Da oftmals Kühe als erste in den Marschreihen laufen, kommt es dabei auch zu Keilereien zwischen ihnen und zu Zusammenstößen eines Bullen mit einer Kuh.

Der Onduno nimmt also Wasser an, wenn er es haben kann, und braucht es zu seinem Wohlbefinden, obschon weit weniger als domestizierte und auch viele wildlebende Hornträger. Sehr wahrscheinlich gibt es in seinem Körper physiologische Vorgänge, die einer Austrocknung und Überhitzung entgegen- und damit auch wassersparend wirken. Im übrigen wird sein Überleben in echten Wüsten, die allerdings für ihn doch nur ein Grenzbiotop zu sein scheinen, vor allem dadurch möglich, daß der Onduno ein Künstler im Auffinden auch der kleinsten Wasservorkommen ist, daß er in ausgetrockneten Flußbetten tiefe Löcher gräbt, wo er auf Grundwasser stoßen kann, und daß er endlich wasserhaltige Früchte und Wurzeln zu finden und gegebenenfalls auszubuddeln versteht. In der Kalahari und Omaheke spielen hier die Tschamma-Melonen eine wichtige Rolle.

Gelegentlich kommen Oryxherden von 100 Stück und mehr vor. Viel häufiger sind aber Bullen- und Weibchenrudel sowie gemischte Trupps von zwei bis vierzig Köpfen. Nicht selten sieht man auch einzelne Stücke, besonders Bullen. Nach den Beobachtungen von O. Kok in den Randgebieten der Namibwüste sind letztere meist territorial.

Eine Gruppe von Ostafrikanischen Spießböcken, die auch als Beisa-Antilopen bezeichnet werden, grast in der Baumsavanne. Von den sonst sehr ähnlichen Südafrikanern unterscheidet sich die ostafrikanische Art vor allem durch den insgesamt leichteren Körperbau und die höheren Läufe, das Fehlen der Zeichnung an den Hinterläufen usw.

Der Ostafrikanische Spiessbock *(Oryx beisa)* ist leichter gebaut als der Südafrikaner. Seine Ohren sind viel schmäler – bei der Büschelohr-Oryx mit langen, schwarzen Haaren an den Spitzen. Der schwarze Nasensattel ist (meist) durch einen weißen Streifen von dem schwarzen Wangenband getrennt, das Flankenband ist schmal, und die schwarze Keulenzeichnung des Südafrikaners fehlt völlig. Die vier Unterarten des Ostafrikaners, von denen hier die Eritrea-Oryx *(O. b. beisa)* und die Büschelohr-Oryx *(O. b. callotis)* genannt seien, unterscheiden sich hauptsächlich in der Fellfarbe – mehr ins Graue oder mehr ins Braune spielend – und ein paar kleinen Einzelheiten. Beim Büschelohr-Spießbock, den ich am besten kenne, hat mich die Anpassungsfähigkeit an höchst verschiedene Biotope sehr beeindruckt. Man findet die Tiere auf baumloser, teils sogar halbwüstenartiger Steppe ebenso wie im Buschwald, der an manchen Stellen so dicht ist, daß man keine zehn Meter weit sehen kann.

Nach Untersuchungen des amerikanischen Physiologen C. R. Taylor verfügen die Ostafrikanischen Oryxantilopen – wie auch einige weitere Steppen- und Wüstentiere – über physiologische Mechanismen, die verdunstung- und wassersparend wirken. So können Oryxantilopen bei Wassermangel und großer Hitze ihre Körpertemperatur bis zu 46,5 °C erhöhen. Bis zu diesem Punkt bleibt dann der normale Wärmefluß von innen nach außen erhalten, und es wird ein Hitzestau im Körper vermieden, ohne daß deswegen eine erhöhte Verdunstung nötig ist. Natürlich brauchen die Tiere dadurch auch entsprechend weniger »Flüssigkeitsnachschub« durch Trinken. Erst wenn die Außentemperatur noch höher steigt, beginnt ein Spießbock, der unter Wassermangel steht, zu schwitzen. Er kann also die heißesten Stunden des Tages ohne Wasserverlust überstehen oder wenigstens den Beginn der vermehrten Verdunstung hinausschieben. Hinzu kommen noch physiologische Mechanismen, die die Verdunstung beim Atmen und die Flüssigkeitsverluste mit Harn und Kot einschränken, sowie solche, die zur Nachtzeit die Körpertemperatur unter 36 °C senken, wodurch die Phase des »Aufheizens« am folgenden Morgen verlängert wird.

Dafür, daß Tiere wie die Oryxantilopen eine derartige, für die meisten anderen Säuger tödliche Erhöhung ihrer Körpertemperatur vertragen können, macht Taylor hauptsächlich einen anatomischen »Kühlungsapparat« verantwortlich. Die Schlagader, die das Blut vom Herzen zum Hirn führt, splittert sich nämlich bei der Oryx – und ein paar anderen

Arten – unterhalb des Hirns zu einem Netz feinster Äderchen auf, die von venösem Blut umflossen sind, welches von der Nasenhöhle kommt und durch die mit der Atmung verbundene Verdunstung abgekühlt ist. Dadurch wird das arterielle Blut in den Haargefäßen um etwa drei Grad abgekühlt, bevor es zum Hirn gelangt, das als das hitzeempfindlichste Organ gilt.

Ferner hat Taylor berechnet, daß der Wassergehalt mancher bei Tage staubtrockenen Futterpflanzen durch den Anstieg der relativen Luftfeuchtigkeit bei Nacht derart zunimmt, daß die Oryx nur beim Äsen – also ohne zu trinken – ihren Feuchtigkeitsbedarf

Südafrikanische Spießböcke beim Hörnerkampf.

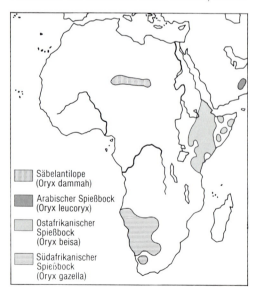

decken kann. Voraussetzung dafür wäre freilich, daß die Tiere vorwiegend bis ausschließlich zur Nachtzeit äsen, was bis jetzt nicht nachgewiesen ist.

Eine weitere Möglichkeit zur Verminderung der Gefahr eines Hitzestaus ist durch das Zurückwerfen der Sonnenstrahlen durch Fellstruktur und -farbe gegeben, und es ist sicher kein Zufall, daß die beiden Spießbockarten, die nun ganz ausgesprochene Wüstentiere sind – die Säbelantilope und die Arabische Oryx –, fast völlig weiß sind, da Weiß ja die Sonnenstrahlen am stärksten reflektiert.

In Lebensweise und Verhalten ist der Ostafrikanische Spießbock dem Südafrikaner recht ähnlich. Eine in mancherlei Hinsicht besonders interessante Situation hat sich bei den Büschelohr-Spießböcken im Serengetiraum ergeben. Als Bernhard und Michael Grzimek 1958 das Wild dort zählten, sichteten sie auch 115 Oryxantilopen. Schon im darauffolgenden Jahr aber wurde die Parkgrenze geändert und dabei der Teil, in dem die Spießböcke gestanden hatten, vom Nationalpark abgetrennt. Danach ist zunächst jahrelang überhaupt keine Oryx innerhalb der (neuen) Parkgrenzen gesehen worden und später nur ganz

ausnahmsweise einmal ein einzelnes Tier. Von 1972 an aber zeigten sich Spießböcke dort in zunehmendem Maße und in Trupps bis zu 40 Stück. Der Grund für diese »Invasion« ist unbekannt.

Als ich 1975 die Tiere dort beobachten konnte, waren sie (noch?) nicht im Nationalpark seßhaft geworden. Jedoch zogen viele Rudel hindurch, die oft auch wochenlang blieben. Fast alle waren gemischte Verbände von erwachsenen Bullen und Kühen mit einem besonders starken »Hauptbullen« (Alpha-Tier), der sich stets als »die Seele vom Ganzen« erwies. Auf reibungslosem Marsch zieht eine Kuh an der Spitze und der »Hauptbulle« am Ende der Marschreihe. Weicht jedoch die Spitzenkuh einmal von der Marschrichtung ab, eilt er an den anderen vorbei nach vorn, blockiert den Weg in Breitseitstellung und bringt das Rudel wieder in die »geplante« Richtung. Dann kann er auch manchmal ein Weilchen an der Spitze laufen und den Zug führen. Wenn ein Tier langsamer wird, droht er es an, bis es wieder fleißig marschiert. Nach Ruhe- oder Äsungspausen bringt er einzelne Tiere in Schwung, bis sich alle wieder auf dem Marsch befinden. Wenn einmal ein Rudelmitglied, meist ein anderer Bulle, zurückbleibt, fällt das dem »Hauptbullen« manchmal erst auf, wenn er mit den anderen schon gut 200 Meter weiter ist. Dann macht er als einziger kehrt, marschiert bis zu dem Säumigen zurück, umläuft ihn im Halbkreis und imponiert so lange hochgereckt in Breitseitstellung vor ihm, bis dieser kehrtmacht und hinter dem Rudel herzieht. Auf dem Wege treibt der »Hauptbulle« ihn oft derartig an, daß beide schließlich im Galopp bei der Gruppe eintreffen.

Der NORDAFRIKANISCHE SPIESSBOCK oder die SÄBELANTILOPE *(Oryx dammah)* war noch vor 100 Jahren vom Rio de Oro und Senegal bis zum Nil und vom südlichen Atlasrand bis in den Sudan in seiner gesamten West-Ost-Erstreckung hinein verbreitet. Inzwischen ist das »Wild der Wüste« in diesem riesigen Gebiet durch rücksichtslose Bejagung – auch vom Auto und Flugzeug aus – ausgerottet bis auf zwei kleine Vorkommen am Südrand der Sahara, und es war bisher nicht möglich, diese Reste unter wirksamen Schutz zu stellen. Glücklicherweise gibt es in einigen zoologischen Gärten gute Zuchtgruppen.

Säbelantilopen sind Wüstentiere und sollen wochen- und monatelang ohne Wasser auskommen können, vermutlich aufgrund ähnlicher physiologischer Vorgänge wie beim Ostafrikanischen Spießbock. Gemäß den jahreszeitlich wechselnden Äsungsbedingungen wandern die Tiere zur Zeit der Regenfälle nordwärts in die Sahara hinein, zur Trockenzeit südwärts in den Sudan. In ihrem Verhalten stimmt die Säbelantilope mit Süd- und Ostafrikanischem Spießbock weitge-

Links: Die herrlichen Arabischen oder Weißen Spießböcke wurden in ihrer Heimat nahezu ausgerottet, doch inzwischen hat man dort kleine Gruppen, die aus Nachzuchten in zoologischen Gärten stammen, wiedereingebürgert. Das gilt auch für die hier gezeigten Tiere, die 1982 in Oman im Südosten der Arabischen Halbinsel ausgesetzt wurden. – Unten: Zum Paarungszeremoniell der Spießböcke gehört der Laufschlag des Bullen vor dem Aufreiten.

Pferdeböcke (Hippotraginae)

Name deutscher Name wissenschaftlicher Name englischer Name (E) französischer Name (F)	Körpermaße Kopfrumpflänge (KRL) Schwanzlänge (SL) Standhöhe (SH) Gewicht (G)	Auffällige Merkmale	Fortpflanzung Tragzeit (Tz) Zahl der Jungen je Geburt (J) Geburtsgewicht (Gg)
Pferdeantilope, Roan *Hippotragus equinus* mit 6 Unterarten E: Roan antelope F: Hippotrague	KRL: ♂♂ 240–265 cm, ♀♀ 220–245 cm SL: 60–70 cm SH: ♂♂ 150–160 cm, ♀♀ 140–150 cm G: ♂♂ 260–300 kg, ♀♀ 225–275 kg	Hörner beim Männchen 70–100 cm, beim Weibchen 60–80 cm lang, nach hinten gebogen, mit Ringen; stehende Mähne auf Nacken und Widerrist; Halsmähne; Ohren lang und schmal mit langen Haarpinseln an den Spitzen; Gesichtsmaske beim Männchen schwarzbraun bis schwarz, beim Weibchen etwas heller; Voraugendrüsen unter der Haut, darüber ein Büschel langer, weißer Haare; Nasenspiegel nur schmaler Streifen; Zwischenzehendrüsen vorhanden; Voraugendrüsen nur flache Schwellungen unter der Haut; 4 Zitzen	Tz: etwa 9–10 Monate J: 1 Gg: rund 16–18 kg
Rappenantilope *Hippotragus niger* mit 3 Unterarten E: Sable antelope F: Hippotrague noir	KRL: ♂♂ 210–255 cm, ♀♀ 190–230 cm SL: 40–75 cm SH: ♂♂ 127–143 cm, ♀♀ 117–135 cm G: ♂♂ 200–270 kg, ♀♀ 190–230 kg	Hörner beim Männchen 80–165 cm lang, beim Weibchen 60–100 cm, halbkreisförmig nach oben-hinten geschwungen, mit Ringen; Ohrspitzen ohne Haarpinsel; mächtige Mähne auf Nacken und Widerrist; bei Altbullen Körperoberseite pechschwarz, stark kontrastierend zu weißem Bauch und Spiegel; Weibchen und Jungbullen bei der südafrikanischen Unterart (*H. n. niger*) schwarzbraun, bei der ostafrikanischen (*H. n. roosevelti*) kastanienbraun bis rotbraun; Gesicht weiß mit schwarzer Maske; Kalb hellbraun, Gesichtsmaske schattenhaft angedeutet; sonst wie Pferdeantilope	Tz: um 9 Monate J: 1 Gg: 12–15 kg
Südafrikanischer Spießbock, Südafrikanische Oryxantilope *Oryx gazella* E: South African oryx antelope, Gemsbok F: Oryx gazelle, Gemsbok	KRL: 180–235 cm SL: 80–100 cm SH: 115–140 cm G: 180–225 kg	Hornlänge bei Männchen und Weibchen 90–127 cm; Hörner in unterer Hälfte mit Ringen, lanzenförmig gerade nach oben, manchmal leicht rückwärts gebogen; halftertartige schwarze Gesichtzeichnung; schwarzer Nasensattel meist mit schwarzem Wangenstreif verbunden; kurze Stehmähne; schwarzer Aalstrich, der sich auf Kruppe erheblich verbreitert; breites, schwarzes Flankenband; schwarze Zeichnung an den Läufen; Grundfarbe weißgrau bis bräunlichgrau; große breite Ohren; Kälber hellbraun, nur kurzer, schwarzer Augenstreif, Gesichtsmaske angedeutet; sonst wie Pferdeantilope	Tz: 8½–10 Monate J: 1 Gg: 9–15 kg
Ostafrikanischer Spießbock, Ostafrikanische Oryx, Beisa-Antilope *Oryx beisa* mit 4 Unterarten E: East African oryx antelope, Beisa oryx F: Oryx beisa	KRL: 160–190 cm SL: 70–80 cm SH: 110–120 cm G: ♂♂ um 200 kg, ♀♀ um 150 kg	Hörner bei Männchen und Weibchen 75–120 cm lang, wie Südafrikaner, nur meist enger zusammenstehend; halftertartige Gesichtszeichnung, schwarzer Nasensattel meist von Wangenstreifen getrennt; kurze Stehmähne; dunkler Aalstrich, auf Kruppe leicht verbreitert; schmales Flankenband; schwarze Abzeichen an Vorderläufen, nicht an Hinterläufen; Ohren lang und schmal, bei Büschelohr-Oryx mit verlängertem Haarbusch an Spitzen; Fellfarbe grau bis bräunlich; insgesamt leichter und hochläufiger als Südafrikaner; Kälber wie bei diesem	Tz: 8½–10 Monate J: 1 Gg: 9–15 kg
Säbelantilope, Nordafrikanischer Spießbock *Oryx dammah* E: Scimitar-horned oryx F: Oryx algazelle, Oryx blanc	KRL: 160–175 cm SL: um 60 cm SH: 110–125 cm G: 180–200 kg	Hörner bei Männchen und Weibchen 102–127 cm lang, türkensäbelartig nach hinten geschwungen; Grundfarbe weißlich; Hals und Brust rostbraun, bei manchen Exemplaren auch rostbraunes Flankenband und rostbrauner Fleck auf Oberschenkel angedeutet; Gesichtsmaske nur schattenhaft braun; Kälber hellgelbbraun ohne Abzeichen; sonst wie Südafrikanischer Spießbock	Tz: 8–8½ Monate J: 1 Gg: 9–15 kg
Arabischer Spießbock, Weißer Spießbock, Weiße Oryxantilope *Oryx leucoryx* E: Arabian oryx, White oryx F: Oryx leucoryx	KRL: um 160 cm SL: 45–60 cm SH: 81–102 cm G: 65–70 kg	Hörner bei Männchen und Weibchen 50–68 cm lang, sonst wie Ostafrikaner; Grundfarbe weiß; schwarze Gesichtsmaske ähnlich wie Ostafrikaner, schwarzer Augen-Wangen-Streifen jedoch zum Kieferwinkel hin verbreitert; schwarze Abzeichen an Vorder- und Hinterläufen; schmaler schwarzer Flankenstreifen angedeutet oder fehlend; Kälber fast weiß ohne Abzeichen; sonst wie Südafrikanischer Spießbock	Tz: 8½–knapp 9 Monate J: 1 Gg: 9–15 kg
Mendesantilope, Addaxantilope *Addax nasomaculatus* E: Addax antelope F: Addax au nez tacheté	KRL: 120–130 cm SL: 25–35 cm SH: ♂♂ 105–115 cm, ♀♀ 95–110 cm G: ♂♂ 100–125 kg, ♀♀ 60–90 kg	Hörner beim Männchen 60–109 cm, beim Weibchen 55–80 cm lang, in Schraubenwindungen nach hinten-oben-auswärts gerichtet, mit Ringwulsten; Hufe niedrig, halbmondförmig; Sohlenfläche platt; Nebenhufe sehr groß; Sommerfarbe weiß, Winterfarbe grau; Kopf hell rauchgrau mit weißem Streifen vom Augenwinkel zur Wangenmitte; dunkles Haarpolster auf der Stirn; sonst wie Südafrikanischer Spießbock; Kalb blaßrötlich mit dunklem Scheitel	Tz: 8½–knapp 9 Monate J: 1 Gg: 4,8–7 kg

hend überein. Jedoch sind zum Beispiel die Droh- und Imponierformen gegenüber den anderen Oryxarten etwas »abgeschwächt«. Auch beim Paarungskreisen kann man auf seiten des Bullen kaum von einem Sich-Hochrecken sprechen, und seine Laufschläge sind knickebeinig. Solche »schlampige« Ausführungen kommen zwar bei allen Arten, deren Männchen mit dem Laufschlag werben, gelegentlich vor, bei der Säbelantilope aber sind sie die Regel.

Vom ARABISCHEN oder WEISSEN SPIESSBOCK *(Oryx leu-*

DIE ARTEN IM VERGLEICH

Lebensablauf Entwöhnung (Ew) Geschlechtsreife (Gr) Lebensdauer (Ld)	Nahrung	Feinde	Lebensweise und Lebensraum	Häufigkeit
Ew: vermutlich wie Rappenantilope (s.u.) Gr: mit 2½–3 Jahren Ld: im Zoo bis 17 Jahre	Mittelhohe – vorzugsweise frische – Gräser, wenig Laub; zwei- bis dreimaliges Trinken täglich	Löwe, Leopard, Hyänenhund, Hyäne, Krokodil	In Baum- und Buschsavanne, Galeriewäldern, lichten Gehölzen in Wassernähe in Flach- und Hügelland; nicht territorial; gesellig, jedoch nicht in großen Herden; nur sehr gelegentlich gemischte Gruppen von etwa 60 Tieren; gewöhnlich Haremsgruppen von 5–20 Stück, bestehend aus 1 Altbullen und mehreren Kühen mit ihren Kälbern, eventuell auch noch Jungbullen bis zum Alter von 2–3 Jahren; danach ausgewiesen, bilden die jungen Männchen kleine Junggesellentrupps	Nirgends in Mengen; örtlich ausgerottet oder bedroht; äußerst anfällig gegen Milzbrand; bei sehr weitem Verbreitungsgebiet jedoch Art zur Zeit nicht bedroht
Ew: angeblich nach 8 Monaten Gr: mit 2½–3 Jahren Ld: im Zoo bis 17 Jahre	Wie Pferdeantilope	Wie Pferdeantilope	Lebensraum wie Pferdeantilope, jedoch auch in Parklandschaft und dichtem Buschwald, nicht in offener Grassteppe; Trupps oft etwas größer als bei Pferdeantilope, Sozialorganisation sonst dieser ähnlich, jedoch Altbullen angeblich territorial; Jungtiere liegen ab; umschriebene Setzzeiten, die jedoch in dem weiten Verbreitungsgebiet in sehr verschiedene Monate fallen; Reviergröße 25–250 ha	Riesenrappenantilope in Angola gefährdet, durch Bürgerkrieg möglicherweise ausgerottet; infolge weiten Verbreitungsgebietes, in dem auch einige Nationalparks liegen, als Art derzeit nicht unmittelbar bedroht
Ew: nach 3½ Monaten Gr: mit 1½–2 Jahren Ld: im Zoo bis zu rund 20 Jahren	Gräser, Kräuter, Saftwurzeln und -früchte, Melonen, Blätter, Knospen, Knollen, Zwiebeln; trinken, wenn Wasser vorhanden, jedoch kann Wasser mehrere Tage entbehrt werden	Löwe, Leopard, Hyänenhund, Hyänen, für Kälber auch Gepard, Schakale, Karakal	In Trockensteppe, Busch- und Baumsavanne in Ebene und Hügelland, Halbwüste, Wüste; gesellig, jedoch meist nur in Rudeln von 2–20 Tieren, manchmal Herden von 100–200; zur Paarungszeit oft paarweise; einzelnstehende Altbullen möglicherweise territorial; Kälber liegen ab	Besonders in Nationalparks und Schutzgebieten noch oder wieder ganz gute Bestände; eingeführt in Neu-Mexiko (USA)
Wie Südafrikanischer Spießbock	Wie Südafrikanischer Spießbock	Wie Südafrikanischer Spießbock	In Kurzgrassteppe, Halbwüste, Busch- und Baumsavanne in Ebene und Hügelland; gesellig wie Südafrikaner; Männchen-, Weibchen- und gemischte Verbände mit oft gut ausgeprägter Rangordnung; auch einzelnstehende Altbullen, möglicherweise territorial; Setzzeiten sollen umgrenzt sein, fallen jedoch gebietsweise in verschiedene Monate; Jungtiere liegen ab	Eritrea-Spießbock gebietsweise ausgerottet, selten; vor allem Büschelohr-Oryx in mehreren Nationalparks in Kenia und Tansania geschützt; Bestand der Art erscheint zur Zeit noch nicht gefährdet
Vermutlich wie Südafrikanischer Spießbock	Wie Südafrikanischer Spießbock	Wie Südafrikanischer Spießbock	In magerer Steppe, Halbwüste und Wüste; nomadisch Regenfällen nachziehend; paarweise und in kleinen Trupps bis zu etwa 50 Tieren; früher zur Wanderzeit Herden von Tausenden	Gefährdet; bis auf kleine Reste am südlichen Sahara-Rand ausgerottet; keine Schutzgebiete oder Nationalparks im Verbreitungsgebiet; rücksichtslos bejagt
Vermutlich wie Südafrikanischer Spießbock	Wie Südafrikanischer Spießbock	Ursprünglich ungefähr wie Südafrikaner, jedoch heute im Heimatgebiet kaum noch vorhanden, bis auf Schakale	In mageren Steppen, Halbwüste und Wüste; Lebensweise und Gesellung wahrscheinlich ähnlich Süd- und Ostafrikanischem Spießbock	Gefährdet; in Freiheit nahezu völlig ausgerottet, jedoch in Arabien in kleinem Umfang wieder ausgesetzt; Zuchtgruppe vor allem im Phoenix-Zoo in Arizona (USA); gesamter Weltbestand rund 100 Tiere
Ew: vermutlich wie Südafrikanischer Spießbock Gr: Weibchen mit etwa 1½, Männchen mit knapp 3 Jahren Ld: im Zoo bis 19 Jahre	Gräser, Kräuter, Laub kleiner Büsche; kann Wasser vermutlich lange Zeit entbehren, nimmt es jedoch im Zoo gern an	Früher wie Südafrikanischer Oryx, heute natürliche Feinde weitgehend ausgerottet	In Sand- und Steinwüsten, Halbwüsten, mageren Steppen; gesellig in Trupps von 2–20 Tieren, bei Fernwanderungen von Nord nach Süd bzw. umgekehrt in großen Herden; Sozialeinheiten wahrscheinlich wie Süd- und Ostafrikanische Oryx; Jungtiere liegen ab	Gefährdet; bis auf kleine Vorkommen am Südrand der Sahara ausgerottet; keine Schutzgebiete oder Nationalparks im Verbreitungsgebiet; rücksichtslos bejagt

coryx) läßt sich zur Zeit schwer sagen, ob er besser oder schlechter dran sei als die Säbelantilope. Einst kam er als echtes Wüstentier in Arabien, auf der Sinai-Halbinsel sowie in den südlichen Teilen Israels, Syriens, Jordaniens und des Iraks vor. Schon in den zwanziger Jahren dieses Jahrhunderts waren die Arabischen Oryxantilopen bis auf Restvorkommen in zwei weit voneinander entfernten Gebieten im Norden und Süden Arabiens ausgerottet. Die nördliche Population ist spätestens zu Beginn der vierziger Jah-

Ein Ostafrikanischer Spießbock zeigt die halfterartige Gesichtszeichnung, die allen Oryxarten in unterschiedlicher Form eigen ist.

re erloschen. 1965 war die südliche Population auf einige Reste im Oman und Muskat zusammengeschmolzen, die man auf höchstens 500 Tiere schätzte. Ob diese später bis aufs letzte Stück umgebracht wurden oder ob irgendwo ein paar Tiere übriggeblieben sind, ist nicht ganz sicher. Da damals ein Schutz im Heimatland undurchführbar erschien, hat D. R. M. Stewart 1965 im Auftrag der IUCN einige Tiere gefangen, die in den Zoo von Phoenix in Arizona (USA) gebracht wurden, wo es gelang, eine Zuchtgruppe aufzubauen. 1982 ist von dort ein Dutzend Arabischer Spießböcke nach dem Oman zurückgeliefert und unter dem Schutz des Sultans Qaboos ausgesetzt worden. Sie sind inzwischen auf etwa zwei Dutzend angewachsen. Bei einem Weltbestand von höchstens 100 Stück zählt die Arabische Oryx jedoch weiterhin zu den gefährdeten Arten.

Auch bei der MENDES- oder ADDAXANTILOPE *(Addax nasomaculatus)* ist das ehemals große Verbreitungsgebiet auf einen kleinen Rest zusammengeschrumpft. Der Schutz, den die Regierungen des Tschad und des Sudan diesen Tieren gewährt haben, scheint bis jetzt nur auf dem Papier zu stehen. Der Gesamtbestand wird auf höchstens 5000 bis 6000, vielleicht sogar nur 1000 geschätzt. Glücklicherweise gibt es vor allem in amerikanischen Zoos ein paar gute Zuchtgruppen.

Addaxantilopen wurden einst – wie übrigens auch Säbelantilopen, nordafrikanische Kuhantilopen und Dorkasgazellen – im »Alten Reich« Ägyptens in anscheinend beträchtlicher Zahl halbzahm gehalten. Man hielt sie sogar in Ställen, fütterte sie aus Krippen, führte sie am Halfter und schlachtete sie – wahrscheinlich vorwiegend zu Opferzwecken. Warum diese Domestikationsversuche schließlich aufgegeben wurden, wissen wir nicht. Möglicherweise waren diese Tiere wegen der Angriffslust der Männchen schwieriger zu halten, als es für Haustiere wünschenswert ist. Seit 1900 gibt es in ganz Ägypten keine Addax mehr.

Die verbreiterten Hufe mit den platten Sohlenflächen verhindern im Verein mit den stark entwickelten Nebenhufen ein Versinken im Sand. In Trupps, die meist nur 10 bis 15 Tiere stark sind, durchziehen die Mendesantilopen Wüsten und Halbwüsten auf ständiger Suche nach Weideplätzen. Wasser sollen sie monatelang entbehren können, wahrscheinlich aufgrund ähnlicher physiologischer Mechanismen wie bei den Oryxantilopen. Um sich vor heftigem Wind und starker Sonnenstrahlung zu schützen, schlagen Addaxantilopen – wie übrigens auch die Arabische Oryx – mit den Vorderläufen Gruben aus, in denen sie ruhen und die sich manchmal halb unter einem einzeln stehenden Felsen, also im Schatten, befinden. Im Sommer ist die Körperfarbe der Mendesantilope weiß, im Winter dunkel graubraun; jedoch soll es dabei individuelle Unterschiede geben.

H.-H. Huth hat das Verhalten der Addax in deutschen Zoos und David A. Manski auf der Camp Cooley Ranch in Texas beobachtet. Obgleich die Addax äußerlich von den Oryxantilopen recht verschieden ist, gleicht sie diesen, namentlich der Säbelantilope, im Verhalten weitestgehend. Manski hat zwei Punkte besonders herausgearbeitet. Erwachsene Bullen koten in einer tiefgekauerten Haltung wie die Oryxarten – hier wie dort neben der »gewöhnlichen« Stellung. In einer Gruppe von mehreren erwachsenen Bullen und Kühen kotet jedoch nur der Alpha-Bulle tiefgekauert. Der Beta-Bulle (der zweite in der Rangordnung) tut dies nur anläßlich von Auseinandersetzungen mit anderen Bullen, und auch dann nur, wenn der Alpha-Bulle nicht dicht dabei ist. Alle rangtieferen Männer koten »normal«, solange sie in der gemischten Gruppe sind. Bringt man aber einen von ihnen auf eine andere Weide, wo er allein oder lediglich mit Weibchen zusammen ist, kotet er sofort tiefgekauert. Das Auftreten dieser Haltung ist also nicht nur von Alter und Geschlecht, sondern auch von der Rangstellung eines Bullen innerhalb eines Rudels abhängig.

Wenn hochtragende Addaxkühe im Zoo keine Möglichkeit haben, sich von der Gruppe abzusondern, werden sie ein bis vier Tage vor der Geburt regelmäßig vom Bullen heftig umworben. Offenbar lösen die abgestreckte Schwanzhaltung und der Scheidengeruch einer hochtragenden Kuh das sexuelle Verhalten des Bullen aus, wahrscheinlich weil sie denen eines Weibchens in Hitze ähneln. Es wird dann höchste Zeit, den Bullen und die Kuh voneinander zu trennen; einmal, weil diese »Belästigungen« für eine hochtragende Kuh sicher nicht besonders zuträglich sind, und zweitens, weil diese sich dem beharrlichen Werben ebenso beharrlich zu entziehen sucht, was zu Aggressionen des Bullen führen kann.

Ried- und Wasserböcke sowie Schwarzfersenantilopen

von Fritz Rudolf Walther

Ried- und Wasserböcke

Innerhalb der Unterfamilie der Ried- und Wasserböcke (Reduncinae) unterscheiden wir zwei Gattungsgruppen: die »eigentlichen« Ried- und Wasserböcke (Reduncini) mit zwei Gattungen (Wasserböcke und Riedböcke) und die Rehantilopen (Peleini) mit nur einer Gattung und Art. Letztere werden neuerdings manchmal als eigene Unterfamilie (Peleinae) angesehen.

Die Gattung der WASSERBÖCKE *(Kobus)* teilt man heute meist in vier Untergattungen *(Kobus, Adenota, Hydrotragus, Onotragus)* ein, die früher als selbständige Gattungen galten. Zu jeder dieser Untergattungen zählt nur eine Art mit mehreren Unterarten.

Von den 13 Unterarten des WASSERBOCKS *(Kobus ellipsiprymnus)* sind die bekanntesten Vertreter der ELLIPSENWASSERBOCK *(K. e. ellipsiprymnus)* mit einem ellipsenförmigen weißen Band auf dem Hinterteil und der DEFASSAWASSERBOCK *(K. e. defassa)* mit weißem Spiegel, die man früher als eigene Arten auffaßte. Wie der Name sagt, halten sich Wasserböcke in der Nähe von Flüssen und Seen auf und gehen oft ins Wasser. In Anpassung an den häufigen Aufenthalt im Feuchten wird ihr langes, strähniges Haar von einem öligen Sekret der Schweißdrüsen eingefettet.

Das Verhalten dieser Tiere haben vor allem Marthe Kiley-Worthington, C. A Spinage und Peter Wirtz näher untersucht. Danach besetzen manche Altböcke Reviere, deren Größe von 10 bis 260 Hektar reicht. Natürlich können in einem umschriebenen Gebiet bei geringerer Reviergröße mehr Männchen territorial werden. Mit den Futterbedingungen hat das offenbar nichts zu tun, da sehr verschieden große Territorien in Gebieten ohne auffällige Vegetationsunterschiede liegen können. Schon eher scheint die Populationsdichte die Reviergröße zu beeinflussen. So fand Wirtz in dem stark bevölkerten (30 Tiere/km^2) Nakuru-Nationalpark (Kenia) durchweg Reviere von nur 10 bis 40 Hektar. Manchmal macht anscheinend der Zugang zum Wasser eine Gegend besonders attraktiv, so daß sich dort viele, verhältnismäßig kleine Reviere zusammendrängen. So fand Spinage im Ruwenzori-Nationalpark (Uganda) auf einer Halbinsel, wo jedes Territorium ans Wasser grenzte, eine mittlere Größe von rund 80 Hektar, während diese im benachbarten Inland etwa 200 Hektar betrug.

Ungefähr bis zum Alter von neun Monaten bleibt ein Jungbock im Weibchenrudel der Mutter. Danach

Der Defassawasserbock mit dem kennzeichnenden weißen Spiegel besitzt wie alle seine Verwandten ein langes, strähniges Haarkleid, das mit einem öligen Sekret der Schweißdrüsen eingefettet wird – eine Anpassung an den häufigen Aufenthalt im nassen Element.

tritt er in einen Junggesellenverband über. Erst im Alter von sechs bis sieben Jahren besetzt er ein Revier, in dem er meist ganzjährig bleibt. Im Alter von etwa zehn Jahren wird er dann oft von einem jüngeren Widersacher vertrieben. Wie auch bei vielen anderen gesellig/territorialen Hornträgerarten ist nur ein verhältnismäßig kleiner Prozentsatz der Altböcke gleichzeitig territorial; in Wirtz' Beobachtungsgebiet rund 7%. Beim Wasserbock sind Revierinhaber gegenüber Junggesellen oft recht tolerant und dulden sie zeitweilig in den Territorien. Gebietsweise haben manche Revierinhaber einen oder mehrere bestimmte Junggesellen sogar dauernd bei sich, solange sich diese »Satelliten« unterwürfig verhalten.

Ein »demütiger« Wasserbock streckt Hals und Kopf waagrecht nach vorn und kann sogar die Nase über die Waagrechte hinaus nach oben heben. Weibchen vollführen dabei Schnappbewegungen »ins Leere«. Beim Imponieren steht ein Wasserbock hoch aufgerichtet mit seitwärts abgewandtem Kopf frontal vor dem Gegner. Mit tief nach vorn-unten gestrecktem Hals und Haupt einander spiegelbildlich gegenüberstehend, leiten die Rivalen den Kampf ein und drängen mit überkreuzten Hörnern gegeneinander an. Mitunter stehen sie auch in seitlichem Hakelkampf wie ein Pferdegespann nebeneinander. Besonders bei ungleichen Partnern schwenkt der Schwächere oft zu dieser Parallelstellung herum, weil der Stärkere dann nicht die Wucht und Schwere seines Körpers voll hinter das Drängen setzen kann.

Die Weibchen kommen besuchsweise in die Reviere der Böcke hinein. Ist sich ein Bock durch Harnfordern und Flehmen über den Hitzezustand eines Weibchens »im klaren«, so treibt er sie ruhig und mit Stehpausen, wobei er Unterkiefer und Kehle auf ihre Kruppe auflegt und/oder mit dem Vorderlauf in Richtung ihrer Hinterläufe schlägt. Das Weibchen trägt Hals und Kopf meist nach vorn oder vorn-unten gestreckt, und manchmal schnappt sie auch symbolisch »ins Leere«.

In der ersten Zeit ihres Lebens liegen die Jungtiere ab. Im Alter von drei bis vier Wochen fangen sie an, ihren Müttern über längere Strecken zu folgen.

Erscheinungsbildlich ist der KOB-WASSERBOCK oder die GRASANTILOPE *(Kobus kob)* vom »eigentlichen« Wasserbock recht verschieden, nicht zuletzt wegen des S-förmigen Gehörns. Von den zwölf Unterarten weicht der prachtvoll gehörnte WEISSOHR-KOB *(K. k. leucotis)* aus dem südöstlichen Sudan durch seine schwarzbraune Färbung mit auffallenden weißen Abzeichen am stärksten vom »allgemeinen Schema« ab. Die kürzesten Hörner hat der PUKU *(K. k. vardoni)*, den manche Autoren als eigene Art ansehen.

Durch Helmut K. Buechners und Walter Leutholds Forschungen sind wir heute am besten über Lebensweise und Verhalten des UGANDA-KOB *(K. k. thomasi)* unterrichtet. Je nach Bevölkerungsdichte und örtlichen Gegebenheiten liegen vergleichsweise große Territorien einzeln verstreut, oder es ballen sich außerordentlich kleine Reviere auf engstem Raum zusammen. Solch eine »Arena« hat ungefähr 200 Meter Durchmesser und besteht aus 12 bis 15 annähernd kreisrunden Einzelrevieren von je 15 bis 30 Meter Durchmesser. Im kurzen Gras sind die Böcke gut sichtbar. Außerdem zeigen sie ihren territorialen Status durch häufiges und lautes Pfeifen an. Manche Böcke sind nur für ein paar Tage territorial, andere über Wochen und Monate. Ein- bis zweimal täglich verläßt jeder Bock sein winziges Revier, um andernorts zu äsen und zu trinken. Versucht ein bisher nichtterritorialer Bock, ein Revier zu erobern, stößt er in schnellem Lauf vom Rand in die »Arena« hinein und kämpft mit einem der ansässigen Böcke. Manchmal gelingt es ihm, diesen zu vertreiben. Häufiger jedoch behauptet der Eigentümer seinen Besitz. Kämpfe zwischen den Reviernachbarn sind selten.

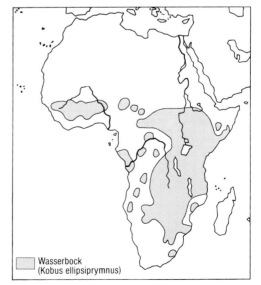

Wasserbock (Kobus ellipsiprymnus)

▷ Erwachsene männliche Wasserböcke werden territorial, das heißt, sie besetzen am Gewässerrand ein festes Revier, das sie gegen andere Bullen verteidigen. Wasserböcke sind gute Schwimmer und flüchten oft ins stets nahe Gewässer, wenn sie von Raubtieren angegriffen werden.

HORNTRÄGER

Sie begnügen sich untereinander meist mit Droh- und Imponierauftritten, in denen das Kopf-Seitwärtswenden bei hochgerecktem Hals die auffälligste Gebärde ist.

Ist ein Weibchen besuchsweise in ein Revier gekommen, tritt der Bock im Imponiergang mit aufgerichtetem Hals und angehobenem Haupt auf sie zu. Sie gibt Harn ab, er riecht daran und flehmt. Im weiteren Verlauf der Werbung schlägt er ritualisiert mit dem Vorderlauf und reitet schließlich auf. Nach der Begattung pfeift er, beleckt sein Geschlechtsglied und beschnüffelt ausgiebig die Leistengegend der Geiß. Ein so ausgeprägtes »Nachspiel« ist sonst bei Hornträgern nicht üblich. Auffallenderweise erigieren die Böcke der Kob-Antilopen wie auch die der Litschi-Wasserböcke den Penis bereits in den ersten Phasen der Werbung und auch beim Imponieren gegen andere Männer sowie beim Kampf.

Da im weiten Verbreitungsgebiet der Kob-Wasserböcke mehrere Nationalparks liegen, erscheint der Bestand der Art derzeit nicht gefährdet. Namentlich für den Weißohr-Kob, der in beträchtlichen Teilen seines Verbreitungsgebietes bereits ausgerottet ist, sieht infolge der politischen und sozialen Zustände im Sudan und Äthiopien die Zukunft allerdings keineswegs rosig aus.

Ganz besonders stark an Wasser- und Sumpfgelände ist der LITSCHI-WASSERBOCK oder die LITSCHI-MOORANTILOPE *(Kobus leche)* gebunden. Wenn sich in guten Regenzeiten der Wasserspiegel hebt und weite Flächen überschwemmt werden, verstreuen sich die Tiere weit über das morastige Land. Fällt das Wasser wieder, sammeln sie sich in den Senken und verbleibenden Feuchtgebieten. Zum Ruhen suchen sie trockene Ufer, Sandbänke, Inseln oder sonstige Erhebungen über dem Wasserspiegel auf. Ähnliches gilt auch für das Abliegen der Jungtiere. Wenn gestört, flüchten die Litschis stets ins Wasser. Sie schwimmen gut und ausdauernd, bevorzugen jedoch Flachwasser, wo sie noch Grund unter den langen, schmalen Hufen haben.

Revierverhalten, Imponieren, Demutstellung, Drohen, Kämpfen und Werben sind dem, was von Wasserbock und Kob-Wasserbock beschrieben wurde, recht ähnlich – nur sind »Arenen« mit »Mini-Territorien« vom Litschi-Wasserbock nicht bekannt. Früher bildeten diese sehr geselligen Tiere Herden von Tausenden, heute meist nur noch von einigen Hunderten. Die Jugendsterblichkeit soll recht hoch sein, nicht zuletzt weil die Jungtiere am Ende des ersten Lebensjahres durch Dasselfliegen besonders geschädigt werden. Trotzdem waren die Litschi-Wasserböcke bis in die zwanziger Jahre hinein in entsprechen-

Ein Litschi-Wasserbock am Okavango, einem Fluß im südlichen Afrika. Bei dieser Art ist die Wasserbindung besonders groß, und ihr Hauptlebensraum sind die seichten Überflutungsmarschen an Flüssen, Sümpfen und Seen.

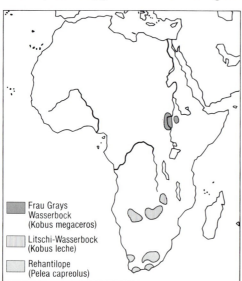

den Gegenden sehr zahlreich. Durch Bejagung und Umweltzerstörung sind sie seitdem erschreckend zurückgegangen. Die Bestände der SCHWARZEN LITSCHI *(K. l. smithemani)* am Bangweolo-See – bei der, nebenbei bemerkt, nur verhältnismäßig wenige Exemplare wirklich schwarz sind – wurden noch 1922 auf 600 000 geschätzt. 1972 zählte der englische Ökologe Richard Bell nur noch rund 16 000. Innerhalb von 50 Jahren ist diese Unterart also um 97% zurückgegangen. Eine weitere Unterart *(K. l. robertsi)* ist mittlerweile ausgerottet. Von den beiden anderen Unterarten, der BRAUNEN LITSCHI *(K. l. kafuensis)* aus dem

Kafuë-Gebiet und der ROTEN LITSCHI *(K. l. leche)* vom Sambesi-Oberlauf und dem Okavango-Gebiet, die früher gleichfalls nach Hunderttausenden zählten, sind jeweils noch ungefähr 40 000 Tiere übrig.

Beim FRAU GRAYS WASSERBOCK oder der WEISSNAKKEN-MOORANTILOPE *(Kobus megaceros)* aus den Sümpfen des Weißen Nils sehen die Geschlechter so verschieden aus, daß man sie für verschiedene Arten halten könnte. Die schwarzbraunen Altböcke mit dem prächtigen Gehörn *(megaceros = der Großhornige)* haben einen faustgroßen weißen Fleck hinter den Hörnern, von dem ein weißes Band den Nacken hinunterzieht, das sich auf dem Widerrist zu einem weißen Sattel verbreitert. Von alldem ist bei den fahlgelben, hornlosen Weibchen nichts zu sehen. Männliche Jungtiere gleichen zunächst den Weibchen. Im Alter von zwei bis drei Jahren färben sie um. Sie sind dann fast ausgewachsen und haben auch bereits stattliche Hörner, nur die weiße Zeichnung kommt erst später zum Vorschein.

In Gesellung und Lebensweise scheint Frau Grays Wasserbock ziemlich auf den Litschi-Wasserbock hinauszukommen. Auch das Paarungsverhalten entspricht dem »Wasserbockschema«. Die Männchen zeigen jedoch eine besondere Form der Selbst- und Partnermarkierung. Der Bock neigt das Haupt zur Erde, als wolle er Gras und Boden forkeln – was er mitunter auch tut –, und harnt zwischen den Vorderbeinen hindurch in seine verlängerten Kehl- und Wangenhaare. Ist eine Geiß in der Nähe, geht er mit triefendem »Bart« auf sie zu und reibt ihr Stirn und Kruppe mit seinem Urin ein. Eine Einmischung Dritter wird dadurch freilich nicht ausgeschlossen.

Die Gattung der RIEDBÖCKE *(Redunca)* umfaßt drei Arten, deren äußerliche Unterschiede nicht allzu groß sind. Allen gemeinsam ist ein groschen- bis ein großer, dunkler, nackter Fleck unter dem Ohransatz. Hier soll Sekret erzeugt werden, verdampfen und durch Wedeln der Ohren verteilt werden.

Der (GEMEINE) RIEDBOCK *(Redunca redunca)* hält sich einzeln, paarweise und in kleinen Trupps von meist 5 bis 15 Tieren in der Nähe von Gewässern auf. Bei Gefahr legen sich Riedböcke manchmal flach nieder, fliehen aber auch manchmal in oft hohen Sprüngen, fast stets nach einem gellenden Pfiff. Gleichermaßen sollen im Paarungszeremoniell Geißen und Böcke »tanzend« hochspringen, ebenso Kitze im Spiel.

Nach den Berichten des Ethoökologen Hubert Hendrichs haben die einzelnen Weibchen in nicht allzu dicht bevölkerten Gegenden überlappende Aufenthaltsgebiete, deren mehrere vom Revier eines Bockes umfaßt werden. Die nichtterritorialen Böcke stehen in kleinen Rudeln in den Zwischengebieten. In sehr stark bevölkerten Gegenden können die Weibchen größere Herden bilden. Die Böcke sind dann nicht mehr territorial, sondern leben in Bockrudeln mit einer ortsunabhängigen Rangordnung. Auch kann sich ein starker Altbock an eine Weibchengruppe anhängen.

Der GROSSE RIEDBOCK *(Redunca arundinum)* des südlichen Afrika ist bei etwas stumpferer Färbung eine »vergrößerte Ausgabe« des (Gemeinen) Riedbocks. Auch in seinen Anforderungen an den Lebensraum ähnelt er diesem. Sein Verhalten hat Hartmut Jungius im Krüger-Nationalpark näher untersucht. Altböcke besetzen hier Reviere, die sie dauernd beibehalten. In den Revieren stehen die Tiere in Paaren, wozu noch jeweils ein Junges kommen kann. Auch bloße Mutter-Kind-Familien treten auf. Nur in der Trockenzeit kommt es zu Ansammlungen von mehr als drei Tieren an Wasserstellen oder Äsungsplätzen.

Im Paarungszeremoniell fehlt ein ausgeprägtes Werbeverhalten des Bockes. Er nähert sich der Geiß mit vorgestrecktem Kopf und beschnuppert ihre Geschlechtsgegend. Die Geiß nimmt daraufhin eine Demutstellung ein und springt ab. Wenn sie harnt,

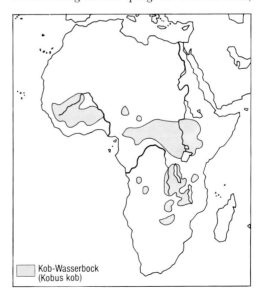

Kob-Wasserbock (Kobus kob)

flehmt der Bock. Weicht sie ihm wiederholt nur wenige Schritte aus, so folgt er und reitet mit erhobenem Haupt mehrmals auf. Die meisten Kitze werden zwischen Dezember und Mai geboren. Sie liegen etwa zwei Monate lang ab. Nur einmal am Tage sucht die Mutter ihr Kind auf und bleibt knapp eine halbe Stunde bei ihm, um es zu säugen und zu belecken. Mit zunehmendem Alter bleibt das Jungtier immer längere Zeiten mit der Mutter zusammen. Die Bindung zwischen den beiden löst sich kurz vor der Geburt eines neuen Kitzes.

Der graubraune BERGRIEDBOCK *(Redunca fulvorufula)* weicht in seiner Lebensweise von den beiden anderen Arten in einigen Punkten ab. Er kommt nur inselartig in Kamerun, Nordost- und Südostafrika in stark hügeligem bis bergigem Felskuppengelände vor. Auch ist er vom Wasser unabhängiger und etwas geselliger als der Große Riedbock. Selbst bei nicht allzu dichter Bevölkerung kann man leicht Trupps von 5 bis 20 Tieren sehen. Daneben gibt es auch Paare und einzeln stehende Böcke, denn die Männer werden auch hier territorial.

Der Name der REHANTILOPE oder des REHBÖCKCHENS *(Pelea capreolus)* ist recht irreführend, denn der »Reebok« der Buren hat nichts mit unserem Rehwild zu schaffen. Wie der Bergriedbock, mit dem sie stellenweise im selben Gebiet leben, bevorzugen die Rehantilopen buschbestandenes Berg- und Felsgelände. Sie treten gewöhnlich in Trupps von 6 bis 10 Stück auf.

Altböcke sollen jahreszeitlich territorial werden, ihre Anwesenheit durch Schnalzlaute kundtun, mit dem durch Vorhautdrüsensekret schwärzlichen Urin markieren, Junggesellen verjagen, untereinander aber meist nur »Luftkissenkämpfe« austragen.

Obwohl Rehantilopen an sich recht scheu sind, halten sie sich des öfteren in der Nähe menschlicher Siedlungen auf. Manche Farmer behaupten, daß die Böcke gelegentlich Bergriedböcke wie auch Hausschafe und -ziegen angreifen und töten.

Schwarzfersenantilopen

Die SCHWARZFERSENANTILOPE oder IMPALA *(Aepyceros melampus)* hat man lange Zeit zu den Gazellen (Unterfamilie Antilopinae) gestellt. Heute betrachten sie die meisten Wissenschaftler als zu einer eigenen Unterfamilie (Aepycerotinae) gehörig, die freilich nur eine Gattung mit nur einer Art umfaßt. Die Abtrennung erscheint sehr berechtigt, da sich bei der Impala in Körperbau und Verhalten Merkmale häufen, die für Gazellen zumindest atypisch sind. So ist bei ihr die Individualdistanz (Abstand zwischen Einzeltieren) deutlich kleiner als bei Gazellen, die sich nur in wenigen, ziemlich seltenen Situationen kurzfristig so dicht zusammenballen, wie das bei der Impala gang und gäbe ist. Bei ihren häufigen und hohen Sprüngen mit stark angewinkelten Läufen kann die Impala Zäune von zweieinhalb Meter Höhe glatt überspringen, was bei den Prellsprüngen der Gazellen, wenn überhaupt, höchstens ausnahmsweise und mehr oder weniger zufällig vorkommt. Auch das Verhältnis zur Umgebung ist anders. Im Waldland schieben sich Impalas oft förmlich ins Strauchwerk hinein und stehen dann allseitig von Gestrüpp eingeschlossen wie in einem Schrein. Das sieht man von Gazellen nie.

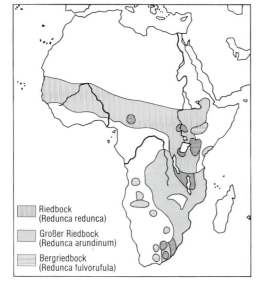

Der von West- bis Ostafrika weitverbreitete Riedbock bewohnt grasiges bis sumpfiges Gelände, das nie sehr weit von Gewässern entfernt ist.

Riedbock (Redunca redunca)
Großer Riedbock (Redunca arundinum)
Bergriedbock (Redunca fulvorufula)

Als Sozialeinheiten haben wir bei der Impala Bockrudel mit Männern aller Altersstufen und Geißenherden, in denen ungefähr gleichaltrige Kitze – nach dem Abliegen – oft Untergruppen (»Kindergärten«) bilden. Die Geißenherden sind gewöhnlich größer als die Bockrudel und können leicht Stärken von 50, ja auch 100 oder 200 Tieren erreichen. Die territorialen Altböcke stehen meist zunächst allein, um schließlich Pseudoharems oder Harems um sich zu scharen, die der Bock – wieder im Gegensatz zu Gazellen – oft auf einen Haufen zusammentreibt. Mitunter hängt sich ein Junggesellenrudel an eine Haremherde an, und der »Paschabock« läuft dann bald eine Geiß, bald einen Junggesellen mit nach vorn-oben gestrecktem Hals und Haupt, abgehobenem Schwanz mit gespreizten weißen Haaren der Unterseite und unter röhrenden Lauten an und jagt sie im Galopp – die Geißen zur einen, die Böcke zur anderen Seite.

Wenn eine Geiß harnt, kann der Bock herbeikommen, am Harn riechen und flehmen. Nach den Beobachtungen von Martha Jarman fordert er jedoch die Geiß nicht durch Treiben zur Harnabgabe auf. Zu Beginn des Paarungszeremoniells schaut der Bock aus einiger Entfernung betont zu einer Geiß hin und setzt dann plötzlich zur Hetze auf sie an. Die Hetzjagd geht in einen Paarungsmarsch über, bei dem der Bock der Geiß in einigem Abstand zungenflickernd, das heißt, »ins Leere« leckend, folgt. Schließlich läßt sie ihn näher herankommen, und er beleckt ihre Geschlechtsgegend mit vorgestrecktem Hals und Kopf. Darauf springt er mit hochgetragenem Haupt an. Nach mehreren Ansprüngen erfolgt die Begattung, bei der die Geiß zunächst gewöhnlich steht, dann aber unter der Wucht seines Ansprungs ein paar Schritte vorwärts macht.

Vor einem Kampf stehen die Gegner einander frontal gegenüber, wenden den Kopf um 90 Grad zur Seite und fixieren einander einäugig. In Auseinandersetzungen unter ungleichen Partnern imponiert nur der Stärkere so. Zum Drohen dienen alle Formen des Gehörnpräsentierens. Ferner spielt das Forkeln von Büschen eine große Rolle. Unmittelbar vor dem Zusammenprall stehen Impalaböcke einander spiegelbildlich mit tief gehaltenen Köpfen gegenüber. Vorwärts stoßend und seitwärts hakelnd, verankern sie die Hörner fest ineinander, und es beginnt das übliche Gegeneinanderdrängen.

Nach den Untersuchungen von P. J. und M. V. Jarman bilden aneinandergrenzende Reviere mehrerer Böcke ein Mosaikfeld. In entsprechenden Gebieten liegen die Reviere zur Trockenzeit vorzugsweise in Flußniederungen und werden in der Regenzeit in die Hügel hinauf verlagert. Die Revierinhaber kämpfen gegen gleichwertige Männer. Junggesellen dulden sie oftmals in der Gegend, halten sie aber von den Geißen fern. Ein Bock erwirbt sein Revier, indem er es einem anderen nach erfolgreichem Kampf abnimmt oder indem er ein freies Gebiet besetzt. Die territorialen Perioden der von den Jarmans beobachteten Böcke reichten von fünf Tagen bis zu achteinhalb Monaten. Zahl der Territorien und Intensität des Territorialverhaltens sind in Ostafrika am größten in den Regenzeiten. Die Größe der Reviere erreicht zur Trockenzeit mit einem Durchschnitt von 58 Hektar ihre höchsten Werte und zur Regenzeit mit durchschnittlich 17 Hektar ihr Minimum. Auf der Stirn erzeugen die Böcke ein stark riechendes Sekret, das sie durch Reiben und Forkeln an Büschen absetzen. Territoriale wie nichtterritoriale Impalas legen oft Kothaufen an.

In dem weiten Verbreitungsgebiet der Impala gibt es teilweise noch recht gute Bestände, namentlich in Nationalparks. Im Krügerpark ist die Impala sogar so häufig, daß von Zeit zu Zeit Tiere abgeschossen werden müssen. Nur die schwarzgesichtige Unterart Angolas *(A. m. petersi)* ist im Bestand gefährdet.

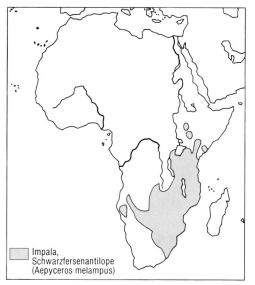

Impala, Schwarzfersenantilope (Aepyceros melampus)

▷ Die schlanken, eleganten Schwarzfersenantilopen oder Impalas sind zwar sehr gesellig, jedoch leben die Geschlechter außerhalb der Fortpflanzungszeit getrennt. Auf dem Bild ist eine reine Weibchenherde zu sehen. Die (hörnertragenden) Männchen schließen sich zu eigenen Verbänden zusammen, die meist kleiner bleiben als die der Weibchen. Dichte Zusammenballungen der Herden sind bei dieser Art die Regel; das unterscheidet sie unter anderem von den Gazellen, bei denen die Einzeltiere gewöhnlich mehr auf Abstand halten.

▷▷ Schwarzfersenantilopen sind wahre Sprungartisten. Auf der Flucht rasen sie in weiten und sehr hohen Sätzen davon. Bei dem hinteren Tier sind auch die namengebenden Merkmale der Art, die schwarzen »Fersen« (schwarze Haarbüsche über dem Fesselgelenk der Hinterläufe), gut zu erkennen.

Ried- und Wasserböcke sowie Schwarzfersenantilopen (Reduncinae und Aepycerotinae)

Name deutscher Name wissenschaftlicher Name englischer Name (E) französischer Name (F)	Körpermaße Kopfrumpflänge (KRL) Schwanzlänge (SL) Standhöhe (SH) Gewicht (G)	Auffällige Merkmale	Fortpflanzung Tragzeit (Tz) Zahl der Jungen je Geburt (J) Geburtsgewicht (Gg)
Wasserbock, Hirschantilope *Kobus (Kobus) ellipsiprymnus* mit 13 Unterarten E: Waterbuck F: Cobe à croissants	KRL: ♂♂ 190–220 cm, ♀♀ 180–210 cm SL: ♂♂ 35–45 cm, ♀♀ 22–36 cm SH: ♂♂ 110–130 cm, ♀♀ 100–125 cm G: ♂♂ 170–250 kg, ♀♀ 150–200 kg	Hörner des Männchens 50–100 cm lang, schwach sichelförmig nach vorn geschwungen, mit Ringwulsten; langes, strähniges Haar, von Schweißdrüsen eingefettet; sonst keine Hautdrüsen; Farbe je nach Unterart von rotbraun bis grauschwarz; Spiegelregion beim Ellipsenwasserbock dunkel, von weißem Ring (Ellipse) eingefaßt; sonst Spiegel weiß; nackter Nasenspiegel; 4 Zitzen	Tz: reichlich 9 Monate J: 1, selten 2 Gg: um 13 kg
Kob-Wasserbock, Kob-Antilope, Grasantilope *Kobus (Adenota) kob* mit 12 Unterarten E: Kob F: Cobe de Buffon, Cobe de Thomas	KRL: ♂♂ 140–180 cm, ♀♀ 125–150 cm SL: 20–40 cm SH: ♂♂ 80–105 cm, ♀♀ 70–85 cm G: ♂♂ 65–120 kg, ♀♀ 50–70 kg	Hörner der Männchen leierartig, S-förmig nach hinten-oben geschwungen; Leistendrüsen vorhanden; Voraugen- und Zwischenzehendrüsen meist vorhanden, jedoch klein und/oder verkümmert; Farbe je nach Unterart gelbbraun über rötlichocker bis haselnußbraun; nur beim Weißohr-Kob sind erwachsene Männchen schwarzbraun mit weißen Ohren, Augenumgebung, Lippen und Kehle; sonst wie Wasserbock	Tz: 8½–9 Monate J: 1 Gg: 4–5 kg
Litschi-Wasserbock, Litschi-Antilope, Litschi-Moorantilope *Kobus (Hydrotragus) leche* mit 4 Unterarten E: Lechwe waterbuck F: Cobe lechwe	KRL: ♂♂ 160–180 cm, ♀♀ 130–170 cm SL: 30–45 cm SH: ♂♂ 85–110 cm, ♀♀ 85–95 cm G: ♂♂ 85–130 kg, ♀♀ 60–95 kg	Hörner der Männchen 45–92 cm lang, ähnlich wie Kob-Antilope, jedoch länger und dünner; Haupthufe sehr lang und schmal; diese wie auch die kräftigen Nebenhufe weit spreizbar; Körperfarbe je nach Unterart von gelbbraun bis fast schwarz; kleine Leistendrüsen; sonst wie Wasserbock	Tz: wahrscheinlich 7–8 Monate J: 1 Gg: um 5 kg
Frau Grays Wasserbock, Weißnacken-Moorantilope *Kobus (Onotragus) megaceros* E: Mrs. Gray's waterbuck, Nile lechwe F: Cobe de Mrs. Gray, Lechwe du Nil	KRL: ♂♂ rund 165 cm, ♀♀ rund 135 cm SL: etwa 45–50 cm SH: ♂♂ 100–105 cm, ♀♀ 80–85 cm G: ♂♂ 90–120 kg, ♀♀ 60–90 kg	Hörner des Männchens 45–87 cm lang, ähnlich wie Litschi; auch im Körperbau dem Litschi ähnlich; Leistendrüsen vorhanden; starker Färbungsunterschied der Geschlechter; Altböcke oberseits schwarzbraun mit weißem Nackenstreifen und Sattelfleck am Widerrist; Weibchen ockergelb ohne weiße Zeichnung; sonst wie Wasserbock	Tz: vermutlich wie Litschi-Wasserbock J: 1 Gg: 4,5–5,5 kg
(Gemeiner) Riedbock *Redunca redunca* mit 7 Unterarten E: Bohor reedbuck F: Redunca, Nagor	KRL: ♂♂ 125–145 cm, ♀♀ 115–130 cm SL: 15–25 cm SH: ♂♂ 70–90 cm, ♀♀ 65–80 cm G: ♂♂ 45–65 kg, ♀♀ 35–55 kg	Hörner des Männchens 20–41 cm lang, sichelförmig mit Spitzen nach vorn, mit Ringwulsten; unter Ohransatz kleine, dunkle, nackte Hautfläche (Duftdrüse); Schwanz wedelartig, schmalbuschig mit weißer Unterseite; Junge etwas langhaariger und oft auch dunkler als Erwachsene; großer nackter Nasenspiegel; Voraugen- und Zwischenzehendrüsen fehlen; Leistendrüsen vorhanden; 4 Zitzen	Tz: 7–7½ Monate J: 1, selten 2 Gg: nicht bekannt
Großer Riedbock *Redunca arundinum* mit 2 Unterarten E: Southern reedbuck, Common reedbuck F: Redunca grande, Cobe des roseaux	KRL: ♂♂ 130–160 cm, ♀♀ 120–140 cm SL: 18–30 cm SH: ♂♂ 80–105 cm, ♀♀ 65–95 cm G: ♂♂ 60–95 kg, ♀♀ 50–85 kg	Hörner des Männchens 25–46 cm lang; Körperfarbe graubraun bis dunkelbraun; sonst »vergrößerte Ausgabe« des (Gemeinen) Riedbocks	Tz: 7¾ Monate J: 1 Gg: nicht bekannt
Bergriedbock *Redunca fulvorufula* mit 3 Unterarten E: Mountain reedbuck F: Redunca de montagne	KRL: 110–125 cm SL: 17–26 cm SH: 60–80 cm G: 20–30 kg	Hörner des Männchens 13–23 cm lang, Spitzen mehr aufwärts als vorwärts gebogen; Körperoberseite graubraun; Haar wollig; Weibchen etwas größer und grauer als Männchen; Schwanz buschig; sonst »verkleinerte Ausgabe« des (Gemeinen) Riedbocks	Tz: wahrscheinlich wie (Gemeiner) Riedbock J: 1, selten 2 Gg: nicht bekannt
Rehantilope, Rehböckchen *Pelea capreolus* E: Vaal rhebuck, Gray rhebuck F: Rhebouk	KRL: 105–125 cm SL: 10–20 cm SH: 70–80 cm G: 18–30 kg	Hörner des Männchens 15–29 cm lang, senkrecht, dünn, leicht vorwärts gekrümmt; Voraugen- und Leistendrüsen fehlen; Zwischenzehendrüsen vorhanden; Fell kaninchenartig kurz, weich, dicht und wollig; Fellfarbe grau bis weißlich; 4 Zitzen	Tz: angeblich 9½ Monate J: 1, manchmal 2 Gg: nicht bekannt
Schwarzfersenantilope, Impala *Aepyceros melampus* mit 6 Unterarten E: Impala F: Pallah, Impala	KRL: ♂♂ 125–160 cm, ♀♀ 120–150 cm SL: 30–45 cm SH: ♂♂ 80–95 cm, ♀♀ 75–90 cm G: ♂♂ 45–80 kg, ♀♀ 40–60 kg	Hörner des Männchens bis 91 cm lang, stark leierförmig nach hinten-seitwärts-oben geschwungen mit kräftigen Querwulsten; großer schwarzer Haarbusch oberhalb der Fesselgelenks der Hinterläufe; Nebenhufe fehlen; bei der Unterart aus Angola und dem nördlichen Südwestafrika (*A. m. petersi*) ganze Gesichtsfront schwarz; schmale, schwarze Keulenstreifen; Schwanz buschig mit weißer Unterseite; Voraugen-, Zwischenzehen- und Leistendrüsen fehlen; beim Männchen auf Stirn unscharfes Hautdrüsenfeld mit öligem Sekret; 4 Zitzen	Tz: 6½–7 Monate J: 1 Gg: ♂♂ 5–5,5 kg, ♀♀ 4–4,5 kg

DIE ARTEN IM VERGLEICH

Lebensablauf Entwöhnung (Ew) Geschlechtsreife (Gr) Lebensdauer (Ld)	Nahrung	Feinde	Lebensweise und Lebensraum	Häufigkeit
Ew: nach 6–7 Monaten Gr: Weibchen mit 13, Männchen mit 14 Monaten, jedoch kommen Männchen gewöhnlich erst mit 6–7 Jahren zum Decken Ld: im Zoo bis 18 Jahre	Überwiegend Gräser, zusätzlich auch etwas Laub; braucht täglich Wasser	Löwe, Leopard, Hyänenhund	In Grasland mit Gebüsch in Wassernähe, Galeriewald; Männchen-, Weibchen- und gemischte Gruppen bis zu etwa 30; Altböcke werden territorial, von Weibchen besucht (Pseudoharems); guter Schwimmer; Flucht oft ins Wasser; Paarungszeit teils saisongebunden, teils ganzjährig, je nach Landschaft; Jungtiere liegen ab; Reviergröße 60–250 ha	In entsprechender Landschaft nicht selten, namentlich in den Nationalparks; Bestand derzeit gesichert
Ew: nach 6–7 Monaten Gr: Weibchen ab 13 Monate, Männchen nicht viel später, kann aber erst mit 3–4 Jahren territorial werden und damit erfolgreich decken Ld: im Zoo bis 17 Jahre	Gräser und Kräuter; tägliches Trinken	Löwe, Leopard, Gepard, Tüpfelhyäne, Hyänenhund; für Jungtiere auch Serval	In reinem oder buschdurchsetztem Grasland, auch mit verhältnismäßig hohem Gras, in Wassernähe; in Männchen- und Weibchenherden meist 2–50, mitunter jedoch in Männchengruppen bis 600, in Weibchengruppen mehr als 1000 Tiere; Altböcke werden territorial; keine festen Paarungs- und Setzzeiten; Jungtiere liegen ab; Reviergröße 0,02–3 ha	Insgesamt erscheint der Bestand der Art derzeit nicht gefährdet
Ew: wahrscheinlich nach etwa 4 Monaten Gr: Weibchen mit etwa 1½, Männchen mit etwa 2½ Jahren Ld: bis 15 Jahre nachgewiesen	Gräser und Kräuter, auch Wasserpflanzen; tägliches Trinken	Löwe, Leopard, Gepard, Tüpfelhyäne, Hyänenhunde, Krokodil, Python; für Jungtiere auch Adler	In Überflutungsmarschen an Flüssen, Sümpfen und Seen, normalerweise 5–50 cm tief; starke Wasserbindung; sehr gesellig in lockeren Herden von 400 Tieren und mehr. Männchen-, Weibchen- und gemischte Herden; Altböcke werden territorial (angeblich jedoch nicht in allen Gebieten); Jungtiere liegen ab; sehr standorttreu; Reviergröße 20–80 ha	Potentiell gefährdet; durch Bejagung und Verdrängung aus Lebensräumen erschreckend zurückgegangen; obgleich noch einige Zehntausende vorhanden, ist die Situation bedenklich, da Vorkommen stark örtlich begrenzt
Ew: vermutlich wie Litschi-Wasserbock Gr: wie Litschi-Wasserbock Ld: 10 Jahre nachgewiesen	Gräser, Kräuter, Wasserpflanzen	Löwe, Leopard, Hyänenhund, Krokodil	In Sümpfen, trockenen und überfluteten Grasmarschen und Steppengebieten, Kurzgrasgebieten wie auch hohen Schilf- und Rohrdickichten; standorttreu; Herden von 50 Tieren aufwärts bis mehrere Hunderte oder Tausende in lockerem Verband; Männchen bilden oft eigene Gruppen; Territorialität bei Altböcken wahrscheinlich, aber noch nicht näher untersucht	Zur Zeit wahrscheinlich noch nicht gefährdet, jedoch befindet sich das verhältnismäßig kleine Vorkommen in Gebieten mit starken politischen und sozialen Umwälzungen
Ew: nicht bekannt Gr: vermutlich mit 1½ Jahren Ld: im Zoo 10 Jahre	Fast nur Gräser, dazu einige Kräuter; stark wasserabhängig	Löwe, Leopard, Gepard, Tüpfelhyäne, Hyänenhund, Riesenschlangen, Krokodil; für Kitze auch Schakale, Serval, Adler	In grasigem bis sumpfigem, mit Ried, Schilf oder Hochgras bedecktem oder durchsetztem Flach- und Hügelland in Wassernähe; meist einzeln, paarweise oder in kleinen Trupps bis zu etwa 12 Tieren, in einigen wenigen Gegenden (Dinder-Nationalpark) aber auch Herden von Hunderten; Männchenrudel; Altböcke werden territorial; Reviergröße 15–40 ha	Bestand der Art derzeit nicht gefährdet, da weites Verbreitungsgebiet
Ew: nicht bekannt Gr: vermutlich mit 1⅔ Jahren Ld: im Zoo 10 Jahre	Wie (Gemeiner) Riedbock	Wie (Gemeiner) Riedbock	Lebensraum wie (Gemeiner) Riedbock; einzeln, paarweise, lockere Vergesellschaftung bis zu 20 Tieren nur in Trockenzeit; Altböcke territorial; Jungtiere liegen ab; keine bestimmte Setzzeit; Reviergröße 30–60 ha	Nirgends in großen Mengen; jedoch weites Verbreitungsgebiet, in dem auch mehrere Nationalparks liegen; Bestand derzeit gesichert
Ew: nicht bekannt Gr: wahrscheinlich wie (Gemeiner) Riedbock Ld: 12 Jahre nachgewiesen	Gräser, Kräuter und Strauchlaub; nicht so abhängig vom Wasser wie andere Riedböcke	Wie Riedbock	In grasigem, offenem oder mit Büschen durchsetztem, steinigem bis felsigem Kuppen-, Hügel- oder Bergland, Hängen, Terrassen, bis 4200 m; meist in lockeren Gruppen von 10–40 Tieren; standorttreu; Altböcke werden territorial; Setzzeit in Südafrika November–März, in anderen Gegenden wahrscheinlich nicht jahreszeitlich gebunden	Erscheint zur Zeit nicht gefährdet
Ew: nicht bekannt Gr: vermutlich mit 1–1½ Jahren Ld: nicht bekannt	Gräser und Kräuter, daneben auch Strauchlaub; Wasser wird einigermaßen regelmäßig aufgenommen	Wie Riedbock, jedoch heute im Verbreitungsgebiet Großraubwild meist verschwunden	In grasigen Tälern, Hügeln, Hochebenen, Bergen und einzelnen Bäumen, möglichst in Nähe von Wasserstellen; standorttreu; Gruppen mit bis zu 30 Tieren, doch meist nur 12; Männchen neigen zu einzelgängerischer Lebensweise; Altböcke werden territorial; Kitze liegen ab	Nicht sehr zahlreich und in örtlich umgrenzten Gebieten; doch erscheint der Bestand der Art zur Zeit nicht gefährdet
Ew: nach 4–6 Monaten Gr: beim Weibchen ab 1 Jahr, beim Männchen mit 1½ Jahren Ld: bis 15 Jahre	Gräser, Laub, Blüten, Früchte; Wasser erforderlich	Löwe, Leopard, Gepard, Hyänenhund, Tüpfelhyäne, Krokodil, Python; für Kitze auch Schakale und Adler	In Parklandschaft, Trockenwald, Galeriewald in Ebene und Hügelland; an wenigen Stellen auch in offener Steppe; gesellig, Männchen in Trupps bis zu etwa 30 Köpfen, Weibchenherden mitunter größer, doch meist unter 200; Altböcke werden territorial; Haremsgruppen; Kitze liegen ab; Reviergröße 20–90 ha	Bestand gesichert; war in Südwest- und Teilen von Südafrika ausgerottet, ist aber dort wieder eingeführt worden; nur die Angola-Schwarzfersenantilope gefährdet

Gazellen und Verwandte

von Fritz Rudolf Walther

Mitunter wird ein Zoologe gefragt, was eigentlich der Unterschied zwischen Antilopen und Gazellen sei. Er muß dann sagen, daß da im wissenschaftlichen Sinne überhaupt kein Unterschied besteht. Nach alter Systematik zählten die Gazellen zu den Antilopen (alle Hornträger außer Rindern, Schafen und Ziegen), und nach neuer Systematik sind sie sogar die einzigen »richtigen« Antilopen oder wenigstens Antilopenartigen (Antilopinae); denn der wissenschaftliche Name *Antilope* ist heute allein der zu dieser Gruppe gehörenden Hirschziegenantilope verblieben. Da aber die meisten der hier vereinten Arten Gazellen sind, hat man vorgeschlagen, die »Antilopinae« in »Gazellinae« (Gazellenartige) umzubenennen. Jedoch hat nach den offiziellen Regeln der zoologischen Namengebung die Bezeichnung »Antilopinae« den Vorrang.

Im Deutschen spricht man mitunter von »Springantilopen« und spielt damit auf die eigenartigen Prellsprünge an, die zwar auch bei einigen anderen Tieren vorkommen, bei vielen Arten dieser Unterfamilie aber besonders häufig und ausgeprägt sind. Sie dienen nicht dazu, Hindernisse zu überwinden, und so überspringen gerade die »Springantilopen« nur ausnahmsweise Büsche, Zäune und dergleichen, sondern laufen meist darum herum oder kriechen drunter durch, wenn möglich.

Wie bereits erwähnt, wollen einige Systematiker auch die Böckchen in der Unterfamilie Antilopinae unterbringen, wobei dann die Springantilopen zur Gattungsgruppe (Antilopini) »degradiert« werden. Wir haben uns hier dieser Auffassung nicht angeschlossen, sondern verstehen unter den Antilopinae lediglich die Gazellen und ihre unmittelbaren Verwandten. Zur Unterfamilie in diesem Sinne gehören sechs Gattungen: Gazellen, Kurzschwanzgazellen, Hirschziegenantilopen, Giraffengazellen, Stelzengazellen und Springböcke. Wenn man will, kann man ebenso viele Gattungsgruppen daraus machen, von denen aber jede nur eine Gattung umfaßt.

Die artenreichste Gattung der Springantilopen ist die der Gazellen *(Gazella)* mit drei Untergattungen. Bei den Gross- oder Spiegelgazellen (Untergattung *Nanger*) greift die weiße Behaarung des Hinterteils (der »Spiegel«) über die Schwanzwurzel hinauf auf den Rücken. Zu dieser Untergattung zählen Dama-, Sömmering- und Grantgazelle. An Kropfgazellen (Untergattung *Trachelocele*) gibt es nur eine Art. Alle übrigen Arten gehören zu den Kleingazellen (Untergattung *Gazella*). Stirn-Nasenrücken-Band im Verein mit Über- und Voraugenstreifen ergeben die typische »Gazellenzeichnung« des Kopfes, die überall vorhanden, bei einigen Arten stärker, bei anderen schwächer ausgeprägt ist. Die Stirn- und zum Teil auch die Nasenrückenregion werden bei vielen Arten im hohen Alter weiß. Bei Dama- und Kropfgazelle erfolgt diese Umfärbung bereits beim Übergang vom Jugend- zum Erwachsenenalter.

Die drei Arten der Untergattung Grossgazellen *(Nanger)* schließen geographisch aneinander an. Die Damagazelle *(Gazella dama)* ist ein rechtes Wüstentier. Ihr Vorkommen erstreckte sich einst in einem breiten Gürtel durch die südliche Sahara und den nördlichen Sudan. Bei der westlichsten Unterart, der

Die Damagazellen sind Bewohner offener, trockener Landschaften von der Steppe bis zur Wüste. Im Bild ein männliches Tier, das ein kräftigeres Gehörn besitzt als die Weibchen.

MHORRGAZELLE *(G. d. mhorr)*, sind Wangen, Hals, Rücken, Flanken und zum Teil auch die Schenkel von satter, rotbrauner Farbe. Bei der östlichsten Unterart, der ROTHALSGAZELLE *(G. d. ruficollis)*, ist die rotbraune Färbung auf Hals, Widerrist und Rücken beschränkt; der übrige Körper ist weiß. Die anderen Unterarten bilden Übergänge zwischen diesen beiden. Durch übermäßige Bejagung ist heute die Damagazelle in großen Teilen ihres Verbreitungsgebietes ausgerottet.

Am meisten zurückgegangen sind die westlichen Formen. Die Mhorrgazelle galt in den sechziger Jahren bereits als ausgestorben. Jedoch hatte der spanische Major Estalayo in einer Garnison am Nordrand von Rio de Oro einen Bock und acht Geißen gehalten, die er im Jahre 1971 an Dr. Cemo vom Parque de Rescate de la Fauna Sahariana in Almeria (Spanien) übergab. Vier Jahre später kamen noch zehn weitere Tiere hinzu, die sich in Marokko in Privatbesitz befunden hatten. Bis 1980 hatten sich die Mhorrgazellen in Almeria auf 67 Köpfe vermehrt, so daß Zuchtgruppen an einige Tiergärten – in Deutschland an den Frankfurter und den Münchner Zoo – abgegeben werden konnten.

Damagazellen führen jahreszeitlich weite Wanderungen aus, zur Regenzeit nordwärts in die Sahara hinein, zur Trockenzeit zurück in den Sudan. Wahrscheinlich werden Altböcke zu bestimmten Jahreszeiten territorial. Das Paarungszeremoniell hat Elizabeth Cary Mungall im Zoo von San Antonio (Texas) beobachtet. Danach fällt im Werbegebaren des Bockes die aufgereckte Haltung besonders auf. Ferner zeigt er den Laufschlag und berührt des öfteren den Rücken der Geiß »schmusend« mit der Schnauze, was bei anderen Gazellenarten, wenn überhaupt, nur selten vorkommt. Beim Ansprung steht er auf den Hinterbeinen frei hinter der Geiß und winkelt die Vorderläufe zum eigenen Leib hin an.

Nur wenig besser als die Damagazelle hat sich die SÖMMERINGGAZELLE *(Gazella soemmeringi)* im nubisch-äthiopischen Raum halten können. Im Süden des Somalilandes ist auch sie bereits ausgerottet. Sie tritt meist in Trupps von 5 bis 20 Tieren, manchmal auch in größeren Herden auf. Zoobeobachtungen sprechen dafür, daß die Böcke zeitweise territorial werden. An bestimmten Stellen errichten sie Kothaufen, markieren jedoch offenbar nicht mit den Voraugendrüsen. Im Paarungszeremoniell läuft der Bock zunächst die Geiß mit vorgestrecktem Hals und Kopf an, bis sie seine Annäherung aushält, ohne zu fliehen. Dann treibt er sie mit hocherhobenem Haupt im Schritt. Von dem bei Gazellen sonst üblichen werbenden Laufschlag scheint hier nur ein steifbeiniges »Trippeln an Ort« übriggeblieben zu sein. Schließlich streckt die paarungsbereite Geiß den Schwanz waagrecht ab. Ansprünge und Paarung erfolgen im Laufen. Dabei tragen beide Partner die Köpfe hoch, und der Bock läuft zweibeinig hinter der Geiß.

Die GRANTGAZELLE *(Gazella granti)* kommt nur in Ostafrika vor, hier jedoch in einem verhältnismäßig großen Gebiet, in dem auch mehrere Nationalparks liegen. Die stärkste Population hat der Serengeti Nationalpark mit rund dreißigtausend Tieren. Jedoch tritt die Grantgazelle nirgends in solchen Mengen auf wie die kleinere – und freilich auch auf geographisch engeren Raum beschränkte – Thomsongazelle, die gebietsweise mit ihr zusammen vorkommt. Es sind neun Unterarten der Grantgazelle beschrieben

Die Grantgazelle zählt zu den charakteristischen Tieren der ostafrikanischen Gras- und Buschsteppe. Wegen ihrer weitgehenden Unabhängigkeit vom Wasser kann man sie dort noch beobachten, wenn die Trockenzeit weit fortgeschritten ist und die meisten anderen Steppentiere schon abwanderten.

worden, von denen aber nur vier gut unterscheidbar sind, darunter die WEITHORN-GRANTGAZELLE *(G. g. robertsi)* und die ENGHORN-GRANTGAZELLE *(G. g. petersi)*, bei der das Rückenbraun als Band mitten durch den großen weißen Spiegel zur Schwanzwurzel zieht. Es gibt auch eine SERENGETI-GRANTGAZELLE *(G. g. serengetae)*, die in einem Gebiet Kenias vorkommt, das zwar gleichfalls »Serengeti« heißt, mit dem heute viel bekannteren Serengeti Nationalpark in Tansania aber nichts zu tun hat. Vielmehr ist dort die Weithorn-Grantgazelle heimisch.

Nebst den Oryxantilopen sind die Grantgazellen von allem ostafrikanischen Steppenwild am unabhängigsten vom Wasser und daher auch zu fortgeschrittener Trockenzeit noch in der offenen Steppe anzutreffen, wenn die Zebras, Gnus, Thomsongazellen usw. längst abgewandert sind. Sie können dann aus Bökken und Geißen gemischte Herden bis zu 600 Köpfen bilden. Während der Regenzeiten und in den Waldgebieten, wo die Grantgazellen auf eingesprengten Steppenflächen und in lichten Flötenakazienbeständen stehen, sind die Herden oft kleiner und splittern stärker in Bock- und Geißenrudel mit höchstens 40, im Durchschnitt aber nur vier bis sechs Mitgliedern auf.

Einzelne Altböcke werden territorial. Ihre Reviere sind etwa 15 bis 60 Hektar groß. Der Bock legt darin ein paar Kothaufen an, wobei er – wie alle Gazellenböcke – in auffallenden Haltungen hintereinander harnt und kotet. Ferner mag noch anhaltendes Forkeln von Gras und Büschen mit Hornstößen abwechselnd nach links und rechts (»Weben«) der Reviermarkierung dienen, was allerdings auch nichtterritoriale Böcke tun. Sekretmarken gibt es nicht im Revier, da Grantböcke zwar funktionsfähige Voraugendrüsen haben, deren Sekret aber nicht an Objekten absetzen.

Ein »gut territorialer« Bock steht vier bis acht Monate in seinem Revier. Auf den Lichtungen in den Waldgebieten treffen während dieser Zeit Geißen in kleinen Trupps bei ihm ein. Er versucht dann – manchmal ohne, meist mit Erfolg – diese im Revier zu halten. So kann er schließlich eine recht stabile Haremgruppe von 10 bis 20 Köpfen haben, die auch für die Dauer seiner territorialen Periode bei ihm bleibt. Ist ein Kitzbock darunter, so duldet er diesen zunächst, verjagt ihn aber später gewöhnlich. Durchwandernde Junggesellen weist er in langen Imponierauftritten aus dem Revier hinaus. Grenzbegegnungen mit Nachbarn finden statt, sind aber wegen der Größe der Reviere nicht häufig.

Auch auf völlig freier Steppe werden einzelne Altböcke territorial, und ihre Reviere sind nicht auffällig verschieden von denen in den Waldgebieten. Jedoch gibt es hier in allen Jahreszeiten neben Bock- und Geißenrudeln auch gemischte Verbände, die mindestens 50 bis 150 Köpfe stark sind. Diese gemischten Herden kommen in die Reviere hinein. Gelegentlich versucht dann ein Revierinhaber, die Böcke zu vertreiben und/oder die Geißen zu »herden«. Jedoch gelingt ihm das, wenn überhaupt, nur unter größten Anstrengungen und nur für ganz kurze Zeit – einfach weil es zu viele sind. Die vertriebenen Böcke kehren von allen Seiten zur Herde im Revier zurück, und während er hier eine Geiß abstoppt, gehen ihm dort die anderen durch. Er läßt daher meist die Geißen laufen und duldet die nichtterritorialen Böcke in seinem Revier, solange sie ihm ausweichen und sein Imponieren nicht oder – noch besser – durch sofortiges Einnehmen einer Demuthaltung erwidern. Steigt einer von den anderen Böcken einer Geiß nach, so tritt der Revierinhaber dazwischen und nimmt sie ihm ohne alle Förmlichkeiten ab. Zieht die gemischte Herde weiter, bleibt meist der territoriale Bock allein zurück. Er kann aber auch mit der Herde sein Revier verlassen und zeigt dann kein Dominanzverhalten mehr. Kehrt die Herde nach langem »Rundgang« zu seinem Revier zurück, so wird er wieder dominant über die anderen Böcke. Kommt er aber mit der Herde ins Revier eines anderen territorialen Bockes, wird er von diesem genauso dominiert wie die anderen, mitunter allerdings auch zu Imponierauftritt und Kampf gestellt und ausgewiesen.

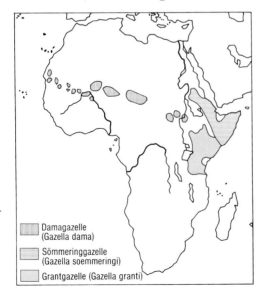

Damagazelle (Gazella dama)
Sömmeringgazelle (Gazella soemmeringi)
Grantgazelle (Gazella granti)

Imponierauftritt zwischen zwei Böcken der Weithorn-Grantgazelle: beiderseitiges hohes Kopf-Zuwenden in umgekehrt-paralleler Stellung.

Sonst sind Kämpfe unter territorialen Böcken vergleichsweise selten, und Kämpfe zwischen territorialen und nichtterritorialen Böcken kommen so gut wie nie vor. Um so häufiger aber raufen die Männer in den Bockrudeln, oft mehrere Paare gleichzeitig. Altböcke imponieren häufiger und kämpfen seltener als Jungböcke. Die Geißen verfügen über alle Droh- und Imponierformen wie die Böcke und kämpfen auch untereinander, haben jedoch viel weniger Auseinandersetzungen als die Männer.

Überwiegend kämpfen Grantböcke nach Art und Weise des Stirndrängens, das häufig durch Hörnerpressen eingeleitet wird. Ferner tritt in der Verbindung mit Stirndrängen oft der Hebelkampf auf. Bei fest ineinander verankerten Hörnern versucht jeder der beiden Kämpfer, dem anderen durch heftiges Drehen des Kopfes nach links und rechts seinen Bewegungsrhythmus aufzuzwingen. Schließlich kann es beim Stirndrängen noch zum Kampfkreisen kommen, wobei die Gegner mit den Hinterbeinen auf einem Kreisbogen treten oder springen, dessen Mittelpunkt die Köpfe bilden. Das ist besonders häufig, wenn sie sich mit den Hörnern so fest verhakt haben, daß sie Mühe haben, voneinander loszukommen, was jedoch den Grantböcken am Ende stets gelingt. Recht regelmäßig wendet sich danach einer der beiden zur Flucht.

Im frontalen Drohen zeigen Grantböcke das mittlere und – seltener – hohe Gehörnpräsentieren. Umgekehrt-parallel stehend, winkeln sie die Hörner seitlich gegeneinander und kreisen umeinander. Weiterhin können Rivalen im Imponiermarsch nebeneinander herziehen, und schließlich hat die Grantgazelle noch ein ganz hochritualisiertes Imponiergebaren: das hohe Kopf-Zuwenden. Vorwiegend in umgekehrt-paralleler Stellung zum anderen stehend, reckt der Grantbock den muskelstarken Hals empor und biegt ihn etwas nach rückwärts. Das ein wenig angehobene Haupt wendet er zunächst leicht vom Gegner ab. Dadurch holt er aus zu einer kraftvollen Drehung des Kopfes zum Gegner hin, wobei die weiße Kehle im Sonnenschein aufblitzt. Das Ganze kann mehrfach wiederholt werden. In Auftritten zwischen ungleichen Partnern zeigt nur der Dominante dieses Imponieren. Der Schwächere senkt den Kopf, äst oder kratzt sich am Hals und zieht davon. Gleichwertige Gegner imponieren beiderseits in gleicher Weise. Manchmal gibt dann einer auf und geht mit gesenktem Kopf ab. Der Überlegene läßt ihn laufen oder marschiert verfolgend hinterdrein. Etwa ebenso oft aber gibt keiner nach. Nach langem, beidseitigem Imponieren gehen dann beide zum Drohkreisen mit angewinkelten Hörnern über, geraten endlich in Frontalstellung und kämpfen.

Nicht nur bei territorialen Böcken, sondern auch bei den Tieren in gemischten Herden und Bockrudeln spielt das Droh- und Imponiergebaren eine wichtige Rolle. Dem Aufbruch nach Liegen, Stehen oder Äsen gehen regelmäßig Auftritte unter den Böcken mit Drohkreisen und hohem Kopf-Zuwenden voraus. Sie synchronisieren damit nicht nur die Gruppentätigkeit, sondern legen auch Marschrichtung und -ordnung fest. Die am stärksten dominierten und getriebenen Böcke, also die jüngsten und schwächsten, marschieren an der Spitze, die stärksten am Ende des Zuges.

Im Paarungszeremoniell folgt der Bock ausdauernd der Geiß mit aufgerichtetem Hals, angehobenem Haupt, waagrecht abgestrecktem Schwanz und unter blubbernden Nasenlauten. Anfänglich mag eine Geiß mitunter gegenimponieren oder sogar kurzfristig Horn gegen Horn mit dem Bock streiten. Bald aber treibt er sie in zügigem Paarungsmarsch vor sich her. Schließlich bleiben beide dicht aufgeschlossen stehen. Dann setzt der Bock unter gleichzeitigem Anheben der Nase einen steifgestreckten Vorderlauf in weitem Ausfallschritt – der arteigenen Form des Laufschlags – nach vorn, worauf sie ein paar Schritte vorwärts geht und erneut stehenbleibt. Der Bock folgt, bleibt gleichfalls stehen, und das Ganze wiederholt sich mehrfach. Am Ende dieses »Stoßtreibens« wendet die Geiß oft ruckartig den erhobenen Kopf zur Seite »ins Leere«. Ist der Bock bisher nicht angesprungen, tut er es nun gewiß. Nach mehreren Ansprüngen begattet er sie im Stehen oder Laufen.

Wohl nur einmal ist bisher eine Grantgazellengeburt in freier Wildbahn von Anfang bis Ende protokolliert worden. Dabei wechselte die Mutter ständig zwischen Stehen und Liegen. Austretendes Fruchtwasser leckte sie sorgfältig auf. Bei schwierigen Phasen der Geburt, wie der Austreibung des Kopfes und des Schultergürtels, lag sie. Auch die endgültige Austreibung leitete sie liegend ein und beendete sie stehend.

Ein ranghoher Grantgazellenbock (links) vertreibt in hochgereckter Haltung mit seitlich abgewandtem Kopf imponierend einen mit gesenktem Haupt abziehenden Unterlegenen.

Die ganze Geburt dauerte knapp eine Stunde. Zwanzig Minuten später stand das Kitz, zwei Minuten darauf saugte es zum ersten Mal, von der Mutter durch Analbelecken und ein sanftes Anstupsen mit der Schnauze zum Gesäuge geleitet. 41 Minuten nach der Geburt entfernten sich Mutter und Kind von der Geburtsstätte.

Die Kitze der Grantgazelle sind geradezu klassische Ablieger. In Zoogehegen haben sie oft nur einen Anliegeplatz, zu dem sie immer wieder zurückkehren. In Freiheit liegt das Junge nach jedem Säugen an einer anderen Stelle ab und in der Regel für sich allein. Nur ausnahmsweise ruhen einmal zwei oder mehr Kitze beisammen. Wenn sie ihr Kitz zum Säugen abholt, bummelt eine Grantgeiß wie absichtslos äsend heran und ruft dann das Kleine zu sich. Bleibt das Kitz ein Weilchen bei der Mutter, läuft es oftmals zunächst hinter, dann neben und schließlich vor ihr. Haben beide einen längeren Weg in schneller Gangart zurückzulegen, überholen sie einander abwechselnd. Das gilt übrigens auch für andere Gazellenarten.

Der Alarmruf der Grantgazelle ist ein Vibrationslaut, der ungefähr wie »kwuuuf« klingt und durch die Nase ausgestoßen wird. Wie auch anderes Wild fliehen Grantgazellen erst dann, wenn der Raubfeind ihre Fluchtdistanz unterschritten hat. Gewahren sie ihn aus größerer Entfernung, rotten sie sich unter Alarmrufen zusammen und beobachten ihn. Manchmal ziehen sie auch näher heran und folgen ihm, allerdings mit mindestens 50 bis 100 Meter Abstand, und »vermasseln« ihm so die Jagd.

Bei den KLEINGAZELLEN (Untergattung *Gazella*), bei denen überall ein weißer »Spiegel« vorhanden ist, der aber nicht über die Schwanzwurzel hinaufreicht, sind die Meinungen der Systematiker, was als Art und was als Unterart anzusehen sei, besonders weit auseinandergegangen. Wir haben uns hier für eine stark zusammenfassende Darstellung entschieden und sprechen nur von sechs Arten. Manche Autoren zählen doppelt so viele oder gar noch mehr auf. Es ist hier nicht der Raum, diese unterschiedlichen Auffassungen darzulegen. Nur zwei Probleme seien kurz gestreift.

Es wird manchmal von einer »arabischen Gazelle« gesprochen, als ob das eine eigene Art sei. Als Art gibt es diese jedoch nicht, vielmehr kommen Unterarten von drei viel weiter verbreiteten Arten – Edmi-, Dorkas- und Kropfgazelle – in Arabien vor. Namentlich um die systematische Stellung der ARABISCHEN KROPFGAZELLE *(Gazella subgutturosa marica)* ist viel gestritten, und sie ist eine Zeitlang als Unterart der Dünengazelle angesehen worden.

Weitere recht unsichere Fälle sind die »indische Gazelle« und die heute im Bestand gefährdete nordafrikanische »Cuviergazelle«, die früher als selbständige Arten *(Gazella bennetti* und *G. cuvieri)* galten, jetzt aber meist als Unterarten der Edmigazelle aufgefaßt werden. Nach ihrem Äußeren läßt sich das auch ganz gut vertreten, jedoch besteht hier ein recht auffälliger Verhaltensunterschied, der sonst innerhalb derselben Art nicht bekannt ist. Die kleinasiatische Form der Edmigazelle *(Gazella gazella gazella)* markiert nämlich keine Objekte mit ihren Voraugendrüsen, während indische Gazelle und Cuviergazelle das tun.

Von allen Kleingazellen kommt heute nur noch die Thomsongazelle in ansehnlichen Mengen vor. Alle anderen Arten sind in weiten Gebieten durch übermäßige Bejagung teils ausgerottet, teils stark dezimiert und im Bestand gefährdet. Besonders hart sind die nordafrikanischen, vorderasiatischen und arabischen Formen betroffen, und auch für deren kümmerliche Reste sind die Zukunftsaussichten alles andere als rosig, da es in den meisten der fraglichen Länder keine Nationalparks gibt und Schutz- und Schonbestimmungen, soweit vorhanden, auf dem Papier bleiben.

Auf ganz wenige, vereinzelte Vorkommen scheint heute die DÜNENGAZELLE *(Gazella leptoceros)* beschränkt zu sein, deren Hörner bei den Böcken wie

Nur noch verstreute Vorkommensgebiete mit spärlich bewachsenem Sandwüstenboden in Nordafrika besiedelt die selten gewordene und wenig erforschte Dünengazelle. Die helle Fellfarbe ist eine Anpassung an den wüstenartigen Lebensraum.

eine verkleinerte Ausgabe der Grantgazellengehörne aussehen. Über ihre Lebensweise liegen kaum Informationen vor.

Die EDMIGAZELLE *(Gazella gazella)* führt im Deutschen auch den Namen ECHTGAZELLE – als ob es auch unechte Gazellen gäbe. Besser ist schon der englische Name »Mountain gazelle« (Berggazelle), obgleich auch er ein wenig irreführend ist. Die »Berggazelle« ist nämlich kein Gebirgstier. Jedoch erklimmt sie beachtlich hohe und steile Hänge und Hügel, was andere Gazellen nicht tun. Am besten sind wir heute über die Unterart in Israel *(G. g. gazella)* unterrichtet, hauptsächlich durch die Forschungen Heinrich Mendelssohns und seiner Mitarbeiter an der Tel-Aviv-Universität.

Auch in Israel waren die Gazellen nach dem Ersten Weltkrieg der Ausrottung nahe, und Schutzbestimmungen der Mandatsregierung blieben auf dem Papier. 1948 waren nur noch gegen 400 »Berggazellen« übrig. Nach Gründung des Staates Israel wurden diese unter absoluten Schutz gestellt, so daß 1972 wieder etwa 4000 Gazellen dort vorhanden waren. Leider erwies sich dieser erfreuliche Anstieg in anderer Hinsicht als Fehlentwicklung. In den von eifrig jagenden bzw. wildernden Drusen und Arabern bewohnten Wüstengebieten waren die Schutzbestimmungen nicht durchzuführen und daher keine Zunahme der Gazellen zu verzeichnen. Diese fand vielmehr in der unmittelbaren Umgebung der jüdischen Siedlungen, der Kibuzim, statt. Da diese Gebiete landwirtschaftlich genutzt wurden, standen die Gazellen hier bestenfalls auf Viehweiden, meist aber auf den Feldern und in den Obst- und Weingärten. Zwangsläufig ernährten sie sich also von Getreide, Gemüse und Obst, wobei sie eine »verwerfliche« Neigung zeigten, sich an die besten Sorten zu halten und die besonders gewinnbringenden frühen Ernten zu schmälern. Manche Farmer klagten daher über den Wildschaden und wünschten, daß die Gazellen offiziell zur Landplage erklärt und abgeschossen würden. Das stieß natürlich auf den heftigen Protest der Naturschützer im Lande. Als Kompromißlösung fing man zu Anfang der siebziger Jahre in besonders betroffenen Gebieten ein paar hundert Gazellen mit Netzen und brachte sie zu den weniger besiedelten Golanhöhen. Bekanntlich haben später in dieser Gegend militärische Operationen stattgefunden, die den Gazellen nicht allzu gut bekommen sein dürften.

Auf alle Fälle haben sich die Edmigazellen in Israel als äußerst anpassungsfähig erwiesen. Sie leben in bergigem Hügelland wie in flacher Halbwüste, betreten auch Waldungen und haben sich sogar recht gut mit Kulturland abgefunden. Wie alle Kleingazellen meiden sie lediglich Gegenden mit hohem Gras oder

Indische Gazelle, eine Unterart der Edmigazelle, die wegen ihres wissenschaftlichen Namens *Gazella gazella* auch Echtgazelle genannt wird.

HORNTRÄGER

hohem Getreide. Sie essen nahezu alles, was grün und/oder schmackhaft ist, und halten auch klimatisch einiges aus. So finden sie sich im heißen Jordantal ebenso wie im oberen Galiläa, wo winters Schneefälle vorkommen und noch häufiger kalter Regen niedergeht.

Mit dem Verhalten der Edmigazellen in Israel hat sich besonders der Amerikaner Gerald A. Grau beschäftigt. Wie bei allen Gazellen werden auch hier einzelne Altböcke territorial, und »in ihren Händen« liegt die Vermehrung. Die Reviere sind sehr groß und umfassen zwischen 100 und 220 Hektar. Allerdings benutzt solch ein Bock oft über Wochen und Monate nur einen Ausschnitt davon, der etwa 25 bis 50 Hektar groß ist. Die meisten Böcke scheinen jahrelang in ihren Revieren zu stehen, in denen sie von Geißengruppen besucht werden. Sie geben Urin und Kot aufeinanderfolgend ab und legen so Kothaufen an. Auch Stellen, an denen der Bock Gras und Gestrüpp mit den Hörnern bearbeitet hat, fallen auf. Dagegen finden sich keine Marken des Voraugendrüsensekrets in einem Revier. Neben dem Drohen durch mittleres und hohes Gehörnpräsentieren imponiert ein Bock durch seitliches Abwenden des hoch getragenen Hauptes. (vom Gegner weg). Die Kämpfe sind meist Schlagwechselkämpfe.

Im Paarungszeremoniell läuft der werbende Bock die Geiß mit angehobenem Kopf an und zeigt den Laufschlag. Außerdem stößt er sie mit der vorderen Langseite der Hörner sanft in der Hüftgegend an. Der Paarungsmarsch ist hier von vielen und langen Stehpausen unterbrochen, und auf heftiges Werben und Treiben folgen oft Intervalle, in denen die Partner sich nicht weiter umeinander kümmern. Dadurch erstreckt sich solch ein Paarungszeremoniell leicht über mehrere Stunden, manchmal sogar über Tage. Auch kommt es vor, daß ein Bock zunächst eine bestimmte Geiß umwirbt und später mit einer anderen fortfährt. Die Ansprungshaltung entspricht dem allgemeinen Gazellentypus, und wie überall gehen mehrere oder sogar viele Ansprünge der Begattung voraus.

Im Süden von Israel kommt die Edmigazelle – hier bereits die arabische Form *(G. g. arabica)* – neben der Dorkasgazelle vor. Paarungen bzw. Bastarde zwischen den beiden Arten sind aus freier Wildbahn unbekannt. Im Forschungszoo der Tel-Aviv-Universität gelang es jedoch, sie miteinander zu kreuzen. Die Mischlinge waren lebensfähig und fruchtbar, jedoch kamen die Weibchen weit seltener in Hitze als reinblütige Edmi- und Dorkasgeißen.

Die DORKASGAZELLE *(Gazella dorcas)* ist seit dem Altertum bekannt und daher sozusagen die »klassische« Gazelle. Gegen Ende des vorigen Jahrhunderts war sie noch häufig. Heute ist sie überall erschreckend zurückgegangen und in großen Teilen ihres ehemals weiten Verbreitungsgebietes bereits ausgerottet. Unter den neun Unterarten befindet sich die PELZELNGA-

ZELLE, die bis vor kurzem als eigene Art *(Gazella pelzelni)* galt.

Wie bei allen Gazellen werden Altböcke territorial und legen in ihren Revieren Kothaufen an. Der Bock scharrt zunächst mehrfach mit dem einen, dann mit dem anderen Vorderlauf, tritt mit den Vorderläufen nach vorn, so daß die Hinterläufe weit nach hinten abgestreckt sind und der Leib dem Boden genähert wird. In dieser Haltung harnt er. Danach krümmt er

In karger Landschaft äsende Edmigazelle. Doch ihre Ernährung ist vielseitiger, als es hier den Anschein hat: Gräser, Kräuter, Laub, Früchte und sogar Getreide, Obst und Gemüse stehen, je nach Lebensraum und Jahreszeit, auf ihrem Speiseplan.

Edmigazelle (Gazella gazella)
Tibetgazelle (Procapra picticaudata)
Mongoleigazelle (Procapra gutturosa)

den Rücken und bringt die Hinterläufe nach vorn. Sein Analpol befindet sich dann nur wenige Zentimeter über dem Erdboden, und er setzt den Kot an derselben Stelle ab wie den Harn, wobei sich die weißen Haare des Spiegels spreizen. Dieser Wechsel von der auffälligen Harn- zu der ebenso auffälligen Kotstellung ist bei territorialen wie nichtterritorialen Böcken aller Gazellenarten zur festen Handlungskette geworden. Bei den Dorkasböcken geht das so weit, daß sie, selbst wenn sie einmal nur Kot abgeben, zuvor meist erst »im Leerlauf« die Harnstellung einnehmen. Dorkasböcke forkeln auch stellenweise Pflanzen und Boden, setzen aber kein Voraugendrüsensekret an Gegenständen ab, obgleich mitunter eingetrocknetes Sekret an den Drüsenrändern klebt, diese Drüsen also offenbar in Funktion sind.

Auch in Tiergärten werden die Altböcke territorial und können dann weniger »liebreizend« sein, als man von einer »zarten« Gazelle erwartet. In einem Zoo habe ich jahrelang einen Dorkasbock betreut, der mit der Flasche aufgezogen worden war und die Scheu vor Menschen vollständig verloren hatte. Er griff fast jeden an, der sein Revier, das – sehr große – Gehege, betrat, und zwar »streng nach Ritual«. Aus größerer Entfernung kam er mit hoch präsentierten Hörnern in zackigem Paßgang im Bogen heran. Dann streckte

er Hals und Haupt nach vorn, trabte unter schnarchenden Lauten an und lief nunmehr geradlinig auf den »Feind« zu. Ergriff dieser immer noch nicht das Hasenpanier, so senkte er die Hörner und griff das letzte Stück im Galopp an. Wegen seiner geringen Größe war das nicht gefährlich, aber zu Rissen in den Hosen langte es. Mitunter erstreckte sich diese Angriffslust auch auf Zebras und Elenantilopen im selben Gehege. Trotzdem eignen sich Dorkasgazellen zur Gesellschaftshaltung von allen Gazellen verhältnismäßig noch am besten.

Das Paarungszeremoniell verläuft wie üblich mit Laufschlägen, Paarungsmarsch und steilen Ansprüngen des Bockes. Beim Anlaufen der Geiß hält er bei vorgestrecktem Hals und Haupt die Ohren seitwärts abgestreckt. Das Kitz liegt ab, und die Mutter ruft es mit einem Nasenlaut. Auch der Alarmruf, der ungefähr wie das Quaken einer großen Ente klingt, wird durch die Nase hervorgebracht, die sich dabei aufbläht.

Die SPEKEGAZELLE *(Gazella spekei)* aus dem Somaliland hat in beiden Geschlechtern quer auf dem Nasenrücken drei bis fünf Hautfalten, die sie zu einem »Ball« von der Größe eines halben Tennisballs aufblasen kann. Das ist als einzigartiges Merkmal angesehen worden, das die Spekegazelle von allen anderen Kleingazellen unterscheiden sollte. Irgend jemand hat dann behauptet, die aufblähbare Nasenregion sei eine »Anpassung an das Wüstenklima«, und das haben zahlreiche andere Autoren brav abgeschrieben. In Wirklichkeit steht diese Nasenbildung gar nicht so vereinzelt da, und sie hat wahrscheinlich auch nichts mit der trockenen Wüstenluft zu tun.

Vermutlich alle Gazellen haben rechts und links vom vorderen Ende des Nasenbeins eine birnen- bis spindelförmige, ein bis zwei Zentimeter lange »Kapsel« aus dünnen, spiralig gewundenen Knorpellamellen, die anscheinend bei den einzelnen Arten unter-

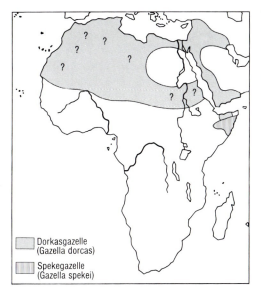

Trockensavannen, Halbwüsten und Wüsten von der nordafrikanischen Atlantikküste bis Vorderasien sind die Heimat der Dorkasgazelle, die jedoch in vielen Teilen ihres riesigen Vorkommensgebiets fast ausgerottet wurde.

schiedlich ausgeprägt sind. Sie machen den Eindruck von Vibrationsorganen, und das steht im Einklang damit, daß die meisten Laute der Gazellen durch die Nase hervorgebracht werden. Wird die Haut oberhalb dieser Gebilde aufgeblasen, so ergibt sich dadurch ein »Resonanzdach«. Schon bei Grant- und Thomsongazellen, die keine Nasenfalten haben, hebt sich bei Alarmrufen und Treiblauten des Bockes ein etwa fünfmarkstückgroßes Feld in dieser Nasengegend um schätzungsweise zwei Zentimeter. Dorkasgazellen, bei denen erwachsene Böcke eine Nasenfalte haben, blähen die Nasenregion bei Alarmrufen ganz erheblich stärker auf – übrigens die »faltenlosen« Geißen ebenso wie die Böcke. Es gibt also durchaus Übergänge zu den Gegebenheiten bei der Spekegazelle, und es sieht ganz so aus, als sei bei dieser Art nur etwas zur höchsten Entfaltung gelangt, was sich bei anderen Gazellen in artlich verschiedenen Stufen angebahnt hat. Der Alarmruf der Spekegazelle ist auch lauter als der anderer Gazellen und klingt ungefähr wie ein gedämpfter Pistolenschuß: »poikh«. Daß mäßig erregte Spekegazellen die Nase manchmal geräuschlos aufblasen, beweist nicht, daß die besprochenen Bildungen nicht der Lautgebung dienen.

Die ROTSTIRNGAZELLE *(Gazella rufifrons)* ist in ihrem weiten Verbreitungsgebiet heute erheblich zurückgegangen. Sie ist in Körperbau und Verhalten der Thomsongazelle recht ähnlich. Ob sie deswegen mit dieser zu einer Art zusammengefaßt werden soll, wie manchmal vorgeschlagen wird, stehe dahin. Unter den Unterarten der Rotstirngazelle befindet sich die HEUGLINGAZELLE, die wegen ihrer abweichend geformten (oben einwärts gebogenen) Hörner von manchen Autoren als eigene Art *(Gazella tilonura)* betrachtet wird.

Am besten von allen Kleingazellen sind wir über die THOMSONGAZELLE *(Gazella thomsoni)* unterrichtet. Abgesehen von dem abgetrennten Vorkommen einer Unterart, der MONGALLAGAZELLE *(G. th. albonotata)*, im sudanesisch-abessinischen Grenzgebiet, ist »der Tommy« im nördlichen Tansania und südlichen Kenia zu Hause. In diesem verhältnismäßig kleinen Gebiet tritt die Art innerhalb der Nationalparks noch in guten Mengen auf. Außerhalb der geschützten Gebiete ist auch sie zurückgegangen. Die größte und dichteste Population hat der Serengeti-Nationalpark. Nach den letzten Zählungen bzw. Schätzungen gibt es dort knapp 275 000 Thomsongazellen, was freilich einen starken Rückgang im Vergleich zu früheren Jahren darstellt, der hier wahrscheinlich durch die zunehmende Zahl des (gleichfalls geschützten) Raubwildes bedingt ist.

Der bevorzugte Biotop der Thomsongazellen ist die Kurzgrassteppe. Auf ihren Wanderungen durchqueren sie Hochgrasgebiete, ohne dort zu verbleiben. Das gleiche gilt fürs Waldland, wo sie jedoch auf eingesprengten Steppenflächen verweilen – voraus-

Die zierlichen, anmutigen Thomsongazellen, liebevoll »Tommies« genannt, haben zwar nur ein vergleichsweise kleines Hauptverbreitungsgebiet im südlichen Kenia und nördlichen Tansania, sind aber in den dortigen Nationalparks, zumal in der Serengeti, fast allgegenwärtig und nicht zu übersehen, weil sie erstens bevorzugt in der offenen Kurzgrassteppe leben und zweitens meist in hellen Scharen auftreten.

gesetzt, daß dort das Gras kurz genug ist. Größere Hügel oder gar Berge erklimmen sie nicht, und sie meiden morastige Gegenden. Schwimmen können sie, tun es aber selten. Sie überspringen Gräben – senkrechte Hindernisse wie Büsche, Felsbrocken oder Zäune dagegen möglichst nicht, und wenn, nur bis zur Höhe von knapp anderthalb Metern.

Ganz eindeutig bevorzugen sie grüne Pflanzen vor gelben oder grauen, das heißt eingetrockneten. Daher spielt oft die Umgebung von Termitenhaufen für sie eine besondere Rolle, da hier das Gras zu Beginn der Trockenheit länger grün bleibt als in der übrigen Steppe. Auch suchen sie manchmal bestimmte Örtlichkeiten auf, wo sie (feuchte) Erde essen. Während der Regenzeit genügt ihnen die mit der Nahrung aufgenommene Feuchtigkeit. Zur Trockenzeit brauchen sie Wasser. Einzelne Tiere, wie territoriale Böcke, kommen aber auch dann lange aus, ohne zu trinken.

Im Serengeti-Raum wandern die Thomsongazellen alljährlich von den Wäldern im Nordwesten zu den Steppen im Südosten und zurück. Grob gesprochen, verlassen sie das Waldland mit dem Beginn der »kleinen Regenzeit« im November und bleiben in der Kurzgrassteppe bis zum Ende der »großen Regenzeit« im Mai. Danach bewegen sie sich wieder in Richtung auf das Waldland, das sie Ende Mai/Anfang Juni erreichen. In den folgenden Monaten gehen sie tiefer in den Wald hinein. Wie weit und in welche Richtung, hängt ab vom Ausmaß der Trockenheit, von Bränden, von der Verteilung von Hoch- und Kurzgras auf den Waldlichtungen sowie von örtlichen Regenschauern. Diese Bedingungen wechseln von Jahr zu Jahr, und entsprechend verschieden fallen die Züge der Tommies im Waldgebiet aus.

Die Sozialeinheiten sind Bockrudel von 2 bis über 100, durchschnittlich gegen 20 Mitgliedern; Geißenrudel mit oder ohne Jungtiere von 2 bis etwa 250, durchschnittlich 30 Köpfen, von denen sich einzelne Geißen zum Gebären absondern; gemischte Herden von 3 bis fast 700, durchschnittlich von 60 bis 70 Tieren. Zu Wanderzeiten können die Tommies auch mitunter für ein paar Tage »Konzentrationen« von Tausenden bilden. Einzelne Altböcke werden territorial, und die Geißengruppen kommen besuchsweise, meist nur für ein paar Stunden pro Tag, zu ihnen in die Reviere (Pseudoharems).

Die Reviere sind im allgemeinen ein bis fünf Hektar groß, und die Böcke stehen gewöhnlich zwei Wochen bis fünf Monate in ihnen. Längere Zeiten – bis zu einem Jahr – sind selten. Kürzere Zeiten kommen oft vor, aber diese Böcke sind dann nicht »gut territorial«. Offenbar ist der Drang, ein Revier zu gründen, bei einigen Tommyböcken stets vorhanden, und sie versuchen es dann auch während der Wanderungen und/oder im Wald, das heißt, wenn Zeitpunkt und Örtlichkeit ungünstig sind. Solch ein »experimentelles Territorium« hält ein Bock höchstens für ein paar Tage, und er kann in dieser kurzen Zeit kein Markierungssystem aufbauen und keine bestimmten Grenzen festlegen.

In einem »guten« Revier finden sich 10 bis 20 Kothaufen, die meisten davon entlang der Grenze und ein oder zwei im Zentrum, sowie Ketten von über 100 Sekretmarken. Harn und Kot gibt der Bock auf die bei Gazellenböcken übliche Weise ab. Beim Sekretmarkieren wendet er dem zu markierenden Gegenstand eine Wange zu und öffnet die Voraugendrüsen weit. Dann führt er sehr vorsichtig die Spitze des Stengels, Halmes, Ästchens oder Dorns in die geöffnete Drüse ein und setzt unter zwinkernden Bewegungen der Drüsenränder ein schwarzbraunes Sekret ab, das an der Luft rasch eintrocknet. Genauso markieren auch nichtterritoriale Tommyböcke, jedoch weniger häufig und über ein viel weiteres Gebiet verstreut als die Revierinhaber.

Wachsam steht die Thomsongazellenmutter neben ihrem Neugeborenen, das erst vor zehn Minuten das Licht der Welt erblickt hat. Bald wird das Kitz, das in den ersten ein bis zwei Wochen dunkler gefärbt ist als die Erwachsenen, seinen Abliegeplatz einnehmen, den die besorgte Mutter ständig im Auge behält.

Meist grenzen mehrere der verhältnismäßig kleinen Reviere unmittelbar aneinander und bilden ein »territoriales Mosaikfeld«. Sehr im Gegensatz zur Grantgazelle sind kämpferische Auseinandersetzungen unter Nachbarn häufig. Im allgemeinen hat jeder deren zwei bis vier pro Tag. Es können aber auch 20 bis 30 werden. Oftmals sucht ein territorialer Tommybock geradezu solche Auseinandersetzungen. Er zieht zur Grenze seines Reviers, pflanzt sich dort mit hoch präsentierten Hörnern auf und wartet, daß der Nachbar aufmerksam wird, die Drohung erwidert und herankommt. Die Kämpfe sind meist Schlagwechselkämpfe. Die Böcke springen mit weit gespreizten Vorderläufen aufeinander zu, schlagen die Gehörne in Bodennähe zusammen und stemmen nach Art des Stirndrängens kurz, aber heftig gegeneinander. Dann springen sie mit allen vieren zurück, um gleich darauf zu einem erneuten Zusammenprall vorzustoßen. Zwischendurch können sie »Luftkissenkämpfe« einlegen, wobei jeder die gleichen Angriffs- und Parierbewegungen macht wie in einem richtigen Kampf, die Gehörne jedoch einander nicht berühren. Es sieht aus, als sei ein unsichtbares Kissen zwischen ihnen. Nach einem oder mehreren Zusammenstößen beginnen die Gegner gleichzeitig frontal voreinander zu äsen. Dabei treten sie rückwärts und vergrößern den Abstand, können aber noch jederzeit wieder zum Kampf übergehen. Kommt es nicht dazu, so schwenken beide ununterbrochen äsend zu paralleler oder umgekehrt-paralleler Stellung herum. Auch dann können sie nochmals den Kampf aufnehmen, doch geschieht das wesentlich seltener als beim frontalen Äsen. Parallel äsend und zwischendurch mit den Voraugendrüsen markierend, ziehen die Gegner manchmal die ganze gemeinsame Reviergrenze entlang und wieder zurück. Schließlich wenden beide einander die Kehrseiten zu, und jeder äst sich zur Mitte seines Reviers zurück, wobei er zwischendurch harnt und kotet. Nur ganz zu Beginn der Reviergründung kann gelegentlich einer der Böcke den anderen wirklich besiegen und aus der Gegend verjagen. Für gewöhnlich verläuft eine Grenzbegegnung zwischen territorialen Nachbarn wie beschrieben, und es gibt dabei weder Sieger noch Besiegten. Beide bestätigen einander nur die Lage der Grenze. Wenn ein Bock keinen Nachbarn als »lieben Feind« und damit auch keine derartigen Auseinandersetzungen (mehr) hat, wird er unsicher über die Lage der Reviergrenzen und zieht bald ab.

Kämpfe zwischen territorialen und nichtterritorialen Böcken gehören zu den größten Seltenheiten. Wenn Junggesellen das Revier eines Bocks betreten, was ganz alltäglich ist, weist sie der Territoriale unter hohem Gehörnpräsentieren im Verfolgungsmarsch aus, oder er verjagt sie in vollem Galopp mit einem typischen Hetzlaut, der wie »pschorre – pschorre« klingt.

Gewöhnlich erobert also ein Tommybock sein Revier nicht, noch wird er daraus vertrieben. Er gründet es in unbesetztem Gelände, möglicherweise baut er es an ein »territoriales Mosaikfeld« an. Nach einiger Zeit »hat er genug« und zieht mit einer durchkommenden Herde davon. Bei längerem Aufenthalt in einem Revier geht dem eine Phase »verminderter Territorialität« voraus, in der der Bock weniger als früher markiert, gelegentlich Junggesellen bei sich duldet und ab und zu auch einmal außerhalb der Reviergrenzen umherstreift.

Wenn Geißen in der Gegend sind, kommen sie täglich in die Reviere hinein. Sobald sie an der Grenze

Dünengazelle (Gazella leptoceros)
Rotstirngazelle (Gazella rufifrons)
Thomsongazelle (Gazella thomsoni)

seines Reviers ankommen, »herdet« sie ein Bock zu dessen Mitte. Ziehen sie weiter, versucht er, sie aufzuhalten und »zurückzuherden«, oftmals sehr emsig und in vollem Galopp, jedoch nie mit bleibendem Erfolg. Solange sie bei ihm stehen, treibt der Bock einzelne Geißen vor sich her, bis sie Harn abgeben. Er schnuppert am Harn auf dem Boden und flehmt. Hat er eine Geiß gefunden, die im rechten Hitzezustand ist, beginnt er, ernstlich um sie zu werben. Er läuft sie mit vorgestrecktem Hals und Kopf, mit weit geöffneten Voraugendrüsen und unter blubbernden Nasenlauten an. Kurz hinter ihr richtet er Hals und Haupt steil auf, wobei er manchmal gleichzeitig den gestreckten Vorderlauf nach vorn schnellt. Wenn die Geiß daraufhin nicht flieht, sondern ruhig vor ihm einherzieht, folgt er ihr weiter in Normalhaltung und schlägt ein übers andere Mal mit dem Vorderlauf. Schließlich marschieren beide ohne besondere Werbegesten des Bocks in fleißigem Schritt dicht aufgeschlossen auf Zickzackkursen. Dann beginnt der Bock anzuspringen und begattet die Geiß nach mehreren, mitunter vielen Ansprüngen im Laufen. Nach der Kopulation ist das Paarungsgeschehen schlagartig zu Ende. Natürlich gibt es einige Abweichungen von diesem »Grundschema«. Meist dauert solch ein Paarungszeremoniell zwischen 5 und 45 Minuten. Mitunter ist eine Geiß offenbar in Hitze, flieht aber trotzdem immer wieder vor dem werbenden Bock. Dann kann dieser »die Geduld verlieren« und sie in vollem Galopp hetzen. An der Reviergrenze angekommen, hält er in einer Staubwolke an, während sie ins Revier des Nachbarn hineinrast. Der »übernimmt« die Geiß und hetzt sie weiter. So kann es durch mehrere Reviere hindurch gehen. Vorausgesetzt, daß sie nicht aus dem »territorialen Mosaik« hinausrennt, läßt sich die sichtlich erschöpfte Geiß schließlich vom letzten Bock, an den sie gerät, treiben und begatten.

Neugeborene Kitze sind zunächst dunkler gefärbt als die Erwachsenen. Sie hellen nach einer, höchstens zwei Wochen auf. Da Mütter solch dunkler Kleinkitze gedeckt werden, sind bei einer Tragzeit von fünf bis sechs Monaten zwei Geburten in Jahresfrist möglich und wahrscheinlich gar nicht selten. Das Kitz liegt ab, und die Mutter behält aus der Entfernung den Abliegeplatz im Auge. Sie merkt auf, sobald sich das Kleine erhebt. Geht es gar in Prellsprüngen ab, kommt sie sofort herbeigefegt, denn das kann nur bedeuten, daß das Kitz von einem Raubfeind aufgestöbert wurde. Dagegen beunruhigen die – zahlreichen – Prellsprünge der Kitze in Laufspielen weder die Mütter noch andere Tiere, meistens beachten sie sie überhaupt nicht.

Gegen Schakale verteidigt die Mutter, gelegentlich unterstützt durch ein zweites Weibchen, ihr Junges, indem sie die Räuber attackiert und so abzulenken, zu ermüden und zu vertreiben trachtet – manchmal mit, manchmal ohne Erfolg. Wird ein Kitz von einer Hyäne gejagt, kreuzt die Mutter – und wiederum mitunter eine zweite Geiß – zwischen ihrem Jungen und dem Verfolger hin und her, obgleich Tüpfelhyänen durchaus auch erwachsene Gazellen reißen. Meist ist jedoch diesem Ablenkungsmanöver kein Erfolg beschieden. Bei Pavianen, die abliegende Kitze manchmal zufällig aufstöbern, manchmal aber auch zielgerichtet auf stehende oder laufende Kitze jagen, sind die Abwehrversuche der Mutter oft schwach. Ich hatte den Eindruck, als »erfasse« sie diese Situation nicht so recht. Wenn ein Gepard, Hyänenhund, Löwe oder Leopard hinter einem Kitz her ist, beobachtet die Mutter die Szene mit allen Anzeichen größter Erregung aus der Entfernung, versucht aber nicht einzugreifen.

Von den vielen Raubfeinden, die auch Erwachsenen gefährlich werden, sind Gepard und Hyänenhund die spezialisiertesten Gazellenjäger. Der Hyänenhund ist ihnen durch seine Ausdauer, der Gepard durch seine Geschwindigkeit überlegen, obgleich fliehende Gazellen es gewiß auf 60 und manchmal wahrscheinlich sogar auf 80 Stundenkilometer bringen.

Aus dem Paarungszeremoniell der Thomsongazelle: »Aufsteilen« des Bocks beim Aufschließen zur Geiß (links); Laufschlag im Paarungsmarsch (Mitte); Ansprung des Bocks, dabei auf zwei Beinen laufend (rechts).

Ausschließlich auf Asien beschränkt ist die Kropfgazelle *(Gazella subgutturosa)*, die als einzige Art einer eigenen Untergattung *(Trachelocele)* angehört. Auch hier werden Altböcke territorial, markieren mit den Voraugendrüsen und legen Kothaufen an. Das Paarungszeremoniell entspricht dem »Gazellenschema«. Im Gegensatz zu vielen afrikanischen Gazellen hat die Kropfgazelle eine umgrenzte Paarungszeit von November bis Anfang Januar. Entsprechend werden die meisten Kitze im April und Mai geboren, und zwar sehr häufig Zwillinge.

In zoologischen Gärten halten sich Kropfgazellen gut. Wie derzeit die Lage in freier Wildbahn aussieht, ist nicht leicht zu beurteilen, da aus den meisten Teilen des weiten Vorkommensgebiets keine genauen Angaben vorliegen. Sicher ist die arabische Unterart *(G. s. marica)* gefährdet. In Persien war die dortige Unterart *(G. s. subgutturosa)* zur Zeit der Schah-Regierung in mehreren Gegenden geschützt.

Zur Gattung der Kurzschwanzgazellen *(Procapra)* gehören zwei bei uns recht unbekannte Arten, die Tibetgazelle *(Procapra picticaudata)* und die Mongoleigazelle *(Procapra gutturosa)*. Manche Autoren nennen noch die Przewalskigazelle als dritte Art *(Procapra przewalskii)*, die aber wahrscheinlich nur eine Unterart der Tibetgazelle ist. Die Paarungs- und Setzzeiten entsprechen ungefähr denen der Kropfgazelle. Während bei der Tibetgazelle Zwillingsgeburten selten vorkommen, sind sie bei der Mongoleigazelle die Regel. Außerhalb der Brunftzeit halten sich im Sommer die Böcke und Geißen in getrennten Verbänden. Im Winter vereinigen sie sich zu großen gemischten Herden und führen weite Wanderungen aus. Die Böcke der Mongoleigazelle haben außer einem starken »Kropf« auch eine große »Maulblase«.

In Indien sind heute die noch vor 100 Jahren auf vier Millionen geschätzten Bestände der Hirschziegenantilope oder Sasin *(Antilope cervicapra)* durch Umweltzerstörung und Bejagung auf etwa 10 000 Tiere geschrumpft. Nur in wenigen Bezirken gilt sie noch als »dem Monde heilig«. Ob dieser Schutz im modernen Indien durch rationale Schutzbestrebungen ersetzt werden kann, dürfte die Schicksalsfrage der Sasin in diesem Lande sein.

Glücklicherweise vermehrt sie sich sehr gut in den Tiergärten, und überzählige Zootiere bildeten den Grundstock für die Einführung in Argentinien und seit den dreißiger Jahren auch auf großen Ranches in Texas. Das Edwards-Plateau, wo sich die größten Bestände befinden, liegt ungefähr auf den gleichen Breitengraden wie Rashputana und Pandshab. Daher sind hier im allgemeinen die klimatischen Bedingungen für die Sasin recht günstig. Jedoch gibt es in Abständen von mehreren Jahren immer wieder einmal einen Winter, in dem die Temperaturen erheblich unter den Gefrierpunkt fallen. Obwohl diese Kälteeinbrüche gewöhnlich nur zwei oder drei Tage anhalten, führen sie jedesmal zu großen Verlusten. Trotzdem haben die Bestände beträchtlich zugenommen, und es gibt heute in Texas etwa 18 000 Hirschziegenantilopen, also mehr als in Indien.

Die Kropfgazelle ist ausschließlich in Asien heimisch. Die Männchen tragen, wie der hier abgebildete Bock, ein stark auseinanderstrebendes geschwungenes Gehörn, während die Weibchen hornlos sind oder allenfalls sehr kleine Hörner besitzen.

Die Weibchen sind hornlos und oberseits gelbbraun gefärbt, ebenso die Jungtiere. Die Umfärbung der Männchen erfolgt im Alter von reichlich zwei Jahren. Die Ausprägung der »Männerfarbe« hat wahrscheinlich etwas mit der Bildung des Hormons Testosteron zu tun und schwankt von braun bis pechschwarz nach Jahreszeit, zunehmendem Alter, sozialem Status und vielleicht auch Unterart und individueller Veranlagung.

Nach Gehörnform und dem Färbungsunterschied der Geschlechter ist die Sasin von den Gazellen verschieden. Jedoch gibt es hier kaum eine Verhaltensweise, die nicht in gleicher oder zumindest ähnlicher Form bei einer Gazellenart vorkäme. Verhältnismäßig am abweichendsten sind die häufigen Sprünge zu ebener Erde, die nicht den »klassischen« Prellsprüngen der Gazellen entsprechen. Sie sind oft höher, und die Sasin winkelt dabei die Läufe an. Aber schon das Droh- und Kampfverhalten ist dem der Gazellen außerordentlich ähnlich. Zum Beispiel zeigen rivalisierende Sasinböcke den gleichen Parallelmarsch wie Grantböcke, allerdings nicht deren hohes Kopf-Zuwenden. Eine Grenzbegegnung zwischen territorialen Sasinböcken endet vielfach mit gemeinsamem Äsen in verschiedenen Orientierungen zueinander – wie bei territorialen Tommyböcken. Bei der Werbung folgt der Bock der Geiß mit anhaltend aufgerichtetem Hals und angehobenem Haupt wie ein Grantbock, und er »steilt auf« mit zum Himmel gerichteter Nase wie ein Tommybock; nur ist das Aufsteilen bei der Hirschziegenantilope häufiger und anhaltender. Die Ohren des werbenden wie des imponierenden Sasinbockes weisen nach unten, und der Schwanz ist auf den Rücken geklappt. Beides findet sich in dieser Form nicht bei Gazellen, läßt sich aber als »Übertreibung« der Ohren- bzw. Schwanzhaltung einiger Gazellenarten im Werbungsritual auffassen. Das betonte Vorsetzen eines Vorlaufs, das beim werbenden Sasinbock häufig mit dem Aufsteilen einhergeht, ist zweifellos ein »Relikt« des bei Gazellen so weitverbreiteten Laufschlags.

Harnen und Koten der Sasinböcke verlaufen in gleicher Folge und in gleichen Haltungen wie bei Gazellenböcken. Auch die Anlage von Kothaufen ist im wesentlichen gleich, nur ist das »Kotzeremoniell« nach E. C. Mungalls Beobachtungen etwas »ausgebauter«, da der Sasinbock oft einleitend an einem Kothaufen riecht und dabei flehmt, im Kot scharrt und manchmal sogar darin mit den Hörnern forkelt. Später legt er sich vielfach auf einem Kothaufen zur Ruhe nieder, was von Gazellen nicht bekannt ist.

Das Markieren von Stengeln, Ästen und dergleichen entspricht wieder völlig dem Verhalten eines Tommybockes, nur ist das Voraugendrüsensekret der Hirschziegenantilope fast unsichtbar, bestenfalls ein glasiger Überzug. Daß werbende und kämpferisch erregte Sasinböcke die Voraugendrüsen weit öffnen, war von altersher bekannt. Das Markieren von Objekten aber hat erst Heini Hediger in den vierziger Jahren beschrieben.

Die Sozialeinheiten entsprechen völlig dem von Gazellen gewohnten Bild. Einzelheiten des Revierverhaltens hat hier besonders die Amerikanerin Elizabeth Cary Mungall zunächst in Texas, später auch in Indien studiert. Ein Sasinbock steht meist zwei Wochen bis acht Monate in seinem Revier. Nach einer Zeit der Abwesenheit kann er zu seinem alten Revier zurückkehren. Die Reviergröße reicht in Texas von etwas mehr als 1 bis zu rund 13 Hektar, in Indien gewöhnlich von 3 bis 17 Hektar. Jedoch gibt es in Indien einige Orte, etwa den Velavadar-Nationalpark, wo wesentlich kleinere, nur ein drittel Hektar große Reviere in einem dichten Mosaik zusammengedrängt sind. Natürlich kann sich ein Bock auf so kleinem Raum nicht längere Zeit ernähren. Er muß daher täglich sein Revier zum Äsen verlassen, was übrigens auch bei weit größeren Territorien manchmal vorkommt. Dann »mogelt« sich ein Bock in Demuthaltung durch die umliegenden Reviere hindurch, wird

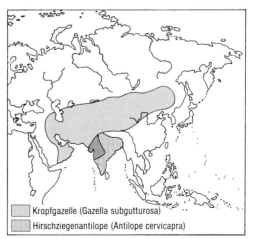

Kropfgazelle (Gazella subgutturosa)
Hirschziegenantilope (Antilope cervicapra)

▷ Indien ist die angestammte Heimat der prachtvollen Hirschziegenantilopen oder Sasins. Dort leben heute nur noch rund zehntausend Tiere - weit weniger als in Texas, wo die Art mit Erfolg angesiedelt wurde und sich kräftig vermehrte. Der Sasinbock trägt, im Unterschied zu den hornlosen Weibchen, ungewöhnlich lange, schraubig gewundene und stark gerillte Hörner.

auch gelegentlich von deren Inhabern gehetzt und zeigt das »selbstbewußte« Gebaren eines territorialen Bockes erst wieder, wenn er auf eigenen Grund und Boden zurückgekehrt ist.

Die GIRAFFENGAZELLE oder der GERENUK *(Litocranius walleri)* bewohnt so gut wie ausschließlich den »Busch«, also den Trockenwald mit vielen Sträuchern und nicht sonderlich hohen Bäumen. Beim Laubäsen richtet er sich oft auf den Hinterläufen auf und kann sich dann so gut im Kreuz ausbalancieren, daß er völlig frei steht. Oft stützt er sich allerdings wenigstens mit einem Vorderlauf an einem Ast oder am Stamm auf. In zoologischen Gärten haben Giraffengazellen so lange kein Wasser angenommen, daß man es ihnen schließlich überhaupt nicht mehr anbot. Diese Tiere haben dann nachweislich ihr Leben lang, manche also über zehn und zwölf Jahre, kein Wasser getrunken. In Freiheit sind jedoch inzwischen Gerenuks beim Trinken gesehen worden, wenn auch sehr selten. Sie zählen zweifellos zu den Hornträgern mit dem geringsten Wasserbedürfnis.

Im Gegensatz zu anderen Gazellen bilden die Gerenuks auch bei guten Beständen nur kleine Rudel. Der größte Verband, den Walter Leuthold, der die Giraffengazellen im Tsavo-Nationalpark in Kenia jahrelang studiert hat, jemals sah, war 13 Tiere stark. Mit einer Größe von 130 bis 340 Hektar übertreffen die Reviere der Gerenukböcke alles, was wir sonst an Reviergrößen von Gazellen gewohnt sind. Die Inhaber behalten ihre Reviere jahrelang bei, und es werden hier anscheinend sämtliche Altböcke territorial, so daß die Bockrudel nur aus Jungböcken bestehen. Vielfach bleiben einige Geißen ständig im Revier eines bestimmten Bockes, wahrscheinlich weil ihr Aufenthaltsgebiet auch nicht wesentlich größer ist und mehr oder weniger mit seinem Revier zusammenfällt. Verjagen von Junggesellen durch territoriale Böcke wurde beobachtet, jedoch sah Leuthold nicht eine einzige kämpferische Auseinandersetzung zwischen Revierinhabern.

Wenn auch somit das Verhalten des Gerenuks in einigen Punkten vom »Gazellenschema« abweicht, erweist er sich in anderer Hinsicht als rechte Gazelle. Das Anlegen von Kothaufen entspricht völlig dem gewohnten Bild. Dasselbe gilt auch vom Markieren von Stengeln, Dornen und Ästchen mit Voraugendrüsensekret. Außerdem markiert der Bock auch noch die Geißen an Bug und Kruppe. Im Paarungszeremoniell sind hochgereckte Treibhaltung, Laufschläge und zweibeiniges Laufen des Bockes hinter der Geiß bei Ansprüngen und Begattung typisches Gazellenverhalten. Der Laufschlag ist beim Gerenuk sogar besonders häufig und stark ritualisiert. Natürlich sind die Kitze Ablieger, und der allen Gazellen eigene Paßgang ist beim Gerenuk wegen seiner langen Beine besonders auffällig.

Wenn beunruhigt, stehen Giraffengazellen zunächst völlig regungslos, mit hochgerecktem Hals, frontal zur Störungsquelle ausgerichtet. Sie sind dann im Busch oft schwer zu erkennen. Erst wenn die Gefahr sich nähert, gehen sie im Galopp oder Trab ab.

Glücklicherweise befinden sich innerhalb des Verbreitungsgebietes mehrere Nationalparks mit ganz guten Beständen. Trotzdem gelangen Giraffengazellen ziemlich selten in Tiergärten, und nur im Frankfurter Zoo ist es bisher gelungen, von einem Paar ausgehend eine Gruppe aufzubauen und 20 Jahre lang in Blüte zu halten. Hauptsächlich infolge von Inzucht ist sie danach erloschen.

Noch seltener als der Gerenuk gelangt der DIBATAG, die STELZEN- oder LAMAGAZELLE *(Ammodorcas clarkei),* in zoologische Gärten. In Europa hat nur Franco Cu-

Zwei Szenen aus dem Paarungszeremoniell der afrikanischen Dibatags, die wegen ihrer langen Beine und Hälse auch Lama- oder Stelzengazellen genannt werden: Der Bock markiert die Geiß mit seinen Voraugendrüsen (links), und die Geiß nimmt flehmend Witterung an Urin und Penis des harnenden Bockes auf (rechts).

GAZELLEN UND VERWANDTE

Ein »aufrechter« Gerenukbock. Die Gerenuks oder Giraffengazellen sind wie die Dibatags sehr langhalsig und langbeinig, und wie diese richten sie sich beim Laubäsen häufig und lange auf den Hinterläufen auf. So können beide Arten ein Nahrungsangebot nutzen, das den anderen Gazellen verschlossen bleibt.

neo im Zoo von Neapel einige Jahre lang Dibatags gehalten. Recht abweichend vom »allgemeinen Gazellentypus« ist das halbmondförmige Gehörn des Bockes, das an die Hörner der Riedböcke erinnert. In sonstigen Körpermerkmalen wie auch im Verhalten stimmt der Dibatag jedoch mit den Gazellen überein. Der Schwanz ist zwar außergewöhnlich lang, entspricht in seiner Struktur aber völlig dem Schwanz einer Kleingazelle.

Wie der Gerenuk ist auch der Dibatag im Schritt ein ganz ausgeprägter Paßgänger. Zum Galopp neigt er wenig. Nur zu Anfang einer Flucht macht er meist ein paar Galoppsprünge, fällt dann aber sehr bald in (Kreuz-)Trab, wobei er Hals und Schwanz steil aufrichtet. Gleich der Giraffengazelle kann sich eine laubäsende Stelzengazelle auf den Hinterläufen aufrichten, und ebenso markiert ein Bock die Geiß mit Voraugendrüsensekret, besonders am Hinterteil.

Bei dem Paar im Zoo von Neapel war die beiderseitige Harn- und Kotabgabe an einen bestimmten Platz im Gehege gebunden und zudem noch mit einem »Flehmzeremoniell« kombiniert, in dessen Verlauf sich Bock und Geiß wechselweise und unmittelbar nacheinander den Harn des Partners über die Nase laufen ließen und flehmten. Wie die Frankfurter Gerenuks haben übrigens auch die Dibatags in Neapel kein Wasser zu sich genommen.

Das Verbreitungsgebiet des Dibatags ist von Natur aus sehr klein. Obgleich er derzeit wohl noch nicht zu den unmittelbar bedrohten Arten zu zählen ist, wären vorbeugende Schutzmaßnahmen dringend erforderlich.

Nebst den für Gazellen so typischen Prellsprüngen tritt beim SPRINGBOCK *(Antidorcas marsupialis)* eine abgewandelte Form auf, die die Buren als »Prunken« (englisch: *pronking*) bezeichnen. Die erste, wirklich genaue Beschreibung hat Cronwright-Schreiner vor mehr als 60 Jahren gegeben: »Die Haltung des prunkenden Springbocks ähnelt der eines bockenden Pferdes. Der Kopf ist fast bis zu den Füßen gesenkt, und die Läufe hängen gestreckt herab, so daß sich die Vorder- und Hinterhufe beinahe berühren. Dadurch wölbt sich der Rücken zum Buckel. Die Hüften werden herabgedrückt, wodurch die Beine übermäßig lang erscheinen. Im Nu stößt sich der Bock von der Erde ab und schießt senkrecht empor zu einer schier unglaublichen Höhe. Einen Augenblick

GAZELLEN UND VERWANDTE

Gazellen und Verwandte (Antilopinae)

Name deutscher Name wissenschaftlicher Name englischer Name (E) französischer Name (F)	Körpermaße Kopfrumpflänge (KRL) Schwanzlänge (SL) Standhöhe (SH) Gewicht (G)	Auffällige Merkmale	Fortpflanzung Tragzeit (Tz) Zahl der Jungen je Geburt (J) Geburtsgewicht (Gg)
Damagazelle *Gazella (Nanger) dama* mit, je nach Auffassung, 3–9 Unterarten E: Addra, Dama gazelle F: Gazelle dama	KRL: 140–165 cm SL: 25–35 cm SH: 90–120 cm G: 40–75 kg	Hörner des Männchens 20–43 cm lang, leierartig, flach nach hinten geschwungen; Hörner des Weibchens ähnlich, aber kürzer, dünner und glatter; Voraugendrüsen vorhanden, aber klein; Voraugenstreif fehlend bis schwach angedeutet; Nasenrücken-Stirn-Region bei Erwachsenen weiß, bei Kitzen hellbraun; weißer Spiegel greift über Schwanzwurzel hinaus auf Rücken und vereinigt sich mit dem Weiß der Körperunterseite; von Westen nach Osten nimmt das Weiß in der Gesamtfärbung zu	Tz: 6½ Monate J: 1 Gg: wahrscheinlich etwa wie Grantgazelle (s.u.)
Sömmerringgazelle *Gazella (Nanger) soemmeringi* mit 3 Unterarten E: Aoul, Soemmering's gazelle F: Gazelle de Soemmering	KRL: 125–150 cm SL: 18–28 cm SH: 85–92 cm G: 35–45 kg	Hörner des Männchens bis zu 58 cm lang, leierartig mit Spitzen nach innen; Hörner des Weibchens wesentlich dünner, weniger geschwungen, glatter, bis zu 40 cm lang; Kopf mit stark kontrastierender »Gazellzeichnung«; Voraugendrüsenöffnung klein; weißer Spiegel greift über Schwanzwurzel hinaus auf Rücken; Schwanz weiß mit schwarzer Endquaste	Tz: 6–6½ Monate J: 1 Gg: 3,5–4,5 kg
Grantgazelle *Gazella (Nanger) granti* mit 9 Unterarten E: Grant's gazelle F: Gazelle de Grant	KRL: ♂♂ 130–150 cm, ♀♀ 95–110 cm SL: 25–35 cm SH: ♂♂ 85–95 cm, ♀♀ 80–85 cm G: ♂♂ 55–80 kg, ♀♀ 35–50 kg	Hörner des Männchens 50–80 cm lang, S-förmige Welle, bei Weithorn-Grantgazelle obere Hälfte nach außen abbiegend, Spitze abwärts; Hörner der Weibchen wesentlich schwächer, weniger geschwungen, glatter, nur 30–43 cm lang; Stirn und Nasenrücken rotbraun; schwarzer Dreiecksfleck oberhalb der Nüstern; Voraugendrüsenöffnung verhältnismäßig klein; Leistendrüsen fehlen; weißer Spiegel greift über Schwanzwurzel hinaus auf Rücken; Schwanzunterseite schwarz, -oberseite weiß mit schwarzem Endabschnitt	Tz: 6 Monate J: 1 Gg: ♂♂ 5,4–7,3 kg, ♀♀ 5–5,5 kg
Dünengazelle *Gazella (Gazella) leptoceros* E. Rhim, Loder's gazelle, Slenderhorned gazelle F: Rhim, Gazelle leptocère, Gazelle à cornes grêles	KRL: 100–110 cm SL: 15–20 cm SH: 65–72 cm G: 20–30 kg	Hörner des Männchens 30–41 cm lang, schwach S-förmig, schlank, steil; Hornlänge beim Weibchen 20–28 cm; Hautdrüsen und Schwanz wie Thomsongazelle (s.u.); auffallend helle – isabell bis weißgelbe – Körperfarbe; »Gazellenzeichnung« des Kopfes verhältnismäßig schwach	Tz: 5–5½ Monate J: 1 Gg: 1,8–2 kg
Edmigazelle, Echtgazelle *Gazella (Gazella) gazella* mit 4 Unterarten E: Mountain gazelle, Edmi gazelle, Cuvier's gazelle F: Edmi, Gazelle de Cuvier	KRL: 95–105 cm SL: 15–20 cm SH: 60–80 cm G: ♂♂ 20–35 kg, ♀♀ 15–20 kg	Hörner des Männchens 25–37 cm lang, S-förmig, nicht so steil wie bei Thomsongazelle, aber wesentlich steiler als bei Dorkasgazelle; Hörner des Weibchens dünner und glatter, 25–30 cm lang; Gesamtfarbe etwas dunkler als andere Gazellen; meist annähernd ovaler, schwarzer Fleck auf Mitte des Nasenrückens; Schwanz schwarz und vergleichsweise dünn	Tz: um 6 Monate J: 1 Gg: etwa 2–3 kg
Dorkasgazelle *Gazella (Gazella) dorcas* mit 9 Unterarten E: Dorcas gazelle F: Gazelle dorcas	KRL: 90–110 cm SL: 15–20 cm SH: 55–65 cm G: 15–20 kg	Hörner des Männchens 25–38 cm lang, S-förmig, stark nach rückwärts geschwungen; Hörner des Weibchens wesentlich dünner, glatter und steiler, 15–20 cm lang; braunes Flankenband; Voraugendrüsen schwächer ausgeprägt als bei Thomsongazelle (s.u.), sonstige Hautdrüsen, Schwanz usw. wie bei dieser; kein schwarzer Fleck auf Nasenrücken, statt dessen beim Altbock eine quer verlaufende Hautfalte; Nasenspiegel fehlt, 2 Zitzen	Tz: um 6 Monate J: 1, selten 2 Gg: 1,3–1,7 kg
Spekegazelle *Gazella (Gazella) spekei* E: Speke's gazelle F: Gazelle de Speke	KRL: 95–105 cm SL: 15–20 cm SH: 50–60 cm G: 15–25 kg	Hörner des Männchens 25–31 cm lang, S-förmig nach rückwärts geschwungen; Hörner des Weibchens dünner und steiler, weniger geschwungen, 15–25 cm lang; oberhalb der Nüstern bei beiden Geschlechtern 3–5 quer verlaufende Hautfalten, die zur Größe eines halben Tennisballs aufgeblasen werden können, sonst Dorkasgazelle sehr ähnlich	Tz: 6–7 Monate J: 1 Gg: wahrscheinlich wie Dorkasgazelle
Rotstirngazelle *Gazella (Gazella) rufifrons* mit 7 Unterarten E: Red-fronted gazelle F: Gazelle à front roux, Gazelle corinne	KRL: ♂♂ 110–120 cm, ♀♀ 105–110 cm SL: ♂♂ 19–25 cm, ♀♀ 20 cm SH: ♂♂ 68–92 cm, ♀♀ 65–70 cm G: 25–35 kg, ♀♀ 20–25 kg	Hörner des Männchens denen der Thomsongazelle (s.u.) ähnlich, jedoch oft kürzer, 22–35 cm; Hörner des Weibchens 15–25 cm; etwas größer und stärker als Thomsongazelle, der sie sonst weitgehend ähnelt; auffallend rote Stirn; schwarzes, aber sehr schmales Flankenband, das in ein breiteres braunes Band eingebettet ist	Tz: etwa 6 Monate J: 1 Gg: 2,5–3,2 kg
Thomsongazelle *Gazella (Gazella) thomsoni* mit 15 (?) Unterarten E: Thomson's gazelle, »Tommy« F: Gazelle de Thomson	KRL: ♂♂ 90–110 cm, ♀♀ 80–105 cm SL: 19–27 cm SH: ♂♂ 60–65 cm, ♀♀ 55–62 cm G: 20–30 kg, ♀♀ 15–22 kg	Hörner des Männchens 25–43 cm lang, schwach S-förmig gebogen, steil nach oben gerichtet; Hörner des Weibchens 7–15 cm lang, gerade, bleistiftdünn, oft deformiert, verkrüppelt, abgebrochen; ausgeprägte »Gazellenzeichnung« des Gesichts; im rotbraunen Stirn-Nasen-Band schwarzer Fleck oberhalb der Nüstern, der individuell stark variiert; Voraugendrüsen besonders beim Männchen stark ausgeprägt, tiefe »Taschen« mit senkrechtem Schlitz; Leistendrüsen vorhanden, stark sezernierend; breites, schwarzes Flankenband; deutliche Keulenzeichnung um weißen Spiegel; Schwanz schwarz; Kitze bis höchstens 2 Wochen dunkler gefärbt	Tz: 5–6 Monate J: 1 Gg: 2,2–3 kg

DIE ARTEN IM VERGLEICH

Lebensablauf Entwöhnung (Ew) Geschlechtsreife (Gr) Lebensdauer (Ld)	Nahrung	Feinde	Lebensweise und Lebensraum	Häufigkeit
Ew: wahrscheinlich etwa wie Grantgazelle Gr: wahrscheinlich etwa wie Grantgazelle Ld: wahrscheinlich um 12 Jahre	Akazien- und Strauchlaub, Gräser und Kräuter; Wasserbedürfnis verhältnismäßig gering	Wie Sömmerringgazelle (s.u.)	In offener Buschsteppe, Grassteppe, Halbwüste und Wüste; jahreszeitliche Wanderungen und jahreszeitlich begrenzte Paarungszeiten; Lebensweise sonst wahrscheinlich der Sömmerringgazelle recht ähnlich	Mhorrgazelle gefährdet; Art potentiell bedroht; in weiten Gebieten stark bejagt, nirgends geschützt
Ew: spätestens mit 6 Monaten G: angeblich mit 1½ Jahren Ld: bis 14 Jahre nachgewiesen	Vorwiegend Gras und Kräuter; Wasserbedürfnis verhältnismäßig gering; mineralhaltige Erde und Salz werden gern aufgenommen	Gepard, Hyänenhund, Löwe, Leopard, Hyänen, Python, für Kitze auch Schakale, Serval, Karakal, Honigdachs, Adler	In Buschsteppengelände mit Akazien sowie baumarmer Steppe in Ebenen; im Sudan jahreszeitliche Wanderungen, gesellig, in Verbänden von 3–150 und mehr Tieren; Männchen- und Weibchengruppen, gemischte Herden sowie Harems oder Pseudoharems; Altböcke werden territorial; Kitze liegen ab	Potentiell gefährdet; stark bejagt, nirgends geschützt; im südlichen Somaliland ausgerottet
Ew: wie Sömmeringgazelle Gr: Weibchen mit 9–12, Männchen mit 18–24 Monaten Ld: um 12 Jahre	Vorwiegend Laub, Gras und Kräuter; geringes Wasserbedürfnis	Wie Sömmeringgazelle; für Kitze auch Paviane	In offener Grassteppe (im Norden auch Halbwüste), gelegentlich auch mit vergleichsweise lockeren Waldgebieten in Flach- und Hügelland; Männchen- und Weibchengruppen von 2–50 Tieren, Haremsgruppen mit meist 10–20, gemischte Herden mit bis zu 600 und mehr Mitgliedern; Altböcke werden territorial; Kitze liegen ab; Reviergröße 15–60 ha	In den Nationalparks innerhalb des Verbreitungsgebietes verhältnismäßig häufig, Bestand daher derzeit gesichert
Ew: wahrscheinlich wie Thomsongazelle (s.u.) Gr: Weibchen mit 6–9, Männchen mit etwa 18 Monaten Ld: 14 Jahre nachgewiesen	Gräser, Kräuter, Laub von Büschen; geringer Wasserbedarf	Wahrscheinlich ähnlich wie Thomsongazelle, soweit im Verbreitungsgebiet (noch) vorhanden	In weichbodiger Sandwüste mit spärlichem Pflanzenwuchs; über Lebensweise wenig bekannt, wahrscheinlich ähnlich der Dorkasgazelle (s.u.)	Potentiell gefährdet; in weiten Teilen des Verbreitungsgebietes ausgerottet; stark bejagt; nirgends geschützt
Ew: wahrscheinlich wie Dorkasgazelle (s.u.) Gr: wahrscheinlich wie Dorkasgazelle Ld: 12 Jahre nachgewiesen	Gräser, Kräuter, Laub, Früchte, Gemüse; Trinkbedürfnis größer als bei manchen anderen Gazellen	Leopard, Wolf, für Kitze auch Schakale, Falbkatze, Adler; früher auch Löwe, Gepard, Karakal, Serval	In sandig-steiniger Ebene, Bergen und Hügeln, Buschsteppe, Akaziensavanne, bebauten Feldern; in Männchen- und Weibchenrudeln bis zu 40 Köpfen; früher auch größere (gemischte?) Herden; Altböcke werden territorial; Kitze liegen ab; Reviergröße 100–220 ha	Art potentiell gefährdet; überall stark zurückgegangen; in Israel und zum Teil auch in Indien nunmehr geschützt
Ew: nach 2–3 Monaten Gr: etwa wie Thomsongazelle (s.u.) Ld: bis 12½ Jahre nachgewiesen	Gräser, Kräuter, Blätter, Blüten, Sukkulenten; Wasserbedürfnis gering	Im allgemeinen wie Thomsongazelle, soweit im Verbreitungsgebiet noch vorhanden	In Savanne, Halbwüste und Wüste; Hartbodenwüste, auch Steinwüste (Hammada), wird Sandwüste vorgezogen, in letzterer mehr am Rande in Dünentälern mit Pflanzenwuchs; Männchen- und Weibchenrudel bis zu 40 Tieren, gemischte Herden bis 100 Köpfe; Altböcke werden territorial. Kitze liegen 2–6 Wochen ab; periodische Brunft- und Setzzeiten	Vermutlich bedroht; in vielen Gebieten des ehemals sehr großen Verbreitungsraums weitgehend ausgerottet; stark bejagt; außer in Israel nirgends geschützt
Wahrscheinlich wie Dorkasgazelle	Gräser, Kräuter, Laub; Wasserbedarf vermutlich gering	Wie Thomsongazelle (s.u.), soweit im Verbreitungsgebiet noch vorhanden	In steiniger Strauch- und Grassteppe, Halbwüste; in Trupps bis zu 20 Köpfen; weitere Einzelheiten der Lebensweise nicht bekannt, vermutlich ähnlich der Dorkasgazelle	Vermutlich bedroht; stark bejagt; nirgends geschützt
Ew: wahrscheinlich wie Thomsongazelle Gr: wahrscheinlich wie Thomsongazelle Ld: rund 12 Jahre nachgewiesen	Gräser, Kräuter, Laub; Wasserbedarf gering	Wie Thomsongazelle	In Gras- und offener Dornbuschsteppe, bewachsenen Sanddünen; jahreszeitliche Wanderungen nach Norden (Regenzeit) oder Süden (Trockenzeit); Lebensweise wahrscheinlich der der Thomsongazelle recht ähnlich, jedoch sind die Gruppen wesentlich kleiner – wahrscheinlich infolge Dezimierung durch den Menschen	Vermutlich bedroht; in manchen Teilen des Verbreitungsgebietes ausgerottet
Ew: mit etwa 3 Monaten Gr: Weibchen mit etwa 9, Männchen mit etwa 18 Monaten Ld: 10½ Jahre nachgewiesen	Gräser und Kräuter, daneben Laub; gelegentlich Erde; Trinken zur Regenzeit nicht nötig	Gepard, Hyänenhund, Löwe, Leopard, Tüpfelhyäne, Python; für Kitze auch Schakale, Paviane, Serval, Honigdachs, Adler	In offener Kurzgrassteppe, (sehr) lichtem Buschwald; jahreszeitliche Wanderungen; Setzzeit ganzjährig; Männchen- und Weibchengruppen von 2–100, gemischte Herden von 3–700 Köpfen und »Konzentrationen« bei Tausenden sowie Pseudoharems bei territorialen Altböcken; Kitze liegen ab; Reviergröße 0,3–10, meist 1–5 ha	Besonders in den Nationalparks innerhalb des Verbreitungsgebietes häufig; Bestand daher derzeit gesichert

GAZELLEN UND VERWANDTE

Name deutscher Name wissenschaftlicher Name englischer Name (E) französischer Name (F)	Körpermaße Kopfrumpflänge (KRL) Schwanzlänge (SL) Standhöhe (SH) Gewicht (G)	Auffällige Merkmale	Fortpflanzung Tragzeit (Tz) Zahl der Jungen je Geburt (J) Geburtsgewicht (Gg)
Kropfgazelle *Gazella (Trachelocele) subgutturosa* mit 7 Unterarten E: Goitered gazelle, Persian gazelle F: Gazelle à goitre	KRL: ♂♂ 95–115 cm, ♀♀ 90–110 cm SL: 15–20 cm SH: ♂♂ 65–80 cm, ♀♀ 60–72 cm G: ♂♂ 22–33 kg, ♀♀ 18–29 kg	Hörner des Männchens 25–43 cm lang, S-förmig, nach hinten-oben, an der Spitze einwärts geschwungen, stark auseinanderstrebend; Weibchen hornlos, gelegentlich mit ganz kleinen Hörnern; »Gazellenzeichnung« des Gesichts nur bei jugendlichen Tieren ausgeprägt; bei älteren Tieren die Stirn-Nasenrücken-Region weiß; Voraugendrüsen beim Männchen stark entwickelt; »Adamsapfel«-artige Bildung am Hals des Männchens; deutlicher Wechsel zwischen Sommer- und Winterfell	Tz: 5–6 Monate J: 1 oder – meistens – 2, selten 3 oder 4 Gg: 2,7–3,1 kg
Tibetgazelle, Goa *Procapra (Procapra) picticaudata* mit 2 Unterarten E: Tibetan gazelle, Goa F: Gazelle du Thibet	KRL: um 95 cm SL: 2–8 cm SH: 60–66 cm G: um 20 kg	Hörner des Männchens 30–36 cm lang; Hinterhorndrüse vorhanden; Voraugen-, »Knie«-(Carpal-) und Leistendrüsen fehlen; Schwanz sehr kurz, weiß mit schwarzer Spitze; Nasenstreif fehlt; Voraugenstreif fehlt; 2 Zitzen; Haarkleid im Sommer kurz, im Winter mittellang, dicht und wollig; Ohren kurz und dicht behaart	Tz: um 6 Monate J: 1, selten 2 Gg: nicht bekannt
Mongoleigazelle, Kropfantilope, Zeren *Procapra (Prodorcas) gutturosa* mit 2 Unterarten E: Mongolian gazelle, Zeren F: Gazelle de la Mongolie	KRL: ♂♂ 105–150 cm, ♀♀ 100–130 cm SL: 8–12 cm SH: ♂♂ 62–84 cm, ♀♀ 54–74 cm G: ♂♂ 24–39 kg, ♀♀ 20–32 kg	Hörner des Männchens 25–40 cm lang, leierförmig nach hinten-oben geschwungen; Voraugen-, Carpal- und Leistendrüsen vorhanden; Männchen mit Stirnschopf und übergroßem Kehlkopf mit Maulblase; sonst wie Tibetgazelle	Tz: wahrscheinlich 5–6 Monate J: 2, selten 1 oder 3 Gg: nicht bekannt
Hirschziegenantilope, Sasin *Antilope cervicapra* mit 4 Unterarten E: Blackbuck, Indian blackbuck F: Antilope cervicapre	KRL: ♂♂ 120–150 cm, ♀♀ 100–140 cm SL: 10–17 cm SH: ♂♂ 70–85 cm, ♀♀ 60–75 cm G: ♂♂ 30–35 kg, ♀♀ 25–40 kg	Hörner des Männchens 35–73 cm lang, schraubig gewunden, gerillt; Weibchen normalerweise hornlos; Voraugen-, Zwischenzehen- und Leistendrüsen vorhanden; 2 Zitzen; starker Färbungsunterschied der Geschlechter; Männchen oberseits schwarz, Weibchen gelbbraun	Tz: 5–6 Monate J: 1 Gg: 3–4 kg
Giraffengazelle, Gerenuk *Litocranius walleri* mit 2 oder 3 Unterarten E: Gerenuk, Waller's gazelle, Giraffegazelle F: Gérénuk, Gazelle de Waller, Gazelle girafe	KRL: ♂♂ 155–160 cm, ♀♀ 140–155 cm SL: 25–35 cm SH: ♂♂ 95–105 cm, ♀♀ 90–100 cm G: ♂♂ 35–50 kg, ♀♀ 30–40 kg	Hörner nur beim Männchen, 25–44 cm lang, S-förmig nach oben-hinten geschwungen; sehr lange Beine und sehr langer Hals, der beim Männchen wesentlich dicker ist als beim Weibchen; Kopf mit typischer »Gazellenzeichnung«; runder Schwanz mit Endquaste; Voraugen-, Handwurzel- und Zwischenzehendrüsen vorhanden; Leistendrüsen fehlen; 4 Zitzen	Tz: um 7 Monate J: 1 Gg: rund 3 kg
Dibatag, Stelzengazelle, Lamagazelle *Ammodorcas clarkei* E: Dibatag, Clarke's gazelle F: Dibatag, Gazelle de Clarke	KRL: 152–168 cm SL: 30–36 cm SH: 80–88 cm G: ♂♂ 28–35 kg, ♀♀ 22–29 kg	Hörner nur beim Männchen, halbmondförmig, 25–33 cm lang; sehr langbeinig und -halsig; Kopf mit typischer »Gazellenzeichnung«; Schwanz schwarz, bis zum Fersengelenk reichend; Voraugendrüsen und »Kniebürstchen« vorhanden; Zwischenzehen- und Leistendrüsen fehlen; 4 Zitzen	Tz: wahrscheinlich 6–7 Monate J: 1 Gg: nicht bekannt
Springbock *Antidorcas marsupialis* mit 3 Unterarten E: Springbuck, Springbok F: Antidorcas, Springbok	KRL: ♂♂ 125–150 cm, ♀♀ 120–145 cm SL: ♂♂ 25–32 cm, ♀♀ 20–27 cm SH: ♂♂ 75–90 cm, ♀♀ 68–80 cm G: ♂♂ 25–45 kg, ♀♀ 20–30 kg	Hörner der Männchen S-förmig, leierartig, Spitzen einwärts gebogen, 28–48 cm; Hörner der Weibchen gleichgeformt, jedoch dünner und glatter, 16–28 cm; Voraugen- und Zwischenzehendrüsen vorhanden; Haut entlang der Wirbelsäule von Rückenmitte bis kurz vor Schwanzwurzel doppelt eingefaltet; Stirn und Nasenrücken zeigen nur in der Jugend ein hellbraunes Band; bei voll erwachsenen Tieren ist diese Region weiß; dunkler Voraugenstreif, dunkles Flankenband sowie dunkle »Rahmung« des weißen Spiegels vorhanden; Schwanz weiß mit schwarzer, quastenartig langer Endzeile	Tz: 5½–6 Monate J: 1 Gg: 4–5 kg

lang scheint er mit gebuckeltem Rücken in der Luft zu hängen, dann fällt er nieder. Sobald er die Erde berührt hat, fährt er schon wieder wie eine Rakete in die Luft empor – vielleicht in einem gewaltigen Satz vorwärts und so hoch wie zuvor. Für eine Sekunde sieht man ihn in der Luft hängen mit fächerartig entfalteter Rückenmähne, deren lange, weiße Haare in der Sonne glitzern, und weiß aufleuchtendem Spiegel. Die Läufe und das Haupt hängen wie zusammengebündelt unter dem Körper ... Sieh' da, die kleinen Kitze können all das auch – köstliche Geschöpfchen mit kurzen Körpern und langen Beinen, gerade erst ein paar Tage alt, die da mit aufgefächerter Rückenmähne feengleich im Sonnenschein tanzen ...«

Seltsamerweise meint Cronwright-Schreiner anschließend – wie so mancher vor und nach ihm –, das »Prunken« diene dazu, weiterum nach Raubfeinden Ausschau zu halten. Anscheinend ist ihm nicht aufgefallen, daß das tiefe Kopfsenken, das er zuvor so

DIE ARTEN IM VERGLEICH

Lebensablauf Entwöhnung (Ew) Geschlechtsreife (Gr) Lebensdauer (Ld)	Nahrung	Feinde	Lebensweise und Lebensraum	Häufigkeit
Ew: nach 4–5 Monaten Gr: etwa wie Thomsongazelle Ld: 10–12 Jahre	Gräser, Kräuter, Blätter, Triebe	Weitgehend wie bei Edmigazelle	In Wüsten und Halbwüsten mit hartem Boden und spärlichem Pflanzenwuchs, in Ebenen, Hügelland und Hochebenen bis 2000 m; jahreszeitliche Wanderungen; Paarungszeit November-Januar; Setzzeit April-Mai; gesellig; Altböcke werden territorial; Kitze liegen ab	Arabische Kropfgazelle gefährdet; Art in einigen Teilen des weiten Verbreitungsgebietes ausgerottet; stark bejagt
Ew: nicht bekannt Gr: vielleicht mit 1½ Jahren Ld: vermutlich um 10 Jahre	Gräser und Kräuter, Blätter und Triebe von Sträuchern	Wolf, Kragenbär	In wüsten-, halbwüsten- steppenartigen Ebenen und Hochebenen und deren Schluchten zwischen 4000 und 6000 m Höhe; im Sommer Männchen- und Weibchenrudel getrennt, im Winter größere Herden; ausgedehnte jahreszeitliche Wanderungen; Brunftzeit Dezember/Januar; Setzzeit im Mai	Nicht bekannt
Ew: wahrscheinlich nach etwa 5 Monaten Gr: vielleicht mit 1½ Jahren Ld: vermutlich um 10 Jahre	Gräser und Kräuter	Wolf	In Grassteppen, meidet Wüsten, besonders Steinwüsten; gesellig, im Sommer in Männchen- und Weibchenrudeln, im Winter in sehr großen gemischten Herden, bei Wanderungen über große Strecken zu Tausenden; Paarungszeit von Mitte November bis Januar; Setzzeit Mai-Juni	Nicht bekannt
Ew: wahrscheinlich ähnlich Thomsongazelle Gr: mit 1½–2 Jahren, Weibchen manchmal schon mit 8 Monaten Ld: 10–12, ausnahmsweise 15 Jahre	Gräser, Kräuter, Blätter, Knospen, Feldfrüchte; Wasser kann längere Zeit entbehrt werden	Gepard, Wolf, Pariahunde; selten Tiger und Leopard; für Kitze auch Schakale, Füchse, Adler, Wildschweine	In offenem Flach- und Hügelland, Parklandschaft; in Männchen- und Weibchengruppen sowie gemischten Herden; Altböcke werden territorial; Fortpflanzung nicht jahreszeitlich gebunden; Kitze liegen ab; Reviergröße 0,3–20 ha, meist 2–9 ha	In Indien stark zurückgegangen, mindestens 1 Unterart gefährdet; jedoch erfolgreich in Argentinien und Texas eingeführt
Ew nicht bekannt Gr: Weibchen etwa mit 1, Männchen mit 1½ Jahren Ld: 10–12 Jahre	Strauch- und Baumlaub nebst -trieben, -knospen, -früchten und Blüten; weitestgehend unabhängig von Wasser	Gepard, Leopard, Löwe, Hyänenhund, Hyänen; für Kitze auch Serval, Karakal, Honigdachs, Adler	In Buschsteppe und lichtem Wald, in Ebene und Hügelland; Altböcke werden territorial; kleine Haremsgruppen und Weibchenrudel; auch Jungböcke in Rudeln; Gruppengröße meist unter 10 Tieren; Kitze liegen ab; laubäsende Tiere stehen oft und lange auf Hinterläufen; Reviergröße 130–340 ha	Namentlich in den Nationalparks innerhalb des Verbreitungsgebietes nicht selten, wenn auch nirgends in großen Mengen
Ew: nicht bekannt Gr: nicht bekannt Ld: wahrscheinlich 10–12 Jahre	Vorwiegend Strauch- und Baumlaub und -triebe; Wasserbedürfnis äußerst gering	Gepard, Löwe, Hyänen und Hyänenhund; für Kitze auch Serval, Karakal, Honigdachs und Adler	In sandiger bis grasiger, locker bestandener Buschsteppe mit einzelnen Bäumen, jahreszeitlich auch in offener Grassteppe oder nacktbodigen oder hochgrasigen Ebenen; in kleinen Trupps oder paarweise, manchmal auch einzeln; richtet sich beim Laubäsen oft und lange auf Hinterläufen auf	Potentiell gefährdet; stellenweise ausgerottet; nirgends häufig
Ew: nach 5–6 Monaten Gr: Weibchen mit 6–7 Monaten, Männchen nach 1 Jahr Ld: 10 Jahre nachgewiesen, angeblich 20 Jahre möglich	Gräser, Kräuter, Laub von Sträuchern, Wurzeln, Knollen, mineralhaltige Erde; Wasser wird regelmäßig getrunken, kann aber längere Zeit entbehrt werden	Gepard, Löwe, Leopard, Hyäne, Hyänenhund; für Kitze auch Schakale, Honigdachs, Karakal, Adler	In offener, trockener Ebene und Hügelland, lichtem Busch; Männchen-, Weibchen- und gemischte Verbände, Altböcke werden territorial. Kitze liegen ab; besonders hohe Prellsprünge mit steifen Beinen, krummem Rücken und oftmals gesenktem Kopf; periodisch auftretende Massenwanderungen »in den Tod«; Reviergröße 27–70 ha	War in Südafrika weitgehend ausgerottet, hat aber durch Aussetzen seine alte Verbreitung fast wieder erreicht; Bestand zur Zeit gesichert

anschaulich beschrieben hat, mit dieser Annahme ziemlich unvereinbar ist.

Außer dem »Prunken« sind die sogenannten Wanderungen der Springböcke seit altersher den Menschen aufgefallen. Das sind keine regelmäßigen, jahreszeitlichen Wanderungten – diese gibt es außerdem –, sondern »Züge in den Tod«, die in unregelmäßigen Abständen alle paar Jahre auftreten, beispielsweise 1946, 1950, 1957 und 1959. Viel häufiger und auffallender aber waren sie bis in die zweite Hälfte des vorigen Jahrhunderts, als es Springböcke in Südafrika noch in rauhen Mengen gab. Damals rotteten sich die Tiere bei Dürre und Futtermangel gebietsweise zu gewaltigen Massen zusammen und zogen gleich Strömen durch das kahle Land. Hyänen und Geier begleiteten das fliehende, hungernde Heer und nahmen ihren Zoll. Hunderte stürzten in Schluchten zu Tode. Kamen sie ans Meer, so tranken sie gierig Salzwasser und verendeten zu Tausenden. Selbst Löwen, Leoparden, Hunde und manchmal auch Menschen, die in einen solchen Zug gerieten, sollen von den »Trekbokken« (Wanderböcken), wie die Buren sie nannten, wie von wandelnden Mauern allseits eingeschlossen, mitgeschleppt und totgetreten worden sein.

Die Zeiten solcher Massen sind vorbei. Aus Angola sind die Springböcke weitgehend verschwunden, und im Kapland wurden sie fast völlig ausgerottet, allerdings in den letzten Jahrzehnten auf vielen Farmen in kleineren Gruppen wieder eingeführt. In Südwestafrika kommen gebietsweise noch ganz ansehnliche Bestände vor.

Um die Erforschung des Verhaltens hat sich besonders R.C. Bigalke von der Universität Stellenbosch verdient gemacht. Die Sozialeinheiten sind die bei Gazellen üblichen. Springböcke haben jedoch eine umschriebene – wenn auch gebietsweise etwas verschiedene – Brunftzeit, zum Beispiel im Etoschaland von Juni bis August. Die Kitze liegen etwa vier Wochen lang ab. Danach schließen sich führende Geißen zu Mutterrudeln zusammen, innerhalb derer die Jungen »Kindergärten« bilden. In den Revieren, die etwa 30 bis 70 Hektar groß sind, legen die Böcke Kothaufen an, wobei sie in typischer Gazellenmanier scharren, harnen und koten. Sie markieren jedoch nicht wie die anderen Gazellenarten mit dem Sekret der Voraugendrüsen.

In der Literatur wird der Springbock oft als »fast stumm« bezeichnet. Jedoch kann man ein »Feld« territorialer Böcke schon von weitem hören. Beim sexuellen Treiben, noch mehr aber beim »Herden« der Geißen und Verjagen der Junggesellen stoßen die Böcke strophisch wiederholte Vibrationslaute durch die weit geöffneten Nüstern aus. Es gibt da eine ganze Skala von einem leisen »Brrl« über ein lautes »Rö« bis zu einem sehr lauten »Rö-uuu«.

Der werbende Bock läuft die Geiß zunächst mit vorgestrecktem, etwas angehobenem Kopf an, stellt die Ohren zur Seite, richtet den Schwanz auf und kippt ihn nach vorn auf den Rücken. Die breite Ohrenhaltung tritt nur anfänglich auf, die Schwanzhaltung wird während des ganzen Paarungszeremoniells beibehalten. Laufschläge mit steif gestrecktem Vorderlauf sind gut ausgeprägt. Der Paarungsmarsch ist sehr kurz, und Ansprünge wie Begattung erfolgen meist im Stehen. Die Haltung des Bockes dabei ist wieder »typisch Gazelle«, also mit scharf zum eigenen Leib hin angewinkelten Vorderläufen.

Kämpfe zwischen territorialen Böcken sind nicht besonders häufig, aber in den Bockrudeln gibt es viele

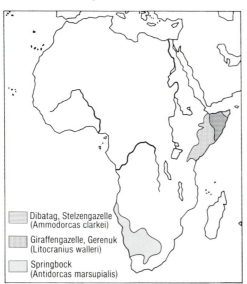

Prunkender Springbock. Als Prunken bezeichnet man die für diese südafrikanische Gazellenart typischen hohen Prellsprünge mit steifen Beinen, gekrümmtem Rücken und meist gesenktem Kopf.

Raufereien. Es treten dabei so ziemlich alle Techniken auf, die wir von anderen Gazellenarten her kennen. Wahrscheinlich infolge der nach innen gedrehten Hörner kommen Hebelkämpfe in frontaler oder mehr oder weniger paralleler Stellung oft vor. Nicht ganz selten gabelt dabei ein Bock einen Vorderlauf des Gegners zwischen seinen Hörnern ein und reißt ihn dann gefährlich weit hoch, was bei anderen Gazellen, wenn überhaupt, höchstens einmal zufällig geschehen dürfte.

Saigaartige

von Fritz Rudolf Walther

Eine eigenartige Unterfamilie der Hornträger bilden die Saigaartigen (Saiginae). Sie vermitteln nach Ansicht einiger Zoologen zwischen den Gazellenartigen (Antilopinae) und der Schaf- und Ziegenverwandtschaft (Caprinae). Daher werden sie auch manchmal als Gattungsgruppe (Saigini) bald zu diesen, bald zu jenen gestellt. Nur zwei Gattungen mit je einer Art, Saiga und Tschiru, sind hier vereint, und diese sind so verschieden voneinander, daß man, wenn man sie als »Saigaartige« zusammenfaßt, sie unbedingt zu zwei Gattungsgruppen (Saigini und Pantholopini) erheben sollte, um den Abstand deutlicher zu machen.

Gattungsgruppe Tibetantilopen (Pantholopini)

Über den Tschiru oder Orongo *(Pantholops hodgsoni)* wissen wir recht wenig. Außer Leistendrüsen, die allerdings sehr groß bzw. tief sind, haben die Tschirus keine auffälligen Hautdrüsenorgane. Neben den Nüstern befinden sich sackförmige Gebilde, die bis zur Größe eines Taubeneis aufgeblasen werden können und zur Brunftzeit den Böcken zur Lautgebung dienen sollen. Schon vor mehr als 100 Jahren hat der russische Forschungsreisende N. M. Przewalski ein anschauliches Bild von der Brunft gegeben: »Zur Paarungszeit – Nachtkälte bis etwa 30 Grad! – ißt der Bock wenig und verliert dabei sein im Sommer aufgespeichertes Fett. Er ist höchst aufgeregt und sammelt einen Harem von zehn bis zwanzig Tieren um sich. Taucht in der Ferne ein Bock auf, so reckt er sein Gehörn nach ihm hin und brüllt dumpf und abgerissen. Das heißt: ›Für Böcke gibt's hier nichts als Hiebe!‹ Es kommt auch oft zu harten Kämpfen und bösen Wunden. Und dann der Harem selber! Was hat der arme Bock sich da aufgeladen! Eben läuft ihm eine Geiß – offen vor seinen Augen – einfach weg. Er stürzt blökend nach und versucht, sie zur Herde zurückzutreiben. Ob nun die anderen Damen des Harems diese einseitige Bemühung des Paschas als persönliche Kränkung betrachten oder ob von vornherein eine ›geheime Verabredung‹ vorlag – jedenfalls: Während er die eine zurückzuholen trachtet, laufen ein paar andere fort. Er stürzt blökend diesen nach, da machen sich vier bis fünf andere nach einer dritten Richtung davon. Blökend versucht er, diese Mehrheit zu erwischen – da stiebt zu guter Letzt auch noch der restliche Harem auseinander. Das ist für die Zuschauer heiterer als für den ob seiner Verlassenheit noch aufgeregten Bock. Der stampft zornig mit den Hufen, ruckt den Schwanz wie einen Haken nach oben und fordert, nach allen Windrichtungen schreiend, die Gegner, zu denen seine Ungetreuen flohen, zum Kampf.« Nach dieser etwas vermenschlichenden, aber sehr lebendigen Schilderung wäre es möglich, daß die Tschiruböcke – wenigstens zur Brunftzeit im November/Dezember – Reviere besetzen und versuchen, durchziehende Geißen für eine Weile bei sich zu halten.

Gattungsgruppe Saigas (Saigini)

von Bernhard Grzimek und Waltraut Zimmermann

Die Saiga *(Saiga tatarica)* erinnert eher an ein kleines Schaf auf hohen dünnen Beinen als an eine Antilope. Lange Zeit war ihre systematische Stellung unklar. Carl v. Linné hat sie 1766 als Art der Gattung *Capra* (Ziegen) beschrieben. Später wurde sie der Gattung *Antilope*, dann der Gattung *Gazella* zugeordnet. Ein Jahrhundert später erkannte man, daß die Saiga eine Mittelstellung zwischen Schafen und Antilopen einnimmt und daß sich diese Tierart lange Zeit, mindestens aber seit 25 Millionen Jahren, selbständig entwickelt hat. Aufgrund mor-

Tschirubock im Sommerfell. Über das Freileben der Tschirus oder Orongos, welche die entlegenen Hochsteppen Tibets besiedeln, wissen wir bisher noch wenig.

phologischer Eigenarten wird die Saigaantilope heute als eigene Art und Gattung in die Unterfamilie Saiginae gestellt.

Besonders auffällig ist der plumpe Kopf, da die stark aufgeblähte, buckelige Nase das Maul überragt und einen kurzen, weichen, beweglichen Rüssel bildet. Die nach unten gerichteten Nasenlöcher und der große Nasenvorhof sind eine hervorragende Anpassung an Lebensraum und Lebensweise: Während der langen Wanderungen in den Steppen oder Halbwüsten verhindert der vorgelagerte Rüssel das Einatmen von aufgewirbeltem Staub, und im Winter wird die eisige Atemluft im großen Vorhof aufgewärmt. Das Haarkleid ist im Sommer bräunlich, im Winter nahezu weiß; es besteht aus Grannen- und Wollhaaren, die im Winter doppelt so lang und 50 bis 70% dicker sind als im Sommer. Die männlichen Tiere besitzen halb durchsichtige, fast senkrecht stehende Hörner, die mit Ausnahme des oberen Drittels 12 bis 20 ringförmige Wülste aufweisen.

Die Saigas waren ehemals auf allen Steppen Europas und Asiens zwischen dem 40. und 75. Grad nördlicher Breite zu Hause. Mit Veränderungen der Lebensräume und mit der Besiedlung durch den Menschen wurde ihr Verbreitungsgebiet immer mehr eingeengt. Im 16. und 17. Jahrhundert waren noch die Vorberge der Karpaten und der Bug ihre westliche Grenze. Der Forschungsreisende P. S. Pallas schreibt 1773 von der Kirgisensteppe, seine Kosaken erlegten Saigas so viele sie nur wollten.

Im vorigen Jahrhundert wurden die Saigas ihres Fleisches, Felles und vor allem ihrer Hörner wegen extrem stark bejagt. Man glaubte, aus den Hörnern Liebesanregungsmittel herstellen zu können. Allein schon die Kaufleute aus Buchara und Chibinsk verkauften zwischen 1840 und 1850 nicht weniger als 344747 Paar der hell wachsfarbenen Hörner. Man schoß die Böcke aus Verstecken an den Trinkstellen, man trieb die flüchtigen Herden zu Pferd gegen ganze Schützenlinien von Jägern. Die Kirgisen jagten sie mit Windhunden und abgerichteten Steppenadlern zugleich. Man hetzte sie im Winter in Schilf und Rohr, auf das blanke Eis der Seen, wo sie nicht weiterkonnten, und schlug sie mit Knüppeln tot. Schließlich baute man lange Zäune, die am Beginn fünf Kilometer weit auseinanderstanden und dann allmählich aufeinander zuliefen, bis zum Schluß nur ein schmaler Engpaß offenblieb. Dann wurden die Herden zu Tausenden und Zehntausenden hineingejagt. In dem Engpaß aber, wo sie sich in rasender Hast und kopflos durchdrängten, standen zugespitzte Pfähle, an denen sie sich Brust und Bauchdecke aufrissen. Bei einem solchen »Aran«, wie diese barbarische Methode genannt wurde, konnten täglich bis zu 12 000 Saigas erbeutet werden. Tausende entkamen verletzt und verkrüppelt.

So wurden die Saigas, die Jahrhunderttausende überdauert hatten, rasch weniger. Im harten Winter 1826/27 starben sie in dem Gebiet zwischen der Wolga und dem Uralfluß für einige Jahrzehnte aus, so daß die »europäischen Saigas« westlich der Wolga und die asiatischen Herden zunächst nicht mehr zusammenkamen. Und am Ende des Ersten Weltkriegs gehörte die Saiga zu den Tierarten, mit deren Aussterben man in wenigen Jahren rechnete. Es gab nur noch – alles in allem – knapp 1000 Köpfe. In diesem letzten Augenblick, fünf Minuten vor Torschluß, erließ 1919 die Föderation der russischen Sowjetrepubliken ein uneingeschränktes Jagdverbot für Saigas; 1923 folgte die Republik Kasachstan. Außerdem begannen russische Zoologen, das Leben dieser aussterbenden Tiere zu erforschen, vor allem Professor A. G. Bannikow in Moskau mit einer Schar von Mitarbeitern und Professor A. A. Sludski in Alma-Ata.

Zuerst versuchte man, die Tiere vom Auto und Flugzeug aus zu zählen. Später kennzeichnete man mehr als 10 000 neugeborene Saigas. Vor allem wollten die Forscher herausfinden, warum und wohin die Saigas wandern. Saigas streifen zwar ständig umher, dennoch sind regelmäßige, jahreszeitlich bedingte Wanderungen nicht allen Populationen eigen, auch sind sie nicht in jedem Jahr klar ausgeprägt. So vollführen die mongolischen Saigas keinerlei periodische Wanderungen. In Jahren mit durchschnittlichem Klima ist auch in Kasachstan und östlich der Wolga ein gewisser Teil der Population ortstreu, die Art ist

Das auffälligste Kennzeichen der Saigas ist der plumpe Kopf mit der stark aufgeblähten, buckligen Nase, die einen beweglichen kurzen Rüssel bildet. Die Zeichnung zeigt ein Weibchen und ein gehörntes Männchen im bräunlichen Sommerfell.

dann ganzjährig im gesamten Gebiet anzutreffen. Jahre mit sommerlicher Dürre und mit schneereichen Wintern haben ausgeprägte Veränderungen der Weidefläche zur Folge. Da Saigas stark herdenbildende und recht große Tiere sind, können sie auf geringem Raum nicht genügend Futter finden, eine hohe Beweglichkeit ist also für sie lebensnotwendig. Aber erst in Jahren mit extremem Klima kommt es zu ausgeprägten Frühjahrs-, Sommer- und/oder Winterwanderungen. Saigas merken sehr feinfühlig Wetterumschläge, die zu Dürre oder Schnee führen, und ziehen sofort weiter. Wenn sie weiden, gehen sie langsam. Droht ein Wetterumschwung, beginnt hoher Schnee zu fallen, der sie ganz vom Futter abschneidet, oder friert es sehr, dann legen sie an einem Tag bis zu 50 Kilometer zurück. Es beginnt ein Wettlauf mit dem Tod. Die Tiere gehen streng in der Windrichtung, überqueren dabei Eisenbahnlinien, berühren Menschensiedlungen, lassen jede Gefahr außer acht. Auch die Wolga überqueren sie nur im Winter. Eine Schneedecke von mehr als 20 Zentimetern, die länger als zwei Wochen liegenbleibt, bedeutet den Tod für ganze Scharen von Saigas. Da bei Schneefall sofort alle Tiere in die gleiche Richtung gehen, wachsen die Herden lawinenartig an. Im ganzen verschieben die Saigas ihr Weidegebiet im Sommer und Winter um 250 bis 400 Kilometer. Gerade dürre Jahre oder die schneereichen Winter zwingen die Saigas zu ganz besonders weiten Wanderungen. Obwohl der harte Winter 1953/54 von den wiedererstandenen 180 000 »europäischen« Saigas westlich der Wolga 80 000 verhungern und erfrieren ließ, hat er den Rest über weite Gebiete verstreut und die Tiere damit gezwungen, große Teile ihres verlorenen Reichs neu zu besetzen.

Die Saigaantilopen ernähren sich von mehr als 100 Pflanzenarten, vorwiegend von Kräutern, Sträuchern und Halbsträuchern. Gänsefußgewächse, Beifuß und Flechten sind von erstrangiger Bedeutung. Gräser werden nur im Vorfrühling in größeren Mengen aufgenommen. Zu 13% äsen sie auch solche Pflanzen, die wegen Giftstoffen, Salzgehalts und bitteren Geschmacks von anderen Tieren, vor allem Haustieren, verschmäht werden. Solange die Saigas noch feuchte Pflanzen weiden können, trinken sie nicht. Je trockener es wird, desto weiter müssen sie jeden Tag laufen, um noch grüne Pflanzen zu finden. Erst bei großer Dürre nähern sie sich Wasserstellen. Die Nase zur Seite gedreht, trinken sie ein bis drei Minuten, ab und zu den Kopf hebend.

Für gewöhnlich gehen Saigas im Paßgang. Wenn sie zu flüchten beginnen, machen sie erst Sichtsprünge und fallen dann in Galopp. Sie suchen auf der Flucht immer ebene Flächen auf, gern zum Beispiel ausgetrocknete Seen, und umlaufen Hindernisse, statt sie zu überspringen. Ihr Gehör ist schwach, und auch der Geruchssinn ist nicht sehr entwickelt, denn das Riechen ist für sie nicht wichtig, weil es in ihrer Heimat meist stark aufsteigende Luftströme gibt. Dagegen sehen sie ausgezeichnet: Sie bemerken eine Gefahr in mehr als 1000 Meter Entfernung.

Die Brunftzeit der Saigaantilope fällt in den Dezember. Zweijährige und ältere Böcke bilden mit 2 bis 25 weiblichen Tieren Haremsgruppen, wodurch die großen Herden

Links: In karger, völlig deckungsloser Steppenlandschaft Kasachstans ruht eine Saigamutter mit ihrem Neugeborenen. - Unten: Saigabock im fast weißen Winterfell. In der kalten Jahreszeit sind die Grannen- und Wollhaare ungefähr doppelt so lang und dick wie beim Sommerfell.

in kleinere Einheiten zerfallen. Zu diesem Zeitpunkt schwillt die Nase der Böcke stark an, und die Voraugendrüsen scheiden ein dunkelbraunes, stark riechendes Sekret aus. Ein sich nähernder Rivale wird über den Geruchssinn auch nachts sofort ausgemacht und vertrieben. Je nach Größe des Harems ist der Bock mehr oder weniger stark mit dem »Herden«, dem Zusammenhalt seiner Weibchen, und mit Rivalenkämpfen beschäftigt. Das bedingt, daß die Böcke in dieser Zeit nur wenig Nahrung zu sich nehmen können. Ihren Wasserbedarf decken sie durch Schnee. In strengen Wintern mit hoher Schneedecke und knappem Nahrungsangebot sind die Haremsböcke schnell erschöpft. Sie werden von anderen Böcken abgelöst, die am Rande auf eine solche Gelegenheit gewartet haben. Während die älteren Weibchen zu Beginn der Brunftzeit empfängnisbereit sind und begattet werden, folgen in der zweiten Hälfte die jungen, erst acht Monate alten Weibchen, die aus dem selben Frühjahr stammen. Je nach Härte des Winters sterben viele der geschlechtsreifen und durch die Brunft erschöpften Böcke. Die einjährigen, noch nicht geschlechtsreifen Böcke überleben den Winter in viel größerer Zahl und sind ein Jahr später maßgeblich an der Fortpflanzung beteiligt.

96% der mehrjährigen Weibchen und 86% der Weibchen aus dem letzten Frühjahr können tragend werden. 75% aller Saigamütter haben Zwillinge; Drillinge stellen seltene Ausnahmen dar. Dieser Kindersegen und das Geschick, kaltem und schlechtem Wetter auszuweichen, ermöglichen – trotz vieler Katastrophen – das Überleben der Saigas. Auch ohne das Wüten des Menschen hat es immer wieder natürliche Massensterben unter ihnen gegeben. Nach dem strengen Winter von 1949/50 mit einer Schneehöhe von 40 bis 60 Zentimetern und Frost bis $-40\,°C$ kamen westlich der Wolga viele Saigas um. Zuerst starben die alten, dann die jungen Böcke, zuletzt die alten und jungen Geißen. Aber schon ein Jahr nach diesem Massenunglück hatten die Saigas in diesem Gebiet ihre alte Kopfzahl wieder erreicht. Geboren werden weibliche und männliche Lämmer in ungefähr gleicher Zahl; unter den Erwachsenen aber ist das Verhältnis von Böcken zu Geißen 1:2,6. Nach sehr harten Wintern bleiben manchmal nur 3 bis 4% der Böcke übrig.

Ende März/Anfang April ziehen die Saigas zu den Geburtsplätzen, die den Charakter von Kurzgrassteppen oder Halbwüsten haben. Hier gebären innerhalb von wenigen Tagen alle Saigaweibchen. Die Luft ist erfüllt vom Blöken der Jungen und der Antwort der Mütter. Eine große Gruppe kann 300 Quadratkilometer bedecken, also ein Gebiet von 15 mal 20 Kilometern. Von der Luft aus gezählt, ergibt das 150000 bis 200000 Tiere. 95% sind Mütter mit Kindern. Die kleinen Saigas nehmen bereits in der ersten Stunde nach ihrer Geburt bei der Mutter Milch auf. Sie saugen in den ersten Lebenstagen jeweils nur einige Sekunden. Die Milch hat 6,7% Fett, also mehr als unsere Kuhmilch, und 5,4% Eiweiß. Schon vom dritten bis vierten Tag an nehmen die Saigakinder daneben Grünfutter auf, und wenn sie zwei bis zweieinhalb Monate alt sind, leben sie überwiegend davon; sie trinken jedoch bis zu vier Monaten bei der Mutter.

Während die Saigalämmer in den ersten drei Tagen fest abliegen und man sie mühelos aufsammeln kann, springen sie ab dem vierten bis fünften Tag bei drohender Gefahr auf und laufen so schnell davon, daß ein Mensch sie nicht mehr einholen kann. Gleich den Gazellenkitzen lassen sie sich dabei mitunter aus vollem Lauf zu Boden fallen und entziehen sich so dem Blick des Verfolgers. Wenn die Mutter blökend zurückkehrt, laufen ihr oft zwei bis vier fremde Junge ebenfalls blökend entgegen. Sie beriecht sie und läßt sie dann stehen. Das eigene Kind ruft unermüdlich, bis die Mutter da ist. Fünf- bis sechstägige Junge können mit einer Geschwindigkeit von 30 bis

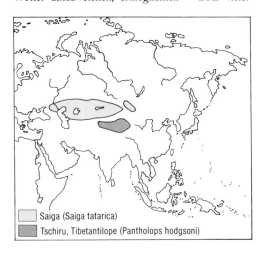

35 Stundenkilometern 27 bis 30 Minuten lang rennen. Mit zehn Tagen laufen sie so schnell und ausdauernd wie die Alten. Schon acht bis zehn Tage nach Beginn der Hauptwurfzeit verlassen Mütter und Kinder in großen Herden die Wurfplätze und können in nur wenigen Tagen schon 200 bis 250 Kilometer entfernt sein.

Vom Menschen abgesehen, ist der Hauptfeind der Saigas der Wolf. Hauptsächlich fallen ihm die geschwächten Männchen nach der Brunft im Winter, die hochtragenden Weibchen und eine Unmenge der

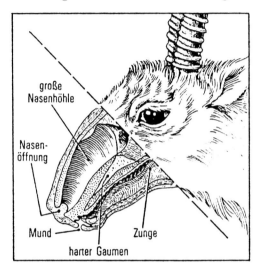

Neugeborenen zum Opfer. Auch bei hohem Schnee sind sie ihm ausgeliefert, denn die Saiga belastet mit ihren scharfen Hufen die Schneedecke je Quadratzentimeter viereinhalbmal so stark wie ein Wolf mit seinen breiten, behaarten Pfoten. Außerdem jagen Wölfe in Rudeln. Die Saigas fliehen wie die meisten anderen Wildtiere im Bogen und kommen allmählich etwa zum Ausgangspunkt zurück. Dort werden sie von einem Teil des Wolfsrudels erwartet, der nicht mit hinterhergelaufen ist.

In den fünfziger Jahren kam in Kasachstan auf je 1000 Saigas ein Wolf, und diesen Raubtieren fielen jährlich 20 bis 25% der Saigas zum Opfer. Von da an hat man in zehn Jahren 210000 Wölfe abgeschossen. Eine so starke Dezimierung des Feindes war beabsichtigt. Die Russen mit ihrer jahrhundertealten Pelztiertradition zogen Nutzen nicht nur aus den Wolfsfellen, sondern auch aus der Bejagbarkeit der explosionsartig angestiegenen Saigabestände.

Die jungen Saigas werden außerdem noch von Steppenadlern, Steinadlern, Kolkraben und Füchsen bedroht. Schon in den ersten Lebenstagen kommt jedes zehnte Junge um. Bei ungünstigen Witterungsbedingungen können es sogar 20, ja 60% sein. Auch bei gemäßigter Wetterlage überleben von fünf neugeborenen Saigas nur zwei.

Saigaantilopen können viele verschiedene Parasiten haben, die den Bestand nie ernsthaft bedrohen. Zum Ende des 19. Jahrhunderts jedoch wird von einem starken Dasselfliegenbefall berichtet. Die Larven dieses Parasiten leben unter der Haut und verursachen schmerzhafte Geschwüre und als Folge eine Entkräftung der Tiere. Die Plage nahm zu Beginn unseres Jahrhunderts mit sinkendem Saigabestand ab und bedroht heute nur noch die Mongolische Saiga.

Auch die Maul- und Klauenseuche wird manchmal von Haustieren auf die Herden der Saigas übertragen. Bei schwerem Verlauf kann ein Massensterben bei Mutter- und Jungtieren einsetzen, während die Böcke diese Seuche meist überleben. Es gibt auch Hinweise darauf, daß die Saigas an Rinderpest, Milzbrand und Brucellose (durch Brucella-Bakterien verursachte Infektionskrankheit) erkranken, jedoch dürften das Ausnahmen sein, und es besteht kein Anlaß, sie als Quelle für Ansteckungen der Haustiere zu betrachten.

In vielen Ländern der Erde und zu allen Zeiten wurden Wildtiere für Verluste bei Haustieren oder Schäden in der Landwirtschaft verantwortlich gemacht. Das sollte in der Regel die Jagd auf die »Eindringinge« oder sogar ihre vollständige Ausrottung rechtfertigen. So tauchten bereits im vorigen Jahrhundert die ersten Meldungen von Ernteschäden, verursacht durch die wandernden Saigaherden, auf. In den fünfziger Jahren dieses Jahrhunderts beschäftigte man sich mit diesem Problem näher. In der Tat wurden Saigaherden in trockenen Sommern auf Hirse-, Winterroggen-, Weizen- und Luzernefeldern gesichtet. Nähere Untersuchungen zeigten jedoch, daß die Schäden äußerst gering waren: Die Ränder der Felder wurden eher zertreten denn abgeweidet, und beim Überqueren einer Saat liefen die Saigas zwischen den Reihen. Auf einem Quadratkilometer Roggenfeld, über das eine Saigaherde gezogen war, fand man nur 15 bis 20 abgerissene Ähren. Größere Fraßschäden waren nur zur Dürrezeit im August

Der eigenartige Kopf der Saiga ist eine hervorragende Anpassung an Lebensraum und Lebensweise: Der vorstehende Rüssel mit den nach unten gerichteten Nasenöffnungen verhindert das Einatmen des Staubs, der von den wandernden Herden aufgewirbelt wird, und die große Nasenhöhle dient dazu, im Winter die kalte Atemluft vorzuwärmen.

1959 an Mais- und Sudangraskulturen ermittelt worden, doch auch diesmal war nur der Rand der Felder betroffen. In den Mägen der Saigaantilopen, die auf Feldern geschossen wurden, fand man interessanterweise vorwiegend Ackerwildkräuter. 1958 und 1959 wurden zudem bei einigen örtlichen Bevölkerungen Fragebögen ausgeteilt mit dem Ziel, durch die Saiga verursachte Ernteschäden weiter zu erfassen. Das Ergebnis deckte sich mit den bereits durchgeführten Untersuchungen: Die angerichteten Schäden waren geringfügig und kamen nur in Dürrejahren in den Monaten Mai bis August vor. In Jahren mit durchschnittlichem Klima suchen Saigaantilopen landwirtschaftliche Kulturen nicht auf.

Nahrungswettbewerb mit Haustieren auf den natürlichen Weiden gibt es bislang noch nicht, da einerseits die Weidenutzung in Kasachstan und der Kalmück noch sehr gering ist, andererseits die wandernden Saigaherden ein Stück Weide nie intensiv nutzen und zudem – wie bereits erwähnt – viele Futterpflanzen aufnehmen, die von Haustieren verschmäht werden. Alles in allem ist der Schaden, den Saigaantilopen der Feld- und Viehwirtschaft zufügen, geringfügig und wird bei weitem durch den Nutzen aufgewogen, der sich für die Volkswirtschaft aus ihrer Bejagung ergibt.

Das Schicksalsrad ist bei den Saigas gerade noch im letzten Augenblick angehalten worden. Zuerst erreichten die neuen Jagdverbote nicht mehr, als daß die letzten paar hundert Überlebenden nicht auch noch verschwanden. Im europäischen Gebiet, westlich der Wolga, merkte man dann Mitte der zwanziger Jahre eine allmähliche Zunahme, in Kasachstan Anfang der dreißiger Jahre. Im Zweiten Weltkrieg, als es wenig Vieh und auch wenig Menschen gab, ging es immer schneller. In den Jahren 1947 und 1948 hatte man in Kasachstan bereits so viele Saigas wie hundert Jahre zuvor. 1951 waren es dort etwa 900 000; 1960 bereits 1,3 Millionen. 1954 waren die Saigas wieder bis an die Grenzen der landwirtschaftlich genutzten Flächen vorgestoßen; sie hatten damit alle Gebiete besiedelt, die ihnen heute zur Verfügung stehen. Das sind immerhin im asiatischen Teil der Sowjetunion zwei Millionen Quadratkilometer, im europäischen noch einmal 150 000, also fast ein Viertel soviel wie die Gesamtfläche Europas. Aber auf diesen Trockensteppen und Halbwüsten wachsen bestenfalls zwei bis sieben Doppelzentner Pflanzen je Hektar. Mehr als knapp eine Saiga auf jedem Quadratkilometer kann hier auf die Dauer nicht durchkommen.

Deswegen begann man seit Mitte der fünfziger Jahre einen Teil der Tiere für die Menschen zu nutzen. Der »Astrachaner Promchos« ist eine staatliche Jagdwirtschaftsgesellschaft, die man zu diesem Zweck ge-

Geburt und erste Lebenstage eines Saigalamms (von oben nach unten): Die Mutter gebiert ihr Kind im Stehen. Sie liegt erschöpft neben dem noch nassen Neugeborenen, das die ersten Aufstehversuche macht. Sobald sich die Mutter erhoben hat, versucht das Lamm zu trinken. In den ersten Tagen liegt das Saigakind ab und duckt sich regungslos auf den Boden, um in freier Wildbahn nicht von Feinden entdeckt zu werden.

schaffen hat. Sie zählt jedes Jahr vom Flugzeug aus die Tiere auf den Wurfplätzen und dann noch einmal im Herbst kurz vor der Jagdzeit. Die Aufgaben des Betriebes sind der Schutz der Saigaantilope, die Regulierung der Bestandsdichte, der planmäßige Abschuß, eine Erstbearbeitung der Felle und die Abgabe des Fleisches an die Ankaufbetriebe. Heger wurden eingesetzt, die nicht nur aufklärend wirken sollen, sondern auch den Kampf gegen Wilddiebe aufnehmen müssen. Zur Wurfzeit schützen sie die Neugeborenen vor streunenden Hunden, und zur Jagdzeit überwachen sie die Einhaltung der Abschußregeln. Man kann die Saigas aufgrund eines Jagdscheins mit Hilfe eines Vorstehhundes vom 1. Oktober bis zum 10. November, also kurz vor Beginn der Brunft, bejagen. Aber das bringt nicht die Fleischmasse ein, die man erbeuten will. Staatliche Jagdbrigaden schießen die Tiere daher weniger weidgerecht, aber viel schonender in dunklen, windigen Nächten bei Scheinwerferlicht ab. Für Privatleute ist das verboten. So eine Brigade, insgesamt fünf Mann, fährt in einem Geländewagen mit 15 bis 20 Stundenkilometer Geschwindigkeit über die Steppe. Schon im gewöhnlichen Scheinwerferlicht kann man die Saigas auf zwei Kilometer Entfernung erkennen, weil ihre Augen widerleuchten. Ist man auf 100 bis 200 Meter herangekommen, stoppt der Wagen, und es wird ein sehr starker Suchscheinwerfer eingeschaltet. Die Antilopen bleiben im grellen Licht stehen oder kommen sogar langsam auf den Scheinwerfer zu, wie das auch verschiedene andere Wildarten tun. Die Schützen sind inzwischen aus dem Wagen ausgestiegen und töten die Tiere aus kurzem Abstand von 30 bis 40 Metern. So gibt es im Gegensatz zur üblichen Jagd sehr wenig verletzte Tiere, die weglaufen und qualvoll umkommen. Außerdem kann man aus dieser Nähe die Geschlechter unterscheiden und das Alter besser schätzen. Vor allem werden junge Böcke abgeschossen. Ursprünglich jagte man die älteren Böcke, deren Bestand für gewöhnlich 10 bis 20% beträgt. Als man ihre Zahl versuchsweise auf 1 bis 2% des Bestandes verringerte, gab es im nächsten Jahr vier- bis fünfmal mehr nichttragende Weibchen als sonst. Eine Brigade kann in fünf bis sechs Stunden 100 bis 120 Saigas erlegen. Wenn es nur wenige Wölfe und streunende Hunde gibt, kann man bis 40% aller Saigas jährlich abschießen und außerdem noch Naturverluste in Kauf nehmen, ohne daß sie weniger werden. Augenblicklich werden jedes Jahr im europäischen und asiatischen Rußland 250000 bis 300000 Saigas geschossen. Man verwertet von den geschossenen Tieren das Fleisch, das ähnlich wie Schaffleisch schmeckt, und das Leder; Fette zur Seifenherstellung werden gewonnen, und die Innereien dienen hauptsächlich als Futter in Schweine- und Pelztierfarmen. Die Gehörne führt man nach China aus, wo Arzneien vom Typ des »Pantokrin« daraus gemacht werden. Ein ausgeweideter Bock bringt 25 Kilogramm Fleisch, eine Geiß 16 bis 17 Kilogramm. So kommen zur Zeit in der Sowjetunion in jedem Jahr viele tausend Tonnen Fleisch und zigtausend Quadratmeter Leder zusammen, und das alles aus einem kargen Lebensraum, der bei völliger Vernichtung der Saigas für ewig brachliegen würde.

Seltsam, wie schwer es ist, diese genügsamen Antilopen künstlich wieder in einem Gebiet einzubürgern, wo sie einmal ganz verschwunden sind. Friedrich Falz-Fein hat es auf der Steppe von Askania Nowa versucht, aber die ausgesetzten Tiere verschwanden spurlos. Dabei hatten sie noch 100 Jahre vorher in Riesenherden die ganze südukrainische Steppe bevölkert. Ebenso vergeblich hat man sie in den letzten Jahren auf Inseln im Asowschen und im Kaspischen Meer wiedereinbürgern wollen. Auf Barsa-Kelmes, einer großen Insel im Aralsee, hat man gerade noch in letzter Minute eingegriffen. 1929 gab es dort nur noch fünf Weibchen. Damals brachte man acht weitere Tiere dazu, darunter Böcke. Bis 1961 war der Bestand auf 2000 angewachsen. Diese Herde ist etwas zahmer als ihre Artgenossen auf dem Festland. Wenn man zu Versuchen oder für zoologische Gärten Saigas fangen will, tut man das meistens hier. Zuerst hat man dazu lange Netze aufgestellt und die Herden mit Ketten von Treibern dagegengedrückt. Bestenfalls konnte man bei jedem Treiben 10 bis 20 Tiere fangen, die sich in die Netze verstrickten. Die Saigas wurden aber immer schlauer. Sie machten kurz vor den Netzen kehrt und rasten einfach zwischen den Autos und Motorrädern durch. Seitdem fängt man nur neugeborene oder wenige Tage alte Jungtiere. Alte mit dem Auto einzufangen ist nutzlos. Sie geben erst auf, wenn sie völlig erschöpft sind, und sterben dann bald danach am Lungenödem. Will man Neugeborene aufziehen, so bringt man sie in

Saigaartige (Saiginae)

Name deutscher Name wissenschaftlicher Name englischer Name (E) französischer Name (F)	Körpermaße Kopfrumpflänge (KRL) Schwanzlänge (SL) Standhöhe (SH) Gewicht (G)	Auffällige Merkmale	Fortpflanzung Tragzeit (Tz) Zahl der Jungen je Geburt (J) Geburtsgewicht (Gg)
Tschiru, Orongo, Tibetantilope *Pantholops hodgsoni* E: Chiru, Tibetan antelope F: Antilope du Thibet	KRL: 120–130 cm SL: 18–30 cm SH: 90–100 cm G: 25–35 kg	Hörner des Männchens 60–70 cm lang, fast senkrecht gestellt, schwach S-förmig; Muffel etwas aufgewulstet durch aufblähbare Nüsternnebensäcke; Stirn, Nasenrücken und oberer Wangenteil schwarzbraun bis schwarz; 2 Zitzen; tiefe Leistendrüsen; Voraugendrüsen, Zwischenzehendrüsen usw. fehlen; Hufe lang mit keilförmigen Spitzen und wulstförmigen Ballen; Nebenhufe seitlich klein und rundlich, in der Mitte flach und breit	Tz: um 6 Monate J: 1 oder 2 Gg: nicht bekannt
Saiga *Saiga tatarica* mit 2 Unterarten E: Saiga antelope F: Saiga	KRL: 108–146 cm SL: 6–13 cm SH: 60–80 cm G: 21–51 kg	Nasenvorhof stark ausgeprägt; er bildet einen kurzen, beweglichen Rüssel, der erhoben, verkürzt und zur Seite gedreht werden kann	Tz: im Schnitt 139 Tage J: im 1. Jahr, danach gewöhnlich 2 Gg: 3400 g

Eine weibliche Saiga beim Äsen in einem englischen Wildpark.

Gehege, aber nicht mehr als zehn in eines. Sonst laufen sie bei Aufregung so übereinander weg, daß sie den liegenden Tieren mit ihren scharfen Hufen die Haut zerschneiden.

In der Eiszeit lebten unsere Vorfahren in Europa und Asien fast nur von der Jagd. Die Saigas müssen damals wohl am leichtesten zu erbeuten und vor allem nach Notjahren auch am schnellsten wieder greifbar gewesen sein. Jedenfalls findet man ihre Knochen besonders zahlreich dort, wo Menschen lange gehaust haben. Wer kann übersehen, welchen Katastrophen wir selbst und unsere Nachkommen entgegengehen – Rückschlägen und Hungersnöten, die wahrscheinlich von Menschen selbst kurzsichtig verursacht werden? Ständig wächst die Flut der menschengeschaffenen Wüsten auf Erden, stündlich schwillt die Kopfzahl der Menschen an, die schon jetzt zu zwei Dritteln unterernährt sind.

Das Beispiel der Saiga zeigt, welch eine Wahnsinnstat es ist, Wesen und Dinge um uns, die nicht von Menschen gemacht sind, endgültig verschwinden zu lassen. Eine Tierart ist in Jahrmillionen entstanden, im Kampf ums Dasein, sie hat oft Fähigkeiten, von denen wir noch nichts ahnen. Die Saigas überleben zahlreich in Salzwüsten trotz grimmiger Winter und trockener Sommer, was wir Menschen und unsere Haustiere nicht können, und sind heute wirtschaftlich besonders gut nutzbar. Es ist keine andere Tierart bekannt, die den Platz der Saiga hätte einnehmen können, wenn nicht ein paar tatkräftige und überlegende Menschen in den zwanziger Jahren eingegriffen und der Ausrottung in letzter Minute Einhalt geboten hätten.

Auch wenn sich Saigaantilopen im Freiland als Überlebenskünstler herausgestellt haben, so gehören sie in zoologischen Gärten heute noch zu den Problemtieren, obwohl ihre Biologie gründlich erforscht ist. Saigas sind außerordentlich schreckhafte Antilopen, die auf jede sichtbare Veränderung sofort mit Flucht reagieren. Als Tiere der Steppen und Halbwüsten kennen sie keine Hindernisse und keine Begrenzungen. Eine plötzlich heranstürmende Schulklasse kann Saigaantilopen genauso in Panik versetzen wie eine Stockente, die in ihrem Gehege landet: ihre Flucht endet im Zaun. Für eine erfolgreiche Saigahaltung ist daher, neben guter Fütterung, tierärztlicher Betreuung und regelmäßig durchgeführten Hygienemaßnahmen, auch die Beschaffenheit des Gehegezaunes

DIE ARTEN IM VERGLEICH

Lebensablauf Entwöhnung (Ew) Geschlechtsreife (Gr) Lebensdauer (Ld)	Nahrung	Feinde	Lebensweise und Lebensraum	Häufigkeit
Ew: nicht bekannt Gr: vermutlich mit 1½ oder 2½ Jahren Ld: wahrscheinlich 10–15 Jahre	Gräser und Kräuter	Wolf, Kragenbär; für Kitze vermutlich auch Adler	In baumloser, z. T. hügeliger tibetanischer Hochsteppe zwischen 4500 und 4700 m; gesellig in kleinen Trupps, im Winter auch großen Herden; Männchen oft in Trupps für sich; zur Brunftzeit im November/Dezember Haremsgruppen oder – wahrscheinlicher – Pseudoharems; Männchen dann vermutlich territorial; jahreszeitliche Wanderungen	Nicht bekannt
Ew: mit 3–4 Monaten Gr: mit 8 Monaten beim Weibchen, 20 Monaten beim Bock Ld: 6–10 Jahre	Kräuter, Flechten, salzhaltige Pflanzen	Wolf, Fuchs, Greifvögel	In Steppen und Halbwüsten Rußlands und der Mongolei; ausgedehnte Wanderungen	1919 nahezu ausgerottet; durch starke Schutzmaßnahmen hat sich der Bestand wieder so gut erholt, daß die Saiga heute wirtschaftlich genutzt werden kann

von größter Wichtigkeit. Er muß nachgeben, damit der Aufprall abgefangen wird und das hineinspringende Tier sich nicht das Genick bricht. Bewährt hat sich in dieser Hinsicht ein schwach gespannter Wildgatterzaun.

In den meisten Zoos werden Saigas nachts nicht eingesperrt. Es sind ja winterfeste Tiere, die nur einen Regenschutz in Form einer offenen Hütte benötigen. Dennoch entschloß man sich 1981 im Kölner Zoo, diesen Antilopen einen Stall zu bauen, und zwar aus folgenden Gründen: Erstens reagieren die Saigas nachts auf geringe Störungen besonders empfindlich, und eine Verletzungsgefahr ist größer als tagsüber, und zweitens treibt der Bock die Weibchen während der Brunft oft stundenlang bis an den Rand der Erschöpfung. Er selbst strengt sich dabei gar nicht an, da er, von der Mitte des Geheges aus mit gesenktem Kopf im Schritt einen kleinen Zirkel gehend, die Weibchen außen auf einem großen Zirkel im Galopp hält. Wenigstens nachts finden die Weibchen in ihrem Stall nun Ruhe; der Bock hat eine kleinere Abteilung mit einem getrennten Vorgehege.

Ein dritter wichtiger Grund, der für eine »Aufstallung« spricht, ist die Möglichkeit der Krankenversorgung. Ohne Stall ist eine tierärztliche Betreuung fast unmöglich. Man müßte das kranke Tier jeweils auf der Anlage fangen, was die gesamte Herde in Panik versetzen kann. Mit einem Stall ist es möglich, ein oder mehrere Tiere abzusondern und ärztlich zu behandeln.

Die Ernährung der Saigaantilopen in Menschenobhut stellt keine größeren Probleme dar. Das ganze Jahr über erhalten sie ein pelletiertes (feinkörniges, zu Kugeln oder Stücken geformtes) Kraftfutter, dem Vitamine und Mineralstoffe beigemischt sind, und eine Körnermischung, bestehend aus Bruchmais, Hafer, Leinsamen, Weizenkleie, Sojaschrot und Biohefe. Heu steht ihnen immer zur Verfügung. Im Sommer erhalten sie zusätzlich frische Luzerne oder Laubsorten wie Pappel, Weide, Birke und Linde, im Winter bekommen sie als Frischfutter Obst und Gemüse. Saigas sind sehr gefräßig, so daß man sie leicht überfüttern kann. Es muß daher streng auf eine richtige Portionierung geachtet werden.

Im Zoo sind die häufigsten Todesursachen bei den Saigas Magen-Darm-Entzündungen, Nekrobazillose und Unfälle. Im Laufe der Jahre kamen in Köln auch Todesfälle durch Dünndarmverschlingung, Nierenentzündung, Lungenentzündung und Enterotoxämie vor. Die Krankheiten nahmen jedesmal einen so schnellen Verlauf, daß ärztliche Hilfe meist zu spät kam. Regelmäßige Impfungen und Entwurmungen trugen dazu bei, Erkrankungen zu verhindern. Eine hohe Verlustrate hatte der Kölner Zoo im Jahr 1981. Innerhalb kurzer Zeit starben unter Vergiftungserscheinungen alle Tiere bis auf ein Weibchen. Nach den Sektionsbefunden und weiteren Ermittlungen konnte der Grund gefunden werden: Saigas scheinen – wie Schafe und Ziegen – sehr kupferempfindlich zu sein. Ein neues Mineralfutter mit einem hohen Kupferanteil war wohl die Ursache der plötzlichen Todesfälle.

Wie in ihrer Heimat, so beginnt auch im Zoo die Brunft der Saigaantilope im Dezember; der Höhepunkt liegt etwa in der Mitte des Monats, aber auch Anfang Januar werden noch Deckakte beobachtet.

Nach etwa 140 Tagen, also im Mai, gebären die Weibchen ihre Jungen. Dies geschah im Kölner Zoo bislang immer tagsüber, meist in der Mittagszeit, so daß mehrere Geburten beobachtet werden konnten. In der Regel wird das oder die Jungtiere (Zwillinge) innerhalb von zwei Stunden nach Einsetzen der ersten Wehen ausgetrieben. Die Weibchen stehen meist sofort auf und beknabbern ihre Lämmer, die strampelnd versuchen, ihre Eihüllen loszuwerden. Erschöpft von der Anstrengung der Geburt, legen sie sich aber immer wieder für Minuten hin. In dieser Zeit reagieren sie empfindlich auf Störungen, so daß Besucherwege, die am Gehege vorbeiführen, nach Möglichkeit für ein paar Stunden abgesperrt werden sollten.

Innerhalb der ersten Lebensstunde lernen die Jungen, aufzustehen und die Zitzen der Mutter zu finden. Der Saugakt dauert nur Sekunden. Meist unterbricht das Weibchen ihn, indem es weitergeht; jedes Jungtier sucht sich daraufhin mit staksigen Schritten einen Ruheplatz in einer Bodenrinne, Sandkuhle, unter Laubzweigen oder am Gehegerand. Wenn ein Lamm wieder hungrig wird, steht es auf und blökt. Das hat zur Folge, daß die ganze Herde aktiv wird. Die anderen Lämmer schließen sich dem ersten an, und die Mütter springen sofort auf und nähern sich ebenfalls rufend den Jungtieren, die kurz berochen werden. Trifft ein Weibchen auf das falsche Kind, geht es einfach weiter und schnuppert beim nächsten, bis es sein eigenes gefunden hat. Es wurde jedoch nie beobachtet, daß die Weibchen anderen Jungtieren gegenüber aggressiv waren, im Gegenteil, sie ließen ohne weiteres ein fremdes mittrinken.

Während die jungen Saigas in den ersten drei bis vier Tagen allein ablagen, ändert sich ihr Verhalten nach vier bis fünf Tagen: Sie suchen sich immer öfter einen gemeinsamen Ruheplatz. Jetzt stehen sie auch auf, wenn man sich ihnen nähert, und fliehen bis an die Gehegegrenze, um sich dort sofort wieder niederzuducken. Die Abliegezeiten werden immer kürzer, und die Kleinen beginnen miteinander zu spielen.

Am dritten Tag nach der Geburt knabbern die Lämmer erstmalig spielerisch an Laubblättern. Nach sieben Tagen essen sie davon, und ab dann nehmen sie auch am Gehegerand Moos und Erde auf. Laub wird Gras oder frischer Luzerne vorgezogen. Nach etwa 14 Tagen folgen die Lämmer den Müttern in den Stall, und spätestens im Alter von vier Wochen essen sie von der Kraftfuttermischung mit.

In den ersten drei Tagen, wenn die Jungen noch fest abliegen, kann man sie ohne Schwierigkeit aufnehmen und mit einem Antikörperkonzentrat und Vitaminen versorgen. Gleichzeitig ist es möglich, sie zu wiegen. Während im Tierpark Berlin neugeborene Lämmer durchschnittlich 3,4 Kilogramm wogen, lag das Gewicht von einigen Kölner Saigalämmern bislang um rund ein Kilo niedriger. Dennoch handelte es sich um kräftige Junge. Vom vierten Tag an, wenn der Fluchttrieb der Kleinen ausgebildet ist, ist das Fangen eines Lammes ein gefährliches Unternehmen: Es kann an Schock sterben. Wie empfindlich junge Saigas sind, zeigten uns versuchte Handaufzuchten. Obwohl es sich um kräftige Tiere handelte, die von den Müttern nicht angenommen worden waren, starben sie in den nächsten fünf Stunden. Näherte man sich ihnen, um sie zu füttern, so zeigten geweitete Augen und beschleunigte Atmung deutlich ihre große Angst vor dem Menschen, und sie verweigerten das Abschlucken der Milch; der Tod wurde durch Streß hervorgerufen. In zoologischen Gärten sind künstliche Aufzuchten bisher nur zweimal gelungen, einmal in Kingussie (Großbritannien) und einmal in Nürnberg.

Die Saigalämmer entwickeln sich während des Sommers schnell: Mit etwa vier Monaten sind sie entwöhnt, und mit acht Monaten können die Weibchen bereits brünftig und begattet werden. Bei den Böcken setzt die Geschlechtsreife ein Jahr später ein.

Oben: Nur in den ersten beiden Tagen, wenn die Saigalämmer noch abliegen, kann man sie widerstandslos und ohne Risiko aufnehmen. Schon ab dem dritten Tag versuchen sie zu fliehen, und wenn sie dann ergriffen werden, ist ein Tod durch Schock nicht auszuschließen. - Rechts: Saigas im Zoo vor einem Wildgatterzaun. Dieser darf nur schwach gespannt sein, damit er federnd nachgeben kann, wenn ein erschrecktes Tier flüchtend dagegenrennt. Bei starren Gehegeabtrennungen sind Genickbrüche nicht selten.

Gemsen und Verwandte

von Fritz Rudolf Walther

Die Gemsenartigen werden manchmal als eigene Unterfamilie (Rupicaprinae) behandelt, manchmal als Gattungsgruppe (Rupicaprini) zu den Böcken (Caprinae) gestellt. Wir haben uns hier für ersteres entschieden, da es nur so möglich ist, die von manchen Autoren behauptete (allerdings keineswegs restlos bewiesene) Verwandtschaft von Gemse und Schneeziege mit den Waldziegenantilopen und dem Takin darzustellen, ohne diese Formen deswegen zu nahe (etwa in einer einzigen, alle umfassenden Gattungsgruppe) zusammenzubringen. Wir unterscheiden also innerhalb der Unterfamilie Rupicaprinae drei Gattungsgruppen: Gemsenartige im engeren Sinne (Rupicaprini) mit zwei Gattungen mit je einer Art, die Gemse und die Schneeziege; Waldziegenantilopen (Nemorhaedini) mit Serau und Goral; Rindergemsen (Budorcatini) mit dem Takin.

Gemsen (Gattung *Rupicapra*)

Im allgemeinen werden alle Formen der GEMSE als zu einer einzigen Art *(Rupicapra rupicapra)* gehörig angesehen. Es sei jedoch nicht verschwiegen, daß ein so guter Gamskenner wie Sandro Lovari neuerdings die vor allem auch in der Fellfarbe von den anderen Unterarten stark abweichende PYRENÄEN-GEMSE als eigene Art *(Rupicapra pyrenaica)* aufgefaßt wissen will, der er die ABRUZZEN-GEMSE als Unterart *(R. p. ornata)* zuordnet.

Für den Bergsteiger ist das wichtigste Stück seiner Ausrüstung der Schuh, für die Gemse ist es der Huf. Die Sohlenfläche der länglichen Haupthufe sind verhältnismäßig weich und plastisch; sie schmiegen sich jeder Rauhigkeit des Geländes an. Die Ränder der Hufe sind härter. Sie nutzen sich daher weniger ab, stehen als Leisten vor und wirken als Gleitschutz. Obendrein sind die Hufhälften gegeneinander verstellbar, so daß die Gams jederzeit zumindest auf acht Punkten fest steht. Am Hang können sich außerdem die Spitzen der Afterklauen in Schnee oder Boden bohren. In der Ebene erscheint sie in ihren Bewegungen mitunter ein wenig plump, und auch bergab galoppiert sie wegen der Länge der Hinterläufe etwas »bockig«. Bergauf aber flitzen hochflüchtige Gemsen wie Pfeile dahin und überwinden selbst in schwierigem Gelände Höhenunterschiede von 1000 Metern in wenigen Minuten.

Obgleich es »Waldgemsen« gibt, spielt sich das typische Gamsleben hoch im Berg ab. Bei Neuschnee und Tauwetter ziehen sich auch diese »Gratgemsen« in bewaldete Täler zurück, steigen aber danach bald wieder empor. Geißen und Jungböcke bilden getrennte Rudel, Altböcke stehen des öfteren allein. Kurz vor dem Setzen sondert sich eine Geiß vom Rudel ab und vertreibt auch ihren Jährling. Wenn das emsig folgende Kleinkitz etwas älter ist, darf er sich wieder anschließen.

Gemsen orientieren sich vorwiegend optisch. Als Alarmsignale dienen Pfeifen (durch die Nase), »Niesen« und Stampfen. Ferner lassen Böcke zur Brunftzeit das »Blädern« hören, ein eigenartiges Grunzen aus offenem Mund, das in Flehmen übergehen kann. Das Markieren an Stämmen, Ästchen, Stengeln und dergleichen mit den »Brunftfeigen«, den haarbedeckten, feigenförmigen Duftdrüsen hinter den Hörnern, ist Böcken wie Geißen eigen und geschieht nicht nur zur Brunftzeit. Die Altböcke, die im Sommer ganz verträglich sind, werden im Spätherbst unduldsam gegen ihresgleichen. Sie streifen entweder umher oder beziehen – jeder für sich – bestimmte Brunftplätze. Ob letztere als echte Territorien anzusprechen sind, stehe dahin.

Jungböcke verjagt solch ein Platzbock einfach. Geraten zwei gleichwertige Rivalen aneinander, so »schleichen« sie umeinander herum mit tief nach vorn-unten gestrecktem Kopf und aufgerichtetem »Gamsbart«, den verlängerten Haaren an Nacken, Widerrist und besonders Kruppe. Außerdem gibt es noch ein Breitseitimponieren mit hochgerecktem Hals. Animponierte Jungböcke und Geißen strecken den Hals waagrecht nach vorn, knicken in den Läufen ein und

»krabbeln demütig« hinten am Dominanten vorbei. Auch Blädern gehört zum Imponierverhalten des Bockes, ebenso das von A. Krämer beschriebene »Brunftschütteln«. Mit leicht eingeknickten Läufen, vorgestrecktem Kopf, gesträubtem Fell und aufgerichtetem Gamsbart und Schwanz schwenkt und schüttelt der Bock seinen Körper hin und her und versprüht dabei Urin auf Flanken, Bauch und auf den Boden.

Im Kampf stößt und reißt ein Gamsbock mit den krummen Hörnern (Krucken), und es spielt keine Rolle, wo er den Widersacher zu fassen kriegt. Hetzjagden gehören obligatorisch dazu, wobei der Fliehende dann plötzlich kehrtmacht – namentlich wenn er hangauf flüchtend zuvor Höhe gewonnen hat – und sich wie eine Rakete auf den Verfolger stürzt, der nun seinerseits ausreißt. Dadurch ist in einer Auseinandersetzung die Zahl der recht brutalen Kontakte der Gegner verhältnismäßig gering.

Im Paarungszeremoniell folgt der Bock der Geiß mit vorgestrecktem Kopf. Wenn sie anhält, steht er – blädernd oder stumm – mit geöffnetem Mund hochgereckt hinter ihr. Vor dem Aufreiten nähert er sich ihr schubweise mit heraushängender oder flickernder Zunge, worauf die Geiß zunächst ausweicht. Schließlich reitet er mehrfach auf, wobei er mit seiner Brust auf ihrer Kruppe aufsetzt und ihre Weichen mit den Vorderläufen umklammert.

Nebst Laufspielen und Kapriolen beschrieb der schweizerische Naturforscher Johann Jakob von Tschudi schon 1853, wie sich Gemsen am Kamm verschneiter Hänge mit vorgestreckten Vorderläufen und eingeknickten Hinterläufen gewissermaßen auf den Bauch niederlassen und ohne jede zwingende Notwendigkeit den Hang hinunterrodeln.

Früher sind den Gemsen mehrere Raubtiere und große Greifvögel gefährlich geworden. Seitdem die Menschen diese weitgehend ausgerottet haben, gibt es wenigstens für die Erwachsenen keine Auslese durch natürliche Raubfeinde mehr. Das bekommt den Beständen oft nicht gut. Seuchen wie Gamsräude und eine ansteckende, zur Erblindung führende Augenentzündung brechen unter den Gemsen aus und führen gebietsweise zum Massensterben. So muß heute der Jäger durch entsprechenden Hegeabschuß die Rolle der Raubfeinde übernehmen. Neugeborenen Kitzen kann kalte Witterung verderblich werden, und Gemsen aller Altersstufen fallen Steinschlägen und Lawinen zum Opfer. Eine besondere Geißel bilden heutzutage die angeschwollenen Zahlen der Bergsteiger und Wintersportler und – in Verbindung damit – die Rettungs- und Übungsflüge der Hubschrauber an Felswänden entlang. Lifttrassen und Abfahrtsschneisen führen oft durch Einstandsgebiete der Gemsen und zwingen sie, sich an lawinengefährdeten Hängen, die sie sonst meiden, einzustellen, weil sie nur dort noch Ruhe finden. Die gleiche Wirkung kann ein einzelner Skifahrer haben, wenn er in einen Gamseinstand gerät und die Tiere in panische Flucht versetzt.

Das Leben der Gemsen spielt sich in den Bergen ab, vor allem in offenem, felsigem Gelände, wo die Augen das wichtigste Sinnesorgan sind. Beide Geschlechter tragen die sogenannten »Krukken«, steil aufragende Hörner, die im oberen Drittel hakenförmig gekrümmt sind.

Nach Angaben des Forstmannes Wilhelm Nerl kann das Gamswild im Alpengebiet im Winter seine Energieausgaben durch Naturäsung nicht decken. An künstliche Futterstellen gewöhnt man Gemsen nicht gern, weil das erhebliche Nachteile haben kann – wie Zusammenballungen der Tiere und dadurch vermehrte Ansteckungsmöglichkeiten für dieses stark seuchengefährdete Wild. Nun kommen gesunde, kräftige Gemsen trotzdem ganz gut »über den Winter«, da sie sich an der reichen Äsung im Sommer und Herbst entsprechend Fett (Feist) anmästen. Ein Teil der so gespeicherten Fett- und Eiweißreserven geht zwar während der Brunft drauf, aber der Rest langt durchaus noch – vorausgesetzt, daß die Gemsen ungestört in ihren Wintereinständen bleiben können. Durch Suchen und Wandern nach neuen Plätzen verbrauchen sie leicht ihren Energievorrat vorzeitig und halten dann nicht mehr bis zum Frühjahr durch. Der Pilot, der mit seinem Hubschrauber nahe an den Hängen fliegt, oder der Skifahrer, der nach neuen Abfahrten sucht und dabei Gemsen aus ihrem Einstand heraussprengt, richtet daher oft mehr Schaden an, als er auch nur ahnt.

Schneeziegen (Gattung *Oreamnos*)

von Valerius Geist

Die SCHNEEZIEGE *(Oreamnos americanus)* von Nordamerika ist mit dem Gamswild in Europa und Kleinasien verwandt und mit dem Serau, Goral und Takin in Asien. Sie alle sind »Gemsenartige«, primitive, aber erfolgreiche Vorfahren der Schafe, Ziegen, aber auch der Moschusochsen und des ausgestorbenen, bisongroßen, widderhörnigen *Euceratherium*. Der optimale Lebensraum für die Schneeziege sind die nassen, kalten Berge des nordwestlichen Britisch-Kolumbien. Hier erreichen Schneeziegen die größte Körpergröße und leben in den höchsten Bestandsdichten. Die Schneeziege ist ein anpassungsfähiges Tier, das sich auch im trockenen und warmen Klima erfolgreich vermehrt, jedoch immer an felsige Klippen gebunden ist. In diesem recht begrenzten Lebensraum nutzt die Schneeziege allerdings ein breites Nahrungsangebot. Sie äst, was in der Nähe der Felshänge wächst. Nur ausnahmsweise verläßt sie die schroffen Felsen, um eine Salzlecke aufzusuchen oder um an besonders bevorzugten Pflanzen wie dem Schierlingskraut zu äsen, das an ausgewaschenen Kiesbänken wächst. So findet man Schneeziegen vom Meeresspiegel der tiefen Fjorde von Alaska und Britisch-Kolumbien bis zu den alpinen Gebieten der Rocky Mountains und den trockenen Schluchten von Idaho. Zur späten Eiszeit bewohnte die Schneeziege Gebiete bis nach Zentralmexiko und dem Grand Canyon in Arizona, wo sie eine kleine, großzähnige, inzwischen ausgestorbene Form entwickelte.

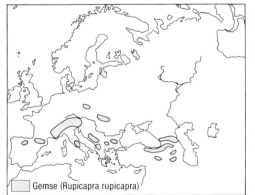

Gemse (Rupicapra rupicapra)

▷ Gamswild im Schnee. Die Tiere tragen jetzt ein dunkles, langhaariges Winterfell.

▷▷ Die weiße, zottig behaarte Schneeziege ist keine Ziege, sondern die größere amerikanische Verwandte unserer Gemse.

Für das waghalsige Klettern im Fels sind die Gemsen hervorragend ausgerüstet: Die Sohlen der Haupthufe sind ziemlich weich und verformbar, so daß sie sich jeder Unebenheit anschmiegen, und die harten Hufränder nutzen sich wenig ab und stehen somit als Leisten vor, was den Gleitschutz erhöht. Zudem verleihen die Spitzen der Afterklauen einen zusätzlichen Halt.

Die Schneeziege ist nur unter ganz bestimmten Bedingungen territorial und verteidigt dann ein Revier. In strengen Wintern nehmen Weibchen mit Jungtieren einen Teil der Felshänge in Anspruch, und alle anderen Schneeziegen, einschließlich den größten aller Böcke, werden aus diesem Gebiet verjagt. Von den Klippen fällt der Schnee ab, so daß sie einige Nahrung aufnehmen können, ohne viel Energie für das Scharren durch tiefen Schnee aufwenden zu müssen. Wie auch bei anderen Tieren, bei denen die Weibchen den Böcken entgegentreten, sehen sich die Geschlechter ziemlich ähnlich. Es ist sogar manchmal auch für einen erfahrenen Beobachter schwierig, immer genau Männchen und Weibchen auseinanderzuhalten. Große Böcke geben Geißen ganz schnell nach, und so kommt es, daß die Geißen überlegen sind.

Gleich nach der Brunft jagen die Geißen die Böcke aus ihren Winterrevieren. Die großen Männchen verlassen die Reviere, bleiben aber in der Nähe der Geißen und verteilen sich ringförmig um die Geißreviere herum. Es kann auch nicht im Interesse der großen Böcke sein, sich den Geißen zu widersetzen, denn sie haben ja gerade diese Geißen begattet. Wenn also ein großer Bock sich gegen die Geißen stellen würde, die ihn aus ihren Winterrevieren zu vertreiben versuchen, so würde er seinem eigenen Nachwuchs schaden. Um sich erfolgreich fortzupflanzen, muß sich ein großer, geschlechtsreifer Bock nach der Brunft von dem Geißrevier trennen, damit er nicht mit den Müttern seines eigenen Nachwuchses in Wettbewerb tritt.

Jungböcke haben weniger zu verlieren, da sie sich noch nicht fortgepflanzt haben. Aus diesem Grund setzen sie sich mehr den Geißen gegenüber zur Wehr. Weibliche Schneeziegen sind fast genauso groß wie die Böcke, die gerade die Geschlechtsreife erreicht haben. Dieser Umstand erlaubt es, daß bockähnliche Geißen gewöhnlich den Böcken überlegen sind und daß Böcke die Angriffe der Geißen hinnehmen ohne Gegenangriff. Diese Angriffshemmung der Männchen kommt in der Regel bei allen Tieren vor, die gefährliche Waffen tragen.

In seltenen Fällen kommt es während der Brunft zu ernsten Kämpfen zwischen zwei Böcken, die mit schweren Verletzungen oder mit dem Tod eines oder beider Rivalen enden. Im Gegensatz zu den echten Ziegen stoßen die Schneeziegen nicht mit den Köpfen zusammen, sondern sie stechen auf einander ein, wobei sie auf Bauch, Unterleib, Flanken, Brust und die Schenkel zielen – wo immer sie eine weiche Körperstelle finden. Die Schädel der Schneeziegen sind sehr zerbrechlich und ungeeignet, starke Stöße eines Gegners aufzufangen. Statt dessen haben diese Tiere einen dicken Hautpanzer, der bei den älteren Böcken während der Brunft am dicksten an den Schenkeln

Wie die Gemsen sind die Schneeziegen ungemein geschickte Bergkletterer und widerstandsfähige Gebirgstiere, die an steile Felshänge und -klippen gebunden sind.

entwickelt ist. Hier kann der Hautpanzer bis zu einer Dicke von zwei Zentimetern anschwellen. Gelegentlich können diese Kämpfe tödlich ausgehen. Die scharfen, 20 bis 25 Zentimeter langen Hörner hinterlassen viele Wunden, die oft nach innen bluten. Manche Hornstöße können die Gedärme, Lungen und das Herz durchdringen. Dolchähnliche Waffen findet man oft bei Säugetieren, die Nahrungsreviere verteidigen müssen.

Mutterziegen, die ihre Jungen schützen, sind außergewöhnlich erregbar. Da einjährige Jungtiere mit kurzen Hörnern schon die Fähigkeit haben – und manchmal auch ausnutzen –, Kitze zu verwunden oder auch zu töten, sind Geißen ständig auf der Hut, ihre Jungen von allen anderen Schneeziegen, die sich ihnen nähern, fernzuhalten. Aus diesem Grund sind weibliche Schneeziegen sehr aggressiv. Wenn Kitze in Not sind, stoßen sie einen herzzerreißenden Schrei aus, der sofort die Geißen heraneilen läßt. Wenn eine Geiß in einem Jahr kein Kitz gebiert, wird sie ihr Junges über ein Jahr hinaus beschützen. Natürlich ist dies für den Jährling von Nutzen, indem er ungehindert in der Anwesenheit seiner Mutter äsen kann. So ein Jährling mag noch bei seiner Mutter säugen, obwohl sie keine Milch mehr gibt. Hier scheint das Säugen eine Bindungsfunktion zu haben.

In der Brunft kriechen Schneeziegenböcke auf ihren Bäuchen zu den Geißen, während sie weiche, fiepende Laute, ähnlich denen der Kitze, von sich geben. Dabei machen sie schnelle, ruckartige Bewegungen und ducken sich vor den Weibchen, wenn diese sie bedrohen. Jede brünftige Geiß wiederum wird von einem starken Schneeziegenbock überwacht; Schneeziegen haben keine Harems. Nur während des Brunfthöhepunktes sind die erregten Männchen den Geißen überlegen. Nach der Brunft werden die Weibchen aggressiv, und die Männchen verlassen das Gebiet der Geißen.

Die Böcke scharren Brunftkuhlen, in denen sie sich mit Erde beschmieren. Sie sitzen auf ihren Oberschenkeln wie Hunde und werfen abwechselnd mit den stark entwickelten Vorderbeinen den mit Harn durchnäßten Schlamm gegen ihre Unterseite. Brünftige Böcke kann man zu dieser Zeit leicht an ihren schmutzigen Bäuchen und Schenkeln von den Geißen unterscheiden. Jungböcke scharren weniger und sehen daher verhältnismäßig sauber aus. Die Böcke haben auch große Drüsen oder Brunftfeigen hinter den Hörnern, die viel größer sind als bei der Geiß, mit denen sie Zweige oder Grasbüschel markieren. Ein Bock setzt dabei seine Duftmarke auf die Markierungen von anderen.

Schneeziegen sind wegen ihres weißen Fells nicht zu schwierig in den Bergen zu erspähen. Die Böcke neigen dazu, allein zu stehen, während die Geißen sich meist in Gruppen aufhalten. Diese Bergkletterer springen selten in den Klippen herum, sondern schreiten langsam und bedächtig. Anders als fliehende Antilopen, galoppieren Schneeziegen selten auf der Flucht davon. Jedoch sind sie sehr störempfindlich und ziehen sich schnell in die Klippen zurück, wenn beispielsweise ein Wolf heult. Selten fallen sie Raubtieren zum Opfer, wohl aber kommen sie manchmal in Steinschlägen und Lawinen um.

Ein Bürgermeister von Seattle beobachtete einmal ein Ereignis, welches er so ungewöhnlich fand, daß er seine vier Begleiter dazu bewog, dieses schriftlich zu beglaubigen. »Letzten August sahen wir eine Schneeziege die fast glatten Wände des Little Big Chief Berges hochklettern. Als das Tier eine Stelle erreichte, wo es offensichtlich nicht mehr weiter konnte, schrie ich: ›Geh nicht weiter, du Idiot! Du wirst es nie schaffen!‹ Aber genau dies tat die Ziege. An manchen Stellen sprang sie ihre volle Körperlänge weit von einem Felsvorsprung bis zum anderen. Schließlich kam sie an eine Stelle, die sie mit einem Sprung nicht mehr bewältigen konnte. Der nächste Vorsprung war mehr als eine Körperlänge weit entfernt. Ihre Vorderläufe erreichten eben noch die Vor-

Schneeziege (Oreamnos americanus)

sprungkante, faßten aber nicht weit genug um das ganze Tier nachzuziehen. Wir erwarteten alle, daß nun die Ziege abstürzen würde. Statt dessen sprang sie mit allen vier Beinen auf einmal ab, drehte sich in der Luft völlig herum und landete unversehrt auf allen vier Beinen wieder auf dem selben Vorsprung, von wo aus sie abgesprungen war.«

Vor einigen Jahrzehnten beobachtete Brewster im Banff National Park, daß manchmal sogar die außergewöhnlichen Kletterkünste dieser Tiere in den zerklüfteten Bergen der Rocky Mountains versagen können. Fünf Tiere waren auf einem Felsvorsprung eingeschlossen, so daß sie weder nach vorn noch zurück konnten. Am folgenden Morgen standen die Tiere noch immer auf der gleichen Stelle. In den darauffolgenden Tagen fiel eins nach dem anderen, meistens in der Nacht, in den tödlichen Abgrund. Das letzte Tier stürzte nach zehn Tagen ab.

Ende des letzten Jahrhunderts standen die Schneeziegen in Amerika noch nicht unter Schutz, und Mills berichtete, wie Jäger mit ihren Hunden einmal einen alten Schneeziegenbock am Ende eines Gletschers in dem heutigen Glacier National Park in die Enge getrieben hatten. Der Bock stand auf dem steilabfal-

Formosa-Serau in seiner angestammten Heimat (links) und Japanischer Serau in Menschenobhut (rechts).

lenden Felsvorsprung einer Felswand. Er versuchte zweimal zu entkommen, aber die Hunde umkreisten ihn. Dann sprang er schnell auf einen Hund zu und spießte ihn mit seinen Hörnern auf. Mit einer zweiten raschen Bewegung schleuderte er das Tier in die Felsschlucht. Auf diese Weise tötete der Bock kurz nacheinander drei weitere Hunde. Den letzten Hund stieß er lebend über die Felskante. Danach zogen sich die anderen Hunde zurück. Der Schneeziegenbock schritt dann ruhig und sicher über Felsbänke und Geröllblöcke, als ob ihn diese ganze Sache nicht im geringsten aufgeregt hätte.

Eines Tages fand Farmer Fenwick in Britisch-Kolumbien eine tote Schneeziege, die offensichtlich von einem Grizzlybär getötet worden war. »Ich war überrascht, daß der Bär, die Ziege nicht weggetragen und sie, wie üblich, vergraben hatte. Darum suchte ich das Gelände ab und fand dann auch einen toten Grizzlybären, der ganz mit Blut bedeckt war. Als ich ihn untersuchte, sah ich, daß die Schneeziege ihn zweimal gleich hinter das Herz gestochen hatte. Zwar konnte der Bär die Ziege noch töten, dann zog er sich aber zurück und starb.«

Die Wolle der Schneeziege ist feiner als die berühmte Kaschmirwolle. In Gebieten, wo Schneeziegen vorkommen, kann man an Büschen und hervorstehenden Felsblöcken abgestreifte Haarbüschel finden. Früher sammelten die Indianer der nordamerikanischen Westküste diese Wolle, um sie zu spinnen und zu verweben. Diese Wolle, zu Decken verarbeitet, und die Schneeziegenfelle waren die ersten Hinweise auf die Schneeziegen, die die frühen europäischen Entdeckungsreisenden sahen. Mitte des 19. Jahrhunderts waren Handwärmer (Muffe) und Kragen, die aus den schwarzweißen Fellen der afrikanischen Guereza-Affen hergestellt wurden, sehr modern. Als dann der Preis für diese Felle zu teuer wurde, ersetzte man sie durch die teilweise gefärbten Schneeziegenfelle.

Diese alpinen Tiere lassen sich verhältnismäßig gut in Zoos halten, allerdings müssen sie kenntnisreich

gepflegt werden. Mit großem Erfolg hat man in verschiedenen Gebieten in den Vereinigten Staaten Amerikas Schneeziegen eingeführt. Die Zunahme von Straßen in den Wildnisgebieten Westkanadas hat zu einer deutlichen Abnahme der Schneeziegenbevölkerung beigetragen. Die Tiere sind sehr empfindlich gegen Störungen und Überjagung und reagieren nur langsam auf Schutzmaßnahmen.

Seraue (Gattung *Capricornis*)

von Hiroaki Soma

Zu den WALDZIEGENANTILOPEN (Gattungsgruppe Nemorhaedini) gehören zwei Gattungen mit je einer Art: Serau und Goral.

Das Verbreitungsgebiet des SERAU *(Capricornis sumatraensis)* überlappt sich teilweise mit dem des Goral, jedoch ist der größere und stämmigere Serau besser an hohe Luftfeuchtigkeit angepaßt und tritt auch in äquatorialen Breiten auf. Dabei bildet er zahlreiche Unterarten. Vom »klassischen« SUMATRA-SERAU *(C. s. sumatraensis),* der etwa die Größe eines Kalbes erreicht, unterscheidet sich am meisten der deutlich kleinere JAPANISCHE SERAU *(C. s. crispus),* den manche Autoren als eigene Art ansehen, der dann wahrscheinlich der noch kleinere Formosa-Serau als Unterart zuzuordnen wäre (s. Verbreitungskarte S. 507).

Die Seraue finden sich in feuchten, dichtbewaldeten Schluchten und auf grasigen Hängen in der Nähe von Rhododendron- und Eichenwäldern, in Japan auch in Nadelwäldern. Unter felsigen Überhängen suchen sie Schutz vor schlechtem Wetter und Feinden. Mehr als sieben Seraue sind wohl nie zusammen gesehen worden. Meist treten nur einzelne Böcke, Paare, Mutter-Kind-Gruppen und Familien (Bock, Geiß, Jungtier) auf. Die einzelnen Böcke halten sich in Gebieten von etwa drei, die Gruppen in Räumen von rund 15 Hektar auf. Wahrscheinlich handelt es sich dabei um Territorien.

Die Arbeiten von Akasaka bringen einige Einzelheiten des Verhaltens vom Japanischen Serau. Die standorttreuen Tiere legen feste Pfade an und haben bestimmte Ruhe- und Kotplätze. Der Serau besitzt wohlentwickelte Voraugendrüsen, die ein klares, wie Essigsäure riechendes Sekret absondern, mit dem Männchen wie Weibchen an Gegenständen der Umgebung markieren. In kämpferischen Auseinandersetzungen jagen die Gegner einander heftig und können durch Hornstöße in den Leib einander böse Verletzungen beibringen. Manchmal soll ein dominanter Bock einen Unterlegenen auch mit Laufschlägen traktieren, mit denen er außerdem zur Brunftzeit (Oktober/November) um die Geiß wirbt.

In Japan hat man den Serau als Nationaldenkmal unter Schutz gestellt, so daß sich diese Tiere dort wieder auf etwa 20 000 Stück vermehrt haben. Gelegent-

Links: Der »klassische« Serau ist der kalbsgroße Sumatra-Serau, den man nicht nur an seiner Körpergröße, sondern auch an den langen Hörnern und Ohren erkennt. - Rechts: Der Goral, dessen Verbreitungsgebiet sich teilweise mit dem der Seraue überlappt, wird nur so groß wie eine Hausziege.

lich muß man davon sogar einige abschießen, weil sie zu viel Schaden in den Forsten anrichten. Einige andere Unterarten – so der kleine FORMOSA-SERAU *(Capricoruis sumatraënsis swinho)* – sind stark zurückgegangen, der OSTCHINESISCHE SERAU *(C.s.argyrochaetes)* mag inzwischen sogar ausgerottet sein.

Gorale (Gattung *Nemorhaedus*)

von Victor Zhiwotschenko

Der GORAL oder die langschwänzige ZIEGENANTILOPE *(Nemorhaedus goral)* erinnert in Körpergröße und Aussehen an eine Hausziege, hat aber einen viel längeren Schwanz. Er ist eine stammesgeschichtlich alte Art, die in felsigen Waldgebieten von Meeresspiegelhöhe an bis zu 2500 Meter Höhe lebt. Die Besonderheiten seiner Verbreitung werden vor allem unter den für die Art extremen Bedingungen an der Nordostgrenze des bewohnten Gebietes deutlich. Als in ferner Vergangenheit das Klima noch wärmer und die Berge des Sichote-Alin noch nicht so abgeplattet waren wie heute, gedieh der Goral hier sehr gut. Als im Verlauf der Abplattung des Reliefs die Felsen barsten und sich mit Wald bedeckten, verringerten sich die für den Goral geeigneten Gebiete, die Entfernungen zwischen ihnen vergrößerten sich, und sie wurden voneinander getrennt. Die Winter wurden rauh und schneereich. Nach starken Schneefällen im Februar erreicht die Schneedecke heute rund einen Meter, was 30 bis 40 Zentimeter höher ist als die Standhöhe eines Gorals.

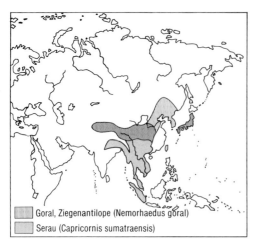

Die Gorale verstecken sich in den Felsen vor Schnee und Raubtieren. In freier Landschaft sind sie nicht so schnell wie viele Huftiere und Raubtiere, und im tiefen Schnee sind sie hilflos. Aber an steilen Berghängen hält sich der Schnee nicht sehr lange. Allerdings ist auf den Felsen wenig Futter vorhanden, aber die Gorale stellen an die Nahrung keine großen Ansprüche. Im Ussuri-Gebiet ernähren sie sich das Jahr über von 268 Pflanzenarten, davon essen sie 223 nur während der schneefreien Jahreszeit, wenn sie auf den an die Felsen angrenzenden, waldbedeckten Hängen weiden. 216 von diesen 223 Pflanzenarten sind Gräser, die im Frühjahr und Sommer die Futtergrundlage bilden. Im Herbst haben Laub und Eicheln den Vorrang, und im Winter sind es kleine Zweige. Mineralische Stoffe nehmen die Tiere beim Ablecken und Kauen von Meeresalgen auf. Zuweilen trinken sie auch Meerwasser oder suchen Salzböden auf.

In ihren voneinander isolierten Wohngebieten sind die Gorale standorttreu und leben in Gruppen von jeweils 15 bis 30 Tieren. Eine solche Gruppe bewohnt einen Raum von rund 100 Hektar. Alle Mitglieder kennen einander, obwohl sich nie alle an einem Ort zur selben Zeit versammeln. Gewöhnlich halten nur ein oder zwei Geißen mit ihren Kitzen und Jährlingen zusammen. Man spricht beim Goral von Gruppenterritorien, die jeweils zwei bis drei erwachsene Böcke unter sich teilen sollen. Die Böcke markieren ihr Gebiet durch Harn und Kot sowie die Sekrete der Hinterhorn- und Zwischenklauendrüsen. Letztere sind Säckchen zwischen der dritten und vierten Klaue aller vier Läufe. Sie scheiden eine gelbe, wachsartige Substanz von spezifischem Geruch aus, besonders während der Brunft. Der Goralbock soll nicht nur seine Pfade, sondern auch die Geiß markieren. Bei der Werbung zeigt er ein zumindest laufschlagähnliches Verhalten.

An der Fortpflanzung beteiligen sich nur erwachsene Böcke, auf deren Eigenbezirken Geißen leben. Der Bock paart sich mit jeder dieser Geißen und bildet mit ihr für vier bis sechs Tage ein »Hochzeitspaar«. Die Brunftzeit zieht sich im Norden des Verbreitungsgebiets von Oktober bis Dezember hin. Sie verläuft recht unauffällig. Nach 170 bis 218 Tagen zieht sich die Geiß in einen schwer zugänglichen Winkel zurück, um die Jungen zur Welt zu bringen. Das ist eine kleine Felshöhle oder -nische mit fließendem

Süßwasser und Weidemöglichkeit in der Nähe. Da es in einem Aufenthaltsgebiet stets nur wenige Stellen gibt, die alle diese Bedingungen erfüllen, werden sie von den Tieren regelmäßig genutzt.

Von altersher hatte der Goral nur wenige natürliche Feinde, die zudem nicht in großer Zahl auftraten. Das waren vor allem Rothund, Leopard und Luchs sowie in gewissem Umfang der Tiger und der Buntmarder. Als im Gefolge des Menschen der Wolf in das Ussuri-Gebiet einzog, wirkte sich das merklich auf die Goralpopulationen aus. Doch auch vor diesem Raubtier kann man sich schnell auf einen Felsen retten. Hier, auf einem unzugänglichen Felsvorsprung, fühlt sich der Goral vor dem Raubtier sicher. Für den Menschen mit seiner Flinte wird er jedoch dann zur sicheren Beute. Deshalb sank die Zahl der Gorale allein seit dem Ende des vergangenen Jahrhunderts im Amur- und Ussurigebiet um 75%. Insgesamt leben jetzt im südlichen Fernen Osten der UdSSR 500 bis 550 Gorale. Bis 1924, als man den Goral unter Naturschutz stellte, wurde er stark bejagt – und zwar nicht nur wegen des warmen Fells und des schmackhaften Fleisches, vielmehr waren auch Herz, Blut, Hörner und Embryonen in der Medizin des Ostens hoch geschätzt.

Die Gebiete des Goralvorkommens sind verhältnismäßig wenig von Menschen beeinflußt. Sie sind außerdem für die meisten Huftiere der Primorje-Region ungeeignet. Darum hat der Goral so gut wie keine Konkurrenten, und die Bestände sind, sofern sie nur vor menschlichen Jägern weiterhin geschützt werden, besser als andere Huftierarten des Fernen Ostens gesichert.

Rindergemsen (Gattung *Budorcas*)

von Fritz Rudolf Walther

Der TAKIN *(Budorcas taxicolor)* wird auch GNUZIEGE und RINDERGEMSE genannt. Wie diese Namen andeuten, ist er nicht leicht im zoologischen System einzuordnen. Manche Systematiker sehen den Takin als einzige Art einer eigenen Unterfamilie (Budorcatinae) an. Andere vereinigen ihn – wie wir hier – als einzige Art einer Gattungsgruppe (Budorcatini) mit den Gemsenartigen (Rupicaprinae). Wieder andere behandeln ihn gleichfalls als eigene Gattungsgruppe, jedoch innerhalb der Unterfamilie der Böcke (Caprinae). Noch andere fassen ihn mit dem Moschusochsen in der Unterfamilie oder – nach anderer Auffassung – Gattungsgruppe der Schafochsen (Ovibovinae bzw. Ovibovini) zusammen.

Sehr anschaulich erzählt H. S. Wallace von einer Begegnung mit Takins im Tsinglinschan-Gebirge im Jahre 1913: »Drei Bullen, drei Kühe und zwei Kälber weideten auf einem Felsplateau. Mehr als alles andere überraschte uns die Färbung. Es war die Wiedergeburt des Goldenen Vlieses... Im Sonnenschein sind die Bullen auffällig goldgelb... die Kühe mehr silbrig im Ton... Beim Anblick von vorn fallen der tiefgetragene Kopf, das ›Büffelgehörn‹ und die Ramsnase auf. Von hinten erscheinen die schwergebauten Tiere mit ihren kurzen Beinen und dem im langen Haar verschwindenden Schwanz wie gewaltige Teddybären. Aber im Angriff und auf der Flucht können diese Teddybären die sturmhafte Geschwindigkeit des Nashorns erreichen. Sie sind ausgesprochen standorttreu und finden sich selbst mit der Anwesenheit und dem Geräusch der chinesischen Holzfäller ab. Bei Gefahr suchen sie Bambuswirrnisse und ähnliche Dickungen auf und bleiben hier liegen. Gerissene Altbullen drücken sich mit ausgestrecktem Nacken so dem Boden an, daß man fast auf sie tritt. Im Winter gehen sie fast bis auf 2000 Meter hinunter, im Sommer bis auf 4500 Meter hinauf... Zu ihren Salzlecken treten sie oft breite ›Büffelpfade‹, und Profitjäger legen sich gern an solchen Lecken ins Versteck.«

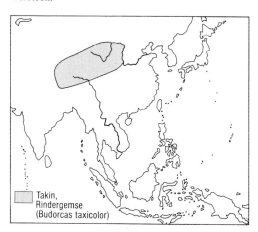

Takin, Rindergemse *(Budorcas taxicolor)*

GEMSEN UND VERWANDTE

Gemsen und Verwandte (Rupicaprinae)

Name deutscher Name wissenschaftlicher Name englischer Name (E) französischer Name (F)	Körpermaße Kopfrumpflänge (KRL) Schwanzlänge (SL) Standhöhe (SH) Gewicht (G)	Auffällige Merkmale	Fortpflanzung Tragzeit (Tz) Zahl der Jungen je Geburt (J) Geburtsgewicht (Gg)
Gemse, Gams *Rupicapra rupicapra* mit 9 Unterarten; manche Autoren betrachten die Pyrenäengemse als eigene Art *(R. pyrenaica)*, der dann auch die Abruzzengemse als Unterart *(R. p. ornata)* zuzuordnen wäre E: Chamois F: Chamois	KRL: 110–130 cm SL: 10–15 cm SH: 70–85 cm G: ♂♂ 22–62 kg, ♀♀ 14–50 kg	Hörner steil aufsteigend, oberes Drittel hakenförmig nach hinten gekrümmt, bis zu 32 cm lang, bei beiden Geschlechtern; Voraugendrüsen fehlen, jedoch mit Haar bedeckte, feigenförmige Markierungsdrüse hinter den Hörnern; verlängerte Haare auf Kruppe (Gamsbart); deutlicher Unterschied zwischen hellem, kurzem Sommerfell und dunklem, langem Winterfell; Hufe schmal und spitz, Nebenhufe groß; Zwischenzehendrüsen vorhanden; 4 Zitzen	Tz: um 6 Monate J: 1, selten 2 Gg: 3–5 kg
Schneeziege *Oreamnos americanus* E: Mountain goat F: Chèvre des montagnes, Oreamne montagnard	KRL: ♂♂ 154 cm, ♀♀ 141 cm SL: 10 cm SH: ♂♂ 89 cm, ♀♀ 79,7 cm G: ♂♂ 69 kg, ♀♀ 56,7 kg	Körperbau und Bewegungen bärenartig; langes, zottiges weißes Haarkleid; kurze und sehr scharfe gekrümmte Hörner; dünner, zerbrechlicher Schädel; Bock mit dicker Haut, besonders an den Oberschenkeln	Tz: etwa 175–180 Tage J: 1, selten 2 Gg: etwa 3 kg
Serau *Capricornis sumatraensis* mit 14 Unterarten E: Serow F: Serow, Capricorne	KRL: 80–180 cm SL: 6–18 cm SH: 50–105 cm G: 25–140 kg	Fell schwarz bis rotbraun, beim Japanischen Serau im Winter grauschwarz, bei ihm auch die Gesichtshaare heller als die Körperbehaarung; beide Geschlechter gehörnt; Länge der leicht gebogenen Hörner beim Japanischen Serau 8–15 cm, beim Sumatra-Serau bis 25 cm; auch sind die Ohren des letzteren länger; Voraugen- und Zwischenklauendrüsen vorhanden	Tz: 7–7½ Monate J: 1, selten 2 Gg: 1,3–4,5 kg
Goral, Ziegenantilope *Nemorhaedus goral* mit 6 Unterarten E: Goral F: Goral	KRL: ♂♂ bis 123 cm, ♀♀ bis 118 cm SL: bis 18 cm, mit Haaren bis 28 cm SH: bis 75 cm G: ♂♂ bis 42 kg, ♀♀ bis 35 kg	Hausziegenähnlich, aber längerer Schwanz; kräftiger Körperbau; Hörner bei beiden Geschlechtern; starke Schultergürtel- und Gliedmaßenmuskulatur, elastische Hornkissen auf der Unterfläche der Hufe	TZ: 170–218 Tage J: 1, selten 2, äußerst selten 3 Gg: nicht bekannt, nach 1 Monat 4–5 kg
Takin, Rindergemse, Gnuziege *Budorcas taxicolor* mit 3 Unterarten E: Takin F: Takin	KRL: ♂♂ 210–220 cm, ♀♀ rund 170 cm SL: 15–20 cm SH: ♂♂ 110–130 cm, ♀♀ 100–110 cm G: ♂♂ 300–350 kg, ♀♀ 240–280 kg	Rinderartig, plump; großer Kopf mit Ramsnase und breitem, nacktem Nasenspiegel; Voraugendrüsen fehlen; Hörner bis 50 cm, gnuähnlich, bei beiden Geschlechtern; Beine stämmig mit breiten Hufen und starken Nebenhufen; Zwischenzehen- und Leistendrüsen fehlen; Haarkleid lang und zottig; Farbe – je nach Unterart – von weißgelb über goldgelb bis braunrot; öliges, stark riechendes Sekret über Körper verteilt; 2 Zitzen	Tz: rund 7–8 Monate J: 1, selten 2 Gg: nicht bekannt

Über die systematische Stellung des asiatischen Takin herrscht noch immer einige Unklarheit. Das drückt sich auch in seinen anderen volkstümlichen Benennungen »Rindergemse« und »Gnuziege« aus, in denen die Namen von vier Hornträgern vereint sind, die allesamt in Erscheinungsbild oder Lebensform eine gewisse Ähnlichkeit mit dem Takin aufweisen. Das Foto zeigt einen Szetschuantakin aus den Bergen Zentralchinas.

DIE ARTEN IM VERGLEICH

Lebensablauf Entwöhnung (Ew) Geschlechtsreife (Gr) Lebensdauer (Ld)	Nahrung	Feinde	Lebensweise und Lebensraum	Häufigkeit
Ew: nach 6 Monaten Gr: Weibchen mit 2½, Männchen mit 3½–4 Jahren Ld: 14–20 Jahre	Gräser, Kräuter, Blätter, Knospen, Triebe, Pilze	Luchs, Wolf, Bär, Adler, Bartgeier (soweit noch vorhanden); für Kitze auch Fuchs, Dachs, Uhu, Kolkrabe, Rabenkrähe	In Mittel- bis Hochgebirge zwischen 1000 und 3500 m Höhe, offenem, felsigem Gelände und Wald; hervorragender Kletterer; gesellig in kleinen Trupps bis zu größeren Rudeln; Altböcke oft allein; Brunftzeit Oktober -Januar, Hauptzeit November; Setzzeit Ende April–Anfang Juni; Kitze ausgeprägte Folger	Abruzzengemse (R. r. ornata), Karthäusergemse (R. r. cartusiana) und Balkangemse (R. r. balcanica) bedroht. In kantabrischen Gebirgen (R. r. parva) weitgehend ausgerottet; sonst noch gute Bestände; eingeführt in Schwarzwald, Vogesen, Schwäbischer Alb, Elbsandsteingebirge und Neuseeland
Ew: mit etwa 3 Monaten Gr: mit etwa 30 Monaten Ld: bis 18 Jahre	Gräser, Kräuter, Blätter, Nadelbäume usw.	Höchstens Puma, Braunbär	Böcke meist einzeln, Geißen in Gruppen; weibliche Tiere den männlichen durchweg überlegen; Gebirgsbewohner, an steile Felshänge und Klippen gebunden	Bestand nicht gefährdet, aber störungsanfällig und gebietsweise rückläufig
Ew: mit etwa 5–6 Monaten Gr: mit ungefähr 2½ Jahren Ld: im Zoo bis zu 21 Jahren	Pflanzen mit fleischigen Blättern und Schößlingen; in Japan im Winter Blätter von immergrünen Pflanzen und Eicheln	Rothund, Fuchs, Steinadler	Einzeln, paarweise und in Familiengruppen; standorttreu; wahrscheinlich territorial; in bergigem Gelände und Wäldern mit Felsklippen in Höhe von 500–3600 m; Territorien einzelner Böcke um 3 ha, Gruppenterritorien (?) um 15 ha	Formosa-Serau nahe der Ausrottung; Japanischer Serau gegen 20 000 Stück; übrige Bestände unbekannt
Ew: mit 7–8 Monaten Gr: mit etwa 2 Jahren Ld: 14–15 Jahre	Gräser, Laub, Zweige, Nüsse usw.	Rothund, Leopard, Luchs, Tiger, Buntmarder, Wolf	Zusammenleben in Gruppen von 15–30 Tieren; Gruppenterritorien von etwa 100 ha; in felsigen Waldgebieten von Meereshöhe bis 2500 m	Gefährdet
Ew: angeblich nach 1 Monat Gr: vermutlich mit 2½ Jahren Ld: wahrscheinlich 12–15 Jahre	Gräser, Kräuter, Blätter, Knospen, Triebe	Bär, Wolf	Im Gebirge von 2000–5000 m Höhe, grasig-felsiger Hochalpenzone mit Buschhorsten, Bambus- oder Rhododendrondschungel, Bergwald und Urwald; gesellig in kleinen Trupps, mitunter auch größeren Herden; alte Männchen oft Einzelgänger; standorttreu; Paarungszeit August/September; Setzzeit April–Anfang Juni	Schensitakin (B. t. bedfordi) selten; Szetschuantakin (B. t. tibetana) bedroht

Aus freier Wildbahn ist über die Lebensweise des Takin nicht viel bekannt, was über diesen alten Bericht wesentlich hinausginge. In Tiergärten gelangen Takins nur selten. In Deutschland war ein junges weibliches Tier 1966/67 im Zoo von Hannover zu sehen, das dann nach New York kam. Strich man ihm übers Fell, wurde die Hand fettig und braun. Wie L.Dittrich angibt, roch das ölige Hautfett nach Buttersäure und schmeckte scharf. Wahrscheinlich schützt es die Tiere vor der Nässe der langen und dichten Nebel in ihrem Lebensraum. Wie George B.Schaller im Bronx-Zoo (New York) beobachtete, sitzen Takins gelegentlich wie Hunde auf den Keulen. Beim Laubäsen stellen sie sich auf die Hinterbeine und erreichen so Blätter bis zu drei Metern über dem Boden. Bei gesenktem Haupt spritzt sich der Bulle manchmal Urin auf Brust, Vorderbeine, Kinn und Kehle. Die Kühe harnen mit eingekniffenem Schwanz, der so mit Urin getränkt wird. Drohimponierend bauen sich Bullen wie Kühe breitseits vorm Gegner auf, buckeln den Rücken und senken den Kopf, der etwas abgewendet werden kann. Im Kampf stoßen und haken sie mit den Hornspitzen oder rammen nach Anlauf die Hornbasen gegeneinander. Sicher bleibt über das Verhalten dieser Tiere noch viel zu lernen, und so wird sich wohl eines Tages ein Forscher dafür begeistern, sie in Freiheit zu studieren. Hoffen wir, daß es dann noch Takins geben möge ...

Der Takin hat kräftige, stämmige Vorderbeine mit breiten Hufen und starken Nebenhufen.

Böcke oder Ziegenartige

Steinböcke und Wildziegen (Gattung *Capra*)

Einleitung

von Bernhard Nievergelt

Steinböcke, Bezoarziegen und Schraubenziegen werden insgesamt in der Gattung *Capra* (Ziegen) zusammengefaßt. Es handelt sich um mittelgroße Huftiere von allgemein kräftigem, eher gedrungenem Körperbau, deren Verbreitung auf Gebirgsgegenden beschränkt ist. Männliche Tiere (Böcke) sind größer und schwerer als weibliche Tiere (Geißen) und tragen auch wesentlich längere, sehr augenfällige Hörner. Das in weitem Bogen geschwungene oder spiralig gewundene Bockgehörn ist ein maßgebendes Merkmal beim Unterscheiden der verschiedenen *Capra*-Arten.

Neben den Ziegen sind in der Gattungsgruppe der Böcke (Caprini) als zweite formenreiche Gattung die Schafe *(Ovis)* einbezogen, außerdem die zwischen den Ziegen und Schafen stehenden Gattungen Mähnenspringer *(Ammotragus)*, Tahre *(Hemitragus)* und Blauschafe *(Pseudois)*. Ziegen und Schafe stehen sich verwandtschaftlich damit sehr nahe, auch wenn die beiden Arten in ihren weltweit verbreiteten Haustierformen leicht zu unterscheiden sind. Nicht bei allen Wildtierformen gelingt die Zuordnung ebenso offensichtlich. Die Angehörigen der Gattung *Capra* lassen sich unter anderem aufgrund der folgenden Merkmale abgrenzen: kurzer Schädel; aufgewölbte und breite Stirn; spitze und kurze Ohren; ziemlich große Augen; fehlende Voraugendrüsen; schmaler, nackter Nasenspiegel; ziemlich kurzer Hals; kräftige Beine; aufklappbarer, unterseits flacher, kahler Schwanz mit Unterschwanzdrüsen; Bocksgeruch; zwei Zitzen – dazu zum Teil zwei zurückgebildete Zitzen; keine Leistendrüsen; Böcke mit Kinnbart und zum Teil Halsmähne; Gehörne mit deutlich erkennbaren Jahreszuwachsfurchen.

Alle Vertreter dieser Gattung sind Gebirgstiere mit hervorragender Kletterfähigkeit. Sie sind angepaßt an karge, extreme, oft auch trockene Verhältnisse und an rauhe, rohfaserreiche Nahrung. Ihre Verbreitung in Eurasien und Nordostafrika zeigt damit ein inselartiges Vorkommen; wobei in den verschiedenen Gebirgsregionen zumeist unterschiedliche Formen leben. In den genannten Anpassungsleistungen wie auch in der Tatsache, daß sie vorwiegend waldfreie Gebiete besiedeln, lassen Steinböcke und andere Wildziegen den Typus eines Gletscherfolgers erkennen. Stammesgeschichtlich lassen sie sich allerdings auf gemsenähnliche Ahnen zurückführen, die – im südostasiatischen Raum lebend – eher an feuchtwarme Waldgebiete angepaßt waren.

Der auffällige Größenunterschied zwischen den Geschlechtern wie auch das verhältnismäßig langsame Aufwachsen der Jungtiere wird oft mit den extremen, wenig fruchtbaren Lebensbedingungen in Zusammenhang gebracht. Mit dem System von ungleich großen Geschlechtspartnern dürfte in der Tat die Nahrungskonkurrenz zwischen den Geschlechtern – also innerhalb der Arten – gemindert sein, ergeben sich doch aufgrund dieses körperbaulichen Unterschiedes auch solche in den Nahrungsansprüchen.

In menschlicher Obhut pflanzen sich alle Kombinationen von Vertretern der Gattung *Capra* miteinander fort und zeugen fruchtbare Bastarde. Trotzdem besteht unter den wildlebenden Formen dank ihrer gegenseitigen fast vollständigen geographischen Trennung kaum die Gefahr der Vermischung von Erbgut. Das gilt allerdings nicht für alle jene Verbreitungsgebiete, die auch von nicht überwachten oder gar verwilderten Hausziegen genutzt werden. Steinböcke und Wildziegen schließen sich ihrem Sozialsystem gemäß in nach Geschlechtern gemischte oder reine Verbände zusammen. Die mit ihnen ebenfalls fruchtbar kreuzbaren Hausziegen finden in den Verbänden Zugang.

Die ganze Gruppe der Steinböcke und Wildziegen zeigt insgesamt ein recht gleichartiges Kampfverhalten. Die Böcke – zuweilen auch die Geißen – kämp-

BÖCKE ODER ZIEGENARTIGE

Der Alpensteinbock, der im vorigen Jahrhundert vom Aussterben bedroht war, besiedelt heute erfreulicherweise wieder in größerer Zahl seine angestammte Bergheimat.

Böcke oder Ziegenartige (Caprinae)

Name deutscher Name wissenschaftlicher Name englischer Name (E) französischer Name (F)	Körpermaße Kopfrumpflänge (KRL) Schwanzlänge (SL) Standhöhe (SH) Gewicht (G)	Auffällige Merkmale	Fortpflanzung Tragzeit (Tz) Zahl der Jungen je Geburt (J) Geburtsgewicht (Gg)
Alpensteinbock *Capra ibex ibex* E: Alpine ibex F: Bouquetin des Alpes	KRL: ♂♂ 140–170 cm, ♀♀ 75–115 cm SL: ♂♂ 21–29 cm, ♀♀ 15–23 cm SH: ♂♂ 85–94 cm, ♀♀ 70–78 cm G: ♂♂ 70–120 kg, ♀♀ 40–50 kg	Böcke mit kurzem Bart (6–7 cm); säbelförmig nach hinten gekrümmte Hörner, beim Bock bis 100 cm, bei der Geiß bis 35 cm lang	Tz: 165–170 Tage J: 1, selten 2 Gg: 2–3,5 kg
Äthiopischer Steinbock, Waliasteinbock *Capra ibex walie* E: Walia ibex, Ethiopian ibex F: Bouquetin d'Ethiopie	KRL: 140–170 cm SL: 20–25 cm SH: 90–110 cm G: 80–125 kg	Böcke mit seitlich abgeflachten, bogenförmig, vor allem an den Spitzen stark gekrümmten Hörnern mit Knoten oder Querrippen auf der Vorderkante; kastanienbrauner Rücken; grauweiße Körperunterseite; schwarz-weiß gemusterte Beine; erwachsene Böcke mit langem Bart und dunkler Brust; stämmige Gestalt; ausgeprägter Geschlechtsdimorphismus	Tz: 150–170 Tage J: 1, selten 2 Gg: nicht bekannt
Nubischer Steinbock *Capra ibex nubiana* E: Nubian ibex F: Bouquetin de la Nubie	KRL: ♂♂ um 125, ♀♀ um 105 cm SL: 15–20 cm SH: ♂♂ um 75 cm, ♀♀ um 65 cm G: ♂♂ 50–70 kg, ♀♀ 25–40 kg	Hörner der Böcke bis 120 cm lang mit 24–36 Wulsten an der Vorderseite, halbkreisförmig nach hinten gebogen; Hörner der Geißen viel dünner, bis 35 cm lang, mit schwachen Ringen und Rillen; Grundfarbe lichtes Braun, Hinterteil etwas heller, Schwanz dunkler; Bauchseite weiß; Böcke mit dunklem Aalstrich auf dem Rücken; schwarze Streifen auf Vorderseiten der weißen Beine	Tz: 5 Monate J: 1–2 (etwa 20% Zwillingsgeburten) Gg: etwa 2 kg
Sibirischer Steinbock *Capra ibex sibirica* E: Asiatic ibex, Asian ibex, Siberian ibex F: Bouquetin de Sibérie	KRL: ♂♂ 130–165 cm, ♀♀ bis 135 cm SL: 10–18 cm SH: ♂♂ 80–110 cm, ♀♀ 67–89 cm G: ♂♂ 60–130 kg, ♀♀ 35–62 kg	Böcke mit bogenförmigen, z. T. stark gekrümmten Hörnern und Kinnbart; Winterfell erwachsener Böcke dunkelbraun mit weißen Feldern unterschiedlicher Ausdehnung auf Rücken und Hals; Geißen mit kleinen, bogenförmigen Hörnern, kurzem Kinnbart und einheitlicher gefärbtem Winterfell	Tz: 155–180 Tage J: 1, 2 (3) Gg: 3–4,5 kg
Ostkaukasischer Steinbock, Dagestan-Tur *Capra ibex cylindricornis* E: East Caucasian tur, Dagestan tur F: Tour du Caucase oriental	KRL: ♂♂ 130–150 cm SL: 11–14,5 cm SH: ♂♂ 79–98 cm, ♀♀ 65–70 cm G: ♂♂ 55–80 kg, ♀♀ 45–55 kg	Böcke mit massigen, schafähnlich gekrümmten Hörnern ohne Knoten	Tz: 150–160 Tage J: 1, selten 2 Gg: 3,5–4 kg
Westkaukasischer Steinbock, Kuban-Tur *Capra ibex severtzovi* E: West Caucasian tur, Kuban tur F: Tour du Caucase occidental	KRL: ♂♂ 150–165 cm, ♀♀ 120–140 cm SL: 10–14 cm SH: ♂♂ 95–109 cm, ♀♀ 78–90 cm G: ♂♂ 65–80 kg, ♀♀ 50–60 kg	Böcke mit massigen, säbelförmig gekrümmten Hörnern	Wie Ostkaukasischer Steinbock
Spanischer Steinbock *Capra pyrenaica* mit 4 Unterarten E: Spanish ibex F: Bouquetin ibérique	KRL: ♂♂ 130–150 cm, ♀♀ 105–120 cm SL: 12–15 cm SH: ♂♂ 65–75 cm, ♀♀ 60–65 cm G: ♂♂ 60–80 kg, ♀♀ 25–35 kg	Ausgeprägte Geschlechtsunterschiede in Größe, Gewicht, Färbung; Böcke mit langen und massigen, Geißen mit kurzen Hörnern; Böcke mit Kinnbart	Tz: 161–168 Tage J: 1, selten 2 Gg: nicht bekannt
Schraubenziege, Markhor *Capra falconeri* mit 7 Unterarten E: Markhor F: Markhor	KRL: ♂♂ 132–186 cm, ♀♀ 140–150 cm SL: 8–20 cm SH: ♂♂ 85–115 cm, ♀♀ 65–70 cm G: ♂♂ 80–110 kg, ♀♀ 32–41 (über 50) kg	Böcke mit spiralig gewundenen Hörnern, Kinnbart und im Norden des Verbreitungsgebietes mit Halsmähne; Geißen mit kleinen, spiralig gewundenen Hörnern und z. T. mit kurzem Kinnbart; unterer Teil der Läufe weiß oder schwarz-weiß gemustert	Tz: 135–170 Tage J: 1, 2 (3) Gg: nicht bekannt
Bezoarziege *Capra aegagrus* mit 2 (?) Unterarten E: Wild goat, Bezoar F: Chèvre sauvage, Chèvre égagre, Chèvre à bézoard	KRL: 120–160 cm SL: 15–20 cm SH: 70–100 cm G: ♂♂ 35–40 kg, ♀♀ 25–35 kg	Stämmiger, muskulöser Körperbau; Böcke mit sichelförmigen, bis 140 cm langen Hörnern; Hörner der Geißen meist weniger als 30 cm lang	Tz: 150–160 Tage J: 1–2 Gg: 2–3,5 kg
Himalajatahr *Hemitragus jemlahicus* E: Himalayan tahr F: Tahr de l'Himalaya	KRL: ♂♂ 140 cm, ♀♀ 90 cm SL: 9–12 cm SH: ♂♂ 100 cm, ♀♀ 65 cm G: ♂♂ 90 kg, ♀♀ 36 kg	Erwachsene Böcke mit auffälliger Schulter- und Halsmähne	Tz: 6 Monate J: 1, selten 2 Gg: nicht bekannt

DIE ARTEN IM VERGLEICH

Lebensablauf Entwöhnung (Ew) Geschlechtsreife (Gr) Lebensdauer (Ld)	Nahrung	Feinde	Lebensweise und Lebensraum	Häufigkeit
Ew: allmählicher Vorgang ohne scharfen Einschnitt Gr: Weibchen ab 2½, Männchen mit etwa 2 Jahren Ld: 10–14 Jahre	Vor allem Gräser und Kräuter, wenig Holzgewächse	Für Jungtiere: Steinadler, evtl. Fuchs	Außerhalb der Paarungszeit in getrennten Bock- und Geiß-Jungtier-Verbänden; steile, reichgegliederte und felsige Hänge zwischen 1600 und 3200 m	Mitte 19. Jhdt. nur noch 50–100 Tiere im Gran Paradiso (Italien); 1982 etwa 22 000 Tiere im Alpenraum
Ew: langsamer Vorgang ohne scharfen Einschnitt G: vermutlich mit 2 Jahren Ld: bis etwa 15 Jahre	Gräser, Kräuter, Sträucher, Bäume	Greifvögel, Leopard, Serval, Fleckenhyäne	Meist gemischte Verbände; nur ansatzweise Trennung in Bock- und Geiß-Jungtier-Verbände; bewohnt Felsabstürze, Terrassen, Schluchten meist unterhalb der Waldgrenze	Stark gefährdet; 1983 weniger als 500 Tiere, nur innerhalb des Semien-Nationalparkes oder in angrenzenden Gebieten
Ew: nach 3 Monaten Gr: mit 2–3 Jahren Ld: in Menschenobhut bis 17 Jahre	Gräser, Kräuter, Strauch- und Baumlaub	Leopard; für Kitze auch Lämmergeier und Adler	Bewohnt felsiges Bergland mit steilen Hängen in Wüstengebieten; Bock- und Geißenrudel; in letzteren auch Kitze und Jungböcke bis 3 Jahre; zur Brunftzeit im Oktober gemischte Rudel; keine Territorien	Bestand 1986 auf nur etwa 1200 Tiere geschätzt
Ew: allmählich Gr: Weibchen ab 1,5 Jahren Ld: bis 16 Jahre	Gräser, Kräuter, Sträucher, Bäume	Wolf, Schneeleopard, Luchs, Vielfraß, Braunbär, Fuchs, Steinadler; Mensch	Außerhalb der Brunftzeit in Bockverbänden einerseits und Geiß-Jungtier-Verbänden andererseits; um die Brunftzeit in gemischtgeschlechtlichen Verbänden; besiedelt eher niederschlagsarme Gebirge in Höhenlagen von 500–5000 (6700) m, die offene Vegetationsflächen wie alpine Rasen oder Steppen in der Nähe von Felsen aufweisen	Gebietsweise durch intensive Bejagung gefährdet oder bereits ausgerottet
Ew: nicht bekannt Gr: mit etwa 2 Jahren Ld: 10–12 Jahre	Gräser und Kräuter, auch Triebe und Blätter von Sträuchern und Bäumen	Wolf, Luchs	Außerhalb der Brunftzeit in getrennten Bock- und Geißen-Jungtier-Verbänden; auf steilen, felsigen Gebirgshängen, z. T. im Waldgürtel, zwischen 800 und 4200 m	Nicht bekannt
Wie Ostkaukasischer Steinbock	Wie Ostkaukasischer Steinbock	Wie Ostkaukasischer Steinbock	Wie Ostkaukasischer Steinbock	Nicht bekannt
Ew: nicht bekannt Gr Weibchen mit 1,5, Männchen vermutlich mit 2–3 Jahren Ld: 12–16 Jahre	Gräser, Kräuter, Sträucher, Bäume	Wolf (selten), Adler, Füchse und verwilderte Hunde	Bock- und Geißenrudel mit Jungtieren; gemischte Gruppen während der Brunftzeit; bewohnt steile Felshänge und alpine Matten, auch in Eichen- und Kiefernwäldern	Art nicht gefährdet; Bestand etwa 19 000 Tiere
Ew: vermutlich mit 5–6 Monaten Gr: Weibchen ab 1,5 Jahren Ld: 12–13 Jahre	Gräser, Kräuter, Sträucher, Bäume	Wolf, Schneeleopard, Leopard, Luchs; Mensch	Außerhalb der Brunftzeit in Bockverbänden einerseits und Geiß-Jungtier-Verbänden andererseits, um die Brunftzeit in gemischtgeschlechtlichen Verbänden; besiedelt locker bewaldete, von Felspartien durchzogene, steile Hänge bis sehr steile, waldlose, mit Einzelbüschen und Gebüschgruppen bestandene Felsschluchten im Höhenbereich von 600–3600 (4100) m	Die Art ist im Red Data Book als »verwundbar«, die Unterart *C. f. megaceros* als »gefährdet« aufgeführt
Ew: mit 4 Monaten Gr: Weibchen mit 2, Männchen mit 5 Jahren Ld: 10–12 Jahre	Vielseitig, hauptsächlich Gräser, Kräuter und Stauden	Leopard, Wolf, Füchse, Streifenhyäne	Gesellig, zuweilen Herden mit mehr als 50 Tieren; Geißen und Altböcke außerhalb der Paarungszeit getrennt; bevorzugt in steilem Bergland	Bestand stark dezimiert, aber noch nicht gefährdet
Ew: nicht bekannt Gr: mit 3 Jahren Ld: 10 Jahre	Gräser, Kräuter, Laub	Leopard, Schneeleopard	In Gruppen von durchschnittlich 15, höchstens 77 Tieren; Altböcke getrennt von gemischten Gruppen, außer während der Brunft im Dezember und Januar; in zerklüftetem Bergland zwischen 2500 und 4000 m	Weitverbreitet; nur gebietsweise gefährdet

BÖCKE ODER ZIEGENARTIGE

Name deutscher Name wissenschaftlicher Name englischer Name (E) französischer Name (F)	Körpermaße Kopfrumpflänge (KRL) Schwanzlänge (SL) Standhöhe (SH) Gewicht (G)	Auffällige Merkmale	Fortpflanzung Tragzeit (Tz) Zahl der Jungen je Geburt (J) Geburtsgewicht (Gg)
Nilgiritahr *Hemitragus hylocrius* E: Nilgiri tahr, Nilgiri ibex F: Tahr des monts Nilgiri	KRL: ♂♂ etwa 150 cm, ♀♀ etwa 110 cm SL: 10–15 cm SH: ♂♂ 110 cm, ♀♀ 80 cm G: ♂♂ 100 kg, ♀♀ 50 kg	Erwachsene Männchen mit silbrigem Sattel, deutlich abgesetzt von dem vorwiegend schokoladebraunen Haarkleid, Fell vergleichsweise kurz; Knieflecken beim Männchen weiß, beim Weibchen schwarz	Tz: 179 Tage J: 1 Gg: nicht bekannt
Arabischer Tahr *Hemitragus jayakari* E: Arabian tahr F: Tahr d'Arabie	KRL: ♂♂ weniger als 110 cm SL: 3 cm SH: ♂♂ 62 cm G: ♂♂ 23 kg	Kleinste Tahrart; erwachsene Männchen mit stark verlängerter Hals-, Schulter- und Rückenmähne	Tz: angeblich 5 Monate J: 1 Gg: nicht bekannt
Blauschaf *Pseudois nayaur* mit 3 Unterarten E: Bharal, Blue sheep F: Bharal	KRL: 115–165 cm SL: 10–20 cm SH: 75–90 cm G: ♂♂ 60–75 kg, ♀♀ 35–55 kg; Zwergblauschaf ♂♂ 28–39 kg, ♀♀ 25 kg	Kurzbeinige kräftige Tiere; schmale Läufe; Kopf kurz bis mittellang; Nasenlöcher schräggestellt; Hornlänge bis 80 cm (Männchen), bis 20 cm (Weibchen); Hornoberfläche mit Wülsten quergeringelt; Voraugen-, Weichen- und Zwischenklauendrüsen fehlen; 2 Zitzen; schieferblaues, kurzes, dichtes Haarkleid	Tz: 160 Tage J: 1 Gg: nicht bekannt
Mähnenspringer *Ammotragus lervia* mit 4 Unterarten E: Barbary sheep F: Mouflon à manchettes	KRL: ♂♂ 155–165 cm, ♀♀ 130–140 cm SL: 15–20 cm SH: ♂♂ 90–112 cm, ♀♀ 75–94 cm G: ♂♂ 100–145 kg, ♀♀ 30–63,5 kg	Ziegenähnlich; gedrungener Körperbau; langer Gesichtsschädel, schräg gestellte Nasenlöcher; Kopf turanhülich mit dreieckigem Querschnitt, breiter Stirnansatz; 2 Zitzen, ziegenartiger kurzer, unterseits nackter, drüsenbesetzter Schwanz; Voraugen-, Weichen- und Zwischenklauendrüsen fehlen	Tz: 154–161 Tage J: 1, seltener Zwillinge Gg: etwa 4,5 kg
Orientalisches Wildschaf, Urial, Asiatisch-europäisches Kleinschaf, Asiatisch-europäisches Muffelwild *Ovis orientalis* mit 11 Unterarten E: Asiatic mouflon, Urial F: Mouflon de l'Asie Mineure, Urial	KRL: ♂♂ 127–152 cm, ♀♀ 102–140 cm SL: 10–13 cm SH: ♂♂ 71–99 cm, ♀♀ 64–89 cm G: ♂♂ 36–100 kg, ♀♀ 32–80 kg	Körperfarbe von schokoladebraun bis strohfarben; Böcke mit Hals- und Brustmähne, bei manchen Formen mit langen weißen Haaren unterm Kinn (»Lätzchen«); Böcke im Winterfell gewöhnlich mit weißem Sattelfleck, bei einigen Formen schwarz oder schwarz und weiß; Hörner der Böcke bis 114 cm lang, entweder schneckenförmig gewunden seitlich vom Kopf oder halbkreisförmig gebogen mit den Spitzen hinter dem Kopf oder zum Hals hin; Hörner der Weibchen selten länger als 25 cm	Tz: 5 Monate J: 1–2 Gg: 3–4 kg
Riesenwildschaf, Argali *Ovis ammon* mit 6 Unterarten E: Argali F: Argali	KRL: ♂♂ 170–200 cm, ♀♀ 120–150 cm SL: 14 cm SH: ♂♂ 100–122 cm, ♀♀ 90–100 cm G: ♂♂ 110–180 kg, ♀♀ 65–90 kg	Meist weiße Halsmähne; kein Sattelfleck; Spiegel weiß, scharf abgesetzt oder verschwommen; Beine vom Knie bis zum Huf weiß; hochbeinig; Hörner der Männchen bis 190, die der Weibchen selten über 31 cm lang	Tz: 150–160 Tage J: 1–2 Gg: 3,5–5,5 kg
Dickhornschaf *Ovis canadensis* mit 7 Unterarten E: Bighorn sheep F: Bighorn	KRL: ♂♂ bis 195 cm, ♀♀ bis 150 cm SL: etwa 13 cm SH: ♂♂ etwa 100 cm, ♀♀ 82 cm G: ♂♂ 70–135 kg, ♀♀ 45–72 kg	Steinbockähnlich gedrungener Körperbau; vergleichsweise kurze Beine; Widder mit mächtigen Hörnern; großer Spiegel	Tz: 175 Tage J: 1 Gg: etwa 4 kg
Dünnhornschaf, Dallschaf *Ovis dalli* mit 3 Unterarten E: Thinhorn sheep, Dall's sheep F: Mouton de Dall	KRL: ♂♂ bis 180 cm, ♀♀ bis 140 cm SL: 10 cm SH: ♂♂ bis 110 cm, ♀♀ bis 95 cm G: ♂♂ 95 kg, ♀♀ 60 kg	Weiß, nur Stoneschaf dunkel; Hörner und Spiegel kleiner als bei Dickhornschaf	Wie Dickhornschaf
Schneeschaf *Ovis nivicola* mit 5 Unterarten E: Snow sheep, Siberian bighorn F: Bighorn du Kamtchatka	KRL: ♂♂ bis 160 cm, ♀♀ bis 140 cm SL: nicht bekannt SH: ♂♂ bis 112 cm, ♀♀ bis 95 cm G: ♂♂ 120 kg, ♀♀ 60 kg	Meist dunkelbraun, manchmal heller; Hörner und Spiegel kleiner als beim Dickhornschaf	Wie Dickhornschaf
Moschusochse *Ovibos moschatus* E: Musk ox F: Boeuf musqué	KRL: ♂♂ 245 cm, ♀♀ 200 cm SL: 10–14 cm SH: ♂♂ 135 cm, ♀♀ 125 cm G: ♂♂ 265–380 kg, ♀♀ 180–200 kg	Langes, zottiges braunes Haarkleid mit feiner grauer Unterwolle; an den Kopfseiten abwärts und dann wieder nach oben gebogene spitze Hörner mit plattenartig verbreiterter Basis; Weibchen schwächer gehörnt; kurzer Schwanz sehr lang behaart	Tz: 8,5 Monate J: 1 Gg: 8–15 kg

DIE ARTEN IM VERGLEICH

Lebensablauf Entwöhnung (Ew) Geschlechtsreife (Gr) Lebensdauer (Ld)	Nahrung	Feinde	Lebensweise und Lebensraum	Häufigkeit
Ew: mit 4–6 Monaten Gr: mit etwa 3 Jahren Ld: 9 Jahre	Vorwiegend Gräser und Kräuter	Leopard, Rothund; Mensch	In Gruppen von durchschnittlich 42, höchstens 150 Tieren; Altböcke in kleinen Gruppen oder einzeln außerhalb der Brunftzeit im Juli und August; auf grasigen Hängen in der Nähe von Felsen oberhalb 2000 m; Reviergröße etwa 0,6 ha	Gefährdet; nur noch etwa 17 Populationen mit insgesamt ungefähr 2200 Tieren
Ew: nicht bekannt Gr: nicht bekannt Ld: 10–14 Jahre	Früchte und Blätter von Sträuchern	Wahrscheinlich Leopard, Mensch	Einzeln oder in Gruppen von höchstens 5 Tieren; auf extrem zerklüfteten Nordhängen in Höhen von 1000–1800 m	Gefährdet
Ew: nach etwa 6 Monaten Gr: mit 1½ Jahren Ld: im Zoo 12–15 Jahre	Gräser, Kräuter, Stauden, Flechten, Moose	Schneeleopard, Leopard, Bergfuchs, Steppenadler	Hochgebirgstiere; einzeln oder in kleinen bis großen Gruppen; Freilandbeobachtungen sehr spärlich	Nicht bekannt
Ew: mit 3–4 Monaten Gr: einzelne Männchen schon mit 11, Weibchen nach 18 Monaten Ld: in der Wildbahn um 10 Jahre, im Zoo bis 20 Jahre	Meist halbtrockene Büsche, Akazien, spärliche Gräser sowie Flechten; sofern vorhanden, kräftige Bergkräuter	Leopard, Karakal	Meist einzeln lebend; in felsigen Wüstengebieten	In verschiedenen Verbreitungsgebieten stark gefährdet bzw. schon ausgerottet
Ew: nach 4 Monaten Gr: Weibchen mit 2, Männchen mit 5 Jahren Ld: bis 13 Jahre	Gräser und Kräuter, auch Laub	Wolf, gebietsweise Leopard, Gepard, Braunbär; für Lämmer auch Rotfuchs, Schakale, Streifenhyäne, Adler	Gesellig; gelegentlich in Herden bis zu 300 und 400 Tieren; nicht territorial; in hügeligem Gelände von der Wüste bis zum Hochgebirge	Die meisten Unterarten an Zahl stark zurückgegangen; Steppenschaf (*O. o. vignei*) gefährdet
Ew: mit 4 Monaten Gr: Männchen mit 5, Weibchen mit 2 Jahren Ld: 10–13 Jahre	Gräser, Seggen und Kräuter	Wolf, Schneeleopard, Leopard	Gesellig, Gruppen von 2 bis über 100 Tieren; nicht territorial; bewohnt Hochlagen in kalten Wüsten und im Hochgebirge	Vielfach bedrohlicher Rückgang durch Wilderer und Hausschafe; Tibet-Argali (*O. a. hodgsoni*) gefährdet
Ew: mit 4–6 Monaten Gr: Männchen mit 1,5–2,5, Weibchen mit 2,5 Jahren Ld: im Schnitt 9 Jahre	Hauptsächlich Gras und Kräuter	Große Raubtiere	Gesellig, in großen, nach Geschlechtern getrennten Gruppen; in alpinen bis trockenen Wüstengebieten, vorzugsweise in felsigem Gelände	Nicht unmittelbar gefährdet, abgesehen von den wüstenlebenden Populationen
Wie Dickhornschaf	Wie Dickhornschaf	Wie Dickhornschaf	Bewohnt extreme alpine und arktische Landschaften; sonst wie Dickhornschaf	Nicht gefährdet
Wie Dickhornschaf	Wie Dickhornschaf	Wie Dickhornschaf	Bewohnt alpine und arktische Landschaften, sonst wie Dickhornschaf	Nicht gefährdet
Ew: mit 10–18 Monaten Gr: Männchen mit 5–6, Weibchen mit 3–4 Jahren Ld: 20–24 Jahre	Gräser, Seggen, dazu Blütenpflanzen und Laub von Sträuchern	Hauptsächlich Wolf, selten Eisbär	Herdenbildend, Herden im Winter größer; Rangordnung in stabilen Verbänden; ziemlich standorttreu; in Gebieten mit geringem Niederschlag und niedriger Schneedecke; auf Küsten- und Binnenlandwiesen und in Bergtälern nördlich der Baumgrenze	Nicht gefährdet; Gesamtbestand rund 80 000 Tiere

fen, indem sich die einander gegenüberstehenden Partner auf den Hinterbeinen aufrichten und im Herabfallen ihre Hörner zusammenprallen lassen. Manchmal holt nur einer der Partner in dieser Weise zum Schlag aus, und der andere fängt den Stoß auf, oder beide Tiere begnügen sich mit einem Hakeln oder leichten Schlagen, ohne sich aufzurichten.

Wohl allen *Capra*-Arten ist ebenfalls gemein, daß sie – ausgehend vielleicht von ihrem Aussehen als kräftige, »stolze« Bergtiere – in der Volkskunst und ganz allgemein im Bewußtsein der Bevölkerung eine wesentliche Rolle spielen.

Alpensteinbock *(Capra ibex ibex)*
von Robert Zingg

Eines der wohl schönsten Erlebnisse einer Bergtour in den Alpen ist die Begegnung mit Steinböcken. Stattlich, mit massigem Körper und stämmigen Beinen sowie mit prächtigen, bis zu einem Meter langen und säbelförmig nach hinten gekrümmten Hörnern präsentieren sich die Böcke. Die Geißen sind kleiner und zierlicher. Ihre Hörner sind mit bis zu 35 Zentimeter Länge wesentlich kürzer und tragen zudem auf ihrer Vorderkante keine Knoten. Und wenn man dann, eingedenk der zur eigenen Fortbewegung benötigten Kraftanstrengung, die Leichtigkeit sieht, mit welcher sich die ALPENSTEINBÖCKE *(Capra ibex ibex)* selbst im schwierigsten Gelände sicher bewegen, so weitet sich die von diesen Tieren ausgehende Faszination.

Steinböcke sind in der Tat äußerst sprungkräftige und sichere Kletterer. Die Innenfläche ihrer Hufe ist weich und schmiegt sich so der Trittfläche an. Der scharfkantige Hufrand hingegen ist hart und findet an den kleinsten Unebenheiten Halt. So vermögen Steinböcke selbst für andere Tiere unpassierbare glattwandige, senkrechte Felsspalten zu durchsteigen. Sie springen dabei, jeweils sich kraftvoll abstoßend, in schneller Folge von einer Seite zur anderen.

Der Lebensraum der Steinböcke liegt im wesentlichen oberhalb der Waldgrenze. In steilen, reichgegliederten und felsigen Hängen zwischen 1600 und 3200 Meter Höhe finden sie ihre bevorzugten Aufenthaltsorte. Hier unternehmen sie tages- und jahreszeitliche Wanderungen. Im Frühjahr steigen sie für kurze Zeit in tiefere Lagen ab, wo sie an bereits schneefreien Stellen das erste frische Grün äsen. Anschließend steigen sie der zurückweichenden Schneegrenze folgend auf, um sich von Ende Juli bis September oder Oktober in den höchsten Lagen ihres Lebensraumes aufzuhalten. Mit dem Einbruch des Winters steigen sie wiederum in ihre in mittlerer Lage gelegenen Winterquartiere ab. Auch während des Tages wechseln sie ihre Aufenthaltsorte. So trifft man sie im Frühjahr und Sommer während ihrer frühmorgendlichen und nachmittäglichen Äsungsphase in tieferen Lagen an als während ihrer mittäglichen Ruhezeit. Diese Höhenverschiebungen dürften durch das jahreszeitlich wechselnde Futterangebot und durch die Neigung der Steinböcke, der Hitze auszuweichen, bedingt sein. Als Winteraufenthaltsort bevorzugen die Steinböcke steile, allgemein gegen Süd bis Südwest herausragende Hanglagen. Hier vermag sich der Schnee kaum festzusetzen, er rutscht leicht ab, und die Futterpflanzen können so unter der kargen Schneedecke leichter mit den Hufen freigescharrt werden. Zudem finden sich in diesen Lagen günstigere lokalklimatische Verhältnisse. Während sich Böcke eher einmal auch in offeneres Gelände vorwagen, ziehen Geißen – wohl zum Schutz ihrer

Außerhalb der Paarungszeit leben die männlichen Alpensteinböcke, die sich durch ihre bis ein Meter langen säbelförmigen Hörner von den schwächer gehörnten Geißen unterscheiden, in Bockrudeln zusammen.

Jungtiere (Kitze) – unzugängliche und zerklüftete Gebiete vor. Unterhalb der Waldgrenze findet man Steinböcke nur in aufgelockerten, gut besonnten und felsreichen Wäldern. Tiefe Täler und Gletscher wirken als eigentliche Ausbreitungsgrenzen und werden von den Steinböcken kaum überquert. Innerhalb ihrer Wohngebiete erweisen sie sich als überaus ortstreu. Der Schwerpunkt der Verbreitung des Steinbockes liegt in niederschlagsarmen Gebieten.

Ihre Nahrung finden die Steinböcke auf alpinen Matten und Felsbändern. Den Hauptanteil machen dabei mit rund 60% Gräser aus, weiter werden Kräuter (38%) und Holzgewächse (2%) verzehrt. Im Winter suchen sich die Tiere ihre kärgliche Nahrung, die nun vor allem aus alten Teilen von Gräsern und Polsterpflanzen besteht, unter dem Schnee hervor oder an vom Wind schneefrei gehaltenen Stellen. Soweit vorhanden, nutzen sie in dieser Zeit auch vermehrt Holzgewächse.

Die Zusammensetzung der Steinbockrudel ändert sich im Laufe des Jahres. Von Frühling bis Herbst bilden einerseits Böcke und andererseits Geißen, Kitze und ältere Jungtiere gesonderte Verbände. Während der hochwinterlichen Brunft im Dezember/Januar schließen sich diese Verbände zusammen.

Bei den Geißverbänden finden wir verschiedene Rudeltypen. Die tragenden Steinbockweibchen sondern sich zur Geburt der Jungen ab und schließen sich nach einigen Tagen bevorzugt wieder mit anderen Junge führenden Geißmüttern zusammen. Vielfach sind ältere Jungtiere mit Geißen ohne Nachwuchs vergesellschaftet. Die jungen Böcke wechseln etwa im Alter von drei Jahren von den Geiß- zu den Bockverbänden.

Betrachtet man die Zusammensetzung der Bockverbände etwas genauer, so stellt man ein interessantes Gruppierungsmuster fest. Im Sommer, wenn die Böcke unter sich sind, trifft man gleichaltrige Böcke gehäuft zusammen an. In der Brunftzeit hingegen, wenn sich Geiß- und Bockverbände zusammenschließen, meiden sich gleichaltrige Böcke, während sich verschieden alte Böcke vertragen. Die Rangordnung unter den Böcken – und damit das Vortrittsrecht bei der Begattung der Geißen – bildet sich im wesentlichen bereits im Sommer. Mit zunehmendem Alter werden die zeitlebens wachsenden Hörner der Böcke länger, und bis ins achte Altersjahr nimmt auch das Körpergewicht zu. Jüngere Böcke sind deshalb älteren Böcken körperlich unterlegen. Bei Böcken ähnlichen Alters hingegen ist das Kräfteverhältnis nicht mehr so offensichtlich. Die kämpferischen Auseinandersetzungen im Sommer, welche eher spie-

lerischen Charakter haben, müssen in diesen Fällen die Rangverhältnisse klären. Bei solchen Kämpfen erheben sich die Böcke auf ihre Hinterbeine und schlagen dann beim Niedergehen ihre Hörner mit großer Wucht ineinander. Der Schlag der aufeinanderprallenden Hörner ist oft weithin hörbar. So besteht zur Zeit der Brunft unter den Böcken eine klare soziale Rangordnung, welche im wesentlichen altersabhängig ist. Körpergröße und Hornlänge dienen dabei als von weitem erkennbare Rangabzeichen. Die starke Konkurrenz zwischen ranghohen, gleichaltrigen Böcken wird durch gegenseitiges Meiden gemildert, so

Rechts: Junge Steinböcke bei ihrem waghalsigen Spiel im steilen Fels. – Links: Ein Mitglied des Bockrudels richtet sich auf, um einen Gefährten zum Kampf herauszufordern. Im Sommer dienen die eher spielerisch gemeinten Auseinandersetzungen dazu, die Rangverhältnisse innerhalb der Gruppe zu klären.

▷ In diesem Duell geht es offensichtlich ernster zu. Gleich werden die mächtigen Hörner der beiden Rivalen lautstark gegeneinanderkrachen.

daß es während der Brunft kaum mehr zu kämpferischen Auseinandersetzungen kommt.

Die Paarungszeit der Steinböcke fällt mitten in die harte Winterzeit. Auf dem Weg in ihre Winterquartiere in steilen Hängen vereinigen sich die Bock- und Geißverbände. Von Dezember bis Januar dauert die Paarungszeit oder Brunft. Mehrere geschlechtsreife Böcke unterschiedlichen Alters umwerben gemeinsam die Geißen. Die Brunft kann in zwei unterschiedliche Phasen unterteilt werden. In der Gemeinschaftsbrunft umwerben die Böcke ungeachtet ihrer Rangstellung abwechselnd die gleichen Geißen. Sie nehmen dabei eine charakteristische Körperstellung ein und zeigen eine immer wiederkehrende Abfolge von Verhaltenselementen: Bei durchgestrecktem Körper, zurückgelegtem Kopf und nach oben geklapptem Schwanz sowie hochgezogener Oberlippe wird die herausragende Zunge rasch auf und ab bewegt (Zungenflippern), dann der Kopf in der Körperlängsachse gedreht und eines der Vorderbeine ruckartig nach vorne geschwungen (Laufschlag). Dabei läßt der Bock oft ein wimmerndes Meckern vernehmen. Während dieser Gemeinschaftswerbung sind die Böcke untereinander durchaus verträglich. Tritt eine Geiß in die paarungsbereite Phase, beginnt die Einzelbrunft. Jetzt umwirbt nur noch der ranghöchste, beherrschende Bock die Geiß. Andere Böcke, die dem Paar zu nahe kommen, werden durch Drohen auf Abstand gehalten. Die in den Sommermonaten festgelegte und nunmehr anerkannte Rangordnung verhindert jetzt kämpferische Auseinandersetzungen um paarungsbereite Geißen. Der ranghöchste Bock kann so kampflos die meisten Geißen begatten. Nach der Begattung bleibt der ranghöchste Bock noch einige Zeit bei der Geiß und beteiligt sich dann anschließend wieder an der Gemeinschaftsbrunft. Geißen, die während der Hauptbrunft nicht begattet wurden, können, wenn sie später erneut paarungsbereit sind, bei auslaufendem Brunftgeschehen auch von rangniederen Böcken begattet werden. Hatte die Brunft noch in einer hinsichtlich Klima und Futterangebot unwirtlichen Zeit stattgefunden, so werden nun im Juni die Jungtiere in eine für sie und ihre Mütter günstige Jahreszeit geboren. Nach einer Tragzeit von 165 bis 170 Tagen bringt die Geiß in der Regel ein, selten zwei Junge zur Welt. Bereits kurze Zeit nach der Geburt vermag das neugeborene Junge seiner Mutter zu folgen, und es beteiligt sich schon bald an den tollkühnen Spielen mit den anderen Jungtieren.

Die Geißen gebären im Schnitt im Alter von drei bis vier Jahren ihr erstes Junges. In Tierparks und zoologischen Gärten haben die Geißen oftmals bereits mit zwei Jahren ihre ersten Jungen, während in Steinbockkolonien mit hoher Individuenzahl der Beginn der Fortpflanzung manchmal erst ins fünfte oder sechste Altersjahr fällt. Böcke werden im Alter von etwa zwei Jahren geschlechtsreif. Zur Fortpflanzung aber gelangen sie in der Regel erst, wenn sie in der Rangordnung eine höhere Position erreicht haben. Die Lebenserwartung der Steinböcke beträgt etwa 10 bis 14 Jahre, wobei Geißen im Schnitt etwas älter werden als Böcke. Als Höchstalter für Tiere aus freier Wildbahn findet man für Böcke 19 und für Geißen 24 Jahre. In einer Steinbockkolonie machen die bis fünfjährigen Tiere etwas über 50% des Bestandes aus, nicht ganz 40% der Tiere sind zwischen sechs und zwölf Jahre alt, und etwa 10% sind 13 Jahre alt oder älter. In noch wachsenden Kolonien werden

jährlich auf 100 Tiere einerseits etwa 18 Jungtiere geboren (fünf bis sechs Kitze auf zehn Geißen), andererseits sterben etwa fünf bis zehn Tiere im Jahr.

Das Fell der Geißen und der Böcke unter drei Jahren ist hell ockerbraun, das der Kitze fahlbraun. Bei ausgewachsenen Böcken zeigt sich ein deutlicher jahreszeitlicher Wechsel in der Fellfärbung. Im Sommer ist es mit Ausnahme hellerer Partien an Hals, Stirn und Flanken gelblich braun. Die Beine sind dunkel, der Bauch und die Schwanzregion weiß. Im Spätsommer verfärben sich die sieben- bis zwölfjährigen Böcke dunkel kastanienbraun, jüngere werden etwas weniger dunkel und ältere grauer und fleckiger. Ihr Fell

Liebesvorspiel nach Steinwildart: Mit durchgestrecktem Körper, zurückgelegtem Kopf, hochgezogener Oberlippe und »flippernder« Zunge wirbt der Bock um die Paarungsbereitschaft der Geiß.

bleicht im Laufe des Winters aus. Im Frühjahr fallen die alten Haare büschelweise aus und werden durch das neue Sommerfell ersetzt. Dieses Fell wird im Herbst durch Winterwoll- und längere Winterdeckhaare ergänzt.

Verschiedene historische Quellen belegen das große Interesse an Steinböcken, die schon im frühen Mittelalter als edles Wild gejagt wurden. In diesen Quellen spiegelt sich auch die schicksalhafte Entwicklung der Steinbockvorkommen bis hin zu ihrem Erlöschen. Schon früh fing man damit an, Steinböcke lebend einzufangen und in Wildgehegen zu halten oder zur Stärkung schwacher Bestände zu versetzen. Bereits für das Jahr 1350 finden sich Hinweise, daß nebst Gehörnen auch lebende Steinböcke als Zinsen abgeliefert werden mußten. Gegen Ende des 15. Jahrhunderts kam in Kreisen des adligen Grundbesitzes die Errichtung von Wildgehegen für Steinböcke förmlich in Mode. Für das 1538 in der Nähe von Innsbruck erbaute Steinbockgehege im Tiergarten der Martinswand wurden – da Steinböcke zu dieser Zeit offenbar im Tirol bereits selten waren – Tiere

aus Graubünden, Wallis, dem Veltlin und dem salzburgischen Zillertal beschafft. 1574 war es dann bereits nicht mehr möglich, für dieses Gehege aus Graubünden weitere Tiere zu erhalten. Ende des 17. Jahrhunderts wurde in der Nähe von Salzburg mit 50 Steinböcken ein Wiedereinbürgerungsversuch unternommen, der erfolglos war. Diese Tiere entnahm man den letzten Steinwildvorkommen Österreichs im Zillertal. Zu Beginn des 18. Jahrhunderts erlosch dann auch dieser Bestand.

Nicht viel besser erging es den Steinböcken in der Schweiz. War der Steinbock im Mittelalter noch über weite Teile der Schweizer Alpen verbreitet, so wurde 1558 das letzte Tier in Glarus am Glärnisch und 1583 im Gotthardgebiet erlegt. Obgleich 1612 die Schutzbestimmungen noch verschärft wurden, wurde in Graubünden 1650 der letzte Steinbock – das Wappentier dieses Kantons – gesehen. In den Waldstätten sind die Bestände 1661 erloschen. Zwischen 1750 und 1800 verschwand der Steinbock aus dem Berner Oberland und zwischen 1800 und 1850 aus dem Wallis, dem letzten schweizerischen Rückzugsgebiet. Einzig im Gran-Paradiso-Massiv in Oberitalien nahe der französischen Grenze überlebte ein Restbestand von 50 bis 100 Steinböcken. Was waren nun aber die Gründe, welche zur fast vollständigen Ausrottung der Steinböcke im gesamten Alpenraum geführt hatten?

Einmal war der Steinbock ein äußerst begehrtes Wild, das zu erlegen man auch die größten Mühen nicht scheute. Bei der Jagd auf dieses Wild nutzte man sein Fluchtverhalten aus: Steinböcke fliehen bei unmittelbarer Gefahr nicht über größere Entfernungen, sondern ziehen sich mit ein paar kräftigen Sprüngen in möglichst steile Felspartien zurück, von wo aus sie die Situation zu überblicken vermögen. Dieses Fluchtverhalten gewährt gegenüber den natürlichen Feinden weitgehend Schutz, nicht aber vor dem Menschen mit seinen Waffen. Eine Taktik der Jäger bestand darin, die Steinböcke – und auch Gemsen – in möglichst ausweglose Felswände, sogenannte Stellwände, zu treiben. Bei großen Jagden durchstreiften die Treiber mit ihren Hunden dabei ganze Bergkämme. In waghalsigen Kletterein näherte sich der Jäger dann den Tieren und »fällte« sie mit dem Jagd- oder Gamsschaft, einem etwa sieben Meter langen Stab mit gestählten Spitzen, aus der Wand oder erlegte sie mit dem Bogen und später mit der Armbrust. Diese Jagden waren voller Gefahren, und mancher Jäger stürzte dabei ab oder wurde von Steinschlag getroffen. Wesentlich einfacher wurde diese Jagd mit dem Aufkommen und der stetigen Verbesserung der Feuerwaffen.

Nebst den herrschaftlichen Jagdherren haben insbesondere auch »Wilderer« – Leute aus dem gewöhnlichen Volke – den Steinböcken nachgestellt. Die gefahrvolle und interessante Jagd übte einen unwiderstehlichen Reiz aus. Begehrt waren das Fleisch und die Trophäen. Zudem schrieb man, wie schon im alten Römerreich, verschiedenen Körperteilen des

Im tiefen Schnee folgt der Steinbock der auserwählten Geiß. Die Brunft des Steinwilds fällt seltsamerweise mitten in die harte Winterzeit.

Steinbocks wunderbare Heilkraft zu, so daß letztlich das ganze Tier Anwendung in der Volksmedizin fand. Dies führte unter anderem zur Gründung einer eigenen »Steinwildapotheke« durch Fürstbischof Guidobald von Thun (reg. 1654–1668) in der bischöflichen Hofapotheke in Salzburg. So sollte das Blut des Steinbocks bei Blasenstein helfen, gut wider Gift sein und Schweiß treiben; der Kot fand Anwendung bei Ischias, Gelenkentzündungen, Schwindsucht und Zipperlein; das Horn, in Milch gekocht, sollte »gut wider Mutterbeschwerungen« sein und wurde pulverisiert verschiedenen Heilpulvern beigefügt. Die Jäger wurden strengstens angewiesen, alle möglichen Teile des Steinbockes der Hofapotheke abzuliefern. Je seltener das Steinwild wurde, desto wertvoller und begehrter wurde es, und damit nahm der Druck seitens der Wilderer stetig zu, versprach doch ein erlegtes Tier reichen Gewinn. Dies veranlaßte die Fürstbischöfe von Salzburg, die Jagdherren der letzten Steinwildbestände im Zillertal, drastische Strafandrohungen für Steinbockwilderer zu erlassen. So wurden 1690 nebst der bereits früher gebotenen Galeerenstrafe die Leibes- und Todesstrafe sowie die Vogelfrei-Erklärung eingeführt. Es entwickelten sich in der Folge erbitterte und grausame Kämpfe zwischen Wilderern und Jägern, die erst mit dem vollständigen Verschwinden des Steinwildes ihr Ende fanden. Nebst der Jagd waren die zahlreichen Fangaktionen nicht dazu angetan, den schwindenden Steinbockbeständen in den letzten Zufluchtstätten ein längerfristiges Überleben zu ermöglichen. Die vorwiegend während der Geburtszeit und mit großen Verlusten gefangenen Tiere wurden in Wildgehege überführt oder zur vermeintlichen Stärkung in schwindende Bestände eingegliedert.

Einzig dem Steinbockbestand im Gran Paradiso blieb das Schicksal der vollständigen Ausrottung erspart. Der Förster Josef Zumstein veranlaßte mit Unterstützung des Herzogs von Genua 1827 die Verwaltung von Piemont, hier die letzten Steinböcke wirksam zu schützen. König Viktor Emanuel II. faßte dann das Steinbockgebiet zu einem königlichen Jagdreservat zusammen und ließ es von 150 Wildhütern beaufsichtigen. Bereits 1878 lebten hier wieder etwa 2000, 1915 etwa 4000 Steinböcke. Diese letzte Zufluchtstätte des Steinwildes wurde 1922 zum »Parco Nazionale Gran Paradiso« erklärt. Die letzten in Wildgehegen und Tiergärten verbliebenen Steinböcke versuchte man weiterzuzüchten. Da für diese nicht gerade blühenden Zuchten keine reinblütigen Tiere mehr erhältlich waren, gesellte man den Steinböcken vermehrt Hausziegen bei. Die sich aus diesen Kreuzungen ergebenden Mischlinge – auch Blendlinge genannt – sind fruchtbar. Die ersten Wiedereinbürgerungsversuche erfolgten denn auch mit solchen Mischlingen, schlugen aber allesamt fehl.

1892 wurde bei St. Gallen der Wildpark Peter und Paul mit dem besonderen Ziel der Wiedereinbürgerung des Steinwildes gegründet. Vorerst konnten jedoch keine reinblütigen Steinböcke aus den sorgsam behüteten Gran-Paradiso-Beständen beschafft werden, bis 1906 mit einem Bock- und zwei Geißkitzen, welche gewildert und in die Schweiz geschmuggelt wurden, der Grundstock der Zucht gelegt werden konnte. Insgesamt gelangten mindestens 109 Steinböcke aus dem Gran Paradiso in die Wildparks Peter und Paul und ab 1915 Interlaken-Harder. Sie bildeten in der Folge mit ihren Nachkommen die Stammväter und -mütter in der äußerst erfolgreichen Wiedereinbürgerung des Steinwildes im Alpenraum. Am 8. Mai 1911 begann im St. Galler Oberland im Bereich der Grauen Hörner mit der Freilassung der ersten Tiere die Wiedereinbürgerung des Steinbockes in der Schweiz. Weitere erfolgreiche Koloniegründungen, auch in anderen Ländern, folgten. Von etwa 1950 an fing man nunmehr an, für die Neugründung weiterer Kolonien Tiere mit Kastenfallen und später mit dem Narkosegewehr aus sich besonders gut entwickelnden Kolonien wegzufangen.

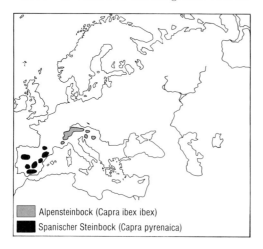

Alpensteinbock (Capra ibex ibex)
Spanischer Steinbock (Capra pyrenaica)

Heute finden wir wieder Steinböcke in fast allen Regionen der Alpen, und 1982 schätzte man den Gesamtbestand in Italien, Schweiz, Frankreich, Österreich, Deutschland und Jugoslawien auf rund 22 000 Tiere in etwa 120 Kolonien (Schweiz 1985: 12 400 Tiere). Die erfolgreiche Wiedereinbürgerung des Steinwildes konnte nur gelingen, da die Ursachen, die einst zur fast vollständigen Ausrottung geführt hatten, weitgehend ausgeschaltet werden konnten.

Einzelne schweizerische Steinbockkolonien entwickelten sich in einem Maße, daß zunehmend Klagen von Förstern und Landwirten laut wurden. Man beobachtete Tritt- und Fraßschäden an Rasen- und Alpweiden sowie Verbiß- und Fegeschäden in Aufforstungen und natürlichen Verjüngungsflächen des Waldes. Seit 1977 wird nun unter strenger Kontrolle und nach wildbiologischen Erkenntnissen ein Teil der Steinbockbestände wieder bejagt.

Äthiopischer Steinbock oder Waliasteinbock (Capra ibex walie)

von Bernhard Nievergelt

Der Äthiopische Steinbock oder Waliasteinbock ist jene Wildziegenart, die auf dem afrikanischen Kontinent am weitesten nach Süden vorgedrungen ist. Sein Verbreitungsgebiet liegt in Semien nordöstlich von Tanasee und Gonder in den höchsten Bergen des Berglandes Äthiopien. In diesem Lebensraum herrscht afroalpines Tageszeitenklima. Dieses Klima zeichnet sich aus durch extreme tägliche, aber nur geringe jahreszeitliche Temperaturschwankungen. Etwas überspitzt heißt dies: Am Tag ist Sommer, in der Nacht Winter. Die Jahreszeiten dagegen sind geprägt durch die wechselnden Niederschlagsverhältnisse, also durch Regenzeit und Trockenzeit. Hier in Äthiopien steht diese stammesgeschichtlich dem eurasischen Raum zugehörige Huftierart Wildtierarten gegenüber, die sich mehrheitlich in Afrika entwickelt haben. Zu nennen sind etwa Klippspringer, Kronenducker, Buschbock, Dschelada, Leopard, Fleckenhyäne, Serval, Goldschakal, Semienfuchs und zahlreiche Greifvogelarten.

Wir müssen heute annehmen, daß der Waliasteinbock oder sein Vorfahre erst vor rund 26 000 bis 14 000 Jahren während der damals herrschenden kalten und trockenen Periode aus Nubien beziehungsweise dem Nahen Osten zugewandert ist. Ausgehend davon klingt eine äthiopische Legende verblüffend. Nach dieser Legende war es der Kirchenvater Abba Yared, der den Steinbock aus Palästina nach Äthiopien gebracht hat. Nach einer andern Version, die mir von W. Raunig aus München mitgeteilt wurde, hatten neun aus Syrien zureisende Heilige den Steinbock mitgebracht.

Für den Waliasteinbock sind kennzeichnend die schwarz-weiß gemusterten Beine, der kastanienbraune Rücken, die grauweiße Körperunterseite. Er ist größer als der nördliche Nachbar, der Nubische Steinbock, jedoch weniger massig als der Alpensteinbock. Die halbkreisförmig nach hinten, besonders an den Enden stark gebogenen Hörner der Böcke sind seitlich abgeflacht. Sie zeigen sich von vorne damit schmaler, von der Seite jedoch breiter als jene des Alpensteinbockes. Mit rund vier Jahren erhalten die Böcke einen Bart, der aber erst im Alter voll auswächst. Beim alten Bock wird gleichzeitig auch der Brustbereich dunkel.

Der Äthiopische oder Waliasteinbock, eine in den höchsten Bergen Äthiopiens heimische Unterart, ist in seinem Bestand stark gefährdet: 1983 hatten nur noch weniger als 500 Tiere überlebt. Die Männchen – im Bild ein etwa achtjähriger Bock – tragen einen langen Bart und seitlich abgeflachte, an der Spitze stark gekrümmte Hörner.

Ein charakteristischer Afrika- oder Tropeneffekt äußert sich in der für Wildziegen ungewöhnlichen ganzjährigen Fortpflanzungsfähigkeit. Im gemäßigten Klima bestimmt der Winter einen sehr einheitlichen und klaren Jahreszyklus: Die Geburt der Jungtiere findet im Frühling statt nach den letzten Frösten, jedoch so früh, daß die Kitze den Sommer über aufwachsen können und für ihren ersten Winter kräftig genug sind. Der im afrikanischen Dauersommer lebende Waliasteinbock zeigt das ganze Jahr über Brunftverhalten – in den verschiedenen Monaten allerdings unterschiedlich häufig. Der Höhepunkt der Brunft liegt etwa im März, April, Mai. Die meisten Jungen werden im September/Oktober geboren, also am Ende der Regenzeit, die von Mitte Juni bis Ende August dauert. In diesen Monaten des abklingenden Regens herrscht in den sonst gelben, nun aber grün und blütenreich strahlenden Wiesen so etwas wie Frühlingszauber. Wie bei vielen anderen Pflanzenessern fällt der bevorzugte Zeitraum für Geburt und Jungenaufzucht somit auch hier in jene Jahreszeit, in der frische und besonders eiweißreiche Nahrung verfügbar ist.

Der hier geschilderte Fortpflanzungszyklus wird von den älteren Tieren beider Geschlechter genauer eingehalten. Es ist möglich, daß der Körper der heranwachsenden Jungtiere noch nicht fähig ist, auf die – verglichen mit gemäßigten Klimaverhältnissen – viel weniger bestimmenden äußeren Reize im Zusammenhang mit dem Jahreszeitenwechsel verläßlich zu reagieren. Offensichtlich gelingt es den Tieren mit dem Erwachsenwerden dann aber immer besser, ihren Zyklus anzupassen, auf den Naturrhythmus abzustimmen.

Die fehlende klare Abgrenzung im Fortpflanzungszyklus spiegelt sich naturgemäß auch im Gruppierungsmuster: Böcke, Geißen und Jungtiere leben in denselben Teilen des Bergmassivs und gemischte Verbände sind ganzjährig zu beobachten. In der Standortwahl zeigen sich zwischen Böcken und Geißen dennoch Unterschiede. Geißen – vor allem Muttertiere und Kitze, also jene Tiere, die pro Kilogramm Körpergewicht am meisten Nährstoffe benötigen – scheinen sich ihre Aufenthaltsorte am sorgfältigsten auszuwählen. Verglichen mit Böcken aller Altersklassen sind sie häufiger auf den für Steinböcke am besten geeigneten Standorten zu beobachten.

Die Steinböcke und Wildziegen in Eurasien leben überwiegend in spärlich bewaldeten oder waldfreien Bergregionen oder Höhenstufen. Der Waliasteinbock zeigt sich im Gegensatz dazu mehrheitlich unterhalb der Waldgrenze. Auch für diese Abweichung findet sich eine Erklärung in der Besonderheit des Lebensraumes. Semien liegt im Gebiet eines weiten und ehemals etwa 3000 bis 4000 Meter mächtigen, stark abgetragenen Schildvulkans. Ausgedehnte, hügelige Hochplateaus, unvermittelte, gewaltige, teilweise durch Terrassen unterbrochene Abstürze und die sogenannten Amben, eigentümliche, freistehende Felsklötze mit senkrechten Wänden und flacher Zinne kennzeichnen diese einzigartige Berglandschaft.

In der kalten und trockenen Klimaperiode, in welcher der Steinbock einst zugewandert sein muß, lagen die überwältigenden Abstürze, Schluchten und Wände, also sein charakteristischer Lebensraum, oberhalb der Waldgrenze. Vor rund 12000 Jahren setzte indessen eine feucht-warme Periode ein, welche die Waldgrenze bis in den Bereich des Hochplateaurandes ansteigen ließ. So war es wohl die allmähliche Bewaldung des von ihm besiedelten Raumes, welche dem Steinbock die Anpassung an den Bergwald aufgedrängt hat. Hier in der obersten Zone des afrikanischen Bergwaldes dominiert die Baumerika.

Der Waliasteinbock gehört mit wohl unter 500 Einzeltieren weltweit zu den meistgefährdeten Huftieren. Trotz erheblicher Anstrengungen Äthiopiens und in-

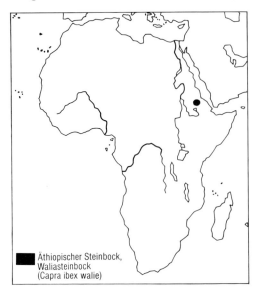

Äthiopischer Steinbock, Waliasteinbock (Capra ibex walie)

ternationaler Organisationen um die Erhaltung des einzigen Bestandes in den Semienbergen wird er langfristig auf der Roten Liste der bedrohten Arten stehen. Der Hauptgrund für diesen Gefährdungsgrad ist die Tatsache, daß weite Teile der Semienberge durch übermäßige menschliche Nutzung mitsamt Brandrodung, Pflügen und Anbau auf Steilhängen und nachfolgender Bodenauswaschung bereits zerstört sind. Das beste in Semien noch erhaltene Restgebiet afroalpiner Naturlandschaft ist heute zwar als Nationalpark geschützt und gehört dank der einzigartigen Pflanzen- und Tierwelt und der besonderen landschaftlichen Schönheit außerdem zur Liste der erhaltenswerten Naturgebiete von Weltbedeutung (World Heritage Site). Mit rund 150 Quadratkilometern ist dieses Restgebiet jedoch so klein, daß nachlassende Schutzbestrebungen sehr rasch zum endgültigen Verlust des Äthiopischen Steinbockes führen könnten.

Nubischer Steinbock *(Capra ibex nubiana)*
von Heinrich Mendelssohn

Als einzige Steinbockunterart hat sich der Nubische Steinbock an ein Leben in heißen, wüstenartigen Gegenden angepaßt. Innerhalb seines großen Verbreitungsgebietes bewohnt er jedoch nur felsiges Bergland mit steilen Hängen. Im Vergleich zu anderen Steinböcken ist der Nubische Steinbock verhältnismäßig klein. Wenn die Geißen und die Kitze ruhen oder regungslos stehen, sind sie gut getarnt, da ihre Grundfarbe zu den lichten Tönen der Felsen in den Wüstengegenden paßt. Die Böcke fallen stärker auf wegen ihrer großen, dunklen Hörner und des

langen, braunschwarzen Bartes. Noch auffälliger sind sie in der hellen Umgebung zur Brunftzeit, da dann Hals, Brust, Schultern, die Oberteile der Vorderläufe, die Flanken oberhalb des weißen Bauches sowie die Vorderseiten der Oberschenkel bei den Männchen dunkelbraun bis fast schwarz sind. Die Umfärbung beginnt Ende Juli/Anfang August und ist Ende September abgeschlossen. Die dunkle Fellfärbung verschwindet beim Haarwechsel im Frühjahr. Die ersten Anzeichen der Brunftfärbung erscheinen bei drei- bis vierjährigen Böcken, voll entwickelt ist sie erst vom fünften Lebensjahr an. Jedoch sieht man manchmal auch voll ausgewachsene Böcke, die die Brunftfarbe nicht aufweisen. Man weiß noch nicht genau, ob solche Einzeltiere zeitlebens hell bleiben oder ob es sich um ganz normale Böcke handelt, die nur gelegentlich einmal nicht umfärben – sei es infolge Krankheit oder aus anderen Gründen.

Das Sommerfell des Nubischen Steinbocks ist kurz, glatt und glänzend. Offenbar reflektiert es einen großen Teil der Sonnenstrahlung, so daß die Tiere den ganzen Tag über aktiv sein können. Am Mittag eines heißen Augusttages mit einer Lufttemperatur von 38 °C sah ich ein Rudel erwachsener Böcke an einem Südhang bei Engedi am Ufer des Toten Meeres im vollsten Sonnenschein ruhen. Manche hatten sich sogar auf die Seite gelegt und ließen sich die Sonne auf den Bauch scheinen. Das Winterfell ist langhaariger und hat dicke Unterwolle, die am Hals länger sein kann als die Deckhaare.

Die Hörner des Nubischen Steinbocks haben bei voll erwachsenen Männchen 24 bis 36 Wülste an den Vorderseiten, wobei die Zahl an den beiden Hörnern eines Bockes verschieden sein kann. An der Rückseite des Horns kann man ganz gut die Jahresringe erkennen. Sie zeigen, daß die Hörner in den ersten Lebensjahren 12 bis 20 Zentimeter pro Jahr wachsen. Vom fünften Jahr an verlangsamt sich das Wachstum, und nach dem zehnten Jahr kommen alljährlich nur noch zwei bis vier Zentimeter hinzu. Ferner läßt sich der Einfluß von regenarmen Jahren an den Jahresringen der Hörner ablesen, da dann nur kurze Abschnitte hinzugefügt werden. Auch Krankheit und andauernder Streß sind dem Hornwachstum abträglich. Zum Beispiel zeigte ein Bock, der mit neun Jahren gefangen wurde, in den Jahren zuvor einen Hornzuwachs von jeweils sechs Zentimetern. Im ersten

Der Nubische Steinbock hat sich als einzige Unterart in ähnlicher Weise wie die Bezoarziege an ein Leben in heißen, wüstenartigen Regionen angepaßt. Er ist zwar kleiner als der Alpensteinbock, besitzt aber ein noch stattlicheres Gehörn, das eine Länge von 120 cm erreichen kann.

Jahr der Gefangenschaft aber wuchsen die Hörner nur um zwei Zentimeter, in den darauffolgenden Jahren jeweils wieder vier Zentimeter.

Die Äsung der Nubischen Steinböcke besteht aus einer Vielzahl von Pflanzen. Im Spätwinter und Frühjahr weiden sie vorwiegend an kurzlebigen, einjährigen Pflanzen. Im Sommer und Herbst äsen sie das Laub von Wüstenbüschen und -bäumen, besonders von Akazien, deren Blätter und Samen sehr eiweißreich sind. Um an höhere Zweige heranzukommen, richten sich die Tiere auf den Hinterläufen auf, oder sie erklettern schräge Baumstämme. Der Nubische Steinbock kann mit sehr magerer Kost auskommen. In Experimenten haben gefangene Tiere drei Monate lang nur von Weizenstroh gelebt und dabei kaum an Gewicht verloren.

Im Gegensatz zu vielen anderen Wüstentieren sind die Steinböcke sehr vom Wasser abhängig. Zumindest während des Sommers trinken sie, wenn möglich, täglich. Ist der Zugang zum Wasser nicht mit allzu großen Gefahren verbunden, kommen sie zweimal am Tag zur Tränke. Die Steinbockvorkommen konzentrieren sich daher in Gebieten, in denen Wasser aus Quellen und Felstümpeln leicht verfügbar ist. Es kommen jedoch auch Steinböcke in Gebieten vor, die vom nächsten offenen Wasser 20 Kilometer und noch weiter entfernt sind. Genaueres über die Lebensweise der Steinböcke in solch wasserlosen Gegenden wissen wir noch nicht. Vermutlich ziehen sie nicht täglich zur Tränke, sondern decken ihren Wasserbedarf durch Aufnahme wasserhaltiger Pflanzen und durch Äsen am frühen Morgen, wenn der Wassergehalt der Pflanzen am höchsten ist.

Während des Sommers ruhen die Nubischen Steinböcke nachts an freiliegenden, oberen Teilen der Abhänge, mit Fluchtmöglichkeiten in mehrere Richtungen. Im Winter liegen sie nachts vorzugsweise an geschützteren Stellen, unter vorspringenden Felsen oder in Höhlen. Besonders in kalten Gegenden wie in den hohen Bergen des Sinai verbringen sie die Nächte an windgeschützten Plätzen. Mit den Vorderläufen scharren sie flache Gruben, in denen sie ruhen. Obwohl die Steinböcke ein dickes und wasserdichtes Winterfell haben, setzen sie sich nicht gern dem Regen aus und begeben sich dann möglichst in Deckung.

Im Spätsommer, wenn die Böcke die dunkle Brunftfärbung erlangen, werden die im allgemeinen nach festen Regeln ablaufenden Kämpfe unter ihnen heftiger. Das Krachen der zusammenschlagenden Hörner ist in der stillen Wüste weithin hörbar. Sie kämpfen auf die gleiche Weise wie Ziegen und andere Stein-

Eine Nubische Steingeiß mit ihren Kitzen am felsigen Ufer des Toten Meeres. Wenn eine solche Mutterfamilie ruht oder reglos dasteht, ist sie sehr gut getarnt, da die Grundfarbe der Tiere genau zu den hellen Brauntönen der Felsen in den Wüsten paßt.

böcke, nur sträubt der Nubische Steinbock die langen Rückenhaare des dunklen Aalstrichs im Kampf, ein auffälliges, deutlich sichtbares Merkmal. Während der Brunftzeit im Oktober nimmt die Zahl der Kämpfe ab. Jeder Altbock sucht nun paarungsbereite Geißen. Die werbenden Böcke folgen einzelnen Geißen und reißen dadurch die Geißenrudel auseinander. Eine Geiß ist ungefähr 24 Stunden lang paarungsbereit und wird dann zwei- bis dreimal begattet. Während der Brunftzeit haben die hochgradig erregten Böcke gelegentlich spontane Samenergüsse und können mit der Penisspitze im Mund onanieren. Die meisten Jungtiere werden im März geboren. Die Geiß trägt ihr erstes Junges gewöhnlich im Alter von zwei bis drei Jahren. Jedoch wurden in Gefangenschaft einmal zwei weibliche Jungtiere schon im Alter von sieben Monaten geschlechtsreif und trotz ihrer geringen Größe von einem starken Altbock gedeckt. Sie brachten im Alter von einem Jahr wohlentwickelte Junge zur Welt, säugten sie und zogen sie erfolgreich auf. Aus dem Freileben sind solche Fälle nicht bekannt.

In den meisten Verbreitungsgebieten werden die Nubischen Steinböcke stark bejagt. Im Bergland sind sie einigermaßen sicher vor motorisierten Jägern, auf die die Ausrottung des meisten Wildes im Nahen Osten zurückzuführen ist. An den Wasserstellen jedoch sind sie stark gefährdet. Hier errichten die Jäger einen Sichtschutz aus Steinen oberhalb der Wasserstelle oder Quelle und lauern den zur Tränke ziehenden Tieren auf. Man findet solche künstlichen Hinterhalte noch in vielen Gegenden, wo der letzte Steinbock längst abgeschossen ist. Fragt man dann einen Beduinen, so antwortet er etwa: »Ja, früher waren hier Steinböcke, aber jetzt sind keine mehr da« oder »Mein Vater hat hier noch Steinböcke gejagt, aber nun gibt es keine mehr.«

In Israel sind die Nubischen Steinböcke gesetzlich geschützt, und es wird nur wenig gewildert. Örtliche Zählungen zeigen ein ständiges Ansteigen der Steinbockvorkommen, und der Gesamtbestand wurde 1986 auf ungefähr 1200 Tiere geschätzt. Ihre Hauptfeinde sind dort die vergleichsweise sehr kleinen und gleichfalls geschützten Leoparden *(Panthera pardus nimr)*, die jährlich ungefähr hundert Steinböcke reißen mögen. Durch den Schutz, den die Nubischen Steinböcke in Israel genießen, sind sie dort recht zutraulich geworden, namentlich an Orten, die viel von Touristen besucht werden, wie in der Oase von Engedi am Toten Meer. Hier ziehen Böcke nur wenige Meter von den Menschen entfernt vorbei, ohne sich um diese zu kümmern. Geißen sind etwas scheuer. Übrigens geht der Name »Engedi« wahrscheinlich auf die Steinböcke zurück; denn »En« heißt Quelle, und »Gedi« bedeutet Kitz (Jungtier von Steinbock oder Ziege).

Sibirischer Steinbock *(Capra ibex sibirica)*
von Ruedi Hess

Der Sibirische Steinbock ist eine zentralasiatische Form. In seiner Verbreitung erreicht er Sibirien nur im äußersten Süden (s. Verbreitungskarte unten). Seine Fellfärbung ist über das gesamte Verbreitungsgebiet verschiedenartig. In einem großen Teil des Gebietes hat er im sonst überwiegend dunkelbraunen Winterfell ein ausgedehntes helles Feld auf dem Rücken, das von einem Aalstrich durchzogen wird, und ein kleineres helles Feld im Nacken. Wie dem Alpensteinbock und den kaukasischen Steinböcken (s.u.) fehlt ihm die kontrastreiche Hell-Dunkel-Färbung der Beine, wie sie Nubischer und Äthiopischer Steinbock aufweisen. Von den *Capra ibex*-Unterarten trägt der Sibirische Steinbock die längsten Hörner.

In seinen Ansprüchen an den Lebensraum, in seiner sozialen Organisation und seinem Sozialverhalten ist der Sibirische Steinbock dem Alpensteinbock sehr

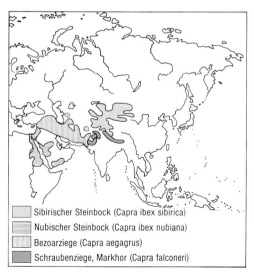

ähnlich. Wie dieser ist er über weite Teile seines Verbreitungsgebietes ein Hochgebirgstier und steigt etwa in den Gebirgen im Norden Pakistans regelmäßig zur Vegetationsgrenze bis in 5000 Meter Höhe, angeblich in Pakistan höchstens bis 6710 Meter. Anderseits leben Sibirische Steinböcke in der Sowjetunion auch in Gebieten von lediglich 500 und 600 Meter Höhe, in der Mongolei gehen sie bis auf 700 Meter hinunter.

Obwohl die im Hochgebirge lebenden Sibirischen Steinböcke im Winter in der Regel tiefere Lagen aufsuchen, müssen sie oft Schnee und niedrige Temperaturen ertragen. In seiner großräumigen Verbreitung ist der Sibirische Steinbock wohl auf Gebiete beschränkt, wo im Winter keine zu hohe Schneedecke über längere Zeit die Nahrungssuche erschwert. Im Winter suchen die Sibirischen Steinböcke vorzugsweise jene Gebiete auf, wo der Schnee schnell abschmilzt, abrutscht oder weggeweht wird und in der Nähe liegende Felsen gleichzeitig Schutz vor Feinden bieten. Der Sibirische Steinbock entwickelt im Winterfell eine dichte Unterwolle, die ihn vor Wärmeverlusten so gut schützt, daß bei Schneefall der Schnee auf dem Fell liegen bleibt. Die Schraubenziege, die zum Teil in den gleichen Gebirgen wie der Sibirische Steinbock vorkommt, jedoch in tieferen Lagen, scheint weniger Unterwolle zu besitzen. In schneereichen Gebieten scharren die Sibirischen Steinböcke den Schnee mit den Vorderbeinen weg, um die bodennahen Pflanzen zu erreichen. Auf diese Weise suchen sie nahezu ihre gesamte Nahrung.

Da der Sibirische Steinbock oft weit von menschlichen Dauersiedlungen entfernte, hoch gelegene Gebiete besiedelt, ist er durch Bejagung weniger stark gefährdet als etwa die in den tiefer gelegenen Haupttälern der gleichen Gebirge lebenden Schraubenziegen. Dennoch ist auch er durch Bejagung lokal bedroht – selbst in Gebieten, wo er eigentlich unter Jagdschutz steht – oder bereits ausgerottet. Seine Bestände erreichen nur noch selten großflächig hohe Dichten, so daß auch seine natürlichen größeren Raubfeinde häufig auf Haustiere ausweichen müssen. Noch wenig erforscht sind die beiden anderen asiatischen *Capra-ibex*-Unterarten: der OSTKAUKASISCHE STEINBOCK oder DAGESTAN-TUR *(C. i. cylindricornis)* sowie der WESTKAUKASISCHE STEINBOCK oder KUBAN-TUR *(C. i. severtzovi)*. Ihr Gesamtverbreitungsgebiet ist auf den Gebirgszug des Kaukasus beschränkt. Ihre zoologischen Daten sind auf S. 512f. zusammengestellt.

Spanischer Steinbock *(Capra pyrenaica)*
von Concepción L. Alados

Der Spanische Steinbock lebt im Hochgebirge. Meist hält er sich in den Klippen und auf den Matten oberhalb der Baumgrenze auf, steigt aber gelegentlich hinab in die bewaldeten Hänge, besonders nach

Schneefall und im Frühjahr, wenn die Pflanzen wieder hervorkommen.

Oft finden sich die Spanischen Steinböcke in Trockengebieten, wo die spärlichen Wälder abgeholzt wurden, wie in der Sierra Nevada. Andererseits kommen sie auch in Eichen- und Kiefernwäldern vor, wie in der Sierra de Carzola y Segura (s. Verbreitungskarte S.522).

Wie alle zur Gattung der Ziegen gehörigen Arten

Links: Sibirischer Steinbock, der in Aussehen, Lebensansprüchen und Sozialverhalten dem Alpensteinbock sehr ähnlich ist. - Rechts: Westkaukasischer Steinbock oder Kuban-Tur, eine noch wenig erforschte Steinbockunterart.

sind die Spanischen Steinböcke gesellig und bilden Bockrudel und Geißenrudel mit Jungtieren. Die Trennung der Geschlechter wird nur während der Brunft im November/Dezember aufgehoben. Dann findet man gemischte Gruppen mit Böcken und Geißen aller Altersklassen.

Während der Brunft herrscht eine strenge Rangordnung unter den Böcken, und nur die ranghöchsten Böcke paaren sich mit den Geißen. Die Paarungszeit dauert ungefähr sieben Wochen. Zu Beginn dieser Periode kämpfen die alten Böcke häufiger miteinander, während die jüngeren Böcke mehr Zeit mit dem Umwerben der Geißen verbringen. In der zweiten Hälfte der Brunftzeit umwerben dann die alten Böcke die paarungsbereiten Geißen und kommen zur Fortpflanzung, während das Werben der jüngeren Böcke nachläßt.

Im Südosten Spaniens fallen die Geburten in die zweite Maihälfte. Zu dieser Zeit sind jedoch die hochtragenden Geißen und die Kitze stärker gefährdet als zu anderen Zeiten. Zwar treten Wölfe als Raubfeinde nur gelegentlich auf, aber Füchse und Adler, die hauptsächlich den Kitzen gefährlich werden, kommen häufiger vor. Es gibt mehrere Wege, wie Steinbockmütter versuchen, ihr Kitz vor Raubfeinden zu schützen. Zunächst löst sich die tragende Geiß vor der Geburt von der Gruppe und sucht eine

schwer zugängliche Gegend auf, wo Mutter und Kind weniger gefährdet sind. Nach der Geburt bleibt sie noch mehrere Tage mit ihrem Kitz allein. Danach schließt sie sich an eine Gruppe jungeführender Geißen an. Innerhalb eines Mutterrudels befinden sich die Kitze meistens in der Mitte, was sie vor Raubfeinden schützen mag.

Durch ihre Wachsamkeit bemerken Steinböcke sich nähernde Raubfeinde oft rechtzeitig. Da die Tiere an der Peripherie einer Gruppe öfter von Raubtieren gerissen werden, sind sie wachsamer als diejenigen, die sich in der Mitte befinden. Mit zunehmender Gruppengröße (mehr Augen sehen mehr) vermag das Einzeltier mehr Zeit mit der Futteraufnahme und anderen Aktivitäten zuzubringen.

Als akustisches Alarmsignal dient ein scharfer und lauter Pfiff, der allerdings nicht nur die Artgenossen warnen dürfte, sondern auch die Aufmerksamkeit eines menschlichen Beobachters und möglicherweise die eines Raubfeindes erregen dürfte. Wenn die Spanischen Steinböcke eine Gefahr wittern, sichern sie hoch aufgereckt, Ohren und Gesicht dem Raubfeind zugewandt. Dann pfeift gewöhnlich einer Alarm, und die Gruppe flüchtet hangaufwärts, um an einem günstigen Punkt anzuhalten und zurückzuäugen. Spanische Steinböcke fliehen in Reihe mit einer erwachsenen Geiß oder in einem Bockrudel mit dem ältesten Bock an der Spitze.

Schraubenziege oder Markhor *(Capra falconeri)*

von Ruedi Hess

Die spiralig gewundenen Hörner gaben der Schraubenziege den deutschen Namen. Auch der aus dem Pharsi oder dem Paschtu stammende Name Markhor, der im Englischen wie im Deutschen verwendet wird und wahrscheinlich Schlangenesser oder Schlangenhorn bedeutet, dürfte diese Hornform andeuten. Mit dieser Hornform und mit – im Norden des Verbreitungsgebietes – einer stark ausgeprägten Halsmähne unterscheidet sich die Schraubenziege derart deutlich von den übrigen Arten der Gattung *Capra*, daß einige Autoren sie in eine eigene Gattung beziehungsweise Untergattung stellten. Das Gehörn variiert außerdem in Form und Größe beträchtlich, und vor allem diese Mannigfaltigkeit fand ihren Niederschlag in der Beschreibung von Unterarten, deren Status allerdings nicht weiter untersucht ist. Der neueste Vorschlag verringert die bisherigen fünf Unterarten Pakistans auf eine nördliche mit weit gewundenen Hörnern *(Capra falconeri falconeri)* und eine südliche mit eng gewundenen, nahezu speerförmigen Hörnern *(C. f. megaceros)*.

Das Verbreitungsgebiet der Schraubenziege liegt in Südasien, und zwar zwischen den Gebieten der Be-

▷ **Ein Markhorbock folgt einem östrischen Weibchen in einer pakistanischen Berglandschaft. Ins Auge fallen die ausgeprägten Geschlechtsunterschiede und der in der Brunftzeit steil aufgerichtete Schwanz des Bocks.**

▷▷ **Im Norden des Verbreitungsgebiets tragen die Markhorböcke nicht nur den üblichen Kinnbart, sondern auch noch eine besonders lange Halsmähne.**

Die Spanischen Steinböcke, die von den übrigen Steinböcken als eigene Art abgetrennt werden, bewohnen vorwiegend die zerklüfteten Felsen und alpinen Matten oberhalb der Baumgrenze, steigen aber hin und wieder zu den tiefergelegenen bewaldeten Hängen hinab.

zoarziege *(Capra aegagrus)* und des Sibirischen Steinbocks *(Capra ibex sibirica)* (s. Verbreitungskarte S.527). Der besiedelte Höhenbereich erstreckt sich von 600 Meter Höhe im Sulaiman-Gebirge im Süden des Areals bis 3600 (4100) Meter Höhe in den Gebirgen im Norden. Auch in ihren Ansprüchen an den Lebensraum ist die Schraubenziege zwischen diesen beiden Arten einzustufen, sie liegen allerdings näher bei der Bezoarziege als beim Steinbock. Die Schraubenziege besiedelt Lebensräume von locker bewaldeten, von Felspartien durchsetzten steilen Hängen bis zu sehr steilen, waldlosen, mit Einzelbüschen und Gebüschgruppen bestandenen Felsschluchten. Im Norden von Pakistan sind die Lebensräume vielfach von Artemisiasteppen (Beifußgewächse) durchzogen. In Gebieten mit alpinen Rasen, die dort der Sibirische Steinbock besiedelt, sind Schraubenziegen kaum anzutreffen. Hingegen leben vor allem Weibchen und Jungtiere des Sibirischen Steinbockes in mehreren Gebieten, die typische Lebensräume der Schraubenziege sind, gelegentlich in unmittelbarer Nachbarschaft mit ihr. Im Sommer besiedeln die Schraubenziegen höher gelegene Gebiete als im Winter. In kleineren Tälern bewegen sie sich zu Sommerbeginn wenige Kilometer talaufwärts. In der Regel äsen sie morgens und abends und ruhen über Mittag. Die Ruheplätze befinden sich häufig oberhalb der Äsungsplätze, zum Teil in steilem Fels. Von hier haben die Tiere meistens eine gute Übersicht.

In ihrer Nahrungswahl sind die Schraubenziegen ziemlich anpassungsfähig und können in Lebensräumen mit unterschiedlichsten Pflanzengesellschaften vorkommen. Im Chitral Gol (Pakistan) nehmen sie im Winter zu einem großen Teil Blätter der immergrünen Eiche *(Quercus baloot)* auf. Im Sommer verzehren sie keine Eichenblätter oder nur in geringem Maße, dafür ist der Anteil an Gräsern und Kräutern höher als im Winter. Um Gilgit (Pakistan) fehlt diese Eiche sowie andere als Hauptnahrungspflanzen in Frage kommende immergrüne Bäume und Sträucher. Die Nahrung besteht hier im Winter überwiegend aus Gräsern und Kräutern. Im Sommer ist der Anteil an Sträuchern und Bäumen größer als im Winter. Verglichen mit der Nahrung des Sibirischen Steinbockes machen die Bäume und Sträucher in der Nahrung der Schraubenziege eine größeren Anteil aus. Die Schraubenziegen äsen häufig auf den Hinterbeinen stehend an Büschen und Bäumen. Im Chitral Gol klettern sie häufig auf die Eichenbäume um an die Blätter zu gelangen. Dabei bewegen sich die Tiere selbst auf fingerdicken Ästen und über Abgründen sehr sicher. Häufig stören sich in Bäumen kletternde Tiere gegenseitig, so daß eines der Tiere zum Abspringen gezwungen ist. Ein kletterndes Tier kann auch durch ein Tier, das vom Boden aus Blätter verzehrt – oft handelt es sich dabei um ältere Böcke – vom Baum heruntergeschüttelt werden. Im Sommer nehmen die Schraubenziegen einen Großteil des Wassers an Bächen und Flüssen auf. Am Abend rennen sie dazu oft mehrere hundert Höhenmeter, etwa von den mittäglichen Ruheplätzen aus, zu den noch Wasser führenden Hauptbächen, zum Teil in tiefe Felsschluchten hinunter.

Schraubenziegen bewohnen auch extrem steile Felsgebiete und sind vorzügliche Kletterer. Vergleichende Beobachtungen an verschiedenen Wildziegen-arten in menschlicher Obhut beschreiben ebenfalls die Schraubenziegen als außergewöhnlich gute Kletterer. Der Kletterstil ist hauptsächlich dynamisch, das heißt, die Tiere warten, bevor sie eine schwierige Stelle überqueren, wohl um sie einzuschätzen, und überwinden sie dann mit Schwung, gewissermaßen darüber hinwegsetzend, um auf einer sicheren Stelle wieder anzuhalten. Geißen und Jungtiere (ausgenommen junge Kitze) scheinen im Fels wie auf Bäumen besser und leichter zu klettern als alte Böcke, welche offenbar durch ihre großen Hörner in ihrer Bewegungsfähigkeit eingeschränkt sind.

Den spiralig gewundenen Hörnern verdanken die Schraubenziegen ihren Namen. Auch der mindestens ebenso häufig verwendete Eingeborenenname Markhor spielt auf die Hornform an: Er bedeutet soviel wie »Schlangenhorn«.

Die soziale Organisation der Schraubenziege ist *capra*-typisch. Um die Brunftzeit bilden die Tiere gemischtgeschlechtliche Gruppen, während des ganzen übrigen Jahres leben Geißen und Jungtiere einerseits und Böcke anderseits in getrennten Gruppen. Diese soziale Organisation, wie auch das Sozialverhalten lassen keine Vorgänge erkennen, die auf ein intensives Zusammenleben der Geschlechter hindeuten. Die Gruppengröße wird wahrscheinlich entscheidend durch die Struktur des Geländes und der Vegetation bestimmt. In stark gegliedertem Gelände und in Waldgebieten, wo der Kontakt zwischen den Tieren erschwert ist, sind die Gruppen kleiner als in offenen Gebieten. Dies gilt innerhalb der Art wie auch im Vergleich zu anderen Ziegenarten.

Die Brunft der Schraubenziege findet im Norden von Pakistan im Dezember und Januar, im Süden spät im Oktober und im November statt. Die Jungen werden nach 135 bis 170 Tagen geboren. Die Schraubenziege scheint häufiger Zwillinge zu haben als der Sibirische Steinbock.

In ihrem Aggressions- und Brunftverhalten gleicht die Schraubenziege im wesentlichen den anderen Ziegenarten. Unterschiede zwischen den Arten bestehen wohl im Ausdruck und in der Häufigkeit des Auftretens einzelner Verhaltenselemente. Ein größerer Unterschied könnte im Vorkommen von Aggressionsformen, bei denen die Breitseite zur Schau gestellt wird, liegen: Schraubenziegen zeigen Breitseiten-Imponieren, anscheinend auch Bezoarziegen, Alpensteinböcke und Sibirische Steinböcke zeigen dieses Verhalten nicht oder vergleichsweise selten.

Bei einer vermeintlichen Gefahr können Schraubenziegen ein nasales »ä« ausstoßen, das für das menschliche Ohr ähnlich klingt wie der Warnruf der Bezoarziege, jedoch deutlich verschieden ist vom Pfeifen, das Alpensteinbock und Sibirischer Steinbock in entsprechenden Situationen hören lassen.

Die Schraubenziege ist von ihrer Sozialbiologie wie von ihrer Ökologie her eine typische Ziege. In beiden Aspekten steht sie der Bezoarziege näher als dem Asiatischen Steinbock. Die natürlichen Hauptfeinde der Schraubenziege sind Wolf *(Canis lupus)*, Schneeleopard *(Panthera unica)*, Leopard *(Panthera pardus)* und Luchs *(Lynx lynx)*. Viel schwerer wiegt jedoch die intensive Bejagung durch den Menschen, nahezu im gesamten Verbreitungsgebiet. Besonders im südlichen Teil hat der Mensch das ehemals ausgedehnte Verbreitungsgebiet auf wenige kleine Inseln mit niederen Beständen zusammenschmelzen lassen. Die Schraubenziege ist deshalb auch in der internationalen Roten Liste der bedrohten Tierarten aufgeführt. Der Status der Art wird dort mit »verwundbar«, jener der südlichen Unterart *Capra falconeri megaceros* mit »gefährdet« angegeben.

Bezoarziege *(Capra aegagrus)*
von Raul Valdez

Die Bezoarziege ist die Stammform der Hausziege. Im Gegensatz zum Steinbock sind die Hörner der Männchen seitlich zusammengedrückt mit scharfer Vorderkante, auf der sich in unregelmäßigen Abständen mehrere Höcker finden können. Im Sommer sind beide Geschlechter rötlich-braun gefärbt; im Winter haben die erwachsenen, über vier Jahre alten Böcke ein aschgraues Fell. Das ganze Jahr über zeigen Männchen wie Weibchen auf dem Rücken einen dunklen Aalstrich. Bei den Böcken mit langem,

Besondere Kennzeichen der Bezoarziege sind die seitlich zusammengedrückten, vorne scharfkantigen und sehr langen Hörner, die 140 Zentimeter messen können, sowie der dunkle Aalstrich auf dem Rücken. Die männlichen Tiere tragen, wie dieser Bock aus dem Iran, zusätzlich ein dunkles Band zwischen unterem Nacken und schwarzer Brust.

dunklem Bart zieht sich außerdem ein dunkles Band vom untersten Nackenteil hinunter zu der schwarzen Brust.

Im Magen der Bezoarziege finden sich – wie auch beim Steinbock – die sogenannten »Bezoarkugeln«. Das sind rundliche Ballen abgeleckter Haare, die unverdaut im Magen liegen bleiben und mit der Zeit an ihrer Oberfläche steinhart und glatt werden. Der Volksaberglaube hält sie für eine Wundermedizin, die gegen alle möglichen Gebrechen helfen soll. Diese unsinnigen Vorstellungen führten zu einer erbitterten Verfolgung der Bezoarziege durch Jäger und Wilderer.

Das Verbreitungsgebiet der Bezoarziege reicht von den östlichen Mittelmeerinseln (Kretische Wildziege) über die östliche Türkei und den nordöstlichen Irak durch den größten Teil des Iran, durch das südliche und westliche Afghanistan bis ins südliche Pakistan und nordwärts bis zum Kaukasusgebirge in der Sowjetunion (s. Verbreitungskarte S. 527).

Die KRETISCHE WILDZIEGE oder AGRIMI, wie die Kreter sie nennen, galt früher als eigene Unterart *(Capra aegagrus cretica)*, wird aber heute zumeist der VORDERASIATISCHEN BEZOARZIEGE *(Capra aegagrus aegagrus)* zugeordnet. Auch die Gültigkeit einer weiteren Unterart, der bedeutend kleineren und helleren SIND-BEZOARZIEGE *(Capra aegagrus blythi)*, ist nicht unumstritten, wird aber zumeist noch anerkannt.

Auf Kreta finden sich reinblütige Restbestände der Bezoarziege auf dem Gebirgsmassiv Lefka Ori (Weiße Berge), wo sich die griechische Regierung um ihre Erhaltung bemüht. Sonst ist die Bezoarziege heute auf den Mittelmeerinseln ausgerottet – auf dem europäischen Festland ist sie nie gewesen. Die wilden Ziegen, die im übrigen auf Kreta wie auch auf einigen weiteren Inseln vorkommen, sind verwilderte Hausziegen, die bestenfalls noch einiges Wildziegenblut unterschiedlichen Grades besitzen.

Trotz tausendjähriger Verfolgung gibt es Bezoarziegen noch in weiten Gebieten Vorderasiens, wenn auch – im Vergleich zu früher – nur kleine Bestände.

Oben: Ein kapitaler Bock der sogenannten Kretischen Wildziege. Auf Kreta lebt noch ein kleiner Restbestand dieser Bezoarziegenform, die früher als eigene Unterart galt. - Rechts: Gruppe von Bezoarziegenböcken im Kirthar-Nationalpark in Pakistan. - Links: Bezoarziegengeiß mit einem zwei bis drei Wochen alten Kitz.

Bis 1980 waren sie in mehreren Nationalparks im Iran geschützt und recht zahlreich. Was daraus nach dem Sturz der Schah-Regierung geworden ist, ist unbekannt. In Pakistan schätzte George Schaller den Gesamtbestand auf mindestens 1000 Tiere. Die größten Bestände sind in Belutschistan und in den Korchat-Bergen des Sind-Gebietes. Auch in der Sowjetunion und in manchen Gegenden der Türkei sind die Bestandszahlen noch ganz erfreulich, nicht so im Irak und in Afghanistan. Insgesamt sind die Bezoarziegen bisher nicht ausgerottet worden, weil sie in – für menschliche Jäger – schwierigem Gelände vorkommen. Jedoch ist ihre Lage nicht unbedenklich, da sie sich zusätzlich zu der andauernden Bejagung auch in ständiger Konkurrenz zu den Hausziegen befinden. Wenn sie unter Schutz gestellt werden, können sie sich aber schnell wieder vermehren, wie sich seinerzeit im Iran gezeigt hat.

Bezoarziegen sind inzwischen auch in den Florida-Bergen von New Mexico in den Vereinigten Staaten eingeführt worden. Sie haben sich schnell an die dortige Pflanzennahrung angepaßt und haben sich von ursprünglich 73 Tieren (30 Böcke und 43 Geißen)

auf über 1000 Stück vermehrt. Jedoch ist bei solchen Einbürgerungen außerhalb ihres natürlichen Verbreitungsgebiets zur Vorsicht zu raten. Wie gesagt, nehmen Bezoarziegen neue Futterpflanzen bereitwillig an, und sie vermehren sich rasch. Damit können sie zu einer Konkurrenz für einheimisches Bergwild – in Nordamerika zum Beispiel für die Dickhornschafe – werden und dieses verdrängen.

Wie alle Wildziegen leben die Bezoarziegen vorzugsweise in steilem Berggelände. Ihre kurzen Beine und muskelstarken, kompakten Körper sind vorzüglich an ein Leben in solchen Gegenden mit sehr verschiedenen Klimabedingungen angepaßt. Im trockenen südlichen Iran und Pakistan treten sie in Höhenlagen unter 300 Metern auf, aber in den nördlicheren Gebieten gehen sie über 3600 Meter hinauf. Sie äsen eine Vielzahl von Gräsern, Stauden und Kräutern. Um an das Laub der Bäume zu kommen, können sie sogar auf Bäume klettern. Infolge der Steilheit und Unzugänglichkeit ihres Wohngebietes spielen Verluste durch Raubtiere gewöhnlich keine bedeutende Rolle. Gelegentlich mögen einige Bezoarziegen Wölfen oder Leoparden zum Opfer fallen, und den Kitzen können auch Füchse, Streifenhyänen und Steinadler gefährlich werden.

Bezoarziegen sind gesellig. In Gegenden, wo sie zahlreich sind, bilden sie Herden von mehr als 50 Tieren. Geißen und Altböcke leben gewöhnlich getrennt voneinander bis zur Paarungszeit. Diese beginnt im südlichen Pakistan bereits im August, in nördlicheren Breiten erst im November. Die Böcke werben durch Vorstrecken des Halses und Kopfes oft mit Zungenflippern und Laufschlag (siehe auch Alpensteinbock). Sie suchen eifrig nach paarungsbereiten Geißen, riechen am Harn der Weibchen und ziehen die Oberlippe hoch – wie andere Hornträger auch. Nach einer Tragzeit von 150 bis 160 Tagen werden die Jungen geboren. Für gesunde Geißen »im besten Alter« sind Zwillinge nicht ungewöhnlich.

Hausziege
von Helmut Kraft

Die Ziege wurde vor etwa 9000 Jahren oder etwas früher zur Hausziege, wobei noch nicht völlig geklärt scheint, ob Schaf oder Ziege als erstes Nutztier der damals seßhaft werdenden Menschen zu betrachten ist. Die Bezoarziege *(Capra aegagrus)* ist wohl im Bereich des »fruchtbaren Halbmondes« im Euphrat-Tigris-Becken als die wilde Stammform der Hausziege anzusehen, während im tieferen Asien auch die Schraubenziege oder der Markhor *(Capra falconeri)* als Wildform der dort vorkommenden Hausziegenrassen in Frage kommt. Die Nachkommen aus Paarungen von Hausziege mit Wildziege sind durchaus fruchtbar.

Die Hausziege lebte in den Zeiten ihrer Haustierwerdung (Domestikation) im Wald und an Waldrändern, während heute vor allem – mit Ausnahme der Einzeltierhaltung – Ziegenherden von 50 bis 1000 Tieren in der sogenannten Wanderweidewirtschaft überwiegend in Trockengebieten gehalten werden. Insgesamt gibt es heute rund 430 000 Ziegen in der Welt (etwa 40 000 in der Bundesrepublik Deutschland), wobei die Verteilung sehr unterschiedlich ist. Gebietsweise schränken gesetzliche Bestimmungen die Ziegenhaltung stark ein oder verbieten sie ganz. Die Verkarstung oder Versteppung etwa des Mittelmeerraumes wird vor allem den Ziegen angelastet.

Ziegen sind sehr wählerisch und prüfen die Nahrung nach Geruch und Geschmack. Das Futter muß aber nicht sehr gehaltvoll sein. Laub nehmen sie besonders gern. Füttert man sie mit Abfällen aus Haus und Hof, so geben sie nur wenig Milch. Wie ihre wilden Vorfahren halten sich Hausziegen am liebsten an steilen Berghängen auf. Sie gewöhnen sich nur schwer an die Stallhaltung. Ziegen sind gesellige Tiere, sie suchen die Nähe zu artgleichen oder auch zu artfremden Stallgenossen. Solange der Mensch Ziegen hält, nutzt er sie intensiv. Sie liefern Fleisch und haben eine beachtliche Milchleistung mit höherem Fettgehalt als dem der Kuhmilch (400–1000 Kilogramm pro Jahr: 4,3%); Ziegenhaut (besonders feines Leder: Glacé, Nappa, Saffian, Velours/Chevreau) und Haare werden verarbeitet.

Die Formenvielfalt bei der Ziege ist sehr groß, sie reicht von der Zwergziege bis zur Ziege mit 100 Kilogramm Körpergewicht, von Ziegen mit säbel- und schraubenförmigen Hörnern bis hornlosen Ziegen, es gibt kurz- und langhaarige, Angora-, Kaschmir- und Mohairziegen. Schurgewichte von drei Kilogramm (Bock) und zwei Kilogramm (Geiß) werden erreicht. Beide Geschlechter haben am Hals Hautanhänge, die sogenannten Glöckchen, die Böcke tragen außerdem einen Kinnbart.

Die Rassenvielfalt der Ziege – allein in Europa gibt es 103 Landrassen – wurde 1927 von der Deutschen Landwirtschaftsgesellschaft (DLG) auf die WEISSE DEUTSCHE und die BUNTE DEUTSCHE EDELZIEGE (beide hornlos) beschränkt. Die Wiege der Kulturrassen liegt wohl in der Schweiz, wo heute noch acht verschiedene Rassen gezüchtet werden. Die bekannteste Schweizer Ziegenrasse ist die in beiden Geschlechtern meist hornlose, weiße SAANENZIEGE. Wegen ihrer guten Milchleistung fand sie in den Alpen weite Verbreitung. Sie ist 80 bis 100 Zentimeter hoch, die

Böcke und Kastraten können bei guter Fütterung bis zu 80 Kilogramm schwer werden.

Kleiner und gedrungener sind die weiße APPENZELLER ZIEGE und die hellbraune, kurz- oder langhaarige TOGGENBURGER ZIEGE. Die vorn schwarz- und hinten weißgefärbte WALLISER ZIEGE ist schon seit dem Altertum bekannt. Diese langhaarige Rasse ist kräftig und genügsam, ihre Milchleistung ist aber recht gering. Die GEMSFARBENE ALPENZIEGE ist über die Schweiz hinaus in den Alpenländern in verschiedenen Schlägen verbreitet, hat aber heute keine große Bedeutung mehr.

In Vorder- und Südasien findet man unter anderen Rassen die feinhaarige KASCHMIRZIEGE und die besonders langhaarige ANGORAZIEGE, deren Haar unter dem Namen »Kämelhaar« in den Handel kommt und bei uns fälschlich als »Kamelhaar« bezeichnet wird. In Afrika sind vor allem die HÄNGEOHRZIEGEN und die ZWERGZIEGEN weitum verbreitet und werden von den Afrikanern als Lieferanten von Milch und Fleisch gehalten.

Der kundige Ziegenhalter verwendet viel Sorgfalt auf die Hautpflege seiner Tiere, um Ungeziefer fernzuhalten und der Milch den unangenehmen »Ziegengeruch« zu nehmen. Auch die Klauenpflege ist wichtig, weil sich die sehr festen Klauen dieser Klettertiere im Stall kaum abnützen.

Die Hausziegen, so auch diese Tiere im Hochland des innerasiatischen Karakorumgebirges, sind aus verschiedenen Populationen der wildlebenden Bezoarziege hervorgegangen.

Mähnenspringer (Gattung *Ammotragus*)

von Gerhard Haas

Bernhard Grzimek nannte die Gattung *Ammotragus* Mähnenspringer; George Schaller, einer der bekanntesten amerikanischen Freilandbiologen, schlägt für den englischen Sprachraum »Aoudad« vor. Wegen der ziegenähnlichen Körpergestalt sprechen andere Autoren von »Mähnenziege« statt von MÄHNENSCHAF, dem geläufigsten Namen. Elektrophoretische Untersuchungten der (Blut)Serumeiweiße, u.a. von Jakob Schmitt im Frankfurter Zoo, zeigen aber eine enge Verwandtschaft zwischen Mähnenspringern und Schafen. Somit steht der Mähnenspringer nach biochemischen Untersuchungen den Schafen nahe, nach morphologischen Befunden den Ziegen.

MÄHNENSPRINGER *(Ammotragus lervia)* leben in den felsigen, schwer zugänglichen Wüstengebieten Nordafrikas bis an die Schneegrenze bei 3800 Meter Höhe in Marokko. In den letzten Jahrzehnten sind sie aber in allen für den Menschen erreichbar gewordenen Gebieten seltener zu finden, stark gefährdet oder bereits ausgerottet. Nur auf ganz großen Wüstenplateaus, wie zum Beispiel Adrat von Ifoghas (Mali), Air (Niger) und Tibesti und Ennedi (Tschad) finden sie noch genügend Sicherheit und sind dort noch nicht bedroht.

Der Mähnenspringer lebt seit Ende des vorigen Jahrhunderts in europäischen Zoos. Bereits um 1900 gelangten von hier die ersten Mähnenspringer nach Amerika. Da sich Mähnenspringer in Zoos leicht fortpflanzen, wurden dort bald überzählige Tiere an Farmer abgegeben, von wo sie entweder aus den Gattern entwichen sind oder absichtlich ausgesetzt wurden. So leben heute große Mähnenspringervorkommen wild oder halbwild im Südwesten der USA, so in den tief eingeschnittenen Tälern von Texas und New Mexico und in den Bergen von Westkalifornien.

Sollte der Mähnenspringer in das Verbreitungsgebiet der Wüstendickhornschafe *(Ovis canadensis)* im Südosten der Vereinigten Staaten eindringen, ist zu befürchten, daß er als wahrscheinlich überlegene Art, diese unterdrückt oder vielleicht verdrängt. In Texas entfernten sich einige, mit Minisendern versehene

Tiere nach ihrer Freilassung innerhalb von vier bis sieben Monaten bis zu 32,3 Kilometer weit vom Ausgangspunkt. Ebenso sind jahreszeitliche Wanderungen von 23,4 Kilometer Länge beobachtet worden.

Wie Peter Dollinger, wissenschaftlicher Mitarbeiter des Züricher Zoos, zu Recht feststellt, besteht der Mähnenspringerbestand in den europäischen Zoos und wahrscheinlich auch in den amerikanischen Zoos fast ausschließlich aus Unterartenhybriden (Kreuzungen verschiedener Unterarten). Deshalb könnten die zoologischen Gärten bei den einfach zu haltenden und zu züchtenden Mähnenspringern einen wichtigen Beitrag zur reinblütigen Erhaltung gefährdeter Unterarten leisten, wenn Tiere bestimmter Unterarten eingeführt würden.

Mähnenspringer leben in ihrer gebirgigen Wüstenheimat einzeln oder in kleinen Trupps (Weibchen mit Jungtieren). Sie sind ausgezeichnete trittsichere Springer, die im Frankfurter Zoo aus dem Stand mühelos ihre mehr als zwei Meter hohe Einzäunung übersprangen. Wie die meisten in diesen heißen Regionen lebenden Tiere ruhen sie tagsüber im Schatten. Besonders morgens und abends, teilweise auch nachts, streifen sie umher und suchen Nahrung. Nach E. P. Walker scheinen sie ihren Flüssigkeitsbedarf aus der Nahrung und dem Tau decken zu können. Sofern Wasser vorhanden, baden und suhlen sie aber ausgiebig. Wie ich bei der Frankfurter Herde beobachten konnte, wird besonders an warmen Tagen die Badestelle von allen Tieren gerne angenommen, ja einzelne bleiben längere Zeit im Wasser »sitzen«. Anschließend wurde dann regelmäßig in einer sandigen Mulde gesuhlt. Dabei schaufelten sie mit ihren Hörnern Sand auf ihren Körper und bearbeiteten ihr Fell mit den Hornspitzen, den Klauen der Hinterbeine sowie mit den Lippen und Zähnen.

Sofern ein »Drohen« den Rivalen nicht abschreckt, senken die sich gegenüberstehenden Tiere die Köpfe und richten den Hornansatz stark nach vorn. Stehen die Kämpfer zu nahe beisammen, so geht ein Tier – selten beide – einige Schritte rückwärts, ohne dabei die Kopfhaltung zu ändern. In dem dann folgenden Gegeneinanderlaufen wenden sie mehrmals die Köpfe zur Seite, so daß sie meist den wuchtigen Stoß zwischen den Hörnern auffangen und das dumpfe Dröhnen weithin zu hören ist. Meist werden diese Angriffe mehrmals wiederholt. Anschließend stehen sie entweder Kopf gegen Kopf oder beide in dieselbe Richtung blickend nebeneinander und versuchen, entweder durch langsames Kopfwenden die Hörner ineinander zu verhaken und rückwärtsgehend den Gegner mitzuziehen oder ein Horn über den Hals oder Rücken des Gegners zu legen und so den anderen zu Boden zu drücken. Dabei müssen sie sehr oft

Oben: Der Mähnenspringer trägt zwei seiner wichtigsten Merkmale bereits im Namen: Er ist ein hervorragender Springer, und Nakken, Halsunterseite, Brust und sogar die Ellenbogen der Vorderbeine sind, vor allem bei den Böcken, mit auffälligen Mähnen verziert. - Links: Der Lebensraum der Mähnenspringer sind verstreute felsige Wüstengebiete

auf die Vorderbeine heruntergehen. Manchmal kann sich einer durch geschicktes Wenden aus der harten Klammer befreien. Dieses Kampfverhalten, bei dem niemals ein Aufrichten auf die Hinterbeine beobachtet werden konnte, weist die Mähnenspringer eindeutig in die Nähe der Schafe, deren Böcke vergleichbar miteinander kämpfen.

In ihrem afrikanischen Verbreitungsgebiet liegt die Paarungszeit im Herbst (September bis November). In zoologischen Gärten ist der Brunftzyklus weitgehend aufgelockert, und es kommen oft zwei Geburten im Jahr vor. Ältere Böcke sind das ganze Jahr über zeugungsfähig.

Der Mähnenspringer wurde in seiner Heimat von alters her wegen seines Fleisches, seiner Haut, seiner Haare sowie seiner Hörner von den Eingeborenen gejagt, aber erst durch die modernen Waffen wurde sein Bestand in immer weiteren Gebieten gefährdet. In den Vereinigten Staaten sind die Mähnenspringer heute als jagdbares Wild sehr beliebt.

Blauschafe (Gattung *Pseudois*)

von Gerhard Haas

Von den BLAUSCHAFEN *(Pseudois nayaur)*, die im Tibetischen »Na«, in Hindi »Bharal« genannt werden, schreibt George Schaller, der unter extremen Bedingungen mehrere Monate lange Fußmärsche zur Beobachtung dieser Tiere in ihrem Verbreitungsgebiet unternahm: »... Sie zeigen wie die Mähnenspringer eine verwirrende Kombination von Schaf- und Ziegenmerkmalen. So haben sie weder Bärte noch nackte Hautpartien an den Handwurzeln. Ebenso haftet den Böcken kein strenger Körpergeruch an, und die Weibchen haben kleine, fast funktionslose Hörner, alles Merkmale von Schafen. Dagegen ähneln sie Ziegen mit ihrem breiten, flachen Schwanz mit unbehaarter Unterseite, den auffälligen Zeichnungen an den Vorderbeinen und den großen Afterklauen. Ebenso haben die Hörner die gleiche Form wie beim Daghestanischen Tur und entsprechen im Aufbau und Farbe denen der Ziegen.«

Peter Matthiessen begleitete George Schaller auf seiner Reise 1973 in die Himalajaberge Nepals und schildert seine erste Begegnung mit den Blauschafen: »Sie haben ein hübsches schieferblaues Haarkleid mit weißem Rumpf und Bauch, von dem sich die dunkle Gesichtsmaske und die schwarzen Streifen an der Brust und an den Flanken wirkungsvoll abheben. Auch die Vorderseiten der Beine sind dunkel. Die Weibchen haben fahlere Farben und weniger Schwarz im Fell.«

Blauschafe kommen hauptsächlich in Tibet vor. Die Gebirgszüge Kunlun und Nan Shan bilden die nördliche Grenze des Verbreitungsgebietes, der Himalaja die südliche, jedoch ist die Art in die tibetischen Randgebiete eingedrungen und hat sogar in einigen Schluchten den Hauptzug des Himalajas durchquert. Beispielsweise gibt es Blauschafe an den Südhängen, wie am Dhaulagiri in Nepal und Nanda Devi und

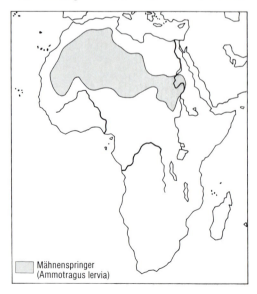

Das hauptsächlich im tibetischen Hochgebirge beheimatete Blauschaf zeigt, wie der Mähnenspringer, eine Mischung von Schaf- und Ziegenmerkmalen. Im Bild ein ausgewachsener Bock mit mächtigem Gehörn, das in Rivalenkämpfen als Waffe eingesetzt wird.

Mähnenspringer (Ammotragus lervia)

Badrinath in Indien. Blauschafe leben als ausgesprochene Hochgebirgstiere oberhalb der Baumgrenze von 3500 Meter Höhe aufwärts bis zur Grenze der Vegetation um 5500 Meter. Sie meiden mit Wald und Gebüsch bewachsene Flächen. Nur im Winter, wenn im freien Gelände das Futter knapp wird, suchen sie die äußeren Ränder des Buschlandes auf.

Die von Ernst Schäfer 1934 entdeckten ZWERGBLAUSCHAFE *(Pseudois nayaur schaeferi)* leben im östlichen Verbreitungsgebiet in den Schluchten des oberen Jangtsekiang in Höhen zwischen 2500 und 3000 Metern, von dem in diesem Gebiet ebenfalls lebenden Vertreter der großen Unterart durch den Wald- und Buschgürtel getrennt. Da sie sich nur in der Körpergröße von den anderen Blauschafen unterscheiden, wird diese Form von einigen Autoren als eigenständige Unterart nicht anerkannt.

Verschiedene Autoren (unter anderem George Schaller) beobachteten Gruppen zwischen 2 und 400 Tieren, während Ernst Schäfer bei den Zwergblauschafen nur von Gruppen mit 3 bis 10 Tieren oder von Einzeltieren berichtet. Sie wandern entlang den unteren Berghängen oder alpinen Wiesen über Terrassen und kleine Plateaus, über ihnen Schnee und die dürftigen Baumgrenzen aus Birken und Nadelhölzern (Koniferen) unter ihnen. Sie bevorzugen offenes Gelände und fliehen nur bei Gefahr auf die umgebenden Klippen, wo sie regungslos verharrend, durch ihre steingraue Fellfärbung getarnt, von ihren Feinden nicht mehr beachtet werden.

In verschiedenen Verbreitungsgebieten schwanken die Brunftzeiten von Mitte November bis Ende Januar (Schaller, P. Wilson), entsprechend verschieben sich auch die Geburtszeiten von Mitte Mai bis Anfang Juli. Es wird ein Jungtier geboren, Zwillinge wurden nicht beobachtet.

Harte Umweltbedingungen und ihre Feinde sind nach Schaller die Gründe, warum etwa 50% der Jungtiere im ersten Lebensjahr sterben. Von drei Tieren dürfte nur eines geschlechtsreif werden. Entsprechend dem Nahrungsangebot bleibt so der Bestand konstant. Durch die Überweidung von Yak-, Hausschafen- und Ziegenherden, die von den fernen Dörfern auf diese Weideflächen getrieben werden, ist die Grasnarbe schon weitgehend vernichtet, und die Landschaft unterliegt allmählich der Zerstörung durch Wasser, Eis und Wind.

George Schaller machte wohl als erster Freilandbeobachtungen vom Brunft- und Kampfverhalten der Blauschafe, um ihre Zuordnung zu den Schafen oder den Ziegen besser bestimmen zu können. Dazu schreibt er: »... geht stellenweise in Kämpfe über, besonders unter älteren Böcken, die sich immer wieder auf die Hinterbeine stellen. Mit erstaunlicher Präzision steigt im selben Moment ein anderer Bock hoch, und die beiden rennen wie trainierte Partner aufeinander zu und kommen mit zusammenkrachenden Köpfen herunter. Für andere Tiere hätte ein solcher Zusammenstoß fatale Folgen, aber die Blauschafe sind mit einem rund zwei Zoll dicken Schädelbein zwischen den Hörnern ausgerüstet und haben ein dickes, schwammiges Knochenkissen über den Stirnhöhlen, dazu ein dickes Wollfell auf dem Kopf und einen starken Nacken, der den Stoß auffangen kann.« Obwohl diese ziegenähnlichen Kampfweisen die morphologischen Befunde, daß die Bharals (Blauschafe) den Ziegen nahestehen, ergänzen, ist George Schaller davon überzeugt, daß die Bharals – wie er die Blauschafe immer nennt – »weder Ziegen noch Schafe sind. Sie sind vielmehr ihrer schon vor 20 Millionen Jahren lebenden gemeinsamen Urform sehr ähnlich geblieben, aus der sich die Gattungen *Ovis* und *Capra* entwickelten.«

Blauschafe werden in zoologischen Gärten äußerst selten gehalten. Nach den neuesten Angaben aus dem Internationalen Zoojahrbuch von 1984 leben nur sieben männliche, elf weibliche Tiere sowie zwei Jungtiere, deren Geschlecht noch nicht bekannt war, in fünf Zoos, die meisten von ihnen wurden vermutlich in menschlicher Obhut geboren.

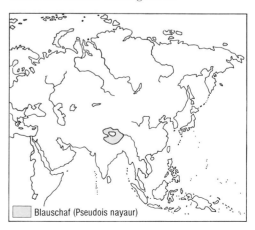

Blauschaf (Pseudois nayaur)

Tahre (Gattung *Hemitragus*)
von Clifford G. Rice

Die ausgewachsenen Böcke des HIMALAJATAHRS *(Hemitragus jemlahicus)* sind eindrucksvolle Geschöpfe, nicht wegen ihrer Größe oder ihrer – im Vergleich zu anderen Hornträgern – bescheidenen Hörner, sondern wegen ihrer großartigen Kragenmähne aus langen, dichten Haaren an Hals und Schultern. Wahrscheinlich ist dieser »Mantel« ein ganz guter Schutz gegen die strenge Kälte der Himalajawinter. Er kennzeichnet die vollerwachsenen Männchen, denn Weibchen und Jungböcke haben an Hals und Schultern nur einen mäßigen »Zottelpelz«.

Im Langtang Nationalpark in Nepal sieht man Himalajatahre am ehesten an steilen Berghängen oberhalb der Baumgrenze (3400 bis 4400 Meter). Man muß aber schon gute Augen haben, um die Tiere in der gewaltigen Weite dieser Landschaft auszumachen. Besonders in den Wintermonaten steigen die Tahre auch tiefer herab zu Felswänden, die verstreut zwischen Eichen-, Rhododendron- und Bambuswäldern liegen.

Die Stärke der Verbände scheint beim Himalajatahr recht unterschiedlich zu sein, wahrscheinlich je nach örtlichen Gegebenheiten und Bevölkerungsdichte. So fand George B. Schaller von der Zoologischen Gesellschaft in New York im Bhota Kosi Gebiet in Nepal kleine Rudel von höchstens 23 Tieren. Dagegen berichtet Michael Green von der Universität Cambridge neuerdings über größere Gruppen von bis zu 77 Tieren im Langtang Nationalpark, und aus Neuseeland sind Herden von 170 Tieren bekannt geworden. G. Schaller und M. Green haben auch einige Angaben zum innerartlichen Verhalten der Himalajatahre gemacht, jedoch steht eine genauere Untersuchung ihrer Sozialorganisation derzeit noch aus.

In den unzugänglichen Höhenregionen der Gebirge Indiens, Nepals und Bhutans gibt es zahlreiche Vorkommen von Himalajatahren, jedoch ist keine Schätzung über den Gesamtbestand verfügbar. In Neuseeland hat man Himalajatahre sehr erfolgreich eingeführt, und auch in Tiergärten sind Zuchtgruppen weltweit vorhanden.

Der NILGIRITAHR *(Hemitragus hylocrius)* hat ungefähr die gleiche Größe wie der Himalajatahr. Männchen wie Weibchen haben aber nur ein kurzes Fell. In dem außerordentlich feuchten Klima (vier Meter Niederschlag im Jahr) des Hügellandes, in dem diese Tiere leben, ist ein kurzes Fell wahrscheinlich vorteilhafter, weil eine langhaarige Decke sich rasch mit Wasser vollsaugen würde. Jedoch sind auch hier die vollerwachsenen Böcke durch ihre auffällige Gesichtszeichnung und durch einen hellen, silbrigen Sattel im sonst schokoladenbraunen Fell von den Geißen und Jungböcken verschieden.

In der Kette der westlichen Ghats-Höhen

Die mittleren Höhenlagen des Himalajas sind die Heimat der Himalajatahre. Dieses Bild entstand jedoch nicht in Asien, sondern in Neuseeland, wo man die Art mit sehr großem Erfolg eingebürgert hat.

in Südindien erheben sich manche Gipfel und Plateaus über 2000 Meter Höhe, und die feuchten, immergrünen Wälder weichen dann welligen Kurzgrasgebieten. Das ist der bevorzugte Lebensraum der Nilgiritahre, sofern nur ein paar Felswände als Zufluchtsorte in der Nähe sind. E.R.C.Davidar hat auch zwei Nilgiritahr-Vorkommen aus tieferen Lagen um rund 1000 Meter beschrieben, jedoch ist dabei nicht recht klar, ob es sich gerade nur um zwei Seltenheiten oder um die Reste eines ehemals weiter ausgedehnten Vorkommens im Tiefland handelt.

Bei den Nilgiritahren im Eravikulam Nationalpark in Kerala (Indien), die ich näher untersucht habe, waren gemischte Verbände, in denen sich auch ausgewachsene Böcke befanden, durchschnittlich 42, höchstens 150 Tiere stark. Die Gesamtbevölkerung des Parkes betrug etwa 550 Tahre. Sie verteilten sich auf mehrere, räumlich voneinander getrennte Gruppen von Geißen und jugendlichen Tieren mit bis zu 120 Tieren, die gewöhnlich in ihren Standgebieten verblieben. Die Altböcke bewegten sich zwischen diesen Gruppen.

Die Brunft der Nilgiritahre findet im Juli und August statt, also mitten in den windgepeitschten strömenden Regenfällen der Monsunzeit. Im Januar und Februar werden dann die Jungen geboren, das heißt zu

einer Jahreszeit mit klarem, kühlen Wetter. Wenn ein Jungtier kurz nach der Geburt stirbt, kann die Geiß etwa zwei Wochen später wieder begattet werden und bringt dann ein zweites Junges zur Welt, nunmehr allerdings während der Monsunzeit.

Zur Brunftzeit sucht eine Anzahl von Altböcken die Geißenrudel auf. Welcher Bock sich fortpflanzt hängt von seiner Überlegenheit gegenüber den anderen Böcken ab. Ist das Rangverhältnis zwischen zwei Böcken nicht klar, kommt es zum Kampf. Die Gegner stehen entweder wie ein Pferdegespann nebeneinander, wobei jeder mit der Außenseite eines Hornes seitwärts gegen das des anderen schlägt, oder sie prallen mit beiden Hörnern aus frontaler Stellung zusammen. Oder die Böcke stehen umgekehrt-parallel nebeneinander, wobei sie Schulter gegen Schulter rammen und gleichzeitig mit den Hörnern scharfe Hiebe von unten nach oben gegen die Flanke des anderen führen. Die Verlierer werden gewöhnlich aus der Gruppe vertrieben. Sie können später zurückkehren, und die ranghöheren Böcke dulden sie, solange sie sich unterlegen zeigen.

Die beiden größten Vorkommen des Nilgiritahrs – im Nilgiri-Bergland und im Eravikulam Nationalpark – scheinen jetzt ihren Bestand zu halten. Die Bestandsentwicklung der ungefähr 15 anderen Bevölkerungen ist nicht bekannt. Weltweit werden Nilgiritahre in verschiedenen Tiergärten gehalten; zum Beispiel in zoologischen Gärten der Vereinigten Staaten (Memphis, Tennessee, St.Paul, Minnesota, San Diego) befinden sich derzeit etwa 35 Tiere.

Mit nur 60 Zentimeter Schulterhöhe ist der ARABISCHE TAHR *(Hemitragus jayakari)* ein Zwerg unter den Tahren. Die Altböcke haben eine auffällige Mähne an Hals und Schultern, die sich über den gesamten Rücken fortsetzt. Ein langer »Ziegenbart« hängt von jeder Wange herab, und auch die Vorderbeine sind von langen Haaren bedeckt, ähnlich wie beim Mähnenspringer. Im Gegensatz zum Nilgiritahr bewohnt der Arabische Tahr außerordentlich trockene Hänge mit wenig Pflanzenwuchs und noch weniger Wasser.

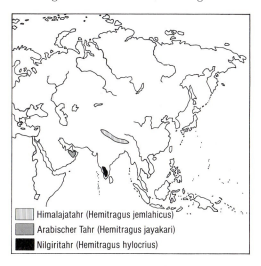

Die Nilgiritahre sind nicht so üppig behaart wie ihre Vettern im Himalaja, denn sie besiedeln geschütztere, tiefere Lagen in Gebieten mit milderem und sehr feuchtem Klima – vor allem das südindische Nilgiri-Bergland, das ihnen den Namen gegeben hat.

Der jährliche Niederschlag beträgt wahrscheinlich nur 10 bis 20 Zentimeter. Das für Arabische Tahre typische Gelände ist stark zerklüftet. Es besteht aus Steilhängen, die sich weit hinziehen und die durch Felswände und Schluchten zergliedert sind.

Infolge dieses schwierigen Geländes, wegen ihrer geringen Bestandsdichte und auch weil sie von Menschen bejagt werden und entsprechend scheu sind, sind Arabische Tahre nicht leicht zu beobachten. Paul Munton, der im Auftrag des World Wildlife Fund (WWF) diese Tiere studiert hat, bekam innerhalb von zwei Jahren nur 27mal Tahre zu Gesicht, insgesamt 37 Tiere. Folglich wissen wir recht wenig über Lebensweise und Verhalten des Arabischen Tahrs. Die Brunft- und Geburtszeiten liegen anscheinend ähnlich wie beim Nilgiritahr, gleichfalls mit einer »nachträglichen« zweiten Geburtszeit im Sommer. Paul Munton schätzt die Gesamtzahl der Tiere im Oman auf 1000 bis 2000 Tahre. In menschlicher Obhut werden nur einige wenige in ihrem Heimatland, in der Nähe von Muskat, gehalten.

Schafe (Gattung *Ovis*)

Orientalisches Wildschaf *(Ovis orientalis)*
von Raul Valdez

Die Einteilung der altweltlichen Schafe ist besonders stark umstritten. Bis etwa zum Jahre 1950 führten verschiedene Systematiker zwischen 6 und 17 Arten an. Danach neigte man dazu, die Artenzahl einzuschränken, was schließlich dazu führte, daß man sämtliche europäischen und asiatischen Wildschafe zu einer einzigen Art *(Ovis ammon)* zusammenfaßte. Demgegenüber sprechen sich heute gerade die besten Wildschafkenner recht einheitlich dafür aus, bei den Altweltschafen mindestens drei Arten zu unterscheiden.

Innerhalb der Kleinschafe trennen manche Autoren den EUROPÄISCHEN MUFFLON *(Ovis orientalis musimon)* als eigene Art *(Ovis musimon)* von den asiatischen Formen ab. Diese Ansicht scheint nicht gut begründet zu sein, denn der Mufflon unterscheidet sich nicht stärker von den asiatischen Formen, als sich deren Unterarten voneinander unterscheiden. Wahrscheinlich geht diese Abtrennung des Mufflons, darauf zurück, daß das Muffelwild europäischen Zoologen und Jägern besser bekannt ist als die anderen Kleinschafe. Ernster zu nehmen sind die Autoren, die den Europäischen Mufflon mit mehreren vorderasiatischen Unterarten *(ophion, gmelini, isphahanica, laristanica)* zu einer Art, Mufflon *(Ovis orientalis)*, vereinen und diese einer zweiten Art, Urial *(Ovis vignei)*, gegenüberstellen, welche die übrigen Unterarten *(arkal, severtzovi, cycloceros, punjabiensis, vignei, blanfordi)* umfaßt. Wie noch näher ausgeführt wird, gibt es jedoch im Verbreitungsgebiet der asiatischen Kleinschafe ganze Bestände, die aus Mischlingen zwischen »Mufflons« und »Urials« in diesem Sinne bestehen. Daher scheint eine dritte Auffassung, nach der sämtliche europäisch-asiatischen Kleinschafe als Unterarten zu einer einzigen Art *(Ovis orientalis)* gehören, am besten begründet zu sein.

Die ORIENTALISCHEN WILDSCHAFE *(Ovis orientalis)* sind im südwestlichen Asien beheimatet und bis auf die Mittelmeerinseln Korsika, Sardinien und Zypern vorgedrungen. Auf dem Festland reicht ihr ursprüngliches Verbreitungsgebiet von Kleinasien über das sowjetische Armenien, den nördlichen und östlichen Irak, den Iran, das sowjetische Turkestan, Afghanistan (südlich des Pamir) und Pakistan (westlich des Indus) bis ins nördliche Indien (s. Verbreitungskarte S. 552). Man spricht sogar von einem Vorkommen im Oman, jedoch sind diese Berichte noch nicht bestätigt. Das MUFFELWILD *(O. o. musimon)* ist von seinen Heimatinseln Korsika und Sardinien aus nicht nur auf dem euro-

Das eindrucksvolle Schneckengehörn und der helle Sattelfleck auf den Flanken sind die unverwechselbaren Kennzeichen des Mufflonwidders.

päischen Festland in vielen Staaten eingeführt worden, sondern auch in Texas und auf Hawaii. Leider hat man in den USA vielfach Hausschafe eingekreuzt. Von allen Wildschafen zeigen die zum Orientalischen Wildschaf gehörenden Unterarten die stärksten Abweichungen untereinander im Körperbau und in der Chromosomenzahl (54 bis 58), den Trägern des Erbguts. Besonders deutlich wird dies im Iran, wo es fünf im äußeren Erscheinungsbild stabile Formen gibt (eine davon, der Bestand der Kavir-Wüste, hat keine stabile Chromosomenzahl) und zwei Mischlingsbestände, die weder im äußeren Erscheinungsbild noch in der Chromosomenzahl stabil sind. Eine davon findet sich in einer etwa 300 Kilometer breiten Zone in den Alborzbergen im nordwestlichen Iran. Hier haben sich ARMENISCHER MUFFLON *(O. o. gmelini)* und ARKAL *(O. o. arkal)* miteinander vermischt. Die Bastarde (Alborz-Rotschaf) sind im Körperbau verschieden, und die Einzeltiere haben 54, 55, 56, 57 oder 58 Chromosomen. Obwohl das Armenien-Wildschaf und der transkaspische Arkal körperlich beispielsweise in ihrer Hornform, im Fehlen beziehungsweise Vorhandensein des »Lätzchens« voneinander verschieden sind und auch verschiedene und jeweils stabile Chromosomenzahlen (54 beziehungsweise 58) aufweisen, haben sie sich offensichtlich nicht weit genug auseinanderentwickelt, so daß keine Kreuzung der Unterarten mehr möglich wäre. Der zweite Bastardbestand findet sich in der Kerman-Provinz im südöstlichen Iran. Sie ist wahrscheinlich aus einer Vermischung von LARISTAN-WILDSCHAF *(O. o. laristanica)* mit dem BELUTSCHISTAN-WILDSCHAF *(O. o. blanfordi)* oder dem KREISHORNSCHAF *(O. o. cycloceros)* hervorgegangen.

Die orientalischen Wildschafe scheinen mehr Läufer als Kletterer zu sein, obgleich sie auf der Flucht, und besonders die Geißen, durchaus auch steile Felsgebiete benutzen. Sie kommen in hügeligem Bergland vor, auf Höhen von knapp 300 bis 4000 Metern. Im allgemeinen bevorzugen sie offenes Gelände, jedoch leben Europäischer Mufflon und Zypernmufflon in Wäldern. Auch der Pandschab-Urial sucht Buschgebiete auf, und der Arkal verbringt die heißesten Stunden der Sommertage in Wacholderdickichten. Die Nahrung besteht vorwiegend aus Gräsern und Kräutern. Die Orientalischen Wildschafe sind in ihrer Nahrungswahl sehr anpassungsfähig, was nicht zuletzt zu ihrer weiten Verbreitung in recht verschiedenen Lebensräumen beigetragen hat. In einem großen Teil ihres Verbreitungsgebietes verzehren sie im Winter besonders Salbeibüsche und nehmen auch sonst mehr Blätter und Zweige auf als im Sommer. Reinblütige Korsika-Mufflons sollen nicht schälen.

Von den Sinnesorganen sind die Augen am besten entwickelt. »Das Haar, das der Jäger verlor, wird vom Hirsch gehört, vom Keiler gewittert und vom Muffelwidder gesehen«, lautet ein korsisches Sprichwort. Zu den natürlichen Feinden gehören Wolf und Leopard, im nordwestlichen Iran auch der Gepard. Lämmer fallen gelegentlich Füchsen, Schakalen, Streifenhyänen, Braunbären und Steinadlern zum Opfer. Auch Parasiten wie Lungenwürmer, Leberegel und vielerlei Eingeweidewürmer, sowie Virus- und Bakterieninfektionen tragen zur Sterblichkeitsziffer bei, vor allem bei den Lämmern.

Orientalische Wildschafe sind gesellig. Der berühmte Reisende Marco Polo sah einst Herden von Hunderten im nördlichen Afghanistan. Bis 1980 traten noch Arkalherden von 300 bis 400 Tieren in einem Nationalpark im nordöstlichen Iran auf. Den größten Teil des Jahres bilden die Widder eigene Rudel, getrennt von den Rudeln der Geißen mit Lämmern und Heranwachsenden. Im Oktober, im südlichen Pakistan auch schon im September, fangen die Widder an, sich für die Geißen zu interessieren. Im November

In der Brunftzeit kommt es zwischen den Mufflonwiddern zu heftigen Auseinandersetzungen.

▷ Das Vorkommensgebiet des europäischen Muffelwilds war vor längerem auf Korsika und Sardinien beschränkt, doch schon seit dem 18. Jahrhundert und verstärkt nach 1900 hat man die hübschen kleinen Wildschafe in den Wäldern Mitteleuropas eingebürgert.

ist die Brunft in vollem Gang. Vor allem vor und zu Beginn der Brunft kommt es zu Auseinandersetzungen unter den Widdern, bei denen sie mit Anlauf die Hörner in Basisnähe krachend zusammenschlagen (Rammkampf). Im Gegensatz zu den amerikanischen Wildschafen und den großen asiatischen Argalis erheben sich hier jedoch die anstürmenden Gegner nicht auf die Hinterbeine. Ein ausgewachsener Widder sondert eine brunftige Geiß von den anderen ab und läßt kein anderes Männchen an sie heran. Der Widder begattet die Geiß, aber erst wenn die Geiß nicht mehr paarungsbereit ist, sucht er sich eine neue. Hinter oder seitlich der Geiß stehend oder laufend streckt der werbende Widder Hals und Kopf nach vorn und dreht das Haupt um die Längsachse (Twist), wobei er seine Hörner von der Geiß abwendet. Gleichzeitig oder auch unabhängig davon schnellt er ein gestrecktes Vorderbein nach vorn (Laufschlag).

Beim Europäischen Mufflon gebiert eine Geiß gewöhnlich nur ein Lamm. Bei den Unterarten im Iran

In den Alborz-Bergen im nordwestlichen Iran haben sich zwei Unterarten des Orientalischen Wildschafs, der Armenische Mufflon (links) und der Arkal (Mitte), miteinander vermischt. Das Ergebnis sind Bastarde, denen man den Namen Alborz-Rotschaf gegeben hat. – Rechts: Im Iran ist auch das Kreishornschaf zu Hause, das sich ebenfalls mit einer anderen Unterart vermischte.

sind vom vierten Lebensjahr der Geißen an etwa die Hälfte der Geburten Zwillingsgeburten. Gelegentlich werden sogar Drillinge geboren.

Vor dem 20. Jahrhundert war das Orientalische Wildschaf eines der häufigsten Huftiere im südwestlichen Asien. Als diese Stämme noch Sammler und Jäger waren zählte das Wildschaf zu den wichtigsten Fleischlieferanten dieser Menschen. Auch begann der Mensch im Mittleren Osten vor mehr als 10 000 Jahren Wildschafe als Haussäugetiere zu halten. Hausschafe stammen zum großen Teil von Orientalischen Wildschafen ab.

Heute sind die Bestände in Asien stark zurückgegangen. In der Türkei gibt es nur noch knapp 500 Armenische Mufflons. Diese sind allerdings nunmehr in zwei Reservaten geschützt. Hinzu kommen noch einige Wildschutzgebiete in der Sowjetunion. Bis 1980 waren die Orientalischen Wildschafe im Iran zahlreich. Nach der Revolution ist ihr Bestand dort durch Jagd und Eintreiben von Vieh in die Naturschutzgebiete stark verringert worden. In Pakistan gibt es nicht ganz 1000 PANDSCHAB-URIALS (*Ovis orientalis punjabiensis*) und die BELUTSCHISTAN- und KREISHORNSCHAFE (*O. o. blanfordi* und *cycloceros*) zählen zusammen höchstens 4000 Tiere. In der Sowjetunion leben bedeutende Bestände von NURA-TAU-WILDSCHAFEN (*O. o. severtzovi*) und KREISHORNSCHAFEN (*O. o. cycloceros*) in Schutzgebieten, während letztere in Afghanistan durch Krieg

und die Vielzahl an Gewehren zurückgegangen, wenn nicht ausgerottet sind. Vom STEPPENSCHAF (*O. o. vignei*) gibt es weniger als 1000 Tiere in Pakistan (Gilgit und Baltistan) und kaum mehr als 1500 in Indien (Ladakh). Am besten geht es zur Zeit dem Muffelwild in Europa, von dem es ungefähr 700 Tiere auf den Inseln Korsika und Sardinien und wahrscheinlich etwa 60 000 Tiere auf dem Festland gibt.

Hausschaf
von Helmut Kraft

Die ältesten Nutztiere des Menschen sind Schaf und Ziege. Wildschafe wurden vor mehr als 9000 Jahren zu Hausschafen (siehe auch in diesem Band: »Haussäugetiere« von Wolf Herre und Manfred Röhrs). Die Wildformen in Vorder- und Zentralasien gelten als die Urahnen unseres Hausschafes, wobei der Mufflon (*Ovis orientalis*) wohl den Hauptanteil dazu beigetragen hat. Als Opfertier in vielen Kulturkreisen verehrt, liefert das Hausschaf Fleisch, Milch, Wolle und Fell und ist somit eines der vielseitigsten und wegen seiner Genügsamkeit leicht zu haltenden Nutztieren des Menschen geworden.

Unter den frühen Schafrassen war das Torfschaf noch mufflonähnlich und spätreif. Aus Steppenschafen entwickelten sich langschwänzige Hausschafe, unter ihnen die an trockene Steppe angepaßten Fettschwänzschafe, mit einem Fettspeicher im Schwanz. Die kurzschwänzigen, wollarmen Haarschafe gelangten jedoch wohl von Mittelasien nach Südeuropa und Nordafrika.

Im 14. Jahrhundert begann dann in Spanien die Schafnutzung zur Wollerzeugung. Dort weideten Herden von 10 000 und mehr Merinoschafen. Erst um 1800 kamen die ersten Merinos nach Australien und Südafrika, in die Länder, die heute im Welthandel mit Wolle an der Spitze stehen. Gleichzeitig begannen die ersten bedeutenden Merinozuchten in Deutschland, vor allem in Sachsen.

Die Zahl der Schafe nahm immer mehr zu, um 1900 gab es etwa 600 Millionen Schafe. Nach dem ersten

Weltkrieg ging dann in vielen Ländern die Schafzucht zurück. Später aber vergrößerte man vor allem in überseeischen Ländern die Schafherden wieder und veredelte sie durch Einkreuzungen. 1981 betrug der Weltbestand 1 130 751 000 Tiere. In der BRD waren es 1 179 000, wobei seit 1971 eine erhebliche Zunahme erfolgt war. In Europa werden jetzt etwa gleichviel Schafe gehalten wie in Australien.

Die Wollproduktion betrug 1981 2,84 Millionen Tonnen; allein 38% davon brachten Australien und Neuseeland auf. Deutschland produzierte 4000 Tonnen, ganz Europa 278 700 Tonnen.

Die Masse der heute gehaltenen Schafe sind Merinoschafe, Milch- und Fleischschafe, Karakulschafe oder Fettschwanzschafe. Da man Schafherden mit guten Hütehunden leicht zusammenhalten kann, ist der Aufwand der Schafhaltung nicht groß. Die Tiere sind genügsam. Steppen- und Buschgebiete, vor allem auf Hochflächen, sind vorzügliche Weidegebiete und können so auch wirtschaftlich genutzt werden.

Nach einer Tragzeit von fünf Monaten bringt das Schaf ein bis vier Lämmer zur Welt. Lebensschwache Tiere fallen natürlichen Feinden zum Opfer oder werden vom Schäfer getötet, weil die Weidehaltung eine lange Betreuung nicht zuläßt. Die Einzelschafhaltung, das sogenannte Tüdern, kommt wieder in Mode, hat aber gegenüber der Weidehaltung der Schafe zahlenmäßig keine Bedeutung.

Es gibt große und kleine, hornlose und gehörnte Schafrassen mit und ohne Wolle. Das Tibetanische Einhornschaf trägt nur ein einziges Horn, nordische Inselrassen haben manchmal vier und mehr Hörner. Die äußeren Ohren können lang oder kurz sein oder ganz fehlen. Nach der Entwicklung des Haarkleids werden verschiedene Rassengruppen unterschieden.

1. HAARSCHAFE. Haarkleid kurz, mit groben markhaltigen Grannen und feinen, markfreien Flaumhaaren, Böcke meist mit Halsmähne. Regelmäßiger Haarwechsel im Frühjahr und Herbst. Milch- und Fleischlieferanten: Fessan-Schaf, die schmalschwänzigen, gehörnten oder hornlosen Senegal-, Guinea- und Kamerunschafe; das südwestafrikanische Fettschwanzschaf; das Abessinische Kurzohrschaf; die

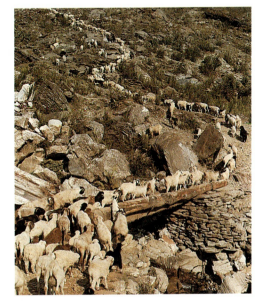

Eine Schafherde zieht durch eine karge Berglandschaft in der Mongolei. Schon sehr früh hat der Mensch Wildschafe domestiziert und zu ebenso genügsamen wie vielseitigen Nutztieren gemacht, die Fleisch, Wolle, Milch und Felle liefern.

hornlosen, stummelschwänzigen Perser-, Massai-, Somalischafe und andere.

2. WOLLSCHAFE. Anteil der Flaumhaare vermehrt, wenig oder gar kein Grannenhaar, kein jahreszeitlicher Haarwechsel.

a) Mischwollige Schafe mit vliesähnlicher Wolle; verfilzt stark. Vor allem nördliche Rassen, darunter die kleine, kurzschwänzige, meist in beiden Geschlechtern gehörnte Heidschnucke der Lüneburger Heide; Woll-, Fleisch- und Milchlieferanten; mittel- und ostasiatische Fettsteißschafe, Fettschwanzschafe aus Westasien, den Balkanstaaten und Afrika, darunter das Karakulschaf; das osteuropäische Zackelschaf und andere.

b) Schlichtwollige Schafe mit Flaumhaar und marklosen Grannen, darunter die Hängeohrschafe der Nordseeküste.

c) Merinowollige Schafe mit geschlossenem Vlies aus Flaumhaaren. Hierzu gehören das Merinoschaf, in zahlreichen Schlägen weltweit verbreitet; die Anglo-Merinos (Kreuzungen von Merinos mit englischen Langwollschafen) und die feinwolligen veredelten Landschafe in Süddeutschland, Frankreich und Südeuropa. Sie sind hauptsächlich Wollieferanten.

Neben den Wollschafen hat auch das Karakulschaf eine große wirtschaftliche Bedeutung als Pelzschaf. Seine Lämmer werden in den ersten drei bis acht Tagen ihres Lebens wegen des vielbegehrten, schwarzlockigen Persianerfells geschlachtet. Ungeborene Karakullämmer liefern den berühmten Breitschwanzpelz, die Zwischenstufe nennt der Kürschner Breitschwanz-Persianer. Bei den Zuchttieren öffnen sich die Locken nach drei Monaten, und sie sehen dann wie ganz »normale« Schafe aus.

Riesenwildschaf oder Argali *(Ovis ammon)*
von Raul Valdez

Riesenwildschafe oder Argalis sind die größten aller Wildschafe. Die männlichen Tiere (Widder) können bis zu 180 Kilogramm schwer werden und eine Schulterhöhe von 122 Zentimetern erreichen. Die Widder haben massive schneckenförmige Hörner, wobei das rechte Horn sich in einer rechtshändigen Spirale dreht und das linke in einer linkshändigen Spirale. Die Hornlänge entlang der Krümmung kann bis zu 190 Zentimetern betragen. Die Hörner der Geißen sind selten länger als 31 Zentimeter. Außer den Argalis vom Altai-Gebirge in der Mongolei haben diese Wildschafe im Winterkleid eine weiße Halsmähne (die fast den ganzen Nacken umgibt), aber im Gegensatz zu ihren nahen Verwandten, den Mufflons, haben sie keinen Sattelfleck. Der weiße Spiegel (ein heller Fleck auf dem Hinterteil), entweder scharf abgezeichnet oder verschwommen, zieht sich von der Schwanzwurzel zur Lende und über die Hinterseite der oberen Hinterschenkel hin. Die Fellfärbung ist höchst unterschiedlich und kann hellbraun bis dunkelgrau sein. Die Bauchseite des Körpers sowie die Hoden sind weißlich. Vom Knie bis zu den Hufen sind die Beine meistens weiß oder hellfarbig. Argalis haben eine typische Anzahl von 56 Chromosomen (Träger des Erbgutes), während Mufflons und Urials *(Ovis orientalis)* 54 bis 58 Chromosomen aufweisen.

Im 13. Jahrhundert wurden die Europäer zum ersten Mal auf diese eindrucksvollen Wildschafe aufmerksam gemacht. Marco Polo berichtete nach seiner Reise durch den Pamir in Zentralasien über das Vorkommen eines Riesenschafs, welches so lange Hörner hatte, daß die Einheimischen diese als Einzäunung benutzten. Erst im Jahr 1838 erwarb endlich ein britischer Offizier, John Wood, ein Exemplar und bestätigte damit die Existenz dieser Tiere.

Das Verbreitungsgebiet der Riesenwildschafe erstreckt sich über eine ausgedehnte Fläche Asiens, vom Pamir und der Tibetischen Hochebene durch das Tienschan-Gebirge Chinas und der Sowjetunion bis zum Altai-Gebirge und der Gobi-Wüste in der Mongolei. Es gibt viele Unterartbezeichnungen für die Argalis in ihrem weiten Verbreitungsgebiet, jedoch sind nur sechs Unterarten offiziell anerkannt. Eingeschlossen sind das MARCO-POLO-SCHAF *(Ovis*

Das im innerasiatischen Hochland weitverbreitete Argali verdient den Namen Riesenwildschaf zu Recht: Die Widder erreichen eine Länge von zwei Metern und ein Gewicht von 180 Kilogramm, und ihre gewaltigen, mehrfach gewundenen Hörner können fast zwei Meter lang werden. Im Bild Altai-Argalis.

ammon polii) vom Pamir in China, der Sowjetunion, Afghanistan und dem Hunza in Pakistan; das TIBET-ARGALI *(O. a. hodgsoni)* von der Tibetischen Hochebene in China bis zu eng begrenzten Gebieten in Indien (Ladakh, Nepal, Bhutan und Sikkim); das TIEN-SCHAN-ARGALI *(O. a. karelini)* vom Tienschan Gebirge; das KARA-TAU-ARGALI *(O. a. nigrimontana)* – von dem Kara-Tau-Gebirge, nördlich des Syr-Flusses in der Sowjetunion; dem Altai-Gebirge *(O. a. ammon)* und der Gobi-Wüste *(O. a. darwini)* in der Mongolei.

Die Argalis kommen in Höhenlagen von 1300 bis zu 6100 Metern vor. In diesen extremen Höhen nutzen die Tiere Lebensräume mit niederem Pflanzenwuchs, der ihnen einen freien Blick ermöglicht. Sie ziehen daher trockene Gebiete vor, die durch geringen Niederschlag oder niedrige Temperaturen entstehen. Argalis bevorzugen hügeliges Gelände mit angrenzenden, steilen Berghängen als Zufluchtsorte vor den Raubtieren. In manchen Teilen ihres Verbreitungsgebietes flüchten sie vor ihren natürlichen Feinden ganz einfach durch schnelleren Lauf, ohne Zuflucht in den steilen Klüften zu suchen. Die Langbeinigkeit und die antilopenähnliche Körperform kennzeichnen das Argali als Schnelläufertyp. Im Verhältnis zur Körpergröße sind die Beine der Argalis länger als die der anderen Berghuftiere, wie zum Beispiel die der wilden Ziegen oder der nordamerikanischen Wildschafe, die steiles Gelände bevorzugen.

Wildschafe ernähren sich hauptsächlich von Gräsern und Kräutern, sie sind jedoch sehr anpassungsfähig. In den verschiedenen Lebensräumen und klimatischen Regionen innerhalb ihres Verbreitungsgebietes haben sie ihre Nahrungsgewohnheiten dem jahreszeitlichen Pflanzenangebot ihrer Umgebung angepaßt. Im hohen Pamir, dem Dach der Welt, wo Pakistan, China, die Sowjetunion und Afghanistan zusammentreffen, leben sie in Höhenlagen über 4270 Meter von Seggen, Salzkräutern, wilden Zwiebeln *(Allium astragolus)*, Beifuß und anderen Kräutern und niedrigen Sträuchern. Im Gegensatz dazu wachsen auf den verhältnismäßig niederen (2134–2440 Meter) hügeligen Almwiesen des mongolischen Altais eine Vielzahl von Gräsern und Kräutern. In dem anderen extremen Lebensraum, in den Trockengebieten der Gobi-Wüste, äsen die Wildschafe an spärlichen, einjährigen Gräsern, die nicht lange grün bleiben, und verzehren eine Vielzahl von Kräutern und Sträuchern.

In manchen Gebieten machen die Wildschafe, besonders die Widder, jahreszeitliche Wanderungen und bewohnen dann im Sommer höheres Gelände. Widder ziehen manchmal im Winter über die Khunjerab- und Kilik-Pässe vom Tagdumbash-Pamir in China bis zum Hunza in Pakistan.

In manchen Teilen ihres Verbreitungsgebiets überschneidet sich ihr Lebensraum mit dem von anderen Huftieren. Auf der Hochebene in Tibet war es gar nicht ungewöhnlich, sie zusammen mit Herden von Kiangs oder wilden Eseln *(Equus kiang)*, tibetischen Gazellen *(Procapra picticaudata)* und den Tschiru- oder tibetische Antilopen *(Pantholops hodgsoni)* zu sehen. Im Ladakh-Gebiet von Nordindien konnte man Wildschafe in Tälern antreffen, die das Blauschaf oder Bharal *(Pseudois nayaur)* bewohnt. Dies war wahrscheinlich auch in manchen Gebieten Tibets der Fall, obwohl der Bharal steilere Lebensräume bewohnt als die Argalis. Über den größten Teil ihres Verbreitungsgebiets hinweg bewohnt auch ein naher Verwandter der Argalis, der Steinbock *(Capra ibex)* benachbarte Lebensräume. Jedoch zieht der Steinbock höhere, steilere und mehr zerklüftete Gelände vor, die zu steil für die Argalis sind.

Viele Wildschafe sehen sehr ähnlich aus, zeigen aber beträchtliche Größenunterschiede. Von oben nach unten: Argali oder Riesenwildschaf, Kreishornschaf und Armenischer Mufflon.

Argalis sind gesellig, und man findet sie in Gruppen von zwei bis über einhundert Tieren. Die Gruppengröße hängt von der Bestandsgröße, der Jahreszeit und dem Geschlecht ab. Ein Vorteil des Gruppenlebens ist, daß Raubfeinde besser entdeckt werden können. Den größten Teil des Jahres über leben Widder und Geißen in eingeschlechlichen Rudeln. Geißrudel bestehen aus erwachsenen Geißen, Lämmern, Jungwiddern und Jungtieren im zweiten Lebensjahr. Diese Familiengruppe stellt eine Einheit dar. Jedes Tier ist immer auf der Hut und bereit, den Warnpfiff auszustoßen. Der Warnruf ist ein zischender Laut, den die Tiere erzeugen, indem sie Luft durch die Nasenlöcher blasen.

Die Sozialstruktur der Rudel ist durch die Rangordnung bestimmt, welche besonders bei Widderrudeln auffallend ist. Ältere, größere Widder sind jüngeren, kleineren Widdern überlegen. Soziale Verhaltensweisen zwischen Widdern sind verschiedene Droh- und Imponierbewegungen, wie zum Beispiel das schnelle, ruckartige Kopfsenken, das Kopfdrehen (scharfe Kopfdrehungen nach rechts oder links) und Kopfstöße gegen den Körper des Gegners. Die heftigen Zusammenstöße älterer Widder, die mit Anlauf aufeinander zurennen und dann ihre Hörner mit Wucht zusammenprallen lassen, dienen dazu, die Rangordnung festzustellen. Diese Rammstoßkämpfe kommen meistens zwischen zwei gleichgroßen Widdern vor und sind von kurzer Zeitdauer, normalerweise weniger als drei Minuten. Ähnlich wie nordamerikanische Wildschafe und anders als die Mufflons richten sich die Argalis auf den Hinterbeinen auf, bevor sie aufeinander losstürmen. Ihr Sozialverhalten ähnelt sehr dem der Dickhornschafe. Sie unterscheiden sich von diesen aber darin, daß die brünftigen Widder echte Haremsgruppen halten, was Dickhornschafe dagegen nicht tun.

Die Brunft oder Paarungszeit beginnt im November, obwohl die Widder schon im Oktober unruhig werden und versuchen, sich den Geißen zu nähern. Ältere Widder (fünfjährige und ältere Widder) hindern die jüngeren Widder daran, an der Brunft teilzunehmen. Eine einfache Drohgebärde wie zum Beispiel ein ruckartiges Kopfsenken genügt, um jüngere Widder vom Annäherungsversuch an eine Geiß abzubringen. Jüngere, weniger starke Widder warten den rechten Augenblick ab, bis sie die Körpergröße,

Stärke und soziale Reife haben, um die älteren Widder herauszufordern. Wenn sich die Gelegenheit gibt, belästigen junge Widder ständig die Geißen, jagen sie umher und versuchen die Begattung zu erzwingen. Dies ist eine gefährliche Energieverschwendung, besonders für die Geißen, die ihre Energiereserven soweit wie möglich schonen müssen, um sich und den sich entwickelnden Embryo während des Winters zu ernähren. Aus diesem Grund sollten im Verhältnis immer mehr ältere als jüngere Widder da sein. Dadurch, daß die älteren Widder verhindern, daß die jüngeren Widder die Geißen belästigen, bilden sie eine Sozialordnung mit einem Mindestverbrauch an Energie in einer kritischen Jahreszeit. Da die älteren Widder die Rangordnung schon vor der Brunft festgelegt haben, verbrauchen sie während der Brunft nur einen Mindestbetrag an Energie, da es nur zu wenigen Rivalenkämpfen kommt. Oder sie beschränken sich auf Imponierbewegungen, die weniger Anstrengung benötigen.

Marco Polo war der erste Europäer, der im 13. Jahrhundert die Riesenwildschafe Zentralasiens zu Gesicht bekam. Nach ihm ist denn auch die bekannteste Unterart benannt worden: das Marco-Polo-Schaf.

Orientalisches Wildschaf, Urial, Mufflon (Ovis orientalis)
Riesenwildschaf, Argali (Ovis ammon)

Widder sind ständig auf der Suche nach paarungsbereiten Geißen. Der Widder nähert sich der Geiß von hinten in überstreckter Haltung (der Kopf ist gesenkt, Kopf und Kinn parallel zum Boden). Die Geiß reagiert, indem sie sich duckt und harnt. Der Widder flehmt (zieht die Oberlippe hoch), nachdem er den Harn gerochen und beleckt hat, was typisch für Hornträger ist. Wahrscheinlich können die Widder am Geruch des Harns feststellen, ob die Geiß paarungsbereit ist. Ein Unterschied zwischen Argalis und Dickhornschafen ist, daß die Argaliwidder während der Brunft in den offenen Gebieten Harems bewachen. Dickhornwidder bewachen zu dieser Zeit immer nur eine brünftige Geiß.

Argaligeißen in gutem Ernährungszustand gebären ihr erstes Lamm im zweiten Lebensjahr. Die Tragzeit liegt zwischen 150 bis 160 Tagen; es werden ein oder zwei Jungtiere geboren. Zwillinge kommen häufig bei gesunden Geißen vor, die vier Jahre alt und älter sind. Eine Untersuchung sowjetischer Wissenschaftler zeigte, daß 33% der Argaligeißen Zwillinge gebären. Kurz vor der Geburt sondern sich die trächtigen Geißen vom Rudel ab und bringen dann abseits im zerklüfteten Gelände die Jungen zur Welt. Das neugeborene Lamm wiegt zwischen 3,2 bis 4,6 Kilogramm. Die Geiß und das Lamm bleiben für einige Tage vom Rudel getrennt. Ab und zu verläßt die Geiß das Lamm, um zu äsen. Das Jungtier bleibt in dieser Zeit liegen und verhält sich still. Die Bindung zwischen Geiß und Lamm ist stark ausgebildet, und sie erkennen einander am Geruch und an der Stimme. Wenn das Lamm kräftig genug ist, um der Geiß zu folgen, schließen sich Mutter und Kind wieder dem Hauptgeißrudel an. Im Alter von vier Monaten werden die Lämmer entwöhnt.

Nach dem Sommer steht den Lämmern nun die kritische Winterzeit bevor. Da Lämmer noch nicht die Fähigkeit haben, größere Fettreserven anzulegen, sind sie anfälliger gegen Unterernährung als die Erwachsenen. Erwachsene, ebenso wie Lämmer, fallen verschiedenen Raubtieren zum Opfer, wie zum Beispiel dem Wolf *(Canis lupus)*, dem Leoparden *(Panthera pardus)* und dem Schneeleoparden *(Uncia uncia)*. Lämmer fallen auch Füchsen und Steinadlern zum Opfer. Tiefer Schnee kann schwerwiegende Probleme mit sich bringen, weil dann die Nahrungspflanzen unerreichbar sind und tiefe Schneewehen die Flucht vor Raubtieren, besonders vor Wölfen, erschweren. Verschiedene Innenparasiten, wie Lungen- und Darmwürmer, Leberegel und Dasselfliegen können Einzeltiere so schwächen, daß sie für Raubtiere zur leichten Beute werden, auch Krankheiten wie die Rinderpest können hohe Sterblichkeitsziffern verursachen.

Die Lebensdauer und Fortpflanzungsstrategie der Argalis ist derjenigen der Mufflons oder Urials ähnlich, aber unterscheidet sich von derjenigen der pachycerinen (dickhornartigen) Schafe, welche das Sibirische Schneeschaf *(Ovis nivicola)* und die nordamerikanischen Wildschafe *O. dalli* und *O. canadensis* einschließen. Argalis sind kurzlebig und erreichen ein Lebensalter von selten mehr als 12 Jahren. Sie gebären Zwillinge und manchmal sogar Drillinge. Sie haben eine hohe Sterblichkeitsrate aufgrund von Verlusten durch Raubtiere. Die Pachycerinen jedoch sind langlebig und werden 12 bis 18 Jahre alt, gebären jeweils ein Jungtier und haben wenig Verluste durch Raubtiere. Der Grund für diese verschiedenen Überlebens- und Fortpflanzungsstrategien liegt zweifellos in der Verschiedenheit der Lebensräume, in der sich diese Schafe entwickelten. Die Unterschiede im Körperbau, der bei den Argalis antilopenähnlich und bei den Pachycerinen ziegenähnlich ist, entwickelten sich auch als Anpassungen an die verschiedenen Lebensräume, die diese Gruppen besiedelten.

Die Lage der Argalis ist in den meisten Regionen ihres Verbreitungsgebietes bedrohlich. Der Hauptgrund für ihren Rückgang liegt in der Nutzung ihrer Weiden durch Hausschafe. In manchen Gegenden werden die Argalis schwer gewildert. Bestände in der Pamirgegend von der Sowjetunion und Afghanistan und der Mongolei sind noch zahlreich (20 000 im sowjetischen Pamir und mehrere tausend in Afghanistan). Die Argalis in Ladakh in Nordindien zählen mehrere hundert Tiere. Im Tienschan-Gebirge in der Sowjetunion und China ist ihr Vorkommen sehr zurückgegangen. Nicht mehr als 250 Tiere von den Kara-Tau-Argalis überleben noch. Über weite Gebiete auf der Tibetischen Hochebene sind die Argalisbestände ausgerottet. Das Schutzprogramm für die Wildschafe in der Mongolei ist vorbildlich. Große Schutzgebiete wurden eingerichtet, wo sich die Schafe gut vermehren und wo sie eine wichtige Einkommensquelle geworden sind. Ausländische Jäger zahlen 16 500 Dollar für eine zehntägige Jagd auf ein Altai-Argali.

Bergschafe *(Ovis nivicola, Ovis dalli, Ovis canadensis)*

von Valerius Geist

Nordamerika und das östliche Sibirien sind die Heimat dreier nahverwandter Schafarten, die als Bergschafe bekannt sind. Es sind dies das SIBIRISCHE SCHNEESCHAF *(Ovis nivicola)*, das DÜNNHORNSCHAF oder DALLSCHAF *(O. dalli)* in Alaska und im nordwestlichen Kanada und das DICKHORNSCHAF *(O. canadensis)* im westlichen Kanada und in den Vereinigten Staaten Amerikas. Die Bergschafe breiteten sich schon früh im Mittelpleistozän in Nordamerika aus, und Fossilfunde in Kalifornien gehen bis auf 350 000 Jahre zurück. Diese Schafe werden als Untergattung *Pachyceros* zusammengefaßt, da sie sich in ihrer Körpergestalt und in ihren Überlebensstrategien wesentlich von den eurasischen Schafen unterscheiden. Bergschafe entwickelten sich in Abwesenheit der echten Ziegen *(Capra)* zu kurzbeinigen, kompakten Klippenspringern, ganz im Gegensatz zu dem langbeinigen Schnelläufertyp, zu dem sich die asiatischen Schafe im Wettbewerb mit den echten Ziegen entwickelten. Bergschafe bewohnen die »Steinbocknische« und grasen in unmittelbarer Nähe steiler Felshänge, in die sie bei Raubtiergefahr rasch flüchten können. Sie haben eine verhältnismäßig lange Lebenserwartung. Nach einer langen Tragzeit gebären sie ein einziges Lamm. Dies ist ganz offensichtlich eine Folge von Anpassungen an lange, strenge Winter.

Ihre Nahrung besteht aus verschiedenen Pflanzen, einschließlich größerer Flechtenmengen, die die Schafe in Sibirien aufnehmen. Die größten Bestandsdichten wurden in der Nähe großer Gletscher ermittelt.

Die Körpergröße der Bergschafe ist abhängig von dem jeweiligen Lebensraum. In Amerika erreichen Dickhornschafe in Alberta die größte Körpergröße, und in Kamtschatka leben die größten Bergschafe Sibiriens. Eigentlich sind die beiden Gruppen etwa gleich groß, die Dickhornschafe sind ein wenig schwerer. Die Geißen des Kamtschatka-Schneeschafs wiegen etwa 65 Kilogramm, und Dickhorngeißen werden bis zu 75 Kilogramm schwer. Starke Widder beider Gruppen können bis zu 120 Kilogramm wiegen, ausnahmsweise sogar 150 Kilogramm. Die Schädel der Kamtschatka-Schafe sind ein wenig kleiner und haben kürzere und viel leichtere Hörner als die der Dickhornschafe (etwa 35% weniger Hornmasse). Auf beiden Kontinenten verringert sich die Körpermasse der Bergschafe um 40%, je weiter nördlich sie vorkommen. Am kleinsten sind die Bergschafe, die nördlich des Polarkreises leben. In dieser Hinsicht gleichen sie dem Ren oder dem Karibu. Jedoch sind

Laut und hitzig geht es zu, wenn zwei Dickhornwidder miteinander kämpfen. Je größer die Hörner, desto sicherer ist der Erfolg im Duell mit dem Rivalen und im Wettbewerb um die paarungswilligen Geißen.

in Nordamerika die südlichen Dickhornschafe oder Wüstenschafe regional genauso klein wie die kleinen Dallschafe, obwohl sie ihre schweren Hörner und die großen Backenzähne beibehalten haben.

Große Unterschiede gibt es bei den Bergschafen im Fell und in der Färbung. Die alpinen und arktischen Schafe haben lange Grannenhaare und dichte Unterwolle. Dickhornschafe der heißen Wüsten haben sehr kurzes Haar und ziemlich lange Ohren, während die nördlichen Formen kleine und dichtbehaarte Ohren haben. Dickhornschafe, Dallschafe und die Bergschafe von Kamtschatka und Koriak sind einfarbig. Alle anderen haben mosaikartige Farbmuster in verschiedenen Schattierungen. Manche Stoneschafe sind sogar fast schwarz, und nur ihr Gesicht und ein kleiner Bauchfleck sind hell. Fannin- und Yakutische Schafe sind hell mit dunklen Streifen auf Rücken und Schwanz, dunklen Sattelflecken, gestreiften Flanken und Gesichtszeichnungen. In einem Schafrudel können schwarze, dunkelbraune, gelbe, silbergraue und nahezu weiße Tiere vorkommen. Je nördlicher man aber kommt, desto mehr hellere Einzeltiere gibt es in einem Rudel.

Schneeschafe und Dallschafe haben kleinere Hörner als die Dickhornschafe, ebenso kleinere Spiegel (heller Fleck auf dem Hinterteil). Ein ähnliches Verhältnis von Horn zu Spiegel läßt sich auch bei den Dickhornschafrassen feststellen. Schädel und Hörner älterer Dickhornwidder wiegen im Durchschnitt 12 Kilogramm oder 10% des Körpergewichtes, aber einzelne können auch 15 Kilogramm überschreiten. Das Sozialverhalten der Dickhornschafe und der großen Argalis entwickelte sich in die gleiche Richtung. Beide haben sich auf heftige Schädelzusammenstöße mit ihren massigen Hörnern spezialisiert. Die Hörner werden wie Vorschlaghammer benutzt, aber kurz vor dem Zusammenstoß wird das Haupt so gedreht, daß der Schlag mit der scharfen Hornkante trifft, ähnlich wie beim Karate-Kampf.

Die Köpfe der Bergschafe sind so gebaut, daß sie diese heftigen Erschütterungen mit einer doppelten Knochenlage über dem Gehirn auffangen können. Die Schädelknochen sind besonders hart, und die Haut über dem Gesicht ist sechs bis acht Millimeter

Links: Dickhornwidder auf einem schmalen Felsvorsprung im kanadischen Jasper-Nationalpark. Der für diese Art typische große weiße Spiegel fällt hier sofort ins Auge. – Rechts: Ein Widder gräbt im Tiefschnee nach Äsung.

▷ Ein Geißenrudel der Dünnhorn- oder Dallschafe in Alaska. Diese Art ist in extremen alpinen und arktischen Landschaften heimisch.

dick. Ein spezialisiertes Scharniergelenk verbindet den Schädel mit den starken Nackenwirbeln.

Widder mit großen Hörnern werden hartnäckig von kleineren verfolgt. Große Hörner sind die Folge reichhaltiger Nahrung oder hohen Lebensalters oder beidem. Bergschafe bewohnen weit verstreute Standorte in ausgedehnten, bewaldeten Bergregionen. Diese geeigneten Wohngebiete sind nicht leicht auffindbar, und so ist es für den jungen Widder von großem Vorteil, einem älteren Widder zu dessen Wohngebiet zu folgen. Wuchtige große Hörner zeigen an, daß dieser Widder mit Erfolg nahrungsreiche und sichere Standorte ausfindig gemacht hat. Große Hörner sind von lebenswichtiger Bedeutung im Kampf mit anderen Widdern und im Wettbewerb um die Geißen. Geißen bevorzugen Widder mit großen Hörnern. Widder mit kleinen Hörnern verhalten sich gegenüber Widdern mit großen Hörnern wie »brunftige Geißen«. Diese wiederum behandeln alle Schafe, die kleiner sind als sie selbst, wie Weibchen. Da Dickhornschafe das Wissen über ihr Wohngebiet an ihre Nachkommen weitergeben, wandern die Jungtiere nicht ab. Auch ist es recht schwierig, einmal verlorene Standorte wieder zu besiedeln. Offene Gebiete werden allerdings leicht besiedelt.

Im oberen Pleistozän waren Bergschafe in Amerika sehr selten. Vom Höhepunkt der letzten Eiszeit an (vor etwa 18 000 Jahren) erweiterten sie ihr Verbreitungsgebiet von Kanada bis nach Mexiko. Eine kurze Zeitspanne lang erreichten sie größere Körpergrößen als die Dickhornschafe von heute. Obwohl sie genau wie die Dallschafe 54 Chromosomen (Träger des Erbgutes) haben, so unterscheiden sie sich doch deutlich von ihnen, was auf eine lange frühzeitige Trennung hindeutet. Yakutische Schneeschafe haben 52 Chromosomen, während die Dallschafe 54 Chromosomen beibehielten. Die beiden nördlichen Arten, die Dall- und Schneeschafe, verbreiteten sich während des Spätglazials über weite Gebiete, zusammen mit den anderen Großsäugern. Die Ausbreitung erfolgte über die Beringbrücke nach Nordamerika und Sibirien.

Es gibt fünf umstrittene Schneeschaf-Unterarten, die in kleinen, weit auseinanderliegenden Beständen über riesige Entfernungen über das östliche Sibirien verbreitet sind. Man unterscheidet zwischen den großen, einfarbig dunkelbraunen KAMTSCHATKA-SCHAFEN *(Ovis nivicola nivicola)*, der kleineren und helleren *koriakorim*-Rasse zum Norden hin, den leichtgewichtigen bunten, nördlichen Schafen *(O. n. lydekkeri)* und dem abgetrennt lebenden PUTORANA-Bestand *(O. n. borealis)*, der an die weißen Dallschafe in Amerika erinnert, und letztlich der größeren, meist dunklen und farblich recht unterschiedlichen OKHOTSK-Form *(O. n. alleni)*, die sich bis zum Baikalsee erstreckt und sehr an die dunklen STONESCHAFE *(O. dalli stonei)* aus Nord-Britisch-Kolumbien und dem Gebiet des Yukonflusses erinnert. Die Bestandsdichten sind sehr dünn, viele Gebiete werden nicht mehr bewohnt. Es leben noch höchstens 90 000 Schneeschafe, wobei die Putorana-Rasse heute offiziell als gefährdet gilt.

Es gibt drei Unterarten von *Ovis dalli*. Zwei Unterarten findet man unter den weißen Dallschafen *(O. d. dalli* und *kenaiensis)* mit bernsteinfarbenen Hörnern. Die andere Unterart ist das größere, dunkle und oft recht farbenprächtige Stoneschaf *(O. d. stonei)*. Die Körpergröße der Dallschafe schwankt je nach Wohngebiet, und die geläufige Unterarteinteilung ist fraglich. Die südlichen Stoneschafe sind die dunkelsten, und zum Yukonfluß hin werden sie heller und gehen in die weißen Dallschafe über. Sie werden als gräuliche »fannin sheep« bezeichnet, gelten aber offiziell als Stoneschafe. Diese Gruppe Schafe wird als Dünnhornschafe bezeichnet, da ihre Hörner normalerweise an der Basis dünner sind als die der Dickhornschafe. Die Hörner der Dünnhornschafe sind aber oft länger, da ihre Hornspitzen bei heftigen Zusammenstößen nicht so oft abbrechen wie die der Dickhornschafe.

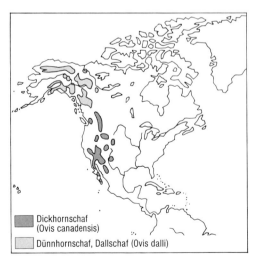

Dallschafwidder im steilen Fels. Die Aufnahme vermittelt eine Vorstellung von den Kletterkünsten und der ungewöhnlichen Trittsicherheit dieser Bergschafe.

Heute leben nahezu 96 000 weiße Dallschafe in Alaska, im Gebiet des Yukonflusses und den westlichen Nordwestgebieten, den extrem nordwestlichen Regionen Britisch-Kolumbiens und nahezu 13 000 Stonechafe, von denen sich 3000 im Yukongebiet aufhalten.

Die Dickhornschafe sind durch sieben Unterarten vertreten, jedoch ist eine Unterart, die BADLANDS DICKHORNSCHAFE der Dakotas, ausgestorben. Dickhornschafe, einst sehr zahlreich, sind heute meist als kleinere Bestände vom Peacefluß in Britisch-Kolumbien bis zu der südlichen Spitze der Halbinsel Baja California in Mexiko verbreitet. Die größten sind die ROCKY-MOUNTAIN-DICKHORNSCHAFE vom südlichen Alberta und die kleinsten sind die NELSON-DICKHORNSCHAFE aus den heißen Wüsten Nevadas. Dickhornschafe werden dort am größten, wo sie der jahreszeitlichen Pflanzenfolge in große Höhenbereiche nachklettern können. Da es Dickhornschafen schwerfällt, sich neue Lebensräume zu erschließen, hat man versucht, die Art in Gebiete einzubürgern, die früher einmal von Schafen besiedelt wurden. Bergschafe aber benutzen nur Gebiete, die sie durch andere Schafe kennenlernten, und aus diesem Grund kehren sie nicht gern freiwillig in ehemals verlassene Gebiete zurück. Diese selbst auferlegte Beschränkung, bekannte Nahrungsgebiete zu nutzen, hat für Schafe Sinn, denn ihr Lebensraum ist auf winzige Flecken begrenzt. Die Suche der Jungtiere nach neuen Lebensräumen würde keinen Gewinn bringen, da unter natürlichen Verhältnissen alle geeigneten Schaflebensräume schon besetzt sind, neue Lebensräume kaum zu finden sind und die Gefahr zu groß ist, im unbekannten Gebiet verlorenzugehen oder in den riesigen Wäldern Raubtieren zum Opfer zu fallen. Es ist daher sicherer und vorteilhafter, den älteren Schafen zu deren altbekannten Lebensräumen zu folgen. Dabei ziehen sie es vor, einer trächtigen Geiß oder einem großhörnigen Widder zu folgen, da man diesen Tieren sozusagen ansieht, daß sie in der Lage waren, nahrungsreiche Lebensräume zu finden.

Dickhornschafe sind sehr durch die Parasiten und Krankheiten der Haustiere gefährdet und durch die Zerstörung ihres Lebensraumes durch den Menschen. Besonders die Dickhornschafe der Wüste sind bedroht, teilweise auch durch die Einbürgerung von Afrikanischen Mähnenspringern und Persischen Wildziegen im Süden der USA – beides alte Wüstenarten, die auch gegenüber Parasiten und Krankheiten widerstandsfähiger sind. Wo sie nicht gefährdet sind, lassen sich Dickhornschafe leicht zähmen und gewöhnen sich an den Menschen. In früheren Zeiten war das Dickhornschaf ein wichtiges Jagdwild der Indianer. Heute werden die Dickhornschafe nur noch sehr begrenzt bejagt. Bei amerikanischen Jägern ist das Dickhornschaf die am meisten begehrte Trophäe. Es gibt ungefähr 30 000 Rocky-Mountain-Dickhornschafe, 5000 Kalifornien-Dickhornschafe, und die Wüstenunterart in den Vereinigten Staaten und Mexiko zählt ungefähr 25 000 Tiere.

Moschusochsen (Gattung *Ovibos*)

von David R. Gray
und Bernhard Grzimek

Der MOSCHUSOCHSE *(Ovibos moschatus)* ist wahrlich ein Tier des Nordens. Wenn die Blizzards durch die mittwinterliche Dunkelheit über die Tundra hinwegfegen, weit oberhalb des Polarkreises, grasen die großen Herden dieser zottigen Hornträger ruhig weiter. Sie stampfen und scharren den verharschten Schnee von den eingetrockneten Pflanzen der arktischen Wiesen. Ein doppellagiges Fell aus langen dunklen Haaren über einer dicken Schicht isolierender, gräulicher Wolle schützt das Tier vor der größten Kälte und ermöglicht es dem Moschusochsen, ganzjährig in hohen nördlichen Breiten zu leben.

Anatomische Studien sowie Chromosomen- und Blutuntersuchungen lassen darauf schließen, daß der Moschusochse wahrscheinlich den Schafen und Ziegen näher steht als den Rindern. Man stellt ihn daher heute in die Unterfamilie der Ziegenartigen (Caprinae). Jedoch unterscheidet er sich deutlich genug von den anderen Ziegenartigen, um ihm in eine eigene Gattungsgruppe (Ovibovini) einzuordnen.

Obgleich es einige Unterschiede in der Fellfärbung und in bestimmten Zahnmerkmalen zwischen den Moschusochsen der arktischen Inseln und denen des Festlandes gibt, zählt man nunmehr alle heute lebenden Moschusochsen zur gleichen Art *(Ovibos moschatus)* und unterscheidet auch nicht mehr die drei Unterarten, die früher manchmal aufgeführt wurden.

Man nimmt an, daß die Vorfahren unserer heutigen Moschusochsen sich vor etwa einer Million Jahren in der Tundra des nördlichen Zentralasien entwickelt haben. Während der Eiszeit war die Beringstraße, die heute Alaska und Sibirien voneinander trennt, für lange Zeit trockenes Land. Fossilfunde auf beiden Seiten dieser alten Landbrücke lassen darauf schließen, daß die Vorfahren der Moschusochsen Nordamerika vor mehr als 90 000 Jahren erreicht haben.

Es gibt fossile Funde von Moschusochsen aus vielen Teilen Europas, Sibiriens, des südlichen Kanada und der Vereinigten Staaten. Noch während der letzten Kaltzeit (Würmglazial) waren Moschusochsen in weiten Teilen Europas heimisch. Gegen Ende der letzten Vereisung, vor etwa 30 000 bis 10 000 Jahren, lebten wahrscheinlich zwei Arten von Moschusochsen in den eisfreien Gebieten des heutigen Alaska und Yukon. Nur der Tundra-Moschusochse hat überlebt. In Sibirien gab es Moschusochsen bis vor ungefähr 13 000 Jahren.

Die Moschusochsen überlebten die Eiszeit in gletscherfreien Rückzugsgebieten. Als die riesigen Eisschilde schmolzen und zurückgingen, breiteten sich die Moschusochsen von den Zufluchtsgebieten aus langsam über das arktische Nordamerika aus. Im nördlichen Alaska starben sie zu historischer Zeit aus, wahrscheinlich infolge übermäßiger Bejagung durch Menschen.

Natürliche Moschusochsen-Vorkommen gibt es heute nur in Grönland und in Kanada nördlich der Baumgrenze. Die grönländischen Moschusochsen, etwa 20 000 Tiere, leben im Norden und Nordosten der Insel. Die Mehrzahl der 50 000 bis 60 000 kanadischen Moschusochsen befindet sich auf den arktischen Inseln. Die Inseln Banks und Victoria haben die größten Bestände, die auf ungefähr 24 000 beziehungsweise 10 000 Tiere geschätzt werden. Was die kleineren Inseln betrifft, leben auf jeder kaum 3000 Moschusochsen. Drei wichtige Verbreitungsgebiete mit insgesamt etwa 13 000 Tieren liegen auf dem kanadischen Festland.

In Grönland eingefangene Moschusochsen wurden in den dreißiger Jahren erfolgreich auf der Insel Nunivak vor der Westküste Alaskas ausgesetzt. Von dort aus sind sie in ihr früheres Verbreitungsgebiet entlang der arktischen Westküste Alaskas wieder eingeführt worden. Es sind nunmehr etwa 1000 Tiere. Von einer Herde, die in menschlicher Obhut gehalten wurde, ließ man im nördlichen Quebec 54 Tiere frei, die sich dort bis 1986 auf mindestens 200 Tiere vermehrt haben.

Kälber, die in Kanada, Grönland und Alaska einge-

▷ Die stämmige, untersetzte Gestalt und das sehr lange zottige Haarkleid, das den ganzen Körper bis zur Schwanzspitze und zu den breiten Hufen wärmend umhüllt, sind Anpassungen der Moschusochsen an ihren kalten, unwirtlichen Lebensraum. Wenn sich im Mittsommer die feine, graue Unterwolle in Klumpen und Fetzen vom Körper löst, sehen die Tiere eine Weile wie »zerlumpt« aus.

Moschusochsen sind ungemein widerstandsfähige und zähe Tiere des hohen Nordens. Diese beiden Bullen haben gerade einen Blizzard über sich ergehen lassen.

fangen wurden, hat man auch nach Svalbard (Spitzbergen) gebracht, wo sie nicht überlebt haben, sowie nach West- und Nordwestgrönland, nach Norwegen und in die Sowjetunion. 1971 sind fünf der norwegischen Tiere 200 Kilometer weit nach Schweden gewandert, so daß es nunmehr sechs Länder gibt, in denen freilebende Moschusochsen vorkommen.

Die in den sechziger Jahren in Westgrönland ausgesetzten 27 Kälber haben sich dort bis 1984 auf 700 Tiere vermehrt. Auch das Aussetzen von 50 Moschusochsen in der Sowjetunion war erfolgreich. Die Kälber, die man in Kanada und Alaska eingefangen hatte, wurden auf der Taimyr-Halbinsel und auf der Wrangel-Insel freigelassen. Nach einigen anfänglichen Schwierigkeiten haben sie dann jedes Jahr Nachwuchs gebracht, so daß der Bestand innerhalb von zehn Jahren auf über 100 Tiere anstieg.

Im allgemeinen findet man Moschusochsen in tief gelegenen Ebenen oder Flußtälern an der Küste und im Inland der Arktis. Hier hat sich Erde angesammelt; das dürftige Regenwasser und der geschmolzene Schnee wird von dem Dauerfrostboden (Permafrost) festgehalten und läuft nicht so leicht ab. Die Vegetation ist saftig für arktische Verhältnisse. Die niedrigwüchsigen Pflanzen wachsen rasch während der langen Sommertage und bringen farbenfrohe Blüten hervor. Sie sind ein nahrhaftes Futter.

Ab September bedeckt Schnee den Boden, und die Moschusochsen müssen Krater in den Schnee graben, um an die Weiden, Gräser und Schilfgräser heranzukommen, die den Hauptteil ihrer Nahrung ausmachen. In den meisten Gebieten der Tundra ist die Schneedecke verhältnismäßig dünn und behindert die Moschusochsen meist nicht bei der Nahrungssuche und beim Umherziehen. Wenn eine dicke Harschkruste im Winter das Scharren erschwert, durchbricht ein Moschusochse diese, indem er den Kopf hebt und dann auf die Kruste niederfallen läßt. Die ranghöchsten Tiere einer Gruppe verscheuchen oft unterlegene, rangniedere Tiere von diesen »Futterkratern«.

In der Arktis erscheint die Sonne von November bis Februar nicht über dem Horizont. Für den Moschusochsen mit seiner großen Pupille und der lichtempfindlichen Netzhaut des Auges geben Mond, Sterne und der dämmrige Schein am Horizont genügend Licht zum Sehen,, außer an den wolkigsten Tagen. Der klimatische Hauptfaktor, gegen den Moschusochsen ankämpfen müssen, ist nicht die extreme Kälte, sondern die Länge des arktischen Winters: Es sind bis zu acht Monate, in denen die Temperatur unter Null bleibt. Der Spätwinter und das zeitige Frühjahr sind kritische Zeiten für das Überleben eines Moschusochsen. Die Fettreserven können dann niedrig oder erschöpft sein, und kommen noch hohes Alter oder abgenutzte Zähne, starker Parasitenbefall oder schlechte Weide- und Wetterbedingungen hinzu, kann das den Hungertod bedeuten.

Auf den nördlichen Inseln werden die Kälber zwischen Mitte April und Mitte Juni geboren. Mitte April ist die Schneedecke am tiefsten, die Temperaturen können noch auf $-35\,°C$ absinken, und Schneestürme sind nicht selten. Mitte Juni beginnt der Schnee zu tauen, und der Boden ist stellenweise schneefrei. Eine Kuh bekommt ihr erstes Kalb gewöhnlich im Alter von vier Jahren und kann von da an unter günstigen Bedingungen jedes Jahr ein Junges haben. Das Kalb wird mit einem dicken, wolligen Fell und wärmeerzeugenden Fettdepots geboren. Es steht binnen weniger Minuten auf den Beinen. Tragende Kühe bleiben in der Herde, und Mutter und Kind können schon ein paar Stunden nach der Geburt mit der Herde ziehen. Die spiellustigen Kälber beginnen im Alter von wenigen Wochen, pflanzliche Nahrung aufzunehmen. Gesäugt werden sie das ganze erste Lebensjahr hindurch und sogar bis weit ins zweite Lebensjahr hinein, wenn die Mutter kein neues Kalb hat.

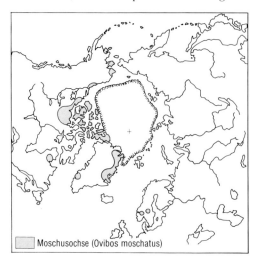
Moschusochse (Ovibos moschatus)

Im Frühjahr, wenn die Geburtszeit beginnt, oder schon etwas früher, lösen sich die großen Herden von 40 und mehr Tieren auf und bilden kleinere Gruppen von durchschnittlich sieben Tieren.

Auf dem Festland verbringen Moschusochsen den Sommer entlang von Flüssen, wo sie sich hauptsächlich von buschigen Weiden ernähren, die an den Flußufern wachsen. Hier finden sie auch ein wenig Schutz vor lästigen Stechmücken und Fliegen, die ihre ungeschützten Augen angreifen. Auf einigen kälteren arktischen Inseln werden Moschusochsen weniger von stechenden Insekten gequält, wenn sie auf den Wiesen grasen.

Im Tageslauf eines Moschusochsen wechseln Phasen des Äsens und Phasen des Ruhens beziehungsweise Wiederkäuens miteinander ab. Im Sommer dauert jede Äsungsperiode und jede Ruheperiode jeweils ungefähr zweieinhalb Stunden. Alle Mitglieder einer Herde äsen oder ruhen zur gleichen Zeit. Wenn Moschusochsen ruhen, legen sie sich nieder, um wiederzukäuen, oder legen sich auf die Seite mit ausgestreckten Beinen. Um sich abzukühlen, ruhen sie oft auf den verbleibenden Schneefeldern oder stehen in flachen Teichen. Während die erwachsenen Moschusochsen ruhen oder wiederkäuen, schließen sich die Kälber und manchmal auch die einjährigen Jungtiere zusammen und galoppieren dicht beieinander um die Herde herum. Oder sie tragen spielerische, aber heftige Stoßkämpfe miteinander aus; bevorzugte Plätze sind Schneefelder und kleine Hügel. Im Laufe des Sommers werden die Kühe weniger duldsam gegenüber ihren ungestümen Kälbern, und eine Kuh stößt oft ihr Kalb weg, wenn es versucht, zu häufig oder länger als etwa 30 Sekunden zu saugen.

Im Mittsommer verlieren die Moschusochsen ihre Unterwolle. Die Wolle (die auch unter dem Eskimonamen »Qiviut« bekannt ist) geht langsam aus, da die langen Grannenhaare nicht gleichzeitig gewechselt werden. Ein paar Wochen lang sehen die Tiere recht zottig und zerlumpt aus. Die Kühe sind mit dem Haarwechsel früher fertig als die Bullen; außer in den Jahren, in denen sie ein Kalb geboren haben. Viele Altbullen haben das ganze Jahr hindurch Wollklumpen an »Röcken« und Mähnen hängen.

Im späten Frühjahr und im Sommer bestehen die Herden aus Tieren beiderlei Geschlechts und verschiedenen Alters. Im Spätsommer ändert sich die Zusammensetzung mancher Herden und wird einem Haremsrudel ähnlich: ein Hauptbulle mit mehreren Kühen, Kälbern und Jungbullen. Die anderen erwachsenen Bullen verlassen die Gruppe infolge zunehmender Konflikte mit dem Hauptbullen. Manche von ihnen schließen sich mit weiteren Bullen zu reinen männlichen Gruppen zusammen, andere werden recht aggressiv und versuchen wiederholt, sich an andere, gemischte Herden anzuschließen.

Obgleich das ganze Jahr über Boxereien und auch heftigere Kämpfe unter den Bullen vorkommen, scheinen die Häufigkeit und Heftigkeit dieser Auseinandersetzungen während der Brunft im Mittsommer zuzunehmen. Ausgedehnte Kämpfe treten zwischen etwa gleichstarken Bullen innerhalb einer Herde oder zwischen Bullen von verschiedenen Herden auf. Diese Auseinandersetzungen können über die Rangstellung eines Bullen sowie über den Besitz oder Verlust einer Herde entscheiden. Dem typischen Kampf zwischen gleichstarken Rivalen gehen herausforderndes Brüllen und eine Reihe von Drohgebärden voraus. Dabei reiben die Bullen mit ihren Voraugendrüsen am Boden oder am eigenen Vorderbein, dann bewegen sie sich langsam und steifbeinig im Parallelmarsch, wobei Hörner und Kopf seitlich zum Gegner zeigen. In Frontalstellung treten sie dann beide, die Köpfe schwingend, langsam rückwärts. Aus dieser Entfernung greifen sie im Galopp an und prallen krachend mit der Stirn zusammen. Dieser furchtbare Stoß wird durch die Dicke der Hornbasen und des Schädels aufgefangen. Ebenbürtige Gegner mögen bis zu 20 mal zusammenprallen. Das Kampfergebnis hängt ab von den Rammstößen sowie dem nachfolgenden Gegeneinander-Drängen und dem Haken mit den scharfen Hornspitzen.

Während dieser Zeit der Kämpfe beginnt jeder Hauptbulle die Kühe in seiner Herde zu jagen und zusammenzutreiben. Das zeigt den Beginn der Brunft an. Die frühesten Formen der Werbung, bei denen sich der Bulle einer Kuh nähert, ihr folgt und sie beschnüffelt, treten Anfang Juni auf. Gewöhnlich zieht er die Oberlippe hoch (auch Flehmen genannt), nachdem er an einer Kuh gerochen hat, wobei er sein Haupt mit geöffnetem Mund und aufgesperrten Nüstern erhebt. Im Juli wird die Werbung stärker. Der Bulle steht nun oft in Körperkontakt mit der Kuh und tritt sie mit Laufschlägen. Im August erreicht die Brunft ihren Höhepunkt. Das Werben beansprucht nun sehr viel Zeit. Die paarungsbereite Kuh steht, während sich der Bulle auf den Hinterbeinen aufrichtet und aufreitet, wobei er ihre Flanken mit den Vorderläufen umklammert.

Obgleich Moschusochsen gesellige Tiere sind, sieht man zur Brunftzeit verhältnismäßig oft einzelne Bullen. Einzelne Kühe sind ganz selten. Die Zahl der einzelgängerischen Bullen wächst während des Sommers an und erreicht ihren Höhepunkt gegen Ende Juli und im August. Bis vor kurzem hat man geglaubt, diese Einzelgänger seien überalterte Tiere, die sexuell nicht mehr aktiv und von jüngeren Bullen verjagt und aus der Herde ausgestoßen seien. Beobachtungen von markierten Tieren zeigten jedoch, daß einzelgängerische Bullen sich später Herden anschließen und ranghohe Tiere werden können. Bullen aus Herden, die man zum Zwecke der Markierung abgesondert hatte, wurden später sowohl wieder als Herdenmitglieder als auch als Einzelgänger beobachtet.

Ein Bulle kann auf verschiedene Weise zum Einzelgänger werden: Er kann einen Kampf um die Rangfolge gegen einen anderen Bullen verlieren und daraufhin die Herde verlassen; er kann ganz einfach von der Herde weggehen; er mag bei einer panikartigen Flucht hinter den anderen zurückbleiben; oder die Herde zieht allein weiter, während er erfolgreich einen Herausforderer bekämpft. Einzelgänger können wieder Mitglieder einer Herde werden, wenn sie deren Hauptbullen herausfordern und im Kampf besiegen und damit selbst zum Hauptbullen dieser Herde werden. Auch können sie einen solchen Kampf verlieren, sich aber trotzdem nachher der Herde anschließen, indem sie sich unterwürfig verhalten. Schließlich kann ein Einzelgänger auch ganz einfach in eine Herde hineinmarschieren, ohne den Hauptbullen herauszufordern und ohne ihn überhaupt zu beachten.

Im Sommer legen die Herden durchschnittlich zwei Kilometer am Tag zurück und im Jahr möglicherweise bis zu 800 Kilometer. Jedoch bleiben sie dabei innerhalb eines begrenzten Gebietes. Wanderungen – wie die Rentiere oder Karibus – führen sie nicht aus. Mancherorts bewegen sie sich zwischen Sommer- und Winteraufenthaltsgebieten, in anderen Gegenden bleiben sie das ganze Jahr über in einem Gebiet. Bei den täglichen Ortsveränderungen einer Herde ist kein Anführer erkennbar, und die Herde zieht als lo-

Werden Moschusochsen von Wölfen, ihren Hauptfeinden, angegriffen, so nimmt die Herde ihre typische Verteidigungsposition ein: Die älteren Tiere stellen sich schützend vor die Kälber und bilden einen Wall aus massigen Leibern und gesenkten hörnerbewehrten Köpfen.

se organisierte Gruppe. Bei den längeren Märschen von einer Weide zur anderen laufen sie in einer Reihe und äsen nur wenig. Oft leitet der Hauptbulle solche Bewegungen ein und behält über größere Strecken die Führung bei.

Der arktische Wolf und der Eisbär sind die einzigen natürlichen Raubfeinde des Moschusochsen. Die Wölfe jagen meist in Paaren oder kleinen Rudeln. Sie reißen entweder einzelgängerische Moschusochsen, oder sie versuchen zunächst bei einem Angriff von der Herde Einzeltiere abzusprengen. Wenn Moschusochsen von Wölfen angegriffen werden, so rennen sie zu einem etwas erhöhten oder flach mit Schnee bedeckten Ort. Dort bilden sie eine Kette, alle mit dem Gesicht zu den Angreifern. Werden sie von den Wölfen eingekreist, so bilden sie einen Kreis mit nach außen gerichteten Köpfen und senken den massigen Schädel. Die Jungtiere stehen geschützt im Innern der »Burg«. Aus dieser Stellung brechen dann

einzelne Bullen, Kühe und sogar Halbwüchsige vor, und greifen die Wölfe an. Dieses Verhalten, das Wölfe meist erfolgreich abwehrt, wurde den Moschusochsen zum Verhängnis, als Menschen Jagd auf sie machten. Von Hunden umbellt, bilden die Moschusochsen einen Abwehrring wie gegen Wölfe und verharren am Ort. Es ist dann sehr leicht und völlig ungefährlich für einen Jäger, sich bis auf Schußweite zu nähern.

Liest man die spannenden Berichte über die großen Nordpolexpeditionen, so wird meist nicht klar, welches Blutbad diese damals unter den Moschusochsen angerichtet haben. Moschusochsen sind nun einmal die am leichtesten zu erlegenden Tiere der Arktis. Nicht nur die Forscher und ihre Begleiter haben von ihrem Fleisch gelebt, sondern vor allem die zahlreichen Schlittenhunde, die die schwere Ausrüstung und die Vorräte über das Eis schleppen mußten. Moschusochsen wurden aber auch aus anderen Gründen getötet. Die Hudson's Bay Company verkaufte allein von 1888 bis 1891 5408 Moschusochsenfelle. Ferner wurden Kälber für zoologische Gärten eingefangen, und dazu wurde damals die ganze übrige Herde erschossen. Auf diese Weise haben die ahnungslosen zoologischen Gärten im ersten Viertel dieses Jahrhunderts zweifellos auch zur Ausrottung der Moschusochsen in Grönland beigetragen. Von 1900 bis 1925 sind mindestens 250 Moschusochsenkälber in die Tiergärten gekommen, und man darf annehmen, daß für jedes gefangene Kalb fünf bis sechs ausgewachsene Tiere abgeschossen worden sind. Als die Zoodirektoren von diesen Fangmethoden erfuhren, beschlossen sie, keine Moschusochsen mehr zu erwerben.

1917 stellte die kanadische Regierung die Moschusochsen unter Schutz, und seitdem haben sich die Bestände langsam erholt. Auf einigen arktischen Inseln ist die Zahl der Tiere wieder so weit angestiegen, daß den Eingeborenen eine begrenzte Jagd erlaubt werden konnte. So dürfen seit 1970 die Eskimos auf den Inseln Banks und Ellesmere alljährlich insgesamt 20 Moschusochsen abschießen. Das Fleisch wird gegessen, die Felle verkauft und die lose Wolle eingesammelt und ebenfalls verkauft. Sowohl in Kanada wie in Alaska wurde sogar die Sportjagd eingeführt, um die Einkünfte einiger nördlichen Gemeinden zu vergrößern. Auch auf Grönland findet eine begrenzte Bejagung statt, und zwar außerhalb eines Nationalparks, in dem der größte Teil des dortigen Moschusochsen-Vorkommens lebt. In Alaska startete man den Versuch, Moschusochsen zu domestizieren, also als Haustiere zu halten. Daraus hat sich eine einheimische Industrie entwickelt, die Wollerzeugnisse herstellt. Die Wolle, die man dort mit den Fingern aus dem Fell der halbdomestizierten Tiere kämmt, liefert eine der feinsten, natürlichen Fasern, die es überhaupt gibt. Sie wird sowohl zu hochwertigen Schals und Pullovern als auch zu anderen Wollsachen verarbeitet.

Das Beispiel des winterfesten Moschusochsen zeigt, daß es durchaus möglich ist, bedrohte Tierarten vor dem völligen Aussterben zu bewahren. Sie können sich auch wieder vermehren, wenn Schutzgesetze erlassen und fest entschlossen durchgeführt werden.

Das Fell der Moschusochsen ist zweilagig. Es besteht aus den braunen, bis zu 60 Zentimeter langen Grannenhaaren und den dichten, feinen grauen Wollhaaren. Fetzen der abgestoßenen Unterwolle haften hier an den Grannenhaaren, die zu einem anderen Zeitpunkt gewechselt werden.

▷ In vielen Weltgegenden hat der Mensch wildlebende Säugetiere domestiziert, also zu Haustieren gemacht. Das bekannteste Haustier Nordafrikas ist das Kamel, das Dromedar, das schon seit langem ausschließlich in menschlicher Obhut lebt und als »Schiff der Wüste« den Saharabewohnern zum unentbehrlichen Gehilfen geworden ist. Das Bild zeigt einen Kameltreiber mit seiner folgsamen Herde in der Nubischen Wüste, unweit der nordnubischen Stadt Wadi Halfa.

TIERE IN MENSCHLICHER OBHUT

Haussäugetiere
von Wolf Herre und Manfred Röhrs

Allgemeine Bemerkungen

Haussäugetiere stammen von Wildarten ab, bei ihnen kam unter den veränderten Umweltbedingungen des Hausstands ein unerwarteter Reichtum an Entwicklungsmöglichkeiten zur Entfaltung, und die Menschen lenkten diese in Bahnen, welche ihnen zunehmend vielseitigen Nutzen brachten.

Haussäugetiere – insbesondere solche, die zu Heimtieren wurden – prägen in vielschichtiger Weise die allgemeine Einstellung der modernen Menschen zu Säugetieren, obwohl von den mehr als 4000 Arten der Säugetiere nur aus 18 Arten Nutzhaustiere hervorgingen und aus weiteren 15 Arten Farm- oder Heimtiere (=Hobbytiere). In einigen Fällen ist die Grenze zwischen Nutztieren und Heimtieren fließend geworden. Der die Gefühle von Menschen bestimmende Einfluß durch Haussäugetiere steht in engem Zusammenhang mit der Tatsache, daß sich wildlebende Säugetiere der Beobachtung weitgehend entziehen, zu Haussäugetieren aber lassen sich enge Beziehungen herstellen. Die Wertschätzung von Heimsäugetieren findet darin Ausdruck, daß allein in den USA 60 Millionen Haushunde und 32 Millionen Hauskatzen gehalten werden. Damit entfallen auf 100 Personen annähernd 21 Haushunde und 12 Hauskatzen. In der Bundesrepublik Deutschland beträgt die Zahl der Haushunde 3,6 Millionen, der Hauskatzen 3,9 Millionen, so daß in diesem Lande 100 Personen ungefähr 6 Haushunde und 6 Hauskatzen zuzuordnen sind. Gegenüber dieser Dichte der Haussäugetiere verblassen zahlenmäßig die Bestände sehr vieler Arten der Säugetiere in freier Wildbahn in den meisten Ländern der Erde. Im letzten Jahrhundert nehmen die Individuenzahlen wildlebender Säugetiere im allgemeinen ab, jene der Haussäugetiere zu, da die Nutzhaussäugetiere für die Menschheit noch immer große Bedeutung haben. Auch dies mögen einige Zahlen über den Weltbestand andeuten: Er beläuft sich bei Hauspferden auf etwa 66 Millionen, bei Hausschweinen auf 764 Millionen, bei Hausschafen auf 1,15 Milliarden, bei Hausrindern auf 1,23 Milliarden.

Haussäugetiere – Besiedler neuer Lebensräume

Die Arten der wildlebenden Säugetiere bevölkern jeweils nur ein begrenztes Verbreitungsgebiet. In diesem erweisen sie sich in Gestalt, Leistungen und Verhalten an bestimmte ökologische Bedingungen angepaßt. Die aus einigen dieser Arten hervorgegangenen Haussäugetiere sind in einem viel ausgedehnteren Bereich und oft unter ganz anderen Klimabedingungen zu finden. Es gelang also Gruppen einiger Säugetierarten, im Zusammenleben mit Menschen den Lebensraum der Stammart zu erweitern und unter neuen ökologischen Bedingungen zu leben, mit anderen Worten: einen neuen Lebensraum zu koloni-

Hausrinder liefern dem Menschen nicht nur Milch, Fleisch und Leder, sondern werden in »unterentwickelten« Ländern auch heute noch regelmäßig als Zugtiere eingesetzt. Zur Bearbeitung des harten Bodens müssen diese Bauern mehrere Rinder vor ihren primitiven Pflug spannen.

sieren. Dabei stellten sich vielfältige und oft tiefgreifende Veränderungen gegenüber den in freier Wildbahn verbleibenden Tieren der jeweiligen Art ein. Lenkende Einflüsse von Menschen trugen zusätzlich zu mancher stärkeren Ausprägung abgewandelter Merkmale bei. So wurden Haussäugetiere ihren wilden Stammarten immer unähnlicher, nicht nur im Erscheinungsbild, sondern auch im Stoffwechsel und im Verhalten. Die Maßstäbe, die zur Kennzeichnung wildlebender Arten der Säugetiere ausreichen, verlieren durch Haussäugetiere viel von ihrer Gültigkeit. Dies wirft für die allgemeine Zoologie und die Evolutionsforschung neue, wichtige Fragen auf. Aufgabe zoologischer Domestikationsforschung ist es, zur Klärung dieser Problematik die Besonderheiten der Haussäugetiere im Vergleich zu den wilden Stammarten und ihrem Verwandtschaftskreis zu untersuchen und deren Ursachen zu ergründen.

Zur kulturgeschichtlichen Bedeutung von Haussäugetieren

Haustiere sind unter dem Einfluß von Menschen entstanden. Die Gewinnung von Haustieren ist als eine kulturelle Großtat zu werten, weil damit ganz entscheidende Beiträge zu der Gestaltung einer menschlichen Produktionswirtschaft geleistet wurden. Der Besitz von Haustieren sicherte die Nahrung, verringerte den Aufwand, der für Jagen, Fischen und Sammeln notwendig ist; damit gewannen Menschen die Freiheit, die Entfaltung ihrer geistigen Fähigkeiten zu fördern. Dies gilt bis heute.

Die geringe Zahl der Säugetierarten, aus denen Haussäugetiere hervorgingen, weist darauf hin, daß eine Auswahl stattfand, deren Gründe noch nicht voll einsichtig sind. Tatsache ist, daß die wichtigsten Nutzhaussäugetiere aus sozialen, pflanzenessenden Arten entstanden, die eine zellulosereiche Nahrung aufzuschließen vermögen, welche der Mensch nicht nutzen kann. Durch diese Haussäugetiere werden Menschen biologisch gespeicherte Energien zusätzlich zugänglich. Der Mensch gewinnt von Haussäugetieren Fleisch als wichtigstes Nahrungsmittel, dessen er als natürlicher Allesesser bedarf. In unserer Zeit werden zur Ernährung der Menschheit jährlich mehr als 1 Milliarde Haustiere geschlachtet. Menschen lernten die Milch einiger Haussäugetierarten vielseitig als Nahrungsmittel zu verwerten und ihre Milchleistungen zu steigern. Felle zur Kleidung und zur Verarbeitung zu Leder lieferten bereits Jagdtiere. Durch die Haltung von Haussäugetieren erhöhte sich die Zahl der Häute. Im Hausstand veränderte sich das Haarkleid der Säugetiere; verschiedene Wollsorten entstanden, die sich verspinnen und schließlich zu feinen Geweben verarbeiten ließen. Die Körperkraft von Haussäugetieren fand vor Pflug und Wagen Einsatz, was den Ackerbau förderte. Haussäugetiere wurden zu Lastenträgern, dies erleichterte den Güteraustausch. Als Reittiere und vor dem Kampfwagen trugen Hauspferde zur Gestaltung von Weltreichen bei. Manche Haussäugetiere wurden zu Kameraden des Menschen. Für die meisten

Die nordafrikanischen Wüstennomaden benutzen ihre Kamele vor allem als Lasttiere.

dieser Verwendungen sind die wilden Säugetierarten ungeeignet; erst ein bemerkenswerter Verhaltenswandel im Hausstand gestattete viele der alltäglich gewordenen Nutzungen von Haussäugetieren.

Das Symbioseproblem bei Haustieren

Haustiere bringen Menschen vielseitig Nutzen. Menschen geben Haussäugern in unterschiedlicher Weise Schutz und Betreuung. Diese Sachverhalte wurden als ein Zusammenleben zu gegenseitigem Nutzen angesehen und veranlaßten den Schweizer Zoologen Conrad Keller 1905 das Verhältnis Mensch – Haussäugetier den zoologischen Symbiosen zuzuordnen, worunter man das Zusammenleben von verschiedenartigen Lebewesen zu gegenseitigem Nutzen versteht. Diese Vorstellung fand viel Zustim-

▷ Nubische Nomaden kehren auf ihren gelegentlich als Reittiere verwendeten Eseln aus der Wüste heim. Noch heute leben wahrscheinlich in dieser Region Nordafrikas kleine Restbestände des Wildesels, der die Stammart der in südlichen Ländern verbreiteten Hauseseln ist.

mung. Doch gegen solche Gleichsetzung lassen sich wichtige Einwände erheben. Für den Menschen bringt die Haltung von Haussäugetieren nicht nur Nutzen, sondern auch manche Bürde. Wohl erscheinen bei primitiven Haussäugetierhaltungen die Hirten wie Könige ihrer Herden, aber mit dem Streben nach zunehmenden Ertragssteigerungen werden sie »Knechte« von Haustieren. Soziale Gliederungen innerhalb menschlicher Bevölkerungen stehen damit in einem Zusammenhang. Haussäugetiere büßen viele Freiheiten ein, welche die Angehörigen ihrer Stammart in freier Wildbahn genießen. Der Mensch bestimmt die Länge ihres Lebens und ihre Partner, er begrenzt den Lebensraum und verändert die Sozialstrukturen, schließlich führt er zielgerichtet Zuchtlenkungen durch. All dies ist bei tierischen Symbiosen nicht der Fall. Das Beziehungsgefüge Mensch – Haussäugetier ist von eigener Beschaffenheit, wie Manfred Röhrs 1962 klar herausstellte. Haussäugetiere sind das Ergebnis geistiger Leistungen von Menschen und haben mit deren kulturellen Entwicklungen eine enge Verbindung.

Biologische Vorgänge bei der Haustierwerdung

In zoologischer Bewertung, im Blick auf die Menge der Einzeltiere und die Zeitdauer des Hausstandes, ist die Entwicklung von Haustieren aus wilden Stammarten als das großartigste Experiment der Zoologie zu kennzeichnen. Darauf hat schon Charles Darwin 1868 hingewiesen. Im Hausstand werden Entwicklungsmöglichkeiten, die wilden Säugetierarten innewohnen, erkennbar, die in freier Wildbahn meist verborgen bleiben.

Am Beginn der Haustierzeit von Säugetierarten stand nicht die Zähmung von Einzeltieren. Auf solchem Wege lassen sich größere Bestände von Haussäugern nicht aufbauen. Die Haustierwerdung begann mit Gruppen, vielleicht vorwiegend Müttern mit Jungtieren, die gegenüber ihrer Wildart abgegrenzt wurden und sich unter neuen Umweltbedingungen vermehrten. Für die einzelnen Tiere der abgegrenzten Gruppen bedeutete dies, daß die Nähe von Menschen, die Einengung der Bewegungsfreiheit, der Nahrungsvielfalt und des Nahrungserwerbes ertragen werden mußten und nicht zuletzt die natürlichen Sozialbeziehungen der Wildart, so Partnerwahl, Rudelgröße und die Zusammenarbeit im Verband, in neue Bahnen gelenkt wurden. Die meisten Haussäugetiere sind aus sozial veranlagten Wildarten hervorgegangen, die in kleinen, wohlorganisierten Gruppen leben. Im Hausstand mußte auf große Herden Wert gelegt werden, um genügend Reserven für die menschliche Sippe oder noch größere Verbände aufzubauen. Diese Wandlungen gegenüber dem Leben in freier Wildbahn ertragen nicht alle Individuen. Viele von ihnen pflanzen sich nicht fort. Andere, vor allem die ruhiger veranlagten Individuen, vermehren sich stärker als in der Freiheit. Eine natürliche Auslese begünstigt somit bereits in

Merinoschafherde in der südamerikanischen Pampa. Diese Hausschafrasse liefert eine besonders feine, gekräuselte und elastische Wolle.

einem beginnenden Hausstand einen anderen Ausschnitt der Art als die freie Wildbahn. Dazu bleibt im Hausstand der größte Teil der geborenen Tiere erhalten. Die Auslese in freier Wildbahn rafft einen sehr großen Teil der geborenen Tiere hinweg. Ein bemerkenswertes Beispiel dazu liefern Beobachtungen polnischer Zoologen im Urwald von Bialowieska. Dort herrschen weitgehend natürliche Bedingungen, jagdliche Eingriffe finden nicht statt. Beim Wildschwein *(Sus scrofa)* tragen nur 8% der geborenen Einzeltiere zur Erhaltung der Art bei. Der größte Teil stirbt in verschiedenen Altersstufen. Bei Wildschweinen bis zu einem Alter von zwei Jahren sind Färbungsbesonderheiten nicht selten, die Schädelformen sind vielfältig. Die mehr als drei Jahre alten Wildschweine wirken dagegen recht einheitlich. Der starke Einfluß der Auslese in freier Wildbahn wird anschaulich. Die neue natürliche Auslese im Hausstand trägt dazu bei, das für ein Leben in freier Wildbahn eingespielte Gleichgewicht der Erbanlagen in Wildpopulationen allmählich zu destabilisieren.

Auf die Verteilung von Erbanlagen wirken sich weitere Faktoren aus, welche die moderne Populations-

genetik erkannte. Arten sind nicht reinerbig, sondern vielfältig mischerbig, weil sich in ihnen ständig Mutationen (erbliche Veränderungen) ereignen. Der größte Teil dieser Erbänderungen zeigt zunächst keine Wirkung, er bleibt verborgen, weil die Mutationen sehr oft rezessiv sind. In Erscheinung treten solche Mutationen erst, wenn sie mit einem passenden Allel (Partner eines Gens) zusammentreffen oder in Zusammenarbeit mit nicht allelen Erbanlagen zur Merkmalsgestaltung beitragen können. Bei den Durchmischungsverhältnissen in der Gesamtheit der Art unter den Bedingungen der freien Wildbahn sind solche zufälligen Ereignisse selten, und ungewöhnliche Merkmalsbildungen fallen meist natürli-

cher Auslese zum Opfer. So bleibt das Erscheinungsbild einer Wildart ziemlich einheitlich.

In isolierte, kleine Populationen gelangt nur ein Teil der Erbanlagen einer Wildart. Bei einer starken Vermehrung kleiner Ausgangsbestände, was auch im beginnenden Hausstand erstrebt wird, kommen daher ungewöhnliche individuelle Erbanlagenkombinationen häufiger zustande. Wenn dazu andere Auslesebedingungen treten, werden die artüblichen Genhäufigkeiten verändert; eine neue Merkmalsvielfalt stellt sich ein. Diese Gruppen werden zu Gründerpopulationen. Moderne Berechnungen ergaben, daß nach etwa 50 Generationen die sichtbare Merkmalsvielfalt zunimmt. Diese theoretische Voraussage steht mit Beobachtungen an Neudomestikationen von Säugetierarten in unserer Zeit im Einklang. Allgemein kann ausgesagt werden: Nach Isolierung kleiner Gründerpopulationen in neuen Umweltbedingungen tritt an die Stelle eines zuvor weitgehend einheitlichen Erscheinungsbildes eine neue Mannigfaltigkeit, die einer Auslese viele neue Ansatzpunkte bietet. Wichtige Grundlagen zum Verständnis der Wandlungen im Hausstand wurden mit Hilfe dieser populationsgenetischen Einsichten gewonnen.

Um diese Aussage in ihrer Bedeutung für Haussäugetiere zu überprüfen, galt es nach Haussäugetieren Ausschau zu halten, die seit Beginn ihrer Haustierzeit unter sehr primitiven, fast natürlich erscheinenden Bedingungen gehalten wurden. Dies ist beim Hausrentier und bei den südamerikanischen Hausschwielensohlern Lama und Alpaka der Fall. Die Stammarten dieser Haustiere stehen für eine vergleichende Betrachtung zur Verfügung.

Primitive Haltungen von Haussäugetieren

Das Rentier ist bislang die einzige Art der Hirsche, aus denen Menschen Individuengruppen abgrenzten und aus deren Nachkommen sie seit Jahrhunderten in einem geordneten Abhängigkeitsverhältnis Nutzen ziehen: Rentiere wurden Haustiere. Die Hausrentiere haben Menschen die unwirtlichen Gebiete eurasischer Tundren erschlossen. In dieser Umwelt entwickelten sich zwischen den Renhirten und ihren Haustieren ganz besondere Beziehungen. Die Hausrentiere kommen nie in einen Stall, sie suchen sich ihr Futter selbst und finden dieses im Winter unter

Der Mensch als Herr über zwei verschiedene Haustierformen: Hauspferd und Hausrind. Ein Gaucho auf einem Kriollopferd fängt mit dem Lasso ein Kalb ein.

einer dicken Schneedecke. Wie die Wildart führen auch die Haustiere jahreszeitlich weite Wanderungen durch. Die Renhirten folgen ihren Herden, sie wurden Nomaden. Die Hausrentiere liefern Fleisch, Felle und Zugkraft. Bei wilden Rentieren rudelt ein starker Hirsch nach heftigen Auseinandersetzungen mit Konkurrenten eine Anzahl weiblicher Rentiere um sich. Solche kämpferischen Auseinandersetzungen behindern die Bildung großer Herden, die zur Nahrungssicherung menschlicher Sippen erforderlich sind. Daher entwickelte sich in der Rentierzucht ein sehr einfaches Verfahren: Alle Junghirsche der Hausrentiere werden kurz nach Erreichen der Geschlechtsreife kastriert. Im männlichen Anteil bleibt die Fortpflanzung auf einen kurzen Lebensabschnitt begrenzt. Ein viel größerer Teil männlicher Tiere als in freier Wildbahn kommt zur Fortpflanzung und gibt seine Erbanlagen weiter. Die Kämpfe zwischen Hirschen verlieren ihre Bedeutung; Großherden konnten so bei Hausrentieren geschaffen werden. In diesen entstehen neue Sozialordnungen, und die großen Herden bieten Einzeltieren einen besseren Schutz als kleine Verbände. Im Vergleich zur freien Wildbahn verändert sich im Hausstand der Rentiere Auslese und natürliche Gendurchmischung. In ihren Herden gibt es neben wildtierähnlichen Formen und Färbungen wohl alle Besonderheiten, die von den »klassischen« Haussäugetieren bekannt sind.

Lama und Alpaka sind Haussäugetiere, die vom Guanako abstammen. Sie werden in großen Herden in unwirtlichen Gebieten der Anden gehalten. Die Lamas sind noch heute als Transporttiere wichtig, die kleineren Alpakas bedeutsame Wollieferanten. Auch diese Haussäugetiere kommen nie in Ställe, für sie werden gelegentlich Korrale (Pferche) errichtet. Die Tiere suchen ihr Futter selber. Berichte über die vorkolumbischen Haltungsweisen besagen bereits, daß die Geschlechter meist getrennt gehalten werden und starke, angriffslustige Hengste von der Zucht ausgeschlossen sind. Die Wildform lebt in kleinen Familienverbänden, die von einem kräftigen Hengst betreut werden. Diese Hengste verteidigen ihre Rudel gegen Mitbewerber. Lamas und Alpakas werden unter sehr natürlich erscheinenden Bedingungen in großen Herden gehalten. Ähnlich dem Hausrentier sind die Sozialstrukturen der Wildart und die natürlichen Fortpflanzungsverhältnisse aber verändert. Auch die vom Guanako abstammenden Haussäugetiere sind sehr mannigfaltig. Die Färbungen sind höchst unterschiedlich, das Vlies zeigt neben wildformähnlicher sowohl grobwollige als auch feinwollige Beschaffenheit. Körpergröße und Körperformen sind uneinheitlich. Die kleinen Nachfahren des Guanakos eignen sich schlecht als Lastenträger. Wohl aus diesem Grunde wurden sie in höhergelegene Bereiche der Anden gebracht, in den Lebensraum der Vikunjas, und dort auf ein feines Haarkleid als Alpaka gezüchtet.

Man sollte meinen, von Hirschen gezogene Schlitten kämen nur in Weihnachtsmärchen vor, doch für die Lappen ist es üblich, Rentiere, die einzige zum Haustier gewordene Hirschart, vor ihre Schlitten zu spannen.

Die Beobachtungen an Hausrentier, Lama und Alpaka haben für das Verständnis der Haustierentwicklung modellhafte Bedeutung. Die Abgrenzung kleiner Ausgangsbestände und die Zurückdrängung starker männlicher Tiere ermöglicht bei starker Vermehrung Großherden und wirkt sich populationsgenetisch aus, was in einer Steigerung der Merkmalsvielfalt deutlich wird. Die so zustandegekommene Formenfülle im Hausstand ermöglicht nicht nur die Anpassung der Haussäugetiere an neue Umwelten, die der Wildart verschlossen blieben, sie bietet auch Anreize zu weiterführenden Zuchtlenkungen durch Menschen, zur »künstlichen« Zuchtwahl. Die vielseitigen Wandlungen im Hausstand erschweren die wissenschaftliche Klärung der Stammarten.

Die Stammarten der Haussäugetiere

Die zoologische Systematik geht bei ihren Ordnungssystemen von der Bewertung von Unähnlichkeiten aus. Carl von Linné erachtete 1758 die verschiedenen Haustiere, trotz der in ihnen vorhandenen Verschiedenheiten, als jeweils abgrenzbare Einheiten und gab ihnen eigene Namen. Über ihre Abstammung machte er keine Angaben. In späteren Jahrzehnten fanden die innerartlichen Unterschiede bei Haussäugetieren so starke Beachtung, daß jede der Linnéschen Arten der Haussäugetiere in mehrere Arten mit eigenen Bezeichnungen aufgespalten wurde. Nach der Wiederentdeckung der Mendelschen Vererbungsregeln in unserem Jahrhundert blieben im allgemeinen zwei Arten anerkannt, und die Vielheit innerhalb einer Haustierart wurde als das Ergebnis von Kreuzungen dieser Stammarten gedeutet. In der modernen Zoologie ist der biologische Artbegriff allgemein akzeptiert. Er besagt, daß alle Individuen, die sich unter natürlichen Bedingungen freiwillig paaren und fruchtbare Nachkommen erzeugen, Angehörige einer Art sind. Es hat sich gezeigt, daß Haussäugetiere gleicher Art, im Sinne von Linné, sich untereinander und mit jeweils nur einer Wildart freiwillig in freier Wildbahn paaren und fruchtbare Nachkommen erzeugen. Damit läßt sich die Herkunft der Haustiere eindeutig belegen, sie lassen sich ihren Wildarten eindeutig zuordnen. Sie haben die gleichen Artnamen zu tragen und sind (nach Bohlken) innerhalb ihrer Arten als Formen zu bewerten.

In dem hier vorliegenden Werk sind die Wildarten der Säugetiere eingehend beschrieben, daher genügen einige Angaben zu ihren Stammarten. Aus der Ordnung der Hasentiere (Lagomorpha) wurde allein das Wildkaninchen *(Oryctolagus cuniculus)* zur Stammart der Hauskaninchen. In der Ordnung der Nagetiere (Rodentia) gingen aus der in Peru beheimateten Unterart des Wildmeerschweinchens *(Cavia aperea – C. a. tschudii)* die Hausmeerschweinchen hervor, noch heute wichtige Fleischlieferanten der Urbevölkerung Südamerikas.

Aus der Ordnung der Raubtiere (Carnivora) ist der westliche Waldiltis *(Mustela putorius)* die Stammart der Frettchen. Über die Stammart der Haushunde besteht jetzt ebenfalls Klarheit. Es ist der Wolf *(Canis lupus)*. Wolf Herre und Manfred Röhrs haben gezeigt, daß der Goldschakal *(Canis aureus)* zur Entstehung von Haushunden nicht beigetragen hat; er paart sich in Bereichen, in denen er gemeinsam mit Haushunden vorkommt, nicht mit diesen. Auch Einkreuzungen des nordamerikanischen Kojoten *(Canis latrans)* sind höchst unwahrscheinlich. Auf Populationen der ägyptischen Wildkatze, der Falbkatze *(Felis silvestris libyca)*, gehen die Hauskatzen zurück.

Auch aus Arten der Einhufer (Ordnung Perissodactyla) gingen wichtige Haussäugetiere hervor: so die Hauspferde aus Populationen des einst in Eurasien nördlich des Kaukasus weit verbreiteten Przewalski- oder Urwildpferdes *(Equus przewalskii)*. Zur Zeit der Domestikation dieser Art waren Unterarten unterscheidbar. Der als Hauspferdahn oft genannte Tarpan des östlichen Europa ist einer solchen Unterart zuzuordnen. Der nordafrikanische Wildesel *(Equus africanus)* wurde zur Stammart der Hausesel. Aus Halbeseln *(Equus hemionus)* entstanden keine Haustiere, obgleich einige Individuen gelegentlich gezähmt und eingespannt wurden.

Sehr bedeutsam wurden Haussäugetiere aus Arten der Paarhufer (Ordnung Artiodactyla). Das eurasiatische Wildschwein *(Sus scrofa)* ist die Stammart aller Hausschweine; Populationen westlicher und östlicher Unterarten wurden in den Hausstand überführt. Arten aus zwei Gattungen der in eigener Weise wiederkauenden Schwielensohler (Tylopoda) sind Ahnen von Haussäugetieren geworden. In Südamerika gingen aus dem Guanako *(Lama guanacoë)* die Haustiere Lama und Alpaka hervor. Diese paaren sich in freier

▷ Hausrentiere werden nicht in Ställen gehalten, sondern führen im Freien ein vergleichsweise ungebundenes Leben. Sie werden auch nicht gefüttert, sondern suchen sich ihre Nahrung selber, die sie sogar im Winter noch unter der Schneedecke finden.

▷▷ Auch die südamerikanischen Alpakas, eine der beiden Haustierformen des wildlebenden Guanakos, werden in großen Herden frei gehalten.

Wildbahn mit dem teilweise im selben Bereich vorkommenden wildlebenden Vikunja *(Lama vicugna)* nicht. Die ausgestorbene Wildart *Camelus ferus* gilt als Stammart der heute lebenden 17 Millionen Hauskamele. Ob jedoch das von Linné 1758 als eigene Art *Camelus bactrianus* beschriebene zweihöckrige Trampeltier und das von ihm ebenfalls als eigene Art *Camelus dromedarius* gewertete einhöckrige Dromedar *Camelus ferus* als gemeinsame Stammart haben, ist noch nicht gesichert. Verschiedene Sachverhalte sprechen für diese Annahme.

Von den »echten« Wiederkäuern (Ruminantia) ist aus den Hirschartigen (Familie Cervidae) die Zahl der Haustiere sehr gering, obgleich die meisten Arten seit altersher zu sehr wichtigen Jagdtieren der Menschheit gehören. Nur aus Populationen des wilden Rentieres *(Rangifer tarandus)* sind bislang echte Haussäugetiere geworden. Aus eurasiatischen Arten der Hornträger (Bovidae) gingen «klassische» Haussäugetiere hervor: die Hausschafe, die Hausziegen und die Hausrinder. Sie wurden wirtschaftlich außerordentlich wichtige Nutzhaustiere. die Hausrinder der Welt sind aus Populationen von fünf Arten aus den Gattungen *Bos* (Untergattungen *Bos, Poëphagus, Bibos*) und *Bubalis* entstanden. Zur Untergattung *Bos* gehören die »echten«, »taurinen« – Linné benannte die europäischen Hausrinder *Bos taurus* – Hausrinder, einschließlich der Zebus, der Buckelhausrinder. Die Stammart ist der ausgestorbene Auerochse oder Ur *(Bos primigenius)*. Vom Auerochsen wurden verschiedene zeitliche und räumliche Unterarten bekannt. Eine als *Bos europaeus brachyceros* 1925 beschriebene weitere »Stammart« erwies sich als Rest eines mittelalterlichen Hausrindes. Der jetzt auf Hochländer des Himalaja begrenzte, selten gewordene Wildyak *(Bos [Poëphagus] mutus)* ist die Stammart des Hausyaks. In feuchtwarmen Gebieten Südostasiens lebende Arten der Untergattung *Bibos* lieferten ebenfalls Hausrinder. Aus dem Gaur *(Bos [Bibos] gaurus)* entstand das als Gayal oder Mithan bezeichnete Hausrind, aus dem Banteng *(Bos [Bibos] javanicus)* das Balihausrind. Der asiatische Wasserbüffel *(Bubalis arnee)* ist die Stammart der Hausbüffel, die vor allem in Reisanbaugebieten Asiens große Bedeutung erlangten. Als Stammart der Hausschafe hat das formenreiche Wildschaf *(Ovis orientalis)* zu gelten. Aus Populationen der Wildziege *(Capra aegagrus)* gingen die Hausziegen hervor.

Damit ist das Wissen über die Stammarten der alten, »klassischen« Haussäugetiere dargetan. Klarheit erbrachten vielfältige zoologische und zoologisch-systematische Studien, in die Herre und Röhrs in ihrem Buch »Haustiere – zoologisch gesehen« (1988) einen umfassenderen Einblick gaben.

Eine Sonderstellung unter den alten Nutzhaussäugetieren nimmt der Asiatische Elefant *(Elephas maximus)* ein. Seit Jahrtausenden dient er Menschen als Nutztier, aber Nutzelefanten werden nicht gezüchtet, sind damit nicht als echte Haussäugetiere zu bezeichnen. Wildelefanten wurden und werden immer wieder neu eingefangen und zu Arbeitsleistungen abgerichtet. Die australischen Zoologen Ann Baker und C. Manwell kamen 1983 zu der Überzeugung, daß bei indischen Elefanten die Entwicklung zu einem Haussäugetier unterbrochen wurde, weil das Wagnis des Einfangens und der Zähmung der gelehrigen Elefanten immer wieder einen solchen Reiz hatte, daß auf dieses Erlebnis kein Verzicht möglich war.

Die Entwicklung von Haussäugetieren aus verschiedenen Wildarten ist kein gleichzeitiger und kein einmaliger Vorgang. Auch in unserer Zeit werden neue Haussäugetiere geschaffen. Dazu gehören die modernen Pelzfarmtiere, Laborsäugetiere und Heimtiere. Aus kleinen Populationen des südwestasiatischen Goldhamsters *(Mesocricetus auratus)* gingen die beliebt gewordenen Heimgoldhamster hervor. Die höchst anpassungsfähige Wanderratte *(Rattus norvegicus)* wurde zur Stammart der Laborratte, die wilde Hausmaus *(Mus musculus)* zum Ahn der Labormaus. Aus Populationen der südamerikanischen Nutria *(Myocastor coypus)* entstanden pelzliefernde Farmtiere. Ausgangsmaterial für Farmzuchten eines anderen wichtigen Pelzlieferanten bot das südamerikanische

Der Auerochse oder Ur, der Stammvater unserer Hausrinder, ist längst ausgestorben, doch wie er ungefähr ausgesehen hat, zeigen sogenannte Rückzüchtungen, die in verschiedenen zoologischen Gärten zu sehen sind.

Langschwanzchinchilla *(Chinchilla laniger)*. Als pelzwerkliefernde Farmtiere erfreuen sich auch der europäisch-asiatische Marderhund *(Nyctereutes procyonoides)* und der nordamerikanische Waschbär *(Procyon lotor)* großer Beliebtheit. Vor allem beim Waschbären ist das Interesse vielerorts erloschen; die Farmtiere entliefen und trugen zu Faunenverfälschungen bei. Sehr wichtig als Farmtiere wurden der nordamerikanische Rotfuchs *(Vulpes vulpes fulva)* und der nördliche Eisfuchs *(Alopex lagopus)*. Aus der nordamerikanischen Unterart des Rotfuchses gingen die Silberfüchse, aus dem Eisfuchs die Blaufüchse hervor. Aus Populationen der nordamerikanischen Nerze *(Mustela vison)* ließen sich die vielfältigen Formen der Pelznerze entwickeln.

In neuester Zeit sind Bestrebungen im Gang, aus dem schon jahrhundertelang in Gehegen gehaltenen Damwild *(Dama dama)* ein Haustier zu gestalten. Beim Elch *(Alces alces)* wurden solche Bemühungen schon öfter begonnen. Auch mit dem Moschusochsen *(Ovibos moschatus)* sowie verschiedenen Antilopenarten, unter ihnen die Elenantilope *(Taurotragus oryx)*, und einigen großen Nagetierarten werden Domestikationsversuche gemacht. Diesen neuzeitlichen Domestikationsversuchen blieben bislang wesentliche Erfolge versagt. Es gilt zu bedenken, daß die Neugestaltung von Haussäugetieren biologisch ein langer Vorgang ist, dem sich mehrere Generationen von Menschen zielstrebig leitend widmen müssen. Diese Ausdauer fehlt im allgemeinen, zumal solche Versuche kostenaufwendig sind. Dazu tritt, daß sich bei den alten, »klassischen« Haussäugetieren so viele Abwandlungen einstellen, daß für fast alle Umweltbedingungen und Nutzungswünsche geeignete Formen zu finden sind, deren Förderung schnellere und bessere Erfolge verheißt.

Wo und warum entstanden Haussäugetiere?

Die Verbreitungsgebiete der Stammarten der alten, weltweit bedeutsam gewordenen Haussäugetiere liegen in Eurasien, Nordafrika und Südamerika. Der reiche Artenbestand wildlebender Säugetiere des mittleren und südlichen Afrika, Nordamerikas und Australiens hat keine Haussäugetiere geliefert. Dieser Sachverhalt verdient Beachtung, weil er zeigt, daß nicht allerorts Menschen Domestikationen begonnen haben. Die Frage nach den Gründen der Begrenzung auf einige Bereiche sowie die nach Ort und Zeit der ersten Domestikationen im einzelnen kann die Zoologie nicht allein beantworten, da kulturgeschichtliche Zusammenhänge zu beachten sind. Außerdem sind die Übergänge von Wildart zu Haussäugern fließend, eindeutige Grenzziehungen lassen sich kaum erkennen. Zoologische Aussagen werden weiterhin erschwert durch eine nicht geringe Variabilität in den wilden Beständen. Eine Zusammenarbeit zwischen Zoologie und kulturgeschichtlichen Forschungsrichtungen ist erforderlich, wenn Erkenntnisse über frühe Haussäugetiere gesichert werden sollen.

Kulturgeschichtliche Forschungen haben ergeben, daß in Teilen der Menschheit der Übergang vom Sammlertum zur Produktionswirtschaft mit Veränderungen klimatischer Bedingungen am Ende der Eis-

Links: Wie hier in Thailand sind Elefanten in vielen fernöstlichen Ländern als »Schwerstarbeiter« im Dienste des Menschen sehr geschätzt. Asiatische Elefanten lassen sich, im Gegensatz zu ihren afrikanischen Vettern, verhältnismäßig leicht zähmen und abrichten. Diese Arbeitselefanten sind aber keine echten Haustiere, weil sie nicht in Menschenobhut nachgezüchtet, sondern jeweils aus wildlebenden Beständen neu eingefangen werden. - Rechts: Auch mit der afrikanischen Elenantilope stellt man neuerdings Domestikationsversuche an - bislang ohne großen Erfolg.

zeiten in einen ersten Zusammenhang gebracht werden kann. Die Vorstellung hat hohe Wahrscheinlichkeit, daß es bei einer Zunahme der Zahl der Menschen und einer Abnahme jagdbaren Wildes zu einer Verknappung der Fleischversorgung kam. Dies kann zur Entwicklung der ersten Haussäugetiere geführt haben. Wildschafe, Wildziegen, Wildschweine, Wildrinder waren neben Wölfen die ersten Säugetierarten, aus denen Haustiere entstanden. Dies weist darauf hin, daß bei den ersten Haustieren Fleischnutzung von höchster Bedeutung war. Andere Nutzungen stellten sich erst später ein. Wildschafe tragen beispielsweise keine verspinnbare Wolle. Auch das Verhalten der Wildarten mußte sich ändern, ehe bei domestizierten Populationen ein Einsatz als Zug- und Transporttier, so beim Hausrind, oder beim Hauspferd als Reittier möglich wurde.

Trotz vielseitiger Erwägungen bleiben die Gründe, die zur Auswahl der einzelnen Wildarten bei der Überführung in den Hausstand führten, weithin noch

Das vielgestaltigste Haustier ist zweifellos der Hund. Eine besonders bemerkenswerte Form stellen die Nackthunde in Südamerika dar, die als Wärmespender bei rheumatischen Erkrankungen genutzt werden.

unklar. In einigen Fällen mögen bei einer Domestikation auch religiöse Gründe einflußreich gewesen sein, doch in anderen Fällen spricht wenig für solche Vermutungen. Besonders lebhaft waren die Erörterungen über die Gründe, die vom Wolf zu Haushunden führten. Lange Zeit wurde die Tatsache, daß Wölfe in Rudeln jagen und auch Frühmenschen in Gruppen Großwild nachstellten, zur Begründung der Meinung herangezogen, Wölfe und Menschen hätten erkannt, daß sie Meutekumpane sein könnten. Es sei zu kooperativer Jagd gekommen, die schließlich Wölfe veranlaßt haben soll, sich selbst zu domestizieren. Vielseitige kritische Studien lehrten jedoch, daß Haushunde als Jagdhelfer eine späte Sonderentwicklung in Hochkulturen sind, die auf den Adel begrenzt blieb. Feststellungen an einigen der ältesten Haushundfunde in Dänemark und auf den griechischen Inseln machen deutlich, daß frühe Haushunde verzehrt wurden. Die australischen Zoologen C. Manwell und A. Baker erkannten, daß in einer Reihe von Kulturen Haushundfleisch zu den ältesten menschlichen Speisen gehört; auch heute noch wird in vielen Ländern diese Kost nicht verschmäht. Doch in vielen vor- und frühgeschichtlichen Siedlungen läßt sich eine solche Nutzung von Haushunden nicht nachweisen. Allgemeingültige Deutungen über die Gründe, die Veranlassung gaben, aus Wölfen Haushunde zu gestalten, lassen sich noch nicht darlegen. Dies gilt auch für andere Haussäugetiere. Neuere Auffassungen zu dieser Problematik haben Herre und Röhrs in ihrem bereits erwähnten Buch zusammengestellt.

Sicher ist, daß die Orte und Zeiten der Überführung in den Hausstand bei den einzelnen Wildsäugetieren unterschiedlich sind; Einzelheiten sind in unserem Wissen aber noch lückenhaft. Ein knapper Einblick in die derzeitigen Erkenntnisse muß genügen.

Am besten bekannt ist die Entwicklung der Haussäugetiere in Südwestasien und im angrenzenden Mittelmeerraum. Dies Gebiet ist durch mehrere Hochkulturen früher Zeit allgemeiner bekannt geworden und prähistorisch schon eingehender erforscht. In ihm entstanden die Nutzhaussäugetiere Hausschaf, Hausziege und Hausschwein, ihnen zur Seite standen der Haushund und später das Hausrind. Diese Haustiere gelangten, meist gemeinsam, ziemlich schnell, aber nicht in gleichmäßiger Geschwindigkeit, über den Balkan- und Donauraum, das Rheingebiet bis in die Niederlande, nach Westeuropa sowie in den Norden Europas bis nach Skandinavien. Auch ostwärts und in den Norden Afrikas wurden diese Haussäugetiere von Volksstämmen gebracht. Die ersten Haustiere in Südamerika, vor allem der Kulturen des Andenraumes, entstanden aus Guanako und Wildmeerschweinchen. Über den Ablauf dieser Haustierwerdung sind erst in den letzten Jahrzehnten entscheidende Einsichten gewonnen worden. Die Verbreitung dieser Haustiere blieb begrenzt. Auch ostasiatische Völker haben in eigener Weise aus Populationen heimischer Säugetiere Haustiere gewonnen. In China treten Hausschwein und Haushund gemeinsam als erste Haussäugetiere auf. Später kamen Hausbüffel hinzu. In Südostasien wurden Populationen vom Gaur, Banteng und Yak in den Hausstand überführt.

Wann entstanden die ersten Haustiere?

Über die Zeitpunkte der Überführung von Wildsäugern in den Hausstand ist sehr viel gestritten worden. Die verschiedenen Meinungen ergeben sich aus der Tatsache, daß Auskünfte über erste Haustiere nur auf der Grundlage vorgeschichtlicher Funde gegeben werden können. Deren Zahl nimmt mit neuen Grabungen zu. Bei den Funden handelt es sich im allgemeinen um Reste von Schädeln oder Gliedmaßenknochen, deren Zuordnung in einem Übergangsfeld von der Wildart zur Hausform meist sehr schwierig ist. Wildarten haben in Raum und Zeit eine oft bemerkenswerte Variabilität. Hinzu kommt, daß die zeitliche und kulturgeschichtliche Einordnung der Funde oft nicht eindeutig ist. Solche Erschwerungen haben dazu beigetragen, daß auch

sehr anerkannte Haustierforscher verschiedentlich ihre ursprünglichen Meinungen über erste Haustiere nicht aufrechterhalten konnten.

Als derzeit gültiges Bild von den ersten Haussäugetieren – neue Erkenntnisse können zu anderen Aussagen führen – ergibt sich, daß die oft geäußerte Meinung, der Haushund sei das älteste Haussäugetier, keine allgemeine Gültigkeit hat. Amerikanische Zoologen stellten fest, daß Berichte über sehr frühe Haushunde in Südwestasien keinen Bestand haben. Auch einige Hinweise auf sehr frühe Haushunde in Europa sind als noch sehr unsicher zu werten. Nach unserem derzeitigen Wissensstand wurden die ältesten eindeutigen Haushunde in Europa vor rund 9500 Jahren in Siedlungen Englands gehalten. Ein ähnliches Alter haben Haushundfunde aus Dänemark. Den ältesten sicheren Haushunden in Südwestasien ist ein Alter von etwa 7500 Jahren zuzusprechen. In Ostasien lebten Haushunde vor 6800 Jahren. Wann Haushunde erstmalig in Nordamerika auftraten, kann noch nicht entschieden werden; Hinweise auf sehr frühe Haushunde in diesem Kontinent sind als höchst unwahrscheinlich zu bezeichnen. In Südamerika erscheinen Haushunde in Kulturen der Hochanden vor 5000 Jahren; sie wurden eingeführt, ihr Weg ist unbekannt. Über den tatsächlichen Beginn der Haustierzeit des Wolfes und den Ort seiner Haustierwerdung sind mit diesen Feststellungen noch keine sicheren Aussagen möglich. Das prähistorische Material ist sehr unzulänglich. Die Zahl der Spekulationen ist nicht gering.

Als älteste Nutzhaussäugetiere, meist als älteste Haustiere überhaupt, werden heute Hausschaf und Hausziege aufgrund von Fundgut aus prähistorischen Siedlungen Südwestasiens erachtet. Zunächst wurden Schafknochen aus der annähernd 11 000 Jahre alten Siedlung Zawi Chemi Shanidar (Tigris) als Hausschafreste gedeutet. In neuerer Zeit nahmen Zweifel an dieser Deutung überhand. Einwandfrei als Hausschafe bestimmbar gelten Schafknochen aus der rund 9000 Jahre alten Fundstelle Ali-Kosh (Iranisch Kurdistan) und aus annähernd gleichalten Schichten von Çayönü (Osttürkei). Das bisherige Material läßt den Schluß zu, daß Wildschafe vor mehr als 9000 Jahren zu Hausschafen wurden, vielleicht schon vor 11 000 Jahren oder etwas später. Seit mehr als 8000 Jahren gibt es Hausschafe auf dem Balkan, seit 6000 Jahren leben sie in Mitteleuropa, seit 4000 Jahren in Skandinavien. In Afrika, wo es ebenfalls nie Wildschafe gab, kamen Hausschafe in der Cyrenaika und in Libyen vor rund 7000 Jahren vor. Spärliche prähistorische Quellen führen zu dem Schluß, daß Hausschafe vor 8000 bis 6000 Jahren in Südturkmenien, seit 7000 bis 5000 Jahren im Industal und seit 4000 Jahren in China bekannt sind. In späteren Jahrhunderten haben Hausschafe in wohl allen Erdteilen Verbreitung gefunden; eine beachtenswerte Anpassungsfähigkeit wird bezeugt.

Über frühe Hausziegen hat der amerikanische Zoologe Charles Reed, alle Befunde zusammenfassend und Unsicherheiten erwägend, jüngst ausgesagt, daß sie vor 9000 Jahren oder etwas früher in einem Gebiet Südwestasiens, das durch die Orte Ganj Dareh, Ali-

Wir kennen Hausmeerschweinchen nur als liebevoll gehätschelte Heim- und Spieltiere, doch in Südamerika werden sie auch verzehrt. Marktfrauen in Ekuador bieten Meerschweinchen am Spieß feil!

Kosh und Çayönü umrissen werden kann, vorkamen. Hausziegen gelangten im allgemeinen mit Hausschafen nach Europa und Afrika. Nach Südostasien kamen sie etwa 1000 Jahre später als Hausschafe, nach China vor etwa 3000 Jahren, wahrscheinlich über die Seidenstraße. Mit Europäern erreichten sie in den letzten Jahrhunderten die übrigen Erdteile.

In Jarmo (Südwestasien) läßt sich das Hausschwein als drittältestes Nutzhaussäugetier nachweisen. In einer Schichtenfolge ist der Übergang von Wildschweinen zu Hausschweinen zu ermitteln; 8500 Jahre alte Schweineknochen sind H.R. Stampfli zufolge Hausschweinen zuzuordnen. Auch 8500 Jahre alte Schichten von Argissa-Magula (Thessalien) enthalten Hausschweinknochen. Wahrscheinlich handelt es sich dort, ebenso wie in 6000 Jahre alten Schichten Ägyptens und einigen anderen Stellen, um selbständige, örtliche Überführungen in den Hausstand. Im nördlichen China erscheinen Hausschweine vor 6000 Jahren als Nachfahren der dort lebenden Unterart des Wildschweins. In Indien sind Hausschweine vor etwa 4000 Jahren nachgewiesen.

Hausrinder sind, nach dem derzeitigen Wissen, eine spätere Errungenschaft als Hausschafe und Hausziegen. Die bislang ältesten Hausrinder entstammen rund 8500 Jahre alten Schichten von Argissa-Magula und Neo-Nikodemeia (Thessalien) sowie Knossos (Kreta). In Südwestasien treten Hausrinder ungefähr 1000 Jahre später auf. Dort war die Nutzung von Hausrindern vor 7000 bis 6000 Jahren noch nicht allerorts üblich. In Ägypten beginnt die Hausrindzucht vor etwa 6000 Jahren, im nördlichen China vor mehr als 4000 Jahren. Buckelrinder – in Skelettresten an gespaltenen Enden der Dornfortsätze der Brustwirbel erkennbar – sind in Ostasien seit rund 6500 Jahren nachweisbar, im Industal seit 4500 Jahren. Seit ungefähr 5000 Jahren werden Hausrinder vor den Pflug gespannt und auch gemolken.

Die Haustiergeschichte der anderen Arten der Wildrinder ist noch schwer zu beurteilen; Dokumente darüber sind spärlich. Der Wandel des Gaurs zum Gayal begann wohl vor 4000 Jahren. Über die Haustierwerdung des Bantengs gibt es keine zoologisch archäologischen Daten. Für den Wildyak läßt sich aussagen, daß er vor 3000 bis 2000 Jahren in den Hausstand überführt wurde. Der Wasserbüffel wird seit etwa 6000 Jahren in China als Haussäugetier genutzt; aus Siegeln läßt sich erschließen, daß Hauswasserbüffel vor 4000 Jahren in Mesopotamien bekannt waren. Vor 2000 Jahren gelangten Hauswasserbüffel zu den Arabern und vor 1000 Jahren nach Südrußland und nach Ägypten.

Die bislang ältesten Hauspferde sind aus dem Gebiet zwischen Dnjepr und mittlerer Wolga bekannt. Ihr Alter beträgt annähernd 5500 Jahre. Es kann nicht ausgeschlossen werden, daß Wildpferde weiter östlich noch früher zu Haustieren wurden. In China hat man Hauspferde schon vor rund 5000 Jahren genutzt. Vor etwa 4000 Jahren kamen Hauspferde über den Kaukasus nach Südwestasien; sie gelangten damit in ein Gebiet, in dem die Wildart nie beheimatet war. In Südwestasien lernten Menschen, Hauspferde vor Kampfwagen zu spannen und damit ein entscheidendes Kampfmittel zu entwickeln. Hauspferde wurden zu staatserhaltenden Kräften und gewannen unter den Haustieren eine Sonderstellung. Seit 3500 Jahren werden Hauspferde in Ägypten gehalten, seit 4000 Jahren in Mitteleuropa und seit 3000 Jahren im westlichen Südeuropa.

Über die Haustierwerdung des Hausesels ist die Kenntnis noch gering. Die bislang älteste Fundstelle von Hauseseln liegt in Nordostafrika und hat ein Alter zwischen 5500 und 5000 Jahren. Vor 5000 Jah-

Als älteste Haustiere der Welt gelten die Hausziege und das Hausschaf. Ihre Stammarten sind die Bezoar- oder Wildziege (oben) beziehungsweise das sehr formenreiche Orientalische Wildschaf, zu dem auch der Mufflon (unten) gehört.

HAUSSÄUGETIERE

ren etwa kamen Hausesel nach Südwestasien, nach Indien vor 4000, nach Griechenland vor 3000 Jahren. Bemerkenswert sind neue Erkenntnisse über die Haustierwerdung der Wildkatze, weil sie zeigen, daß eine Wildart selbst dazu beitragen kann, ein Haussäugetier zu werden. In Ägypten wurden Wildkatzen in der Nähe von Siedlungen und in Vorratslagern als Schädlingsvertilger schon vor Jahrtausenden geschätzt und geduldet. Einige Populationen solcher Wildkatzen machten sich in dieser menschengeprägten ökologischen Nische heimisch. Sie ertrugen die Nähe von Menschen, gaben ihr Einzelgängertum auf und sonderten sich damit von den Artgenossen weitgehend ab. Allmählich entwickelten sich diese Gruppen zu Hauskatzen. Als solche lassen sie sich erstmals vor rund 3500 Jahren sichern. Zunächst standen sie unter dem besonderen Schutz der Ägypter und durften nicht ausgeführt werden. Doch auf Schmuggelwegen gelangten Hauskatzen vor 2500 Jahren nach Griechenland, vor 2000 Jahren nach Italien und bald danach über die Alpen.

Über die Entstehung von Hauskamelen zeichnet sich erst in neuerer Zeit ein besseres Bild ab. Danach sind Reste von Kamelen in 5000 bis 4000 Jahre alten Schichten in Turkmenistan und im Iran als solche von Hauskamelen zu erkennen.

Auch über die Haustierwerdung des Guanakos sind in den letzten Jahrzehnten entscheidende Einsichten gewonnen worden. Knochenreste dieser Schwielensohler zeigen, daß ein allmählicher Übergang von Jagd zu geordneter Nutzung als Haussäugetier vor sich ging. Im chilenischen Raum war das Guanako vor etwa 4000 Jahren, in Gebieten von Peru vor etwa 2500 Jahren zum Lama/Alpaka geworden.

Neue Grabungen in Südamerika lassen auch Aussagen über die Entstehung von Hausmeerschweinchen zu. Im Zeitraum vor 9000 bis 6000 Jahren waren Wildmeerschweinchen eine wichtige Jagdbeute, dann ist sie seltener nachweisbar. Aber in 3000 Jahre alten Schichten sind Hausmeerschweinchen als häufige Nutzhaussäugetiere zu finden. Die Begleitumstände weisen darauf hin, daß Populationen wilder Meerschweinchen Schutz in der Nähe von Indianerhütten fanden und sich auf diesem Wege, wohl durch eigenen Antrieb begünstigt, zu Haussäugetieren entwickelten.

Die weiteren Haussäugetiere sind alle jüngeren Ursprungs. Dem Hausrentier wird ein Alter von 2000 Jahren zugesprochen; die Quellen über den Beginn der Haustierzeit des Wildrentiers sind spärlich. Frettchen werden vor 2000 Jahren als Haustier genannt. Hauskaninchen entstanden vor etwa 1500 Jahren in Klöstern Frankreichs. Die Labor- und Farmtiere haben sich im allgemeinen erst in diesem Jahrhundert entwickelt, sie weisen aber bereits einige deutliche Haustiereigenschaften auf.

Folgen der Ausweitung des Lebensraums der Stammarten

Haussäugetiere sind im Verbreitungsgebiet ihrer Wildart entstanden. Auch wenn sie in diesem verblieben, veränderten sich ihre Lebensbedingungen im Zusammenleben mit Menschen gegenüber dem Dasein der Wildart. Die Einengung des Lebensraumes bei Haustieren hat bereits frühzeitig zu einer Abnahme der Körpergröße geführt. Dies kennzeichnet viele Bestände ältester Haussäugetiere gegenüber den Stammarten. Eine Fülle von Färbungsbesonderheiten wird schon frühzeitig Menschen gereizt haben, erbliche Eigenarten als Eigentumsmarken zu nutzen. Kleine und ruhige Haussäugetiere lassen sich besser beherrschen als große, zur Wildheit neigende Tiere.

Oben: Seit mehr als 5000 Jahren ist der Esel eines der wichtigsten, geduldigsten und bescheidensten Haustiere, das von Nordostafrika aus fast die ganze Welt erobert hat. Auch beim Hausesel treten, so wie bei diesen Tieren im Hochland Boliviens, Langhaartiere auf, die man grundsätzlich als Wollträger entwickeln könnte. - Unten: Die Kamele leben schon seit vier bis fünf Jahrtausenden im Haustierstand. Als ausgesprochene Wüstentiere konnten sich die Hauskamele allerdings nicht so weit ausbreiten wie die anpassungsfähigeren Hausesel.

Menschen werden dies bei Zuchtlenkungen berücksichtigt haben. In natürlich bedingter Mannigfaltigkeit begannen sich damit Einflüsse gelenkter, »künstlicher« Zuchtwahl auszuwirken.

Doch viel entscheidender war, daß Haussäugetiere im menschlichen Wirtschaftsgefüge sehr rasch eine so hohe Bedeutung erlangten, daß sie von Menschengruppen bei Wanderungen mitgeführt wurden. Dabei gelangten sie in Gebiete mit sehr unterschiedlichen klimatischen Bedingungen, in denen die Wildart nie vorgekommen war. Die eingeführten Haussäugetiere mußten sich auch diesen neuen Umweltbedingungen anpassen. Es entstanden Landrassen, die eine erstaunliche Anpassungsfähigkeit der Haussäugetiere belegen. Diese klingt an die Bildung von Unterarten an. Hinweise dafür finden sich an anderen Stellen, in zoologischer Betrachtung eingehender bei Herre und Röhrs, 1988. Reizvoller als eine Vertiefung der Rasseentwicklung bei den verschiedenen Haustier- und Farmtierarten erscheint eine vergleichende Betrachtung der Abwandlungen der Wildarten der Säugetiere im Hausstand. Daraus ergaben sich wichtige Fragen für die Zoologie. Trotzdem ist auch bei einer solchen Erörterung in unserem Rahmen Begrenzung geboten.

Vergleichende Betrachtung der Änderungen im Hausstand

Grundsätzlich zeigt sich, daß im Hausstand der Säugetiere kein Körperteil, kein Organ in Struktur und Leistungen von Veränderungen verschont bleibt. Die Wandlungen sind innerhalb der verschiedenen Arten von unterschiedlichem Ausmaß; sie erstrecken sich bis in den Feinbau und den molekularen Bereich, betreffen das Zusammenwirken der Organe untereinander und mit der Umwelt, und auch im Verhalten zeigen sich Veränderungen. Eigenarten treten bei Haussäugetieren auf, die von den jeweiligen Stammformen bislang unbekannt sind. Abwandlungen innerhalb von Haustieren der gleichen Säugetierart sind oft auffälliger als Unterschiede der Wildarten im Verwandtschaftskreis der Stammarten. Dies wirft Fragen nach den Beziehungen zwischen Artsein und Artkennzeichen auf.

Auffällig sind bei Haussäugetieren Besonderheiten der Körperdecke, die bei allen Arten auftreten. Bei wilden Säugetieren liegt die Haut dem Körper dicht an, bei Haussäugern neigt sie zur Faltenbildung. Färbungen und Musterungen des Haarkleides verleihen wilden Säugetieren Tarnung. Bei allen Haussäugetieren sind auffallende Färbungen und Musterungen zu finden. Bei den verschiedenen Arten treten schwarze und weiße, aber auch blaue, rote, braune und gelbe Grundfärbungen auf. In ihnen zeigen sich Fleckungen, Scheckungen und Streifungen in großer Vielfalt. Bei den Stammarten sind solche Erscheinungen höchst selten. Das Haarkleid der Stammarten gewährt Witterungsschutz und dient der Temperaturregulation. Es besteht aus dickeren, längeren Deckhaaren und kürzeren, feinen Unterhaaren, die einem Haarwechsel unterliegen, ein Haarstrich läßt Regen leichter abfließen. Bei den Haussäugern aller Arten wachsen die Haare oft gleichmäßig weiter, die Unterschiedlichkeit der Haarsorten schwindet allmählich, es entsteht ein feines Vlies, ein von Menschen verspinnbares Material, die Wolle. Bei einigen Haussäugetieren ist die Wollbildung durch züchterische Maßnahmen besonders gefördert worden. Der Haarstrich kann Störungen aufweisen, die Krümmungen der Haarfollikel bewirken eine Art Lockenbildung. Der Wert von Fellen als Pelzwerk wird für Menschen dadurch erhöht.

Bei allen Haussäugetieren treten im Vergleich zu den wilden Stammarten Zwerge und Riesen auf. Die Größenverschiedenheiten wirken sich aus physiologischen Gründen auf die Proportionierung innerhalb der Körper aus. Daher seien die Größenunterschiede innerhalb von Haussäugetieren durch einige Beispiele belegt. Minipferde erreichen eine Schulterhöhe um 70, Kaltblutpferde um 180 Zentimeter. Bei Haushunden wiegt die kleinste Rasse der Chiahuahua, um 2 Kilogramm, bei der Rasse der Mastiffs gibt es bis zu 90 Kilo schwere Einzeltiere. Auf den Menschen übertragen, würde dies bedeuten, daß bei Erwachsenen etwa Körpergewichte von 2 bis 90 Kilogramm auftreten würden. Die Körpergewichte von Hauskaninchen liegen zwischen 1 und 9 Kilogramm.

Als Beispiel für die mit der Körpergröße verbundenen Proportionsunterschiede seien die Schädel angeführt. Es zeigt sich, daß das Gesamtbild der Schädel von Zwergen einer Art wesentlich durch den Gehirnschädel bestimmt wird, während bei Riesen derselben Art der Gesichtsschädel überwiegt. Durch einen Vergleich einfacher Relativwerte verschieden großer Angehöriger einer Säugetierart lassen sich daher keine Aussagen über Veränderungen im Hausstand sichern. Mit Hilfe der Allometrieforschung ist jedoch eine Trennung größenabhängiger Wandlungen von größenunabhängigen Besonderheiten möglich. Einflüsse des Hausstandes lassen sich auf diese Weise eindeutig nachweisen.

Die Knochen von Haussäugetieren sind im Feinbau meist undifferenzierter und im Zusammenhang damit massiger als bei den Stammarten. Bei Schädeln lassen sich innerhalb der Hausformen einer Art größenunabhängig kurze, normale und langgestreckte Formen unterscheiden. Da die kurzen Schädel eine gewisse Ähnlichkeit mit Schädeln von Jungtieren haben, entstand die Meinung, daß viele Erscheinungen des Hausstandes als Stehenbleiben auf einer Jugendstufe der Entwicklung verstanden werden könnten. Diese Meinung ist inzwischen widerlegt worden. Die Vielfalt der Schädelgestalten innerhalb der Haussäugetierarten wird durch mosaikartige Veränderungen erhöht. So kann bei kurzschnauzigen Schädeln der Gesichtsschädel absolut verkürzt und im Verhältnis zur Schädelachse aufgerichtet sein oder aber die Kurzköpfigkeit durch eine Verschiebung des in seiner Länge veränderten Gesichtsschädels unter den Hirnschädel zustande kommen. Schädel von Haussäugetieren können durch eine Verlängerung der Gesichtsschädel schmaler erscheinen, oder es kann ein ähnlicher Eindruck bei gleichbleibender Länge durch eine absolute Verschmälerung des Schnauzenabschnittes hervorgerufen werden. Insgesamt zeigt sich, daß die Schädel der in den Hausstand gelangten Gruppen wilder Säugetierarten vielseitig umgestaltet werden. Die Fülle der Möglichkeiten erfordert sehr eingehende Untersuchungen.

Auch im Stoffwechsel und seinen Organen, angefangen von denen der Nahrungsaufnahme bis zu denen der Abgabe von Stoffwechsel-Endprodukten, unterscheiden sich Haussäuger von ihren Stammarten. Diese Unterschiede sind genetisch bedingt. Auch bei diesen Abwandlungen gibt es Übereinstimmungen bei den verschiedenen Arten der Haussäuger. So ist bei den Haustieren im allgemeinen der Darm insgesamt länger als bei den Stammarten, vor allem der Mittel- und Enddarm. Am Vorderdarm einiger Säugetiergruppen fallen besondere Gestaltungen der Mägen auf. Bei den echten Wiederkäuern, zu denen die wichtigsten Haussäugetiere gehören, laufen in Vormägen mit Hilfe symbiontischer Lebewesen entscheidende enzymatische Abbauvorgänge ab, die

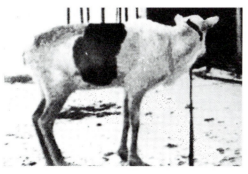

Alle Haustiere haben sich im Verhältnis zu ihren jeweiligen Stammarten mehr oder weniger stark verändert. Besonders augenfällig sind solche Abweichungen bei der Fellfärbung, in der häufig als Parallelbildung Schwarzweißmuster auftreten, die in der »Natur« nicht vorkommen. Einige Beispiele, von oben nach unten: Hausrind aus Nepal mit weißer Gürtelzeichnung, afrikanische Hängeohrhausziege mit weißer Gürtelzeichnung, peruanisches Lama mit schwarzer Gürtelzeichnung, lappisches Hausrentier mit schwarzer Gürtelzeichnung.

dem Nahrungsaufschluß dienen; aber auch Synthesen von wichtigen Substanzen werden von den Mikroorganismen durchgeführt. Es ist daher von hohem Interesse, daß neue physiologische Erkenntnisse, die W. von Engelhardt und seinen Mitarbeitern zu danken sind, ergeben haben, daß zwischen Rassen von Hausschafen sowie Hausziegen Unterschiede in der Größe der Vormägen, in der Verweildauer der Nahrung in diesen und in der in ihnen vorhandenen Flüssigkeitsmenge bestehen. Durch die Vergrößerung wird die Verwertbarkeit zellulosereicher Nahrung minderer Qualität gefördert. Sehr bemerkenswert ist, daß einige Hausschafrassen, so die Heidschnucken und Merinoschafe, die Fähigkeit haben, in Zeiten besonders nährstoffarmer Nahrung ihre Vormägen zu vergrößern. Andere Hausschafrassen, wie die Schwarzkopfschafe, sind zu solcher Anpassung nicht in der Lage.

Wachstumskapazität und Wachstumsintensität unterscheiden sich bei den Stammarten und ihren Hausformen in unterschiedlichem Ausmaß. Viel klarer als bei den Wildarten treten bei Haussäugern tonnig gestaltete Ansatztypen und schlankere Umsatztypen in Erscheinung. Bei Hausrindern sind die Milchleistungsrassen vorwiegend zu den Umsatztypen zu stellen.

Im Vergleich zu den Wildarten ist die Milchleistung vieler Hausrinder erstaunlich. So beträgt die durchschnittliche jährliche Milchleistung der Hausrindkühe in den Niederlanden 5130, in der Bundesrepublik Deutschland 4320 Kilogramm. Bei einer Höchstleistungskuh der Schwarzbuntrasse betrug die Jahresleistung 16 300 Kilogramm Milch. Hausrindkühe mit einer Tagesleistung von 64 Kilogramm Milch sind bekannt geworden. Solche Stoffwechselleistungen ergeben sich durch das Zusammenwirken vieler Organe. Es ist daher nicht verwunderlich, daß sich bei Stoffwechselorganen der Säugetiere des Hausstandes viele Eigenarten im Vergleich zu den Stammarten ermitteln lassen.

Auch auf das Fortpflanzungsgeschehen wirkt sich der Hausstand bei Säugetieren mannigfach aus. Auf erblicher Grundlage sind Haussäugetiere fruchtbarer als ihre Stammarten; die Fruchtbarkeit läßt sich also auch züchterisch beeinflussen, obgleich auch ökologische Gegebenheiten mitwirken. Auffällig ist zunächst, daß Haussäugetiere meist früher geschlechtsreif werden als die Stammarten. Oft kommt es zu einem Auseinanderklaffen zwischen Wachstumsabschluß und dem Beginn der Geschlechtsreife, also zur Akzeleration. In den Eierstöcken zeigen sich Unterschiede zwischen Stammarten und ihren Hausformen, es lassen sich auch Rasseunterschiede nachweisen. Die Zahl der Jungtiere je Geburt ist bei Haussäugetieren meist erhöht. Als Beispiel mögen genügen: Wildschweine haben jeweils 4–6 Junge, Hausschweine 10–12; einige Sauen mit 31 Jungen wurden bekannt. Wölfe bringen jeweils meist 6–8 Junge zur Welt, Haushunde bis 22. Bei Haushunden zeigte sich, daß die Wurfgröße durch die Körpergröße beeinflußt wird: Zwergrassen haben meist um 3 Welpen im Wurf, große Haushunde im Mittel 10. Es gibt aber Haushundrassen, bei denen die Zahl der Welpen je Geburt von der Körpergröße unabhängig ist, also von eigenen Erbanlagen gesteuert wird. Das Geburtsgewicht der einzelnen Haushundwelpen ist bei den verschieden großen Rassen unterschiedlich: Bei Zwergen beträgt es 6,5% des mütterlichen Körpergewichtes, bei Doggen 1,3%.

Links: Durch die »künstliche Zuchtwahl« sind bei den Haustieren Riesen und Zwerge entstanden. Königs- und Zwergpudel zeigen noch längst nicht die ganze Spannweite der Größenunterschiede, die zwischen den heutigen Haushundrassen bestehen. – Rechts: Haustiere sind fruchtbarer als ihre Stammarten. Hausschweine haben meist zehn bis zwölf, zuweilen noch weit mehr Junge, Wildschweine jedoch nur vier bis sechs.

Aber das Gesamtgewicht der Jungtiere eines Wurfes in Prozenten des Körpergewichtes der Mutter, die »mütterliche Leistung«, liegt sowohl bei Wölfen als auch bei den Haushundrassen, die bisher untersucht wurden, um 11%. Die allgemeinphysiologischen Regulationsmechanismen dieses Zusammenhanges sind noch unbekannt.

Die Wildarten der Säugetiere haben eine auf eine bestimmte Jahreszeit begrenzte Brunst. Diese ist so abgestimmt, daß die Jungtiere in einer für ihr Wachstum günstigen Jahreszeit zur Welt kommen. Auch bei den männlichen Tieren macht sich eine entsprechende Periodik durch Zeiten starker Hodentätigkeit und lebhaften Geschlechtstriebes und solche der Hodenrückbildung und der Geschlechtsruhe bemerkbar. Physiologisch wird in beiden Geschlechtern dem Wandel im Lichtrhythmus der Jahreszeiten eine entscheidende Bedeutung für diese Erscheinungen zugesprochen. Der Lichteinfluß wirkt sich über Tätigkeiten der Hirnanhangdrüse auf die Geschlechtsfunktionen aus. Bei wilden Säugetieren scheinen diese Beziehungen fest miteinander verknüpft. Bei Haussäugetieren lösen sich diese Verknüpfungen letztlich auf. Weibliche Haussäugetiere können viel öfter als die Stammart und von Jahreszeiten unabhängig brünstig werden, und Männchen der Haussäugetiere zeigen Dauerbrunst.

Eingehendere Untersuchungen zeigen, daß jene hormonalen Steuerungen im Körper, die bei Wildarten zu einer Einpassung in die ökologischen Gegebenheiten beitragen, im Hausstand ihre Wirksamkeit verlieren. Dabei sind erbliche Einflüsse mitbestimmend. Im anatomischen Aufbau der innersekretorischen Drüsen und in den physiologischen Wirkungen ihrer Hormone auf die Gewebe lassen sich zwischen wilden Säugetieren und ihren Hausformen wichtige Unterschiede ermitteln. Weitere Studien sind noch notwendig, um zur Klarheit zu gelangen. Der modernen Hormonforschung werden noch wichtige Fragen durch Haussäugetiere gestellt.

Veränderungen des Gehirns und Verhaltens in der Domestikation

Haustiere stehen seit vielen Generationen unter dem Schutz und der Fürsorge des Menschen, sie müssen sich aber dem Menschen unterordnen. Die natürliche Auslese ist weniger wirksam. Es fragt sich, ob diese veränderte Lage Auswirkungen auf Sinnessysteme, Zentralnervensystem und Verhalten hat. Anatomische Untersuchungen an Sinnesorganen berechtigen unter anderem zu der Aussage, daß Haustiere »schlechter« sehen als Wildarten, daß ihre Ohren für hohe Frequenzen weniger empfindlich sind und die Hörschwelle herabgesetzt ist. Haustiere sind lärmunempfindlicher. Am geringsten ist noch das Riechsystem verändert. Insgesamt nehmen Haustiere ihre Umwelt nicht mit jener Intensität wahr wie ihre unter natürlichen Auslesebedingungen lebenden wilden Vorfahren. Das macht Haustiere für ihre beengte Umwelt, die veränderten Beziehungen zueinander, für den Umgang mit Menschen, für ihren Einsatz als Reittier, Energielieferant, Milchproduzent und als Kumpan, weit geeigneter als Wildtiere, bei denen ständige Aufmerksamkeit, Angriffs- und Fluchtbereitschaft von größter Bedeutung sind.

Veränderungen von Sinnesleistungen führen zu der Frage nach Unterschieden im Zentralnervensystem. Schon Darwin hat aus der Bestimmung von Hirnschädelkapazitäten erschlossen, daß Haustiere kleinere Gehirne haben als die gleich großen Vertreter der wilden Stammarten. Vergleichende Untersuchungen an Gehirnen von Wild- und Haustieren sind in größerem Umfang durchgeführt worden. Bei Vergleichen der Hirngewichte ist die Beziehung Hirngewicht – Körpergewicht zu berücksichtigen. Sie läßt sich mit der Allometrieformel erfassen:

$$\text{Hirngewicht} = b \times \text{Körpergewicht}^a.$$

Dabei bezieht sich a auf die vom Körpergewicht abhängigen Hirngewichtsunterschiede; b enthält die Faktoren, welche außer dem Körpergewicht das Hirngewicht bestimmen. Im intraspezifischen (innerartlichen) Bereich hat a eine Größe von etwa 0,25. Dieser Wert stimmt bei Wild- und Haustieren überein; der Vergleich der b-Werte von Haustier und zugehöriger Wildart gibt Auskunft über Hirngewichtsänderungen während der Domestikation. Es hat sich herausgestellt, daß, mit Ausnahme der Labormaus, unabhängig von der Körpergröße das Hirngewicht bei Haustieren abgenommen hat. Die Abnahmen sind aber außerordentlich unterschiedlich, sie reichen von 9% bei der Laborratte bis zu über 33% bei den Hausschweinen. Diese unterschiedlichen Werte hängen von verschiedenen Faktoren ab: Dauer der Domestikation, Selektionsbedingungen, Evolutionshöhe. Dazu einige Beispiele: Beim Frettchen beträgt die Hirngewichtsabnahme ungefähr 28%, beim domestizierten Nerz aber nur 5–6%. Die Cephalisationshöhe, also der Entwicklungsgrad des Gehirns, ist bei diesen beiden nahe verwandten Arten gleich, aber das Frettchen ist ein recht altes Haustier, Nerze aber leben erst seit rund 100 Jahren im Hausstand. Bei Hauskatzen sind die Fortpflanzungsverhältnisse durch den Menschen kaum beeinflußt, bei ihnen beträgt die Hirngewichtsabnahme 24%; bei Rassekatzen, bei denen künstliche Selektion intensiv durchgeführt wird, dagegen 31–32%. Bei allen Haustieren ist ein Maximum der Hirnreduktion möglich, dieses Maximum hängt von der Cephalisationshöhe ab. Im interspezifischen Bereich (Vergleich unterschiedlich großer Arten gleicher Evolutionshöhe und etwa gleicher Spezialisation) beträgt der Wert von a für die Beziehung Hirngewicht – Körpergewicht 0,56. Unterschiede der b-Werte zwischen Arten sind Ausdruck verschiedener Cephalisationshöhe. Für den Vergleich der Stammarten von Haustieren wurde der b-Wert der Wanderratte = 100% gesetzt. Entsprechend wurde die Neokortikalisation (Ausbildung des Neokortex, also der Neuhirnrinde) ermittelt. Je höher die Cephalisation der Wildart ist, desto stärker die Hirngewichtsabnahme in der Domestikation. Der Neokortex, höchstentwickelter Hirnteil bei Säugern und übergeordnetes System aller Wahrnehmungs- und Bewegungsvorgänge, nimmt bei Haustieren immer stärker ab als das Gesamthirn. Je höher die Neokortikalisation (Größe des Neokortex unabhängig von der Körpergröße), um so stärker die Reduktion bei Haustieren. Diese Befunde sind von besonderem Interesse; fortschreitende Hirnentfaltung in der Evolution ist gekennzeichnet durch Hirnvergrößerung und Neokortexzunahme und -differenzierung unabhängig von der Körpergröße; Haustiere sind hier ein Beispiel für eine »Rückentwicklung« (regressive Evolution).

Auch einzelne Funktionsysteme des Gehirns sind sehr unterschiedlich verändert. Sehr starke Reduktionen erfährt das optische System, besonders der neokortikale Anteil; geringer sind die Abnahmen im stammesgeschichtlich älteren olfaktorischen (den Geruchssinn betreffenden) System. Hierbei sind die

Cephalisationshöhen und Neokortikalisationshöhen der Wildarten von Haussäugetieren (Wanderratte jeweils 100%). Abnahme von Hirngewicht und Neokortexvolumen im Hausstand

	Cephalisation Wildform	Abnahme Hirngewicht	Neokortikalisation Wildform	Abnahme Neokortexvolumen
Maus	87	0.0	–	–
Ratte	100	– 8.1	100	– 12.3
Meerschweinchen	177	– 13.4	195	–
Kaninchen	184	– 13.0	168	–
Schwein	394	– 33.6	365	– 37.0
Schaf	435	– 23.9	449	– 26.2
Lama/Alpaka	496	– 17.6	478	– 22.9
Frettchen	208	– 28.6	270	– 31.6
Katze	420	– 24.0	513	–
Hund	451	– 28.8	528	– 30.7

Teile stärker reduziert, welche der Fernorientierung dienen; geringer sind Hirngebiete des olfaktorischen Systems zurückgebildet, die der Nahrungskontrolle, der Individualerkennung und der Geschlechterfindung dienen. Die Reduktion des limbischen Systems geht immer über die Gesamthirnabnahme hinaus; dies System ist verantwortlich für Emotionalität, allgemeine Wachsamkeit und Aufmerksamkeit. Die Reduktion dieses Systems steht wohl in Zusammenhang mit der Dämpfung vieler Verhaltensweisen bei Haustieren.

Die Abwandlungen des Nervensystems bei Haustieren lassen sich nicht als Modifikationen deuten. Bei Kreuzungen zwischen Pudeln und Wölfen liegen die Hirngewichte der ersten Nachzuchtgeneration in der Mitte (intermediär), in der zweiten Nachzuchtgeneration treten Aufspaltungen auf; Hirngröße, Hirngestalt und Furchenmuster werden unabhängig voneinander kombiniert. Das weist auf Steuerung durch mehrere voneinander unabhängige Erbanlagen hin. Verwilderte Haustiere zeigen keine Wiederzunahme der Hirngröße.

Mit den Hirnänderungen bei Haustieren stehen Verhaltensänderungen in engem Zusammenhang. In den Hausstand überführt wurden vorwiegend sozial lebende Wildarten; sie müssen eine besondere Eignung gehabt haben. Im Hausstand haben sich soziale Verhaltensweisen verändert. Viele Sozialstrukturen, welche bei der Wildart arterhaltend wirken, verlieren im Hausstand ihren Sinn, ja erweisen sich angesichts der hohen Besiedlungsdichten für die Beziehungen der Haustiere untereinander und zum Menschen als nachteilig. Dies sei an Wölfen und Haushunden veranschaulicht, da hier besonders viele Beobachtungen vorliegen. Wölfe bilden Rudel, die Verhaltensweisen der einzelnen Mitglieder sind recht unterschiedlich. Es gibt sehr kräftige, erfolgreiche Kämpfer, deren Aufmerksamkeit und Beobachtungsgabe aber sehr gering ist. Bei anderen Mitgliedern sind gerade diese Fähigkeiten ausgebildet, es mangelt ihnen aber an »Kampfgeist«, Kraft und Wendigkeit. Zum erfolgreichen Beuteerwerb des Rudels ist Zusammenarbeit der verschieden veranlagten Tiere von Belang. Bei Haushunden überwiegen wenig angriffslustige und wenig aufmerksame Tiere.

Im Wolfsrudel herrscht eine Rangordnung, die immer wieder umkämpft wird; Wölfe ordnen sich den jeweiligen Rangordnungen nur für eine gewisse Zeit ein. In einem Pudelrudel ist die Rangordnung sehr lange Zeit bemerkenswert stabil; Pudel und andere Haushunde ordnen sich einer einmal gegebenen Rangordnung langfristig unter. Dies macht sie für den Hausstand und für den Umgang mit Menschen so viel geeigneter als Wölfe.

Die Wölfe (also die Wildart) zeichnen sich durch kräftige, wohlkoordinierte Bewegungen aus; ihre Handlungen erscheinen sehr genau aufeinander abgestimmt. Sie sind viel beweglicher als Haushunde. Dagegen haben die Pudel bei ihren Fortbewegungsweisen, besonders beim Trab und beim Galopp, die fließenden Bewegungen der Wölfe eingebüßt; sie zeigen auch nicht die bei Wölfen sehr angespannte Orientierungshaltung. Zudem fehlt ihnen der Beobachtungssprung, für den eine erhebliche Körperbeherrschung erforderlich ist. Weiterhin sind bestimmte Haltungen einzelner Körperteile, die bei Wölfen der sozialen Verständigung dienen, bei Hunden verlorengegangen oder rückgebildet. Von den ausdrucksstarken sozialen Verhaltensweisen der Wölfe zeigen die Pudel weniger als die Hälfte, und diese auch nur noch in schwächerer, abgeflachter Form. Entsprechendes gilt auch für das Spielverhalten. Die bei Wölfen sehr ausdrucksstarken Rennspiele sind bei Pudeln nur noch zum geringen Teil vorhanden.

Infolge von »Rückentwicklungen« im Gehirn veränderte sich bei Haustieren auch das Verhalten. Sie sind weniger wachsam und »geistig« beweglich als ihre wildlebenden Vorfahren. Diese argentinischen Hochzuchtrinder sind gleichsam »willenlose« Werkzeuge in den Händen der Gauchos.

Im Spiel reifen beim Wolf die Triebbestandteile des Jagdverhaltens getrennt voneinander und werden erst später aufeinander abgestimmt. Die Auslösemechanismen einiger dieser Verhaltensweisen reifen sehr früh. Bei Pudeln lassen sich ihre Anfänge ebenso früh beobachten wie bei Wölfen; doch im Unterschied zu den Wölfen erfahren viele dieser zunächst isoliert auftretenden Verhaltensweisen später keine weitere Differenzierung mehr. Erwachsene Pudel verhalten sich im Grunde etwa wie junge Wölfe. Auch die Kraft und Stärke von Angriffen ist bei Wölfen viel größer als bei Pudeln. Während Pudel fremde Hunde nur im eigenen Revier angreifen, ist bei Wölfen die Abneigung gegen Rudelfremde besonders zur Brunstzeit weit stärker. Eine Zunahme des aggressiven Verhaltens in bestimmten Jahreszeiten oder während der Hitze von Hündinnen ließ sich bei Pudeln nicht feststellen; auch in dieser Beziehung gleicht ihr Verhalten dem junger, noch nicht geschlechtsreifer Wölfe.

Auffällige Unterschiede finden sich auch bei der Nahrungsaufnahme. Wölfe sind am Futterplatz ausgesprochen sozial; Jungtiere und säugende Mütter mit großem Nahrungsbedarf haben den Vortritt. Die Rüden beteiligen sich durch Fütterung der Jungen an der Aufzucht. Bei Pudelrüden ist das nicht der Fall. Sie sind am Futterplatz ausgesprochen angriffslustig. Befinden sich in einer Gruppe Jungtiere, dann zeigen Wölfe ein vorsorgliches Sicherungsverhalten, während bei Pudeln in einer solchen Situation keine Zunahme der orientierenden Verhaltensweisen zu beobachten ist.

Auch bei der innerartlichen Kommunikation (Verständigung) zeigen sich zwischen Stammart und Hausform Unterschiede; Erbfaktoren und Lernvorgänge wirken dabei zusammen. Wölfe, aber auch andere Stammarten haben ein höchst differenziertes Verständigungsrepertoire. Es setzt sich aus mannigfachen Gebärden und Lauten zusammen. Wechselnde Kombinationen der Einzelelemente haben unterschiedliche Bedeutungen. Im Nahverkehr spielen ausdrucksstarke Gebärden und leise, hohe Töne eine wesentliche Rolle; bei der Fernverständigung werden Körperhaltungen, vielfältige Heulstrophen und manchmal Bellaute eingesetzt. Bei der Verständigung zwischen Haushunden sind die Gebärden weniger variabel, weniger differenziert, und in der Lautgebung überwiegt das Bellen, auch im Nahverkehr. Meist ist Bellen nur noch eine Affektäußerung; besonders im Umgang mit Menschen kann das Bellen hypertroph (übertrieben) werden, es erregt aber die menschliche Aufmerksamkeit. Haushunde heulen nur selten. Es ist aber klar, daß Wölfe und Haushunde zu gleichen Lautäußerungen fähig sind; aber diese Fähigkeiten werden unterschiedlich genutzt. Für die bevorzugten Lautäußerungen sind nicht Unterschiede in den Stimmorganen, sondern nervöse Steuerungsmechanismen verantwortlich. Kreuzungstiere zwischen Pudeln und Wölfen brachten eigenartige Mischlaute hervor und zeigten auch unterschiedliche Reaktionen auf Laute und Gebärden.

Für Erwägungen über die Evolution innerartlicher Kommunikationssysteme bei Säugetieren, einschließlich des Menschen, ist die Beobachtung der Verschiedenheiten zwischen Wildart und Hausform von Interesse. Sie lehrt, daß für den Umfang und die Bedeutung einer Verständigung innerhalb der Arten der höheren Wirbeltiere die Lauterzeugung in der anatomischen Struktur mit einer zentralnervösen Verarbeitung von Nachrichtenaussendungen und Nachrichtenverarbeitung in rechtem Einklang stehen muß. Das gilt auch für die Gebärden. Erbfaktoren, welche die Einzelelemente steuern, sind voneinander unabhängig. Arttypische Einheiten wurden in stammesgeschichtlichen Abläufen herausgebildet. Säugetiere verfügen über Gedächtnis, und sie sind auch zu Planhandlungen befähigt, und es ist durchaus gerechtfertigt, die innerlichen Kommunikationssysteme von Säugern als arteigene »Sprachen« zu bezeichnen. Im Hausstand vermindert sich die innerartliche Kommunikation. Die Individuen einer Haustierart haben einander nicht mehr soviel mitzuteilen, die Beziehungen zum Menschen haben letztlich Vorrang erhalten. Es zeigt sich auch bei Verhaltensweisen, wie rasch Anpassungsvorgänge durch Auslese in Populationen tiefgreifende Änderungen herbeiführen. Auch bei vielen anderen domestikationsbedingten Verhaltensbesonderheiten läßt sich dieser Tatbestand nachweisen.

Als ein weiteres Beispiel für Verhaltensänderungen seien die Schweine genannt. Auch zwischen Hausschwein und Wildschwein bestehen bemerkenswerte Verhaltensunterschiede. Bei Hausschweinen ist die typische Gruppenstruktur der Stammarten aufgelöst, der Bewegungsdrang herabgesetzt, das Fluchtverhalten weniger ausgeprägt und der Fluchtabstand stark verringert. Wildschweine sind sehr aggressiv und greifen Gegner sogar in Gruppen an; eine Dämpfung dieses Aggressionstriebes war eine wichtige Voraussetzung für die Haustierwerdung. Ebenso findet man bei Hausschweinen wesentliche Anteile der Nahrungssuche nicht mehr; vor allem ist Beutefang selten zu beobachten. Wildschweine jagen neben Insektenlarven auch Frösche, Reptilien, Nagetiere, Hasen und sogar Rehkitze. Im Bereich des Fortpflanzungsverhaltens ist der Rivalenkampf der Eber nicht so heftig wie in freier Wildbahn. Ebenso fehlen bei weiblichen Hausschweinen die vielfältigen Verhaltensweisen beim Nestbau, wie sie Wildschweinbachen zeigen.

Im folgenden wollen wir versuchen, die Verhaltensänderungen bei Haustieren in eine gewisse Ordnung zu bringen. Zunächst schildern wir einige Verhaltensweisen, die bei Haustieren abgenommen haben oder ganz fortgefallen sind. Schon bei Laborratten findet man im Vergleich zu Wanderratten eine starke Abnahme der Gesamtaktivität, des Warnverhaltens, der Flucht und der Verteidigungshandlungen. Während Wanderratten bei Gefahr einen kennzeichnenden Schrei ausstoßen, ist dieser Schrei bei Laborratten verlorengegangen. In freier Wildbahn warnen

Guanakohengste ihren Familienverband durch ein helles Wiehern vor Gefahr; der Verband ergreift daraufhin die Flucht, und der Hengst folgt und versucht häufig, den Gegner abzulenken. Bei den recht frei gehaltenen Lamas und Alpakas (die vom Guanako abstammen) konnten wir in Südamerika ein solches Verhalten nie beobachten. Ganz allgemein kann wohl gesagt werden, daß bei Haustieren die Fluchtabstände beträchtlich verringert sind und die Fluchthandlungen stark abgenommen haben; bei manchen Haustieren ist Fluchtverhalten durch künstliche Auslese sogar fast völlig ausgemerzt.

Auch die Angriffslust kann bei vielen Haustieren stark gedämpft sein. Gekäfigte Wanderratten töten hinzugesetzte Mäuse fast regelmäßig; bei Laborratten ist das eine Ausnahme. Sperrt man zwei Wildratten in einen Käfig und versetzt ihnen einen Elektroschock, so bekämpfen sich die Tiere ungewöhnlich heftig; dagegen versuchen Laborratten unter den gleichen Bedingungen zu fliehen. Auf Dämpfung der Angriffslust haben die Menschen offensichtlich von Anfang an Wert gelegt, da angriffslustige große Haustiere nur schwer zu handhaben sind.

Auch Verhaltensweisen, die mit dem Nahrungserwerb zusammenhängen, können bei Haustieren abgeschwächt sein und zum Teil verschwinden. Die Hausraubtiere Frettchen, Haushund und Hauskatze führen Beutefanghandlungen für gewöhnlich weniger häufig durch als ihre Wildformen. Das kann schon mit der einfachen Tatsache zusammenhängen, daß der Mensch diese Tiere füttert. Manche Haushunde und Hauskatzen fangen, töten und verzehren überhaupt keine Beutetiere mehr, selbst wenn sie ihnen angeboten werden; bei anderen fallen Teile der Beutefanghandlungen aus. So gibt es Hauskatzen, die noch Beutetiere fangen und töten, sie aber nicht mehr verzehren; andere fangen

und töten nicht mehr, verzehren aber tote Beutetiere. Bei manchen Gebrauchshunden sind die letzten Teile der Beutefanghandlungen ausgefallen; die Handlungskette bleibt buchstäblich beim »Vorstehen« stehen.

Übrigens braucht bei Hausschweinen die Fähigkeit zum Beutefang nicht immer verlorenzugehen. Es gibt einzelne Ausnahmen, die uns zeigen, daß bestimmte Verhaltensweisen getrennt von anderen entwickelt werden können. So wurden zum Beispiel vom 11. bis

Links: Auf die Dämpfung der Angriffslust hat der Mensch bei seinen Haustieren vermutlich von Anfang an großen Wert gelegt. Hausrinder kämpfen zwar des öfteren miteinander, aber längst nicht so heftig wie ihre Ahnen. - Rechts: Beim Vorstehhund ist das Beutefangverhalten »gestört«. Er spürt die Beute auf, tötet und verzehrt sie jedoch nicht, wie es sein wildlebender Vorfahr, der Wolf, unweigerlich tun würde. Statt dessen läßt er sie vom Jäger erlegen und apportiert sie ihm. Dies ist nicht nur eine Frage der Abrichtung, sondern auch erblicher Verhaltensbesonderheiten.

zum 15. Jahrhundert in Hampshire (England) Jagdschweine gehalten. Eines dieser Tiere mit Namen »Slut« erlangte dabei große Berühmtheit. Dicscs Jagdschwein war vielen Jagdhunden weit überlegen; es konnte alle Arten von Wild aufspüren, vorstehen und auch apportieren.

Bei Haustieren, die ausschließlich von Gras und anderen Pflanzen leben, entfällt im Hausstand die Suche nach Futterplätzen und die Verteidigung solcher Weideplätze. Aus neuesten Forschungen geht jedoch hervor, daß auch bei ihnen die Verhaltensänderungen bei der Nahrungsauswahl bemerkenswert sind. Während viele Wildformen bestimmte Nährpflanzen benötigen und sie aus einem reichen Nahrungsangebot sorgfältig auswählen können, besitzen Haustiere nicht mehr diese Fähigkeiten der Nahrungsauswahl, selbst wenn ihnen die Freiheit dazu gegeben wird.

Umgekehrt können aber bei Haustieren auch Übersteigerungen von Verhaltensweisen auftreten. So kann der Trieb zur Nahrungsaufnahme häufig erheblich verstärkt sein. Bei den Beutefanghandlungen der Raubtiere können Einzelteile aus der Gesamthandlung erheblich zunehmen. Manche Hauskatzen fangen zum Beispiel mehrmals dieselbe Maus, ohne sie zu töten; andere tragen immer wieder getötete Beutetiere ins Nest oder zum Haus. Auch Hunde können ausgeprägte »Rattenbeißer« sein. Bei manchen Haushunden ist der Aggressionstrieb nicht vermindert, sondern sogar gesteigert; sie greifen Tiere an, die ein Wolf niemals attackieren würde.

Vor allem beim Fortpflanzungsverhalten gibt es bei den Haustieren Übersteigerungen. So werden Haustiere allgemein früher geschlechtsreif als die Wildtiere; die Zahl der Geburten und auch der Nachkommen erhöht sich. Die sexuellen Aktivitäten sind stark gesteigert. Übersteigerungen von Verhaltensweisen können bei den Haustieren sogar zu veränderten Körperhaltungen führen. Der Wolf stellt seinen für gewöhnlich herabhängenden Schwanz beim Imponieren leicht geringelt über dem Rücken auf; bei manchen Hunden ist diese Imponierhaltung des Schwanzes zu einer Dauerhaltung geworden. Ein stark gehemmter Wolf trägt seinen Schwanz »eingekniffen«, was bei Haushunden gleichfalls eine Dauerhaltung sein kann. Solche Dauerhaltungen können allerdings bei den Haustieren keineswegs als ein Ausdruck für dauerndes Imponieren oder Gehemmtsein gewertet werden.

Das Flehmen als Bestandteil des Fortpflanzungsverhaltens ist bei diesem Zebu oder Buckelrind voll erhalten geblieben. Oft läßt sich bei Haustieren sogar eine Steigerung der sexuellen Aktivitäten feststellen.

Nach Konrad Lorenz können im Hausstand ursprünglich zusammengehörige Verhaltensweisen auseinanderfallen. Wenn Haushunde die Beutefanghaltung beim Vorstehen abbrechen, dann ist das schon ein Zerfall zusammengehöriger Verhaltensweisen. Die bei Wölfen beschriebenen Vorgänge der Paarbildung und des einehigen Zusammenlebens sind bei Haushunden nicht mehr zu beobachten. Eine weitere Gruppe von Abwandlungen des Verhaltens bei Haustieren sind nach Lorenz Änderungen im Bereich der Auslösemechanismen, die auf Schlüsselreize den Ablauf angeborener Verhaltensweisen freigeben. So gibt es bei den Haustieren Schwellenerhöhungen und Schwellensenkungen für die angeborenen Auslösemechanismen. Es können bestimmte Handlungen auch durch Ersatzreize ausgelöst werden; das heißt, viele Haustiere führen Handlungen an völlig falschen Objekten durch. Ersatzobjekte wie Wollknäuel, Steine und Zweige werden von Katzen und Hunden in der Jugend zunächst im Spiel benutzt, dienen aber bei erwachsenen Tieren ebenfalls zur Durchführung von Beutefanghandlungen. Durch sehr grobe Schlüsselreize werden bei Haustieren auch Sexualhandlungen ausgelöst. Deshalb ist es möglich, mit sehr vereinfachten Attrappen Hausschweineber und Bullen zu Begattungshandlungen zu bringen – eine Erscheinung, die man bei der künstlichen Besamung benutzt.

Im Zusammenhang mit den Verhaltensänderungen muß noch eine Tatsache erwähnt werden: Bei vielen Haustieren hat sich der Körperbau so stark verändert, daß sie gar nicht mehr in der Lage sind, die Verhaltensweisen der Wildtiere in der entsprechenden Weise durchzuführen. Schon die erheblichen Änderungen in der Körpergröße können hierbei eine Rolle spielen. Hausrinder, Hausziegen und Hausschafe mit ihren erheblich abgewandelten Hornformen vermögen Rivalenkämpfe nicht mehr so durchzuführen wie ihre wilden Vorfahren. Hunde mit Hängeohren können ihre Ohren nicht mehr aufrichten, obwohl sie es versuchen.

Die bisher geschilderten Verhaltensänderungen im Hausstand beziehen sich vorwiegend auf angeborene Verhaltensweisen. Viele der beobachteten Änderungen bei den Haustieren sind sicher erblich. Das geht schon aus der Tatsache hervor, daß der Züchter auf bestimmte Verhaltensmerkmale erfolgreiche Auslese treiben kann. Durch Kreuzungsversuche wurde bei Hunden nachgewiesen, daß domestikationsbedingte Verhaltensmerkmale in der Tat erblich sein können. Beobachtungen an Kreuzungen zwischen Wölfen und Großpudeln im Tiergarten des Instituts für Haustierkunde in Kiel lassen ähnliche Aussagen zu. Sicher hat zu Beginn der Haustierwerdung auch schon eine unbewußte Auswahl von Wildtieren mit bestimmten Verhaltensmerkmalen stattgefunden.

Hier sind Beobachtungen an gekäfigten Laborratten aufschlußreich: Besonders die zahmeren und ruhigen Tiere pflanzen sich in Menschenobhut fort, während man bei wilden, angriffslustigen Tieren nur geringe Zuchterfolge erreicht. Allerdings sind selbstverständlich nicht alle Verhaltensänderungen in der Domestikation erblich; so können im Hausstand natürlich auch – je nach der Situation oder der Umwelt – angeborene Verhaltensweisen »anders« ausgeführt werden als beim Wildtier.

Die Aufnahme und Verfolgung einer Geruchsfährte ist für den Polizeihund eine lohnende Aufgabe, die dem natürlichen Verhalten des Wolfsnachfahren entspricht.

Durch die besonderen Bedingungen des Hausstandes haben die Haustiere zum Teil gegenüber den Wildtieren gewisse Freiheiten erworben. Der Mensch übernimmt für sie die Sorge um die Nahrung, die Verteidigung gegen natürliche Feinde und so weiter. Die fast ständig gespannte Aufmerksamkeit der Wildtiere ist bei Haustieren nicht mehr vorhanden. Haustiere leben im »entspannten« Feld, wie Lorenz es ausdrückt; bei ihnen fehlen die vielseitigen Beanspruchungen, die bei einem Leben in freier Wildbahn fast andauernd vorhanden sind. Im Zusammenhang hiermit zeigen die erworbenen und erlernten Verhaltensweisen bei Haustieren eine bemerkenswerte Vielfalt. Das läßt sich besonders bei den verschiedenen Dressurleistungen nachweisen. Man denke nur an entsprechende Handlungen bei Hunden, Schweinen oder Pferden. Diese Leistungen stellen aber keine echten Neuerwerbungen in der Domestikation dar. Schließlich lassen sich auch Wildtiere unter Gefangenschaftsbedingungen gut dressieren und erlernen hier Handlungen, die in freier Wildbahn nie durchgeführt würden. Vielfach ergeben sie sich bei Haustieren aus dem Bedürfnis nach Betätigung; dies macht sie für Lernvorgänge oft besonders geeignet. Außerdem wirken sich Prägungen durch menschliche Einflüsse mannigfach aus.

Gegenüber ihren Wildarten zeigen Haustiere im Verhalten eine ungewöhnliche Vielfalt. Dennoch hat sich der Ablauf dieser Verhaltensweisen gegenüber Wildtieren grundsätzlich nicht geändert; neue Verhaltensweisen sind nicht entstanden. Die Verhaltensänderungen treten nicht bei allen Haustieren gleichmäßig auf. Es gibt Haustiere, die noch ausgesprochen wildähnlich sind; andere weichen von der Wildart weit ab. In diesem Sinne ist die Vielfalt groß. Allerdings ergibt sich eine scheinbare Erhöhung dieser Vielfalt vor allem daraus, daß Einzelerscheinungen unterschiedliche Wandlungen durchmachen und Verhaltensweisen, die einer biologisch einheitlichen Gruppe zuzuordnen sind, auseinanderfallen können. Diese Beobachtungen lassen den Schluß zu, daß bei einer Wildart eine Kette aufeinander bezogener Verhaltensweisen nicht durch die gleiche Erbanlage gesteuert wird, sondern daß sich mehrere selbständige Anlagen zu einer biologisch abgestimmten Einheit zusammenfügen. Unter den Bedingungen natürlicher Auslese bringt diese Vereinigung Nutzen, während sich unter den Bedingungen des Hausstandes die Einzelanteile voneinander lösen können. So entwickeln sich einseitige Spezialisten wie Vorstehhunde, deren Besonderheiten noch vom Menschen gefördert werden. Im Vergleich zur Wildart, die in eine bestimmte Umwelt eingepaßt ist, entstehen »Disharmonien«. Deshalb kann man die Verhaltensänderungen bei Haustieren nur sehr bedingt als Modell für die natürliche Evolution von Verhaltensweisen heranziehen. Sie zeigen uns aber, wie vielseitig die Ausgestaltungsmöglichkeiten sind, wenn Tiere unter Bedingungen geraten, die den normalen biologischen Anforderungen nicht mehr entsprechen.

Die Veränderungen des Verhaltens mögen den Eindruck erwecken, als seien Haustiere »degenerierte Wildtiere«. Eine solche Meinung ist aber biologisch nicht gerechtfertigt. Die geschilderten Änderungen sind Anpassungen an die vom Menschen geschaffenen Umweltbedingungen des Hausstandes. Dabei bleibt die Frage offen, inwieweit diese Bedingungen des Hausstandes noch weiter verändert werden können und wo die Anpassungsfähigkeit der Haustiere ihre Grenzen hat. In diesem Zusammenhang sind moderne Tierhaltungsformen von besonderem Interesse. Alles in allem sind Haustiere fähig, sich den Bedingungen des Hausstandes auch in ihren erblichen Grundlagen vielfältig anzupassen. Ob dieser Entwicklung Grenzen gesetzt sind, die auch bestimmte Formen der Haustierhaltung unmöglich machen, kann noch nicht beurteilt werden. Daher erscheint es denkbar, daß durch weitere Züchtungen Anpassungen an noch extremere Haltungsbedingungen erzielt werden können, als sie heute im allgemeinen üblich sind. Doch dies ist ein Feld ungewisser Zukunft. Zum überwiegenden Teil sind die Verhaltensänderungen, die sich von der Wildart zum Haustier vollzogen haben, erblich gesteuert. Sie lassen sich mit den Auslesebesonderheiten der vom Menschen ständig weiter veränderten Umwelt in Zusammenhang bringen. Die Fortführung und Vertiefung der Forschung über den Verhaltenswandel von der Wildart zum Haustier und all seine Ursachen wird zweifellos dazu beitragen, allgemeine Grundfragen tierlichen Verhaltens besser zu erkennen. Solche Kenntnisse sind auch nützlich zur Deutung von Verhaltenseigenarten des Menschen, weil er seine eigene Umwelt in einer Weise verändert, die in mancher Hinsicht an die Lebensbedingungen der Haustiere erinnert.

Parallelbildungen bei Haustieren

Die vergleichende Betrachtung von im Hausstand auftretenden Veränderungen wilder Säugetierarten unterschiedlicher systematischer Stellung lehrt, daß sich bei den verschiedenen Arten weitgehend übereinstimmende Erscheinungen einstellen. Diese Parallelität ist bemerkenswert. Parallelbildungen sind aber nicht auf Haussäugetiere begrenzt, sie werden bei diesen nur besonders einprägsam. Die Ermittlung stammesgeschichtlicher Zusammenhänge wird durch Parallelbildungen oft erschwert, denn im allgemeinen gilt, daß im Laufe der Stammesgeschichte ähnliche Strukturen zunehmend unähnlicher werden. Bei Parallelbildungen entstehen jedoch aus unähnlichen Strukturen ähnliche Erscheinungen. Es kann nicht verwundern, daß dieser Sachverhalt zu vielen Erwägungen und Untersuchungen herausforderte; Haussäugetiere boten dabei wichtige Materialien. Es zeigte sich, daß nicht nur die Entwicklungsabläufe, die zu den Parallelbildungen führen, bei den verschiedenen Arten weitgehend übereinstimmen, auch der Erbgang mancher parallel auftretender Merkmale ist gleich. Daher kam der Gedanke auf, daß Einflüsse der Umwelt des Hausstandes sich auf das Mutationsgeschehen auswirken könnten und im Hausstand die Mutationsrate erhöht sei. Diese Vorstellungen mußten verworfen werden. Auch die Annahme, daß homologe (gleichartige) Gene, die von noch gemeinsamen entfernten Vorfahren herrühren sollten, bei Haussäugetieren zu einer Wirksamkeit wiedererweckt würden, erwies sich als höchst unwahrscheinlich. Es wurde erkannt, daß die meisten Parallelbildungen durch polygene, also durch mehrere Erbfaktoren bedingte Systeme zustande kommen. Trotz allen Mühens ist es noch nicht gelungen, eine befriedigende Deutung der Parallelerscheinungen bei Haussäugetieren, noch auch bei Wildarten, vorzulegen. Die Aufhellung dieser Problematik bleibt eine Herausforderung an die moderne Zoologie.

Lebensbedürfnisse von Haustieren

Die Haussäugetiere haben zwar ihr Gespür für die Einheit ihrer jeweiligen Fortpflanzungsgemeinschaft mit nur einer Wildart bewahrt, sich aber bei der Kolonisierung der Umwelt eines Hausstandes und durch lenkende Zuchteinflüsse von Menschen gegenüber dem in freier Wildbahn verbliebenen Teil ihrer Art wesentlich verändert. Dies machten bereits unsere knappen Hinweise eindeutig. Daher können auch die ökologischen Bedingungen, unter denen die Norm ihrer Wildart lebt, nicht mehr als allgemeine Grundlage zur Beurteilung der Lebensbedürfnisse von Haussäugetieren herangezogen werden. Die Besonderheiten der Haussäugetiere sind erblich verankert. Daher gelingt Haussäugetieren eine Rückkehr in die natürlichen Lebensräume der Stammart und der Aufbau überlebensfähiger Bestände in diesen, also eine echte Verwilderung, im allgemeinen nicht. Nur unter besonders günstigen Voraussetzungen vermehren sich einzelne Populationen von Haussäugetieren in freier Wildbahn längere Zeit. Kommt die Stammart im Verwilderungsgebiet vor, vermischen sich Stammart und Hausform. Doch die gelungene Verwilderung einiger Populationen von Arten der Haussäugetiere verdienen unsere Aufmerksamkeit. Sie wurden oft als ein Gegenexperiment zur Haustierwerdung bezeichnet. Die Meinung ist vertreten worden, daß die Nachfahren verwilderter Haussäugetiere zu ihrer Stammart »zurückschlagen«, also deren Eigenarten wieder annehmen. Diese Unterstellung erschien uns unwahrscheinlich, und wir untersuchten verwilderte Haustiere verschiedener Arten, besonders auf Inseln des Galapagos-Archipels. Es ergab sich, daß die dort verwilderten Haussäugetiere, die aus alten europäischen Landrassen hervorgingen, trotz langer Verwilderungszeit echte Haustiere geblieben sind. Die Bedeutung der erblichen Grundlage trat eindrucksvoll zutage. Gründereffekte konnten sich in der Verwilderungszeit noch nicht einstellen.

Kulturrassen der Haussäugetiere sind von einer durch Menschen gestalteten Umwelt und von menschlicher Betreuung physisch und psychisch in hohem Grade abhängig geworden. Doch bei der Haltung solcher Haussäugetiere treten menschliche Wünsche, seien sie wirtschaftlich oder gefühlsmäßig bestimmt, oft so stark in den Vordergrund, daß tierliche Bedürfnisse mißachtet werden. So gerät die Haltung von Haussäugetieren auf Abwege. Bei verschiedenen Heimtieren geht das Verständnis für eine Mitgeschöpflichkeit in Vorstellungen einer Mitmenschlichkeit über. Menschliche Wünsche nach Absonderlichkeiten haben auch manchen Züchter gereizt, die vielen Kombinationsmöglichkeiten einzelner Merkmale unbiologisch zu nutzen und Rassen zu züchten, die sich durch körperliche Disharmonie auszeichnen. Solche Formen sind besonders unter den Heimsäugetieren zu finden. Aus der Sicht eines verantwortungsbewußten Tierschutzes sind diese Züchtungen höchst fragwürdige Unterfangen, weil Grenzen der Haustierentwicklung erreicht werden.

Das Studium der Haussäugetiere hat der allgemeinen Zoologie nützliche Einsichten gebracht. Es konnte erkannt werden, daß in den Arten wilder Säugetiere eine Fülle von Ausformungsmöglichkeiten schlummert, die unter den derzeitigen Bedingungen in freier Wildbahn verborgen bleiben. Sie weisen darauf hin, daß die Evolution der Säugetiere noch nicht beendet sein muß und daß sich Arten veränderten Umweltbedingungen vielfältig anzupassen vermögen.

Der Hund spielt im Haushalt - und Seelenhaushalt - des modernen Menschen oft eine wichtige Rolle. Doch treten bei seiner Haltung die menschlichen Bedürfnisse so stark in den Vordergrund, daß die tierischen Bedürfnisse gelegentlich mißachtet werden.

▷ Säugetiere im Zoo: Giraffen bewegen sich vorsichtig, beobachten ihre Umwelt aufmerksam und meiden Sprünge. Zur Absperrung ihres Geheges reichen sehr schmale Gräben aus. Giraffenfreianlage des Münchner Tierparks Hellabrunn.

Säugetiere im Zoo
von Lothar Dittrich

Gestalt und Färbung, Bewegungen und Verhalten von Wildtieren faszinieren Menschen seit jeher. Daß heute in Park- und Gartenanlagen, oft inmitten von Großstädten, Tiere aus allen Weltteilen gehalten werden und daß diese Tiere allein in den deutschen Bundesländern jährlich von mehr als 20 Millionen Menschen aufgesucht werden, ist eine bemerkenswerte Erscheinung des kulturellen Lebens unserer Gesellschaft.

Die Existenz des modernen Zoos über einen Zeitraum von 150 Jahren ist ein Ausdruck menschlichen Bedürfnisses nach Kontakt mit Wildtieren. Sie ist zugleich ein Beweis für die Leistungsfähigkeit der Tiergartenbiologie, Wildtierarten mit den unterschiedlichsten Ansprüchen artgerecht pflegen zu können, wie auch für deren Lern- und Anpassungsfähigkeit an die vom Menschen geschaffenen Bedingungen des künstlichen Lebensraumes Zoo.

Wenn heute trotz zunehmender Naturentfremdung in Europa so gut wie jedermann weiß, was Elefanten mit ihrem Rüssel anfangen, wie Giraffen Nahrung aufnehmen, daß Braunbären vorzüglich klettern, Affen soziale Fellpflege betreiben, Löwen meist faul in der Sonne liegen, Wölfe dagegen stundenlang auf den Läufen sind, dann deshalb, weil in den Zoos immer die Gelegenheit bestand, Wildtiere aus nächster Nähe und ausgiebig zu beobachten. Auch Kinder lernen in den Zoos, wieder aus einer Scheinwelt der Tiere, die ihnen in Fernsehfilmen vorgespielt wird, herauszufinden. Beinahe unmerklich reichert sich durch Beobachtungen der Erfahrungsschatz an.

Durch unmittelbare Anschauung der Wildtiere, ihrer körperlichen Besonderheiten und arteigenen Verhaltensweisen, erweitern Zoobesucher ganz unmerklich ihr zoologisches Wissen. Unbehindert durch die früher üblichen massiven Gehegeabsperrungen, können sie zuschauen, wie beispielsweise der Elefant seinen Rüssel benutzt oder wie die Braunbärin im Münchner Tierpark Hellabrunn ihren Nachwuchs aufzieht.

Wichtiger noch als die Vermittlung konkreten Wissens über Tierarten ist die Aufgabe des Zoos, auch das Herz der Menschen auf zeitgemäße Weise für Tiere zu gewinnen. In einer Phase der Entwicklung unserer Gesellschaft, in der das Bewußtsein für die Gefährdung der Tier- und Pflanzenwelt geschärft und unser aller Handeln auch bei der Verfolgung eigener Interessen auf den Schutz der Natur ausgerichtet sein muß, kommt dem Zoo die wichtige Rolle zu, eine Gefühlsbindung an Tiere und Verständnis für ihre Lebensweise und ihr Verhalten zu wecken, was ohne Einsicht in die Lebensbedingungen, die ein Zoogehege Wildtieren bietet, nicht gewonnen werden kann.

Zookritik eines Mißverständnisses wegen

Die Haltung von Wildtieren hat zu allen Zeiten Kritiker gefunden. Schon im 18. Jahrhundert lehnte Adolph Freiherr von Knigge jede Haltung von Wildtieren ab. Er war für die Ideale der Französischen Revolution eingetreten und hatte die Tiere in einem eigenen Kapitel seines berühmten Buches »Über den Umgang mit Menschen« in eine umfassende Idee der Freiheit einbezogen. Heutige Kritiker, deren Argumente auf den beschränkten, naturfremden Raum der Tiere in den Zoos und auf ihre Manipulation

durch den Menschen als Freiheitsverlust hinweisen, verraten noch immer mangelhafte Kenntnisse der Lebensbedingungen und der Lebensweise von freilebenden wie von gehaltenen Tieren.

Die Ökologie, die Ethologie, die Tiersoziologie und andere Disziplinen der Biologie haben uns gelehrt, daß es in der Natur keinen Seinszustand für Tiere gibt, den man mit dem Begriff Freiheit bezeichnen könnte. Die meisten Tierarten bewohnen in Übereinstimmung mit ihren besonderen körperlichen und physiologischen Merkmalen einen charakteristischen Lebensraum, der als »ökologische Nische« zum Begriff geworden ist.

Kosmische Zeitgeber, wie wechselnde Belichtung, Temperatur und Feuchtigkeit, beeinflussen mit automatisch ablaufenden inneren Rhythmen ihre Aktivität. Viele Tiere leben allein oder in Gemeinschaft mit ihresgleichen dauernd oder zeitweilig in festen Wohngebieten, die sie durch Markierungen oder durch bestimmte Verhaltensweisen gegenüber den Nachbarn der eigenen Art abgrenzen, mitunter sogar verteidigen. In Gemeinschaften, aber auch allein lebend, sind sie Gesetzen unterworfen, die die Beziehungen innerhalb der Gruppe und zu den benachbarten Artgenossen regelt. Hinzu kommt eine »konservative Tendenz« im Verhalten fast aller Tiere. Haben sie ein Wohngebiet gefunden, in dem sie ihre Bedürfnisse befriedigen können, müssen erhebliche Zwänge auftreten, um sie zur Aufgabe des vertrauten Raumes und zur Suche nach neuen Lebensmöglichkeiten zu veranlassen.

Das Zoogehege – ein Ersatzlebensraum

Die Kunst des Tierhalters besteht darin, seinen Tieren das Gehege oder den Käfig zu einem Ersatzlebensraum werden zu lassen, in dem sie als Folge der Versorgung und Befriedung zwar in mancherlei Hinsicht anders als ihre freilebenden Artgenossen im natürlichen Wohngebiet leben, jedoch ihre Bedürfnisse artgemäß befriedigen.

Zur Begrenzung der Gehege vieler Zootiere bedarf es dann keineswegs unüberwindbarer Zäune oder undurchdringlicher Gitter. Die Gehegebegrenzungen haben für viele Zootiere dieselbe Bedeutung wie der Weidezaun für unsere Hausrinder. Sie sichern ihnen den Lebensraum. Wollten die Rinder aus der Weide ausbrechen – und mitunter geschieht das auch nach massiven Störungen –, könnte sie der Zaun nicht daran hindern. Versteht man unter Gefangenschaft die sichere Verwahrung von Ausbruchswilligen, trifft der Begriff auf die Lage der Zootiere nicht zu. Die Haltung von Wildtieren im Zoogehege beruht darauf, daß fast alle Tiere zu territorialer Lebensweise fähig sind, das heißt nach Eingewöhnung aus eigenem Willen in dem ihnen vertraut gewordenen Gehege bleiben, wenn sie sich dort wohlfühlen, wenn sie ihre Bedürfnisse befriedigen können. Die Gehegeabsperrung hat vor allem die Aufgabe der Territoriengrenze, und zwar für alle, die sich beiderseits der Grenze befinden. Sie muß den Zootieren die Sicherheit bieten, daß die Besucher am Betreten des Geheges zuverlässig gehindert werden.

In ihrer Eingewöhnungsphase lernen die Tiere diese Eigenschaft der Gehegeabsperrung kennen und bauen die Erfahrung in ihr Verhalten ein. Wenn im Zoo eine Antilope, die in der Wildbahn einem sich

Zwerggalago in einem Nachttiergehege des »Grzimekhauses« im Frankfurter Zoo. Für Galagos und andere nachtaktive Tiere wird im Zoo durch künstliche Belichtung die Nacht zum Tage und dieser zur Nacht gemacht. So können die Besucher das »nächtliche« Verhalten der Tiere beobachten, während draußen die Sonne scheint.

nähernden Beobachter frühzeitig ausweicht, völlig entspannt am Rande des Trenngrabens steht und die am Gehege vorbeiströmenden Besucher beobachtet oder wenn eine Löwin unmittelbar am Käfiggitter ihre Jungen säugt und scheinbar keinen Blick übrig hat für die vielen Neugierigen, die sich vor dem Käfig drängen, dann deshalb, weil die Antilope wie die Löwin um die Undurchdringlichkeit von Graben und Gitter für die Besucher wissen. Sobald aber der Tierpfleger erscheint, um einen von der Mahlzeit übriggebliebenen Knochen durch das Gitter herauszuziehen, wird die Löwin aufspringen und abwehr- oder angriffsbereit den Vorgang verfolgen. Die Antilope wird sich in die Tiefe des Geheges zurückziehen, wenn der Trenngraben zum Besucherweg gesäubert wird.

Viele Gehegeabsperrungen im Zoo haben, gemessen an den körperlichen Fähigkeiten der dahinter lebenden Tiere, nur symbolischen Wert und erfüllen ihren Zweck, weil die Tiere zu territorialer Lebensweise fähig sind. Sollten schwere Störungen auftreten, könnten viele Zootiere aus ihren Gehegen entweichen. Die Menschenaffen und die großen Affenarten, die bei einem Ausbruch gefährlich werden können, dergleichen viele Großraubtiere, die Nashörner oder Elefanten und andere werden hinter unüberwindlichen Absperrungen gehalten. Aber auch diese Zootiere verhalten sich gewöhnlich nicht anders als die nur hinter symbolischen Grenzen lebenden. Sie zeigen dasselbe territoriale Verhalten und streben nicht danach, das vertraute Gehege zu verlassen.

Größe allein ist kein Qualitätsmaßstab

Kritiker des Zoos bemängeln oft die Größe der Gehege und Käfige der Zootiere. Verglichen mit den Wohngebieten freilebender Tiere ist das Zoogehege eines gehaltenen Artgenossen tatsächlich um Zehnerpotenzen kleiner. Und es muß auch kleiner sein. Ein Zoo leitet seine Daseinsberechtigung aus dem Anspruch ab, eine Bildungseinrichtung zu sein. Wenn man Tiere beobachten will, müssen sie sichtbar sein. Halten sie sich in großer Entfernung auf, sind Einzelheiten nicht mehr zu erfassen.

Auch in der Wildbahn sind die Wohngebiete von Tieren einer Art nicht gleich groß. Zwei Hauptfaktoren bestimmen ihre Ausmaße: Ein Wohngebiet muß so viele Ressourcen bereithalten, daß der Besitzer genügend Nahrung findet, seinen Durst löschen kann, Gelegenheit zum Schlamm-, Staub- oder Sonnenbad hat und andere artspezifische Bedürfnisse befriedigen kann. Das Gebiet muß darüber hinaus so reich an Strukturen sein, daß es dem Besitzer Sicherheit und Deckung gegenüber Rivalen und Feinden gewährt. Aus dem ungleichen Angebot an Ressourcen und Strukturen ergibt sich die unterschiedliche Größe der Wohnstätten von Tieren einer Art in ihrem Verbreitungsgebiet. Den Zootieren garantiert das Management Befriedigung der Bedürfnisse; keines muß sich davon ernähren, was im Gehege zu finden ist, und für die Sicherheit sind nicht dessen Strukturen maßgebend. Dafür gewinnen andere Faktoren für die Größe der Zoogehege Bedeutung. Die Absicht, Informationen über Tiere zu vermitteln, wirkt in Richtung Kleinräumigkeit. Auch einige andere Haltungsfaktoren tendieren dahin, etwa die Notwendigkeit, den Tierbestand manipulieren zu müssen, oder tierpflegerische, hygienische oder Sicherheitsgründe. Auch die Kosten für die Tierhaltung sprechen für begrenzte Gehegeräume. Einige Faktoren wirken entgegengesetzt, wie das Erfordernis, gleichzeitig vielen Zoobesuchern einen ungestörten Einblick in die Gehege zu gewähren.

Ferner müssen bestimmte, nicht veränderbare Verhaltensweisen der Tiere berücksichtigt werden. So wenden sich die Huftiere der offenen Landschaften, wenn sie erschreckt werden, zur schnellen Flucht weg von der Störquelle. Sie laufen ein Weilchen, verhoffen dann und ziehen manchmal zur Erkundung der Störursache langsam wieder zurück. In das Fluchtverhalten bauen die Huftiere kaum Lernerfahrung ein. Erschreckte Zoohuftiere flüchten bei unbekannten Störungen, auch wenn diese sich außerhalb des Geheges ereignen, in die Tiefe des Raumes. Die

In modernen zoologischen Gärten bestimmen großzügige Freianlagen das Bild. Die meisten Tiere sind nur noch durch unauffällige Gräben von den Besuchern getrennt. Solche Gräben haben zwar nur symbolischen Wert, weil sie nicht unüberwindbar sind, aber sie werden von den Tieren als Territorialgrenzen angesehen. Links: Kuhantilopen im Zoo Hannover. - Rechts: Zweihöckrige Kamele oder Trampeltiere hinter einem nur 30 Zentimeter tiefen Kleingraben im Tierpark Hellabrunn.

von ihnen gewonnene Lernerfahrung, daß eine Störquelle die Gehegebegrenzung nicht überwinden kann, in anderen Zusammenhängen durchaus berücksichtigt, gewinnt für den Ablauf des angeborenen Fluchtverhaltens keine Bedeutung. So müssen die Gehege für die Huftiere der offenen Landschaften mindestens in einer Dimension tief sein, die von möglichen Störquellen wegführt.

Daß ein größeres Gehege nicht nur für die Augen der Besucher anregender gestaltet werden kann als ein kleineres, sondern auch den Tieren durch längere Wegstrecken und Strukturenreichtum mehr Aktivitäten abverlangt, steht außer Frage. Und dennoch bestimmen nicht die Raummaße in erster Linie die Qualität eines Haltungssystems, sondern das Angebot an Möglichkeiten, sich darin zu beschäftigen. Mit dem Zollstock kann man, von Grenzfällen abgesehen, nicht nachprüfen, ob Tiere in ihrem Gehege artgemäß leben.

Haben Tiere ein Bewegungsbedürfnis?

Auch das »Bewegungsbedürfnis« der Tiere spielt in der Diskussion um die Größe der Zoogehege eine Rolle. Wenn Tiere in ihren Gehegen offenbar lustvoll umherjagen, ist das sicher ein Ausdruck ihres Verlangens nach Ortsbewegung.

Genauere Beobachtungen gehaltener Säugetiere haben aber Zweifel aufkommen lassen, ob tatsächlich viele von ihnen ein Bedürfnis nach Bewegung um der Tätigkeit selbst willen haben. Für den Wildtierhalter ist das eine wichtige Frage. Er kann nämlich nicht davon ausgehen, daß er nur mit möglichst großräumigen Gehegen schon gute Haltungsbedingungen geschaffen hat in der Annahme, die darin gehaltenen Tiere würden sich aus eigenem Antrieb ausgiebig bewegen und beschäftigen, wie es für ihre Gesunderhaltung förderlich und für gute Bemuskelung und für den Kreislauf erwünscht ist. Erwachsene Tiere vieler Arten gehen mit ihrem Energiehaushalt sehr ökonomisch um. Sie laufen auch in großen Gehegen nicht mehr als es notwendig ist, um genügend Nahrung aufzunehmen, Kontakte zum Sozial- oder Sexualpartner herzustellen, um Körperpflege an geeigneten Örtlichkeiten zu betreiben oder Gefahren auszuweichen. Jungtiere zeigen öfter zweckfreie Bewegungen und ausgedehnte Laufspiele, Erwachsene neigen eher zur Ruhe oder zu gemächlichem Umherbummeln.

Am ehesten befinden sich solche Tiere ausdauernd auf den Läufen, die in ihrem natürlichen Wohngebiet kleinteilige Nahrung in größeren Gebieten suchen, wie viele Wildhunde, Marder, Kleinbären, Insektenesser und auch viele Nagetiere. Von ihnen könnte man vielleicht annehmen, eine autonom entstehende Aktivitätsenergie in Bewegung umzusetzen würde als Bedürfnis empfunden, und sei es im Leerlauf. Doch gibt es Zweifel, ob dies tatsächlich so ist. Wildtierhalter haben immer wieder die Erfahrung machen müssen, daß viele Tiere, ohne zu Ortsbewegungen veranlaßt zu werden, nicht die Aktivität zeigen, wie sie für ihre Gesunderhaltung erwünscht wäre. Der Tierhalter muß sich etwas einfallen lassen, um seine Tiere zu Aktionen zu veranlassen. Auf der anderen Seite hat er aber nicht zu befürchten, daß die gehaltenen Tiere, weil ein Bedürfnis nach Bewegung unbefriedigt ist, die Grenzen des Haltungssystems als Beschränkung der Möglichkeiten empfinden, sich auszulaufen. Die symbolischen Gehegegrenzen wären nicht funktionsfähig, wenn es anders wäre.

Links: Im Münchner Tierpark Hellabrunn bewohnen die seltenen Edmigazellen zusammen mit anderen afrikanischen Steppentieren eine weiträumige Freianlage. Für Huftiere der offenen Landschaften müssen die Gehege mindestens in einer Dimension tief sein und von einer möglichen Störquelle wegführen. Man könnte sie nicht auf einer für Affen geeigneten kreisförmigen Anlage (wie dieser im Frankfurter Zoo) halten (rechts).

Der Unterschied zwischen Umwelt- und Haltungsfaktoren

Ein Einwand der Zookritiker zielt darauf, daß Zoogehege als naturfern gestaltet empfunden werden. Man glaubt, daß sich Zootiere nur dann in einem Gehege wohlfühlen, wenn es in Aussehen und Gestaltung einem Wohngebiet im natürlichen Lebensraum der Art möglichst nahekommt.

In der Geschichte des zoologischen Gartens hat es verschiedene Stilepochen gegeben, an deren Haltungssysteme sich die Tiere anpassen mußten, so die des Historismus im vorigen Jahrhundert. Asiatische Elefanten lebten in nachempfundenen buddhistischen Pagoden, Strauße in Nachbildungen altägyptischer Tempel, Giraffen in moscheeartigen Gebäuden und Bären in Zwingern wie in mittelalterlichen Burgen. In der darauffolgenden Zeit, die 1907 mit Carl Hagenbeck begann, bemühte man sich, großen Freisichtanlagen der Zootiere das Aussehen von Naturlandschaften zu geben. Und diese Idee kommt auch heute noch den Wünschen der Zoobesucher entgegen, die Zootiere in weitläufigen, naturnahen Anlagen sehen möchten. Diese Erwartungshaltung der Zoobesucher muß der Tiergartenbiologe bei seinen Planungen berücksichtigen. Will man Zuneigung zu Tieren entwickeln und biologisches Wissen vermitteln, müssen die Besucher die Tierhaltung als ansprechend empfinden, um aufnahmebereit zu sein.

In großem Umfang scheinbar naturnahe Haltungssysteme zu schaffen erlauben die Erzeugnisse der Kunststoffindustrie. In Carl Hagenbecks Tagen war man bei der Gehegegestaltung im wesentlichen auf die Verwendung von Naturgegenständen beschränkt, bildete allerdings Felsformationen täuschend echt aus Zement nach. Die modernen Kunststoffe und vor allem die Abformtechnik mittels Kautschukmatrizen erlauben eine getreue Nachbildung nicht nur von Steinen, Felsen und Sanden, sondern auch von Bäumen, selbst von Blättern und Gräsern. Die Abformungen aus Kunststoff gleichen der Naturvorlage bis in den Lupenbereich.

Die Kunststoffnachbildungen in den Haltungssystemen sind nicht nur dauerhaft, sondern auch besser in hygienisch und mechanisch einwandfreiem Zustand zu halten, weil sie dem Abnutzungsprozeß von Naturprodukten nicht unterworfen sind. Sie sind vor allem, da sehr viel leichter als die Naturvorlage, einfacher und preiswerter zu verbauen. Man kann so jeden Biotop nachahmen und Gehegelandschaften formen, die den natürlichen Landschaften täuschend ähnlich sehen. Dieser illusionistische Stil ist deshalb von so großer Bedeutung, weil viele Verhaltensweisen und Bewegungen der Tiere, ebenso wie manche Merkmale des Körperbaues oder der Färbung, erst dann völlig verständlich werden, wenn man die Tiere umgeben von den Bestandteilen ihres angestammten Biotops erleben kann.

Freilich, die Tiere erfahren ihre Umwelt anders als der sie beobachtende Mensch, und das nicht nur, weil sie nicht genau dieselben Sinneseindrücke haben wie

Links: In einigen älteren zoologischen Gärten findet man noch kunstvolle Nachbildungen von Pagoden, Tempeln und Moscheen, die man im vorigen Jahrhundert als angemessene Wohnstätten für exotische Tiere ansah. Im Bild der »ägyptische Tempel« des Antwerpener Zoos. - Rechts: Panoramafelsen im Hamburger Tierpark Carl Hagenbeck um 1920. Zu Beginn unseres Jahrhunderts revolutionierte Hagenbeck die Gestaltung der Tiergärten durch Freisichtanlagen, die als Landschaften komponiert sind.

wir, zum Beispiel keine oder andere Farben sehen. Für die Tiere haben die Bestandteile ihrer Umwelt funktionelle Bedeutung. Ein Buschdickicht aus Gehölzen, die wir als standorttypisch für einen bestimmten Biotop erkennen, hat für sie den Wert eines Einstandes, ist wichtig als Deckung oder Schattenplatz, könnte aber auch der Ort sein, an dem sich der Beutefeind verbirgt. Die funktionelle Bedeutung der Umweltfaktoren (Ökofaktoren) im Wohngebiet der Tiere muß im Haltungssystem angemessen und vollständig zu ersetzen sein.

Zwei Beispiele sollen erläutern, wie man jeweils einen einzigen Umweltfaktor in einem Haltungssystem funktionell ersetzen kann. Baumlebende Affen brauchen in einem Zoogehege Klettermöglichkeiten. Die Kletteräste sollen die nötige Festigkeit besitzen, um die daraufspringenden Affen gut abzufedern, und sie sollen stark genug sein, daß die Affen sicher auf ihnen laufen, sitzen und schlafen können, andererseits aber auch keinen zu großen Durchmesser haben, damit sie Fingern und Zehen sicheren Halt bieten. Nur in sehr großen Freianlagen haben sich einige Baumarten als widerstandsfähig gegen die Beanspruchungen der Affen erwiesen. In kleineren Außenanlagen und im Innern von Affenhäusern ist es jedoch nicht möglich, lebende Bäume zum Klettern anzubieten.

Man kann den Affen nun als Ersatzbaum ein Klettergerüst aus totem Holz bauen. Dies ist allerdings im feuchten Klima eines Affenhauses bald der Fäulnis ausgesetzt. Rissig gewordenes Holz aber ist nur schwer in einem hygienisch einwandfreien Zustand zu halten. Die Affen verunreinigen ihr Klettergerüst ständig mit Futterresten und Ausscheidungen. Anders als ihre freilebenden Artgenossen, die auf der Suche nach Nahrung in einem viel weiträumigeren Wohngebiet umherwandern, kommen die gehaltenen Affen immer wieder mit allen Teilen des Kletterbaumes in Berührung. Sollte die notwendige Hygiene nur mit intensiven, häufig wiederholten Säuberungen zu gewährleisten sein, wäre abzuwägen, ob diese nicht für die Affen die Bedeutung eines Störfaktors annehmen. Der Tierhalter könnte sich daher dafür entscheiden, das Klettergerüst aus dauerhafterem Material herzustellen, das mit geringerem Aufwand saubergehalten werden kann, etwa aus Zement oder Stahl. Er könnte auch die Kunststoffnachbildung eines Naturbaumes verwenden. Wichtiger als die optische Ähnlichkeit mit einem Baum aus dem natürlichen Wohngebiet ist für die Affen die Funktionsfähigkeit des Klettergerüstes. Für ihre Gesunderhaltung ist sein guter mechanischer und hygienischer Zustand bedeutungsvoll. Gefährlich wäre es, wenn an einer Faulstelle ein Ast des Kletterbaumes unter dem Gewicht eines daraufspringenden Affen abbräche und mit ihm aus größerer Höhe auf den gleichfalls aus hygienischen Gründen festen, wenig elastischen Boden stürzen würde. Und lebensgefährlich wäre eine Ansteckung der Affen an Kotresten.

Mit der artgemäßen Beschaffenheit eines Kletterbaumes zum Laufen, Sitzen, Schlafen und sicheren Greifen ist aber keineswegs die gesamte Bedeutung des Umweltfaktors Ast im natürlichen Wohngebiet eines baumlebenden Affen erfaßt. Ein lebender Ast aktiviert auch das Neugier- und Erkundungsverhalten der Affen. Seine Rinde hat Risse, die zu Untersuchungen anregen. Darin verbergen sich vielleicht Insektenlarven, die man herausfingern kann, auch wenn sie sich hernach vielleicht nicht als Nahrung eignen. Der Ast hat Blätter, Blüten, Knospen, die auf ihren Geschmack zu prüfen sind, kurz, er besitzt viele Merkmale, die sowohl dem toten Ast fehlen als auch den Nachbildungen aus Stahl, Zement oder Kunst-

Links: »Tropic World Africa« in Kunststoff nachgebildet im Brookfield Zoo von Chicago. Dieser vielgestaltige Ersatzlebensraum beherbergt Mandrille, Meerkatzen, Stummelaffen, Zwergflußpferde und Vögel. - Rechts: Freianlage für Klammeraffen mit rein funktionellen Klettergerüsten und Rückzugskästen in der Stuttgarter Wilhelma.

stoff. Um den Umweltfaktor Ast im Haltungssystem funktionell zu ersetzen, muß der Tierhalter also auch die Befriedigung des Neugier- und Erkundungsverhaltens der Affen bedenken. Er könnte diese Eigenschaften des Naturastes zum Beispiel durch Anbieten von Spielfutter ersetzen, durch frisch geschnittene Zweige zum Manipulieren oder durch Maisstengel zum Zerstören, und damit Lösungen finden, die nicht ohne weiteres als Teilersatz eines natürlichen Klimastes zu erkennen sind. Aber auch damit ist der Umweltfaktor Ast des Wohngebietes noch immer nicht vollständig ersetzt. Er besitzt Zweige, die im Sozialleben der Affen Bedeutung gewinnen. Rivalen können sich in ihrem Blätterwerk verbergen und dadurch soziale Auseinandersetzungen vermeiden oder

beenden. Diese Funktion des Umweltfaktors »Ast mit Blättern« kann der Tierhalter durch bauliche Maßnahmen, etwa durch Einbau von Sichtblenden oder durch nur über schmale Zugänge erreichbare Neben- und Rückzugsräume, nachahmen, und auch dieser Haltungsfaktor erinnert nicht mehr an den Umweltfaktor, dessen Teilersatz er darstellt. So kann sich bei sorgfältiger funktioneller Verwandlung der verschiedensten Umweltfaktoren zu Haltungsfaktoren das Aussehen eines Geheges immer weiter von dem des natürlichen Wohngebietes entfernen und dennoch oder gerade deswegen artgemäß sein.

Ein zweites Beispiel für die funktionelle Umsetzung eines Umweltfaktors ist die Bodengestaltung eines Huftiergeheges. Viele Liebhaber, die Rot-, Damhirsche oder auch Mufflons halten, haben unangenehme Überraschungen erlebt, wenn dieser Haltungsfaktor nicht richtig berücksichtigt wurde. Die Zehen der Huftiere sind von Hornschuhen geschützt. Die Gestalt der Hornschuhe, die Festigkeit des Hornes und die Nachschubrate unterscheiden sich bei den einzelnen Huftierarten und stehen im Zusammenhang mit der Lebensweise und der Abriebfähigkeit des Bodens im Biotop der Art. Huftiere, die auf Felsen oder steinharten Wüstenböden leben, haben härtere Hornschuhe als solche, die in Wäldern oder Feuchtgebieten zu Hause sind. Der Hornersatz wird erblich gesteuert und erfolgt im natürlichen Lebensraum entsprechend der Abnutzung automatisch so, daß sich die Hufe und Klauen stets in einem funktionsfähigen Zustand befinden. Werden Huftiere in einem Gehege gehalten, dessen Boden dem im Biotop der Art entspricht, wird also der Umweltfaktor Boden im Haltungssystem nachgeahmt, kann es dennoch zu Huf- und Klauenkrankheiten vor allem bei solchen Huftieren kommen, die wie Bergzebras, Mähnenspringer oder Wildschafe auf Böden mit hoher Abtriebsfähigkeit leben, aber auch bei anderen, wie zum Beispiel bei Elchen. Regelmäßig gefütterte Zootiere müssen, um sich zu sättigen, weniger lange Wege zurücklegen als ihre freilebenden Artgenossen, die ihre

Nahrung nur in weiträumigen Gebieten und unter größerem Zeitaufwand finden. Die gehaltenen Tiere lernen Futterplätze und Futterzeiten kennen und suchen nicht zur Unzeit im futterleeren Gehege nach Nahrung. Das Gehege ist ein befriedetes System, in dem es weder Beutefeinde gibt noch Konkurrenten, die den Besitz des Lebensraumes in Frage stellen. Zeit- und Bewegungsaufwand zur Sicherung des Raumbesitzes entfallen. Auch für die sozialen oder sexuellen Beziehungen oder für Komfort- und Auf-

Huftiere im Zoo, gefüttert und betreut, bewegen sich weniger als ihre freilebenden Artgenossen. Damit die Hornschuhe der Huftiere auch im künstlichen Lebensraum Zoo ausreichend abgenützt werden, wird der Boden an oft begangenen Stellen des Geheges abriebfähiger gestaltet als der in der Wildnis. Wo das nicht ausreicht, muß der Zuwachs regelmäßig mit der Raspel entfernt werden. Links: Anlage für asiatische Huftiere im Tierpark Hellabrunn. - Rechts: Pediküre im Duisburger Elefantenhaus.

zuchtverhalten muß das gehaltene Huftier weniger ausdauernd auf den Läufen sein als der freilebende Artgenosse. Seine Hornschuhe werden daher erheblich weniger beansprucht und abgenutzt. Auf den automatisch erfolgenden Hornersatz hat jedoch die tatsächliche Abnutzung keinen Einfluß.

Damit die Hornschuhe seiner Huftiere in funktionsfähigem Zustand bleiben, kann der Tierhalter zweierlei tun. Er kann die Huftiere veranlassen, sich mehr zu bewegen, als an sich notwendig wäre. Meist sind ihm dabei allerdings bald Grenzen gesetzt. Er kann ferner den Gehegeboden an den oft begangenen Stellen, auf den Wechseln, vor den Ställen, um Futterplätze und Tränken oder an den Reviergrenzen abriebfähiger gestalten, als es der Boden des natürlichen Wohngebietes ist. Andernfalls müßte er von Zeit zu Zeit die ausgewachsenen Hornschuhe der Huftiere kürzen. Nicht nur des Risikos wegen, das jede Narkose bedeutet, auch weil jeder unmittelbare Eingriff beim Tier der schlechtere Weg der Tierhaltung ist, wird er der Verschärfung des Bodens durch Beimischung abriebfähiger Mineralien vor dem Verschneiden der Klauen den Vorzug geben. Unterläßt der Tierhalter die Hufkorrektur, werden die Hornschuhe immer länger, das Tier hat bald Schwierigkeiten beim Laufen, der zu lang gewordene Hornschuh drückt auf den Hornbildungssaum und kann Entzündungen entstehen lassen. Im äußersten Fall könnte das Tier sterben, weil es auf einer Nachbildung des Bodens seines natürlichen Wohngebietes gehalten wurde. Nicht die Ähnlichkeit des Haltungsfaktors Gehegeboden mit dem Umweltfaktor Bodenbeschaffenheit im natürlichen Wohngebiet ist entscheidend, ob die Bodengestaltung im Gehege artgemäß erfolgte. Die richtig abgenutzten Hornschuhe der Tiere sind der Gradmesser dafür.

In kleinräumigen Huftiergehegen, in dem der größte Teil des Gehegebodens ausreichend abriebfähig gemischt wurde, ergeben sich nun Folgen in anderen Funktionsbereichen. Zum Sozial-, Territorial- und Sexualverhalten der männlichen Tiere mancher Huftierarten gehört, daß sie, wenn sie imponieren, mit ihrem Kopfschmuck im Boden wühlen. Wäre das gesamte Gehege mit dem scharfen, abriebfähigen Bodenmaterial ausgelegt, würden sich die Böcke dabei den Kopfschmuck ebenso abnutzen wie die Hornschuhe. Daher wird der Tierhalter an geeigneten Stellen des Geheges weichen Boden zum Wühlen einbringen. Mit Ausnahme der in Wüsten und Gebirgen lebenden Huftiere liegen auch die der anderen Arten gern weich. So müssen die zum Abliegen einladenden Plätze des Geheges ebenfalls einen weichen Bodenbelag bekommen. Ein kleinräumiges Huftiergehege wird daher recht unterschiedliche Bodenstrukturen haben, von denen jeder Teil für sich vielleicht wenig Ähnlichkeit mit den Bodenverhältnissen im natürlichen Wohngebiet der Tierart hat, die aber zusammengenommen ihre Aufgabe funktionell erfüllen. Das gute, artgemäß gestaltete, kleinräumige Huftiergehege ist eine durchdacht, gebaute Kunstlandschaft.

Hat sich der Tierhalter bei der Gestaltung eines Haltungssystems für den illusionistischen Stil entschieden, muß er prüfen, ob die Nachahmungen ihre Aufgabe als Haltungsfaktoren erfüllen. Andernfalls müßte er zu den Nachbildungen noch die funktionellen Ersatzformen der Umweltfaktoren in das Haltungssystem einführen.

Der veränderte Aktionskatalog

Gehaltene Tiere laufen, um sich zu sättigen, weniger als freilebende und zeigen auch, da sie für ihre Sicherheit weniger Zeit und Energie aufwenden, weniger Aktivität. Auch die Kleinräumigkeit des Zoogeheges wirkt sich auf viele Aktivitäten zeit- und energiesparend aus. Ordnet man alle Aktivitäten von Tieren innerhalb eines 24-Stunden-Tages nach Funktionsgebieten, ergibt sich das Aktogramm oder der Aktionskatalog der Tiere. Einige seiner Sektoren sind bei freilebenden und gehaltenen Tieren annähernd gleich, wie der Sektor Schlafen. Die Schlafdauer ist artcharakteristisch und bei den einzelnen Tierarten sehr unterschiedlich lang. Sie wird von Erbfaktoren gesteuert. Zwar haben auch aktuelle Ereignisse einen Einfluß auf die Schlafdauer und die Verteilung der Schlafphasen im 24-Stunden-Tag. So kann die Schlafdauer bei Antilopen erheblich eingeschränkt sein, wenn ein Weibchen der Gruppe ein bis zwei Tage lang brünstig ist und der Bock ständig sexuelles Verhalten zeigt. Da aber die Gesamtschlafdauer der meisten Tierarten sehr viel kürzer als die des Menschen oder der Menschenaffen ist und zum Beispiel bei den Huftierarten zwischen 20 Minuten

▷ Fütterung der Kattas im Tierpark Hellabrunn. Damit die Zootiere durch die Bereitstellung regelmäßiger Mahlzeiten, die ihnen die oft mühselige Nahrungssuche erspart, nicht faul und träge werden, brauchen sie Anregungen. Eine Fütterung von Hand kann Abwechslung bringen.

und anderthalb Stunden für den 24-Stunden-Tag schwankt, ist eine Verkürzung oder eine Verlängerung des Schlafes für das Aktogramm nicht erheblich. Andere Sektoren, wie Nahrungsaufnahme oder Sicherheits- und Meideverhalten, sind bei gehaltenen Tieren kleiner als bei freilebenden, desgleichen das Sexualverhalten, der Aufwand für die sozialen Beziehungen oder zur Herstellung von Lager, Nest oder Bau. Letzteres stellt der Zoo fertig eingerichtet zur Verfügung. Der Sexualpartner ist leicht erreichbar, ohne daß erst mit hohem Zeitaufwand Nebenbuhler aus dem Feld geschlagen werden müßten.

Den im Aktionskatalog gehaltener Tiere gegenüber dem freilebender Artgenossen schmaler gewordenen Sektoren stehen solche gegenüber, die eine Erweiterung erfahren, zum Beispiel der Sektor Dösen. Ein vor sich hindösendes Tier schläft nicht, hält sich aber in Ruhe und legt sich oft sogar hin. Auf Umweltreize, die es nicht auf sich gerichtet fühlt, läßt es keine Reaktionen erkennen. Es nimmt sie wohl nur gefiltert wahr. Für den Halter sind überlange Dösephasen von Tieren ein Warnzeichen. Abgesehen davon, daß Zoobesucher muntere Tiere interessanter finden als ruhende, sind sie ein Hinweis, daß das Reizspektrum innerhalb des Haltungssystems nicht groß genug ist, um den Tieren genügend Antwortreaktionen und damit Aktivitäten abzufordern. Überlange Ruhezeiten wirken sich nachteilig auf die gute Bemuskelung der Tiere, einen belastungsfähigen Kreislauf sowie die ausreichende Abnutzung der Hufe und Klauen aus.

Verarmung des Reizspektrums – ein Problem

Unter befriedeten Bedingungen lebend, mit allem Notwendigen bestens versorgt, sind gehaltene Tiere erheblich weniger Belastungen und Beanspruchungen ausgesetzt als freilebende Artgenossen. Das Fehlen von Beutefeinden und Rivalen hat zur Folge, daß die gehaltenen Tiere kaum noch Vorsichtsverhalten zeigen. Wenn ein gehaltenes Huftier durstig ist, löst es sich aus der Herde, schlendert zum Wassertrog und trinkt sich satt, ohne den Kopf aufzuwerfen und zu sichern. Der freilebende Artgenosse kann nur trinken, wenn die gesamte Gruppe zur Tränke zieht. Erst nach sorgfältiger Erkundung der Umwelt nähert sich die Gruppe vorsichtig der Wasserstelle. Jedes Tier wirft schon nach wenigen Schlucken den Kopf auf und sichert. Alle richten ihre Fernsinnesorgane auf die Umwelt und sind ständig absprungbereit. Die Tränke ist einer der gefährlichsten Orte im Wohngebiet und häufig der Platz, an dem gut versteckt die Beutefeinde lauern. Das Trinkverhalten der Zootiere ist anders, sorgloser. In gefährlichen Situationen verhalten sich allerdings auch die im Zoo geborenen Tiere wieder wie die freilebenden Artgenossen. Das hat sich bei der Auswilderung von zoogezüchteten Antilopen gezeigt. Wer aber erwarten würde, daß eingewöhnte Zootiere in allen Funktionsbereichen komplizierte Handlungsketten so beibehalten, wie es ihrem Verhalten im natürlichen Wohngebiet entspräche, unterschätzt ihre Lernfähigkeit. Das Verhalten der Zootiere ist situationsbezogen. Auch Störungen, denen man ausweichen müßte, treten in den Zoogehegen selten auf. Steuert der Tierhalter der Verarmung des Reizspektrums nicht entgegen, könnte, wie Konrad Lorenz dies einmal ausgedrückt hat, bei den Zootieren eine »Käfigverblödung« auftreten.

Soziale Bindungen als Reizquelle

Der Reizverarmung in den Haltungssystemen kann man auf verschiedene Weise begegnen. In der Wild-

Als Reizquelle, die bei einem Zootier Aktivität auslöst, kann auch dieser künstliche Wasserfall in der Stuttgarter Wilhelma dienen.

bahn gesellig lebende Tiere wird man auch im Zoo in größeren Gruppen halten. Zwischen den in einem Gehege zusammenlebenden Tieren bilden sich soziale Beziehungen aus, die hierarchisch geordnet sind. Die positiv-freundlichen, aber auch die negativen Beziehungen der sozialen Rangordnung in Wettbewerbssituationen sorgen für Spannungen. Die Tiere müssen sich ständig »im Auge« behalten, zumal sich die Position der einzelnen Mitglieder in einer festgelegten Rangordnung immer wieder ändert. Für die

Dauer ihrer Brunst rücken bei vielen Arten die Weibchen auf und nehmen dann beinahe den gleichen hohen Rang ein wie das meist an der Spitze stehende Männchen. Fortgeschrittene Trächtigkeit kann die Position eines Weibchens verbessern, aber auch vermindern. Solche Verschiebungen müssen die Mitglieder einer Sozialgruppe erkennen, wenn es um den Vortritt an der Futterstelle oder das Vorrecht des besseren Liegeplatzes nicht zu Auseinandersetzungen kommen soll.

Die Bildung großer Gruppen von Tieren derselben Art im Zoo hat zur Folge, daß bei der meist hohen Nachwuchsrate gehaltener Tiere für die vielen sich einstellenden Jungtiere Unterbringungsmöglichkeiten gefunden werden müssen, soll die Gruppe nicht in kurzer Zeit zu sehr anwachsen. Wenn man das soziale Geflecht zwischen den Tieren nicht stören will, kann nicht bei jeder Brunst eines Weibchens der Gruppe das Männchen abgesondert werden.

Man hat daher in den Tiergärten schon vor Jahrzehnten begonnen, mehrere Tierarten in kleineren Gruppen in einem Gehege zusammen zu halten, wenn diese friedlich miteinander leben können. Anders als in der Wildbahn bildet sich neben der biologischen Rangordnung, die die unterschiedliche Umweltbeherrschung (ökologische Potenz) der einzelnen, im selben Gebiet vorkommenden Tierarten widerspiegelt, noch die soziale Hierarchie aus, die quer durch die Arten verläuft. Daß auch in der Wildbahn zwischen den im selben Gebiet lebenden und die gleichen Ressourcen verwertenden Tierarten eine biologische Rangordnung besteht, kann man immer wieder beobachten. Das Reh nimmt Reißaus, sowie sich Rothirsche nähern, und diese geben den Platz auf, wenn Wildschweine heranziehen. An einer Wasserstelle in Südwestafrika ist ein einziger Spießbock in der Lage, eine Herde Zebras auf Distanz zu halten. Große Kudus und Kuhantilopen geben den Zebras die Tränke frei, und diese verscheuchen oft die kleineren Impalas oder Springböcke. Auch in den Zoogehegen mit mehreren Tierarten kann man, wenn sich die Tiere an den Schattenplätzen zur gemeinsamen Ruhe ablegen, an der Besetzung der besten Plätze sehen, wie die biologische Rangordnung verläuft.

Daneben aber und unabhängig davon gibt es die Rangordnung zwischen allen Tieren des Geheges entsprechend dem sozialen Wert ihrer Individualmerkmale. Da steht in einer Haltungsgemeinschaft von Steppentieren der viele Zentner schwere Elenbulle an der Spitze, gefolgt vom Zebrahengst, dem ein Bock einer anderen Antilopenart nachfolgt. Auf den weiteren Plätzen, gefolgt vom Bock einer dritten Antilopenart, rangieren einige Zebrastuten. Man hält Tiere zusammen, die in der Lage sind, das Ausdrucksverhalten der artfremden Mitglieder der Hierarchie verstehen und berücksichtigen zu lernen, also die Drohgebärde, das Imponierverhalten oder die Beschwichtigungsgesten, die oft ganz anders aussehen als bei den eigenen Artgenossen. Die Tiere vieler Arten sind dazu in der Lage. Im Streitfall bleiben aber alle zunächst bei dem artspezifischen Kampfzeremoniell. Obwohl sie wissen, wie der artfremde Gegner kämpft, verlassen sie bei sozialen Auseinandersetzungen zunächst das artspezifische Kampfzeremoniell nicht, auch wenn deswegen der Kampf gar nicht möglich ist. So zieht der kampfbereite Elenbulle mit tief gesenktem Gehörn dem beiß- und schlagbereiten Zebrahengst entgegen und erwartet, daß auch dieser den Kopf senke, um sich mit ihm in einem Kopfschiebekampf zu messen. Der Zebrahengst erwartet aber einen beinschlagbereiten, zum Beißen und für einen Halskampf aufsteilenden Elenbullen

natürlich ebenso vergeblich. So gibt es bei sozialen Auseinandersetzungen zwischen artfremden Gegnern in den ersten Augenblicken einige Mißverständnisse, die es dem aufmerksamen Tierpfleger erlauben, durch ein Ablenkmanöver die Auseinandersetzung zu verhindern. Griffe er allerdings nicht ein, käme es zu einem gefährlichen Kampf zwischen den ungleichen Rivalen, in dem jeder versuchen würde, unter Aufgabe des artspezifischen Kampfzeremoniells den anderen kampfunfähig zu machen.

▷ Für diesen Braunbären im Zoo Hannover ist ein Ast ein interessantes Spielobjekt.

▷▷ Durch die schmalen Lücken des Trenngitters können sich Barasinghaweibchen und -jungtiere im Zoo Hannover in ein Nebengehege absetzen, wenn der Hirsch des Rudels in der Brunftzeit allzu ungestüm wird.

Zur wünschenswerten Reizerhöhung kann auch die Gemeinschaftshaltung verschiedener, untereinander verträglicher Tierarten beitragen. Hier leben Braunbären und ein Steppenfuchs friedlich zusammen. Freianlage im Heidelberger Tiergarten.

Um Huftiere kleinerer Arten, die mit großwüchsigen in einem Gehege gehalten werden, vor Nachstellungen stärkerer Rudelmitglieder zu schützen, schließt man an das Hauptgehege als Fluchtort kleine Gehege an, erreichbar nur über enge Durchlässe, durch die die Verfolger nicht schlüpfen können. Fühlen sich die Kleinwüchsigen der Tiergesellschaft verunsichert, weil die Großtiere einen Streit austragen oder weil es während des Brunsttreibens ungestüme Bewegungsabläufe gibt, bringen sie sich in ihrem Nebengehege in Sicherheit. Während der Eingewöhnungszeit lernen sie ihr Nebengehege, meist zwischen Stall und Hauptgehege gelegen, als Ort der Sicherheit kennen, häufig auch als einen Platz, wo sie ein nur ihnen zugedachtes und besonders schmackhaftes Futter finden. Wenn ihr Ruhebedürfnis nicht mit den Ruhezeiten der Großtiere übereinstimmt, suchen die kleinen Tiere ihr abgetrenntes Gehege auch zum Abliegen auf.

Die Nebengehege der großen Gesellschaftsanlagen im Zoo ersetzen Raumdistanzen und -strukturen im natürlichen Wohngebiet, die Sicherheit und Ruhe für ihre Besitzer bedeuten, denn auch in der Wildbahn überlappen sich die Lebensräume großer und kleiner Tierarten.

Um eine Anreicherung des Reizspektrums durch soziale Beziehungen zu erzielen, versucht man im Zoo auch solche Tiere in Gruppen zu halten, die in der Wildbahn allein oder paarweise mit einem Geschlechtspartner zusammenleben, sofern sie friedlich miteinander auskommen. Dafür gibt es keine aus der Biologie der Arten ableitbare Regeln. Man muß ausprobieren, welche Tierarten in Gruppen zu halten sind. Die Tiere müssen fähig sein, Ruhe- und Schlafphasen aufeinander abzustimmen. Sie müssen eine stabile, friedliche soziale Rangordnung aufbauen, durch defensives Drohen aufkommende Streitigkeiten beschwichtigen oder einen verlorengegebenen Kampf durch eine Unterlegenheitsgebärde beenden können sowie Rangordnungszeremonielle an Kot- und Markierungsplätzen entwickeln.

Tierarten, die in der Wildbahn und im Zoo gründlich studiert werden konnten, zeigten bei Gruppen-

Vier Beispiele erfolgreicher Gruppenhaltung im Zoo Hannover: Braun- und Eisbär sowie verschiedene Tierarten der afrikanischen Steppe.

haltung im Zoo Verhaltensweisen, die man bei freilebenden Artgenossen nicht gesehen hatte. So beobachteten wir Rangordnungszeremonielle bei den kleinen Dikdikantilopen. Gemeinsam gehaltene Braunbären verfügen ebenso wie in einem Gehege gehaltene Braunbären, Eisbären und Baribals über Strategien, aufkommenden Streitigkeiten mit Gehegegenossen aus dem Wege zu gehen. Dasselbe Verhalten beobachtete man allerdings auch zwischen mehreren Eisbären und unter Braunbären, die sich für kurze Zeit an einem toten, gestrandeten Wal oder beim Lachsfischen am Flußufer nahe beieinander aufhielten. Der Versuch, auch Kragen- und Lippenbären in einer größeren Gruppe zu halten, zeigte indes, daß diese beiden Arten zu dergleichen Verhaltensstrategien nicht fähig waren.

Spiele mit Gegenständen

Die andere Möglichkeit, Zootiere zu beschäftigen, besteht darin, ihr Erkundungsverhalten anzuregen und sie zum Spiel mit Gegenständen zu verleiten. Vor allem Jungtiere der meisten Arten sind neugierig und spielfreudig. Nicht nur Affen und Robben, Elefanten und Bären, auch Rinder, Hirsche, Antilopen und Flußpferde spielen gern mit Pendeln oder anderen schwingenden Gegenständen. Nashörner und Nagetiere beschäftigen sich lustvoll mit rollenden Körpern. Untersuchungen an freilebenden Makaken, die zwar ausreichend mit Nahrung versorgt, sonst aber nicht gepflegt wurden, haben schon vor 50 Jahren ergeben, daß die Zeit, die die Affen zum Spielen verwandten, im umgekehrten Verhältnis zum zeitlichen Aufwand stand, den sie zu ihrer Sättigung brauchten. Wurde ihnen das Futter in so feinkörniger Form geboten, daß es mühselig war, genügend aufzuklauben, blieb für Spiele so gut wie keine Zeit, im Unterschied zu den Tagen, an denen sie das Futter in kompakter Form aufnehmen konnten und schnell gesättigt waren.

Die meisten Zootiere werden aus Gründen der Wirtschaftlichkeit mit Mahlzeiten zu festgelegten Fütterungszeiten versorgt. Die Tiere können sich schnell sättigen und haben viel freie Zeit. Da Tiere nur dann

spielen, wenn das soziale Umfeld entspannt und friedlich ist und wichtigere Bedürfnisse befriedigt sind, lassen sich Zootiere sehr leicht zum Spielen verleiten.

Spielsachen müssen den Reiz des Neuen haben, wenn sie Interesse finden sollen. Es ist eine Herausforderung für die Tierpfleger, immer wieder neues Spielzeug zu erfinden. Viele Zivilisationsgüter wären als Spielsachen gut geeignet, würden sie nicht bei den Zoobesuchern falsche Assoziationen wecken. So interessieren sich Affen bekanntlich für spiegelnde Gegenstände, doch ihr Verhalten vor dem Spiegel läßt sie für die meisten Zoobesucher zu Karikaturen des Menschen werden und macht es unmöglich, das reiche mimische Ausdrucksverhalten der Primaten anders als vermenschlichend zu sehen. Viele Affen hantieren geschickt mit Seilen. Allerdings können sie sich selbst oder auch einen Käfiggenossen damit erdrosseln. Leichte Kunststoffketten wären besser als Spielzeug geeignet, weil man eine Kettenschlinge nicht zuziehen kann. Die Kette wird aber von vielen Zoobesuchern als Symbol der Unfreiheit empfunden. Mit Stöcken gehen Affen zwar geschickt um, verwenden sie aber auch als Prügel gegenüber Gehegegenossen oder Tierpflegern. Besser bewährt haben sich dünne, biegsame Zweige oder Maisstengel. Die Spielsachen dürfen weder giftig sein noch zum Fremdkörper werden, wenn sie zerbissen und Teile davon verschluckt werden. Deswegen fallen viele Gegenstände aus Kunststoff als Spielzeug aus. Und schließlich bestehen grundsätzliche Einwände gegen die Verwendung von Zivilisationsgütern als Spielzeug, weil Zoobesucher wie Tiergartenbiologen Tiere lieber bei Betätigungen beobachten wollen, die sie auch in der Wildbahn zeigen.

In jüngster Zeit hat sich bei vielen Tierarten die Verwendung von Spielsachen mit »Futterwert« durchgesetzt, von Naturprodukten, deren Geschmack oder Geruch die Tiere zusätzlich anregt, sich mit ihnen zu beschäftigen, sie zu zerkauen oder sonstwie zu zerstören. Solche Dinge können auch verspeist werden. Allerdings dürfen sie keinen hohen Nährwert haben, damit kein Masteffekt zustande kommt, weil ihre unterschiedliche, nicht kalkulierbare Aufnahme in den Speiseplänen der Tiere nicht berücksichtigt werden kann. Und selbstverständlich dürfen sie keinerlei Verdauungsstörungen auslösen. Maisstengel aller Wachstumsperioden werden ihrer vielseitigen Verwendbarkeit wegen gern als Spielzeug angeboten, nicht nur Affen und Bären, die damit hantieren und sie umhertragen, sondern auch Nagetieren oder Faultieren, die sie zerbeißen und zerreißen. Die Fruchtstände mit den energiereichen Körnern werden selbstverständlich vorher entfernt. Auch die vorwiegend an die Aufnahme tierischer Nahrung angepaßten Eisbären hantieren gern mit großen Büscheln von weichem, süßem Wiesengras. Sie tauchen mit dem Gras ab und schwimmen mit ihm umher. Sie essen, übrigens ebenso wie die Großkatzen, auch von dem Gras, ohne es freilich zu verdauen. Damit es den Darm passieren kann, muß es noch unverholzt und weich sein, sonst könnte es sich im Magen zu einem lebensgefährlichen Fremdkörper zusammenballen. Große wasserhaltige, süße Feldfrüchte, wie Melonen und Kürbisse, im Spiel zu zerstören macht vielen Tieren Spaß. Futterrüben, Holzwolle und in rückwärtigen Räumen, in die der Zoobesucher keinen Einblick nehmen kann, auch Papier und Papiererzeugnisse oder Textilreste leisten als Spielzeug ebenfalls gute Dienste.

Der Einfallsreichtum der Tierpfleger ist gefordert, immer wieder neue Gegenstände zu erfinden: Laub und leichte Wurzelstöcke, Ranken, Torfmull oder Rindenmulch. Menschenaffen beschäftigen sich gern mit Duschen, die sie selbst auslösen können. Sie werden in den Anlagen installiert wie die Futterautomaten, die in Gestalt künstlicher Termitenhügel zwar keine Insekten beherbergen, in denen die Tierpfleger aber begehrte Leckerbissen unterbringen: Schokola-

Menschenaffen beschäftigen sich im Zoo mit Spielobjekten. Blick in die Innenanlage für Gorillas im Urwaldhaus des Zoologischen Gartens Köln.

Für alle Menschenaffen ist ein ausgeprägtes Interesse an Gegenständen ihrer Umgebung typisch, besonders dann, wenn sie durch unbekannte Beschaffenheit einen neuen Reiz darstellen. Hier regen Plastikschüsseln einen Orang-Utan des Kölner Zoos zu Objekt- und Versteckspielen an.

den- oder mit Honig gesüßten Brei. Mit selbst zurechtgebissenen Stecken angeln sich die Menschenaffen die Leckereien aus den Löchern, wie ihre freilebenden Artgenossen den Honig wilder Bienen aus den Baumhöhlen oder Termiten aus dem Bau hervorholen.

Naturfreunde haben immer wieder bemängelt, daß die Beschäftigung der Zootiere mit Spielsachen ihren natürlichen Aktivitäten nicht entspräche. Sie irren sich. Je gründlicher in Langzeituntersuchungen das Verhalten freilebender Tiere über den gesamten 24-Stunden-Tag studiert wurde, um so mehr wurde bekannt, daß auch sie sich spielerisch mit Gegenständen ihrer Umwelt befassen, sofern ihnen die Befriedigung wichtigerer Bedürfnisse dazu Zeit läßt.

Neben den freien Spielen hat man im Zoo seit langem zur Beschäftigung von Elefanten, Delphinen, Robben und mitunter auch von Großkatzen gewissermaßen als gelenktes Spiel die Dressur eingeführt. Elefanten verbringen in der Wildbahn bis zu 80% des 24-Stunden-Tages mit Betätigungen, die der Nahrungsaufnahme dienen. Wenn sie im Zoo regelmäßig zu bestimmten Zeiten gefüttert werden, fällt es schwer, sie in den vielen unausgefüllten Stunden zu ausreichenden Bewegungen zu veranlassen. Eine gute Bewegungsdressur kann daher zu einem wesentlichen Inhalt ihrer Spielzeit werden. Selbstverständlich kommt es im Zoo nicht darauf an, Elefanten zu artistischen Leistungen abzurichten. In der Regel werden die für ihre Pflege notwendigen Dressurbewegungen, wie Beinanheben (um die Fußsohlen auf möglicherweise eingetretene Fremdkörper zu untersuchen und diese zu entfernen), Ablegen und Niederknien (um die empfindliche Haut zu pflegen), Umfassen oder Anheben eines Gegenstands mit dem Rüssel (eine Vorsichtsmaßnahme, um die gefährliche Schlagwaffe der Elefanten außer Gefechtsbereitschaft zu bringen), Vor- und Rückwärtsgehen usw., zu einer harmonischen Vorführung verbunden. Wie im Zirkus unterstützt man die natürlichen Bewegungen eines Elefanten, verknüpft diese mit einem Befehlswort und belohnt sie mit Leckerbissen. Nach kurzer Zeit lernen die Elefanten, daß sie bei Befolgen des Befehls den Leckerbissen bekommen. Beherrschen sie die Übungen, müssen fehlerhafte Antwortreaktionen oder gar Verweigerung allerdings bestraft werden. Zur Unterstützung der Dressurbewegung bedienen sich die Pfleger des Elefantenhakens, eines Metallstabes mit Spitze, wie er schon seit Jahrtausenden in Asien bei der Dressur der Elefanten in Gebrauch ist. Seine Befehle unterstreicht der Pfleger mit einem Peitschenknall. In allen Fällen dient die Dressur aber auch dazu, den Tieren die soziale Überlegenheit ihrer Tierpfleger deutlich werden zu lassen. Wer befiehlt, mit der Peitsche knallt oder ein Pfeifsignal gibt, ist der »Boß«, und seinen Befehlen zu gehorchen heißt auch, sich zu unterwerfen.

Ein »Superalpha« als Pfleger

Unter allen Faktoren, die für die gehaltenen Tiere Bedeutung haben, ist der Pfleger, sind seine Sachkunde und sein Engagement von größter Wichtigkeit. Anders als bei der Intensivhaltung von Nutztieren dürfen bei der Haltung von Wildtieren wirtschaftliche Überlegungen niemals zur Verringerung des pflegerischen Aufwandes führen. Zootierpfleger erhalten in einer dreijährigen Lehrzeit ihre Grundausbildung. Sie spezialisieren sich je nach Begabung und Neigung und nach den gebotenen Möglichkeiten später auf die Pflege bestimmter Tiergruppen, etwa von Affen oder Raubtieren, Elefanten oder Kleinsäugern. Die Zeit, in der Begeisterung mangelnde Sachkenntnis ersetzt hat, ist in der Zootierpflege längst vorbei. Begeisterung für Tiere ist keineswegs ausreichend als Voraussetzung für die Pflege von Wildtieren, allerdings auch nicht entbehrlich. Die heute üblichen Erfolge bei der Haltung von Wildtieren, die lange Haltungsdauer der meisten Tiere, ihre guten Fortpflanzungserfolge, ihr ausgezeichneter Gesundheitszustand und ihre Aktions- und Reaktionsfreudigkeit verlangen gründliche

Laufbetätigung ist für bewegungsfreudige Zootiere eine artgemäße Beschäftigung. Die Somali-Wildesel im Baseler Zoo haben gelernt, über Hindernisse hinwegzusetzen ...

Kenntnisse der Tiergartentechnik, gutes Wissen über viele Kapitel der Tierernährungslehre, der Hygiene, Physiologie, der Früherkennung von Anzeichen für Krankheiten und Verhaltensstörungen, des Gehegebaus und auch zahlreicher einschlägiger Gesetze und Verordnungen.

Der unmittelbare Umgang mit großen, wehrhaften Tieren, wie ihn die Pflege von Elefanten, vieler Ein- und Zweihufer, von Robben oder Delphinen erfordert, verlangt dem Tierpfleger außerdem bestimmte Persönlichkeitsqualitäten ab. Die Tiere lernen ihre Pfleger als Persönlichkeiten kennen und beziehen sie in ihre Sozialordnung ein. Will ein Pfleger seine Absichten durchsetzen, etwa ein Gehege betreten, um Futter auszulegen oder um soziale Streitigkeiten unter seinen Tieren zu beenden, muß er in der sozialen Hierarchie die Spitzenposition, die »Superalpha-Stellung«, einnehmen. Allein als Superalpha kann er den Tieren bestimmte Leistungen abverlangen, zu denen sie von sich aus nicht ohne weiteres bereit sind. Nur wenn sich der Pfleger stets durch selbstbewußtes Auftreten, Beharrlichkeit und Geschick, aber auch mit einer gehörigen Portion Mut die Spitzenposition geschaffen und erhalten hat, werden seine Tiere jederzeit seinen Anweisungen Folge leisten. Vor allem gegenüber Elefanten die Spitzenposition zu behaupten ist für die Pfleger, die etwa nur ein Hundertstel des Gewichtes eines ausgewachsenen Elefantenbullen auf die Waage bringen, nicht einfach. Nur bei jungen Elefanten hat man noch eine Chance, sie mit einem Hieb oder Schlag zu bestrafen. Bei älteren Elefanten hinterläßt schon eher die kräftige menschliche Stimme Eindruck. Das abendliche Anbinden der Elefanten am Futterplatz und die Dressur ermöglichen dem Elefantenpfleger, seine Spitzenposition immer neu zu beweisen.

Ein Elefantenpfleger muß auch ein guter Taktiker sein und bei jedem Befehl die möglichen Antwortreaktionen der Rüsseltiere einkalkulieren. Wenn Elefanten zum Beispiel an einem warmen Sommertag zu einer Zeit, in der üblicherweise der Befehl erfolgt, sich vor der Stalltür einzufinden, um an den Futterplatz im Inneren des Hauses geführt zu werden, diesmal noch im Becken baden, was ihnen viel Vergnügen macht, ist folgendes zu bedenken: Die Elefanten könnten den Befehl, aus dem Wasser zu kommen und sich aufzustellen, verweigern. Zu ihren Erwartungen gehört, daß nun Superalpha am Becken erscheint und seinen Anweisungen Nachdruck verleiht. Der Pfleger kann aber nichts dergleichen tun. Besteht er jedoch nicht auf striktem Befolgen seiner Anordnung und würde sich eine solche Situation wiederholen, wäre in der Zukunft nicht nur seine Spitzenposition, sondern möglicherweise sogar sein Leben bedroht. Bei einer günstigen Gelegenheit könnte der stärkste Elefant versuchen, selbst die

▷ Der Zootierpfleger als »Superalpha«. In der sozialen Hierarchie einer Tiergruppe muß sich der Pfleger durch selbstbewußtes Auftreten, Geschick und Beharrlichkeit die Spitzenstellung verschaffen, wenn Elefanten und andere Großtiere seine Anweisungen jederzeit befolgen sollen (Tierpark München-Hellabrunn).

... und durch Reifen zu springen. Bewegungsdressuren erhalten die Steppentiere in guter Kondition.

Spitzenposition einzunehmen, und bei der Auseinandersetzung mit ihm wäre der Elefantenpfleger großen Gefahren ausgesetzt. Also gibt der Elefantenpfleger nicht den Befehl, aus dem Wasser zu kommen. Er läßt vielmehr das Wasser aus dem Becken ab, und wenn der Wasserstand so weit abgesunken ist, daß den Elefanten das Bad keinen Spaß mehr macht, darf er erwarten, daß nunmehr seinen Anweisungen Folge geleistet wird.

Kein Superalpha-Pfleger kann seine Spitzenposition auf einen anderen Tierpfleger einfach übertragen. Jeder neue Pfleger muß sich selbst durchsetzen. Dazu kann ihm der schon etablierte durch anfänglich ständige Anwesenheit helfen. Allmählich geht dann tatsächlich dessen Rang auf den Neuling über. Technische Hilfsmittel, wie ein Wasserschlauch, ein kräftiger Besenstiel, notfalls auch eine Peitsche oder ein Rammstoß mit der Schubkarre, können helfen, eine Spitzenstellung zu begründen.

Verlangt der Dienstablauf bei sehr selbstbewußten Tieren, wie Elefantenbullen, einen Wechseldienst zweier Superalpha-Tierpfleger, hat es sich als günstig erwiesen, wenn die Tiere keine Möglichkeit haben, die beiden gemeinsam arbeitend zu erleben. Sie entwickeln ein Gespür dafür, daß beiden doch nicht genau dieselbe soziale Überlegenheit zukommt, wenn zum Beispiel der dienstältere Pfleger dem anderen eine Arbeit zuweist. Es kann dann geschehen, daß sie versuchen, sich zwischen die beiden Superalphas zu schieben, und in einer solchen Lage wäre der zweite Pfleger gefährdet. Arbeiten beide getrennt voneinander, fällt den Tieren die Bewertung der beiden Pfleger schwerer.

Alle Zootiere sind zahm

Dramatische Ereignisse, wie man sie einst bei Zoobesuchen erleben konnte, wenn eine Großkatze brüllend und fauchend ins Gitter sprang, sowie sich ein Besucher dem Käfig näherte, weil sie diesen als Bedrohung ansah, wird man heute vermissen müssen. Abgesehen davon, daß heute die meisten Zootiere in Tiergärten geboren und in ständigen Kontakten mit Menschen aufgewachsen sind, weiß man seit längerem, daß nur junge Tiere in der Lage sind, schnell Lernerfahrung zu gewinnen und in ihr Verhalten einzubauen. Sollten auch heute noch Tiere aus der Wildbahn zur Blutauffrischung in den Zoo gebracht werden, fängt man nur junge, die sich noch leicht an die Zooumwelt gewöhnen können. Durch die ständige Anwesenheit von Besuchern im Zoo und auch durch die Pflege lernen sie, daß Menschen ein Bestandteil ihrer neuen Umwelt sind. Ist das Zoogehege richtig angelegt, empfinden sie auch eine Menschenmenge nicht als Bedrohung, sondern als Abwechslung in ihrem Alltag. Viele Zootiere beobachten den Besucherstrom ständig. Sie erkennen eine auffällige oder bekannte Erscheinung auf dem Besucherweg in Sekundenschnelle und nehmen darauf in ihrem Verhalten Bezug. In einer Periode schlechten Winterwetters kann man erleben, daß die spärlichen Einzelbesucher als willkommene Bereicherung der Umwelt nicht nur ausgiebig betrachtet, sondern in artspezifischer Weise sogar begrüßt werden.

Zootiere empfinden Besucher als Bestandteil ihrer Umwelt. Durch den Umgang mit Pflegern und Besuchern werden sie zahm und zutraulich, wie dieser Elefant in Basel, der als Reittier eingesetzt wird.

Das Vertrautsein mit dem Menschen bezeichnet man als Zahmheit. Sie ist eine persönliche Erfahrung, die jedes einzelne Tier selbst gewinnt, und sie hat nichts damit zu tun, daß viele Zootiere schon seit Generationen unter Tiergartenbedingungen gezüchtet wurden. Sie bedeutet auch nicht, daß sie sich anfassen lassen, also handzahm sind. Nur wenige Tiere im Zoo erlauben ihren Pflegern oder gar Fremden eine Berührung.

Werden Zootiere zu Haustieren?

Könnten bei generationenlanger Zucht unter Gehegebedingungen aus den Wildtieren allmählich Nachkommen gezüchtet werden, die sich in Körper- und Verhaltensmerkmalen von ihren Ahnen unterscheiden und die zum Leben in freier Wildbahn nicht mehr fähig wären, die also zu Haustieren geworden sind? Fehlende Auslesefaktoren, die überlebensschwache Einzeltiere ausmerzen würden, ehe diese zur Fortpflanzung und damit zur Weitergabe ihrer Anlagen gekommen sind, zu kleine Zuchtgruppen im Zoo mit der Gefahr von Inzucht und Verarmung an Varianten im Erbgut, wie sie bei den meisten freilebenden Tieren gefunden werden, könnten Gründe für die »Entartung« seit Generationen gezüchteter Zootiere sein.

Man kennt von Großkatzen, Wildhunden, Antilopen und anderen Arten Erbkrankheiten, ferner von Generation zu Generation allmählich zunehmende Lebensschwäche oder auch Unfruchtbarkeit in alteingesessenen Zuchtgruppen mit hohem Inzuchtgrad. Seit langem bemühen sich die zoologischen Gärten darum, durch Austausch von Zuchttieren oder durch

Einführen neuer Tiere aus der Wildbahn in die Zuchtgruppen diesen Gefahren zu begegnen. Für viele Tierarten wurden Zuchtbücher (»Studbooks«) angelegt, in denen alle in den Zoos der Welt von dieser Art gehaltenen Tiere einzeln erfaßt sind. Der Zuchtbuchführer hat das Amt, den Austausch von Zuchttieren zwischen den Zoos im Hinblick auf Verhinderung von Inzucht oder auf Erhaltung der bestmöglichen genetischen Vielfalt des Gesamtbestandes anzuregen.

Zeitweilige Inzucht muß aber nicht notwendigerweise Lebensschwäche und Entartung zur Folge haben, sofern genügend Tiere gezüchtet worden sind und die Blutlinien mit den unerwünschten Eigenschaften aus der Zucht ausgeschaltet werden. Auch mit aus Inzucht entstandenen Tieren, die weder abweichende Merkmale noch Lebensschwäche erkennen ließen,

hat man erfolgreich weiterzüchten können. Maßnahmen, die bei der Entstehung der Rassenvielfalt unserer Haustiere eine wichtige Rolle gespielt haben, abweichende Merkmale der Tiere in einem Zuchtbestand zu verankern, sind natürlich für keinen Tiergartenbiologen von Interesse. Zwar ist die Zähmung am Anfang der Domestikationszuchten des leichteren Umgangs mit den Tieren wegen eine wichtige Voraussetzung gewesen. Hinzu kam aber eine Selektion (Auslese) der gezüchteten Tiere im Hinblick auf die erwünschten Eigenschaften. Um aus Wildtieren Haustiere entstehen zu lassen, bedarf es langer Zeiträume, vieler Generationen bei gleichbleibender Selektionsrichtung. Damhirsche werden in Westeuropa schon seit den Tagen der Römer in Gehegen gehalten und gezüchtet. Nach fast 2000 Jahren und nach sicher mehr als 1000 Generationen sieht man zwar schon seit längerem, daß sich in einzelnen Herden Damhirsche mit Haustiermerkmalen befinden, zum Beispiel Schwärzlinge, Weißlinge oder gescheckte Tiere. Aber eine gründliche Analyse des Verhaltens dieses Hirsches hat zu dem Resultat geführt, daß er auch heute noch als Wildtierart angesehen werden muß.

Obwohl sich auch die Tiergartenbiologen lieber zahlenstarke Zuchtgruppen und sehr viel mehr Platz wünschen, um für möglichst viele gefährdete Tierarten einen Beitrag zur Erhaltung der Art durch ihre Zucht im Zoo zu leisten, sollte man die Gefahren, die durch kleine Zuchtgruppen, zeitweilige Inzucht und sehr begrenztes Raumangebot und beschränkte Geldmittel für die Erhaltungszucht denkbar sind, nicht überschätzen. Die Ausbürgerung in ehemalige, inzwischen geschützte Lebensräume von seit Generationen gezüchteten Zootieren haben in den letzten Jahrzehnten unter Beweis gestellt, daß diese rasch verwildern. Erfahrungen liegen vom Wisent vor, von der Arabischen Oryxantilope, der Mendesantilope, dem Löwenaffen. Von manchen haben sich in der Wildbahn inzwischen wieder Populationen gebildet, die sich selbst durch ihre Nachzuchtrate erhalten. Die zoologischen Gärten spielen heute schon eine wichtige Rolle für die Erhaltung bedrohter Tierarten, und diese wird in der Zukunft sicher noch an Bedeutung gewinnen.

Allerdings gab es auch mißlungene Ausbürgerungen und vor allem mißglückte Umsetzungen wildleben-

Viele Zootiere suchen von sich aus den Kontakt zu den Menschen. Sie beobachten mit sichtlichem Interesse die vorbeiwandernden Besucher und begrüßen sie oft auf ihre Weise – wie diese Orang-Utans.

der Tiere in andere Teile ihres ehemaligen Verbreitungsgebietes, die verwaist waren, wie die beabsichtigte Wiederansiedelung des Moschusochsen in Gebieten Skandinaviens. Die Gründe für solche Mißerfolge haben jedoch mit der besprochenen Problematik nichts zu tun.

Keine Zucht ohne Auslese

Die langfristige Erhaltung eines gesunden, lebenstüchtigen und fortpflanzungsfähigen Tierbestandes im Zoo ist ohne Auslese lebensschwacher oder erbkranker Tiere unmöglich. Auch zur Zucht nicht mehr benötigte Tiere müssen aus dem Bestand genommen werden. In der Wildbahn sorgen Umweltfaktoren, zeitweiliger Mangel an Nahrung und Wasser, extreme Klimaschwankungen, Beutefeinde, Krankheiten, Verletzungen nach Auseinandersetzungen mit Rivalen und eine hohe Jugendsterblichkeit dafür, daß die Populationen über einen längeren Zeitraum zahlenmäßig stabil bleiben. Von vielen Arten sind Jungtierverluste von mehr als 75% des jährlichen Nachwuchses bekannt geworden. Die Lebenserwartungen erwachsener Wildtiere sind geringer, verglichen mit ihren im Zoo gehaltenen Artgenossen. Von vielen Tierarten erreicht im Zoo ein hoher Anteil der gesund geborenen Jungtiere das Greisenalter.

Da die Fortpflanzungsfähigkeit bei den meisten Tieren bis ins hohe Alter erhalten bleibt, ist auch die Nachwuchsrate bei den gehaltenen größer als bei freilebenden. So werden die zierlichen Dikdikantilopen in der Wildbahn meist nicht älter als drei Jahre, und ein Weibchen zieht in dieser Zeit zwei bis drei Junge auf. Im Zoo werden die Dikdiks etwas mehr als doppelt so alt, und eine Geiß zieht mindestens acht Junge auf. Löwen erreichen in der Wildbahn gewöhnlich nur ein Alter zwischen sechs und neun Jahren, und eine Löwin zieht vier bis fünf Junge groß, die die Fortpflanzungsfähigkeit erreichen. Zoolöwen können das dritte Lebensjahrzehnt erreichen und zehnmal so viele Junge aufziehen.

Über die Methode, wie man bei den Zootieren einer Bevölkerungslawine entkommt, gehen die Meinungen der Tierfreunde auseinander. Es scheint sich ein Konflikt anzubahnen zwischen denen, die die bestmögliche Sicherung des Lebens aller gehaltenen Tiere für sittlich geboten halten, und anderen, die die Anwendung von Selektionsmaßnahmen für unumgänglich und biologisch begründet ansehen. Die einen möchten Normen, die für die menschliche Gesellschaft gelten, auf die Tiere übertragen, sie gewissermaßen vermenschlichen. Sie verlangen, daß jedes Zootier sein »Gnadenbrot« bekommt, bis sich der natürliche Alterstod einstellt. Die Fortpflanzung möch-

Im Aufbau von Zuchtgruppen sieht der moderne Zoo eine seiner Hauptaufgaben. Dank verbesserter Haltungssysteme sind Zuchterfolge auch bei heiklen und in freier Wildbahn selten gewordenen Arten heute häufig. In Basel hat man sich um die Nachzucht der vom Aussterben bedrohten Somali-Wildesel verdient gemacht. Im Bild ein wenige Tage altes Fohlen mit seiner Mutter.

ten sie durch Trennung der Geschlechter, hormonelle Ruhigstellung der Weibchen – durch die Antibabypille – oder durch Sterilisation steuern.

Die biologische Steuerung der Fortpflanzungsrate, also der sinnvolle Ersatz der bestandsregulierenden Faktoren der Wildbahn, wäre aber die schmerzlose Einschläferung der Jungtiere, die für die Erhaltungszucht der Art im Zoo nicht gebraucht und die an keinem anderen Ort artgemäß untergebracht werden können.

Die Jungenaufzucht ist eine wesentliche Lebensleistung erwachsener Tiere, bei gesellig lebenden Arten keineswegs nur die der Mutter, sondern auch der anderen Mitglieder der Gruppe beiderlei Geschlechts. Große Teile der artspezifischen Verhaltensmuster beziehen sich auf die Aufzucht von Jungtieren und könnten nicht mehr verwirklicht werden, wenn Tieren zeitweilig oder gar dauerhaft die Möglichkeit genommen wird, Nachwuchs zu haben. Wenn größere Tiere des Bestandes einer im Zoo gehaltenen Art durch Trennung der Geschlechter oder durch Sterilisation aus der Zucht ausgeschieden werden, verengt

sich das genetische Potential des Gesamtbestandes der Art sehr schnell mit dem Zwang zur Inzucht. Bei vielen sozialebenden Tieren führt die dauerhafte Trennung der Geschlechter zu Spannungen zwischen den Weibchen, wie dies beispielsweise bei einigen Hirscharten der Fall ist.

Die Anwesenheit eines männlichen Spitzentieres stabilisiert die soziale Rangordnung. Trennt man die Geschlechter, wenn ein Weibchen der Gruppe brünstig ist, bedeutet das bei Arten, deren Brunst nicht jahreszeitlich festgelegt ist, durch das ständige Eingreifen des Tierpflegers eine Störung der sozialen Beziehungen der Gruppe. Und schließlich begeben sich die zoologischen Gärten durch Unterdrückung der Fortpflanzung bei den Zootieren der wichtigsten Möglichkeit, Zuneigung und Liebe der Besucher zu den Tieren zu entwickeln, also ihre eigentliche Aufgabe zu erfüllen. Auf welche Weise ließen sich Zoobesucher leichter für Tiere begeistern als dadurch, daß man ihnen die Beobachtung von Mutter-Kind-Beziehungen ermöglicht?

Eine artgemäße Haltung von Tieren bedeutet das sinnvolle Ersetzen derjenigen Umweltfaktoren, die im natürlichen Wohngebiet auf die freilebenden Artgenossen Einfluß haben. Die natürliche Nahrung wird durch eine vollwertige, nach den Erkenntnissen der Ernährungslehre zusammengestellte Zoodiät ersetzt, zu geringe Sonnenbestrahlung der bei uns gehaltenen Tiere der Tropen und Subtropen durch geheizte Unterkünfte und eine zusätzliche Bestrahlung mit UV-Licht ausgeglichen. Die bestandsregulierenden Umweltfaktoren der Wildbahn aber können nach artgemäßen Haltungsnormen nur durch schmerzlose Einschläferung eines Teiles der Nachzucht und der erwachsenen, nicht mehr an der Zucht teilnehmenden Tiere ersetzt werden, soweit sie nicht in anderen Haltungssystemen untergebracht werden können. Es bedeutet eine Vermenschlichung der Tiere, wenn ethische Werte der menschlichen Gesellschaft in ein von Naturgesetzen gesteuertes System übertragen werden, wie es ein zoologischer Garten darstellt, der Erhaltungszucht betreibt.

Die Haltung von Tieren in menschlichen Haushalten vollzieht sich auf einer ganz anderen Ebene. Zu diesen Tieren haben viele Tierhalter Beziehungen, die zwischenmenschlichen Sozialbindungen gleichen. Es entspricht durchaus humaner Einstellung, wenn man solchen Tieren wie menschlichen Sozialpartnern begegnet. Allerdings wird man nicht behaupten können, daß diese Tiere artgemäß, das heißt nach den biologischen Regeln der entsprechenden Tierart, leben.

Kriterien für artgemäße Haltung

Tierschutzgesetz und Berufsethos der Tiergartenbiologen verlangen, daß die Tiere im Lebensraum Zoogehege artgemäß gehalten werden. Wie aber läßt sich feststellen, ob diese Forderung im jeweiligen Fall erfüllt ist?

Ein Blick hinter die Kulissen eines Zoos: Küche im Tropenhaus des Zoologischen Gartens Berlin, in der die Mahlzeiten für besonders anspruchsvolle exotische Pfleglinge zubereitet werden.

Gestaltung und Ausstattung eines Geheges allein ergeben ebensowenig einen Bewertungsmaßstab wie seine räumlichen Abmessungen, von Extremwerten abgesehen. Auch ein Vergleich des Verhaltens von gehaltenen und freilebenden Tieren derselben Art ermöglicht nicht die Bewertung eines Haltungssystems. Das Verhalten ist die situationskonforme Auseinandersetzung des Tieres mit der konkreten Umwelt auf der Grundlage der artspezifischen, angeborenen Verhaltensmuster unter Einbau von Lernerfahrungen, die im Umgang mit den Haltungsbedingungen erworben wurden. Und solche Erfahrungen führen sowohl zu qualitativen Verhaltensänderungen als auch zu einem anders zusammengesetzten Verhaltenskatalog des 24-Stunden-Tages.

Jeder Tierpfleger, der seine Tiere gut kennt, wird an vielen kleinen Anzeichen, an ihrem Aussehen, der Aktions- und Reaktionsfreudigkeit oder an bestimmten Verhaltensmerkmalen, feststellen, wie es um ihr augenblickliches Wohlbefinden bestellt ist. Doch auf das Wohlbefinden eines Tieres wirken derart viele Faktoren ein, daß der augenblickliche Zustand der Befindlichkeit eines Tieres keine Schlüsse auf das

Erheblichen technischen Aufwand erfordert die Aufbereitung künstlichen Meerwassers für ein Delphinarium. Das Foto zeigt die Filteranlage im Duisburger Zoo, die in der Stunde 360 Kubikmeter Salzwasser umwälzen kann.

Vorhandensein oder Nichtvorhandensein nichtartgemäßer Haltungsfaktoren erlaubt.

Die Tiergartenbiologen haben daher nach anderen Kriterien gesucht, die man verallgemeinern und belegen kann und die anzeigen, ob sich die Tiere an die ihnen geschaffenen Haltungsbedingungen anpassen konnten. Es haben sich fünf Beurteilungskriterien ergeben. Die gehaltenen Tiere müssen sich in bestmöglicher Verfassung befinden, von Abbauerscheinungen bei greisenhaften Tieren oder Folgen vorübergegangener Ereignisse wie Krankheit, Brunst oder Jungenaufzucht abgesehen. Richtig gehaltene Tiere müssen gut bemuskelt sein, ein glänzendes, glattes, unbeschädigtes Fell haben, straffe Haut und klare Augen. Sie müssen aktiv und reaktionsfreudig sein. Werden Tiere längere Zeit anhaltenden Belastungen (Stressoren) ausgesetzt, bewirken diese bald ein Nachlassen der Kondition. Sie können durch falsches Futter verursacht sein, durch nicht zuträgliche Temperatur- und Feuchtigkeitsgrade, durch instabile soziale Verhältnisse, anhaltende Angst vor Rivalen oder, bei grob falsch angelegten Haltungssystemen, von den Zoobesuchern. Sind Zootiere frustriert, träge oder nervös und hektisch, muß man das, unter Berücksichtigung ihrer artspezifischen Bewegungsweisen, nichtartgemäßen, unangemessenen Haltungsfaktoren anrechnen.

Ein zweites Kriterium betrifft die Lebensdauer. Sofern der Tierhalter nicht selektierend eingreifen muß, werden artgemäß gehaltene Tiere sehr alt, meist viel älter als ihre freilebenden Artgenossen. Die in der Wildbahn das Leben so vieler Tiere verkürzenden, bestandsregulierenden Faktoren sind im Zoo ausgeschaltet. Dort ist für ausreichende Ernährung gesorgt, Krankheiten werden behandelt, Rivalen und Beutefeinde gibt es nicht. Selbst Funktionsausfälle bei sehr alten Zootieren können durch entsprechende Pflegemaßnahmen ausgeglichen werden.

Ein weiteres Kriterium für ein artgemäßes Haltungssystem ist die Fortpflanzung der Zootiere und die Aufzucht ihres Nachwuchses ohne unmittelbare menschliche Mithilfe. Es hat sich in der Zootierhaltung immer wieder gezeigt: Solange eine Tierart nicht regelmäßig Nachwuchs hatte, stimmte etwas nicht im Konzept der Haltungsfaktoren. Mitunter war zu einseitige, zu eiweißarme oder mineralstoff-, spurenelement- oder vitaminarme Kost für den ausbleibenden Fortpflanzungserfolg verantwortlich. In anderen Fällen stimmte das Stallklima nicht, die hygienischen Bedingungen waren unbefriedigend, oder die sozialen Beziehungen waren nicht artgemäß, die Gruppen zu klein oder zu groß, das Männchen ständig bei den Weibchen, so daß sich Geschwistereffekte ergaben. Die tiergartenbiologische Literatur darüber, wie schließlich die Haltungsbedingungen für Menschenaffen, Zahnwale oder für auf ganz bestimmte Umweltfaktoren spezialisierte Tierarten entdeckt wurden, die die regelmäßige Zucht ermöglichten, ist spannend zu lesen. Allerdings sind bis heute keineswegs für alle Säugetiere die artgemäßen Haltungsfaktoren gefunden worden, und mit manchen Tierarten muß noch experimentiert werden.

Das vierte Kriterium bezieht sich auf die Widerstandsfähigkeit der Zootiere gegen Krankheitserreger. Mit solchen Erregern, in erster Linie zahlreichen Bakterienarten, kommen die Tiere ständig in Berührung, wenn sie Futter aufnehmen, Fellpflege betreiben, Markierungs- und Kotstellen beriechen und belecken, ja schon wenn sie atmen. Krank werden sie freilich erst dann, wenn sie zuvor durch einen sie stark belastenden Faktor geschwächt sind. Trächtigkeit, die Aufzucht von Jungen, der Verlust einer lange innerhalb der Sozialordnung innegehabten Rangstellung können ein solcher Belastungsfaktor sein, aber auch untaugliche Haltungsbedingungen. Beobachtet ein Tierhalter häufiger in einer Tiergruppe Entzündungen der Atemwege, des Herzmuskels, des Verdauungskanals, der Nieren, der Leber oder des Zentralnervensystems, stets hervorgerufen durch allgemein verbreitete, überall vorkommende Krankheitserreger, sind die Haltungsfaktoren nicht artgemäß. Richtig gehaltene Wildtiere haben einen hohen Immunstatus, das heißt, sie sind gegen Krankheiten weitgehend gefeit.

Das letzte Kriterium betrifft das Verhalten. Bei artgemäß gehaltenen Tieren dürfen keine Neurosen auftreten, keine krankhaften Verhaltensweisen. Die Neurose ist die Antwortreaktion eines Tieres auf anhaltend vorliegende, nicht artgemäße Haltungsfaktoren.

Sind die ersten vier Kriterien erfüllt und gibt es keine Anzeichen für das fünfte, darf man davon ausgehen, daß sich die Tiere an die ihnen geschaffenen Haltungsbedingungen anpassen konnten und artgemäß gehalten werden, gleichgültig, ob das Haltungssystem naturnah-didaktisch oder naturfern-funktionell, ob es groß- oder kleinräumig ist.

Das Ärgernis Bewegungsstereotypie

Vor allem bei älteren Zootieren kann man ein abnormes Verhalten beobachten, auf das das fünfte Kriterium zuzutreffen scheint: das Hin- und Hergehen auf engem Raum, wie es Großkatzen, Bären, Wildhunde, Marder und andere Raubtiere gelegentlich zeigen, das Schaukeln (»Weben«) von Elefanten oder andere immer gleichförmige, daher Stereotypien genannte auffällige Verhaltensweisen.

Verhängnisvoll für die zoologischen Gärten hat sich ein berühmtes Gedicht von Rainer Maria Rilke ausgewirkt, das das Verhalten der Großkatze zwar poetisch, aber falsch deutet: »Der Panther im Jardin des Plantes«, 1902 in Paris geschrieben. Seine ersten beiden Strophen lauten:

Sein Blick ist vom Vorübergehn der Stäbe
so müd geworden, daß er nichts mehr hält.
Ihm ist, als ob es tausend Stäbe gäbe
und hinter tausend Stäben keine Welt.

Der weiche Gang geschmeidig starker Schritte,
der sich im allerkleinsten Kreise dreht,
ist wie ein Tanz von Kraft um eine Mitte,
in der betäubt ein großer Wille steht.

Rilke hat mit diesen Versen vielen sensiblen Menschen die Freude am Zoobesuch verdorben und den Zugang zur Welt der Zootiere verschlossen. Die schöngeistige, philosophische und soziologische Literatur zitiert sie bis in die jüngste Zeit immer wieder als eine Bewertung der Haltung von Wildtieren im Zoo, obgleich den Dichter die Situation des gehaltenen Tieres vermutlich nur als Gleichnis beschäftigt haben mag.

In der Tat, so könnte man zunächst auf die erste Strophe antworten, gibt es auch für den freilebenden, ein Territorium besitzenden Panther »tausend Stäbe in der Welt« in Gestalt von sein Wohngebiet kennzeichnenden Geländemarken, seiner eigenen Duftmarkierungen und der seiner artgleichen Nachbarn, die das eigene von deren Territorium abgrenzen. Die Grenzen zu überqueren brächte Gefahren mit sich, möglicherweise kämpferische Auseinandersetzungen mit den benachbarten Revierbesitzern, vielleicht Verletzungen, im äußersten Fall den Tod. Und nicht anders als sein freilebender Artgenosse betrachtet der gehaltene Panther ein artgemäß angelegtes Gehege als Lebensraum und die Gitterstäbe als die Grenzmarken, denen er seine Sicherheit verdankt. Zur Welt der Panther wie aller anderen in einem Territorium lebenden Tiere gehören »die tausend Gitterstäbe« untrennbar dazu. Die einen sind für den nicht geschulten Beobachter unsichtbar, die anderen im Raubtierhaus eines zoologischen Gartens überdeutlich erkennbar.

Was aber bedeuten »der weiche Gang geschmeidig starker Schritte, der sich im allerkleinsten Kreise dreht«, eine Beobachtung, die man auch heute noch in den zoologischen Gärten machen kann? Das auffällige Verhalten ist ein Ärgernis auch für den Tiergartenbiologen, obwohl es eines nicht anzeigt: Unwohlsein, Leiden am Schicksal, wie der Dichter meint. Ausnahmefälle, in denen es anders ist, werden noch besprochen.

Bewegungsstereotypien haben ihre Geschichte, und für ihre Bewertung muß man diese kennen. In den meisten Fällen wird eine solche Verhaltensanomalie in einer konkreten Konfliktsituation »erfunden«, bei der allerdings die festen, vielleicht auch enggezogenen Grenzen eines Zoogeheges von nicht geringer Bedeutung sind.

Vor meinen Augen gewöhnte sich ein junges Frau-Grays-Wasserbockweibchen ein Hin- und Herschwenken des Kopfes an. Es hatte, von der Gruppe in einem Geburtenstall abgetrennt, sein erstes Kalb zur Welt gebracht und schon einige Tage lang ohne Komplikationen aufgezogen. Die Mutter dieses Weibchens hatte zur selben Zeit in einem anderen Geburtenstall ebenfalls wieder ein Kalb. Nach einigen Tagen wurden beide Mütter mit ihren Kälbern gleichzeitig zur Gruppe zurückgelassen. Vermutlich infolge eines sehr stark ausgeprägten Pflegetriebes versuchte das ältere Weibchen zu seinem eigenen das Kind der Tochter zu adoptieren. Es schlug auf das junge Weibchen ein und stieß nach ihm, um es vom Kalb zu trennen. Die junge Mutter geriet nun in eine Konfliktsituation, die sie in starke Erregung versetzte. Sollte sie beim Kalb bleiben und die aggressiven Handlungen erdulden – sich zu wehren wagte sie nicht –, oder sollte sie sich in Sicherheit bringen und das Kalb im Stich lassen? Sie entschied sich für diese Möglichkeit, lief mit Anzeichen hoher Erregung davon, erreichte die sonnenbeschienene Stallwand, entdeckte dort das eigene Schattenbild und reagierte die Erregung durch Hin- und Herschwenken des Kopfes allmählich ab. Danach wandte sie sich, sichtbar entspannt, wieder der Gruppe zu. Inzwischen waren die Kälber umhergelaufen. Jedes Kalb stand allein, und auch die junge Mutter hatte wieder eine Chance, ein Weilchen ungestört neben ihrem Kind zu stehen. Bald darauf wiederholte das ältere Weibchen den Versuch, das »Enkel«-Kalb zu adoptieren, und schlug erneut auf das jüngere ein. Wiederum lief dieses weg, abermals zur Stallwand, und wie zuvor reagierte es dort die Erregung durch Kopfschwenken ab. Und diese Reaktion auf die Aggression in der Konfliktsituation wiederholte sich im Laufe des Vormittags noch einige Male. Erst am Nachmittag beschränkte sich das ältere Weibchen auf die Betreuung des eigenen Kalbes. Die junge Mutter hatte nun endlich Gelegenheit, ihr Kind ungestört zu begleiten.

Wenige Tage später sollte die Antilopengruppe mit den beiden schönen Kälbern fotografiert werden. Um ein gutes Foto zu bekommen, kletterte der Fotograf in die vor dem Gehegegraben entlanglaufende Hecke, die von den Antilopen gewissermaßen als Niemandsland zwischen dem eigenen Bezirk und dem der Zoobesucher angesehen wird. Sofort eine Bedrohung sehend, sprangen die ruhenden Antilopen auf die Läufe. Warnlaute waren zu hören. Alle Tiere standen hocherregt und fluchtbereit. Das junge Weibchen lief sofort zur Stallwand, schüttelte dort den Kopf und kehrte sichtlich entspannt wieder zur Gruppe zurück. Es hatte sein Verhaltensrepertoire um diese spontan erfundene, Erregung abbauende, auffällig abnorme Kopfbewegung erweitert und behielt diese Anomalie lebenslang bei.

Der Zoo bietet die Möglichkeit, Verhaltensweisen der Tiere aus nächster Nähe zu beobachten. Im Münchner Tierpark Hellabrunn üben sich Jungbären im Fischen.

Aber der Abbau von Erregung ist nur die eine Bedeutung von stereotypen Bewegungen und für die Zoobesucher aus diesem Anlaß nur ausnahmsweise zu sehen. Viele Zootiere, vor allem Raubtiere und Elefanten, zeigen solche stereotypen Bewegungen auch bei Langeweile. Und darin liegt das Ärgernis für den Tiergartenbiologen. Vor allem langlebige Tiere, wie Elefanten, finden irgendwann einmal Gelegenheit, in einer Konfliktsituation, der sie im Zoogehege nicht durch Weglaufen entkommen können, eine solche Verhaltensanomalie auszubilden. Und leider gibt es im üblichen Alltag der Zootiere immer wieder Zeiten, in denen sie nichts Besseres zu tun haben als die Stereotypie zur eigenen Unterhaltung vorzuführen. Dazu müssen aber das Umfeld entspannt, die sozialen Verhältnisse geordnet und andere wichtige Bedürfnisse befriedigt sein. Das Tier muß sich also in einer ausgeglichenen Gemütslage befinden. Es versteht sich, daß die Tiergartenbiologen den Versuch unternehmen, durch Anregungen zu anderen Aktivitäten solche Tiere von den Bewegungsstereotypien abzubringen. Mit vollem Erfolg gelingt dies aber nicht.

Nun kann aber, und das ist das Fatale an den Bewegungsstereotypien, dieselbe Verhaltensanomalie auch ein Ausdruck extrem unangemessener Haltungsbedingungen sein. In dieser Form kennen wir sie allerdings weniger aus den zoologischen Gärten als von der Intensivhaltung landwirtschaftlicher Nutztiere. Dort sind viele Fälle von stereotypem Verhalten wie Stangenbeißen am Käfiggitter, Kopfscheuern oder Verschlucken von Luft in die Speiseröhre aufgetreten, die bei den Tieren zu schweren körperlichen Schäden führten. Solche Verhaltensstörungen sind aus zoologischen Gärten nur ganz ausnahmsweise berichtet worden. Weil stereotypes Verhalten als Unart wie als Anzeichen für nicht artgemäße Haltung auftreten kann, muß man die Entstehungsgeschichte kennen, um es bewerten zu können.

Der Zoo, die Wissenschaft und die Künste

Nicht nur für das Studium der Anpassungsfähigkeit von Tieren, ihres angeborenen, ererbten Verhaltens oder Verstehens, ihres krankhaften Verhaltens und ihrer Krankheiten, für Parasitismus oder Problemkreise der Hygiene sind die zoologischen Gärten wichtige Stätten der Erweiterung wissenschaftlicher Erkenntnisse gewesen, sondern vor allem auch für die Erforschung der Funktionen von Körperorganen und -strukturen der Tiere, ihrer Entwicklungs- und Reifungsvorgänge oder der Mechanismen, die ihren sozialen Beziehungen zugrunde liegen. In einer Zeit, in der die Feldforschung auch bei schwierig zu beobachtenden Säugetieren aufsehenerregende Ergebnisse erbracht hat, tritt mitunter der gewaltige Wissenszuwachs, der von Zootieren gewonnen wurde und noch immer gewonnen werden kann, etwas in den Hintergrund. Aber allein die Kenntnis des Geburtsdatums und damit des Alters bei einem zoogeborenen Tier und die Überschaubarkeit bzw. Berechenbarkeit der auf Zootiere einwirkenden Haltungsbedingungen lassen wissenschaftliche Untersuchungen an ihnen zu einer wertvollen Bereicherung der biologischen Erkenntnismöglichkeiten werden. Die wissenschaftliche Literatur über Studien an Zootieren ist außerordentlich umfangreich.
Auch für viele Künstler, für Maler, Zeichner und Bildhauer, sind gehaltene Wildtiere schon vom Ende des Mittelalters an und vor allem seit der Renais-

▷ In Gruppen gehaltene Elefanten des Baseler Zoos lassen ihr hochentwickeltes Sozialverhalten deutlich werden.

▷▷ Mensch und Tier in innigem Kontakt. Im »Apenheul« der niederländischen Stadt Apeldoorn werden Totenkopfaffen frei gehalten und spielen mit den Besuchern – augenscheinlich zu beiderseitigem großem Vergnügen.

Im Kölner Zoo kann man einem jungen Orang-Utan beim Werkzeuggebrauch am künstlichen »Termitenhügel« zuschauen. Er hat ein Stöckchen in die Öffnung gesteckt und schleckt die so geangelten Leckerbissen ab.

sance interessante Studienobjekte gewesen, wenn auch in den verschiedenen künstlerischen Stilepochen und den wechselnden Absichten der Künstler, in ihren Werken die reale Welt wiederzugeben, in unterschiedlichem Maße. Unzählige Kunststudenten haben Augen und Hände an den leicht zu beobachtenden Zootieren geschult. Diejenigen, die die Möglichkeit und Fähigkeit hatten, Wildtiere und ihr Verhalten »im Lande der Modelle« zu studieren, sind stets eine kleine Minderheit gewesen.

Die populärwissenschaftliche Bedeutung des Zoos und die Grenzen seiner Möglichkeiten

Trotz seiner großen Bedeutung für die Naturwissenschaften liegt die Hauptaufgabe des Zoos auf populärwissenschaftlichem Gebiet. Umfragen in neuerer Zeit haben ergeben, daß die überwiegende Mehrzahl der Bevölkerung zoologische Gärten aufsucht, ein hoher Prozentsatz sogar regelmäßig. Der Umfang von Kenntnissen über Wildtiere als Grundlage für das Verständnis biologischer Probleme und für die Entwicklung von Tierliebe, gerade auch bei jungen Menschen, kann in seinem Wert nicht hoch genug eingeschätzt werden.

Gelegentlich ist diskutiert worden, ob man nicht mit den modernen Bildmedien, insbesondere durch das Fernsehen und mit Filmen von freilebenden Tieren, bessere Möglichkeiten hat, sich über deren Biologie zu informieren, als durch Beobachtung ihrer im Zoo gehaltenen Artgenossen. Als langjähriger Mitarbeiter einer populärwissenschaftlichen Sendereihe, die in erster Linie Filmberichte über freilebende Tiere ausstrahlt, habe ich den hohen Informationswert guter Tierfilme kennengelernt, insbesondere die Möglichkeiten der Kamera zu subtilen Nahaufnahmen vom Verhalten der Tiere und von biologischen Vorgängen, die mit dem bloßen Auge zu erfassen gar nicht möglich wäre. Zugleich ist mir aber auch deutlich geworden, daß der Film seine eigenen Gesetze kennt, denen sich die Darstellung biologischer Abläufe unterzuordnen hat. Die Konzentration der Optik auf bestimmte Vorgänge, das Konzept der Dramaturgie, das jedem guten Tierfilm zugrunde liegen muß, die subjektive Auswahl von Szenen durch den Filmautor, den Regisseur und mitunter auch durch den Cutter führen zwangsläufig zu Veränderungen der Wirklichkeit. Allein aus Gründen der Dramaturgie und der Wirtschaftlichkeit müssen Vorgänge, die in der Natur viele Minuten lang dauern, auf wenige Sekunden gerafft werden. Wie eine noch so gute Schallplatten- oder Bandaufnahme nicht das Erlebnis eines echten Konzerts, auch der beste Film das Fluidum einer Opernaufführung nicht ersetzen kann, sowenig vermögen Zelluloid, Magnetband oder Mattscheibe das unmittelbare Tiererlebnis zu vermitteln. Jeder gute Tierfilm mit hoher Einschaltquote im Fernsehen hat sich wenig später an den Kassen der zoologischen Gärten bemerkbar gemacht. Nachdem sie die Tiere im Film gesehen hatten, wollten viele Tierfreunde ihnen nun auch unmittelbar gegenüberstehen.

Manche Tierfreunde, die im praktischen Natur- und Artenschutz tätig sind, weisen auf die aus ihrer Sicht bedauerlichen Grenzen hin, die einem zoologischen Garten bei der Vermittlung von Informationen über Tiere gesetzt sind. Auch in einem naturnah gestalteten Haltungssystem können keine Kenntnisse über die Einbindung der Tiere in das Gefüge der ökologischen Faktoren ihres besonderen natürlichen Lebensraumes vermittelt werden, also über ihre Beziehungen zu den belebten und unbelebten Umweltfaktoren ihrer Wohngebiete. Die Dynamik solcher ökologischer Vorgänge darzustellen erlauben die Erfordernisse der Haltung von Tieren in den zoologischen Gärten nicht, also etwa Raubtier-Beute-Beziehungen, jahreszeitlich bedingte Perioden der Verknappung oder Veränderung von Ressourcen und die Reaktionen der Tiere darauf oder das Werden und Vergehen von Einzeltieren in einer natürlichen Population. Ein Zoo zeigt seine Tiere als »Persönlichkeiten«, herausgelöst aus ihrem natürlichen Bezugssystem. Vergleichbare Einschränkungen gibt es auch in anderen kulturellen Einrichtungen. Wer einen Eindruck von der Welt des Barock oder einer anderen Periode unserer Kulturgeschichte gewinnen will, wird zwar in Museen hervorragende Einzelwerke dieser Epoche aus nächster Nähe und verständlich erläutert studieren können. Um ein Gespür für barockes Lebensgefühl zu entwickeln, muß man aber in die Kirchen, Schlösser oder Parks gehen, die aus dieser Zeit noch erhalten sind.

Eine andere Begrenzung der Informationsmöglichkeiten eines Zoos ist viel bedeutsamer und für die Tiergärten selbst problematisch. Durch Herausnahme der Tiere aus ihren natürlichen Bezügen werden sie »personalisiert«. Die Methoden der Ausstellung von Zootieren, ihre Individualisierung durch Namensgebung, für den Tierpfleger durchaus sinnvoll, weil er seine Pfleglinge rufen will, die Berichterstattung in den Medien über Zooereignisse, die Einzeltiere betreffen, führen dazu, daß der Zoobesucher am individuellen Schicksal von Tieren teilnimmt und diese Betrachtungsweise auch auf die freilebende Tierwelt überträgt. So hält er ein tierisches Leben wie das eigene für ein unverletzliches Gut, auch in der freien Wildbahn. Dort aber haben die biologischen Regelmechanismen, die sich im Laufe der Evolution herausgebildet haben, die gesunde Population, die Erhaltung der Art als Ganzes, ihre stabile Einbindung in die Umwelt zum Ziel. Das Schicksal von Einzeltieren spielt in diesem Zusammenhang eine untergeordnete Rolle. So mißverstehen nicht wenige Tierfreunde die Bemühungen um den Schutz von Tierarten und -gesellschaften als Aufgabe, das Leben einzelner wildlebender Tiere erhalten zu helfen. Viele verständliche, aber unbiologische Maßnahmen, wie die Pflege geschwächter Tiere im Winter im menschlichen Haushalt und ihre Freisetzung mit Beginn des nächsten Frühjahres, verkennen die Bedeutung der kalten Jahreszeit für unsere Fauna als wichtigen Selektionsfaktor der Bestandsregulierungen. Auf die Erhaltung der natürlichen Lebensräume kommt es an und nicht, von Ausnahmen abgesehen, auf einen Eingriff in eine natürliche Lebensgemeinschaft.

Den zoologischen Gärten ist bis heute nichts eingefallen, wie sie bei der Schaustellung von Tieren, die als Einzelpersönlichkeiten empfunden werden, bei den Zoobesuchern Verständnis für die dynamischen Vorgänge zwischen Tieren und ihrer Umwelt und innerhalb ihrer Gemeinschaften entwickeln können. Vielleicht ist dies mit den Mitteln eines Zoos niemals zu erreichen. Dazu müßten, am besten in den Zoos selbst und nur notfalls anderswo, Methoden gefunden werden, wie diese zum Verständnis von Naturvorgängen so wichtigen Informationen an die vielen Tierfreunde herangebracht werden können, die sich im Zoo an den Tieren erfreuen und diese »als Fenster zum Blick in die Natur« verwenden.

Ausblick

Die zoologischen Gärten sind sicher nicht an das Ende ihrer Entwicklung gekommen. Neue, bessere Wege werden immer wieder zu finden sein, um den Zootieren das Gehege zu einem optimalen, wenn auch künstlichen Lebensraum werden zu lassen. Trotz aller Anstrengungen um Natur- und Artenschutz werden durch Umweltbelastungen und Biotopzerstörungen weitere Tierarten in Gefahr kommen, auszusterben. Entsprechend ihrer Aufnahmefähigkeit müssen sich die Zoos um die Zucht solcher Arten bemühen in der Hoffnung, daß es zukünftig möglich sein könnte, auch diesen Tieren wieder natürliche Lebensräume zu sichern. Die Wiederausbürgerung von zoogezüchteten Tieren hat sich als praktikabel erwiesen.

Immer wieder werden die Tiergartenbiologen gefordert sein, die zeitgemäße Methode nicht nur der Tierhaltung, sondern auch der Tierausstellung zu finden, die der Erlebnisfähigkeit der Zoobesucher entspricht und akzeptiert wird. Tiergärten werden daher niemals an das Ende ihrer baulichen Entwicklung kommen. Unverändert wird nur der Sinn der Wildtierhaltung in den zoologischen Gärten bleiben: vielen Menschen den Zugang zur Welt der Tiere über die gehaltenen zu den freilebenden Tieren zu eröffnen, zur Erweiterung ihres Weltbildes und ihrer Erlebnisfähigkeit, um sie für den Schutz der freilebenden Tierwelt und ihrer Lebensräume zu gewinnen, trotz der historisch gewordenen Vorrangstellung des Menschen und seiner Zivilisation über alles Lebendige, als Verpflichtung gegenüber kommenden Generationen, aber auch aus Ehrfurcht vor der staunenswerten Kreativität der natürlichen Schöpfung.

Fütterung der Seelöwen im Polarium des Münchner Tierparks Hellabrunn. Die Fütterungszeiten sind für die Tiere Anlaß zu intensiven Schwimmbewegungen und für die Menschen Höhepunkte des Zoobesuchs.

ANHANG

Literaturhinweise

Alados, C.L.: Aggressive behavior, sexual strategies and their relation to age in male Spanish ibex *(Capra pyrenaica)*. Behav. Processes, 12, 1986, 145-158
Barker, A., Manwell, C.: Man and elephant. The dare theory of domestication and the origin of breeds. Z. f. Tierzüchtung u. Züchtungsbiologie, 100, 1983
Becker, C.: Orang-Utans und Bonobos im Spiel. Untersuchungen zum Spielverhalten von Menschenaffen. München 1984
Bubenik, G.A., Bubenik, A.B.: Phylogeny and ontogeny of antlers and neuro-endocrine regulation of the antler cycle - a review. Säugetierkundliche Mitteilungen 1987
Chaplin, R.E.: Deer. Poole (England) 1977
Clutton-Brock, T.H., Guinness, F.E., Albon, S.D.: Red deer. Chicago 1982
Czernay, V.S.: Zur Haltung und Zucht von Südpudus *(Pudu pudu)* im Thüringer Zoopark Erfurt. Zool. Garten N.F., 47, 1977, 226-240
Dagg, A.I., Foster, J.B.: The giraffe - its biology, behavior and ecology. New York 1976
Davidar, E.R.C.: Distribution and status of the Nilgiri tahr *(Hemitragus hylocrius)*. J. Bombay Nat. Hist. Soc., 75, 1978, 815-844
Dittrich, L.: Lebensraum Zoo. Tierparadies oder Gefängnis. Freiburg i.Br., Basel, Wien 1977
Dollinger, P.: Das Mähnenschaf - ein Artenschutzproblem. Bongo 11, Zoo Berlin 1986
Dorst, J., Dandelot, P.: A field guide to the larger mammals of Africa. London 1970
Dubost, G.: Un aperçu sur l'écologie du chevrotain africain *Hyemoschus aquaticus*. Mammalia, 42, 1978, 1-62
Eldridge, W., MacNamara, M.: Observations on the behavior, food habits and home range of Pudu in Chile. In Vorbereitung
Engelhardt, W.v., Dellow, D.W., Hoeller, H.: The potential of ruminants for the utilisation of fibros low quality diets. Proc. Nutrition Society, 44, 37-43
Feer, F.: Quelques observations éthologiques sur l'Hydropote de Chine, *Hydropotes inermis*, en captivité. Z. f. Säugetierkunde, 47, 1982, 175-185
Frädrich: A comparison of behaviour in the Suidae. In: V.Geist, F.R.Walther (eds.): The behaviour of ungulates and its relation to management. IUCN Publications, Morges 1974, 133-143
Notizen über seltener gehaltene Cerviden. Teil II. Zool. Garten N.F., 45, 1975, 67-77
Franklin, W.L.: Contrasting socioecologies of South American's wild camelids: The vicuna and the guanaco. In: J.F.Eisenberg, D.G.Kleiman (eds.): Advances in the study of mammalian behavior. The American Society of Mammalogists. 1983, 573-629
Gall, Ch.: Ziegenzucht. Stuttgart 1982
Gauthier-Pilters, H., Dagg, A.I.: The camel. Chicago, London 1981
Geist, V.: Mountain sheep. Chicago, London 1971
Geist, V., Walther, F.R. (eds.): The behaviour of ungulates and its relation to management. IUCN Publications. Morges 1974

Grande Enciclopedia Illustrata degli Animali. Mammiferi. Mailand 1981
Gray, D.R.: The Muskoxen of Polar Bear Pass. Toronto 1987
Groves, C.P.: Ancestors for the pigs: Taxonomy and phylogeny of the genus *Sus*. Department of Prehistory, Research School of Pacific Studies, Australian National University. Technical Bulletin, 3, 1981, 1-96
Grzimek, B.: Wildes Tier - weißer Mann. München 1965
Einsatz für Afrika. München 1980
Haltenorth, T.: Säugetiere Afrikas. München 1977
Hart, T.B., Hart, J.: Tracking the rainforest giraffe. Animal Kingdom, 91, 1988, 26-32
Hendrichs, H., Hendrichs, U.: Dikdik und Elefant. München 1971
Herre, W., Röhrs, M.: Haustiere - zoologisch gesehen. Stuttgart ²1987
Hofmann, H.: Die Tiere auf dem Schweizer Bauernhof. Aarau 1984
Jarman, M.V.: Impala social behaviour. Beiheft 21 zur Z. f. Tierpsychol. Berlin, Hamburg 1979
Jungius, H.: The vicuna in Bolivia: The status of an endangered species, and recommendations for its conservation. Z. f. Säugetierkunde, 36, 1971, 129-146
Keller, R., Schmidt, Ch.R.: Das Buch vom Zoo. Luzern, Frankfurt/M. 1979
Klein, D.R., White, R.G., Keller, S. (eds.): Proceedings of the First International Muskox Symposium. Biological Papers of the University of Alaska, 4, 1984
Knaus, W., Schröder, W.: Das Gamswild. Berlin, Hamburg 1975
Kräußlich, H.: Rinderzucht. Stuttgart 1981
Kurt, F.: Naturschutz - Illusion und Wirklichkeit. Berlin, Hamburg 1982
Zum Sozialverhalten des Rehes. Berlin, Hamburg ²1988
Lent, P.C.: Ovibos moschatus. American Society of mammalogists 1987
Leuthold, W.: African ungulates. Berlin, New York 1977
MacDonald, D. (ed.): The encyclopaedia of mammals. 2 vols. London 1984
Manwell, C., Barker, C.M.A.: Domestication of the dog: Hunter, food, bed-warmer or emotional object. Z. f. Tierzüchtung u. Züchtungsbiologie, 101, 1984, 241-256
Miller, S., Rottmann, J., Taber, R.D.: Dwindling and endangered ungulates of Chile: Vicuna, llama, hippocamelus and pudu. Trans. North American Natural Resource Conference, 38, 1973, 55-68
Mloszewski, M.J.: The behaviour and ecology of the African buffalo. Cambridge 1983
Moss, C.: In freier Wildbahn. Freiburg, Basel, Wien 1977
Nerl, W.: Das große Gamsbuch. Pfaffenhofen 1985
Niethammer, J.: Säugetiere. Biologie und Ökologie. Stuttgart 1979
Niethammer, J., Krapp, F. (Hrsg.): Handbuch der Säugetiere Europas. Band 2/II: Paarhufer. Wiesbaden 1986
Nievergelt, B.: Ibexes in an African environment - ecology and social system of the Walia ibex in the Simen mountains, Ethiopia. Berlin 1981
Pohle, C.: Haltung und Zucht der Saiga-Antilope *(Saiga tatarica)* im Tierpark Berlin. Zool. Garten N.F., 44, 1974, 387-409
Prins, H.H.T.: The Buffalo of Manyara. The individual in the context of herd life in a seasonal environment of East Africa. Universität Groningen 1987
Raesfeld, F.v., Neuhaus, A.H., Schaich, W.: Das Rehwild - Naturgeschichte, Hege und Jagd. Berlin, Hamburg 1978
Raesfeld, F.v., Vorreyer, F.: Das Rotwild. Berlin, Hamburg 1978
Reed, Ch.: The beginnings of animal domestication. In: J.L.Mason (ed.): Evolution of domesticated animals. London, New York 1984, 1-6
Rice, C.G.: Nilgri tahr. Eravikulam National Park, and conservation. Bombay Nat. Hist. Society Centenary Seminar on Conservation in developing countries. 1983
Robin, N.P.: Zum Verhalten des Kleinkantschils *(Tragulus javanicus)*. Zürich 1979
Ruckebusch, Y., Thivend, P. (eds.): Digestive physiology and metabolism in ruminants. Lancaster 1980
Ruelcker, J., Stalfelt, F.: Das Elchwild. Berlin, Hamburg 1986
Sambraus, H.H.: Nutztierethologie. Berlin, Hamburg 1978
Atlas der Nutztierrassen. Stuttgart 1986
Bedrohte Nutztierrassen in den deutschsprachigen Ländern. Tierärztliche Praxis, 14, 1986, 297-307 und 15, 1987, 117-122
Schaefer, E.: Hegen und Ansprechen von Rehwild. München 1982
Schaller, G.B.: Mountain monarchs. Chicago, London 1977
Schmidt, C.R.: Verhalten einer Zoogruppe von Halsband-Pekaris *(Tayassu tajacu)*. Universität Zürich 1976
Sinclair, A.R.E.: The African buffalo. Chicago, London 1977
Sokolow, W.J.: Seltene und vom Aussterben bedrohte Tiere. Säugetiere. Moskau 1986
Soma, H. (ed.): The biology and the management of capricornis and related mountain antelopes. London 1987
Sowls, L.K.: The Peccaries. Tucson 1984
Stubbe, C., Passarge, H.: Rehwild. Berlin 1979
Thenius, E.: Die Evolution der Säugetiere. Eine Übersicht über Ergebnisse und Probleme. Stuttgart, New York 1979
Grundzüge der Faunen- und Verbreitungsgeschichte der Säugetiere. Stuttgart, New York 1980
Threatened deer. Proceedings of a working meeting of the deer specialist group of the Survival Service Commission. IUCN Publications. Morges 1978
Valdez, R.: The wild sheep of the world. Mesilla, New Mexico 1982
Lords of the Pinnacles. Mesilla, New Mexico 1985
Wagenknecht, E.: Rotwild. Berlin 1981
Walther, F.R.: Das Verhalten der Hornträger. In: Hand-

buch der Zoologie, 8, 10 (30). Berlin, New York 1979
Communication and expression in hoofed mammals. Bloomington (USA) 1984

Walther, F.R., Mungall, E.C., Grau, G.A.: Gazelles and their relatives. Park Ridge, New Jersey 1983
Whitehead, G.K.: Deer of the world. London 1972
Wilson, R.T.: The camel. London, New York 1984

Zimmermann, W.: Zur Haltung und Zucht von Saiga-Antilopen *(Saiga tatarica tatarica)* im Kölner Zoo. Z. Kölner Zoo, 23, 1980/81, 120-127

Die Autoren dieses Bandes

Dr. Concepción L. Alados, geb. 1953 in Ubeda (Spanien). Wissenschaftlicher Mitarbeiter an der Estación experimental de zonas áridas de Almería (Spanien). Hauptarbeitsgebiete: Sozialverhalten der Hornträger

Prof. Dr. Raimund Apfelbach, geb. 1943 in Stuttgart. Professor am Institut für Biologie III der Universität Tübingen. Hauptarbeitsgebiete: Verhaltensphysiologie, Neurobiologie

Dr. Leonid M. Baskin, geb. 1939 in Moskau. Leiter der Abteilung für Angewandte Ethologie der terrestrischen Wirbeltiere am Institut für Morphologie und Ökologie, UdSSR-Akademie der Wissenschaften, Moskau. Hauptarbeitsgebiete: Ökologie und Ethologie der Paarhufer

Dr. Dipl. Ing. Anton B. Bubenik, geb. 1913 in Jevíčko (Tschechoslowakei). Berater für Wildforschung. Hauptarbeitsgebiete: Verhaltensphysiologie, Populationssoziologie, Geweih- und Hornforschung

Prof. Dr. Christiane Buchholtz, geb. 1926 in Goldap/Ostpreußen. Professor für Zoologie an der Universität Marburg. Hauptarbeitsgebiete: Verhaltensphysiologie, Lern- und Gedächtnisforschung, Domestikationsforschung

Dipl. Biol. Waldemar Bülow, geb. 1957 in Hildesheim. Mitarbeiter im Niedersächsischen Landesamt für Wasserwirtschaft, Hildesheim. Hauptarbeitsgebiete: Ökologie und Ethologie

Prof. Dr. Wilfried Bützler, geb. 1943 in Lahnstein/Rhein. Professor für Wildbiologie und Jagdbetriebslehre der Fachhochschule Hildesheim-Holzminden, Göttingen. Hauptarbeitsgebiete: Biologie der Hirsche, Wildhege, Wildschutz in tropischen Ländern

Prof. Dr. Lothar Dittrich, geb. 1932 in Magdeburg. Direktor des Zoologischen Gartens Hannover. Hauptarbeitsgebiete: Tiergartenbiologie, Reproduktionsbiologie und Ontogenie von Säugetieren, Ethologie

Prof. Dr. Wolfgang von Engelhardt, geb. 1932 in Jätschau. Professor am Physiologischen Institut der Tierärztlichen Hochschule Hannover. Hauptarbeitsgebiete: Vergleichende Physiologie

Prof. Dr. William L. Franklin, geb. 1941 in Santa Monica (USA). Professor für Ökologie und Direktor des South American Camelid Research Center, Iowa State University, Ames (USA). Hauptarbeitsgebiete: Ökologie und Ethologie der Säugetiere, Reproduktionsbiologie, Südamerikanische Kameliden

Prof. Dr. Valerius Geist, geb. 1938 in Nikolajew (UdSSR). Professor of Environmental Sciences, Faculty of Environmental Design, Universität Calgary (Kanada). Hauptarbeitsgebiete: Wildforschung, Ethologie, Tierschutz

Dr. David H. Gray, geb. 1945 in Victoria (Kanada). Kurator in der Abteilung Wirbeltierethologie am National Museum of Natural Sciences, Ottawa (Kanada). Hauptarbeitsgebiete: Verhalten der Säugetiere in der Arktis

Prof. Dr. Dr. h.c. Bernhard Grzimek, geb. 1909 in Neisse/Schlesien, gest. 1987 in Frankfurt/M. Ehemaliger Direktor des Frankfurter Zoologischen Gartens und Professor der Universität Gießen, Ehrenprofessor der Universität Moskau, Präsident der Zoologischen Gesellschaft Frankfurt zur Unterstützung bedrohter Tiere in aller Welt und zur Erhaltung der Natur, Trustee der Nationalparks von Tansania und Uganda, Autor und Moderator der Fernsehserie »Ein Platz für Tiere«, Chefredakteur der Zeitschrift »Das Tier«, Herausgeber dieser Enzyklopädie

Dr. Gerhard Haas, geb. 1923 in Sulzburg/Baden. Direktor des Zoologischen Gartens der Stadt Wuppertal. Hauptarbeitsgebiet: Tiergartenbiologie

Dipl. Biol. Knut Hentschel, geb. 1948 in Markranstedt. Mitglied einer Primatologengruppe zur Erforschung des Schimpansenverhaltens an der Elfenbeinküste. Hauptarbeitsgebiet: Tropenökologie

Prof. Dr. Dr. h.c. Wolf Herre, geb. 1909 in Halle/Saale. Em. Professor für Zoologie an der Universität Kiel. Hauptarbeitsgebiete: Systematik und Evolution der Wirbeltiere, insbesondere Domestikationsforschung

Dipl. Zool. Ruedi Hess, geb. 1955 in Zug (Schweiz). Wissenschaftlicher Mitarbeiter am Institut für Ethologie und Wildforschung der Universität Zürich-Irchel. Hauptarbeitsgebiete: Ökologie von Säugetieren und Vögeln alpiner Gebiete

Prof. Dr. Hans Klingel, geb. 1932 in Ludwigshafen/Rh. Professor am Zoologischen Institut der TU Braunschweig. Hauptarbeitsgebiete: Öko-Ethologie, soziale Organisation bei Säugetieren: Pferde, Flußpferde, Kamele

Prof. Dr. Milan Klima, geb. 1932 in Prag (ČSR). Professor für Anatomie im Fachbereich Humanmedizin der Universität Frankfurt/M., Gastprofessor an der Städelschen Kunstschule Frankfurt/M. Hauptarbeitsgebiete: Embryologie und vergleichende Anatomie

Prof. Dr. Helmut Kraft, geb. 1927 in Nürnberg. Professor für Gerichtliche und Innere Tiermedizin an der Medizinischen Tierklinik der Universität München. Hauptarbeitsgebiete: Gerichtliche Tiermedizin, Wildkrankheiten, Wildbiologie

Dr. Fred Kurt, geb. 1939 in Langenthal (Schweiz). Lehrbeauftragter am Seminar für Pädagogische Grundausbildung des Kantons Zürich, Zürich; Chefbiologe im Ringier Verlag, Zürich. Hauptarbeitsgebiete: Vorlesungen und Veröffentlichungen zu ökologischen Themen

Prof. Dr. Ernst M. Lang, geb. 1913 in Luzern (Schweiz). Ehemaliger Direktor des Zoologischen Gartens Basel. Hauptarbeitsgebiete: Tiergartenbiologie und Zootierheilkunde

Dr. Mark MacNamara, geb. 1950 in New Jersey (USA). Unabhängiger Forschungsberater und Leiter der Fauna Research & Development, Inc., Ardsley (USA). Hauptarbeitsgebiete: Tiergartenbiologie, Tierschutz, Ethologie und Ökologie der Säugetiere Südamerikas

Prof. Dr. Heinrich Mendelssohn, geb. 1910 in Berlin. Professor für Zoologie an der Universität Tel Aviv (Israel). Hauptarbeitsgebiete: Etho-Ökologie, Faunistik terristrischer Wirbeltiere Israels, Naturschutz

PD Dr. Bernhard Nievergelt, geb. 1935 in Zürich (Schweiz). Privatdozent am Institut für Ethologie und Wildforschung der Universität Zürich-Irchel. Hauptarbeitsgebiete: Ökologie und Sozialbiologie der Caprinae, Ökologie von Lebensgemeinschaften, angewandte Ökologie und Naturschutz

Dr. Clifford G. Rice, geb. 1950 in Bilaspur (Indien). Kurator am Department of Mammalogy, New York Zoological Park, Bronx, N.Y. (USA). Hauptarbeitsgebiete: Tiergartenbiologie, Erforschung und Schutz der Säugetiere des indischen Subkontinents

Dr. Klaus Robin, geb. 1947 in Uznach (Schweiz). Stellvertreter des Direktors im Städtischen Tierpark Dählhölzli, Bern (Schweiz). Hauptarbeitsgebiete: Tiergartenbiologie, Ethologie, Tierfotografie an Säugern und Vögeln

Prof. Dr. Manfred Röhrs, geb. 1927 in Rotenburg/Wümme. Vorsitzender des Instituts für Zoologie an der Tierärztlichen Hochschule Hannover. Hauptarbeitsgebiete: Vergleichende Anatomie der Wirbeltiere, Domestikation, Evolution des Nervensystems

Prof. Dr. Dr. Hans Hinrich Sambraus, geb. 1935 in Bargteheide/Holstein. Professor für Tierhaltung an der Technischen Universität München. Hauptarbeitsgebiete: Tierhaltung, Ethologie, Tierschutz

Dr. Robert Schloeth, geb. 1927 in Basel (Schweiz). Direktor des Schweizerischen Nationalparks. Hauptarbeitsgebiete: Administration und Forschung im Schweizerischen Nationalpark

Dr. Christian Schmidt, geb. 1943 in Küsnacht/Zürich (Schweiz). Kurator für Säugetiere und Vögel im Zoo Zürich. Hauptarbeitsgebiete: Verhalten (bes. Sozialverhalten), Naturschutz und Tiergärtnerei von Säugetieren und Vögeln

Prof. Dr. Hiroaki Soma, geb. 1922 in Hokkaido (Japan). Professor für Geburtshilfe und Gynäkologie am Tokyo Medical College. Zoologische Hauptarbeitsgebiete: Biologie und Schutz der Seraue *(Capricornis)* und verwandter Bergantilopen

Prof. Dr. Erich Thenius, geb. 1924 in Abbazia (Italien, heute Opatija, Jugoslawien). Em. Professor für Paläontologie der Universität Wien. Hauptarbeitsgebiete: Wirbeltier-, vor allem Säugetierpaläontologie, Tiergeographie

Prof. Dr. Raul Valdez, geb. 1944 in El Paso (USA). Professor für Wildbiologie College of Agricultural and Home Economics, Las Cruces (USA). Hauptarbeitsgebiete: Ökologie und Verhalten der Paarhufer

Prof. Dr. Fritz Rudolf Walther, geb. 1921 in Chemnitz. Em. Professor am Department of Wildlife and Fisheries Sciences, Texas A&M University, USA. Hauptarbeitsgebiete: Verhalten der Huftiere, Großwildbiologie

Dr. Victor Zhiwotschenko, geb. in Saporozhje/Ukraine (UdSSR). Chefredakteur der Zeitschrift »Okhota i okhotnitschje khosiajstwo« (Jagen und Jagdwirtschaft), Moskau. Hauptarbeitsgebiete: große Raubtiere, seltene Arten und Schutzgebiete des Ostens der UdSSR

Dr. Waltraut Zimmermann, geb. 1946 in Mühlheim/Ruhr. Kurator für Säugetiere im Zoologischen Garten Köln. Hauptarbeitsgebiete: Zucht und Erhaltung von Huftieren. Koordinator des Europäischen Erhaltungszuchtprogramms für Przewalskipferde

Dipl. Zool. Robert Zingg, geb. 1955 in Binga (ehem. Belgisch-Kongo). Wissenschaftlicher Mitarbeiter am Institut für Ethologie und Wildforschung der Universität Zürich-Irchel (Schweiz). Hauptarbeitsgebiet: Feldarbeit über Igel

Abbildungsnachweis
Fotos

C. Alados, Almeria (Spanien) 529
Toni Angermayer, Holzkirchen 107 oben (Ziesler); 348; 385; 390; 474; 528 links; 534; 536 oben links; 539 oben rechts; 593; 600/601; 602 links; 602 rechts; 607; 610/611; 632; 639
Ardea, London 10 rechts (Van Gruisen); 13 links (Fink); 16/17 (Beames); 35 (Weaver); 43 (Haagner); 84 unten (Brown); 86/87 (Haagner); 90/91 (Dani/Jeske); 136 (Van Gruisen); 137 (Weissen); 138 (Fink); 170 (McDougal); 190 (Fink); 192/193 (Gohier); 195 Mitte (Van Gruisen); 198 (Fink); 200 (Fink); 216 rechts (Fink); 218 (Gohier); 227 (Fink); 245 (Gibbons); 246/247 (Grosnick); 253 (Grosnick); 272 (Beames); 298 (Dragesco); 304 (Ferrero); 309 (alle 5 = Bruton); 319 (Daniels); 326 (Fink); 327 oben (Fink); 330 (Fink); 344 (Fink); 346 oben (Fink); 346 unten (Haagner); 353 links + rechts (Fink); 356 (Kalahar); 364 (Gohier); 368 (Gohier); 369 (Fink); 388 (McDougal - Tiger Tops); 391 (Fink); 393 (Dragesco); 394/395 (McDougal); 398 (Gohier); 398 unten (Fink); 399 (Gohier); 401 (Gohier); 402/403 (Gohier); 418 (Haagner); 438 (Haagner); 442 (Haagner); 452 (Behrens); 462 (Fink); 463 (Weisser); 466 (Fink); 497 (Dragesco); 504 (Fink); 508 (Fink); 509 (Fink); 518/519 (Dragesco); 528 rechts (Weisser); 532/533 (Fink); 539 unten (Fink); 540 (Fink); 548 (Fink); 549 links (Fink); 566 (Gohier); 567 (Fink); 583 rechts (Beames); 586 oben (Fink)
Bayer. Staatsslg. f. Paläont. u. hist. Geologie, München (Schultz) 132
C. Becker, Karlsruhe 621
K. Bollmann, Zürich 530/531; 536 Mitte u. unten
W. Bülow, Hildesheim 62 links u. rechts; 63
W. Bützler, Göttingen 162 oben; 163
B. Coleman, Uxbridge, Middlesex 7 (Williams); 44 oben (MacKinnon); 44 unten (Compost); 50 links (Patzelt); 50 rechts (Bingham); 100/101 (Hirsch); 135 (Cubitt); 148 (Williams); 252 (Alexander); 262 (Bartlett); 284 (Foott); 296 (Bartlett); 325 (Bauer); 328 (Wormer); 331 (Cubitt); 392 (Compost); 396 (Plage); 426/427 (Davey); 434 (Wilkins); 443 (Jungius); 467 (Cubitt); 484 (Wilkins); 492 (Burton); 502 (Foott); 520 (Dragesco); 542 (Ruth); 561 (Hout)
G. Eshbol, Ra'ananah (Israel) 525; 526
W. Franklin, Ames (USA) 97; 98; 99; 103; 107 unten
M. Gansloßer, Erlangen 226
V. Geist, Calgary (Canada) 214; 215; 216 links; 217; 366; 555 rechts
H. Grassmann, Baiersdorf-Igelsdorf 177; 258/259
C. Hagenbecks Tierpark, Hamburg 606 rechts
K. Heblich, Dusslingen 576; 577/578; 612
W. Herre, Kiel 30 links; 102 oben u. unten; 256; 538; 574; 575; 580/581; 584; 587 oben; 589 alle; 590
J. Hess, Basel 622; 623; 626; 628; 634/635
H. N. Hoeck, Konstanz 345
IFA-Bilderteam, München 31 links (Maier); 129 (Rölle); 319 (Aberham); 349 (Kolban); 363 (Aberham); 382/383 (Aberham); 471 (Aberham); 549 rechts (Rolle); 568/569 (Aberham); 570 (Fiedler); 571 (Aberham); 572/573 (Aberham); 583 links (Gottschalk); 587 unten (Aberham); 590 rechts (Digul); 597 (Lauer); 599 (Rutz); 624/625 (Aberham)
H. Jesse, Köln 608 rechts
H. Klingel, Braunschweig 37; 61; 66/67; 68/69; 70; 71; 72/73; 74/75; 76; 77; 78 links u. rechts; 79; 84 oben; 88 links u. rechts; 89; 273 rechts; 312/313; 327 unten; 343; 381; 419; 422 oben; 434/435; 470
G. Kosmider, Duisburg 630
F. Kurt, Aichach 140; 141 unten; 195 oben
M. MacNamara, Ardsley (USA) 225; 228
E. Müller, Frankfurt/M. 603
B. Nievergelt, Zürich 516; 517 links; 523
G. Nogge, Köln 620; 633
Okapia, Frankfurt/M. 182 (Reinhard); 185 (Gerlach); 191 (Meyers); 194 (Quinton); 243 links (Maier); 292/293 (Krasemann); 322 (Kraft); 324 (Reinhard); 367 (Smith); 370 (McHugh); 487 (Bannikow); 554 (Quinton); 559 (Quinton); 595 rechts (Nature)
Ch. Oswald, Ebersberg 141 oben; 197 (alle)
W. Räder, Braunschweig 270; 276 links; 300; 302 oben; 321; 332 rechts; 446; 450/451; 458/459
R. Radke, Berlin 20
K. Robin, Bern 116/117; 120; 122
H. H. Sambraus, Freising/Weihenstephan/Obb. 299 oben; 409; 410 links u. rechts; 411; 412 links u. rechts; 413 links u. rechts; 416; 595 links
Ch. Schmidt, Zürich 21; 28; 33; 34; 38 links u. rechts; 40; 42; 45; 48; 49; 51; 52; 53; 54; 55; 604 rechts; 605 links u. rechts; 607 links; 608 links; 616/617; 629; 636/637
N. Schulte, Braunschweig 92; 93 links u. rechts
Silvestris, Kastl 1 (Bertrand); 22 (Silvestris); 24/25 (Silvestris); 26/27 (Meyers); 41 (Lane); 56/57 (Wothe); 60 (Wothe); 80/81 (Dani/Jeske); 90/91 (Dani/Jeske); 94 (Meyers); 95 oben (Dani/Jeske); 95 unten (Dani/Jeske); 124/125 (Meyers); 144 (Danegger); 146/147 (Dani/Jeske); 149 (Wothe); 150 (Dani/Jeske); 156/157 (Meyers); 159 (Meyers); 160 oben (Hosking); 160 unten (Danegger); 161 (Silvestris); 171 links (Ranjit); 172 (Dani/Jeske); 172 unten (Scott); 173 links (Dani/Jeske); 174 (Silvestris); 176 oben (Meyers); 176 unten (Danegger); 178/179 (Danegger); 180 rechts (Postl); 180 links; 181 (Danegger); 183 (Danegger); 184 (Danegger); 186 (Meyers); 187 (Kuch); 188 (Gerlach); 195 unten (Cramm); 201 (Danegger); 204 (Skibbe); 206 links; 206 rechts; 206; 207 oben (Arndt); 208; 210/211; 212 (Lane); 213; 230/231 (Arndt); 233 (Gruber); 234/235 (Meyers); 236/237 (Arndt); 238 (Shaw); 240 (Arnold/Krasemann); 241 oben (Schwirtz); 241 unten (Arnold/Krasemann); 242 (Gruber); 243 rechts (Arndt); 248/249 (Arndt); 250/251 (Newman); 267 (Müller); 268/269; 277 (Gerlach); 278/279 (Lane); 282 (Lane); 286/287 (Dani/Jeske); 291 (Bertrand); 295 (Danegger); 301 (Dani/Jeske); 307 (Danegger); 316 (Wothe); 317; 350/351; 359 (Hanumantha/Rao); 360; 361 (Dani/Jeske); 362; 372/373 (Wothe); 374 (Dani/Jeske); 375 (Lane); 376/377 (Pölking); 379 links (Fink); 379 rechts (Layer); 380 (Pölking); 386 (Varin); 387 (Dani/Jeske); 400; 414/415 (Dani/Jeske); 420 (Müller); 424/425 (Wothe); 428/429 (Bertrand); 430/431 (Arthus-Bertrand); 436 (Krasemann); 437 (Riley); 441 (Meyers); 448 (Pölking); 468 (Dani/Jeske); 469 (Beck); 476/477 (Wothe); 479 (Meyers); 496 (Robert); 498/499 (Hüttenmoser); 500/501 (Frank Lane); 505 (Lane); 511 (Wothe); 517 (Meyers); 521; 543 (Wothe); 544 (Danegger); 545 (Maier); 546/547; 555 links (Newman); 556/557 (Arndt); 562/563 (Arndt); 582; 586 unten (Höfels); 596 (Dani/Jeske); 627 (Gronefeld)
H. Soma, Tokio (Japan) 504 links; 505 links
B. Stoepel, Dusslingen 154/155
R. Valdez, Las Cruces (USA) 535; 548 rechts; 550; 552
F. R. Walther, Dierdorf-Wienau 323
Ch. Welker, Kassel 64
E. Winterer, Leimen 613
G. Ziesler, München 105; 108/109; 112/113; 152/153; 165 rechts; 220/221; 222; 224; 271; 274/275; 318; 333; 334/335; 357; 422; 454; 456/457
W. Zimmermann, Köln 490 (alle); 494 oben u. unten
Zoo Antwerpen 606 links
Zoo Hannover 604 links; 614/615; 618 oben u. unten; 619 oben u. unten

Zeichnungsentwürfe

A. B. Bubenik, Thornhill (Canada) 128; 129
W. v. Engelhardt, Hannover 114
M. Klima, Frankfurt/M. 3; 19; 59 (Mitte nach Grande Enciclopedia illustrata degli Animali); 83 (nach Grande Enciclopedia illustrata degli Animali); 119; 127 (oben links nach Time/Life 1, 1965); 261; 281 (oben rechts nach Grande Enciclopedia illustrata degli Animali; unten Mitte nach Thompson; unten rechts nach Niethammer); 289 (Mitte nach Grande Enciclopedia illustrata degli Animali)
E. Thenius, Wien 5; 8 (nach Savage/Long 1986); 9 (nach Scott 1937); 10 (nach Savage/Long 1986); 11 (nach Savage/Long 1986); 12 (nach Frick 1937); 13 (nach Azzorili 1982); 14
F. R. Walther, Dierdorf-Wienau 294; 297; 299 unten; 301 unten; 302 unten; 303 alle; 305 links und rechts; 306; 307 links (alle); 308 alle; 314 alle; 332 links; 341; 352; 358; 359 unten; 443 rechts; 464; 465; 472; 473 links u. rechts; 478 links u. rechts; 485; 486; 487 unten

Zeichnungen

H. Bell, Offenbach 3; 19; 59; 83; 119; 127; 261; 281; 289 (alle nach M. Klima)
E. Diller, München 30; 31; 264; 273 links; 551
W. Eigener, Hamburg 29; 32
M. O'Brien u. M. Reindl, München 5; 8; 9; 10; 11; 12; 13; 14
F. R. Walther, Dierdorf-Wienau alle unter »Zeichnungsentwürfe« nachgewiesenen Abbildungen
W. Weber, Frankfurt/M. 165 links
F. Wendler, Weyarn/Obb. 489
R. Zieger, Berlin 389

Karten

Sämtliche Ver- und Ausbreitungskarten wurden im Atelier G. Oberländer, München, hergestellt.

Bandregister

Im vorliegenden Register sind nur die Seiten aufgeführt, auf denen die Arten ausführlicher behandelt werden. Alle weiteren Stichwörter findet der Leser im Gesamtregister.

Abbottducker *(Cephalophus spadix)* 326f., 330, 338f.
Abruzzengemse *(Rupicapra pyrenaica ornata)* 495, 508f.
Addax nasomaculatus (Mendes- oder Addaxantilope) 437, 439, 444f., 447
Addaxantilope *(Addax nasomaculatus)* 437, 439, 444, 447
Aepyceros melampus (Schwarzfersenantilope oder Impala) 311ff., 454-461
Aepyceros melampus petersi 455
Aepycerotinae (Schwarzfersenantilopen) 448, 454-461
Afrikanischer Büffel *(Syncerus caffer)* 322, 363, 367, 375-386, 406f.
Afrikanisches Hirschferkel *(Hyemoschus aquaticus)* 120-123
Agrimi *(Capra aegagrus cretica)* 536
Alaska-Elch *(Alces alces gigas)* 200, 229
Alcelaphinae (Kuhantilopen) 418-436, 604
Alcelaphus buselaphus (Kuhantilope oder Hartebeest) 418f., 432f.
Alcelaphus buselaphus buselaphus 418
Alcelaphus buselaphus caama (Kaama) 418
Alcelaphus buselaphus cokei (Kongoni) 418
Alcelaphus buselaphus jacksoni (Jackson-Hartebeest) 418
Alcelaphus buselaphus lelwel (Lelwel-Kuhantilope) 418
Alcelaphus buselaphus lichtensteini (Lichtenstein-Hartebeest) 418
Alcelaphus buselaphus major (Westafrikanische Kuhantilope) 418
Alcelaphus buselaphus matschiei (Togo-Kuhantilope) 418
Alcelaphus buselaphus swaynei (Somali-Kuhantilope) 418
Alcelaphus buselaphus tora (Tora) 418
Alces (Elchhirsche) 229-242
Alces alces (Elch) 200, 229-242, 256f.
Alces alces canuloides (Zwerg- oder Ussuri-Elch) 229
Alces alces gigas (Alaska-Elch) 200, 229
Alces (Cervalces) latifrons (Breitstirnelch) 200, 229
Alpaka *(Lama guanicoë* f. *glama)* 106-111, 576, 589, 592
Alpensteinbock *(Capra ibex ibex)* 511ff., 516-523
Altai-Argali *(Ovis ammon ammon)* 551, 554
Altaimaral *(Cervus elaphus sibiricus)* 195
Alticamelus altus (Giraffenkamel) 9
Amerikanischer Bison *(Bison bison)* 360, 364, 366, 368, 398-405, 408f.
Ammodorcas clarkei (Dibatag, Stelzen- oder Lamagazelle) 478f., 482ff.
Ammotragus lervia (Mähnenspringer) 514f., 537ff.
Angler-Sattelschwein 28
Angoraziege 538
Anoa (Anoa oder Gemsbüffel) 369, 406f.
Antidorcas marsupialis (Springbock) 309, 479-484
Antilocapra americana (Gabelbock oder Gabelhornantilope) 13, 277-285
Antilocapridae (Gabelhorntiere) 12f., 277-285
Antilope cervicapra (Hirschziegenantilope oder Sasin) 285f., 301, 314, 474-478, 482f.
Antilopinae (Gazellen [verwandte]) 462-484
Appenzeller Ziege 538
Arabische Kropfgazelle *(Gazella subgutturosa marica)* 466, 474
Arabischer Spießbock *(Oryx leucoryx)* 443-447
Arabischer Tahr *(Hemitragus jayakari)* 514f., 543f.
Argali *(Ovis ammon)* 514f., 544, 550-554
Arkal *(Ovis orientalis arkal)* 545, 548
Armenischer Mufflon *(Ovis orientalis gmelini)* 545, 548, 551

Arni *(Bubalus arnee arnee)* 370f., 374
Artiodactyla (Paarhufer) 4-15, 577
Asiatischer Büffel *(Bubalus [Bubalus] arnee)* 362, 369f., 374f., 406f.
Asiatisch-europäisches Kleinschaf *(Ovis orientalis)* 514f., 544-548, 552, 592
Asiatisch-europäisches Muffelwild *(Ovis orientalis)* 514f., 544-548, 552
Assam-Wasserbüffel *(Bubalus arnee fulvus)* 370
Äthiopischer Steinbock *(Capra ibex walie)* 512f., 523ff.
Atlashirsch *(Cervus elaphus barbarus)* 141, 195
Auerochse *(Bos [Bos] primigenius)* 386, 397, 409, 582
Axis (Fleckenhirsche) 140-143, 145-151
Axis axis (Axishirsch oder Chital) 141ff., 145-151
Axis calamianensis (Calamian-Schweinshirsch) 141ff.
Axis kuhlii (Kuhlhirsch oder Bawean-Schweinshirsch) 141ff., 148
Axis porcinus (Schweinshirsch) 140, 142f., 148f.
Axishirsch *(Axis axis)* 141ff., 145-151

Babirusa *(Babyrousa babyrussa)* 33, 44-47
Babyrousa babyrussa (Babirusa oder Hirscheber) 33, 44-47
Babyrousa babyrussa babyrussa (Molukken-Babirusa) 45
Babyrousa babyrussa celebensis (Celebes-Babirusa) 45
Babyrousa babyrussa togeanensis (Togian-Babirusa) 45
Badlands-Dickhornschafe 560
Bali(haus)rind 391f.
Banteng *(Bos [Bibos] javanicus)* 387, 390ff., 406f.
Barasingha *(Cervus duvauceli)* 141ff., 171ff., 613, 616ff.
Bartschwein *(Sus barbatus)* 31f., 46f.
Batesböckchen *(Neotragus [Nesotragus] batesi)* 330, 338f.
Bawean-Schweinshirsch *(Axis kuhlii)* 141ff., 148
Beira *(Dorcatragus megalotis)* 331, 333, 340f.
Beisa-Antilope *(Oryx beisa)* 294, 303, 308, 442-446
Belutschistan-Wildschaf *(Ovis orientalis blanfordi)* 545, 548
Berberhirsch *(Cervus elaphus barbarus)* 141, 195
Berganoa *(Bubalus [Anoa] quarlesi)* 369f., 406f.
Bergnyala *(Tragelaphus [Tragelaphus] buxtoni)* 347, 354f.
Bergriedbock *(Redunca fulvorufula)* 454, 460f.
Bergschafe *(Pachyceros)* 554-560
Bezoarziege *(Capra aegagrus)* 512f., 527, 535ff.
Bharal *(Pseudois nayaur)* 514f., 540f., 551
Bibos (Stirnrinder) 386
Bindenschwein *(Sus scrofa vittatus)* 21, 32
Bisamschwein *(Tayassu pecari)* 49f., 54f.
Bison bison (Amerikanischer Bison) 360, 364, 366, 368, 398-405, 408f.
Bison bonascus (Wisent oder Europäischer Bison) 404f., 408f.
Bisons *(Bison)* 368, 397-409
Blastocerus dichotomus (Sumpfhirsch) 200, 217ff., 254f.
Blaubock *(Hippotragus equinus)* 437
Blauducker oder Blauböckchen *(Cephalophus monticola)* 326, 328f., 336f.
Blaues Gnu *(Connochaetes taurinus)* 423-433, 436
Blauduiker-Kronrücken *(Cephalophus rufilatus)* 329, 336f.
Blauschaf *(Pseudois nayaur)* 514f., 540f., 551
Bleichböckchen *(Ourebia ourebi)* 329, 340-343
Bleßbock *(Damaliscus dorcas phillipsi)* 421, 432f.
Böckchen (Neotraginae) 325, 329-343
Böcke (Caprinae) 510-567
Bongo *(Tragelaphus [Taurotragus] euryceros)* 347, 352-356

Borneo-Banteng *(Bos javanicus lowi)* 390
Borneo-Wasserbüffel *(Bubalus arnee hosei)* 370
Bos (Eigentliche Rinder) 368, 386-397, 406f.
Bos (Bibos) gaurus (Gaur) 361, 386-389, 406f.
Bos gaurus frontalis (Gayal) 389f.
Bos gaurus gaurus (Vorderindien-Gaur) 387
Bos gaurus hubbacki (Malaya-Gaur oder Seladang) 387
Bos gaurus readei (Hinterindien-Gaur) 387
Bos indicus (Hausrind) 409
Bos (Bibos) javanicus (Banteng) 387, 390ff., 406f.
Bos javanicus birmanicus (Burma-Banteng) 390
Bos javanicus javanicus (Java-Banteng) 390
Bos javanicus lowi (Borneo-Banteng) 390
Bos (Poephagus) mutus (Yak) 387, 393-396, 406
Bos mutus grunniens (Hausyak) 393-397
Bos (Bos) primigenius (Ur oder Auerochse) 386, 397, 409, 582
Bos (Novibos) sauveli (Kouprey) 392, 406f.
Bos taurus (Hausrind) 409
Boselaphus tragocamelus (Nilgauantilope) 303, 356-359
Bovidae (Hornträger) 14, 285-567
Bovinae (Rinder) 360-417
Braune Litschi *(Kobus leche kafuensis)* 452f.
Braunes Japanisches Rind 416
Breitstirnelch *(Alces [Cervalces] latifrons)* 200, 229
Bubalus (Bubalus) arnee (Asiatischer Büffel oder Wasserbüffel) 362, 369f., 374f., 406f.
Bubalus arnee arnee (Arni oder Vorderindien-Wasserbüffel) 370f., 374
Bubalus arnee arnee f. *domestica* (Hausbüffel oder Hauswasserbüffel, Kerabau) 375, 378
Bubalus arnee fulvus (Assam-Wasserbüffel) 370
Bubalus arnee hosei (Borneo-Wasserbüffel) 370
Bubalus arnee migona (Ceylon-Wasserbüffel) 370-373
Bubalus (Anoa) depressicornis (Tieflandanoa) 369f., 406f.
Bubalus depressicornis quarlesi 369
Bubalus (Bubalus) mindorensis (Tamarau, Tamarao oder Mindorobüffel) 370, 374, 406f.
Bubalus (Anoa) quarlesi (Berganoa) 369f., 406f.
Bucharahirsch *(Cervus elaphus bactrianus)* 194f.
»Buckelrind« (Zebu) 410, 413ff.
Budorcas taxicolor (Takin, Rindergemse oder Gnuziege) 507f.
Buntbock *(Damaliscus dorcas dorcas)* 421, 432f.
Bunte Deutsche Edelziege 537
Burma-Banteng *(Bos javanicus birmanicus)* 390
Burma-Leierhirsch *(Cervus eldi thamin)* 174
Buschbock *(Tragelaphus [Tragelaphus] scriptus)* 344ff., 354f.
Buschducker *(Sylvicapra grimmia)* 325f., 328, 336f.
Büschelohr-Oryx *(Oryx beisa callotis)* 442
Buschschwein *(Potamochoerus porcus)* 34-37, 46f.

Calamian-Schweinshirsch *(Axis calamianensis)* 141ff., 148
Camelidae (Kamele) 79-111
Camelus (Großkamele) 84-96, 110f., 571, 587
Camelus dromedarius (Dromedar oder Einhöckriges Kamel) 85-95, 110f., 567f.
Camelus ferus (Zweihöckriges Kamel oder Trampeltier) 84f., 95f., 110f., 604
Capra (Steinböcke und Wildziegen) 510-557
Capra aegagrus (Bezoarziege) 512f., 527, 535ff.
Capra aegagrus aegagrus (Vorderasiatische Bezoarziege) 536

Capra aegagrus blythi (Sind-Bezoarziege) 536
Capra aegagrus cretica (Kretische Wildziege oder Agrimi) 536
Capra falconeri (Schraubenziege oder Markhor) 512f., 527, 529-535, 537
Capra falconeri falconeri 529
Capra falconeri megaceros 529
Capra ibex (Steinbock) 297, 304, 511-528, 551
Capra ibex cylindricornis (Ostkaukasischer Steinbock oder Dagestan-Tur) 512f., 528
Capra ibex ibex (Alpensteinbock) 511ff., 516-523
Capra ibex nubiana (Nubischer Steinbock) 512f., 525ff.
Capra ibex severtzovi (Westkaukasischer Steinbock oder Kuban-Tur) 512f., 528
Capra ibex sibirica (Sibirischer Steinbock) 512f., 527f., 534
Capra ibex walie (Äthiopischer oder Waliasteinbock) 512f., 523ff.
Capra pyrenaica (Spanischer Steinbock) 512f., 522-529
Capreolus capreolus (Reh) 200-212, 254f.
Capreolus capreolus bedfordi (Chinesisches Reh) 201
Capreolus capreolus capreolus (Europäisches Reh) 201-212
Capreolus capreolus pygargus (Sibirisches Reh) 201
Capricornis sumatraensis (Serau) 505-509
Capricornis sumatraensis crispus (Japanischer Serau) 504f.
Capricornis sumatraensis sumatraensis (Sumatra-Serau) 505
Caprinae (Böcke oder Ziegenartige) 510-567
Catagonus wagneri (Chacopekari) 48ff., 54f.
Cebu-Bartschwein *(Sus barbatus cebifrons)* 31
Celebes-Babirusa *(Babyrousa babyrussa celebensis)* 45
Celebesschwein *(Sus celebensis)* 32f., 46f.
Cephalophinae (Ducker) 325-329, 336-339
Cephalophus (Wald- oder Schopfducker) 326-329
Cephalophus callipygus (Peters-, Harvey- oder Schönsteißducker) 326, 328, 336f.
Cephalophus dorsalis (Schwarzrückenducker) 326, 328f., 336f.
Cephalophus jentinki (Jentinkducker) 327, 330, 338f.
Cephalophus leucogaster (Weißbauch- oder Gabunducker) 329, 336f.
Cephalophus monticola (Blauducker oder Blauböckchen) 326, 336f.
Cephalophus monticola maxwelli (Maxwellducker) 326ff.
Cephalophus natalensis (Rotducker) 326, 328, 336f.
Cephalophus niger (Schwarzducker) 328, 336f.
Cephalophus nigrifrons (Schwarzstirnducker) 326, 328, 336f.
Cephalophus ogilbyi (Ogilby- oder Fernando-Póo-Ducker) 326, 329, 336f.
Cephalophus rufilatus (Rotflanken- oder Blaurückenducker) 329, 336f.
Cephalophus spadix (Abbottducker) 326f., 330, 338f.
Cephalophus sylvicultor (Gelbrücken- oder Riesenducker) 326ff., 330, 336f.
Cephalophus zebra (Zebraducker) 327ff., 336f.
Cervalces (amerikan. Elche) 229, 232
Cervalces scotti (»Hirschelch«) 229
Cervidae (Hirsche) 123-257
Cervinae (Echthirsche) 140-197
Cervus (Edelhirsche) 142f., 164-197
Cervus (Przewalskium) albirostris (Weißlippenhirsch) 141, 144f., 196f., 200
Cervus duvauceli (Barasingha) 141ff., 171ff., 613, 616f.
Cervus duvauceli branderi (Südbarasingha) 171ff.
Cervus duvauceli duvauceli (Nordbarasingha) 140, 172f.
Cervus duvauceli schomburgki (Schomburgkhirsch) 171f.
Cervus elaphus (Rothirsch oder Edelhirsch; Wapiti) 144f., 175-195

Cervus elaphus bactrianus (Bucharahirsch) 194f.
Cervus elaphus barbarus (Atlas- oder Berberhirsch) 141, 195
Cervus elaphus hanglu (Hangul oder Kaschmirhirsch) 194f.
Cervus elaphus macneilli (Szetschuanhirsch) 194
Cervus elaphus maral (Maral oder Kaukasushirsch) 195
Cervus elaphus sibiricus (Altaihirsch) 195
Cervus elaphus wallichi (Shou oder Sikkimhirsch) 194
Cervus elaphus xanthopygus (Isubra) 195
Cervus elaphus yarkandensis (Yarkandhirsch) 194
Cervus eldi (Leierhirsch) 141ff., 171ff.
Cervus eldi eldi (Manipur-Leierhirsch oder Sangai) 173
Cervus eldi siamensis (Siam-Leierhirsch) 174
Cervus eldi thamin (Burma-Leierhirsch oder Thamin) 174
Cervus mariannus (Philippinensambar oder -hirsch) 141ff., 164f., 171
Cervus mariannus alfredi (Prinz-Alfreds-Hirsch) 164
Cervus mariannus mariannus (Luzonsambar) 164
Cervus nippon (Sikahirsch) 141ff., 171, 174f.
Cervus nippon keramae (Keramasika) 174f.
Cervus nippon taiouanus (Formosasika) 174
Cervus timorensis (Mähnenhirsch) 141ff., 170f.
Cervus unicolor (Indischer Sambar oder Indischer Pferdehirsch) 141ff., 165-171
Ceylon-Wasserbüffel *(Bubalus arnee migona)* 370-373
Chacopekari *(Catagonus wagneri)* 48ff., 54f.
Chianina-Rind 411
Chinesisches Muntjak *(Muntiacus reevesi)* 137ff.
Chinesisches Reh *(Capreolus capreolus bedfordi)* 201
Chinesisches Wasserreh *(Hydropotes inermis)* 198f.
Chital *(Axis axis)* 141ff., 145-151
Choeropsis liberiensis (Zwergflußpferd) 7, 60-65, 78f.
Connochaetes (Gnus) 317, 418, 423-436
Connochaetes gnou (Weißschwanzgnu) 306, 308, 432-436
Connochaetes taurinus (Streifengnu oder Blaues Gnu) 423-433, 436
Connochaetes taurinus albojubatus (Weißbartgnu) 423-427, 435f.

Dagestan-Tur *(Capra ibex cylindricornis)* 512f., 528
Dallschaf *(Ovis dalli)* 291ff., 514f., 553-560
Dama dama (Damhirsch) 123ff., 129, 141ff., 151-161
Dama dama dama (Europäischer Damhirsch) 151-159
Dama dama mesopotamica (Mesopotamischer Damhirsch) 151, 159f.
Damagazelle *(Gazella [Nanger] dama)* 462ff., 480f.
Damaliscus dorcas dorcas (Buntbock) 421, 432f.
Damaliscus dorcas phillipsi (Bleßbock) 421, 432f.
Damaliscus lunatus (Leier- oder Halbmondantilope) 420ff., 432f.
Damaliscus lunatus hunteri (Hirola oder Hunters Leierantilope) 421
Damaliscus lunatus lunatus (Sassaby oder Tsesseby) 421ff.
Damaliscus lunatus topi (Topi) 302, 421ff.
Damhirsch *(Dama dama)* 123ff., 129, 141ff., 151-161
Davidshirsch *(Elaphurus davidianus)* 142f., 161-164
Defassawasserbock *(Kobus ellipsiprymnus defassa)* 448
Dibatag *(Ammodorcas clarkei)* 478f., 482f.
Dickhornschaf *(Ovis canadensis)* 514f., 538, 553ff., 558ff.
Dikdiks *(Madoqua)* 330-333, 338f.
Dorcatragus megalotis (Beira) 331, 333, 340f.
Dorkasgazelle *(Gazella [Gazella] dorcas)* 468f., 480f.
Dromedar *(Camelus dromedarius)* 85-95, 110f., 567
Ducker (Cephalophinae) 325-329, 336-339
Dünengazelle *(Gazella [Gazella] leptoceros)* 466f., 472, 480f.
Dünnhornschaf *(Ovis dalli)* 291ff., 514f., 553-560

Echtgazelle *(Gazella [Gazella] gazella)* 466ff., 480f.
Echthirsche (Cervinae) 140-197
Edelhirsch *(Cervus elaphus)* 144f., 175-195
Edelhirsche *(Cervus)* 142f., 164-197
Edmigazelle *(Gazella [Gazella] gazella)* 466ff., 480f., 605
Eigentliche Rinder *(Bos)* 368, 386-397, 406f.
Eigentlicher Kaffernbüffel *(Syncerus caffer caffer)* 378
Einhöckriges Kamel *(Camelus dromedarius)* 85-95, 110f.
Elaphodus cephalophus (Schopfhirsch) 137ff.
Elaphurus davidianus (Davidshirsch) 142f., 161-164
Elch *(Alces alces)* 200, 229-242, 256f.
Elchhirsche *(Alces)* 229-242
Elenantilope *(Tragelaphus [Taurotragus] oryx)* 354-357, 583
Ellipsenwasserbock *(Kobus ellipsiprymnus ellipsiprymnus)* 448
Enghorn-Grantgazelle *(Gazella granti petersi)* 463
Eritrea-Dikdik *(Madoqua [Madoqua] saltiana)* 331, 338f.
Eritrea-Oryx *(Oryx beisa beisa)* 442
Europäischer Bison *(Bison bonasus)* 404f., 408f.
Europäischer Damhirsch *(Dama dama dama)* 151-159
Europäischer Mufflon *(Ovis orientalis musimon)* 544-548
Europäischer Rothirsch→Rothirsch
Europäisches Reh *(Capreolus capreolus capreolus)* 201-212

Fernando-Póo-Ducker *(Cephalophus ogilbyi)* 326, 329, 336f.
Fettschwanzschafe 549
Fleckenhirsche *(Axis)* 140-143, 145-151
Fleckenkantschil *(Tragulus meminna)* 122f.
Flußpferd *(Hippopotamus amphibius)* 7, 60f., 64-79
Flußpferde (Hippopotamidae) 1, 7, 55-79
Flußschwein *(Potamochoerus porcus)* 34-37, 46f.
Formosa-Serau 504f.
Formosasika *(Cervus nippon taiouanus)* 174
Frau Grays Wasserbock *(Kobus [Onotragus] megaceros)* 452f., 460f.

Gabelbock *(Antilocapra americana)* 13, 277-285
Gabelhornantilope *(Antilocapra americana)* 13, 277-285
Gabelhorntiere (Antilocapridae) 12f., 277-285
Gabunducker *(Cephalophus leucogaster)* 329, 336f.
Gams = Gemse
Gaur *(Bos [Bibos] gaurus)* 361, 386-389, 406f.
Gayal *(Bos gaurus frontalis)* 389f.
Gazella (Kleingazellen) 462, 466-473, 482f.
Gazella (Nanger) dama (Damagazelle) 462ff., 480f.
Gazella dama mhorr (Mhorrgazelle) 463
Gazella dama ruficollis (Rothalsgazelle) 463
Gazella (Gazella) dorcas (Dorkasgazelle) 468f., 480f.
Gazella dorcas pelzelni (Pelzelngazelle) 468
Gazella (Gazella) gazella (Edmi- oder Echtgazelle) 466ff., 480f., 605
Gazella gazella arabica 468
Gazella gazella gazella 466f.
Gazella (Nanger) granti (Grantgazelle) 302f., 463-466, 480f.
Gazella granti petersi (Enghorn-Grantgazelle) 463
Gazella granti robertsi (Weithorn-Grantgazelle) 463
Gazella granti serengetae (Serengeti-Grantgazelle) 463
Gazella (Gazella) leptoceros (Dünengazelle) 466f., 472, 480f.
Gazella (Gazella) rufifrons (Rotstirngazelle) 470, 472, 480f.
Gazella rufifrons tilonura (Heuglingazelle) 470
Gazella (Nanger) soemmeringi (Sömmeringgazelle) 463f., 480f.
Gazella (Gazella) spekei (Spekegazelle) 469f., 480f.
Gazella (Trachelocele) subgutturosa (Kropfgazelle) 474f., 482f.

ANHANG

Gazella subgutturosa marica (Arabische Kropfgazelle) 466, 474
Gazella subgutturosa subgutturosa (Persische Kropfgazelle) 474
Gazella (Gazella) thomsoni (Thomsongazelle) 291, 299f., 303, 305, 323, 470–473, 480f.
Gazella thomsoni albonotata (Mongallagazelle) 470
Gazellen(verwandte) (Antilopinae) 462–484
Gelbrückenducker *(Cephalophus sylvicultor)* 326ff., 330, 336f.
(Gemeiner) Riedbock *(Redunca redunca)* 453f., 460f.
Gemsbüffel *(Anoa)* 369, 406f.
Gemse *(Rupicapra rupicapra)* 295, 298, 307, 495–499, 508f.
Gemsen(verwandte) (Rupicaprinae) 495–509
Gemsfarbene Alpenziege 538
Gerenuk *(Litocranius walleri)* 307, 478f., 482ff.
Giraffa camelopardalis (Giraffe oder Steppengiraffe) 257ff., 263–277
Giraffa camelopardalis tippelskirchi (Masai-Giraffe) 267ff.
Giraffe *(Giraffa camelopardalis)* 257ff., 263–277
Giraffen (Giraffidae) 257–277, 599f.
Giraffengazelle *(Litocranius walleri)* 307, 478f., 482ff.
Giraffenkamel *(Alticamelus altus)* 9
Giraffidae (Giraffen) 257–277, 599ff.
Giraffinae (Langhals- oder Steppengiraffen) 266–277
Gnus *(Connochaetes)* 111ff., 317, 418, 423–436
Gnuziege *(Budorcas taxicolor)* 507ff.
Goa *(Procapra [Procapra] picticaudata)* 468, 474, 482f.
Gobi-Argali *(Ovis ammon darwini)* 551
Goral *(Nemorhaedus goral)* 505–509
Göttinger Minischwein 28
Grantgazelle *(Gazella [Nanger] granti)* 302f., 463–466, 480f.
Grasantilope *(Kobus [Adenota] kob)* 449, 453, 460f.
Grasbüffel (ehem. *Syncerus caffer brachyceros*) 378
Greisböckchen *(Raphicerus [Nototragus] melanotis)* 340ff.
Großer Grauer Spießhirsch *(Mazama gouazoubira)* 200, 219, 226–229, 256f.
Großer Kudu *(Tragelaphus [Tragelaphus] strepsiceros)* 307f., 349–352
Großer Riedbock *(Redunca arundinum)* 453f., 460f.
Großer Roter Spießhirsch *(Mazama americana)* 200, 219, 226–229, 254f.
Großflußpferd *(Hippopotamus amphibius)* 7, 60f., 64–79
Großgazellen *(Nanger)* 462–466, 480f.
Großkamele *(Camelus)* 84–96, 110f., 571, 587
Großkantschil *(Tragulus napu)* 121f.
Guanako *(Lama guanicoë)* 96ff., 103–107, 110f., 577, 580f.
Güntherdikdik *(Madoqua [Rhynchotragus] guentheri)* 330f., 338f.

Haarschafe 549f.
Halbmondantilope *(Damaliscus lunatus)* 420ff., 432f.
Halsbandpekari *(Tayassu tajacu)* 50–55
Hängebauchschwein (asiat. Hausschwein) 28ff.
Hängeohrziege 538, 589
Hangul *(Cervus elaphus hanglu)* 194f.
Hannoversches Weideschwein 28f.
Hartebeest *(Alcelaphus buselaphus)* 418ff., 432f.
Harveyducker *(Cephalophus callipygus)* 326, 328, 336f.
Hausbüffel *(Bubalus arnee arnee* f. *domestica)* 375, 378
Hausrind 299, 391f., 409–417, 570, 575, 586, 589, 593f.
Hausschwein *(Sus scrofa* f. *domestica)* 28f., 590f.
Hauswasserbüffel *(Bubalus arnee arnee* f. *domestica)* 375, 378
Hausyak *(Bos mutus grunniens)* 393–397
Hausziegen 537f., 586, 589
Hemitragus (Tahre) 510, 542ff.

Hemitragus hylocrius (Nilgiritahr) 316, 514f., 542f.
Hemitragus jayakari (Arabischer Tahr) 514f., 543f.
Hemitragus jemlahicus (Himalajatahr) 512f., 542f.
Heuglingazelle *(Gazella rufifrons tilonura)* 470
Himalajatahr *(Hemitragus jemlahicus)* 512f., 542f.
Hinterindien-Gaur *(Bos gaurus readei)* 387
Hinterwälder-Rind 411f.
Hippocamelus antisiensis (Nördlicher Andenhirsch oder Nördlicher Huemul) 200, 219, 222f., 254f.
Hippocamelus bisulcus (Südlicher Andenhirsch oder Südlicher Huemul) 200, 219–223, 254f.
Hippopotamidae (Flußpferde) 1, 7, 55–79
Hippopotamus amphibius (Flußpferd oder Großflußpferd) 7, 60f., 64–79
Hippotraginae (Pferdeböcke) 437–447
Hippotragus equinus (Pferdeantilope oder Roan; Blaubock) 437f., 444f.
Hippotragus niger (Rappenantilope) 439ff., 444f.
Hippotragus niger niger 438
Hippotragus niger roosevelti 438
Hippotragus niger variani (Riesenrappenantilope) 439
Hirola *(Damaliscus lunatus hunteri)* 421
Hirschantilope *(Kobus [Kobus] ellipsiprymnus)* 448ff., 460f.
Hirsche (Cervidae) 123–257
Hirscheber *(Babyrousa babyrussa)* 33, 44–47
»Hirschelch« *(Cervalces scotti)* 229
Hirschferkel (Tragulidae) 115–123
Hirschziegenantilope *(Antilope cervicapra)* 285f., 301, 314, 474–478, 482f.
Hornträger (Bovidae) 14, 285–567
Hunters Leierantilope *(Damaliscus lunatus hunteri)* 421
Hydropotes inermis (Chinesisches Wasserreh) 198f.
Hydropotinae (Wasserhirsche) 198f.
Hyemoschus aquaticus (Afrikanisches Hirschferkel oder Wassermoschustier) 120–123
Hylochoerus meinertzhageni (Riesenwaldschwein) 36–40, 46f.

Impala *(Aepyceros melampus)* 311ff., 454–461
Indischer Muntjak *(Muntiacus muntjak)* 137ff.
Indischer Pferdehirsch *(Cervus unicolor)* 141ff., 165–171
Indischer Sambar *(Cervus unicolor)* 141ff., 165–171
Isubra *(Cervus elaphus xanthopygus)* 195

Jackson-Hartebeest *(Alcelaphus buselaphus jacksoni)* 418
Japanischer Serau *(Capricornis sumatraensis crispus)* 504f.
Java-Banteng *(Bos javanicus javanicus)* 390
Jentinkducker *(Cephalophus jentinki)* 327, 330, 338f.
Jersey-Rind 410

Kaama *(Alcelaphus buselaphus caama)* 418
Kaffernbüffel *(Syncerus caffer)* 322, 363, 367, 375–386, 406f.
Kamele (Camelidae) 79–111
Kamerun-Buschbock *(Tragelaphus scriptus knutsoni)* 344
Kamtschatka-Schaf *(Ovis nivicola nivicola)* 558
Kantschile *(Tragulus)* 121ff.
Kap-Warzenschwein *(Phacochoerus aethiopicus aethiopicus)* 40
Karakulschafe 549f.
Kara-Tau-Argali *(Ovis ammon nigrimontana)* 551, 553
Karibu *(Rangifer tarandus)* 200, 242–257
Kaschmirhirsch *(Cervus elaphus hanglu)* 194f.
Kaschmirziege 538
Kaukasushirsch *(Cervus elaphus maral)* 195
Kerabau *(Bubalus arnee arnee* f. *domestica)* 375, 378
Keramasika *(Cervus nippon keramae)* 174f.
Kirkdikdik *(Madoqua [Rhynchotragus] kirki)* 318, 330–333, 338f.

Kleindikdik *(Madoqua [Madoqua] swaynei)* 331, 340f.
Kleiner Grauer Spießhirsch *(Mazama chunyi)* 200, 219, 226–229, 256f.
Kleiner Kudu *(Tragelaphus [Tragelaphus] imberbis)* 347f., 354f.
Kleiner Roter Spießhirsch *(Mazama rufina)* 200, 219, 226–229, 254f.
Kleingazellen *(Gazella)* 462, 466–473, 482f.
Kleinkantschil *(Tragulus javanicus)* 121ff.
Kleinstböckchen *(Neotragus [Neotragus] pygmaeus)* 329f., 338f.
Klippspringer *(Oreotragus oreotragus)* 332–335, 340f.
Kob-Antilope *(Kobus [Adenota] kob)* 449, 453, 460f.
Kobus (Kobus) ellipsiprymnus (Wasserbock oder Hirschantilope) 448ff., 460f.
Kobus ellipsiprymnus defassa (Defassawasserbock) 448
Kobus ellipsiprymnus ellipsiprymnus (Ellipsenwasserbock) 448
Kobus (Adenota) kob (Kob-Wasserbock oder -Antilope, Grasantilope) 449, 453, 460f.
Kobus kob leucotis (Weißohr-Kob) 449
Kobus kob thomasi (Uganda-Kob) 449
Kobus kob vardoni (Puku) 449
Kobus (Hydrotragus) leche (Litschi-Wasserbock oder -Antilope, Litschi-Moorantilope) 452, 460f.
Kobus leche kafuensis (Braune Litschi) 452f.
Kobus leche robertsi 452
Kobus leche smithemani (Schwarze Litschi) 452
Kobus (Onotragus) megaceros (Frau Grays Wasserbock oder Weißnacken-Moorantilope) 452f., 460f.
Kob-Wasserbock *(Kobus [Adenota] kob)* 449, 453, 460f.
Kongoni *(Alcelaphus buselaphus cokei)* 418
Kouprey *(Bos [Novibos] sauveli)* 392, 406
Krausbartschwein *(Sus barbatus oi)* 31
Kreishornschaf *(Ovis orientalis cycloceros)* 307, 545, 548, 551
Kretische Wildziege *(Capra aegagrus cretica)* 536
Kronenducker *(Sylvicapra grimmia)* 325f., 328, 336f.
Kropfantilope *(Procapra [Prodorcas] gutturosa)* 468, 474, 482f.
Kropfgazelle *(Gazella [Trachelocele] subgutturosa)* 474f., 482f.
Kropfgazellen *(Trachelocele)* 462, 466, 474, 482f.
Kuban-Tur *(Capra ibex severtzovi)* 512f., 528
Kuhantilope *(Alcelaphus buselaphus)* 418ff., 432f.
Kuhantilopen (Alcelaphinae) 418–436, 604
Kuhlhirsch *(Axis kuhlii)* 141ff., 148
Kurzschwanzgazellen *(Procapra)* 474, 482f.

Lama *(Lama guanicoë* f. *glama)* 106–111, 576, 589, 592
Lama guanicoë (Guanako) 96ff., 103–111, 577, 580f.
Lama guanicoë f. *glama* (Lama und Alpaka) 106–111, 576, 589, 592
Lama (= Vicugna) vicugna (Vikunja) 96, 98–104, 110f.
Lamagazelle *(Ammodorcas clarkei)* 478f., 482f.
Lamas *(Lama)* 84, 96–111
Langhalsgiraffen (Giraffinae) 266–277
Laristan-Wildschaf *(Ovis orientalis laristanica)* 545
Leierantilope *(Damaliscus lunatus)* 420ff., 432f.
Leierhirsch *(Cervus eldi)* 141ff., 171ff.
Lelwel-Kuhantilope *(Alcelaphus buselaphus lelwel)* 418
Lichtenstein-Hartebeest *(Alcelaphus buselaphus lichtensteini)* 418
Litocranius walleri (Gerenuk oder Giraffengazelle) 307, 478f., 482ff.
Litschi-Moorantilope *(Kobus [Hydrotragus] leche)* 452, 460f.
Litschi-Wasserbock *(Kobus [Hydrotragus] leche)* 452, 460f.
Luzonsambar *(Cervus mariannus mariannus)* 164

Madoqua (Dikdiks oder Windspielantilopen) 330–333, 338f.
Madoqua (Rhynchotragus) guentheri (Güntherdikdik) 330f., 338f.
Madoqua (Rhynchotragus) kirki (Kirkdikdik) 318, 330–333, 338f.
Madoqua kirki damarensis 330
Madoqua (Madoqua) phillipsi (Rotbauchdikdik) 331, 338f.
Madoqua (Madoqua) saltiana (Eritrea-Dikdik) 331, 338f.
Madoqua (Madoqua) swaynei (Kleindikdik) 331, 340f.
Mähnenhirsch *(Cervus timorensis)* 141ff., 170f.
Mähnenschaf→Mähnenspringer
Mähnenspringer *(Ammotragus lervia)* 514f., 538ff.
Malaya-Gaur *(Bos gaurus hubbacki)* 387
Malteser Rind 413
Mangalizaschwein (ungar. Hausschwein) 28f.
Manipur-Leierhirsch *(Cervus eldi eldi)* 173
Maral *(Cervus elaphus maral)* 195
Marco-Polo-Schaf *(Ovis ammon polii)* 550ff.
Markhor *(Capra falconeri)* 512f., 527, 529–535, 537
Masai-Buschbock *(Tragelaphus scriptus massaicus)* 344
Masai-Giraffe *(Giraffa camelopardalis tippelskirchi)* 267ff., 271
Maskenschwein (chines. Hausschwein) 28f.
Maultierhirsch *(Odocoileus hemionus)* 200f., 212–218, 254f.
Maxwellducker *(Cephalophus monticola maxwelli)* 326, 328
Mazama americana (Großer Roter Spießhirsch) 200, 219, 226–229, 254f.
Mazama chunyi (Kleiner Grauer Spießhirsch) 200, 219, 226–229, 256f.
Mazama gouazoubira (Großer Grauer Spießhirsch) 200, 219, 226–229, 256f.
Mazama rufina (Kleiner Roter Spießhirsch) 200, 219, 226–229, 254f.
Megaloceros giganteus (Riesenhirsch) 131f., 200, 232
Mendesantilope *(Addax nasomaculatus)* 437, 439, 444f., 447
Merinoschafe 549f., 574
Mesopotamischer Damhirsch *(Dama dama mesopotamica)* 151, 159ff.
Mhorrgazelle *(Gazella dama mhorr)* 463
Mindorobüffel *(Bubalus [Bubalus] mindorensis)* 370, 374, 406f.
Mitteleuropäisches Wildschwein *(Sus scrofa scrofa)* 22
Mittelkudu *(Tragelaphus [Tragelaphus] buxtoni)* 347, 354f.
Molukken-Babirusa *(Babyrousa babyrussa babyrussa)* 45
Mongallagazelle *(Gazella thomsoni albonotata)* 470
Mongoleigazelle *(Procapra [Prodorcas] gutturosa)* 468, 474, 482f.
Moschinae (Moschushirsche) 133–136
Moschus moschiferus (Moschustier oder Moschushirsch) 10, 133–136
Moschusböckchen *(Neotragus [Nesotragus] moschatus)* 330, 338f.
Moschushirsche (Moschinae) 133–136
Moschusochse *(Ovibos moschatus)* 514f., 560–567
Moschustier *(Moschus moschiferus)* 10, 133–136
Muntiacinae (Muntjakhirsche) 137ff.
Muntiacus crinifrons (Schwarzer Muntjak) 137ff.
Muntiacus feae (Tenasserim-Muntjak) 137ff.
Muntiacus muntjak (Indischer Muntjak) 137ff.
Muntiacus reevesi (Chinesischer Muntjak) 137ff.
Muntiacus rooseveltorum (Vietnamesischer Muntjak) 137f.
Muntjakhirsche (Muntiacinae) 137ff.

Nanger (Groß- oder Spiegelgazellen) 462–466, 480f.
Nelson-Dickhornschafe 560
Nemorhaedini (Waldziegenantilopen) 505ff.
Nemorhaedus goral (Goral oder Ziegenantilope) 505–509
Neotraginae (Böckchen) 325, 329–343
Neotragus (Nesotragus) batesi (Batesböckchen) 330, 338f.
Neotragus (Nesotragus) moschatus (Suni oder Moschusböckchen) 330, 338f.
Neotragus (Nesotragus) pygmaeus (Kleinstböckchen) 329f., 338f.
Nilgauantilope *(Boselaphus tragocamelus)* 303, 356–359
Nilgiritahr *(Hemitragus hylocrius)* 316, 514f., 542f.
Nordafrikanischer Spießbock *(Oryx dammah)* 443ff.
Nordbarasingha *(Cervus duvauceli duvauceli)* 140, 172f.
Nördlicher Andenhirsch *(Hippocamelus antisiensis)* 200, 219, 222f., 254f.
Nördlicher Huemul *(Hippocamelus antisiensis)* 200, 219, 222f., 254f.
Nördlicher Pudu *(Pudu mephistopheles)* 219, 223–226, 254f.
Nubischer Steinbock *(Capra ibex nubiana)* 512f., 525ff.
Nura-Tau-Wildschaf *(Ovis orientalis severtzovi)* 548
Nyala *(Tragelaphus [Tragelaphus] angasi)* 346f., 354f.

Odocoileinae (Trughirsche) 200–257
Odocoileus hemionus (Schwarzwedel- und Maultierhirsch) 200f., 212–218, 254f.
Odocoileus hemionus hemionus 200f.
Odocoileus virginianus (Weißwedel- oder Virginiahirsch) 200, 212–218, 254f.
Ogilbyducker *(Cephalophus ogilbyi)* 326, 329, 336f.
Okapi *(Okapia johnstoni)* 262–265
Okapia johnstoni (Okapi) 262–265
Okapiinae (Waldgiraffen) 262–265
Okhotsk-Schaf *(Ovis nivicola alleni)* 558
Oreamnos americanus (Schneeziege) 303, 497–505, 508f.
Oreotragus oreotragus (Klippspringer) 332–335, 340f.
Oribi *(Ourebia ourebi)* 329, 340–343
Orientalisches Wildschaf *(Ovis orientalis)* 514f., 544–548, 552, 592
Orongo *(Pantholops hodgsoni)* 485, 488, 492f.
Oryx (Spießböcke) 437, 439–447
Oryx beisa (Ostafrikanischer Spießbock, Ostafrikanische Oryx oder Beisa-Antilope) 294, 303, 308, 442–446
Oryx beisa beisa (Eritrea-Oryx) 442
Oryx beisa callotis (Büschelohr-Oryx) 442
Oryx dammah (Säbelantilope oder Nordafrikanischer Spießbock) 443ff.
Oryx gazella (Südafrikanischer Spießbock oder Südafrikanische Oryxantilope) 439–442, 444f.
Oryx leucoryx (Arabischer oder Weißer Spießbock, Weiße Oryxantilope) 443–447
Ostafrikanische Oryx *(Oryx beisa)* 294, 303, 308, 442–446
Ostafrikanischer Spießbock *(Oryx beisa)* 294, 303, 308, 442–446
Ostkaukasischer Steinbock *(Capra ibex cylindricornis)* 512f., 528
Ostsudanesische Riesenelenantilope *(Tragelaphus oryx gigas)* 356
Ourebia ourebi (Bleichböckchen oder Oribi) 329, 340–343
Ovibos moschatus (Moschusochse) 514f., 560–567
Ovis (Schafe) 510, 544–560
Ovis ammon (Asiatisches Großschaf, Riesenwildschaf oder Argali) 514f., 544, 550–554
Ovis ammon ammon (Altai-Argali) 551, 554
Ovis ammon darwini (Gobi-Argali) 551
Ovis ammon hodgsoni (Tibet-Argali) 551
Ovis ammon karelini (Tienschan-Argali) 551

Ovis ammon nigrimontana (Kara-Tau-Argali) 551, 553
Ovis ammon polii (Marco-Polo-Schaf) 550ff.
Ovis canadensis (Dickhornschaf) 514f., 538, 553ff., 558ff.
Ovis dalli (Dünnhorn- oder Dallschaf) 291ff., 514f., 553–560
Ovis dalli dalli 558
Ovis dalli kenaiensis 558
Ovis dalli stonei (Stoneschaf) 558
Ovis nivicola (Schneeschaf oder Sibirisches Schneeschaf) 514f., 554, 558
Ovis nivicola alleni (Okhotsk-Schaf) 558
Ovis nivicola borealis (Putorana-Schaf) 558
Ovis nivicola koriakorim 558
Ovis nivicola lydekkeri 558
Ovis nivicola nivicola (Kamtschatka-Schaf) 558
Ovis orientalis (Orientalisches Wildschaf, Urial, Asiatisch-europäisches Kleinschaf oder -Muffelwild) 514f., 544–548, 552, 592
Ovis orientalis arkal (Arkal) 545, 548
Ovis orientalis blanfordi (Belutschistan-Wildschaf) 545, 548
Ovis orientalis cycloceros (Kreishornschaf) 307, 545, 548, 551
Ovis orientalis gmelini (Armenischer Mufflon) 545, 548, 551
Ovis orientalis laristanica (Laristan-Wildschaf) 545
Ovis orientalis musimon (Europäischer Mufflon) 544–548
Ovis orientalis punjabiensis (Pandschab-Urial) 548
Ovis orientalis severtzovi (Nura-Tau-Wildschaf) 548
Ovis orientalis vignei (Steppenschaf) 548
Ozotoceros bezoarticus (Pampashirsch) 200, 217ff., 254f.

Paarhufer (Artiodactyla) 4–15, 577
Pachyceros (Bergschafe) 554–560
Pampashirsch *(Ozotoceros bezoarticus)* 200, 217ff., 254f.
Pandschab-Urial *(Ovis orientalis punjabiensis)* 548
Pantholopini (Tibetantilopen) 485
Pantholops hodgsoni (Tschiru, Orongo oder Tibetantilope) 485, 488, 492f., 551
Papuaschwein (ein Hausschwein) 28f.
Pekaris (Tayassuidae) 6, 48–55
Pelea capreolus (Rehantilope oder -böckchen) 452, 454, 460f.
Pelzelngazelle *(Gazella dorcas pelzelni)* 468
Persische Kropfgazelle *(Gazella subgutturosa subgutturosa)* 474
Petersducker *(Cephalophus callipygus)* 326, 328, 336f.
Pferdeantilope *(Hippotragus equinus)* 437ff., 444f.
Pferdeböcke (Hippotraginae) 437–447
Pferdehirsche *(Rusa)* 141, 164–171
Phacochoerus aethiopicus (Warzenschwein) 15ff., 39–47
Phacochoerus aethiopicus aethiopicus (Kap-Warzenschwein) 40
Philippinen-Bartschwein *(Sus barbatus philippensis)* 31
Philippinenhirsch *(Cervus mariannus)* 141ff., 164f., 171
Philippinensambar *(Cervus mariannus)* 141ff., 164f., 171
Pinselohrschwein *(Potamochoerus porcus)* 34–37, 46f.
Pinzgauer Rind 411
Potamochoerus porcus (Busch-, Fluß- oder Pinselohrschwein) 34–37, 46f.
Potamochoerus porcus intermedius (Uganda-Buschschwein) 34
Prinz-Alfreds-Hirsch *(Cervus mariannus alfredi)* 164
Procapra (Kurzschwanzgazellen) 474, 482f.
Procapra (Prodorcas) gutturosa (Mongoleigazelle, Kropfantilope oder Zeren) 468, 474, 482f.
Procapra (Procapra) picticaudata (Tibetgazelle oder Goa) 468, 474, 482f., 551
Procapra picticaudata przewalskii (Przewalskigazelle) 474
Przewalskigazelle *(Procapra picticaudata przewalskii)* 474

Przewalskium (Weißlippenhirsche) 144f., 196f.
Pseudois nayaur (Blauschaf oder Bharal) 514f., 540f., 551
Pseudois nayaur schaeferi (Zwergblauschaf) 541
Pudu *(Pudu pudu)* 200, 219, 223–226, 254f.
Pudu mephistopheles (Nördlicher Pudu) 219, 223–226, 254f.
Pudu pudu (Pudu oder Südlicher Pudu) 200, 219, 223–226, 254f.
Puku *(Kobus kob vardoni)* 449
Pustelschwein *(Sus verrucosus)* 33f., 46f.
Putorana-Schaf *(Ovis nivicola borealis)* 558
Pyrenäengemse *(Rupicapra [rupicapra] pyrenaica)* 495, 508f.

Rangifer (Renhirsche) 200, 242–257
Rangifer tarandus (Rentier oder Wildren; Karibu) 200, 242–257, 576–579, 587ff., 592
Raphicerus (Raphicerus) campestris (Steinböckchen) 329, 333, 340ff.
Raphicerus (Nototragus) melanotis (Greisböckchen) 340ff.
Rappenantilope *(Hippotragus niger)* 439ff., 444f.
Redunca arundinum (Großer Riedbock) 453f., 460f.
Redunca fulvorufula (Bergriedbock) 454, 460f.
Redunca redunca ([Gemeiner] Riedbock) 453f., 460f.
Reduncinae (Ried- und Wasserböcke) 448–454, 460f.
Reh *(Capreolus capreolus)* 200–212, 254f.
Rehantilope oder -böckchen *(Pelea capreolus)* 452, 454, 460f.
Renhirsche *(Rangifer)* 200, 242–257
Rentier *(Rangifer tarandus)* 200, 242–257, 576–579, 587ff., 592
Rhynchotragus (Tapirböckchen) 331ff., 338f.
Riedbock *(Redunca redunca)* 453f., 460f.
Riedböcke (Reduncinae) 448–454, 460f.
Riesenducker *(Cephalophus sylvicultor)* 326ff., 330, 336f.
Riesenhirsch *(Megaloceros giganteus)* 131f., 200, 232
Riesenrappenantilope *(Hippotragus niger variani)* 439
Riesenwaldschwein *(Hylochoerus meinertzhageni)* 36–40, 46f.
Riesenwildschaf *(Ovis ammon)* 514f., 544, 550–554
Rinder (Bovinae) 360–417
Rindergemse *(Budorcas taxicolor)* 507ff.
Roan *(Hippotragus equinus)* 437ff., 444f.
Rocky-Mountain-Dickhornschafe 560
Rotbauchdikdik *(Madoqua [Madoqua] phillipsi)* 331, 338f.
Rotbüffel *(Syncerus caffer nanus)* 378f.
Rotducker *(Cephalophus natalensis)* 326, 328, 336f.
Rotflankenducker *(Cephalophus rufilatus)* 329, 336f.
Rothalsgazelle *(Gazella dama ruficollis)* 463
Rothirsch *(Cervus elaphus)* 144f., 175–195
Rotstirngazelle *(Gazella [Gazella] rufifrons)* 470, 472, 480f.
Rucervus (Zackenhirsche) 141, 171–174
Rupicapra (rupicapra) pyrenaica (Pyrenäengemse) 495, 508f.
Rupicapra pyrenaica ornata (Abruzzengemse) 495, 508f.
Rupicapra rupicapra (Gemse) 295, 298, 307, 495–499, 508f.
Rupicaprinae (Gemsen[verwandte]) 495–509
Rusa (Sambar- oder Pferdehirsche) 141, 164–171

Saanenziege 537
Säbelantilope *(Oryx dammah)* 443ff.
Saiga *(Saiga tatarica)* 485–494
Saiga tatarica (Saiga) 485–494
Saigaartige (Saiginae) 485–494
Saigas (Saigini) 485–494
Saiginae (Saigaartige) 485–494
Saigini (Saigas) 485–494

Sambarhirsche *(Rusa)* 141, 164–171
Sangai *(Cervus eldi eldi)* 173
Sasin *(Antilope cervicapra)* 285ff., 301, 314, 474–478, 482f.
Sassaby *(Damaliscus lunatus lunatus)* 421ff.
Schafe *(Ovis)* 510, 544–560
Schneeschaf *(Ovis nivicola)* 514f., 554, 558
Schneeziege *(Oreamnos americanus)* 303, 497–505, 508f.
Schomburgkhirsch *(Cervus duvauceli schomburgki)* 171f.
Schönsteißducker *(Cephalophus callipygus)* 326, 328, 336f.
Schopfducker *(Cephalophus)* 326–329
Schopfhirsch *(Elaphodus cephalophus)* 137ff.
Schottisches Hochlandrind 412
Schraubenziege *(Capra falconeri)* 512f., 527, 529–535, 537
Schwarzbüffel *(Syncerus caffer caffer)* 378
Schwarzbuntes Rind 409
Schwarzducker *(Cephalophus niger)* 328, 336f.
Schwarzfersenantilope *(Aepyceros melampus)* 311ff., 454–461
Schwarze Litschi *(Kobus leche smithemani)* 452
Schwarzer Muntjak *(Muntiacus crinifrons)* 137ff.
Schwarzfersenantilopen (Aepycerotinae) 448, 454–461
Schwarzrückenducker *(Cephalophus dorsalis)* 326, 328f., 336f.
Schwarzstirnducker *(Cephalophus nigrifrons)* 326, 328, 336f.
Schwarzwedelhirsch *(Odocoileus hemionus)* 200f., 212–218, 254f.
Schweine (Suidae) 15–47
Schweinshirsch *(Axis porcinus)* 140, 142f., 148f.
Schwielensohler, südamerikan. *(Lama)* 96–111
Seladang *(Bos gaurus hubbacki)* 387
Senegal-Buschbock *(Tragelaphus scriptus scriptus)* 344
Serau *(Capricornis sumatraensis)* 505–509
Serengeti-Grantgazelle *(Gazella granti serengetae)* 463
Shou *(Cervus elaphus wallichi)* 194
Siam-Leierhirsch *(Cervus eldi siamensis)* 174
Sibirischer Steinbock *(Capra ibex sibirica)* 512f., 527f., 534
Sibirisches Reh *(Capreolus capreolus pygargus)* 201
Sibirisches Schneeschaf→Schneeschaf
Sikahirsch *(Cervus nippon)* 141f., 171, 174f.
Sikkimhirsch *(Cervus elaphus wallichi)* 194
Sind-Bezoarziege *(Capra aegagrus blythi)* 536
Sitatunga *(Tragelaphus [Tragelaphus] spekei)* 346, 352, 354f.
Somali-Kuhantilope *(Alcelaphus buselaphus swaynei)* 418
Sömmerringgazelle *(Gazella [Nanger] soemmeringi)* 463f., 480f.
Spanischer Steinbock *(Capra pyrenaica)* 512f., 522–529
Spekegazelle *(Gazella [Gazella] spekei)* 469f., 480f.
Spiegelgazellen *(Nanger)* 462–466, 480f.
Spießböcke *(Oryx)* 437, 439–447
Springbock *(Antidorcas marsupialis)* 309, 479–484
Steinbock *(Capra ibex)* 297, 304, 511–528, 551
Steinböckchen *(Raphicerus [Raphicerus] campestris)* 329, 333, 340ff.
Steinböcke *(Capra)* 510–537
Stelzengazelle *(Ammodorcas clarkei)* 478f., 482f.
Steppenbüffel *(Syncerus caffer caffer)* 378
Steppengiraffe *(Giraffa camelopardalis)* 257ff., 263–277
Steppengiraffen (Giraffinae) 266–277
Steppenschaf *(Ovis orientalis vignei)* 548
Stirnrinder *(Bibos)* 386
Stoneschaf *(Ovis dalli stonei)* 558
Streifengnu *(Connochaetes taurinus)* 423–433, 436
Südafrikanische Oryxantilope *(Oryx gazella)* 439–442, 444f.

Südafrikanischer Spießbock *(Oryx gazella)* 439–442, 444f.
Sudanbüffel (ehem. *Syncerus caffer brachyceros*) 378
Südbarasingha *(Cervus duvauceli branderi)* 171ff.
Südlicher Andenhirsch *(Hippocamelus bisulcus)* 200, 219–223, 254f.
Südlicher Huemul *(Hippocamelus bisulcus)* 200, 219–223, 254f.
Südlicher Pudu *(Pudu pudu)* 200, 219, 223–226, 254f.
Suidae (Schweine) 15–47
Sumatra-Serau *(Capricornis sumatraensis sumatraensis)* 505
Sumpfantilope *(Tragelaphus [Tragelaphus] spekei)* 346, 352, 354f.
Sumpfbüffel (ein Hausbüffel) 378
Sumpfhirsch *(Blastocerus dichotomus)* 200, 217ff., 254f.
Suni *(Neotragus [Nesotragus] moschatus)* 330, 338f.
Surialpaka (ein Alpaka) 110f.
Sus barbatus (Bartschwein) 31f., 46f.
Sus barbatus cebifrons (Cebu-Bartschwein) 31
Sus barbatus oi (Krausbartschwein) 31
Sus barbatus philippensis (Philippinen-Bartschwein) 31
Sus celebensis (Celebesschwein) 32f., 46f.
Sus salvanius (Zwergwildschwein) 28–32, 46f.
Sus scrofa (Wildschwein) 20–28, 46f., 577, 590ff.
Sus scrofa f. *domestica* (Hausschwein) 28f., 590ff.
Sus scrofa scrofa (Mitteleuropäisches Wildschwein) 22
Sus scrofa vittatus (Bindenschwein) 21, 32
Sus verrucosus (Pustelschwein) 33f., 46f.
Sylvicapra grimmia (Busch- oder Kronenducker) 325f., 328, 336f.
Syncerus caffer (Afrikanischer Büffel oder Kaffernbüffel) 322, 363, 367, 375–386, 406f.
Syncerus caffer brachyceros (Gras- oder Sudanbüffel) 378
Syncerus caffer caffer (Eigentlicher Kaffernbüffel, Schwarz- oder Steppenbüffel) 378
Syncerus caffer nanus (Rot- oder Waldbüffel) 378f.
Szetschuanhirsch *(Cervus elaphus macneilli)* 194

Tahre *(Hemitragus)* 510, 542ff.
Takin *(Budorcas taxicolor)* 507ff.
Tamarau oder Tamarao *(Bubalus [Bubalus] mindorensis)* 370, 374, 406f.
Tapirböckchen *(Rhynchotragus)* 331ff., 338f.
Tayassu pecari (Weißbartpekari oder Bisamschwein) 49ff., 54f.
Tayassu tajacu (Halsbandpekari) 50–55
Tayassuidae (Pekaris) 6, 48–55
Tenasserim-Muntjak *(Muntiacus feae)* 137ff.
Tetracerus quadricornis (Vierhornantilope) 356–359
Thamin *(Cervus eldi thamin)* 174
Thomsongazelle *(Gazella [Gazella] thomsoni)* 291, 299f., 303, 305, 323, 470–473, 480f.
Tibetantilope *(Pantholops hodgsoni)* 485, 488, 492f., 551
Tibetantilopen (Pantholopini) 485
Tibet-Argali *(Ovis ammon hodgsoni)* 551
Tibetgazelle *(Procapra [Procapra] picticaudata)* 468, 474, 482f., 551
Tibetisches Einhornschaf 549
Tieflandanoa *(Bubalus [Anoa] depressicornis)* 369f., 406f.
Tienschan-Argali *(Ovis ammon karelini)* 551
Tiroler Graurind 413
Toggenburger Ziege 538
Togian-Babirusa *(Babyrousa babyrussa togeanensis)* 45
Togo-Kuhantilope *(Alcelaphus buselaphus matschiei)* 418
Topi *(Damaliscus lunatus topi)* 302, 421ff.
Tora *(Alcelaphus buselaphus tora)* 418
Torfschafe 549
Trachelocele (Kropfgazellen) 462, 466, 474, 482f.
Tragelaphinae (Waldböcke) 344–359

Tragelaphus (Tragelaphus) angasi (Nyala) 346f., 354f.
Tragelaphus (Tragelaphus) buxtoni (Bergnyala oder Mittelkudu) 347, 354f.
Tragelaphus (Taurotragus) euryceros (Bongo) 347, 352–356
Tragelaphus (Tragelaphus) imberbis (Kleiner Kudu) 347f., 354f.
Tragelaphus (Taurotragus) oryx (Elenantilope) 354–357, 583
Tragelaphus oryx derbianus (Westsudanesische Riesenelenantilope) 356
Tragelaphus oryx gigas (Ostsudanesische Riesenelenantilope) 356
Tragelaphus (Tragelaphus) scriptus (Buschbock) 344ff., 354f.
Tragelaphus scriptus knutsoni (Kamerun-Buschbock) 344
Tragelaphus scriptus massaicus (Masai-Buschbock) 344
Tragelaphus scriptus scriptus (Senegal-Buschbock) 344
Tragelaphus (Tragelaphus) spekei (Sitatunga, Sumpfantilope oder Wasserkudu) 346, 352, 354f.
Tragelaphus (Tragelaphus) strepsiceros (Großer Kudu) 307f., 349–352
Tragulidae (Hirschferkel) 115–123
Tragulus javanicus (Kleinkantschil) 121ff.
Tragulus meminna (Fleckenkantschil) 122f.
Tragulus napu (Großkantschil) 121ff.
Trampeltier *(Camelus ferus)* 84f., 95f., 110f., 604
Trughirsche (Odocoileinae) 200–257
Tschiru *(Pantholops hodgsoni)* 485, 488, 492f., 551
Tsesseby *(Damaliscus lunatus lunatus)* 421ff.

Uganda-Buschschwein *(Potamochoerus porcus intermedius)* 34
Uganda-Kob *(Kobus kob thomasi)* 449
Unveredeltes Bayerisches Landschwein 28f.
Ur *(Bos [Bos] primigenius)* 386, 397, 409, 582
Urial *(Ovis orientalis)* 514f., 544–548, 552
Ussuri-Elch *(Alces alces canuloides)* 229

Veredeltes Landschwein 28f.
Vierhornantilope *(Tetracerus quadricornis)* 356–359
Vietnamesischer Muntjak *(Muntiacus rooseveltorum)* 137ff.
Vikunja *(Lama [= Vicugna] vicugna)* 96, 98–104, 110f.
Virginiahirsch *(Odocoileus virginianus)* 200, 212–218, 254f.
Vorderasiatische Bezoarziege *(Capra aegagrus aegagrus)* 536
Vorderindien-Gaur *(Bos gaurus gaurus)* 387
Vorderindien-Wasserbüffel *(Bubalus arnee arnee)* 370f., 374

Waldböcke (Tragelaphinae) 344–359
Waldbüffel *(Syncerus caffer nanus)* 378f.
Waldducker *(Cephalophus)* 326–329
Waldgiraffen (Okapiinae) 262–265
Waldziegenantilopen (Nemorhaedini) 505ff.
Waliasteinbock *(Capra ibex walie)* 512f., 523ff.
Walliser Ziege 538
Wapiti *(Cervus elaphus)* 190–194
Warzenschwein *(Phacochoerus aethiopicus)* 15ff., 39–44, 46f.
Wasserbock *(Kobus [Kobus] ellipsiprymnus)* 448ff., 460f.
Wasserböcke (Reduncinae) 448–454, 460f.
Wasserbüffel *(Bubalus [Bubalus] arnee)* 362, 369f., 374f., 406f.
Wasserhirsche (Hydropotinae) 198f.
Wasserkudu *(Tragelaphus [Tragelaphus] spekei)* 346, 352, 354f.
Wassermoschustier *(Hyemoschus aquaticus)* 120–123
Weißbartgnu *(Connochaetes taurinus albojubatus)* 423–427, 435f.
Weißbartpekari *(Tayassu pecari)* 49ff., 54f.
Weißbauchducker *(Cephalophus leucogaster)* 329, 336f.
Weiße Deutsche Edelziege 537
Weiße Oryxantilope *(Oryx leucoryx)* 443–447
Weißer Spießbock *(Oryx leucoryx)* 443–447
Weißes Deutsches Edelschwein 28f.

Weißlippenhirsch *(Cervus [Przewalskium] albirostris)* 141, 144f., 196f., 200
Weißnacken-Moorantilope *(Kobus [Onotragus] megaceros)* 452f., 460f.
Weißohr-Kob *(Kobus kob leucotis)* 449
Weißschwanzgnu *(Connochaetes gnou)* 306, 308, 432–436
Weißwedelhirsch *(Odocoileus virginianus)* 200, 212–218, 254f.
Weithorn-Grantgazelle *(Gazella granti robertsi)* 463
Westafrikanische Kuhantilope *(Alcelaphus buselaphus major)* 418
Westkaukasischer Steinbock *(Capra ibex severtzovi)* 512f., 528
Westsudanesische Riesenelenantilope *(Tragelaphus oryx derbianus)* 356
Wildren *(Rangifer tarandus)* 200, 242–257
Wildschwein *(Sus scrofa)* 20–28, 46f., 577, 590ff.
Wildziegen *(Capra)* 510–537
Windspielantilopen *(Madoqua)* 330–333, 338f.
Wisent *(Bison bonascus)* 404f., 408f.
Wollschafe 550
Wüstendickhornschaf→Dickhornschaf

Yak *(Bos [Poephagus] mutus)* 387, 393–396, 406
Yarkandhirsch *(Cervus elaphus yarkandensis)* 194

Zackenhirsche *(Rucervus)* 141, 171–174
Zebraducker *(Cephalophus zebra)* 327ff., 336f.
Zebu (»Buckelrind«) 410, 413ff., 596
Zeren *(Procapra [Prodorcas] gutturosa)* 468, 474, 482f.
Ziegenantilope *(Nemorhaedus goral)* 505–509
Ziegenartige (Caprinae) 510–567
Zweihöckriges Kamel *(Camelus ferus)* 84f., 95f., 110f., 604
Zwergblauschaf *(Pseudois nayaur schaeferi)* 541
Zwergelch *(Alces alces canuloides)* 229
Zwergflußpferd *(Choeropsis liberiensis)* 7, 60–65, 78f.
Zwergwildschwein *(Sus salvanius)* 28–32, 46f.
Zwergziegen 538